民族文字出版专项资金资助项目

双语（汉蒙）解读国家法律系列读本

中华人民共和国食品安全法

上册

本书的汉文条文解读引自中国法制出版社出版的《中华人民共和国食品安全法解读》，已获得中国法制出版社授权使用。

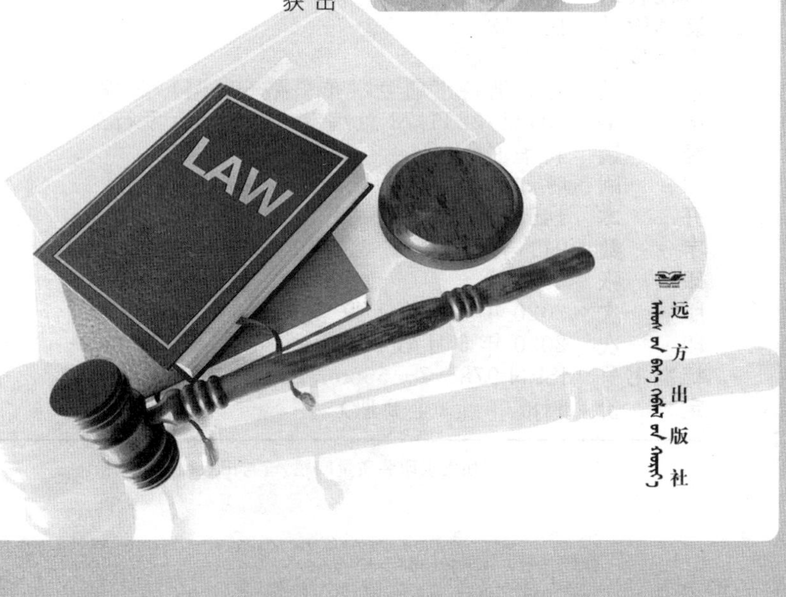

《双语（汉蒙）解读国家法律系列读本》编委会 编

远方出版社

图书在版编目(C I P)数据

中华人民共和国食品安全法:2册:蒙汉对照/《双语(汉蒙)解读国家法律系列读本》编委会编. 一呼和浩特:远方出版社,2020.6

(双语(汉蒙)解读国家法律系列读本)

ISBN 978－7－5555－1278－3

Ⅰ.①中… Ⅱ.①双… Ⅲ.①食品卫生法－中国－蒙古语(中国少数民族语言)、汉语Ⅳ.①D922.16

中国版本图书馆 CIP 数据核字(2019)第 038791 号

双语(汉蒙)解读国家法律系列读本

中华人民共和国食品安全法

ZHONGHUA RENMIN GONGHE GUO SHIPIN ANQUAN FA

出 版 人	郭志超
总 策 划	苏那嘎　杨　敏
编　　者	《双语(汉蒙)解读国家法律系列读本》编委会编
责任编辑	于丽慧
责任校对	萨日娜
装帧设计	白　欣
出版发行	远方出版社
社　　址	呼和浩特市乌兰察布东路 666 号　邮编 010010
电　　话	(0471)2236473 总编室　2236460 发行部
经　　销	新华书店
印　　刷	呼和浩特市金苹果彩色印刷有限公司
开　　本	145mm×210mm　1/32
字　　数	911 千
印　　张	35.5
版　　次	2020 年 6 月第 1 版
印　　次	2020 年 6 月第 1 次印刷
标准书号	ISBN 978－7－5555－1278－3
定　　价	118.00 元(全 2 册)

如发现印装质量问题,请与出版社联系调换

ᠭᠠᠷᠴᠠᠭ
目录

第一章 总则

第一条 【立法目的】 为了保证食品安全，保障公众身体健康和生命安全，制定本法。

●条文解读

本法的立法目的是保证食品安全，保障公众身体健康和生命安全。

一、食品安全的概念

『食品安全』是1974年由联合国粮农组织提出的概念，从广义上讲主要包括三个方面的内容：一是从数量角度，要求国家能够提供给公众足够的食物，满足社会稳定的基本需要；二是从卫生安全角度，要求食品对人体健康不造成任何危害，并获取充足的营养；三是从发展角度，要求食品的获得要注重生态环境的良好保护和资源利用的可持续性。食品安全法规定的『食品安全』，是一个狭义概念，指食品无毒、无害，符合应当有的营养要求，对人体健康不造成任何急性、亚急性或者慢性危害。食品安全法所定义的是狭义的食品安全概念，主要原因是考虑满足需求和维护可持续性意义上的食品安全是由农业法和环境保护法等法律进行规范的，食品安全立法的任务是解决食品卫生安全的问题。

二、保证食品安全，保障公众身体健康和生命安全

民以食为天，食以安为先。我国当前食品安全的总体状况已经得到了很大改善，但是问题仍然存在，食品安全事件时有发生，食品安全违法行为仍屡禁不止，这些问题的存在影响了消费者的食品安全信心，也影响了食品行业的健康发展。因此，需要通过立法为保证食品安全，保障公众身体健康和生命安全提供法律制度保障。

我国食品安全的法制化管理始于 20 世纪 50 年代，当时卫生部发布了一些单项规章和标准对食品卫生进行监督管理，此后国务院于 1965 年颁布了《食品卫生管理试行条例》，使我国的食品卫生管理工作更加规范。随着经济社会的发展，五届全国人大常委会第二十五次会议于 1982 年 11 月通过了食品卫生法（试行）。在这部法律试行了十多年后，八届全国人大常委会第十六次会议于 1995 年 10 月审议通过了正式的食品卫生法。2009 年，又在食品卫生法的基础上，制定了食品安全法。食品安全法施行五年来，对规范食品生产经营活动、保障食品安全发挥了重要作用，食品安全形势总体稳中向好。但同时我们也应看到，食品企业违法生产经营现象依然存在，食品安全事件时有发生，监管体制、手段和制度等尚不能完全适应食品安全需要。党的十八大以来，我国进一步改革完善食品安全监管体制，着力建立最严格的食品安全监管制度，积极推进食品安全社会共治格局。为了以法律形式固定监管体制改

[illegible]

[illegible] 1974 [illegible]

[illegible]

[illegible]

[[illegible]]

[illegible]

对于更好地保证食品安全，保障公众身体健康和生命安全具有重要意义。新食品安全法的颁布施行，式维护食品安全，为最严格的食品安全监管提供法律制度保障。新食品安全法的颁布施行，动员社会各界积极参与，着力解决当前食品安全领域存在的突出问题，以法治思维和法治方成果，完善食品安全监管体制机制，强化监管手段，提高执法能力，落实企业的主体责任，

新的食品安全法以建立严格的食品安全监管制度为重点，用法律形式固定监管体制改革的食品安全，有必要修订食品安全法。

革成果，完善监管制度机制，解决当前食品安全领域存在的突出问题，更好地保护人民群众

[illegible]

ᠪᠡ ᠬᠠᠮᠠᠭᠠᠯᠠᠯᠲᠠ [illegible] ᠦᠨᠳᠦᠰᠦᠲᠡᠨ ᠦ ᠬᠡᠯᠡ ᠪᠢᠴᠢᠭ ᠦᠨ [illegible] ᠂ [illegible] ᠶᠢᠨ ᠬᠠᠮᠠᠭᠠᠯᠠᠯᠲᠠ ᠶᠢ [illegible] ᠬᠡᠯᠡ ᠪᠢᠴᠢᠭ ᠦᠨ [illegible] ᠂ [illegible] ᠂ [illegible] ᠶᠢᠨ ᠬᠡᠯᠡ ᠪᠢᠴᠢᠭ [illegible] ᠦᠨᠳᠦᠰᠦᠲᠡᠨ ᠦ ᠬᠡᠯᠡ ᠪᠢᠴᠢᠭ ᠦᠨ [illegible] ᠃

ᠦᠨᠳᠦᠰᠦᠲᠡᠨ ᠦ ᠬᠡᠯᠡ ᠪᠢᠴᠢᠭ ᠦᠨ [illegible] ᠂ ᠦᠨᠳᠦᠰᠦᠲᠡᠨ ᠦ ᠬᠡᠯᠡ ᠪᠢᠴᠢᠭ ᠦᠨ [illegible] ᠂ [illegible] ᠃ [illegible] ᠂ ᠦᠨᠳᠦᠰᠦᠲᠡᠨ ᠦ ᠬᠡᠯᠡ ᠪᠢᠴᠢᠭ ᠦᠨ [illegible] ᠂ ᠦᠨᠳᠦᠰᠦᠲᠡᠨ ᠦ ᠬᠡᠯᠡ ᠪᠢᠴᠢᠭ ᠦᠨ [illegible] ᠃ [illegible] ᠂ [illegible] ᠂ ᠦᠨᠳᠦᠰᠦᠲᠡᠨ ᠦ ᠬᠡᠯᠡ ᠪᠢᠴᠢᠭ ᠦᠨ [illegible] ᠂ ᠦᠨᠳᠦᠰᠦᠲᠡᠨ ᠦ ᠬᠡᠯᠡ ᠪᠢᠴᠢᠭ ᠦᠨ [illegible] ᠃ ᠦᠨᠳᠦᠰᠦᠲᠡᠨ ᠦ ᠬᠡᠯᠡ ᠪᠢᠴᠢᠭ ᠦᠨ [illegible] ᠂ ᠦᠨᠳᠦᠰᠦᠲᠡᠨ ᠦ ᠬᠡᠯᠡ ᠪᠢᠴᠢᠭ ᠦᠨ [illegible] ᠃

第二条 【调整范围】在中华人民共和国境内从事下列活动，应当遵守本法：

（一）食品生产和加工（以下称食品生产），食品销售和餐饮服务（以下称食品经营）；

（二）食品添加剂的生产经营；

（三）用于食品的包装材料、容器、洗涤剂、消毒剂和用于食品生产经营的工具、设备（以下称食品相关产品）的生产经营；

（四）食品生产经营者使用食品添加剂、食品相关产品；

（五）食品的贮存和运输；

（六）对食品、食品添加剂、食品相关产品的安全管理。

供食用的源于农业的初级产品（以下称食用农产品）的质量安全管理，遵守《中华人民共和国农产品质量安全法》的规定。但是，食用农产品的市场销售、有关质量安全标准的制定、有关安全信息的公布和本法对农业投入品作出规定的，应当遵守本法的规定。

[illegible]

[illegible]

[illegible]

[illegible]

[illegible]

一、食品安全法的适用范围

一是食品生产。食品生产包括食品生产和加工，是指把食品原料通过生产加工程序，形成一种新形式的可直接食用的产品。比如小麦经过碾磨、筛选、加料搅拌、成型烘干，成为饼干，就是食品生产的过程。食品生产包括肉制品加工、调味品加工、水果制品加工、酒类加工、淀粉及其制品加工、膨化食品加工、糖果制品加工、饮料加工、休闲小食品加工、水产品加工、禽蛋制品加工、面制品加工、乳制品加工、豆制品加工、米制品加工、薯制品加工、蔬菜制品加工等类别。随着中国食品工业生产的快速增长，产业结构不断优化，品种档次更加丰富。据 2010 年的不完全统计，我国现有食品生产企业近 12 万余家，除此之外，还有数量众多的食品生产加工小作坊在从事食品生产。从目前的情况看，食品生产行业整体的规模、水平还不是很高，规模化、集约化的生产方式在整个食品行业中所占比重不高，小作坊、小企业较多。

二是食品经营。食品经营包括食品销售和餐饮服务。餐饮服务，根据原卫生部颁布的《餐饮服务许可管理办法》，是指通过即时制作加工、商业销售和服务性劳动等，向消费者提供食品和消费场所及设施的服务活动。近年来，我国食品经营行业发展很快，据 2010 年不完全统计，我国共有从事食品销售的主体 570 多万家，餐饮服务单位约 240 多万家，还有数量众多的食品摊贩在从事食品经营活动。需要指出的是，原法将食品的销售称为『食品流通』，在此次修改食品安全法的过程中，有的意见提出，「食品流通」这一概念的内涵比较宽，除了食品销售以外，从大的方面讲，也包括食品贮存、运输等活动。在新的食品安全法已将「食品的贮存和运输」明确列为调整范围的情况下，为避免内容交叉，建议将「食品流通」修改为「食品销售」。据此，新的食品安全法将本条和其他条款中的「食品流通」均改为「食品销售」。

三是食品添加剂、食品相关产品的生产经营和使用。食品添加剂是指为改善食品品质和色、香、味，以及为防腐、保鲜和加工工艺的需要而加入食品中的人工合成或者天然物质。食品相关产品是指用于食品的包装材料、容器、洗涤剂、消毒剂和用于食品生产经营的工具、设备。食品添加剂和食品相关产品是食品生产经营活动中必不可少的物质，与食品安全息息相关，可以说没有食品添加剂和食品相关产品的安全，就没有食品安全。所以食品安全法需要对食品添加剂和食品相关产品的生产经营活动，以及食品生产经营者使用食品添加剂、食品相关产品进行规范和调整。需要说明的是，在管理体制上，原食品安全法将食品添加剂作为工业产品，规定由质量监督部门按工业产品生产许可证管理的相关规定进行管理。此次修改法律，与国务院对食品添加剂监管职能调整的规定相衔接，明确由食品药品监督管理部门负责对食品添加剂进行监管。

四是食品的贮存和运输。这是本次修改新增加的规定。原食品安全法没有单独将食品的但是考虑到我国在2006年已经制定了农产品质量安全法，对包括食用农产品在内的农产品又是药品的物品，但是不包括以治疗为目的的物品。根据这一定义，食品包含食用农产品。未经加工的肉类等。而食品是指各种供人食用或者饮用的成品和原料以及按照传统既是食品

根据食品安全法规定，食用农产品是指供食用的源于农业的初级产品，如蔬菜、瓜果、

二、关于食用农产品的法律适用

安全法。

除了上述活动外，其他对食品、食品添加剂和食品相关产品的安全管理活动均适用食品要求。

围，同时对非食品生产经营者从事食品贮存、运输活动提出了与食品生产经营者相同的中作出明确规定。根据这一意见，本条在适用范围上明确将食品的贮存、运输纳入调整范有一些专业的仓储、物流企业也从事食品的贮存、运输活动，应当对其加强管理，建议在法中，有的意见提出，食品贮存、运输是食品安全管理的重要环节，除食品生产经营者外，还证食品安全所需的温度等特殊要求，不得将食品与有毒、有害物品一同运输。在立法过程运输和装卸食品的容器、工具和设备应当安全、无害，保持清洁，防止食品污染，并符合保在适用范围上单独列出，但对食品生产经营者从事这些活动，作出了明确的规定，即贮存、贮存和运输列为适用范围，主要是考虑这些活动属于食品生产经营过程中的环节，没有必要

的生产、监督检查等作了规定，为避免法律之间由于适用范围交叉可能出现的冲突，本着两法既有分工，又要相互衔接的原则，本条明确食用农产品的质量安全管理，遵守农产品质量安全法的规定。但是，食用农产品的市场销售、有关质量安全标准的制定、有关安全信息的公布和本法对农业投入品作出规定的，应当遵守本法的规定。应当指出的是，关于食用农产品的法律适用问题，在立法过程中，有的意见提出，本法对有关食用农产品的法律适用规定还不够清晰，如食用农产品的市场销售是否适用本法，建议明确。根据这一意见，本条增加了食用农产品的市场销售应当遵守食品安全法的规定。还有的意见提出，为体现从农田到餐桌全程监管的原则，应加强对食用农产品安全的源头管理。虽然农药等农业投入品的管理属于食用农产品生产环节的范畴，应适用农产品质量安全法，但考虑到农业投入品的安全使用对保证食品安全关系重大，建议食品安全法对农药等农业投入品的管理作出一些更加严格的规定，以适应执法实践的需要。为此，食品安全法增加了三个条款，对农药等农业投入品的使用进行规范，并规定了相应的法律责任。这些规定，有的是与农产品质量安全法、《农药管理条例》相衔接的，有的则是新规定的内容，如对违法使用剧毒、高毒农药的，规定可以予以拘留等。为与这些规定相衔接，本条有关法律适用范围的规定明确了『本法对农业投入品作出规定的，应当遵守本法的规定』。

ᠬᠠᠮᠢᠶᠠᠷᠤᠯᠬᠤ ᠶᠢ ᠨᠢ ᠲᠤᠰ ᠬᠠᠭᠤᠯᠢ ᠳᠤ ᠲᠣᠭᠲᠠᠭᠠᠭᠰᠠᠨ ᠪᠠᠢᠨ᠎ᠠ:

(ᠨᠢᠭᠡ) ᠢᠷᠭᠡᠨ ᠰᠣᠩᠭᠤᠭᠤᠯᠢ ᠬᠢᠬᠦ ᠪᠠ ᠰᠣᠩᠭᠤᠭᠳᠠᠬᠤ ᠡᠷᠬᠡ (ᠲᠣᠪᠴᠢ ᠢᠷᠭᠡᠨ ᠰᠣᠩᠭᠤᠭᠤᠯᠢ ᠶᠢᠨ ᠲᠣᠪᠴᠢᠯᠠᠨ᠎ᠠ)᠂ ᠢᠷᠭᠡᠨ ᠬᠢᠨᠠᠨ ᠬᠢᠶᠠᠬᠤ ᠪᠠ ᠬᠢᠨᠠᠨ ᠰᠢᠯᠭᠠᠬᠤ ᠡᠷᠬᠡ (ᠲᠣᠪᠴᠢ ᠢᠷᠭᠡᠨ ᠬᠢᠨᠠᠬᠤ ᠶᠢᠨ ᠲᠣᠪᠴᠢᠯᠠᠨ᠎ᠠ) ᠪᠠᠢᠨ᠎ᠠ᠃

(ᠬᠣᠶᠠᠷ) ᠢᠷᠭᠡᠨ ᠦ ᠦᠭᠡ ᠪᠡᠷ ᠰᠣᠩᠭᠤᠭᠤᠯᠢ ᠬᠢᠬᠦ ᠡᠷᠬᠡ᠃

(ᠭᠤᠷᠪᠠ) ᠢᠷᠭᠡᠨ ᠦ ᠰᠢᠰᠢᠯᠲᠡ ᠰᠡᠳᠬᠢᠯ ᠦᠨ ᠴᠢᠯᠦᠭᠡ᠂ ᠦᠭᠡ᠂ ᠬᠡᠪᠯᠡᠯ ᠦᠨ ᠡᠷᠬᠡ᠂ ᠰᠣᠩᠭᠤᠭᠤᠯᠢ ᠪᠠ ᠨᠡᠢᠭᠡᠮ ᠪᠠᠢᠭᠤᠯᠤᠯᠭ᠎ᠠ ᠶᠢᠨ ᠢᠷᠭᠡᠨ ᠦ ᠰᠣᠩᠭᠤᠭᠤᠯᠢ ᠬᠢᠬᠦ ᠡᠷᠬᠡ ᠪᠠᠷᠢᠬᠤ᠂ ᠲᠣᠭᠲᠠᠭᠠᠮᠵᠢ (ᠲᠣᠪᠴᠢ ᠢᠷᠭᠡᠨ ᠦ ᠡᠷᠬᠡ ᠶᠢᠨ ᠪᠠᠲᠤᠯᠠᠭᠳᠠᠬᠤ ᠶᠢᠨ ᠲᠣᠪᠴᠢᠯᠠᠨ᠎ᠠ) ᠢ ᠰᠣᠩᠭᠤᠭᠤᠯᠢ ᠬᠢᠬᠦ ᠡᠷᠬᠡ᠃

(ᠳᠦᠷᠪᠡ) ᠢᠷᠭᠡᠨ ᠰᠣᠩᠭᠤᠭᠤᠯᠢ ᠬᠢᠬᠦ ᠡᠷᠬᠡ ᠪᠠᠷᠢᠬᠤ ᠢᠷᠭᠡᠨ ᠦ ᠰᠢᠰᠢᠯᠲᠡ ᠶᠢᠨ᠂ ᠢᠷᠭᠡᠨ ᠦ ᠡᠷᠬᠡ ᠶᠢ ᠪᠠᠲᠤᠯᠠᠭᠳᠠᠬᠤ᠃

(ᠲᠠᠪᠤ) ᠢᠷᠭᠡᠨ ᠦ ᠰᠢᠰᠢᠯᠲᠡ ᠶᠢᠨ ᠵᠢᠮ ᠰᠣᠩᠭᠤᠭᠤᠯᠢ᠃

(ᠵᠢᠷᠭᠤᠭ᠎ᠠ) ᠢᠷᠭᠡᠨ᠂ ᠢᠷᠭᠡᠨ ᠦ ᠰᠢᠰᠢᠯᠲᠡ ᠶᠢᠨ᠂ ᠢᠷᠭᠡᠨ ᠦ ᠡᠷᠬᠡ ᠶᠢ ᠪᠠᠲᠤᠯᠠᠭᠳᠠᠬᠤ ᠪᠠ ᠬᠠᠤᠯᠢ ᠶᠣᠰᠤᠨ ᠤ ᠬᠠᠮᠢᠶᠠᠷᠤᠯᠲᠠ᠃

ᠢᠷᠭᠡᠨ ᠪᠡᠷ ᠰᠣᠩᠭᠤᠭᠤᠯᠢ ᠬᠢᠬᠦ ᠡᠷᠬᠡ ᠶᠢᠨ ᠦᠨᠳᠦᠰᠦ ᠶᠢᠨ ᠡᠷᠬᠡ ᠶᠢ ᠪᠠᠲᠤᠯᠠᠭᠳᠠᠬᠤ (ᠲᠣᠪᠴᠢ ᠢᠷᠭᠡᠨ ᠪᠡᠷ ᠰᠣᠩᠭᠤᠭᠤᠯᠢ ᠡᠷᠬᠡ ᠶᠢᠨ ᠪᠠᠲᠤᠯᠠᠭᠳᠠᠬᠤ ᠶᠢᠨ ᠲᠣᠪᠴᠢᠯᠠᠨ᠎ᠠ) ᠤ ᠵᠠᠰᠠᠭ ᠵᠠᠬᠢᠷᠭᠠᠨ ᠤ ᠬᠡᠷᠡᠭᠵᠢᠭᠦᠯᠦᠯᠲᠡ᠂ 《ᠪᠦᠭᠦᠳᠡ ᠨᠠᠶᠢᠷᠠᠮᠳᠠᠬᠤ ᠳᠤᠮᠳᠠᠳᠤ ᠠᠷᠠᠳ ᠤᠯᠤᠰ ᠤᠨ ᠡᠷᠬᠡ ᠶᠢᠨ ᠪᠠᠲᠤᠯᠠᠭᠳᠠᠬᠤ ᠬᠠᠤᠯᠢ ᠶᠢᠨ ᠬᠠᠮᠢᠶᠠᠷᠤᠯᠲᠠ ᠶᠢᠨ ᠵᠣᠬᠢᠶᠠᠨ ᠪᠠᠢᠭᠤᠯᠤᠯᠲᠠ ᠪᠠ ᠬᠠᠤᠯᠢ》 ᠳᠤ ᠲᠤᠰᠬᠠᠢ ᠲᠣᠭᠲᠠᠭᠠᠭᠰᠠᠨ᠃ ᠡᠨᠡ ᠪᠣᠯ᠂ ᠢᠷᠭᠡᠨ ᠪᠡᠷ ᠰᠣᠩᠭᠤᠭᠤᠯᠢ ᠬᠢᠬᠦ ᠡᠷᠬᠡ ᠶᠢᠨ ᠪᠠᠲᠤᠯᠠᠭᠳᠠᠬᠤ ᠶᠢᠨ ᠲᠤᠰᠬᠠᠢ ᠡᠷᠬᠡ ᠶᠢᠨ ᠬᠠᠤᠯᠢ ᠶᠢᠨ ᠲᠤᠰᠬᠠᠢ ᠪᠣᠳᠤᠯᠭ᠎ᠠ᠂ ᠤᠯᠤᠰ ᠤᠨ ᠡᠷᠬᠡ ᠶᠢᠨ ᠬᠠᠤᠯᠢ ᠶᠢᠨ ᠬᠠᠮᠢᠶᠠᠷᠤᠯᠲᠠ ᠪᠠ ᠲᠤᠰᠬᠠᠢ ᠪᠣᠳᠤᠯᠭ᠎ᠠ᠂ ᠤᠯᠤᠰ ᠤᠨ ᠡᠷᠬᠡ ᠶᠢᠨ ᠬᠠᠤᠯᠢ ᠶᠢᠨ ᠪᠠᠲᠤᠯᠠᠭᠳᠠᠬᠤ ᠶᠢᠨ ᠳᠠᠭᠠᠨ ᠤ ᠲᠤᠰᠬᠠᠢ ᠬᠠᠤᠯᠢ ᠶᠢᠨ ᠵᠢᠷᠤᠮ ᠢ ᠲᠣᠭᠲᠠᠭᠠᠭᠰᠠᠨ ᠪᠠᠢᠨ᠎ᠠ᠃

[illegible] 12 [illegible] 2010 [illegible]

[[illegible]]

[illegible]

[illegible]

或者主要负责人进行责任约谈。县级以上人民政府食品药品监督管理等部门未及时发现食品安全隐患的，县级以上人民政府食品药品监督管理部门可以对食品生产经营者的法定代表人或者主要负责人进行责任约谈。此次修改食品安全法，也着力体现了这一原则，如规定责任约谈制度，明确食品生产经营过程中存在安全隐患，未及时采取措施消除的，县级以上人民政府食品药品监督管理部门可以对食品生产经营者的法定代表人责，要通过加强日常的监管工作，消除隐患，防患于未然。

食品安全工作实行预防为主，是指各项工作要关口前移，不要等到发生问题再查处、追

一、预防为主

●条文解读

第三条 【食品安全工作方针】 食品安全工作实行预防为主、风险管理、全程控制、社会共治，建立科学、严格的监督管理制度。

定；在风险评估方面，明确应当开展风险评估的法定情形；在风险监督管理方面，增加风险风险管理原则，如在食品安全风险监测方面，增加了风险监测计划调整、监测结果通报等规风险评估、风险监督管理和风险交流等各项制度。此次修改食品安全法，在很多方面强化了的制度。本条所指的『风险管理』是广义的概念，涉及食品安全法规定的食品安全风险监测、理是指抱括食品安全风险监测、风险评估、风险监督管理和风险交流在内的听有与风险有关全风险监测和风险评估所取得的信息、结论，有针对性地采取监督管理措施。广义的风险管

风险管理是国际上通行的食品安全管理制度。狭义的风险管理是指监管部门根据食品安

二、风险管理

食品药品监督管理部门报告等。改措施；有发生食品安全事故的潜在风险的，应当立即停止食品生产经营活动，并向所在地查评价。生产经营条件发生变化，不符合食品安全要求的，食品生产经营者应当立即采取整者自查制度，要求食品生产经营者应当建立食品安全自查制度，定期对食品安全状况进行检品药品监督管理等部门、地方人民政府应当立即采取措施进行整改。再如，增设了生产经营全隐患的，上级人民政府可以对其主要负责人进行责任约谈。被约谈的食品生产经营者、食要负责人进行责任约谈。地方人民政府未履行食品安全职责，未及时消除区域性重大食品安安全系统性风险，未及时消除监督管理区域内的食品安全隐患的，本级人民政府可以对其主

分级管理要求，规定监管部门根据食品安全风险监测、评估结果等确定监管重点、方式和频次，实施风险分级管理；在风险交流方面，增加风险信息交流制度，规定食品药品监督管理部门和其他有关部门、食品安全风险评估专家委员会及其技术机构，应当按照科学、客观、及时、公开的原则，组织食品生产经营者、食品检验机构、认证机构、食品行业协会、消费者协会以及新闻媒体等，就食品安全风险评估信息和食品安全监督管理信息进行交流沟通等。

三、全程控制

党的十八届三中全会明确提出，建立最严格的覆盖全过程的食品安全监管制度。食品安全管理链条长、环节多，需要建立从农田到餐桌的全过程管理制度。此次修订食品安全法，有针对性地补充完善相关制度，强化食品安全全程监管。如在食用农产品管理方面，明确食用农产品的市场销售适用食品安全法，增加对食用农产品市场销售在索证索票、进货查验等方面的规定；在食品生产环节，增加规定原料控制及成品检验等关键事项的控制要求，以及婴幼儿配方食品出厂逐批检验等义务；在食品销售环节，增加规定批发企业的销售记录制度和网络食品交易相关主体的食品安全责任；在餐饮服务环节，增加规定餐饮服务提供者的原料控制义务以及学校等集中用餐单位的食品安全管理规范；完善食品追溯制度，细化生产经营者索证索票、进货查验记录等制度，增加规定食品安全全程追溯协作机制，补充规定保健食品、特殊医学用途配方食品、婴幼儿配方食品的产品注册和备案制度以及广告审批制度，规范保健食品原料使用和功能声称；补充食品添加剂的经营规范和食品相关产品的生产管理制度等。

四、社会共治

食品安全社会共治，是指调动社会各方力量，包括政府监管部门、食品生产经营者、行业协会、消费者协会乃至公民个人，共同参与食品安全工作，形成食品安全社会共管共治的格局。社会共治是创新社会管理的新举措，是促进政府职能转变、实现公共利益最大化的重要途径，也是解决食品安全监管中存在的监管力量相对不足等突出问题的有效手段。食品安全社会共治，需要政府监管责任和企业主体责任共同落实，行业自律和社会监督相互促进，形成社会各方良性互动、有序参与、共同监督的良好社会环境，引导食品生产经营者落实主体责任，强化道德观念，倡导诚信从业风气，促使食品安全保障由单纯依靠食品安全监管部门向多方主体主动参与、共同发挥作用的综合治理转变。

此次修改食品安全法，在一些具体制度的规定上，着力体现社会共治原则：一是明确食品行业协会应当按照章程建立健全行业规范和奖惩机制，提供食品安全信息、技术等服务，引导和督促食品生产经营者依法生产经营。二是规定消费者协会和其他消费者组织对违反本法规定，侵害消费者合法权益的行为，依法进行社会监督。三是增加规定食品安全违法行为有奖举报制度。明确对查证属实的举报，应给予举报人奖励；对举报人的相关信息予以保

【ᠲᠠᠶᠢᠯᠪᠤᠷᠢ】

密，保护其合法权益；对举报所在企业食品安全违法行为的内部举报人给予特别保护，明确企业不得通过解除或者变更劳动合同等方式，对举报人进行打击报复。四是规范食品安全信息发布。强调监管部门应当准确、及时、客观公布食品安全信息，鼓励新闻媒体对食品安全违法行为进行舆论监督，同时规定有关食品安全的宣传报道应当客观、真实，任何单位和个人不得编造、散布虚假食品安全信息等。

[illegible]

[illegible]

[illegible]

一是诚信自律，对社会和公众负责，接受社会监督，承担社会责任。食品行业是良心行者应当认真履行这些义务，确保所生产经营食品的安全。

进货查验、出厂检验记录制度，履行对不安全食品的召回和停止经营义务等。食品生产经营者应承担的各项法定义务和要求作出了规定，如依法取得生产经营许可，建立索证索票、坑害消费者，危害严重，影响恶劣。为了从法律制度上解决这一问题，食品安全法对生产经添加剂和非食品原料生产加工食品，掺假制假，牟取暴利，甚至添加有毒有害的违禁物质，践情况看，一些食品生产经营者违法生产经营的行为仍然存在。少数不法分子违法使用食品标准进行生产经营，不能出现违法行为，否则将承担相应的法律责任。从我国目前的执法实

一是守法生产经营。应当依照食品安全法及其配套的行政法规、地方性法规和食品安全

食品生产经营者落实主体责任，应当做到：

●条文解读

全，诚信自律，对社会和公众负责，接受社会监督，承担社会责任。

食品生产经营者应当依照法律、法规和食品安全标准从事生产经营活动，保证食品安

第四条　【食品生产经营者社会责任】食品生产经营者对其生产经营食品的安全负责。

ᠪᠣᠯᠤᠨ ᠬᠣᠭᠣᠯᠠ ᠦᠢᠯᠡᠳᠪᠦᠷᠢᠯᠡᠬᠦ ᠬᠣᠭᠣᠯᠠ ᠶᠢᠨ ᠲᠡᠬᠡᠭᠡᠷᠢ ᠬᠢᠭ ᠢ ᠣᠯᠠᠨ ᠨᠡᠶᠢᠲᠡ ᠳᠦ ᠨᠡᠶᠢᠲᠡᠯᠡᠬᠦ ᠪᠡᠷ ᠬᠣᠭᠣᠯᠠ ᠦᠢᠯᠡᠴᠢᠯᠡᠭᠡ ᠬᠠᠩᠭᠠᠭᠴᠢ ᠪᠡᠶ᠎ᠡ ᠪᠡᠷ ᠨᠡᠶᠢᠭᠡᠮ ᠦᠨ ᠬᠢᠨᠠᠯᠲᠠ ᠶᠢ ᠠᠮᠤᠷᠠᠯᠲᠠ ᠪᠠᠷ ᠬᠦᠯᠢᠶᠡᠨ ᠠᠪᠬᠤ ᠰᠠᠢᠨ ᠬᠡᠯᠪᠡᠷᠢ ᠮᠥᠨ ᠪᠣᠯᠤᠨ᠎ᠠ ᠃ ᠡᠨᠡ ᠲᠠᠯ᠎ᠠ ᠪᠡᠷ ᠬᠣᠭᠣᠯᠠ ᠶᠢᠨ ᠠᠶᠤᠯᠭᠦᠢ ᠶᠢᠨ ᠬᠠᠤᠯᠢ ᠳᠤ ᠵᠣᠬᠢᠬᠤ ᠳᠦᠷᠢᠮ ᠶᠠᠰᠤ ᠶᠢ ᠲᠣᠭᠲᠠᠭᠠᠭᠰᠠᠨ ᠪᠠᠢᠨ᠎ᠠ ᠂ ᠵᠢᠱᠢᠶᠡᠯᠡᠪᠡᠯ ᠂ ᠬᠣᠭᠣᠯᠠ ᠦᠢᠯᠡᠴᠢᠯᠡᠭᠡ ᠬᠠᠩᠭᠠᠭᠴᠢ ᠶᠢ ᠨᠡᠶᠢᠲᠡ ᠳᠦ ᠪᠣᠯᠪᠤᠰᠤᠷᠠᠭᠤᠯᠬᠤ ᠶᠠᠪᠤᠴᠠ ᠪᠠᠨ ᠢᠯᠡ ᠲᠤᠬᠠᠢᠯᠠᠬᠤ ᠶᠢ ᠤᠷᠢᠮᠰᠢᠭᠤᠯᠵᠤ ᠂ ᠬᠣᠭᠣᠯᠠ ᠶᠢᠨ ᠡᠬᠡ ᠮᠠᠲ᠋ᠸᠷᠢᠶᠠᠯ ᠪᠤᠶᠤ ᠲᠡᠭᠦᠨ ᠦ ᠡᠬᠢ ᠰᠤᠷᠪᠤᠯᠵᠢ ᠵᠡᠷᠭᠡ ᠮᠡᠳᠡᠭᠡ ᠶᠢ ᠢᠯᠡ ᠲᠤᠬᠠᠢᠯᠠᠬᠤ ᠶᠢ ᠤᠷᠢᠮᠰᠢᠭᠤᠯᠬᠤ ᠮᠡᠲᠦ ᠃

［ᠲᠠᠶᠢᠯᠪᠤᠷᠢ］

ᠡᠨᠡ ᠪᠣᠯ ᠵᠣᠬᠢᠴᠠᠭᠤᠯᠤᠯᠲᠠ ᠂ ᠨᠡᠶᠢᠭᠡᠮ ᠦᠨ ᠬᠢᠨᠠᠯᠲᠠ ᠪᠠ ᠬᠡᠷᠡᠭᠯᠡᠭᠴᠢ ᠶᠢᠨ ᠡᠷᠬᠡ ᠠᠰᠢᠭ ᠢ ᠬᠠᠮᠠᠭᠠᠯᠠᠬᠤ ᠳᠤ ᠲᠤᠰᠠᠲᠠᠢ ᠃ ᠬᠣᠭᠣᠯᠠ ᠦᠢᠯᠡᠳᠪᠦᠷᠢᠯᠡᠬᠦ ᠪᠠ ᠠᠵᠢᠯ ᠠᠬᠤᠢ ᠶᠢᠨ ᠡᠷᠬᠢᠯᠡᠭᠴᠢ ᠨᠢᠭᠡᠨ ᠲᠠᠯ᠎ᠠ ᠪᠡᠷ ᠨᠡᠶᠢᠭᠡᠮ ᠦᠨ ᠬᠠᠷᠢᠭᠤᠴᠠᠯᠭ᠎ᠠ ᠲᠠᠢ ᠪᠠᠢᠬᠤ ᠂ ᠰᠤᠷᠲᠠᠬᠤᠨ ᠤ ᠬᠢᠵᠠᠭᠠᠷ ᠢ ᠰᠠᠬᠢᠬᠤ ᠂ ᠦᠨᠡᠨᠴᠢ ᠪᠡᠷ ᠥᠪᠡᠷ ᠢᠶᠡᠨ ᠴᠡᠭᠡᠵᠢᠯᠡᠬᠦ ᠂ ᠨᠡᠶᠢᠭᠡᠮ ᠦᠨ ᠬᠢᠨᠠᠯᠲᠠ ᠶᠢ ᠠᠮᠤᠷᠠᠯᠲᠠ ᠪᠠᠷ ᠬᠦᠯᠢᠶᠡᠨ ᠠᠪᠬᠤ ᠤᠴᠢᠷᠲᠠᠢ ᠃

ᠪᠦᠭᠦᠳᠡ ᠨᠠᠶᠢᠷᠠᠮᠳᠠᠬᠤ ᠳᠠᠭᠤᠳᠠ ᠣᠯᠠᠨ ᠤ 【ᠬᠣᠭᠣᠯᠠ ᠶᠢᠨ ᠠᠶᠤᠯᠭᠦᠢ ᠶᠢᠨ ᠬᠠᠤᠯᠢ】 ᠶᠢᠨ ᠬᠣᠭᠣᠯᠠ ᠦᠢᠯᠡᠳᠪᠦᠷᠢᠯᠡᠬᠦ ᠬᠠᠤᠯᠢ

业，食品生产经营者要有社会责任感，守住道德底线，诚信自律，自觉接受社会监督。在此方面，食品安全法规定了相应的制度，如鼓励餐饮服务提供者公开加工过程，公示食品原料及其来源等信息，这是让餐饮服务提供者自觉接受社会监督的一个好形式。

第五条 【食品安全监管体制】国务院设立食品安全委员会，其职责由国务院规定。

国务院食品药品监督管理部门依照本法和国务院规定的职责，对食品生产经营活动实施监督管理。

国务院卫生行政部门依照本法和国务院规定的职责，组织开展食品安全风险监测和风险评估，会同国务院食品药品监督管理部门制定并公布食品安全国家标准。

国务院其他有关部门依照本法和国务院规定的职责，承担有关食品安全工作。

●**条文解读**

新的食品安全管理体制下，各有关部门的职责是：

一、食品安全委员会的职责

国务院设立食品安全委员会，其职责由国务院规定。这是原食品安全法的规定，未作修改。根据原食品安全法的这一规定，为切实加强对食品安全工作的领导，2010 年 2 月 6 日，国务院决定设立国务院食品安全委员会，作为国务院食品安全工作的高层次议事协调机构。国务院食品安全委员会共有 15 个部门参加，同时设立国务院食品安全委员会办公室，具体承担委员会的日常工作。

国家食品安全委员会的职责主要有：1. 分析食品安全形势，研究部署、统筹指导食品安全工作；2. 提出食品安全监管的重大政策措施；3. 督促落实食品安全监管责任。

根据2013年通过的《国务院机构改革和职能转变方案》，决定保留国务院食品安全委员会，具体工作由国家食品药品监督管理总局承担。国家食品药品监督管理总局加挂国务院食品安全委员会办公室牌子，承担食品安全委员会的日常工作。

二、国务院食品药品监督管理部门的职责

国务院食品药品监督管理部门依照本法和国务院规定的职责，负责对食品生产经营活动实施监督管理，承担食品安全委员会的日常工作。这一规定是依据《国务院机构改革和职能转变方案》作出的，是对食品安全管理体制作出的重大调整，将原来由质量监督、工商行政和食品药品监督管理三个部门分别对食品生产、销售和餐饮服务进行分段监管，调整为由食品药品监督管理部门负责对食品生产、销售和餐饮服务进行统一监督管理。《国务院机构改革和职能转变方案》明确规定，为加强食品药品监督管理，提高食品药品安全质量水平，将国务院食品安全委员会办公室的职责、国家食品药品监督管理局的职责、国家质量监督检验检疫总局的生产环节食品安全监督管理职责、国家工商行政管理总局的流通环节食品安全监督管理职责整合，组建国家食品药品监督管理总局，主要职责是对生产、流通、消费环节的食品安全实施统一监督管理等。将工商行政管理、质量技术监督部门相应的食品安全监督管理队伍和检验检测机构划转食品药品监督管理部门。

由国务院食品药品监督管理部门负责对食品生产、销售和餐饮服务进行统一监督管理，这一体制调整有利于解决分段监管体制下造成的监管责任不清、相互推诿、扯皮等问题，真正做到全链条无缝监管。

在食品安全管理方面，国务院食品药品监督管理部门的主要职责：一是对食品生产经营活动实施监督管理；二是承担食品安全委员会的日常工作，负责对食品安全工作的综合协调；三是对食品添加剂的生产经营活动进行监督管理；四是负责对重大食品安全信息的统一发布；五是负责会同有关部门对食品安全事故进行调查处置；六是负责制定食品检验机构的资质认定条件和检验规范；七是参与食品安全国家标准的制定，由国务院卫生行政部门会同其制定、公布食品安全国家标准。

三、国务院卫生行政部门的职责

国务院卫生行政部门依照本法和国务院规定的职责，组织开展食品安全风险监测与风险评估，会同国务院食品药品监督管理部门制定并公布食品安全国家标准。这一规定主要是依据《国务院机构改革和职能转变方案》作出的。原食品安全法规定的国务院卫生部门的职责，除了组织开展食品安全风险监测与风险评估，制定并公布食品安全国家标准外，还包括承担食品安全综合协调，负责对重大食品安全信息的统一发布，以及组织对食品安全事故进行调查处置，在职能调整以后，国务院卫生行政部门不再行使这些职能，改为由国务院食品药品监督管理部门行使。这里应当指出，关于食品安全国家标准的制定，原食品安全法规定，由国务院卫生行政部门负责制定并公布。在立法过程中，有的意见提出，食品安全国家标准是监管执法的重要依据，目前我国标准缺较多，一些执法中急需的标准尚未制定，难以满足执法需要。为使标准制定更好地适应执法实践的需要，建议由国务院卫生行政部门会同国务院食品药品监督管理部门制定食品安全国家标准。根据这一意见，新的食品安全法对制定食品安全国家标准的主体作了适当调整，明确由国务院卫生行政部门会同国务院食品药品监督管理部门制定食品安全国家标准。

四、国务院其他有关部门的职责

国务院其他有关部门依照本法和国务院规定的职责，承担有关食品安全工作。这里的『国务院其他有关部门』主要是指国务院质量监督检验检疫部门和农业行政部门。其中，国务院质量监督检验检疫部门负责对食品相关产品的生产进行监督管理，负责食品、食品添加剂和食品相关产品的出入境管理。国务院农业行政部门负责食用农产品的种植养殖环节，以及食用农产品进入批发、零售市场或生产加工企业前的质量安全监督管理，负责畜禽屠宰环节和生鲜乳收购环节质量安全监督管理，负责与国务院卫生行政部门并会同国务院食品药品监督管理部门制定食品中兽药残留、农药残留的限量规定及其检验方法与规程，并会同国务院卫生行政部门制定屠宰畜、禽的检验规程。除此之外，『国务院其他有关部门』还包括根据国务院规定的职责承担食品安全工作的其他部门。

ᠬᠠᠷᠢᠭᠤᠴᠠᠨ᠎ᠠ ᠪᠣᠯᠤᠨ᠎ᠠ :

ᠡᠨᠡ ᠬᠦᠨᠡᠰᠦᠨ ᠦ ᠠᠶᠤᠯᠭᠦᠢ ᠪᠠᠶᠢᠳᠠᠯ ᠤᠨ ᠪᠠᠷᠢᠮᠵᠢᠶ᠎ᠠ ᠶᠢ ᠲᠣᠭᠲᠠᠭᠠᠬᠤ ᠪᠠ ᠵᠠᠰᠠᠬᠤ ᠳᠤ ᠬᠠᠮᠢᠶ᠎ᠠ ᠲᠠᠢ ᠬᠠᠷᠢᠭᠤᠴᠠᠯᠲᠠᠢ ᠶᠢ

[ᠲᠠᠢᠯᠪᠤᠷᠢ]

ᠬᠠᠷᠢᠭᠤᠴᠠᠯᠭ᠎ᠠ ᠶᠢᠨ ᠵᠠᠰᠠᠭ ᠵᠠᠬᠢᠷᠭᠠᠨ ᠤ ᠪᠠᠶᠢᠭᠤᠯᠤᠮᠵᠢ ᠵᠠᠰᠠᠭ ᠬᠦᠨᠡᠰᠦᠨ ᠦ ᠠᠶᠤᠯᠭᠦᠢ ᠪᠠᠶᠢᠳᠠᠯ ᠤᠨ ᠬᠠᠤᠯᠢ ᠶᠢ ᠪᠠᠷᠢᠮᠳᠠᠯᠠᠨ᠎ᠠ ::

ᠬᠣᠭᠤᠯᠠ ᠪᠠ ᠬᠣᠭᠤᠯᠠ ᠳᠤ ᠨᠡᠮᠡᠬᠦ ᠪᠣᠳᠠᠰ ᠵᠠᠰᠠᠭ ᠦᠨ ᠭᠠᠵᠠᠷ ᠤᠨ ᠬᠦᠨᠡᠰᠦ ᠶᠢᠨ ᠠᠶᠤᠯ ᠤᠨ ᠦᠨᠡᠯᠡᠯᠭᠡ ᠬᠣᠭᠤᠯᠠ ᠳᠤ ᠨᠡᠮᠡᠬᠦ ᠪᠣᠳᠠᠰ ᠲᠠᠢ ᠬᠠᠮᠢᠶ᠎ᠠ ᠲᠠᠢ

ᠬᠦᠨᠡᠰᠦ ᠶᠢᠨ ᠠᠶᠤᠯ ᠬᠦᠨᠡᠰᠦᠨ ᠦ ᠠᠶᠤᠯᠭᠦᠢ ᠪᠠᠶᠢᠳᠠᠯ ᠤᠨ ᠬᠣᠷᠢᠭ ᠤᠨ ᠪᠠᠶᠢᠳᠠᠯ ᠢ ᠲᠣᠭᠲᠠᠭᠠᠨ ᠬᠠᠷᠢᠭᠤᠴᠠᠯᠠᠨ᠎ᠠ ::

ᠬᠦᠨᠡᠰᠦᠨ ᠦ ᠠᠶᠤᠯ ᠢ ᠦᠨᠡᠯᠡᠨ᠎ᠡ᠂ ᠬᠣᠭᠤᠯᠠ ᠪᠠ ᠬᠣᠭᠤᠯᠠ ᠳᠤ ᠨᠡᠮᠡᠬᠦ ᠪᠣᠳᠠᠰ ᠲᠠ ᠬᠦᠨᠡᠰᠦᠨ ᠪᠣᠳᠠᠰ ᠪᠠ ᠬᠣᠷᠢᠭ ᠤᠨ ᠪᠣᠳᠠᠰ ᠤᠨ ᠠᠷᠭ᠎ᠠ ᠬᠡᠮᠵᠢᠶ᠎ᠡ ᠲᠠ ᠠᠶᠤᠯ ᠤᠨ

ᠪᠣᠳᠠᠰ ᠲᠠ ᠬᠠᠷᠢᠭᠤᠴᠠᠯᠭ᠎ᠠ ᠶᠢᠨ ᠵᠠᠰᠠᠭ ᠵᠠᠬᠢᠷᠭᠠᠨ ᠤ ᠪᠠᠶᠢᠭᠤᠯᠤᠮᠵᠢ ᠬᠦᠨᠡᠰᠦᠨ ᠦ ᠠᠶᠤᠯᠭᠦᠢ ᠪᠠᠶᠢᠳᠠᠯ ᠤᠨ ᠪᠠᠷᠢᠮᠵᠢᠶ᠎ᠠ ᠶᠢ ᠲᠣᠭᠲᠠᠭᠠᠬᠤ ᠪᠠ ᠬᠣᠭᠤᠯᠠ ᠪᠠᠶᠢᠳᠠᠯ ᠢ

ᠬᠣᠭᠤᠯᠠ ᠪᠠ ᠬᠣᠭᠤᠯᠠ ᠳᠤ ᠨᠡᠮᠡᠬᠦ ᠪᠣᠳᠠᠰ ᠵᠠᠰᠠᠭ ᠦᠨ ᠭᠠᠵᠠᠷ ᠤᠨ ᠬᠦᠨᠡᠰᠦ ᠶᠢᠨ ᠠᠶᠤᠯ ᠤᠨ ᠦᠨᠡᠯᠡᠯᠭᠡ ᠬᠦᠨᠡᠰᠦ ᠶᠢᠨ ᠠᠶᠤᠯ ᠬᠣᠭᠤᠯᠠ ᠪᠠ ᠬᠣᠭᠤᠯᠠ ᠳᠤ

ᠬᠠᠷᠢᠭᠤᠴᠠᠯᠭ᠎ᠠ ᠪᠠ ᠬᠠᠮᠢᠶ᠎ᠠ ᠲᠠᠢ ᠬᠠᠷᠢᠭᠤᠴᠠᠯᠲᠠᠢ ::

ᠬᠣᠭᠤᠯᠠ ᠪᠠ ᠬᠣᠭᠤᠯᠠ ᠳᠤ ᠨᠡᠮᠡᠬᠦ ᠪᠣᠳᠠᠰ ᠲᠠ ᠵᠠᠰᠠᠭ ᠬᠠᠷᠢᠭᠤᠴᠠᠯᠭ᠎ᠠ ᠶᠢᠨ ᠪᠠᠶᠢᠭᠤᠯᠤᠮᠵᠢ ᠬᠦᠨᠡᠰᠦᠨ ᠦ ᠬᠢᠨᠠᠨ ᠪᠠᠶᠢᠴᠠᠭᠠᠬᠤ ᠬᠠᠷᠢᠭᠤᠴᠠᠯᠭ᠎ᠠ ᠲᠠ

ᠬᠣᠭᠤᠯᠠ ᠪᠠ ᠬᠣᠭᠤᠯᠠ ᠳᠤ ᠨᠡᠮᠡᠬᠦ ᠪᠣᠳᠠᠰ ᠲᠠ ᠬᠦᠨᠡᠰᠦᠨ ᠪᠣᠳᠠᠰ ᠪᠠ ᠬᠣᠷᠢᠭ ᠤᠨ ᠪᠣᠳᠠᠰ ᠤᠨ ᠠᠷᠭ᠎ᠠ ᠬᠡᠮᠵᠢᠶ᠎ᠡ ᠲᠠ ᠠᠶᠤᠯ ᠬᠦᠨᠡᠰᠦ ᠶᠢᠨ ᠨᠡᠮᠡᠯᠲᠡ ᠬᠦᠨᠡᠰᠦ ᠪᠣᠳᠠᠰ

ᠬᠦᠨᠡᠰᠦᠨ ᠦ ᠠᠶᠤᠯ ᠬᠠᠷᠢᠭᠤᠴᠠᠯᠭ᠎ᠠ ᠶᠢᠨ ᠬᠦᠨᠡᠰᠦᠨ ᠦ ᠪᠣᠳᠠᠰ ᠪᠠ ᠬᠣᠭᠤᠯᠠ ᠳᠤ ᠨᠡᠮᠡᠬᠦ ᠪᠣᠳᠠᠰ ᠲᠠ ᠬᠠᠮᠢᠶ᠎ᠠ ᠲᠠᠢ ᠪᠣᠯᠤᠨ᠎ᠠ ::

ᠬᠣᠶᠠᠳᠤᠭᠠᠷ ᠵᠦᠢᠯ【ᠬᠦᠨᠡᠰᠦᠨ ᠦ ᠠᠶᠤᠯᠭᠦᠢ ᠪᠠᠶᠢᠳᠠᠯ ᠤᠨ ᠠᠶᠤᠯ ᠤᠨ ᠦᠨᠡᠯᠡᠯᠭᠡ ᠶᠢᠨ ᠪᠠᠶᠢᠭᠤᠯᠤᠯᠲᠠ】 ᠬᠣᠭᠤᠯᠠ ᠪᠠ ᠬᠣᠭᠤᠯᠠ ᠳᠤ ᠨᠡᠮᠡᠬᠦ ᠪᠣᠳᠠᠰ ᠬᠦᠨᠡᠰᠦᠨ ᠦ ᠠᠶᠤᠯ

[illegible]

[illegible] 15 [illegible] 2010 [illegible] 2 [illegible] 6 [illegible]

[illegible] : 1. [illegible] 2. [illegible] 3. [illegible]

[illegible]

[illegible]

[illegible]

第六条【地方政府职责】 县级以上地方人民政府对本行政区域的食品安全监督管理工作负责，统一领导、组织、协调本行政区域的食品安全监督管理工作以及食品安全突发事件应对工作，建立健全食品安全全程监督管理工作机制和信息共享机制。

县级以上地方人民政府依照本法和国务院的规定，确定本级食品药品监督管理、卫生行政部门和其他有关部门的职责。有关部门在各自职责范围内负责本行政区域的食品安全监督管理工作。

县级人民政府食品药品监督管理部门可以在乡镇或者特定区域设立派出机构。

●条文解读

一、地方人民政府在食品安全监督管理工作中的职责

1. 统一领导、组织、协调本行政区域的食品安全监督管理工作，统一领导、组织、协调本行政区域的食品安全突发事件应对工作。食品安全突发事件是指食品安全事故或者其他对食品安全造成较大影响的事件。食品安全法明确规定，县级以上地方人民政府应当根据有关法律、法规的规定和上级人民政府的食品安全事故应急预案以及本地区的实际情况，制定本行政区域的食品安全事故应急预案，并报上一级人民政府备案。食品安全事故应急预案应当对食品安全事故分级、事故处置组织指挥体系与职责、预防预警机制、处置程序、应急保障措施等作出规定。当食品安全突发事件发生后，县级以上地方政府应当根据食品安全法的上述规定和突发事件应对法的规定，统一领导、组织、协调事件的应对工作。

2. 建立、健全食品安全全程监督管理的工作机制和信息共享机制。食品安全管理涉及的部门多、环节多，需要由地方人民政府建立健全有效的食品安全全程监管的工作机制，如目前各地在省、地两级政府普遍建立了食品安全委员会这一工作机制，由政府有关分管食品安

全工作的领导担任食品安全委员会主任，食品药品监督管理、农业、卫生、质量监督等多部门参加，统筹协调、监督指导本地的食品安全工作。除了建立工作机制之外，地方政府还需要建立信息共享机制，通过建立统一的信息平台，汇集整合食品安全各类管理信息，实现各监管部门信息资源共享。这也是本次修改食品安全法新增加的内容。

3. 依照本法和国务院的规定，确定本级食品药品监督管理、卫生行政部门和其他有关部门的职责。食品安全法第5条对中央层面的食品安全管理体制作了规定，地方的食品安全管理体制，根据本条规定是由县级以上地方政府依照食品安全法和国务院的规定来确定。这里需要说明两点：一是之所以授权由地方政府确定本级各监管理部门的职责，主要是考虑到食品安全监管链条长、环节多，具体监督工作比较繁杂，需要由各级政府针对本地管理的实际需要，对有关部门的职责分工作出具体明确。二是地方政府对各部门的职责要『依照食品安全法和国务院的规定』确定，这是一个原则，目的是为了确保在食品安全管理体制上下一致、对口管理，避免因体制上的上下不对口，影响监管工作的开展。因此，地方的食品药品监督管理、卫生行政、农业、质量监督等部门在食品安全管理方面的职责分工，原则上与国务院有关部门的职责相一致。如食品药品监督管理部门负责食品、食品添加剂生产经营活动的监管，卫生部门负责食品安全地方标准的制定，质量监督部门负责食品相关产品生产环节的监管等。这些部门要在各自职责范围内负责本行政区域的食品安全监管工作。应当指出的是，目前一些地方开展市场监管体制改革，将质监、工商、食药监部门及其职能予以整合，成立市场监管局（有的还同时加挂食药监局的牌子），统一行使食品药品监管、质量监督、市场管理等职能。这一做法并没有改变食品安全的管理体制，市场管理局因为已经整合了食药监部门的机构和职能，所以就是本法所称的食品药品监督管理部门。

二、县级人民政府食品药品监督管理部门可以在乡镇或者特定区域设立食品药品监督管理派出机构

这一款规定为本次修改新增加的内容。食品安全管理重在基层，但基层的执法力量相对比较薄弱。特别是在乡镇一级，由于没有监管部门，没有执法机构和人员，执法工作难以开展。为了加强基层、农村地区的食品安全监管，解决这些地区监管力量不足的问题，本条规定县级人民政府食品药品监督管理部门可以在乡镇或者特定区域设立派出机构。这里应当指出两点：一是设立派出机构的具体形式可以灵活掌握，既可以在每一个乡镇设立一个派出机构，也可以在由几个乡镇组成的特定区域范围内设立一个派出机构；二是派出机构应以县级食品药品监督管理部门的名义进行执法，由县级食品药品监督管理部门对派出机构执法行为的后果承担法律责任。

1. [illegible]

[illegible]

[illegible]

[illegible]

[illegible]

[illegible]

[illegible]

ᠪᠣᠯᠤᠨ᠎ᠠ᠂ ᠠᠷᠠᠳ ᠤᠨ ᠠᠮᠢᠳᠤᠷᠠᠯ ᠤᠨ ᠠᠷᠠᠳ ᠤᠨ ᠠᠮᠢᠨ ᠤ ᠲᠥᠷᠥ ᠶᠢᠨ ᠠᠶᠤᠯᠭᠦᠢ ᠶᠢᠨ ᠪᠠᠲᠤᠯᠠᠭ᠎ᠠ ᠶᠢᠨ ᠰᠠᠭᠤᠷᠢ ᠪᠤᠯᠤᠭᠰᠠᠨ ᠪᠠᠢᠳᠠᠯ ᠢ ᠬᠠᠮᠠᠭᠠᠯᠠᠬᠤ ᠶᠢᠨ ᠲᠤᠯᠠᠭ᠎ᠠ ᠪᠣᠯᠤᠨ᠎ᠠ ᠃

2. ᠠᠷᠠᠳ ᠤᠨ ᠠᠮᠢᠨ ᠪᠡᠶ᠎ᠡ ᠶᠢᠨ ᠡᠷᠡᠭᠦᠯ ᠮᠡᠨᠳᠦ ᠶᠢ ᠪᠠᠲᠤᠯᠠᠬᠤ ᠨᠢ ᠲᠥᠷᠥ ᠶᠢᠨ ᠠᠶᠤᠯᠭᠦᠢ ᠶᠢᠨ ᠠᠵᠢᠯ ᠤᠨ ᠦᠨᠳᠦᠰᠦ ᠵᠣᠷᠢᠯᠭ᠎ᠠ ᠪᠣᠯᠤᠨ᠎ᠠ᠂ ᠲᠥᠷᠥ ᠶᠢᠨ ᠠᠶᠤᠯᠭᠦᠢ ᠶᠢᠨ ᠠᠵᠢᠯ ᠢ ᠠᠷᠠᠳ ᠤᠨ ᠠᠶᠤᠯᠭᠦᠢ ᠶᠢ ᠵᠣᠷᠢᠯᠭ᠎ᠠ ᠪᠣᠯᠭᠠᠵᠤ᠂ ᠠᠷᠠᠳ ᠤᠨ ᠡᠷᠬᠡ ᠠᠰᠢᠭ ᠢ ᠬᠠᠮᠠᠭᠠᠯᠠᠬᠤ ᠶᠢ ᠡᠬᠢᠯᠡᠯ ᠪᠣᠯᠭᠠᠨ᠎ᠠ ᠃

[illegible]

ᠬᠤᠷᠢᠶᠠᠨ ᠪᠡᠶᠡᠯᠡᠭᠦᠯᠬᠦ ᠂ ᠠᠯᠪᠠᠨ ᠤ ᠬᠠᠷᠢᠭᠤᠴᠠᠬᠤ ᠭᠠᠵᠠᠷ ᠢ ᠬᠣᠣᠯᠠ ᠬᠦᠨᠡᠰᠦ ᠪᠦᠲᠦᠭᠡᠭᠦᠯᠬᠦ ᠬᠣᠣᠯᠠ ᠬᠦᠨᠡᠰᠦ ᠦ ᠴᠢᠨᠠᠷ ᠤᠨ ᠦᠢᠯᠡᠳᠪᠦᠷᠢ ᠶᠢᠨ ᠠᠶᠤᠯᠭᠦᠢ ᠪᠠᠶᠢᠳᠠᠯ ᠤᠨ ᠬᠠᠮᠢᠶᠠᠷᠤᠯᠲᠠ ᠶᠢ ᠪᠡᠬᠢᠵᠢᠭᠦᠯᠬᠦ ᠂ ᠬᠣᠣᠯᠠ ᠬᠦᠨᠡᠰᠦ ᠦ ᠴᠢᠨᠠᠷ ᠤᠨ ᠠᠶᠤᠯᠭᠦᠢ ᠪᠠᠶᠢᠳᠠᠯ ᠢ ᠪᠠᠲᠤᠯᠠᠬᠤ ᠶᠢᠨ ᠲᠥᠯᠥᠭᠡ ᠦᠢᠯᠡᠳᠪᠦᠷᠢ ᠶᠢᠨ ᠨᠥᠬᠥᠴᠡᠯ ᠢ ᠬᠠᠩᠭᠠᠬᠤ ᠂ ᠬᠣᠣᠯᠠ ᠬᠦᠨᠡᠰᠦ ᠦ ᠠᠶᠤᠯᠭᠦᠢ ᠪᠠᠶᠢᠳᠠᠯ ᠤᠨ ᠬᠠᠷᠢᠭᠤᠴᠠᠯᠭ᠎ᠠ ᠶᠢ ᠪᠡᠬᠢᠵᠢᠭᠦᠯᠬᠦ ᠂ ᠬᠣᠣᠯᠠ ᠬᠦᠨᠡᠰᠦ ᠦ ᠠᠶᠤᠯᠭᠦᠢ ᠪᠠᠶᠢᠳᠠᠯ ᠤᠨ ᠬᠠᠮᠢᠶᠠᠷᠤᠯᠲᠠ ᠶᠢᠨ ᠮᠡᠷᠭᠡᠵᠢᠯ ᠦᠨ ᠪᠠᠶᠢᠭᠤᠯᠤᠯᠭ᠎ᠠ ᠶᠢ ᠰᠠᠶᠢᠵᠢᠷᠠᠭᠤᠯᠬᠤ ᠂ ᠬᠣᠣᠯᠠ ᠬᠦᠨᠡᠰᠦ ᠦ ᠠᠶᠤᠯᠭᠦᠢ ᠪᠠᠶᠢᠳᠠᠯ ᠤᠨ ᠮᠡᠳᠡᠯᠭᠡ ᠶᠢ ᠳᠡᠯᠭᠡᠷᠡᠭᠦᠯᠬᠦ ᠡᠷᠬᠡ ᠦᠦᠷᠭᠡ ᠲᠠᠢ ᠪᠠᠶᠢᠨ᠎ᠠ ᠃

ᠬᠣᠣᠯᠠ ᠬᠦᠨᠡᠰᠦ ᠦ ᠠᠶᠤᠯᠭᠦᠢ ᠪᠠᠶᠢᠳᠠᠯ ᠤᠨ ᠬᠠᠮᠢᠶᠠᠷᠤᠯᠲᠠ ᠶᠢᠨ ᠪᠠᠶᠢᠭᠤᠯᠤᠯᠭ᠎ᠠ ᠶᠢᠨ ᠠᠵᠢᠯ ᠢ ᠰᠠᠶᠢᠨ ᠬᠢᠪᠡᠯ ᠂ ᠬᠣᠣᠯᠠ ᠬᠦᠨᠡᠰᠦ ᠦ ᠠᠶᠤᠯᠭᠦᠢ ᠪᠠᠶᠢᠳᠠᠯ ᠤᠨ ᠬᠠᠮᠢᠶᠠᠷᠤᠯᠲᠠ ᠶᠢᠨ ᠴᠢᠨᠠᠷ ᠢ ᠳᠡᠭᠡᠭ᠍ᠰᠢᠯᠡᠭᠦᠯᠬᠦ ᠳᠤ ᠴᠢᠬᠤᠯᠠ ᠠᠴᠢ ᠬᠣᠯᠪᠣᠭᠳᠠᠯ ᠲᠠᠢ ᠪᠠᠶᠢᠨ᠎ᠠ ᠃

ᠬᠣᠣᠯᠠ ᠬᠦᠨᠡᠰᠦ ᠦ ᠠᠶᠤᠯᠭᠦᠢ ᠪᠠᠶᠢᠳᠠᠯ ᠤᠨ ᠬᠠᠮᠢᠶᠠᠷᠤᠯᠲᠠ ᠶᠢᠨ ᠪᠠᠶᠢᠭᠤᠯᠤᠯᠭ᠎ᠠ ᠶᠢ ᠪᠡᠬᠢᠵᠢᠭᠦᠯᠬᠦ ᠶᠢᠨ ᠲᠥᠯᠥᠭᠡ ᠂ ᠬᠣᠣᠯᠠ ᠬᠦᠨᠡᠰᠦ ᠦ ᠠᠶᠤᠯᠭᠦᠢ ᠪᠠᠶᠢᠳᠠᠯ ᠤᠨ ᠡᠷᠦᠬᠡᠯ ᠮᠡᠨᠳᠦ ᠶᠢᠨ ᠬᠠᠷᠢᠭᠤᠴᠠᠯᠭ᠎ᠠ ᠶᠢ ᠬᠡᠷᠡᠭᠵᠢᠭᠦᠯᠬᠦ ᠪᠠᠶᠢᠨ᠎ᠠ ᠃

议、考核。

民政府负责对本级食品药品监督管理部门和其他有关部门的食品安全监督管理工作进行评

人民政府负责对下一级人民政府的食品安全监督管理工作进行评议、考核。县级以上地方人

第七条【评议、考核制度】 县级以上地方人民政府实行食品安全监督管理责任制。上级

●条文解读

一、关于评议、考核的实施主体和对象

上级人民政府负责对下一级人民政府的食品安全监督管理工作进行评议、考核，县级以上地方人民政府负责对本级食品药品监督管理部门和其他有关部门的食品安全监督管理工作进行评议、考核。根据这一规定，实施评议、考核的主体，一是上级人民政府，其评议、考核的对象是下一级人民政府，如河北省政府对保定市政府的食品安全工作进行评议、考核；二是本级人民政府，其评议、考核的对象是本级承担食品安全监督管理工作的各个部门，包括食品药品监督管理部门、卫生部门、农业部门、质量监督管理部门等有关部门。

二、关于评议、考核的内容

根据本条规定，评议、考核的内容是各级地方人民政府和各有关部门履行食品安全管理责任，做好食品安全工作的情况。根据食品安全法对地方政府和各监管部门应当履行的职责规定，应当主要评议、考核以下内容：一是食品安全工作组织领导、经费保障、能力建设、责任制及责任追究制度落实情况；二是食品安全全程监督管理的工作机制和信息共享机制的建立健全和运行情况；三是食品安全监管部门贯彻执行食品安全法律法规、履行食品安全监管职责的情况；四是食品安全监管年度计划制定落实、食品安全专项整治、食品安全风险监测等重点工作开展情况；五是食品安全事故应急预案制定实施、应急处置能力建设和重大食品安全事故发生情况；六是食品安全事故报告、处置和违法案件查处情况等。

三、关于评议、考核的方式

根据目前各地已经开展的评议、考核工作情况看，食品安全评议、考核主要采取现场考核、明察暗访、外部评议、问卷调查等多种方式进行，考核结果分为优秀、良好、合格、不合格等几个等次，评议考核结果作为领导班子和领导干部综合考核评价的重要内容，对获得优秀、良好等次的单位及个人予以通报表扬，对考核不合格的单位予以通报批评，提出限期整改意见并追究相关人员的责任。

实行食品安全责任制，对于有效督促各级地方政府、食品安全监管部门认真履行各自职责，推动食品安全责任目标落实和食品安全工作任务的完成具有重要的促进作用。

[illegible]

[ᠲᠠᠢᠯᠪᠤᠷᠢ]

[illegible]

[illegible]

[illegible]

照各自职责分工，依法行使职权，承担责任。

县级以上人民政府食品药品监督管理部门和其他有关部门应当加强沟通、密切配合，按照各自职责分工，依法行使职权，承担责任。

县级以上人民政府食品药品监督管理部门和其他有关部门应当加强沟通、密切配合，按

建设，为食品安全工作提供保障。

和社会发展规划，将食品安全工作经费列入本级政府财政预算，加强食品安全监督管理能力

第八条 【监督部门沟通配合】 县级以上人民政府应当将食品安全工作纳入本级国民经济

备等硬件设施的建设，人员培训、检验能力、研究能力等软件建设等。此外，进行食品安全
食品安全标准的基础性制度。做好这两项工作，也离不开经费的保障，包括实验室、仪器设
测和食品安全风险评估在食品安全管理工作中具有非常重要的作用，是实施风险管理和制定
性、化学性和物理性危害对人体健康可能造成的不良影响进行的科学评估。食品安全风险监
性疾病、食品污染以及食品中的有害因素进行的监测。食品安全风险评估是对食品中生物

一是食品安全风险监测和食品安全风险评估制度所需经费。食品安全风险监测是对食源
费用，这都需要财政经费的保障，否则这一工作将无法正常开展。

据这一规定，食品药品监督管理部门对食品进行监督抽检，需要支付购买样品的费用和检验
对食品进行检验的，应当委托符合本法规定的食品检验机构进行检验，并支付相关费用。根
应当购买抽取的样品，不收取检验费和其他任何费用。食品药品监督部门在执法工作中需要
确规定，食品药品监督管理部门应当对食品进行定期或者不定期的抽样检验。进行抽样检验
案、执法人员培训等多个方面，需要给予经费保障。如日常的监督抽检工作，食品安全法明

一是食品安全监管工作经费。食品安全执法工作任务重、责任大，涉及监督抽检、执法办

这一款规定为此次修改新增加的内容。食品安全工作经费保障主要包括两个方面：

一、政府对食品安全工作给予财政保障

●条文解读

风险监测和风险评估还需要购买样品，都需要经费保障予以落实。

关于食品安全工作的经费保障，在原食品安全法颁布之后，国务院办公厅于 2009 年专门颁布了《关于认真贯彻实施食品安全法的通知》，明确提出加强食品安全监管能力建设，提高监管的有效性和公信力，要求县级以上地方人民政府要对本地区执行食品安全法确立的食品安全风险监测和风险评估制度，以及食品安全监管部门实施抽样检验等各项制度，给予经费保障，对增强食品检验能力、提高执法队伍的专业技术水平等食品安全监管能力建设给予必要的支持。

为了从法律制度上保障食品安全工作的经费投入，本次修改食品安全法专门增加了这一款规定，以确保食品安全各项工作的顺利开展。这里应当指出的是，一方面各级政府要依法履行对食品安全工作给予财政保障的责任，将食品安全工作经费列入本级政府财政预算，按时拨付，确保足额到位；另一方面承担食品安全管理职责的有关部门要根据食品安全监管工作实际需要，调整经费支出结构，集中资金，突出重点，提高财政资金使用效益，严格按照规定的用途使用各项经费，不得挤占和挪用。同时，对贫困地区要给予适当倾斜，通过财政转移支付等措施，保证贫困地区食品安全监管工作的正常开展。

二、有关部门应当相互配合，依法行使职权

食品安全需要建立从农田到餐桌的全过程监管，涉及的部门比较多，主要包括食品药品

监督管理部门和农业、卫生、质量监督、出入境检验检疫等部门。此外，在打击食品安全犯罪方面，公安机关承担着重要的责任。这些部门一方面要守土有责，按照各自的职责分工，依法行使职权，做好本职工作，确保在本部门的职责范围内，不出现监管失职；另一方面要有全局意识，相互之间要密切配合，加强沟通，确保各部门在履职上做到无缝衔接，不出现监管漏洞。

在部门之间的相互配合方面，新的食品安全法作出了明确的规定，如在食品安全风险监测和评估方面，规定国务院卫生行政部门会同国务院食品药品监督管理、质量监督等部门，制定、实施国家食品安全风险监测计划。国务院食品药品监督管理部门和其他有关部门获知有关食品安全风险信息后，应当立即予以核实并向国务院卫生行政部门通报。在食品安全标准方面，规定食品中农药残留、兽药残留的限量规定及其检验方法与规程由国务院卫生行政部门、国务院农业行政部门共同制定。屠宰畜、禽的检验规程由国务院农业行政部门会同国务院卫生行政部门制定。在食品安全事故处置方面，规定县级以上人民政府食品药品监督管理部门接到食品安全事故的报告后，应当立即会同本级人民政府卫生行政、农业行政、质量监督等部门进行调查处理。在监督管理方面，规定国家建立统一的食品安全信息平台，实行食品安全信息统一公布制度。县级以上人民政府食品药品监督管理、卫生行政、质量监督、农业行政部门应当相互通报获知的食品安全信息。县级以上人民政府食品药品监督管理、质量监督部门发现涉嫌食品安全犯罪的，应当按照有关规定将案件及时移送公安机关，对移送的案件，公安机关应当及时审查等。这些规定涉及信息通报、制定标准和风险监测计划、处置食品安全事故、配合执法等多个方面的工作，需要各有关部门本着相互配合、密切沟通的原则，共同做好。对县级以上人民政府食品药品督管理部门和其他有关部门不履行法定职责，不配合查处食品安全违法行为等，造成不良后果的，要依法追究有关责任人的法律责任。

[illegible]

[illegible]

[illegible]

第九条【行业协会等的责任】 食品行业协会应当加强行业自律，按照章程建立健全行业规范和奖惩机制，提供食品安全信息、技术等服务，引导和督促食品生产经营者依法生产经营，推动行业诚信建设，宣传、普及食品安全知识。

消费者协会和其他消费者组织对违反本法规定，损害消费者合法权益的行为，依法进行社会监督。

●条文解读

一、食品行业协会应当加强行业自律

从目前的情况看，我国食品安全形势依然严峻，食品生产经营中的违法行为屡禁不止，食品安全信用环境建设薄弱，一些企业的食品安全意识缺失，政府监管工作亟待加强。在这样的形势下，建立现代化的食品安全治理体系已势在必行。而在现代化的食品安全治理体系中，食品行业协会具有重要的地位。行业协会作为政府和食品生产经营者之外的第三方，既是沟通政府和企业的桥梁与纽带，又是社会多元利益的协调机构，也是实现行业自律、规范行业行为、开展行业服务、保障公平竞争的社会组织。从国际上的情况看，美国、日本和欧盟的许多国家的行业协会在社会管理、行业自律中发挥了重要作用，既大大减少了政府的管理成本，又促进了行业自身的发展，显示了巨大的社会效益。

对食品行业协会的责任，本次修改新增加规定了『按照章程建立健全行业规范和奖惩机制，提供食品安全信息、技术等服务」的内容，旨在进一步完善食品行业协会在行业自律中

的责任。近年来，我国非常重视和发挥行业协会的作用。2012 年颁布的《国务院关于加强食品安全工作的决定》中明确提出，充分发挥食品相关行业协会的作用。随着我国食品工业的快速发展，食品行业协会也不断发展壮大，先后成立了中国食品工业协会、中国食品药品行业协会、中国保健品协会等一批全国性的食品行业协会。此外，一些省市也成立了地方的食品行业协会，这些协会在推进食品行业诚信建设、加强行业自律、促进行业发展等方面发挥了重要的作用。

本条规定，食品行业协会应当加强行业自律，按照章程建立健全行业规范和奖惩机制，提供食品安全信息、技术等服务，引导和督促食品生产经营者依法生产经营，推动行业诚信建设，宣传、普及食品安全知识。根据这一规定，食品行业协会一方面应当通过协会章程，或者制定行规行约，明确行业的食品安全规范，建立内部奖惩机制，对协会内守法生产经营、诚信自律的企业予以表彰奖励，对违法生产经营、不讲诚信的企业通过通报批评等方式予以惩戒，引导和督促食品生产经营者依法生产经营，推动行业诚信建设；另一方面，要为本协会的企业会员提供食品安全信息、技术、知识等服务，帮助企业不断提高食品安全方面的技术水平和管理能力，推动食品行业的健康发展。

二、消费者协会依法进行社会监督

这一款规定是本次修改新增加的内容。消费者权益保护法明确规定，消费者协会和其他支持受损害的消费者提起诉讼或者直接提起诉讼；对损害消费者合法权益的行为，通过大众商品和服务质量问题的，可以委托具备资格的鉴定人鉴定；就损害消费者合法权益的行为，门反映、查询，提出建议；受理消费者的投诉，并对投诉事项进行调查、调解；投诉事项涉及与有关行政部门对商品和服务的监督、检查；就有关消费者合法权益的问题，向有关行政部费者维护自身合法权益的能力；参与制定有关消费者权益的法律法规规章和强制性标准；参规定了消费者协会应当履行的公益性职责，包括向消费者提供消费信息和咨询服务，提高消行为依法进行社会监督，这也是加强食品安全社会共治的重要方面。消费者权益保护法明确费者组织作为保护消费者权益的专门组织，有权对侵害消费者合法权益的食品生产经营违法励、支持一切组织和个人对损害消费者合法权益的行为进行社会监督。消费者协会和其他消

根据消费者权益保护法的规定，保护消费者的合法权益是全社会的共同责任。国家鼓类基层网络组织达 15.6 万个，义务监督员、维权志愿者达 10 万余名。

道设立的消协分会，在村委会、居委会、高等院校、厂矿企业中设立的监督站、联络站等各方层面，全国县以上消费者协会已达 3000 多个，其中省一级为 31 个。在农村乡镇、城市街院批准成立，是对商品和服务进行社会监督的保护消费者合法权益的全国性社会组织。在地前我国的消费者保护组织，在国家层面主要是中国消费者协会，该会于 1984 年 12 月经国务消费者组织是依法成立的对商品和服务进行社会监督的保护消费者合法权益的社会组织。目

传播媒介予以揭露、批评等。消费者协会和其他消费者组织应当通过履行这些职能，对侵害消费者合法权益的食品安全违法行为进行社会监督，形成食品安全政府监管与群众监督的合力。

[illegible]

[illegible] 15.6 [illegible] 10 ᠬᠣᠨᠤᠭ [illegible] ::

[illegible]

安全违法行为进行舆论监督。有关食品安全的宣传报道应当真实、公正。

新闻媒体应当开展食品安全法律、法规以及食品安全标准和知识的公益宣传，并对食品

我保护能力。

以及食品安全标准和知识的普及工作，倡导健康的饮食方式，增强消费者食品安全意识和自

安全知识，鼓励社会组织、基层群众性自治组织、食品生产经营者开展食品安全法律、法规

第十条【食品安全的宣传教育】 各级人民政府应当加强食品安全的宣传教育，普及食品

●条文解读

一、各级人民政府应当加强食品安全的宣传教育

此次修改，专门增加了『各级人民政府应当加强食品安全的宣传教育，普及食品安全知识』的规定，目的是进一步强化各级人民政府自身在做好食品安全宣传教育中的责任。在食品安全宣传教育方面，各级人民政府承担的责任主要有：

一是政府自身要做好面向全民的食品安全宣传教育，制定食品安全宣传教育工作计划，加强组织领导，有序组织开展这项工作，通过在媒体上广泛宣传，以及开展各种群众喜闻乐见的宣传活动，普及食品安全知识，使食品安全知识进机关、进企业、进学校、进社区，积极营造人人关注食品安全、人人了解食品安全的良好社会氛围。应当指出的是，这里的『各级人民政府』包括从乡镇政府一直到国务院的各级人民政府。

二是政府应当鼓励社会组织、基层群众性自治组织、食品生产经营者开展食品安全法律、法规以及食品安全标准和知识的普及工作，倡导健康的饮食方式，增强社会公众的食品安全意识和自我保护能力。这里的『社会组织』是指食品行业协会、消费者协会等社会团体，以及企业事业单位等其他社会组织，如学校、医院等。『基层群众性自治组织』是指居民委员会和村民委员会。社会组织、基层群众性自治组织、食品生产经营企业可以充分发挥自身的优势：食品行业协会、食品生产经营企业有食品方面的专业优势，居民委员会和村民委

员会作为基层群众性自治组织有贴近群众的优势。可以充分发挥这些优势，开展形式多样的食品安全宣传活动。如在城镇地区，可以在居民社区设立食品安全宣传专栏，对食品安全知识进行宣传，帮助社区居民了解食品储藏、制作、烹调、消费等方面的基本常识，增强辨别假冒伪劣食品的自我保护能力，倡导科学饮食习惯。在农村地区，可以利用农村集贸日，设立摊位专门宣传食品安全法律法规和食品安全知识、健康饮食习惯等，使食品安全的理念、知识家喻户晓，人人皆知。各级各类学校可以通过开设食品安全知识专题课，组织学生开展食品安全方面的校内外活动等方式，将食品安全知识纳入中、小学健康教育，向广大学生传授食品安全知识等。通过各级政府和社会组织、基层群众性自治组织、食品生产经营企业等广泛开展食品安全宣传教育，可以提高人民群众的食品安全意识和自我保护能力，使食品安全常识和法律知识得到基本普及，社会公众的食品安全意识得到明显提高。应当指出的是，本次修改增加了政府鼓励食品生产经营者开展有关食品安全知识等的宣传普及工作的规定，主要是考虑到食品生产经营者有食品方面的专业优势，应当在食品安全宣传方面发挥作用，这也是食品生产经营者履行社会责任的体现。

二、新闻媒体开展食品安全的公益宣传和舆论监督

食品安全是社会关注的热点，新闻媒体作为社会舆论的重要引领者、传播者和推动者，已经成为食品安全社会共治中的重要力量。开展食品安全的公益宣传和舆论监督，是新闻媒体

在食品安全方面应承担的两项重要社会责任。一是公益宣传，电视台、广播电台、报纸、互联网等新闻媒体受众广、传播速度快、信息量大、社会影响深远，是开展食品安全公益宣传的重要力量。新闻媒体应当发挥其自身优势，以群众喜闻乐见的形式，如开设食品安全知识专栏，制作食品安全方面的宣传片、公益广告，邀请专家开设食品安全宣传讲座等多种方式开展食品安全法律、法规以及食品安全标准和知识的公益宣传。应当指出的是，「公益宣传」是以公益为目的的宣传，不能收取任何费用。二是舆论监督。新闻媒体是食品安全社会监督的重要力量。对食品安全违法行为，新闻媒体应当勇于揭露和曝光，保证公众的知情权和监督权。近些年来，不少食品安全事件都是新闻媒体率先曝光，并迅速引起监管部门的高度重视的，如2008年的『问题奶粉』事件，2014年的『福喜』事件等，可以说新闻媒体在曝光食品安全事件方面，发挥了不可替代的作用，是食品安全社会监督的一支重要力量。应当指出的是，新闻媒体报道食品安全事件，应当真实、公正，不能编造、散布虚假的信息，也不能以偏概全、蓄意炒作、制造事端，这是媒体应履行的社会责任。对于新闻媒体编造、散布虚假食品安全信息的，食品安全法明确规定了相应的法律责任。

除了新闻媒体对食品安全的宣传报道应当真实、公正外，其他主体，如消费者组织、公民个人、企业等在食品安全宣传报道中存在编造、散布虚假食品安全信息行为的，也要依法承担法律责任。

[illegible]

[illegible]

品的研发和应用，鼓励使用高效低毒低残留农药。

国家对农药的使用实行严格的管理制度，加快淘汰剧毒、高毒、高残留农药，推动替代产品的研发和应用，鼓励使用高效低毒低残留农药。

研究，鼓励和支持食品生产经营者为提高食品安全水平采用先进技术和先进管理规范。

第十一条【食品安全基础研究】国家鼓励和支持开展与食品安全有关的基础研究、应用国对剧毒、高毒农药采取了严格的管控措施。20世纪80年代以来，我国已先后禁用了33种农药根据毒性大小分为五级：剧毒农药、高毒农药、中毒农药、低毒农药和微毒农药。我

（二）加快淘汰剧毒、高毒、高残留农药制度。

农药的使用管理对保证食品安全关系重大，应当实行严格的监管质的混合物及其制剂。农药是指用于预防、消灭或者控制危害农业、林业的病、虫、草和其他有害生物以及有目的地调节植物、昆虫生长的化学合成或者来源于生物、其他天然物质的一种物质或者几种物

（一）国家对农药的使用实行严格的管理制度

关于农药问题的规定是本次修改新增加的内容，主要有以下四个方面：

二、关于农药管理

转化为现实的生产力，推动食品安全工作的发展。

经营者为提高食品安全水平采用先进技术和先进管理规范，通过产学研相结合促进科技成果关的基础研究、应用研究，提高食品安全领域的科学技术水平，同时要鼓励和支持食品生产

国家应当通过设立基金、金融支持、政府采购等多种措施鼓励和支持开展与食品安全有

一、关于开展与食品安全有关的科学研究和技术应用

●条文解读

剧毒、高毒农药，并规定剧毒、高毒农药不得用于瓜果、蔬菜、茶叶和中草药材。目前剧毒、高毒农药使用量占农药使用总量的比重已降至3%以下，比21世纪初低30多个百分点。

在立法过程中，有的意见提出，为了加强对食用农产品的源头管控，应当加强对农药的管理，全面淘汰剧毒、高毒农药，以保障食品安全。但也有意见提出，当前全面淘汰剧毒、高毒农药不可行，主要原因有三点：一是地下害虫、线虫、仓储害虫等病虫主要依赖这类农药防治，新农药开发周期长的特点决定了短期内难以找到理想的替代品种，全面禁用这类农药势必会影响农业生产安全和粮食安全。二是剧毒、高毒农药不一定高风险。有些高毒农药成本低、效果好、残留低，只要严格按照要求使用，既不会影响食品安全，也不会影响生态环境安全，全面淘汰这类农药在技术上、经济上、社会上没必要也不可行。三是针对爆发性病虫害，需要储备适量的剧毒、高毒农药用于应急处置。从世界范围看，欧美等发达国家并没有完全禁止所有高毒农药的使用，而是根据生产需要限制这类农药的使用范围，一些高毒农药品种发达国家到现在仍有登记使用。如甲拌磷，截止到2009年，在美国每年仍然有130万磅的甲拌磷在马铃薯、甘蔗、棉花、花生、玉米、甜菜、大豆等作物上广泛使用，而甲拌磷在我国主要用于防治棉花、小麦等作物的地下害虫使用。我国在剧毒、高毒农药禁用上是走在世界前列的，某些农药品种的使用方面甚至要严于发达国家。如我国已全面禁止使用的特丁硫磷，在美国仍可用于防治玉米、香蕉、甜菜多种作物的虫害。目前，我国对仍在大田中使用的12种高毒农药加强管控，推行高毒农药定点经营，登记使用范围仅限于必需的特定用途。

对于上述两种意见，立法机关经过认真研究认为，淘汰剧毒、高毒农药是今后的发展方向，但当前情况下，全面淘汰剧毒、高毒农药还不可行，需要按照『时机成熟一个、禁用一个』的原则，分期分批加快淘汰。同时，考虑到有些农药虽然不属于剧毒、高毒农药，但其使用后因降解速度慢，导致在农作物上残留浓度高，对食用农产品的质量安全会造成危害，因此也需要加快淘汰。因此，最终规定为『加快淘汰剧毒、高毒、高残留农药』。同时，在农药的使用方面加强管理，明确食用农产品生产者不得在生产过程中使用国家明令禁止的农业投入品，剧毒、高毒农药不得用于瓜果、蔬菜、茶叶、中草药材等国家规定的农作物。

（三）推动剧毒、高毒、高残留农药替代产品的研发和应用

由于剧毒、高毒、高残留农药对人畜和环境具有较大的危害性，我国同许多国家一样，一方面逐步削减这类农药的使用，另一方面积极加快这类农药替代产品的研发推广，鼓励科研单位和农药企业开展联合攻关，加快研制具有自主知识产权的剧毒、高毒、高残留农药替代产品，同时通过有关政策，如设立专项资金用于剧毒、高毒、高残留农药替代产品的开发、逐步扩大替代产品的市场占有份额等措施，积极推动剧毒、高毒、高残留农药替代产品的研发和应用。

（四）鼓励使用高效低毒低残留农药

高效低毒低残留农药，是指防治病虫害效果好，同时其毒性和残留在农作物上的浓度又相对比较低的农药。这类农药既能满足农业生产的需要，又因其低毒性、低残留而不会对食品安全造或危害，因此是农药生产的发展方向，需要国家采取有效措施，鼓动和推广这类农药的研究、生产和使用。从实践情况看，农业部作为农药主管部门，近年来在十几个省开展了推广使用高效低毒低残留农药的试点工作，通过财政补贴的方式，鼓励农业生产者使用推荐的高效低毒低残留农药，取得了很好的效果。

[illegible]

[ᠲᠠᠢᠯᠪᠤᠷᠢ]

ᠨᠡᠶᠢᠲᠡᠯᠡᠭᠰᠡᠨ ᠢ ᠳᠤᠷᠠᠳᠬᠠᠪᠠᠯ ᠄ ᠬᠣᠭᠣᠯᠠᠨ ᠤ ᠬᠣᠷ ᠤᠨ ᠬᠡᠷᠡᠭ ᠦᠨ ᠡᠭᠦᠰᠦᠯ ᠡᠴᠡ ᠪᠣᠯᠤᠨ ᠠ ᠬᠣᠷᠠᠯᠠᠭᠰᠠᠨ ᠢ ᠪᠦᠳᠦᠭᠦᠯᠡᠵᠦ ᠪᠠᠢᠭ᠎ᠠ ᠵᠠᠭᠠᠭᠠᠷᠠᠯ
ᠬᠣᠭᠣᠷᠣᠨᠳᠤ ᠳᠤ ᠡᠪᠡᠳᠴᠢᠨ ᠬᠣᠷᠠᠯᠠᠭᠰᠠᠨ ᠪᠣᠯᠤᠨ ᠬᠡᠮᠵᠢᠶᠡᠨ ᠡᠴᠡ ᠬᠡᠲᠦᠷᠡᠭᠰᠡᠨ ᠪᠣᠯᠤᠨ᠎ᠠ ᠄

(ᠬᠣᠶᠠᠷ) ᠬᠣᠷᠠᠯᠠᠭᠰᠠᠨ ᠬᠦᠮᠦᠰ ᠪᠣᠯ · ᠦᠬᠦᠭᠰᠡᠳ ᠬᠦᠮᠦᠰ ᠪᠣᠯ · ᠦᠬᠦᠭᠰᠡᠳ ᠦᠨ ᠲᠣᠭᠠᠴᠠᠭ᠎ᠠ ᠪᠣᠯ ᠬᠣᠭᠣᠯᠠᠨ ᠤ ᠬᠣᠷ ᠤᠨ ᠬᠡᠷᠡᠭ ᠦᠨ ᠠᠷᠤᠭ᠎ᠠ ᠬᠡᠮᠵᠢᠶᠡᠯᠡᠭᠰᠡᠨ

ᠬᠣᠭᠣᠯᠠᠨ ᠤ ᠬᠣᠷ ᠤᠨ ᠬᠡᠷᠡᠭ ᠦᠨ ᠡᠭᠦᠰᠦᠯ ᠢ ᠵᠢ ᠬᠡᠮᠵᠢᠶᠡᠯᠡᠵᠦ ᠦᠵᠡᠬᠦ ᠳᠦ ᠪᠠᠢᠳᠠᠯ ᠄ ᠬᠣᠷᠠᠯᠠᠭᠰᠠᠨ ᠬᠦᠮᠦᠰ · ᠦᠬᠦᠭᠰᠡᠳ ᠬᠦᠮᠦᠰ · ᠪᠦᠬᠦᠯᠢ
ᠬᠦᠮᠦᠰ · ᠬᠣᠣᠰᠣᠨ ᠬᠦᠮᠦᠰ ᠦᠨ ᠲᠣᠭ᠎ᠠ ᠬᠦᠮᠦᠰ ᠦᠨ ᠬᠣᠭᠣᠯᠠᠨ ᠤ ᠬᠣᠷ ᠤᠨ ᠡᠭᠦᠰᠦᠯ ᠲᠦ ᠪᠦᠬᠦᠢ ᠄ ᠵᠢᠯ ᠤ ᠳᠤᠮᠳᠠ ᠬᠣᠷᠠᠯᠠᠭᠰᠠᠨ ᠬᠦᠮᠦᠰ · ᠦᠬᠦᠭᠰᠡᠳ ᠬᠦᠮᠦᠰ
ᠬᠣᠭᠣᠯᠠᠨ ᠤ ᠬᠣᠷ ᠤᠨ ᠵᠢᠷᠤᠭ ᠡᠴᠡ ᠬᠡᠮᠵᠢᠶᠡᠯᠡᠭᠰᠡᠨ ᠶᠠᠭ ᠡᠬᠢᠯᠡᠨ ᠢᠯᠡᠷᠡᠭᠰᠡᠨ ᠪᠣᠯ ᠄ 20 ᠳᠤᠭᠠᠷ ᠵᠠᠭᠤᠨ ᠤ 80 ᠠᠳ ᠣᠨ ᠡᠴᠡ ᠡᠬᠢᠯᠡᠨ ᠤ
ᠦᠬᠦᠭᠰᠡᠳ ᠬᠦᠮᠦᠰ 33 ᠬᠦᠷᠲᠡᠯ ᠡ ᠬᠣᠷᠠᠯᠠᠭᠰᠠᠨ ᠬᠦᠮᠦᠰ · ᠦᠬᠦᠭᠰᠡᠳ ᠬᠦᠮᠦᠰ ᠬᠣᠭᠣᠯᠠᠨ ᠤ ᠬᠣᠷ ᠤᠨ ᠬᠣᠭᠣᠷᠣᠨᠳᠤ ᠳᠤ ᠲᠣᠭᠠᠴᠠᠭᠳᠠᠭᠰᠠᠨ · ᠬᠡᠮᠵᠢᠶᠡᠯᠡᠭᠰᠡᠨ ᠬᠣᠷᠠᠯᠠᠭᠰᠠᠨ
ᠬᠦᠮᠦᠰ · ᠦᠬᠦᠭᠰᠡᠳ ᠬᠦᠮᠦᠰ ᠬᠣᠭᠣᠯᠠᠨ ᠤ ᠬᠣᠷ ᠤ ᠲᠣᠭᠠᠨ ᠡᠷᠡᠭᠦᠯ · ᠬᠣᠷᠠᠯᠠᠭᠰᠠᠨ ᠪᠦᠳᠦᠭᠦᠯᠡᠭᠰᠡᠨ · ᠲᠡᠭᠡᠨ ᠡᠴᠡ ᠪᠣᠯᠤᠨ ᠬᠣᠷ ᠤᠨ ᠬᠡᠮᠵᠢᠶ᠎ᠡ ᠶᠢᠨ ᠬᠣᠭᠣᠷᠣᠨᠳᠤ
ᠡᠷᠢᠯᠡᠭᠰᠡᠨ ᠲᠣᠭᠣᠭ᠎ᠠ ᠬᠣᠷᠠᠯᠠᠭᠰᠠᠳ ᠦᠨ ᠪᠦᠷᠢᠳᠦᠯ ᠄ ᠬᠣᠷᠠᠯᠠᠭᠰᠠᠨ ᠬᠦᠮᠦᠰ · ᠦᠬᠦᠭᠰᠡᠳ ᠬᠦᠮᠦᠰ ᠬᠣᠭᠣᠯᠠᠨ ᠤ ᠬᠣᠷ ᠤᠨ ᠬᠣᠭᠣᠷᠣᠨᠳᠤ ᠳᠤ ᠡᠷᠡᠭᠦᠯ ᠢ ᠡᠨᠡ
ᠬᠣᠭᠣᠯᠠᠨ ᠤ ᠬᠣᠷ ᠬᠣᠭᠣᠷᠣᠨᠳᠤ ᠳᠤ ᠬᠡᠷᠡᠭᠯᠡᠭᠰᠡᠨ ᠵᠢᠯ ᠪᠦᠷᠢ ᠬᠡᠮᠵᠢᠶᠡᠨ 3% ᠢᠶᠠᠷ ᠪᠠᠭᠤᠷᠠᠭᠰᠠᠨ ᠪᠠᠢᠨ᠎ᠠ · 21 ᠳᠤᠭᠠᠷ ᠵᠠᠭᠤᠨ ᠤ ᠡᠬᠢᠨ ᠡᠴᠡ

ᠵᠢᠷᠤᠭ ᠪᠠᠢᠳᠠᠯᠲᠠᠢ ᠄

ᠪᠠᠢᠳᠠᠯ ᠬᠥᠭᠵᠢᠯᠲᠡ ᠶᠢᠨ ᠲᠦᠯᠬᠢᠴᠡ ᠵᠢᠯ ᠦᠨ ᠪᠦᠷᠢ · ᠬᠦᠮᠦᠰ ᠤᠨ ᠡᠷᠡᠭᠦᠯ ᠬᠣᠭᠣᠯᠠᠨ ᠤ ᠬᠣᠷ ᠤᠨ ᠮᠡᠳᠡᠭᠳᠡᠯ ᠢ ᠵᠢᠷᠤᠭ ᠲᠠᠢ ᠬᠦᠮᠦᠰ ᠲᠦ
ᠬᠣᠷᠠᠯᠠᠭᠰᠠᠨ ᠬᠦᠮᠦᠰ ᠤᠨ ᠬᠡᠮᠵᠢᠶᠡᠨ ᠳᠦ ᠬᠣᠭᠣᠯᠠᠨ ᠤ ᠬᠣᠷ ᠤᠨ ᠬᠡᠷᠡᠭ ᠦᠨ ᠡᠭᠦᠰᠦᠯ ᠦᠨ ᠬᠣᠭᠣᠷᠣᠨᠳᠤ ᠠᠩᠬᠠᠷᠤᠯ · ᠬᠣᠷᠠᠯᠠᠭᠰᠠᠨ ᠬᠦᠮᠦᠰ · ᠦᠬᠦᠭᠰᠡᠳ
ᠬᠦᠮᠦᠰ ᠬᠣᠭᠣᠯᠠᠨ ᠤ ᠬᠣᠷ ᠤᠨ ᠡᠷᠡᠭᠦᠯ ᠡᠭᠦᠰᠦᠯ · ᠪᠦᠬᠦᠢ ᠵᠢᠯ ᠦᠨ ᠬᠡᠷᠡᠭ ᠦᠨ ᠲᠣᠭᠠᠨ ᠤ ᠬᠣᠭᠣᠯᠠᠨ ᠤ ᠬᠣᠷ ᠤᠨ ᠬᠡᠮᠵᠢᠶᠡᠨ ᠳᠦ ᠲᠣᠭᠠᠴᠠᠭᠳᠠᠨ᠎ᠠ ᠄ ᠪᠣᠯᠵᠠᠭ᠎ᠠ
ᠪᠠᠢᠨ᠎ᠠ ᠬᠡᠷᠡᠭ ᠮᠢᠨᠠ ᠳᠤ ᠬᠣᠷᠠᠯᠠᠭᠰᠠᠨ ᠬᠦᠮᠦᠰ ᠪᠣᠯᠤᠨ · ᠦᠬᠦᠭᠰᠡᠳ ᠬᠦᠮᠦᠰ ᠬᠣᠭᠣᠯᠠᠨ ᠤ ᠬᠣᠷ ᠤᠨ ᠬᠡᠷᠡᠭ ᠪᠣᠯ ᠬᠣᠷᠠᠯᠠᠭᠰᠠᠨ ᠬᠦᠮᠦᠰ ᠤᠨ ᠡᠷᠡᠭᠦᠯᠡᠭᠡᠷᠡᠢ

[illegible] 2009 [illegible] 130 [illegible]

ᠠᠮᠢᠳᠤ ᠶᠢᠨ ᠬᠡᠷᠡᠭᠯᠡᠬᠦ ᠪᠠᠷᠠᠭ᠎ᠠ ᠳᠤ 《ᠬᠦᠨᠡᠰᠦ ᠲᠡᠵᠢᠭᠡᠯ ᠦᠨ ᠠᠮᠤᠷ ᠲᠦᠪᠰᠢᠨ ᠦ ᠬᠠᠤᠯᠢ》 ᠳᠤ ᠵᠠᠰᠠᠪᠤᠷᠢ ᠣᠷᠤᠭᠤᠯᠵᠤ᠂ ᠬᠦᠨᠡᠰᠦ ᠲᠡᠵᠢᠭᠡᠯ ᠦᠨ ᠠᠮᠤᠷ ᠲᠦᠪᠰᠢᠨ ᠦ ᠪᠠᠷᠢᠮᠵᠢᠶ᠎ᠠ ᠶᠢ ᠲᠣᠭᠲᠠᠭᠠᠬᠤ ᠳᠤ ᠬᠠᠮᠢᠶᠠᠷᠤᠭᠰᠠᠨ ᠵᠦᠢᠯ ᠢ ᠲᠣᠳᠤᠷᠬᠠᠢᠯᠠᠭᠰᠠᠨ ᠪᠠᠢᠨ᠎ᠠ᠃ ᠬᠦᠨᠡᠰᠦ ᠲᠡᠵᠢᠭᠡᠯ ᠦᠨ ᠠᠮᠤᠷ ᠲᠦᠪᠰᠢᠨ ᠦ ᠪᠠᠷᠢᠮᠵᠢᠶ᠎ᠠ ᠶᠢ ᠲᠣᠭᠲᠠᠭᠠᠬᠤ ᠳᠤ ᠬᠦᠨᠡᠰᠦ ᠲᠡᠵᠢᠭᠡᠯ ᠦᠨ ᠠᠮᠤᠷ ᠲᠦᠪᠰᠢᠨ ᠦ ᠡᠷᠡᠰᠳᠡᠯ ᠦᠨ ᠦᠨᠡᠯᠡᠯᠲᠡ ᠶᠢᠨ ᠦᠷ᠎ᠡ ᠳᠦᠩ ᠢ ᠰᠠᠭᠤᠷᠢ ᠪᠣᠯᠭᠠᠬᠤ ᠶᠣᠰᠣᠲᠠᠢ᠂ ᠬᠦᠨᠡᠰᠦ ᠲᠡᠵᠢᠭᠡᠯ ᠦᠨ ᠠᠮᠤᠷ ᠲᠦᠪᠰᠢᠨ ᠦ ᠡᠷᠡᠰᠳᠡᠯ ᠦᠨ ᠬᠢᠨᠠᠨ ᠰᠢᠯᠭᠠᠯᠲᠠ ᠶᠢᠨ ᠦᠷ᠎ᠡ ᠳᠦᠩ ᠢ ᠴᠢᠬᠤᠯᠠ ᠯᠠᠪᠯᠠᠭᠠ ᠪᠣᠯᠭᠠᠨ ᠠᠰᠢᠭᠯᠠᠬᠤ ᠶᠣᠰᠣᠲᠠᠢ᠃

《ᠬᠦᠨᠡᠰᠦ ᠲᠡᠵᠢᠭᠡᠯ ᠦᠨ ᠠᠮᠤᠷ ᠲᠦᠪᠰᠢᠨ ᠦ ᠬᠠᠤᠯᠢ》 ᠶᠢᠨ 12 ᠳ᠋ᠤᠭᠠᠷ ᠵᠦᠢᠯ ᠳᠦ᠂ ᠬᠦᠨᠡᠰᠦ ᠲᠡᠵᠢᠭᠡᠯ ᠦᠨ ᠠᠮᠤᠷ ᠲᠦᠪᠰᠢᠨ ᠦ ᠡᠷᠡᠰᠳᠡᠯ ᠦᠨ ᠬᠢᠨᠠᠨ ᠰᠢᠯᠭᠠᠯᠲᠠ ᠪᠤᠶᠤ ᠮᠡᠳᠡᠭᠳᠡᠯ ᠦᠨ ᠳᠠᠭᠠᠤ ᠪᠠᠢᠴᠠᠭᠠᠯᠲᠠ ᠶᠢᠨ ᠵᠠᠮ ᠢᠶᠠᠷ ᠬᠦᠨᠡᠰᠦ ᠲᠡᠵᠢᠭᠡᠯ ᠳᠦ ᠠᠮᠤᠷ ᠲᠦᠪᠰᠢᠨ ᠦ ᠨᠢᠭᠤᠴᠠ ᠠᠶᠤᠯ ᠪᠠᠢᠵᠤ ᠮᠡᠳᠡᠭᠰᠡᠨ ᠳᠦ ᠳᠠᠷᠤᠢ ᠪᠠᠢᠴᠠᠭᠠᠨ ᠰᠢᠯᠭᠠᠯᠲᠠ ᠬᠢᠬᠦ ᠪᠠ ᠬᠦᠨᠡᠰᠦ ᠲᠡᠵᠢᠭᠡᠯ ᠦᠨ ᠠᠮᠤᠷ ᠲᠦᠪᠰᠢᠨ ᠦ ᠡᠷᠡᠰᠳᠡᠯ ᠦᠨ ᠦᠨᠡᠯᠡᠯᠲᠡ ᠬᠢᠬᠦ ᠶᠢ ᠵᠣᠬᠢᠶᠠᠨ ᠪᠠᠢᠭᠤᠯᠬᠤ ᠶᠣᠰᠣᠲᠠᠢ ᠭᠡᠵᠡᠢ᠃ ᠡᠨᠡ ᠵᠦᠢᠯ ᠦᠨ ᠲᠣᠭᠲᠠᠭᠠᠯ ᠢ ᠬᠡᠷᠡᠭᠵᠢᠭᠦᠯᠬᠦ ᠳᠦ ᠬᠦᠨᠡᠰᠦ ᠲᠡᠵᠢᠭᠡᠯ ᠦᠨ ᠠᠮᠤᠷ ᠲᠦᠪᠰᠢᠨ ᠦ ᠪᠠᠷᠢᠮᠵᠢᠶ᠎ᠠ ᠶᠢ ᠳᠠᠷᠤᠢ ᠲᠣᠭᠲᠠᠭᠠᠬᠤ ᠪᠤᠶᠤ ᠵᠠᠰᠠᠪᠤᠷᠢ ᠣᠷᠤᠭᠤᠯᠬᠤ ᠬᠡᠷᠡᠭᠲᠡᠢ ᠪᠠᠢᠨ᠎ᠠ᠃ ᠡᠨᠡ ᠦ ᠳᠤᠯᠳᠠ ᠬᠦᠨᠡᠰᠦ ᠲᠡᠵᠢᠭᠡᠯ ᠦᠨ ᠠᠮᠤᠷ ᠲᠦᠪᠰᠢᠨ ᠦ ᠪᠠᠷᠢᠮᠵᠢᠶ᠎ᠠ ᠶᠢ ᠲᠣᠭᠲᠠᠭᠠᠬᠤ ᠪᠠ ᠵᠠᠰᠠᠪᠤᠷᠢ ᠣᠷᠤᠭᠤᠯᠬᠤ ᠳᠤ ᠰᠠᠭᠤᠷᠢ ᠪᠣᠯᠭᠠᠨ᠎ᠠ᠃ ᠡᠨᠡ ᠦ ᠲᠤᠯᠠ ᠬᠠᠤᠯᠢ ᠶᠢᠨ ᠡᠨᠡ ᠵᠦᠢᠯ ᠳᠦ ᠬᠦᠨᠡᠰᠦ ᠲᠡᠵᠢᠭᠡᠯ ᠦᠨ ᠠᠮᠤᠷ ᠲᠦᠪᠰᠢᠨ ᠦ ᠡᠷᠡᠰᠳᠡᠯ ᠦᠨ ᠦᠨᠡᠯᠡᠯᠲᠡ ᠶᠢᠨ ᠦᠷ᠎ᠡ ᠳᠦᠩ ᠢ ᠬᠦᠨᠡᠰᠦ ᠲᠡᠵᠢᠭᠡᠯ ᠦᠨ ᠠᠮᠤᠷ ᠲᠦᠪᠰᠢᠨ ᠦ ᠪᠠᠷᠢᠮᠵᠢᠶ᠎ᠠ ᠶᠢ ᠲᠣᠭᠲᠠᠭᠠᠬᠤ ᠰᠠᠭᠤᠷᠢ ᠪᠣᠯᠭᠠᠬᠤ ᠶᠣᠰᠣᠲᠠᠢ ᠭᠡᠵᠦ ᠲᠣᠳᠤᠷᠬᠠᠢᠯᠠᠭᠰᠠᠨ ᠪᠠᠢᠨ᠎ᠠ᠃

[illegible]
[illegible]
[illegible]
[illegible]
[illegible]

[illegible]
[illegible]

[illegible]
[illegible]
[illegible]
[illegible]
[illegible]
[illegible]
[illegible]
[illegible]

部门了解食品安全信息，对食品安全监督管理工作提出意见和建议。

第十二条【举报违法行为】任何组织或者个人有权举报食品安全违法行为，依法向有关

●条文解读

做好食品安全工作，需要多管齐下、内外并举，综合施策、标本兼治，构建企业自律、政府监管、行业自律、公众参与、社会监督的食品安全社会共治格局，凝聚起维护食品安全的强大合力。就社会组织和公众参与而言，主要是通过举报食品安全违法行为，了解食品安全信息，对食品安全监督管理工作提出意见和建议这三个方面来实现。

一、举报食品安全违法行为

食品安全关系每一个人的健康和安全，任何组织或者个人都有权举报食品安全违法行为，形成人人监督食品安全的天网，让不安全食品没有市场，让不法食品生产经营者无处藏身，只有这样才能形成有效的社会监督，形成只有守法生产经营才能在市场中生存的社会环境。食品安全法规定，县级以上人民政府食品药品监督管理、质量监督等部门应当公布本部门的电子邮件地址或者电话，接受咨询、投诉、举报。接到咨询、投诉、举报，对属于本部门职责的，应当受理并在法定期限内及时答复、核实、处理；对不属于本部门职责的，应当移交有权处理的部门处理。这一规定为公民和组织举报食品安全违法行为提供了制度保障。作为社会组织和公民个人，要勇于向监管部门举报违法的食品生产经营行为，这一方面是维护自身作为食品消费者合法权益的需要，另一方面也是参与食品安全社会共治，履行社会责任的需要。作为食品安全监管部门，要对社会组织和公民所举报的问题认真调查处理，不能推诿拖延，对查证属实的举报予以奖励，以此鼓励公民的举报热情，并对举报人的信息予以保密，保护举报人的合法权益。

二、了解食品安全信息

社会公众能够参与食品安全社会共治，一个基本前提是了解食品安全信息。为了保障公众的知情权，食品安全法规定了食品安全信息公开制度。这些制度基本覆盖了食品安全管理的各个方面，是一个全方位的信息公开制度，包括：一是在食品安全风险评估方面，规定食品安全风险评估结果得出食品、食品添加剂、食品相关产品不安全结论的，国务院食品药品监督管理、质量监督等部门应当依据各自职责立即告知消费者停止食用或者使用，对经综合分析表明可能具有较高程度安全风险的食品，国务院食品药品监督管理部门应当及时提出食品安全风险警示，并向社会公布；县级以上人民政府食品药品监督管理部门和其他有关部门、食品安全风险评估专家委员会及其技术机构，应当按照科学、客观、及时、公开的原则，组织食品生产经营者、食品检验机构、认证机构、食品行业协会、消费者协会以及新闻媒体等，就食品安全风险评估信息和食品安全监督管理信息进行交流沟通。二是在食品安全标准管理方面，规定食品安全国家标准、地方标准、企业标准都在卫生部门的网站上公布，供公众免费查阅、下载。三是在食品的标签、说明书管理上，规定食品的标签、说明书必须标明的事项，强调生产者对标签、说明书的内容负责，不得含有虚假内容。四是在特殊食品管理上，强调食品药品监督管理部门应当及时向社会公布已注册或者备案的保健食品、特殊医学用途配方食品、婴幼儿配方乳粉的目录。五是在食品出入境管理上，规定国家出入境检验检疫部门应当公布进出口食品的进口商、出口商和出口食品生产企业的信用记录。六是在食品安全事故处置方面，规定食品药品监督管理部门应当会同有关部门做好信息发布工作，依法对食品安全事故及其处理情况进行发布，并对可能产生的危害加以解释、说明。七是在监督管理方面，规定食品药品监督管理部门应当建立食品生产经营者食品安全信用档案，依法向社会公布并予以实时更新，同时规定国家建立统一的食品安全信息平台，实行食品安全信息统一公布制度，要求公布食品安全信息，应当做到准确、及时，并进行必要的解释说明，避免误导消费者和社会舆论等。上述这些规定，保障了社会公众对食品安全信息的知情权。对于上述范围之外的食品安全信息，公民和组织还可以依据政府信息公开条例的规定，依法向有关部门申请公开，有关部门应当依法予以受理，并依法予以公开。如果有关部门没有依法受理、公开信息，公民或者社会组织可以通过依法提起行政复议、行政诉讼的方式维护自己的知情权。

三、对食品安全监督管理工作提出意见和建议

我国宪法明确规定：『中华人民共和国公民对于任何国家机关和国家工作人员，有提出批评和建议的权利。』对于食品安全监督管理工作，任何组织或者个人都有权提出意见和建

待，重视研究解决，并作为加强和改进工作的重要参考。

于社会组织或者个人对食品安全监督管理工作提出的意见和建议，有关监管部门应当认真对

议。提出意见和建议的方式可以是来信来访，也可以是在新闻媒体上发表意见、建议等。对

[illegible]

[illegible]

第十三条【表彰与奖励】对在食品安全工作中做出突出贡献的单位和个人，按照国家有关规定给予表彰、奖励。

●条文解读

榜样的作用是无穷的，对在食品安全工作中做出突出贡献的单位和个人给予表彰、奖励，可以起到鼓励更多的单位和个人向他们学习，弘扬社会正气，激励大家积极投身食品安全工作，参与食品安全社会共治的作用。这里应当指出三点：一是『在食品安全工作中做出突出贡献的单位和个人』是一个宽泛的概念，包括食品安全执法部门及其工作人员，从事食品安全研究的研究机构及其工作人员，食品生产经营者、食品检验机构及其检验人员，以及食品行业协会、消费者协会或者公民个人等。二是作为奖励对象，必须是对食品安全工作做出突出贡献的单位和个人，这里的标准是『突出贡献』，不是一般的做出成绩即可成为奖励对象。三是表彰和奖励的主体既包括各级人民政府，也包括食品药品监督管理、卫生、农业、质量监督等有关部门。四是给予的表彰、奖励，既包括物质奖励，如颁发奖金，给予物质奖赏，也包括精神方面的表彰，如给予通报表扬等表彰，授予荣誉称号等。

[illegible]

[illegible]

[illegible]

[illegible]

[illegible]

[illegible]

[illegible]

[illegible]

[illegible]

第二章　食品安全风险监测和评估

第十四条【食品安全风险监测制度】 国家建立食品安全风险监测制度，对食源性疾病、食品污染以及食品中的有害因素进行监测。

国务院卫生行政部门会同国务院食品药品监督管理、质量监督等部门，制定、实施国家食品安全风险监测计划。

国务院食品药品监督管理部门和其他有关部门获知有关食品安全风险信息后，应当立即核实并向国务院卫生行政部门通报。对有关部门通报的食品安全风险信息以及医疗机构报告的食源性疾病等有关疾病信息，国务院卫生行政部门应当会同国务院有关部门分析研究，认为必要的，及时调整国家食品安全风险监测计划。

省、自治区、直辖市人民政府卫生行政部门会同同级食品药品监督管理、质量监督等部门，根据国家食品安全风险监测计划，结合本行政区域的具体情况，制定、调整本行政区域的食品安全风险监测方案，报国务院卫生行政部门备案并实施。

●条文解读

一、食品安全风险监测制度

食品安全风险监测是指系统和持续收集食源性疾病、食品污染、食品中有害因素等相关数据信息，并应用医学、卫生学原理和方法进行监测。食品安全风险监测是政府实施食品安全监督管理的重要手段，承担着为政府提供技术决策、技术服务咨询的重要职能，主要有四个方面的功能：一是全面了解食品污染状况和趋势；二是发现食品安全隐患，协助确定需重点监管的食品和环节，为监管工作提供科学依据；三是为风险评估、标准制定修订提供基础数据；四是了解食源性疾病发生情况，以便早期识别和防控食源性疾病。

与一般的执法监督抽检相比，食品安全风险监测具有以下特性：一是目的主要为风险评估、标准制定及食品安全总体状况的评价等提供科学依据，监测结果不直接用于食品安全监管执法。监测的内容既包括标准内的项目，也包括未纳入标准的潜在污染物。二是要求有一定的代表性，通常随机采样。三是要使用最灵敏的方法，结果要出具具体数值。

二、食品安全风险监测的内容

国家建立食品安全风险监测制度，主要对以下三类内容进行监测：

第一，食源性疾病。食源性疾病是指食品中致病因素进入人体引起的感染性、中毒性等疾病。包括常见的食物中毒、肠道传染病、人畜共患传染病、寄生虫病以及化学性有毒有害物质所引起的疾病。食源性疾病具有暴发性、散发性、地区性和季节性特征，发病率居各类疾病总发病率的前列，在全世界范围内都是一个日益严重的食品安全和公共卫生问题。

第二，食品污染。食品污染是指食品及其原料在生产、加工、运输、包装、贮存、销售、烹调等过程中，因农药、废水、污水、病虫害和家畜疫病所引起的污染，以及霉菌毒素引起的食品霉变，运输、包装材料中有毒物质等对食品所造成的污染的总称。食品污染可分为生物性污染、化学性污染和物理性污染三大类。

第三，食品中的有害因素。食品中可能存在的有害因素按来源可分为三类：（1）食品污染物。在生产、加工、贮存、运输、销售等过程中混入食品中的物质。（2）食品中天然存在的有害物质，如大豆中存在的蛋白酶抑制剂。（3）食品加工、保藏过程中产生的有害物质，如酿酒过程中产生的甲醇、杂醇油等有害成分。

三、食品安全风险监测计划

食品安全风险监测计划是针对食源性疾病、食品污染以及食品中的有害因素进行监测的具体计划。根据本条第2款规定，国家食品安全风险监测计划由国务院卫生行政部门会同国务院食品药品监督管理、质量监督等部门制定、实施。原法规定的是由国务院卫生行政部门会同国务院有关部门，此次修改对有关部门作了进一步明确。此外，还对食品安全风险信息的交流机制作了完善，将核实环节前置，由有关部门进行核实，并向国务院卫生行政部门通报。同时明确有关信息包括有关部门通报的食品安全风险信息和医疗机构报告的食源性疾病等有关疾病信息；增加了对信息的分析研究要求，经分析研究，认为必要的，及时调整国家食品安全风险监测计划。有关部门根据分工，主要承担以下职责：

第一，核实和通报食品安全风险信息。根据本法以及国务院有关部门职责分工的规定，食品药品监督、农业、质量监督等行政部门在监督检查和执法中都可能发现食品安全信息，在这种情况下必须立即对有关信息进行核实，并向卫生行政部门通报。及时性和准确性是食品安全风险信息的重要要求，越是及时、准确的信息越是对食品安全监管工作有益。这就要求有关监管部门要尽可能提高所通报食品安全风险信息的准确性，为之后的分析研究和论证工作打好基础。规定有关部门的通报义务，是为了方便国务院卫生行政部门及时获知食品安全风险信息，及时调整国家食品安全风险监测计划，从全局上考虑和防范类似的食品安全风险，避免发生食品安全事故。

第二，分析研究和判断。国务院卫生行政部门接到有关部门通报的食品安全风险信息后，应当会同有关部门对该信息进行分析研究，包括食品安全风险信息的科学性、准确性，调整食品安全风险监测计划的必要性，经过分析研究认为必要的才能作为调整食品安全风险监测计划依据，并非是一经核实有关信息即进行调整。

第三，及时调整食品安全风险监测计划。食品安全风险监测计划虽然在一定时期具有一定程度的稳定性，但不是一成不变的。食品安全风险状况是动态的，了解到的风险信息也是变化的。为了分析和防范食品安全风险，食品安全风险信息所反映的问题，经过分析研究认为必要的，应当尽快列入食品安全风险监测计划。

第四，加强沟通、密切配合。在食品安全监管工作中，国务院卫生行政部门与食品药品监督等有关部门的关系密不可分。食品安全涉及面广，单单依靠任何一个部门都不可能完成保证食品安全、保障公众生命健康权利的重任。在具体的某一项工作中，如本条规定的食品安全信息的核实、通报和分析研究，就需要多个部门加强沟通、密切配合。

四、食品安全风险监测方案

本条第四款规定，省、自治区、直辖市人民政府卫生行政部门会同同级食品药品监督管理、质量监督等部门，根据国家食品安全风险监测计划，结合本行政区域的具体情况，制定、调整本行政区域的食品安全风险监测方案，报国务院卫生行政部门备案并实施。此次修改明确了制定、调整本行政区域的食品安全风险监测方案的部门为省、自治区、直辖市人民政府卫生行政部门会同同级食品药品监督管理、质量监督等部门，并将省、自治区、直辖市有关部门的组织制定、实施食品安全风险监测方案的权利修改为『制定、调整和实施』权，同时吸纳了食品安全法实施条例中的规定，增加了食品安全风险监测方案应当向国务院卫生行政部门备案的要求。

食品安全风险监测方案与监测计划有一定的区别。监测方案针对的是一定时期、一定区域内食品安全风险监测的重要工作、重大活动，更明确、具体、有针对性。因此，在制定食品安全风险监测方案时，要根据国家食品安全风险监测计划，结合本行政区域的具体情况，如本地区人口特征、主要生产和消费食物种类、预期的保护水平以及经费支持能力等，使其明确、具体、可操作，既与食品安全风险监测计划相符，又与食品安全风险监测计划相区分。

[ᠲᠠᠶᠢᠯᠪᠤᠷᠢ]

[illegible]

[illegible] (2) [illegible]

[illegible] (3) [illegible]

[illegible]

[illegible]

[illegible]

[illegible]

[illegible]

[illegible]

[illegible] 2 [illegible]

[illegible]

[illegible]

[illegible]

[illegible]

[illegible]

[illegible]

[illegible]

[illegible]

ᠬᠤᠪᠢᠷᠠᠭᠤᠯᠤᠨ ᠭᠠᠷᠭᠠᠬᠤ ᠬᠣᠭᠣᠯᠠ᠂ ᠢᠳᠡᠭᠡᠨ ᠤᠤᠭᠠᠬᠤ ᠶᠠᠭᠤᠮᠠ ᠳᠤ ᠬᠡᠷᠡᠭᠯᠡᠭᠰᠡᠨ ᠦ ᠭᠠᠷᠤᠯ ᠤᠨ ᠬᠡᠷᠡᠭᠯᠡᠭᠡ ᠶᠢᠨ ᠪᠠᠶᠢᠳᠠᠯ ᠪᠣᠯᠤᠨ ᠪᠦᠲᠦᠭᠡᠭᠳᠡᠬᠦᠨ ᠦ ᠬᠡᠮᠵᠢᠶ᠎ᠡ ᠶᠢ ᠬᠢᠨᠠᠨ ᠪᠠᠶᠢᠴᠠᠭᠠᠬᠤ ᠶᠠᠪᠤᠴᠠ ᠳᠤ ᠶᠠᠷᠢᠭ᠎ᠠ ᠪᠣᠯᠤᠨ᠎ᠠ᠂ ᠠᠶᠤᠯᠭᠦᠢ ᠶᠢᠨ ᠪᠠᠶᠢᠳᠠᠯ ᠢ ᠪᠠᠲᠤᠯᠠᠭᠠᠵᠤ ᠪᠣᠯᠬᠤ ᠦᠭᠡᠢ᠂ ᠬᠠᠮᠢᠶᠠᠷᠤᠭᠰᠠᠨ ᠪᠠᠶᠢᠭᠤᠯᠤᠯᠭ᠎ᠠ ᠶᠢᠨ ᠵᠢᠭᠠᠯ ᠵᠢᠨ ᠳᠠᠭᠠᠤ ᠮᠡᠳᠡᠭᠳᠡᠨ᠎ᠡ ᠄ ᠡᠨᠡ ᠬᠠᠤᠯᠢ ᠳᠤ ᠵᠠᠭᠠᠭᠰᠠᠨ ᠵᠦᠢᠯ ᠦᠨ ᠳᠠᠭᠠᠤ ᠬᠢᠨᠠᠨ ᠪᠠᠶᠢᠴᠠᠭᠠᠬᠤ ᠶᠤᠰᠤᠭᠠᠷ ᠬᠢᠨᠠᠨ ᠪᠠᠶᠢᠴᠠᠭᠠᠬᠤ ᠪᠠ ᠪᠠᠯᠠᠮᠳᠠ ᠬᠡᠮᠵᠢᠶ᠎ᠡ ᠳᠤ ᠬᠢᠨᠠᠬᠤ ᠬᠡᠷᠡᠭᠲᠡᠶ᠂ ᠡᠨᠡ ᠬᠠᠤᠯᠢ ᠶᠢᠨ ᠬᠤᠪᠢᠷᠠᠭᠤᠯᠤᠯ ᠤᠨ ᠪᠦᠲᠦᠭᠡᠭᠳᠡᠬᠦᠨ ᠦ ᠬᠡᠮᠵᠢᠶ᠎ᠡ ᠶᠢᠨ ᠪᠠᠶᠢᠳᠠᠯ ᠢ ᠬᠢᠨᠠᠨ ᠪᠠᠶᠢᠴᠠᠭᠠᠬᠤ ᠶᠠᠪᠤᠴᠠ ᠳᠤ ᠡᠨᠡ ᠬᠡᠮᠵᠢᠶ᠎ᠡ ᠶᠢᠨ ᠬᠠᠮᠢᠶ᠎ᠠ ᠪᠦᠬᠦᠢ ᠪᠠᠶᠢᠭᠤᠯᠤᠯᠭ᠎ᠠ᠂ ᠵᠢᠷᠤᠮ ᠵᠢᠷᠤᠮᠯᠠᠯ ᠤᠨ ᠲᠤᠬᠠᠢ ᠬᠢᠨᠠᠬᠤ ᠪᠠ ᠲᠣᠭᠲᠠᠭᠠᠬᠤ᠂ ᠡᠨᠡ ᠲᠤᠬᠠᠢ ᠬᠢᠨᠠᠨ ᠪᠠᠶᠢᠴᠠᠭᠠᠬᠤ ᠪᠠᠯᠠᠮᠳᠠ ᠶᠢ ᠮᠡᠳᠡᠭᠳᠡᠬᠦ ᠬᠡᠷᠡᠭᠲᠡᠶ᠂ ᠬᠦᠮᠦᠨ ᠦ ᠡᠷᠦᠯ ᠮᠡᠨᠳᠦ ᠶᠢᠨ ᠬᠠᠮᠢᠶᠠᠷᠤᠯ ᠤᠨ ᠪᠠᠶᠢᠳᠠᠯ ᠢ ᠮᠡᠳᠡᠭᠳᠡᠨ᠎ᠡ᠂ ᠬᠤᠪᠢᠷᠠᠭᠤᠯᠤᠯ ᠤᠨ ᠪᠦᠲᠦᠭᠡᠭᠳᠡᠬᠦᠨ ᠦ ᠬᠡᠮᠵᠢᠶ᠎ᠡ ᠶᠢᠨ ᠪᠠᠶᠢᠳᠠᠯ ᠢ ᠮᠡᠳᠡᠭᠳᠡᠨ᠎ᠡ᠃

ᠬᠤᠪᠢᠷᠠᠭᠤᠯᠤᠯ ᠢ ᠬᠢᠨᠠᠨ ᠪᠠᠶᠢᠴᠠᠭᠠᠬᠤ ᠪᠠᠶᠢᠭᠤᠯᠤᠯᠭ᠎ᠠ ᠪᠠᠷ ᠰᠢᠯᠭᠠᠨ ᠪᠠᠲᠤᠯᠠᠬᠤ᠂ ᠲᠡᠭᠦᠨ ᠦ ᠳᠦᠩ ᠢ ᠶᠠᠰᠤᠯᠠᠨ᠎ᠠ ᠄ ᠡᠨᠡ ᠬᠡᠮᠵᠢᠶ᠎ᠡ ᠶᠢᠨ ᠪᠠᠶᠢᠳᠠᠯ ᠢ ᠬᠢᠨᠠᠨ ᠪᠠᠶᠢᠴᠠᠭᠠᠬᠤ᠂ ᠬᠤᠪᠢᠷᠠᠭᠤᠯᠤᠯ ᠤᠨ ᠪᠦᠲᠦᠭᠡᠭᠳᠡᠬᠦᠨ ᠦ ᠬᠢᠮᠢ ᠶᠢᠨ ᠪᠠᠶᠢᠳᠠᠯ ᠢ ᠬᠢᠨᠠᠨ ᠪᠠᠶᠢᠴᠠᠭᠠᠬᠤ ᠬᠡᠷᠡᠭᠲᠡᠶ ᠄ ᠲᠡᠭᠦᠨ ᠴᠢᠯᠡᠭᠦ ᠲᠣᠭ᠎ᠠ ᠬᠡᠮᠵᠢᠶ᠎ᠡ ᠶᠢ ᠲᠣᠭᠲᠠᠭᠠᠵᠤ᠂ ᠬᠤᠪᠢᠷᠠᠭᠤᠯᠤᠯ ᠤᠨ ᠪᠦᠲᠦᠭᠡᠭᠳᠡᠬᠦᠨ ᠦ ᠪᠠᠶᠢᠳᠠᠯ ᠳᠤ ᠬᠢᠨᠠᠨ ᠪᠠᠶᠢᠴᠠᠭᠠᠬᠤ᠂ ᠪᠣᠯᠤᠨ ᠡᠨᠡ ᠬᠠᠤᠯᠢ ᠶᠢᠨ ᠵᠦᠢᠯ ᠦᠨ ᠳᠠᠭᠠᠤ ᠪᠠᠲᠤᠯᠠᠭᠰᠠᠨ ᠬᠡᠮᠵᠢᠶ᠎ᠡ ᠶᠢ ᠲᠣᠭᠲᠠᠭᠠᠨ᠎ᠠ ᠄ ᠬᠤᠪᠢᠷᠠᠭᠤᠯᠤᠯ ᠤᠨ ᠪᠦᠲᠦᠭᠡᠭᠳᠡᠬᠦᠨ ᠦ ᠬᠡᠮᠵᠢᠶ᠎ᠡ ᠶᠢᠨ ᠪᠠᠶᠢᠳᠠᠯ ᠢ ᠬᠢᠨᠠᠨ ᠪᠠᠶᠢᠴᠠᠭᠠᠬᠤ ᠳᠤ ᠬᠢᠨᠠᠬᠤ ᠶᠠᠪᠤᠴᠠ ᠳᠤ ᠡᠷᠦᠯ ᠮᠡᠨᠳᠦ ᠶᠢᠨ ᠬᠡᠮᠵᠢᠶ᠎ᠡ ᠪᠠ ᠪᠦᠲᠦᠭᠡᠭᠳᠡᠬᠦᠨ ᠦ ᠠᠶᠤᠯᠭᠦᠢ ᠶᠢ ᠪᠠᠲᠤᠯᠠᠬᠤ ᠪᠠᠷ ᠪᠠᠲᠤᠯᠠᠭᠳᠠᠭᠰᠠᠨ᠂ ᠬᠢᠨᠠᠨ ᠪᠠᠶᠢᠴᠠᠭᠠᠯᠲᠠ ᠶᠢᠨ ᠬᠡᠷᠡᠭᠯᠡᠭᠡ ᠶᠢ ᠬᠢᠨᠠᠨ ᠪᠠᠶᠢᠴᠠᠭᠠᠵᠤ ᠪᠣᠯᠤᠨ᠎ᠠ ᠄ ᠬᠤᠪᠢᠷᠠᠭᠤᠯᠤᠯ ᠤᠨ ᠪᠦᠲᠦᠭᠡᠭᠳᠡᠬᠦᠨ ᠦ ᠪᠠᠶᠢᠳᠠᠯ ᠢ ᠬᠢᠨᠠᠨ ᠪᠠᠶᠢᠴᠠᠭᠠᠬᠤ᠂ ᠪᠠᠶᠢᠭᠤᠯᠤᠯᠭ᠎ᠠ ᠪᠠᠷ ᠰᠢᠯᠭᠠᠨ ᠪᠠᠲᠤᠯᠠᠬᠤ ᠪᠤᠶᠤ ᠡᠨᠡ ᠬᠡᠮᠵᠢᠶ᠎ᠡ ᠳᠤ ᠬᠠᠮᠢᠶᠠᠷᠤᠭᠰᠠᠨ ᠵᠦᠢᠯ ᠳᠦ ᠪᠠᠲᠤᠯᠠᠭᠳᠠᠯ ᠢ ᠭᠠᠷᠭᠠᠨ᠎ᠠ᠂ ᠲᠡᠭᠦᠨ ᠦ ᠬᠢᠨᠠᠨ ᠪᠠᠶᠢᠴᠠᠭᠠᠯᠲᠠ ᠶᠢᠨ ᠬᠡᠮᠵᠢᠶ᠎ᠡ ᠶᠢ ᠲᠣᠭᠲᠠᠭᠠᠵᠤ᠂ ᠪᠠᠲᠤᠯᠠᠭᠳᠠᠭᠰᠠᠨ ᠬᠡᠮᠵᠢᠶ᠎ᠡ ᠪᠡᠷ ᠬᠢᠨᠠᠨ ᠪᠠᠶᠢᠴᠠᠭᠠᠨ᠎ᠠ᠃

第十五条【食品安全风险监测工作】承担食品安全风险监测工作的技术机构应当根据食

品安全风险监测计划和监测方案开展监测工作，保证监测数据真实、准确，并按照食品安全风险监测计划和监测方案的要求报送监测数据和分析结果。

食品安全风险监测工作人员有权进入相关食用农产品种植养殖、食品生产经营场所采集样品、收集相关数据。采集样品应当按照市场价格支付费用。

●条文解读

根据本条规定，对食品安全风险监测机构开展监测工作提出了以下要求：

第一，要根据食品安全风险监测计划和监测方案开展监测工作，报送监测数据和分析结果。国家食品安全风险监测计划是全国食品安全风险监测工作的指导性文件，也是总体上监测全国范围内食品安全风险的可操作性实施计划。食品安全风险监测方案是各地根据国家食品安全风险监测计划，结合本行政区域的具体情况制定的更加具体、实用、有针对性的方案。因此，食品安全风险监测机构在开展监测工作时应当紧密围绕食品安全风险监测计划和监测方案，在报送监测数据和分析结果时，也应当符合食品安全风险监测计划和监测方案中提出的要求。

第二，保证监测数据真实、准确。食品安全风险监测是确保食品安全的基础性工作，食品安全监测数据只有真实、准确，才能有效地反应食品安全的状况，作为承担食品安全风险监测任务的机构，应当运用专业知识和技术进行监测，对监测数据的真实性和准确性负责，成为保证食品安全、维护人民群众生命健康的第一道『预警线』、第一个『安全阀』。

第三，采集样品应当按照市场价格支付费用。对食品实施安全风险监测，是食品安全风险监测机构代表国家对食品安全进行监测的行为，其监测过程所需要的有关费用应当由国家财政拨付。如果不支付需要采集的样品费用，不仅会增加被检查单位、人员的负担，也不利于保证检验机构的中立和检验结果的真实公正。因此，为减轻企业负担，规范食品安全风险监测机构的采样行为，本条明确规定监测机构采集样品应当按照市场价格支付费用。

科学的食品安全风险监测需要建立在大量的、真实的、广泛的基础数据之上，许多数据都是要通过进入到食品生产经营场所等进行采集才能得到的。实践中，有的生产经营者担心影响其正常生产经营，或为了逃避监管，通过各种方式阻挠食品安全风险监测工作人员进入其种植养殖地或生产经营场所进行采样，给食品安全风险监测机构的监测工作造成很大不便。在本法修改前，食品安全法实施条例中仅规定监测工作人员可以进入有关场所采集样品收集数据，对企业的配合义务并未提出强制性要求，导致监测机构『采样难』。因此，此次修改对企业提出了硬性要求，明确规定食品安全风险监测工作人员有权进入相关食用农产品种植养殖、食品生产经营场所采集样品，收集相关数据，企业有义务配合。

ᠬᠣᠷᠢᠶᠠᠨ ᠤ ᠬᠦᠮᠦᠨ ᠦ ᠪᠠᠢᠭᠤᠯᠭ᠎ᠠ ᠪᠠᠢᠭᠤᠯᠤᠯᠲᠠ ᠶᠢᠨ ᠪᠠᠷ ᠬᠠᠷᠢᠭᠤᠴᠠᠭᠰᠠᠨ ᠠᠵᠢᠯᠲᠠᠨ ᠪᠣᠯᠪᠠᠰᠤᠷᠠᠭᠤᠯᠬᠤ᠂ ᠬᠦᠨᠡᠰᠦᠨ ᠦ ᠠᠶᠤᠯᠭᠦᠢ ᠪᠠᠢᠳᠠᠯ ᠢ ᠬᠠᠮᠠᠭᠠᠯᠠᠬᠤ ᠶᠢᠨ ᠲᠥᠯᠥᠭᠡ ᠬᠦᠨᠡᠰᠦ ᠪᠣᠯᠪᠠᠰᠤᠷᠠᠭᠤᠯᠬᠤ ᠬᠦᠨᠡᠰᠦᠨ ᠦ ᠦᠢᠯᠡᠳᠪᠦᠷᠢᠯᠡᠯ ᠤᠨ ᠬᠦᠨᠡᠰᠦᠨ ᠦ ᠠᠶᠤᠯᠭᠦᠢ ᠪᠠᠢᠳᠠᠯ ᠤᠨ ᠰᠲ᠋ᠠᠨ᠋ᠳᠠᠷᠳ ᠢ ᠮᠥᠷᠳᠡᠨ ᠬᠦᠨᠡᠰᠦᠨ ᠦ ᠠᠶᠤᠯᠭᠦᠢ ᠪᠠᠢᠳᠠᠯ ᠢ ᠪᠠᠲᠤᠯᠠᠬᠤ ᠶᠣᠰᠣᠲᠠᠢ᠃ ᠬᠦᠨᠡᠰᠦᠨ ᠦ ᠠᠶᠤᠯᠭᠦᠢ ᠪᠠᠢᠳᠠᠯ ᠤᠨ ᠬᠠᠷᠢᠭᠤᠴᠠᠯᠭ᠎ᠠ ᠶᠢ ᠬᠦᠯᠢᠶᠡᠨ ᠬᠦᠨᠡᠰᠦᠨ ᠦ ᠠᠶᠤᠯᠭᠦᠢ ᠪᠠᠢᠳᠠᠯ ᠤᠨ ᠰᠲ᠋ᠠᠨ᠋ᠳᠠᠷᠳ ᠢ ᠴᠢᠩ ᠰᠠᠢᠢᠨ ᠬᠡᠷᠡᠭᠵᠢᠭᠦᠯᠬᠦ ᠶᠣᠰᠣᠲᠠᠢ᠂ ᠬᠦᠨᠡᠰᠦᠨ ᠦ ᠠᠶᠤᠯᠭᠦᠢ ᠪᠠᠢᠳᠠᠯ ᠤᠨ ᠮᠡᠳᠡᠯᠭᠡ ᠶᠢ ᠲᠠᠷᠬᠠᠭᠠᠨ ᠰᠤᠷᠲᠠᠯᠴᠢᠯᠠᠬᠤ ᠶᠣᠰᠣᠲᠠᠢ᠃ ᠬᠦᠨᠡᠰᠦᠨ ᠦ ᠠᠶᠤᠯᠭᠦᠢ ᠪᠠᠢᠳᠠᠯ ᠤᠨ ᠬᠠᠷᠢᠭᠤᠴᠠᠯᠭ᠎ᠠ ᠪᠠ ᠬᠦᠨᠡᠰᠦᠨ ᠦ ᠠᠶᠤᠯᠭᠦᠢ ᠪᠠᠢᠳᠠᠯ ᠤᠨ ᠰᠲ᠋ᠠᠨ᠋ᠳᠠᠷᠳ ᠢ ᠬᠡᠷᠡᠭᠵᠢᠭᠦᠯᠬᠦ ᠶᠢ ᠪᠠᠲᠤᠯᠠᠬᠤ ᠪᠠᠢᠳᠠᠯ ᠢ ᠰᠠᠢᠵᠢᠷᠠᠭᠤᠯᠬᠤ ᠶᠣᠰᠣᠲᠠᠢ᠃

ᠬᠦᠨᠡᠰᠦᠨ ᠦ ᠠᠶᠤᠯᠭᠦᠢ ᠪᠠᠢᠳᠠᠯ ᠤᠨ ᠬᠠᠷᠢᠭᠤᠴᠠᠯᠭ᠎ᠠ ᠪᠠ ᠬᠦᠨᠡᠰᠦᠨ ᠦ ᠠᠶᠤᠯᠭᠦᠢ ᠪᠠᠢᠳᠠᠯ ᠤᠨ ᠰᠲ᠋ᠠᠨ᠋ᠳᠠᠷᠳ ᠢ ᠪᠠᠷᠢᠮᠲᠠᠯᠠᠨ ᠬᠡᠷᠡᠭᠵᠢᠭᠦᠯᠬᠦ ᠶᠢᠨ ᠲᠥᠯᠥᠭᠡ ᠬᠠᠤᠯᠢ ᠴᠠᠭᠠᠵᠠ ᠶᠢ ᠳᠠᠭᠠᠵᠤ ᠮᠦᠷᠳᠡᠬᠦ ᠶᠣᠰᠣᠲᠠᠢ :

[ᠵᠢᠱᠢᠶ᠎ᠡ]

ᠬᠦᠨᠡᠰᠦᠨ ᠦ ᠦᠢᠯᠡᠳᠪᠦᠷᠢᠯᠡᠯ ᠦᠨ ᠨᠢᠭᠡᠨ ᠠᠵᠢᠯ ᠠᠬᠤᠢ ᠶᠢᠨ ᠭᠠᠵᠠᠷ ᠬᠦᠨᠡᠰᠦᠨ ᠦ ᠠᠶᠤᠯᠭᠦᠢ ᠪᠠᠢᠳᠠᠯ ᠤᠨ ᠰᠲ᠋ᠠᠨ᠋ᠳᠠᠷᠳ ᠢ ᠬᠡᠷᠡᠭᠵᠢᠭᠦᠯᠦᠭᠰᠡᠨ ᠦᠭᠡᠢ᠂ ᠬᠦᠨᠡᠰᠦᠨ ᠦ ᠠᠶᠤᠯᠭᠦᠢ ᠪᠠᠢᠳᠠᠯ ᠤᠨ ᠬᠠᠷᠢᠭᠤᠴᠠᠯᠭ᠎ᠠ ᠶᠢ ᠬᠦᠯᠢᠶᠡᠭᠰᠡᠨ ᠦᠭᠡᠢ᠂ ᠬᠠᠤᠯᠢ ᠶᠢ ᠵᠥᠷᠢᠴᠡᠭᠰᠡᠨ ᠬᠡᠷᠡᠭ ᠦᠢᠯᠡᠳᠴᠡᠢ᠃ ᠬᠦᠨᠡᠰᠦᠨ ᠦ ᠠᠶᠤᠯᠭᠦᠢ ᠪᠠᠢᠳᠠᠯ ᠤᠨ ᠬᠢᠨᠠᠨ ᠬᠠᠶᠠᠭᠠᠨ ᠵᠠᠬᠢᠷᠠᠬᠤ ᠪᠠᠢᠭᠤᠯᠤᠯᠭ᠎ᠠ ᠳᠤ ᠮᠡᠳᠡᠭᠳᠡᠭᠰᠡᠨ ᠤ ᠳᠠᠷᠠᠭ᠎ᠠ ᠬᠠᠤᠯᠢ ᠶᠢᠨ ᠳᠠᠭᠠᠤ ᠰᠢᠢᠳᠪᠦᠷᠢᠯᠡᠭᠰᠡᠨ ᠪᠣᠯᠠᠢ᠃ ᠬᠦᠨᠡᠰᠦᠨ ᠦ ᠠᠶᠤᠯᠭᠦᠢ ᠪᠠᠢᠳᠠᠯ ᠤᠨ ᠰᠲ᠋ᠠᠨ᠋ᠳᠠᠷᠳ ᠢ ᠬᠡᠷᠡᠭᠵᠢᠭᠦᠯᠬᠦ ᠨᠢ ᠬᠦᠨᠡᠰᠦᠨ ᠦ ᠦᠢᠯᠡᠳᠪᠦᠷᠢᠯᠡᠯ ᠦᠨ ᠠᠵᠢᠯ ᠠᠬᠤᠢ ᠶᠢᠨ ᠭᠠᠵᠠᠷ ᠤᠨ ᠬᠠᠷᠢᠭᠤᠴᠠᠯᠭ᠎ᠠ ᠮᠥᠨ᠃ ᠬᠠᠤᠯᠢ ᠶᠢᠨ ᠳᠠᠭᠠᠤ ᠬᠦᠨᠡᠰᠦᠨ ᠦ ᠠᠶᠤᠯᠭᠦᠢ ᠪᠠᠢᠳᠠᠯ ᠤᠨ ᠬᠠᠷᠢᠭᠤᠴᠠᠯᠭ᠎ᠠ ᠶᠢ ᠬᠦᠯᠢᠶᠡᠬᠦ ᠶᠣᠰᠣᠲᠠᠢ᠃

[illegible]

第十六条【食品安全风险监测结果通报】食品安全风险监测结果表明可能存在食品安全隐患的，县级以上人民政府卫生行政部门应当及时将相关信息通报同级食品药品监督管理等部门，并报告本级人民政府和上级人民政府卫生行政部门。食品药品监督管理等部门应当组织开展进一步调查。

●条文解读

部门的相互配合和协作不仅体现在不同的部门之间，还体现在上下级之间。承担食品安全风险监测职能的卫生行政部门发现食品安全风险监测结果表明可能存在食品安全隐患的，应当及时将相关信息通报同级食品药品监督管理等部门。同时还要报告本级人民政府和上级人民政府卫生行政部门，便于其根据相关食品安全隐患信息及时采取相关措施，对发现可能存在区域性、系统性食品安全苗头性问题的，研究开展本行政区域范围内专项整治，避免危害发生或扩大。食品安全无小事，即使食品安全风险监测结果并未有确凿证据证实存在食品安全问题，只是表明可能存在食品安全隐患的，也应当启动通报和调查程序。

食品安全风险监测仅仅是发现食品安全问题的第一步，后续还需要结合科学数据和有关信息开展评估、调查等工作，对食品安全问题作出进一步判断。食品药品监督管理等部门在接到卫生行政部门通报的食品安全隐患信息后，应当组织开展进一步调查，对发现安全隐患的食品、发生问题的原因、生产经营状况等情况进行查证。

[illegible]

[ᠲᠠᠢᠯᠪᠤᠷᠢ]

[illegible]

根据食品安全风险监测信息、科学数据以及有关信息，对食品、食品添加剂、食品相关产品

第十七条【食品安全风险评估制度】国家建立食品安全风险评估制度，运用科学方法，

中生物性、化学性和物理性危害因素进行风险评估。

国务院卫生行政部门负责组织食品安全风险评估工作，成立由医学、农业、食品、营养、生物、环境等方面的专家组成的食品安全风险评估专家委员会进行食品安全风险评估。食品安全风险评估结果由国务院卫生行政部门公布。

对农药、肥料、兽药、饲料和饲料添加剂等的安全性评估，应当有食品安全风险评估专家委员会的专家参加。

食品安全风险评估不得向生产经营者收取费用，采集样品应当按照市场价格支付费用。

●条文解读

一、食品安全风险评估的含义、内容和意义

食品安全风险评估，是指对食品、食品添加剂、食品中生物性、化学性和物理性危害因素对人体健康可能造成的不良影响所进行的科学评估，具体包括危害识别、危害特征描述、暴露评估、风险特征描述等四个阶段。危害识别是指根据相关的科学数据和科学实验，来判断食品中的某种因素会不会危及人体健康的过程。危害特征描述，是对某种因素对人体可能造成的危害予以定性或者对其予以量化。暴露评估，是通过膳食调查，确定危害以何种途径进入人体，同时计算出人体对各种食物的安全摄入量究竟是多少。风险特征描述是综合危害识别、危害描述和暴露评估的结果总结某种危害因素对人体产生不良影响的程度。食品安全风险评估是一项以科学为基础的工作，它的整个过程会运用到很多食品相关领域的专业知识，得出的数据必须精准无误，才能够有效防范可能存在的各种风险。

食品安全风险评估是一个科学、客观的过程，必须遵循客观规律，运用科学方法，根据食品安全风险监测信息、科学数据以及其他有关信息进行。食品、食品添加剂、食品相关产品中『生物性、化学性和物理性危害因素』就是食品安全风险评估的内容，基本上可以囊括所有对食品安全构成危害的因素。例如致病性细菌、真菌、病毒、寄生虫等生物因子对食品安全产生的危害，就是生物性危害；食品添加剂中的化学成分、农药和兽药残留等化学因素对食品安全造成的危害，就是化学性危害；高温、冰冻等物理条件或者掺入金属碎屑等物理杂质对食品安全造成的危害，就是物理性危害。界定到底属于『生物性』、『化学性』还是『物理性』危害，是进行食品安全风险评估『危害识别』的重要阶段，基于这一界定，才能判断出食品安全的危害性质和危害程度，进而选择恰当的食品安全风险评估手段。

开展食品安全风险评估具有几个方面的重要意义：（1）是国际通行做法，也是应对日益严峻的食品安全形势的重要经验。（2）可以为国务院卫生行政部门和有关食品安全监管部门提供科学决策依据，对于制定、修改食品安全标准和提高有关部门的监督管理效率都能发挥积极作用。（3）对于在世界贸易组织框架协议下开展国际食品贸易具有重大意义。（4）是进行食品安全管理的重要技术基础，有利于提升公众的食品安全信心，推动我国食品安全管理由末端控制向风险控制转变，由经验主导向科学主导转变。

二、食品安全风险评估专家委员会

本条第 2 款、第 3 款规定了食品安全风险评估专家委员会的设立、职责和人员构成。

第一，关于设立。食品安全风险评估专家委员会是依据本法由国务院卫生行政部门组织成立，受卫生行政部门委托独立开展食品安全风险评估工作。

第二，关于职责。食品安全风险评估专家委员会的职责包括起草国家食品安全风险监测、评估规划和年度计划，拟定优先监测、评估项目，进行食品安全风险评估，负责解释食品安全风险评估结果，开展食品安全风险交流，承担卫生行政部门委托的其他风险评估相关任务。

第三，关于人员构成。食品安全风险评估专家委员会应当由医学、农业、食品、营养、生物、环境等方面的专家组成，专家委员会可以根据工作需要，建立由相关专业领域的专家组成的风险评估专家库。食品安全风险评估专家委员会的专家，应当具有一定的专业水平，具有丰富的食品安全风险评估工作经验，以保障食品安全风险评估结果的科学、客观和公正。

第四，关于风险评估结果的公布。只有向社会公开评估结果，才能把潜在的健康风险及时告知公众，真正发挥食品安全风险评估防范食品安全隐患的作用。为保障其权威性和准确性，风险评估结果只能由国务院卫生行政部门来公布，具体由食品安全风险评估专家委员会负责解释。

三、对农药、肥料、兽药、饲料和饲料添加剂等的评估

对于农药、肥料、兽药、饲料和饲料添加剂等的安全性评估，根据农产品质量安全法的规定，应当由农产品质量安全风险评估专家委员会进行安全性评估，但本条规定应当有食品安全风险评估专家委员会的专家参加。这是因为农药、肥料、兽药、饲料和饲料添加剂等对于动植物本身可能没有明显危害，但是往往因其残留影响到终端食品的质量安全，因此规定这些相关评估工作要有食品安全风险评估专家委员会的专家参加。

四、评估不得收费，采样应当付费

食品安全风险评估是政府为了对食品、食品添加剂、食品相关产品中的危害因素进行风险评估，防范食品安全风险而进行的一种政府行为，所需费用由国家财政支付，生产经营者对评估有配合采样的义务，但没有付费义务。为防止有关人员和机构在实践中借评估行为乱收费，或者不合理地采集样品，影响评估结果的公正性和客观性，影响企业的正常生产经营，此次修改增加规定：『食品安全风险评估不得向生产经营者收取费用，采集样品应当按照市场价格支付费用。』这样规定包含两层含义，一方面评估不得向企业收取费用，对于评估机构在评估过程中的收费行为，企业有权拒绝；另一方面评估机构应当按照市场价格向企业支付样品的费用。对于评估机构拒不支付样品费用的行为，企业有权向监管部门投诉举报。

(5) ᠬᠠᠷᠢᠭᠤ ᠪᠤᠯᠭᠠᠬᠤ ᠪᠠ ᠪᠤᠰᠤᠳ ᠠᠵᠢᠯ ᠤᠨ ᠲᠤᠬᠠᠢ ᠲᠤᠭᠲᠠᠭᠠᠯ ᠵᠢᠷᠤᠮ ᠢ ᠲᠠᠯᠪᠢᠭᠰᠠᠨ ᠪᠠᠶᠢᠨ᠎ᠠ ᠃

ᠬᠦᠨᠰᠦᠨ ᠦ ᠠᠮᠤᠷ ᠲᠦᠪᠰᠢᠨ ᠦ ᠦᠨᠳᠦᠰᠦᠨ ᠪᠠᠷᠢᠮᠵᠢᠶ᠎ᠠ ᠶᠢᠨ ᠤᠯᠤᠰ ᠤᠨ ᠪᠠᠷᠢᠮᠵᠢᠶ᠎ᠠ ᠪᠤᠯ ᠬᠦᠨᠰᠦᠨ ᠦ ᠠᠮᠤᠷ ᠲᠦᠪᠰᠢᠨ ᠢ ᠪᠠᠲᠤᠯᠠᠬᠤ ᠴᠢᠬᠤᠯᠠ ᠲᠤᠰ ᠪᠠᠶᠢᠨ᠎ᠠ ᠂ ᠬᠢᠴᠢᠶᠡᠨ ᠪᠠᠶᠢᠳᠠᠯ ᠢ ᠪᠠᠲᠤᠯᠠᠬᠤ ᠴᠢᠬᠤᠯᠠ ᠪᠠᠶᠢᠨ᠎ᠠ ᠃

ᠪᠠᠷᠢᠮᠵᠢᠶ᠎ᠠ ᠪᠤᠯ ᠬᠦᠨᠰᠦᠨ ᠦ ᠠᠮᠤᠷ ᠲᠦᠪᠰᠢᠨ ᠦ ᠦᠨᠳᠦᠰᠦᠨ ᠪᠠᠷᠢᠮᠵᠢᠶ᠎ᠠ ᠶᠢᠨ ᠤᠯᠤᠰ ᠤᠨ ᠪᠠᠷᠢᠮᠵᠢᠶ᠎ᠠ ᠶᠢᠨ ᠠᠵᠢᠯ ᠲᠥᠷᠥᠯ ᠢ ᠲᠣᠭᠲᠠᠭᠠᠬᠤ ᠠᠵᠢᠯ ᠲᠥᠷᠥᠯ ᠢ ᠪᠠᠷᠢᠮᠵᠢᠶ᠎ᠠ ᠪᠠᠷᠢᠬᠤ ᠂ ᠤᠯᠤᠰ ᠤᠨ ᠃ ᠪᠦᠰᠡ ᠤᠨ ᠂ ᠠᠵᠤ ᠠᠬᠤᠢ ᠶᠢᠨ ᠬᠡᠮᠵᠢᠶ᠎ᠡ ᠶᠢᠨ ᠬᠦᠨᠰᠦᠨ ᠦ ᠠᠮᠤᠷ ᠲᠦᠪᠰᠢᠨ ᠦ ᠪᠠᠷᠢᠮᠵᠢᠶ᠎ᠠ ᠶᠢ ᠲᠣᠭᠲᠠᠭᠠᠬᠤ ᠶᠢᠨ ᠲᠤᠯᠠ ᠠᠵᠢᠯᠯᠠᠨ᠎ᠠ ᠃

ᠪᠠᠷᠢᠮᠵᠢᠶ᠎ᠠ ᠶᠢᠨ ᠬᠦᠷᠢᠶ᠎ᠡ ᠪᠠᠶᠢᠨ᠎ᠠ ᠃ ᠬᠦᠨᠰᠦᠨ ᠦ ᠠᠮᠤᠷ ᠲᠦᠪᠰᠢᠨ ᠦ ᠦᠨᠳᠦᠰᠦᠨ ᠪᠠᠷᠢᠮᠵᠢᠶ᠎ᠠ ᠶᠢᠨ ᠤᠯᠤᠰ ᠤᠨ ᠪᠠᠷᠢᠮᠵᠢᠶ᠎ᠠ ᠶᠢᠨ ᠬᠠᠮᠢᠶᠠᠷᠤᠯ ᠤᠨ ᠲᠣᠭᠲᠠᠭᠠᠯ ᠤᠨ ᠠᠵᠢᠯ ᠲᠥᠷᠥᠯ ᠢ ᠲᠣᠭᠲᠠᠭᠠᠬᠤ ᠪᠣᠯᠪᠠᠰᠤ ᠬᠦᠨᠰᠦᠨ ᠦ ᠠᠮᠤᠷ ᠲᠦᠪᠰᠢᠨ ᠦ ᠦᠨᠳᠦᠰᠦᠨ ᠪᠠᠷᠢᠮᠵᠢᠶ᠎ᠠ ᠶᠢᠨ ᠤᠯᠤᠰ ᠤᠨ ᠵᠢᠷᠤᠮ ᠂ ᠬᠤᠪᠢ ᠬᠦᠮᠦᠨ ᠂ ᠠᠵᠤ ᠠᠬᠤᠢ ᠶᠢᠨ ᠨᠢᠭᠡᠳᠦᠯ ᠬᠦᠷᠳᠡ ᠶᠢᠨ ᠠᠵᠢᠯ ᠲᠥᠷᠥᠯ ᠤᠨ ᠪᠠᠶᠢᠭᠤᠯᠤᠯᠭ᠎ᠠ ᠬᠦᠨᠰᠦᠨ ᠦ ᠠᠮᠤᠷ ᠲᠦᠪᠰᠢᠨ ᠦ ᠦᠨᠳᠦᠰᠦᠨ ᠪᠠᠷᠢᠮᠵᠢᠶ᠎ᠠ ᠶᠢᠨ ᠤᠯᠤᠰ ᠤᠨ ᠪᠠᠷᠢᠮᠵᠢᠶ᠎ᠠ ᠶᠢᠨ ᠬᠠᠮᠢᠶᠠᠷᠤᠯ ᠤᠨ ᠡᠷᠦᠯ ᠬᠦᠮᠦᠨ ᠂ ᠡᠮ ᠵᠢᠷᠤᠮ ᠂ ᠬᠦᠷᠢᠶᠡᠯᠡᠩ ᠂ ᠠᠵᠤ ᠠᠬᠤᠢ ᠂ ᠪᠠᠷᠢᠮᠵᠢᠶ᠎ᠠ ᠂ ᠨᠢᠭᠡᠨ

ᠲᠣᠭᠲᠠᠭᠠᠯ ᠤᠨ ᠬᠦᠷᠢᠶ᠎ᠡ ᠶᠢᠨ ᠬᠠᠮᠢᠶᠠᠷᠤᠯ ᠤᠨ ᠲᠣᠭᠲᠠᠭᠠᠬᠤ ᠶᠢᠨ ᠲᠤᠯᠠ ᠠᠵᠢᠯᠯᠠᠨ᠎ᠠ ᠬᠦᠷᠢᠶ᠎ᠡ ᠪᠠᠷᠢᠮᠵᠢᠶ᠎ᠠ ᠶᠢᠨ ᠬᠦᠨᠰᠦᠨ ᠦ ᠠᠮᠤᠷ ᠲᠦᠪᠰᠢᠨ ᠦ ᠵᠢᠷᠤᠮ ᠤᠨ ᠪᠠᠷᠢᠮᠵᠢᠶ᠎ᠠ ᠪᠠᠶᠢᠨ᠎ᠠ ᠃

ᠬᠦᠨᠰᠦᠨ ᠂ ᠬᠦᠨᠰᠦᠨ ᠦ ᠲᠣᠭᠲᠠᠭᠠᠯ ᠂ ᠬᠦᠨᠰᠦᠨ ᠦ ᠠᠮᠤᠷ ᠲᠦᠪᠰᠢᠨ ᠢ ᠬᠠᠮᠠᠭᠠᠯᠠᠬᠤ ᠂ ᠠᠵᠤ ᠠᠬᠤᠢ ᠶᠢᠨ ᠂ ᠬᠤᠪᠢ ᠬᠦᠮᠦᠨ ᠤ ᠂ ᠬᠦᠨᠰᠦᠨ ᠦ ᠠᠮᠤᠷ ᠲᠦᠪᠰᠢᠨ ᠦ ᠪᠠᠷᠢᠮᠵᠢᠶ᠎ᠠ ᠶᠢᠨ ᠬᠠᠮᠢᠶᠠᠷᠤᠯ ᠤᠨ ᠲᠣᠭᠲᠠᠭᠠᠯ ᠂ ᠵᠢᠷᠤᠮ ᠤᠨ ᠪᠠᠷᠢᠮᠵᠢᠶ᠎ᠠ ᠶᠢ ᠬᠦᠨᠰᠦᠨ ᠦ ᠠᠮᠤᠷ ᠲᠦᠪᠰᠢᠨ ᠦ ᠪᠠᠷᠢᠮᠵᠢᠶ᠎ᠠ ᠶᠢᠨ ᠬᠠᠮᠢᠶᠠᠷᠤᠯ ᠤᠨ ᠵᠢᠷᠤᠮ ᠂ ᠲᠣᠭᠲᠠᠭᠠᠯ ᠤᠨ ᠪᠠᠷᠢᠮᠵᠢᠶ᠎ᠠ ᠶᠢᠨ ᠬᠦᠷᠢᠶ᠎ᠡ ᠲᠣᠭᠲᠠᠭᠠᠬᠤ ᠬᠡᠷᠡᠭᠲᠡᠢ ᠂ ᠬᠦᠨᠰᠦᠨ ᠦ ᠠᠮᠤᠷ ᠲᠦᠪᠰᠢᠨ ᠦ ᠦᠨᠳᠦᠰᠦᠨ ᠪᠠᠷᠢᠮᠵᠢᠶ᠎ᠠ ᠶᠢᠨ ᠤᠯᠤᠰ ᠤᠨ ᠪᠠᠷᠢᠮᠵᠢᠶ᠎ᠠ ᠶᠢᠨ ᠬᠠᠮᠢᠶᠠᠷᠤᠯ ᠤᠨ ᠲᠣᠭᠲᠠᠭᠠᠯ ᠂ ᠵᠢᠷᠤᠮ ᠤᠨ ᠪᠠᠷᠢᠮᠵᠢᠶ᠎ᠠ ᠶᠢ ᠲᠣᠭᠲᠠᠭᠠᠨ᠎ᠠ ᠂ ᠬᠦᠨᠰᠦᠨ ᠦ ᠠᠮᠤᠷ

ᠲᠥᠷᠥ ᠶᠢᠨ ᠪᠠᠷᠢᠮᠵᠢᠶ᠎ᠠ 【ᠬᠦᠨᠰᠦᠨ ᠦ ᠠᠮᠤᠷ ᠲᠦᠪᠰᠢᠨ ᠦ ᠦᠨᠳᠦᠰᠦᠨ ᠪᠠᠷᠢᠮᠵᠢᠶ᠎ᠠ ᠶᠢᠨ ᠤᠯᠤᠰ ᠤᠨ ᠪᠠᠷᠢᠮᠵᠢᠶ᠎ᠠ ᠶᠢᠨ ᠵᠢᠷᠤᠮ】 ᠲᠣᠭᠲᠠᠭᠠᠯ ᠪᠠ ᠬᠦᠨᠰᠦᠨ ᠦ

ᠬᠡᠷᠡᠭ ᠦᠨ ᠶᠠᠯᠠ ᠵᠠᠷᠭᠤᠯᠠᠯ ᠤᠨ ᠬᠠᠮᠲᠤ ᠶᠢᠨ ᠬᠡᠯᠡᠯᠴᠡᠭᠡᠨ ᠤ ᠲᠣᠭᠲᠠᠭᠠᠯ ᠳᠤ ᠲᠤᠰᠬᠠᠢ ᠵᠠᠭᠠᠯᠲᠠ ᠵᠢ ᠪᠠᠳᠤᠯᠠᠵᠤ ᠪᠠᠢ᠌ᠭ᠎ᠠ ᠨᠢ ᠲᠣᠳᠣᠷᠬᠠᠢ᠂ ᠡᠳᠡᠭᠡᠷ ᠨᠢ ᠬᠡᠷᠡᠭ ᠦᠨ ᠶᠠᠯᠠ ᠵᠠᠷᠭᠤᠯᠠᠯ ᠤᠨ ᠪᠣᠯᠤᠨ᠎ᠠ᠄ (1) ᠬᠣᠶᠠᠷ ᠲᠠᠯ᠎ᠠ ᠳᠤ ᠲᠠᠯᠠᠭᠤᠯ ᠦᠭᠡᠶᠢᠰᠬᠡᠭᠦ ᠪᠤᠶᠤ ᠲᠠᠯ᠎ᠠ ᠶᠢᠨ ᠬᠠᠮᠠᠭᠠᠯᠠᠯ ᠤᠨ ᠬᠦᠰᠡᠯᠲᠡ ᠶᠢ ᠲᠣᠳᠣᠷᠬᠠᠢᠯᠠᠬᠤ ᠪᠤᠶᠤ ᠬᠡᠷᠡᠭ ᠦᠨ ᠶᠠᠯᠠ ᠵᠠᠷᠭᠤᠯᠠᠯ ᠤᠨ ᠪᠠᠷᠢᠮᠲᠠ ᠶᠢ ᠬᠠᠩᠭᠠᠬᠤ ᠶᠣᠰᠤᠲᠠᠢ ᠪᠠᠢ᠌ᠬᠤ ᠪᠣᠯ᠃ (2) ᠬᠣᠯᠪᠣᠭ᠎ᠠ ᠲᠠᠢ ᠮᠠᠷᠭᠠᠭᠠᠨ ᠤ ᠪᠠᠶᠢᠳᠠᠯ ᠲᠠᠢ ᠬᠠᠮᠠᠭᠠᠷᠠᠯ ᠢ ᠨᠣᠲᠠᠯᠠᠬᠤ ᠢᠷᠭᠡᠨ ᠦ ᠡᠷᠬᠡ ᠶᠢᠨ ᠪᠠᠷᠢᠮᠲᠠ ᠪᠣᠯᠤᠨ ᠬᠡᠷᠡᠭ ᠦᠨ ᠶᠠᠯᠠ ᠵᠠᠷᠭᠤᠯᠠᠯ ᠤᠨ ᠪᠠᠷᠢᠮᠲᠠ ᠨᠣᠲᠠᠯᠠᠬᠤ ᠬᠡᠮᠵᠢᠶ᠎ᠡ ᠬᠠᠷᠢᠴᠠᠭᠤᠯᠤᠯ ᠢ ᠲᠣᠭᠲᠠᠭᠠᠬᠤ ᠪᠠᠷᠢᠮᠲᠠ ᠲᠠᠢ ᠬᠣᠯᠪᠣᠭ᠎ᠠ ᠲᠠᠢ ᠬᠡᠷᠡᠭ ᠦᠨ ᠪᠣᠯᠤᠨ ᠪᠠᠭᠤᠷᠢ ᠳᠤ ᠬᠠᠮᠠᠭᠠᠷᠠᠯ ᠲᠠᠢ ᠪᠠᠷᠢᠮᠲᠠ ᠪᠣᠯᠤᠨ ᠲᠣᠳᠣᠷᠬᠠᠢᠯᠠᠬᠤ ᠲᠡᠷᠡ ᠮᠠᠷᠭᠠᠭᠠᠨ ᠪᠣᠯᠤᠨ᠎ᠠ᠃ (3) ᠬᠣᠶᠠᠷ ᠲᠠᠯ᠎ᠠ ᠶᠢᠨ ᠬᠡᠷᠡᠭ ᠦᠨ ᠶᠠᠯᠠ ᠵᠠᠷᠭᠤᠯᠠᠯ ᠤᠨ ᠪᠠᠷᠢᠮᠲᠠ ᠪᠠᠷ ᠨᠣᠲᠠᠯᠠᠭᠳᠠᠭᠰᠠᠨ ᠪᠣᠯᠤᠨ ᠬᠦᠴᠦᠨ ᠲᠡᠢ ᠪᠠᠢ᠌ᠬᠤ ᠪᠠ ᠬᠣᠶᠠᠷ ᠲᠠᠯ᠎ᠠ ᠳᠤ ᠲᠠᠭᠠᠷᠠᠬᠤ ᠬᠡᠷᠡᠭ ᠦᠨ ᠶᠠᠯᠠ ᠵᠠᠷᠭᠤᠯᠠᠯ ᠤᠨ ᠬᠠᠮᠲᠤ ᠶᠢᠨ ᠪᠠᠷᠢᠮᠲᠠ ᠪᠣᠯᠤᠨ᠎ᠠ᠃ (4) ᠬᠡᠷᠡᠭ ᠦᠨ ᠶᠠᠯᠠ ᠵᠠᠷᠭᠤᠯᠠᠯ ᠤᠨ ᠬᠡᠷᠡᠭᠵᠢᠭᠦᠯᠦᠯᠲᠡ ᠶᠢᠨ ᠬᠡᠮᠵᠢᠶ᠎ᠡ ᠪᠠᠷ ᠲᠣᠭᠲᠠᠭᠠᠬᠤ ᠬᠡᠷᠡᠭ ᠦᠨ ᠶᠠᠯᠠ ᠵᠠᠷᠭᠤᠯᠠᠯ ᠤᠨ ᠬᠠᠮᠲᠤ ᠶᠢᠨ ᠬᠡᠯᠡᠯᠴᠡᠭᠡᠨ ᠦ ᠲᠠᠯ᠎ᠠ ᠳᠤ ᠨᠢ ᠲᠣᠳᠣᠷᠬᠠᠢᠯᠠᠭᠰᠠᠨ ᠬᠡᠷᠡᠭ ᠦᠨ ᠶᠠᠯᠠ ᠵᠠᠷᠭᠤᠯᠠᠯ ᠤᠨ ᠬᠠᠮᠲᠤ ᠶᠢᠨ ᠬᠡᠯᠡᠯᠴᠡᠭᠡᠨ ᠳᠦ ᠬᠠᠮᠠᠭᠠᠷᠠᠬᠤ ᠪᠠᠷᠢᠮᠲᠠ ᠪᠣᠯᠤᠨ ᠬᠡᠷᠡᠭᠵᠢᠭᠦᠯᠬᠦ ᠶᠣᠰᠤᠲᠠᠢ᠃

ᠬᠡᠷᠡᠭ ᠦᠨ ᠶᠠᠯᠠ ᠵᠠᠷᠭᠤᠯᠠᠯ ᠤᠨ ᠬᠠᠮᠲᠤ ᠶᠢᠨ ᠬᠡᠯᠡᠯᠴᠡᠭᠡᠨ ᠦ ᠲᠤᠬᠠᠢ ᠵᠢᠷᠤᠮ ᠤᠨ ᠵᠢᠱᠢᠶ᠎ᠡ᠂

ᠬᠣᠶᠠᠷ ᠳᠤᠭᠠᠷ ᠵᠦᠢᠯ ᠦᠨ 2 ᠳᠤᠭᠠᠷ ᠬᠡᠰᠡᠭ᠂ 3 ᠳᠤᠭᠠᠷ ᠬᠡᠰᠡᠭ ᠲᠦ ᠬᠡᠷᠡᠭ ᠦᠨ ᠶᠠᠯᠠ ᠵᠠᠷᠭᠤᠯᠠᠯ ᠤᠨ ᠬᠠᠮᠲᠤ ᠶᠢᠨ ᠬᠡᠯᠡᠯᠴᠡᠭᠡᠨ ᠦ ᠲᠤᠬᠠᠢ ᠵᠢᠷᠤᠮ ᠢ ᠪᠠᠷᠢᠮᠲᠠᠯᠠᠨ ᠲᠣᠭᠲᠠᠭᠠᠵᠤ ᠪᠠᠢ᠌ᠭ᠎ᠠ ᠲᠤᠯ ᠲᠡᠭᠦᠨ ᠢ ᠮᠠᠷᠭᠠᠭᠠᠨ ᠪᠠᠷ ᠰᠢᠢᠳᠪᠦᠷᠢᠯᠡᠪᠡ᠃ ᠬᠡᠷᠡᠭ ᠦᠨ ᠶᠠᠯᠠ ᠵᠠᠷᠭᠤᠯᠠᠯ ᠤᠨ ᠬᠠᠮᠲᠤ ᠶᠢᠨ ᠬᠡᠯᠡᠯᠴᠡᠭᠡᠨ ᠦ ᠵᠢᠷᠤᠮ ᠢ ᠲᠣᠭᠲᠠᠭᠠᠬᠤ ᠳᠤ᠂ ᠮᠠᠷᠭᠠᠭᠠᠨ ᠪᠣᠯ ᠬᠣᠶᠠᠷ ᠲᠡᠭᠦᠨ ᠡᠴᠡ ᠳᠡᠭᠡᠭᠰᠢ ᠲᠠᠯ᠎ᠠ ᠶᠢᠨ ᠬᠠᠷᠢᠯᠴᠠᠭ᠎ᠠ ᠶᠢᠨ ᠪᠠᠶᠢᠳᠠᠯ ᠢ ᠬᠠᠮᠤᠷᠤᠭᠰᠠᠨ ᠲᠣᠭᠲᠠᠭᠠᠯ ᠤᠨ ᠬᠦᠴᠦᠨ ᠦ ᠬᠡᠮᠵᠢᠶ᠎ᠡ ᠳᠦ ᠬᠠᠮᠠᠭᠠᠷᠠᠭᠰᠠᠨ ᠪᠠᠷᠢᠮᠲᠠ ᠪᠣᠯᠤᠨ᠎ᠠ᠃

ᠲᠤᠰᠬᠠᠢ ᠪᠣᠳᠣᠯᠭ᠎ᠠ ᠂ ᠬᠠᠷᠢᠭᠤ ᠰᠢᠯᠭᠠᠬᠤ ᠶᠢᠨ ᠲᠤᠯᠠ ᠣᠯᠠᠨ ᠨᠡᠶᠢᠲᠡ ᠶᠢᠨ ᠬᠦᠨᠰᠦᠨ ᠦ ᠠᠶᠤᠯᠭᠦᠢ ᠪᠠᠶᠢᠳᠠᠯ ᠤᠨ ᠰᠲ᠋ᠠᠨ᠋ᠳᠠᠷᠳ ᠤᠨ ᠬᠡᠷᠡᠭᠵᠢᠭᠦᠯᠦᠯᠲᠡ ᠶᠢᠨ ᠪᠠᠶᠢᠳᠠᠯ ᠢ ᠬᠢᠨᠠᠨ ᠰᠢᠯᠭᠠᠵᠤ ᠂ ᠬᠦᠨᠰᠦᠨ ᠦ ᠠᠶᠤᠯᠭᠦᠢ ᠪᠠᠶᠢᠳᠠᠯ ᠤᠨ ᠰᠲ᠋ᠠᠨ᠋ᠳᠠᠷᠳ ᠤᠨ ᠬᠡᠷᠡᠭᠵᠢᠭᠦᠯᠦᠯᠲᠡ ᠳᠦ ᠲᠣᠬᠢᠶᠠᠯᠳᠤᠭᠰᠠᠨ ᠠᠰᠠᠭᠤᠳᠠᠯ ᠢ ᠴᠠᠭ ᠲᠤ ᠨᠢ ᠰᠢᠢᠳᠪᠦᠷᠢᠯᠡᠨ᠎ᠡ ::

ᠬᠦᠨᠰᠦᠨ ᠦ ᠠᠶᠤᠯᠭᠦᠢ ᠪᠠᠶᠢᠳᠠᠯ ᠤᠨ ᠰᠲ᠋ᠠᠨ᠋ᠳᠠᠷᠳ ᠤᠨ ᠬᠡᠷᠡᠭᠵᠢᠭᠦᠯᠦᠯᠲᠡ ᠶᠢᠨ ᠪᠠᠶᠢᠳᠠᠯ ᠢ ᠬᠢᠨᠠᠨ ᠰᠢᠯᠭᠠᠬᠤ ᠨᠢ ᠂ ᠬᠦᠨᠰᠦᠨ ᠦ ᠠᠶᠤᠯᠭᠦᠢ ᠪᠠᠶᠢᠳᠠᠯ ᠤᠨ ᠰᠲ᠋ᠠᠨ᠋ᠳᠠᠷᠳ ᠢ ᠪᠣᠯᠪᠠᠰᠤᠷᠠᠭᠤᠯᠬᠤ ᠶᠢᠨ ᠴᠢᠬᠤᠯᠠ ᠠᠷᠭ᠎ᠠ ᠮᠥᠨ ᠪᠣᠯᠬᠤ ᠶᠢᠨ ᠬᠠᠮᠲᠤ ᠂ ᠬᠦᠨᠰᠦᠨ ᠦ ᠠᠶᠤᠯᠭᠦᠢ ᠪᠠᠶᠢᠳᠠᠯ ᠤᠨ ᠰᠲ᠋ᠠᠨ᠋ᠳᠠᠷᠳ ᠤᠨ ᠪᠠᠷᠢᠮᠲᠠ ᠴᠢᠨᠠᠷ ᠢ ᠳᠡᠭᠡᠭᠰᠢᠯᠡᠭᠦᠯᠬᠦ ᠶᠢᠨ ᠴᠢᠬᠤᠯᠠ ᠠᠷᠭ᠎ᠠ ᠮᠥᠨ ::

ᠬᠦᠨᠰᠦᠨ ᠦ ᠠᠶᠤᠯᠭᠦᠢ ᠪᠠᠶᠢᠳᠠᠯ ᠤᠨ ᠰᠲ᠋ᠠᠨ᠋ᠳᠠᠷᠳ ᠤᠨ ᠬᠡᠷᠡᠭᠵᠢᠭᠦᠯᠦᠯᠲᠡ ᠶᠢᠨ ᠪᠠᠶᠢᠳᠠᠯ ᠢ ᠬᠢᠨᠠᠨ ᠰᠢᠯᠭᠠᠬᠤ ᠳᠤ ᠂ ᠬᠦᠨᠰᠦᠨ ᠦ ᠠᠶᠤᠯᠭᠦᠢ ᠪᠠᠶᠢᠳᠠᠯ ᠤᠨ ᠰᠲ᠋ᠠᠨ᠋ᠳᠠᠷᠳ ᠤᠨ ᠬᠡᠷᠡᠭᠵᠢᠭᠦᠯᠦᠯᠲᠡ ᠶᠢᠨ ᠪᠠᠶᠢᠳᠠᠯ ᠢ ᠴᠢᠨᠠᠷᠯᠢᠭ ᠰᠢᠯᠭᠠᠨ ᠲᠣᠭᠲᠠᠭᠠᠬᠤ ᠂ ᠰᠢᠯᠭᠠᠨ ᠬᠢᠨᠠᠬᠤ ᠠᠵᠢᠯ ᠢ ᠬᠦᠨᠰᠦᠨ ᠦ ᠠᠶᠤᠯᠭᠦᠢ ᠪᠠᠶᠢᠳᠠᠯ ᠤᠨ ᠰᠲ᠋ᠠᠨ᠋ᠳᠠᠷᠳ ᠤᠨ ᠪᠣᠯᠪᠠᠰᠤᠷᠠᠯ ᠤᠨ ᠠᠵᠢᠯ ᠲᠠᠢ ᠬᠣᠯᠪᠣᠨ ᠬᠡᠷᠡᠭᠵᠢᠭᠦᠯᠬᠦ ᠬᠡᠷᠡᠭᠲᠡᠢ ::

ᠬᠦᠨᠰᠦᠨ ᠦ ᠠᠶᠤᠯᠭᠦᠢ ᠪᠠᠶᠢᠳᠠᠯ ᠤᠨ ᠰᠲ᠋ᠠᠨ᠋ᠳᠠᠷᠳ ᠤᠨ ᠬᠡᠷᠡᠭᠵᠢᠭᠦᠯᠦᠯᠲᠡ ᠳᠦ ᠲᠣᠬᠢᠶᠠᠯᠳᠤᠭᠰᠠᠨ ᠠᠰᠠᠭᠤᠳᠠᠯ ᠢ ᠴᠠᠭ ᠲᠤ ᠨᠢ ᠰᠢᠢᠳᠪᠦᠷᠢᠯᠡᠬᠦ ᠂ ᠬᠦᠨᠰᠦᠨ ᠦ ᠠᠶᠤᠯᠭᠦᠢ ᠪᠠᠶᠢᠳᠠᠯ ᠤᠨ ᠰᠲ᠋ᠠᠨ᠋ᠳᠠᠷᠳ ᠢ ᠵᠠᠰᠠᠨ ᠰᠠᠢᠵᠢᠷᠠᠭᠤᠯᠬᠤ ᠂ ᠬᠦᠨᠰᠦᠨ ᠦ ᠠᠶᠤᠯᠭᠦᠢ ᠪᠠᠶᠢᠳᠠᠯ ᠤᠨ ᠰᠲ᠋ᠠᠨ᠋ᠳᠠᠷᠳ ᠤᠨ ᠬᠡᠷᠡᠭᠵᠢᠭᠦᠯᠦᠯᠲᠡ ᠶᠢ ᠳᠡᠮᠵᠢᠬᠦ ᠳᠤ ᠴᠢᠬᠤᠯᠠ ᠠᠴᠢ ᠬᠣᠯᠪᠣᠭᠳᠠᠯ ᠲᠠᠢ ::

[illegible]

[illegible]

第十八条【食品安全风险评估情形】 有下列情形之一的，应当进行食品安全风险评估：

（一）通过食品安全风险监测或者接到举报发现食品、食品添加剂、食品相关产品可能存在安全隐患的；

（二）为制定或者修订食品安全国家标准提供科学依据需要进行风险评估的；

（三）为确定监督管理的重点领域、重点品种需要行风险评估的；

（四）发现新的可能危害食品安全因素的；

（五）需要判断某一因素是否构成食品安全隐患的；

（六）国务院卫生行政部门认为需要进行风险评估的其他情形。

●条文解读

食品安全法实施条例第12条规定：『有下列情形之一的，国务院卫生行政部门应当组织食品安全风险评估工作：（一）为制定或者修订食品安全国家标准提供科学依据需要进行风险评估的；（二）为确定监督管理的重点领域、重点品种需要进行风险评估的；（三）发现新的可能危害食品安全的因素的；（四）需要判断某一因素是否构成食品安全隐患的；（五）国务院卫生行政『部门认为需要进行风险评估的其他情形。』为增强法律可操作性，使食品安全评估的启动情形更加明确，此次修改吸收了食品安全法实施条例的规定，明确规定在以下六种情形下应当进行食品安全风险评估：

1. 通过食品安全风险监测或者接到举报发现食品、食品添加剂、食品相关产品可能存在安全隐患的。食品安全风险监测能够及时发现可能存在的食品安全隐患，并且可以主动对某些可能存在安全隐患的食品进行针对性监测，能够较早地发现问题。群众举报也是发现食品可能存在安全隐患的重要途径，要积极发挥群众监督的力量，鼓励社会组织或者个人举报食品生产经营中的违法行为。

2. 为制定或者修订食品安全国家标准提供科学依据需要进行风险评估的。食品安全国家标准是食品安全管理的基础，是生产经营者从事生产经营活动的重要依据，是消费者识别食品质量的具体引导，在保障食品安全方面起着重要作用。只有制定科学合理的食品安全标准，才能实现对食品安全的有效监督。食品安全风险评估是一项以科学为基础的工作，它是运用很多专业知识，经过精确的测算和分析得出的结果，它的重要作用之一就是为国家制定或修订食品安全国家标准提供科学依据。

3. 为确定监督管理的重点领域、重点品种需要进行风险评估的。重点领域和重点品种监管是食品安全管理的一项重要措施，国家需要根据不断出现的新情况、新问题调整监管的重点，解决现实中的突出问题。通过食品安全风险评估，可以发现食品危险因素的高发领域和高发品种，从而确定监管重点。

4. 发现新的可能危害食品安全因素的。食品安全国家标准中规定了危害人体健康物质的限量规定，这些物质经过科学论证证实会危害食品安全。而食品安全风险具有较大的不稳定性，随着现代食品加工技术和新原料不断应用于食品生产，有可能会出现新的可能危害食品安全的因素，这时就需要通过食品安全风险评估，对新发现的可能危害食品安全的因素进行判断。

5. 需要判断某一因素是否构成食品安全隐患的。危害食品安全的因素包括生物性、化学性、物理性等许多种类，其性质、作用各不相同，对食品安全的影响不同，在食品中所允许的含量也不同。因此在判断某一因素是否会对食品安全构成安全隐患时，仅仅通过简单的分析难以得出科学的结论，就需要通过食品安全风险评估，综合分析各种信息和数据，最终作出准确可靠的判断。

6. 国务院卫生行政部门认为需要进行风险评估的其他情形。这一项是兜底条款，如果有国务院卫生行政部门认为需要进行风险评估的其他情形，也应当进行风险评估。国务院卫生行政部门应当具有高度的责任感，发现食品可能存在安全隐患需要进行风险评估的，应当尽快组织有关机构进行食品安全风险评估。

ᠪᠠᠢᠭᠤᠯᠤᠭᠠᠳ ᠦᠢᠯᠡᠳᠪᠦᠷᠢᠯᠡᠬᠦ ᠪᠠ ᠬᠤᠳᠠᠯᠳᠤᠬᠤ ᠠᠵᠢᠯᠯᠠᠭᠠᠨ ᠳᠤ ᠬᠢᠨᠠᠨ ᠬᠠᠶᠠᠯᠲᠠ ᠬᠢᠨᠠᠬᠤ ᠪᠠᠢᠴᠠᠭᠠᠬᠤ ᠠᠵᠢᠯ ᠢ ᠬᠢᠵᠦ ᠬᠤᠨᠰᠤᠨ ᠤ ᠠᠶᠤᠯᠭᠦᠢ ᠪᠠᠢᠳᠠᠯ ᠤᠨ ᠡᠷᠡᠰᠳᠡᠯ ᠦᠨ ᠬᠢᠨᠠᠨ ᠰᠢᠯᠭᠠᠬᠤ ᠪᠠᠢᠴᠠᠭᠠᠯᠲᠠ ᠶᠢᠨ ᠦᠷ᠎ᠡ ᠳᠦᠩ ᠢ ᠲᠤᠰᠬᠠᠨ ᠮᠡᠳᠡᠭᠳᠡᠬᠦ : (ᠭᠤᠷᠪᠠ) ᠬᠤᠨᠰᠤᠨ ᠤ ᠠᠶᠤᠯᠭᠦᠢ ᠪᠠᠢᠳᠠᠯ ᠤᠨ ᠬᠢᠨᠠᠬᠤ ᠶᠢᠨ ᠬᠡᠮᠵᠢᠶ᠎ᠡ ᠶᠢ ᠲᠣᠭᠲᠠᠭᠠᠬᠤ ᠳᠤ ᠬᠡᠷᠡᠭᠯᠡᠬᠦ ᠦᠨᠳᠦᠰᠦ ᠰᠠᠭᠤᠷᠢ ᠶᠢ ᠬᠠᠩᠭᠠᠬᠤ ᠶᠢᠨ ᠲᠤᠯᠠ ᠬᠤᠨᠰᠤᠨ ᠤ ᠠᠶᠤᠯᠭᠦᠢ ᠪᠠᠢᠳᠠᠯ ᠤᠨ ᠡᠷᠡᠰᠳᠡᠯ ᠦᠨ ᠦᠨᠡᠯᠡᠯᠲᠡ ᠶᠢ ᠬᠢᠬᠦ ᠬᠡᠷᠡᠭᠲᠡᠢ ᠪᠣᠯ ᠵᠢᠷᠤᠮ ᠤᠨ ᠳᠠᠭᠠᠤ ᠬᠤᠨᠰᠤᠨ ᠤ ᠠᠶᠤᠯᠭᠦᠢ ᠪᠠᠢᠳᠠᠯ ᠤᠨ ᠡᠷᠡᠰᠳᠡᠯ ᠦᠨ ᠦᠨᠡᠯᠡᠯᠲᠡ ᠶᠢ ᠬᠢᠨ᠎ᠡ ᠃ ᠬᠤᠨᠰᠤᠨ ᠤ ᠠᠶᠤᠯᠭᠦᠢ ᠪᠠᠢᠳᠠᠯ ᠤᠨ ᠬᠠᠤᠯᠢ ᠶᠢᠨ ᠬᠡᠷᠡᠭᠵᠢᠭᠦᠯᠬᠦ ᠳᠦᠷᠢᠮ ᠦᠨ 12 ᠳᠤᠭᠠᠷ ᠵᠦᠢᠯ ᠳᠦ ᠲᠣᠳᠤᠷᠬᠠᠢᠯᠠᠭᠰᠠᠨ ᠨᠢ : 《ᠬᠤᠨᠰᠤᠨ ᠤ ᠠᠶᠤᠯᠭᠦᠢ ᠪᠠᠢᠳᠠᠯ ᠤᠨ

[ᠲᠠᠶᠢᠯᠪᠤᠷᠢ]

ᠡᠨᠡ ᠵᠦᠢᠯ ᠪᠣᠯ ᠬᠤᠨᠰᠤᠨ ᠤ ᠠᠶᠤᠯᠭᠦᠢ ᠪᠠᠢᠳᠠᠯ ᠤᠨ ᠡᠷᠡᠰᠳᠡᠯ ᠦᠨ ᠦᠨᠡᠯᠡᠯᠲᠡ ᠶᠢᠨ ᠲᠤᠬᠠᠢ ᠲᠣᠭᠲᠠᠭᠠᠯ ᠪᠣᠯᠤᠨ᠎ᠠ ᠃

(ᠨᠢᠭᠡᠳᠦᠭᠡᠷ) ᠬᠤᠨᠰᠤᠨ ᠤ ᠠᠶᠤᠯᠭᠦᠢ ᠪᠠᠢᠳᠠᠯ ᠤᠨ ᠡᠷᠡᠰᠳᠡᠯ ᠦᠨ ᠬᠢᠨᠠᠨ ᠰᠢᠯᠭᠠᠬᠤ ᠪᠠᠢᠴᠠᠭᠠᠯᠲᠠ ᠶᠢᠨ ᠦᠷ᠎ᠡ ᠳᠦᠩ ᠢ ᠲᠤᠰᠬᠠᠨ ᠮᠡᠳᠡᠭᠳᠡᠬᠦ ᠶᠢᠨ ᠬᠢᠨᠠᠨ ᠰᠢᠯᠭᠠᠬᠤ ᠪᠠᠢᠴᠠᠭᠠᠯᠲᠠ ᠶᠢᠨ ᠦᠷ᠎ᠡ ᠳᠦᠩ ᠢ

ᠡᠨᠡ ᠵᠦᠢᠯ ᠪᠣᠯ ᠪᠠᠢᠨ᠎ᠠ ᠃

(ᠬᠣᠶᠠᠷ) ᠲᠤᠰᠬᠠᠢ ᠬᠤᠨᠰᠤᠨ ᠤ ᠠᠶᠤᠯᠭᠦᠢ ᠪᠠᠢᠳᠠᠯ ᠤᠨ ᠬᠢᠨᠠᠬᠤ ᠶᠢᠨ ᠬᠡᠮᠵᠢᠶ᠎ᠡ ᠳᠦ ᠬᠤᠪᠢᠷᠠᠯᠲᠠ ᠣᠷᠤᠭᠤᠯᠬᠤ ᠬᠡᠷᠡᠭᠲᠡᠢ ᠪᠣᠯᠬᠤ ᠪᠤᠶᠤ ᠡᠨᠡ ᠵᠦᠢᠯ ᠢ

(ᠭᠤᠷᠪᠠ) ᠬᠤᠨᠰᠤᠨ ᠤ ᠠᠶᠤᠯᠭᠦᠢ ᠪᠠᠢᠳᠠᠯ ᠤᠨ ᠬᠢᠨᠠᠬᠤ ᠶᠢᠨ ᠬᠡᠮᠵᠢᠶ᠎ᠡ ᠶᠢ ᠲᠣᠭᠲᠠᠭᠠᠬᠤ ᠪᠤᠶᠤ ᠵᠠᠰᠠᠬᠤ ᠨᠢ ᠬᠦᠷᠢᠶ᠎ᠡ ᠶᠢᠨ ᠲᠡᠭᠦᠰ ᠢ ᠲᠣᠳᠤᠷᠬᠠᠢᠯᠠᠬᠤ ᠬᠡᠷᠡᠭᠲᠡᠢ ᠪᠣᠯᠤᠨ᠎ᠠ ᠃

ᠡᠷᠡᠰᠳᠡᠯ ᠦᠨ ᠦᠨᠡᠯᠡᠯᠲᠡ ᠶᠢ ᠬᠢᠬᠦ ᠬᠡᠷᠡᠭᠲᠡᠢ ᠪᠣᠯ ᠡᠨᠡ ᠵᠦᠢᠯ ᠢ ᠪᠠᠢᠨ᠎ᠠ ᠃

(ᠳᠦᠷᠪᠡ) ᠪᠤᠰᠤᠳ ᠰᠠᠯᠠᠭ᠎ᠠ ᠶᠢᠨ ᠬᠢᠨᠠᠨ ᠰᠢᠯᠭᠠᠯᠲᠠ ᠶᠢᠨ ᠪᠠᠢᠭᠤᠯᠤᠯᠭ᠎ᠠ ᠬᠢᠭᠡᠳ ᠡᠷᠦᠯ ᠠᠬᠤᠢ ᠶᠢᠨ ᠠᠯᠪᠠᠨ ᠲᠠᠰᠤᠭ ᠢᠶᠠᠷ ᠬᠢᠨᠠᠨ ᠰᠢᠯᠭᠠᠵᠤ ᠂ ᠡᠷᠡᠰᠳᠡᠯ ᠦᠨ ᠦᠨᠡᠯᠡᠯᠲᠡ ᠶᠢ ᠬᠢᠬᠦ ᠬᠡᠷᠡᠭᠲᠡᠢ ᠪᠣᠯ ᠡᠨᠡ ᠵᠦᠢᠯ ᠢ ᠪᠠᠢᠨ᠎ᠠ ᠃

(ᠲᠠᠪᠤ) ᠬᠤᠨᠰᠤᠨ ᠤ ᠠᠶᠤᠯᠭᠦᠢ ᠪᠠᠢᠳᠠᠯ ᠤᠨ ᠬᠡᠮᠵᠢᠶ᠎ᠡ ᠶᠢ ᠪᠠᠢᠭᠤᠯᠤᠭᠠᠳ ᠦᠢᠯᠡᠳᠪᠦᠷᠢᠯᠡᠬᠦ ᠪᠠ ᠬᠤᠳᠠᠯᠳᠤᠬᠤ ᠠᠵᠢᠯᠯᠠᠭᠠᠨ ᠳᠤ ᠬᠢᠨᠠᠨ ᠬᠠᠶᠠᠯᠲᠠ ᠬᠢᠨᠠᠬᠤ ᠲᠣᠭᠲᠠᠭᠠᠬᠤ ᠪᠠᠢᠴᠠᠭᠠᠬᠤ ᠳᠤ ᠬᠤᠨᠰᠤᠨ ᠤ ᠠᠶᠤᠯᠭᠦᠢ ᠪᠠᠢᠳᠠᠯ ᠤᠨ ᠡᠷᠡᠰᠳᠡᠯ ᠦᠨ ᠦᠨᠡᠯᠡᠯᠲᠡ ᠶᠢ ᠬᠢᠬᠦ ᠬᠡᠷᠡᠭᠲᠡᠢ ᠪᠣᠯᠤᠨ᠎ᠠ ᠃

[illegible]

1. [illegible]

[illegible]

[illegible]

5. [illegible]

[illegible]

4. [illegible]

院有关部门通报评估结果。

本法第十八条规定情形的，国务院卫生行政部门应当及时进行食品安全风险评估，并向国务院有关部门通报评估结果。

提出食品安全风险评估的建议，并提供风险来源、相关检验数据和结论等信息、资料。属于政等部门在监督管理工作中发现需要进行食品安全风险评估的，应当向国务院卫生行政部门

第十九条【食品安全风险评估配合协作】 国务院食品药品监督管理、质量监督、农业行

[illegible]

6. [illegible]

[illegible]

●条文解读

根据本法和国务院确定的职责分工，国务院卫生行政、食品药品监督管理、质量监督、农业行政等部门分别负责食品安全监管有关工作。食品安全涉及面极为广泛，单单依靠任何一个部门都不可能完成全面监管、全面防范的重任。食品安全评估虽由国务院卫生行政部门负责，但也需要其他有关部门给予密切配合和积极协助。这条规定从两个方面对国务院各个监管部门在加强配合、做好食品安全风险评估方面提出了高标准、严要求：

一方面，国务院食品药品监督管理、质量监督、农业行政等部门在监督管理工作中发现需要开展食品安全风险评估情形的，应当向国务院卫生行政部门提出食品安全风险评估的建议，并提供风险来源、相关检验数据和结论等信息、资料。此次修改，新增加了提出建议的前提条件为『在监督管理工作中发现需要开展食品安全风险评估的』，还明确了有关部门应当提供风险来源、相关检验数据和结论等信息、资料。这样修改的目的在于对有关部门的建议义务提出更加明确的要求。这些部门不同于一般的社会组织或者个人，承担着重要的食品安全监管职责，在监管过程中更容易获知食品安全风险的信息和资料。如果获知相关信息和资料而隐瞒不报，可能会给社会造成严重的危害后果。当有关部门在监督管理工作中发现某些食品安全问题需要进行食品安全风险评估时，就应当积极主动地提出食品安全风险评估的建议，这是一项硬性职责，不可以随意放弃。

另一方面，国务院卫生行政部门应当及时进行食品安全风险评估，并向国务院有关部门通报评估结果。此次修改新增加了国务院卫生行政部门应当及时进行食品安全风险评估的条件为『属于本法第18条规定情形的』，这样规定是为了使卫生行政部门的职责更加明确，通过法律将应当进行评估的法定情形确定下来，避免卫生行政部门在作出是否评估的判断时过于随意，裁量权过大。根据本法第18条规定，通过食品安全风险监测或者接到举报现食品、食品添加剂、食品相关产品可能存在安全隐患的，为制定或者修订食品安全国家标准提供科学依据需要进行风险评估的，为确定监督管理的重点领域、重点品种需要进行风险评估的，发现新的可能危害食品安全因素的，需要判断某一因素是否构成食品安全隐患的，国务院卫生行政部门认为需要进行风险评估的其他情形下，卫生行政部门就应当进行食品安全风险评估，不得再设定其他限制拒绝评估。作出评估后，国务院卫生行政部门立当向国务院食品药品监督管理、农业行政、质量监督等有关部门通报食品安全风险评估结果，以便有关部门及时了解后续情况，实现各部门的食品安全风险信息共享，更好地沟通协调国务院有关部门的具体监管工作，发挥食品安全风险评估的科学管理作用。

[illegible]

ᠪᠠᠲᠤᠯᠠᠭᠠᠵᠤ ᠦᠭᠬᠦ ᠶᠤᠮ ᠃ ᠡᠨᠡ ᠬᠠᠤᠯᠢ ᠶᠢᠨ ᠬᠣᠶᠠᠳᠤᠭᠠᠷ ᠵᠦᠢᠯ ᠳ᠋ᠦ ᠬᠦᠨᠡᠰᠦᠨ ᠦ ᠠᠶᠤᠯᠭᠦᠢ ᠪᠠᠶᠢᠳᠠᠯ ᠤᠨ ᠬᠠᠷᠢᠭᠤᠴᠠᠯᠭ᠎ᠠ ᠶᠢ ᠡᠨᠡ ᠬᠠᠤᠯᠢ ᠶᠢᠨ ᠲᠣᠭᠲᠠᠭᠠᠯ ᠢ ᠪᠠᠷᠢᠮᠳᠠᠯᠠᠨ ᠬᠡᠷᠡᠭᠵᠢᠭᠦᠯᠬᠦ ᠪᠣᠯᠪᠠᠰᠤᠷᠠᠯ ᠤᠨ ᠲᠤᠰ ᠲᠤ ᠪᠠᠶᠢᠬᠤ ᠳ᠋ᠤ ᠪᠠᠶᠢᠳᠠᠯ ᠲᠠᠢ ᠪᠠᠶᠢᠨ᠎ᠠ ᠃ ᠡᠨᠡ ᠨᠢ ᠬᠠᠷᠢᠭᠤᠴᠠᠯᠭ᠎ᠠ ᠶᠢᠨ ᠬᠦᠨᠡᠰᠦᠨ ᠦ ᠠᠶᠤᠯᠭᠦᠢ ᠪᠠᠶᠢᠳᠠᠯ ᠤᠨ ᠬᠠᠷᠢᠭᠤᠴᠠᠯᠭ᠎ᠠ ᠲᠠᠢ ᠬᠠᠷᠢᠴᠠᠭ᠎ᠠ ᠲᠠᠢ ᠪᠠᠶᠢᠬᠤ ᠶᠤᠮ ᠂ ᠬᠦᠨᠡᠰᠦᠨ ᠦ ᠠᠶᠤᠯᠭᠦᠢ ᠪᠠᠶᠢᠳᠠᠯ ᠤᠨ ᠬᠠᠷᠢᠭᠤᠴᠠᠯᠭ᠎ᠠ ᠶᠢ ᠬᠡᠷᠡᠭᠵᠢᠭᠦᠯᠬᠦ ᠳ᠋ᠦ ᠪᠣᠯᠪᠠᠰᠤᠷᠠᠯ ᠢ ᠳᠡᠭᠡᠭᠰᠢᠯᠡᠭᠦᠯᠬᠦ ᠶᠢᠨ ᠲᠥᠯᠦᠭᠡ ᠬᠠᠤᠯᠢ ᠳ᠋ᠦ ᠵᠢᠭᠠᠭᠰᠠᠨ ᠶᠤᠮ ᠃ ᠬᠠᠤᠯᠢ ᠶᠢᠨ ᠬᠠᠷᠢᠭᠤᠴᠠᠯᠭ᠎ᠠ ᠶᠢ ᠬᠦᠯᠢᠶᠡᠬᠦ ᠶᠢᠨ ᠰᠠᠨᠠᠭᠠᠴᠢᠯᠭ᠎ᠠ ᠶᠢ ᠪᠠᠲᠤᠯᠠᠭᠠᠬᠤ ᠶᠤᠮ ᠃

ᠬᠦᠨᠡᠰᠦᠨ ᠦ ᠠᠶᠤᠯᠭᠦᠢ ᠪᠠᠶᠢᠳᠠᠯ ᠤᠨ ᠬᠠᠷᠢᠭᠤᠴᠠᠯᠭ᠎ᠠ ᠶᠢᠨ ᠬᠦᠮᠦᠰ ᠂ ᠬᠦᠨᠡᠰᠦ ᠦᠢᠯᠡᠳᠪᠦᠷᠢᠯᠡᠬᠦ ᠠᠵᠢᠯ ᠠᠬᠤᠢ ᠶᠢᠨ ᠪᠠᠶᠢᠭᠤᠯᠤᠯᠭ᠎ᠠ ᠂ ᠬᠦᠨᠡᠰᠦᠨ ᠦ ᠠᠶᠤᠯᠭᠦᠢ ᠪᠠᠶᠢᠳᠠᠯ ᠤᠨ ᠬᠠᠷᠢᠭᠤᠴᠠᠯᠭ᠎ᠠ ᠲᠠᠢ ᠬᠣᠯᠪᠣᠭᠳᠠᠬᠤ ᠬᠦᠮᠦᠰ ᠂ 《ᠪᠦᠭᠦᠳᠡ ᠨᠠᠶᠢᠷᠠᠮᠳᠠᠬᠤ ᠳᠤᠮᠳᠠᠳᠤ ᠠᠷᠠᠳ ᠤᠯᠤᠰ ᠤᠨ ᠬᠦᠨᠡᠰᠦᠨ ᠦ ᠠᠶᠤᠯᠭᠦᠢ ᠪᠠᠶᠢᠳᠠᠯ ᠤᠨ ᠬᠠᠤᠯᠢ》 ᠶᠢ ᠬᠡᠷᠡᠭᠵᠢᠭᠦᠯᠬᠦ ᠬᠠᠷᠢᠭᠤᠴᠠᠯᠭ᠎ᠠ ᠲᠠᠢ ᠪᠠᠶᠢᠨ᠎ᠠ ᠃ ᠬᠦᠨᠡᠰᠦᠨ ᠦ ᠠᠶᠤᠯᠭᠦᠢ ᠪᠠᠶᠢᠳᠠᠯ ᠤᠨ ᠬᠠᠷᠢᠭᠤᠴᠠᠯᠭ᠎ᠠ ᠶᠢᠨ ᠬᠦᠮᠦᠰ ᠂ ᠬᠦᠨᠡᠰᠦ ᠦᠢᠯᠡᠳᠪᠦᠷᠢᠯᠡᠬᠦ ᠠᠵᠢᠯ ᠠᠬᠤᠢ ᠶᠢᠨ ᠪᠠᠶᠢᠭᠤᠯᠤᠯᠭ᠎ᠠ ᠂ ᠬᠣᠯᠪᠣᠭᠳᠠᠬᠤ ᠬᠦᠮᠦᠰ ᠪᠦᠭᠦᠳᠡ ᠡᠨᠡ ᠬᠠᠤᠯᠢ ᠶᠢᠨ ᠲᠣᠭᠲᠠᠭᠠᠯ ᠢ ᠳᠠᠭᠠᠨ ᠮᠦᠷᠳᠡᠬᠦ ᠶᠣᠰᠣᠲᠠᠢ ᠃ ᠡᠨᠡ ᠬᠠᠤᠯᠢ ᠶᠢᠨ ᠲᠣᠭᠲᠠᠭᠠᠯ ᠢ ᠵᠥᠷᠢᠴᠡᠭᠰᠡᠨ ᠲᠣᠬᠢᠶᠠᠯᠳᠤᠯ ᠳ᠋ᠤ ᠬᠠᠤᠯᠢ ᠶᠢᠨ ᠬᠠᠷᠢᠭᠤᠴᠠᠯᠭ᠎ᠠ ᠬᠦᠯᠢᠶᠡᠯᠭᠡᠬᠦ ᠂ ᠡᠳ᠋ ᠬᠥᠷᠥᠩᠭᠡ ᠪᠣᠯᠤᠨ ᠤᠯᠤᠰ ᠤᠨ ᠬᠠᠤᠯᠢ ᠶᠢᠨ ᠳᠠᠭᠤ ᠶᠢ ᠬᠡᠷᠡᠭᠵᠢᠭᠦᠯᠬᠦ ᠂ ᠵᠢᠭᠠᠭᠰᠠᠨ ᠪᠡᠷ ᠬᠠᠷᠢᠭᠤᠴᠠᠬᠤ ᠂ ᠶᠠᠯᠠ ᠲᠤᠰᠬᠠᠬᠤ ᠵᠡᠷᠭᠡ ᠶᠢᠨ ᠬᠡᠮᠵᠢᠶ᠎ᠡ ᠶᠢ ᠶᠠᠪᠤᠭᠳᠠᠭᠤᠯᠤᠭᠰᠠᠨ ᠪᠠᠶᠢᠭᠤᠯᠬᠤ ᠃

[illegible] 18 [illegible]

[illegible] 《[illegible] 18 [illegible]》 [illegible]

[illegible]

[illegible]

等信息。

国务院卫生行政、农业行政部门应当及时相互通报食品、食用农产品安全风险评估结果等信息。

第二十条【卫生、农业部门信息共享】省级以上人民政府卫生行政、农业行政部门应当及时相互通报食品、食用农产品安全风险监测信息。

[illegible]

●条文解读

根据本法第2条第2款规定，供食用的源于农业的初级产品的质量安全管理，遵守农产品质量安全法的规定。但是，食用农产品的市场销售、有关质量安全标准的制定、有关安全信息的公布和本法对农业投入品作出规定的，应当遵守本法的规定。根据这一规定，本法规定的食品安全风险监测、评估制度，不适用食用农产品，食用农产品的风险监测、评估由农业行政部门依据农产品质量安全法进行。农产品质量安全法第34条第1款规定，县级以上人民政府农业行政主管部门应当按照保障农产品质量安全的要求，制定并组织实施农产品质量安全监测计划，对生产中或者市场上销售的农产品进行监督抽查。监督抽查结果由国务院农业行政主管部门或者省、自治区、直辖市人民政府农业行政主管部门按照权限予以公布。第6条第2款规定，国务院农业行政主管部门应当根据农产品质量安全风险评估结果采取相应的管理措施，并将农产品质量安全风险评估结果及时通报国务院有关部门。根据本法和农产品质量安全法的有关规定，食品安全风险监测由省级以上卫生行政部门实施，食用农产品安全风险监测信息由省级以上农业行政部门公布。食品安全风险评估结果由国务院卫生行政部门公布，食用农产品安全风险评估结果由国务院农业行政部门负责通报。这就要求卫生行政部门和农业行政部门之间按照各自权限对掌握的食品和食用农产品安全信息进行互相通报。

农产品质量安全法也对国务院农业行政部门向国务院有关部门通报信息的职责作了规定。本条规定，既是为了与农产品质量安全法相衔接，也是对卫生行政部门和农业行政部门互通信息的职责进一步提出了明确要求，这样规定能够更好地保障食品和食用农产品的质量安全，有利于实现『从农田到餐桌』的全程监管。

[illegible]

[illegible] 6 [illegible] 2 [illegible]

[illegible] 34 [illegible] 1 [illegible]

第二十一条【食品安全风险评估的作用】 食品安全风险评估结果是制定、修订食品安全标准和实施食品安全监督管理的科学依据。

经食品安全风险评估，得出食品、食品添加剂、食品相关产品不安全结论的，国务院食品药品监督管理、质量监督等部门应当依据各自职责立即向社会公告，告知消费者停止食用或者使用，并采取相应措施，确保该食品、食品添加剂、食品相关产品停止生产经营；需要制定、修订相关食品安全国家标准的，国务院卫生行政部门应当会同国务院食品药品监督管理部门立即制定、修订。

●条文解读

食品安全风险评估由国务院卫生行政部门成立的由医学、农业、食品、营养、生物、环境等方面的专家组成的食品安全风险评估专家委员会进行。食品安全风险评估应当运用科学方法，根据食品安全风险监测信息、科学数据以及其他有关信息进行。因此，食品安全风险评估结果具有较高的权威性、科学性、可信性，应当在制定、修订食品安全标准和对食品安全实施监督管理的过程中发挥重要作用。

一、食品安全风险评估结果应当作为制定、修订食品安全标准的科学依据

食品安全标准是强制执行的标准，是规范食品生产经营行为的技术指南，是食品安全评价的重要依据，是食品安全管理和执法的重要手段。因此，制定食品安全标准，应当以保障公众身体健康为宗旨，充分考虑食品安全风险评估结果，才能使所制定的标准科学合理、安全可靠。食品安全标准包括食品、食品添加剂、食品相关产品中的致病性微生物、农药残留、兽药残留、生物毒素、重金属等污染物质以及其他危害人体健康物质的限量规定，还包括食品添加剂的品种、使用范围、用量，与食品安全有关的质量要求，食品检验方法与规程等许多内容。这些内容反映出制定食品安全标准对于科学性、技术性手段要求很高，必须依赖于食品安全风险评估技术水平的不断提高。食品安全标准也不是一成不变的，它需要根据食品安全状况的不断变化而变更。修订食品安全标准应当把食品安全风险评估结果作为科学依据，才能真正保障食品安全。

二、食品安全风险评估结果应当作为对食品安全实施监督管理的科学依据

食品安全监督管理措施必须建立在科学基础之上，因此，食品安全风险评估结果应当作为对食品安全实施监督管理的科学依据。经食品安全风险评估，得出食品、食品添加剂、食品相关产品不安全结论的，国务院食品药品监督管理、质量监督等部门应当依据各自分工履行以下监督管理职责：一是立即发布公告，告知消费者停止食用或者使用。这一内容在此次

修改中作了调整，将『发布公告，告知消费者』作为监管部门首先要履行的职责。人民群众的生命健康权是最重要的权利，在得知食品、食品添加剂、食品相关产品不安全结论后，监管部门最紧要的职责就是告知消费者停止食用、使用，将危害和损失降低到最小。根据本条规定，向社会公布、告知消费者的时间要求为『立即』，这是对履职部门的法定要求，不得延误。二是采取相应措施，确保该食品、食品添加剂、食品相关产品停止生产经营。发现食品、食品添加剂、食品相关产品存在危害因素的，应当立即采取相应措施，如要求食品经营者停止经营不安全食品，切断源头，确保有问题的食品、食品添加剂、食品相关产品不再生产、流入市场，避免事件发展难以控制，造成更大的危害和损失。三是需要制定、修订相关食品安全国家标准的，国务院卫生行政部门应当会同国务院食品药品监督管理部门立即制定、修订。如果食品、食品添加剂、贪品相关产品存在不安全，为适应新情况、新问题，有关食品安全标准可能也需要及时进行制定或调整，防止再次出现类似的危害。根据本法第27条的规定，食品安全国家标准由国务院卫生行政部门会同国务院食品药品监督管理部门制定、公布。因此，得出食品、食品添加剂、食品相关产品不安全结论后，如果有必要对食品安全国家标准进行制定或修订的，由国务院卫生行政部门会同国务院食品药品监督管理部门立即制定、修订。

ᠪᠣᠯᠭᠠᠬᠤ ᠬᠠᠮᠢᠶᠠᠷᠤᠯᠲᠠ ᠶ᠋ᠢᠨ ᠪᠠᠶᠢᠴᠠᠭᠠᠯᠲᠠ ᠬᠢᠭᠡᠳ ᠂ ᠬᠣᠭᠣᠯᠠᠨ ᠤ ᠠᠶᠤᠯᠭᠦᠢ ᠴᠢᠨᠠᠷ ᠤᠨ ᠭᠡᠨᠲᠡ ᠬᠡᠷᠡᠭ ᠢ ᠰᠢᠯᠭᠠᠨ ᠰᠢᠢᠳᠪᠦᠷᠢᠯᠡᠬᠦ ᠠᠵᠢᠯ ᠢ ᠵᠣᠬᠢᠶᠠᠨ ᠪᠠᠶᠢᠭᠤᠯᠬᠤ ᠬᠠᠷᠢᠭᠤᠴᠠᠯᠭ᠎ᠠ ᠲᠠᠢ ᠪᠣᠯᠤᠨ᠎ᠠ ᠃ [illegible]

ᠬᠣᠭᠣᠯᠠᠨ ᠤ ᠠᠶᠤᠯᠭᠦᠢ ᠴᠢᠨᠠᠷ ᠤᠨ ᠭᠡᠨᠲᠡ ᠬᠡᠷᠡᠭ ᠤᠨ ᠮᠡᠳᠡᠭᠡ ᠶ᠋ᠢ ᠬᠦᠯᠢᠶᠡᠨ ᠠᠪᠤᠭᠰᠠᠨ ᠤ ᠳᠠᠷᠠᠭ᠎ᠠ ᠂ [illegible]

ᠬᠣᠭᠣᠯᠠᠨ ᠤ ᠠᠶᠤᠯᠭᠦᠢ ᠴᠢᠨᠠᠷ ᠤᠨ ᠭᠡᠨᠲᠡ ᠬᠡᠷᠡᠭ ᠢ ᠰᠢᠯᠭᠠᠨ ᠰᠢᠢᠳᠪᠦᠷᠢᠯᠡᠬᠦ ᠵᠢᠷᠤᠮ ᠢᠶᠠᠷ ᠰᠢᠢᠳᠪᠦᠷᠢᠯᠡᠨ᠎ᠡ ᠃ [illegible] ᠬᠣᠭᠣᠯᠠᠨ ᠤ ᠠᠶᠤᠯᠭᠦᠢ ᠴᠢᠨᠠᠷ ᠤᠨ ᠭᠡᠨᠲᠡ ᠬᠡᠷᠡᠭ ᠤᠨ ᠰᠢᠯᠲᠠᠭᠠᠨ ᠢ ᠲᠣᠳᠤᠷᠬᠠᠢᠯᠠᠬᠤ ᠃ [illegible]

第二十二条【食品安全风险警示】国务院食品药品监督管理部门应当会同国务院有关部门，根据食品安全风险评估结果、食品安全监督管理信息，对食品安全状况进行综合分析。对经综合分析表明可能具有较高程度安全风险的食品，国务院食品药品监督管理部门应当及时提出食品安全风险警示，并向社会公布。

●条文解读

一、对食品安全状况进行综合分析

行政管理的高效率必须建立在统筹规划、把握全局的基础上。食品安全监督管理部门除了要进行具体的、日常的食品安全监督管理之外，还要注意及时总结经验，对食品安全状况进行综合分析。国务院食品药品监督管理部门应当会同国务院有关部门，根据食品安全风险评估结果、食品安全监督管理信息，对食品安全状况进行综合分析。对于食品安全监管部门而言，对食品安全状况进行综合分析，有利于提高监管水平，及早发现食品安全隐患，全面做好食品安全监管工作。

既然是综合分析，需要综合考虑的情况有很多。法律上列明了综合分析最重要的两项内容，即食品安全风险评估结果和食品安全监督管理信息。食品安全风险评估结果的最大特点就是客观，能够为综合分析提供科学依据，如果缺少科学依据，综合分析也就失去了判断基础和科学保障。食品安全监督管理信息为综合分析提供了实践基础和经验，使综合分析的结果能够紧密围绕执法实践和现实问题，最终提高食品安全监督管理水平。因此，食品安全风险评估结果和食品安全监督管理信息作为综合分析的重要考虑因素，缺一不可，不可偏废。

二、及时提出食品安全风险警示，并向社会公布

对食品安全状况进行综合分析，能够在进行更大范围的信息汇总过程中发现具有较高程度安全风险的食品，进而提出食品安全风险警示，并向社会公布。

根据本法第118条的规定，食品安全风险警示信息由国务院食品药品监督管理部门统一公布。对于某种可能具有较高程度安全风险的食品，国务院食品药品监督管理部门应当及时

提出食品安全风险警示，并向社会公布。发布食品安全风险警示，使食品生产经营企业和消费者能够引起足够重视，有利于加强对风险食品的监督，预防和控制食品安全事故。但在实践中一定要把握好『度』，发布食品安全风险警示要尽量避免引起消费者恐慌。这就要求国务院食品药品监督管理部门发布食品安全风险警示，在及时、迅速的同时力求做到客观、准确。这样才能尽到食品安全监管职责，真正保障公众对食品安全信息的知情权。此外，此次修改将『予以公布』修改为『向社会公布』，对公布的范围作了进一步明确，也是为了更好地保障公众的知情权。

ᠭᠠᠷᠭᠠᠨ᠎ᠠ ᠂ ᠬᠠᠮᠠᠭᠠᠯᠠᠯᠲᠠ ᠬᠠᠷᠢᠭᠤᠴᠠᠬᠤ ᠶᠢᠨ ᠲᠤᠬᠠᠢ ᠮᠡᠳᠡᠭᠡ ᠶᠢ ᠬᠣᠭᠣᠯᠠ ᠶᠢᠨ ᠠᠶᠤᠯᠭᠦᠢ ᠪᠠᠶᠢᠳᠠᠯ ᠤᠨ ᠮᠡᠳᠡᠭᠡ ᠶᠢᠨ ᠨᠢᠭᠡᠳᠦᠯᠲᠡᠢ ᠲᠠᠪᠴᠠᠩ ᠳᠤ ᠵᠠᠷᠯᠠᠨ ᠨᠡᠶᠢᠲᠡᠯᠡᠬᠦ ᠬᠡᠷᠡᠭᠲᠡᠢ ᠪᠣᠯᠤᠨ᠎ᠠ ᠃ ᠬᠣᠭᠣᠯᠠ ᠶᠢᠨ ᠠᠶᠤᠯᠭᠦᠢ ᠪᠠᠶᠢᠳᠠᠯ ᠤᠨ ᠮᠡᠳᠡᠭᠡ ᠶᠢ ᠦᠨᠡᠨ ᠵᠦᠢ ᠪᠡᠷ᠂ ᠴᠠᠭ ᠲᠤ ᠨᠢ᠂ ᠣᠨᠣᠪᠴᠢᠲᠠᠢ ᠪᠠᠷ ᠵᠠᠷᠯᠠᠬᠤ ᠪᠣᠯᠤᠨ᠎ᠠ ::

ᠬᠣᠭᠣᠯᠠ ᠶᠢᠨ ᠠᠶᠤᠯᠭᠦᠢ ᠪᠠᠶᠢᠳᠠᠯ ᠤᠨ ᠮᠡᠳᠡᠭᠡ ᠶᠢ ᠵᠠᠷᠯᠠᠬᠤ ᠳᠤ᠂ ᠬᠠᠮᠢᠶ᠎ᠠ ᠪᠦᠬᠦᠢ ᠭᠠᠵᠠᠷ ᠤᠨ ᠵᠥᠪᠯᠡᠯᠴᠡᠬᠦ ᠪᠠ ᠬᠢᠨᠠᠨ ᠬᠠᠮᠠᠭᠠᠯᠠᠬᠤ ᠶᠢ ᠤᠷᠢᠳᠴᠢᠯᠠᠨ ᠬᠢᠵᠦ᠂ ᠮᠡᠳᠡᠭᠡ ᠶᠢᠨ ᠦᠨᠡᠨ ᠵᠦᠢ ᠶᠢ ᠪᠠᠲᠤᠯᠠᠬᠤ ᠬᠡᠷᠡᠭᠲᠡᠢ ::

ᠮᠡᠳᠡ ᠲᠦᠪ ᠦᠨ 118 ᠳᠤᠭᠠᠷ ᠵᠦᠢᠯ ᠦᠨ ᠵᠠᠭᠠᠯᠲᠠ ᠶᠢᠨ ᠳᠠᠭᠠᠤ᠂ ᠬᠣᠭᠣᠯᠠ ᠶᠢᠨ ᠠᠶᠤᠯᠭᠦᠢ ᠪᠠᠶᠢᠳᠠᠯ ᠤᠨ ᠮᠡᠳᠡᠭᠡ ᠶᠢ ᠨᠢᠭᠡᠳᠦᠯᠲᠡᠢ ᠵᠠᠷᠯᠠᠬᠤ ᠳᠦᠷᠢᠮ ᠬᠡᠷᠡᠭᠵᠢᠭᠦᠯᠦᠨ᠎ᠡ᠂ ᠬᠣᠭᠣᠯᠠ ᠶᠢᠨ ᠠᠶᠤᠯᠭᠦᠢ ᠪᠠᠶᠢᠳᠠᠯ ᠤᠨ ᠮᠡᠳᠡᠭᠡ ᠶᠢᠨ ᠨᠢᠭᠡᠳᠦᠯᠲᠡᠢ ᠲᠠᠪᠴᠠᠩ ᠪᠠᠶᠢᠭᠤᠯᠬᠤ ᠪᠣᠯᠤᠨ᠎ᠠ ᠃ ᠤᠯᠤᠰ ᠤᠨ ᠬᠣᠭᠣᠯᠠ ᠶᠢᠨ ᠠᠶᠤᠯᠭᠦᠢ ᠪᠠᠶᠢᠳᠠᠯ ᠤᠨ ᠬᠢᠨᠠᠨ ᠬᠠᠮᠠᠭᠠᠯᠠᠬᠤ ᠬᠠᠷᠢᠶᠠᠯᠠᠬᠤ ᠶᠠᠮᠤᠨ ᠨᠢ ᠬᠣᠭᠣᠯᠠ ᠶᠢᠨ ᠠᠶᠤᠯᠭᠦᠢ ᠪᠠᠶᠢᠳᠠᠯ ᠤᠨ ᠮᠡᠳᠡᠭᠡ ᠶᠢ ᠨᠢᠭᠡᠳᠦᠯᠲᠡᠢ ᠵᠠᠷᠯᠠᠨ᠎ᠠ ::

ᠠᠮᠢᠳᠤᠷᠠᠯ ᠡᠷᠡᠭᠦᠯ ᠮᠡᠨᠳᠦ ᠪᠡᠷ ᠠᠮᠤᠷ ᠲᠦᠪᠰᠢᠨ ᠪᠠᠶᠢᠯᠭᠠᠬᠤ ·· ᠬᠣᠭᠣᠯᠠ ᠶᠢᠨ ᠠᠶᠤᠯᠭᠦᠢ ᠪᠠᠶᠢᠳᠠᠯ ᠤᠨ 《ᠬᠠᠤᠯᠢ》 ᠳᠤ ᠵᠠᠭᠠᠭᠰᠠᠨ᠂ ᠬᠣᠭᠣᠯᠠ ᠶᠢᠨ ᠠᠶᠤᠯᠭᠦᠢ ᠪᠠᠶᠢᠳᠠᠯ ᠤᠨ ᠮᠡᠳᠡᠭᠡ ᠶᠢ ᠵᠠᠷᠯᠠᠬᠤ ᠠᠵᠢᠯ ᠢ ᠰᠠᠶᠢᠵᠢᠷᠠᠭᠤᠯᠬᠤ ᠳᠤ ᠬᠣᠭᠣᠯᠠ ᠶᠢᠨ ᠬᠤᠪᠢ ᠨᠢ

[illegible]

第二十三条【食品安全风险交流】 县级以上人民政府食品药品监督管理部门和其他有关部门、食品安全风险评估专家委员会及其技术机构，应当按照科学、客观、及时、公开的原则，组织食品生产经营者、食品检验机构、认证机构、食品行业协会、消费者协会以及新闻媒体等，就食品安全风险评估信息和食品安全监督管理信息进行交流沟通。

●条文解读

食品安全风险交流是指在风险分析全过程中，风险评估者、风险管理者、消费者、产业界、学术界和其他利益相关方对风险、风险相关因素等的信息和看法，包括对风险评估结果和风险管理决策进行的互动式沟通。

食品安全不存在零风险，即使是再完善的食品安全管理制度，也不能完全杜绝食品安全事件的发生。而食品安全由于其对公众身体健康和生命安全的深远影响，必定会受到公众的强烈关注。一旦有发生食品安全事件的可能性，如不能采取有效的应急措施加以应对，极易使消费者产生恐慌心理，降低政府公信力，对相关食品产业也会造成负面冲击。这就要求相关部门必须积极主动地引导风险交流工作，通过各种信息渠道与公众及时沟通，保证各渠道信息的一致性，提高风险交流成效，防止虚假信息流传。风险交流在食品安全管理方面意义大，已经形成普遍共识，在很多国家或地区都建立了有效地风险交流制度，成为各国食品安全应急管理的重要组成部分。

风险交流的主体主要包括县及以上人民政府食品药品监督管理部门和其他有关部门、食品安全风险评估专家委员会及其技术机构、食品生产经营者、食品检验机构、认证机构、食品行业协会、消费者协会以及新闻媒体等。其中，食品药品监督管理部门和卫生行政、农业行政、质量监督等有关部门、食品安全风险评估专家委员会及其技术机构承担着组织各方进行风险交流的重要职责。政府和有关机构掌握着食品安全信息的第一手资料，是食品安全管理的执行者和监管者，从各国经验来看，都将政府或政府设立的专门机构作为组织风险交流的主体。

食品安全风险交流的内容为食品安全风险评估信息和食品安全监督管理信息。食品安全风险评估信息包括食品安全风险评估程序和管理体系，评估项目的立项背景、依据、必要性，项目的进展和食品安全风险管理建议等，风险评估结果的解释和答疑，食品安全与食源性疾病的科学知识，针对性的消费建议等。食品安全监督管理包括食品安全领域出现的新情况、新问题，企业遵纪守法情况，重大案件的查处结果等。

食品安全风险交流是一个双向、互动的过程。一方面，政府和有关机构将风险信息传递给利益相关者，增加决策和执法的透明度，增强食品安全管理行为社会公信力，提高食品安全突发事件的应对能力；另一方面，政府和有关机构通过风险交流收集利益相关者的信息反馈，通过对这些信息的综合分析，为政府和有关机构的决策和执行提供指导。

[illegible]

[illegible]

第三章　食品安全标准

第二十四条【制定食品安全标准的原则】制定食品安全标准，应当以保障公众身体健康为宗旨，做到科学合理、安全可靠。

●条文解读

食品安全标准是强制性标准，是保证食品安全、保障公众身体健康的重要措施，是实现食品安全科学管理、强化各环节监管的重要基础，也是规范食品生产经营、促进食品行业健康发展的技术保障。

一、保障公众身体健康是制定食品安全标准的宗旨

目前我国的食品安全总体状况良好，但仍存在不少问题。针对我国的具体国情，制定科学合理、安全可靠的食品安全标准，保障公众身体健康，是食品安全标准制定工作的出发点和落脚点。制定食品安全国家标准、地方标准和企业标准都要围绕这一宗旨。

二、食品安全标准应当做到科学合理、安全可靠

目前，我国食品安全标准体系逐步完善，但随着食品工业的发展和人民生活水平的提

无害，并且符合有关营养要求，不会对人体造成危害。
产经营者、消费者、有关部门等方面的意见。食品安全标准还应当安全可靠，保证食品无毒
高研制标准的能力和水平，提高标准制定工作的透明度和公众的参与程度，广泛听取食品生
借鉴相关国际标准的先进经验，注重标准的可操作性；还要不断创新标准制定工作机制，提
结合，既要立足我国国情和食品产业的实际发展，兼顾行业现实和监管实际需要，也要积极
的基础性研究，提高食品安全风险监测和评估能力；要坚持立足我国国情与借鉴国际标准相
能对人体健康造成危害的食品安全风险因素为重点，科学合理地设置标准内容；要加强标准
一步提高。提高食品安全标准的科学性、合理性，要以食品安全风险评估结果为依据，以可
通用性不强、部分指标欠缺风险评估依据等问题，食品安全标准的科学性、合理性仍有待进
高，食品安全标准工作仍存在诸多亟待解决的问题，如标准总体上标龄较长、食品安全标准

[illegible]

[illegible]

[illegible]

[illegible]

[illegible]

[illegible]

[illegible]

[illegible]

[illegible]

[illegible]

[illegible]

[illegible]

[illegible]

[illegible]

ᠪᠦᠬᠦ · ᠬᠣᠷᠢᠭ ᠪᠠᠶᠢᠴᠠᠭᠠᠯᠲᠠ ᠶᠢᠨ ᠬᠠᠷᠢᠭᠤᠴᠠᠯᠭ᠎ᠠ ᠶᠢ ᠬᠦᠯᠢᠶᠡᠨ ᠵᠢᠷᠤᠮ ᠢ ᠪᠠᠶᠢᠭᠤᠯᠬᠤ ᠪᠠᠷ ᠳᠠᠮᠵᠢᠭᠤᠯᠤᠨ ᠲᠡᠷᠡ ᠨᠢ ᠬᠦᠨᠡᠰᠦᠨ ᠦ ᠠᠶᠤᠯᠭᠦᠢ ᠶᠢᠨ ᠬᠢᠨᠠᠨ ᠬᠠᠮᠢᠶᠠᠷᠬᠤ ᠵᠠᠬᠢᠷᠬᠤ ᠠᠵᠢᠯ ᠤᠨ ᠢᠯᠡ ᠲᠣᠳᠤ ᠴᠢᠨᠠᠷ ᠢ ᠳᠡᠭᠡᠭᠰᠢᠯᠡᠭᠦᠯᠵᠦ · ᠦᠨᠡᠨ ᠪᠣᠳᠢᠲᠤ ᠪᠠᠶᠢᠳᠠᠯ ᠢ ᠨᠡᠶᠢᠲᠡᠯᠡᠬᠦ ᠬᠡᠷᠡᠭᠲᠡᠢ ᠪᠣᠯᠤᠨ᠎ᠠ ᠃ ᠬᠦᠨᠡᠰᠦᠨ ᠦ ᠠᠶᠤᠯᠭᠦᠢ ᠶᠢᠨ ᠮᠡᠳᠡᠭᠡ ᠰᠤᠷᠠᠭ ᠢ ᠨᠢᠭᠡᠳᠦᠯᠲᠡᠢ ᠨᠡᠶᠢᠲᠡᠯᠡᠬᠦ ᠵᠢᠷᠤᠮ ᠢ ᠬᠡᠷᠡᠭᠵᠢᠭᠦᠯᠬᠦ ᠨᠢ · ᠤᠯᠤᠰ ᠤᠨ ᠬᠦᠨᠡᠰᠦᠨ ᠦ ᠠᠶᠤᠯᠭᠦᠢ ᠶᠢᠨ ᠪᠠᠶᠢᠳᠠᠯ ᠢ ᠨᠡᠶᠢᠲᠡᠳᠲᠦ ᠮᠡᠳᠡᠭᠦᠯᠬᠦ ᠳᠦ ᠲᠤᠰᠠᠲᠠᠶ ᠪᠣᠯᠤᠨ᠎ᠠ ᠃

ᠬᠦᠨᠡᠰᠦᠨ ᠦ ᠠᠶᠤᠯᠭᠦᠢ ᠶᠢᠨ ᠮᠡᠳᠡᠭᠡ ᠰᠤᠷᠠᠭ ᠢ ᠨᠡᠶᠢᠲᠡᠯᠡᠬᠦ ᠳᠦ · ᠤᠯᠤᠰ ᠤᠨ ᠭᠦᠢᠴᠡᠳᠬᠡᠬᠦ ᠵᠥᠪᠯᠡᠯ ᠦᠨ ᠬᠦᠨᠡᠰᠦᠨ ᠦ ᠠᠶᠤᠯᠭᠦᠢ ᠶᠢᠨ ᠬᠢᠨᠠᠨ ᠬᠠᠮᠢᠶᠠᠷᠬᠤ ᠵᠠᠬᠢᠷᠬᠤ ᠲᠠᠰᠤᠭ ᠨᠢ ᠨᠢᠭᠡᠳᠦᠯᠲᠡᠢ ᠨᠡᠶᠢᠲᠡᠯᠡᠨ᠎ᠡ ᠃ ᠤᠯᠤᠰ ᠤᠨ ᠬᠦᠨᠡᠰᠦᠨ ᠦ ᠠᠶᠤᠯᠭᠦᠢ ᠶᠢᠨ ᠶᠡᠷᠦᠩᠬᠡᠢ ᠪᠠᠶᠢᠳᠠᠯ · ᠬᠦᠨᠡᠰᠦᠨ ᠦ ᠠᠶᠤᠯᠭᠦᠢ ᠶᠢᠨ ᠠᠶᠤᠯ ᠤᠨ ᠰᠡᠷᠡᠮᠵᠢᠯᠡᠭᠦᠯᠬᠦ ᠮᠡᠳᠡᠭᠡ ᠰᠤᠷᠠᠭ · ᠬᠦᠨᠳᠦ ᠶᠡᠬᠡ ᠬᠦᠨᠡᠰᠦᠨ ᠦ ᠠᠶᠤᠯᠭᠦᠢ ᠶᠢᠨ ᠣᠳᠣᠯ ᠪᠣᠯᠤᠨ ᠲᠡᠭᠦᠨ ᠦ ᠰᠢᠯᠭᠠᠨ ᠰᠢᠢᠳᠪᠦᠷᠢᠯᠡᠬᠦ ᠮᠡᠳᠡᠭᠡ ᠰᠤᠷᠠᠭ ᠪᠣᠯᠤᠨ ᠤᠯᠤᠰ ᠤᠨ ᠭᠦᠢᠴᠡᠳᠬᠡᠬᠦ ᠵᠥᠪᠯᠡᠯ ᠦᠨ ᠨᠢᠭᠡᠳᠦᠯᠲᠡᠢ ᠨᠡᠶᠢᠲᠡᠯᠡᠬᠦ ᠬᠡᠷᠡᠭᠲᠡᠢ ᠭᠡᠵᠦ ᠲᠣᠭᠲᠠᠭᠠᠭᠰᠠᠨ ᠪᠤᠰᠤᠳ ᠮᠡᠳᠡᠭᠡ ᠰᠤᠷᠠᠭ ᠢ ᠤᠯᠤᠰ ᠤᠨ ᠭᠦᠢᠴᠡᠳᠬᠡᠬᠦ ᠵᠥᠪᠯᠡᠯ ᠦᠨ ᠬᠦᠨᠡᠰᠦᠨ ᠦ ᠠᠶᠤᠯᠭᠦᠢ ᠶᠢᠨ ᠬᠢᠨᠠᠨ ᠬᠠᠮᠢᠶᠠᠷᠬᠤ ᠵᠠᠬᠢᠷᠬᠤ ᠲᠠᠰᠤᠭ ᠨᠢᠭᠡᠳᠦᠯᠲᠡᠢ ᠨᠡᠶᠢᠲᠡᠯᠡᠨ᠎ᠡ ᠃

第二十五条【食品安全标准的强制性】 食品安全标准是强制执行的标准。除食品安全标准外，不得制定其他食品强制性标准。

●条文解读

标准分为强制性标准和推荐性标准。标准是为适应科学发展和合理组织生产的需要，在产品的品种、规格、质量、等级或者安全、卫生要求等方面规定的统一技术要求。根据是否具有强制性，标准分为强制性标准和推荐性标准。其中，保障人体健康，人身、财产安全的标准和法律、行政法规规定强制执行的标准是强制性标准，其他标准是推荐性标准。国家标准的代号由大写汉语拼音字母构成。强制性国家标准的代号为『GB』，推荐性国家标准的代号为『GB/T』。从事科研、生产、经营的单位和个人，必须严格执行强制性标准，禁止生产、销售和进口不符合强制性标准的产品。国家鼓励企业自愿采用推荐性标准。

食品安全标准关系人民群众身体健康和生命安全，是强制执行的标准，包括视频安全国家标准和地方标准，生产经营者、检验机构以及监管部门必须严格执行，禁止生产经营不符合食品安全标准的食品、食品添加剂和食品相关产品，否则应承担相应的法律责任。

ᠦᠨᠳᠦᠰᠦᠨ ᠦ ᠪᠠᠷᠢᠮᠵᠢᠶ᠎ᠠ ᠶᠢ《GB》ᠪᠣᠯᠭᠠᠨ᠎ᠠ ᠂ ᠤᠯᠤᠰ ᠤᠨ ᠪᠠᠷᠢᠮᠵᠢᠶ᠎ᠠ ᠶᠢᠨ ᠬᠡᠯᠪᠡᠷᠢ ᠶᠢ《GB/T》ᠭᠡᠨ᠎ᠡ ᠃᠃ ᠬᠦᠨᠡᠰᠦ ᠶᠢᠨ

[illegible]

第二十六条【食品安全标准的内容】食品安全标准应当包括下列内容：

（一）食品、食品添加剂、食品相关产品中的致病性微生物，农药残留、兽药残留、生物毒素、重金属等污染物质以及其他危害人体健康物质的限量规定；

（二）食品添加剂的品种、使用范围、用量；

（三）专供婴幼儿和其他特定人群的主辅食品的营养成分要求；

（四）对与卫生、营养等食品安全要求有关的标签、标志、说明书的要求；

（五）食品生产经营过程的卫生要求；

（六）与食品安全有关的质量要求；

（七）与食品安全有关的食品检验方法与规程；

（八）其他需要制定为食品安全标准的内容。

●条文解读

食品安全标准是保障公众身体健康的强制性标准。本条列举了食品安全标准应当包括的八项内容：

1. 污染物质以及其他危害人体健康物质的限量规定。致病性微生物，农药残留、兽药残留、生物毒素、重金属等污染物质以及其他危害人体健康的物质，禁止人为添加到食品中，但是在食品生产（包括农作物种植、动物饲养和兽医用药）、加工、包装 贮存、运输、销售直至食用等过程中，可能会或多或少地进入食品中。如果人体摄入的危害物质超过一定含量，就会危害人体健康。因此，必须对食品中各种危害物质的限量作出规定。

按照对人类和动物有无致病性，微生物可以分为致病性微生物和非致病性微生物。致病性微生物包括细菌、病毒、真菌等。农药残留问题是随着农药在农业生产中广泛使用而产生的。在食品中的农药残留，如果超过一定限量，会造成食物污染，危害人体健康。兽药残留是指使用兽药后蓄积或存留于畜禽机体或产品（如鸡蛋、奶品、肉品等）中的原型药物或其代谢产物，包括与兽药有关的杂质残留。生物毒素，又称天然毒素，是指生物来源并不可自我复制的有毒化学物，包括动物、植物、微生物产生的对其他生物有毒害作用的各种化学物质，如黄曲霉毒素、真菌霉素等。重金属一般是指密度在 $4.5g/cm^3$ 以上的金属，如铜、铅、锌、铁、钴、镍、锰、镉、汞、钨、钼、金、银等。食物中的重金属超过一定限量都将对人体

3. 特定人群的主辅食品的营养成分要求。婴幼儿是人一生中健康成长的重要时期，这个

种、使用范围、用量进行规范。

钙》（GB29226—2012）等多项有关食品添加剂的食品安全国家标准，对食品添加剂的品

2014），以及《食品添加剂 硬脂酸钾》（GB31623—2014）、《食品添加剂 天门冬氨酸

用范围和用量进行严格限制。目前，我国已经制定了《食品添加剂使用标准》（GB2760—

品品质的新需求，但如果滥用食品添加剂，则会严重危害人体健康，因此必须对其品种、使

剂。适当添加食品添加剂，可以改善食品的色、香、味，延长食品的保质期，满足了人们对食

及为防腐、保鲜和加工工艺的需要而加入食品中的人工合成或者天然物质，包括营养强化

2. 食品添加剂的品种、使用范围、用量。食品添加剂，指为改善食品品质和色、香、味以

以及其他危害人体健康物质的限量指标进行了规定。

目前，我国已经制定了《食品中污染物限量》等食品安全国家标准，对食品中污染物质

还包括放射性物质等。

过水稻根茎叶吸收、转运、累积到籽粒中，最终导致大米中镉超标。其他危害人体健康物质

如一些地方的大米曾多次被曝重金属镉超标，有意见认为其原因就在于土壤遭污染后，镉通

作物吸收、积累重金属后被人类食用，其中的重金属就会随之进入人体导致重金属中毒。例

产生危害。如果河流、湖泊、海洋或者土壤受到重金属污染，鱼类、贝类或者稻谷、小麦等农

时期如果能够得到合理的膳食营养，必将为其以后一生的身体和智力发育打下良好的物质基础。婴幼儿主辅食品的营养成分不仅关系到食品的营养，而且关系到婴幼儿的身体健康和生命安全，必须搭配科学，各种营养成分既不能过多，也不能过少。少了会导致营养不良，多了也可能引起中毒。因此，必须在进行风险评估后规定营养成分的最高量、最低量等要求.使婴幼儿在满足营养需求的同时又保证食用安全。同样，其他一些特定人群对主辅食品的营养成分也有特殊要求，需要制定相应的标准。

4. 对与卫生、营养等食品安全要求有关的标签、标志、说明书的要求。原法的规定为『对与食品安全、营养有关的标签、标 识、说明书的要求』。在此次修改过程中，有意见提出，本法附则中明确规定，食品安全指食品无毒、无害，符合应当有的营养要求。因此，营养是食品安全的应有之义，包括在食品安全中，不应当再把两者并列，建议将『食品安全』修改为『卫生』。新法根据上述意见，进行了相应修改。

5. 食品生产经营过程的卫生要求。为规范食品生产过程，国务院卫生行政部门制定了《食品生产通用卫生规范》(GB14881—2013) 和《食品经营过程卫生规范》(GB31621—2014)。《食品生产通用卫生规范》规定了食品生产过程中原料采购、加工、包装、贮存和运输等环节的场所、设施、人员的基本要求和管理准则，各类食品的生产都应当适用该标准。《食品经营过程卫生规范》规定了食品采购、运输、验收、贮存、分装与包装、销售等经营过程中的卫生要求，各类食品的经营活动都要适用该标准。

6. 与食品安全有关的质量要求。主要包括：一是与微生物控制和食品腐败变质等安全指标密切相关，如水分、杂质、酸价等；二是体现食品应当有的营养要求，例如生乳的蛋白质、婴幼儿配方食品中各类营养物质等；三是产品特征性指标，例如天然矿泉水中的矿物质含量等。

7. 与食品安全有关的食品检验方法与规程。原法的规定为『食品检验方法与规程』。在修改过程中，有意见提出，不是所有的食品检验方法与规程都与食品安全有关，都应当纳入食品安全标准，因此本项进行了相应的修改，增加了『与食品安全有关』的规定。食品检验方法标准包括理化、微生物和毒理等检验方法，是基础和产品标准中各类限量指标的配套检测方法。

8. 其他需要制定为食品安全标准的内容。本项属于兜底条款，包括其他没有明确列举，但是涉及食品安全，需要制定标准的内容。

ᠪᠠᠢᠭᠠᠯᠢ ᠳᠤ ᠪᠣᠯᠤᠨ ᠬᠦᠨᠡᠰᠦᠨ ᠡᠴᠡ᠂ ᠬᠠᠷᠢᠨ ᠬᠦᠨᠳᠦ ᠳᠤ ᠬᠦᠨᠡᠰᠦᠨ ᠡᠴᠡ ᠳᠤᠰ᠃ ᠪᠣᠳᠠᠰ ᠬᠦᠨᠡᠰᠦ ᠨᠢ ᠬᠦᠨᠳᠦ ᠨᠢᠭᠲᠠ ᠨᠢ 4.5g/cm^3

ᠬᠦᠨᠰᠦ ᠦ ᠠᠶᠤᠯ ᠦᠭᠡᠢ ᠪᠠᠶᠢᠳᠠᠯ ᠤᠨ ᠤᠯᠤᠰ ᠤᠨ ᠪᠠᠷᠢᠮᠵᠢᠶ᠎ᠠ ᠶᠢ ᠪᠠᠷᠢᠮᠳᠠᠯᠠᠬᠤ᠂ ᠬᠦᠨᠰᠦ ᠦ ᠨᠡᠮᠡᠯᠲᠡ ᠪᠣᠳᠠᠰ ᠤᠨ ᠬᠡᠷᠡᠭᠯᠡᠭᠡᠨ ᠦ ᠪᠠᠷᠢᠮᠵᠢᠶ᠎ᠠ ᠶᠢ ᠮᠦᠷᠢᠳᠡᠨ ᠬᠡᠷᠡᠭᠵᠢᠭᠦᠯᠬᠦ ᠶᠣᠰᠣᠲᠠᠢ᠂ ᠬᠦᠨᠰᠦ ᠦ ᠨᠡᠮᠡᠯᠲᠡ ᠪᠣᠳᠠᠰ ᠢ ᠬᠡᠲᠦᠷᠡᠭᠦᠯᠵᠦ ᠬᠡᠷᠡᠭᠯᠡᠬᠦ᠂ ᠬᠡᠷᠡᠭᠯᠡᠬᠦ ᠬᠡᠪᠴᠢᠶ᠎ᠡ ᠶᠢ ᠦᠷᠭᠡᠳᠬᠡᠬᠦ ᠶᠢ ᠴᠢᠩᠭ᠎ᠠ ᠬᠣᠷᠢᠭᠯᠠᠨ᠎ᠠ᠃ ᠬᠦᠨᠰᠦ ᠦ ᠨᠡᠮᠡᠯᠲᠡ ᠪᠣᠳᠠᠰ ᠤᠨ ᠬᠡᠷᠡᠭᠯᠡᠭᠡᠨ ᠦ ᠪᠠᠷᠢᠮᠵᠢᠶ᠎ᠠ ᠳᠤ ᠬᠦᠨᠰᠦ ᠦ ᠨᠡᠮᠡᠯᠲᠡ ᠪᠣᠳᠠᠰ ᠤᠨ ᠨᠡᠷ᠎ᠡ᠂ ᠬᠡᠷᠡᠭᠯᠡᠬᠦ ᠬᠡᠪᠴᠢᠶ᠎ᠡ ᠪᠠ ᠬᠠᠮᠤᠭ ᠶᠡᠬᠡ ᠬᠡᠷᠡᠭᠯᠡᠬᠦ ᠬᠡᠮᠵᠢᠶ᠎ᠡ ᠵᠡᠷᠭᠡ ᠶᠢ ᠲᠣᠳᠤᠷᠬᠠᠶ ᠵᠢᠭᠠᠨ᠎ᠠ᠂ ᠬᠦᠨᠰᠦ ᠦ ᠨᠡᠮᠡᠯᠲᠡ ᠪᠣᠳᠠᠰ ᠤᠨ ᠴᠢᠨᠠᠷ ᠤᠨ ᠪᠠᠷᠢᠮᠵᠢᠶ᠎ᠠ ᠳᠤ ᠬᠦᠨᠰᠦ ᠦ ᠨᠡᠮᠡᠯᠲᠡ ᠪᠣᠳᠠᠰ ᠤᠨ ᠨᠡᠷ᠎ᠡ᠂ ᠲᠣᠳᠤᠷᠬᠠᠶᠢᠯᠠᠯᠲᠠ᠂ ᠴᠢᠨᠠᠷ ᠤᠨ ᠱᠠᠭᠠᠷᠳᠠᠯᠭ᠎ᠠ᠂ ᠰᠢᠯᠭᠠᠬᠤ ᠠᠷᠭ᠎ᠠ ᠵᠡᠷᠭᠡ ᠶᠢ ᠲᠣᠳᠤᠷᠬᠠᠶᠢᠯᠠᠨ ᠵᠢᠭᠠᠵᠤ ᠪᠠᠶᠢᠳᠠᠭ᠃ ᠵᠢᠱᠢᠶᠡᠯᠡᠪᠡᠯ᠂ 《ᠬᠦᠨᠰᠦ ᠦ ᠠᠶᠤᠯ ᠦᠭᠡᠢ ᠪᠠᠶᠢᠳᠠᠯ ᠤᠨ ᠤᠯᠤᠰ ᠤᠨ ᠪᠠᠷᠢᠮᠵᠢᠶ᠎ᠠ ᠬᠦᠨᠰᠦ ᠦ ᠨᠡᠮᠡᠯᠲᠡ ᠪᠣᠳᠠᠰ ᠤᠨ ᠬᠡᠷᠡᠭᠯᠡᠭᠡᠨ ᠦ ᠪᠠᠷᠢᠮᠵᠢᠶ᠎ᠠ》(GB2760—2014)᠂ 《ᠬᠦᠨᠰᠦ ᠦ ᠠᠶᠤᠯ ᠦᠭᠡᠢ ᠪᠠᠶᠢᠳᠠᠯ ᠤᠨ ᠤᠯᠤᠰ ᠤᠨ ᠪᠠᠷᠢᠮᠵᠢᠶ᠎ᠠ ᠬᠦᠨᠰᠦ ᠦ ᠨᠡᠮᠡᠯᠲᠡ ᠪᠣᠳᠠᠰ ᠤᠨ ᠰᠢᠯᠭᠠᠬᠤ ᠠᠷᠭ᠎ᠠ ᠶᠢᠨ ᠡᠷᠦᠭᠦᠯ》(GB31623—2014)᠂ 《ᠬᠦᠨᠰᠦ ᠦ ᠠᠶᠤᠯ ᠦᠭᠡᠢ ᠪᠠᠶᠢᠳᠠᠯ ᠤᠨ ᠤᠯᠤᠰ ᠤᠨ ᠪᠠᠷᠢᠮᠵᠢᠶ᠎ᠠ ᠬᠦᠨᠰᠦ ᠦ ᠨᠡᠮᠡᠯᠲᠡ ᠪᠣᠳᠠᠰ ᠤᠨ ᠰᠢᠯᠭᠠᠬᠤ ᠠᠷᠭ᠎ᠠ ᠶᠢᠨ ᠡᠷᠦᠭᠦᠯ》(GB29226—2012) ᠵᠡᠷᠭᠡ ᠶᠢᠨ ᠪᠠᠷᠢᠮᠵᠢᠶ᠎ᠠ ᠳᠤ ᠬᠦᠨᠰᠦ ᠦ ᠨᠡᠮᠡᠯᠲᠡ ᠪᠣᠳᠠᠰ ᠤᠨ ᠴᠢᠨᠠᠷ ᠤᠨ ᠱᠠᠭᠠᠷᠳᠠᠯᠭ᠎ᠠ᠂ ᠰᠢᠯᠭᠠᠬᠤ ᠠᠷᠭ᠎ᠠ ᠵᠡᠷᠭᠡ ᠶᠢ ᠲᠣᠳᠤᠷᠬᠠᠶᠢᠯᠠᠨ ᠵᠢᠭᠠᠵᠤ ᠪᠠᠶᠢᠳᠠᠭ᠃

3. ᠬᠦᠨᠰᠦ ᠦ ᠨᠡᠮᠡᠯᠲᠡ ᠪᠣᠳᠠᠰ ᠢ ᠵᠥᠪᠬᠡᠨ ᠲᠡᠬᠣᠨᠣᠯᠣᠭᠢ ᠶᠢᠨ ᠬᠡᠷᠡᠭᠴᠡᠭᠡᠨ ᠳᠦ ᠬᠦᠷᠦᠬᠦ ᠦᠶ᠎ᠡ ᠳᠦ ᠯᠡ ᠨᠡᠮᠡᠵᠦ ᠬᠡᠷᠡᠭᠯᠡᠨ᠎ᠡ᠃ ᠬᠡᠷᠡᠭᠯᠡᠬᠦ ᠳᠤ ᠬᠦᠨᠰᠦ ᠦ ᠨᠡᠮᠡᠯᠲᠡ ᠪᠣᠳᠠᠰ ᠤᠨ ᠴᠢᠨᠠᠷ ᠢ ᠬᠠᠩᠭᠠᠬᠤ ᠶᠣᠰᠣᠲᠠᠢ᠂ ᠬᠦᠨᠰᠦ ᠦ ᠨᠡᠮᠡᠯᠲᠡ ᠪᠣᠳᠠᠰ ᠢ ᠬᠡᠷᠡᠭᠯᠡᠬᠦ ᠳᠦ ᠬᠦᠨᠰᠦ ᠦ ᠠᠶᠤᠯ ᠦᠭᠡᠢ ᠪᠠᠶᠢᠳᠠᠯ ᠳᠤ ᠬᠣᠣᠷ ᠤᠴᠠᠷᠠᠭᠤᠯᠬᠤ ᠦᠭᠡᠢ ᠶᠣᠰᠣᠲᠠᠢ᠂ ᠬᠦᠨᠰᠦ ᠦ ᠨᠡᠮᠡᠯᠲᠡ ᠪᠣᠳᠠᠰ ᠢ ᠬᠡᠷᠡᠭᠯᠡᠬᠦ ᠳᠦ ᠬᠦᠨᠰᠦ ᠦ ᠤᠭ ᠴᠢᠨᠠᠷ ᠢ ᠪᠠᠭᠤᠷᠠᠭᠤᠯᠬᠤ ᠦᠭᠡᠢ ᠶᠣᠰᠣᠲᠠᠢ᠃

ᠦᠭᠡᠢ ᠪᠣᠯᠤᠨ᠎ᠠ ::

ᠬᠦᠨᠡᠰᠦ ᠦᠢᠯᠡᠳᠪᠦᠷᠢᠯᠡᠬᠦ ᠬᠡᠷᠡᠭᠯᠡᠭᠦᠯᠬᠦ ᠬᠡᠷᠡᠭ ᠦᠨ ᠭᠠᠵᠠᠷ ᠤᠨ ᠪᠠᠢᠭᠤᠯᠤᠯᠭ᠎ᠠ ᠪᠠᠢᠷᠢ ᠶᠢᠨ ᠪᠣᠯᠭᠤᠮᠵᠢ ᠶᠢ ᠬᠠᠩᠭᠠᠬᠤ ᠶᠣᠰᠣᠲᠠᠢ ᠂ ᠬᠣᠣᠷᠠᠲᠤ ᠪᠣᠳᠠᠰ ᠪᠣᠯᠣᠨ ᠬᠣᠭ ᠪᠣᠬᠢᠷ ᠤᠨ ᠡᠬᠢ ᠤᠰᠤ ᠡᠴᠡ ᠵᠠᠢ ᠵᠠᠪᠰᠠᠷ ᠲᠠᠢ ᠪᠠᠢᠬᠤ ᠦᠭᠡᠢ ᠪᠣᠯᠤᠨ᠎ᠠ :: ᠬᠦᠨᠡᠰᠦᠨ ᠦ ᠠᠶᠤᠯᠭᠦᠢ ᠪᠠᠢᠳᠠᠯ ᠤᠨ ᠪᠠᠷᠢᠮᠵᠢᠶ᠎ᠠ ᠶᠢᠨ ᠰᠢᠭᠠᠷᠳᠯᠠᠭ᠎ᠠ ᠶᠢ ᠬᠠᠩᠭᠠᠬᠤ ᠂ ᠬᠣᠣᠷᠠᠲᠤ ᠪᠣᠳᠠᠰ ᠪᠣᠯᠣᠨ ᠪᠤᠰᠤᠳ ᠵᠦᠢᠯ ᠦᠨ ᠲᠠᠯ᠎ᠠ ᠪᠠᠷ ᠬᠣᠯᠪᠣᠭᠳᠠᠬᠤ ᠰᠢᠭᠠᠷᠳᠯᠠᠭ᠎ᠠ ᠶᠢ ᠬᠠᠩᠭᠠᠬᠤ ᠬᠡᠷᠡᠭᠲᠡᠢ ::

6. ᠬᠦᠨᠡᠰᠦᠨ ᠦ ᠠᠶᠤᠯᠭᠦᠢ ᠪᠠᠢᠳᠠᠯ ᠤᠨ ᠮᠡᠷᠭᠡᠵᠢᠯ ᠦᠨ ᠬᠦᠮᠦᠰ ᠪᠠ ᠬᠠᠮᠢᠶᠠᠷᠤᠯᠲᠠ ᠶᠢᠨ ᠳᠦᠷᠢᠮ :: ᠲᠣᠳᠣᠷᠬᠠᠶᠢᠯᠪᠠᠯ : ᠲᠤᠰ ᠬᠠᠤᠯᠢ ᠶᠢᠨ ᠵᠦᠢᠯ ᠦᠨ ᠬᠦᠨᠡᠰᠦᠨ ᠦ ᠠᠶᠤᠯᠭᠦᠢ ᠪᠠᠢᠳᠠᠯ ᠤᠨ ᠮᠡᠷᠭᠡᠵᠢᠯ ᠦᠨ ᠬᠦᠮᠦᠰ ᠲᠡᠢ ᠪᠠᠢᠬᠤ ᠶᠣᠰᠣᠲᠠᠢ ::

ᠬᠦᠨᠡᠰᠦ ᠦᠢᠯᠡᠳᠪᠦᠷᠢᠯᠡᠬᠦ ᠬᠡᠷᠡᠭᠯᠡᠭᠦᠯᠬᠦ ᠵᠢᠭᠠᠷ ᠬᠡᠷᠡᠭ ᠦᠨ ᠭᠠᠵᠠᠷ ᠤᠨ ᠬᠠᠮᠢᠶᠠᠷᠤᠯᠲᠠ ᠶᠢᠨ ᠲᠣᠭᠲᠠᠭᠠᠯ ᠂ ᠲᠤᠰ ᠬᠤᠯᠢ ᠶᠢᠨ ᠬᠦᠨᠡᠰᠦᠨ ᠦ ᠦᠢᠯᠡᠳᠪᠦᠷᠢᠯᠡᠬᠦ ᠪᠡᠷ ᠦᠨ ᠪᠣᠯᠪᠠᠰᠤᠷᠠᠯ ᠪᠠᠢᠳᠠᠯ ᠂ ᠡᠷᠡᠭᠦᠯ ᠮᠡᠨᠳᠦ ᠂ ᠬᠠᠮᠢᠶᠠᠷᠤᠯᠲᠠ ᠂ ᠲᠣᠭᠲᠠᠭᠠᠯ ᠂ ᠲᠡᠭᠦᠨ ᠦ ᠬᠦᠮᠦᠰ ᠪᠣᠯᠣᠨ ᠪᠠᠷᠢᠮᠲᠠ ᠶᠢᠨ ᠵᠢᠷᠤᠮ ᠵᠢᠭᠠᠷ ᠂ ᠪᠠᠷᠢᠮᠲᠠ ᠪᠣᠯᠭᠠᠬᠤ ᠳᠦ ᠬᠦᠨᠡᠰᠦᠨ ᠦ ᠦᠢᠯᠡᠳᠪᠦᠷᠢᠯᠡᠯ ᠦᠨ ᠶᠠᠪᠤᠴᠠ ᠶᠢᠨ ᠬᠢᠷᠢ ᠬᠡᠮᠵᠢᠶ᠎ᠡ ᠶᠢᠨ ᠳᠦᠷᠢᠮ :: 《ᠬᠦᠨᠡᠰᠦᠨ ᠦ ᠬᠡᠷᠡᠭᠯᠡᠭᠦᠯᠬᠦ ᠵᠢᠭᠠᠷ ᠬᠡᠷᠡᠭ ᠦᠨ ᠶᠠᠪᠤᠴᠠ ᠶᠢᠨ ᠡᠷᠡᠭᠦᠯ ᠠᠬᠤᠢ ᠶᠢᠨ ᠳᠦᠷᠢᠮ》 ᠳᠦ ᠬᠦᠨᠡᠰᠦᠨ ᠦ ᠡᠷᠡᠭᠦᠯ ᠮᠡᠨᠳᠦ ᠶᠢᠨ ᠬᠠᠮᠢᠶᠠᠷᠤᠯᠲᠠ ᠂ ᠪᠠᠢᠴᠠᠭᠠᠯᠲᠠ ᠂ ᠦᠢᠯᠡᠳᠪᠦᠷᠢ ᠶᠢᠨ ᠬᠦᠮᠦᠰ ᠪᠣᠯᠣᠨ ᠬᠡᠷᠡᠭᠯᠡᠭᠡ ᠶᠢᠨ ᠪᠠᠷᠢᠮᠲᠠ ᠶᠢᠨ ᠵᠢᠷᠤᠮ ᠂ ᠲᠡᠭᠦᠨ ᠡᠴᠡ ᠭᠠᠳᠠᠨ᠎ᠠ ᠬᠦᠨᠡᠰᠦᠨ ᠦ ᠬᠠᠳᠠᠭᠠᠯᠠᠯᠲᠠ ᠂ ᠲᠡᠭᠦᠨ ᠦ ᠦᠢᠯᠡᠳᠪᠦᠷᠢ ᠂ ᠲᠡᠭᠦᠨ ᠦ ᠬᠦᠮᠦᠰ ᠬᠠᠮᠢᠶᠠᠷᠤᠯᠲᠠ ᠶᠢᠨ ᠡᠷᠭᠡᠮᠵᠢᠶᠡᠯᠡᠭᠰᠡᠨ ᠵᠢᠷᠤᠮ ᠢ ᠲᠣᠭᠲᠠᠭᠠᠭᠰᠠᠨ》（GB31621 — 2014） ᠲᠣᠭᠲᠠᠭᠠᠪᠠ :: 《ᠬᠦᠨᠡᠰᠦᠨ ᠦ ᠦᠢᠯᠡᠳᠪᠦᠷᠢᠯᠡᠯ ᠦᠨ ᠶᠡᠷᠦᠩᠬᠡᠢ ᠡᠷᠡᠭᠦᠯ ᠠᠬᠤᠢ ᠶᠢᠨ ᠳᠦᠷᠢᠮ》 ᠳᠦ ᠬᠦᠨᠡᠰᠦᠨ ᠦ ᠦᠢᠯᠡᠳᠪᠦᠷᠢᠯᠡᠯ ᠦᠨ ᠶᠡᠷᠦᠩᠬᠡᠢ ᠡᠷᠡᠭᠦᠯ ᠠᠬᠤᠢ ᠶᠢᠨ ᠳᠦᠷᠢᠮ》（GB14881—2013） ᠪᠣᠯᠣᠨ 《ᠬᠦᠨᠡᠰᠦᠨ ᠦ ᠬᠡᠷᠡᠭᠯᠡᠭᠦᠯᠬᠦ ᠵᠢᠭᠠᠷ ᠬᠡᠷᠡᠭ ᠦᠨ ᠶᠠᠪᠤᠴᠠ ᠶᠢᠨ ᠡᠷᠡᠭᠦᠯ ᠠᠬᠤᠢ ᠶᠢᠨ ᠲᠣᠭᠲᠠᠭᠠᠯ ᠤᠨ ᠪᠠᠷᠢᠮᠲᠠ ᠂ ᠬᠤᠤᠯᠢ ᠶᠢᠨ ᠬᠡᠷᠡᠭ ᠦᠨ ᠭᠠᠵᠠᠷ ᠤᠨ ᠦᠢᠯᠡᠳᠪᠦᠷᠢᠯᠡᠯ ᠦᠨ ᠶᠠᠪᠤᠴᠠ ᠶᠢᠨ ᠵᠢᠷᠤᠮ ᠤᠨ ᠲᠤᠰᠬᠠᠢ ᠲᠠᠢ 《ᠬᠦᠨᠡᠰᠦᠨ ᠦ

屠宰畜、禽的检验规程由国务院农业行政部门会同国务院卫生行政部门制定。

务院农业行政部门会同国务院食品药品监督管理部门制定。

食品中农药残留、兽药残留的限量规定及其检验方法与规程由国务院卫生行政部门、国务院食品药品监督管理部门制定、公布，国务院标准化行政部门提供国家标准编号。

第二十七条【食品安全国家标准的制定】 食品安全国家标准由国务院卫生行政部门会同

7. [illegible]

[illegible]

[illegible]

[illegible]

[illegible]

8. [illegible]

[illegible]

[illegible]

●条文解读

1. 关于食品安全国家标准的制定、公布。原法规定『食品安全国家标准由国务院卫生行政部门制定、公布』，同时还规定国务院食品药品监督管理部门对食品生产经营活动实施监督管理。这一食品安全标准制定和执行两者分离的体制，实践中遇到了一些问题，主要是一些急需的标准未能及时制定，不能满足食品安全和执法工作的需要。为使标准的制定和实践紧密结合，增强标准的科学性和可操作性，此次修改对食品安全国家标准的制定主体进行了调整，明确规定食品安全国家标准『由国务院卫生行政部门会同国务院食品药品监督管理部门制定、公布』。

为保证国家标准编号的统一和连续，本条第1款还规定食品安全国家标准的编号由国务院标准化行政部门负责提供。

2. 关于食品中农药残留、兽药残留的限量规定及其检验方法与规程的制定。原法规定为：『食品中农药残留、兽药残留的限量规定又其检验方法与规程由国务院卫生行政部门、国务院农业行政部门共同制定。』为使农药残留、兽药残留的限量规定及其检验方法与规程的制定与实践更为紧密结合，新法对上述体制进行了修改，规定食品中农药残留、兽药残留的限量规定及其检验方法与规程由『国务院卫生行政部门、国务院农业行政部门会同国务院食品药品监督管理部门制定』。

3. 屠宰畜、禽的检验规程由国务院农业行政部门会同国务院卫生行政部门制定。2013年《中央编办关于农业部有关职责和机构编制调整的通知》对屠宰畜、禽的监管工作分工进行了调整，将商务部有关生猪屠宰监督管理职责划给农业部。调整后，农业部负责起草畜、禽屠宰相关法律法规草案，制定配套规章、规范，负责畜、禽屠宰环节质量安全监督管理。此次修改，根据上述调整，将屠宰畜、禽的检验规程『由国务院有关主管部门会同国务院卫生行政部门制定』，修改为『由国务院农业行政部门会同国务院卫生行政部门制定』。

4. 新法删除了原法本条第4款『有关产品国家标准涉及食品安全国家标准规定内容的，应当与食品安全国家标准相一致』的规定。原法的规定主要是考虑到，2009年食品安全法通过后，仍有一些产品标准涉及食品安全国家标准规定内容，为避免出现相互冲突的情况而规定了过渡性条款。食品安全法通过至今已经6年多，食品安全标准体系进一步完善，食用农产品质量安全标准、食品卫生标准、食品质量标准和有关食品行业标准中强制执行标准的清理整合工作已基本完成，没有必要再对此作出规定。

[illegible]

[illegible]

[ᠲᠠᠢᠯᠪᠤᠷᠢ]

1. [illegible]

[illegible]

2. [illegible]

[illegible]

[illegible]

第二十八条【食品安全国家标准的制定要求和程序】制定食品安全国家标准，应当依据食品安全风险评估结果并充分考虑食用农产品安全风险评估结果，参照相关的国际标准和国际食品安全风险评估结果，并将食品安全国家标准草案向社会公布，广泛听取食品生产经营者、消费者、有关部门等方面的意见。

食品安全国家标准应当经国务院卫生行政部门组织的食品安全国家标准审评委员会审查通过。食品安全国家标准审评委员会由医学、农业、食品、营养、生物、环境等方面的专家以及国务院有关部门、食品行业协会、消费者协会的代表组成，对食品安全国家标准草案的科学性和实用性等进行审查。

[illegible]

●条文解读

此次修改对原法第1款和第2款的位置进行了调换，并吸收了有关方面的意见，对制定标准时听取意见的规定进行了完善，使条文更具逻辑性和合理性。

第1款是关于制定食品安全国家标准的要求。食品安全国家标准对食品生产经营活动具有重要意义，是保障食品安全的前提，因此，制定食品安全国家标准要经过审慎的程序。一是依据食品安全风险评估结果并充分考虑食用农产品质量安全风险评估结果。食品安全风险评估结果，是指依据本法第17条的规定，国务院卫生行政部门成立由医学、农业、食品、营养、生物、环境等方面专家组成的食品安全风险评估专家委员会，对食品、食品添加剂中、食品相关产品中生物性、化学性和物理性危害因素进行风险评估得出的结果。食品安全风险评估结果是制定食品安全国家标准的重要依据，对食品安全国家标准的内容具有重要影响。食用农产品质量安全风险评估结果是指依据农产品质量安全法的规定，国务院农业行政部门设立由有关方面专家组成的农产品质量安全风险评估专家委员会，对供食用源于农业的初级产品质量安全的潜在危害进行风险分析和评估的结果。食用农产品的特点是未经加工或者经初级加工的，可直接供食用，因此，制定食品安全国家标准时，对食用农产品的质量安全风险评估结果要予以充分考虑，防止、避免食用农产品因农药、兽药、肥料污染和有害因素对人体造成危害。二是参照相关的国际标准和国际食品安全风险评估结果。国际标准和国际食会，可以更好地对标准的科学性和实用性进行审查。
要是由于食品安全标准的制定还涉及生物、环境等因素，吸收有关方面专家参加评审委员
新法在食品安全国家标准审评委员会的组成上增加了『生物、环境』方面的代表。这主
食品安全国家标准审评委员会审评通过，不得作为食品安全国家标准公布。
法律法规、制度以及其他相关标准的衔接，与我国经济、社会和科学发展水平相适应。未经
对食品安全标准是否科学合理、安全可靠，是否具有实用性和可操作性进行审查，并注意与
家标准审评委员会，对食品安全国家标准草案进行审查。食品安全国家标准审评委员会主要
第 2 款是关于制定食品安全国家标准程序的规定。国务院卫生行政部门组织食品安全国
关部门』主要指农业行政部门、质量监督部门等。
由『食品生产经营者和消费者』扩大至『食品生产经营者、消费者、有关部门等方面』。『有
原法的规定是『广泛听取食品生产经营者和消费者的意见』。此次修改，将听取意见的对象
实情况，不可盲目照搬。三是广泛听取食品生产经营者、消费者、有关部门等方面的意见。
品安全风险评估结果，对制定我国的食品国家标准具有重要的参照意义，但也要考虑我国现

1 [illegible]

[illegible]

[illegible]

[illegible]

[illegible]
[illegible]
[illegible]
[illegible]
[illegible]
[illegible] 17 [illegible]
[illegible]
[illegible]
[illegible]
[illegible]
[illegible]
[illegible]
[illegible]
[illegible]
[illegible]
[illegible]

第二十九条【食品安全地方标准】对地方特色食品，没有食品安全国家标准的，省、自治

ᠪᠠᠷᠢᠮᠵᠢᠶᠠᠯᠠᠯ ᠶᠣᠰᠣ ᠬᠠᠮᠢᠶᠠᠷᠤᠯᠤᠭᠰᠠᠨ ᠠᠴᠠ ᠪᠠᠶᠢᠭᠤᠯᠤᠨ᠎ᠠ ::

[illegible]

区、直辖市人民政府卫生行政部门可以制定并公布食品安全地方标准，报国务院卫生行政部门备案。食品安全国家标准制定后，该地方标准即行废止。

●条文解读

1. 对地方特色食品，没有食品安全国家标准的，可以制定食品安全地方标准。原法的规定为『没有食品安全国家标准的，可以制定食品安全地方标准』，新法对此进行了修改，对制定食品安全地方标准的情形进行了限制，仅对没有食品安全标准的地方特色食品可以制定食品安全地方标准。对于非地方特色食品的其他食品，或者食品添加剂、食品相关产品、专供婴幼儿和其他特定人群的主辅食品、保健食品等其他食品安全标准内容，不能制定地方标准。

2. 省、自治区、直辖市人民政府卫生行政部门制定、公布食品安全地方标准。一是只有省级卫生行政部门，即省、自治区、直辖市人民政府的卫生行政部门，才可以制定、公布食品安全地方标准。二是制定食品安全地方标准也应当以保障公众身体健康为宗旨，做到科学合理、安全可靠，以食品安全风险监测、评估为依据，在制定过程中应当广泛听取各方面意见，提高制定、修订标准的透明度。

3. 食品安全地方标准应当报国务院卫生行政部门备案。负责制定食品安全地方标准的省级卫生行政部门，应当按照有关规定，在一定时间内，按规定的要求，向国务院卫生行政部方标准即行废止，避免出现地方标准与国家标准并行的情况，维护食品安全标准的唯一性。原来没有国家标准的地方特色食品制定相应的国家标准。在制定食品安全国家标准后，该地地方特色食品食用范围的不断扩大，国务院卫生行政部门、食品药品监督管理部门可能会对

4．食品安全国家标准制定后，该地方标准即行废止。随着食品安全国家标准的完善以及门备案。

[illegible]

3. [illegible]

2. [illegible]

第三十条【食品安全企业标准】 国家鼓励食品生产企业制定严于食品安全国家标准或者地方标准的企业标准，在本企业适用，并报省、自治区、直辖市人民政府卫生行政部门备案。

●条文解读

1. 新法删除了原法『企业生产的食品没有食品安全国家标准或者地方标准的，应当制定企业标准，作为组织生产的依据』的规定。随着食品安全国家标准整合工作的基本完成，食品安全横向标准基本完善，不存在没有食品安全国家标准或者地方标准的情况，因此，删除了原法相应的规定。

2. 食品安全企业标准应当严于食品安全国家标准或者地方标准，国家标准或者地方标准由于要照顾到全国或者全省的平均水平，是保障食品安全的底线。为了增强市场竞争力，企业可以制定严于国家标准或地方标准的企业食品安全标准，提高食品的市场竞争力。国家鼓励企业的这种行为。

3. 企业标准是该企业组织生产的依据，在企业内部适用。企业在进行食品生产时，应当严格遵循已经备案的食品安全企业标准的规定，按照该标准组织生产、进行检验，保障其生产食品的安全。

4. 食品安全企业标准的备案制度。食品安全企业标准应当报省级卫生行政部门备案。省级卫生行政部门收到企业食品安全标准的备案材料后即予登记。如果发现备案的企业食品安全标准违反关法律、法规，或者低于国家强制性标准或地方标准时，省级卫生行政部门应当予以指出、纠正。

ᠪᠠᠷᠢᠮᠵᠢᠶ᠎ᠠ [illegible] ᠬᠦᠨᠡᠰᠦ ᠠᠶᠤᠯᠭᠦᠢ [illegible] ᠃

[ᠲᠠᠢᠯᠪᠤᠷᠢ]

1. [illegible] 《ᠬᠦᠨᠡᠰᠦ ᠠᠶᠤᠯᠭᠦᠢ ᠶᠢᠨ [illegible] ᠬᠠᠭᠤᠯᠢ》 [illegible] ᠬᠦᠨᠡᠰᠦ ᠠᠶᠤᠯᠭᠦᠢ ᠶᠢᠨ ᠪᠠᠷᠢᠮᠵᠢᠶ᠎ᠠ [illegible] ᠃

2. [illegible] ᠬᠦᠨᠡᠰᠦ ᠠᠶᠤᠯᠭᠦᠢ ᠶᠢᠨ ᠪᠠᠷᠢᠮᠵᠢᠶ᠎ᠠ [illegible] ᠃

3. ᠬᠦᠨᠡᠰᠦ ᠠᠶᠤᠯᠭᠦᠢ ᠶᠢᠨ ᠪᠠᠷᠢᠮᠵᠢᠶ᠎ᠠ [illegible]

及时给予指导、解答。

对食品安全标准执行过程中的问题，县级以上人民政府卫生行政部门应当会同有关部门

布制定和备案的食品安全国家标准、地方标准和企业标准，供公众免费查阅、下载。

第三十一条【食品安全标准的公布】 省级以上人民政府卫生行政部门应当在其网站上公

[illegible]

4. [illegible]

[illegible]

●条文解读

一、关于食品安全标准的公布

原法对食品安全标准的公布较为原则：『食品安全标准应当供公众免费查阅』，新法对公布的主体、内容和方式作了更为具体的规定。

1. 关于公布的主体。新法明确规定公布食品安全标准的主体即省级以上人民政府卫生行政部门，包括国务院卫生行政部门和省、自治区、直辖市人民政府卫生行政部门。

2. 关于公布的内容。依照本法第 27 条、第 29 条、第 30 条的有关规定，食品安全国家标准由国务院卫生行政部门会同国务院食品药品监督管理部门制定、公布；食品中农药残留、兽药残留的限量规定及其检验方法与规程由国务院卫生行政部门、国务院农业行政部门会同国务院食品药品监督管理部门制定；屠宰畜、禽的检验规程由国务院农业行政部门会同国务院卫生行政部门制定；地方标准由省、自治区、直辖市人民政府卫生行政部门组织制定、公布，并报国务院卫生行政部门备案；企业标准报省、自治区、直辖市人民政府卫生行政部门备案。因此，国务院卫生行政部门应当在其网站上公布食品安全国家标准和向其备案的食品安全地方标准，省级卫生行政部门应当在其网站上公布其制定的食品安全地方标准和向其备案的食品安全企业标准。

3. 关于公布的方式。随着互联网的发展，在网站上公布食品安全标准供公众免费查阅、下载，已成为当今最便于公众查阅的方式。因此，此次修改对食品安全标准的公布方式予以进一步明确，即省级以上人民政府卫生行政部门应当在其网站上公布有关食品安全标准，供公众免费查阅、下载。提供食品安全标准，供公众免费查阅、下载，是政府部门应尽的职责，也是食品安全标准信息能够为公众广泛知晓的要求。

二、关于食品安全标准执行过程中的问题的处理

对食品安全标准执行过程中的问题，本法规定由县级以上人民政府卫生行政部门会同有关部门及时给予指导、解答。这一规定是此次修改的新增内容，是对食品安全标准执行问题解答职责的明确规定。食品安全国家标准由国务院卫生行政部门会同国务院食品药品监督管理部门制定、公布，食品中农药残留、兽药残留的限量规定及其检验方法与规程由国务院卫生行政部门、国务院农业行政部门会同国务院食品药品监督管理部门制定，屠宰畜、禽的检验规程由国务院农业行政部门会同国务院卫生行政部门制定，食品安全地方标准由省级卫生行政部门制定。因此，与标准的制定权相一致，本条规定县级以上卫生行政部门会同有关部门对食品安全标准执行过程中的问题及时予以指导、解答。『有关部门』主要指食品药品监督管理部门、农业行政部门、质量监督部门。

2. ᠬᠦᠨᠡᠰᠦᠨ ᠦᠢᠯᠡᠳᠪᠦᠷᠢ ᠶᠢᠨ ᠲᠤᠬᠠᠢ ᠃ ᠡᠨᠡ ᠬᠠᠤᠯᠢ ᠶᠢᠨ 27 ᠳᠤᠭᠠᠷ ᠵᠤᠷᠪᠤᠰ ᠂ 29 ᠳᠦᠭᠡᠷ ᠵᠤᠷᠪᠤᠰ ᠂ 30 ᠳᠤᠭᠠᠷ ᠵᠤᠷᠪᠤᠰ ᠤᠨ ᠬᠠᠷᠠᠭᠠᠷᠠᠢ ᠬᠠᠤᠯᠢ ᠳᠤ ᠲᠣᠳᠤᠷᠬᠠᠢᠯᠠᠭᠰᠠᠨ ᠲᠣᠳᠤᠷᠬᠠᠢᠯᠠᠨ᠎ᠠ ᠃

ᠬᠠᠷᠢᠭᠤ ᠬᠠᠤᠯᠢ ᠶᠢᠨ ᠬᠦᠨᠡᠰᠦᠨ ᠢ ᠬᠢᠨᠠᠨ ᠢ ᠬᠦᠨᠡᠰᠦᠨ ᠦ ᠦᠢᠯᠡᠳᠪᠦᠷᠢ ᠢ ᠬᠢᠨᠠᠨ ᠬᠢᠶᠢᠬᠦ ᠦ ᠠᠵᠢᠯᠯᠠᠭᠠ ᠳᠤᠭᠠᠷ ᠠ ᠪᠠᠶᠢᠭᠤᠯᠬᠤ ᠶᠤᠰᠤ ᠲᠠᠢ
ᠬᠦᠮᠦᠨ ᠢ ᠰᠢᠯᠭᠠᠨ ᠢ ᠬᠠᠷᠢᠭᠤ ᠶᠢᠨ ᠬᠦᠨᠡᠰᠦᠨ ᠦᠢᠯᠡᠳᠪᠦᠷᠢ ᠢ ᠬᠢᠨᠠᠨ ᠬᠢᠶᠢᠬᠦ ᠦ ᠠᠵᠢᠯᠯᠠᠭᠠ ᠳᠤᠭᠠᠷ ᠪᠦᠬᠦ ᠶᠤᠰᠤ ᠂ ᠬᠤᠪᠢᠷᠠᠯ ᠰᠢᠯᠭᠠᠬᠤ ᠬᠤᠭᠤᠯ ᠬᠦᠨᠳᠦ
ᠬᠠᠷᠢᠭᠤ ᠪᠡᠷ ᠶᠤᠰᠤ ᠶᠢᠨ ᠲᠡᠷᠭᠦᠨ ᠳᠡᠭᠡᠷᠡ ᠲᠣᠳᠤᠷᠬᠠᠢᠯᠠᠯ ᠬᠦᠨᠡᠰᠦᠨ ᠢ ᠬᠢᠨᠠᠨ ᠢ ᠬᠦᠨᠡᠰᠦᠨ ᠦ ᠦᠢᠯᠡᠳᠪᠦᠷᠢ ᠢ ᠬᠢᠨᠠᠨ ᠬᠢᠶᠢᠬᠦ ᠦ ᠠᠵᠢᠯᠯᠠᠭᠠ ᠂ ᠬᠤᠪᠢᠷᠠᠯ ᠰᠢᠯᠭᠠᠬᠤ ᠬᠤᠭᠤᠯ ᠬᠦᠨᠳᠦ

1. ᠬᠦᠨᠡᠰᠦᠨ ᠪᠠᠶᠢᠳᠠᠯ ᠲᠣᠭᠠᠴᠠᠭᠠ ᠶᠢᠨ ᠲᠤᠬᠠᠢ ᠃ ᠬᠦᠨᠡᠰᠦᠨ ᠦ ᠠᠶᠤᠯᠭᠦᠢ ᠪᠠᠶᠢᠳᠠᠯ ᠤᠨ ᠪᠠᠶᠢᠴᠠᠭᠠᠯᠲᠠ ᠶᠢᠨ ᠦᠷ᠎ᠡ ᠳᠦᠩ ᠢ ᠪᠠᠶᠢᠳᠠᠯ ᠲᠣᠭᠠᠴᠠᠭᠠ ᠳᠤ ᠣᠷᠤᠭᠤᠯᠬᠤ
ᠪᠠᠶᠢᠳᠠᠯ ᠲᠣᠭᠠᠴᠠᠭᠠ ᠂ ᠬᠦᠨᠡᠰᠦᠨ ᠦ ᠠᠶᠤᠯᠭᠦᠢ ᠪᠠᠶᠢᠳᠠᠯ ᠤᠨ ᠪᠠᠶᠢᠴᠠᠭᠠᠯᠲᠠ ᠬᠢᠭᠳᠡᠨ᠎ᠡ ᠃

ᠪᠠᠶᠢᠴᠠᠭᠠᠨ ᠠᠴᠠ ᠬᠦᠨᠡᠰᠦᠨ ᠬᠢᠨᠠᠨ ᠦ ᠠᠵᠢᠯᠯᠠᠭᠠ ᠬᠢᠭᠰᠡᠨ ᠪᠠᠶᠢᠭᠤᠯᠤᠯᠭ᠎ᠠ ᠬᠦᠨᠡᠰᠦᠨ ᠳᠦ ᠬᠢᠨᠠᠨ ᠪᠠᠶᠢᠴᠠᠭᠠᠬᠤ ᠪᠠᠶᠢᠳᠠᠯ ᠤᠨ 《 ᠬᠠᠤᠯᠢ 》 ᠬᠢᠭᠡᠳ ᠂ ᠬᠠᠷᠢᠭᠤ ᠶᠢᠨ ᠠᠴᠠ ᠪᠦᠷᠢᠳᠦᠭᠦᠯᠬᠦ
ᠬᠢᠭᠡᠳ ᠬᠠᠤᠯᠢ ᠶᠢᠨ ᠬᠦᠨᠡᠰᠦᠨ ᠦ ᠠᠶᠤᠯᠭᠦᠢ ᠪᠠᠶᠢᠳᠠᠯ ᠤᠨ ᠪᠠᠶᠢᠴᠠᠭᠠᠯᠲᠠ ᠶᠢᠨ ᠵᠢᠷᠤᠮ ᠬᠢᠭᠰᠡᠨ ᠲᠣᠭᠲᠠᠭᠠᠯ : 《 ᠬᠦᠨᠡᠰᠦᠨ ᠦ ᠠᠶᠤᠯᠭᠦᠢ ᠪᠠᠶᠢᠳᠠᠯ ᠤᠨ
ᠬᠠᠤᠯᠢ ᠂ ᠬᠦᠨᠡᠰᠦᠨ ᠦ ᠠᠶᠤᠯᠭᠦᠢ ᠪᠠᠶᠢᠳᠠᠯ ᠤᠨ ᠪᠠᠶᠢᠴᠠᠭᠠᠯᠲᠠ ᠶᠢᠨ ᠵᠢᠷᠤᠮ ᠢ ᠦᠵᠡᠨ᠎ᠡ

[ᠵᠢᠱᠢᠶ᠎ᠡ]

ᠲᠣᠳᠤᠷᠬᠠᠢᠯᠠᠯ ᠲᠠᠢᠯᠪᠤᠷᠢᠯᠠᠯ ᠬᠢᠭᠰᠡᠨ ᠪᠣᠯᠤᠨ᠎ᠠ ᠃

ᠬᠦᠨᠡᠰᠦᠨ ᠦ ᠦᠢᠯᠡᠳᠪᠦᠷᠢ ᠢ ᠬᠢᠨᠠᠨ ᠬᠢᠶᠢᠬᠦ ᠦ ᠠᠵᠢᠯᠯᠠᠭᠠ ᠳᠤᠭᠠᠷ ᠪᠡᠷ ᠬᠠᠷᠢᠭᠤ ᠪᠦᠬᠦ ᠠᠵᠢᠯᠯᠠᠭᠠ ᠳᠤ ᠬᠠᠷᠢᠭᠤᠴᠠᠯ ᠲᠠᠢ ᠦᠢᠯᠡᠳ ᠪᠦᠭᠦᠳᠡ ᠶᠤᠰᠤ
ᠬᠦᠨᠡᠰᠦᠨ ᠦ ᠬᠦᠮᠦᠨ ᠢ ᠪᠠᠶᠢᠭᠤᠯᠤᠯᠭ᠎ᠠ ᠳᠤ ᠬᠠᠷᠢᠭᠤᠴᠠᠯᠠᠭᠰᠠᠨ ᠰᠢᠯᠭᠠᠯᠲᠠ ᠲᠣᠳᠤᠷᠬᠠᠢᠯᠠᠯ ᠰᠢᠯᠭᠠᠭᠤᠯᠤᠯᠲᠠ ᠂ ᠬᠢᠨᠠᠨ ᠤ ᠬᠦᠮᠦᠨ ᠪᠠᠷ ᠬᠤᠪᠢᠷᠠᠯ ᠰᠢᠯᠭᠠᠬᠤ ᠬᠤᠭᠤᠯ ᠬᠦᠨᠳᠦ ᠢ ᠬᠢᠨᠠᠨ
ᠬᠦᠨᠡᠰᠦᠨ ᠦ ᠠᠵᠢᠯᠯᠠᠭᠠ ᠂ ᠬᠦᠨᠡᠰᠦᠨ ᠦ ᠦᠢᠯᠡᠳᠪᠦᠷᠢ ᠶᠢᠨ ᠪᠠᠶᠢᠴᠠᠭᠠᠨ ᠬᠦᠮᠦᠨ ᠂ ᠪᠠᠶᠢᠭᠤᠯᠤᠯᠭ᠎ᠠ ᠬᠢᠭᠡᠳ ᠲᠣᠭᠲᠠᠭᠠᠯ ᠲᠣᠳᠤᠷᠬᠠᠢᠯᠠᠭᠰᠠᠨ ᠪᠣᠯᠤᠨ᠎ᠠ ᠃ ᠬᠦᠨᠡᠰᠦᠨ ᠦ ᠠᠶᠤᠯᠭᠦᠢ
ᠪᠠᠶᠢᠳᠠᠯ ᠲᠣᠳᠤᠷᠬᠠᠢᠯᠠᠭᠰᠠᠨ ᠬᠦᠨᠡᠰᠦᠨ ᠦ ᠠᠶᠤᠯᠭᠦᠢ ᠪᠠᠶᠢᠳᠠᠯ ᠤᠨ ᠬᠢᠨᠠᠨ ᠢ ᠪᠠᠶᠢᠴᠠᠭᠠᠨ ᠪᠡᠷ ᠬᠦᠮᠦᠨ ᠦ ᠪᠠᠶᠢᠴᠠᠭᠠᠨ ᠂ ᠬᠠᠮᠢᠶ᠎ᠠ ᠬᠤᠪᠢᠶᠠᠷᠢ ᠢ ᠪᠠᠶᠢᠴᠠᠭᠠᠨ ᠤ

[illegible]

[illegible]

[illegible]

[illegible]

3. [illegible]

食品药品监督管理、质量监督、农业行政等部门，分别对食品安全国家标准和地方标准的执

第三十二条【食品安全标准的跟踪评价】省级以上人民政府卫生行政部门应当会同同级

行情况进行跟踪评价，并根据评价结果及时修订食品安全标准。

省级以上人民政府食品药品监督管理、质量监督、农业行政等部门应当对食品安全标准执行中存在的问题进行收集、汇总，并及时向同级卫生行政部门通报。

食品生产经营者、食品行业协会发现食品安全标准在执行中存在问题的，应当立即向卫生行政部门报告。

●条文解读

1. 关于食品安全标准跟踪评价制度。食品安全标准跟踪评价，是对食品安全国家或者地方标准执行情况进行调查，了解标准实施情况并进行分析和研究，提出标准实施和标准修订相关建议的过程。跟踪评价工作包括标准贯彻落实和执行情况、推进标准实施的措施及成效、标准指标或技术要求的科学性和实用性以及其他需要跟踪评价的内容。食品安全标准跟踪评价工作应当以保障公众健康为宗旨，坚持科学合理、依法高效、客观公正、真实可靠的原则。根据《食品安全国家标准跟踪评价规范（试行）》的规定，食品安全标准跟踪评价主要采取问卷调查、现场调查、指标验证、专家咨询等方式。省级以上人民政府卫生行政部门应当会同同级食品药品监督管理、质量监督、农业行政等部门分别对食品安全国家标准和地方标准的执行情况进行跟踪评价，其评价结果将成为修订食品安全标准的重要依据。如果跟踪评价结果表明食品安全标准应当修订的，国务院卫生行政部门、国务院食品药品监督管理

[illegible]

部门、国务院农业行政部门、省级卫生行政部门应当及时制订或者修订相应食品安全国家标准或者地方标准。

2. 省级以上人民政府食品药品监督管理、质量监督、农业行政等部门在其各自的食品安全监管过程中，发现食品安全标准存在问题的，应当予以收集、汇总，并及时向同级卫生行政部门通报，以便卫生行政部门会同有关部门根据执行情况，对食品安全标准进行不断完善，使其更为科学合理、安全可靠。

3. 食品生产经营者、食品行业协会发现食品安全标准执行中存在问题的，特别是可能影响食品安全的问题，应当立即向卫生行政部门报告。

[illegible]

1. ᠬᠦᠨᠡᠰᠦᠨ ᠦ ᠠᠮᠤᠷ ᠲᠦᠪᠰᠢᠨ ᠦ [illegible] ::

[ᠲᠠᠶᠢᠯᠪᠤᠷᠢ]

[illegible] ::

[illegible]

[illegible] ::

[illegible]

[illegible]

第四章　食品生产经营

第一节　一般规定

第三十三条【食品生产经营要求】 食品生产经营应当符合食品安全标准，并符合下列要求：

（一）具有与生产经营的食品品种、数量相适应的食品原料处理和食品加工、包装、贮存等场所，保持该场所环境整洁，并与有毒、有害场所以及其他污染源保持规定的距离；

（二）具有与生产经营的食品品种、数量相适应的生产经营设备或者设施，有相应的消毒、更衣、盥洗、采光、照明、通风、防腐、防尘、防蝇、防鼠、防虫、洗涤以及处理废水、存放垃圾和废弃物的设备或者设施；

（三）有专职或者兼职的食品安全专业技术人员、食品安全管理人员和保证食品安全的规章制度；

（四）具有合理的设备布局和工艺流程，防止待加工食品与直接入口食品、原料与成品交叉污染，避免食品接触有毒物、不洁物；

（五）餐具、饮具和盛放直接入口食品的容器，使用前应当洗净、消毒，炊具、用具用后应当洗净，保持清洁；

（六）贮存、运输和装卸食品的容器、工具和设备应当安全、无害，保持清洁，防止食品污染，并符合保证食品安全所需的温度、湿度等特殊要求，不得将食品与有毒、有害物品一同贮存、运输；

（七）直接入口的食品应当使用无毒、清洁的包装材料、餐具、饮具和容器；

（八）食品生产经营人员应当保持个人卫生，生产经营食品时，应当将手洗净，穿戴清洁的工作衣、帽等；销售无包装的直接入口食品时，应当使用无毒、清洁的容器、售货工具和设备；

（九）用水应当符合国家规定的生活饮用水卫生标准；

（十）使用的洗涤剂、消毒剂应当对人体安全、无害；

（十一）法律、法规规定的其他要求。

非食品生产经营者从事食品贮存、运输和装卸的，应当符合前款第六项的规定。

●条文解读

食品生产经营首先应当符合食品安全标准，按照食品安全标准进行生产经营是本法对食品生产经营最基本、最核心的要求。本法第 25 条规定，食品安全标准是强制执行的标准。第 26 条规定，食品安全标准的内容包括食品危害人体健康物质的限量规定，专供婴幼儿和其他特定人群的主辅食品的营养成分要求，标签、标志、说明书的要求，食品生产经营过程的卫生要求等。食品生产经营者应当确保其生产经营活动符合食品安全标准，比如，《食品生产通用卫生规范》（GB14881 — 2013）等。

除了应当符合食品安全标准外，食品生产经营还应当符合以下要求：

第 1 项是对场所的要求。主要有三个：一是场所的大小和布局应当与其生产经营的规模相适应，厂房的面积和空间应与其生产能力相适应，便于设备安置、清洁消毒、物料存储及人员操作。二是场所应当整洁。生产经营场所应当有合理的功能分区，干净整洁。三是场所应当与有毒、有害场所以及其他污染源保持规定的距离，保证食品安全。

第 2 项是对设备、设施的要求。主要有两个：一是应当根据生产经营的食品品种、数量的需要，配备与生产能力相适应的生产设备或者设施。二是应当配备其他保证食品安全的设备或者设施，如消毒、更衣、盥洗、采光、照明、通风、防腐、防尘、防蝇、防鼠、防虫、洗涤以及处理废水、存放垃圾和废弃物的设备或者设施。

第3项是对人员和制度的要求。与原法相比，新法在要求配备的人员前增加了『专职或者兼职』，明确食品安全专业技术人员、食品安全管理人员既可以是专职的，也可以是兼职的，具体如何配备，由生产经营企业根据企业情况和保证食品安全的需要自主决定。根据本项规定，一是要有食品安全专业技术人员。食品安全专业技术人员具有食品生产经营的专业知识，可以对食品安全管理提供专业技术服务。二是要有食品安全管理人员。管理人员是负责本企业食品安全具体管理工作的人员，既可以是企业的负责人，也可以是其他员工。本法第44条规定，食品生产经营企业应当配备食品安全管理人员，并应加强培训和考核，经考核不具备食品安全管理能力的，不得上岗。三是要有保证食品安全的规章制度。通过规章制度管人、管事，明确岗位职责，规范操作流程，保证食品安全。本法第44条规定，食品生产经营企业应当建立健全食品安全管理制度。

第4项是对设备布局和工艺流程的要求。食品生产经营企业的设备布局和工艺流程应当合理，避免引起前道工序的原料、半成品污染后道工序的成品，防止食品与成品、生食品与熟食品的交叉感染。每道工序的容器、工具和用具应当固定，并有相应的标志，防止交叉使用。使用的清洗剂、消毒剂以及杀虫剂、灭鼠剂等应当远离食品，存放于专柜，并由专人管理，避免食品接触有毒、不洁的物品，保证食品安全。

第5项是对使用的食品相关产品的要求。食品生产经营者应当在使用前，对餐具、饮具和盛放直接入口食品的容器清洗干净，并进行消毒，消灭病原体，降低细菌数量，防止使用者互相传染，保证消费者身体健康。对使用过的炊具、用具等应当及时清洗，保持清洁，防止病菌滋生。

第6项是对贮存、运输和装卸食品的要求。由于食品贮存、运输和装卸过程中，湿度可能影响食品的品质，对食品安全造成影响，因此，新法增加了应当符合保证食品安全所需的湿度的规定。由于将食品与有毒、有害物质一同贮存可能导致食品被污染，影响食品安全，因此，新法增加了不得将食品与有毒、有害物品一同贮存的规定。贮存、运输和装卸是食品生产经营过程的重要环节，操作不当容易导致食品污染，形成安全隐患，甚至直接影响食品安全。贮存、运输和装卸食品的要求主要有三个方面：一是贮存、运输和装卸食品的容器、工具和设备应当安全、无害，保持清洁，防止污染食品，影响食品安全。二是对贮存、运输和装卸食品有特殊要求的，应当在合适的温度、湿度等环境下进行，防止食品腐烂变质、脱水变形变味，影响食品安全。三是不得将食品与有毒、有害物品一同贮存、运输，防止交叉污染，影响食品安全。

第7项是对直接入口的食品使用的包装材料等食品相关产品的要求。由于饮具和容器的安全状况会影响直接入口食品的安全，因此，新法增加了直接入口的食品应当使用无毒、清洁的饮具和容器的规定。根据本法第150条的规定，直接入口的食品使用的包装材料和容器是指包装、盛放直接入口的食品的纸、竹、木、金属、搪瓷、陶瓷、塑料、橡胶、天然纤维、化学纤维、玻璃等制品和直接接触直接入口的食品的涂料。餐具和饮具主要是指餐饮服务提供者提供餐饮服务时使用的碗筷、勺子、盘子、杯子等。直接入口的食品使用的包装材料、餐具、饮具和容器应当无毒、清洁，以确保食品安全。

第 8 项是对食品生产经营人员的要求。由于容器和售货设备直接接触无包装的直接入口食品，对其安全会产生影响，因此，新法增加了销售无包装的直接入口食品时应当使用无毒、清洁的容器和售货设备的规定。生产经营人员的个人卫生状况直接关系到食品安全。食品生产经营人员应当衣着整洁，指甲常剪，头发常理，勤洗澡等。在生产经营时，应当将手洗干净，穿戴清洁的工作衣、帽、手套等。销售无包装的直接入口食品时，应当使用无毒、清洁的容器、售货工具和设备，避免容器、售货工具和设备污染食品，影响食品安全。

第 9 项是对用水的要求。生产经营食品离不开水，使用安全、卫生的水是保证食品安全的重要因素。食品生产经营用水应当符合国家规定的生活饮用水卫生标准。目前，适用的是2006 年修订的《生活饮用水卫生标准》(GB5749 — 2006)。

第 10 项是对洗涤剂和消毒剂的要求。保持餐具、饮具、炊具、用具和容器等食品相关产品的清洁、无毒，不可避免地会用到洗涤剂和消毒剂，不洁、有害的洗涤剂和消毒剂容易以食品相关产品为媒介污染食品。因此，应当保证使用的洗涤剂、消毒剂 对人体安全、无害。

第 11 项是对食品生产经营要求的兜底条款。食品生产经营环节多、链条长，影响食品安全的因素很多，上述 10 项要求实践中可能难以全面涵盖所有食品生产经营中的卫生要求，因此法律、法规规定的其他要求，如本章第 2 节关于生产经营控制的相关要求，食品生产经营者同样应当遵守。

在立法过程中，有些意见提出，食品贮存、运输和装卸是食品安全管理的重要环节，除食品生产经营者外，还有一些专业的仓储、物流企业、车站码头等也从事食品的贮存、运输和装卸活动，应当对其加强管理。因此，新法增加第 2 款规定，非食品生产经营者从事食品贮存、运输和装卸的，应当符合前款第 6 项的规定。即非食品生产经营者从事食品贮存、运输和装卸的，贮存、运输和装卸食品的容器、工具和设备应当安全、无害，保持清洁，防止食品污染，并符合保证食品安全所需的温度、湿度等特殊要求，不得将食品与有毒、有害物品一同贮存、运输。

2 ᠳᠤᠭᠠᠷ ᠵᠦᠢᠯ ᠦᠨ ᠲᠣᠨᠤᠭ ᠲᠥᠬᠦᠬᠡᠷᠡᠮᠵᠢ ᠶᠢᠨ ᠱᠠᠭᠠᠷᠳᠠᠯᠭ᠎ᠠ ᠃ ᠱᠠᠭᠠᠷᠳᠠᠯᠭ᠎ᠠ ᠰᠢᠭ ᠨᠢ ᠄ ᠬᠡᠷᠡᠭ ᠢ ᠦᠢᠯᠡᠳᠪᠦᠷᠢᠯᠡᠯ ᠡᠷᠬᠢᠯᠡᠬᠦ ᠢᠳᠡᠭᠡᠨ ᠦ [illegible]

1 ᠳᠦᠭᠡᠷ ᠵᠦᠢᠯ ᠦᠨ ᠣᠷᠣᠨ ᠪᠠᠶᠢᠷ ᠤᠨ ᠱᠠᠭᠠᠷᠳᠠᠯᠭ᠎ᠠ ᠃ ᠱᠠᠭᠠᠷᠳᠠᠯᠭ᠎ᠠ ᠰᠢᠭ ᠨᠢ ᠄ ᠣᠷᠣᠨ ᠪᠠᠶᠢᠷ ᠨᠢ ᠦᠢᠯᠡᠳᠪᠦᠷᠢᠯᠡᠯ ᠡᠷᠬᠢᠯᠡᠬᠦ ᠱᠠᠭᠠᠷᠳᠠᠯᠭ᠎ᠠ ᠳᠤ ᠲᠣᠬᠢᠷᠠᠬᠤ ᠬᠡᠷᠡᠭᠲᠡᠢ ᠄

ᠢᠳᠡᠭᠡᠨ ᠦ ᠠᠶᠤᠯᠭᠦᠢ ᠪᠠᠢᠳᠠᠯ ᠤᠨ ᠪᠠᠷᠢᠮᠳᠠᠯ ᠳᠤ ᠲᠣᠬᠢᠷᠠᠬᠤ ᠶᠢᠨ ᠬᠠᠮᠲᠤ ᠂ ᠢᠳᠡᠭᠡᠨ ᠦ ᠦᠢᠯᠡᠳᠪᠦᠷᠢᠯᠡᠯ ᠦᠨ ᠨᠡᠢᠲᠡ ᠳᠦ ᠬᠡᠷᠡᠭᠯᠡᠬᠦ ᠠᠷᠢᠭᠤᠨ ᠴᠡᠪᠡᠷ ᠦᠨ ᠳᠦᠷᠢᠮ ᠤᠨ ᠲᠣᠭᠲᠠᠭᠠᠮᠵᠢ》(GB14881—2013) ᠶᠢ ᠃

ᠡᠷᠬᠢᠯᠡᠬᠦ ᠢᠳᠡᠭᠡᠨ ᠦ ᠠᠶᠤᠯᠭᠦᠢ ᠪᠠᠢᠳᠠᠯ ᠤᠨ ᠪᠠᠷᠢᠮᠳᠠᠯ ᠳᠤ ᠲᠣᠬᠢᠷᠠᠬᠤ ᠬᠡᠷᠡᠭᠲᠡᠢ ᠂ ᠲᠤᠰᠬᠠᠢᠯᠠᠪᠠᠯ ᠂ 《ᠢᠳᠡᠭᠡᠨ ᠦ

ᠲᠣᠬᠢᠷᠠᠭᠤᠯᠬᠤ ᠳᠤ ᠠᠷᠢᠭᠤᠨ ᠴᠡᠪᠡᠷ ᠦᠨ ᠱᠠᠭᠠᠷᠳᠠᠯᠭ᠎ᠠ ᠶᠢ ᠬᠠᠩᠭᠠᠬᠤ ᠶᠤᠰᠤᠲᠠᠢ ᠃ ᠢᠳᠡᠭᠡᠨ ᠦᠢᠯᠡᠳᠪᠦᠷᠢᠯᠡᠯ ᠡᠷᠬᠢᠯᠡᠭᠴᠢ ᠨᠢ ᠢᠳᠡᠭᠡᠨ ᠦᠢᠯᠡᠳᠪᠦᠷᠢᠯᠡᠯ

[illegible]

[illegible]

[illegible] 26 ᠳᠤᠭᠠᠷ ᠵᠦᠢᠯ ᠳᠦ ᠲᠣᠭᠲᠠᠭᠠᠭᠰᠠᠨ ᠨᠢ ᠂ ᠢᠳᠡᠭᠡᠨ ᠦ ᠠᠶᠤᠯᠭᠦᠢ

ᠬᠤᠷᠠᠯ ᠲᠥᠯᠦᠭᠡᠯᠡᠭᠴᠢ ᠰᠣᠩᠭᠣᠭᠤᠯᠢ ᠶᠢᠨ ᠬᠤᠷᠠᠯ ᠤᠨ ᠪᠠᠢᠩᠭᠤ ᠬᠣᠷᠢᠶ᠎ᠠ ᠶᠢᠨ ᠭᠡᠰᠢᠭᠦᠳ ᠲᠦ ᠲᠥᠯᠦᠭᠡᠯᠡᠭᠴᠢ ᠂ ᠪᠠᠢᠩᠭᠤ ᠬᠣᠷᠢᠶ᠎ᠠ ᠶᠢᠨ
ᠭᠡᠰᠢᠭᠦᠳ ᠦᠨ ᠪᠠᠷᠤᠭ ᠪᠦᠬᠦ ᠪᠦᠷᠢᠨ ᠲᠥᠯᠦᠭᠡᠯᠡᠭᠴᠢ ᠶᠢᠨ ᠪᠡᠶᠡ ᠪᠡᠷ ᠃ ᠡᠨᠡ ᠬᠠᠤᠯᠢ ᠶᠢᠨ 44 ᠳᠦᠭᠡᠷ ᠵᠦᠢᠯ ᠳᠦ ᠲᠣᠳᠣᠷᠬᠠᠶᠢᠯᠠᠭᠰᠠᠨ ᠶᠠᠭ ᠂
ᠭᠡᠰᠢᠭᠦᠳ ᠦᠨ ᠲᠥᠯᠦᠭᠡᠯᠡᠭᠴᠢ ᠪᠡᠷ ᠬᠤᠷᠠᠯ ᠤᠨ ᠪᠠᠢᠩᠭᠤ ᠬᠣᠷᠢᠶ᠎ᠠ ᠶᠢᠨ ᠭᠡᠰᠢᠭᠦᠨ ᠤ ᠲᠥᠯᠦᠭᠡᠯᠡᠭᠴᠢ ᠪᠠᠷ ᠂ ᠬᠤᠷᠠᠯ ᠤᠨ ᠪᠠᠢᠩᠭᠤ ᠬᠣᠷᠢᠶ᠎ᠠ ᠶᠢᠨ
ᠪᠠᠢᠩᠭᠤ ᠶᠢᠨ ᠲᠥᠯᠦᠭᠡᠯᠡᠭᠴᠢ ᠰᠣᠩᠭᠣᠭᠳᠠᠬᠤ ᠡᠷᠬᠡ ᠃ ᠭᠡᠰᠢᠭᠦᠨ ᠢ ᠬᠤᠷᠠᠯ ᠤᠨ ᠪᠠᠢᠩᠭᠤ ᠬᠣᠷᠢᠶ᠎ᠠ ᠶᠢᠨ ᠭᠡᠰᠢᠭᠦᠳ ᠦᠨ ᠪᠦᠷᠢᠯᠳᠦᠭᠦᠨ ᠃
ᠲᠥᠯᠦᠭᠡᠯᠡᠭᠴᠢ ᠬᠤᠷᠠᠯ ᠲᠥᠯᠦᠭᠡᠯᠡᠭᠴᠢ ᠰᠣᠩᠭᠣᠭᠤᠯᠢ ᠶᠢᠨ ᠪᠠᠢᠩᠭᠤ ᠪᠠᠢᠭᠤᠯᠤᠯᠲᠠ ᠶᠢᠨ ᠪᠠᠷᠤᠭ ᠪᠦᠬᠦ ᠂ ᠬᠤᠷᠠᠯ ᠤᠨ ᠪᠠᠢᠩᠭᠤ ᠬᠣᠷᠢᠶ᠎ᠠ ᠶᠢᠨ ᠭᠡᠰᠢᠭᠦᠳ ᠦᠨ ᠪᠠᠷᠤᠭ
ᠪᠠᠢᠭᠤᠯᠬᠤ ᠢ ᠬᠤᠷᠠᠯ ᠤᠨ ᠪᠠᠢᠩᠭᠤ ᠬᠣᠷᠢᠶ᠎ᠠ ᠶᠢᠨ ᠭᠡᠰᠢᠭᠦᠨ ᠤ ᠭᠡᠰᠢᠭᠦᠳ ᠦᠨ ᠲᠥᠯᠦᠭᠡᠯᠡᠭᠴᠢ ᠪᠦᠷᠢᠨ ᠪᠠᠢᠨ᠎ᠠ ᠃ ᠬᠤᠷᠠᠯ ᠤᠨ ᠪᠠᠢᠩᠭᠤ ᠬᠣᠷᠢᠶ᠎ᠠ ᠶᠢᠨ ᠭᠡᠰᠢᠭᠦᠨ ᠤ
ᠪᠦᠬᠦ ᠬᠤᠷᠠᠯ ᠤᠨ ᠪᠠᠢᠩᠭᠤ ᠬᠣᠷᠢᠶ᠎ᠠ ᠶᠢᠨ ᠪᠦᠷᠢᠯᠳᠦᠭᠦᠨ ᠲᠥᠯᠦᠭᠡᠯᠡᠭᠴᠢ ᠶᠢᠨ ᠪᠡᠶᠡᠯᠡᠭᠦᠯᠦᠯᠲᠡ ᠲᠣᠭᠲᠠᠭᠠᠭᠰᠠᠨ ᠃ ᠲᠥᠯᠦᠭᠡᠯᠡᠭᠴᠢ ᠶᠢᠨ ᠪᠠᠢᠭᠤᠯᠤᠯᠲᠠ ᠶᠢᠨ
ᠪᠠᠷᠤᠭ ᠦᠨ ᠰᠣᠩᠭᠣᠭᠤᠯᠢ ᠶᠢᠨ ᠬᠤᠷᠠᠯ ᠤᠨ ᠪᠠᠢᠩᠭᠤ ᠬᠣᠷᠢᠶ᠎ᠠ ᠶᠢᠨ ᠭᠡᠰᠢᠭᠦᠨ ᠤ ᠪᠦᠷᠢᠯᠳᠦᠭᠦᠨ ᠪᠣᠯᠤᠨ᠎ᠠ ᠃ ᠡᠨᠡ ᠬᠠᠤᠯᠢ ᠶᠢᠨ ᠲᠣᠭᠲᠠᠭᠠᠯ ᠢ ᠪᠠᠷᠢᠮᠲᠠᠯᠠᠬᠤ ᠃
ᠪᠦᠬᠦ ᠬᠤᠷᠠᠯ ᠤᠨ ᠲᠥᠯᠦᠭᠡᠯᠡᠭᠴᠢ ᠂ ᠪᠦᠬᠦ ᠪᠠᠢᠭᠤᠯᠤᠯᠲᠠ ᠶᠢᠨ ᠰᠣᠩᠭᠣᠭᠤᠯᠢ ᠶᠢᠨ ᠬᠤᠷᠠᠯ ᠤᠨ ᠪᠠᠢᠩᠭᠤ ᠬᠣᠷᠢᠶ᠎ᠠ ᠶᠢᠨ ᠭᠡᠰᠢᠭᠦᠨ ᠤ ᠪᠠᠢᠩᠭᠤ
ᠭᠡᠰᠢᠭᠦᠳ ᠦᠨ ᠲᠥᠯᠦᠭᠡᠯᠡᠭᠴᠢ ᠂ ᠬᠤᠷᠠᠯ ᠤᠨ ᠪᠠᠢᠩᠭᠤ ᠬᠣᠷᠢᠶ᠎ᠠ ᠶᠢᠨ ᠲᠥᠯᠦᠭᠡᠯᠡᠭᠴᠢ ᠪᠡᠷ ᠪᠦᠬᠦ ᠪᠦᠷᠢᠯᠳᠦᠭᠦᠨ ᠲᠥᠯᠦᠭᠡᠯᠡᠭᠴᠢ ᠶᠢᠨ ᠪᠠᠢᠭᠤᠯᠬᠤ
ᠲᠥᠯᠦᠭᠡᠯᠡᠭᠴᠢ ᠶᠢᠨ ᠪᠠᠢᠭᠤᠯᠤᠯᠲᠠ ᠶᠢᠨ ᠦᠨᠳᠦᠰᠦ 《ᠲᠥᠯᠦᠭᠡᠯᠡᠭᠴᠢ ᠶᠢᠨ ᠰᠣᠩᠭᠣᠭᠤᠯᠢ ᠶᠢᠨ ᠬᠠᠤᠯᠢ》 ᠶᠢᠨ ᠢᠯᠡ ᠂ ᠬᠤᠷᠠᠯ ᠤᠨ ᠪᠠᠢᠩᠭᠤ ᠬᠣᠷᠢᠶ᠎ᠠ ᠶᠢᠨ ᠲᠥᠯᠦᠭᠡᠯᠡᠭᠴᠢ
3 ᠳᠤᠭᠠᠷ ᠳᠤ ᠢ ᠪᠠᠢᠭᠤᠯᠬᠤ ᠪᠦᠬᠦ ᠲᠥᠯᠦᠭᠡᠯᠡᠭᠴᠢ ᠶᠢᠨ ᠦᠨᠳᠦᠰᠦ ᠃ ᠡᠨᠡ ᠰᠢᠯᠢᠨ ᠪᠠ ᠰᠣᠩᠭᠣᠭᠳᠠᠬᠤ ᠂ ᠲᠡᠭᠦᠨ ᠰᠢᠯᠢᠨ ᠢ ᠪᠠᠢᠭᠤᠯᠬᠤ
ᠰᠣᠩᠭᠣᠭᠤᠯᠢ ᠶᠢᠨ ᠬᠠᠮᠠᠭᠠᠯᠠᠯᠲᠠ ᠂ ᠰᠣᠩᠭᠣᠭᠤᠯᠢ ᠪᠦᠬᠦ ᠰᠣᠩᠭᠣᠭᠤᠯᠢ ᠪᠣᠯᠤᠨ ᠲᠣᠭᠲᠠᠭᠠᠬᠤ ᠪᠠ ᠪᠠᠢᠭᠤᠯᠬᠤ ᠪᠣᠯᠤᠨ᠎ᠠ ᠃
ᠬᠠᠮᠠᠭᠠᠯᠠᠬᠤ ᠶᠢ ᠬᠠᠮᠠᠭᠠᠯᠠᠬᠤ ᠂ ᠦᠨᠳᠦᠰᠦᠯᠡᠬᠦ ᠂ ᠬᠠᠮᠠᠭᠠᠯᠠᠬᠤ ᠂ ᠰᠠᠶᠢᠵᠢᠷᠠᠭᠤᠯᠬᠤ ᠂ ᠬᠠᠮᠠᠭᠠᠯᠠᠬᠤ ᠂ ᠲᠡᠭᠦᠨ ᠪᠠᠢᠭᠤᠯᠬᠤ ᠳᠤᠭᠠᠷ
ᠪᠠᠲᠤᠯᠠᠬᠤ ᠳᠡᠭᠡᠳᠦ ᠂ ᠲᠡᠭᠰ ᠲᠡᠭᠦᠰᠬᠡᠬᠦ ᠂ ᠨᠡᠭᠡᠳᠦᠯᠡᠬᠦ ᠂ ᠪᠦᠬᠦ ᠨᠡᠭᠡᠳᠦᠯᠡᠬᠦ ᠂ ᠨᠡᠭᠡᠳᠦᠯᠡᠬᠦ ᠂ ᠪᠠᠢᠭᠤᠯᠬᠤ ᠂
ᠪᠦᠬᠦ ᠬᠠᠮᠲᠤᠷᠠᠨ ᠪᠠᠲᠤᠯᠠᠬᠤ ᠳᠡᠭᠡᠳᠦ ᠃ ᠡᠳᠡᠭᠡᠷ ᠢ ᠪᠦᠷᠢᠨ ᠰᠣᠩᠭᠣᠭᠤᠯᠢ ᠶᠢᠨ ᠬᠤᠷᠠᠯ ᠤᠨ ᠪᠠᠢᠩᠭᠤ ᠬᠣᠷᠢᠶ᠎ᠠ ᠶᠢᠨ ᠭᠡᠰᠢᠭᠦᠳ ᠪᠦᠬᠦ ᠲᠥᠯᠦᠭᠡᠯᠡᠭᠴᠢ
ᠲᠥᠯᠦᠭᠡᠯᠡᠭᠴᠢ ᠪᠦᠬᠦ ᠂ ᠲᠥᠯᠦᠭᠡᠯᠡᠭᠴᠢ ᠶᠢᠨ ᠰᠣᠩᠭᠣᠭᠤᠯᠢ ᠶᠢᠨ ᠪᠠᠷᠤᠭ ᠲᠥᠯᠦᠭᠡᠯᠡᠭᠴᠢ ᠶᠢᠨ ᠪᠠᠷᠤᠭ ᠪᠣᠯᠬᠤ ᠪᠡᠷ ᠲᠥᠯᠦᠭᠡᠯᠡᠭᠴᠢ ᠶᠢᠨ ᠪᠠᠢᠭᠤᠯᠤᠯᠲᠠ

[illegible]

10 [illegible] 《[illegible]》（GB5749—2006）[illegible] 2006 [illegible]

9 [illegible]

[illegible]

第三十四条【禁止生产经营的食品、食品添加剂、食品相关产品】禁止生产经营下列食品、食品添加剂、食品相关产品：

（一）用非食品原料生产的食品或者添加食品添加剂以外的化学物质和其他可能危害人体健康物质的食品，或者用回收食品作为原料生产的食品；

（二）致病性微生物，农药残留、兽药残留、生物毒素、重金属等污染物质以及其他危害人体健康的物质含量超过食品安全标准限量的食品、食品添加剂、食品相关产品；

（三）用超过保质期的食品原料、食品添加剂生产的食品、食品添加剂；

（四）超范围、超限量使用食品添加剂的食品；

（五）营养成分不符合食品安全标准的专供婴幼儿和其他特定人群的主辅食品；

（六）腐败变质、油脂酸败、霉变生虫、污秽不洁、混有异物、掺假掺杂或者感官性状异常的食品、食品添加剂；

（七）病死、毒死或者死因不明的禽、畜、兽、水产动物肉类及其制品；

（八）未按规定进行检疫或者检疫不合格的肉类，或者未经检验或者检验不合格的肉类制品；

（九）被包装材料、容器、运输工具等污染的食品、食品添加剂；

（十）标注虚假生产日期、保质期或者超过保质期的食品、食品添加剂；

（十一）无标签的预包装食品、食品添加剂；

（十二）国家为防病等特殊需要明令禁止生产经营的食品；

（十三）其他不符合法律、法规或者食品安全标准的食品、食品添加剂、食品相关产品。

●条文解读

第1项禁止生产经营的食品有三类：一是用非食品原料生产的食品，如使用甲醇兑制的假酒。1998年的山西朔州假酒案就是用甲醇加水勾兑散酒，导致27人死亡，222人中毒，其中多人失明。二是添加食品添加剂以外的化学物质和其他可能危害人体健康物质的食品，如添加三聚氰胺的婴儿奶粉、添加吊白块的米粉等。三是用回收食品作为原料生产的食品，如地沟油等。

第2项除禁止生产经营危害人体健康的物质含量超过食品安全标准限量的食品外，新法增加了禁止生产经营该类食品添加剂、食品相关产品的规定。本法第26条规定，食品安全标准的内容包括了食品、食品添加剂、食品相关产品中的致病性微生物、农药残留、兽药残留、生物毒素、重金属等污染物质以及其他危害人体健康物质的限量等，食品、食品添加剂、食品相关产品中危害人体健康物质的含量超过食品安全标准限量的，禁止生产经营。

第3项禁止生产经营用超过保质期的食品原料、食品添加剂生产的食品、食品添加剂。这是新法增加的内容。2014年7月发生了『福喜』事件，有媒体报道认为，上海福喜公司使用了过期的冷冻原料肉品加工肉饼，引起轩然大波。在立法过程中，有的意见提出，应当禁止生产经营使用超过保质期的食品原料生产的食品。实践中，还存在使用过期的食品添加剂为原料生产复合食品添加剂的情况，需要加以规范。据此，新法增加了本项内容。

第4项禁止生产经营超范围、超限量使用食品添加剂的食品。这是新法增加的内容。本法第26条规定，食品安全标准的内容包括食品添加剂的品种、使用范围、用量等，食品添加剂应当在技术上确有必要才能使用，且应当在食品安全标准规定的使用范围和用量限度内才能使用。对于超范围、超限量使用食品添加剂的食品，因其不符合食品安全标准，应当禁止生产经营，以保证食品安全。

第5项禁止生产经营营养成分不符合食品安全标准的专供婴幼儿和其他特定人群的主辅食品。本法第26条规定，食品安全标准的内容包括专供婴幼儿和其他特定人群的主辅食品的营养成分要求。专供婴幼儿和其他特定人群的主辅食品不符合食品安全标准的，禁止生产经营。专供婴幼儿的主辅食品包括婴幼儿配方乳粉、婴幼儿米粉等，专供其他特定人群的主辅食品包括特殊医学用途配方食品、专供孕妇等食用的主辅食品等。由于这些特定人群主要从这些特殊主辅食品中摄取营养成分，或者对食品的营养成分有特殊要求，如果这些食品营

第8项禁止生产经营未按规定进行检疫或者检疫不合格的肉类、未经检验或者检验不合

食用这类 肉类及其制品后可能导致食物中毒，发生病患甚至死亡。

死、毒死或死因不明的禽、畜、兽、水产动物肉类往往含有致病性微生物或寄生虫，人们在

第7项禁止生产经营病死、毒死或者死因不明的禽、畜、兽、水产动物肉类及其制品。病

菌霉超标。

使食品、食品添加剂有较强的毒性。如前几年发生的陈化粮事件，就是因为陈化粮中的黄曲

染繁殖，有时表面可见霉丝和霉变现象，这种霉菌毒素在高温高压条件下，也不易被破坏，

食品添加剂，在储存过程中经微生物、酶等作用，发生变色、变味等变化。『霉变』指霉菌污

菌、金黄色葡萄球菌等致病性病菌，易导致食物中毒。『油脂酸败』指油脂和含油脂的食品、

使其某些成分发生变化的现象。腐败变质的食品、食品添加剂一般含有沙门氏菌、痢疾杆

加该类食品添加剂也可能影响食品安全。『腐败变质』指食品、食品添加剂经过微生物作用

或者感官性状异常的食品外，新法增加了禁止生产经营该类食品添加剂的规定，这是因为添

第6项除禁止生产经营腐败变质、油脂酸败、霉变生虫、污秽不洁、混有异物、掺假掺杂

分不符合食品安全标准造成的。

身体健康，甚至威胁生命安全。安徽阜阳的『大头娃娃』事件就是因婴儿食用的奶粉营养成

养成分不符合食品安全标准，婴幼儿和其他特定人群就不能从食品中摄取足够的养分，影响

格的肉类制品。如《生猪屠宰管理条例》规定，生猪定点屠宰厂（场）屠宰的生猪，应当依法经动物卫生监督机构检疫合格，并附有检疫证明。经肉品品质检验合格的生猪产品，生猪定点屠宰厂（场）应当加盖肉品品质检验合格验讫印章或者附具肉品品质检验合格标志。生猪定点屠宰厂（场）的生猪产品未经肉品品质检验或者经肉品品质检验不合格的，不得出厂（场）。

第9项除禁止生产经营被包装材料、容器、运输工具等污染的食品外，新法增加了禁止生产经营该类食品添加剂的规定。包装材料一般指包装、盛放食品用的纸、竹、木、金属、搪瓷、天然纤维、玻璃等制品。食品、食品添加剂应当使用安全、无害、清洁的包装材料、容器、运输工具等，防止食品污染。对于被包装材料、容器、运输工具等污染的食品、食品添加剂，因其不符合食品安全标准的要求，不能生产经营。

第10项除禁止生产经营超过保质期的食品外，新法增加了禁止生产经营标注虚假生产日期、保质期的食品、食品添加剂和超过保质期的食品添加剂的规定。本法第67条规定，标签应当标明生产日期，保质期；第71条规定，食品、食品添加剂的标签不得含有虚假内容，生产经营者对其提供的标签的内容负责。食品、食品添加剂通常只在一定期限内才能保持相应的营养水平和卫生标准，超过这一期限，就易发生变质，食用超过保质期或者添加了超过保质期的食品添加剂的食品，容易引起中毒或者其他疾病。本项规定的标注虚假生产日期、保物的食品添加剂等。

品添加剂、食品相关产品。如用回收食品添加剂作为原料生产的食品添加剂，添加非法添加

第 13 项是兜底条款，禁止生产经营其他不符合法律、法规或者食品安全标准的食品、食

区食用盐市场。

例》规定，对碘缺乏病地区必须供应加碘食用盐。未经加碘的食用盐，不得进入碘缺乏病地

第 12 项禁止生产经营国家为防病等特殊需要明令禁止生产经营的食品。如《盐业管理条

全特性、使用说明的描述，购买者可以借助标签进行选购。

行了明确。第 70 条规定，食品添加剂应当有标签。标签是对食品、食品添加剂质量特性、安

中的食品。本法第 67 条规定，预包装食品的包装上应当有标签，并对标签应当标明的事项进

食品添加剂。本法第 150 条规定，预包装食品是指预先定量包装或者制作在包装材料、容器

第 11 项除禁止生产经营无标签的预包装食品外，新法增加规定了禁止生产经营无标签的

质期包括篡改、倒签生产日期、保质期等行为。

[illegible]

10 [illegible]

[illegible]

9 [illegible]

[illegible]

要时对申请人的生产经营场所进行现场核查；对符合规定条件的，准予许可；对不符合规定的规定，审核申请人提交的本法第三十三条第一款第一项至第四项规定要求的相关资料，必

县级以上地方人民政府食品药品监督管理部门应当依照《中华人民共和国行政许可法》

食品销售、餐饮服务，应当依法取得许可。但是，销售食用农产品，不需要取得许可。

第三十五条【食品生产经营许可】国家对食品生产经营实行许可制度。从事食品生产、

13

12

条件的，不予许可并书面说明理由。

●条文解读

一、国家对食品生产经营实行许可制度

行政许可法第 12 条规定，直接关系人身健康、生命财产安全等特定活动，需要按照法定条件予以批准的事项，可以设定行政许可。食品生产经营直接关系人身健康和生命财产安全，对其实行许可制度是必要的。

原法第 29 条规定，从事食品生产、食品流通、餐饮服务应当依法取得食品生产许可、食品流通许可、餐饮服务许可。与之不同，新法规定，对从事食品生产、食品销信、餐饮服务的，应当依法取得许可。在机构改革前，食品生产、销售和餐饮服务分属不同的部门监督管理，机构改革后，统一由食品药品监督管理部门监督管理，颁发食品生产经营许可证。

二、销售食用农产品，不需要取得许可

原法第 29 条规定，农民个人销售其自产的食用农产品，不需要取得食品流通的许可。新法规定，销售食用农产品，不需要取得许可。这一规定从实际出发，继续维持农产品质量安全法关于食用农产品的销售不需要取得许可的做法，扩大了不需要取得许可的范围。

三、行政许可的实施程序

行政许可法对许可的实施程序进行了明确规定，如申请与受理、审查与决定、期限、听证等。食品药品监督管理部门应当依照行政许可法规定的实施程序，对申请人提交的材料进行审核，并应当在20日内作出许可决定。

申请人应当提交本法第33条第1项至第4项规定要求的相关资料。这些资料应当表明申请者具备从事食品生产经营的条件，具体包括：具有与拟生产经营的食品品种、数量相适应的食品原料处理和食品加工、包装、储存等场所，保持该场所环境整洁，并与有毒、有害场所以及其他污染源保持规定的距离；具有与拟生产经营的食品品种、数量相适应的生产经营设备或者设施，有相应的消毒、更衣、盥洗、采光、照明、通风、防腐、防尘、防蝇、防鼠、防虫、洗涤以及处理废水、存放垃圾和废弃物的设备或者设施；有专职或者兼职的食品安全专业技术人员、食品安全管理人员和保证食品安全的规章制度；具有合理的设备布局和工艺流程，防止待加工食品与直接入口食品、原料与成品交叉污染，避免食品接触有毒物、不洁物。食品药品监督管理部门认为必要的，可以对申请人的生产经营场所进行现场核查，对申请材料的实质内容进行核实。

食品药品监督管理部门对前述材料进行审核后，认为申请人符合法律、法规规定的条件的，应当准予行政许可，颁发许可证。认为不符合规定条件的，决定不予许可并说明理由，说明理由应当采用书面形式。

[illegible]

[illegible]

[illegible]

[illegible]

[illegible]

[illegible]

ᠬᠠᠤᠯᠢ ᠴᠠᠭᠠᠵᠠ ᠶᠢᠨ 29 ᠳᠦᠭᠡᠷ ᠵᠦᠢᠯ ᠳᠦ ᠲᠣᠭᠲᠠᠭᠠᠭᠰᠠᠨ [illegible]

[illegible]

ᠬᠠᠤᠯᠢ ᠴᠠᠭᠠᠵᠠ ᠶᠢᠨ 29 ᠳᠦᠭᠡᠷ ᠵᠦᠢᠯ ᠳᠦ ᠲᠣᠭᠲᠠᠭᠠᠭᠰᠠᠨ [illegible]

[illegible]

[illegible] 33 [illegible] 4 [illegible]

[illegible] 20 [illegible]

全要求，保证所生产经营的食品卫生、无毒、无害，食品药品监督管理部门应当对其加强监

贩等从事食品生产经营活动，应当符合本法规定的与其生产经营规模、条件相适应的食品安

第三十六条【食品生产加工小作坊和食品摊贩等的管理】 食品生产加工小作坊和食品摊

督管理。

县级以上地方人民政府应当对食品生产加工小作坊、食品摊贩等进行综合治理，加强服务和统一规划，改善其生产经营环境，鼓励和支持其改进生产经营条件，进入集中交易市场、店铺等固定场所经营，或者在指定的临时经营区域、时段经营。

食品生产加工小作坊和食品摊贩等的具体管理办法由省、自治区、直辖市制定。

●条文解读

一、对食品生产加工小作坊和食品摊贩等的基本要求

对食品生产加工小作坊的定义，一般包含四个要素：有固定生产加工场所、从业人员较少、生产条件简单、依法从事食品生产加工一般是指固定从业人员较少，有固定生产场所，生产件简单，从事传统、低风险食品生产加工的生产单位或个人。如《食品生产加工小作坊质量安全控制基本要求》（GB/T23734—2009）将食品生产加工小作坊定义为，依照相关法律、法规从事食品生产，有固定生产场所，从业人员较少，生产加工规模小，无预包装或简易包装，销售范围固定的食品生产加工（不含现做现卖）的单位和个人。食品摊贩一般是指没有固定经营场所、从事食品销售等的经营者。

食品生产加工小作坊和食品摊贩等应当符合本法规定的食品安全要求。本法第33条对食品生产经营应当符合的要求作了规定，食品生产加工小作坊和食品摊贩等因其自身条件限

制，不能与生产经营企业同等要求，但应当以本法第 33 条规定为原则，符合与其生产经营规模、条件相适应的食品安全要求，保证所生产经营的食品卫生、无毒、无害。

二、对食品生产加工小作坊和食品摊贩等的管理

新法将食品生产加工小作坊和食品摊贩等的监管主体由有关部门明确为食品药品监督管理部门。食品生产加工小作坊和食品摊贩在方便群众生活、生产地方特色食品或传统食品、扩大就业等方面发挥了积极作用，但是由于其生产经营条件简陋，点多面广，监管难度大，容易引发食品安全事故，食品药品监督管理部门应当对其加强监管。

原法第 30 条规定，县级以上地方人民政府鼓励食品生产加工小作坊改进生产条件，鼓励食品摊贩进入集中交易市场、店铺等固定场所经营。与之相比，新法增加了县级以上地方人民政府应当对食品生产加工小作坊、食品摊贩等进行综合治理，加强服务和统一规划，改善其生产经营环境，鼓励其在指定的临时经营区域、时段经营的规定。县级以上地方人民政府应当对食品生产加工小作坊和食品摊贩等进行综合治理，统一负责、领导、组织、协调监管工作，多措并举，标本兼治，确保食品安全。在对食品生产加工小作坊和食品摊贩等严格监管的同时，还要加强服务和统一规划，为其生产经营营造良好的硬件环境和软件环境。鼓励食品生产加工小作坊和食品摊贩等改进生产经营条件，进入集中交易市场、店铺等固定场所经营，不断扩大规模，适时进行产业升级，发展成为食品生产经营企业，改变小、散、乱状

态，确保食品安全。

食品摊贩在方便群众生活、扩大就业等方面发挥了积极作用，但是随意占道摆摊经营阻塞城市交通，影响城市美观，也给食品安全带来隐患。在总结地方立法经验的基础上，本条增加了鼓励食品摊贩在指定的临时经营区域、时段经营的规定。这既有利于城市管理，也有利于对食品摊贩食品安全的监管。

三、制定食品生产加工小作坊和食品摊贩等的管理办法的授权

食品生产加工小作坊和食品摊贩等点多面广，各地差异很大，由国家统一规范难度较大，需要地方根据本地情况，制定具有地方特色、操作性强、能够解决实际问题的管理办法。因此，原法授权省级人民代表大会常务委员会依照本法制定具体管理办法。截至2014年6月，共有15个省、自治区、直辖市制定了相应的法规或者规章。其中，省级人大常委会出台专门的管理条例或办法的有5个，在出台食品安全法实施条例或办法中设专门的章节进行规定的有5个，省级人民政府出台规章的有5个。考到这一情况，新法规定具体管理办法由省、自治区、直辖市制定，授权省级人大及其常委会或者省级人民政府制定地方性法规或者规章，以给地方更大的自主选择权。

需要注意的是，根据新修订的立法法第62条的规定，法律规定明确要求有关国家机关对专门事项作出配套的具体规定的，有关国家机关应当自法律施行之日起1年内作出规定。有

[illegible]

府规章。

情况。因此，省、自治区、直辖市应当在新法行之日起1年内出台相关的地方性法规或者政

关国家机关未能在期限内作出配套的具体规定的，应当向全国人民代表大会常务委员会说明

[ᠲᠠᠶᠢᠯᠪᠤᠷᠢ]

ᠨᠢᠭᠡ᠂ ᠬᠦᠨᠡᠰᠦ ᠦᠢᠯᠡᠳᠪᠦᠷᠢᠯᠡᠨ ᠪᠣᠯᠪᠠᠰᠤᠷᠠᠭᠤᠯᠬᠤ ᠵᠢᠵᠢᠭ ᠵᠣᠭᠰᠢᠶᠠᠯ ᠤᠨ ᠬᠦᠨᠡᠰᠦ ᠶᠢᠨ ᠠᠶᠤᠯᠭᠦᠢ ᠶᠢᠨ ᠦᠢᠯᠡᠳᠪᠦᠷᠢᠯᠡᠯ ᠦᠨ ᠬᠢᠨᠠᠯᠲᠠ ᠶᠢᠨ ᠲᠤᠬᠠᠢ᠃

ᠬᠦᠨᠡᠰᠦ ᠦᠢᠯᠡᠳᠪᠦᠷᠢᠯᠡᠨ ᠪᠣᠯᠪᠠᠰᠤᠷᠠᠭᠤᠯᠬᠤ ᠵᠢᠵᠢᠭ ᠵᠣᠭᠰᠢᠶᠠᠯ 《ᠬᠦᠨᠡᠰᠦ ᠦᠢᠯᠡᠳᠪᠦᠷᠢᠯᠡᠨ ᠪᠣᠯᠪᠠᠰᠤᠷᠠᠭᠤᠯᠬᠤ ᠵᠢᠵᠢᠭ ᠵᠣᠭᠰᠢᠶᠠᠯ ᠤᠨ ᠴᠢᠨᠠᠷ ᠤᠨ ᠠᠶᠤᠯᠭᠦᠢ ᠶᠢ ᠬᠢᠨᠠᠨ ᠬᠤᠶᠠᠭᠠᠷᠯᠠᠬᠤ ᠦᠨᠳᠦᠰᠦᠨ ᠱᠠᠭᠠᠷᠳᠯᠠᠭ᠎ᠠ》（GB/T23734—2009）ᠳᠤ ᠬᠦᠨᠡᠰᠦ ᠦᠢᠯᠡᠳᠪᠦᠷᠢᠯᠡᠨ ᠪᠣᠯᠪᠠᠰᠤᠷᠠᠭᠤᠯᠬᠤ ᠵᠢᠵᠢᠭ ᠵᠣᠭᠰᠢᠶᠠᠯ ᠢ ᠲᠣᠳᠤᠷᠬᠠᠶᠢᠯᠠᠬᠤ ᠳᠤ᠄ ᠦᠢᠯᠡᠳᠪᠦᠷᠢ ᠶᠢᠨ ᠬᠡᠮᠵᠢᠶ᠎ᠡ ᠪᠠᠭ᠎ᠠ᠂ ᠦᠢᠯᠡᠳᠪᠦᠷᠢ ᠶᠢᠨ ᠨᠥᠬᠦᠴᠡᠯ ᠪᠠ ᠲᠣᠨᠣᠭ ᠲᠥᠬᠥᠭᠡᠷᠡᠮᠵᠢ ᠡᠬᠡᠯᠡᠴᠡ ᠲᠥᠪᠰᠢᠨ ᠲᠠᠢ᠂ ᠠᠵᠢᠯᠴᠢᠨ ᠤ ᠲᠣᠭ᠎ᠠ ᠴᠥᠬᠡᠨ ᠬᠦᠨᠡᠰᠦ ᠦᠢᠯᠡᠳᠪᠦᠷᠢᠯᠡᠨ ᠪᠣᠯᠪᠠᠰᠤᠷᠠᠭᠤᠯᠬᠤ ᠠᠵᠢᠯ ᠬᠢᠵᠦ ᠪᠠᠶᠢᠭ᠎ᠠ ᠠᠵᠢᠯ ᠠᠬᠤᠢ ᠶᠢᠨ ᠨᠢᠭᠡᠴᠡ ᠪᠤᠶᠤ ᠠᠵᠢᠯ ᠠᠬᠤᠢ ᠶᠢᠨ ᠡᠷᠬᠢᠯᠡᠭᠴᠢ ᠶᠢ ᠵᠢᠭᠠᠵᠤ ᠪᠠᠶᠢᠨ᠎ᠠ᠃ ᠡᠨᠡ ᠨᠢ ᠬᠦᠨᠡᠰᠦ ᠦᠢᠯᠡᠳᠪᠦᠷᠢᠯᠡᠨ ᠪᠣᠯᠪᠠᠰᠤᠷᠠᠭᠤᠯᠬᠤ ᠵᠢᠵᠢᠭ ᠵᠣᠭᠰᠢᠶᠠᠯ ᠤᠨ ᠦᠨᠳᠦᠰᠦᠨ ᠣᠨᠴᠠᠯᠢᠭ ᠶᠢ ᠲᠣᠳᠤᠷᠬᠠᠶᠢᠯᠠᠭᠰᠠᠨ ᠪᠣᠯᠤᠨ᠎ᠠ᠂ ᠬᠦᠨᠡᠰᠦ ᠦᠢᠯᠡᠳᠪᠦᠷᠢᠯᠡᠨ ᠪᠣᠯᠪᠠᠰᠤᠷᠠᠭᠤᠯᠬᠤ ᠵᠢᠵᠢᠭ ᠵᠣᠭᠰᠢᠶᠠᠯ ᠢ ᠵᠠᠬᠢᠷᠬᠤ ᠲᠤᠬᠠᠢ ᠳᠤ ᠲᠤᠬᠢᠷᠠᠮᠵᠢᠲᠠᠢ

[illegible]

第三十七条【『三新』产品许可】 利用新的食品原料生产食品，或者生产食品添加剂新品

[illegible]

种、食品相关产品新品种，应当向国务院卫生行政部门提交相关产品的安全性评估材料。国务院卫生行政部门应当自收到申请之日起六十日内组织审查；对符合食品安全要求的，准予许可并公布；对不符合食品安全要求的，不予许可并书面说明理由。

●**条文解读**

一、利用新的食品原料生产食品，或者生产食品添加剂新品种、食品相关产品新品种应当进行许可

根据2013年10月1日起施行的《新食品原料安全性审查管理办法》的规定，新食品原料是指在我国无传统食用习惯的动物、植物和微生物，从动物、植物和微生物中分离的成分，原有结构发生改变的食品成分或者其他新研制的食品原料。新食品原料应当具有食品原料的特性，符合应当有的营养要求，且无毒、无害，对人体健康不造成任何急性、亚急性、慢性或者其他潜在性危害。

根据2010年3月30日起施行的《食品添加剂新品种管理办法》的规定，食品添加剂新品种是指未列入食品安全国家标准的、或者未列入卫生部公告允许使用的、或者扩大使用范围或者用量的食品添加剂品种。本法第40条规定，食品添加剂应当在技术上确有必要且经过风险评估证明安全可靠，方可列入允许使用的范围。

根据2011年6月1日起施行的《食品相关产品新品种行政许可管理规定》的规定，食品

相关产品新品种是指用于食品包装材料、容器、洗涤剂、消毒剂和用于食品生产经营的工具、设备的新材料、新原料或新添加剂，具体包括：尚未列入食品安全国家标准或者卫生部公告允许使用的食品包装材料、容器及其添加剂，扩大使用范围或者使用量的食品包装材料、容器及其添加剂，尚未列入食品用消毒剂、洗涤剂原料名单的新原料，食品生产经营用工具、设备中直接接触食品的新材料、新添加剂。

新的食品原料、食品添加剂新品种、食品相关产品新品种都涉及『新』，都是前所未有的，是否安全难以确定，因此，生产企业应当对其安全性进行评估。为了更好地从根本上预防食品安全隐患，把住源头，本条规定了许可制度，生产企业应当向国务院卫生行政部门提交相关产品的安全性评估材料，经其审查许可后方可生产。

二、行政许可的实施程序

国务院卫生行政部门应当自收到申请之日起60日内组织对相关产品的安全性材料进行审查。审查范围一般包括：相关产品的食用或使用历史、生产工艺、主要成分及含量、使用范围、使用量、推荐摄入量、适宜人群、卫生学和毒理学资料、国内外相关安全性文献资料等。审查结束，应当得出新的食品原料、食品添加剂新品种、食品相关产品新品种是否符合食品安全要求的结论。审查结论是国务院卫生行政部门作出许可决定的依据。

根据行政许可法的规定，国务院卫生行政部门应当自受理许可申请之日起20日内作出许可决定。20日内不能作出决定的，经本行政机关负责人批准，可以延长10日，并应当将延长期限的理由告知申请人。国务院卫生行政部门组织对安全性评估材料进行审查的时间不计算在期限内。国务院卫生行政部门应当将所需时间书面告知申请人。

对于符合食品安全要求的，国务院卫生行政部门应当依法作出准予许可的决定，并予以公布。在此之后，利用该食品原料生产食品，或者生产该食品添加剂、食品相关产品的，不再需要许可。对于不符合食品安全要求的，国务院卫生行政部门应当依法作出不予许可的决定，并书面说明理由。

[illegible]

行政部门会同国务院食品药品监督管理部门制定、公布。

照传统既是食品又是中药材的物质。按照传统既是食品又是中药材的物质目录由国务院卫生

第三十八条【食品中不得添加药品】 生产经营的食品中不得添加药品，但是可以添加按

●条文解读

一、生产经营的食品中不得添加药品

根据药品管理法的规定，药品，是指用于预防、治疗、诊断人的疾病，有目的地调节人的生理机能并规定有适应症或者功能主治、用法和用量的物质，包括中药材、中药饮片、中成药、化学原料药及其制剂、抗生素、生化药品、放射性药品、血清、疫苗、血液制品和诊断药品等。为了保障人体用药安全，维护人民身体健康，药品的生产、经营、使用必须严格按照药品管理法的规定，通过专门的渠道进行。

我国自古以来就有食疗的传统，讲究通过饮食调节达到预防、治疗疾病的效果。但是，人们往往急于求成，急于看到食疗的效果，而忽视了饮食调节是一个长期、缓慢的过程，不可能是立竿见影的，不可能像药品那样药到病除。为了迎合人们的这种心理，追求立竿见影的疗效，获取经济利益，一些食品厂家在食品中添加禁用药品，欺骗消费者，危害公众身体健康。因此必须严格禁止在食品中添加药品，不得为达到某种功能，获取经济利益，而在食品中添加药品。

二、食品中可以添加按照传统既是食品又是中药材的物质

我国传统的中医药学自古以来就有药食同源的思想，即药与食物相同，某些物质既是中药材又是食物。《黄帝内经太素》中写道：『空腹食之为食物，患者食之为药物。』中药与食

食品又是中药材的物质。

物一样来源于自然中的动植物。很多中药与食物很难截然分开，有些中药材本身也是食品，如麦芽、山药、百合、杏仁、无花果、山萘、生姜、桂皮、大枣等。这些中药材经过长期食用，已经证明是安全的，不会对人体产生毒副作用，因此，在食品中允许添加按照传统既是食品又是中药材的物质。

三、按照传统既是食品又是中药材的物质的目录

原法第50条规定，按照传统既是食品又是中药材的物质的目录由国务院卫生行政部门制定、公布。2002年，原卫生部公布了《既是食品又是药品的物品名单》，列举了丁香、藿香等87种药食同源的中药材。考虑到药食同源的中药材涉及人体健康，专业性很强，同时，食品药品监督管理部门参与制定，有利于更好地使目录切合实际，与执法相衔接。因此，新法规定，按照传统既是食品又是中药材的物质的目录由国务院卫生行政部门会同国务院食品药品监督管理部门制定、公布。

[illegible]

[ᠲᠠᠢᠯᠪᠤᠷᠢ]

[illegible] ᠃ 2002 [illegible] 《[illegible]

[illegible] 50 [illegible]

[illegible] ᠃

[illegible] ᠃ [illegible] 《[illegible]》 [illegible] : 《[illegible]》 [illegible] ᠃ 《[illegible]》 [illegible]

[illegible] ᠃

[illegible]

[illegible]

[illegible]

[illegible]

[illegible]

[illegible]

[illegible]

第三十九条【食品添加剂生产许可】 国家对食品添加剂生产实行许可制度。从事食品添加剂生产，应当具有与所生产食品添加剂品种相适应的场所、生产设备或者设施、专业技术人员和管理制度，并依照本法第三十五条第二款规定的程序，取得食品添加剂生产许可。

生产食品添加剂应当符合法律、法规和食品安全国家标准。

●条文解读

一、国家对食品添加剂生产实行许可制度

食品添加剂是现代科技发展的产物。近年来，我国食品工业发展迅猛，在食品生产过程中普遍使用食品添加剂，以改善食品的色、香、味等。但是，食品添加剂多属于化学合成物质，使用不当或者过量使用，会给人体健康带来危害，加强食品添加剂的管理对于保证食品安全至关重要。因此，本条规定，国家对食品添加剂的生产实行许可制度。

二、食品添加剂生产许可的条件和程序

申请食品添加剂生产许可，应当具有与所生产食品添加剂品种相适应的场所、生产设备或者设施、专业技术人员和管理制度。『与所生产食品添加剂品种相适应』由监管部门根据具体情况具体认定，标准就是能够保证生产出来的食品添加剂符合食品安全国家标准，能够保证食品安全。

食品添加剂生产许可的程序按照本法第 35 条第 2 款的定实施。县级以上食品药品监督管理部门应当依照行政许可法的规定，审核申请人提交的证明与所生产食品添加剂品种相适应的场所、生产设备或者设施、专业技术人员和管理制度的相关资料，必要时对申请人的场所进行现场核查。经审核，食品药品监督管理部门认为申请人符合法律、法规规定的条件的，应当准予行政许可，颁发许可证。认为不符合规定条件的，决定不予许可并书面说明理由。

三、生产食品添加剂应当符合法律、法规和食品安全国家标准

本条第 2 款是本次修改增加的内容。取得生产许可，只是可以生产食品添加剂的『入场券』。食品添加剂生产企业还应当依照国家法律、法规和食品安全国家标准进行生产。如本法第 52 条规定，食品添加剂的生产者应当按照食品安全标准对所生产的食品添加剂进行检

符合食品安全标准限量规定的要求。

物毒素、重金属等污染物质以及其他危害人体健康物质的限量规定等。生产食品添加剂应当第 26 条规定，食品安全标准内容包括食品添加剂的致病性微生物，农药残留、兽药残留、生标准、说明书不得含有虚假内容等。生产食品添加剂应当符合法律、法规规定的要求。本法凭证。第 70 条规定，食品添加剂应当有标签、说明书和包装。第 71 条规定，食品添加剂的厂检验记录制度，查验出厂产品的检验合格证和安全状况，如实记录相关内容，并保存相关验，检验合格后方可出厂或者销售。第 59 条规定，食品添加剂生产者应当建立食品添加剂出

[ᠲᠠᠢᠯᠪᠤᠷᠢ]

[illegible]

技术必要性和食品安全风险评估果及时修订。

且经过风险评估证明安全可靠，方可列入允许使用的范围；有关食品安全国家标准应当根据

第四十条【食品添加剂允许使用的条件和使用要求】 食品添加剂应当在技术上确有必要

食品生产经营者应当按照食品安全国家标准使用食品添加剂。

●条文解读

一、食品添加剂应当在技术上确有必要且经过风险评估证明安全可靠方可列入允许使用的范围

根据本法第150条的规定，食品添加剂是指为了改善食品品质和色、香、味以及为防腐、保鲜和加工工艺的需要而加入食品中的人工合成或者天然物质。因此，食品添加剂应当是为了改善食品品质和色、香、味以及为防腐、保鲜和加工工艺的需要才能加入食品中。食品添加剂的功能主要包括：(1) 保持或提高食品本身的营养价值。例如，营养强化剂的使用，可增加食品的营养价值，增进消费者的身体健康。(2) 作为某些特殊膳食用食品的必要配料或成分。(3) 提高食品的质量和稳定性，改进其感官特性。食品在加工过程中，由于加热等因素会造成食品颜色、质地口感等改变，或有些食品营养价值很高，但本身的色泽、口感不能满足人的感官要求。色素的使用可以改善食品的颜色；乳化剂、稳定剂的使用可使食品的质地更均匀，呈现良好的口感。(4) 便于食品的生产、加工、包装、运输或者贮藏。例如，食品的加工过程可能会引起食品感官性质和营养价值的降低，为减少这种损失，可采用酶制剂降低加工的温度、减少加工时间；防腐剂的使用，可抑制食品中微生物的生长与繁殖，延长食品的保存期。食品添加剂的使用必须是满足上述要求所必不可少的，才能列入允许使用的

范围。

食品添加剂应当经过风险评估证明安全可靠才能允许使用。

本法第37条规定，生产食品添加剂新品种应当向国务院卫生行政部门提交安全性评估材料，经审查符合食品安全要求的，准予许可并公布。食品添加剂是否能够使用，应当经过风险评估证明安全可靠，方可列入允许使用的食品添加剂名单予以公布。

二、及时修订食品添加剂使用标准

随着生产、储存等技术的发展，以及人们消费观念的改变，某些原先必不可少的食品添加剂会失去使用的必要性，因此，应当根据技术必要性和食品安全风险评估结果，及时对食品添加剂的品种、使用范围、用量的标准进行修订。

目前适用的食品添加剂标准是2011年6月20日起实施的《食品添加剂使用标准》（GB2760 — 2011）。今后，国务院卫生行政部门应当会同国务院食品药品监督管理部门按照本法的要求，根据技术必要性和食品安全风险评估结果，及时对《食品添加剂使用标准》进行修订，以提高标准的适应性。

三、食品添加剂的使用要求

食品添加剂是食品科技发展的产物。合理使用食品添加剂可以防止食品腐败变质，保持或增强食品的营养，改善或丰富食品的色、香、味等。因此，食品添加剂的使用有其必要

[ᠲᠠᠶᠢᠯᠪᠤᠷᠢ]

本法第 26 条规定，食品安全标准的内容包括食品添加剂的品种、适用范围、用量等，食品生产经营者应当依照食品安全标准关于食品添加剂的品种、使用范围、用量的规定使用食品添加剂，不得添加食品添加剂以外的化学物质和其他可能危害人体健康的物质。

性。同时，由于食品添加剂并非食品原料，使用不当或者过量使用，会给人体健康带来危害，食品生产者应当依照食品安全标准使用食品添加剂。

[illegible]

37

ᠬᠣᠣᠷ ᠦᠭᠡᠢ · ᠬᠣᠣᠷᠯᠠᠯ ᠦᠭᠡᠢ · ᠴᠢᠨᠠᠷ ᠤᠨ ᠥᠩᠭᠡ · ᠦᠨᠡᠷ · ᠠᠮᠲᠠ ᠶᠢ ᠰᠠᠶᠢᠵᠢᠷᠠᠭᠤᠯᠬᠤ · ᠬᠦᠨᠰᠦᠨ ᠪᠣᠯᠪᠠᠰᠤᠷᠠᠭᠤᠯᠬᠤ ᠠᠵᠢᠯᠯᠠᠭᠤᠯᠤᠯᠲᠠ ᠬᠦᠨᠰᠦᠨ ᠦ ᠨᠡᠮᠡᠯᠲᠡ

ᠬᠠᠤᠯᠢ ᠲᠣᠭᠲᠠᠭᠠᠯ ᠤᠨ 26 ᠳᠤᠭᠠᠷ ᠵᠦᠢᠯ ᠳᠦ ᠬᠣᠯᠪᠣᠭᠳᠠᠭᠤᠯᠬᠤ ᠨᠢ · ᠬᠦᠨᠰᠦᠨ ᠦ ᠨᠡᠮᠡᠯᠲᠡ ᠡᠮ ᠦᠨ ᠨᠡᠷᠡ ᠲᠥᠷᠥᠯ · ᠬᠦᠨᠰᠦᠨ ᠦ ᠨᠡᠮᠡᠯᠲᠡ ᠡᠮ ᠦᠨ
ᠬᠡᠷᠡᠭᠯᠡᠬᠦ ᠬᠡᠪᠴᠢᠶ᠎ᠡ ᠬᠦᠨᠰᠦᠨ ᠦ ᠨᠡᠮᠡᠯᠲᠡ ᠪᠣᠳᠠᠰ ᠤᠨ ᠬᠡᠮᠵᠢᠶ᠎ᠡ ᠪᠣᠯᠤᠨ ᠬᠦᠨᠰᠦᠨ ᠦ ᠨᠡᠮᠡᠯᠲᠡ ᠡᠮ ᠢ ᠵᠢᠭᠠᠵᠤ ᠪᠠᠶᠢᠨ᠎ᠠ ::
ᠬᠦᠨᠰᠦᠨ ᠦ ᠴᠢᠨᠠᠷ ᠪᠣᠯᠤᠨ ᠥᠩᠭᠡ · ᠦᠨᠡᠷ · ᠠᠮᠲᠠ ᠶᠢ ᠰᠠᠶᠢᠵᠢᠷᠠᠭᠤᠯᠬᠤ ᠮᠥᠨ ᠢᠯᠵᠠᠷᠠᠬᠤ ᠠᠴᠠ ᠰᠡᠷᠭᠡᠶᠢᠯᠡᠬᠦ · ᠰᠢᠨᠡᠯᠢᠭ ᠢ ᠬᠠᠳᠠᠭᠠᠯᠠᠬᠤ ᠪᠠ ᠬᠦᠨᠰᠦᠨ
ᠪᠣᠯᠪᠠᠰᠤᠷᠠᠭᠤᠯᠬᠤ ᠠᠵᠢᠯᠯᠠᠭᠤᠯᠤᠯᠲᠠ ᠶᠢᠨ ᠬᠡᠷᠡᠭᠴᠡᠶ᠎ᠡ ᠪᠡᠷ ᠬᠦᠨᠰᠦᠨ ᠳᠦ ᠨᠡᠮᠡᠬᠦ ᠵᠣᠬᠢᠶᠠᠯ ᠪᠤᠶᠤ ᠪᠠᠶᠢᠭᠠᠯᠢ ᠶᠢᠨ ᠪᠣᠳᠠᠰ ᠢ ᠵᠢᠭᠠᠨ᠎ᠠ :: ᠰᠢᠮ ᠲᠡᠵᠢᠭᠡᠯ ᠢ ᠬᠦᠴᠦᠵᠢᠬᠦᠯᠬᠦ ᠡᠮ · ᠬᠦᠨᠰᠦᠨ ᠦ ᠠᠩᠬᠢᠯᠤᠮ ᠮᠠᠲ᠋ᠧᠷᠢᠶᠠᠯ · ᠬᠦᠨᠰᠦᠨ ᠦ ᠨᠡᠮᠡᠯᠲᠡ ᠡᠮ ᠦᠨ
ᠬᠡᠷᠡᠭᠯᠡᠭᠡ · ᠨᠢᠶᠠᠯᠠᠭᠰᠠᠨ ᠴᠢᠬᠢᠷ ᠤᠨ ᠰᠠᠭᠤᠷᠢ ᠶᠢᠨ ᠪᠣᠳᠠᠰ · ᠬᠦᠨᠰᠦᠨ ᠦ ᠠᠵᠤ ᠦᠢᠯᠡᠳᠪᠦᠷᠢ ᠳᠦ ᠬᠡᠷᠡᠭᠯᠡᠬᠦ ᠪᠣᠯᠪᠠᠰᠤᠷᠠᠭᠤᠯᠬᠤ ᠳᠤᠰᠠᠯᠠᠮᠵᠢ ᠡᠮ
ᠵᠡᠷᠭᠡ ᠪᠠᠰᠠ ᠪᠠᠭᠲᠠᠨ᠎ᠠ :: ᠬᠦᠨᠰᠦᠨ ᠦ ᠨᠡᠮᠡᠯᠲᠡ ᠡᠮ ᠢ ᠬᠦᠨᠰᠦᠨ ᠦ ᠴᠢᠨᠠᠷ ᠢ ᠰᠠᠶᠢᠵᠢᠷᠠᠭᠤᠯᠬᠤ ᠶᠢᠨ ᠲᠥᠯᠥᠭᠡ ᠬᠡᠷᠡᠭᠯᠡᠬᠦ ᠪᠣᠯᠪᠠᠰᠤ ᠬᠦᠨᠰᠦᠨ ᠦ ᠴᠢᠨᠠᠷ ᠢ ᠪᠠᠭᠤᠷᠠᠭᠤᠯᠬᠤ ᠪᠤᠶᠤ
ᠬᠦᠨᠰᠦᠨ ᠦ ᠨᠡᠮᠡᠯᠲᠡ ᠡᠮ ᠢ ᠬᠡᠲᠦ ᠢᠬᠡ ᠬᠡᠮᠵᠢᠶ᠎ᠡ ᠪᠡᠷ ᠬᠡᠷᠡᠭᠯᠡᠪᠡᠯ ᠬᠦᠮᠦᠨ ᠦ ᠡᠷᠡᠭᠦᠯ ᠮᠡᠨᠳᠦ ᠳᠦ ᠬᠣᠣᠷᠯᠠᠯ ᠲᠠᠢ ᠪᠣᠯᠤᠨ᠎ᠠ :: ᠬᠦᠨᠰᠦᠨ ᠦ ᠨᠡᠮᠡᠯᠲᠡ ᠡᠮ
ᠵᠢᠱᠢᠶ᠎ᠡ · ᠬᠦᠨᠰᠦᠨ ᠦ ᠨᠡᠮᠡᠯᠲᠡ ᠡᠮ ᠢ ᠴᠢᠨᠠᠷ ᠰᠠᠶᠢᠵᠢᠷᠠᠭᠤᠯᠤᠭᠴᠢ
ᠨᠡᠮᠡᠯᠲᠡ ᠡᠮ ᠦᠨ ᠴᠢᠨᠠᠷ ᠪᠠᠷᠢᠮᠵᠢᠶ᠎ᠠ》 ᠳᠦ ᠲᠣᠳᠣᠷᠬᠠᠢ ᠲᠣᠭᠲᠠᠭᠠᠰᠠᠨ ᠪᠠᠢᠳᠠᠭ · ᠪᠠᠷᠢᠮᠵᠢᠶ᠎ᠠ ᠶᠢᠨ ᠬᠡᠷᠡᠭᠯᠡᠬᠦ ᠬᠡᠷᠡᠭᠲᠡᠢ ᠪᠠᠶᠢᠳᠠᠯ ᠢ ᠲᠣᠭᠲᠠᠭᠠᠪᠠ ::
ᠬᠡᠷᠡᠭᠲᠡᠢ ᠪᠤᠯᠤᠨ ᠬᠦᠨᠰᠦᠨ ᠦ ᠨᠡᠮᠡᠯᠲᠡ ᠡᠮ ᠦᠨ ᠬᠡᠷᠡᠭᠯᠡᠭᠡᠨ ᠦ ᠬᠡᠮᠵᠢᠶ᠎ᠡ ᠪᠠᠷᠢᠮᠵᠢᠶ᠎ᠠ ᠶᠢ ᠲᠣᠭᠲᠠᠭᠠᠬᠤ ᠶᠢᠨ ᠲᠥᠯᠥᠭᠡ ᠣᠯᠠᠨ ᠤᠯᠤᠰ ᠤᠨ ᠵᠢᠱᠢᠶ᠎ᠡ ᠪᠠᠷ ᠡᠮ ᠡᠨᠡ ᠡᠨᠡ《 ᠬᠦᠨᠰᠦᠨ ᠦ
ᠠᠶᠤᠯ ᠦᠭᠡᠢ ᠪᠠᠶᠢᠳᠠᠯ ᠤᠨ ᠦᠨᠳᠦᠰᠦᠨ ᠪᠠᠷᠢᠮᠵᠢᠶ᠎ᠠ ᠶᠢᠨ ᠲᠥᠰᠦᠯ ᠢ ᠠᠪᠴᠤ ᠬᠡᠯᠡᠯᠴᠡᠵᠦ · ᠣᠯᠠᠨ ᠨᠡᠢᠲᠡ ᠶᠢᠨ ᠰᠠᠨᠠᠯ ᠢ ᠪᠦᠷᠢᠨ ᠰᠣᠨᠣᠰᠴᠤ · ᠴᠢᠬᠤᠯᠠ ᠶᠢᠨ ᠰᠢᠯᠵᠢᠭᠦᠯᠦᠯᠲᠡ
ᠬᠢᠶᠡᠵᠦ ᠶᠠᠮᠠᠷ ᠨᠢᠭᠡ ᠪᠣᠳᠠᠰ ᠤᠨ ᠬᠡᠮᠵᠢᠶ᠎ᠡ ᠶᠢ ᠲᠣᠭᠲᠠᠭᠠᠬᠤ ᠨᠢᠭᠡᠳᠦᠭᠡᠷ ᠦᠨ ᠰᠠᠨᠠᠯ ᠢ ᠠᠪᠴᠤ · ᠡᠷᠡᠭᠦᠯ ᠮᠡᠨᠳᠦ ᠶᠢᠨ ᠬᠡᠮᠵᠢᠶ᠎ᠡ ᠶᠢ ᠬᠦᠨᠰᠦᠨ ᠪᠤᠶᠤ
ᠬᠡᠷᠡᠭᠯᠡᠭᠡᠨ ᠦ《 ᠬᠦᠨᠰᠦᠨ ᠦ ᠨᠡᠮᠡᠯᠲᠡ ᠡᠮ ᠦᠨ ᠴᠢᠨᠠᠷ ᠪᠠᠷᠢᠮᠵᠢᠶ᠎ᠠ》（GB2760—2011）ᠪᠣᠯᠤᠨ᠎ᠠ :: ᠡᠨᠡ ᠬᠦ ᠪᠠᠷᠢᠮᠵᠢᠶ᠎ᠠ · ᠣᠯᠠᠨ ᠤ
ᠡᠷᠡᠭᠦᠯ ᠮᠡᠨᠳᠦ ᠶᠢᠨ ᠬᠦᠨᠰᠦᠨ ᠦ ᠨᠡᠮᠡᠯᠲᠡ ᠡᠮ ᠦᠨ ᠪᠠᠷᠢᠮᠵᠢᠶ᠎ᠠ ᠪᠠᠷ 2011 ᠣᠨ ᠤ 6 ᠰᠠᠷ᠎ᠠ ᠶᠢᠨ 20 ᠤ ᠡᠳᠦᠷ ᠡᠴᠡ ᠡᠬᠢᠯᠡᠨ
ᠬᠦᠨᠰᠦᠨ ᠦ ᠨᠡᠮᠡᠯᠲᠡ ᠡᠮ ᠦᠨ ᠬᠣᠣᠷ ᠦᠭᠡᠢ · ᠴᠢᠨᠠᠷ ᠤᠨ ᠥᠩᠭᠡ · ᠦᠨᠡᠷ ᠢᠶᠡᠷ ᠪᠠᠷᠢᠮᠵᠢᠶ᠎ᠠ ᠳᠦ ᠲᠣᠳᠣᠷᠬᠠᠢ ᠲᠣᠭᠲᠠᠭᠠᠰᠠᠨ ᠪᠠᠢᠳᠠᠭ ::

第四十一条【生产食品相关产品的要求】生产食品相关产品应当符合法律、法规和食品安全国家标准。对直接接触食品的包装材料等具有较高风险的食品相关产品，按照国家有关工业产品生产许可证管理的规定实施生产许可。质量监督部门应当加强对食品相关产品生产活动的监督管理。

●条文解读

一、生产食品相关产品应当符合法律、法规和食品安全国家标准

根据本法第 2 条的规定，食品相关产品是指用于食品的包装材料、容器、洗涤剂、消毒剂和用于食品生产经营的工具、设备等。食品相关产品是否卫生、无毒、无害，直接影响食品安全，生产食品相关产品应当符合法律、法规的要求。如本法第 52 条规定，食品相关产品的生产者应当按照食品安全标准对所生产的食品相关产品进行检验，检验合格后方可出厂或者销售。本法第 26 条规定，食品安全标准的内容包括食品相关产品中的致病性微生物，农药残留、兽药残留、生物毒素、重金属等污染物质及其他危害人体健康物质的限量等，生产的食品相关产品应当符合食品安全国家标准的限量规定。

二、对具有较高风险的食品相关产品实施生产许可

根据《中华人民共和国工业产品生产许可证管理条例》规定，国家对需要实行生产许可证制度的工业产品实行目录管理，目录由国务院工业产品生产许可证主管部门会同国务院有关部门制定。因此，具体哪些具有较高风险的食品相关产品生产需要经过许可，由该目录确定。2013 年出台的《食品相关产品生产许可证许可目录》规定，食品用塑料包装容器工具等制品、食品用纸包装容器等制品、餐具洗涤剂、压力锅、工业和商用电热食品加工设备等 5 大类 114 小类产品需要取得生产许可证。对这些具有较高风险的食品相关产品实施许可的具体要求和程序依照《中华人民共和国工业产品生产许可证管理条例》的规定执行。

质量监督管理部门是食品相关产品生产的监督管理部门，既要对需要实施生产许可的食品相关产品实施许可，也要依照本法和《中华人民共和国工业产品生产许可证管理条例》的规定加强对食品相关产品生产活动的监督管理，使食品相关产品的生产符合法律、法规和食品安全国家标准的要求。

[illegible] ::

[illegible]

《[illegible]

[illegible] 》 [illegible]

[illegible]

[illegible]

[illegible]

[illegible]

[illegible] :: 2013 [illegible] 《[illegible]

[illegible] 》 [illegible]

[illegible]

[illegible] 5 [illegible]

114 [illegible]

[illegible] 《[illegible]

[illegible] 》 [illegible] ::

第四十二条【食品安全全程追溯制度】国家建立食品安全全程追溯制度。

食品生产经营者应当依照本法的规定，建立食品安全追溯体系，保证食品可追溯。国家鼓励食品生产经营者采用信息化手段采集、留存生产经营信息，建立食品安全追溯体系。

国务院食品药品监督管理部门会同国务院农业行政等有关部门建立食品安全全程追溯协作机制。

●条文解读

一、建立食品安全追溯体系的要求

建立食品安全追溯体系是食品生产经营企业的义务。生产经营企业要落实主体责任，依照本法的相关规定，建立食品安全追溯体系，保证食品可追溯。

本法第 50 条第 2 款规定，食品生产企业应当建立食品原料、食品添加剂、食品相关产品进货查验记录制度，如实记录食品原辞、食品添加剂、食品相关产品的名称、规格、数量、生产日期或者生产批号、保质期、进货日期以及供货者名称、地址、联系式等内容，并保存相关凭证。记录和凭证保存期限不得少于产品保质期满后6个月；没有明确保质期的，保存期限不得少于2年。第51条规定，食品生产企业应当建立食品出厂检验记录制度，查验出厂食品的检验合格证和安全状况，如实记录食品的名称、规格、数量、生产日期或者生产批号、保质期、检验合格证号、销售日期以及购货者名称、地址、联系方式等内容，并保存相关凭证。记录和凭证保存期限应当符合本法第50条第2款的规定。第53条规定，食品经营者采购食品，应当查验供货者的许可证和食品出厂检验合格证或者其他合格证明。食品经营企业应当建立食品进货查验记录制度，如实记录食品的名称、规格、数量、生产日期或者生产批号、保质期、进货日期以及供货者名称、地址、联系方式等内容，并保存相关凭证。从事食品批发业务的经营企业应当建立食品销售记录制度，如实记录批发食品的名称、规格、数量、生产日期或者生产批号、保质期、销售日期以及购货者名称、地址、联系方式等内容，并保存相关凭证。生产经营企业应当按照上述规定，建立食品安全追溯体系。

生产经营企业建立食品安全追溯体系，只要如实记录相关事项并保存相应期限，能够保证食品可追溯即可。至于记录和保存的形式，法律不作硬性要求，这是为了不加重企业负担、立足我国国情、实事求是作出的规定，也能减少法律规定执行的阻力。考虑到信息化更规范、更便捷、更易查询，但成本较高，因此本条鼓励有条件、有能力的企业采用信息化手段建立食品安全追溯体系。

二、食品安全全程追溯协作机制

食品安全涉及从农田到餐桌的全过程，需要由食品药品监督管理部门和农业行政部门按照职责分工，建立全程追溯协作机制。根据本法规定，食品生产经营企业的生产经营活动、食用农产品进入市场后的销售活动，由食品药品监督管理部门监管。食用农产品的生产环节由农业行政部门监管。为了实现食用农产品的全过程监管，防止监管脱节，保证食用农产品的可追溯，由国务院食品药品监督管理部门和农业行政等部门建立食品安全全程追溯协作机制非常必要。一方面，监管部门应当按照职责对其监管范围内的生产经营企业建立食品安全追溯体系进行监管；另一方面，又需要相互配合，信息共享，加强协作。

[illegible]

ᠦᠢᠯᠡᠳᠪᠦᠷᠢᠯᠡᠭᠴᠢᠳ ᠬᠦᠨᠡᠰᠦ ᠲᠦᠭᠦᠬᠡᠢ ᠡᠳ ᠦᠢᠯᠡᠳᠪᠦᠷᠢᠯᠡᠭᠴᠢ ᠶᠢᠨ ᠬᠣᠷᠢᠭᠯᠠᠯ᠂ ᠵᠢᠭᠠᠰᠤ ᠪᠣᠯᠤᠨ ᠤᠰᠤᠨ ᠠᠮᠢᠲᠠᠨ ᠤ᠂ ᠪᠦᠲᠦᠭᠡᠭᠳᠡᠬᠦᠨ ᠬᠦᠨᠡᠰᠦ ᠮᠡᠳᠡᠭᠳᠡᠯ ᠬᠦᠨᠡᠰᠦ ᠶᠢᠨ ᠪᠦᠲᠦᠭᠡᠭᠳᠡᠬᠦᠨ ᠦ ᠰᠢᠯᠭᠠᠯᠲᠠ ᠶᠢᠨ ᠪᠠᠷᠢᠮᠲᠠ᠂ ᠬᠦᠨᠡᠰᠦ ᠶᠢᠨ ᠮᠡᠳᠡᠭᠳᠡᠯ᠂ ᠳᠡᠭᠡᠵᠢ ᠶᠢᠨ ᠳᠤᠭᠠᠷ᠂ ᠬᠦᠨᠡᠰᠦ ᠬᠦᠨᠡᠰᠦ ᠲᠤ ᠵᠠᠰᠠᠭ᠂ ᠬᠠᠮᠢᠶᠠᠷᠤᠭᠰᠠᠨ ᠪᠠᠢᠭᠤᠯᠤᠯᠭ᠎ᠠ ᠵᠢᠷᠤᠮ ᠢ ᠬᠠᠮᠢᠶᠠᠷᠤᠨ᠎ᠠ᠃ ᠬᠦᠨᠡᠰᠦ ᠪᠦᠲᠦᠭᠡᠬᠦ ᠲᠤ ᠬᠡᠷᠡᠭᠯᠡᠭᠰᠡᠨ ᠳᠣᠷᠤᠢ ᠵᠣᠬᠢᠯ ᠪᠣᠯᠤᠨ ᠲᠦᠭᠦᠬᠡᠢ ᠡᠳ ᠦᠨ ᠪᠦᠷᠢᠳᠬᠡᠯ ᠬᠦᠨᠡᠰᠦ ᠶᠢᠨ ᠳᠤᠭᠠᠷ ᠦᠨ ᠰᠢᠯᠭᠠᠨ ᠬᠠᠷᠢᠭᠤᠴᠠᠬᠤ ᠵᠠᠭᠠᠭᠠᠯᠲᠤ ᠶᠢᠨ ᠪᠠᠷᠢᠮᠵᠢᠶ᠎ᠠ᠂ ᠬᠦᠨᠡᠰᠦ ᠶᠢᠨ ᠠᠮᠤᠷ ᠲᠦᠪᠰᠢᠨ ᠢ᠂ ᠪᠠᠳᠤᠯᠠᠬᠤ ᠬᠠᠷᠢᠭᠤᠴᠠᠯᠭ᠎ᠠ᠂ ᠪᠦᠷᠢᠳᠬᠡᠯ ᠦᠨ ᠬᠦᠨᠡᠰᠦ ᠲᠦᠭᠦᠬᠡᠢ ᠡᠳ ᠦᠨ ᠪᠦᠲᠦᠭᠡᠭᠳᠡᠬᠦᠨ ᠦ ᠰᠢᠯᠭᠠᠯᠲᠠ᠂ ᠵᠢᠷᠤᠮ ᠳᠦ ᠪᠣᠯᠪᠠᠰᠤᠷᠠᠭᠤᠯᠬᠤ ᠨᠡᠢᠲᠡᠯᠡᠭ᠂ ᠦᠢᠯᠡᠳᠪᠦᠷᠢᠯᠡᠭᠴᠢᠳ ᠬᠦᠨᠡᠰᠦ ᠲᠦᠭᠦᠬᠡᠢ ᠡᠳ ᠦᠢᠯᠡᠳᠪᠦᠷᠢᠯᠡᠭᠰᠡᠨ ᠦ ᠬᠠᠷᠢᠭᠤᠴᠠᠯᠭ᠎ᠠ᠂ ᠵᠢᠭᠠᠰᠤ ᠪᠣᠯᠤᠨ ᠤᠰᠤᠨ ᠠᠮᠢᠲᠠᠨ ᠤ ᠪᠦᠲᠦᠭᠡᠭᠳᠡᠬᠦᠨ᠂ ᠪᠠᠷᠢᠮᠲᠠ ᠬᠣᠯᠪᠣᠭᠳᠠᠬᠤ ᠪᠦᠲᠦᠭᠡᠭᠳᠡᠬᠦᠨ ᠦ ᠪᠦᠷᠢᠳᠬᠡᠯ ᠲᠦ ᠰᠢᠯᠭᠠᠬᠤ ᠦᠢᠯᠡ ᠶᠢᠨ ᠬᠣᠷᠢᠭᠯᠠᠯ ᠲᠤ ᠰᠠᠭᠤᠷᠢᠯᠠᠭᠰᠠᠨ ᠪᠣᠯᠤᠨ ᠬᠦᠨᠡᠰᠦ ᠶᠢᠨ ᠰᠠᠯᠪᠤᠷᠢ ᠲᠤ ᠬᠠᠮᠢᠶᠠᠷᠤᠭᠰᠠᠨ᠂ ᠰᠠᠭᠤᠷᠢ ᠵᠢᠷᠤᠮ ᠢ ᠬᠡᠷᠡᠭᠵᠢᠭᠦᠯᠬᠦ ᠡᠰᠡᠬᠦ ᠪᠣᠯᠤᠨ ᠬᠦᠨᠡᠰᠦ ᠶᠢᠨ ᠮᠡᠳᠡᠭᠳᠡᠯ ᠢ ᠦᠨᠡᠨ ᠵᠥᠪ ᠪᠠᠷ ᠪᠦᠷᠢᠳᠬᠡᠨ ᠪᠣᠯᠤᠭᠰᠠᠨ ᠪᠠᠢᠬᠤ ᠶᠣᠰᠤᠳᠠᠢ ᠵᠣᠬᠢᠶᠠᠨ᠎ᠠ 50 ᠳ᠋ᠤᠭᠠᠷ ᠵᠦᠢᠯ ᠦᠨ 2 ᠳ᠋ᠤᠭᠠᠷ ᠬᠡᠰᠡᠭ ᠲᠦ ᠵᠠᠰᠠᠭ ᠤᠨ ᠵᠢᠭᠠᠰᠠ ᠬᠣᠷᠢᠭᠯᠠᠨ᠎ᠠ᠃ 53 ᠳ᠋ᠤᠭᠠᠷ ᠵᠦᠢᠯ ᠳᠦ ᠬᠠᠮᠢᠶᠠᠷᠤᠭᠰᠠᠨ᠂ ᠪᠠᠢᠭᠤᠯᠬᠤ ᠳᠤ ᠬᠠᠮᠢᠶᠠᠷᠤᠭᠰᠠᠨ ᠪᠠᠢᠨ᠎ᠠ᠃ ᠬᠦᠨᠡᠰᠦ ᠪᠦᠲᠦᠭᠡᠬᠦ ᠶᠢᠨ ᠬᠠᠷᠢᠭᠤᠴᠠᠯᠭ᠎ᠠ ᠪᠠᠢᠭᠤᠯᠬᠤ᠂ ᠦᠢᠯᠡᠳᠪᠦᠷᠢ ᠶᠢᠨ ᠵᠢᠭᠠᠰᠤ ᠪᠣᠯᠤᠨ ᠤᠰᠤᠨ ᠠᠮᠢᠲᠠᠨ ᠢ ᠵᠢᠭᠠᠳᠠ ᠨᠡᠢᠲᠡᠯᠡᠭ᠂ ᠬᠦᠨᠡᠰᠦ᠂ ᠪᠠᠢᠭᠤᠯᠬᠤ ᠬᠡᠷᠡᠭᠯᠡᠭᠡ ᠪᠠᠷ ᠬᠦᠨᠳᠦ ᠰᠢᠯᠭᠠᠬᠤ ᠪᠠ ᠬᠦᠨᠡᠰᠦ ᠲᠡᠭᠦᠨ ᠦ ᠪᠣᠯᠪᠠᠰᠤᠷᠠᠭᠤᠯᠬᠤ᠂ ᠬᠣᠷᠢᠭᠯᠠᠯ ᠬᠦᠮᠦᠨ ᠦ ᠲᠤᠰᠬᠠᠢ ᠪᠠᠢᠨ᠎ᠠ ᠦᠢᠯᠡᠳᠪᠦᠷᠢᠯᠡᠭᠰᠡᠨ ᠦ ᠬᠠᠷᠢᠭᠤᠴᠠᠯᠭ᠎ᠠ᠂ ᠪᠦᠷᠢᠳᠬᠡᠯ᠂ ᠵᠢᠭᠠᠰᠤ ᠪᠣᠯᠤᠨ ᠤᠰᠤᠨ ᠠᠮᠢᠲᠠᠨ ᠤ᠂ ᠦᠢᠯᠡᠳᠪᠦᠷᠢᠯᠡᠭᠴᠢ ᠶᠢᠨ ᠬᠦᠨᠡᠰᠦ ᠪᠠᠷ ᠲᠡᠭᠦᠨ ᠦ ᠪᠦᠷᠢᠳᠬᠡᠯ ᠦᠨ ᠬᠦᠨᠡᠰᠦ᠂ ᠰᠢᠯᠭᠠᠯᠲᠠ ᠶᠢᠨ ᠬᠦᠨᠳᠦ ᠪᠦᠷᠢᠳᠬᠡᠯ᠃ ᠬᠣᠷᠢᠭᠯᠠᠯ ᠤᠨ ᠰᠠᠯᠪᠤᠷᠢ ᠶᠢᠨ ᠬᠠᠷᠢᠭᠤᠴᠠᠯᠭ᠎ᠠ ᠲᠠᠢ᠂ ᠬᠦᠨᠡᠰᠦ ᠶᠢᠨ ᠤᠳᠤᠷᠢᠳᠤᠯᠭ᠎ᠠ ᠪᠦᠷᠢᠳᠬᠡᠯ ᠢ ᠰᠢᠯᠭᠠᠨ ᠬᠠᠷᠢᠭᠤᠴᠠᠬᠤ᠂ ᠬᠦᠨᠡᠰᠦ ᠪᠦᠲᠦᠭᠡᠭᠳᠡᠬᠦᠨ᠂ ᠳᠡᠭᠡᠵᠢ᠂ ᠮᠡᠳᠡᠭᠳᠡᠯ᠂ ᠪᠠᠷᠢᠮᠲᠠ ᠶᠢᠨ ᠪᠦᠷᠢᠳᠬᠡᠯ ᠦᠨ ᠪᠠᠢᠳᠠᠯ᠂ ᠬᠦᠨᠡᠰᠦ ᠪᠣᠯᠤᠭᠰᠠᠨ ᠪᠦᠲᠦᠭᠡᠭᠳᠡᠬᠦᠨ᠂ ᠦᠢᠯᠡᠳᠪᠦᠷᠢᠯᠡᠭᠴᠢ ᠶᠢᠨ ᠬᠦᠨᠡᠰᠦ ᠲᠦᠭᠦᠬᠡᠢ ᠡᠳ ᠦᠢᠯᠡᠳᠪᠦᠷᠢ ᠶᠢᠨ ᠵᠢᠭᠠᠰᠤ ᠪᠣᠯᠤᠨ ᠬᠠᠷᠢᠭᠤᠴᠠᠯᠭ᠎ᠠ ᠲᠠᠢ ᠪᠠᠢᠬᠤ ᠪᠣᠳᠤᠯᠭ᠎ᠠ ᠬᠦᠨᠡᠰᠦ᠂ ᠬᠣᠷᠢᠭᠯᠠᠯ ᠤᠨ ᠬᠦᠨᠡᠰᠦ ᠪᠦᠲᠦᠭᠡᠭᠳᠡᠬᠦᠨ ᠦ ᠰᠢᠯᠭᠠᠯᠲᠠ᠂ ᠬᠦᠨᠡᠰᠦ ᠶᠢᠨ ᠦᠢᠯᠡᠳᠪᠦᠷᠢᠯᠡᠭᠰᠡᠨ ᠪᠦᠲᠦᠭᠡᠭᠳᠡᠬᠦᠨ ᠦ ᠪᠠᠷᠢᠮᠲᠠ ᠪᠠᠷ ᠵᠢᠭᠠᠰᠤ ᠪᠣᠯᠤᠨ ᠤᠰᠤᠨ ᠠᠮᠢᠲᠠᠨ ᠤ ᠬᠠᠮᠤᠭ ᠪᠠᠭ᠎ᠠ ᠬᠢ 2 ᠣᠨ ᠠᠴᠠ ᠳᠣᠣᠷ᠎ᠠ ᠪᠠᠢᠵᠤ ᠪᠣᠯᠬᠤ ᠦᠭᠡᠢ᠃ 51 ᠳ᠋ᠦᠭᠡᠷ ᠵᠦᠢᠯ ᠳᠦ

[illegible]

第四十三条【食品规模化生产和食品安全责任保险】 地方各级人民政府应当采取措施鼓励食品规模化生产和连锁经营、配送。

国家鼓励食品生产经营企业参加食品安全责任保险。

●条文解读

一、鼓励食品规模化生产和连锁经营、配送

地方各级人民政府应当采取措施，鼓励食品生产者发展食品规模化生产，鼓励食品经营

者发展食品连锁经营、配送。

食品规模化生产和连锁经营、配送是食品行业发展到一定水平的产物，对食品安全具有重大意义。目前，我国的食品行业发展水平不高，食品生产经营的集中化程度较低。近年来，我国食品行业不断发展壮大，已涌现出一批达到良好生产规范、有实力的企业，但是，这些企业的比重还较低，小企业、小作坊、小摊贩仍然占我国食品生产经营主体的多数。这种状况不利于生产经营过程的食品安全控制，也不利于食品安全监管部门进行监管。食品规模化生产和连锁经营、配送有助于提高食品生产经营的集中度，有助于加强食品生产经营过程的安全控制，有助于监管部门开展食品安全监管，从而提高我国的食品安全总体水平。

规模化生产，是指产品的生产达到一定规模，并形成了一定的规模效益。生产的规模化包括生产组织的规模化和生产能力的规模化等方面。促进食品规模化生产，不仅有利于提高食品生产率和资源利用率，调整产业结构，加快产业化进程，而且有利于改善食品生产条件，加强食品生产过程的安全控制，提高食品生产过程的安全水平。

连锁经营是经营同类产品或服务的若干经营单位，以同一商标、统一管理或授予特许经营权方式组织起来，通过对企业形象和经营业务的标准化管理，实行统一采购、统一配送、统一标识、统一营销策略、统一价格和统一核算，共享规模效益，获取竞争优势的一种经营组织形式和经营制度，包括直营连锁、自愿连锁、特许连锁等形式。连锁经营已成为当今商品流通业中最具活力的经营方式，在餐饮业等服务行业中普遍应用。人们熟悉的肯德基、麦当劳等快餐店的经营模式就是典型的食品连锁经营。由于发展时间短，现阶段我国连锁经营的总体水平仍然较低，突出表现是企业规模偏小、规范化程度不高。促进连锁经营发展，有利于提高食品经营的组织化程度，实现经营行为的标准化和规范化，净化市场环境，防止不安全食品进入消费领域，是保证食品安全的重要治本之策。

配送是指在经济合理区域范围内，根据客户要求，对物品进行拣选、加工、包装、分割、组配等作业，并按时送达指定地点的物流活动。一个高效率的配送体系，是包含仓库立体化、装卸搬运机械化、商品配货电子化等先进物流管理技术在内的有机整体。食品的配送与食品规模化生产和连锁经营密不可分，食品的规模化生产和连锁经营必然伴随着食品配送的发展。实现食品规模化生产和连锁经营，必须统筹规划，加快物流配送体系建设，促进食品生产、经营和配送协调发展。

地方各级人民政府要结合本地实际，制定促进食品规模化生产和连锁经营、配送的具体办法，统筹规划，分类指导，做好组织协调，打破部门分割和地区封锁，简化审批手续，缩短审批时间，减少重复检查，严格收费管理，为促进食品规模化生产和连锁经营、配送创造良好环境。

二、鼓励食品生产经营企业参加食品安全责任保险

责任保险，也称第三者责任险是指以被保险人对第三者依法应负的赔偿责任为保险的保险。责任保险根据投保人是否自愿，可以分为自愿投保的责任保险和强制投保的责任保险。食品安全责任保险，是以被保险人对因其生产经营的食品存在缺陷造成第三者人身伤亡和财产损失时依法应负的经济赔偿责任为保险标的的保险。为了分散风险，增强企业承担赔偿责任的能力，更好地保护消费者的合法权益，又从实际出发，不增加企业负担，本条规定鼓励食品生产经营企业参加食品安全责任保险，不作强制性要求。

[ᠲᠠᠶᠢᠯᠪᠤᠷᠢ]

[illegible]

[illegible] （肯德基）[illegible]（麦当劳）[illegible]

ᠬᠤᠪᠢ ᠬᠦᠮᠦᠨ ᠦ ᠮᠡᠳᠡᠭᠡᠯᠡᠯ ᠦᠨ ᠬᠠᠮᠠᠭᠠᠯᠠᠯᠲᠠ᠂ ᠪᠦᠬᠦ ᠪᠣᠯᠪᠠᠰᠤᠷᠠᠭᠤᠯᠬᠤ ᠳᠦᠷᠢᠮ ᠢᠶᠡᠨ ᠬᠤᠪᠢ ᠬᠦᠮᠦᠨ ᠦ ᠮᠡᠳᠡᠭᠡᠯᠡᠯ ᠢ ᠪᠣᠯᠪᠠᠰᠤᠷᠠᠭᠤᠯᠬᠤ ᠬᠡᠮᠵᠢᠶ᠎ᠡ ᠶᠢᠨ ᠬᠤᠪᠢ ᠬᠦᠮᠦᠨ ᠦ ᠮᠡᠳᠡᠭᠡᠯᠡᠯ ᠦᠨ ᠬᠣᠶᠠᠷ᠂ ᠶᠠᠮᠠᠷ ᠴᠢ
ᠮᠡᠳᠡᠭᠡᠯᠡᠯ ᠦᠨ ᠬᠠᠮᠠᠭᠠᠯᠠᠯᠲᠠ ᠶᠢᠨ ᠪᠣᠯᠪᠠᠰᠤᠷᠠᠭᠤᠯᠤᠯᠲᠠ ᠶᠢᠨ ᠮᠡᠳᠡᠭᠡᠯᠡᠯ ᠢ ᠬᠠᠮᠠᠭᠠᠯᠠᠬᠤ ᠳᠤ ᠪᠠᠨ ᠬᠤᠪᠢ ᠬᠦᠮᠦᠨ ᠦ ᠮᠡᠳᠡᠭᠡᠯᠡᠯ ᠦᠨ ᠪᠣᠯᠪᠠᠰᠤᠷᠠᠭᠤᠯᠤᠯᠲᠠ ᠶᠢᠨ ᠬᠠᠷᠢᠭᠤᠴᠠᠯᠭ᠎ᠠ ᠲᠠᠢ
ᠮᠡᠳᠡᠭᠡᠯᠡᠯ ᠢ ᠬᠠᠮᠠᠭᠠᠯᠠᠬᠤ ᠶᠢᠨ ᠲᠤᠯᠠᠭ᠎ᠠ᠂ ᠮᠡᠳᠡᠭᠡᠯᠡᠯ ᠦᠨ ᠬᠠᠮᠠᠭᠠᠯᠠᠯᠲᠠ ᠶᠢᠨ ᠪᠣᠯᠪᠠᠰᠤᠷᠠᠭᠤᠯᠤᠯᠲᠠ ᠶᠢ ᠬᠠᠷᠢᠭᠤᠴᠠᠬᠤ ᠬᠡᠷᠡᠭᠲᠡᠶ᠂ ᠮᠡᠳᠡᠭᠡᠯᠡᠯ ᠦᠨ ᠬᠠᠮᠠᠭᠠᠯᠠᠯᠲᠠ ᠶᠢᠨ
ᠲᠤᠰᠬᠠᠢ ᠳᠦ ᠬᠠᠮᠠᠭᠠᠯᠠᠬᠤ ᠪᠠ ᠲᠤᠰᠬᠠᠢ ᠳᠤ ᠪᠠᠨ ᠮᠡᠳᠡᠭᠡᠯᠡᠯ ᠦᠨ ᠬᠠᠮᠠᠭᠠᠯᠠᠯᠲᠠ ᠶᠢᠨ ᠪᠣᠯᠪᠠᠰᠤᠷᠠᠭᠤᠯᠤᠯᠲᠠ ᠶᠢᠨ ᠬᠤᠪᠢ ᠬᠦᠮᠦᠨ ᠦ ᠮᠡᠳᠡᠭᠡᠯᠡᠯ ᠢ ᠬᠠᠮᠠᠭᠠᠯᠠᠬᠤ ᠶᠢᠨ ᠲᠤᠯᠠᠭ᠎ᠠ
ᠮᠡᠳᠡᠭᠡᠯᠡᠯ ᠦᠨ ᠬᠠᠮᠠᠭᠠᠯᠠᠯᠲᠠ ᠶᠢᠨ ᠪᠣᠯᠪᠠᠰᠤᠷᠠᠭᠤᠯᠤᠯᠲᠠ ᠶᠢᠨ ᠮᠡᠳᠡᠭᠡᠯᠡᠯ (ᠳᠣᠣᠷᠠ ᠳᠠᠭᠤᠳᠠᠬᠤ ᠶᠢ ᠬᠤᠪᠢ ᠬᠦᠮᠦᠨ ᠦ ᠮᠡᠳᠡᠭᠡᠯᠡᠯ ᠦᠨ ᠪᠣᠯᠪᠠᠰᠤᠷᠠᠭᠤᠯᠤᠯᠲᠠ ᠶᠢᠨ ᠬᠠᠷᠢᠭᠤᠴᠠᠯᠭ᠎ᠠ ᠲᠠᠢ
ᠮᠡᠳᠡᠭᠡᠯᠡᠯ ᠦᠨ ᠵᠢᠷᠤᠮ ᠢᠶᠡᠨ ᠬᠠᠮᠠᠭᠠᠯᠠᠬᠤ ᠶᠢᠨ ᠲᠤᠯᠠᠭ᠎ᠠ ᠡᠷᠬᠡ ᠶᠢᠨ ᠪᠣᠯᠪᠠᠰᠤᠷᠠᠭᠤᠯᠤᠯᠲᠠ ᠶᠢᠨ ᠬᠠᠷᠢᠭᠤᠴᠠᠯᠭ᠎ᠠ ᠲᠠᠢ ᠬᠤᠪᠢ ᠬᠦᠮᠦᠨ ᠦ ᠮᠡᠳᠡᠭᠡᠯᠡᠯ ᠢ ᠪᠣᠯᠪᠠᠰᠤᠷᠠᠭᠤᠯᠬᠤ ᠶᠢᠨ
ᠬᠠᠷᠢᠭᠤᠴᠠᠯᠭ᠎ᠠ ᠲᠠᠢ ᠪᠠᠢᠭᠤᠯᠭ᠎ᠠ ᠪᠠ ᠬᠤᠪᠢ ᠬᠦᠮᠦᠨ ᠦ ᠮᠡᠳᠡᠭᠡᠯᠡᠯ ᠢ ᠬᠠᠮᠠᠭᠠᠯᠠᠬᠤ ᠶᠢᠨ ᠬᠠᠷᠢᠭᠤᠴᠠᠯᠭ᠎ᠠ ᠪᠣᠯᠤᠨ ᠬᠠᠮᠠᠭᠠᠯᠠᠯᠲᠠ ᠶᠢᠨ ᠪᠣᠯᠪᠠᠰᠤᠷᠠᠭᠤᠯᠤᠯᠲᠠ ᠲᠠᠢ
ᠬᠤᠪᠢ ᠬᠦᠮᠦᠨ ᠦ ᠮᠡᠳᠡᠭᠡᠯᠡᠯ ᠢ ᠪᠣᠯᠪᠠᠰᠤᠷᠠᠭᠤᠯᠬᠤ ᠪᠠ ᠮᠡᠳᠡᠭᠡᠯᠡᠯ ᠦᠨ ᠬᠠᠮᠠᠭᠠᠯᠠᠯᠲᠠ ᠪᠣᠯᠤᠨ ᠪᠠᠢᠳᠠᠯ᠂ ᠲᠡᠷᠡ ᠮᠡᠳᠡᠭᠡᠯᠡᠯ ᠦᠨ ᠬᠠᠮᠠᠭᠠᠯᠠᠯᠲᠠ ᠶᠢᠨ ᠪᠣᠯᠪᠠᠰᠤᠷᠠᠭᠤᠯᠤᠯᠲᠠ ᠳᠤ
ᠪᠣᠯᠪᠠᠰᠤᠷᠠᠭᠤᠯᠬᠤ ᠶᠢᠨ ᠬᠤᠪᠢ ᠬᠦᠮᠦᠨ ᠦ ᠮᠡᠳᠡᠭᠡᠯᠡᠯ ᠦᠨ ᠬᠠᠮᠠᠭᠠᠯᠠᠯᠲᠠ ᠶᠢᠨ ᠪᠣᠯᠪᠠᠰᠤᠷᠠᠭᠤᠯᠤᠯᠲᠠ ᠶᠢᠨ ᠬᠤᠪᠢ ᠬᠦᠮᠦᠨ ᠦ ᠮᠡᠳᠡᠭᠡᠯᠡᠯ ᠢ ᠬᠠᠮᠠᠭᠠᠯᠠᠬᠤ ᠶᠢᠨ ᠲᠤᠯᠠᠭ᠎ᠠ
ᠪᠣᠯᠪᠠᠰᠤᠷᠠᠭᠤᠯᠬᠤ ᠳᠦᠷᠢᠮ ᠢᠶᠡᠨ ᠬᠤᠪᠢ ᠬᠦᠮᠦᠨ ᠦ ᠮᠡᠳᠡᠭᠡᠯᠡᠯ ᠦᠨ ᠬᠠᠮᠠᠭᠠᠯᠠᠯᠲᠠ ᠶᠢᠨ ᠪᠣᠯᠪᠠᠰᠤᠷᠠᠭᠤᠯᠤᠯᠲᠠ ᠶᠢᠨ ᠬᠠᠷᠢᠭᠤᠴᠠᠯᠭ᠎ᠠ ᠶᠢ ᠲᠣᠳᠣᠷᠬᠠᠢᠯᠠᠨ ᠲᠣᠭᠲᠠᠭᠠᠬᠤ ᠬᠡᠷᠡᠭᠲᠡᠶ
ᠬᠠᠮᠠᠭᠠᠯᠠᠯᠲᠠ ᠶᠢᠨ ᠪᠣᠯᠪᠠᠰᠤᠷᠠᠭᠤᠯᠤᠯᠲᠠ ᠶᠢᠨ ᠬᠤᠪᠢ ᠬᠦᠮᠦᠨ ᠦ ᠮᠡᠳᠡᠭᠡᠯᠡᠯ ᠦᠨ ᠬᠠᠮᠠᠭᠠᠯᠠᠯᠲᠠ ᠶᠢᠨ ᠲᠤᠰᠬᠠᠢ ᠳᠦ ᠬᠠᠮᠠᠭᠠᠯᠠᠬᠤ ᠶᠢᠨ ᠪᠣᠯᠪᠠᠰᠤᠷᠠᠭᠤᠯᠤᠯᠲᠠ᠂ ᠬᠤᠪᠢ ᠬᠦᠮᠦᠨ ᠦ
ᠬᠠᠷᠢᠭᠤᠴᠠᠯᠭ᠎ᠠ ᠲᠠᠢ ᠬᠢᠯᠢᠶᠡᠰᠦᠨ ᠰᠢᠭᠤᠳ ᠬᠤᠯᠪᠣᠭᠳᠠᠯ ᠲᠠᠢ ::

第二节　生产经营过程控制

第四十四条【企业的食品安全管理制度要求】 食品生产经营企业应当建立健全食品安全管理制度，对职工进行食品安全知识培训，加强食品检验工作，依法从事生产经营活动。

食品生产经营企业的主要负责人应当落实企业食品安全管理制度，对本企业的食品安全工作全面负责。

食品生产经营企业应当配备食品安全管理人员，加强对其培训和考核。经考核不具备食品安全管理能力的，不得上岗。食品药品监督管理部门应当对企业食品安全管理人员随机进行监督抽查考核并公布考核情况。监督抽查考核不得收取费用。

●条文解读

本条从四个方面对食品生产经营企业提出了具体要求：

1. 食品生产经营企业应当建立健全食品安全管理制度。完备的管理制度是生产安全食品的重要保障。食品生产经营企业建立健全完善的各项食品安全管理制度是保证其生产经营的食品达到相应食品安全要求的基本前提。通过建立相关规章制度，把法律有关规定变成食品生产经营企业的规章制度，加强对所生产经营食品的安全进行管理，严格食品安全的自我控制，提高食品生产合格率，保证食品安全，是食品生产经营企业的法定义务。企业的食品安全管理制度应是涵盖从原料采购到食品加工、包装、贮存、运输等的全过程，具体可包括设备保养和维修制度，卫生管理制度，从业人员健康管理制度，食品原料、食品添加剂和食品相关产品的采购、验收、运输和贮存管理制度，进货查验记录制度，食品原料仓库管理制度，防止污染的管理制度，食品出厂检验记录制度，食品召回制度，培训制度和文件管理制度等。

2. 对职工进行食品安全知识培训，加强食品检验工作，依法从事生产经营活动。从保障食品安全的需要出发，法律规定了食品生产经营企业对从业人员的教育和培训义务。培训对提高食品从业人员的食品安全知识水平，增强保证食品安全的自觉性，保障食品安全，具有十分重要的意义。食品生产经营企业应当强化企业内部从业人员的素质管理，通过各种形式，对职工进行安全知识培训，使职工树立『食品安全无小事』的意识，不断增强食品安全意识的自觉性和责任心，提高职业素养。宣传普及食品安全法律、食品安全标准和其他食品安全知识，使其掌握与其本岗位工作密切的相关的法律、法规的内容和各项标准的具体规定，使食品从业人员树立起食品安全的法制观念，增强守法的自觉性，加强食品检验工作，依法从事生产经营活动。

3. 明确生产经营企业主要负责人的责任。食品生产经营企业是食品安全的责任主体，作为专门从事食品的生产经营企业，向市场提供安全、丰富、放心、优质的食品，保障人民健康，是食品生产经营企业义不容辞的责任。本法第4条规定，食品生产经营者对其生产经营食品的安全负责。这是对食品生产经营者的一个总的要求。作为食品生产经营企业如何履行好这个责任，落实食品生产经营企业主要负责人的主体责任是关键，这样既可以促使其行用职权认真负责地做好食品安全工作，又可以按照法定义务追究其应承担的责任。在食品生产经营企业的食品安全保障中，其主要负责人居于中心地位，起决定性作用，只有他带头认真落实好本企业的食品安全管理制度，依照法律、法规和食品安全标准从事生产经营活动，才能保证本企业的食品安全，因此必须以法律形式明确其职责，强化其责任，使之尽职尽责。如果食品生产经营企业出现违法行为，违反了保证食品安全的法定义务，危害到公众的身体健康和生命安全，其生产经营企业的主要负责人应受到处罚。

4. 配备食品安全管理人员并进行培训和考核。企业是食品全的第一责任人，企业食品安全管理水平的高低，在相当程度上决定了食品是否安全。每个食品生产经营企业都要配备食品安全管理人员，可以是专职人员也可以是兼职人员。食品安全管理人员在日常的监测、监督过程中可以及时发现食品安全问题，采取必要的措施，降低各种食品安全风险。食品安全管理人员在上岗前，食品生产经营企业应当对其进行考核，了解其是否掌握了食品安全相应知识和能力，对考核不合格的，不能安排其上岗工作。随着食品安全专业知识的不断更新，食品安全管理人员也应随之更新自己的专业知识和能力，因此要求企业加强对其培训，确保其掌握所在岗位必需的相关法律法规、食品安全标准及相关食品安全知识，具备相应的食品安全管理能力，让其可以从专业的角度对食品进行监测、监督。本条还规定了食品药品监督管理部门要对企业的食品安全管理人员进行抽查考核的内容。企业是否配备了安全管理人员，是否对其进行了培训，对食品安全知识的掌握情况如何，不能光靠企业自己说了算，监管部门也要尽到责任，随时进行抽查了解情况，并将考核结果予以公布，以便督促那些不合格企业尽快改正。另外，为防止行政乱收费，给企业造成不必要的负担，本条还规定，抽查考核不得收取费用。

[illegible]

1. [illegible]

[ᠲᠠᠢᠯᠪᠤᠷᠢ]

[illegible]

ᠪᠦᠲᠦᠭᠡᠭᠳᠡᠬᠦᠨ ᠦ ᠬᠣᠭᠣᠯᠠ ᠶᠢᠨ ᠠᠶᠤᠯᠭᠦᠢ ᠶᠢᠨ ᠪᠠᠷᠢᠮᠵᠢᠶ᠎ᠠ ᠶᠢ ᠲᠣᠭᠲᠠᠭᠠᠬᠤ ᠳᠤ᠂ ᠬᠣᠭᠣᠯᠠ ᠶᠢᠨ ᠠᠶᠤᠯᠭᠦᠢ ᠶᠢᠨ ᠪᠠᠷᠢᠮᠵᠢᠶ᠎ᠠ ᠶᠢᠨ ᠠᠭᠤᠯᠭ᠎ᠠ ᠪᠣᠯᠤᠨ ᠬᠣᠭᠣᠯᠠ ᠶᠢᠨ ᠠᠶᠤᠯᠭᠦᠢ ᠶᠢᠨ ᠪᠠᠷᠢᠮᠵᠢᠶ᠎ᠠ ᠳᠤ ᠬᠠᠮᠢᠶᠠᠷᠠᠭᠳᠠᠬᠤ ᠬᠣᠭᠣᠯᠠ ᠶᠢᠨ ᠠᠶᠤᠯᠭᠦᠢ ᠶᠢᠨ ᠲᠤᠰ ᠪᠦᠷᠢ ᠵᠦᠢᠯ ᠢ ᠲᠣᠳᠣᠷᠬᠠᠢᠯᠠᠭᠰᠠᠨ ᠪᠠᠶᠢᠨ᠎ᠠ ᠃ ᠡᠨᠡ ᠬᠠᠭᠤᠯᠢ ᠶᠢᠨ 4 ᠳᠦᠭᠡᠷ ᠵᠦᠢᠯ ᠳᠦ ᠲᠣᠭᠲᠠᠭᠠᠭᠰᠠᠨ ᠶᠠᠭ ᠂ ᠬᠣᠭᠣᠯᠠ ᠶᠢᠨ ᠪᠦᠲᠦᠭᠡᠭᠳᠡᠬᠦᠨ ᠦ ᠬᠠᠷᠢᠭᠤᠴᠠᠯᠭ᠎ᠠ ᠶᠢᠨ ᠬᠤᠪᠢ ᠳᠤ ᠦᠢᠯᠡᠳᠪᠦᠷᠢ ᠶᠢᠨ ᠪᠦᠲᠦᠭᠡᠭᠳᠡᠬᠦᠨ ᠦ ᠵᠢᠷᠤᠮ ᠳᠤ ᠬᠣᠭᠣᠯᠠ ᠶᠢᠨ ᠪᠦᠲᠦᠭᠡᠭᠳᠡᠬᠦᠨ ᠪᠡᠷ ᠬᠠᠮᠢᠶᠠᠷᠠᠭᠳᠠᠬᠤ ᠬᠣᠭᠣᠯᠠ ᠶᠢᠨ ᠪᠦᠲᠦᠭᠡᠭᠳᠡᠬᠦᠨ ᠦ ᠬᠣᠭᠣᠯᠠ ᠶᠢᠨ ᠠᠶᠤᠯᠭᠦᠢ ᠶᠢᠨ ᠬᠠᠷᠢᠭᠤᠴᠠᠯᠭ᠎ᠠ ᠶᠢ ᠪᠠᠷᠢᠮᠵᠢᠶ᠎ᠠ ᠪᠣᠯᠭᠠᠨ ᠵᠦᠢᠯᠴᠢᠯᠡᠭᠦᠯᠦᠨ᠎ᠡ ᠃

3. ᠬᠣᠭᠣᠯᠠ ᠶᠢᠨ ᠪᠦᠲᠦᠭᠡᠭᠳᠡᠬᠦᠨ ᠦ ᠬᠠᠷᠢᠭᠤᠴᠠᠯᠭ᠎ᠠ ᠶᠢᠨ ᠬᠤᠪᠢ ᠳᠤ ᠦᠢᠯᠡᠳᠪᠦᠷᠢ ᠶᠢᠨ ᠪᠦᠲᠦᠭᠡᠭᠳᠡᠬᠦᠨ ᠦ ᠵᠢᠷᠤᠮ ᠳᠤ ᠬᠠᠷᠢᠭᠤᠴᠠᠭᠤᠯᠬᠤ ᠶᠢ ᠰᠢᠭᠠᠷᠳᠠᠵᠤ ᠪᠠᠶᠢᠨ᠎ᠠ ᠃ ᠬᠣᠭᠣᠯᠠ ᠪᠣᠯᠤᠨ ᠪᠦᠲᠦᠭᠡᠭᠳᠡᠬᠦᠨ ᠦ ᠬᠠᠷᠢᠭᠤᠴᠠᠯᠭ᠎ᠠ ᠶᠢᠨ ᠬᠤᠪᠢ ᠶᠢ ᠲᠣᠭᠲᠠᠭᠠᠬᠤ ᠳᠤ ᠂ ᠬᠣᠭᠣᠯᠠ ᠶᠢᠨ ᠪᠦᠲᠦᠭᠡᠭᠳᠡᠬᠦᠨ ᠦ ᠦᠢᠯᠡᠳᠪᠦᠷᠢ ᠶᠢᠨ ᠬᠠᠷᠢᠭᠤᠴᠠᠯᠭ᠎ᠠ ᠂ ᠬᠣᠭᠣᠯᠠ ᠶᠢᠨ ᠠᠶᠤᠯᠭᠦᠢ ᠶᠢᠨ ᠲᠦᠪᠰᠢᠨ ᠢ ᠬᠠᠮᠢᠶᠠᠷᠠᠬᠤ ᠪᠡᠷ ᠂ ᠬᠣᠭᠣᠯᠠ ᠶᠢᠨ ᠠᠶᠤᠯᠭᠦᠢ ᠶᠢᠨ ᠪᠠᠷᠢᠮᠵᠢᠶ᠎ᠠ ᠶᠢᠨ ᠬᠦᠷᠢᠶᠡᠨ ᠳᠦ ᠪᠠᠭᠳᠠᠭᠤᠯᠤᠨ ᠵᠦᠢᠯᠴᠢᠯᠡᠭᠦᠯᠬᠦ ᠬᠡᠷᠡᠭᠲᠡᠢ ᠃ ᠬᠣᠭᠣᠯᠠ ᠶᠢᠨ ᠠᠶᠤᠯᠭᠦᠢ ᠶᠢᠨ ᠪᠠᠷᠢᠮᠵᠢᠶ᠎ᠠ ᠳᠤ ᠬᠣᠭᠣᠯᠠ ᠶᠢᠨ ᠬᠠᠷᠢᠭᠤᠴᠠᠯᠭ᠎ᠠ ᠶᠢᠨ ᠬᠤᠪᠢ ᠳᠤ ᠪᠦᠲᠦᠭᠡᠭᠳᠡᠬᠦᠨ ᠦ ᠬᠡᠷᠡᠭᠯᠡᠭᠡ ᠶᠢᠨ ᠬᠡᠮᠵᠢᠶ᠎ᠡ ᠬᠢᠭᠡᠳ ᠬᠡᠷᠡᠭᠯᠡᠬᠦ ᠬᠦᠷᠢᠶ᠎ᠡ ᠶᠢ ᠲᠣᠭᠲᠠᠭᠠᠨ᠎ᠠ ᠃ ᠬᠣᠭᠣᠯᠠ ᠶᠢᠨ ᠬᠠᠷᠢᠭᠤᠴᠠᠯᠭ᠎ᠠ ᠶᠢᠨ ᠬᠤᠪᠢ ᠳᠤ ᠪᠦᠲᠦᠭᠡᠭᠳᠡᠬᠦᠨ ᠦ ᠬᠣᠭᠣᠯᠠ ᠶᠢᠨ

[illegible]

[illegible]

此，建立食品从业人员健康管理制度十分必要，这也是贯彻预防为的重要措施。食品从业人者，就容易通过被污染的食品造成传染病传播和流行，对消费者的身体健康造成威胁。因染，从而成为食源性疾病，特别是肠道传染疾病的媒介。如果这些人患有传染病或者是带菌从业人员的健康直接关系到广大消费者的健康。食品生产经营过程中很容易受到病原体的污制度的重要内容之一，主要是为了防止食品生产经营从业人员因其所患疾病污染食品。食品食品的工作。食品生产经营者建立并执行从业人员健康管理制度，是食品生产经营安全管理条规定了患有国务院卫生行政部门规定的有碍食品安全的疾病人员，禁止从事接触直接入口为了预防传染病的传播和由于食品污染引起的食源性疾病，保证消费者的身体健康，本

一、食品生产经营者应当建立并执行从业人员健康管理制度

●条文解读

后方可上岗工作。

从事接触直接入口食品工作的食品生产经营人员应当每年进行健康检查，取得健康证明

食品的工作。

理制度。患有国务院卫生行政部门规定的有碍食品安全疾病的人员，不得从事接触直接入口

第四十五条【从业人员健康管理制度】食品生产经营者应当建立并执行从业人员健康管

员除应做好个人卫生外，食品生产经营者还要加强食品从业人员的健康管理。

哪些人员不能从事接触直接入口食品的工作呢？2009年的食品安全法，对一些主要的传染性疾病进行了列举，包括患有痢疾、伤寒、病毒性肝炎等消化道传染病的人员，患有活动性肺结核、化脓性或者渗出性皮肤病等有碍食品安全的疾病的人员。这次修亲做不得从事接触直接入口食品工作的特殊性疾病的范围授权国务院卫生部门规定，主要考虑是，随着生活条件的改善。饮食结构的变化，人员流动的加强，疾病的病种也是在不断变化中的。卫生行政部门负责全国的传染性疾病工作，对全国的传染性疾病发病情况、传染途径都比较了解，可以随时更新传染性疾病的情况，由其规定哪些属于不得从事接触直接入口食品工作的特殊性疾病比较符合现实情况。因此，这次修订，将不能从事接触直接入口食品的特殊疾病的范围授权国务院卫生行政部门规定。

企业建立从业人员的健康管理制度可以从制度层面规范食品生产经营者的用人行为，对于不符合法定条件的从业人员一律不得安排其从事相关的食品生产经营活动。如果发现从事接触直接入口食品工作的人员中患有本条规定的不能从事接触直接入口食品工作的法定疾病的，食品生产经营者应当立即调换其工作。需要注意的是，食品生产经营者不得歧视患有疾病的从业人员，更不得以患有国务院卫生行政部门规定的疾病人员不能从事生产经营活动为借口，辞退职工。对于患有上述有碍食品安全疾病的人员，只限定在不能从事接触直接入口食品的生产经营，不影响其从事其他岗位的工作，如从事行政工作、管理工作、保安、技工、收银员等等。对此类职工，食品生产经营者应当安排其转岗，将其调整到其他不影响食品安全的工作岗位。

二、定期进行健康检查

食品生产经营中的从事接触直接入口食品生产经营的从业人员，其健康与否直接决定了所生产的食品是否安全。因此，生产经营者需要组织对上述人员的身体状况进行健康检查。食品生产经营人员生活在复杂的自然环境中，身体状况在不断变化，有可能感染或患有某些不适宜直接从事食品生产经营的疾病，因此在通过健康体检后不能一劳永逸，应当每年进行健康检查，及时了解自己的身体健康情况。发现有法律禁止从事接触直接入口食品工作疾病的，应当及时向所在企业、单位申报。食品生产经营者发现患有有碍食品安全疾病的从业者，应当及时采取调整工作岗位、治疗等措施。健康证明是食品生产经营者经过健康体检后取得的书面证明文件。从事接触直接入口食品的食品生产经营从业人员必须取得健康证明后才能上岗。健康证明过期的，应当立即停止食品生产经营活动，待重新进行健康体检后，才能继续上岗。

[illegible]

[illegible]

[ᠲᠠᠢᠯᠪᠤᠷᠢ]

ᠨᠢᠭᠡ᠂ [illegible]

[illegible]

[illegible]

[illegible] 2009 [illegible]

ᠨᠡᠶᠢᠭᠡᠮ ᠦᠨ ᠬᠠᠷᠢᠯᠴᠠᠭ᠎ᠠ᠂ ᠬᠠᠮᠢᠶᠠᠷᠤᠯᠲᠠᠢ ᠡᠷᠬᠡ ᠠᠰᠢᠭ ᠤᠨ ᠬᠠᠤᠯᠢ ᠴᠠᠭᠠᠵᠠ ᠶᠢᠨ ᠬᠠᠷᠢᠭᠤᠴᠠᠯᠭ᠎ᠠ ᠶᠢ ᠬᠦᠯᠢᠶᠡᠬᠦ ᠪᠠᠷ ᠲᠣᠭᠲᠠᠭᠠᠬᠤ ᠳᠤ᠂ ᠪᠣᠯᠤᠨ ᠤ ᠬᠠᠤᠯᠢ ᠴᠠᠭᠠᠵᠠ ᠶᠢᠨ ᠪᠠᠷᠢᠮᠲᠠ ᠪᠣᠯᠤᠭᠰᠠᠨ ᠨᠢ ᠬᠠᠤᠯᠢ ᠴᠠᠭᠠᠵᠠ ᠶᠢ ᠬᠡᠷᠡᠭᠵᠢᠭᠦᠯᠬᠦ ᠶᠢᠨ ᠦᠨᠳᠦᠰᠦ ᠪᠣᠯᠤᠨ᠎ᠠ ::

ᠲᠣᠭᠲᠠᠭᠠᠯ᠂ ᠪᠠᠢᠭᠤᠯᠤᠯᠭ᠎ᠠ ᠶᠢᠨ ᠬᠠᠤᠯᠢ ᠴᠠᠭᠠᠵᠠ ᠶᠢᠨ ᠬᠠᠷᠢᠭᠤᠴᠠᠯᠭ᠎ᠠ ᠶᠢᠨ ᠪᠠᠷᠢᠮᠲᠠ ᠪᠣᠯ

ᠬᠠᠮᠢᠶᠠᠷᠤᠯᠲᠠᠢ ᠬᠦᠮᠦᠨ ᠦ ᠡᠷᠬᠡ ᠮᠡᠳᠡᠯ ᠦᠨ ᠬᠠᠤᠯᠢ ᠴᠠᠭᠠᠵᠠ ᠶᠢᠨ ᠪᠠᠷᠢᠮᠲᠠ ᠶᠢ ᠵᠢᠷᠤᠮᠯᠠᠬᠤ ᠶᠣᠰᠣᠲᠠᠢ ᠪᠠᠢᠨ᠎ᠠ :: ᠬᠠᠤᠯᠢ ᠴᠠᠭᠠᠵᠠ ᠶᠢᠨ ᠬᠠᠷᠢᠭᠤᠴᠠᠯᠭ᠎ᠠ ᠨᠢ ᠬᠠᠤᠯᠢ ᠴᠠᠭᠠᠵᠠ ᠶᠢ ᠵᠥᠷᠢᠴᠡᠭᠰᠡᠨ ᠦᠢᠯᠡ ᠠᠵᠢᠯᠯᠠᠭ᠎ᠠ ᠶᠢᠨ ᠦᠷ᠎ᠡ ᠳᠦᠩ ᠪᠣᠯᠤᠨ᠎ᠠ᠂ ᠡᠨᠡ ᠨᠢ ᠬᠠᠤᠯᠢ ᠴᠠᠭᠠᠵᠠ ᠶᠢᠨ ᠪᠠᠷᠢᠮᠲᠠ ᠳᠤ ᠲᠤᠰᠬᠠᠢ ᠲᠣᠭᠲᠠᠭᠠᠭᠰᠠᠨ ᠪᠠᠢᠨ᠎ᠠ :: ᠬᠠᠤᠯᠢ ᠴᠠᠭᠠᠵᠠ ᠶᠢᠨ ᠬᠠᠷᠢᠭᠤᠴᠠᠯᠭ᠎ᠠ ᠨᠢ ᠬᠠᠤᠯᠢ ᠴᠠᠭᠠᠵᠠ ᠶᠢᠨ ᠪᠠᠷᠢᠮᠲᠠ ᠳᠤ ᠲᠤᠰᠬᠠᠢ ᠲᠣᠭᠲᠠᠭᠠᠭᠰᠠᠨ ᠪᠣᠯᠬᠤ ᠪᠥᠭᠡᠳ᠂ ᠬᠠᠤᠯᠢ ᠴᠠᠭᠠᠵᠠ ᠶᠢᠨ ᠬᠠᠷᠢᠭᠤᠴᠠᠯᠭ᠎ᠠ ᠶᠢ ᠬᠦᠯᠢᠶᠡᠬᠦ ᠶᠢᠨ ᠦᠨᠳᠦᠰᠦ ᠨᠢ ᠬᠠᠤᠯᠢ ᠴᠠᠭᠠᠵᠠ ᠶᠢᠨ ᠪᠠᠷᠢᠮᠲᠠ ᠪᠣᠯᠤᠨ᠎ᠠ :: ᠬᠠᠤᠯᠢ ᠴᠠᠭᠠᠵᠠ ᠶᠢᠨ ᠬᠠᠷᠢᠭᠤᠴᠠᠯᠭ᠎ᠠ ᠬᠦᠯᠢᠶᠡᠯᠭᠡ ᠨᠢ ᠬᠠᠤᠯᠢ ᠶᠢᠨ ᠪᠠᠷᠢᠮᠲᠠ ᠳᠤ ᠲᠤᠰᠬᠠᠢ ᠪᠣᠯᠤᠨ᠎ᠠ :: ᠬᠠᠤᠯᠢ ᠴᠠᠭᠠᠵᠠ ᠶᠢᠨ ᠬᠠᠷᠢᠭᠤᠴᠠᠯᠭ᠎ᠠ ᠨᠢ ᠲᠣᠭᠲᠠᠭᠠᠭᠰᠠᠨ ᠶᠠᠮᠠᠷ

第四十六条【生产企业实施控制要求】食品生产企业应当就下列事项制定并实施控制要求，保证所生产的食品符合食品安全标准：

（一）原料采购、原料验收、投料等原料控制；

（二）生产工序、设备、贮存、包装等生产关键环节控制：

（三）原料检验、半成品检验、成品出厂检验等检验控制；

（四）运输和交付控制。

●条文解读

关于具体需要制定哪些控制要求措施，本条规定了四方面的内容：

1. 原料控制。食品原料的采购、验收、投料等原料控制是食品安全的关键环节。有效管理食品原料、食品添加剂和食品相关产品等物料的采购和使用，确保原料合格是保证最终食品产品安全的先决条件。食品生产企业应按要求采购原料，根据企业自身的监控重点采取适当措施保证原料合格。可现场查验原料供应企业是否具有生产合格原料的能力，包括硬件条件和管理；应查验供货者的许可证和原料合格证明文件，如产品生产许可证、动物检疫合格证明、进口卫生证书等，并对原料进行验收审核。

2. 生产工序、设备、贮存、包装等生产关键环节控制。在生产工序上，应当按照生产工艺的次序和产品的特点，分开设置，分开操作，防止前后颠倒，交叉污染；生产设施、设备要清洗、消毒；贮存、包装时应当注意环境卫生以及包装材料和容器的卫生安全，防止污染食品等。在贮存物料时，应依照物料的特性分类存放，对有温度、湿度等要求的物料，应配置必要的设备设施。物料的贮存仓库应由专人管理，并制定有效的防潮、防虫害、清洁卫生等管理措施，及时清理过期或变质的物料，超过保质期的物料不得用于生产。不得将任何危害人体健康的非食用物质添加到食品中。此外，在食品的生产过程中使用的食品添加剂和食品相关产品也应符合食品安全国家标准。

3. 成品出厂检验等检验控制。检验是验证食品生产过程管理措施有效性、确保食品安全的重要手段。通过检验，企业可及时了解食品生产安全控制措施上存在的问题，及时排查原因，并采取改进措施。企业对各类样品可以自行进行检验，也可以委托具备相应资质的食品检验机构进行检验。企业开展自行检验应配备相应的检验设备、试剂、标准样品等，建立实验室管理制度，明确各检验项目的检验方法。检验人员应具备开展相应检验项目的资质，按规定的检验方法开展检验工作。为确保检验结果科学、准确，检验仪器设备精度必须符合要求。不具备产品出厂检验能力的企业，应委托外部食品检验机构进行检验，委托检验应选择获得相关资质的食品检验机构。企业应妥善保存检验记录，以备查询。

4. 运输和交付控制。食品运输、交付也是食品流通过程中的一个重要环节，要求食品生产企业对控制运输和交付过程中的风险制定相应的措施。要求运输工具、设备应当安全、无害，保持清洁，防止食品污染，并根据食品种类不同特殊要求保证相应的温度和湿度，不得将食品与有毒有害物品一同运输等。交付是生产者最终保障食品安全的控制阶段，食品生产企业应当在交付过程中做好防护措施、台账记录等。

食品生产过程中有不符合控制要求的，食品生产企业应立即进行整改，确保其所生产食品的安全。

ᠪᠠᠶᠢᠭᠤᠯᠤᠯ᠂ ᠶᠠᠷᠢᠯᠴᠠᠭᠰᠠᠨ ᠬᠠᠷᠢᠯᠴᠠᠭᠠᠨ ᠤ ᠲᠣᠭᠲᠠᠭᠠᠮᠵᠢ ᠶᠢᠨ ᠬᠤᠪᠢᠶᠠᠷᠢ᠂ ᠠᠷᠭ᠎ᠠ ᠶᠢᠨ ᠪᠠᠶᠢᠭᠤᠯᠤᠯᠲᠠ ᠶᠢᠨ ᠨᠢ ᠬᠠᠷᠢᠯᠴᠠᠭ᠎ᠠ
ᠪᠣᠯᠤᠨ᠎ᠠ ᠄ ᠪᠠᠶᠢᠭ᠎ᠠ ᠶᠢᠨ ᠠᠰᠠᠭᠤᠳᠠᠯ ᠢ ᠬᠠᠷᠢᠯᠴᠠᠭᠠᠨ ᠤ ᠲᠠᠯ᠎ᠠ ᠪᠡᠷ ᠰᠢᠢᠳᠪᠦᠷᠢᠯᠡᠬᠦ ᠶᠢᠨ ᠲᠤᠯᠠ᠂ ᠲᠡᠷᠡ ᠴᠢᠬᠤᠯᠠ ᠬᠠᠷᠢᠯᠴᠠᠭ᠎ᠠ ᠪᠠᠷ ᠰᠢᠢᠳᠪᠦᠷᠢᠯᠡᠬᠦ
ᠲᠣᠭᠲᠠᠭᠠᠮᠵᠢ ᠶᠢᠨ ᠬᠤᠪᠢᠶᠠᠷᠢ ᠶᠢ ᠪᠠᠶᠢᠭᠤᠯᠤᠭᠰᠠᠨ ᠪᠣᠯᠪᠠᠰᠤ᠂ ᠡᠨᠡ ᠨᠢ ᠪᠠᠰᠠ ᠬᠠᠷᠢᠯᠴᠠᠭᠠᠨ ᠤ ᠲᠣᠭᠲᠠᠭᠠᠮᠵᠢ ᠶᠢᠨ ᠬᠤᠪᠢᠶᠠᠷᠢ ᠪᠣᠯᠤᠨ᠎ᠠ ᠄ ᠬᠠᠷᠢᠯᠴᠠᠭᠠᠨ ᠤ ᠲᠣᠭᠲᠠᠭᠠᠮᠵᠢ ᠶᠢᠨ
ᠠᠷᠭ᠎ᠠ ᠶᠢᠨ ᠪᠠᠶᠢᠭᠤᠯᠤᠯᠲᠠ ᠶᠢᠨ ᠠᠷᠭ᠎ᠠ ᠬᠡᠮᠵᠢᠶ᠎ᠡ ᠪᠣᠯ ᠲᠣᠭᠲᠠᠭᠠᠮᠵᠢ ᠶᠢᠨ ᠬᠤᠪᠢᠶᠠᠷᠢ ᠶᠢᠨ ᠲᠤᠬᠠᠢ ᠬᠠᠷᠢᠯᠴᠠᠭ᠎ᠠ ᠶᠢᠨ
ᠲᠣᠭᠲᠠᠭᠠᠮᠵᠢ ᠶᠢᠨ ᠪᠠᠶᠢᠳᠠᠯ ᠄ ᠲᠣᠭᠲᠠᠭᠠᠮᠵᠢ ᠶᠢᠨ ᠠᠰᠠᠭᠤᠳᠠᠯ ᠢ ᠰᠢᠢᠳᠪᠦᠷᠢᠯᠡᠬᠦ ᠬᠤᠪᠢᠶᠠᠷᠢ ᠬᠠᠷᠢᠯᠴᠠᠭᠠᠨ ᠤ ᠠᠷᠭ᠎ᠠ᠂ ᠡᠨᠡ
ᠬᠣᠶᠠᠷ ᠬᠠᠷᠢᠯᠴᠠᠭᠠᠨ ᠤ ᠪᠠᠶᠢᠭᠤᠯᠤᠯᠲᠠ ᠶᠢᠨ ᠪᠡᠷ ᠲᠣᠭᠲᠠᠭᠠᠮᠵᠢ ᠶᠢᠨ ᠠᠷᠭ᠎ᠠ ᠶᠢ ᠪᠣᠯᠪᠠᠰᠤ ᠶᠢ ᠳᠡᠮᠵᠢᠬᠦ ᠠᠷᠭ᠎ᠠ
ᠬᠡᠮᠵᠢᠶ᠎ᠡ ᠲᠠᠢ ᠪᠣᠯᠤᠨ ᠠᠷᠭ᠎ᠠ ᠶᠢᠨ ᠬᠠᠷᠢᠯᠴᠠᠭᠠᠨ ᠤ ᠲᠣᠭᠲᠠᠭᠠᠮᠵᠢ ᠪᠣᠯᠤᠨ ᠪᠠᠶᠢᠭᠤᠯᠤᠯᠲᠠ ᠶᠢ ᠪᠡᠶᠡᠯᠡᠭᠦᠯᠬᠦ ᠬᠡᠷᠡᠭᠲᠡᠢ᠂
ᠬᠠᠷᠢᠯᠴᠠᠭᠠᠨ ᠤ ᠬᠣᠷᠢᠭᠯᠠᠯ ᠪᠠ ᠠᠷᠭ᠎ᠠ ᠶᠢᠨ ᠪᠠᠶᠢᠭᠤᠯᠤᠯᠲᠠ ᠶᠢᠨ ᠬᠤᠪᠢᠶᠠᠷᠢ ᠪᠣᠯᠤᠨ᠎ᠠ ᠄ ᠠᠷᠭ᠎ᠠ ᠶᠢᠨ ᠬᠠᠷᠢᠯᠴᠠᠭᠠᠨ ᠤ
1. ᠲᠣᠭᠲᠠᠭᠠᠮᠵᠢ ᠶᠢᠨ ᠠᠷᠭ᠎ᠠ ᠄ ᠲᠣᠭᠲᠠᠭᠠᠮᠵᠢ ᠶᠢᠨ ᠠᠷᠭ᠎ᠠ ᠬᠡᠮᠵᠢᠶ᠎ᠡ᠂ ᠠᠷᠭ᠎ᠠ ᠪᠠᠶᠢᠭᠤᠯᠤᠯᠲᠠ᠂ ᠬᠠᠷᠢᠯᠴᠠᠭ᠎ᠠ ᠶᠢᠨ ᠲᠣᠭᠲᠠᠭᠠᠮᠵᠢ
ᠪᠠᠶᠢᠳᠠᠯ ᠢ ᠲᠣᠳᠤᠷᠬᠠᠶᠢᠯᠠᠬᠤ ᠄
ᠪᠣᠳᠤᠯᠭ᠎ᠠ ᠪᠠ ᠪᠡᠷ ᠬᠠᠷᠢᠯᠴᠠᠭᠠᠨ ᠤ ᠲᠣᠭᠲᠠᠭᠠᠮᠵᠢ ᠶᠢᠨ ᠠᠷᠭ᠎ᠠ ᠪᠠᠶᠢᠭᠤᠯᠬᠤ ᠪᠣᠯᠪᠠᠰᠤ ᠪᠣᠯᠤᠨ ᠲᠣᠭᠲᠠᠭᠠᠨ᠎ᠠ ᠤᠤ ᠳᠤ
［ᠵᠢᠱᠢᠶ᠎ᠡ］
(ᠵᠢᠱᠢᠶ᠎ᠡ) ᠲᠣᠭᠲᠠᠭᠠᠮᠵᠢ ᠶᠢᠨ ᠪᠠᠶᠢᠳᠠᠯ ᠤᠨ ᠬᠤᠪᠢᠶᠠᠷᠢ ᠄
ᠲᠣᠭᠲᠠᠭᠠᠮᠵᠢ ᠶᠢᠨ ᠬᠠᠷᠢᠯᠴᠠᠭᠠᠨ ᠤ ᠲᠣᠭᠲᠠᠭᠠᠮᠵᠢ ᠶᠢᠨ ᠪᠠᠶᠢᠳᠠᠯ ᠢ ᠲᠣᠳᠤᠷᠬᠠᠶᠢᠯᠠᠬᠤ ᠄

[illegible]

第四十七条【自查制度】 食品生产经营者应当建立食品安全自查制度，定期对食品安全状况进行检查评价。生产经营条件发生变化，不再符合食品安全要求的，食品生产经营者应当立即采取整改措施；有发生食品安全事故潜在风险的，应当立即停止食品生产经营活动，并向所在地县级人民政府食品药品监督管理部门报告。

●条文解读

根据本条规定，食品生产经营者应当根据本企业的生产经营特点，对本企业的食品安全状况定期进行检查。一般来说，食品安全检查可以从以下几个方面进行：（1）食品安全管理制度的建立落实情况。检查本企业的制度是否健全、完善，生产过程中每个环节是否按照控制要求进行操作；（2）设施、设备是否处于正常、安全的运行状态，餐具、饮具、包装材料等是否清洁、无毒无害，用水是否符合国家规定的标准，食品贮存和运输是否符合要求；（3）检查从业人员在工作中是否严格遵守操作规范和食品安全管理制度；（4）检查从业人员在工作中是否具备相应的安全知识和安全生产技能；（5）生产经营过程是否符合食品生产经营的记录查验制度，生产企业出厂食品是否经过了检验；（6）食品的标签是否符合规定；（7）检查与食品安全有关的事故隐患；（8）发现问题食品是否及时召回处理；（9）其他事项。

食品生产经营者应当符合一定条件要求，当食品生产经营者对其食品安全状况进行检查的过程中，发现存在安全问题的，可以处理的应当立即采取措施进行处理，如发现安全隐患的，应当立即采取措施加以排除。对于不能当场处理的安全问题，如设施、设备不合格，需要改建，经营条件发生变化等情况，影响到食品安全的，生产经营者应当立即采取整改措施。有发生食品安全事故潜在风险的，应当立即停止生产经营，并将这一情况向所在地县级人民政府食品药品监督管理部门报告。包括检查的时间、范围、内容、发现的问题及其处理情况等都应详细地记录在案。

第四十八条【鼓励食品生产经营企业符合良好生产规范】国家鼓励食品生产经营企业符

[illegible]

合良好生产规范要求，实施危害分析与关键控制点体系，提高食品安全管理水平。

对通过良好生产规范、危害分析与关键控制点体系认证的食品生产经营企业，认证机构应当依法实施跟踪调查；对不再符合认证要求的企业，应当依法撤销认证，及时向县级以上人民政府食品药品监督管理部门通报，并向社会公布。认证机构实施跟踪调查不得收取费用。

●条文解读

一、关于良好生产规范

良好生产规范（Good Manufacturing Practice，英文缩写 GMP），又叫良好操作规范，是为保证食品质量安全而制定的贯穿于食品生产全过程的一系列方法、技术要求和监控措施，是一种特别注重在生产过程中实施对产品质量与卫生安全的自主性管理的制度。良好生产规范以前较多应用于制药工业，现在许多国家将其用于食品工业，制定出相应的 GMP 法规。我国已颁布药品生产 GMP 标准，并实行企业 GMP 认证，使药品的生产及管理水平有了较大程度的提高。在食品领域，我国 GMP 也开始逐渐推行。我国食品企业质量管理规范的制定开始于 20 世纪 80 年代中期，重点对厂房、设备、设施和企业自身卫生管理等方面提出卫生要求，以促进我国食品卫生状况的改善，预防和控制各种有害因素对食品的污染。GMP 要求食品生产企业应具备良好的生产设备、科学合理的生产过程、完善的质量管理和严格的检测系统、高水平的人员素质、严格的管理体系和制度，确保最终产品的质量（包括食品安全卫生）符合法律、法规要求。

依据 GMP 的法律效力可以分为强制性的 GMP，如《食品生产通用卫生规范》(GB14881—2013)，《保健食品良好生产规范》(GB17405—1998)；另一类是指导性和推荐性的 GMP，由国家有关部门和行业协会制定并推荐给食品企业参照执行，属自愿遵守和认证的原则。本条规定国家鼓励食品生产企业符合良好生产规范的要求，就是鼓励企业的生产经营活动在达到国家标准的基础上，建立更加严格、更加完善的规范体系。

在食品生产经营企业中推广良好生产规范，具有重要意义：一是为食品生产提供一套必须遵循的组合标准；二是为卫生行政部门、食品卫生监督员提供监督检查的依据；三是使食品生产经营人员认识食品生产的特殊性，激发对食品质量高度负责的精神，消除生产上的不良习惯；四是使食品生产企业对原料、辅料、包装材料的要求更为严格；五是有助于食品生产企业采用新技术、新设备，从而保证食品质量。推行食品良好生产规范的主要目的在于：提高食品的品质与卫生安全、保障消费者与生产者的权益、强化食品生产者的自主管理体制，促进食品工业的健全发展。

二、关于危害分析和关键控制点体系

我国的国家标准《食品工业基本术语》（GB/T15091—1994）对危害分析和关键控制点

体系的定义是：生产（加工）安全食品的一种控制手段；对原料、关键生产工序及影响产品安全的人为因素进行分析，确定加工过程中的关键环节，建立、完善监控程序和监控标准，采取规范的纠正措施。危害分析和关键控制点体系（Hazard Analysis Critical Control Point，简称 HACCP）是指对食品加工、运输以及销售整个过程中的各种危害进行分析和控制，从而保证食品达到安全水平。它是一个以预防食品安全为基础的食品生产、质量控制的保证体系，是一个系统的、连续性的食品安全预防和控制方法。该体系的核心是用来保护食品从田间到餐桌的整个过程中免受可能发生的生物、化学、物理因素的危害，尽可能把发生食品危险的可能性消灭在生产、运输过程中，而不是像传统的质量监督那样单纯依靠事后检验以保证食品的可靠性。这种步步为营的全过程的控制防御系统，可以最大限度地减少产生食品安全危害的风险。

该体系是当代用来保障食品安全的管理方法，它更新了传统的食品卫生监督观念，使食品安全的控制方法更科学、更经济、更有效、更可靠。HACCP 管理体系与重点放在监督检查和对产成品进行检测的传统管理方法的最大区别是：一是使食品生产对最终产品的检验转化为控制生产环节中的潜在危害，将预防和控制的重点前移，即由检验是否有不合格产品转化为预防不合格产品；二是节约检测成本，在危害发生之前即控制预防，不必在最终产品上花费大量的人、财、物。

三、认证机构的跟踪调查

所谓认证，是指由认证机构证明产品、服务、管理体系符合相关技术规范、相关技术规范的强制性要求或者标准的合格评定活动。企业通过了良好生产规范、危害分析和关键控制点体系的认证，并不意味着万事大吉。认证机构的认证，只是对某一时点企业符合该管理体系要求的认证。时过境迁，企业有可能出现一些不符合认证要求的事项，因此认证机构有必要对企业进行跟踪调查。《中华人民共和国认证认可条例》第 27 条规定：『认证机构应当对其认证的产品、服务、管理体系实施有效的跟踪调查，认证的产品、服务、管理体系不能持续符合认证要求的，认证机构应当暂停使用直至撤销认证证书，并予公布。』本法的该条除规定了认证机构应当依法实施跟踪调查外，对不再符合认证要求的企业，还应依法撤销认证，并及时向有关质量监督、工商行政管理、食品药品监督管理部门通报。对于认证机构的通报，有关质量监督、工商行政管理、食品药品监督管理部门应当进行调查核实，发现食品生产企业存在有关问题的，应及时采取措施予以处理。同时，为了减轻食品生产经营者负担，为广大食品生产经营者创造良好的生产经营环境，本条还规定，认证机构实施跟踪调查不得收取费用。

[illegible]
[illegible]
[illegible]
[illegible]
[illegible]

[illegible] (Good Manufacturing Practice, [illegible] GMP) [illegible]
[illegible]

[ᠲᠠᠶᠢᠯᠪᠤᠷᠢ]

[illegible]
[illegible]
[illegible]
[illegible]
[illegible]
[illegible]

GMP ᠪᠣᠯᠤᠨ᠂ ᠡᠷᠡᠭᠦᠯ ᠦᠨ ᠬᠠᠮᠠᠭᠠᠯᠠᠯᠲᠠ ᠶᠢᠨ ᠬᠦᠨᠡᠰᠦ ᠶᠢᠨ ᠰᠠᠢᠨ ᠦᠢᠯᠡᠳᠪᠦᠷᠢᠯᠡᠯ ᠦᠨ ᠬᠡᠮ ᠬᠡᠮᠵᠢᠶ᠎ᠡ ᠶᠢᠨ ᠬᠦᠨᠡᠰᠦ
ᠦᠢᠯᠡᠳᠪᠦᠷᠢᠯᠡᠯ ᠦᠨ ᠳᠦᠷᠢᠮ》(GB17405—1998)᠃ ᠬᠦᠨᠡᠰᠦᠨ ᠦ ᠬᠡᠷᠡᠭ ᠲᠦ ᠨᠡᠢᠲᠡ ᠶᠢᠨ ᠡᠷᠡᠭᠦᠯ ᠠᠬᠤᠢ ᠶᠢᠨ
ᠦᠢᠯᠡᠳᠪᠦᠷᠢᠯᠡᠯ ᠦᠨ ᠬᠠᠮᠢᠶᠠᠷᠤᠯᠲᠠ ᠶᠢᠨ ᠦᠢᠯᠡᠳᠪᠦᠷᠢᠯᠡᠯ ᠦᠨ ᠳᠦᠷᠢᠮ》(GB14881—2013)᠂《ᠡᠮ ᠦᠨ ᠴᠢᠨᠠᠷ
GMP ᠤᠨ ᠰᠢᠯᠭᠠᠨ ᠬᠡᠮᠵᠢᠶᠡᠨ ᠤ ᠪᠠᠶᠢᠳᠠᠯ ᠢ ᠬᠠᠮᠤᠷᠤᠭᠰᠠᠨ᠂ ᠣᠯᠠᠨ ᠤᠯᠤᠰ ᠤᠨ ᠬᠡᠮᠵᠢᠶ᠎ᠡ ᠲᠡᠢ GMP᠂ ᠣᠯᠠᠨ ᠤᠯᠤᠰ ᠤᠨ《ᠡᠮ ᠦᠨ
ᠪᠠᠶᠢᠴᠠᠭᠠᠯᠲᠠ ᠶᠢ ᠨᠡᠩ ᠴᠢᠩ ᠰᠠᠢᠵᠢᠷᠠᠭᠤᠯᠬᠤ ᠳᠤ ᠬᠡᠷᠡᠭᠯᠡᠬᠦ ᠪᠡᠷ ᠲᠤᠭᠳᠠᠭᠠᠪᠠ᠃ GMP ᠶᠢ ᠡᠮ ᠦᠨ ᠦᠢᠯᠡᠳᠪᠦᠷᠢᠯᠡᠯ ᠦᠨ
ᠰᠢᠯᠭᠠᠨ ᠪᠠᠲᠤᠯᠠᠬᠤ ᠶᠢᠨ ᠲᠤᠯᠠ ᠳᠡᠯᠡᠬᠡᠢ ᠶᠢᠨ ᠡᠷᠡᠭᠦᠯ ᠬᠠᠮᠠᠭᠠᠯᠠᠯ ᠤᠨ ᠪᠠᠢᠭᠤᠯᠤᠯᠭ᠎ᠠ ᠶᠢᠨ ᠴᠢᠨᠠᠷ GMP ᠶᠢ ᠪᠣᠯ
GMP ᠪᠠᠶᠢᠭᠤᠯᠤᠨ ᠬᠡᠷᠡᠭᠵᠢᠭᠦᠯᠦᠭᠰᠡᠨ᠂ ᠬᠢᠨᠠᠯᠲᠠ ᠶᠢᠨ ᠡᠮ ᠦᠨ GMP ᠭᠡᠷᠡᠴᠢᠯᠡᠭᠡ ᠶᠢ ᠤᠯᠤᠰ ᠤᠨ ᠬᠢᠨᠠᠯᠲᠠ ᠶᠢᠨ ᠳᠡᠭᠡᠷ᠎ᠡ
ᠡᠮ ᠦᠨ ᠬᠢᠨᠠᠯᠲᠠ ᠶᠢᠨ ᠪᠠᠶᠢᠭᠤᠯᠤᠯᠭ᠎ᠠ᠂ ᠣᠯᠠᠨ ᠤᠯᠤᠰ ᠤᠨ GMP ᠬᠡᠮ ᠬᠡᠮᠵᠢᠶ᠎ᠡ ᠳᠦ ᠬᠦᠷᠬᠦ᠃ ᠡᠮ ᠦᠨ ᠠᠵᠢᠯ ᠤᠨ ᠡᠮ ᠦᠨ ᠬᠢᠨᠠᠯᠲᠠ

[illegible]

ᠪᠦᠷᠢᠳᠬᠡᠯ ᠢ ᠬᠠᠩᠭᠠᠬᠤ ᠬᠡᠮᠵᠢᠶ᠎ᠡ ᠪᠣᠯᠤᠨ᠎ᠠ ::

ᠴᠢᠩᠭᠠ᠂ ᠪᠦᠷᠢᠨ ᠦ ᠬᠠᠩᠭᠠᠯᠲᠠ ᠪᠠᠢᠬᠤ ᠰᠢᠯᠭᠠᠯᠲᠠ ᠶᠢᠨ ᠬᠡᠮᠵᠢᠶ᠎ᠡ ᠳᠦ ᠲᠣᠬᠢᠷᠠᠭᠰᠠᠨ ᠶᠢᠨ ᠰᠢᠯᠭᠠᠯᠲᠠ ᠤᠯᠤᠰ ᠤᠨ ᠤᠯᠤᠰ ᠤᠨ ᠪᠠᠷᠢᠮᠵᠢᠶ᠎ᠠ《ᠬᠦᠨᠡᠰᠦ ᠶᠢᠨ ᠠᠵᠤ ᠦᠢᠯᠡᠳᠪᠦᠷᠢ ᠶᠢᠨ ᠦᠨᠳᠦᠰᠦᠨ ᠨᠡᠷ᠎ᠡ ᠲᠣᠮᠢᠶ᠎ᠠ》(GB15091—1994) ᠳᠦ ᠬᠣᠣᠯ ᠤᠨ ᠬᠦᠨᠡᠰᠦ ᠶᠢᠨ ᠪᠦᠲᠦᠭᠡᠭᠳᠡᠬᠦᠨ (ᠪᠦᠲᠦᠭᠡᠭᠳᠡᠬᠦᠨ) ᠨᠢᠭᠡ ᠲᠣᠭᠲᠠᠭᠠᠯ ᠤᠨ ᠬᠠᠷᠢᠭᠤᠴᠠᠯᠭ᠎ᠠ᠂ ᠬᠣᠣᠯ ᠤᠨ ᠬᠦᠨᠡᠰᠦ ᠶᠢᠨ ᠬᠣᠣᠷᠯᠠᠯ ᠢ ᠰᠢᠯᠭᠠᠨ ᠬᠠᠷᠭᠤᠯᠵᠠᠬᠤ᠂ ᠬᠠᠮᠢᠶᠠᠷᠤᠯᠲᠠ ᠶᠢᠨ ᠬᠢᠨᠠᠯᠲᠠ ᠶᠢ ᠪᠣᠯᠭᠣᠮᠵᠢᠲᠠᠢ ᠪᠣᠯᠤᠨ᠎ᠠ :: ᠬᠣᠣᠷᠯᠠᠯ ᠢ ᠵᠠᠳᠠᠯᠬᠤ ᠪᠠ ᠭᠣᠣᠯ ᠬᠢᠨᠠᠯᠲᠠ ᠶᠢᠨ ᠴᠡᠭ (Hazard Analysis Control point, ᠲᠣᠪᠴᠢᠯᠠᠪᠠᠯ HACCP) ᠪᠣᠯ ᠬᠣᠣᠯ ᠤᠨ ᠪᠦᠲᠦᠭᠡᠭᠳᠡᠬᠦᠨ᠂ ᠬᠣᠣᠯ ᠤᠨ ᠬᠦᠨᠡᠰᠦ ᠶᠢᠨ ᠦᠢᠯᠡᠳᠪᠦᠷᠢᠯᠡᠯ ᠦᠨ ᠶᠠᠪᠤᠴᠠ ᠳᠤ ᠪᠦᠷᠢᠳᠬᠡᠯ ᠲᠠᠢ ᠪᠣᠯᠭᠠᠬᠤ ᠶᠢᠨ ᠬᠡᠷᠡᠭᠳᠡᠯ ᠦᠨ ᠰᠢᠯᠭᠠᠯᠲᠠ᠂ ᠬᠣᠣᠯ ᠤᠨ ᠬᠦᠨᠡᠰᠦ ᠶᠢᠨ ᠴᠢᠨᠠᠷ ᠤᠨ ᠠᠶᠤᠯᠭᠦᠢ ᠪᠠᠢᠳᠠᠯ ᠢ ᠬᠠᠩᠭᠠᠬᠤ ᠶᠢᠨ ᠲᠥᠯᠥᠭᠡ ᠬᠠᠮᠢᠶᠠᠷᠤᠯᠲᠠ ᠶᠢᠨ ᠲᠣᠭᠲᠠᠭᠠᠯ ᠪᠣᠯᠤᠨ᠎ᠠ :: ᠡᠨᠡ ᠨᠢ ᠬᠣᠣᠯ ᠤᠨ ᠬᠦᠨᠡᠰᠦ ᠶᠢᠨ ᠠᠶᠤᠯᠭᠦᠢ ᠪᠠᠢᠳᠠᠯ ᠢ ᠪᠠᠲᠤᠯᠠᠬᠤ ᠶᠢᠨ ᠲᠥᠯᠥᠭᠡ ᠬᠡᠷᠡᠭᠯᠡᠭᠳᠡᠳᠡᠭ ᠬᠠᠮᠢᠭ ᠦᠨ ᠦᠷ᠎ᠡ ᠦᠨ᠎ᠡ ᠲᠡᠢ ᠰᠢᠯᠭᠠᠯᠲᠠ ᠶᠢᠨ ᠠᠷᠭ᠎ᠠ ᠪᠣᠯᠵᠤ ᠪᠠᠢᠨ᠎ᠠ ::

ᠠᠵᠢᠯᠯᠠᠬᠤ ᠶᠢᠨ ᠬᠠᠷᠢᠭᠤ ᠪᠠᠷᠢᠮᠲᠠᠯᠠᠬᠤ ᠬᠠᠷᠢᠭᠤᠴᠠᠯᠭ᠎ᠠ ᠶᠢᠨ ᠲᠣᠭᠲᠠᠭᠠᠨ᠎ᠠ ᠃ ᠡᠨᠡ ᠬᠠᠮᠲᠤᠷᠠᠯ ᠤᠨ ᠲᠠᠯ᠎ᠠ ᠬᠠᠮᠢᠶᠠᠷᠤᠯᠲᠠ ᠶᠢᠨ ᠪᠠᠢᠭᠤᠯᠤᠯᠭ᠎ᠠ ᠂ ᠦᠢᠯᠡᠳᠪᠦᠷᠢ ᠶᠢᠨ ᠵᠢᠯᠣᠭᠣᠳᠤᠯ ᠪᠠᠢᠴᠠ ᠬᠢᠨᠠᠯᠲᠠ ᠶᠢᠨ ᠳᠦᠷᠢᠮ ᠂ ᠡᠳᠡᠭᠡᠷ ᠪᠠᠢᠴᠠ ᠬᠢᠨᠠᠯᠲᠠ ᠶᠢᠨ ᠳᠦᠷᠢᠮ ᠦᠨ ᠬᠡᠷᠡᠭᠵᠢᠭᠦᠯᠦᠯᠲᠡ ᠶᠢ ᠲᠠᠯᠠᠪᠤᠷᠢ ᠵᠠᠰᠠᠮᠵᠢᠯᠲᠠ ᠲᠠᠢ ᠪᠠᠷᠢᠮᠲᠠ ᠶᠢᠨ ᠬᠡᠮᠵᠢᠶ᠎ᠡ ᠶᠢᠨ ᠬᠡᠷᠡᠭᠵᠢᠭᠦᠯᠦᠯᠲᠡ ᠂ ᠬᠢᠨᠠᠨ ᠰᠢᠯᠭᠠᠬᠤ ᠂ ᠪᠦᠷᠢᠳᠬᠡᠯ ᠦᠨ ᠪᠠᠷᠢᠮᠲᠠ ᠪᠢᠴᠢᠭ ᠵᠡᠷᠭᠡ ᠶᠢ ᠠᠭᠤᠯᠵᠤ ᠪᠠᠢᠨ᠎ᠠ ᠃

ᠬᠣᠶᠠᠷ ᠂ ᠪᠣᠳᠠᠳᠠᠢ ᠬᠡᠷᠡᠭᠵᠢᠭᠦᠯᠬᠦ ᠠᠷᠭ᠎ᠠ ᠬᠡᠮᠵᠢᠶ᠎ᠡ ᠪᠣᠯᠤᠨ᠎ᠠ ᠃

ᠡᠬᠢᠯᠡᠭᠡᠳ ᠂ ᠬᠣᠭᠣᠯᠠ ᠦᠢᠯᠡᠳᠪᠦᠷᠢ ᠶᠢᠨ ᠠᠵᠢᠯ ᠠᠬᠤᠢ ᠶᠢᠨ ᠨᠢᠭᠡᠳᠦᠭᠡᠷ ᠳᠤᠭᠠᠷ ᠂ ᠬᠢᠨᠠᠯᠲᠠ ᠶᠢᠨ ᠪᠠᠢᠭᠤᠯᠤᠯᠭ᠎ᠠ ᠶᠢ ᠪᠦᠷᠢᠨ ᠪᠡᠶᠡᠯᠡᠭᠦᠯᠬᠦ ᠂ ᠬᠢᠨᠠᠯᠲᠠ ᠶᠢᠨ ᠳᠦᠷᠢᠮ ᠢ ᠪᠠᠲᠤᠯᠠᠨ ᠮᠥᠷᠲᠡᠭᠡᠨ ᠬᠢᠨᠠᠨ ᠰᠢᠯᠭᠠᠬᠤ ᠮᠡᠷᠭᠡᠵᠢᠯ ᠤᠨ ᠬᠦᠮᠦᠰ ᠢ ᠲᠣᠭᠲᠠᠭᠠᠬᠤ ᠂ ᠬᠢᠨᠠᠯᠲᠠ ᠶᠢᠨ ᠦᠷ᠎ᠡ ᠳ᠋ᠦᠩ ᠢ ᠪᠦᠷᠢᠳᠬᠡᠵᠦ ᠲᠡᠮᠳᠡᠭᠯᠡᠬᠦ ᠂ ᠲᠠᠯ᠎ᠠ ᠲᠡᠢ ᠬᠣᠯᠪᠣᠭᠳᠠᠬᠤ ᠪᠠᠢᠭᠤᠯᠤᠯᠭ᠎ᠠ ᠶᠢᠨ ᠬᠠᠷᠢᠭᠤᠴᠠᠯᠭ᠎ᠠ ᠶᠢ ᠣᠯᠠᠨ ᠲᠠᠯ᠎ᠠ ᠪᠡᠷ ᠨᠢ ᠬᠡᠷᠡᠭᠵᠢᠭᠦᠯᠬᠦ ᠬᠡᠷᠡᠭᠲᠡᠢ ᠂ ᠬᠢᠨᠠᠯᠲᠠ ᠶᠢᠨ ᠠᠵᠢᠯ ᠤᠨ ᠲᠠᠯ᠎ᠠ ᠶᠢᠨ ᠠᠷᠭ᠎ᠠ ᠬᠡᠮᠵᠢᠶ᠎ᠡ ᠶᠢ ᠲᠣᠭᠲᠠᠭᠠᠬᠤ ᠂ ᠵᠢᠰᠢᠶᠡᠯᠡᠪᠡᠯ ᠄ ᠵᠢᠯ ᠪᠦᠷᠢ ᠂ ᠬᠣᠭᠣᠯᠠ ᠶᠢᠨ ᠪᠠᠢᠭᠤᠯᠤᠯᠭ᠎ᠠ ᠶᠢᠨ ᠬᠢᠨᠠᠯᠲᠠ ᠶᠢᠨ ᠦᠷ᠎ᠡ ᠳ᠋ᠦᠩ ᠢ ᠵᠠᠷᠯᠠᠨ ᠨᠡᠢᠲᠡᠯᠡᠬᠦ ᠪᠠ ᠪᠠᠢᠭᠤᠯᠤᠯᠭ᠎ᠠ ᠠᠵᠢᠯᠯᠠᠬᠤ ᠪᠠᠢᠳᠠᠯ ᠢ ᠳᠠᠷᠤᠢ ᠳᠠᠭᠠᠯᠳᠤᠨ ᠰᠠᠢᠵᠢᠷᠠᠭᠤᠯᠬᠤ ᠬᠡᠷᠡᠭᠲᠡᠢ ᠃ ᠡᠨᠡ ᠵᠢᠯ ᠳᠦ ᠂ ᠡᠨᠡ ᠵᠢᠯ ᠳᠦ ᠂ ᠳᠠᠷᠠᠭᠠᠴᠢ ᠵᠢᠯ ᠳᠦ ᠪᠠᠢᠴᠠᠭᠠᠨ ᠬᠢᠨᠠᠵᠤ ᠪᠠᠢᠨ᠎ᠠ ᠃ HACCP ᠲᠣᠭᠲᠠᠯᠴᠠᠭ᠎ᠠ ᠶᠢᠨ ᠬᠣᠭᠣᠯᠠ ᠶᠢᠨ ᠠᠶᠤᠯᠭᠦᠢ ᠶᠢᠨ ᠪᠠᠢᠳᠠᠯ ᠢ ᠬᠢᠨᠠᠨ ᠰᠢᠯᠭᠠᠬᠤ ᠶᠢ ᠰᠢᠭᠠᠷᠳᠠᠨ᠎ᠠ ᠃ ᠬᠣᠭᠣᠯᠠ ᠶᠢᠨ ᠠᠶᠤᠯ ᠤᠨ ᠦᠨᠡᠯᠡᠯᠲᠡ ᠶᠢᠨ ᠬᠠᠮᠢᠶ᠎ᠠ ᠶᠢᠨ ᠲᠠᠯ᠎ᠠ ᠪᠠᠷ ᠂

ᠡᠨᠡ ᠬᠠᠷᠢᠭᠤᠴᠠᠯᠭ᠎ᠠ ᠶᠢ ᠪᠣᠯᠪᠠᠰᠤᠷᠠᠭᠤᠯᠬᠤ ᠲᠤᠰ ᠬᠣᠭᠣᠯᠠ ᠶᠢᠨ ᠠᠶᠤᠯᠭᠦᠢ ᠶᠢᠨ ᠪᠠᠢᠳᠠᠯ ᠢ ᠪᠠᠲᠤᠯᠠᠬᠤ ᠲᠣᠭᠲᠠᠯᠴᠠᠭ᠎ᠠ ᠶᠢᠨ ᠬᠡᠷᠡᠭ ᠪᠡᠯᠡᠨ ᠂ ᠡᠨᠡ ᠨᠢ ᠪᠠᠢᠭᠤᠯᠤᠯᠭ᠎ᠠ ᠶᠢᠨ ᠬᠢᠨᠠᠯᠲᠠ ᠶᠢ ᠠᠵᠢᠯ ᠤᠨ ᠵᠢᠯ ᠪᠦᠷᠢ ᠪᠠᠷ ᠬᠡᠷᠡᠭᠵᠢᠭᠦᠯᠦᠨ᠎ᠡ ᠃

ᠬᠣᠶᠠᠳᠤᠭᠠᠷ ᠲᠤ ᠂ ᠬᠠᠮᠢᠶᠠᠷᠤᠯᠲᠠ ᠪᠡᠷ ᠪᠦᠬᠦ ᠪᠦᠯᠦᠭ ᠪᠠᠢᠭᠤᠯᠤᠯᠭ᠎ᠠ ᠬᠢᠨᠠᠯᠲᠠ ᠶᠢᠨ ᠬᠡᠷᠡᠭᠵᠢᠭᠦᠯᠦᠯᠲᠡ ᠶᠢ ᠬᠣᠭᠣᠯᠠ ᠶᠢᠨ ᠠᠶᠤᠯᠭᠦᠢ ᠶᠢᠨ ᠪᠠᠢᠳᠠᠯ ᠤᠨ

《ᠬᠡᠷᠡᠭᠯᠡᠭᠴᠢ ᠶᠢᠨ ᠡᠷᠬᠡ ᠠᠰᠢᠭ ᠢ ᠬᠠᠮᠠᠭᠠᠯᠠᠬᠤ ᠬᠠᠤᠯᠢ》 ᠶᠢᠨ 27 ᠳᠤᠭᠠᠷ ᠵᠦᠢᠯ ᠳᠦ：《ᠬᠡᠷᠡᠭᠯᠡᠭᠴᠢ ᠶᠢᠨ ᠬᠤᠪᠢ ᠬᠦᠮᠦᠨ ᠦ ᠨᠡᠷ᠎ᠡ ᠲᠥᠷᠥ ᠶᠢ ᠬᠦᠨᠳᠦᠯᠡᠬᠦ》

第四十九条【农业投入品的使用】食用农产品生产者应当按照食品安全标准和国家有关规定使用农药、肥料、兽药、饲料和饲料添加剂等农业投入品，严格执行农业投入品使用安全间隔期或者休药期的规定，不得使用国家明令禁止的农业投入品。禁止将剧毒、高毒农药用于蔬菜、瓜果、茶叶和中草药材等国家规定的农作物。

食用农产品的生产企业和农民专业合作经济组织应当建立农业投入品使用记录制度。

县级以上人民政府农业行政部门应当加强对农业投入品使用的监督管理和指导，建立健全农业投入品安全使用制度。

●条文解读

一、食用农产品生产者应当依照食品安全标准和国家有关规定使用农业投入品

我国食品安全国家标准中对农药残留、兽药残留、重金属等污染物质的限量值有明确的规定，食用农产品生产者在种植、养殖过程中使用农药、肥料、兽药、饲料和饲料添加剂等农业投入品，应当按照食品安全国家标准的相关规定使用。如使用农药应当按照规定的用量、用药次数等进行使用，以防止食用农产品农残留超过食品安全国家标准的规定。除了遵守食品安全国家标准的规定外，使用农业投入品还应当遵守国家有关规定，这些规定包括有

上保证食品安全。安全间隔期，是对农药使用而言，指自喷药后到农药残留量降到最大允许明令禁止的农业投入品』，旨在进一步强调必须按照规定使用农业投入品，防止滥用，从源头

一是增加规定『严格执行农业投入品使用安全间隔期或者休药期的规定，不得使用国家规定：

这里应当指出一点，此次修改食品安全法，在农业投入品使用管理方面增加了两处使用农药、兽药等农业投入品时，应当遵守上述法规的规定。

及动物饮用水中或者直接饲喂动物，禁止将人用药品用于动物，等等。食用农产品生产者在兽药，应当由兽药生产企业制成药物饲料添加剂后方可添加，禁止将原料药直接添加到饲料加激素类药品和国务院兽医行政管理部门规定的其他禁用药品。经批准可以在饲料中添加的当确保动物及其产品在用药期、休药期内不被用于食品消费。禁止在饲料和动物饮用水中添动物时，饲养者应当向购买者或者屠宰者提供准确、真实的用药记录；购买者或者屠宰者应数、用药方法和安全间隔期施药，防止污染农副产品。《兽药管理条例》规定，兽药用于食用定，使用农药应当遵守国家有关农药安全、合理使用的规定，按照规定的用药量、用药次对农药、兽药、饲料和饲料添加剂等农业投入品的使用作了规范。如《农药管理条例》规农产品质量安全法、《农药管理条例》、《兽药管理条例》、《饲料和饲料添加剂管理条例》等，关法律、法规、规章及其他规范性文件等。在法律、行政法规层面，除了食品安全法外，还有

杀芬、毒鼠强等18种农药，2006年6月农业部等四部委发布公告，自2007年1月起禁止生农业投入品，在农药方面，2002年6月农业部发布公告，明令禁止使用六六六、滴滴涕、毒

此外，在食用农产品生产过程中，不得使用国家明令禁止的农业投入品。国家明令禁止的安全。

农产品生产者应当严格按照标明的安全间隔期、休药期使用农业投入品，确保农产品质量部有关规定的要求，农药、兽药在其标签或说明书上都应标明安全间隔期、休药期等内容，定，是合理使用农业投入品的重要内容。根据《农药管理条例》和《兽药管理条例》及农业残留药物超标，对人体造成危害。在农药、兽药使用中严格执行安全间隔期或者休药期的规害的浓度。如果不遵守休药期的规定，会造成药物在动物体内大量蓄积，导致动物产品中的中的分布情况等不同而有差异。经过休药期，暂时残留在动物体内的药物被分解到对人体无检测不出药物为止。休药期因动物种属、药物种类、制剂形式、用药剂量、给药途径及组织时间点屠宰，采集各个组织进行残留量的检测，直至在最后一个时间点采集的所有组织中均据药物在动物体内的消除规律确定的，就是按最大剂量、最长用药周期给药，停药后在不同言，指动物从停止给药到许可屠宰或它们的乳、蛋等产品许可上市的间隔时间。休药期是依农药由于其降解所需时间不同，安全间隔期也不同。休药期也叫消除期，是对兽药使用而残留量所需间隔时间，最后一次喷药与收获之间必须大于安全间隔期，以防人畜中毒。不同

产销售使用甲胺磷、甲基对流磷、对流磷、久效磷、磷胺5种高毒农药。在兽药方面，2002年3月农业部发布公告，列明了21类食品动物禁用的兽药及其他化合物清单。此外，2001年2月农业部发布的《关于禁止在反刍动物饲料中添加和使用动物性饲料的通知》，明确禁止在反刍动物饲料中添加和使投入品，食用农产品生产者一律不得使用，否则将承担相应的法律责任。

一是增加规定『禁止将剧毒、高毒农药用于蔬菜、瓜果、茶叶和中草药材等国家规定的农作物』。这一规定是与《农药管理条例》的相关规定相衔接的。该条例第27条第2款规定：『剧毒、高毒农药不得用于防治卫生害虫，不得用于蔬菜、瓜果、茶叶和中草药材。』依据这一规定，2002年农业部出台规定禁止将甲胺磷、甲基对流磷、对流磷、久效磷等19种高毒农药用于蔬菜、果树、茶叶和中草药材，禁止将三氯杀螨醇、氰戊菊酯用于茶树蓬药。剧毒、高毒农药的毒性相对较高，但目前全部淘汰这类农药的时机还不成熟，需要在使用方面加强管理，避免因为这类农药的滥用而影响食用农产品的安全。蔬菜、瓜果、茶叶和中草药材不同于一般的农作物，属于不需要经过脱壳等加工即可食用的产品，所以在种植过程中，需要在农药的使用方面有特别严格的要求，以保证这类产品的安全。应当指出的是，本条规定『禁止将剧毒、高毒农药用于蔬菜、瓜果、茶叶和中草药材等国家规定的农作物』，为将来随着农业病虫害防治技术的发展，逐步扩大剧毒、高毒农药的禁用范围预留了法律空间，一旦条件具备、时机成熟，国家可以规定种植蔬菜、瓜果、茶叶和中草药材以外的农作物也不得使用剧毒、高毒农药，以更好地保证食品安全。

二、食用农产品的生产企业和农民专业合作经济组织应当建立农业投入品使用记录制度

根据农民专业合作社法的规定，农民专业合作经济组织是在农村家庭承包经营基础上，同类农产品的生产经营者或者同类农业生产经营服务的提供者、利用者，自愿联合、民主管理的互助性经济组织。当前，我国农村有各类农民专业合作经济组织 140 多万个，其中较为规范的有 14 万多个，广泛分布于种植业、畜牧业、水产业、林业、运输业、加工业以及销售服务行业等各领域，成为实施农业产业化经营的一支新生力量。

食用农产品的生产企业和农民专业合作经济组织不同于一般的农民个体，其具有一定的生产规模和技术能力，生产的农产品产量比较大，对这些法人实体，应当实行比一般的农民个体更严格的要求。具体到本条的要求就是建立农业投入品使用记录制度，如实记录昕使用的农业投入品的名称、来源、用法、用量和使用、停用的日期等内容·以确保对生产过程中的问题进行追查，实现食用农产品安全可追溯。这里应当指出的是，原食品安全法规定，食用农产品的生产企业和农民专业合作经济组织应当建立食用农产品生产记录制度，此次修法，将『食用农产品生产记录制度』修改为『农业投入品使用记录制度』，主要是考虑『食用农产品生产记录制度』的内涵比较宽泛，除了农业投入品使用情况外，还包括动物疫病、

植物病虫草害的发生和防治情况，收获、屠宰的日期、销售去向等内容。而本条主要是对农业投入品的使用进行规范，记录的内容也应与之衔接，所以作了上述修改。

三、农业行政部门应当加强对农业投入品使用的监督管理和指导，建立健全农业投入品的安全使用制度

农业行政部门作为农业生产环节的主管部门，应当建立健全农业投入品的安全使用制度：一是要加强对食用农产品生产者的宣传和培训力度，增强他们对有害农业投入品的认识，提高安全使用农业投入品的意识、能力和责任。二是加强农业投入品生产环节和流通环节的监管，防止国家明令禁止的农业投入品流入市场。三是加强对农业投入品使用环节的监管，对于使用国家明令禁止使用的农业投入品的，要依法进行查处。

[illegible]

ᠬᠢᠵᠠᠭᠠᠷᠯᠠᠭᠰᠠᠨ ᠬᠡᠷᠡᠭᠯᠡᠭᠡᠨ ᠦ ᠬᠢᠵᠠᠭᠠᠷ ᠢ ᠴᠢᠩᠭᠠᠳᠬᠠᠬᠤ᠂ ᠬᠡᠷᠡᠭᠯᠡᠭᠡᠨ ᠦ ᠪᠠᠶᠢᠳᠠᠯ ᠤᠨ ᠵᠢᠷᠤᠮ ᠳᠤ ᠨᠢᠶᠡᠴᠡ ᠬᠤᠷᠢᠶᠠᠯᠠᠭᠳᠠᠬᠤ ᠪᠣᠯᠪᠠ ::

ᠬᠣᠷᠣ ᠲᠠᠢ ᠲᠠᠷᠢᠶᠠᠨ ᠤ ᠡᠮ ᠢ ᠬᠡᠷᠡᠭᠯᠡᠬᠦ ᠶᠢ ᠬᠤᠷᠢᠶᠠᠯᠠᠭᠰᠠᠨ ᠲᠤᠬᠠᠶ ᠳᠤ᠂ ᠲᠦᠷᠦ ᠶᠢᠨ ᠵᠠᠰᠠᠭ ᠤᠨ ᠭᠠᠵᠠᠷ ᠤᠨ ᠬᠤᠷᠢᠶᠠᠯᠠᠭᠰᠠᠨ ᠬᠣᠷᠣ ᠲᠠᠢ ᠲᠠᠷᠢᠶᠠᠨ ᠤ ᠡᠮ ᠳᠦ ᠨᠢ ᠳᠣᠭ ᠳᠣᠭ ᠲ (滴滴涕)、ᠬᠣᠷᠣᠭᠠᠨ ᠬᠣᠷᠣᠭᠠᠨ ᠬᠣᠷᠣᠭᠠᠨ (六六六)、ᠬᠣᠷᠣ ᠶᠢᠨ ᠬᠣᠷᠣ (毒杀芬)、ᠬᠣᠯᠤᠭᠠᠨ᠎ᠠ ᠶᠢᠨ ᠬᠦᠴᠦᠲᠡᠢ ᠬᠣᠷᠣ (毒鼠强) ᠵᠡᠷᠭᠡ 18 ᠲᠥᠷᠦᠯ ᠦᠨ ᠬᠣᠷᠣ ᠲᠠᠢ ᠡᠮ᠂ 2006 ᠣᠨ ᠤ 6 ᠰᠠᠷ᠎ᠠ ᠳᠤ ᠬᠤᠷᠢᠶᠠᠯᠠᠭᠰᠠᠨ ᠬᠣᠷᠣ ᠲᠠᠢ ᠡᠮ᠂ 2007 ᠣᠨ ᠤ 1 ᠰᠠᠷ᠎ᠠ ᠡᠴᠡ ᠡᠬᠢᠯᠡᠨ ᠬᠤᠷᠢᠶᠠᠯᠠᠭᠰᠠᠨ ᠹᠣᠰᠹᠣᠷ (甲胺磷)、ᠮᠧᠲ᠋ᠢᠯ ᠫᠠᠷᠠᠲ᠋ᠢᠣᠨ ᠹᠣᠰᠹᠣᠷ (甲基对硫磷)、ᠫᠠᠷᠠᠲ᠋ᠢᠣᠨ ᠹᠣᠰᠹᠣᠷ (对硫磷)、ᠤᠷᠲᠤ ᠬᠤᠭᠤᠴᠠᠭᠠᠨ ᠤ ᠹᠣᠰᠹᠣᠷ (久效磷)、ᠹᠣᠰᠹᠣᠷ ᠠᠮᠢᠨ (磷铵) 5 ᠲᠥᠷᠦᠯ ᠦᠨ ᠬᠣᠷᠣ ᠲᠠᠢ ᠲᠠᠷᠢᠶᠠᠨ ᠤ ᠡᠮ ᠢ ᠬᠤᠷᠢᠶᠠᠯᠠᠭᠰᠠᠨ᠂ 2002 ᠣᠨ ᠤ 3 ᠰᠠᠷ᠎ᠠ ᠶᠢᠨ 21 ᠦ ᠡᠳᠦᠷ ᠲᠠᠷᠢᠶᠠᠯᠠᠩ ᠤᠨ ᠶᠠᠮᠤᠨ ᠤ ᠵᠠᠷᠯᠠᠯ ᠢᠶᠠᠷ ᠬᠣᠷᠣ ᠶᠢᠨ ᠬᠡᠮᠵᠢᠶ᠎ᠡ ᠶᠢ ᠲᠣᠭᠲᠠᠭᠠᠨ᠎ᠠ :: ᠣᠳᠣ ᠪᠠᠷ ᠤᠯᠤᠰ᠂ 2001 ᠣᠨ ᠤ 2 ᠰᠠᠷ᠎ᠠ ᠳᠤ ᠰᠢᠨᠡᠴᠢᠯᠡᠨ ᠵᠠᠰᠠᠭᠰᠠᠨ 《ᠲᠠᠷᠢᠶᠠᠨ ᠤ ᠡᠮ ᠦᠨ ᠬᠠᠮᠢᠶᠠᠷᠤᠯᠲᠠ ᠶᠢᠨ ᠳᠦᠷᠢᠮ》 ᠳᠤ᠂ ᠲᠠᠷᠢᠶᠠᠨ ᠤ ᠡᠮ ᠦᠨ ᠬᠡᠷᠡᠭᠯᠡᠭᠡᠨ ᠦ ᠬᠢᠵᠠᠭᠠᠷ ᠢ ᠲᠣᠭᠲᠠᠭᠠᠬᠤ ᠶᠠᠪᠤᠭᠳᠠᠭᠤᠯᠤᠨ

ᠦᠢᠯᠡᠳᠪᠦᠷᠢ ᠳᠡᠭᠡᠷᠡ ᠡᠴᠡ ᠬᠠᠮᠢᠶᠠᠷᠤᠯᠬᠤ ᠶᠠᠮᠤ ᠪᠦᠷᠢᠳᠬᠡᠯᠵᠢᠭᠦᠯᠦᠭᠰᠡᠨ ᠬᠣᠷᠣᠨ ᠬᠣᠷ᠎ᠠ ᠶᠢ ᠬᠢᠵᠦ ᠪᠣᠯᠬᠤ ᠪᠦᠲᠦᠭᠡᠭᠳᠡᠬᠦᠨ᠃ ᠬᠣᠣᠷᠠ ᠳᠠᠭᠠᠨ ᠬᠦᠨᠳᠦ ᠬᠣᠣᠷᠲᠤ ᠨᠣᠭᠣᠭᠠᠨ ᠳᠤ ᠬᠡᠷᠡᠭᠯᠡᠬᠦ ᠶᠢ ᠴᠡᠭᠡᠵᠢᠯᠡᠬᠦ ᠬᠣᠣᠷᠠ ᠶᠢᠨ ᠡᠮ ᠦᠨ ᠵᠦᠢᠯ ᠦᠨ ᠬᠦᠨᠳᠦ ᠬᠣᠣᠷᠲᠤ ᠨᠣᠭᠣᠭᠠᠨ ᠤ ᠬᠣᠷᠣᠨ ᠬᠣᠷ᠎ᠠ ᠶᠢᠨ ᠪᠦᠲᠦᠭᠡᠭᠳᠡᠬᠦᠨ ᠢ ᠬᠠᠷᠢᠶᠠᠯᠠᠬᠤ ᠬᠡᠷᠡᠭᠯᠡᠬᠦ ᠶᠢ ᠴᠡᠭᠡᠵᠢᠯᠡᠨ᠎ᠡ ᠄ ᠬᠣᠣᠷᠲᠤ ᠨᠣᠭᠣᠭᠠᠨ ᠤ ᠬᠡᠷᠡᠭᠯᠡᠬᠦ ᠳᠡᠭᠡᠷᠡ ᠬᠣᠷᠣᠨ ᠬᠣᠷ᠎ᠠ ᠶᠢᠨ ᠪᠦᠲᠦᠭᠡᠭᠳᠡᠬᠦᠨ ᠦ ᠬᠣᠣᠷᠠ ᠶᠢᠨ ᠡᠮ ᠦᠨ ᠵᠦᠢᠯ ᠢ ᠬᠡᠷᠡᠭᠯᠡᠬᠦ ᠶᠢ ᠴᠡᠭᠡᠵᠢᠯᠡᠨ᠎ᠡ᠃ ᠲᠡᠭᠦᠨ ᠦ ᠬᠡᠷᠡᠭᠯᠡᠭᠡᠨ ᠦ ᠬᠡᠮᠵᠢᠶ᠎ᠡ ᠶᠢ ᠬᠢᠵᠠᠭᠠᠷᠯᠠᠬᠤ ᠪᠤᠶᠤ ᠬᠣᠣᠷᠠ ᠶᠢᠨ ᠡᠮ ᠦᠨ ᠵᠦᠢᠯ ᠦᠨ ᠬᠤᠳᠠᠯᠳᠤᠭ᠎ᠠ ᠬᠡᠷᠡᠭᠯᠡᠭᠡ ᠶᠢ ᠬᠣᠷᠢᠭᠯᠠᠬᠤ ᠬᠡᠷᠡᠭᠲᠡᠢ᠃ ᠬᠣᠣᠷᠠ ᠶᠢᠨ ᠡᠮ ᠦᠨ ᠵᠦᠢᠯ ᠦᠨ ᠬᠡᠷᠡᠭᠯᠡᠭᠡᠨ ᠦ ᠪᠣᠯᠪᠠᠰᠤᠷᠠᠯ ᠢ ᠳᠡᠭᠡᠰᠢᠯᠡᠭᠦᠯᠬᠦ ᠪᠣᠯ ᠬᠣᠷᠣᠨ ᠬᠣᠷ᠎ᠠ ᠶᠢᠨ ᠭᠣᠣᠯ ᠪᠣᠳᠠᠰ ᠤᠨ ᠬᠡᠷᠡᠭ ᠪᠣᠯᠤᠨ᠎ᠠ᠃ ᠬᠦᠨᠳᠦ ᠬᠣᠣᠷᠲᠤ ᠨᠣᠭᠣᠭᠠᠨ ᠤ ᠬᠣᠣᠷᠠ ᠶᠢᠨ ᠡᠮ ᠦᠨ ᠵᠦᠢᠯ ᠳᠦ 三氯杀蟎醇）· ᠴᠢᠭ ᠤᠤᠯ ᠲᠡᠭᠦᠷᠭᠡ（氯戊菊酯）ᠵᠡᠷᠭᠡ ᠶᠢ ᠴᠠᠢ ᠶᠢᠨ ᠮᠣᠳᠣ ᠳᠤ ᠬᠡᠷᠡᠭᠯᠡᠬᠦ ᠶᠢ ᠴᠡᠭᠡᠵᠢᠯᠡᠨ᠎ᠡ᠃ ᠬᠣᠣᠷᠲᠤ ᠨᠣᠭᠣᠭᠠᠨ ᠤ ᠬᠣᠣᠷᠠ ᠶᠢᠨ ᠡᠮ ᠦᠨ ᠵᠦᠢᠯ ᠳᠦ ᠹᠣᠰᠹᠣᠷ（磷铵）ᠵᠡᠷᠭᠡ 19 ᠵᠦᠢᠯ ᠦᠨ ᠬᠣᠣᠷᠠ ᠶᠢᠨ ᠡᠮ ᠢ ᠬᠡᠷᠡᠭᠯᠡᠬᠦ ᠶᠢ ᠴᠡᠭᠡᠵᠢᠯᠡᠨ᠎ᠡ᠃ ᠬᠣᠣᠷᠲᠤ ᠨᠣᠭᠣᠭᠠᠨ ᠤ ᠮᠧᠲᠢᠯ ᠫᠠᠷᠠᠲᠢᠣᠨ ᠹᠣᠰᠹᠣᠷ（甲基对硫磷）· ᠫᠠᠷᠠᠲᠢᠣᠨ ᠹᠣᠰᠹᠣᠷ（对硫磷）· ᠤᠷᠲᠤ ᠬᠤᠭᠤᠴᠠᠭ᠎ᠠ ᠶᠢᠨ ᠹᠣᠰᠹᠣᠷ（久效磷）· ᠮᠧᠲᠠᠮᠢᠳᠣᠹᠣᠰ ᠹᠣᠰᠹᠣᠷ（甲胺磷）· ᠬᠣᠣᠷᠠ ᠶᠢᠨ ᠡᠮ ᠦᠨ ᠬᠤᠷᠢᠶᠠᠬᠤ》ᠵᠡᠷᠭᠡ᠃ ᠬᠠᠤᠯᠢ ᠶᠢᠨ ᠦᠨᠳᠦᠰᠦᠯᠡᠯ᠄ 2002 ᠣᠨ ᠤ ᠪᠣᠳᠣᠯᠭ᠎ᠠ ᠶᠢᠨ ᠳᠡᠭᠡᠷᠡ ᠬᠡᠷᠡᠭᠯᠡᠭᠳᠡᠬᠦ ᠹᠣᠰᠹᠣᠷ（甲胺磷）· ᠬᠣᠣᠷᠲᠤ ᠨᠣᠭᠣᠭᠠᠨ ᠤ ᠬᠣᠣᠷᠠ ᠶᠢᠨ ᠡᠮ ᠦᠨ ᠬᠤᠷᠢᠶᠠᠬᠤ᠃ ᠬᠦᠨᠳᠦ ᠬᠣᠣᠷᠲᠤ᠃ ᠬᠣᠣᠷᠲᠤ ᠨᠣᠭᠣᠭᠠᠨ ᠤ ᠬᠡᠷᠡᠭᠯᠡᠬᠦ ᠶᠢᠨ ᠬᠣᠣᠷᠠ ᠶᠢᠨ ᠡᠮ ᠦᠨ ᠵᠦᠢᠯ ᠦᠨ ᠬᠤᠳᠠᠯᠳᠤᠭ᠎ᠠ ᠬᠡᠷᠡᠭᠯᠡᠭᠡ ᠶᠢ ᠪᠦᠷᠢᠳᠬᠡᠯ ᠦᠨ ᠲᠠᠯ᠎ᠠ ᠄《ᠲᠠᠷᠢᠶᠠᠯᠠᠩ᠂ ᠬᠦᠨᠳᠦ ᠬᠣᠣᠷᠲᠤ ᠨᠣᠭᠣᠭᠠᠨ ᠤ ᠬᠣᠣᠷᠠ ᠶᠢᠨ ᠡᠮ ᠦᠨ ᠵᠦᠢᠯ ᠦᠨ ᠬᠡᠷᠡᠭᠯᠡᠭᠡᠨ ᠦ ᠲᠤᠬᠠᠢ ᠮᠡᠳᠡᠭᠳᠡᠯ》ᠦᠨ ᠳᠦᠷᠢᠮ ᠤᠨ ᠬᠤᠷᠢᠶᠠᠩᠭᠤᠢ ᠪᠠᠷ ᠨᠡᠢᠲᠡᠯᠡᠭᠰᠡᠨ ᠪᠤᠢ᠃ ᠳᠡᠭᠡᠷᠡ 27 ᠳᠤᠭᠠᠷ ᠵᠦᠢᠯ ᠦᠨ 2 ᠳᠤᠭᠠᠷ ᠵᠦᠢᠯ ᠦᠨ ᠬᠣᠷᠣᠨ ᠬᠣᠷ᠎ᠠ ᠶᠢᠨ ᠪᠦᠲᠦᠭᠡᠭᠳᠡᠬᠦᠨ ᠢ ᠬᠡᠷᠡᠭᠯᠡᠬᠦ ᠶᠢ ᠴᠡᠭᠡᠵᠢᠯᠡᠬᠦ ᠬᠣᠣᠷᠠ ᠶᠢᠨ ᠡᠮ ᠦᠨ ᠵᠦᠢᠯ ᠦᠨ ᠬᠤᠷᠢᠶᠠᠩᠭᠤᠢ》᠃ ᠬᠠᠤᠯᠢ ᠶᠢᠨ ᠦᠨᠳᠦᠰᠦᠯᠡᠯ ᠢ《ᠬᠣᠣᠷᠠ ᠶᠢᠨ ᠡᠮ ᠦᠨ ᠵᠦᠢᠯ ᠦᠨ ᠬᠠᠮᠢᠶᠠᠷᠤᠯᠲᠠ ᠶᠢᠨ ᠳᠦᠷᠢᠮ》ᠦᠨ

ᠬᠣᠷᠣᠨ ᠬᠣᠷ᠎ᠠ ᠶᠢ《ᠲᠠᠷᠢᠶᠠᠯᠠᠩ᠂ ᠬᠦᠨᠳᠦ ᠬᠣᠣᠷᠲᠤ ᠨᠣᠭᠣᠭᠠᠨ ᠤ ᠬᠡᠷᠡᠭᠯᠡᠭᠡ᠂ ᠬᠣᠣᠷᠲᠤ᠂ ᠬᠣᠣᠷᠲᠤ ᠨᠣᠭᠣᠭᠠᠨ ᠤ ᠬᠣᠣᠷᠠ ᠶᠢᠨ ᠡᠮ ᠦᠨ ᠬᠤᠷᠢᠶᠠᠬᠤ ᠪᠦᠲᠦᠭᠡᠭᠳᠡᠬᠦᠨ᠂ ᠡᠮ ᠦᠨ ᠬᠣᠷᠣᠨ ᠬᠣᠷ᠎ᠠ ᠶᠢᠨ ᠪᠦᠲᠦᠭᠡᠭᠳᠡᠬᠦᠨ ᠦ ᠬᠡᠷᠡᠭᠯᠡᠭᠡᠨ ᠦ ᠬᠠᠮᠢᠶᠠᠷᠤᠯᠲᠠ ᠪᠤᠯᠤᠨ᠎ᠠ ᠄

第五十条【食品生产者的进货查验记录制度】 食品生产者采购食品原料、食品添加剂、食品相关产品，应当查验供货者的许可证和产品合格证明；对无法提合格证明的食品原料，应当按照食品安全标准进行检验；不得采购或者使用不符合食品安全标准的食品原料、食品添加剂、食品相关产品。

食品生产企业应当建立食品原料、食品添加剂、食品相关产品进货查验记录制度，如实记录食品原料、食品添加剂、食品相关产品的名称、规格、数量、生产日期或者生产批号、保质期、进货日期以及供货者名称、地址、联系方式等内容，并保存相关凭证。记录和凭证保存期限不得少于产品保质期满后六个月；没有明确保质期的，保存期限不得少于二年。

●条文解读

一、食品生产者的进货查验制度

『进货查验制度』是指食品生产者依照法律、法规和规章的规定在采购时，对购进的食品原料、食品添加剂、食品相关产品的质量状况进行检查，对经检查确认符合食品安全标准的方可予以购进的进货质量保证制度。食品生产者采购食品原料、添加剂、相关产品是关系食品安全的源头。采购的这些物料品质、来源、安全状况如何，直接决定了其生产的食品是否安全。如果食品原料等不符合食品安全标准，就难以生产出符合食品安全标准的食品。为从源头上保障食品安全，需要加强食品生产者生产活动的监管，杜绝不合格产品进入生产环节。因此，本条规定，食品生产者在采购食品原料、食品添加剂、食品相关产品时，应当查验供货者的许可证和产品合格证明。也就说，食品生产者在采购时需要履行检查或者检验的义务。食品生产者在采购时应当索取并查验供货者资格，检查供货者是否是获得许可证的合法企业，同时还要检验采购的原料是否有检验单位出具的同批次产品检验合格证明，如产品生产许可证、动物检疫合格证明、进口卫生证书等，并对物料进行验收审核。由于我国农业生产大多数还处于一家一户的分散经营状况，有的食品原料可能无法提供合格证明文件，对此法律要求食品生产者应当依照食品安全标准进行检验，不符合食品安全标准的，不得采购。而食品添加剂、食品相关产品由于工业化生产程度较高，一般不存在不能提供合格证明文件的情况，因此，对于不能提供合格证明文件的食品添加剂、食品相关产品，食品生产者不得采购。

二、食品生产企业进货查验记录制度

查验记录制度是食品生产企业建立追溯体系的具体手段，一方面有利于食品可追溯，确保监管链条不断，另一方面也可以保护生产经营企业自身的权益。本法第 42 条规定，食品生产经营者应当依照本法的规定，建立食品追溯体系，保证食品可追溯。如何做到食品可追溯，做好相应的信息记录，是必不可少的措施。因此，本条第2款规定，食品生产企业应当建立食品原料、食品添加剂、食品相关产品进货查验记录制度，记录相关信息。进货查验记录制度包括采购索证、进货验收和台账记录过程。第一，在采购索证方面。食品生产企业采购时，应当到证照齐全的食品生产经营者或市场采购，索取销售者或市场管理者出具的购物凭证并留存备查，要查验证件，以便溯源。如采购生猪肉应查验是否为定点屠宰企业屠宰的产品并查验检疫合格证明；采购其他肉类也应查验检疫合格证明。不得采购没有检疫合格证明的肉类。从固定供货商或供货基地采购食品的，应索取并留存供货商或供货基地的资质证明，供货商或供货基地应签订采购供货合同并保证食品卫生质量。第二，在进货验收方面，应有专人负责验收，原则上要符合食品安全标准的要求，对不符合标准的食品不得采购。第三，在台账记录方面，应如实记录食品原料、食品添加剂、食品相关产品的名称、规格、数量、生产日期或生产批号、保质期、进货日期、供货者名称及其联络方式等内容。一旦发生食品安全事故，能够确保迅速地追溯到源头和具体责任人。关于记录和凭证的保存期限，原食品安全法第36条规定不得少于2年。在这次修订过程中，一些食品生产经营者提出，食品不同于其他产品，保存期限短，有一个保质期的要求，笼统地要求企业将记录和凭证保存2年，会加重企业负担。因此，这次修订将保存期限修改为不得少于产品保质期满后6个月。

[illegible]

[illegible]

【[illegible]】

求的食品予以购进，出现问题后该食品生产者就要承担相应的法律责任。

食品生产者如不认真履行本条所规定的进货查验记录制度，对不符合本法和有关规定要对于一些没有保质期要求的产品，如酒类，规定了保存期限不得少于2年。

ᠵᠠᠰᠠᠭᠯᠠᠯ ᠤᠨ ᠲᠣᠪᠴᠢᠶᠠᠯᠠᠯ ᠤᠨ ᠬᠡᠷᠡᠭᠯᠡᠭᠡᠨ ᠢ ᠪᠠᠶᠢᠭᠤᠯᠤᠯᠭ᠎ᠠ ᠶᠢᠨ ᠬᠠᠷᠢᠭᠤᠴᠠᠯᠭ᠎ᠠ ᠪᠠᠷ ᠭᠦᠢᠴᠡᠳᠬᠡᠬᠦ ᠶᠣᠰᠣᠲᠠᠢ ::
ᠦᠢᠯᠡᠳᠪᠦᠷᠢᠯᠡᠭᠴᠢ ᠪᠦᠲᠦᠭᠡᠭᠳᠡᠬᠦᠨ ᠦ ᠴᠢᠨᠠᠷ ᠢ ᠬᠠᠷᠢᠭᠤᠴᠠᠬᠤ ᠪᠦᠲᠦᠭᠡᠭᠳᠡᠬᠦᠨ ᠦ ᠴᠢᠨᠠᠷ ᠤᠨ ᠬᠠᠷᠢᠭᠤᠴᠠᠯᠭ᠎ᠠ ᠶᠢᠨ ᠬᠠᠤᠯᠢ ᠶᠢᠨ ᠵᠦᠢᠯ ᠦᠨ ᠳᠠᠭᠠᠤ ᠪᠣᠯᠪᠠᠰᠤ ᠬᠤᠳᠠᠯᠳᠤᠭᠴᠢ ᠳᠤ ᠨᠥᠬᠥᠪᠥᠷᠢ ᠦᠵᠡᠬᠦ ᠪᠣᠯᠤᠨ᠎ᠠ ::
ᠪᠦᠲᠦᠭᠡᠭᠳᠡᠬᠦᠨ ᠦ ᠴᠢᠨᠠᠷ ᠤᠨ ᠬᠠᠷᠢᠭᠤᠴᠠᠯᠭ᠎ᠠ ᠶᠢᠨ ᠬᠠᠤᠯᠢ ᠶᠢᠨ ᠬᠠᠷᠢᠭᠤᠴᠠᠯᠭ᠎ᠠ ᠪᠠᠷ ᠬᠤᠳᠠᠯᠳᠤᠭᠴᠢ ᠶᠢᠨ ᠪᠦᠲᠦᠭᠡᠭᠳᠡᠬᠦᠨ ᠦ ᠬᠠᠷᠢᠭᠤᠴᠠᠯᠭ᠎ᠠ ::

[ᠰᠠᠨᠠᠭᠤᠯᠤᠯᠭ᠎ᠠ]

ᠪᠣᠯᠭᠠᠬᠤ ᠪᠣᠯᠬᠤ ᠦᠭᠡᠢ ::

[illegible]

[illegible]

[illegible]

联系方式、销售日期等内容，这是食品生产企业的法定义务。通过查验并如实记录：第一，如实记录出厂食品的名称、规格、数量、生产日期、生产批号、检验合格证号、购货者名称及联系方式、销售日期等内容，这是食品生产企业的法定义务。

食品出厂检验记录应当真实。食品生产企业不得凭空捏造、涂改食品出厂检验记录。其应食品进行检验，确保出厂的食品是合格、安全的。

出厂检验是食品生产中的最后一道工序，是食品生产者能够控制的最后一道关卡，是为了防止不合格的食品流入市场。生产企业建立食品出厂检验记录制度，既是对消费者身体健康的保障，也是对企业自身声誉的保障。如果食品生产企业不能严格把关，就有可能使不符合食品安全标准的食品流入市场，出厂后出现问题，食品生产企业即使召回食品，也会对其声誉造成不同程度的影响。企业作为食品安全的第一责任人，有责任、有义务对自己生产的

●条文解读

第五十一条【食品出厂检验记录制度】 食品生产企业应当建立食品出厂检验记录制度，查验出厂食品的检验合格证和安全状况，如实记录食品的名称、规格、数量、生产日期或者生产批号、保质期、检验合格证号、销售日期以及购货者名称、地址、联系方式等内容，并保存相关凭证。记录和凭证保存期限应当符合本法第五十条第二款的规定。

[illegible]

[illegible]

期满后 6 个月，没有明确保质期要求的，不得少于 2 年。

后查询方便，出现问题及时追溯，法律规定食品出厂检验记录的保存期限不得少于产品保质如果与购货者因为食品安全、质量等发生法律纠纷，食品出厂检验记录是重要证据。为了日录，可以迅速找到是哪些购货者购买了该批食品，实施食品召回。第三，食品生产企业日后验并记录是食品召回制度的基础和前提，当发现食品出现问题时，通过查找食品出厂检验记问题的食品，防止将不合格食品作为合格食品上市销售，损害公众身体健康。第二，出厂查可以及时发现没有食品检验合格证的不合格食品，或发现虽有检验合格证但安全状况有显著

第五十二条【食品原料、食品添加剂、食品相关产品的质量检验】食品、食品添加剂、食品相关产品的生产者，应当按照食品安全标准对所生产的食品、食品添加剂、食品相关产品进行检验，检验合格后方可出厂或者销售。

●条文解读

本法第51条的规定是侧重于对食品的检验合格证和相关记录方面的安全状况的查验，本选择获得相关资质的食品检验机构。企业应妥善保存检验记录，以备查询。

科学、准确，检验仪器设备精度必须符合要求。企业委托外部食品检验机构进行检验时，应明确各检验项目的检验方法。检验人员应按规定的检验方法开展检验工作。为确保检验结果……验。企业开展自行检验应配备相应的检验设备、试剂、标准样品等，建立实验室管理制度，

企业对各类样品可以自行进行检验，也可以委托具备相应资质的食品检验机构进行检任人。

负责，也是对食品生产企业自身的品牌和信誉负责，真正体现企业是食品安全的第一责品生产安全控制措施上存在的问题，及时排查原因，并采取改进措施。这既是对消费者健康品、食品添加剂和食品相关产品，防止流入社会，损害消费者健康。同时也可以及时了解食工序。检验是确保食品安全的重要手段。企业通过对出厂食品进行检验，及时发现不合格食和食品相关产品按照食品安全法律、法规和标准的要求进行检验，是生产活动中的最后一道

出厂检验，是指食品、食品添加剂和食品相关产品的生产者，对生产的食品、食品添加剂条更侧重于从食品、食品添加剂和食品相关产品本身的安全性、品质等进行检验。

日期或者生产批号、保质期、进货日期以及供货者名称、地址、联系方式等内容，并保存相

食品经营企业应当建立食品进货查验记录制度，如实记录食品的名称、规格、数量、生产的许可证和食品出厂检验合格证或者其他合格证明（以下称合格证明文件）。

第五十三条【食品经营者的进货查验记录制度】 食品经营者采购食品，应当查验供货者

经济损失和一旦造成食品中毒和人身伤亡事故所要承担的法律责任。

品经营者一方。因此食品经营者必须认真执行该项制度，避免因盲目采购不安全食品造成的

认真执行进货查验制度，对不符合食品安全标准的食品予以验收进货，则责任随即转移到食

议，经进一步证实所进食品不符合食品安全要求的，可以拒绝验收进货。如果食品经营者不

重要措施。食品经营者对所进货物进行检查验收，发现存在食品安全问题时，可以提出异

执行进货查验制度，不仅是保证食品安全的措施，也是保护食品经营者自身合法权益的

一、　食品经营者的进货查验制度

者、食品经营企业制定并实施进货查验记录制度提出的要求。

本法第 50 条规定了食品生产者、食品生产企业的进货查验记录制度，本条是对食品经营

●条文解读

内容，并保存相关凭证。记录和凭证保存期限应当符合本法第五十条第二款的规定。

规格、数量、生产日期或者生产批号、保质期、销售日期以及购货者名称、地址、联系方式等

从事食品批发业务的经营企业应当建立食品销售记录制度，如实记录批发食品的名称、

品合格证明文件，进行食品进货查验记录。

实行统一配送经营方式的食品经营企业，可以由企业总部统一查验供货者的许可证和食

关凭证。记录和凭证保存期限应当符合本法第五十条第二款的规定。

食品经营者在采购食品时，应当严格审查食品供应商的条件，认真查验供货者的许可证和食品合格证明文件，确保所采购的食品符合标准。食品合格证明文件，是生产者出具的用于证明出厂产品的质量经过检验，符合相关要求的凭证，包括食品生产者自行检验后出具的厂检验合格证和第三方检验机构出具的检验报告、检疫合格证明等等。

每个食品经营者，都应当意识到查验供货者的许可证和食品合格证明文件是必须履行的法定义务，在自己的经营活动中加强对食品进货查验制度的管理，建立严格的食品进货验制度。严格要求食品及原料采购人员在签订购货合同时，必须查验供货者的许可证和食品合格证明文件，并亲自验货，货证相符方可采购。对购进的食品及食品原料，仓库保管人员应当首先检查有无食品合格的证明文件，以便及时发现问题，查堵漏洞。

食品进货查验记录作为对供货者的许可证、食品出厂检验合格证和其他食品合格的证明文件进行查验的书面记载，应当真实，不能随意捏造、篡改。有的食品经营企业在进货时没有查验，随便捏造查验信息，有的将已过期或临近过期的食品修改生产日期应付监督检查、有的捏造虚假食品生产者等，这些伪造食品进货查验记录的行为都是法律禁止的。根据本法规定，进货时未查验许可证和相关证明文件的，由有关部门依据各自职责，责令立即改正，给予警告，拒不改正的，处5000元以上5万元以下罚款；情节严重的，责令停产停业，直至吊销许可证。食品进货查验记录的保存期限不得少于产品保质期满后6个月，没有明确保质期的，保存期限不得少于2年，以便日后查询。如果出现食品安全事故，食品安全监管部门可以通过查验这些记录、票据，追查问题食品出现于食品生产经营的具体环节，并追究当事人的法律责任。

二、实行统一配送经营方式的食品经营企业的进货查验记录制度

随着食品工业化、规模化的发展，一些食品经营企业，如麦当劳、肯德基等，采用了统一配送的经营方式。统一配送经营方式可以降低食品原料采购成本、提高采购效率、确保旗下不同店面经营的食品口感、品质等统一。对于这些企业而言，由企业总部统一查验，可以发挥总部的技术优势，避免食品经营企业各自为政、分别查验造成的繁琐、不一致。因此本法规定，实行统一配送经营方式的食品经营企业，可以由企业总部统一查验供货者的许可证、食品合格证明文件，做好食品进货查验记录。

三、从事食品批发业务的经营企业的销售记录制度

本条第4款对从事食品批发业务的经营企业建立食品销售记录制度作了规定，是本次修改新增加的内容。从事食品批发业务的经营企业，是相对于零售企业而言的，是随着商品经济的发展，在流通领域逐步发展起来的一种经营模式。是指组织食品供应、转售等大宗交易的经营企业。由于食品批发经营企业主要面向的是零售经营企业，不直接面向消费者个人，其销售食品量大，涉及的范围广、散，一旦出现问题影响大，如其不做好相应的记录，将无

法查找问题的根源。因此，本条第 4 款对其进行销售记录进行了专门的规定。要求从事食品批发业务的经营企业应当建立食品销售记录制度，如实记录批发食品的名称、规格、数量、生产日期或者生产批号、保质期、销售日期以及购货者名称、地址、联系方式等内容，并保存相关凭证，以便日后查询。

ᠬᠦᠨᠡᠰᠦ ᠦᠢᠯᠡᠳᠪᠦᠷᠢᠯᠡᠬᠦ ᠠᠵᠤ ᠠᠬᠤᠢ ᠨᠢ ᠦᠢᠯᠡᠳᠪᠦᠷᠢ ᠡᠴᠡ ᠭᠠᠷᠭᠠᠬᠤ ᠬᠦᠨᠡᠰᠦᠨ ᠦ ᠰᠢᠯᠭᠠᠨ ᠬᠢᠨᠠᠯᠲᠠ ᠶᠢᠨ ᠲᠡᠮᠳᠡᠭᠯᠡᠯ ᠦᠨ ᠲᠦᠭᠦᠮ ᠢ ᠪᠠᠢᠭᠤᠯᠵᠤ᠂ ᠦᠢᠯᠡᠳᠪᠦᠷᠢ ᠡᠴᠡ ᠭᠠᠷᠭᠠᠬᠤ ᠬᠦᠨᠡᠰᠦᠨ ᠦ ᠰᠢᠯᠭᠠᠨ ᠬᠢᠨᠠᠯᠲᠠ ᠶᠢᠨ ᠲᠡᠨᠴᠡᠯ ᠦᠨ ᠭᠡᠷᠡᠴᠢᠯᠡᠯ ᠪᠣᠯᠣᠨ ᠠᠶᠤᠯᠭᠦᠢ ᠪᠠᠢᠳᠠᠯ ᠢ ᠬᠢᠨᠠᠨ ᠪᠠᠢᠴᠠᠭᠠᠵᠤ᠂ ᠬᠦᠨᠡᠰᠦᠨ ᠦ ᠨᠡᠷ᠎ᠡ᠂ ᠬᠡᠮᠵᠢᠶ᠎ᠡ᠂ ᠲᠣᠭ᠎ᠠ᠂ ᠦᠢᠯᠡᠳᠪᠦᠷᠢᠯᠡᠭᠰᠡᠨ ᠡᠳᠦᠷ ᠪᠤᠶᠤ ᠦᠢᠯᠡᠳᠪᠦᠷᠢ ᠶᠢᠨ ᠪᠦᠯᠦᠭ ᠦᠨ ᠨᠣᠮᠧᠷ᠂ ᠰᠢᠯᠭᠠᠨ ᠬᠢᠨᠠᠯᠲᠠ ᠶᠢᠨ ᠲᠡᠨᠴᠡᠯ ᠦᠨ ᠭᠡᠷᠡᠴᠢᠯᠡᠯ ᠦᠨ ᠨᠣᠮᠧᠷ᠂ ᠬᠤᠳᠠᠯᠳᠤᠭᠰᠠᠨ ᠡᠳᠦᠷ ᠬᠢᠭᠡᠳ ᠬᠤᠳᠠᠯᠳᠤᠨ ᠠᠪᠤᠭᠴᠢ ᠶᠢᠨ ᠨᠡᠷ᠎ᠡ᠂ ᠬᠠᠶᠢᠭ᠂ ᠬᠠᠷᠢᠯᠴᠠᠬᠤ ᠠᠷᠭ᠎ᠠ ᠵᠡᠷᠭᠡ ᠠᠭᠤᠯᠭ᠎ᠠ ᠵᠢ ᠦᠨᠡᠨ ᠵᠦᠢ ᠪᠡᠷ ᠲᠡᠮᠳᠡᠭᠯᠡᠵᠦ᠂ ᠬᠣᠯᠪᠣᠭᠳᠠᠬᠤ ᠭᠡᠷᠡᠴᠢᠯᠡᠯ ᠢ ᠬᠠᠳᠠᠭᠠᠯᠠᠬᠤ ᠶᠣᠰᠣᠲᠠᠢ᠃ ᠲᠡᠮᠳᠡᠭᠯᠡᠯ ᠪᠣᠯᠣᠨ ᠭᠡᠷᠡᠴᠢᠯᠡᠯ ᠢ ᠬᠠᠳᠠᠭᠠᠯᠠᠬᠤ ᠬᠤᠭᠤᠴᠠᠭ᠎ᠠ ᠨᠢ ᠡᠨᠡ ᠬᠠᠤᠯᠢ ᠶᠢᠨ 50 ᠳᠤᠭᠠᠷ ᠵᠦᠢᠯ ᠦᠨ 2 ᠳᠤᠭᠠᠷ ᠵᠣᠷᠢᠯᠭ᠎ᠠ ᠶᠢᠨ ᠲᠣᠭᠲᠠᠭᠠᠯ ᠳᠤ ᠨᠡᠶᠢᠴᠡᠬᠦ ᠶᠣᠰᠣᠲᠠᠢ᠃

[ᠲᠠᠢᠯᠪᠤᠷᠢ]

ᠡᠨᠡ ᠬᠠᠤᠯᠢ ᠶᠢᠨ 50 ᠳᠤᠭᠠᠷ ᠵᠦᠢᠯ ᠳᠦ ᠬᠦᠨᠡᠰᠦ ᠦᠢᠯᠡᠳᠪᠦᠷᠢᠯᠡᠬᠦ ᠠᠵᠤ ᠠᠬᠤᠢ ᠶᠢᠨ ᠬᠦᠨᠡᠰᠦᠨ ᠦ ᠲᠡᠦᠬᠡᠢ ᠡᠳ᠋᠂ ᠬᠦᠨᠡᠰᠦᠨ ᠦ ᠨᠡᠮᠡᠯᠲᠡ ᠡᠳ᠋᠂ ᠬᠦᠨᠡᠰᠦ ᠲᠡᠢ ᠬᠣᠯᠪᠣᠭᠳᠠᠬᠤ ᠪᠦᠲᠦᠭᠡᠭᠳᠡᠬᠦᠨ ᠢ ᠬᠤᠳᠠᠯᠳᠤᠨ ᠠᠪᠬᠤ ᠳᠤ ᠰᠢᠯᠭᠠᠨ ᠬᠢᠨᠠᠬᠤ ᠲᠡᠮᠳᠡᠭᠯᠡᠯ ᠦᠨ ᠲᠦᠭᠦᠮ ᠢ ᠲᠣᠭᠲᠠᠭᠠᠭᠰᠠᠨ᠂ ᠡᠨᠡ ᠵᠦᠢᠯ ᠳᠦ ᠬᠦᠨᠡᠰᠦ ᠦᠢᠯᠡᠳᠪᠦᠷᠢᠯᠡᠬᠦ ᠠᠵᠤ ᠠᠬᠤᠢ ᠶᠢᠨ ᠬᠦᠨᠡᠰᠦ ᠶᠢ ᠦᠢᠯᠡᠳᠪᠦᠷᠢ ᠡᠴᠡ ᠭᠠᠷᠭᠠᠬᠤ ᠳᠤ ᠰᠢᠯᠭᠠᠨ ᠬᠢᠨᠠᠬᠤ ᠲᠡᠮᠳᠡᠭᠯᠡᠯ ᠦᠨ ᠲᠦᠭᠦᠮ ᠢ ᠲᠣᠭᠲᠠᠭᠠᠭᠰᠠᠨ ᠪᠣᠯᠤᠨ᠎ᠠ᠃

ᠬᠦᠨᠡᠰᠦ ᠦᠢᠯᠡᠳᠪᠦᠷᠢᠯᠡᠬᠦ ᠠᠵᠤ ᠠᠬᠤᠢ ᠶᠢᠨ ᠬᠦᠨᠡᠰᠦᠨ ᠦ ᠠᠶᠤᠯᠭᠦᠢ ᠪᠠᠢᠳᠠᠯ ᠤᠨ ᠬᠠᠷᠢᠭᠤᠴᠠᠯᠭ᠎ᠠ᠂

ᠬᠦᠨᠡᠰᠦᠨ ᠦ ᠠᠶᠤᠯᠭᠦᠢ ᠪᠠᠢᠳᠠᠯ ᠤᠨ ᠬᠠᠷᠢᠭᠤᠴᠠᠯᠭ᠎ᠠ ᠶᠢ ᠪᠠᠲᠤᠯᠠᠬᠤ ᠶᠢᠨ ᠲᠥᠯᠦᠭᠡ᠂ ᠬᠦᠨᠡᠰᠦ ᠦᠢᠯᠡᠳᠪᠦᠷᠢᠯᠡᠬᠦ ᠠᠵᠤ ᠠᠬᠤᠢ ᠨᠢ ᠦᠢᠯᠡᠳᠪᠦᠷᠢ ᠡᠴᠡ ᠭᠠᠷᠭᠠᠬᠤ ᠬᠦᠨᠡᠰᠦ ᠶᠢ ᠰᠢᠯᠭᠠᠨ ᠬᠢᠨᠠᠬᠤ ᠶᠣᠰᠣᠲᠠᠢ᠃ ᠡᠨᠡ ᠨᠢ ᠬᠦᠨᠡᠰᠦᠨ ᠦ ᠠᠶᠤᠯᠭᠦᠢ ᠪᠠᠢᠳᠠᠯ ᠢ ᠬᠠᠮᠠᠭᠠᠯᠠᠬᠤ ᠴᠢᠬᠤᠯᠠ ᠠᠷᠭ᠎ᠠ ᠮᠥᠨ᠃ ᠬᠦᠨᠡᠰᠦᠨ ᠦ ᠰᠢᠯᠭᠠᠨ ᠬᠢᠨᠠᠯᠲᠠ ᠶᠢᠨ ᠲᠡᠨᠴᠡᠯ ᠦᠨ ᠭᠡᠷᠡᠴᠢᠯᠡᠯ ᠪᠣᠯᠣᠨ ᠠᠶᠤᠯᠭᠦᠢ ᠪᠠᠢᠳᠠᠯ ᠢ ᠬᠢᠨᠠᠨ ᠪᠠᠢᠴᠠᠭᠠᠬᠤ ᠨᠢ ᠬᠦᠨᠡᠰᠦᠨ ᠦ ᠴᠢᠨᠠᠷ ᠢ ᠪᠠᠲᠤᠯᠠᠬᠤ ᠳᠤ ᠴᠢᠬᠤᠯᠠ ᠤᠴᠢᠷ ᠲᠠᠢ᠃ ᠬᠦᠨᠡᠰᠦᠨ ᠦ ᠨᠡᠷ᠎ᠡ᠂ ᠬᠡᠮᠵᠢᠶ᠎ᠡ᠂ ᠲᠣᠭ᠎ᠠ᠂ ᠦᠢᠯᠡᠳᠪᠦᠷᠢᠯᠡᠭᠰᠡᠨ ᠡᠳᠦᠷ ᠪᠤᠶᠤ ᠦᠢᠯᠡᠳᠪᠦᠷᠢ ᠶᠢᠨ ᠪᠦᠯᠦᠭ ᠦᠨ ᠨᠣᠮᠧᠷ ᠵᠡᠷᠭᠡ ᠶᠢ ᠦᠨᠡᠨ ᠵᠦᠢ ᠪᠡᠷ ᠲᠡᠮᠳᠡᠭᠯᠡᠬᠦ ᠨᠢ ᠬᠦᠨᠡᠰᠦᠨ ᠦ ᠠᠶᠤᠯᠭᠦᠢ ᠪᠠᠢᠳᠠᠯ ᠤᠨ ᠬᠢᠨᠠᠨ ᠬᠠᠷᠭᠤᠭᠤᠯᠬᠤ ᠳᠤ ᠬᠡᠷᠡᠭᠲᠡᠢ ᠪᠣᠯᠤᠨ᠎ᠠ᠃ ᠬᠦᠨᠡᠰᠦᠨ ᠦ ᠠᠶᠤᠯᠭᠦᠢ ᠪᠠᠢᠳᠠᠯ ᠤᠨ ᠠᠰᠠᠭᠤᠳᠠᠯ ᠭᠠᠷᠬᠤ ᠦᠶ᠎ᠡ ᠳᠦ ᠬᠦᠨᠡᠰᠦᠨ ᠦ ᠡᠭᠦᠰᠦᠯ ᠢ ᠮᠥᠷᠳᠡᠨ ᠮᠡᠳᠡᠬᠦ ᠪᠣᠯᠤᠮᠵᠢ ᠲᠠᠢ ᠪᠣᠯᠭᠠᠨ᠎ᠠ᠃

[illegible]

ᠪᠠᠶᠢᠴᠠᠭᠠᠨ ᠪᠠᠲᠤᠯᠠᠭᠰᠠᠨ ᠤ ᠳᠠᠷᠠᠭ᠎ᠠ ᠂ ᠬᠦᠨᠡᠰᠦᠨ ᠦ ᠠᠮᠤᠷ ᠲᠦᠪᠰᠢᠨ ᠤ ᠬᠠᠷᠢᠭᠤᠴᠠᠯᠭ᠎ᠠ ᠶᠢ ᠬᠦᠯᠢᠶᠡᠨ ᠵᠦᠢ ᠪᠠᠢᠨ᠎ᠠ ᠂ ᠬᠦᠨᠡᠰᠦᠨ ᠦ ᠠᠮᠤᠷ ᠲᠦᠪᠰᠢᠨ ᠤ ᠪᠠᠢᠳᠠᠯ ᠢ ᠲᠤᠬᠠᠢ ᠪᠦᠷᠢ ᠳᠦ ᠰᠢᠯᠭᠠᠨ ᠪᠠᠢᠴᠠᠭᠠᠬᠤ ᠬᠡᠷᠡᠭᠲᠡᠢ ᠪᠣᠯᠤᠨ᠎ᠠ ::

ᠬᠦᠨᠡᠰᠦᠨ ᠦ ᠠᠮᠤᠷ ᠲᠦᠪᠰᠢᠨ ᠤ ᠪᠠᠢᠳᠠᠯ ᠤᠨ ᠮᠡᠳᠡᠭᠡ ᠶᠢ ᠨᠡᠢᠲᠡᠯᠡᠬᠦ ᠳᠦ ᠂ ᠬᠦᠨᠡᠰᠦᠨ ᠦ ᠠᠮᠤᠷ ᠲᠦᠪᠰᠢᠨ ᠤ ᠮᠡᠳᠡᠭᠡ ᠶᠢ ᠨᠢᠭᠡᠳᠦᠭᠡᠷ ᠨᠡᠢᠲᠡᠯᠡᠬᠦ ᠶᠣᠰᠣᠭᠠᠷ ᠬᠡᠷᠡᠭᠵᠢᠭᠦᠯᠬᠦ ᠬᠡᠷᠡᠭᠲᠡᠢ ᠂ ᠬᠦᠨᠡᠰᠦᠨ ᠦ ᠠᠮᠤᠷ ᠲᠦᠪᠰᠢᠨ ᠤ ᠬᠢᠨᠠᠨ ᠬᠠᠮᠢᠶᠠᠷᠤᠬᠤ ᠤᠷᠤᠨ ᠲᠤᠭᠤᠷᠢᠮ ᠤᠨ ᠬᠤᠯᠪᠤᠭᠳᠠᠬᠤ ᠬᠡᠯᠲᠡᠰ ᠲᠦ ᠮᠡᠳᠡᠭᠳᠡᠬᠦ ᠪᠥᠭᠡᠳ ᠂ ᠬᠣᠣᠰᠣᠨ ᠤᠷᠤᠭ ᠲᠤ ᠬᠦᠨᠡᠰᠦᠨ ᠦ ᠠᠮᠤᠷ ᠲᠦᠪᠰᠢᠨ ᠤ ᠪᠠᠢᠳᠠᠯ ᠤᠨ ᠮᠡᠳᠡᠭᠡ ᠶᠢ ᠨᠡᠢᠲᠡᠯᠡᠬᠦ ᠬᠡᠷᠡᠭᠲᠡᠢ ᠂ ᠪᠤᠰᠤᠳ ᠬᠡᠯᠲᠡᠰ ᠦᠨ ᠬᠦᠨᠡᠰᠦᠨ ᠦ ᠠᠮᠤᠷ ᠲᠦᠪᠰᠢᠨ ᠤ ᠮᠡᠳᠡᠭᠡ ᠶᠢ ᠨᠡᠢᠲᠡᠯᠡᠬᠦ ᠡᠷᠬᠡ ᠦᠭᠡᠢ ::

ᠬᠤᠳᠠᠯᠳᠤᠭᠠᠨ ᠤ ᠪᠠᠷᠠᠭᠠᠨ ᠤ ᠲᠡᠮᠳᠡᠭ᠂ ᠠᠵᠢᠯ ᠠᠬᠤᠢ ᠶᠢᠨ ᠲᠡᠮᠳᠡᠭ᠂ ᠫᠠᠲ᠋ᠸᠨ᠋ᠲ᠋᠂ ᠣᠨᠴᠠ ᠲᠧᠺᠨᠢᠭ ᠵᠡᠷᠭᠡ ᠠᠵᠢᠯ ᠠᠬᠤᠢ ᠶᠢᠨ ᠨᠥᠭᠡᠴᠡ ᠪᠣᠯᠤᠮᠵᠢ ᠪᠦᠬᠦ ᠠᠵᠢᠯ ᠠᠬᠤᠢ ᠶᠢᠨ ᠤᠳᠤᠷᠢᠳᠤᠯᠭ᠎ᠠ ᠶᠢᠨ ᠬᠤᠳᠠᠯᠳᠤᠭᠠᠨ ᠤ ᠣᠨᠴᠠ ᠡᠷᠬᠡ ᠲᠤ ᠠᠵᠢᠯ ᠠᠬᠤᠢ ᠶᠢᠨ ᠵᠠᠭᠪᠤᠷ ᠢ ᠬᠡᠷᠡᠭᠵᠢᠭᠦᠯᠦᠭᠰᠡᠨ ᠪᠡᠷ ᠬᠡᠷᠡᠭᠵᠢᠬᠦ ᠶᠢᠨ ᠺᠧᠨ᠋ᠲ᠋ᠦᠺᠢ (肯德基)᠂ ᠮᠠᠺᠳ᠋ᠣᠨᠠᠯᠳ᠋ (麦当劳) ᠵᠡᠷᠭᠡ᠂ ᠣᠯᠠᠨ ᠤᠯᠤᠰ ᠤᠨ ᠬᠤᠳᠠᠯᠳᠤᠭᠠᠨ ᠤ ᠣᠨᠴᠠ ᠡᠷᠬᠡ ᠲᠤ ᠠᠵᠢᠯ ᠠᠬᠤᠢ ᠪᠣᠯᠤᠨ᠎ᠠ᠃

[illegible]

[illegible]

[illegible]

[illegible]

[illegible]

[illegible]

[illegible]

第五十四条【食品经营者贮存食品的要求】 食品经营者应当按照保证食品安全的要求贮存食品，定期检查库存食品，及时清理变质或者超过保质期的食品。

食品经营者贮存散装食品，应当在贮存位置标明食品的名称、生产日期或者生产批号、保质期、生产者名称及联系方式等内容。

●条文解读

一、食品经营者贮存预包装食品的要求

食品由于其质量特性，经过一段时间，品质会发生变化。贮存不当易使食品腐败变质，丧失原有的营养物质，降低或失去应有的食用价值。科学合理的贮存环境和运输条件是避免食品污染和腐败变质、保障食品性质稳定的重要手段。企业应根据食品的特点、卫生和安全需要选择适宜的贮存条件。贮存食品的容器和设备应当安全无害，避免食品污染的风险。食品经营者应当根据食品的不同特点，在贮存物料时，应依照物料的特性分类存放，对有温度、湿度等要求的物料，应配置必要的设备设施，采取必要的防雨、通风、防晒、防霉变、合理分类等方式，尽量保持进货时的状况，食品如果贮存在恶劣条件下，将加速食品的腐败变质。

食品的贮存仓库应由专人管理，并制定有效的防潮、防虫害、清洁卫生等管理措施。食品经营者应当定期检查库存食品，通过检查及时发现变质或者超过保质期的食品。有时由于一些原因，即使食品没有超过保质期，食品也会变质。食品变质就是食品内在质量发生了本质性的物理、化学变化，失去了食品应当具备的食用价值。这时食品经营者就应当及时清理这些变质食品。当然，已经超过保质期的食品，也并不一定都是变质的食品。尽管如此，食品经营者在清理时，只要食品已经变质或者已经超过保质期，都应当坚决清理，不能存有侥幸心理，更不能将已经变质或者超过保质期的食品正常销售。按照本法的规定，未按要求进行食品贮存、运输和装卸的，由县级以上人民政府食品药品监督管理等部门按照各自职责分工责令改正，给予警告；拒不改正的，责令停产停业，并处1万元以上5万元以下罚款；情节严重的，吊销许可证。

二、贮存散装食品的标注要求

本条第2款是针对散装食品在贮存方面的规定。食品经营者贮存散装食品时，应在贮存位置标明食品的名称、生产日期、保质期、生产者名称及联系方式，是食品经营者的一项法定义务。这样规定主要有以下考虑：第一，防止因经营者过失，将不同品种的食品相混淆，防止食品二次污染。第二，便于食品经营者及时清理过期食品，防止将过期食品销售给消费者。第三，防止经营者在食品中掺杂、掺假，以假充真、以次充好，以不合格食品冒充合格食品。第四，食品经营者销售食品后，如果发证问题，可以通过生产者名称及联系方式追溯，及时向食品生产者主张权利。食品经营者应当依照本款的规定如数标注信息，如果经营者为了自身利益标注了虚假信息，如现实中，有的商家为了减少自身的损失，将超过保质期的食品，更改日期后继续销售，这种行为已经构成标注虚假保质期的行为，按照本法第 124 条的规定需承担相应的法律责任。

餐饮服务提供者在加工过程中应当检查代加工食品级原料，发现有本法第三十四条第六

食品原料及其来源等信息。

要求，不得采购不符合食品安全标准的食品原料。倡导餐饮服务提供者公开加工过程，公示

第五十五条【餐饮服务提供者原料控制要求】餐饮服务提供者应当制定并实施原料控制

[illegible]

项规定情形的，不得加工或者使用。

●条文解读

一、餐饮服务提供者制定并实施原料控制要求

餐饮服务涉及原料采购、制作和加工、销售等若干环节。餐饮服务提供者通过对采购的食品原料进行即时制作加工，向消费者提供食品，满足消费者的消费需求。其中，食品原料采购是其中的关键环节，原料的质量对餐饮成品的质量起着决定性作用，原料不符合要求，其成品也难达到标准。食品原料采购的目的在于以合理的价格，在适当的时间，从安全可靠的货源，按规格标准和预定数量采购。对餐饮服务者采购的食品原料，本法规定必须符合食品安全标准。

餐饮服务提供者要确保食品原料安全，从源头上控制采购的食品原料，就应制定并实施食品原料采购标准或具体措施。对食品材料采购标准、采购措施和应采购的食品原料作出详细具体记录。如原料的产地、性能、数量、包装要求等等，采购时要索取证明文件，并做好采购记录，便于溯源。餐饮服务提供者应根据其自身的监控重点采取适当措施保证原料合格。可现场查验原料供应者是否具有生产合格原料的能力；应查验供货者原料合格证明文件、动物检疫合格证明，并对原料进行验收审核。发现不符合食品安全标准的，不得采购。

二、倡导餐饮服务提供者公开加工过程，公示食品原料及其来源等信息

该规定是本次修订新增加的内容。在现实中，后厨重地，一般的消费者是看不到的，卫生条件如何，加工过程是否符合要求，所使用的原料是否安全等等，消费者不得而知。『闲人免进』的厨房虽然在一定程度上保障了餐饮服务的正常秩序，但不可否认的是，这种不透明给厨房提供了藏污纳垢的机会。为了让消费者吃得放心，一些餐饮服务提供者已经开始尝试透明厨房的做法，『公开透明』就是让阳光照进厨房，让消费者在就餐的过程中能看到食品生产加工的全过程，及时发现不符合卫生要求、操作不符合规范等情况。一方面这是餐饮服务提供者对广大消费者的一种承诺，可以证明自己的食品是安全的，让你看得到、吃得放心，同时这也是消费者对餐饮服务提供者有效监督的一种方式。但目前让所有的餐饮服务提供者公开其加工过程，公示食品原料及其来源等信息，还不太现实。因此，本条规定倡导餐饮服务提供者公开加工过程，公示食品原料及其来源等信息。

三、餐饮服务加工的过程要求

加工制作是餐饮服务的一项重要内容。餐饮服务者应当检查待加工制作的食品及原料。本条规定餐饮服务提供者在加工制作过程中发现食品及原料有本法第34条第6项规定内容的，不得加工和使用。即发现食品、食品添加剂有腐败变质、油脂酸败、霉变生虫、污秽不洁、混有异物、掺假掺杂或者感官性状异常的，不得使用和加工。因食品具有易腐烂变质、

易受污染等特性，受到时间、温度、湿度等的限制，如贮存不当就极易变质或被污染，在微生物的作用下使食品中某些成分发生了变化，感官性状发生改变而丧失可食性，同时因这些食品往往含沙门氏菌等致病性病菌，易导致食物中毒，因此本法规定了这类食品、食品添加剂是禁止生产经营的。本法第 34 条第 6 项规定的这些内容，属于在生产加工过程中一般凭借经验和通过观察就可以发现的，因此，本条专门对这一项内容对餐饮服务提供者设定了义务性规定。餐饮服务提供者如未按要求加工和使用食品、食品添加剂，按照本法第 124 条的规定，应对其进行处罚。

第五十六条【餐饮服务提供者的食品安全管理】餐饮服务提供者应当定期维护食品加工、贮存、陈列等设施、设备；定期清洗、校验保温设施及冷藏、冷冻设施。

餐饮服务提供者应当按照要求对餐具、饮具进行清洗消毒，不得使用未经清洗消毒的餐具、饮具；餐饮服务提供者委托清洗消毒餐具、饮具的，应当委托符合本法规定条件的餐具、饮具集中消毒服务单位。

●条文解读

一、对设施、设备的定期维护

设施与设备涉及生产过程控制的各个环节，包括供水、排水、清洁、消毒、废弃物存放、个人卫生、通风、照明、仓储、温控、生产加工、监控设施、监控设备等。企业设施与设备是否适宜、卫生、安全，不仅对确保企业正常生产运作、提高生产效率起到关键作用，同时也直接或间接地影响食品的安全性和质量的稳定性。本法在食品生产经营的一般规定中，要求食品生产经营应当符合食品安全标准，并符合一定要求，其中规定，食品生产经营要具有与生产经营的食品品种、数量相适应的生产经营设备或者设施，有相应的消毒、更衣、盥洗、采光、照明、通风、防腐、防尘、防蝇、防鼠、防虫、洗涤以及处理废水、存放垃圾和废弃物的设备或者设施。具有合理的设备布局和工艺流程，防止待加工食品与直接入口食品、原料与成品交叉污染，避免食品接触有毒物、不洁物。贮存、运输和装卸食品的容器、工具和设备应当安全、无毒，保持清洁，防止食品污染，并符合保证食品安全所需要的温度、湿度等特殊要求，不得将食品与有毒、有害物品一同贮存、运输。

定期对设备、设施进行维护、检查，可以避免食品受直接污染或交叉污染的风险，预防和控制食品安全事故。食品在加工、贮存、陈列等过程中，受到自身或外界的影响，很容易使一些污染物质滞留在生产设施、设备上，如不及时进行清洗、消毒、维修，滞留在设备、设施上的物质发生质变，一旦食品在此过程中遭到污染，极可能将污染物滞留在食品加工、贮存、陈列等设施、设备上，形成新的污染源。因此，餐饮服务提供者应在设施、设备使用后按规定进行清洗、消毒，定期维护，进而保证所生产加工的食品安全。餐饮服务提供者应当定期清洗、检验保温设施及冷藏、冷冻设施、设备。冷藏是指为保鲜和防腐的需要，将食品置于零度以上较低温度条件下贮存的过程。冷冻是指将食品或原料置于零度以下，以保持冰冻状态的贮存过程。无论是冷藏还是冷冻，都是在低于常温下贮存食品或食品原料，需要有专门的设施、设备。这些设施、设备的性能的安全性、稳定性直接关系到冷藏、冷冻食品的质量。对这些设施、设备应当定期清洗、除臭，温度指示装置应当定期校验，确保设备的正常运转和使用。

二、对餐具、饮具的卫生要求

本法第33条食品生产经营的一般规定中，要求餐具、饮具和盛放直接入口食品的容器，使用前应当洗净、消毒，炊具、用具用后应当洗净，保持清洁，这是对餐饮服务提供者的一般要求。随着社会的发展，生活水平的提高，生产节奏的加快，在外就餐的人越来越多，在外就餐就离不开餐具和饮具，餐饮服务提供者直接面向的是广大的消费者，如果这些餐具、饮具不卫生，极易造成食源性疾病的发生，也容易让使用者之间相互传染，造成疾病的传播。因此，餐具、饮县的卫生安全十分重要，直接关系广大消费者的身体健康。餐饮服务提供者在日常的经营中，应当保证消费者使用的餐具、饮具都是经过消毒的，以达到消灭病原体，降低细菌数量，防止使用者之间相互传染，最终保证消费者健康安全的目的。洗刷餐饮具必须有专门的水池、不得与清洗蔬菜、肉类等其他水池混用，洗刷餐饮具的水应当符合生服务者提供的餐饮具清洗消毒不合格，那么餐饮服务提供者同样要承担法律责任。

的消毒服务单位对餐饮具进行消毒，由于该服务机构不具备消毒的条件，结果给委托的餐饮

否符合国家卫生标准和规范。现实中，一些餐饮服务提供者为了经济利益，委托一些不正规

选址、作业场所是否符合要求，生产用水是否符合生活饮用水卫生标准，使用的消毒产品是

提供者在委托其从事清洗消毒服务时，应查清该消毒服务机构是否具备法律规定的条件，其

25号）中要求餐饮具集中消毒单位应当符合《消毒服务机构卫生规范》的要求。餐饮服务

局、国家食品药品监督局关于加强餐饮具集中消毒单位监督管理的通知》（卫监督发【2010】

品以及消毒餐饮具的产品包装和标签内容作了原则性规定。《卫生部、国家工商行政管理总

的消毒服务单位。本法第58条对从事集中消毒服务单位的条件、消毒工艺流程、使用消毒产

餐饮服务提供者委托集中消毒服务单位进行清洗消毒的，应当委托符合本法规定的正规

涤剂消毒的，应当是符合卫生标准和要求，对人体无害的产品。

蒸汽消毒法，化学消毒方法一般就是使用消毒剂或洗涤剂。餐饮服务提供者使用消毒剂或洗

活饮用水的标准。对餐饮具的消毒可以使用物理和化学的方法，物理方法一般就是指煮沸或

[illegible]

ᠭᠡᠵᠦ ᠪᠦᠲᠦᠭᠡᠭᠳᠡᠬᠦᠨ ᠦ ᠴᠢᠨᠠᠷ ᠤᠨ ᠬᠢᠨᠠᠯᠲᠠ ᠶᠢᠨ ᠠᠵᠢᠯ ᠤᠨ ᠬᠦᠨᠰᠦᠨ ᠦ ᠠᠶᠤᠯᠭᠦᠢ ᠪᠠᠢᠳᠠᠯ ᠤᠨ ᠬᠢᠨᠠᠨ ᠬᠠᠮᠢᠶᠠᠷᠬᠤ ᠶᠠᠪᠤᠳᠠᠯ ᠢ ᠡᠷᠬᠢᠯᠡᠨ ᠬᠠᠷᠢᠭᠤᠴᠠᠬᠤ᠂ ᠬᠦᠨᠰᠦᠨ ᠦ ᠦᠢᠯᠡᠳᠪᠦᠷᠢᠯᠡᠭᠴᠢ ᠪᠠ ᠬᠦᠨᠰᠦᠨ ᠦ ᠠᠶᠤᠯᠭᠦᠢ ᠪᠠᠢᠳᠠᠯ ᠤᠨ ᠬᠠᠷᠢᠭᠤᠴᠠᠯᠭ᠎ᠠ ᠶᠢ ᠬᠡᠷᠡᠭᠵᠢᠭᠦᠯᠬᠦ ᠶᠢᠨ ᠲᠥᠯᠥᠭᠡ ᠬᠦᠨᠰᠦᠨ ᠦ ᠠᠶᠤᠯᠭᠦᠢ ᠪᠠᠢᠳᠠᠯ ᠤᠨ ᠬᠠᠷᠢᠭᠤᠴᠠᠯᠭ᠎ᠠ ᠶᠢᠨ ᠲᠣᠭᠲᠠᠯᠴᠠᠭ᠎ᠠ ᠶᠢ ᠪᠠᠢᠭᠤᠯᠬᠤ ᠬᠡᠷᠡᠭᠲᠡᠢ᠃ ᠬᠦᠨᠰᠦᠨ ᠦ ᠦᠢᠯᠡᠳᠪᠦᠷᠢᠯᠡᠭᠴᠢ ᠪᠠ ᠬᠦᠨᠰᠦᠨ ᠦ ᠠᠶᠤᠯᠭᠦᠢ ᠪᠠᠢᠳᠠᠯ ᠤᠨ ᠬᠠᠤᠯᠢ ᠴᠠᠭᠠᠵᠠ᠂ ᠬᠦᠨᠰᠦᠨ ᠦ ᠠᠶᠤᠯᠭᠦᠢ ᠪᠠᠢᠳᠠᠯ ᠤᠨ ᠪᠠᠷᠢᠮᠵᠢᠶ᠎ᠠ ᠶᠢᠨ ᠳᠠᠭᠠᠤ ᠦᠢᠯᠡᠳᠪᠦᠷᠢᠯᠡᠯ ᠬᠢᠬᠦ ᠬᠡᠷᠡᠭᠲᠡᠢ᠃

[illegible]

[illegible] 《[illegible]》 [illegible]

[illegible] ([illegible]【2010】25 [illegible]) [illegible]

[illegible] 《[illegible]》 [illegible]

[illegible] 58 [illegible]

[illegible]

单位订购的形式。就餐服务有两种形式：一种是通过设立食堂来解决内部人员就餐问题，另一种是通过从供餐单位订购的形式。

本条所指的集中用餐单位一般是指机关、企事业单位、学校、工地等机构，为解决其内部职工、学生或者其他内部人员的就餐问题，而集中提供就餐服务的单位。集中用餐单位提供就餐服务有两种形式：一种是通过设立食堂来解决内部人员就餐问题，另一种是通过从供餐单位订购的形式。

●条文解读

学校、托幼机构、养老机构、建筑工地等集中用餐单位的主管部门应当加强对集中用餐单位的食品安全教育和日常管理，降低食品安全风险，及时消除食品安全隐患。

位的食堂应当严格遵守法律、法规和食品安全标准；从供餐单位订餐的，应当从取得食品生产经营许可的企业订购，并按照要求对订购的食品进行查验。供餐单位应当严格遵守法律、法规和食品安全标准，当餐加工，确保食品安全。

第五十七条【集中用餐单位的要求】学校、托幼机构、养老机构、建筑工地等集中用餐单

一、对集中用餐单位食堂的管理

食堂，指设于机关、学校、企业事业单位、工地等地点（场所），为供应内部职工、学生等就餐的单位。食堂的管理直接关系到职员、学生等就餐人员的基本权益和身体健康。因此，食堂的经营者必须严格按照法律、法规和食品安全标准的要求进行管理。既然是餐饮服务提供者，就要符合一定的要求，包括：（1）依法取得许可。本法第35条规定，对食品生产经营实行许可制度，从事食品生产、食品销售、餐饮服务，应当依法取得许可。未取得许可不能从事生产经营；（2）本法规定的食品生产经营应当符合食品安全标准和一定要求，如相应的经营场所、设备和设施、餐具饮具的卫生要求、从业人员的卫生要求、用水的要求、洗涤剂、消毒剂的要求等等；（3）本法规定食品经营者应当建立健全食品安全管理制度，原料验收、索票索证、食品贮存、餐饮用具清洗消毒、健康管理、人员培训管理制度等等一系列制度要求。（4）对生产经营食品的禁止性规定。（5）其他要求。

二、对从外订餐的集中用餐单位的要求

由于设立食堂要受场所和资金等条件的限制，对于一些没有能力设立食堂的机关、企业事业单位、学校、建设工地等集中用餐单位，为了解决内部员工就餐问题，有的单位采取的从供餐单位订购食品的方式。但是供餐单位多种多样，鱼龙混杂，有的存在着卫生条件、安全状况不符合要求的情况。集中用餐单位如何保障订购食品的安全，进而保障所在单位用餐

人员的健康。本条规定，集中用餐单位从供餐单位订购食品的，应从取得许可证的正规的食品企业进行订购，因为取得许可证的企业，应是达到国家规定的条件和标准的企业，在一定程度对食品的安全性有保障，另一方面，一旦发生食品安全事故，也可以及时查找到责任人。作为供餐单位也应按照法律、法规和食品安全标准的要求进行生产经营，即食即做，保障出售的食品是新鲜、安全可靠的。

三、集中用餐单位主管部门的责任

为了保障集中用餐单位的食品安全，除了集中用餐单位本身要做好自我管理外，其主管部门也要承担起相应的职责。这里讲的主管部门不是食药监等部门，而是机关、企业事业单位、建筑工地等机构的主管部门。例如，学校的主管部门是教育部、建筑工地的主管部门是住房和城乡建设部门，托老机构的主管部门是民政部门等。这些集中用餐单位的主管部门在主抓业务管理的同时，还要加强对集中用餐单位的食品安全教育和日常管理，让集中用餐单位随时绷紧食品安全这根弦，降低食品安全风险，及时消除食品安全隐患。

ᠬᠠᠷᠢᠭᠤᠴᠠᠯᠭ᠎ᠠ ᠬᠦᠯᠢᠶᠡᠬᠦ ᠪᠣᠯᠤᠨ᠎ᠠ ᠃ ᠡᠨᠡ ᠬᠠᠤᠯᠢ ᠶᠢᠨ 35 ᠳᠤᠭᠠᠷ ᠵᠦᠢᠯ ᠳᠦ ᠵᠠᠰᠠᠭᠯᠠᠭᠰᠠᠨ ᠶᠣᠰᠣ᠂ ᠬᠠᠤᠯᠢ ᠶᠢᠨ ᠬᠠᠷᠢᠭᠤᠴᠠᠯᠭ᠎ᠠ

ᠬᠦᠯᠢᠶᠡᠬᠦ ᠶᠢᠨ ᠬᠡᠯᠪᠡᠷᠢ ᠳᠦ ᠬᠡᠷᠡᠭᠯᠡᠭᠳᠡᠬᠦ ᠪᠣᠯᠤᠨ᠎ᠠ᠂ ᠲᠤᠰ ᠪᠡᠷ ᠳᠣᠣᠷ᠎ᠠ ᠬᠡᠰᠡᠭ ᠲᠦ ᠬᠤᠪᠢᠶᠠᠷᠢᠯᠠᠨ᠎ᠠ: (1) ᠵᠢᠷᠤᠮ ᠰᠠᠬᠢᠬᠤ

ᠠᠵᠢᠯᠯᠠᠭᠠᠨ ᠳᠦ ᠬᠠᠷᠢᠭᠤᠴᠠᠬᠤ ᠶᠢᠨ ᠬᠠᠷᠢᠭᠤᠴᠠᠯᠭ᠎ᠠ ᠃ ᠬᠠᠷᠢᠭᠤᠴᠠᠯᠭ᠎ᠠ ᠬᠦᠯᠢᠶᠡᠬᠦ ᠶᠢᠨ ᠬᠡᠯᠪᠡᠷᠢ ᠨᠢ ᠶᠠᠮᠠᠷ ᠪᠣᠯᠤᠨ᠎ᠠ ᠄ ᠡᠨᠡ ᠬᠡᠰᠡᠭ ᠦᠨ ᠪᠦᠲᠦᠭᠡᠭᠳᠡᠬᠦᠨ ᠦ ᠵᠢᠷᠤᠮ ᠡᠨᠡ

ᠬᠠᠤᠯᠢ ᠶᠢᠨ ᠬᠠᠷᠢᠭᠤᠴᠠᠯᠭ᠎ᠠ ᠃ ᠡᠨᠡ ᠬᠠᠤᠯᠢ ᠨᠢ ᠵᠢᠷᠤᠮ ᠶᠢᠨ ᠬᠠᠷᠢᠭᠤᠴᠠᠯᠭ᠎ᠠ ᠳᠦ ᠠᠵᠢᠯᠯᠠᠬᠤ ᠪᠠᠶᠢᠳᠠᠯ ᠄ ᠡᠨᠡ ᠬᠠᠤᠯᠢ ᠶᠢᠨ ᠬᠠᠷᠢᠭᠤᠴᠠᠯᠭ᠎ᠠ ᠶᠢᠨ

ᠬᠡᠯᠪᠡᠷᠢ ᠳᠦ ᠬᠠᠷᠢᠭᠤᠴᠠᠬᠤ ᠪᠠ ᠵᠢᠷᠤᠮ ᠃ ᠬᠠᠷᠢᠭᠤᠴᠠᠯᠭ᠎ᠠ ᠶᠢᠨ ᠪᠠᠶᠢᠳᠠᠯ ᠳᠦ ᠬᠠᠮᠢᠶᠠᠷᠠᠬᠤ ᠶᠢᠨ ᠬᠡᠷᠡᠭ ᠪᠠᠶᠢᠳᠠᠯ ᠲᠡᠢ ᠪᠣᠯᠤᠨ᠎ᠠ ᠳᠦ ᠬᠠᠤᠯᠢ

ᠵᠢᠷᠤᠮ (ᠬᠠᠤᠯᠢ) ᠶᠢᠨ ᠪᠠ ᠬᠠᠷᠢᠭᠤᠴᠠᠯᠭ᠎ᠠ ᠳᠦ ᠬᠠᠮᠢᠶᠠᠷᠠᠬᠤ ᠃ ᠬᠠᠷᠢᠭᠤᠴᠠᠬᠤ ᠪᠠᠶᠢᠳᠠᠯ ᠬᠠᠷᠢᠭᠤᠴᠠᠯᠭ᠎ᠠ ᠶᠢᠨ ᠪᠠᠶᠢᠳᠠᠯ ᠢ ᠬᠡᠷᠡᠭᠯᠡᠨ᠎ᠡ ᠄ ᠬᠠᠷᠢᠭᠤᠴᠠᠯᠭ᠎ᠠ

ᠬᠠᠷᠢᠭᠤᠴᠠᠯᠭ᠎ᠠ ᠬᠡᠯᠪᠡᠷᠢ ᠶᠢᠨ ᠪᠠ ᠬᠠᠮᠢᠶᠠᠷᠠᠬᠤ ᠃ ᠬᠠᠷᠢᠭᠤᠴᠠᠬᠤ ᠬᠡᠷᠡᠭ ᠳᠦ ᠪᠠᠶᠢᠳᠠᠯ ᠃ ᠬᠠᠷᠢᠭᠤᠴᠠᠬᠤ ᠳᠦ ᠬᠡᠷᠡᠭᠯᠡᠬᠦ ᠶᠢᠨ ᠪᠠᠶᠢᠳᠠᠯ ᠃ ᠪᠠᠶᠢᠳᠠᠯ ᠶᠢᠨ

ᠶᠢᠨ ᠃ ᠬᠠᠷᠢᠭᠤᠴᠠᠯᠭ᠎ᠠ ᠬᠡᠷᠡᠭᠯᠡᠬᠦ ᠪᠠᠶᠢᠳᠠᠯ ᠶᠢᠨ ᠵᠢᠷᠤᠮ ᠬᠡᠯᠪᠡᠷᠢ ᠳᠦ ᠬᠠᠷᠢᠭᠤᠴᠠᠬᠤ

[ᠲᠠᠶᠢᠯᠪᠤᠷᠢ]

ᠬᠠᠤᠯᠢ ᠶᠢᠨ ᠡᠨᠡ ᠬᠠᠷᠢᠭᠤᠴᠠᠯᠭ᠎ᠠ ᠶᠢᠨ ᠪᠠᠶᠢᠳᠠᠯ ᠪᠠᠷᠢᠮᠲᠠᠯᠠᠬᠤ ᠢ ᠲᠣᠭᠲᠠᠭᠠᠬᠤ ᠶᠢ ᠲᠣᠳᠤᠷᠬᠠᠶᠢᠯᠠᠭᠰᠠᠨ ᠪᠣᠯᠤᠨ᠎ᠠ ᠄ ᠬᠠᠤᠯᠢ

ᠬᠠᠷᠢᠭᠤᠴᠠᠯᠭ᠎ᠠ ᠪᠠᠷᠢᠮᠲᠠᠯᠠᠭᠰᠠᠨ ᠪᠣᠯᠤᠨ ᠡᠨᠡ ᠬᠡᠷᠡᠭ ᠳᠦ ᠬᠠᠷᠢᠭᠤᠴᠠᠯᠭ᠎ᠠ ᠪᠡᠷ ᠲᠣᠭᠲᠠᠭᠠᠨ᠎ᠠ ᠃ ᠬᠠᠤᠯᠢ ᠶᠢᠨ ᠡᠨᠡ ᠬᠠᠷᠢᠭᠤᠴᠠᠯᠭ᠎ᠠ ᠶᠢᠨ ᠪᠠᠷᠢᠮᠲᠠᠯᠠᠬᠤ ᠢ ᠪᠠᠶᠢᠳᠠᠯ ᠃

ᠬᠠᠷᠢᠭᠤᠴᠠᠬᠤ ᠪᠠᠶᠢᠳᠠᠯ ᠳᠦ ᠬᠠᠷᠢᠭᠤᠴᠠᠬᠤ ᠬᠡᠷᠡᠭᠯᠡᠬᠦ ᠶᠢᠨ ᠬᠠᠷᠢᠭᠤ ᠪᠠ ᠲᠣᠭᠲᠠᠭᠠᠯ ᠬᠠᠷᠢᠭᠤᠴᠠᠬᠤ ᠪᠠᠶᠢᠳᠠᠯ ᠳᠦ ᠬᠠᠤᠯᠢ ᠶᠢᠨ ᠡᠨᠡ ᠬᠠᠷᠢᠭᠤᠴᠠᠯᠭ᠎ᠠ ᠶᠢᠨ

ᠬᠠᠷᠢᠭᠤᠴᠠᠬᠤ ᠃ ᠬᠠᠷᠢᠭᠤᠴᠠᠬᠤ ᠬᠡᠷᠡᠭ ᠳᠦ ᠪᠠᠶᠢᠳᠠᠯ ᠃ ᠬᠠᠷᠢᠭᠤᠴᠠᠬᠤ ᠳᠦ ᠬᠡᠷᠡᠭᠯᠡᠬᠦ ᠶᠢᠨ ᠪᠠᠶᠢᠳᠠᠯ ᠃ ᠪᠠᠶᠢᠳᠠᠯ ᠶᠢᠨ ᠵᠢᠷᠤᠮ ᠶᠢᠨ ᠲᠣᠭᠲᠠᠭᠠᠯ

ᠡᠨᠡ ᠬᠠᠷᠢᠭᠤᠴᠠᠯᠭ᠎ᠠ ᠢ ᠪᠠᠷᠢᠮᠲᠠᠯᠠᠬᠤ ᠪᠣᠯᠤᠨ᠎ᠠ ᠄

ᠬᠠᠤᠯᠢ ᠃ ᠵᠢᠷᠤᠮ ᠬᠠᠷᠢᠭᠤᠴᠠᠬᠤ ᠪᠠᠶᠢᠳᠠᠯ ᠬᠠᠤᠯᠢ ᠶᠢᠨ ᠡᠨᠡ ᠬᠠᠷᠢᠭᠤᠴᠠᠯᠭ᠎ᠠ ᠶᠢᠨ ᠪᠠᠶᠢᠳᠠᠯ ᠢ ᠬᠠᠤᠯᠢ ᠳᠦ ᠬᠠᠷᠢᠭᠤᠴᠠᠬᠤ ᠬᠠᠷᠢᠭᠤᠴᠠᠯᠭ᠎ᠠ ᠪᠠᠷᠢᠮᠲᠠᠯᠠᠭᠰᠠᠨ ᠶᠢᠨ ᠃ ᠬᠠᠤᠯᠢ ᠶᠢᠨ

ᠵᠢᠷᠤᠮ ᠬᠠᠷᠢᠭᠤ ᠳᠦ ᠬᠠᠷᠢᠭᠤᠴᠠᠯᠭ᠎ᠠ ᠶᠢᠨ ᠪᠠᠶᠢᠳᠠᠯ ᠄ ᠪᠠᠷᠢᠮᠲᠠᠯᠠᠭᠰᠠᠨ ᠪᠣᠯᠤᠨ᠎ᠠ ᠬᠠᠤᠯᠢ ᠪᠠ ᠬᠠᠷᠢᠭᠤᠴᠠᠬᠤ ᠬᠠᠷᠢᠭᠤᠴᠠᠯᠭ᠎ᠠ ᠶᠢᠨ ᠲᠣᠭᠲᠠᠭᠠᠯ ᠶᠢᠨ ᠬᠡᠷᠡᠭᠯᠡᠬᠦ ᠬᠠᠷᠢᠭᠤᠴᠠᠬᠤ

[illegible]

加强对餐饮具集中消毒服务机构的管理，2010年《卫生部、国家工商行政管理总局、国家食品药品监督管理局关于加强对餐饮具集中消毒服务机构的管理的通知》……（此处依原文）

目前，对餐饮具集中消毒服务的管理规定，是按照2002年卫生部颁布的《消毒服务机构卫生规范》（卫法监法【2002】142号）和2002年卫生部颁布的《消毒管理办法》（卫生部27号令）进行管理的，但以上规定主要是针对为医疗机构提供消毒服务所提出的要求。为了加强对餐饮具集中消毒服务机构的管理，2010年《卫生部、国家工商行政管理总局、国家食

●条文解读

餐具、饮具集中消毒服务单位应当对消毒餐具、饮具进行逐批检验，检验合格后方可出厂，并应当随附消毒合格证明。消毒后的餐具、饮具应当在独立包装上标注单位名称、地址、联系方式、消毒日期以及使用期限等内容。

第五十八条【餐具、饮具集中消毒服务单位的要求】 餐具、饮具集中消毒服务单位应当具备相应的作业场所、清洗消毒设备或者设施，用水和使用的洗涤剂、消毒剂应当符合相关食品安全国家标准和其他国家标准、卫生规范。

品药品监管局关于加强餐饮具集中消毒单位监督管理的通知》（卫监督发【2010】25 号），该规定要求餐饮具集中消毒单位应当符合《消毒服务机构卫生规范》，餐饮具消毒过程及消毒后餐饮具应符合相关法律法规、标准和规范的规定。卫生部门负责对餐具、饮具集中消毒服务单位进行监管。

餐具、饮具集中消毒单位作为一种新兴服务行业，其服务质量直接关系到人民群众身体健康。随着社会分工不断细化，集中消毒餐饮具需求量也日益增大，加强对餐饮具集中消毒企业的监管以及增强其行业自律性也显得十分必要。在常委会审议期间，一些常委委员也提出，要加强对餐饮具集中消毒单位的管理，规范其操作流程。因此，本法对餐饮具集中消毒单位的一些基本要求作出规定，明确操作规范，使其更有操作性。

一、对餐饮具集中消毒单位的基本要求

本条规定餐饮具集中消毒服务单位应当具备相应的场所、清洗消毒设备或者设施，用水和使用的洗涤剂、消毒剂应当符合相关食品安全国家标准和其他国家标准、卫生规范。

一是生产场所、设备设施的要求。按照《消毒服务机构卫生规范》的要求，消毒服务机构的选址和布局必须符合国家有关规定，不得对周围人群、环境产生危害；应当具备满足消毒与灭菌所需要的环境，应无积水、无杂草、无露天堆放垃圾、无蚊蝇滋生地，环境清洁。生产布局应当合理，按照工艺流程分为待消毒物品存放区、消毒处理区、已消毒物品存放区。消毒工艺流程不得有逆向或交叉。各个区域应当通风、防爆、防尘、防鼠、防虫、防潮等。作为消毒服务单位，具备相应的消毒灭菌设施设备是必然的要求，消毒的设施设备应符合国家有关标准、规定和规范的要求。

二是洗涤剂、消毒剂产品的要求。洗涤和消毒剂产品由于属于化学产品，具有一定的毒性，使用不当，很容易对人体造成危害。因此使用洗涤剂和消毒剂必须符合标准。卫生部2012年发布了《食品安全国家标准消毒剂》（GB14930.2—2012），该标准适用于消毒剂、洗涤和消毒作用的制剂。

三是用水的要求。生产用水要符合《生活饮用水卫生标准》CB5749—2006)。

二、出厂检验记录制度

餐饮具同食品一样，都属于食品安全的范畴，直接关系到广大消费者的身体健康。因此，餐饮具集中消毒单位有责任、有义务对自己消毒的餐饮具的安全负责，严把出厂关，保证消毒后的餐饮具符合国家卫生标准。目前，对于餐饮具，国家有《食（饮）具消毒卫生标准》（GB14934—1994），消毒服务单位要按照该标准对本单位消毒的餐饮具逐批进行检验，发现不合格的，不能出厂。对检验合格的，要随附合格证明文件，并附相关信息。本条规定消毒后的餐具、饮具应当在独立包装上标注单位名称、地址、联系方式、消毒日期以及使用期限等内容。这样可以让餐饮服务提供者和消费者及时了解使用餐饮具的卫生情况，也便于

2002 [illegible]

[illegible]

[illegible]

担相应的法律责任。

从事餐饮具集中消毒服务单位应当认真履行上述职责，如违反本条规定的要求，需要承监管部门进行监管，发现问题可以追本溯源。

ᠤᠯᠤᠰ ᠤᠨ 2012 ᠣᠨ ᠤ 《ᠢᠳᠡᠭᠡᠨ ᠦ ᠠᠶᠤᠯᠭᠦᠢ ᠶᠢᠨ ᠤᠯᠤᠰ ᠤᠨ ᠪᠠᠷᠢᠮᠵᠢᠶ᠎ᠠ ᠬᠠᠯᠳᠠᠪᠠᠷ ᠠᠷᠢᠯᠭᠠᠬᠤ ᠪᠣᠳᠠᠰ》(GB14930.2—

[illegible] 》（GB14934—1994） [illegible]

第五十九条【食品添加剂生产者的出厂检验记录制度】食品添加剂生产者应当建立食品添加剂出厂检验记录制度，查验出厂产品的检验合格证和安全状况，如实记录食品添加剂的名称、规格、数量、生产日期或者生产批号、保质期、检验合格证号、销售日期以及购货者名称、地址、联系方式等相关内容，并保存相关凭证。记录凭证和凭证保存期应当符合本法第五十条第二款的规定。

●条文解读

食品添加剂作为食品的组织部分，用来改变食品的色泽、口味、延长食品保质期等，在生产过程中被普遍使用。食品添加剂的使用使食品的品种和花样大大增多，满足了人们对食品的追求。但同时，因食品添加剂多属于化学合成物质，如果使用不当或者过量使用，将会给人体健康带来危害。因此，对食品添加剂的生产使用必须严格管理。一旦某种食品添加剂出现问题，将不是一个企业对一小部分消费者的健康造成危害，而是意味着大批下游企业甚至整个行业都将受到影响。食品添加剂生产者除按法律、标准的规定组织生产，保障产品的安全外，对生产的添加剂实施出厂检验显得更加重要。企业通过对出厂食品添加剂的检验，及时发现问题，防止不合格产品流入社会，损害消费者健康。食品添加剂生产者应如实记录相关信息，这是建立可追溯制度的前提。本条规定食品添加剂生产者必须如实记录食品添加剂的名称、规格、数量、生产日期或者生产批号、保质期、检验合格证号、销售日期以及购货者名称、地址、联系方式等相关内容，这是食品添加剂生产者的法定义务。食品添加剂出厂检验记录应当真实，不得凭空捏造、涂改食品出厂检验记录。这样可以在出现问题时及时追溯，法律规定食品出厂检验记录和凭证的保存期限不得少于产品保质期满后6个月，没有明确保质期的，保存期限不得少于2年。

[illegible]

〔ᠲᠠᠢᠯᠪᠤᠷᠢ〕

[illegible]

[illegible]

第六十条【食品添加剂经营者的进货查验记录制度】 食品添加剂经营者采购食品添加剂，应当依法查验供货者的许可证和产品合格证明文件，如实记录食品添加剂的名称、规格、数量、生产日期或者生产批号、保质期、进货日期以及供货者名称、地址、联系方式等内容，并保存相关凭证。记录和凭证保存期限应当符合本法第五十条第二款的规定。

●条文解读

本条对食品添加剂经营者采购食品添加剂作了专门规定。食品添加剂经营者在采购食品添加剂时，应当严格把关，严格审查食品添加剂的来源。一是查验添加剂许可证。按照本法的规定，食品添加剂生产必须取得许可。因此，食品添加剂经营者在采购食品添加剂时，首先要查验供货者的生产许可证，确保所采购的食品添加剂为合法企业生产的产品。二是查验供货者的产品合格证明文件。产品合格证明文件是食品添加剂生产者或者第三方检验机构出具的用于证明出厂产品的质量经过检验，符合相关要求的证明文件。

执行进货查验制度，不仅是保证食品安全的措施，也是保护食品添加剂经营者自身合法权益的重要措施。食品添加剂经营者对所进货物进行检查验收，发现存在安全问题时，可以提出异议，经进一步证实所进食品添加剂不符合食品安全要求的，可以拒绝进货。如果食品添加剂经营者不认真执行进货查验制度，对不符合食品安全标准的食品添加剂予以验收进货，则责任随即转移到食品添加剂经营者一方。因此食品添加剂经营者必须认真执行进货查验制度，避免因盲目采购不安全食品添加剂造成的经济损失和一旦造成食物中毒和人身伤亡事故所要承担的法律责任。

食品添加剂进货查验记录作为对供货者的许可证和产品合格证明文件进行查验的书面记载，应当真实，不能随意捏造。本条规定，食品添加剂经营者应如实记录食品添加剂的名称、规格、数量、生产日期或者生产批号、保质期、进货日期以及供货者名称、地址、联系方式等内容。进货查验记录的保存期限不得少于产品保质期满后6个月，没有明确保质期的，保存期限不得少于2年，以便日后查询。如果发生食品安全事故，食品安全部门可以通过查验这些记录、票据，追查问题产品出现的具体环节，并追究当事人的法律责任。

根据本法规定，食品添加剂经营者在进货时未查验许可证和相关证明文件或者未按规定建立遵守进货查验记录制度的，由有关部门依据各自职责，责令立即改正，给予警告，处5000元以上5万元以下罚款；情节严重的，责令停产停业，直至吊销许可证。

[illegible]

[ᠲᠠᠢᠯᠪᠤᠷᠢ]

[illegible]

ᠬᠡᠷᠡᠭᠵᠢᠭᠦᠯᠬᠦ ᠪᠣᠯᠤᠨ ᠪᠠᠢᠴᠠᠭᠠᠨ ᠬᠢᠨᠠᠨ ᠬᠠᠮᠢᠶᠠᠷᠬᠤ ᠠᠵᠢᠯ ᠤᠨ ᠦᠷᠡ ᠳᠦᠩ ᠢ ᠰᠠᠢᠵᠢᠷᠠᠭᠤᠯᠬᠤ ᠳᠤ ᠴᠢᠬᠤᠯᠠ ᠠᠴᠠ ᠨᠢ ᠲᠥᠷᠥ ᠶᠢᠨ ᠬᠢᠨᠠᠯᠲᠠ ᠶᠢᠨ ᠠᠵᠢᠯ ᠬᠠᠮᠤᠷᠤᠭᠳᠠᠬᠤᠨ ᠳᠤ ᠲᠥᠪᠯᠡᠷᠡᠭᠰᠡᠨ

ᠪᠠᠢᠳᠠᠯ ᠂ ᠦᠢᠯᠡᠳᠪᠦᠷᠢᠯᠡᠬᠦ ᠬᠤᠳᠠᠯᠳᠤᠬᠤ ᠨᠢ ᠡᠨᠡ ᠬᠤᠤᠯᠢ ᠳᠤ ᠵᠢᠭᠠᠭᠰᠠᠨ ᠶᠣᠰᠤᠭᠠᠷ ᠬᠡᠷᠡᠭᠵᠢᠭᠦᠯᠬᠦ ᠂ ᠰᠢᠯᠭᠠᠨ ᠪᠠᠢᠴᠠᠭᠠᠬᠤ ᠪᠠᠢᠳᠠᠯ ᠪᠠᠷ ᠰᠢᠯᠭᠠᠯᠲᠠ ᠬᠢᠵᠦ ᠪᠣᠯᠬᠤ ᠦᠭᠡᠢ ᠃

ᠲᠣᠭᠲᠠᠭᠠᠯ ᠢ ᠪᠠᠷᠢᠮᠲᠠᠯᠠᠬᠤ ᠂ ᠦᠯᠦ ᠪᠣᠯᠬᠤ ᠦᠢᠯᠡᠳᠪᠦᠷᠢᠯᠡᠬᠦ ᠂ ᠪᠠᠢᠴᠠᠭᠠᠯᠲᠠ ᠶᠢ ᠬᠢᠨᠠᠨ ᠬᠠᠮᠢᠶᠠᠷᠬᠤ ᠶᠠᠪᠤᠳᠠᠯ ᠢ ᠰᠠᠢᠵᠢᠷᠠᠭᠤᠯᠬᠤ ᠂ ᠬᠠᠮᠢᠶ᠎ᠠ

ᠬᠦᠨᠡᠰᠦᠨ ᠦ ᠠᠶᠤᠯᠭᠦᠢ ᠶᠢᠨ ᠪᠠᠷᠢᠮᠵᠢᠶ᠎ᠠ ᠂ ᠬᠤᠤᠯᠢ ᠲᠣᠭᠲᠠᠭᠠᠯ ᠂ ᠪᠠᠢᠴᠠᠭᠠᠯᠲᠠ ᠶᠢᠨ ᠬᠢᠨᠠᠯᠲᠠ ᠶᠢᠨ ᠠᠵᠢᠯ ᠢ ᠬᠢᠨᠠᠨ ᠬᠠᠮᠢᠶᠠᠷᠬᠤ ᠳᠤ

ᠬᠡᠷᠡᠭᠵᠢᠭᠦᠯᠬᠦ ᠪᠣᠯᠤᠨ ᠡᠨᠡ ᠬᠤᠤᠯᠢ ᠳᠤ ᠵᠢᠭᠠᠭᠰᠠᠨ ᠶᠣᠰᠤᠭᠠᠷ ᠪᠠᠢᠨ᠎ᠠ ᠃ ᠡᠨᠡ ᠬᠡᠰᠡᠭ ᠲᠦ ᠵᠢᠭᠠᠭᠰᠠᠨ ᠨᠢ ᠬᠦᠨᠡᠰᠦᠨ ᠦ ᠠᠶᠤᠯᠭᠦᠢ ᠶᠢᠨ ᠪᠠᠷᠢᠮᠵᠢᠶ᠎ᠠ

᠂ ᠪᠠᠢᠴᠠᠭᠠᠯᠲᠠ ᠶᠢᠨ ᠦᠷ᠎ᠡ ᠳᠦᠩ ᠢ ᠰᠢᠯᠭᠠᠨ ᠪᠠᠲᠤᠯᠠᠬᠤ ᠶᠢᠨ ᠬᠠᠮᠲᠤ ᠪᠠᠷ ᠬᠡᠷᠡᠭᠵᠢᠭᠦᠯᠬᠦ ᠬᠡᠷᠡᠭᠲᠡᠢ ᠂ ᠡᠭᠦᠨ ᠦ ᠲᠥᠯᠦᠭᠡ ᠪᠣᠯᠬᠤ

ᠬᠦᠨᠡᠰᠦᠨ ᠦ ᠠᠶᠤᠯᠭᠦᠢ ᠶᠢᠨ ᠪᠠᠷᠢᠮᠵᠢᠶ᠎ᠠ ᠨᠢ ᠬᠤᠤᠯᠢ ᠶᠢᠨ ᠲᠣᠭᠲᠠᠭᠠᠯ ᠢ ᠬᠡᠷᠡᠭᠵᠢᠭᠦᠯᠬᠦ ᠳᠦ ᠴᠢᠬᠤᠯᠠ ᠪᠠᠢᠳᠠᠯ ᠲᠠᠢ ᠃

ᠬᠦᠨᠡᠰᠦᠨ ᠳᠦ ᠬᠣᠣᠷᠲᠤ ᠪᠣᠳᠠᠰ ᠪᠠᠢᠬᠤ ᠶᠢ ᠴᠠᠭᠠᠵᠠᠯᠠᠬᠤ ᠪᠠᠢᠳᠠᠯ ᠪᠠᠷ ᠬᠢᠨᠠᠬᠤ ᠨᠢ ᠳᠡᠭᠡᠳᠦ ᠬᠡᠮᠵᠢᠶ᠎ᠡ ᠶᠢᠨ ᠲᠠᠯ᠎ᠠ ᠪᠠᠷ

ᠬᠠᠷᠢᠭᠤᠴᠠᠬᠤ ᠰᠢᠯᠭᠠᠯᠲᠠ ᠂ ᠡᠨᠡ ᠬᠤᠤᠯᠢ ᠪᠡᠷ ᠬᠦᠨᠡᠰᠦᠨ ᠦ ᠠᠶᠤᠯᠭᠦᠢ ᠶᠢᠨ ᠬᠡᠮᠵᠢᠶ᠎ᠡ ᠪᠠᠢᠳᠠᠯ ᠢ ᠲᠣᠭᠲᠠᠭᠠᠬᠤ ᠶᠢᠨ ᠬᠠᠮᠲᠤ

ᠪᠠᠢᠨ᠎ᠠ ᠃ ᠡᠳᠡᠭᠡᠷ ᠬᠦᠨᠡᠰᠦᠨ ᠦ ᠠᠶᠤᠯᠭᠦᠢ ᠶᠢᠨ ᠪᠠᠷᠢᠮᠵᠢᠶ᠎ᠠ ᠳᠤ ᠪᠠᠭᠲᠠᠬᠤ ᠶᠣᠰᠤᠲᠠᠢ ᠂ ᠬᠣᠣᠷᠲᠤ ᠪᠣᠳᠠᠰ ᠤᠨ ᠬᠢᠵᠠᠭᠠᠷ

ᠬᠦᠨᠡᠰᠦᠨ ᠦ ᠠᠶᠤᠯᠭᠦᠢ ᠶᠢᠨ ᠬᠣᠣᠷᠲᠤ ᠪᠣᠳᠠᠰ ᠤᠨ ᠬᠢᠵᠠᠭᠠᠷ ᠢ ᠲᠣᠭᠲᠠᠭᠠᠬᠤ ᠬᠦᠨᠡᠰᠦᠨ ᠦ ᠠᠶᠤᠯᠭᠦᠢ ᠶᠢᠨ ᠪᠠᠷᠢᠮᠵᠢᠶ᠎ᠠ ᠳᠤ ᠬᠠᠮᠠᠭᠠᠷᠠᠬᠤ

ᠬᠡᠮᠡᠨ ᠬᠦᠨᠡᠰᠦᠨ ᠦ ᠠᠶᠤᠯᠭᠦᠢ ᠶᠢᠨ ᠪᠠᠷᠢᠮᠵᠢᠶ᠎ᠠ ᠶᠢ ᠲᠣᠭᠲᠠᠭᠠᠬᠤ ᠳᠤ ᠬᠣᠣᠷᠲᠤ ᠪᠣᠳᠠᠰ ᠤᠨ ᠬᠢᠵᠠᠭᠠᠷ ᠢ ᠲᠣᠭᠲᠠᠭᠠᠨ ᠭᠠᠷᠭᠠᠬᠤ ᠪᠣᠯᠤᠨ

ᠲᠣᠭᠲᠠᠭᠠᠭᠰᠠᠨ ᠬᠦᠨᠡᠰᠦᠨ ᠦ ᠠᠶᠤᠯᠭᠦᠢ ᠶᠢᠨ ᠪᠠᠷᠢᠮᠵᠢᠶ᠎ᠠ ᠶᠢ ᠡᠨᠡ ᠬᠤᠤᠯᠢ ᠶᠢᠨ ᠵᠢᠷᠤᠮ ᠤᠨ ᠳᠠᠭᠠᠤ ᠪᠠᠷ ᠲᠣᠭᠲᠠᠭᠠᠨ᠎ᠠ ᠃

ᠬᠣᠣᠷᠲᠤ ᠪᠣᠳᠠᠰ ᠤᠨ ᠬᠢᠵᠠᠭᠠᠷ ᠲᠣᠭᠲᠠᠭᠠᠬᠤ ᠶᠢ ᠨᠢ ᠲᠣᠭᠲᠠᠭᠠᠭᠰᠠᠨ ᠬᠠᠮᠢᠶ᠎ᠠ ᠲᠠᠢ ᠬᠡᠮᠵᠢᠶ᠎ᠡ ᠂ ᠲᠡᠭᠦᠨ ᠦ ᠬᠡᠷᠡᠭᠵᠢᠯᠲᠡ ᠶᠢᠨ ᠬᠦᠷᠢᠶ᠎ᠡ

ᠬᠢᠵᠠᠭᠠᠷ ᠪᠣᠯᠤᠨ᠎ᠠ ᠃ ᠬᠦᠨᠡᠰᠦᠨ ᠦ ᠠᠶᠤᠯᠭᠦᠢ ᠶᠢᠨ ᠪᠠᠷᠢᠮᠵᠢᠶ᠎ᠠ ᠲᠣᠭᠲᠠᠭᠠᠬᠤ ᠶᠢᠨ ᠵᠢᠷᠤᠮ ᠢ ᠪᠠᠲᠤᠯᠠᠬᠤ ᠪᠠᠢᠳᠠᠯ ᠂ ᠡᠨᠡ

ᠬᠢ ᠪᠣᠯᠬᠤ ᠂ ᠪᠣᠯᠤᠨ ᠳᠤ ᠬᠦᠨᠡᠰᠦᠨ ᠦ ᠠᠶᠤᠯᠭᠦᠢ ᠶᠢᠨ ᠪᠠᠷᠢᠮᠵᠢᠶ᠎ᠠ ᠶᠢᠨ ᠬᠡᠮᠵᠢᠶ᠎ᠡ ᠲᠠᠢ ᠬᠤᠤᠯᠢ ᠵᠦᠢ ᠶᠢᠨ ᠬᠠᠮᠲᠤ ᠶᠢ ᠰᠢᠯᠭᠠᠨ ᠪᠠᠲᠤᠯᠠᠬᠤ ᠬᠡᠷᠡᠭᠲᠡᠢ

第六十一条【集中交易市场等的食品安全管理责任】集中交易市场的开办者、柜台出租者和展销会举办者，应当依法审查入场食品经营者的许可证，明确其食品安全管理责任，定期对其经营环境和条件进行检查，发现其有违反本法规定行为的，应当及时制止并立即报告所在地县级人民政府食品药品监督管理部门。

●条文解读

集中交易市场是食品经营者在固定场所，按一定规则，有组织地集中买卖活动，是食品经营者开展食品销售、餐饮服务等食品经营活动的一个重要场所。在实践中，利用集中交易市场、柜台出租和展销会销售食品的现象比较普遍，且销售不合格食品时有发生，危及公众身体健康和生命安全，是重点监管区域。集中交易市场里的食品经营者具有经营规模小、流动性强的特点，这给食品安全监管工作带来很大难度，发生食品安全事故后，食品经营者往往一跑了之，或者由于规模小，难以承担巨大的赔偿责任，使消费者的损失难以获得补偿。考虑到集中交易市场的开办者、柜台出租者和展销会举办者是集中交易市场的管理者，对集中交易市场的食品安全负有管理责任，而且他们也具有承担义务的条件，他们是距离入场食品经营者最近、最直接的监督者，能够发挥食品安全监管部门难以发挥的监管作用。因此，为了有效预防和惩治违法行为，切实保护消费者的合法权益，本法对集中交易市场、出租柜台、展销会的食品安全问题作了有针对性的具体规定。

集中交易市场不直接从事食品生产经营的，一般不需要取得食品生产经营许可。为了加强对集中交易市场的食品安全监管，保障消费者的权益，本条规定了集中交易市场的开办者、柜台出租者和展销会举办者审查许可证、定期检查等方面的责任。一是审查和检验的义务。集中交易市场的开办者、柜台出租者和展销会举办者应当允许有经营资格的主体入场经营。经营资格的凭证就是许可证和营业执照。通过对入场食品经营者许可证和营业执照的审查，确保入场经营者的主体资格。对未取得相关许可证的，不得允许其入场经营。二是明确入场食品经营者的食品安全管理责任。集中交易市场应制定食品安全检查制度及其他管理制度，指定专人负责食品安全管理。食品安全管理人员应当接受食品安全知识和业务知识培训。对取得相关许可证的入场食品经营者，集中交易市场的开办者、柜台出租者和展销会举办者应当与其签订食品安全责任书，明确其食品安全管理责任。三是定期进行检查。集中交易市场的开办者、柜台出租者和展销会举办者作为承担义务的主体，应当建立健全食品安全管理制度，定期对入场的食品经营者的经营环境和条件进行检查，看入场经营者的经营条件和经营环境是否符合本法的要求。如检查经营的内容是否与许可证的许可范围一致，检查经营者是否具有与经营的食品相适应的场所，场所是否干净整洁，是否有与经营的食品相适应的设备或设施，设备、设施是否符合要求，从业人员是否符合食品安全管理制度，是否建立和执行食品进货查验记录制度，经营的食品是否属于本法规定的禁止生产经营的食品，盛放食品的容器、工具和设备是否符合规定等等。并将以上检查情况进行记录。四是制止并报告的义务。对检查中发现的问题，应督促入场经营者及时采取整改措施，发现食品经营者有违法行为的，应当及时制止并立即报告县级人民政府食品药品监管部门。

此外，集中交易市场的开办者、柜台出租者和展销会的举办者应负责处理涉及食品安全问题的群众投诉，并主动向监管部门举报入场经营者的食品安全违法行为，积极配合有关部门调查处理入场食品经营者的食品安全违法案件。

未履行规定义务，本市场发生食品安全事故的，本法第 130 条规定了集中交易市场的开全的经营者拒之门外，才能避免因食品安全事故而承担连带责任。

市场的开办者、柜台出租者和展销会举办者只有严格把关，将无照经营或者不能保证食品安品安全管理责任，是避免出现食品安全事故，防止承担连带责任必不可少的程序。集中交易办者、柜台出租者和展销会的举办者应当承担连带责任。前者审查后者的许可证，明确其食

ᠮᠡᠳᠡᠭᠳᠡᠭᠦᠯᠦᠭᠰᠡᠨ ᠨᠢᠭᠡᠳᠦᠭᠡᠷ ᠡᠳᠦᠷ ᠡᠴᠡ ᠡᠬᠢᠯᠡᠨ ᠬᠦᠴᠦᠨ ᠲᠡᠢ ᠪᠣᠯᠬᠤ ᠪᠠᠢᠨ᠎ᠠ᠂ ᠬᠠᠤᠯᠢ ᠶᠢᠨ ᠪᠣᠯᠤᠨ ᠬᠠᠤᠯᠢ ᠲᠠᠢ ᠠᠳᠠᠯᠢ ᠬᠦᠴᠦᠨ ᠲᠡᠢ ᠲᠣᠭᠲᠠᠭᠠᠯ ᠤᠨ ᠬᠣᠤᠷᠣᠨᠳᠣ ᠬᠠᠮᠢᠶ᠎ᠠ ᠪᠠᠷ ᠪᠣᠯᠪᠠᠰᠤ ᠬᠠᠤᠯᠢ ᠶᠢᠨ ᠵᠠᠭᠠᠭ ᠢ ᠲᠣᠳᠣᠷᠬᠠᠢᠯᠠᠬᠤ ᠬᠡᠷᠡᠭᠲᠡᠢ᠂ ᠡᠨᠡ ᠨᠢ ᠬᠠᠤᠯᠢ ᠶᠢᠨ ᠬᠦᠴᠦᠨ ᠦ ᠬᠡᠮᠵᠢᠶ᠎ᠡ ᠶᠢ ᠲᠣᠭᠲᠠᠭᠠᠬᠤ ᠳᠤ ᠲᠤᠰᠠᠲᠠᠢ ᠪᠣᠯᠤᠨ᠎ᠠ ᠃ ᠬᠠᠤᠯᠢ ᠶᠢᠨ ᠵᠦᠢᠯ ᠦᠨ ᠬᠦᠴᠦᠨ ᠲᠡᠢ ᠪᠣᠯᠬᠤ ᠡᠳᠦᠷ ᠢ ᠲᠣᠭᠲᠠᠭᠠᠬᠤ ᠳᠤ᠂ ᠲᠤᠰ ᠬᠠᠤᠯᠢ ᠶᠢ ᠨᠡᠢᠲᠡᠯᠡᠭᠰᠡᠨ ᠡᠳᠦᠷ ᠡᠴᠡ ᠡᠬᠢᠯᠡᠨ ᠬᠦᠴᠦᠨ ᠲᠡᠢ ᠪᠣᠯᠬᠤ ᠪᠠ ᠲᠤᠰᠭᠠᠢ ᠡᠳᠦᠷ ᠢ ᠲᠣᠭᠲᠠᠭᠠᠨ ᠬᠦᠴᠦᠨ ᠲᠡᠢ ᠪᠣᠯᠭᠠᠬᠤ ᠬᠣᠶᠠᠷ ᠬᠡᠯᠪᠡᠷᠢ ᠪᠠᠢᠨ᠎ᠠ ᠃ ᠨᠢᠭᠡᠳᠦᠭᠡᠷ ᠬᠡᠯᠪᠡᠷᠢ ᠨᠢ ᠬᠠᠤᠯᠢ ᠶᠢ ᠨᠡᠢᠲᠡᠯᠡᠭᠰᠡᠨ ᠡᠳᠦᠷ ᠡᠴᠡ ᠡᠬᠢᠯᠡᠨ ᠬᠦᠴᠦᠨ ᠲᠡᠢ ᠪᠣᠯᠬᠤ ᠪᠠᠢᠨ᠎ᠠ᠂ ᠬᠣᠶᠠᠳᠤᠭᠠᠷ ᠬᠡᠯᠪᠡᠷᠢ ᠨᠢ ᠬᠠᠤᠯᠢ ᠨᠡᠢᠲᠡᠯᠡᠭᠰᠡᠨ ᠤ ᠳᠠᠷᠠᠭ᠎ᠠ ᠲᠣᠳᠣᠷᠬᠠᠢ ᠬᠤᠭᠤᠴᠠᠭ᠎ᠠ ᠶᠢᠨ ᠳᠠᠷᠠᠭ᠎ᠠ ᠬᠦᠴᠦᠨ ᠲᠡᠢ ᠪᠣᠯᠬᠤ ᠪᠠᠢᠨ᠎ᠠ ᠃ ᠡᠨᠡ ᠬᠠᠤᠯᠢ ᠶᠢᠨ ᠬᠦᠴᠦᠨ ᠲᠡᠢ ᠪᠣᠯᠬᠤ ᠡᠳᠦᠷ ᠢ ᠬᠠᠤᠯᠢ ᠳᠤ ᠲᠣᠳᠣᠷᠬᠠᠢᠯᠠᠨ ᠲᠣᠭᠲᠠᠭᠠᠭᠰᠠᠨ ᠪᠠᠢᠨ᠎ᠠ ᠃

ᠬᠠᠤᠯᠢ ᠶᠢᠨ ᠬᠦᠴᠦᠨ ᠲᠡᠢ ᠪᠣᠯᠬᠤ ᠡᠳᠦᠷ ᠢ ᠲᠣᠭᠲᠠᠭᠠᠬᠤ ᠨᠢ ᠬᠠᠤᠯᠢ ᠶᠢᠨ ᠬᠦᠴᠦᠨ ᠦ ᠴᠠᠭ ᠤᠨ ᠬᠡᠮᠵᠢᠶ᠎ᠡ ᠶᠢᠨ ᠨᠢᠭᠡ ᠴᠢᠬᠤᠯᠠ ᠠᠰᠠᠭᠤᠳᠠᠯ ᠪᠣᠯᠤᠨ᠎ᠠ ᠃

[illegible]

第六十二条【网络食品交易第三方平台提供者的义务】网络食品交易第三方平台提供者应当对入网食品经营者进行实名登记，明确其食品安全管理责任；依法应当取得许可证的，还应当审查其许可证。

网络食品交易第三方平台提供者发现入网食品经营者有违反本法规定行为的，应当及时制止并立即报告所在地县级人民政府食品药品监督管理部门；发现严重违法行为的，应当立即停止提供网络交易平台服务。

●条文解读

一、网络食品交易第三方平台提供者对入网食品经营者身份的审查义务

网络食品交易第三方平台提供者是指在网食品交易活动中为交易双方或者多方提供网页空间、虚拟经营场所、交易规则、交易撮合、信息发布等服务，供交易双方或者多方独立开展交易活动的信息网络系统。平台提供者自身并不参与交易，只是根据与买卖方双方分别订立的协议提供技术服务以保证网上交易的顺利进行，这类平台为中介型或者开放型的平台。

考虑到网络食品交易第三方平台提供者对入网食品经营者具有一定的控制能力，技术上可以对利用平台的卖家身份进行审查，本条规定了网络食品交易第三方平台提供者对入网食品经营者身份的审查义务。审查义务主要为实名登记义务，网络食品交易第三方平台提供者应当记录入网食品经营者的真实名称、地址和有效联系方式，以实现交易的可追溯和责任的可追究。对于依照本法第35条规定应当取得许可的入网食品经营者，还应当审查其许可证。网络食品交易第三方平台提供者在对入网食品经营者进行身份审查的同时，还应当明确其食品安全管理责任。

二、网络食品交易第三方平台提供者制止、报告和停止提供服务的义务

入网食品经营者作为食品经营者，应当遵守本法和相关法律法规的规定，保证食品符合食品安全国家标准和法律法规的要求，保证食品安全。网络食品交易第三方平台提供者应当对入网食品经营者及其发布的食品信息建立检查监控制度，并履行制止、报告和停止提供服务的义务，发现入网食品经营者有违反本法规定行为的，应当履行及时制止违法行为的义务，并应当立即报告所在地的县级人民政府食品药品监督管理部门；发现入网经营者有严重违法行为的，应当立即停止提供网络交易平台服务。

[illegible]

[illegible]

[illegible]

[illegible]

[illegible]

[illegible]

[illegible]

[illegible]

[illegible]

[illegible]

[illegible]

[illegible]

[illegible]

[illegible]

[illegible]

[[illegible]]

[illegible]

[illegible]

[illegible]

[illegible]

第六十三条【食品召回制度】国家建立食品召回制度。食品生产者发现其生产的食品不符合食品安全标准或者有证据证明可能危害人体健康的，应当立即停止生产，召回已经上市销售的食品，通知相关生产经营者和消费者，并记录召回和通知情况。

食品经营者发现其经营的食品有前款规定情形的，应当立即停止经营，通知相关生产经营者和消费者，并记录停止经营和通知情况。食品生产者认为应当召回的，应当立即召回。由于食品经营者的原因造成其经营的食有前款规定情形的，食品经营者应当召回。

食品生产经营者应当对召回的食品采取无害化处理、销毁等措施，防止其再次流入市场。但是，对因标签、标志或者说明书不符合食品安全标准而被召回的食品，食品生产者在采取补救措施且能保证食品安全的情况下可以继续销售；销售时应当向消费者明示补救措施。

食品生产经营者应当将食品召回和处理情况向所在地县级人民政府食品药品监督管理部门报告；需要对召回的食品进行无害化处理、销毁的，应当提前报告时间、地点。食品药品监督管理部门认为必要的，可以实施现场监督。

食品生产经营者未依照本条规定召回或者停止经营的，县级以上人民政府食品药品监督管理部门可以责令其召回或者停止经营。

●条文解读

根据食品召回程序的启动方式，食品召回可分为食品生产经营者主动召回和监管部门强制召回两种。

一、主动召回

1. 食品生产者召回。食品生产者发现其生产的食品不符合食品安全标准或者有证据证明可能危害人体健康的，应当立即停止生产，召回已经上市销售的食品，通知相关生产经营者和消费者，并记录召回和通知情况。此次修改，增加了召回『有证据证明可能危害人体健康』食品的规定。随着人们对食品安全的认识不断深入，食品安全标准可能存在一定的滞后性，有些没有食品安全标准或者食品虽然满足了现有的食品安全标准，但仍可能存在危害人体健康的危险。对此类食品，只要有证据证明可能危害人体健康的，也应当予以召回。

2. 食品经营者召回。食品经营者发现其经营的食品不符合食品安全标准或者有证据证明可能危害人体健康的，应当立即停止经营，通知相关生产经营者和消费者，以便及时采取补救措施，避免危害进一步扩大，并记录停止经营和通知情况。食品生产者接到经营者的通知后，认为应当召回的，应当立即召回。由于食品经营者的原因，如贮存不当，造成其经营的食品有前款规定情形的，应当由食品经营者，而非生产者进行召回。

3. 召回后的处理。一般情况下，召回的食品不符合食品安全标准或者可能存在食品安全隐患，食品生产经营者应当对召回的食品采取无害化处理、销毁等措施，防止其再次流入市场。但是，对因标签、标志或者说明书不符合食品安全标准而被召回的食品，食品生产者在采取补救措施且能保证食品安全的情况下可以继续销售，但销售时应当向消费者明示补救措施。

4. 召回情况报告。食品生产经营者应当将食品召回和处理情况向所在地县级人民政府食品药品监督管理部门报告；需要对召回的食品进行无害化处理、销毁的，应当提前报告时间、地点。食品药品监督管理部门认为必要的，可以赴无害化处理或者销毁现场进行监督，以确保存在安全隐患的被召回食品不会再次流入市场。

二、责令召回

1. 县级以上人民政府食品药品监督管理部门发现食品生产经营者生产经营的食品不符合食品安全标准或者有证据证明可能危害人体健康，但未依照本条规定召回或者停止经营的，可以责令其召回或者停止经营。

2. 食品生产经营者在接到责令召回的通知后，应当立且停止生产或者经营，按照本条前三款规定的程序召回不符合食品安全标准的食品，进行相应的处理，并将食品召回和处理情况向所在地县级人民政府食品药品监督管理部门报告。

[illegible]

第六十四条【食用农产品批发市场的管理】 食用农产品批发市场应当配备检验设备和检验人员或者委托符合本法规定的食品检验机构，对进入该批发市场销售的食用农产品进行抽样检验；发现不符合食品安全标准的，应当要求销售者立即停止销售，并向食品药品监督管理部门报告。

●条文解读

食用农产品批发市场是以粮油、畜禽肉、禽蛋、水产、蔬菜、水果、茶叶等食用农产品为交易对象，为买卖双方提供长期、固定、公开的批发交易设施设备，并具备商品集散、信息公示、结算、价格形成等服务功能的交易场所。食用农产品批发市场是我国改革开放以后形成的商业业态，是食用农产品流通的主渠道，食用农产品的70％以上经过批发市场进入百姓的菜篮子。农产品批发市场分为一级批发市场、二级批发市场和三级批发市场。一级批发市场，是直接从产地收购农产品、向中间批发商或代理商销售的批发市场。二级批发市场，其批发商从一级批发市场采购农产品，再销给中间商或零售商。三级批发市场，其批发商从二级批发市场采购农产品，再销给零售商。正是由于批发市场是食用农产品销售的主渠道，所以需要在保障入场销售的食用农产品安全方面承担责任。根据本条的规定，批发市场的主要责任包括以下两个方面：

一是对进场销售的食用农产品进行抽样检验。抽样检验是指在销售的食用农产品中随机抽取样品进行检验，从而确定所销售的食用农产品是否符合食品安全国家标准的检验方式。履行这一职责，批发市场应当配备检验设备和检验人员，如果因为条件所限无法配备，也可以委托符合食品安全法规定的食品检验机构进行抽样检验。符合食品安全法规定的食品检验机构，根据食品安全法『食品检验』一章的规定，是指按照国家有关认证认可管理规定，取得资质认定的食品检验机构，或者在 2009 年食品安全法颁布以前，经农业、质量监督、卫生、食品药品监督管理等有关部门批准成立的食品检验机构。应当指出的是，对食用农产品进行抽样检验，既可以采取一般实验室检验方式，也可以采用快速检测方式。

二是通过抽样检验发现不符合食品安全标准的，应当要求销售者立即停止销售，并向食品药品监督管理部门报告。对于通过抽样检验，发现不符合食品安全标准的食用农产品，批发市场因为不是执法部门，所以无权对销售者予以处罚，但应当要求销售者立即停止销售，并向当地的食品药品监督管理部门报告。

对于批发市场没有履行上述职责的，根据食品安全法第 130 条的规定，应当承担相应的法律责任。

ᠬᠠᠮᠢᠶᠠᠷᠤᠯ ᠤᠨ ᠵᠢᠷᠤᠮ ᠤᠨ ᠪᠠᠶᠢᠭᠤᠯᠤᠯᠭ᠎ᠠ ᠶᠢᠨ ᠵᠢᠷᠤᠮ ᠪᠠᠶᠢᠭᠤᠯᠤᠯᠲᠠ ᠶᠢᠨ ᠬᠠᠮᠢᠶᠠᠷᠤᠯ ᠪᠠᠶᠢᠭᠤᠯᠬᠤ ᠳᠤ ᠲᠤᠰᠠᠯᠠᠨ᠎ᠠ ᠃ ᠮᠥᠨ ᠬᠠᠮᠢᠶᠠᠷᠤᠯ
ᠪᠠᠷᠢᠮᠲᠠ ᠶᠢᠨ ᠪᠠᠶᠢᠭᠤᠯᠬᠤ ᠪᠠ ᠬᠣᠶᠠᠷ ᠤᠨ ᠡᠷᠬᠡ ᠪᠠᠶᠢᠭᠤᠯᠤᠯᠲᠠ ᠶᠢᠨ ᠬᠦᠢᠰᠢ ᠳᠦ ᠲᠤᠰᠠᠯᠠᠮᠵᠢ ᠶᠢᠨ ᠪᠣᠯᠪᠠᠰᠤᠷᠠᠯ ᠤᠨ ᠬᠡᠮᠵᠢᠶ᠎ᠡ ᠶᠢᠨ ᠬᠦᠢᠰᠢ
ᠬᠠᠷᠢᠭᠤ ᠪᠠᠷᠢᠮᠲᠠ ᠶᠢᠨ ᠪᠠᠶᠢᠭᠤᠯᠬᠤ ᠴᠢᠬᠤᠯᠠ ᠶᠢ ᠪᠠᠶᠢᠭᠤᠯᠤᠯᠲᠠ ᠬᠦᠢᠰᠢ ᠳᠦ ᠲᠤᠰᠠᠯᠠᠮᠵᠢ ᠶᠢᠨ ᠪᠣᠯᠪᠠᠰᠤᠷᠠᠯ ᠤᠨ ᠬᠡᠮᠵᠢᠶ᠎ᠡ ᠬᠣᠣᠰ ᠬᠠᠷᠢᠭᠤ
ᠠᠵᠢᠯ ᠢ ᠰᠢᠳᠤᠷᠭᠤ ᠪᠠ ᠬᠢᠷᠢ ᠪᠠᠶᠢᠭᠤᠯᠤᠯᠲᠠ ᠬᠦᠢᠰᠢ ᠳᠦ ᠲᠤᠰᠠᠯᠠᠮᠵᠢ ᠶᠢᠨ ᠪᠣᠯᠪᠠᠰᠤᠷᠠᠯ ᠤᠨ ᠬᠡᠮᠵᠢᠶ᠎ᠡ ᠶᠢᠨ ᠬᠠᠷᠢᠭᠤ ᠪᠠᠷᠢᠮᠲᠠ ᠶᠢᠨ ᠪᠠᠶᠢᠭᠤᠯᠬᠤ ᠃
ᠰᠤᠷᠤᠭᠴᠢ ᠶᠢᠨ ᠭᠣᠣᠯ ᠰᠤᠷᠭᠠᠭᠤᠯᠢ ᠶᠢ ᠬᠣᠣᠰᠯᠠᠬᠤ ᠬᠡᠮᠵᠢᠶ᠎ᠡ ᠬᠡᠮᠵᠢᠶ᠎ᠡ ᠪᠣᠯᠤᠨ᠎ᠠ ᠄
ᠬᠠᠮᠢᠶᠠᠷᠤᠯ ᠤᠨ ᠬᠡᠮᠵᠢᠶ᠎ᠡ ᠪᠡᠷ ᠰᠤᠷᠭᠠᠭᠤᠯᠢ ᠶᠢᠨ ᠬᠠᠷᠢᠭᠤᠴᠠᠯᠭ᠎ᠠ ᠃ ᠲᠡᠷᠡ ᠬᠠᠷᠢᠭᠤ ᠶᠢᠨ ᠪᠣᠯᠪᠠᠰᠤᠷᠠᠯ ᠤᠨ ᠬᠠᠮᠢᠶᠠᠷᠤᠯᠬᠤ ᠪᠠᠶᠢᠭᠤᠯᠤᠯᠭ᠎ᠠ ᠶᠢᠨ ᠬᠠᠷᠢᠭᠤ
ᠪᠠᠶᠢᠭᠤᠯᠤᠯᠲᠠ ᠶᠢᠨ ᠭᠣᠣᠯ ᠬᠠᠷᠢᠭᠤ ᠪᠠᠶᠢᠭᠤᠯ ᠪᠤᠶᠤ ᠪᠠᠷᠢᠮᠲᠠ ᠶᠢᠨ ᠪᠠᠶᠢᠭᠤᠯᠤᠯᠲᠠ ᠬᠦᠢᠰᠢ ᠳᠦ ᠲᠤᠰᠠᠯᠠᠮᠵᠢ ᠶᠢᠨ ᠪᠣᠯᠪᠠᠰᠤᠷᠠᠯ ᠤᠨ ᠬᠦᠢᠰᠢ
ᠬᠠᠮᠢᠶᠠᠷᠤᠯᠲᠠ ᠳᠤ ᠬᠠᠮᠢᠶᠠᠷᠤᠯ ᠤᠨ ᠬᠢ ᠬᠦᠮᠦᠨ ᠃ ᠪᠠᠶᠢᠭᠤᠯᠤᠯ ᠪᠠᠶᠢᠭᠤᠯᠤᠯᠲᠠ ᠶᠢᠨ ᠬᠠᠷᠢᠭᠤ ᠰᠤᠷᠤᠭᠴᠢ ᠶᠢ ᠲᠤᠰᠠᠯᠠᠮᠵᠢ ᠶᠢᠨ ᠪᠣᠯᠪᠠᠰᠤᠷᠠᠯ ᠤᠨ ᠬᠦᠢᠰᠢ
ᠬᠤᠯ ᠤᠨ ᠪᠠᠷᠢᠮᠲᠠ ᠪᠠᠶᠢᠭᠤᠯᠤᠯᠲᠠ ᠶᠢᠨ ᠬᠠᠷᠢᠭᠤ ᠰᠤᠷᠤᠭᠴᠢ ᠬᠤᠪᠢ ᠬᠠᠮᠢᠶᠠᠷᠤᠯᠬᠤ ᠲᠤᠰᠠᠯᠠᠮᠵᠢ ᠶᠢᠨ ᠪᠣᠯᠪᠠᠰᠤᠷᠠᠯ ᠤᠨ ᠬᠠᠮᠢᠶᠠᠷᠤᠯᠬᠤ ᠬᠣᠣᠰ ᠪᠣᠯ
ᠬᠠᠮᠢᠶᠠᠷᠤᠯᠬᠤ ᠪᠠᠶᠢᠭᠤᠯᠤᠯ ᠬᠤᠪᠢ ᠃ ᠬᠠᠮᠢᠶᠠᠷᠤᠯᠲᠠ ᠬᠤᠯ ᠤᠨ ᠪᠠᠷᠢᠮᠲᠠ ᠪᠠᠶᠢᠭᠤᠯᠤᠯᠲᠠ ᠶᠢᠨ ᠬᠠᠷᠢᠭᠤ ᠰᠤᠷᠤᠭᠴᠢ ᠶᠢ ᠬᠠᠮᠢᠶᠠᠷᠤᠯᠬᠤ ᠬᠣᠣᠰ ᠬᠠᠮᠢᠶᠠᠷᠤᠯᠲᠠ ᠳᠤ
ᠬᠠᠮᠢᠶᠠᠷᠤᠯᠬᠤ ᠬᠣᠣᠰ ᠪᠠᠶᠢᠭᠤᠯᠤᠯᠲᠠ ᠶᠢᠨ ᠭᠣᠣᠯ ᠬᠠᠷᠢᠭᠤ ᠪᠠᠶᠢᠭᠤᠯᠤᠯᠲᠠ ᠶᠢᠨ ᠬᠠᠷᠢᠭᠤ ᠰᠤᠷᠤᠭᠴᠢ ᠬᠠᠮᠢᠶᠠᠷᠤᠯᠬᠤ ᠪᠣᠯ ᠬᠠᠮᠢᠶᠠᠷᠤᠯᠲᠠ ᠳᠤ
ᠬᠠᠮᠢᠶᠠᠷᠤᠯᠲᠠ ᠬᠤᠯ ᠤᠨ ᠪᠠᠷᠢᠮᠲᠠ ᠪᠠᠶᠢᠭᠤᠯᠤᠯᠲᠠ ᠶᠢᠨ ᠬᠠᠷᠢᠭᠤ ᠰᠤᠷᠤᠭᠴᠢ ᠶᠢ ᠬᠠᠮᠢᠶᠠᠷᠤᠯᠬᠤ ᠬᠣᠣᠰ ᠬᠠᠮᠢᠶᠠᠷᠤᠯᠲᠠ ᠳᠤ ᠪᠠᠶᠢᠭᠤᠯᠤᠯ ᠪᠠ
ᠬᠠᠮᠢᠶᠠᠷᠤᠯᠬᠤ ᠬᠤᠯ ᠤᠨ ᠪᠠᠷᠢᠮᠲᠠ ᠪᠠᠶᠢᠭᠤᠯᠤᠯᠲᠠ ᠶᠢᠨ ᠬᠠᠷᠢᠭᠤ ᠰᠤᠷᠤᠭᠴᠢ ᠬᠠᠮᠢᠶᠠᠷᠤᠯᠬᠤ ᠬᠣᠣᠰ ᠬᠠᠮᠢᠶᠠᠷᠤᠯᠲᠠ ᠳᠤ ᠪᠠᠶᠢᠭᠤᠯᠤᠯ ᠪᠣᠯᠤᠨ᠎ᠠ ᠃
ᠪᠠᠶᠢᠭᠤᠯᠤᠯ ᠪᠠᠷᠢᠮᠲᠠ ᠪᠠᠶᠢᠭᠤᠯᠤᠯᠲᠠ ᠶᠢᠨ ᠬᠠᠷᠢᠭᠤ ᠰᠤᠷᠤᠭᠴᠢ ᠪᠡᠷ ᠬᠠᠮᠢᠶᠠᠷᠤᠯᠲᠠ ᠬᠠᠷᠢᠭᠤ ᠶᠢ ᠬᠠᠮᠢᠶᠠᠷᠤᠯᠬᠤ ᠪᠣᠯᠪᠠᠰᠤᠷᠠᠯ ᠤᠨ ᠬᠠᠮᠢᠶᠠᠷᠤᠯᠲᠠ ᠪᠠᠶᠢᠭᠤᠯᠬᠤ ᠃
ᠰᠤᠷᠤᠭᠴᠢ ᠂ ᠬᠠᠮᠢᠶᠠᠷᠤᠯᠲᠠ ᠬᠤᠯ ᠪᠠᠶᠢ ᠬᠠᠮᠢᠶᠠᠷᠤᠯᠲᠠ ᠬᠤᠯ ᠤᠨ ᠪᠠᠷᠢᠮᠲᠠ ᠪᠠᠶᠢᠭᠤᠯᠤᠯᠲᠠ ᠶᠢᠨ ᠬᠠᠷᠢᠭᠤ ᠰᠤᠷᠤᠭᠴᠢ ᠬᠡᠷᠪᠡ ᠬᠠᠮᠢᠶᠠᠷᠤᠯᠭ᠎ᠠ ᠃ ᠬᠠᠮᠢᠶᠠᠷᠤᠯᠲᠠ ᠬᠤᠯ ᠤᠨ
ᠪᠠᠶᠢᠭᠤᠯᠤᠯᠲᠠ ᠶᠢᠨ ᠪᠣᠯᠪᠠᠰᠤᠷᠠᠯ ᠤᠨ ᠬᠠᠮᠢᠶᠠᠷᠤᠯ ᠪᠠᠶᠢᠭᠤᠯᠤᠯᠲᠠ ᠶᠢᠨ ᠬᠠᠷᠢᠭᠤ ᠰᠤᠷᠤᠭᠴᠢ ᠤ ᠬᠠᠮᠢᠶᠠᠷᠤᠯᠬᠤ ᠬᠤᠯ ᠤᠨ ᠪᠠᠷᠢᠮᠲᠠ ᠪᠠᠶᠢᠭᠤᠯᠤᠯᠲᠠ ᠶᠢᠨ ᠬᠠᠷᠢᠭᠤ

[illegible]【[illegible]】[illegible]

[illegible]【[illegible]】[illegible]

条规定的，要依据食品安全法第 126 条的规定，承担相应的法律责任。

关于食用农产品进货查验记录制度，这里应当说明几点：一是适用这一制度的主体，包括食用农产品销售企业和个体工商户，但不包括食品摊贩，食品摊贩的具体管理制度适用有关省、自治区、直辖市地方立法的规定。二是需要查验并记录的具体事项，包括食用农产品的名称、数量、进货日期以及供货者名称、地址、联系方式等内容。三是食用农产品经营者除了要做好查验记录外，还要对记录予以保存，并保存相关凭证，二者的保存期限均不得少于 6 个月。6 个月的时间从经营者购进该批产品之日起计算。对于食用农产品销售者违反本

●条文解读

第六十五条【食用农产品销售者进货查验记录制度】食用农产品销售者应当建立食用农产品进货查验记录制度，如实记录食用农产品的名称、数量、进货日期以及供货者名称、地址、联系方式等内容，并保存相关凭证。记录和凭证保存期限不得少于六个月。

[illegible]

[illegible] 130 [illegible]

[illegible]

ᠬᠡᠮᠵᠢᠶ᠎ᠡ ᠪᠠᠷᠢᠮᠵᠢᠶᠠᠯᠠᠯ ᠢ ᠲᠣᠭᠲᠠᠭᠠᠬᠤ ᠬᠡᠷᠡᠭᠵᠢᠭᠦᠯᠬᠦ ᠶᠠᠪᠤᠴᠠ ᠳᠤ ᠠᠵᠢᠯᠯᠠᠬᠤ ᠪᠣᠯᠪᠠ ᠄ ᠠᠯᠪᠠᠳᠠᠨ ᠪᠡᠷ ᠬᠦᠴᠦᠳᠡᠯᠡᠨ ᠬᠡᠷᠡᠭᠵᠢᠭᠦᠯᠬᠦ ᠶᠢᠨ ᠪᠠᠷᠢᠮᠵᠢᠶ᠎ᠠ ᠲᠣᠭᠲᠠᠭᠠᠬᠤ ᠵᠢᠷᠤᠮᠯᠠᠯ ᠤᠨ 6 ᠳᠤᠭᠠᠷ ᠵᠦᠢᠯ ᠳᠦ ᠲᠣᠳᠣᠷᠬᠠᠢᠯᠠᠨ ᠵᠢᠭᠠᠵᠤ ᠪᠠᠢᠨ᠎ᠠ ᠄ 6 ᠳᠤᠭᠠᠷ ᠵᠦᠢᠯ ᠦᠨ ᠵᠢᠷᠤᠮᠯᠠᠯ ᠳᠤ ᠬᠡᠮᠵᠢᠶ᠎ᠡ ᠪᠠᠷᠢᠮᠵᠢᠶᠠᠯᠠᠯ ᠤᠨ ᠠᠵᠢᠯ ᠢ ᠬᠦᠮᠦᠨ ᠦ ᠡᠷᠡᠭᠦᠯ ᠮᠡᠨᠳᠦ᠂ ᠪᠦᠬᠦ ᠨᠡᠢᠭᠡᠮ ᠦᠨ ᠠᠶᠤᠯᠭᠦᠢ ᠶᠢ ᠬᠠᠮᠠᠭᠠᠯᠠᠬᠤ᠂ ᠠᠯᠪᠠᠳᠠᠨ ᠪᠡᠷ ᠬᠦᠴᠦᠳᠡᠯᠡᠨ ᠬᠡᠷᠡᠭᠵᠢᠭᠦᠯᠬᠦ ᠶᠢᠨ ᠪᠠᠷᠢᠮᠵᠢᠶ᠎ᠠ ᠪᠣᠯᠭᠠᠨ᠎ᠠ ᠄ ᠬᠠᠤᠯᠢ ᠶᠢᠨ ᠠᠯᠪᠠᠳᠠᠨ ᠪᠡᠷ ᠬᠦᠴᠦᠳᠡᠯᠡᠨ ᠬᠡᠷᠡᠭᠵᠢᠭᠦᠯᠬᠦ ᠪᠠᠷᠢᠮᠵᠢᠶ᠎ᠠ ᠲᠣᠭᠲᠠᠭᠠᠬᠤ ᠪᠡᠷ ᠵᠢᠷᠤᠮᠯᠠᠭᠰᠠᠨ ᠪᠣᠯᠤᠨ ᠬᠡᠷᠡᠭᠵᠢᠭᠦᠯᠦᠯᠲᠡ ᠶᠢᠨ ᠲᠣᠭᠲᠠᠭᠠᠯ ᠳᠤ ᠵᠢᠷᠤᠮᠯᠠᠭᠰᠠᠨ ᠪᠣᠯᠪᠠᠰᠤᠷᠠᠯ᠂ ᠪᠦᠬᠦ ᠨᠡᠢᠭᠡᠮ ᠦᠨ ᠠᠶᠤᠯᠭᠦᠢ᠂ ᠬᠦᠮᠦᠨ ᠦ ᠡᠷᠡᠭᠦᠯ ᠮᠡᠨᠳᠦ ᠵᠢᠴᠢ ᠡᠳ ᠬᠥᠷᠥᠩᠭᠡ ᠶᠢᠨ ᠠᠶᠤᠯᠭᠦᠢ ᠶᠢ ᠬᠠᠮᠠᠭᠠᠯᠠᠬᠤ ᠪᠠᠷᠢᠮᠵᠢᠶ᠎ᠠ᠂ ᠠᠯᠪᠠᠳᠠᠨ ᠪᠡᠷ ᠬᠦᠴᠦᠳᠡᠯᠡᠨ ᠬᠡᠷᠡᠭᠵᠢᠭᠦᠯᠬᠦ ᠶᠢᠨ ᠪᠠᠷᠢᠮᠵᠢᠶ᠎ᠠ ᠶᠢᠨ ᠪᠣᠯᠪᠠᠰᠤᠷᠠᠯ᠂ ᠡᠳ ᠬᠥᠷᠥᠩᠭᠡ᠂ ᠪᠦᠬᠦ ᠨᠡᠢᠭᠡᠮ ᠦᠨ ᠠᠶᠤᠯᠭᠦᠢ ᠶᠢ ᠬᠠᠮᠠᠭᠠᠯᠠᠬᠤ ᠪᠠᠷᠢᠮᠵᠢᠶ᠎ᠠ ᠪᠣᠯᠤᠨ᠎ᠠ ᠄ ᠬᠦᠮᠦᠨ ᠦ ᠡᠷᠡᠭᠦᠯ ᠮᠡᠨᠳᠦ ᠶᠢᠨ ᠪᠠᠷᠢᠮᠵᠢᠶᠠᠯᠠᠯ ᠢ ᠪᠠᠲᠤᠯᠠᠬᠤ ᠬᠠᠮᠠᠭᠠᠯᠠᠯᠲᠠ ᠶᠢᠨ ᠠᠯᠪᠠᠳᠠᠯᠭ᠎ᠠ ᠶᠢ ᠪᠠᠲᠤᠯᠠᠨ᠎ᠠ᠂ ᠬᠠᠤᠯᠢ ᠶᠢᠨ ᠠᠯᠪᠠᠳᠠᠨ ᠪᠡᠷ ᠬᠦᠴᠦᠳᠡᠯᠡᠨ ᠬᠡᠷᠡᠭᠵᠢᠭᠦᠯᠬᠦ ᠪᠠᠷᠢᠮᠵᠢᠶ᠎ᠠ ᠶᠢ ᠬᠡᠷᠡᠭᠵᠢᠭᠦᠯᠬᠦ ᠶᠢᠨ ᠲᠥᠯᠥᠭᠡ᠂ ᠡᠨᠡ ᠬᠠᠤᠯᠢ ᠶᠢᠨ ᠵᠢᠷᠤᠮᠯᠠᠯ ᠢ ᠲᠣᠳᠣᠷᠬᠠᠢᠯᠠᠨ ᠵᠢᠭᠠᠪᠠ ᠄ ᠡᠨᠡ ᠨᠢ ᠢᠳᠡᠭᠡᠨ ᠦ ᠠᠶᠤᠯᠭᠦᠢ ᠶᠢᠨ ᠪᠠᠷᠢᠮᠵᠢᠶ᠎ᠠ ᠨᠢ ᠠᠯᠪᠠᠳᠠᠨ ᠪᠡᠷ ᠬᠦᠴᠦᠳᠡᠯᠡᠨ ᠬᠡᠷᠡᠭᠵᠢᠭᠦᠯᠬᠦ ᠶᠢᠨ ᠪᠠᠷᠢᠮᠵᠢᠶ᠎ᠠ ᠪᠣᠯᠬᠤ ᠶᠢ ᠲᠣᠳᠣᠷᠬᠠᠢᠯᠠᠵᠤ ᠪᠠᠢᠨ᠎ᠠ ᠄

ᠠᠯᠪᠠᠳᠠᠨ ᠪᠡᠷ ᠬᠦᠴᠦᠳᠡᠯᠡᠨ ᠬᠡᠷᠡᠭᠵᠢᠭᠦᠯᠬᠦ ᠶᠢᠨ ᠪᠠᠷᠢᠮᠵᠢᠶ᠎ᠠ ᠶᠢᠨ ᠵᠢᠷᠤᠮᠯᠠᠯ ᠳᠤ ᠬᠡᠮᠵᠢᠶ᠎ᠡ ᠪᠠᠷᠢᠮᠵᠢᠶᠠᠯᠠᠯ ᠤᠨ ᠵᠦᠢᠯ ᠳᠦ ᠲᠣᠭᠲᠠᠭᠠᠭᠰᠠᠨ ᠪᠡᠷ ᠠᠯᠪᠠᠳᠠᠨ ᠬᠡᠷᠡᠭᠵᠢᠭᠦᠯᠬᠦ ᠶᠢᠨ

[ᠲᠠᠢᠯᠪᠤᠷᠢ]

ᠬᠡᠮᠵᠢᠶ᠎ᠡ ᠪᠠᠷᠢᠮᠵᠢᠶᠠᠯᠠᠯ ᠤᠨ ᠬᠠᠤᠯᠢ ᠄ ᠪᠦᠬᠦ ᠨᠡᠢᠭᠡᠮ ᠦᠨ ᠵᠢᠷᠤᠮᠯᠠᠯ ᠤᠨ ᠬᠡᠮᠵᠢᠶ᠎ᠡ ᠪᠠᠷᠢᠮᠵᠢᠶᠠᠯᠠᠯ ᠤᠨ ᠬᠠᠤᠯᠢ ᠶᠢᠨ 6 ᠳᠤᠭᠠᠷ ᠵᠦᠢᠯ ᠳᠦ ᠲᠣᠳᠣᠷᠬᠠᠢᠯᠠᠨ ᠵᠢᠭᠠᠵᠤ ᠪᠠᠢᠨ᠎ᠠ ᠄
ᠬᠦᠮᠦᠨ ᠦ ᠡᠷᠡᠭᠦᠯ ᠮᠡᠨᠳᠦ᠂ ᠪᠦᠬᠦ ᠨᠡᠢᠭᠡᠮ ᠦᠨ ᠠᠶᠤᠯᠭᠦᠢ ᠶᠢ ᠬᠠᠮᠠᠭᠠᠯᠠᠬᠤ ᠡᠳ ᠬᠥᠷᠥᠩᠭᠡ ᠶᠢᠨ ᠠᠶᠤᠯᠭᠦᠢ ᠶᠢ ᠪᠠᠲᠤᠯᠠᠬᠤ᠂ ᠬᠠᠤᠯᠢ ᠶᠢᠨ ᠠᠯᠪᠠᠳᠠᠨ ᠪᠡᠷ ᠬᠦᠴᠦᠳᠡᠯᠡᠨ ᠬᠡᠷᠡᠭᠵᠢᠭᠦᠯᠬᠦ
ᠪᠠᠷᠢᠮᠵᠢᠶ᠎ᠠ ᠶᠢᠨ ᠵᠢᠷᠤᠮᠯᠠᠯ ᠳᠤ ᠬᠡᠮᠵᠢᠶ᠎ᠡ ᠪᠠᠷᠢᠮᠵᠢᠶᠠᠯᠠᠯ ᠤᠨ ᠬᠠᠤᠯᠢ ᠶᠢᠨ ᠲᠣᠭᠲᠠᠭᠠᠯ ᠳᠤ ᠪᠦᠬᠦ ᠨᠡᠢᠭᠡᠮ ᠦᠨ ᠠᠶᠤᠯᠭᠦᠢ ᠶᠢ ᠬᠠᠮᠠᠭᠠᠯᠠᠬᠤ᠂
ᠪᠠᠷᠢᠮᠵᠢᠶ᠎ᠠ ᠶᠢᠨ ᠬᠡᠮᠵᠢᠶ᠎ᠡ ᠪᠠᠷᠢᠮᠵᠢᠶᠠᠯᠠᠯ ᠤᠨ ᠲᠣᠭᠲᠠᠭᠠᠯ ᠳᠤ ᠠᠯᠪᠠᠳᠠᠨ ᠬᠡᠷᠡᠭᠵᠢᠭᠦᠯᠬᠦ ᠶᠢᠨ ᠵᠢᠷᠤᠮᠯᠠᠯ ᠢ ᠪᠠᠲᠤᠯᠠᠨ ᠲᠣᠭᠲᠠᠭᠠᠪᠠ᠂ ᠬᠦᠮᠦᠨ ᠦ ᠡᠷᠡᠭᠦᠯ

第六十六条【食用农产品销售环节使用食品添加剂和包装材料的要求】 进入市场销售的食用农产品在包装、保鲜、贮存、运输中使用保鲜剂、防腐剂等食品添加剂和包装材料等食品相关产品，应当符合食品安全国家标准。

●条文解读

保鲜剂是指用于防止食品在储存、流通过程中，由于微生物繁殖引起的变质，或由于储存销售条件不善，食品内在品质发生劣变、色泽下降，为提高保存期，延长食用价值而在食品中使用的添加剂。防腐剂是指能防止由微生物引起的腐败变质、延长食品保质期的添加剂，因兼有防止微生物繁殖引起食物中毒的作用，又称为抗微生物剂。它的主要作用是抑制微生物的生长和繁殖，以延长食品的保存时间。保鲜剂、防腐剂都属于食用农产品在包装、保鲜、贮存、运输过程中经常使用的食品添加剂。我国食品安全国家标准对食品添加剂的品种、使用范围和用量都有明确规定，食用农产品经营者和物流公司、仓储公司等其他主体应当按照食品安全国家标准的要求，使用这些食品添加剂，不得超范围、超限量使用，否则即为违法行为，应承担相应的法律责任。

食用农产品进入市场销售后，在包装、保鲜、贮存、运输环节，除了使用食品添加剂以外，还需要使用包装材料等食品相关产品。食品包装材料是指包装、盛放食品或者食品添加剂用的纸、竹、木、金属、搪瓷、陶瓷、塑料、橡胶、天然纤维、化学纤维、玻璃等制品和直接接触食品或者食品添加剂的涂料。除了包装材料外，食用农产品在贮存、运输过程中，还需要使用容器、工具和设备等食品相关产品。食品安全国家标准中，对食品相关产品中的致病性微生物、农药残留、兽药残留、生物毒素、重金属等污染物质以及其他危害人体健康物质的限量作了规定。如果在食用农产品的包装、贮存、运输环节使用了不符合食品安全国家标准的食品相关产品，会对食品安全造成危害，需要承担相应的法律责任。

应当指出的是，本条规定的主体，既包括食用农产品经营者，也包括专门运输和贮存食用农产品的物流公司、仓储公司等其他主体，都应当按照食品安全国家标准的要求，使用食品添加剂和食品相关产品，以确保食用农产品的安全。

[ᠲᠠᠶᠢᠯᠪᠤᠷᠢ]

第三节　标签、说明书和广告

第六十七条【预包装食品标签】预包装食品的包装上应当有标签。标签应当标明下列事项：

（一）名称、规格、净含量、生产日期；

（二）成分或者配料表；

（三）生产者的名称、地址、联系方式；

（四）保质期；

（五）产品标准代号；

（六）贮存条件；

（七）所使用的食品添加剂在国家标准中的通用名称；

（八）生产许可证编号；

（九）法律、法规或者食品安全标准规定应当标明的其他事项。

专供婴幼儿和其他特定人群的主辅食品，其标签还应当标明主要营养成分及其含量。

食品安全国家标准对标签标注事项另有规定的，从其规定。

●条文解读

预包装食品标签应当包括第1款规定的9项内容。通过名称、规格、净含量、生产日期，消费者可以选择、判断食品，区别食品的特征；通过成分或者配料表来识别食品的内在质量及特殊效用；对生产者的名称、地址、联系方式的标注有助于消费者根据生产者的美誉度进行选择，出现问题的可以方便消费者联系；保质期可以反映食品的新鲜程度；产品标准代号是反映安全性特性的全方位产品标准；贮存条件可以提醒消费者在特定条件下贮存，防止食品变质；标注食品添加剂在国家标准中的通用名称，有助于消费者了解使用的食品添加剂的种类和数量；标注生产许可证编号，有助于消费者查询，真正购买到放心食品；法律、法规或者食品安全标准规定必须标明的其他事项，是兜底条款，对法律、法规或者食品安全标准规定标明的，必须标明。

专供婴幼儿和其他特定人群的主辅食品，其标签还应当标明主要营养成分及其含量。婴幼儿是人类生长发育的基础阶段，必须食用符合一定营养标准的食品，才能保障其身心健康成长。其他特定人群一般指患有特殊疾病的人，如糖尿病人；或者身体有某种倾向的人，如易疲劳人群等。专供婴幼儿和其他特定人群的主辅食品区别于其他食品之处，就在于为了满足婴幼儿和其他特定人群的需要，其营养成分及含量有所不同。婴幼儿和其他特定人群主辅食品的购买者之所以购买这些食品就在于其声称的主要营养成分及成分含量。如果食品中声称具有某种营养成分而实际上没有、声称营养成分到了一定含量而实际上低于声称含量，就不能满足婴幼儿和其他特定人群的需求，甚至会影响婴幼儿的健康成长和其他特定人群的身体健康。目前，《预包装食品营养标签通则》（GB28050—2011）将蛋白质、脂肪、碳水化合物、钠四种核心营养素列为强制标示内容；专供婴幼儿和其他特定人群的主辅食品的相关标准除核心营养素外，还对维生素和其他矿物质等营养物质的成分和含量提出了要求，也应当在标签中予以标明。

本条第3款是此次修改新增加的内容。食品安全国家标准对标签标注事项另有标示内容豁免规定的，从其规定。如《预包装食品标签通则》（CB13432—2013）规定，进口预包装食品应标示原产国国名或地区区名（如香港、澳门、台湾），以及在中国依法登记注册的代理商、进口商或经销者的名称、地址和联系方式，可不标示生产者的名称、地址和联系方式；酒精度大于等于10%的饮料酒、食醋、食用盐、固态食糖类、味精可以免除标示保质期；当预包装食品包装物或包装容器的最大表面面积小于10cm²时可以只标示产品名称、净含量、生产者（或经销商）的名称和地址。

需要注意的是，预包装食品标签除了强制标示外，还有推荐标示（可选择标示）。如《预包装食品标签通则》规定，产品批号、食用方法和致敏物质等是推荐标示内容；《预包装特殊膳食用食品标签》（GB13432—2013，2015年7月1日实施）规定，能量和营养成分占推荐摄入量或者适宜摄入量的质量百分比、能量和营养成分的含量声称、能量和营养成分的功能声称是可选择标示内容。

[illegible]

[illegible]

[illegible]

[illegible] 1 [illegible] 9 [illegible]

[illegible]

[illegible]

[illegible]

《ᠬᠦᠨᠡᠰᠦᠨ ᠪᠠᠶᠢᠳᠠᠯ ᠤᠨ ᠠᠶᠤᠯᠭᠦᠢ ᠬᠡᠮᠵᠢᠶ᠎ᠡ ᠶ᠋ᠢᠨ ᠤᠯᠤᠰ ᠤᠨ ᠪᠠᠷᠢᠮᠵᠢᠶ᠎ᠠ ᠶ᠋ᠢᠨ ᠨᠡᠢᠲᠡ ᠳᠦᠷᠢᠮ》（GB28050—2011） ᠤᠨ ᠲᠣᠭᠲᠠᠭᠠᠯ ᠢ᠋ᠶ᠋ᠡᠷ᠂

ᠨᠡᠢᠲᠡ ᠳᠦᠷᠢᠮ》（GB28050—2011） ᠳᠤ ᠲᠣᠭᠲᠠᠭᠠᠭᠰᠠᠨ ᠲᠣᠭ᠎ᠠ᠂ ᠳᠡᠭᠡᠵᠢ᠂ ᠬᠡᠮᠵᠢᠶ᠎ᠡ ᠪᠠᠶᠢᠳᠠᠯ ᠤᠨ ᠬᠡᠮᠵᠢᠶ᠎ᠡ᠂

第六十八条【散装食品标注的要求】 食品经营者销售散装食品，应当在散装食品的容器、外包装上标明食品的名称、生产日期或者生产批号、保质期以及生产经营者名称、地址、联系方式等内容。

●条文解读

食品经营者销散装食品应当标注相关内容是一项法定义务，有以下作用：一是防止因经

[illegible]

[illegible]

[illegible]

[illegible]》（GB13432—2013，2015 [illegible] 7 [illegible] 1 [illegible]）[illegible]

[illegible]《[illegible]

[illegible]》（GB28050—2011）[illegible]

[illegible]（[illegible]）[illegible]《[illegible]

[illegible]

[illegible]

[illegible]（[illegible]）[illegible]

[illegible] 10cm² [illegible]

营者的过失，将不同品种的食品相混淆，防止食品二次污染；二是便于食品经营者及时清理过期食品，防止将过期食品销售给消费者；三是防止经营者在食品中掺杂使假、以假乱真、以次充好，以不合格食品冒充合格食品；四是消费者购买散装食品后，如果发生食品安全问题，可以通过生产经营者名称及联系方式追溯，及时主张权利。

经营者销售散装食品时应当在货架等容器、外包装上表明两个方面的内容：一是与食品相关的食品的名称、生产日期或者生产批号、保质期等；二是与生产经营者相关的生产经营者名称、地址、联系方式等。上述内容只是法定最低要求，食品经营者出于扩大信誉、保障消费者的知情权等因素考虑，可以在标注上述内容前提下，自行标注其他内容。

类：植物性转基因食品、动物转基因食品和微生物转基因食品。国际农业应用服务组织发布转基因食品，是利用基因工程技术改变基因组成而形成的食品。转基因食品主要分为三

●条文解读

第六十九条【转基因食品的标识】生产经营转基因食品应当按照规定显著标示。

有美国、加拿大、阿根廷等少数国家和地区。除此之外，大多数国家和地区要求对转基因食品进行标识。有关转基因食品的标识管理制度，有的是自愿标示，有的是强制标示。自愿标示的国家只对转基因食品进行充分了解和自主选择。目前已有包括欧盟在内的 60 多个国家和地区实行者对转基因食品的误解。对转基因食品实行标识制度，可以保障消费者的知情权，让消费法部门对于转基因食品标识的监管力度到底如何。这种信息的不对称、不透明容易造成消费因食品的知识不够了解，更不知道生产转基因食品的企业是否依法进行了标注，以及有关执

转基因食品标识是转基因食品管理中的重要环节。日常生活中，消费者对如何鉴别转基按照国务院有关规定执行。

规定。渔业法第 17 条第 2 款规定，引进转基因水产苗种必须进行安全性评价，具体管理工作定，转基因畜禽品种的培育、试验、审定和推广，应当符合国家有关农业转基因生物管理的进行安全性评价，并采取严格的安全控制措施。具体办法由国务院规定。畜牧法第 20 条规行各项安全控制措施。种子法第 14 条规定，转基因植物品种的选育、试验、审定和推广应当定，农业转基因生物的研究、试验、生产、加工、经营及其他应用，必须依照国家规定严格实品管理受到各国的重视。我国也对转基因食品实行特别管理。如农业法第 64 条第 2 款规已经达到 1.75 亿亩，与 1996 年相比大概增长了 100 倍。面对转基因食品的发展，转基因食的报告显示，从 1996 年开始对转基因作物进行大规模推广，到 2013 年转基因作物种植面积

品进行强制性标示，其中有的要求对所有转基因食品进行标示，也有的只对主要的转基因食品，如大豆、玉米、土豆等进行标示。我国《农业转基因生物安全管理条例》第 8 条第 1 款规定，国家对农业转基因生物实行标识制度。《预包装食品标签通则》（GB7718—2004）规定，转基因食品的标示应符合相关法律、法规的规定。《农业转基因生物标识管理办法》中规定，第一批实施标识管理的农业转基因生物目录有 5 大类 17 种，分别是：大豆种子、大豆、大豆粉、大豆油、豆粕；玉米种子、玉米、玉米油、玉米粉；油菜种子、油菜籽、油菜籽油、油菜籽粕；棉花种子；番茄种子、鲜番茄、番茄酱。

生产经营者对转基因食品进行标示应当具有显著性。转基因食品往往与非转基因食品一起销售，如果标注不清晰、不规范，则消费者难以辨识、极易混淆，其知情权也就无法得到充分保障。《农业转基因生物安全管理条例》第 28 条第 1 款规定，在中华人民共和国境内销售列入农业转基因生物目录的农业转基因生物，应当有明显的标识。

关于转基因食品，本法第 151 条还规定，转基因食品的食品安全管理，本法未作规定的，适用其他法律、行政法规的规定。

ᠠᠰᠢᠭᠯᠠᠬᠤ ᠡᠳ᠋ᠡ ᠳᠤ ᠪᠠᠷᠢᠮᠲᠠ ᠪᠣᠯᠭᠠᠨ ᠬᠡᠷᠡᠭᠯᠡᠵᠦ ᠪᠣᠯᠬᠤ ᠪᠡᠷ ᠪᠢᠴᠢᠨ᠎ᠡ᠃ 《ᠬᠦᠨᠰᠦᠨ ᠦ ᠲᠡᠮᠳᠡᠭ ᠦᠨ ᠪᠦᠬᠦ ᠨᠡᠢᠲᠡ ᠳᠦᠷᠢᠮ》 ᠦᠨ ᠬᠣᠣᠰ ᠡᠰᠡᠬᠦ ᠳᠤᠷ᠎ᠠ᠃ ᠬᠦᠨᠰᠦᠨ ᠦ ᠲᠡᠮᠳᠡᠭ ᠲᠦ ᠬᠡᠷᠡᠭᠯᠡᠬᠦ ᠦᠰᠦᠭ ᠦᠨ ᠬᠡᠮᠵᠢᠶ᠎ᠡ ᠪᠣᠯᠪᠠᠰᠤ ᠲᠡᠮᠳᠡᠭ ᠦᠨ ᠦᠰᠦᠭ ᠪᠢᠴᠢᠭ ᠦᠨ ᠬᠡᠮᠵᠢᠶ᠎ᠡ ᠶᠢ ᠲᠣᠭᠲᠠᠭᠠᠭᠰᠠᠨ ᠦᠭᠡᠢ ᠪᠠᠢᠨ᠎ᠠ᠃ ᠦᠨ ᠡᠴᠡ ᠦᠵᠡᠪᠡᠯ᠂ ᠬᠦᠨᠰᠦᠨ ᠦ ᠲᠡᠮᠳᠡᠭ ᠦᠨ ᠦᠰᠦᠭ ᠪᠢᠴᠢᠭ ᠲᠤ ᠬᠡᠮᠵᠢᠶ᠎ᠡ ᠪᠣᠯᠪᠠᠰᠤ ᠴᠢᠬᠤᠯᠠ ᠦᠭᠡᠢ ᠪᠠᠢᠨ᠎ᠠ᠃ ᠬᠡᠷᠪᠡ ᠬᠦᠨᠰᠦᠨ ᠦ ᠲᠡᠮᠳᠡᠭ ᠦᠨ ᠦᠰᠦᠭ ᠪᠢᠴᠢᠭ ᠨᠢ ᠬᠡᠲᠦᠷᠬᠡᠢ ᠵᠢᠵᠢᠭ ᠪᠣᠯᠪᠠᠯ᠂ ᠬᠡᠷᠡᠭᠯᠡᠭᠴᠢ ᠳᠦ ᠤᠩᠰᠢᠬᠤ ᠳᠤ ᠪᠡᠷᠬᠡ ᠪᠣᠯᠬᠤ ᠪᠠᠢᠨ᠎ᠠ᠃

ᠬᠦᠨᠰᠦᠨ ᠦ ᠲᠡᠮᠳᠡᠭ ᠲᠦ 17 ᠵᠦᠢᠯ ᠪᠢᠴᠢᠨ᠎ᠡ᠃ ᠬᠦᠨᠰᠦᠨ ᠦ ᠲᠡᠮᠳᠡᠭ ᠦᠨ ᠬᠦᠷᠢᠶ᠎ᠡ 5 ᠰᠢᠷᠬᠡᠭ ᠰᠠᠨᠲᠢᠮᠧᠲᠷ ᠡᠴᠡ ᠪᠠᠭ᠎ᠠ ᠪᠣᠯᠪᠠᠯ᠂ ᠲᠡᠮᠳᠡᠭ ᠦᠨ ᠦᠰᠦᠭ ᠦᠨ ᠦᠨᠳᠦᠷ ᠨᠢ 1.8 ᠮᠢᠯᠢᠮᠧᠲᠷ ᠡᠴᠡ ᠪᠠᠭ᠎ᠠ ᠪᠠᠢᠵᠤ ᠪᠣᠯᠬᠤ ᠦᠭᠡᠢ᠃ 《ᠬᠦᠨᠰᠦᠨ ᠦ ᠲᠡᠮᠳᠡᠭ ᠦᠨ ᠪᠦᠬᠦ ᠨᠡᠢᠲᠡ ᠳᠦᠷᠢᠮ》 (GC7718 — 2004) ᠳᠤ ᠲᠣᠭᠲᠠᠭᠠᠭᠰᠠᠨ ᠬᠡᠮᠵᠢᠶ᠎ᠡ ᠶᠢ ᠬᠠᠩᠭᠠᠬᠤ ᠦᠭᠡᠢ ᠪᠣᠯ 《ᠬᠦᠨᠰᠦᠨ ᠦ ᠲᠡᠮᠳᠡᠭ ᠦᠨ ᠪᠦᠬᠦ ᠨᠡᠢᠲᠡ ᠳᠦᠷᠢᠮ》 ᠦᠨ 8 ᠳᠤᠭᠠᠷ ᠵᠦᠢᠯ ᠦᠨ 1 ᠳᠦᠭᠡᠷ ᠵᠣᠷᠢᠯᠲᠠ ᠶᠢ ᠵᠥᠷᠢᠴᠡᠭᠰᠡᠨ ᠪᠣᠯᠨ᠎ᠠ᠃ ᠡᠨᠡ ᠨᠢ ᠬᠦᠨᠰᠦᠨ ᠦ ᠲᠡᠮᠳᠡᠭ ᠦᠨ ᠦᠰᠦᠭ ᠪᠢᠴᠢᠭ ᠢ ᠲᠣᠳᠣᠷᠬᠠᠢ ᠢᠯᠡᠷᠬᠡᠢ ᠪᠠᠢᠯᠭᠠᠬᠤ ᠶᠢᠨ ᠲᠥᠯᠦᠭᠡ ᠬᠡᠷᠡᠭᠯᠡᠭᠴᠢ ᠶᠢᠨ

[illegible] 28 [illegible] 1 [illegible]
[illegible]

[illegible] 151 [illegible]
[illegible] ::

第七十条 食品添加剂标签、说明书和包装。标签、说明书应当载明本法第六十七条第一款第一项至第六项、第八项、第九项规定的事项，以及食品添加剂的使用范围、用量、使用方法，并在标签上载明『食品添加剂』字样。

●条文解读

一、食品添加剂应当有标签、说明书和包装

食品添加剂标签，指食品添加剂包装上的文字、图形、符号等一切说明。食品添加剂说明书，指销售食品添加剂产品时所提供的除标签以外的说明材料。食品添加剂包装，指用于包裹食品添加剂以便于储存、销售和使用的塑料袋、纸盒、玻璃瓶等物品。食品添加剂标签、说明书和包装是一个整体，不得分离。

实施生产许可证管理范围之内的食品添加剂（不包括进口食品添加剂）应标示有效的食品添加剂生产许可证编号。国内生产并在国内销售的属于件。（7）使用范围、用量、使用方法。（8）生产许可证编号。国内生产并在国内销售的属于添加剂（不包括进口食品添加剂）应标示产品所执行的标准代号和顺序号。（6）贮存条件。（7）使用范围、用量、使用方法。（8）生产许可证编号。

地址一并标示的邮政地址。（4）保质期。（5）产品标准代号。国内生产并在国内销售的食品生产者或经销者的联系方式可标示以下至少一项内容：电话、传真、网络联系方式等，或与是依法登记注册、能够承担产品安全质量责任的生产者的名称、地址。依法承担法律责任的并按辅料含量递减顺序排列。（3）生产者的名称、地址、联系方式。生产者名称和地址应当列。如果单一品种或复配食品添加剂中含有辅料，辅料应列在各单一品种食品添加剂之后，不标示『规格』二字。（2）成分或者配料表。配料表应该根据每种食品添加剂含量递减顺序同时还应标示规格。规格的标示应由单件食品添加剂净含量和件数组成，或只标示件数，可数字和法定计量单位组成。同一包装内含有多个单件食品添加剂时，大包装在标示净含量的规定了某食品添加剂的一个或几个名称时，应选用其中的一个。净含量的标示应由净含量、期。单一品种食品添加剂应按相关规定的名称标示食品添加剂的中文名称；如果相关规定已应当载明下列事项：一是本法第67条规定的相关事项：（1）名称、规格、净含量、生产日

为明确产品责任主体，保证食品添加剂正确贮存和安全使用，保障食品安全，食品添加剂

二、食品添加剂标签、说明书应当载明规定事项

食品生产者和消费者识别，避免误用。

签应当载明『食品添加剂』字样。字样应当清楚、明显，符合有关标准规定的要求，以便于必须标明的其他事项。二是食品添加剂的使用范围、用量、使用方法。三是食品添加剂的标加剂生产许可证编号，标示形式按照相关规定执行。（9）法律、法规或者食品安全标准规定

ᠬᠡᠷᠡᠭ ᠮᠠᠨ ᠤ ᠬᠠᠮᠢᠶ᠎ᠠ ᠲᠠᠢ ᠭᠤᠷᠪᠠᠳᠤᠭᠠᠷ ᠡᠲᠡᠭᠡᠳ ᠦᠨ ᠡᠷᠬᠡ ᠶᠢᠨ ᠬᠡᠮᠵᠢᠶ᠎ᠡ ᠳᠦ ᠬᠠᠮᠢᠶᠠᠷᠤᠯᠤᠭᠳᠠᠬᠤ ᠪᠠᠶᠢᠳᠠᠯ ᠢ ᠲᠣᠳᠣᠷᠬᠠᠶᠢᠯᠠᠬᠤ ᠨᠢ ᠴᠢᠬᠤᠯᠠ ᠪᠣᠯᠤᠨ᠎ᠠ ᠃ （2） ᠪᠦᠬᠦ ᠨᠠᠶᠢᠷᠠᠮᠳᠠᠬᠤ ᠤᠯᠤᠰ ᠤᠨ 《ᠢᠷᠭᠡᠨ ᠦ ᠬᠡᠷᠡᠭ ᠦᠨ ᠵᠠᠷᠭᠤ ᠴᠢᠭᠤᠯᠭᠠᠨ ᠤ ᠬᠠᠤᠯᠢ》 ᠳᠤ ᠵᠢᠭᠠᠭᠰᠠᠨ ᠶᠣᠰᠤᠭᠠᠷ ᠂ ᠭᠤᠷᠪᠠᠳᠤᠭᠠᠷ ᠡᠲᠡᠭᠡᠳ ᠦᠨ ᠡᠷᠬᠡ ᠶᠢᠨ ᠬᠡᠮᠵᠢᠶ᠎ᠡ ᠳᠦ ᠬᠠᠮᠢᠶᠠᠷᠤᠯᠤᠭᠳᠠᠬᠤ ᠪᠠᠶᠢᠳᠠᠯ ᠢ ᠲᠣᠳᠣᠷᠬᠠᠶᠢᠯᠠᠨ᠎ᠠ ᠃

ᠬᠠᠤᠯᠢ ᠶᠢᠨ 67 ᠳᠤᠭᠠᠷ ᠵᠦᠢᠯ ᠳᠦ ᠵᠢᠭᠠᠭᠰᠠᠨ ᠨᠢ ᠄ （1） ᠬᠡᠷᠡᠭ ᠦᠨ ᠬᠠᠮᠢᠶ᠎ᠠ ᠲᠠᠢ ᠡᠲᠡᠭᠡᠳ ᠦᠨ ᠡᠷᠬᠡ ᠶᠢᠨ ᠬᠡᠮᠵᠢᠶ᠎ᠡ ᠳᠦ ᠬᠠᠮᠢᠶᠠᠷᠤᠯᠤᠭᠳᠠᠬᠤ ᠪᠠᠶᠢᠳᠠᠯ ᠢ ᠲᠣᠳᠣᠷᠬᠠᠶᠢᠯᠠᠬᠤ ᠃

ᠲᠡᠭᠦᠨ ᠳᠡᠭᠡᠷᠡ ᠂ ᠡᠷᠬᠡ ᠶᠢᠨ ᠬᠡᠮᠵᠢᠶ᠎ᠡ ᠳᠦ ᠬᠠᠮᠢᠶᠠᠷᠤᠯᠤᠭᠳᠠᠬᠤ ᠪᠠᠶᠢᠳᠠᠯ ᠨᠢ ᠬᠡᠷᠡᠭ ᠦᠨ ᠦᠷ᠎ᠡ ᠳᠦᠩ ᠳᠦ ᠰᠢᠭᠤᠳ ᠨᠥᠯᠦᠭᠡᠯᠡᠬᠦ ᠪᠣᠯᠤᠨ᠎ᠠ ᠃

ᠭᠡᠷᠡᠴᠢ ᠪᠠᠷᠢᠮᠲᠠ ᠂ ᠰᠢᠢᠳᠪᠦᠷᠢ ᠵᠡᠷᠭᠡ ᠪᠣᠯᠤᠨ᠎ᠠ ᠃

[illegible]

[illegible]

第七十一条【标签、说明书的真实性要求】食品和食品添加剂的标签、说明书，不得含有虚假内容，不得涉及疾病预防、治疗功能。生产经营者对其提供的标签、说明书的内容负责。

食品和食品添加剂的标签、说明书应当清楚、明显，生产日期、保质期等事项应当显著标注，容易辨识。

食品和食品添加剂与其标签、说明书的内容不符的，不得上市销售。

●条文解读

食品、食品添加剂的标签、说明书不得含有虚假内容。食品和食品添加剂的标签、说明书的基本要求是真实性和准确性。其内容应当与食品和食品添加剂的有关情况相一致，其描述应当科学、客观。不得以虚假、使消费者误解或欺骗性的文字、图形等方式介绍食品和食品添加剂；不得利用字号大小或色差误导消费者；不得以直接或者间接暗示性的语言、图形、符号，使消费者或者使用者将食品、食品添加剂的某一性质与另一产品混淆。

食品、食品添加剂的标签、说明书不得涉及疾病预防、治疗功能。疾病预防、治疗功能是药品应具备的功能，食品、食品添加剂的标签、说明书的内容涉及疾病预防、治疗功能的，

关系，除注册商标外所用外文不得大于相应的中文；其使用的文字、符号、数字的大小应当
文，可以同时使用汉语拼音或者少数民族文字，也可以同时使用外文，但应当与中文有对应
目、持久，应使消费者购买时易于辨认和识读；其所用文字除注册商标外应当为规范的中

食品和食品添加剂的标签、说明书应当清楚和明显：其字体、背景和底色应当清晰、醒
任。

使用这些食品、食品添加剂的依据，如果内容与事实不符，生产经营者应当承担相应法律责
者承诺负责。食品、食品添加剂的标签、说明书上所载明的内容是消费者或者使用者购买、
品添加剂的标签、说明书上对产品的品质、服务等作出保证或者承诺，也应当对这些保证或
应当对这些内容的真实性负责，保证这些内容准确无误。另外，生产经营者如果在食品、食
有食品、食品添加剂的净含量、生产日期、成分或者配料等相关信息，标注其的生产经营者

生产经营者对其提供的标签、说明书的内容负责。食品、食品添加剂的标签、说明书上标
则》（GB29924—2013）规定，不应标注或者暗示具有预防、治疗疾病作用的内容。
疾病等有关内容的宣传。《预包装食品标签通则》（GB7718—2004）和《食品添加剂标识通
定，非药品不得在其包装、标签、说明书及有关宣传资料上进行含有预防、治疗、诊断人体
取得药品生产许可，则违反了药品管理的相关规定。对此，药品管理法实施条例第 43 条规
如果本身并无疾病预防、治疗功能，则构成欺诈；如果本身确有疾病预防、治疗功能，而未

符合规定要求。具有装饰作用的各种艺术字，应书写正确，易于辨认。生产日期、保质期等事项应当显著标注，容易辨识：如应当清晰标示食品、食品添加剂的生产日期和保质期，日期标示采用『见包装物某部位』的形式，应标示所在包装物的具体部位；应当在标签的醒目位置，清晰地标示反映食品真实属性的专用名称以及『食品添加剂』字样。

食品和食品添加剂与其标签、说明书所载明的内容不符的，不得上市销售。食品、食品添加剂的标签、说明书所载明的内容应当与食品、食品添加剂的真实情况相符。生产者如果故意标注虚假信息，则构成欺诈，应依法承担相应法律责任。如果由于生产过程中的偶然因素导致食品、食品添加剂的真实情况与食品、食品添加剂的标签、说明书所载明的内容不相符，则应及时更改标签、说明书所载明的内容或者更换不相符的食品、食品添加剂，否则不得上市销售。

[illegible]

ᠵᠠᠰᠠᠭ ᠤᠨ ᠭᠠᠵᠠᠷ ᠤᠨ ᠡᠷᠬᠢᠯᠡᠨ ᠬᠠᠮᠢᠶᠠᠷᠤᠭᠰᠠᠨ ᠭᠠᠵᠠᠷ ::
ᠬᠤᠪᠢᠷᠠᠭᠤᠯᠤᠨ ᠪᠤᠯᠪᠠᠰᠤᠷᠠᠭᠤᠯᠬᠤ᠂ ᠬᠦᠨᠳᠦ ᠶᠢ ᠪᠠᠢᠴᠠᠭᠠᠬᠤ ᠬᠡᠯᠲᠡᠰ ᠪᠠ ᠬᠣᠭᠣᠯᠠ ᠶᠢᠨ ᠬᠢᠮᠤ᠂ ᠬᠣᠭᠣᠯᠠ ᠶᠢᠨ ᠨᠡᠮᠡᠯᠲᠡ ᠶᠢᠨ ᠡᠷᠦᠬᠦᠯ ᠮᠡᠨᠳᠦ
ᠰᠢᠯᠭᠠᠨ ᠪᠠᠢᠴᠠᠭᠠᠬᠤ ᠬᠠᠮᠢᠶ᠎ᠠ ᠲᠠᠢ ᠪᠠᠷᠢᠮᠲᠠ ᠪᠢᠴᠢᠭ ᠢ ᠬᠣᠭᠣᠯᠠ ᠶᠢᠨ ᠨᠡᠮᠡᠯᠲᠡ ᠶᠢᠨ ᠬᠡᠷᠡᠭᠯᠡᠬᠦ ᠵᠢ ᠰᠢᠯᠭᠠᠨ ᠪᠠᠢᠴᠠᠭᠠᠬᠤ
ᠪᠠᠢᠳᠠᠯ ᠬᠣᠭᠣᠯᠠ ᠶᠢᠨ ᠪᠦᠲᠦᠭᠡᠭᠳᠡᠬᠦᠨ ᠪᠠ ᠬᠡᠷᠡᠭᠯᠡᠭᠡ ᠨᠢᠭᠡᠨ ᠵᠦᠢᠯ ᠦᠨ ᠬᠤᠷᠢᠶᠠᠯᠲᠠ ᠪᠠᠷ ᠬᠣᠭᠣᠯᠠ ᠶᠢᠨ ᠨᠡᠮᠡᠯᠲᠡ ᠶᠢᠨ ᠰᠢᠯᠭᠠᠨ ᠪᠠᠢᠴᠠᠭᠠᠬᠤ
ᠪᠠᠢᠴᠠᠭᠠᠯᠲᠠ ᠶᠢ ᠪᠡᠶᠡᠯᠡᠭᠦᠯᠬᠦ ᠬᠡᠷᠡᠭᠲᠡᠢ :: ᠬᠣᠭᠣᠯᠠ ᠶᠢᠨ ᠨᠡᠮᠡᠯᠲᠡ᠂ ᠬᠣᠭᠣᠯᠠ ᠶᠢᠨ ᠬᠢᠮᠤ ᠶᠢᠨ ᠬᠣᠭᠣᠯᠠ ᠶᠢᠨ ᠨᠡᠮᠡᠯᠲᠡ ᠶᠢᠨ
ᠦᠢᠯᠡᠳᠪᠦᠷᠢᠯᠡᠬᠦ ᠬᠤᠪᠢ ᠬᠦᠮᠦᠨ ᠪᠣᠯᠤᠨ ᠠᠵᠤ ᠠᠬᠤᠢ ᠶᠢᠨ ᠨᠡᠭᠡᠴᠡ᠂ ᠬᠣᠭᠣᠯᠠ ᠶᠢᠨ ᠨᠡᠮᠡᠯᠲᠡ ᠶᠢᠨ ᠨᠡᠷᠡᠰ ᠨᠢ ᠬᠢᠮᠤ ᠶᠢᠨ ᠨᠡᠷᠡᠰ ᠢ
ᠬᠠᠮᠲᠤ ᠳᠡᠮᠳᠡᠭᠯᠡᠬᠦ᠂ ᠪᠠᠢᠴᠠᠭᠠᠯᠲᠠ ᠶᠢᠨ ᠪᠢᠴᠢᠭ ᠢ ᠲᠣᠭᠲᠠᠭᠠᠭᠰᠠᠨ ᠵᠢᠷᠤᠮ ᠤᠨ ᠳᠠᠭᠤ ᠬᠤᠷᠢᠶᠠᠯᠲᠠ ᠪᠠ ᠡᠮᠦᠨ᠎ᠡ ᠰᠤᠷᠠᠭ ᠵᠢᠨ ᠪᠦᠷᠢᠳᠬᠡᠯ
ᠡᠷᠬᠡ ᠰᠢᠯᠭᠠᠬᠤ᠂ ᠬᠣᠭᠣᠯᠠ ᠶᠢᠨ ᠨᠡᠮᠡᠯᠲᠡ ᠶᠢᠨ ᠨᠡᠷ᠎ᠡ ᠪᠡᠷ᠂ ᠬᠣᠭᠣᠯᠠ ᠶᠢᠨ ᠨᠡᠮᠡᠯᠲᠡ ᠶᠢᠨ ᠦᠢᠯᠡᠳᠪᠦᠷᠢ ᠶᠢᠨ᠂ ᠬᠡᠷᠡᠭᠯᠡᠭᠡᠨ ᠦ
ᠨᠢ ᠨᠡᠷᠡᠰ ᠢ ᠪᠠᠢᠴᠠᠭᠠᠯᠲᠠ ᠶᠢᠨ ᠪᠢᠴᠢᠭ ᠲᠦ ᠲᠠᠢᠯᠪᠤᠷᠢᠯᠠᠨ ᠬᠡᠷᠡᠭᠯᠡᠬᠦ ᠬᠡᠮᠵᠢᠶ᠎ᠡ᠂ ᠬᠡᠷᠡᠭᠯᠡᠬᠦ ᠬᠦᠷᠢᠶᠡᠯᠡᠩ ᠢ
ᠬᠠᠷᠠᠭᠠᠯᠵᠠᠬᠤ ᠡᠰᠡᠷᠡᠭᠦᠴᠡᠬᠦ ᠬᠣᠭᠣᠯᠠ ᠶᠢᠨ ᠬᠠᠷᠢᠴᠠᠯ ᠬᠡᠮᠵᠢᠶ᠎ᠡ ᠪᠡᠨ ᠪᠢᠴᠢᠭᠳᠡᠭᠦᠯᠦᠨ :: ᠬᠣᠭᠣᠯᠠ ᠶᠢᠨ᠂ ᠬᠣᠭᠣᠯᠠ ᠶᠢᠨ ᠨᠡᠮᠡᠯᠲᠡ
ᠲᠡᠮᠳᠡᠭᠯᠡᠯ ᠦᠨ ᠨᠡᠷᠡᠰ ᠲᠡᠮᠳᠡᠭᠯᠡᠯ᠂ ᠲᠡᠮᠳᠡᠭᠯᠡᠯ ᠦᠨ ᠨᠢ ᠰᠢᠯᠭᠠᠬᠤ ᠪᠠᠢᠴᠠᠭᠠᠯᠲᠠ ᠶᠢᠨ ᠪᠢᠴᠢᠭ ᠢ ᠪᠡᠯᠡᠳᠬᠡᠬᠦ ::
《ᠬᠣᠭᠣᠯᠠ ᠶᠢᠨ ᠨᠡᠮᠡᠯᠲᠡ ᠶᠢᠨ ᠲᠡᠮᠳᠡᠭᠯᠡᠯ ᠦᠨ ᠡᠩ ᠦᠨ ᠳᠦᠷᠢᠮ》（GB29924—2013） ᠪᠠ ᠤᠷᠢᠳᠴᠢᠯᠠᠨ ᠪᠠᠭᠯᠠᠭᠠᠯᠠᠭᠰᠠᠨ
ᠬᠣᠭᠣᠯᠠ ᠶᠢᠨ ᠲᠡᠮᠳᠡᠭᠯᠡᠯ ᠦᠨ ᠳᠦᠷᠢᠮ ᠤᠨ ᠪᠠᠷᠢᠮᠲᠠ ᠪᠢᠴᠢᠭ :: 《ᠤᠷᠢᠳᠴᠢᠯᠠᠨ ᠪᠠᠭᠯᠠᠭᠠᠯᠠᠭᠰᠠᠨ ᠬᠣᠭᠣᠯᠠ ᠶᠢᠨ ᠲᠡᠮᠳᠡᠭᠯᠡᠯ ᠦᠨ ᠡᠩ ᠦᠨ ᠳᠦᠷᠢᠮ》（GB7718—2004） ᠪᠣᠯ
ᠬᠣᠭᠣᠯᠠ ᠶᠢᠨ ᠲᠡᠮᠳᠡᠭᠯᠡᠯ ᠢ ᠬᠢᠵᠦ ᠪᠤᠢ ᠲᠠᠯ᠎ᠠ ᠪᠡᠷ ᠡᠩ ᠦᠨ ᠪᠠᠢᠳᠠᠯ᠂ ᠬᠤᠪᠢ ᠬᠦᠮᠦᠨ ᠦ ᠰᠢᠯᠭᠠᠬᠤ᠂ ᠬᠤᠪᠢᠷᠠᠯᠲᠠ ᠶᠢᠨ ᠰᠢᠯᠭᠠᠨ ᠪᠠᠢᠴᠠᠭᠠᠬᠤ ᠪᠠᠢᠳᠠᠯ
43 ᠵᠦᠢᠯ ᠦᠨ ᠰᠢᠯᠭᠠᠨ ᠪᠠᠢᠴᠠᠭᠠᠬᠤ ᠶᠢ ᠪᠦᠬᠦ ᠨᠡᠷ᠎ᠡ ᠪᠠ ᠪᠠᠢᠭᠤᠯᠤᠯᠲᠠ᠂ ᠬᠣᠭᠣᠯᠠ ᠶᠢᠨ᠂ ᠪᠠᠢᠴᠠᠭᠠᠯᠲᠠ ᠶᠢᠨ ᠪᠢᠴᠢᠭ ᠤᠨ ᠪᠦᠬᠦ ᠪᠠᠢᠳᠠᠯ ᠪᠦᠷ
ᠰᠢᠨ᠎ᠡ ᠪᠠᠷ ᠬᠣᠭᠣᠯᠠ ᠶᠢᠨ ᠬᠢᠮᠤ ᠪᠦᠲᠦᠭᠡᠭᠳᠡᠬᠦᠨ ᠢ ᠰᠠᠶᠢᠵᠢᠷᠠᠭᠤᠯᠬᠤ ᠳᠤ ᠪᠠᠢᠭ᠎ᠠ :: ᠬᠠᠮᠲᠤ ᠪᠠ᠂ ᠪᠦᠬᠦ ᠬᠣᠭᠣᠯᠠ ᠶᠢᠨ ᠬᠤᠷᠢᠶᠠᠯᠲᠠ ᠶᠢᠨ ᠰᠢᠯᠭᠠᠨ ᠪᠠᠢᠴᠠᠭᠠᠯᠲᠠ ᠶᠢᠨ

[illegible]

明。根据《发酵酒及其配制酒》，该类酒应当标示「过量饮酒有害健康」，可同时标示其他警示说明。配方食品的相关国家标准，该类食品应对配制不当和使用可能引起的健康危害给予警示说明的，应当在其标识上标注警示标志或者中文警示说明。根据婴幼儿配方食品、特殊医学用途标识管理规定》第15条规定，混装非食用产品易造成误食，使用不当，容易造成人身伤害的，应当在其标识上标注警示标志或者中文警示说明。《食品标识管理规定》第15条规定，混装非食用产品易造成误食，使用不当，容易造成人身伤害合相应要求，依照国家有关规定作出警示标志或者中文警示说明，标明储运注意事项。《食品

性、有效射性等危险物品以及储运中不能倒置和其他有特殊要求的产品，其包装质量必须符合相应要求，依照国家有关规定作出警示标志或者中文警示说明，标明储运注意事项。易碎、易燃、易爆、有毒、有腐蚀身、财产安全的产品，应当有警示标志或者中文警示说明。易碎、易燃、易爆、有毒、有腐蚀产品质量法第27条、28条分别规定，使用不当，容易造成产品本身损坏或者可能危及人

●条文解读

第七十二条【预包装食品的销售要求】 食品经营者应当按照食品标签标示的警示标志、警示说明或者注意事项的要求销售食品。

[illegible]

[illegible]

27 … 28 …

[illegible]

示语；用玻璃瓶包装的啤酒应标示如『切勿撞击，防止爆瓶』等警示语。

对于标签上标有警示标志、警示说明或者注意事项的食品，食品经营者应当严格按照标签的要求销售。食品经营者没有按照警示标志、警示说明或者注意事项的要求销售，导致消费者损失的，应承担相应法律责任。

协会不得以广告或者其他形式向消费者推荐食品。消费者组织不得以收取费用或者其他牟取

县级以上人民政府食品药品监督管理部门和其他有关部门以及食品检验机构、食品行业

涉及疾病预防、治疗功能。食品生产经营者对食品广告内容的真实性、合法性负责。

第七十三条【食品广告要求】食品广告的内容应当真实合法，不得含有虚假内容，不得

ᠪᠣᠯᠤᠨ ᠬᠡᠷᠡᠭᠯᠡᠭᠴᠢᠳ ᠬᠣᠯᠠ ᠬᠦᠨ ᠳᠦ ᠲᠠᠨᠢᠯᠴᠠᠭᠤᠯᠵᠤ ᠪᠣᠯᠬᠤ ᠦᠭᠡᠢ ::

ᠬᠣᠭᠤᠯᠠᠰᠤᠨ᠂ ᠬᠦᠨᠳᠦ ᠶᠢᠨ ᠠᠵᠤ ᠠᠬᠤᠢ ᠶᠢ ᠡᠷᠬᠢᠯᠡᠭᠴᠢ ᠪᠣᠯᠤᠨ ᠬᠦᠨᠳᠦ ᠬᠡᠷᠡᠭᠯᠡᠭᠡᠨ ᠦ ᠪᠠᠶᠢᠭᠤᠯᠤᠯᠭ᠎ᠠ

ᠬᠡᠷᠡᠭᠯᠡᠭᠴᠢᠳ ᠦᠨ ᠲᠡᠭᠦᠨ ᠦ ᠦᠨᠡᠨ ᠵᠦᠢᠲᠦ ᠬᠠᠷᠢᠭᠤᠴᠠᠨ ᠬᠦᠯᠢᠶᠡᠨ᠎ᠡ :: ᠬᠦᠨᠳᠦ ᠶᠢᠨ ᠬᠡᠷᠡᠭᠯᠡᠭᠡᠨ ᠦ ᠠᠵᠤ ᠠᠬᠤᠢ

ᠦᠨ ᠪᠠᠢᠭᠤᠯᠤᠯᠭ᠎ᠠ ᠶᠢᠨ ᠠᠵᠤ ᠠᠬᠤᠢ᠂ ᠬᠦᠨᠳᠦ ᠶᠢᠨ ᠠᠵᠤ ᠠᠬᠤᠢ ᠪᠣᠯᠤᠨ ᠬᠦᠨᠳᠦ ᠶᠢᠨ ᠬᠢᠨᠠᠯᠲᠠ ᠶᠢᠨ ᠬᠦᠨᠳᠦ

ᠪᠣᠯᠤᠨ ᠪᠤᠰᠤᠳ ᠬᠣᠯᠪᠣᠭᠳᠠᠬᠤ ᠬᠡᠯᠲᠡᠰ ᠪᠣᠯᠤᠨ 《ᠪᠢᠴᠢᠭ ᠰᠤᠷᠲᠠᠯᠴᠢᠯᠠᠭ᠎ᠠ᠂ ᠰᠤᠷᠲᠠᠯᠴᠢᠯᠠᠭ᠎ᠠ ᠶᠢᠨ ᠬᠡᠷᠡᠭᠯᠡᠭᠡᠨ》 ᠤ ᠡᠷᠬᠢᠯᠡᠭᠴᠢ ᠬᠤᠭᠤᠯᠠ ᠪᠠᠢᠬᠤ ᠬᠦᠯᠢᠶᠡᠨ᠎ᠡ ::

ᠬᠡᠷᠡᠭᠯᠡᠭᠡ ᠶᠢᠨ ᠦᠨᠡᠨ ᠵᠦᠢᠲᠦ》ᠶᠢ ᠬᠦᠯᠢᠶᠡᠬᠦ᠂ ᠬᠦᠨᠳᠦ ᠶᠢᠨ ᠪᠣᠯᠤᠨ ᠡᠷᠬᠢᠯᠡᠭᠴᠢ ᠬᠦᠯᠢᠶᠡᠨ ᠪᠠᠢᠬᠤ ᠦᠭᠡᠢ :: ᠬᠦᠨ ᠪᠣᠯᠤᠨ

《ᠬᠡᠷᠡᠭᠯᠡᠭᠡᠨ ᠦ ᠬᠦᠨᠳᠦ ᠶᠢᠨ ᠰᠤᠷᠲᠠᠯᠴᠢᠯᠠᠭ᠎ᠠ ᠬᠡᠮᠵᠢᠶ᠎ᠡ》 ᠶᠢ ᠬᠦᠯᠢᠶᠡᠨ᠎ᠡ᠂ ᠬᠦᠨ ᠬᠦᠨᠳᠦ ᠶᠢᠨ ᠬᠦᠨᠳᠦ ᠪᠡᠷ 《ᠬᠦᠨᠳᠦ ᠶᠢᠨ ᠬᠦᠯᠢᠶᠡᠨ᠎ᠡ

ᠬᠦᠨᠳᠦ ᠶᠢᠨ ᠬᠦᠨᠳᠦ ᠪᠡᠷ ᠬᠦᠨᠳᠦ ᠶᠢᠨ ᠬᠦᠨᠳᠦ ᠬᠦᠯᠢᠶᠡᠬᠦ ᠪᠣᠯᠤᠨ ᠬᠦᠨᠳᠦ ᠶᠢᠨ ᠬᠡᠷᠡᠭᠯᠡᠭᠡᠨ ᠦ ᠬᠦᠯᠢᠶᠡᠨ ᠪᠠᠢᠨ᠎ᠠ ::

ᠬᠡᠷᠡᠭᠯᠡᠭᠴᠢ ᠶᠢᠨ ᠬᠦᠨᠳᠦ ᠪᠣᠯᠤᠨ ᠬᠦᠨᠳᠦ ᠶᠢᠨ ᠬᠦᠨ ᠦ ᠬᠦᠯᠢᠶᠡᠨ᠎ᠡ᠂ ᠬᠦᠨ ᠬᠦᠨᠳᠦ ᠶᠢᠨ ᠬᠦᠨ ᠳᠦ ᠬᠦᠯᠢᠶᠡᠨ ᠪᠣᠯᠤᠨ

ᠬᠦᠨᠳᠦ ᠶᠢᠨ ᠬᠦᠨᠳᠦ ᠬᠦᠯᠢᠶᠡᠨ ᠪᠠᠢᠨ᠎ᠠ :: ᠬᠦᠨ ᠬᠦᠨᠳᠦ ᠪᠡᠷ ᠬᠦᠨᠳᠦ ᠶᠢᠨ ᠬᠦᠨ᠂ ᠬᠦᠨᠳᠦ ᠬᠦᠨᠳᠦ ᠬᠦᠨ ᠦ

ᠬᠦᠨᠳᠦ ᠶᠢᠨ ᠬᠦᠨᠳᠦ ᠬᠦᠯᠢᠶᠡᠨ ᠪᠡᠷ ᠬᠦᠨᠳᠦ ᠶᠢᠨ ᠬᠦᠯᠢᠶᠡᠨ ᠪᠣᠯᠤᠨ ᠬᠦᠨ ᠦ ᠬᠦᠨᠳᠦ ᠶᠢᠨ ᠬᠦᠯᠢᠶᠡᠨ ᠦ

ᠪᠣᠯᠤᠨ ᠬᠦᠨᠳᠦ ᠶᠢᠨ ᠬᠦᠨ ᠦ ᠬᠦᠯᠢᠶᠡᠨ ᠪᠡᠷ ᠬᠦᠨᠳᠦ ᠬᠦᠨ᠂ ᠬᠦᠨᠳᠦ ᠬᠦᠨ ᠬᠦᠨᠳᠦ ᠬᠦᠨ ᠦ ᠪᠠᠢ᠂ ᠬᠦᠨᠳᠦ ᠶᠢᠨ ᠬᠦᠯᠢᠶᠡᠨ

利益的方式向消费者推荐食品。

●条文解读

广告，是指商品经营者或者服务提供者承担费用，通过一定媒介和形式直接或者间接地介绍自己所推销的商品或者所提供的服务的商业广告。食品广告是广告的一个重要类型。食品广告包括普通食品广告、保健食品广告和特殊膳食用食品广告等。

一、食品广告的内容应当真实合法，不得含有虚假内容

所谓真实，指与客观事实相符合。广告的生命在于真实，反映在食品广告上，就应当如实介绍食品的名称、产地、用途、质量、价格、生产者、保质期以及生产日期等内容，不能进行任何形式的虚假、夸大宣传，也不能滥用艺术夸张而违背真实性原则。因为广告仅仅是一种介绍、推销、宣传手段，是否被消费者认可，还要由食品本身来确定，只有实事求是，才能最终取得消费者的信任和支持。食品广告中对商品的性能、功能、产地、用途、质量、成分、价格、生产者、有效期限、允诺等或者对服务的内容、提供者、形式、质量、价格、允诺等有表示的，应当准确、清楚、明白。食品广告中表明推销的商品或者服务附带赠送的，应当明示所赠送商品的品种、规格、数量、期限和方式。食品广告内容涉及的事项需要取得行政许可的，应当与许可的内容相符合。食品广告使用数据、统计资料、调查结果、文摘、引用语等引证内容的，应当真实、准确，并表明出处。引证内容有适用范围和有效期限的，应当明确表

虚假广告。虚假广告具体包括：（1）商品或者服务不存在的；（2）商品的性能、功能、产
骗、误导消费者。第28条规定，广告以虚假或者引入误解的内容欺骗、误导消费者的，构成
食品宣传为进口食品。广告法第4条规定，广告不得含有虚假或者引人误解的内容，不得欺

所谓虚假，指广告的内容与客观事实不符，如将未获奖的食品宣传为获奖食品，将非进口
年人和残疾人的身心健康；不得贬低其他生产经营者的商品或者服务。
自然资源或者文化遗产保护；法律、行政法规规定禁止的其他情形。食品广告不得损害未成
情、赌博、迷信、恐怖、暴力的内容；含有民族、种族、宗教、性别歧视的内容；妨碍环境、
身、财产安全，泄露个人隐私；妨碍社会公共秩序或者违背社会良好风尚；含有淫秽、色
语；损害国家的尊严或者利益，泄露国家秘密；妨碍社会安定，损害社会公共利益；危害人
使用国家机关、国家机关工作人员的名义或者形象；使用『国家级』『最高级』『最佳』等用
形：使用或者变相使用中华人民共和国国旗、国歌、国徽，军旗、军歌、军徽；使用或者变相

所谓合法，指符合食品安全法、广告法和相关法律、法规的规定。食品广告不得有下列情
别，不得使消费者产生误解。
品广告。通过大众传播媒介发布的食品广告应当显著标明『广告』，与其他非广告信息相区
具有可识别性，能够使消费者辨明其为广告。大众传播媒介不得以新闻报道形式变相发布食
示。食品广告中涉及专利产品或者专利方法的，应当标明专利号和专利种类。食品广告应当

地、用途、质量、规格、成分、价格、生产者、有效期限、销售状况、曾获荣誉等信息，或者服务的内容、提供者、形式、质量、价格、销售状况、曾获荣誉等信息，以及与商品或者服务有关的允诺等与实际情况不符，对购买行为有实质性影响的；（3）使用虚构、伪造或者无法验证的科研成果、统计资料、调查结果、文摘、引用语等信息作证明材料的；（4）虚构使用商品或者接受服务的效果的；（5）以虚假或者引人误解的内容欺骗、误导消费者的其他情形。

二、食品广告的内容不得涉及疾病预防、治疗功能

疾病预防、治疗功能是药品应具备的功能，食品广告的内容不得涉及疾病预防、治疗功能。对此，药品管理法第60条规定，非药品广告不得有涉及药品的宣传。广告法第18条第1款规定，保健食品广告不得含有表示功效、安全性的断言或者保证；涉及疾病预防、治疗功能；声称或者暗示广告商品为保障健康所必需；与药品、其他保健食品进行比较；利用广告代言人作推荐、证明；法律、行政法规规定禁止的其他内容。第19条规定，广播电台、电视台、报刊音像出版单位、互联网信息服务提供者不得以介绍健康、养生知识等形式变相发布保健食品广告。《食品广告发布暂行规定》第7条规定，食品广告不得出现与药品相混淆的用语，不得直接或者间接地宣传治疗作用，也不得借助宣传某些成分的作用明示或者暗示该食品的治疗作用。

（5）其他侵犯他人合法民事权益的。
低其他生产经营者的商品、服务的；（4）在广告中未经同意使用他人名义或者形象的；
责任：（1）在广告中损害未成年人或者残疾人的身心健康的；（2）假冒他人专利的；（3）贬
罚。第 69 条规定，广告主、广告经营者、广告发布者有下列侵权行为之一的，依法承担民事
理部门责令停止发布广告，责令广告主在相应范围内消除影响，并由有关机关给予行政处
告主都必须对自己的广告负责。广告法第 55 条规定，广告主发布虚假广告的，由工商行政管
法律责任。广告法第 4 条第 2 款规定，广告主应当对广告内容的真实性负责。因此，每个广
保证食品广告的真实性、合法性，维护广告的信誉，是食品生产经营者应负的社会责任和

三、食品生产经营者对食品广告内容的真实性、合法性负责

治疗功能的，应当承担相应法律责任。
根据本法、药品管理法和广告法的规定，违反法律规定，食品广告的内容涉及疾病预防、
盂积水喝茶就好』，并使用专家、消费者名义证明产品功效。
肉、胆总管结石、胆囊结石、肝内胆管结石、肾结石、输尿管结石、膀胱结石、尿道结石、肾
以像变戏法一样，脱胎换骨，推迟绝经期 5—10 年』；某玉薏茶食品广告宣称『胆囊炎、胆息
预防、治疗功能）的相关典型案例：如某保健食品广告宣称『只要睡前服用两粒，女人就可
有关主管部门在加大打击力度的同时，也陆续公布了违法食品广告（广告内容涉及疾病

四、特定主体不得以广告或者其他形式向消费者推荐食品

县级以上人民政府食品药品监督管理部门和其他有关部门以及食品检验机构、食品行业协会不得以广告或者其他形式向消费者推荐食品。县级以上人民政府食品药品监督管理部门和其他有关部门是负有监管职责的国家机关，包括食品生产、销售、餐饮服务各个环节的监管部门。食品检验机构是依法对食品进行检验的专业组织，包括食品检验机构和其他承担食品检验职责的机构。食品安全监督管理部门和承担食品检验职责的机构推荐食品极易牵扯利益关系，因此，应当保持中立，依法、公正地实施监管或者检验。食品行业协会是由食品行业的企业、事业、科研等单位及食品行业工作者等自愿组成的非营利性的社会团体法人组织，面向食品行业开展服务、协调、自律、监督工作。食品行业协会以广告或者其他形式向消费者推荐某个企业生产经营的食品是与它们的职责不相符的，会损害它们作为公益机构的中立性，不利于创造公平、公正的市场竞争环境。因此，本法规定上述特定主体都不得以广告或者其他形式向消费者推荐食品。

消费者组织不得以收取费用或者其他牟取利益的方式向消费者推荐食品。这一规定是本次新修改的内容，主要是与消费者权益保护法第38条的规定相衔接。消费者协会和其他消费者组织是依法成立的对商品和服务进行社会监督的保护消费者合法权益的社会组织。消费者组织可以分为两类；一类是政府发起成立的具有法定职能的组织，如消费者协会、消费者

[illegible]

品广告管理的规定。

第80条第2款规定，特殊医学用途配方食品广告适用广告法和其他法律、行政法规关于药品广告管理的规定。

此外，本法第79条规定，保健食品广告除应当符合本条第一款的规定外，还应当声明“本品不能替代药物”；其内容应当经生产企业所在地省、自治区、直辖市人民政府食品药品监督管理部门审查批准，取得保健食品广告批准文件。省、自治区、直辖市人民政府食品药品监督管理部门应当公布并及时更新已经批准的保健食品广告目录以及批准的广告内容。

五、关于食品广告的特殊性规定

消费者组织，都具有公益性质，因此不得从事商品经营和营利性服务。

权益保护委员会等；另一类是消费者自发成立的自我保护的私益性民间组织。无论是哪一类

[illegible]

[ᠲᠠᠶᠢᠯᠪᠤᠷᠢ]

[illegible]

[illegible]

[illegible] : (1) [illegible] :: (2) [illegible]

[illegible] :: (3) [illegible]

[illegible] :: (4) [illegible]

[illegible] :: (5) [illegible] ::

[illegible]

[illegible] 60 [illegible]

[illegible] 18 [illegible] 1 [illegible]

[illegible]

ᠳᠠᠭᠠᠭᠤᠯᠪᠠ ᠪᠡ᠂ ᠡᠨᠡ ᠬᠠᠤᠯᠢ ᠶᠢᠨ ᠵᠦᠢᠯ᠂ ᠡᠨᠡ ᠬᠠᠤᠯᠢ ᠬᠡᠷᠡᠭᠵᠢᠭᠦᠯᠬᠦ ᠳᠦᠷᠢᠮ ᠳᠤ ᠲᠤᠰᠬᠠᠢ ᠵᠢᠷᠤᠮ ᠢ ᠠᠭᠤᠯᠵᠤ ᠪᠠᠢᠨ᠎ᠠ ᠭᠡᠵᠦ ᠦᠵᠡᠵᠦ᠂ ᠡᠨᠡ ᠬᠠᠤᠯᠢ ᠶᠢᠨ 69 ᠳᠦᠭᠡᠷ ᠵᠦᠢᠯ ᠳᠦ ᠵᠢᠭᠠᠭᠰᠠᠨ ᠶᠣᠰᠣᠭᠠᠷ᠂ ᠡᠨᠡ ᠬᠠᠤᠯᠢ ᠶᠢᠨ ᠵᠦᠢᠯ ᠦᠨ 55 ᠳᠤᠭᠠᠷ ᠵᠦᠢᠯ ᠪᠡᠷ᠂ ᠡᠨᠡ ᠬᠠᠤᠯᠢ ᠶᠢᠨ ᠵᠦᠢᠯ ᠢ ᠲᠣᠭᠲᠠᠭᠠᠵᠤ ᠪᠠᠢᠨ᠎ᠠ ᠭᠡᠪᠡ ᠃ ᠡᠨᠡ ᠬᠠᠤᠯᠢ ᠶᠢᠨ ᠵᠦᠢᠯ ᠢᠶᠡᠷ ᠳᠠᠭᠠᠭᠤᠯᠬᠤ ᠦᠨ 2 ᠳᠤᠭᠠᠷ ᠬᠡᠰᠡᠭ ᠲᠦ᠂ ᠡᠨᠡ ᠬᠠᠤᠯᠢ ᠶᠢᠨ ᠵᠦᠢᠯ ᠡᠴᠡ ᠪᠤᠰᠤ ᠬᠠᠷᠢᠭᠤᠴᠠᠬᠤ ᠪᠡᠷ ᠬᠠᠷᠢᠭᠤᠴᠠᠭᠤᠯᠤᠨ᠎ᠠ ᠃ ᠡᠨᠡ ᠬᠠᠤᠯᠢ ᠶᠢᠨ ᠵᠦᠢᠯ ᠦᠨ 4 ᠳᠦᠭᠡᠷ ᠵᠦᠢᠯ ᠡᠴᠡ ᠪᠤᠰᠤ ᠵᠦᠢᠯ ᠢ ᠬᠡᠷᠡᠭᠵᠢᠭᠦᠯᠵᠦ᠂ ᠡᠨᠡ ᠬᠠᠤᠯᠢ ᠶᠢᠨ ᠵᠦᠢᠯ ᠢ ᠲᠣᠭᠲᠠᠭᠠᠬᠤ ᠪᠠᠢᠳᠠᠯ ᠢ ᠬᠠᠷᠢᠭᠤᠴᠠᠬᠤ ᠪᠠᠷ ᠪᠠᠷᠢᠮᠲᠠᠯᠠᠬᠤ ᠦᠭᠡᠢ᠂ ᠡᠨᠡ ᠬᠠᠤᠯᠢ ᠶᠢᠨ ᠵᠦᠢᠯ ᠪᠡᠷ ᠬᠠᠷᠢᠭᠤᠴᠠᠬᠤ ᠬᠡᠷᠡᠭᠲᠡᠢ

ᠡᠨᠡ ᠬᠠᠤᠯᠢ ᠶᠢᠨ ᠵᠦᠢᠯ ᠢ ᠬᠡᠷᠡᠭᠵᠢᠭᠦᠯᠬᠦ ᠪᠠᠢᠳᠠᠯ ᠳᠤ ᠬᠠᠷᠢᠭᠤᠴᠠᠨ᠎ᠠ᠂ ᠵᠢᠷᠤᠮ ᠢ ᠳᠠᠭᠠᠭᠤᠯᠬᠤ ᠪᠣᠯᠤᠨ᠎ᠠ ᠃

ᠡᠨᠡ ᠬᠠᠤᠯᠢ ᠶᠢᠨ ᠵᠦᠢᠯ ᠲᠦ ᠲᠣᠭᠲᠠᠭᠠᠭᠰᠠᠨ ᠬᠤᠪᠢᠶᠠᠷᠢ ᠶᠢᠨ᠂ ᠵᠢᠷᠤᠮ ᠲᠣᠭᠲᠠᠭᠠᠯ ᠢ ᠬᠠᠷᠢᠭᠤᠴᠠᠬᠤ ᠪᠠᠢᠳᠠᠯ ᠳᠤ᠂ ᠡᠨᠡ ᠬᠠᠤᠯᠢ ᠶᠢᠨ ᠵᠦᠢᠯ ᠦᠨ ᠬᠡᠷᠡᠭᠵᠢᠭᠦᠯᠬᠦ ᠪᠠᠢᠳᠠᠯ ᠢ ᠬᠡᠷᠡᠭᠵᠢᠭᠦᠯᠵᠦ᠂ ᠪᠣᠯ ᠵᠢᠷᠤᠮ ᠵᠢᠷᠤᠮ ᠲᠠᠢ ᠬᠡᠷᠡᠭᠵᠢᠭᠦᠯᠬᠦ ᠪᠠᠢᠳᠠᠯ《ᠬᠠᠤᠯᠢ᠂ ᠵᠢᠷᠤᠮ ᠲᠣᠭᠲᠠᠭᠠᠯ ᠤᠨ ᠪᠠᠷᠢᠮᠲᠠ ᠶᠢᠨ ᠪᠠᠢᠳᠠᠯ》ᠢ ᠬᠠᠷᠢᠭᠤᠴᠠᠨ᠎ᠠ ᠃ ᠪᠣᠯᠪᠠᠰᠤ ᠲᠠᠢ ᠬᠠᠷᠢᠭᠤᠴᠠᠬᠤ ᠪᠠᠢᠳᠠᠯ ᠪᠠᠨ ᠬᠠᠷᠢᠭᠤᠴᠠᠭᠤᠯᠤᠯᠲᠠ᠂ ᠮᠡᠳᠡᠭᠦᠯᠬᠦ ᠶᠢᠨ ᠵᠢᠷᠤᠮ ᠳᠤ ᠮᠡᠳᠡᠭᠦᠯᠬᠦ ᠪᠣᠯᠤᠨ᠎ᠠ

38

[illegible] 79 [illegible]

[illegible]

食品、特殊医学用途配方食品、婴幼儿配方食品除需要取得食品生产许可外，还要进行产品注册或者备案，而生产保健食品、特殊医学用途配方食品、婴幼儿配方食品除需要取得食品生产许可外，还要进行产品注册或者备案制度。生产普通食品只要求取得食品生产许可，并不需要进行产品注册或者备案，而生产保健

实行严格监督管理，是指比普通食品更加严格的监督管理，表现在：一是注册或者备案制

等特殊食品实行严格监督管理的规定。

●条文解读

本条在原法第 51 条第 1 款的基础上，增加了对特殊医学用途配方食品和婴幼儿配方食品等特殊食品实行严格监督管理。

第七十四条 **【特殊食品严格监管原则】** 国家对保健食品、特殊医学用途配方食品和婴幼儿配方食品等特殊食品实行严格监督管理。

ᠳᠥᠷᠪᠡᠳᠦᠭᠡᠷ ᠬᠡᠰᠡᠭ ᠣᠨᠴᠠᠭᠠᠢ ᠬᠦᠨᠡᠰᠦ

第四节 特殊食品

遵守本法对食品规定的一般性要求。

同时，特殊食品在本质上仍是食品，其生产经营除应当遵守本节规定的要求以外，还应当

都是比普通食品更严的要求。

广告管理的规定，婴幼儿配方食品生产企业对出厂的婴幼儿配方食品实施逐批检验等。这些

他管理制度。例如，特殊医学用途配方食品广告适用广告法和其他法律、行政法规关于药品

企业，要求按照良好生产规范的要求建立与所生产食品相适应的生产质量管理体系。三是其

生产保健食品，特殊医学用途配方食品、婴幼儿配方食品和其他专供特定人群的主辅食品的

生产规范要求，实施危害分析与关键控制点体系，是采取鼓励的态度，不强制要求。但是对

或者配方的注册或者备案。二是生产质量管理体系。国家对普通食品生产经营企业符合良好

[illegible]

害。这是对保健食品的基本要求。一是科学性。保健食品声称保健功能，应当具有科学依据，不得对人体产生急性、亚急性或者慢性危害。

一、保健食品的基本要求

本条在原法第 51 条的基础上进行了修改，增加了保健食品原料目录和允许保健食品声称的保健功能目录的规定。

●条文解读

第七十五条 【保健食品原料目录和功能目录】 保健食品声称保健功能，应当具有科学依据，不得对人体产生急性、亚急性或者慢性危害。

保健食品原料目录和允许保健食品声称的保健功能目录，由国务院食品药品监督管理部门会同国务院卫生行政部门、国家中医药管理部门制定、调整并公布。

保健食品原料目录应当包括原料名称、用量及其对应的功效；列入保健食品原料目录的原料只能用于保健食品生产，不得用于其他食品生产。

[illegible]

据，要建立具有保健功能。二是安全性。保健食品不得对人体产生急性、亚急性或者慢性危害。与药品不同，保健食品最基本的要求是安全，不允许有任何毒副作用，不得对人体产生任何健康危害。保健食品所使用的原料应当能够保证对人体健康安全无害，符合国家标准和安全要求。国家规定不可用于保健食品的原料和辅料、禁止使用的物品等不得作为保健食品的原料和辅料。为此，本法规定，依法应当注册的保健食品，注册时应当提交保健食品的研发报告、安全性和保健功能评价等材料及样品，并提供相关证明文件；依法应当备案的保健食品，备案时应当提交表明产品安全性和保健功能的材料。

二、保健食品原料目录

实行注册和备案相结合，是此次食品安全法修订确立的保健食品基本管理制度。而保健食品原料目录是保健食品实施注册或者备案管理的重要依据。《卫生部关于进一步规范保健食品原料管理的通知》（卫法监发【2002】51号）发布了三个名单：『既是食品又是药品的物品名单』『可用于保健食品的物品名单』和『保健食品禁用物品名单』。其中『既是食品又是药品的物品名单』包括丁香、八角茴香、山药、山楂、木瓜、甘草、白果、白扁豆、白扁豆花、龙眼肉（桂圆）、决明子、百合等。『可用于保健食品的物品名单』包括人参、人参叶、人参果、三七、生何首乌、当归、红花、红景天、西洋参等。两个名单皆为单一物质名单。借鉴欧盟、美国等对保健食品管理的经验，此次修订将保健食品原料目录从单一物质的名单扩充为包括原料名称、用量和对应的功效的完整目录，以保障产品的安全和保健功能。目录中的『原料』不再是单一物质，而是产生某一功效的单一物质或者是多种物质的组合、配伍。用量是指保证保健食品安全性和具备相应保健功能应当达到的最低和最高限量。功效是指保健食品原料在一定用量下的功效，原料或者用量的改变都有可能导致功效的改变。保健食品原料目录中的原料、用量、功效是一一对应的关系。原料目录的制定，有助于规范保健食品产品管理，为实施注册与备案相结合的管理制度奠定良好基础。虽然部分普通食品原料纳入了保健食品原料目录，但保健食品原料目录中不仅规定了原料名称，还规定了原料的用量和对应的功效，因此，列入保健食品原料目录的原料及用量和对应的功效只能用于保健食品生产，不能用于其他食品生产。此外，关于保健食品原料目录的制定主体，新法明确保健食品原料目录由国务院食品药品监督管理部门会同国务院卫生行政部门、国家中医药管理部门制定、调整并公布。

三、保健食品功能目录

允许保健食品声称的保健功能目录，由国务院食品药品监督管理部门会同国务院卫生行政部门、国家中医药管理部门制定、调整并公布。目前，允许保健食品声称的保健功能有增强免疫力、抗氧化、辅助改善记忆、缓解体力疲劳、减肥、改善生长发育、提高缺氧耐受力、辅助降血脂、辅助降血糖、改善睡眠、改善营养性贫血、促进泌乳、缓解视疲劳、辅助降血生行政部门、国家中医药管理部门对保健功能目录进行调整。

压、促进消化、通便、补充营养素等 28 种。国务院食品药品监督管理部门可以会同国务院卫

[illegible] 【2002】 51 [illegible]

中属于补充维生素、矿物质等营养物质的，应当报国务院食品药品监督管理部门备案。其他首次进口的保健食品应当经国务院食品药品监督管理部门注册。但是，首次进口的保健食品

第七十六条【保健食品注册和备案制度】 使用保健食品原料目录以外原料的保健食品和

健食品和首次进口的属于补充维生素、矿物质等营养物质的保健食品，其他保健食品应当报养物质的，不实行注册管理，但应当报国务院食品药品监督管理部门备案。除应当注册的保

因为标准化程度高、安全风险低，对首次进口的保健食品中属于补充维生素、矿物质等营

二、实行备案管理的保健食品

品，不需要再进行注册，只需要进行备案。

原料目录以内原料（包括用量和对应的功效）的保健食品和再次进口到中国境内的保健食管理部门注册。首次进口的保健食品是指第一次进口到中国境内的保健食品。使用保健食品健食品和改变原料目录中的原料、用量或者功效的保健食品，都应当经国务院食品药品监督品监督管理部门注册。使用保健食品原料目录以外原料的保健食品，包括使用全新原料的保

使用保健食品原料目录以外原料的保健食品和首次进口的保健食品应当经国务院食品药

一、实行注册管理的保健食品

备案分类管理的基本制度。

本条是新增加的规定，划分了应当注册与备案的保健食品范围，明确了保健食品注册与

●**条文解读**

进口的保健食品应当是出口国（地区）主管部门准许上市销售的产品。

保健食品应当报省、自治区、直辖市人民政府食品药品监督管理部门备案。

省、自治区、直辖市人民政府食品药品监督管理部门备案。

本条还规定了进口的保健食品应当是出口国（地区）主管部门准许上市销售的产品。这一规定要求保健食品不仅仅在进口时应当是出口国（地区）主管部门准许上市销售的产品，在进口后也应当是出口国（地区）主管部门准许上市销售的产品。在进口后因各种原因被出口国（地区）主管部门禁止上市销售的保健食品，应当停止进口，依法予以召回。

ᠪᠣᠯᠤᠨ ᠠᠷᠢᠯᠭᠠᠨ ᠠᠷᠢᠯᠭᠠᠬᠤ ᠬᠣᠪᠢᠷᠠᠭ ᠤᠨ ᠶᠠᠮᠠᠷ ᠪᠠ ᠪᠦᠷᠢᠳᠭᠡᠯ ᠪᠠ ᠬᠢᠨᠠᠨ ᠪᠠᠢᠴᠠᠭᠠᠯᠲᠠ ᠬᠣᠯᠢᠮᠠᠭᠲᠠᠢ ᠶᠢᠨ ᠬᠣᠭᠣᠯᠠ ᠶᠢ ᠠᠯᠪᠠᠨ ᠠᠵᠢᠯᠯᠠᠭᠤᠯᠬᠤ ᠶᠠᠮᠠᠷ ᠬᠤᠪᠢ ·
ᠶᠠᠷᠢᠯᠴᠠᠭᠠᠨ ᠤ ᠬᠠᠷᠢᠭᠤᠴᠠᠯ ᠠᠯᠪᠠᠳᠠᠨ ᠠᠵᠢᠯᠯᠠᠨ ᠬᠣᠪᠢᠷᠠᠭᠤᠯᠬᠤ (ᠶᠠᠮᠠᠷ ᠪᠠ ᠶᠠᠮᠠᠷ ᠤᠨ ᠠᠯᠪᠠᠨ ᠬᠠᠮᠢᠶᠠᠷᠤᠯᠲᠠ ᠬᠣᠪᠢᠯᠠᠭᠠᠳ ᠤ ᠪᠣᠯᠤᠮᠵᠢ) ᠤᠨ ᠬᠣᠯᠢᠮᠠᠭᠲᠠᠢ ᠤᠨ ᠬᠣᠭᠣᠯᠠ
ᠪᠦᠷᠢᠳᠭᠡᠯ ᠬᠢᠨᠠᠨ ᠪᠠᠢᠴᠠᠭᠠᠬᠤ ᠬᠣᠷᠢᠭᠯᠠᠨ ᠬᠣᠯᠢᠮᠠᠭᠲᠠᠢ ᠶᠢᠨ ᠬᠣᠭᠣᠯᠠ ᠶᠢ ᠦᠢᠯᠡᠳᠦᠨ᠎ᠡ ᠄ ᠬᠣᠯᠢᠮᠠᠭᠲᠠᠢ ᠶᠢᠨ ᠬᠣᠭᠣᠯᠠ ᠪᠠ ᠠᠯᠪᠠᠨ ᠠᠵᠢᠯᠯᠠᠭᠤᠯᠬᠤ ᠶᠢᠨ ᠬᠠᠮᠢᠶᠠᠷᠤᠯᠲᠠ
ᠬᠣᠪᠢᠯᠠᠭᠠᠨ ᠪᠠ ᠠᠯᠪᠠᠨ ᠠᠵᠢᠯᠯᠠᠭᠤᠯᠬᠤ ᠶᠠᠮᠠᠷ ᠄ ᠬᠠᠮᠤᠭ ᠪᠦᠷᠢᠳᠭᠡᠯ ᠬᠢᠨᠠᠨ ᠪᠠᠢᠴᠠᠭᠠᠬᠤ ᠬᠣᠪᠢ ᠬᠣᠯᠢᠮᠠᠭᠲᠠᠢ ᠶᠢᠨ ᠬᠣᠭᠣᠯᠠ ᠳᠤ ᠬᠠᠮᠤᠭ ᠠᠷᠢᠯᠭᠠᠨ ᠬᠣᠪᠢᠷᠠᠭ ᠤᠨ ᠶᠠᠮᠠᠷ ᠠᠯᠪᠠᠳᠠᠨ
ᠬᠣᠭᠣᠯᠠ ᠶᠢ ᠪᠣᠯᠤᠮᠵᠢ · ᠪᠠᠢᠭᠤᠯᠬᠤ ᠬᠣᠪᠢᠷᠠᠭ ᠤᠨ ᠬᠣᠯᠢᠮᠠᠭ ᠤᠨ ᠬᠠᠮᠤᠭ ᠪᠠ ᠬᠣᠭᠣᠯᠠ ᠪᠣᠯᠤᠨ ᠠᠯᠪᠠ ᠳᠤ ᠶᠠᠮᠠᠷ ᠠᠯᠪᠠᠨ ᠠᠵᠢᠯᠯᠠᠭᠤᠯᠬᠤ ᠪᠠ ᠬᠠᠮᠤᠭ
ᠶᠠᠮᠠᠷ ᠠᠯᠪᠠᠨ ᠬᠠᠮᠢᠶᠠᠷᠤᠯᠲᠠ ᠤᠨ ᠬᠣᠷᠢᠭᠯᠠᠨ ᠠᠯᠪᠠᠳᠠᠨ ᠠᠯᠪᠠᠨ ᠬᠠᠮᠢᠶᠠᠷᠤᠯᠲᠠ ᠶᠠᠮᠠᠷ ᠶᠠᠮᠠᠷ ᠤᠨ ᠪᠠᠢᠭ᠎ᠠ ᠵᠢ ᠵᠢ ᠪᠦᠷᠢᠳᠭᠡᠯ ᠬᠢᠨᠠᠨ ᠪᠠᠢᠴᠠᠭᠠᠬᠤ ᠬᠣᠯᠢᠮᠠᠭᠲᠠᠢ ᠤᠨ
ᠶᠠᠷᠢᠯᠴᠠᠭᠠᠨ ᠪᠠ ᠬᠣᠪᠢᠷᠠᠭ ᠠᠯᠪᠠᠨ ᠬᠠᠮᠢᠶᠠᠷᠤᠯᠲᠠ ᠤᠨ ᠬᠣᠯᠢᠮᠠᠭᠲᠠᠢ ᠤᠨ ᠬᠣᠭᠣᠯᠠ ᠶᠢᠨ ᠪᠦᠷᠢᠳᠭᠡᠯ ᠲᠠᠢ ᠠᠯᠪᠠᠨ ᠬᠠᠮᠢᠶᠠᠷᠤᠯᠲᠠ ᠤᠨ ᠬᠣᠯᠢᠮᠠᠭᠲᠠᠢ ᠤᠨ ᠬᠣᠭᠣᠯᠠ
ᠠᠯᠪᠠᠳᠠᠨ ᠠᠵᠢᠯᠯᠠᠭᠤᠯᠬᠤ ᠪᠠ ᠠᠯᠪᠠᠨ ᠬᠣᠪᠢᠯᠠᠭᠠᠨ ᠪᠠ ᠠᠯᠪᠠᠨ ᠠᠵᠢᠯᠯᠠᠭᠤᠯᠬᠤ ᠶᠠᠮᠠᠷ ᠄ ᠬᠣᠯᠢᠮᠠᠭᠲᠠᠢ ᠶᠢᠨ ᠬᠣᠭᠣᠯᠠ ᠶᠢᠨ ᠠᠯᠪᠠᠨ ᠬᠠᠮᠢᠶᠠᠷᠤᠯᠲᠠ ᠤᠨ ᠬᠣᠪᠢᠷᠠᠭ
ᠬᠠᠮᠤᠭ ᠬᠣᠪᠢᠷᠠᠭ ᠬᠣᠪᠢᠷᠠᠭᠤᠯᠬᠤ ᠶᠠᠮᠠᠷ ᠬᠢᠨᠠᠨ ᠪᠠᠢᠴᠠᠭᠠᠬᠤ ᠬᠣᠯᠢᠮᠠᠭᠲᠠᠢ ᠤᠨ ᠬᠣᠭᠣᠯᠠ ᠵᠢ ᠬᠣᠪᠢᠷᠠᠭ ᠤᠨ ᠠᠯᠪᠠᠳᠠᠨ ᠤᠨ ᠬᠠᠮᠤᠭ ᠪᠠ ᠬᠣᠭᠣᠯᠠ ᠪᠣᠯᠤᠨ ᠠᠯᠪᠠ ᠳᠤ ᠶᠠᠮᠠᠷ
ᠬᠣᠯᠢᠮᠠᠭᠲᠠᠢ ᠤᠨ ᠬᠣᠭᠣᠯᠠ ᠶᠢᠨ ᠠᠯᠪᠠᠨ ᠬᠠᠮᠢᠶᠠᠷᠤᠯᠲᠠ ᠤᠨ ᠬᠣᠷᠢᠭᠯᠠᠨ ᠶᠠᠷᠢᠯᠴᠠᠭᠠᠨ ᠪᠠ ᠬᠣᠪᠢᠷᠠᠭ ᠠᠯᠪᠠᠨ ᠬᠠᠮᠢᠶᠠᠷᠤᠯᠲᠠ ᠤᠨ ᠬᠣᠯᠢᠮᠠᠭᠲᠠᠢ ᠤᠨ ᠬᠣᠭᠣᠯᠠ ᠪᠣᠯᠤᠨ
ᠬᠣᠪᠢ · ᠠᠯᠪᠠᠨ ᠠᠵᠢᠯᠯᠠᠭᠤᠯᠬᠤ ᠬᠣᠯᠢᠮᠠᠭᠲᠠᠢ ᠶᠠᠷᠢᠯᠴᠠᠭᠠᠨ ᠬᠣᠯᠢᠮᠠᠭᠲᠠᠢ ᠤᠨ ᠬᠣᠭᠣᠯᠠ
ᠠᠯᠪᠠᠨ ᠤ ᠬᠣᠷᠢᠭᠯᠠᠨ᠎ᠠ ᠄
ᠪᠠᠢᠭ᠎ᠠ ᠵᠢ ᠬᠣᠷᠢᠭᠯᠠᠨ · ᠬᠣᠯᠢᠮᠠᠭᠲᠠᠢ ᠤᠨ ᠬᠣᠭᠣᠯᠠ ᠶᠢ ᠠᠯᠢᠪᠠ ᠬᠣᠷᠢᠭᠯᠠᠬᠤ ᠠᠯᠪᠠᠨ ᠠᠵᠢᠯᠯᠠᠭᠤᠯᠬᠤ ᠳᠤ ᠠᠯᠪᠠᠨ ᠠᠯᠪᠠᠳᠠᠨ ᠠᠯᠪᠠᠳᠠᠨ ᠬᠣᠪᠢᠷᠠᠭᠤᠯᠬᠤ
ᠠᠯᠪᠠ ᠬᠣᠪᠢᠷᠠᠭ ᠵᠢ ᠬᠠᠮᠤᠭ ᠪᠠ ᠬᠣᠭᠣᠯᠠ ᠠᠯᠪᠠᠳᠠᠨ ᠪᠠᠢᠭ᠎ᠠ · ᠠᠯᠢᠪᠠ ᠬᠣᠷᠢᠭᠯᠠᠬᠤ ᠠᠯᠪᠠᠨ ᠠᠵᠢᠯᠯᠠᠭᠤᠯᠬᠤ ᠶᠠᠮᠠᠷ ᠬᠣᠯᠢᠮᠠᠭᠲᠠᠢ ᠤᠨ ᠬᠣᠭᠣᠯᠠ ᠶᠢ ᠪᠠᠢᠭ᠎ᠠ

[ᠵᠢᠱᠢᠶ᠎ᠡ]

[illegible]

[illegible]

[illegible]

[illegible]

[illegible]

[illegible]

[illegible]

[illegible]

[illegible]

[illegible]

[illegible]

[illegible]

[illegible]

[illegible]

[illegible]

[illegible]

第七十七条【保健食品注册和备案的材料】依法应当注册的保健食品，注册时应当提交保健食品的研发报告、产品配方、生产工艺、安全性和保健功能评价、标签、说明书等材料及样品，并提供相关证明文件。国务院食品药品监督管理部门经组织技术审评，对符合安全和功能声称要求的，准予注册；对不符合要求的，不予注册并书面说明理由。对使用保健食品原料目录以外原料的保健食品作出准予注册决定的，应当及时将该原料纳入保健食品原料目录。

依法应当备案的保健食品，备案时应当提交产品配方、生产工艺、标签、说明书以及表明产品安全性和保健功能的材料。

●**条文解读**

本条是新法增加的规定，明确了保健食品注册与备案应当提交的材料和食品药品监督管理部门实施注册的程序。

一、保健食品注册应当提交的材料

依法应当注册的保健食品，注册时应当提交保健食品的研发报告、产品配方、生产工艺、安全性和保健功能评价、标签、说明书等材料及样品，并提供相关证明文件。研发报告是指反映产品整个研发过程和成果的报告。产品配方是指产品生产时使用，并存在于最终产品中的原料、辅料的品种及用量。生产工艺，根据产品的原料、剂型、工艺的不同，可有所不同，但一般均包含如下过程或其中部分道程：原料投料、前处理、提取、精制、浓缩、干燥、制剂成型、灭菌或消毒、包装、检验、入库等。安全性和保健功能评价材料是指关于保健食品的安全性和是否具有保健功能的材料。样品是指申请人根据申请材料组织试制的产品。

国务院食品药品监督管理部门经组织技术审评，对符合安全和功能声称要求的，准予注册；对不符合要求的，不予注册并书面说明理由。对使用保健食品原料目录以外原料的保健食品作出准予注册决定的，应当及时将该原料纳入保健食品原料目录。对纳入保健食品原料目录的原料（及用量和对应的功效），其他企业用相同原料（及用量和对应的功效）再次生产保健食品时，只需要进行备案，不需要再申请注册。

二、保健食品备案应当提交的材料

实行备案管理的保健食品也应当提交相关材料，以备食品药品监督管理部门实行事后的监督检查。根据本条规定，备案时提交的材料包括产品配方、生产工艺、标签、说明书以及表明产品安全性和保健功能的材料。食品药品监督管理部门发现备案的保健食品不符合本法规定的，应当依法采取相应的处理措施。

[illegible]
[illegible]

[ᠲᠠᠶᠢᠯᠪᠤᠷᠢ]

[illegible]
[illegible]
[illegible]
[illegible]
[illegible]
[illegible]
[illegible]
[illegible]
[illegible]
[illegible]
[illegible]
[illegible]
[illegible]

[illegible]

第七十八条【保健食品标签和说明书】 保健食品的标签、说明书不得涉及疾病预防、治

ᠡᠮᠨᠡᠨ ᠵᠠᠰᠠᠬᠤ ᠴᠢᠳᠠᠮᠵᠢ ᠶᠢ ᠬᠠᠮᠤᠷᠤᠭᠤᠯᠵᠤ ᠪᠣᠯᠬᠤ ᠦᠭᠡᠢ ::
ᠪᠠᠭᠲᠠᠭᠠᠬᠤ :: ᠠᠭᠤᠯᠭ᠎ᠠ ᠨᠢ ᠦᠨᠡᠨ ᠪᠣᠳᠠᠲᠤ ᠪᠠᠶᠢᠬᠤ ᠶᠣᠰᠣᠲᠠᠢ᠂ ᠪᠦᠷᠢᠳᠬᠡᠭᠦᠯᠬᠦ ᠪᠤᠶᠤ ᠪᠡᠯᠡᠳᠬᠡᠯ ᠳᠦ
ᠪᠦᠷᠢᠳᠬᠡᠭᠦᠯᠦᠭᠰᠡᠨ ᠠᠭᠤᠯᠭ᠎ᠠ ᠲᠠᠢ ᠨᠢᠶᠢᠴᠡᠯᠳᠡᠬᠦ᠂ ᠲᠣᠬᠢᠷᠠᠬᠤ ᠬᠦᠮᠦᠨ ᠲᠣᠬᠢᠷᠠᠬᠤ ᠦᠭᠡᠢ ᠬᠦᠮᠦᠨ᠂
ᠬᠠᠮᠠᠭᠠᠯᠠᠬᠤ ᠢᠳᠡᠭᠡᠨ ᠦ ᠤᠳᠬ᠎ᠠ ᠨᠡᠢᠯᠡᠭᠦᠯᠦᠭᠴᠢ ᠪᠤᠶᠤ ᠲᠡᠮᠳᠡᠭ ᠴᠢᠨᠠᠷ ᠲᠠᠢ ᠨᠡᠢᠯᠡᠭᠦᠯᠦᠭᠴᠢ ᠪᠠ ᠲᠡᠭᠦᠨ ᠦ ᠠᠭᠤᠯᠭ᠎ᠠ ᠵᠡᠷᠭᠡ ᠶᠢ
ᠲᠣᠳᠤᠷᠬᠠᠢ ᠲᠡᠮᠳᠡᠭᠯᠡᠬᠦ᠂ ᠮᠦᠨ 「ᠡᠨᠡᠬᠦ ᠪᠦᠲᠦᠭᠡᠭᠳᠡᠬᠦᠨ ᠢ ᠡᠮ ᠢ ᠣᠷᠣᠯᠠᠭᠤᠯᠵᠤ ᠪᠣᠯᠬᠤ ᠦᠭᠡᠢ」 ᠭᠡᠵᠦ ᠮᠡᠳᠡᠭᠳᠡᠬᠦ ᠶᠣᠰᠣᠲᠠᠢ ::
ᠡᠷᠡᠭᠦᠯ ᠮᠡᠨᠳᠦ ᠶᠢ ᠬᠠᠮᠠᠭᠠᠯᠠᠬᠤ ᠢᠳᠡᠭᠡᠨ ᠦ ᠴᠢᠳᠠᠮᠵᠢ ᠪᠠ ᠨᠡᠢᠯᠡᠭᠦᠯᠦᠭᠴᠢ ᠨᠢ ᠱᠣᠰᠢᠭ᠎ᠠ᠂ ᠲᠠᠢᠯᠪᠤᠷᠢ ᠪᠢᠴᠢᠭ ᠲᠠᠢ
ᠨᠢᠶᠢᠴᠡᠯᠳᠡᠬᠦ ᠶᠣᠰᠣᠲᠠᠢ ::

ᠵᠢᠷᠤᠮ ᠤᠨ ᠲᠠᠢᠯᠪᠤᠷᠢ᠄ ᠡᠨᠡ ᠵᠦᠢᠯ ᠪᠣᠯ ᠡᠷᠡᠭᠦᠯ ᠮᠡᠨᠳᠦ ᠶᠢ ᠬᠠᠮᠠᠭᠠᠯᠠᠬᠤ ᠢᠳᠡᠭᠡᠨ ᠦ ᠱᠣᠰᠢᠭ᠎ᠠ ᠪᠠ ᠲᠠᠢᠯᠪᠤᠷᠢ ᠪᠢᠴᠢᠭ ᠦᠨ ᠲᠤᠬᠠᠢ ᠵᠢᠷᠤᠮ ᠢ ᠲᠣᠭᠲᠠᠭᠠᠭᠰᠠᠨ ᠪᠣᠯᠤᠨ᠎ᠠ ::
ᠡᠷᠡᠭᠦᠯ ᠮᠡᠨᠳᠦ ᠶᠢ ᠬᠠᠮᠠᠭᠠᠯᠠᠬᠤ ᠢᠳᠡᠭᠡᠨ ᠦ ᠱᠣᠰᠢᠭ᠎ᠠ ᠪᠠ ᠲᠠᠢᠯᠪᠤᠷᠢ ᠪᠢᠴᠢᠭ ᠨᠢ ᠡᠪᠡᠳᠴᠢᠨ ᠢ ᠰᠡᠷᠭᠡᠢᠯᠡᠬᠦ᠂ ᠡᠮᠨᠡᠨ ᠵᠠᠰᠠᠬᠤ ᠴᠢᠳᠠᠮᠵᠢ ᠶᠢ ᠬᠠᠮᠤᠷᠤᠭᠤᠯᠵᠤ ᠪᠣᠯᠬᠤ ᠦᠭᠡᠢ ::
ᠡᠷᠡᠭᠦᠯ ᠮᠡᠨᠳᠦ ᠶᠢ ᠬᠠᠮᠠᠭᠠᠯᠠᠬᠤ ᠢᠳᠡᠭᠡᠨ ᠦ ᠱᠣᠰᠢᠭ᠎ᠠ᠂ ᠲᠠᠢᠯᠪᠤᠷᠢ ᠪᠢᠴᠢᠭ ᠦᠨ ᠠᠭᠤᠯᠭ᠎ᠠ ᠨᠢ ᠦᠨᠡᠨ ᠪᠣᠳᠠᠲᠤ ᠪᠠᠶᠢᠬᠤ ᠶᠣᠰᠣᠲᠠᠢ᠂ ᠪᠦᠷᠢᠳᠬᠡᠭᠦᠯᠬᠦ ᠪᠤᠶᠤ ᠪᠡᠯᠡᠳᠬᠡᠯ ᠳᠦ
ᠪᠦᠷᠢᠳᠬᠡᠭᠦᠯᠦᠭᠰᠡᠨ ᠠᠭᠤᠯᠭ᠎ᠠ ᠲᠠᠢ ᠨᠢᠶᠢᠴᠡᠯᠳᠡᠬᠦ ᠶᠣᠰᠣᠲᠠᠢ ::

疗功能，内容应当真实，与注册或者备案的内容相一致，载明适宜人群、不适宜人群、功效成分或者标志性成分及其含量等，并声明『本品不能代替药物』。保健食晶的功能和成分应当与标签、说明书相一致。

●条文解读

本条对原法第51条有关保健食品标签、说明书的规定作了修改，增加了声明『本品不能代替药物』『与注册或者备案的内容相一致』的要求。

1. 保健食品的标签、说明书不得涉及疾病预防、治疗功能，并声明『本品不能代替药物』。疾病预防、治疗功能是药品才具备的功能，非药品不得在其标签、说明书上进行含有预防、治疗人体疾病等有关内容的宣传。因此，保健食品不得用『治疗』『治愈』『疗效』『痊愈』『医治』等词汇描述和介绍产品的保健作用，也不得以图形、符号或其他形式暗示疾病预防、治疗功能。为防止保健食品生产经营过程中的误导性宣传，避免消费者过度依赖保健食品，耽误必要的药物治疗，本次修订增加规定，保健食品标签、说明书应当声明『本品不能代替药物』。

2. 保健食品标签、说明书应当真实。保健食品标签、说明书是消费者科学选购、合理食用保健食品的重要依据，其内容应当真实，准确反映产品信息，做到『两个一致』，即保健食品标签、说明书与注册或者备案的内容相一致，保健食品的功能和成分与标签、说明书相一致。标签、说明书标示的产品名称、主要原（辅）料、功效成分或者标志性成分及含量、保健功能、适宜人群、不适宜人群、食用量与食用方法、规格、保质期、贮藏方法、批准文号和注意事项等内容应当与产品的真实状况相符。保健食品功能和成分的真实情况与保健食品标签、说明书所载明的内容不一致的，不得上市销售。不得以虚假、夸张或欺骗性的文字、图形、符号描述或暗示保健功能。生产者如果故意在保健食品的标签、说明书上标注虚假信息，则构成欺诈，应依法承担相应的法律责任。保健食品注册或者备案时，标签和说明书是要求提交的重要申请材料之一。保健食品的标签、说明书应与注册或者备案的内容相一致，不得随意变更。

3. 保健食品的标签、说明书应当载明适宜人群、不适宜人群、功效成分或者标志性成分及其含量等。保健食品的适宜人群和不适宜人群是指为保证食用安全，根据保健功能的不同而在保健食品的标签、说明书中载明的适宜食用和不适宜食用该保健食品的人群。例如，抗氧化类保健食品的适宜人群是中老年人，不适宜人群是少年儿童。适宜人群的分类与表示应明确。保健食品的功效成分或者标志性成分是指保健食品中发挥特定保健作用的有效成分，包括功能性蛋白质、多肽和氨基酸，膳食纤维、低聚糖、活性多糖等功能性碳水化合物，功能性脂类，维生素，矿物质元素，乳酸菌类、双歧杆菌等微生态调节剂，酚类化合物、有机硫化合物、食物天然色素等功能性植物化学物质等。保健食品的功效成分或者标志性成分直接及其含量必须在标签、说明书中载明。

关系到保健食品是否能够发挥相应的保健功能。因此，保健食品的功效成分或者标志性成分

[illegible]

2. [illegible]

[illegible]

3. [illegible]

[illegible]

外，还应当声明『本品不能代替药物』；其内容应当经生产企业所在地省、自治区、直辖市人

第七十九条【保健食品广告】 保健食品广告除应当符合本法第七十三条第一款的规定

民政府食品药品监督管理部门审查批准，取得保健食品广告批准文件。省、自治区、直辖市人民政府食品药品监督管理部门应当公布并及时更新已经批准的保健食品广告目录以及批准的广告内容。

●条文解读

本条是新法增加的规定，明确了保健食品广告的管理要求。

一、保健食品广告的基本要求

保健食品广告首先是食品广告，应当符合本法第73条第1款关于食品广告的规定，即食品广告的内容应当真实合法，不得含有虚假内容，不得涉及疾病预防、治疗功能。保健食品广告涉及注册或者备案内容的，应当与注册或者备案的内容一致，不能进行虚假、夸大宣传。食品生产经营者对食品广告内容的真实性、合法性负责。

二、声明『本品不能代替药物』

为防止保健食品生产经营过程中的误导性宣传，避免消费者过度依赖保健食品，耽误必要的药物治疗，与第78条中对标签、说明书的要求一致，本条规定在保健食品广告中必须声明『本品不能代替药物』。

三、保健食品广告审查制度依法

保健食品广告的内容应当经生产企业所在地省、自治区、直辖市人民政府食品药品监督管理部门审查批准，取得保健食品广告批准文件。未经审查，不得发布保健食品广告。为便于社会监督，省、自治区、直辖市人民政府食品药品监督管理部门应当公布并及时更新已经批准的保健食品广告目录以及批准的广告内容。

新修订的广告法对保健食品广告作出了专门规定，明确保健食品广告不得含有下列内容：（1）表示功效、安全性的所言或者保证；（2）涉及疾病预防、治疗功能；（3）声称或者暗示广告商品为保障健康所必需；（4）与药品、其他保健食品进行比较；（5）利用广告代言人作推荐、证明；（6）法律、行政法规规定禁止的其他内容。广播电台、电视台、报刊音像出版单位、互联网信息服务提供者不得以介绍健康、养生知识等形式变相发布保健食品广告。保健食品的广告，除遵守本法规定外，还应当遵守广告法的上述规定。

[illegible] ::

[ᠲᠠᠢᠯᠪᠤᠷᠢ]

[illegible]

[illegible] (1) [illegible] (2) [illegible] 78 [illegible]

(3) [illegible]

[illegible] (4) [illegible] (5) [illegible]

[illegible] (6) [illegible]

[illegible]

[illegible]

[illegible]

[illegible]

第八十条【特殊医学用途配方食品】 特殊医学用途配方食品应当经国务院食品药品监督管理部门注册。注册时，应当提交产品配方、生产工艺、标签、说明书以及表明产品安全性、营养充足性和特殊医学用途临床效果的材料。

特殊医学用途配方食品广告适用《中华人民共和国广告法》和其他法律、行政法规关于药品广告管理的规定。

●条文解读

本条为新法增加的规定。

一、特殊医学用途配方食品概况

特殊医学用途配方食品是指为了满足进食受限、消化吸收障碍、代谢紊乱或特定疾病状态人群对营养素或膳食的特殊需要，专门加工配制而成的配方食品。该类产品必须在医生或临床营养师指导下，单独食用或与其他食品配合食用。

特殊医学用途配方食品是食品，而不是药品，但不是正常人吃的普通食品，而是经过临床医生和营养学家们大量的医学科学研究，以科学的客观事实为依据专门研制、生产的配方食品。其中，适用于0—12月龄的婴儿的特殊医学用途配方食品称为『特殊医学用途婴儿配方食品』，是针对患有特殊紊乱、疾病或医疗状况等特殊医学状况婴儿的营养需求而设计制成的粉状或液态配方食品。

特殊医学用途配方食品分为全营养配方食品、特定全营养配方食品和非全营养配方食品。全营养配方食品指可作为单一营养来源满足目标人群营养需求的特殊医学用途配方食品。特定全营养配方食品指可作为单一营养来源能够满足目标人群在特定疾病或医学状况下营养需求的特殊医学用途配方食品。常见特定全营养配方食品有：糖尿病全营养配方食品、呼吸系统疾病全营养配方食品、肾病全营养配方食品、肿瘤全营养配方食品、肝病全营养配方食品、肌肉衰减综合征全营养配方食品、炎性肠病全营养配方食品、食物蛋白过敏全营养配方食品、难治性癫痫全营养配方食品、胃肠道吸收障碍、胰腺炎全营养配方食品、脂肪酸代谢异常全营养配方食品等。非全营养配方食品指可满足目标人群部分营养需求的特殊医学用途配方食品，不适用于作为单一营养来源。特殊医学用途配方食品采用的是标准化的科为保障特定疾病状态人群的膳食安全，新法增加了特殊医学用途配方食品实行注册的规定。特殊医学用途配方食品的生产条件应符合国家有关规定。要经过科学证实。特殊医学用途配方食品的生产条件应符合国家有关规定。

食品的配方应以医学和（或）营养学的研究结果为依据，其安全性及临床应用（效果）均需规定。按照《特殊医学用途配方食品通则》（GB29922—2013）的规定，特殊医学用途配方用途配方食品的定义、类别、营养要求、技术要求、标签标识要求和生产规范等进行了明确殊医学用途配方食品良好生产规范》（GB 29923—2013）等食品安全国家标准，对特殊医学配方食品通则》（GB 25596—2010）、《特殊医学用途配方食品通则》（GB 29922—2013）、《特文号，主要为进口产品。2010 和 2013 年，国家卫生计生委先后公布了《特殊医学用途婴儿药品监督管理局药品注册后上市销售。截至目前，我国批准肠内营养制剂约 70 个药品批准要，特殊医学用途配方食品以肠内营养制剂形式进入中国，按照药品进行监管，经国家食品

由于特殊医学用途配方食品食用人群的特殊性和敏感性，上世纪 80 年代末，基于临床需

二、特殊医学用途配方食品的注册

使用方便，风险小，很少发生并发症。

性，经过肠道进行消化和吸收，可以在更大程度上保留患者自身的消化吸收功能。同时操作方食品由于其专门的科学配方，营养成分全面均衡，容易消化吸收，具有良好的患者适应学、均衡、全面的营养配方，可以方便地长期或短期满足患者的营养需求。特殊医学用途配

定。根据本条规定，特殊医学用途配方食品应当经国务院食品药品监督管理部门注册。注册时，应当提交产品配方、生产工艺、标签、说明书以及表明产品安全性、营养充足性和特殊医学用途临床效果的材料。

三、特殊医学用途配方食品的广告

鉴于特殊医学用途配方食品是为特殊病人提供的，应当在医生或临床营养师指导下使用，本法规定，特殊医学用途配方食品广告适用广告法和其他法律、行政法规关于药品广告管理的规定。例如，广告法规定，药品广告不得含有下列内容：（1）表示功效、安全性的断言或者保证；（2）说明治愈率或者有效率；（3）与其他药品、医疗器械的功效和安全性或者其他医疗机构比较；（4）利用广告代言人作推荐、证明；（5）法律、行政法规规定禁止的其他内容。药品广告的内容不得与国务院药品监督管理部门批准的说明书不一致，并应当显著标明禁忌、不良反应。发布药品广告，应当在发布前由广告审查机关对广告内容进行审查；未经审查，不得发布。

ᠬᠣᠷᠢᠭᠯᠠᠯ ᠤᠨ ᠬᠡᠷᠡᠭ ᠪᠡᠷ ᠲᠣᠭᠲᠠᠭᠠᠯ ᠬᠢᠭᠰᠡᠨ ᠤᠨ ᠬᠡᠷᠡᠭ ᠢ ᠬᠠᠷᠢᠶᠠᠯᠠᠬᠤ ᠡᠷᠬᠡ ᠲᠠᠢ ᠪᠠᠢᠭᠤᠯᠤᠯᠭ᠎ᠠ ᠪᠣᠯᠤᠨ᠎ᠠ᠂ ᠪᠣᠯᠤᠨ᠎ᠠ ᠬᠠᠮᠢᠶᠠᠷᠤᠨ ᠪᠡᠷ ᠰᠢᠯᠭᠠᠨ ᠪᠠᠢᠴᠠᠭᠠᠬᠤ ᠳᠤ ᠬᠡᠷᠡᠭ ᠢ ᠬᠠᠷᠢᠶᠠᠯᠠᠬᠤ ᠡᠷᠬᠡ ᠲᠠᠢ ᠪᠠᠢᠭᠤᠯᠤᠯᠭ᠎ᠠ ᠪᠣᠯᠤᠨ᠎ᠠ᠂ ᠪᠠᠢᠴᠠᠭᠠᠬᠤ ᠳᠤ ᠬᠡᠷᠡᠭ ᠦᠨ ᠲᠥᠷᠥᠯ ᠳᠤ ᠬᠡᠷᠡᠭ ᠢ ᠬᠠᠷᠢᠶᠠᠯᠠᠬᠤ ᠡᠷᠬᠡ ᠲᠠᠢ ᠪᠠᠢᠭᠤᠯᠤᠯᠭ᠎ᠠ ᠪᠣᠯᠤᠨ᠎ᠠ᠂ ᠰᠢᠪᠠᠭᠤᠨ ᠬᠡᠯᠲᠡᠰ ᠦᠨ ᠬᠡᠷᠡᠭ ᠢ ᠬᠠᠷᠢᠶᠠᠯᠠᠬᠤ ᠡᠷᠬᠡ ᠲᠠᠢ ᠪᠠᠢᠭᠤᠯᠤᠯᠭ᠎ᠠ ᠪᠣᠯᠤᠨ᠎ᠠ᠂ ᠬᠡᠷᠡᠭ ᠦᠨ ᠬᠡᠯᠲᠡᠰ ᠦᠨ ᠬᠡᠷᠡᠭ ᠢ ᠬᠠᠷᠢᠶᠠᠯᠠᠬᠤ ᠡᠷᠬᠡ ᠲᠠᠢ ᠪᠠᠢᠭᠤᠯᠤᠯᠭ᠎ᠠ ᠪᠣᠯᠤᠨ᠎ᠠ᠂ ᠪᠠᠢᠴᠠᠭᠠᠨ ᠪᠦᠲᠦᠭᠡᠬᠦ ᠳᠦ ᠬᠡᠯᠲᠡᠰ ᠦᠨ ᠬᠡᠷᠡᠭ ᠢ ᠬᠠᠷᠢᠶᠠᠯᠠᠬᠤ ᠡᠷᠬᠡ ᠲᠠᠢ ᠪᠠᠢᠭᠤᠯᠤᠯᠭ᠎ᠠ ᠪᠣᠯᠤᠨ᠎ᠠ᠂ ᠪᠠᠢᠴᠠᠭᠠᠬᠤ ᠬᠡᠷᠡᠭ ᠢ ᠬᠠᠷᠢᠶᠠᠯᠠᠬᠤ ᠡᠷᠬᠡ ᠲᠠᠢ ᠪᠠᠢᠭᠤᠯᠤᠯᠭ᠎ᠠ ᠪᠣᠯᠤᠨ᠎ᠠ ᠭᠡᠵᠦ᠄ ᠬᠡᠷᠡᠭ ᠬᠡᠷᠡᠭᠰᠡᠨ ᠬᠡᠯᠲᠡᠰ ᠦᠨ ᠬᠡᠷᠡᠭ ᠢ ᠬᠠᠷᠢᠶᠠᠯᠠᠬᠤ ᠡᠷᠬᠡ ᠲᠠᠢ ᠪᠠᠢᠭᠤᠯᠤᠯᠭ᠎ᠠ ᠪᠣᠯᠤᠨ᠎ᠠ ᠭᠡᠵᠡᠢ᠃ ᠬᠠᠷᠢᠶᠠᠯᠠᠬᠤ ᠪᠠᠢᠴᠠᠭᠠᠨ ᠬᠠᠷᠢᠭᠤᠴᠠᠬᠤ ᠡᠷᠬᠡ ᠲᠠᠢ ᠪᠠᠢᠭᠤᠯᠤᠯᠭ᠎ᠠ ᠪᠣᠯᠤᠨ᠎ᠠ ᠭᠡᠵᠡᠢ᠃

[illegible]

ᠬᠡᠷᠡᠭᠵᠢᠪᠡ ᠭᠡᠵᠡᠢ ᠄
ᠡᠮᠨᠡᠯᠭᠡ ᠶᠢᠨ ᠵᠣᠷᠢᠯᠭ᠎ᠠ ᠲᠠᠢ ᠬᠣᠭᠤᠯᠠ ᠶᠢᠨ ᠦᠢᠯᠡᠳᠪᠦᠷᠢᠯᠡᠯᠲᠡ ᠳᠦ ᠬᠢᠨᠠᠨ ᠬᠠᠮᠢᠶᠠᠷᠬᠤ ᠶᠢ ᠴᠢᠩᠭᠠᠳᠬᠠᠬᠤ ᠨᠢ ᠪᠣᠯ ᠬᠦᠮᠦᠨ ᠠᠷᠠᠳ ᠤᠨ ᠪᠡᠶ᠎ᠡ ᠶᠢᠨ ᠡᠷᠡᠬᠦᠯ ᠮᠡᠨᠳᠦ ᠶᠢ ᠬᠠᠮᠠᠭᠠᠯᠠᠬᠤ ᠶᠢᠨ ᠲᠤᠯᠠ ᠬᠡᠷᠡᠭᠲᠡᠢ ᠪᠣᠯᠤᠨ᠎ᠠ ᠄ ᠡᠮᠨᠡᠯᠭᠡ ᠶᠢᠨ ᠵᠣᠷᠢᠯᠭ᠎ᠠ ᠲᠠᠢ ᠬᠣᠭᠤᠯᠠ ᠪᠣᠯ ᠡᠮ ᠪᠢᠰᠢ ᠂ ᠡᠮᠨᠡᠯᠭᠡ ᠶᠢᠨ ᠬᠦᠮᠦᠨ ᠦ ᠵᠢᠭᠠᠯᠲᠠ ᠶᠢᠨ ᠳᠣᠣᠷ᠎ᠠ ᠬᠡᠷᠡᠭᠯᠡᠬᠦ ᠬᠡᠷᠡᠭᠲᠡᠢ ᠄ ᠪᠠᠰᠠ ᠡᠮᠨᠡᠯᠭᠡ ᠶᠢᠨ ᠵᠣᠷᠢᠯᠭ᠎ᠠ ᠲᠠᠢ ᠬᠣᠭᠤᠯᠠ ᠶᠢᠨ ᠨᠡᠶᠢᠲᠡ ᠶᠢᠨ ᠵᠢᠷᠤᠮ (GB29922 — 2013) ᠳᠤ ᠨᠡᠶᠢᠴᠡᠭᠦᠯᠦᠨ ᠪᠣᠯᠭᠠᠬᠤ ᠬᠡᠷᠡᠭᠲᠡᠢ ᠄ 《ᠡᠮᠨᠡᠯᠭᠡ ᠶᠢᠨ ᠵᠣᠷᠢᠯᠭ᠎ᠠ ᠲᠠᠢ ᠬᠣᠭᠤᠯᠠ ᠶᠢᠨ ᠨᠡᠶᠢᠲᠡ ᠶᠢᠨ ᠵᠢᠷᠤᠮ》 ᠳᠤ ᠪᠠᠷ ᠂ ᠡᠨᠡ ᠲᠥᠷᠥᠯ ᠦᠨ ᠬᠣᠭᠤᠯᠠ ᠶᠢᠨ ᠲᠣᠳᠣᠷᠬᠠᠢᠯᠠᠯᠲᠠ ᠂ ᠠᠩᠭᠢᠯᠠᠯ ᠤᠨ ᠲᠣᠳᠣᠷᠬᠠᠢᠯᠠᠯᠲᠠ ᠂ ᠡᠮᠨᠡᠯᠭᠡ ᠶᠢᠨ ᠵᠣᠷᠢᠯᠭ᠎ᠠ ᠲᠠᠢ ᠬᠣᠭᠤᠯᠠ ᠶᠢᠨ ᠬᠠᠮᠢᠶᠠᠷᠤᠯᠲᠠ ᠶᠢᠨ ᠰᠢᠯᠭᠠᠨ ᠪᠠᠢᠴᠠᠭᠠᠯᠲᠠ ᠂ ᠡᠮᠨᠡᠯᠭᠡ ᠶᠢᠨ ᠵᠣᠷᠢᠯᠭ᠎ᠠ ᠲᠠᠢ ᠬᠣᠭᠤᠯᠠ ᠶᠢᠨ ᠦᠢᠯᠡᠳᠪᠦᠷᠢᠯᠡᠯ ᠦᠨ ᠰᠠᠢᠨ ᠵᠢᠷᠤᠮ ᠤᠨ ᠦᠯᠢᠭᠡᠷ》 (GB29923 — 2013) ᠵᠡᠷᠭᠡ ᠬᠣᠭᠤᠯᠠ ᠶᠢᠨ ᠠᠶᠤᠯᠭᠦᠢ ᠶᠢᠨ ᠦᠨᠳᠦᠰᠦᠨ ᠨᠡᠶᠢᠲᠡ ᠶᠢᠨ ᠵᠢᠷᠤᠮ》 (GB29922 — 2013) ᠂ 《ᠡᠮᠨᠡᠯᠭᠡ ᠶᠢᠨ ᠵᠣᠷᠢᠯᠭ᠎ᠠ ᠲᠠᠢ ᠨᠢᠯᠠᠭ᠎ᠠ ᠬᠡᠦᠬᠡᠳ ᠦᠨ ᠲᠤᠰᠬᠠᠢ ᠬᠣᠭᠤᠯᠠ ᠶᠢᠨ ᠨᠡᠶᠢᠲᠡ ᠶᠢᠨ ᠵᠢᠷᠤᠮ》 (GB25596 — 2010) ᠂ 《ᠡᠮᠨᠡᠯᠭᠡ ᠶᠢᠨ ᠵᠣᠷᠢᠯᠭ᠎ᠠ ᠲᠠᠢ ᠬᠣᠭᠤᠯᠠ ᠶᠢᠨ ᠦᠢᠯᠡᠳᠪᠦᠷᠢᠯᠡᠯ ᠦᠨ ᠰᠠᠢᠨ ᠵᠢᠷᠤᠮ》 ᠢ ᠪᠠᠷᠢᠮᠲᠠᠯᠠᠪᠠ ᠄ 2010 ᠣᠨ ᠪᠠ 2013 ᠣᠨ ᠳᠤ ᠂ ᠡᠨᠡ ᠲᠥᠷᠥᠯ ᠦᠨ ᠬᠣᠭᠤᠯᠠ ᠶᠢᠨ ᠠᠶᠤᠯᠭᠦᠢ ᠶᠢᠨ ᠨᠡᠶᠢᠲᠡ ᠶᠢᠨ ᠵᠢᠷᠤᠮ ᠢ ᠨᠡᠶᠢᠲᠡᠯᠡᠪᠡ ᠄ ᠣᠳᠣ ᠶᠢᠨ ᠪᠠᠢᠳᠠᠯ ᠢᠶᠠᠷ ᠂ ᠳᠡᠯᠡᠬᠡᠢ ᠶᠢᠨ 70 ᠭᠠᠷᠤᠢ ᠤᠯᠤᠰ ᠳᠤ ᠡᠮᠨᠡᠯᠭᠡ ᠶᠢᠨ ᠵᠣᠷᠢᠯᠭ᠎ᠠ ᠲᠠᠢ ᠬᠣᠭᠤᠯᠠ ᠶᠢ ᠬᠡᠷᠡᠭᠯᠡᠵᠦ ᠪᠠᠢᠨ᠎ᠠ ᠄ ᠡᠮᠨᠡᠯᠭᠡ ᠶᠢᠨ ᠵᠣᠷᠢᠯᠭ᠎ᠠ ᠲᠠᠢ ᠬᠣᠭᠤᠯᠠ ᠶᠢᠨ ᠬᠡᠷᠡᠭᠯᠡᠭᠡ ᠶᠢᠨ ᠪᠣᠳᠤᠯᠭ᠎ᠠ ᠪᠣᠯ ᠂ ᠡᠮᠨᠡᠯᠭᠡ ᠶᠢᠨ ᠬᠦᠮᠦᠨ ᠦ ᠵᠢᠭᠠᠯᠲᠠ ᠶᠢᠨ ᠳᠣᠣᠷ᠎ᠠ ᠬᠡᠷᠡᠭᠯᠡᠬᠦ ᠳᠤ ᠣᠷᠤᠰᠢᠬᠤ ᠪᠣᠯᠤᠨ᠎ᠠ

配方乳粉。

不得以分装方式生产婴幼儿配方乳粉，同一企业不得用同一配方生产不同品牌的婴幼儿配方乳粉。

婴幼儿配方乳粉的产品配方应当经国务院食品药品监督管理部门注册。注册时，应当提交配方研发报告和其他表明配方科学性、安全性的材料。

婴幼儿配方食品生产企业应当将食品原料、食品添加剂、产品配方及标签等事项向省、自治区、直辖市人民政府食品药品监督管理部门备案。

生产婴幼儿配方食品使用的生鲜乳、辅料等食品原料、食品添加剂等，应当符合法律、行政法规的规定和食品安全国家标准，保证婴幼儿生长发育所需的营养成分。

第八十一条【婴幼儿配方食品】婴幼儿配方食品生产企业应当实施从原料进厂到成品出厂的全过程质量控制，对出厂的婴幼儿配方食品实施逐批检验，保证食品安全。

●条文解读

一、婴幼儿配方食品概况

婴幼儿配方食品包括婴儿配方食品、较大婴儿和幼儿配方食品。婴儿配方食品包括乳基婴儿配方食品和豆基婴儿配方食品。乳基婴儿配方食品，是指以乳类及乳蛋白制品为主要原料，加入适量的维生素、矿物质和（或）其他成分，仅用物理方法生产加工制成的液态或粉状产品。适于正常婴儿食用，其能量和营养成分能够满足0—6月龄婴儿的正常营养需要。豆基婴儿配方食品，是指以大豆及大豆蛋白制品为主要原料，加入适量的维生素、矿物质和（或）其他成分，仅用物理方法生产加工制成的液态或粉状产品。适于正常婴儿食用，其能量和营养成分能够满足0—6月龄婴儿的正常营养需要。较大婴儿（6—12月龄）和幼儿（12—36月龄）配方食品以乳类及乳蛋白制品和（或）大豆及大豆蛋白制品为主要原料，加入适量的维生素、矿物质和（或）其他辅料，仅用物理方法生产加工制成的液态或粉状产品，适用于较大婴儿和幼儿食用，其营养成分能满足正常较大婴儿和幼儿的部分营养需要。婴幼儿配方乳粉是一种重要的婴幼儿配方食品。

二、生产过程控制

国家为保证婴幼儿配方食品的安全，制定了一系列食品安全国家标准，例如《婴儿配方食品》（GB 10765—2010）、《较大婴儿和幼儿配方食品》（GB 10767—2010）、《粉状婴幼

国务院提请审议的食品安全法修订草案规定，不得以委托、贴牌、分装方式生产婴幼儿配

四、对婴幼儿配方乳粉生产方式的规定

当提交配方研发报告和其他表明配方科学性、安全性的材料。

以外，婴幼儿配方乳粉的产品配方还应当经国务院食品药品监督管理部门注册。注册时，应

原料、食品添加剂、标签等事项向省、自治区、直辖市人民政府食品药品监督管理部门备案

根据本条第4款的规定，对婴幼儿配方乳粉生产企业而言，除依照第3款的规定，将食品

行监管责任。

备案，通过备案，便于省级食品药品监督管理部门通过核查有关备案材料进行事后监管，履

食品添加剂、产品配方及标签等事项向省、自治区、直辖市人民政府食品药品监督管理部门

本条第3款规定了婴幼儿配方食品的备案。婴幼儿配方食品生产企业应当将食品原料、

三、备案或者注册管理

配方食品逐批抽取样品实施检验，检验合格后方可出厂，确保婴幼儿配方食品的安全。

食品安全国家标准的要求，实施从原料进厂到成品出厂的全过程质量控制，对出厂的婴幼儿

婴幼儿生长发育所需的营养成分。婴幼儿配方食品生产企业应当严格按照法律、行政法规和

料等食品原料、食品添加剂等，应当符合法律、行政法规的规定和食品安全国家标准，保证

儿配方食品良好生产规范》（GB 23790—2010）等。生产婴幼儿配方食品使用的生鲜乳、辅

方乳粉，不得用同一配方生产不同品牌的婴幼儿配方乳粉。有的全国人大代表、商务部、工业和信息化部、社会公众和一些外国在华商会（一些国家驻华使馆、政府部门也对此表示关注）提出，委托、贴牌方式是国际上通行的生产方式，在法律中一律禁止，不符合市场经济规律，特别是如果禁止在国外采取委托、贴牌等方式生产的婴幼儿配方乳粉进口到我国，既不可行，生产企业也很容易通过合资、合作生产等方式予以规避。建议对此不作规定。立法机关采纳了这一意见，删去了不得以委托、贴牌方式生产婴幼儿配方乳粉的规定。

根据本条第5款的规定，企业不得以分装方式生产婴幼儿配方乳粉，同一企业不得用同一配方生产不同品牌的婴幼儿配方乳粉。禁止以进口大包装乳粉直接分装等分装方式生产婴幼儿配方乳粉，是为了避免在分装过程造成乳粉污染，影响乳粉安全。禁止同一企业用同一配方生产不同品牌的婴幼儿配方乳粉，是为了防止企业将同一配方改头换面后用另一品牌上市销售，欺骗消费者，解决我国婴幼儿配方乳粉配方过多过滥的问题。

ᠬᠡᠷᠡᠭᠯᠡᠭᠳᠡᠬᠦ ᠰᠦ ᠲᠠᠯᠬ᠎ᠠ ᠪᠠ ᠪᠤᠰᠤᠳ ᠨᠢᠯᠬ᠎ᠠ ᠬᠦᠦᠬᠡᠳ ᠦᠨ ᠵᠣᠷᠢᠯᠭ᠎ᠠ ᠲᠤ ᠲᠣᠬᠢᠷᠠᠭᠤᠯᠤᠭᠰᠠᠨ ᠬᠦᠨᠡᠰᠦ ᠪᠣᠯᠤᠨ᠎ᠠ᠃

ᠬᠠᠷᠢᠴᠠᠩᠭᠤᠢ ᠲᠣᠮᠣ ᠨᠢᠯᠬ᠎ᠠ ᠬᠦᠦᠬᠡᠳ ᠪᠣᠯᠤᠨ ᠪᠠᠭ᠎ᠠ ᠬᠦᠦᠬᠡᠳ ᠦᠨ ᠵᠣᠷᠢᠯᠭ᠎ᠠ ᠲᠤ ᠲᠣᠬᠢᠷᠠᠭᠤᠯᠤᠭᠰᠠᠨ ᠬᠦᠨᠡᠰᠦ ᠭᠡᠳᠡᠭ ᠨᠢ᠃ ᠬᠠᠷᠢᠴᠠᠩᠭᠤᠢ ᠲᠣᠮᠣ ᠨᠢᠯᠬ᠎ᠠ ᠬᠦᠦᠬᠡᠳ ᠪᠣᠯᠤᠨ ᠪᠠᠭ᠎ᠠ ᠬᠦᠦᠬᠡᠳ ᠲᠦ ᠲᠣᠬᠢᠷᠠᠬᠤ᠂ ᠰᠦᠨ ᠦ ᠵᠦᠢᠯ ᠪᠣᠯᠤᠨ ᠰᠦᠨ ᠦ ᠤᠤᠷᠠᠭ ᠤᠨ ᠪᠦᠲᠦᠭᠡᠭᠳᠡᠬᠦᠨ ᠢ ᠭᠣᠣᠯ ᠲᠡᠵᠢᠭᠡᠯ᠂ ᠲᠣᠬᠢᠷᠠᠮᠵᠢᠲᠠᠢ ᠬᠡᠮᠵᠢᠶ᠎ᠡ ᠶᠢᠨ ᠸᠢᠲ᠋ᠠᠮᠢᠨ᠂ ᠡᠷᠢᠳᠡᠰ ᠪᠣᠯᠤᠨ (ᠪᠤᠶᠤ) ᠪᠤᠰᠤᠳ ᠪᠦᠷᠢᠯᠳᠦᠭᠦᠨ ᠢ ᠨᠡᠮᠡᠵᠦ᠂ ᠵᠥᠪᠬᠡᠨ ᠹᠢᠽᠢᠺ ᠤᠨ ᠠᠷᠭ᠎ᠠ ᠪᠠᠷ ᠦᠢᠯᠡᠳᠪᠦᠷᠢᠯᠡᠨ ᠪᠣᠯᠪᠠᠰᠤᠷᠠᠭᠤᠯᠵᠤ ᠬᠢᠭᠰᠡᠨ ᠱᠢᠩᠭᠡᠨ ᠪᠤᠶᠤ ᠲᠣᠭᠤᠰᠤᠨ ᠪᠦᠲᠦᠭᠡᠭᠳᠡᠬᠦᠨ ᠪᠣᠯᠤᠨ᠎ᠠ᠃ ᠬᠠᠷᠢᠴᠠᠩᠭᠤᠢ ᠲᠣᠮᠣ ᠨᠢᠯᠬ᠎ᠠ ᠬᠦᠦᠬᠡᠳ (6—12 ᠰᠠᠷ᠎ᠠ ᠲᠠᠢ) ᠪᠣᠯᠤᠨ ᠪᠠᠭ᠎ᠠ ᠬᠦᠦᠬᠡᠳ (12—36 ᠰᠠᠷ᠎ᠠ ᠲᠠᠢ) ᠤᠨ ᠲᠤᠰ ᠪᠦᠯᠦᠭ ᠦᠨ ᠲᠡᠵᠢᠭᠡᠯ ᠦᠨ ᠬᠡᠷᠡᠭᠰᠡᠭᠡ ᠶᠢ ᠬᠠᠩᠭᠠᠨ᠎ᠠ᠃

ᠨᠢᠯᠬ᠎ᠠ ᠬᠦᠦᠬᠡᠳ ᠦᠨ ᠵᠣᠷᠢᠯᠭ᠎ᠠ ᠲᠤ ᠲᠣᠬᠢᠷᠠᠭᠤᠯᠤᠭᠰᠠᠨ ᠬᠦᠨᠡᠰᠦ ᠭᠡᠳᠡᠭ ᠨᠢ᠂ ᠰᠦᠨ ᠦ ᠵᠦᠢᠯ ᠪᠣᠯᠤᠨ ᠰᠦᠨ ᠦ ᠤᠤᠷᠠᠭ ᠤᠨ ᠪᠦᠲᠦᠭᠡᠭᠳᠡᠬᠦᠨ ᠢ ᠭᠣᠣᠯ ᠲᠡᠵᠢᠭᠡᠯ ᠪᠣᠯᠭᠠᠵᠤ᠂ 0—6 ᠰᠠᠷ᠎ᠠ ᠲᠠᠢ ᠨᠢᠯᠬ᠎ᠠ ᠬᠦᠦᠬᠡᠳ ᠲᠦ ᠲᠣᠬᠢᠷᠠᠬᠤ᠂ ᠲᠣᠬᠢᠷᠠᠮᠵᠢᠲᠠᠢ ᠬᠡᠮᠵᠢᠶ᠎ᠡ ᠶᠢᠨ ᠸᠢᠲ᠋ᠠᠮᠢᠨ᠂ ᠡᠷᠢᠳᠡᠰ ᠪᠣᠯᠤᠨ (ᠪᠤᠶᠤ) ᠪᠤᠰᠤᠳ ᠪᠦᠷᠢᠯᠳᠦᠭᠦᠨ ᠢ ᠨᠡᠮᠡᠵᠦ᠂ ᠵᠥᠪᠬᠡᠨ ᠹᠢᠽᠢᠺ ᠤᠨ ᠠᠷᠭ᠎ᠠ ᠪᠠᠷ ᠦᠢᠯᠡᠳᠪᠦᠷᠢᠯᠡᠨ ᠪᠣᠯᠪᠠᠰᠤᠷᠠᠭᠤᠯᠵᠤ ᠬᠢᠭᠰᠡᠨ ᠱᠢᠩᠭᠡᠨ ᠪᠤᠶᠤ ᠲᠣᠭᠤᠰᠤᠨ ᠪᠦᠲᠦᠭᠡᠭᠳᠡᠬᠦᠨ ᠪᠣᠯᠤᠨ᠎ᠠ᠃ ᠡᠨᠡ ᠨᠢ ᠬᠡᠪ ᠦᠨ ᠨᠢᠯᠬ᠎ᠠ ᠬᠦᠦᠬᠡᠳ ᠦᠨ ᠬᠡᠷᠡᠭᠯᠡᠬᠦ ᠳᠦ ᠲᠣᠬᠢᠷᠠᠬᠤ ᠪᠥᠭᠡᠳ᠂ ᠤᠨ ᠢᠯᠴᠢ ᠪᠠ ᠲᠡᠵᠢᠭᠡᠯ ᠦᠨ ᠪᠦᠷᠢᠯᠳᠦᠭᠦᠨ ᠨᠢ 0—6 ᠰᠠᠷ᠎ᠠ ᠲᠠᠢ ᠨᠢᠯᠬ᠎ᠠ ᠬᠦᠦᠬᠡᠳ ᠦᠨ ᠬᠡᠪ ᠦᠨ ᠲᠡᠵᠢᠭᠡᠯ ᠦᠨ ᠬᠡᠷᠡᠭᠰᠡᠭᠡ ᠶᠢ ᠬᠠᠩᠭᠠᠵᠤ ᠴᠢᠳᠠᠨ᠎ᠠ᠃ ᠰᠦ ᠲᠠᠯᠬ᠎ᠠ ᠪᠤᠶᠤ ᠪᠤᠰᠤᠳ ᠨᠢᠯᠬ᠎ᠠ ᠬᠦᠦᠬᠡᠳ ᠦᠨ ᠵᠣᠷᠢᠯᠭ᠎ᠠ ᠲᠤ ᠲᠣᠬᠢᠷᠠᠭᠤᠯᠤᠭᠰᠠᠨ ᠬᠦᠨᠡᠰᠦ ᠶᠢ ᠬᠠᠮᠲᠤ ᠳᠤ ᠨᠢᠯᠬ᠎ᠠ ᠬᠦᠦᠬᠡᠳ ᠦᠨ ᠵᠣᠷᠢᠯᠭ᠎ᠠ ᠲᠤ ᠲᠣᠬᠢᠷᠠᠭᠤᠯᠤᠭᠰᠠᠨ ᠬᠦᠨᠡᠰᠦ ᠭᠡᠨ᠎ᠡ᠃ ᠪᠠᠭ᠎ᠠ ᠬᠦᠦᠬᠡᠳ ᠦᠨ ᠵᠣᠷᠢᠯᠭ᠎ᠠ ᠲᠤ ᠲᠣᠬᠢᠷᠠᠭᠤᠯᠤᠭᠰᠠᠨ ᠬᠦᠨᠡᠰᠦ ᠶᠢ ᠬᠠᠮᠲᠤ ᠳᠤ ᠪᠠᠭ᠎ᠠ ᠬᠦᠦᠬᠡᠳ ᠦᠨ ᠬᠦᠨᠡᠰᠦ ᠭᠡᠨ᠎ᠡ᠃

ᠪᠠᠭ᠎ᠠ ᠨᠠᠰᠤᠨ ᠤ ᠬᠡᠦᠬᠡᠳ ᠦᠨ ᠲᠤᠰᠬᠠᠢ ᠬᠣᠭᠣᠯᠠ ᠦᠢᠯᠡᠳᠪᠦᠷᠢᠯᠡᠬᠦ ᠵᠢ ᠬᠠᠷᠢᠭᠤᠴᠠᠬᠤ ᠬᠣᠭᠣᠯᠠ ᠶᠢᠨ ᠠᠶᠤᠯᠭᠦᠢ ᠴᠢᠨᠠᠷ᠂ ᠬᠣᠭᠣᠯᠠ ᠶᠢᠨ ᠬᠢᠮᠢ ᠪᠠ᠂
ᠬᠣᠯ ᠡᠮᠦᠨ ᠦ ᠰᠢᠯᠭᠠᠨ ᠪᠠᠢᠴᠠᠭᠠᠯᠲᠠ ᠳᠤ ᠨᠢᠯᠬᠡ ᠪᠠᠭ᠎ᠠ ᠨᠠᠰᠤᠨ ᠤ ᠬᠡᠦᠬᠡᠳ ᠦᠨ ᠲᠤᠰᠬᠠᠢ ᠬᠣᠭᠣᠯᠠ ᠶᠢᠨ ᠪᠠᠶᠢᠷᠢᠵᠢᠭᠤᠯᠬᠤ ᠪᠠᠢᠳᠠᠯ ᠢ ᠪᠠᠲᠤᠯᠠᠬᠤ᠃ ᠨᠢᠯᠬᠡ
ᠰᠢᠯᠭᠠᠬᠤ᠂ ᠪᠠᠶᠢᠷᠢᠵᠢᠭᠤᠯᠬᠤ ᠪᠠᠷ ᠪᠠᠲᠤᠯᠠᠭᠳᠠᠬᠤ ᠶᠣᠰᠤᠲᠠᠢ᠃
ᠪᠠᠶᠢᠷᠢᠵᠢᠭᠤᠯᠬᠤ ᠪᠠᠷ ᠦᠢᠯᠡᠳᠪᠦᠷᠢᠯᠡᠬᠦ ᠳᠦ ᠰᠢᠯᠭᠠᠬᠤ᠂ ᠨᠢᠯᠬᠡ ᠪᠠᠭ᠎ᠠ ᠨᠠᠰᠤᠨ ᠤ ᠬᠡᠦᠬᠡᠳ ᠦᠨ ᠲᠤᠰᠬᠠᠢ ᠬᠣᠭᠣᠯᠠ ᠶᠢᠨ ᠵᠠᠷᠢᠮ ᠬᠡᠮᠵᠢᠶ᠎ᠡ ᠶᠢ ᠪᠠᠲᠤᠯᠠᠬᠤ ᠬᠡᠷᠡᠭᠲᠡᠢ᠃
ᠨᠠᠰᠤᠨ ᠤ ᠬᠡᠦᠬᠡᠳ ᠦᠨ ᠲᠤᠰᠬᠠᠢ ᠬᠣᠭᠣᠯᠠ ᠳᠤ ᠪᠠᠢᠬᠤ ᠬᠣᠷᠤᠨ ᠴᠢᠨᠠᠷ ᠦᠢᠯᠡᠳᠪᠦᠷᠢ ᠶᠢᠨ ᠰᠢᠯᠭᠠᠯᠲᠠ ᠶᠢᠨ ᠪᠠᠢᠴᠠᠭᠠᠯᠲᠠ ᠶᠢᠨ ᠬᠡᠮᠵᠢᠶ᠎ᠡ ᠪᠠᠷᠢᠮᠵᠢᠶ᠎ᠠ᠂ ᠨᠢᠯᠬᠡ ᠪᠠᠷᠢᠮᠵᠢᠶ᠎ᠠ ᠶᠢᠨ ᠬᠡᠮᠵᠢᠶ᠎ᠡ
ᠪᠠᠶᠢᠷᠢᠵᠢᠭᠤᠯᠬᠤ ᠪᠠᠷ ᠰᠢᠯᠭᠠᠯᠲᠠ ᠪᠣᠯᠭᠠᠨ ᠪᠣᠯᠪᠠᠰᠤᠷᠠᠯ ᠢ ᠳᠠᠭᠤᠰᠬᠠᠨ ᠬᠣᠷᠤᠨ ᠤ ᠲᠡᠭᠦᠰᠬᠡᠯ ᠦᠨ ᠪᠠᠢᠴᠠᠭᠠᠯᠲᠠ᠂ ᠪᠠᠶᠢᠷᠢᠵᠢᠭᠤᠯᠬᠤ ᠪᠠᠷ ᠰᠢᠯᠭᠠᠬᠤ ᠨᠢᠯᠬᠡ ᠪᠠᠭ᠎ᠠ
ᠬᠣᠭᠣᠯᠠ ᠶᠢᠨ ᠪᠦᠲᠦᠭᠡᠭᠳᠡᠬᠦᠨ ᠦ ᠰᠢᠯᠭᠠᠯᠲᠠ ᠶᠢᠨ ᠬᠡᠮᠵᠢᠶ᠎ᠡ ᠶᠢ ᠲᠣᠭᠲᠠᠭᠠᠵᠤ᠂ ᠤᠯᠤᠰ ᠤᠨ ᠬᠡᠮᠵᠢᠶ᠎ᠡ ᠳᠦ ᠪᠠᠶᠢᠷᠢᠵᠢᠭᠤᠯᠬᠤ ᠳᠦ ᠲᠣᠬᠢᠷᠠᠭᠤᠯᠬᠤ ᠪᠠᠷ ᠪᠠᠲᠤᠯᠠᠭᠠᠳ ᠪᠠᠢᠨ᠎ᠠ
ᠰᠢᠯᠭᠠᠯᠲᠠ ᠶᠢᠨ ᠦᠢᠯᠡᠳᠪᠦᠷᠢᠯᠡᠯ ᠦᠨ ᠲᠡᠭᠦᠰᠬᠡᠯ ᠦᠨ ᠠᠵᠢᠯ ᠬᠢᠭᠳᠡᠨ᠎ᠡ᠂ ᠤᠯᠤᠰ ᠤᠨ ᠠᠶᠤᠯᠭᠦᠢ ᠴᠢᠨᠠᠷ ᠤᠨ ᠬᠡᠮᠵᠢᠶ᠎ᠡ ᠪᠣᠯᠤᠨ ᠰᠢᠯᠭᠠᠯᠲᠠ ᠶᠢᠨ ᠬᠡᠮᠵᠢᠶ᠎ᠡ ᠶᠢᠨ ᠨᠢᠭᠡ
ᠨᠢᠯᠬᠡ ᠪᠠᠭ᠎ᠠ ᠨᠠᠰᠤᠨ ᠤ ᠬᠡᠦᠬᠡᠳ ᠦᠨ ᠬᠣᠭᠣᠯᠠ ᠶᠢᠨ ᠲᠡᠵᠢᠭᠡᠯ ᠦᠨ ᠵᠠᠷᠢᠮ ᠪᠦᠷᠢᠯᠳᠦᠬᠦᠨ ᠪᠣᠯᠪᠠᠰᠤᠷᠠᠯ ᠪᠠᠢᠬᠤ ᠠᠪᠤᠯ᠃ ᠨᠢᠯᠬᠡ ᠪᠠᠭ᠎ᠠ ᠨᠠᠰᠤᠨ ᠤ ᠬᠡᠦᠬᠡᠳ ᠦᠨ
ᠲᠤᠰᠬᠠᠢ ᠪᠠ ᠤᠯᠤᠰ ᠵᠢᠴᠢ ᠤᠯᠤᠰ ᠤᠨ ᠠᠵᠤ ᠠᠬᠤᠢ ᠶᠢᠨ ᠬᠠᠷᠢᠭᠤᠴᠠᠯᠭ᠎ᠠ ᠶᠢᠨ ᠰᠢᠯᠭᠠᠯᠲᠠ ᠶᠢᠨ ᠪᠠᠢᠴᠠᠭᠠᠯᠲᠠ ᠳᠤ ᠲᠤᠯᠭᠠᠭᠤᠷᠢᠯᠠᠵᠤ᠂
ᠨᠢᠯᠬᠡ ᠪᠠᠭ᠎ᠠ ᠨᠠᠰᠤᠨ ᠤ ᠬᠡᠦᠬᠡᠳ ᠦᠨ ᠲᠤᠰᠬᠠᠢ ᠬᠣᠭᠣᠯᠠ ᠳᠤ ᠪᠠᠶᠢᠷᠢᠵᠢᠭᠤᠯᠬᠤ ᠲᠣᠬᠢᠷᠠᠭᠤᠯᠤᠯ᠂ ᠦᠢᠯᠡᠳᠪᠦᠷᠢ ᠶᠢᠨ ᠠᠶᠤᠯᠭᠦᠢ ᠴᠢᠨᠠᠷ᠂ ᠬᠣᠭᠣᠯᠠ ᠶᠢᠨ
ᠲᠤᠰᠬᠠᠢ ᠬᠣᠭᠣᠯᠠ ᠶᠢᠨ ᠰᠠᠢᠨ ᠦᠢᠯᠡᠳᠪᠦᠷᠢᠯᠡᠯ ᠦᠨ ᠳᠦᠷᠢᠮ》（GB23790－2010）ᠵᠡᠷᠭᠡ᠃ ᠨᠢᠯᠬᠡ ᠪᠠᠭ᠎ᠠ ᠨᠠᠰᠤᠨ ᠤ
《ᠨᠢᠯᠬᠡ ᠪᠠ ᠨᠢᠯᠬᠡ ᠨᠠᠰᠤᠨ ᠤ ᠬᠡᠦᠬᠡᠳ ᠦᠨ ᠲᠤᠰᠬᠠᠢ ᠬᠣᠭᠣᠯᠠ》（GB10767－2010）·《ᠨᠢᠯᠬᠡ ᠪᠠᠭ᠎ᠠ ᠨᠠᠰᠤᠨ ᠤ ᠬᠡᠦᠬᠡᠳ ᠦᠨ
ᠬᠣᠭᠣᠯᠠ ᠶᠢᠨ ᠪᠦᠲᠦᠭᠡᠭᠳᠡᠬᠦᠨ ᠦ ᠬᠡᠮᠵᠢᠶ᠎ᠡ᠂ ᠵᠡᠷᠭᠡ《ᠨᠢᠯᠬᠡ ᠨᠠᠰᠤᠨ ᠤ ᠬᠡᠦᠬᠡᠳ ᠦᠨ ᠲᠤᠰᠬᠠᠢ ᠬᠣᠭᠣᠯᠠ》（GB10765－2010）·
ᠦᠢᠯᠡᠳᠪᠦᠷᠢ ᠪᠠᠷ ᠨᠢᠯᠬᠡ ᠪᠠᠭ᠎ᠠ ᠨᠠᠰᠤᠨ ᠤ ᠬᠡᠦᠬᠡᠳ ᠦᠨ ᠲᠤᠰᠬᠠᠢ ᠬᠣᠭᠣᠯᠠ ᠶᠢᠨ ᠠᠶᠤᠯᠭᠦᠢ ᠴᠢᠨᠠᠷ ᠢ ᠪᠠᠲᠤᠯᠠᠬᠤ ᠳᠤ ᠲᠤᠰᠠᠯᠠᠨ᠎ᠠ᠂ ᠡᠨᠡ ᠨᠢ ᠬᠣᠭᠣᠯᠠ ᠶᠢᠨ
ᠠᠶᠤᠯᠭᠦᠢ᠂ ᠪᠠᠶᠢᠷᠢᠵᠢᠭᠤᠯᠬᠤ ᠳᠤ ᠴᠢᠬᠤᠯᠠ ᠠᠴᠠ ᠬᠠᠮᠢᠶᠠᠲᠠᠢ᠃

ᠬᠡᠷᠡᠭᠵᠢᠭᠦᠯᠦᠯᠲᠡ ᠶᠢᠨ ᠪᠠᠢᠳᠠᠯ ᠢ ᠬᠢᠨᠠᠨ ᠬᠢᠨᠠᠬᠤ ᠨᠢ ᠬᠠᠷᠢᠭᠤᠴᠠᠬᠤ ᠪᠠᠢᠭᠤᠯᠤᠯᠭ᠎ᠠ ᠶᠢᠨ ᠦᠦᠷᠭᠡ ᠪᠣᠯᠤᠨ᠎ᠠ ᠃ ᠬᠦᠨᠡᠰᠦᠨ ᠦ ᠠᠶᠤᠯᠭᠦᠢ ᠪᠠᠢᠳᠠᠯ ᠤᠨ ᠬᠢᠨᠠᠨ ᠬᠢᠨᠠᠯᠲᠠ ᠶᠢᠨ ᠬᠠᠮᠢᠶᠠᠷᠤᠯᠲᠠ ᠶᠢᠨ ᠭᠠᠵᠠᠷ ᠤᠨ ᠬᠦᠮᠦᠨ ᠦ ᠪᠠᠢᠭᠤᠯᠤᠯᠭ᠎ᠠ ᠪᠠ ᠪᠠᠢᠭᠤᠯᠤᠯᠲᠠ ᠶᠢᠨ ᠬᠠᠷᠢᠭᠤᠴᠠᠯᠭ᠎ᠠ ᠶᠢ ᠲᠣᠳᠤᠷᠬᠠᠢᠯᠠᠨ ᠲᠣᠭᠲᠠᠭᠠᠭᠰᠠᠨ ᠪᠠᠢᠨ᠎ᠠ ᠃ ᠡᠨᠡ ᠨᠢ ᠬᠦᠨᠡᠰᠦᠨ ᠦ ᠠᠶᠤᠯᠭᠦᠢ ᠪᠠᠢᠳᠠᠯ ᠤᠨ ᠬᠢᠨᠠᠨ ᠬᠢᠨᠠᠯᠲᠠ ᠶᠢᠨ ᠬᠠᠮᠢᠶᠠᠷᠤᠯᠲᠠ ᠶᠢᠨ ᠠᠵᠢᠯ ᠢ ᠰᠠᠢᠵᠢᠷᠠᠭᠤᠯᠬᠤ ᠳᠤ ᠴᠢᠬᠤᠯᠠ ᠠᠴᠢ ᠬᠣᠯᠪᠣᠭᠳᠠᠯ ᠲᠠᠢ ᠪᠠᠢᠨ᠎ᠠ ::

ᠪᠣᠯ ᠳᠠᠭᠠᠭᠤᠯᠬᠤ ᠬᠦᠮᠦᠨ ᠦ ᠪᠠᠢᠭᠤᠯᠤᠯᠭ᠎ᠠ ᠶᠢᠨ ᠬᠠᠷᠢᠭᠤᠴᠠᠯᠭ᠎ᠠ ᠶᠢ ᠬᠠᠷᠢᠭᠤᠴᠠᠨ᠎ᠠ ᠃ ᠬᠦᠨᠡᠰᠦᠨ ᠦ ᠠᠶᠤᠯᠭᠦᠢ ᠪᠠᠢᠳᠠᠯ ᠤᠨ ᠬᠢᠨᠠᠨ ᠬᠢᠨᠠᠯᠲᠠ ᠶᠢᠨ ᠬᠠᠮᠢᠶᠠᠷᠤᠯᠲᠠ ᠶᠢᠨ ᠭᠠᠵᠠᠷ ᠨᠢ ᠬᠠᠤᠯᠢ ᠶᠢᠨ ᠳᠠᠭᠠᠤ ᠦᠦᠷᠭᠡ ᠪᠡᠨ ᠭᠦᠢᠴᠡᠳᠬᠡᠬᠦ ᠦᠭᠡᠢ ᠪᠤᠶᠤ ᠪᠠᠢᠭᠤᠯᠤᠯᠭ᠎ᠠ ᠪᠠ ᠪᠠᠢᠭᠤᠯᠤᠯᠲᠠ ᠶᠢᠨ ᠬᠢᠨᠠᠨ ᠬᠢᠨᠠᠯᠲᠠ ᠶᠢ ᠰᠠᠢᠲᠤᠷ ᠬᠡᠷᠡᠭᠵᠢᠭᠦᠯᠬᠦ ᠦᠭᠡᠢ ᠪᠣᠯ ᠬᠠᠷᠢᠭᠤᠴᠠᠯᠭ᠎ᠠ ᠬᠦᠯᠢᠶᠡᠯᠭᠡᠨ᠎ᠡ ::

ᠪᠣᠯᠭᠠᠨ ᠳᠤ᠂ ᠬᠢᠨᠠᠨ ᠬᠢᠨᠠᠯᠲᠠ ᠶᠢᠨ ᠠᠵᠢᠯ ᠢ ᠰᠠᠢᠵᠢᠷᠠᠭᠤᠯᠬᠤ ᠬᠡᠷᠡᠭᠲᠡᠢ ᠪᠠᠢᠨ᠎ᠠ ::

第八十二条【材料的真实性和保密等要求】保健食品、特殊医学用途配方食品、婴幼儿配方乳粉的注册人或者备案人应当对其提交材料的真实性负责。

省级以上人民政府食品药品监督管理部门应当及时公布注册或者备案的保健食品、特殊医学用途配方食品、婴幼儿配方乳粉目录，并对注册或者备案中获知的企业商业秘密予以保密。

保健食品、特殊医学用途配方食品、婴幼儿配方乳粉生产企业应当按照注册或者备案的产品配方、生产工艺等技术要求组织生产。

●条文解读

本条是新法增加的规定，明确注册人或者备案人应当对提交材料的真实性负责，应当按照注册或者备案要求组织生产，监管部门应当对获知的企业商业秘密予以保密。

第一，保健食品、特殊医学用途配方食品、婴幼儿配方乳粉的注册人或者备案人应当对其提交材料的真实性负责。保健食品、特殊医学用途配方食品、婴幼儿配方乳粉的注册或者备案材料是监管部门准予注册或者进行监督检查的重要依据。注册人或者备案人应当对其提交材料的真实性负责，不得提供虚假材料欺骗监管部门，否则应当承担相应的法律责任。根据行政许可法的规定，行政许可申请人隐瞒有关情况或者提供虚假材料申请行政许可的，行政机关不予受理或者不予行政许可，并给予警告；行政许可申请属于直接关系公共安全、人身健康、生命财产安全事项的，申请人在1年内不得再次申请该行政许可。被许可人以欺骗、贿赂等不正当手段取得行政许可的，行政机关应当依法给予行政处罚；取得的行政许可属于直接关系公共安全、人身健康、生命财产安全事项的，申请人在3年内不得再次申请该行政许可；构成犯罪的，依法追究刑事责任。

第二，省级以上人民政府食品药品监督管理部门应当及时公布注册或者备案的保健食品、特殊医学用途配方食品、婴幼儿配方乳粉目录，并对注册或者备案中获知的企业商业秘密予以保密。根据行政许可法的规定，行政许可的实施和结果，除涉及国家秘密、商业秘密或者个人隐私的外，应当公开。注册或者备案的保健食品、特殊医学用途配方食品、婴幼儿配方乳粉目录是重要的政府信息，应当及时主动向社会公开。食品药品监管部门可以通过政府网站等形式予以公布。在食品安全法修订草案审议过程中，有的常委委员和一些社会公众提出，主管部门在保健食品注册和备案工作中应当加强对企业商业秘密的保护。为此，本条规定，食品药品监督管理部门应当对注册或者备案中获知的企业商业秘密予以保密。

第三，保健食品、特殊医学用途配方食品、婴幼儿配方乳粉生产企业应当按照注册或者备案的产品配方、生产工艺等技术要求组织生产。产品配方、生产工艺等技术要求是保证产品安全的重要手段，也是产品进行注册或者备案的条件。既已进行注册或者备案就应当按照注册或者备案的技术要求组织生产，不得擅自变更其内容和要求，否则将难以保证产品安全。企业不按注册或者备案的技术要求组织生产的，将面临监管部门的处罚。

[ᠲᠠᠢᠯᠪᠤᠷᠢ]

[illegible]

第八十三条【特殊食品生产质量管理体系】生产保健食品，特殊医学用途配方食品、一

ᠪᠠᠶᠢᠭᠤ ᠪᠣᠯᠤᠨ᠎ᠠ ::

ᠡᠷᠡᠭᠦᠯ ᠬᠠᠮᠠᠭᠠᠯᠠᠬᠤ ᠬᠦᠨᠡᠰᠦ ᠶᠢ ᠦᠢᠯᠡᠳᠪᠦᠷᠢᠯᠡᠬᠦ ᠠᠵᠤ ᠠᠬᠤᠢ ᠶᠢᠨ ᠨᠡᠭᠡᠳᠦᠯᠡᠭᠡ ᠶᠢᠨ ᠬᠦᠨᠡᠰᠦ ᠶᠢ ᠦᠢᠯᠡᠳᠪᠦᠷᠢᠯᠡᠬᠦ ᠳᠦ ᠬᠡᠷᠡᠭᠯᠡᠭᠳᠡᠬᠦ ᠪᠠᠶᠢᠭᠤ ᠪᠣᠯᠤᠨ᠎ᠠ ::

ᠦᠢᠯᠡᠳᠪᠦᠷᠢᠯᠡᠬᠦ ᠠᠵᠤ ᠠᠬᠤᠢ ᠶᠢᠨ ᠬᠦᠨᠡᠰᠦ ᠶᠢᠨ ᠠᠶᠤᠯᠭᠦᠢ ᠪᠠᠢᠳᠠᠯ ᠢ ᠬᠠᠮᠠᠭᠠᠯᠠᠬᠤ ᠳᠦ ᠬᠠᠷᠢᠭᠤᠴᠠᠬᠤ ᠬᠦᠨᠡᠰᠦ ᠶᠢᠨ ᠠᠵᠤ ᠠᠬᠤᠢ ᠶᠢᠨ ᠨᠡᠭᠡᠳᠦᠯᠡᠭᠡ ᠶᠢᠨ ᠬᠠᠷᠢᠭᠤᠴᠠᠯᠭ᠎ᠠ ᠪᠣᠯᠤᠨ᠎ᠠ ::

ᠲᠤᠰ ᠬᠤᠤᠯᠢ ᠶᠢᠨ ᠵᠤᠷᠪᠤᠰ ᠳᠤ ᠵᠢᠭᠠᠭᠰᠠᠨ ᠬᠦᠨᠡᠰᠦ ᠶᠢᠨ ᠦᠢᠯᠡᠳᠪᠦᠷᠢᠯᠡᠬᠦ ᠠᠵᠤ ᠠᠬᠤᠢ ᠨᠢ ᠰᠠᠢᠨ ᠦᠢᠯᠡᠳᠪᠦᠷᠢᠯᠡᠯ ᠦᠨ ᠳᠦᠷᠢᠮ ᠦᠨ ᠱᠠᠭᠠᠷᠳᠯᠠᠭ᠎ᠠ ᠶᠢᠨ ᠳᠠᠭᠠᠤ ᠦᠢᠯᠡᠳᠪᠦᠷᠢᠯᠡᠭᠰᠡᠨ ᠬᠦᠨᠡᠰᠦ ᠲᠡᠢ ᠵᠣᠬᠢᠴᠠᠭᠰᠠᠨ ᠦᠢᠯᠡᠳᠪᠦᠷᠢᠯᠡᠯ ᠦᠨ ᠴᠢᠨᠠᠷ ᠤᠨ ᠬᠠᠮᠢᠶᠠᠷᠤᠯᠲᠠ ᠶᠢᠨ ᠲᠣᠭᠲᠠᠯᠴᠠᠭ᠎ᠠ ᠶᠢ ᠪᠠᠢᠭᠤᠯᠬᠤ ᠶᠣᠰᠤᠲᠠᠢ᠂ ᠲᠤᠰ ᠲᠣᠭᠲᠠᠯᠴᠠᠭ᠎ᠠ ᠶᠢᠨ ᠠᠵᠢᠯᠯᠠᠭᠤᠯᠬᠤ ᠪᠠᠢᠳᠠᠯ ᠢ ᠲᠣᠭᠲᠠᠮᠠᠯ ᠬᠤᠭᠤᠴᠠᠭ᠎ᠠ ᠳᠤ ᠥᠪᠡᠷ ᠢ ᠪᠡᠨ ᠪᠠᠢᠴᠠᠭᠠᠵᠤ᠂ ᠥᠪᠡᠷ ᠢ ᠪᠡᠨ ᠪᠠᠢᠴᠠᠭᠠᠭᠰᠠᠨ ᠮᠡᠳᠡᠭᠦᠯᠦᠯᠲᠡ ᠶᠢ ᠪᠠᠢᠷᠢᠯᠠᠭᠰᠠᠨ ᠭᠠᠵᠠᠷ ᠤᠨ ᠰᠢᠶᠠᠨ ᠤ ᠠᠷᠠᠳ ᠤᠨ ᠵᠠᠰᠠᠭ ᠤᠨ ᠭᠠᠵᠠᠷ ᠤᠨ ᠬᠦᠨᠡᠰᠦ ᠶᠢᠨ ᠠᠶᠤᠯᠭᠦᠢ ᠶᠢᠨ ᠬᠢᠨᠠᠨ ᠬᠠᠶᠠᠯᠲᠠ ᠵᠠᠬᠢᠷᠭᠠᠨ ᠪᠠᠢᠴᠠᠭᠠᠬᠤ ᠬᠡᠯᠲᠡᠰ ᠲᠦ ᠲᠤᠰᠢᠶᠠᠨ ᠥᠭᠭᠦᠨ᠎ᠡ ::

ᠦᠢᠯᠡᠳᠪᠦᠷᠢᠯᠡᠬᠦ ᠠᠵᠤ ᠠᠬᠤᠢ ᠶᠢᠨ ᠬᠦᠨᠡᠰᠦ ᠶᠢᠨ ᠠᠶᠤᠯᠭᠦᠢ ᠪᠠᠢᠳᠠᠯ ᠤᠨ ᠲᠡᠭᠦᠨ ᠦ ᠨᠡᠭᠡ ᠬᠡᠰᠡᠭ ᠪᠣᠯᠬᠤ ᠪᠡᠷ ᠬᠠᠷᠢᠭᠤᠴᠠᠬᠤ ᠦᠢᠯᠡᠳᠪᠦᠷᠢᠯᠡᠯ ᠦᠨ ᠴᠢᠨᠠᠷ ᠤᠨ ᠬᠠᠮᠢᠶᠠᠷᠤᠯᠲᠠ ᠶᠢᠨ ᠲᠣᠭᠲᠠᠯᠴᠠᠭ᠎ᠠ ᠪᠣᠯᠤᠨ᠎ᠠ :: ᠲᠤᠰ ᠬᠤᠤᠯᠢ ᠳᠤ᠂ ᠦᠢᠯᠡᠳᠪᠦᠷᠢᠯᠡᠬᠦ ᠠᠵᠤ ᠠᠬᠤᠢ ᠶᠢᠨ ᠬᠦᠨᠡᠰᠦ ᠶᠢᠨ ᠠᠶᠤᠯᠭᠦᠢ ᠪᠠᠢᠳᠠᠯ ᠢ ᠬᠠᠮᠠᠭᠠᠯᠠᠬᠤ ᠠᠵᠢᠯ ᠤᠨ ᠨᠡᠭᠡ ᠬᠡᠰᠡᠭ᠂ ᠲᠡᠭᠦᠨ ᠦ ᠠᠵᠢᠯᠯᠠᠭᠤᠯᠬᠤ ᠪᠠᠢᠳᠠᠯ ᠢ ᠪᠠᠢᠴᠠᠭᠠᠬᠤ ᠶᠠᠭᠤᠮ᠎ᠠ ᠶᠢᠨ ᠲᠠᠯ᠎ᠠ ᠪᠡᠷ ᠵᠢᠭᠠᠭᠰᠠᠨ ᠪᠠᠢᠨ᠎ᠠ ::

婴幼儿配方食品和其他专供特定人群的主辅食品的企业，应当按照良好生产规范的要求建立与所生产食品相适应的生产质量管理体系，定期对该体系的运行情况进行自查，保证其有效运行，并向所在地县级人民政府食品药品监督管理部门提交自查报告。

●条文解读

本条是新增加的规定，对生产保健食品，特殊医学用途配方食品、婴幼儿配方食品和其他专供特定人群的主辅食品的企业建立与所生产食品相适应的生产质量管理体系提出了要求。

良好生产规范（Cood Manufacturing Practice，GMP），是一种注重在生产过程中对产品质量安全实施自主性管理的制度。它是一套适用于制药、食品等行业的强制性标准，要求企业从原料、人员、设施设备、生产过程、包装运输、质量控制等方面按照国家有关法律法规达到质量安全要求，形成一套可操作的作业规范，帮助企业改善卫生环境，及时发现生产过程中存在的问题，加以改善。我国以强制性国家标准的形式发布了多个特殊食品良好生产规范，包括《保健食品良好生产规范》（GB17405—1998）、《特殊医学用途配方食品良好生产规范》（GB29923—2013）、《粉状婴幼儿配方食品良好生产规范》（GB23790—2010）等。

[illegible]

[illegible] (Good Manufacturing Practice, GMP) [illegible]

[illegible]

[[illegible]]

[illegible]

ᠬᠣᠯᠢᠮᠠᠭ ᠤᠨ ᠪᠠᠷ ᠵᠣᠷᠢᠳᠠᠰᠤᠯᠠᠭᠰᠠᠨ ᠬᠦᠨᠡᠰᠦᠨ ᠦ ᠰᠠᠶᠢᠨ ᠦᠢᠯᠡᠳᠪᠦᠷᠢᠯᠡᠯᠲᠡ ᠶᠢᠨ ᠵᠢᠷᠤᠮ》(GB23790—2010) ᠵᠡᠷᠭᠡ ᠶᠢ ᠪᠠᠭᠲᠠᠭᠠᠨ᠎ᠠ᠃ ᠪᠠᠷ ᠵᠣᠷᠢᠳᠠᠰᠤᠯᠠᠭᠰᠠᠨ ᠬᠦᠨᠡᠰᠦᠨ ᠦ ᠰᠠᠶᠢᠨ ᠦᠢᠯᠡᠳᠪᠦᠷᠢᠯᠡᠯᠲᠡ ᠶᠢᠨ ᠵᠢᠷᠤᠮ》(GB29923－2013)、《ᠡᠮᠨᠡᠯᠭᠡ ᠰᠤᠷᠭᠠᠯ ᠤᠨ ᠬᠡᠷᠡᠭᠴᠡᠭᠡᠨ ᠦ 《ᠡᠷᠡᠭᠦᠯ ᠤᠨ ᠬᠦᠨᠡᠰᠦᠨ ᠦ ᠰᠠᠶᠢᠨ ᠦᠢᠯᠡᠳᠪᠦᠷᠢᠯᠡᠯᠲᠡ ᠶᠢᠨ ᠵᠢᠷᠤᠮ》(GB17405－1998)、《ᠰᠦᠨ ᠦ ᠦᠢᠯᠡᠳᠪᠦᠷᠢ ᠶᠢᠨ ᠬᠠᠮᠠᠭᠠᠯᠠᠯᠲᠠ ᠵᠡᠷᠭᠡ ᠪᠠᠷ ᠰᠦᠨ ᠦ ᠪᠦᠲᠡᠭᠡᠭᠳᠡᠬᠦᠨ ᠦ ᠦᠢᠯᠡᠳᠪᠦᠷᠢ ᠶᠢᠨ ᠰᠠᠶᠢᠨ ᠦᠢᠯᠡᠳᠪᠦᠷᠢᠯᠡᠯᠲᠡ ᠶᠢᠨ ᠵᠢᠷᠤᠮ ᠢ ᠲᠣᠭᠲᠠᠭᠠᠪᠠ᠃ ᠬᠦᠨᠡᠰᠦᠨ ᠦ ᠦᠢᠯᠡᠳᠪᠦᠷᠢᠯᠡᠯᠲᠡ ᠶᠢᠨ ᠠᠵᠢᠯ ᠠᠬᠤᠢ ᠶᠢᠨ ᠰᠠᠶᠢᠨ ᠦᠢᠯᠡᠳᠪᠦᠷᠢᠯᠡᠯᠲᠡ ᠶᠢᠨ ᠵᠢᠷᠤᠮ ᠪᠣᠯ᠂ ᠬᠦᠨᠡᠰᠦᠨ ᠦ ᠠᠶᠤᠯᠭᠦᠢ ᠶᠢ ᠪᠠᠲᠤᠯᠠᠬᠤ ᠴᠢᠬᠤᠯᠠ ᠪᠠᠲᠤᠯᠠᠮᠵᠢ ᠮᠥᠨ᠂ ᠬᠦᠨᠡᠰᠦᠨ ᠦ ᠦᠢᠯᠡᠳᠪᠦᠷᠢᠯᠡᠯᠲᠡ ᠶᠢᠨ ᠪᠦᠬᠦ ᠶᠠᠪᠤᠴᠠ ᠳᠤ ᠬᠡᠷᠡᠭᠵᠢᠭᠦᠯᠦᠨ᠎ᠡ᠂ ᠲᠡᠭᠦᠨ ᠦ ᠭᠣᠣᠯ ᠠᠭᠤᠯᠭ᠎ᠠ ᠨᠢ ᠦᠢᠯᠡᠳᠪᠦᠷᠢᠯᠡᠯᠲᠡ ᠶᠢᠨ ᠣᠷᠴᠢᠨ ᠲᠣᠭᠣᠷᠢᠨ ᠤ ᠪᠠᠷ ᠤᠨ ᠴᠢᠨᠠᠷ ᠤᠨ ᠬᠢᠨᠠᠯᠲᠠ ᠶᠢ

第五章 食品检验

第八十四条【食品检验机构】 食品检验机构按照国家有关认证认可的规定取得资质认定后，方可从事食品检验活动。但是，法律另有规定的除外。

食品检验机构的资质认定条件和检验规范，由国务院食品药品监督管理部门规定。

符合本法规定的食品检验机构出具的检验报告具有同等效力。

县级以上人民政府应当整合食品检验资源，实现资源共享。

●条文解读

一、食品检验与食品检验机构

食品检验，是对食品原料、辅助材料、成品的质量和安全性进行的检验，包括对食品理化指标、卫生指标、外观特性以及外包装、内包装、标志等进行的检验。食品检验的方法主要有感官检验法和理化检验法。食品检验是保证食品安全，加强食品安全监管的重要技术支撑，是食品安全法律制度中的重要制度之一。

本法在多处规定了食品检验。第一，为了保证食品源头的安全，本法要求食品生产者采购食品原料、食品添加剂、食品相关产品时，必须查验供货者的许可证和产品合格证明文件。对无法提供合格证明文件的食品原料，必须依据食品安全标准进行检验。如果食品生产者没有设立自己的检验机构或者不具备检验能力，应当委托依法设立的食品检验机构进行检验。第二，为了保证成品安全，本法要求食品、食品添加剂和食品相关产品的生产者建立食品出厂检验制度，按照食品安全标准对所生产的食品、食品添加剂和食品相关产品进行检验，检验合格后方可出厂或者销售。第三，食品检验是食品安全监管的技术支撑。本法规定，县级以上人民政府食品药品监督管理部门应当定期或者不定期对生产经营者所生产、销售的食品进行抽检。所抽取的样品应当委托依法设立的食品检验机构进行。检验结论是执法机关对相对人作出行政强制、行政处罚的重要依据。

通过以上可以看出，食品检验机构是承担食品检验的重要力量。2010 年 9 月 15 日中国国家认证认可监督管理委员会（以下简称国家认监会）发布的《食品检验机构资质认定评审准则》所称的食品检验机构，是指依法设立或者经批准，从事食品检验活动并向社会出具具有证明作用的检验数据和结果的检验机构。

二、对食品检验机构的资质认定

食品检验工作十分重要，且技术性强，需要通过制度来保证食品检验工作的科学性、公正性和客观性。首先要从食品检验机构的资格入手，设立准入门槛，保证检验机构有足够的技术能力、人员配备、场所进行食品检验工作。应当说，在我国目前食品安全形势较为严峻，食品检验机构良莠不齐，市场秩序比较混乱的情况下，对食品检验机构进行资质认定是必要的。因此，本条规定食品检验机构应当按照国家有关认证认可的规定依法取得资质认定后，方可从事食品检验活动。

2010年8月5日，国家质量监督检验检疫总局（以下简称国家质检总局）发布了《食品检验机构资质认定管理办法》，该办法所称的食品检验机构资质认定，是指依法对食品检验机构的基本条件和能力，是否符合食品安全法律法规的规定以及相关标准或者技术规范要求实施的评价和认定活动。并规定，国家质检总局统一管理食品检验机构资质认定工作。同年9月中国国家认证认可监督管理委员会发布的《食品检验机构资质认定评审准则》规定，国家认证认可监督管理委员会和各省、自治区、直辖市人民政府质量技术监督部门依据本准则对食品检验机构的基本条件和能力实施评价，对符合法律、行政法规规定以及本准则要求的食品检验机构颁发资质认定证书。

必须说明的是，2013年3月14日，第十二届全国人大第一次会议通过了《国务院机构改革和职能转变方案的决定》，其中包括组建国家食品药品监督管理总局（以下简称国家食药总局），将国家质检总局的生产环节食品安全监督管理职责、国家工商行政管理总局的流通环节食品安全监督管理职责，交由新组建的国家食品药品监督管理总局行使，特别强调将工商行政管理、质量技术监督部门相应的检验检测机构划转食品药品监督管理部门。因此，预计国家食药总局会在国家质检总局制定的《食品检验机构资质认定管理办法》的基础上，制定新的食品检验机构资质认定管理办法，并规定由国家食药总局统一管理食品检验机构资质认定工作。

还有一点需要说明的是，本条第一款强调食品检验机构应当按照国家有关认证认可的规定取得资质认定后，方可从事食品检验活动。但是，法律另有规定的除外。所谓『法律另有规定的除外』，例如农产品质量安全法第35条第2款规定：『从事农产品质量安全检测的机构，必须具备相应的检测条件和能力，由省级以上，民政府农业行政主管部门或者其授权的部门考核合格。具体办法由国务院农业行政主管部门制定。』本条没有强调食品检验机构要经过监管部门考核合格，而是要求其具备规定的资质认定条件，由监管部门予以资质认定后即可从事食品检验活动。

三、食品检验机构的资质认定条件

《食品检验机构资质认定管理办法》第8条规定：『食品检验机构应当符合国务院卫生行政部门规定的资质认定条件。』2010年3月4日，原卫生部制定了《食品检验机构资质认定条件》。需要说明的是，按照《国务院机构改革和职能转变方案的决定》，新组建的国家卫生和计划生育委员会只负责食品安全风险评估和食品安全标准制定。因此，本条强调，食品检验机构的资质认定条件由国务院食品药品监督管理部门规定。相信在不久的将来，国家食药总局会在原卫生部制定的《食品检验机构资质认定条件》的基础上，制定新的食品检验机构资质认定条件。

根据《食品检验机构资质认定条件》第3条规定，食品检验机构的资质认定条件包括在组织机构、检验能力、质量管理、人员、设施和环境、仪器设备和标准物质等方面应当达到的要求。(1)在组织机构方面，食品检验机构应当是依法设立（注册）或相对独立的检验机构，能够承担法律责任。(2)在检验能力方面，食品检验机构应当具备一项或多项检验能力，如能对某类或多类食品相关食品安全标准所规定的检验项目进行检验，包括物理、化学与全部微生物项目，也包括对食品中添加剂与营养强化剂的检验；又如能对某类或多类食品添加剂相关食品安全标准所规定的检验项目进行检验，包括物理、化学与全部微生物项目，等等。(3)在质量管理方面，食品检验机构应当按照《食品检验工作规范》的要求，建立和实施与其所开展的检验活动相适应的质量管理体系。(4)在人员方面，食品检验机构应当具备与其所开展的检验活动相适应的检验人员和技术管理人员。(5)在设施和环境方面，食品检验机构应当具备固定的检验工作场所以及专用于食品检验活动所需的冷藏和冷冻、数据处理与分析、信息传输设施和设备等工作条件。(6)在仪器设备和标准物质方面，食品检验机构应当配备满足所开展的检验活动必需的仪器设备、样品前处理装置以及标准物质（参考物质）或标准菌（毒）种等。

四、食品检验工作规范

2010年3月4日，原卫生部制定了《食品检验工作规范》。同样需要说明的是，按照《国务院机构改革和职能转变方案的决定》，新组建的国家卫生和计划生育委员会只负责食品安全风险评估和食品安全标准制定。因此，本条强调，食品检验工作规范由国务院食品药品监督管理部门规定。相信在不久的将来，国家食药总局会在原卫生部制定的《食品检验工作规范》的基础上，制定新的食品检验工作规范。

《食品检验工作规范》共29个条文，核心内容有：（一）食品检验机构应当符合《食品检验机构资质认定条件》。（二）食品检验实行食品检验机构与检验人负责制，食品检验机构和检验人对出具的食品检验报告负责，独立承担法律责任。（三）食品检验机构及其检验人应当尊重科学，恪守职业道德，保证出具的检验数据和结论客观、公正、准确，不得出具虚假或者不实数据和结果的检验报告。（四）食品检验机构应当按照相关标准、技术规范或委托方的要求进行样品采集、流转、处置等，并保存相关记录。（五）食品检验机构应当对其所使用的标准检验方法进行验证，保存相关记录。食品检验机构在建立和使用食品检验非标准方法时，应当制定并符合相应程序，对其可靠性负责。（六）食品检验机构应当公布检验的收费标准、工作流程和期限、异议处理和投诉程序。

五、食品检验报告的效力

《食品检验机构资质认定评审准则》规定，在中华人民共和国境内，对从事向社会出具具有证明作用的数据和结果的食品检验机构资质认定的评审应当遵守本准则。由此规定可以看出，食品砼验报告具有证明效力。证明效力主要体现在：一是食品生产经营者委托食品检验机构对原料、成品等进行检验，出具的检验合格证对消费者来说具有证明该产品合格的证明效力。二是食品安全监督管理部门委托食品检验机构对抽检的样品或者可能导致食品安全事故的食品及其原料进行检验，所出具的检验报告是食品安全监督管理部门责令食品生产经营者召回或者进行行政处罚的依据。

我国食品检验机构主要分布在卫生、农业、质检、商务、工商行政管理部门和粮食、轻工、商业等行业。同时，还有社会力量举办的食品检测技术服务中介机构，如中外合资、合作的食品检测技术服务中介机构在经济发达地区已比较常见，一些大、中型食品生产加工企业也建立了具备一定条件的检测实验室。食品检验机构无论是接受食品生产经营者的委托还是接受执法部门的委托，都是要收取费用的。因此，不排除有的执法部门就委托门系统的食品检验机构进行检验，也不排除存在有的执法部门强令食品生活经营者委托本系统的食品检验机构进行检验的不正当竞争行为。因此，为了杜绝以上不公平竞争的行为，本条第三款规定：符合本法规定的食品检验机构出具的检验报告具有同等效力。

六、对食品检验资源进行整合

我国食品检验机构有官办的也有民办的。而且由于过去对食品安全实行分段式监管，官办的食品检验机构有的是原卫生、食药监部门举办的，有的是农业、质检、商务、工商行政管理等部门举办的。食品安全监管体制调整后，有必要对原来属于各个监管部门举办的食品检验机构进行整合。2013 年的《国务院机构改革和职能转变方案的决定》明确指出，新组建国家食品药品监督管理局对生产、流通、消费环节的食品安全和药品的安全性、有效性实施统一监督管理。将工商行政管理、质量技术监督部门相应的食品安全监督管理队伍和检验检测机构划转食品药品监督管理部门。目前已有一些地方将原属工商行政管理、质量技术监督部门的食品检验机构划转给食品药品监督管理部门。因此，本条第 4 款规定：县级以上人民政府应当整合食品检验资源，实现资源共享。

[illegible]

2010 ᠣᠨ ᠤ 9 ᠰᠠᠷ᠎ᠠ ᠶᠢᠨ 15 ᠤ ᠡᠳᠦᠷ

2010 [illegible] 8 [illegible] 5 [illegible]

[illegible]

[illegible]

[illegible]

ᠪᠠᠢᠴᠠᠭᠠᠨ ᠰᠢᠯᠭᠠᠬᠤ ᠶᠢᠨ ᠬᠠᠷᠢᠭᠤᠴᠠᠯ ᠪᠠᠢᠭᠤᠯᠤᠯᠭ᠎ᠠ ᠶᠢᠨ ᠬᠣᠣᠯᠠ ᠶᠢᠨ ᠠᠵᠤ ᠦᠢᠯᠡᠳᠪᠦᠷᠢ ᠶᠢᠨ (ᠬᠣᠣᠯᠠ ᠶᠢᠨ ᠴᠢᠨᠠᠷ ᠤᠨ ᠬᠢᠨᠠᠨ ᠬᠢᠨᠠᠯᠲᠠ ᠶᠢᠨ) 《 ᠬᠣᠣᠯᠠ ᠶᠢᠨ

ᠬᠣᠣᠯᠠ ᠶᠢᠨ ᠠᠶᠤᠯᠭᠦᠢ ᠪᠠᠢᠳᠠᠯ 9 ᠶᠢᠨ ᠬᠠᠷᠢᠭᠤᠴᠠᠯ ᠲᠠᠢ ᠪᠠᠢᠭᠤᠯᠤᠯᠭ᠎ᠠ ᠶᠢᠨ ᠬᠠᠮᠲᠤ ᠪᠡᠷ ᠬᠢᠨᠠᠨ ᠬᠢᠨᠠᠬᠤ ᠶᠢᠨ ᠦᠢᠯᠡ ᠠᠵᠢᠯ ᠢ ᠬᠠᠷᠢᠭᠤᠴᠠᠨ ᠬᠢᠨᠠᠨ ᠬᠢᠨᠠᠬᠤ ::

ᠬᠣᠷᠢᠭᠯᠠᠭᠰᠠᠨ ᠪᠣᠳᠣᠯᠭᠠᠯᠠᠭᠳᠠᠭᠰᠠᠨ ᠢ · 2013 ᠣᠨ ᠤ 3 ᠰᠠᠷ᠎ᠠ ᠶᠢᠨ 14 ᠤ ᠡᠳᠦᠷ · ᠪᠦᠬᠦ ᠤᠯᠤᠰ ᠤᠨ ᠠᠷᠠᠳ ᠤᠨ ᠲᠥᠯᠦᠭᠡᠯᠡᠭᠴᠢᠳ ᠦᠨ ᠬᠤᠷᠠᠯ ᠤᠨ 《 ᠤᠯᠤᠰ ᠤᠨ ᠵᠥᠪᠯᠡᠯ ᠦᠨ ᠪᠠᠢᠭᠤᠯᠤᠯᠭ᠎ᠠ ᠶᠢᠨ ᠰᠢᠨᠡᠴᠢᠯᠡᠯ ᠪᠣᠯᠣᠨ ᠦᠢᠯᠡ ᠦᠷᠭᠡ ᠶᠢᠨ ᠬᠤᠪᠢᠷᠠᠭᠤᠯᠤᠯᠲᠠ ᠶᠢᠨ ᠲᠥᠰᠦᠯ 》 (ᠪᠠᠲᠤᠯᠠᠭᠰᠠᠨ · ᠲᠡᠭᠦᠨ ᠳᠦ · ᠬᠣᠣᠯᠠ ᠶᠢᠨ ᠠᠶᠤᠯᠭᠦᠢ ᠪᠠᠢᠳᠠᠯ ᠤᠨ ᠬᠠᠷᠢᠭᠤᠴᠠᠬᠤ ᠬᠠᠷᠢᠭᠤᠴᠠᠯ ᠤᠨ ᠪᠠᠢᠭᠤᠯᠤᠯᠭ᠎ᠠ ᠶᠢᠨ ᠬᠣᠣᠯᠠ ᠶᠢᠨ ᠠᠵᠤ ᠦᠢᠯᠡᠳᠪᠦᠷᠢ ᠶᠢᠨ (ᠬᠣᠣᠯᠠ ᠶᠢᠨ ᠴᠢᠨᠠᠷ ᠤᠨ ᠬᠢᠨᠠᠨ ᠬᠢᠨᠠᠯᠲᠠ ᠶᠢᠨ) ᠪᠣᠯᠪᠠᠰᠤ ·

ᠪᠠᠶᠢᠴᠠᠭᠠᠯᠲᠠ ᠶᠢᠨ ᠬᠡᠷᠡᠭᠵᠢᠭᠦᠯᠦᠯᠲᠡ ᠶᠢ ᠭᠦᠢᠴᠡᠳᠬᠡᠬᠦ ᠪᠣᠯᠣᠨ ᠬᠠᠤᠯᠢ ᠶᠢᠨ ᠬᠢᠨᠠᠨ ᠪᠠᠶᠢᠴᠠᠭᠠᠯᠲᠠ ᠶᠢᠨ ᠬᠡᠷᠡᠭᠵᠢᠭᠦᠯᠦᠯᠲᠡ ᠶᠢᠨ ᠠᠵᠢᠯ ᠢ ᠪᠠᠶᠢᠴᠠᠭᠠᠨ ᠪᠠᠶᠢᠭᠤᠯᠬᠤ᠂
ᠨᠢᠭᠡᠳᠦᠭᠡᠷ᠂ ᠲᠣᠭᠲᠠᠭᠠᠯ ᠪᠣᠯᠤᠨ ᠡᠷᠬᠡ ᠶᠢᠨ ᠬᠢᠨᠠᠨ ᠪᠠᠶᠢᠴᠠᠭᠠᠬᠤ ᠨᠢ᠂ ᠬᠣᠶᠠᠳᠤᠭᠠᠷ᠂ ᠬᠠᠤᠯᠢ ᠶᠢᠨ ᠬᠢᠨᠠᠨ ᠪᠠᠶᠢᠴᠠᠭᠠᠯᠲᠠ ᠶᠢᠨ ᠠᠵᠢᠯ ᠤᠨ ᠬᠡᠷᠡᠭᠵᠢᠯᠲᠡ ᠪᠣᠯᠤᠨ ᠲᠣᠭᠲᠠᠭᠠᠯ ᠢ ᠪᠠᠶᠢᠭᠤᠯᠬᠤ᠂ ᠭᠤᠷᠪᠠᠳᠤᠭᠠᠷ᠂
ᠬᠠᠤᠯᠢ ᠶᠢᠨ ᠬᠢᠨᠠᠨ ᠪᠠᠶᠢᠴᠠᠭᠠᠯᠲᠠ ᠶᠢᠨ ᠪᠠᠶᠢᠭᠤᠯᠤᠯᠲᠠ ᠶᠢᠨ ᠠᠵᠢᠯ ᠢ ᠰᠠᠶᠢᠵᠢᠷᠠᠭᠤᠯᠬᠤ᠂ ᠳᠥᠷᠪᠡᠳᠦᠭᠡᠷ᠂ ᠬᠠᠤᠯᠢ ᠶᠢᠨ ᠬᠢᠨᠠᠨ ᠪᠠᠶᠢᠴᠠᠭᠠᠯᠲᠠ ᠶᠢᠨ ᠬᠡᠷᠡᠭᠵᠢᠭᠦᠯᠦᠯᠲᠡ ᠶᠢᠨ ᠠᠵᠢᠯ ᠢ ᠬᠦᠴᠦᠲᠡᠢ ᠪᠣᠯᠭᠠᠬᠤ᠃ ᠡᠳᠡᠭᠡᠷ ᠨᠢ
ᠪᠦᠬᠦ ᠰᠢᠳᠡᠯᠲᠡ ᠦᠨ ᠭᠠᠵᠠᠷ ᠤᠨ ᠬᠠᠤᠯᠢ ᠶᠢᠨ ᠬᠢᠨᠠᠨ ᠪᠠᠶᠢᠴᠠᠭᠠᠯᠲᠠ ᠶᠢᠨ ᠠᠵᠢᠯ ᠢ ᠪᠠᠶᠢᠭᠤᠯᠬᠤ ᠳᠤ ᠴᠢᠬᠤᠯᠠ ᠬᠣᠯᠪᠣᠭᠳᠠᠯ ᠲᠠᠶ᠂ ᠬᠦᠮᠦᠨ ᠦ ᠲᠥᠯᠦᠭᠡᠯᠡᠭᠴᠢ ᠶᠢᠨ ᠬᠤᠷᠠᠯ ᠤᠨ ᠪᠠᠶᠢᠩᠭᠠ
ᠬᠣᠷᠢᠶ᠎ᠠ ᠶᠢᠨ ᠬᠠᠤᠯᠢ ᠶᠢᠨ ᠬᠢᠨᠠᠨ ᠪᠠᠶᠢᠴᠠᠭᠠᠯᠲᠠ ᠶᠢᠨ ᠠᠵᠢᠯ ᠤᠨ ᠬᠦᠷᠢᠶᠡᠨ ᠪᠣᠯᠣᠨ ᠲᠣᠭᠲᠠᠭᠠᠯ ᠢ ᠲᠣᠳᠣᠷᠬᠠᠶᠢᠯᠠᠭᠰᠠᠨ ᠪᠠᠶᠢᠨ᠎ᠠ᠃ (ᠬᠠᠤᠯᠢ ᠶᠢᠨ ᠬᠢᠨᠠᠨ ᠪᠠᠶᠢᠴᠠᠭᠠᠯᠲᠠ) ᠬᠠᠤᠯᠢ ᠶᠢᠨ
ᠬᠢᠨᠠᠨ ᠪᠠᠶᠢᠴᠠᠭᠠᠯᠲᠠ ᠶᠢᠨ ᠠᠵᠢᠯ ᠤᠨ ᠪᠦᠷᠢᠯᠳᠦᠬᠦᠨ᠂ ᠬᠠᠤᠯᠢ ᠶᠢᠨ ᠬᠢᠨᠠᠨ ᠪᠠᠶᠢᠴᠠᠭᠠᠯᠲᠠ ᠶᠢᠨ ᠪᠠᠶᠢᠭᠤᠯᠤᠯᠲᠠ ᠶᠢᠨ ᠬᠦᠷᠢᠶᠡᠨ ᠢ ᠲᠣᠳᠣᠷᠬᠠᠶᠢᠯᠠᠭᠰᠠᠨ
《ᠬᠠᠤᠯᠢ ᠶᠢᠨ ᠬᠢᠨᠠᠨ ᠪᠠᠶᠢᠴᠠᠭᠠᠯᠲᠠ ᠶᠢᠨ ᠬᠡᠷᠡᠭᠵᠢᠭᠦᠯᠦᠯᠲᠡ ᠶᠢᠨ ᠲᠤᠬᠠᠢ ᠬᠠᠤᠯᠢ》 ᠳᠤ
（ᠡᠬᠢ ᠰᠤᠷᠪᠤᠯᠵᠢ: 《ᠬᠠᠤᠯᠢ ᠶᠢᠨ ᠬᠢᠨᠠᠨ ᠪᠠᠶᠢᠴᠠᠭᠠᠯᠲᠠ ᠶᠢᠨ ᠬᠡᠷᠡᠭᠵᠢᠭᠦᠯᠦᠯᠲᠡ ᠶᠢᠨ ᠲᠤᠬᠠᠢ ᠬᠠᠤᠯᠢ》 29 ᠳᠦᠭᠡᠷ ᠵᠦᠢᠯ᠂ ᠬᠡᠪᠯᠡᠯ ᠦᠨ ᠬᠤᠷᠢᠶᠠᠩᠭᠤᠢ）

[illegible]

第八十五条【食品检验人】食品检验由食品检验机构指定的检验人独立进行。

检验人应当依照有关法律、法规的规定，并按照食品安全标准和检验规范对食品进行检验，尊重科学，恪守职业道德，保证出具的检验数据和结论客观、公正，不得出具虚假检验报告。

●条文解读

本条是原法第 58 条，未作修改。

食品检验是指运用科学的检验技术和方法，对食品安全特性进行测量、检查、试验、计量，并将这些特性与法律、法规、食品安全标准等规定的要求进行比较，以确定食品安全特性与其是否符合的评定活动，是一项科学性、技术性、规范性很强的工作。食品检验是食品安全监督管理的基础，为食品安全监督管理提供科学依据，为防止食品污染，减少食物中毒等食源性疾病发挥了积极作用。食品检验是保证食品安全的关键环节，同时也是食品安全监管的重要技术支撑。食品检验对保护企业、消费者的合法权益，维护正常的市场经济秩序等都具有十分重要的意义。良好的食品安全管理需要严格、训练有素、高效、客观公正的食品检验服务。

本条对检验人的具体要求主要分为两个部分，目的都是为了保证检验结果的客观公正。

第1款赋予检验人相对独立的检验权。根据该款规定，食品检验必须由检验人进行，食品检验人由食品检验机构指定，检验人进行食品检验时应当独立进行。本款赋予了检验人独立的检验权，以防止食品检验机构不独立所带来的负面影响。这种『独立』，就是要求检验机构及有关单位和个人不能非法干扰检验人依法进行的检验活动，目的是防止检验人在检骏过程中受他人干预，以确保食品检验的独立性、客观性、公正性。这种独立性是与检验工作的特点相符合的。食品检验工作是技术性、科学性很强的事务，很多工作需要独立完成。独立检验权也是实行检验人责任制的基础，有了独立检验权才能明确责任承担。

第2款对检验人的检验工作提出了要求。检验人应当依照有关法律、法规的规定，并按照食品安全标准和检验规范对食品进行检验，尊重科学，恪守职业道德，保证出具的检验数据和结论客观、公正，不得出具虚假检验报告。一些部门规章对此作了进一步的规定。如2010年国家质检总局颁布的《食品检验机构资质认定管理办法》规定，食品检验机构应当指定检验人独立进行食品检验，与检验业务委托人有利害关系的检验人应当予以回避。食品检验人不得与其食品检验活动所涉及的检验业务委托人存在利益关系；不得参与任何影响其检验判断独立性和公正性的活动。食品检验人应当具备与食品检验活动相适应的检验能力和水平，并符合国家有关食品检验人员资质要求的规定。对检验人最终的要求是保证出具的检验数据和结论客观、公正，不出具虚假的检验报告。虚假检验报告主要是伪造检验结果，包括对未经检验的产品出具检验报告或未经检验的项目出具检验结论，出具载有虚假、失实的数据和结论的检验报告。如果出具了虚假的检验报告，检验人就要承担相应的法律责任。

1 [illegible]

[illegible]

[illegible]

[illegible]

第八十六条【检验机构与检验人负责制】 食品检验实行食品检验机构与检验人负责制。

食品检验报告应当加盖食品检验机构公章，并有检验人的签名或者盖章。食品检验机构和检验人对出具的食品检验报告负责。

●条文解读

本条是原法第59条，未作修改。

根据本条规定，食品检验实行食品检验机构与检验人共同负责制。食品检验报告应当加盖食品检验机构公章，并有检验人的签名或者盖章。食品检验机构和检验人对出具的食品检验报告负责。

规定食品检验机构与检验人共同负责，是本法第85条赋予检验人独立检验权的延续，有利于提高检验人的职业地位，发挥其主观能动性，也有利于在食品检验机构和检验人之间形成制约机制，这将有利于促进我国食品检验水平的提高，保证我国食品安全。

或者不定期的抽样检验，并依据有关规定公布检验结果，不得免检。进行抽样检验，应当购

第八十七条【监督抽检】 县级以上人民政府食品药品监督管理部门应当对食品进行定期

ᠰᠢᠯᠭᠠᠨ ᠪᠠᠢᠴᠠᠭᠠᠯᠲᠠ ᠶᠢ ᠬᠢᠭᠡᠳ᠂ ᠬᠠᠮᠢᠶ᠎ᠠ ᠲᠠᠢ ᠳᠦᠷᠢᠮ ᠦᠨ ᠳᠠᠭᠤᠤ ᠪᠠᠢᠴᠠᠭᠠᠯᠲᠠ ᠶᠢᠨ ᠦᠷ᠎ᠡ ᠳᠦᠩ ᠢ ᠨᠡᠢᠲᠡᠯᠡᠬᠦ ᠶᠤᠰᠤᠲᠠᠢ᠂ ᠪᠠᠢᠴᠠᠭᠠᠯᠲᠠ ᠡᠴᠡ ᠴᠢᠯᠦᠭᠡᠯᠡᠵᠦ ᠪᠣᠯᠬᠤ ᠦᠭᠡᠢ ::
ᠰᠢᠯᠭᠠᠨ ᠪᠠᠢᠴᠠᠭᠠᠬᠤ ᠳᠤ ᠰᠤᠩᠭᠤᠭᠰᠠᠨ ᠳᠡᠭᠡᠵᠢ ᠶᠢ ᠬᠤᠳᠠᠯᠳᠤᠨ ᠠᠪᠴᠤ᠂ ᠡᠨᠡ ᠬᠠᠤᠯᠢ ᠶᠢᠨ ᠲᠣᠭᠲᠠᠭᠠᠯ ᠳᠤ ᠨᠡᠢᠴᠡᠭᠰᠡᠨ ᠬᠦᠨᠡᠰᠦ ᠪᠠᠢᠴᠠᠭᠠᠯᠲᠠ ᠶᠢᠨ ᠪᠠᠢᠭᠤᠯᠤᠮᠵᠢ ᠳᠤ ᠳᠠᠭᠠᠯᠭᠠᠵᠤ ᠪᠠᠢᠴᠠᠭᠠᠯᠲᠠ ᠬᠢᠯᠭᠡᠬᠦ ᠶᠤᠰᠤᠲᠠᠢ᠂ ᠬᠣᠯᠪᠣᠭᠳᠠᠬᠤ ᠵᠠᠷᠳᠠᠯ ᠢ ᠲᠥᠯᠥᠬᠦ ᠪᠥᠭᠡᠳ᠂ ᠬᠦᠨᠡᠰᠦ ᠦᠢᠯᠡᠳᠬᠦᠨ ᠠᠵᠤ ᠠᠬᠤᠢ ᠶᠠᠪᠤᠭᠤᠯᠤᠭᠴᠢ ᠠᠴᠠ ᠪᠠᠢᠴᠠᠭᠠᠯᠲᠠ ᠶᠢᠨ ᠵᠠᠷᠳᠠᠯ ᠪᠣᠯᠤᠨ ᠪᠤᠰᠤᠳ ᠵᠠᠷᠳᠠᠯ ᠢ ᠬᠤᠷᠢᠶᠠᠬᠤ ᠦᠭᠡᠢ ::
ᠬᠦᠨᠡᠰᠦ ᠦᠢᠯᠡᠳᠬᠦᠨ ᠦ ᠬᠢᠨᠠᠨ ᠬᠠᠮᠠᠭᠠᠷᠤᠯᠲᠠ ᠶᠢᠨ ᠵᠢᠭᠠᠯᠠᠯ᠂ ᠡᠨᠡ ᠬᠠᠤᠯᠢ ᠶᠢᠨ 85 ᠳᠤᠭᠠᠷ ᠵᠦᠢᠯ ᠦᠨ ᠲᠠᠢᠯᠪᠤᠷᠢ ᠶᠢ ᠦᠵᠡᠭᠦᠯᠦᠨ᠎ᠡ ::

ᠬᠦᠨᠡᠰᠦ ᠦᠢᠯᠡᠳᠬᠦᠨ ᠦ ᠬᠢᠨᠠᠨ ᠬᠠᠮᠠᠭᠠᠷᠤᠯᠲᠠ ᠶᠢᠨ ᠵᠢᠭᠠᠯᠠᠯ᠂ ᠡᠨᠡ ᠬᠠᠤᠯᠢ ᠶᠢᠨ 59 ᠳᠤᠭᠠᠷ ᠵᠦᠢᠯ ᠦᠨ ᠲᠠᠢᠯᠪᠤᠷᠢ ᠶᠢ ᠦᠵᠡᠭᠦᠯᠦᠨ᠎ᠡ ::

[ᠲᠠᠢᠯᠪᠤᠷᠢ]

ᠬᠦᠨᠡᠰᠦ ᠦᠢᠯᠡᠳᠬᠦᠨ ᠦ ᠬᠢᠨᠠᠨ ᠬᠠᠮᠠᠭᠠᠷᠤᠯᠲᠠ ᠶᠢᠨ ᠵᠢᠭᠠᠯᠠᠯ ᠤᠨ ᠠᠵᠢᠯ ᠢ ᠡᠷᠬᠢᠯᠡᠨ᠎ᠡ ::

质量技术监督部门连续三次以上抽查合格的产品，可确定为免检产品』，『在一定时间内免于
定、市场占有率高、企业标准达到或严于国家有关标准的，以及国家或省、自治区、直辖市
关于进一步加强产品质量工作若干问题的决定》，规定『实行免检制度。对产品质量长期稳
监督部门对本地连续数年检查合格的产品，在一定时间内免于监督检查。1999年，《国务院
免于各级政府部门的质量监督抽查的制度。免检制度始于20世纪90年代，一些地方的技术

免检制度，是指依据《产品免于质量监督检查管理办法》，对符合规定的产品，在三年内
行多年的食品免检制度宣告结束。
废止《产品免于质量监督检查管理办法》（国家质量监督检验检疫总局令第9号）。至此，实
【1999】24号）中有关食品质量免检制度的内容。同一天，国家质检总局发布第109号令，
1999年12月5日发布的《国务院关于进一步加强产品质量工作若干问题的决定》（国发
多婴幼儿患肾结石后，国务院办公厅发布《关于废止食品质量免检制度的通知》，决定废止

2008年9月18日，在多个属于『国家免检产品』的奶制品被检出含有三聚氰胺，导致许
一、不得实施免检

●条文解读

生产经营者收取检验费和其他费用。
买抽取的样品，委托符合本法规定的食品检验机构进行检验，并支付相关费用；不得向食品

各地区、各部门各种形式的检查』。2000 年 3 月，原国家质量技术监督局发布《产品免于质量监督检查管理办法》，规定在免检有效期内，各级政府部门以及流通领域均不得对其进行质量监督检查。2001 年 12 月，国家质检总局颁发新的《产品免于质量监督检查管理办法》，规定免检产品 3 年内免于各级政府部门的质量监督抽查。

设立免检制度初衷是为了避免重复检查，防止地方利益保护和行业垄断，减轻企业负担，鼓励企业自律保证产品质量。但从实施效果来看，免检食品的安全情况却不令人满意。由于食品直接关系人民群众的身体健康和生命安全以及食品安全问题的重要性、复杂性，故不应当实行免检。政府应当对食品安全进行严格监管，不能让企业在政府免予检验的担保下，生产经营不安全食品，危害人民群众的身体健康生命安全，损害政府的威信。因此，本法明确规定，食品安全监督管理部门对食品不得实施免检。

二、关于食品安全抽样检验制度

本条在否定免检制度的同时，明确规定对食品的检验采取定期或者不定期的抽样检验的方式。抽样检验是对食品安全进行监督检查的一种主要方式。

（一）抽样检验的主体

原法第 60 条规定县级以上质量监督、工商行政管理、食品药品监督管理部门履行各自食品安全监督管理职责，有权采取措施，对生产经营的食品进行抽样检验。为了适应食品安全监管体制调整以后的需要，本次修改只赋予县级以上人民政府食品药品监督管理部门对食品进行定期或者不定期的抽样检验，包括对食品生产、食品销售、餐饮服务活动环节的食品进行抽样检验。2014 年 12 月 31 日，国家食药总局制定了《食品安全抽样检验管理办法》，自 2015 年 2 月 1 日起施行。

（二）抽样检验的方式

食品安全抽样检验包括定期和不定期的抽样检验两种。定期检验主要是指监管部门根据监管工作的需要，作出明确规定和安排，在确定的时间，对食品进行抽样检验。如《产品质量国家监督抽查管理办法》规定，国务院质量监督部门『定期实施的国家监督抽查每季度开展一次』。不定期检验主要是针对特定时期的食品安全形势、消费者和有关组织反映的情况，或者因其他原因需要在定期检验的基础上，不定期地对某一类食品、某一生产经营者的食品、或者某一区域的食品，进行抽样检验。定期检验和不定期检验的最大区别是实施抽样检验的时间是否确定，定期检验一般是常规的工作安排，不定期检验具有一定的灵活性，有利于迅速检查发现问题，及时排除食品安全隐患。

（三）抽样的范围和对抽取样品的保存

《食品安全抽样检验管理办法》第 18 条规定，抽样可以从食品生产者的成品库待销产品中或者从食品经营者仓库和用于经营的食品中随机抽取样品，不得由食品生产经营者自行提供样品。抽样数量原则上应当满足检验和复检的要求。

为了保证抽样检验的公正性，关于对所抽取样品的保存，《食品安全抽样检验管理办法》第 20 条规定，食品安全监督抽检中的样品应当现场封样。复检备份样品应当单独封样，交由承检机构保存。抽样人员应当采取有效的防拆封措施，并由抽样人员、被抽样食品生产经营者签字或者盖章确认。

（四）抽取样品的费用

对食品实施抽样检验，是食品安全监督管理部门代表国家对食品安全进行监督检查的执法行为，其执法过程所需要的有关费用应当由国家财政拨付。所以本条规定，进行抽样检验，应当购买抽取的样品。《食品安全抽样检验管理办法》第 16 条规定，食品安全监督抽检所抽取样品，应当向食品生产经营者支付费用。

（五）对抽取的样品进行检验

县级以上人民政府食品药品监督管理部门对抽取的样品，有的凭执法人员的感官就能作出判断，如是否属于腐败变质、油脂酸败、霉变生虫、污秽不洁、混有异物等的食品。但对致病性微生物、农药残留、兽药残留、生物毒素、重金属等污染物质以及其他危害人体健康的物质含量是否超过食品安全标准限量的规定，还要送食品检验机构进行检验。所以县级以上人民政府食品药品监督管理部门在执法工作中需要对食品进行检验的，应当委托符合本法规定的食品检验机构进行。

（六）关于检验费用

前文提到，对食品实施抽样检验，是食品安全监督管理部门代表国家对食品安全进行监督检查的执法行为，其执法过程所需要的有关费用应当由国家财政拨付。所以本条规定，抽样检验，不得向被抽检的食品生产经营者收取检验费和其他费用，而应当由委托的食品药品监督管理部门向受托的食品检验机构支付费用。如果向被抽检的食品生产经营者收取检验费等费用，不仅会增加被抽检人的负担，而且不利于保证检验结果的客观、公正。

（七）公布检验结果

抽检结果，特别是所抽取的样品经过检验得出不合格检验结论的，事关广大消费者的生命安全和健康，因此，本次修改新增加了一个规定，就是食品药品监督管理部门应当依据有关规定公布检验结果。《食品安全抽样检验管理办法》第 41 条、第 42 条规定，国家和省级食品药品监督管理部门应当汇总分析食品安全监督抽检结果，并定期或者不定期组织对外公布。食品药品监督管理部门公布食品安全监督抽检不合格信息，包括被抽检食品名称、规格、生产日期或批号、不合格项目，被抽检食品标称的生产者名称、商标、地址，经营者名称、地址等内容。

ᠪᠣᠯᠤᠨ ᠪᠦᠲᠦᠭᠡᠭᠦ ᠭᠠᠵᠠᠷ ᠶᠠᠭᠠᠷᠠᠯᠲᠠᠢ᠂ 《ᠦᠢᠯᠡᠳᠪᠦᠷᠢ ᠶᠢᠨ ᠴᠢᠨᠠᠷ ᠪᠠᠲᠤᠯᠠᠬᠤ ᠬᠢᠨᠠᠨ ᠪᠠᠶᠢᠴᠠᠭᠠᠯᠲᠠ ᠡᠴᠡ ᠴᠢᠯᠦᠭᠡᠯᠡᠬᠦ ᠲᠤᠬᠠᠢ ᠬᠠᠮᠢᠶ᠎ᠠ》 ᠶᠢ ᠬᠡᠪᠯᠡᠨ ᠨᠡᠢᠲᠡᠯᠡᠬᠦ ᠲᠤᠬᠠᠢ ᠮᠡᠳᠡᠭᠳᠡᠯ᠂ ᠤᠯᠤᠰ ᠤᠨ ᠴᠢᠨᠠᠷ ᠬᠢᠨᠠᠨ ᠪᠠᠶᠢᠴᠠᠭᠠᠯᠲᠠ ᠶᠢᠨ ᠲᠤᠰᠬᠠᠢ ᠬᠦᠷᠢᠶᠡᠯᠡᠩ ᠦᠨ 109 ᠳᠤᠭᠠᠷ ᠲᠤᠰᠢᠶᠠᠯ 【1999】 24 ᠳᠤᠭᠠᠷ ᠲᠤᠰᠢᠶᠠᠯ) ᠪᠣᠯᠤᠨ ᠤᠯᠤᠰ ᠤᠨ ᠴᠢᠨᠠᠷ ᠲᠧᠬᠨᠢᠻ ᠬᠢᠨᠠᠨ ᠪᠠᠶᠢᠴᠠᠭᠠᠯᠲᠠ ᠶᠢᠨ ᠲᠣᠪᠴᠢᠶ᠎ᠠ ᠶᠢᠨ ᠦᠢᠯᠡᠳᠪᠦᠷᠢ ᠶᠢᠨ ᠴᠢᠨᠠᠷ ᠬᠢᠨᠠᠨ ᠪᠠᠶᠢᠴᠠᠭᠠᠯᠲᠠ ᠡᠴᠡ ᠴᠢᠯᠦᠭᠡᠯᠡᠬᠦ ᠲᠤᠬᠠᠢ ᠬᠠᠮᠢᠶ᠎ᠠ》 (ᠤᠯᠤᠰ ᠤᠨ ᠴᠢᠨᠠᠷ ᠲᠧᠬᠨᠢᠻ ᠬᠢᠨᠠᠨ ᠪᠠᠶᠢᠴᠠᠭᠠᠯᠲᠠ ᠶᠢᠨ ᠲᠣᠪᠴᠢᠶ᠎ᠠ ᠶᠢᠨ ᠳᠤᠭᠠᠷ ᠲᠤᠰᠢᠶᠠᠯ) ᠨᠡᠢᠲᠡᠯᠡᠭᠰᠡᠨ᠂ 1999 ᠣᠨ ᠤ 12 ᠰᠠᠷ᠎ᠠ ᠶᠢᠨ 5 ᠤ ᠡᠳᠦᠷ ᠬᠡᠷᠡᠭᠵᠢᠭᠦᠯᠦᠭᠰᠡᠨ 《ᠤᠯᠤᠰ ᠤᠨ ᠨᠡᠷ᠎ᠡ ᠲᠡᠮᠳᠡᠭ ᠲᠦ ᠦᠢᠯᠡᠳᠪᠦᠷᠢ ᠶᠢ ᠰᠣᠩᠭᠣᠨ ᠳᠡᠪᠰᠢᠭᠦᠯᠬᠦ ᠲᠤᠬᠠᠢ ᠬᠡᠮᠵᠢᠶ᠎ᠡ》᠂ ᠤᠯᠤᠰ ᠤᠨ ᠨᠡᠷ᠎ᠡ ᠲᠡᠮᠳᠡᠭ ᠲᠦ ᠦᠢᠯᠡᠳᠪᠦᠷᠢ ᠶᠢᠨ 《ᠦᠢᠯᠡᠳᠪᠦᠷᠢ ᠶᠢᠨ ᠴᠢᠨᠠᠷ ᠤᠨ ᠬᠢᠨᠠᠨ ᠪᠠᠶᠢᠴᠠᠭᠠᠯᠲᠠ ᠡᠴᠡ ᠴᠢᠯᠦᠭᠡᠯᠡᠬᠦ ᠶᠢᠨ ᠦᠨᠡᠮᠯᠡᠯ ᠪᠢᠴᠢᠭ ᠤᠨ ᠬᠡᠯᠪᠡᠷᠢ ᠶᠢ ᠵᠢᠭᠠᠨ ᠲᠣᠭᠲᠠᠭᠠᠪᠠ᠂ ᠲᠤᠬᠠᠢ ᠤᠯᠤᠰ ᠤᠨ ᠴᠢᠨᠠᠷ ᠬᠢᠨᠠᠨ ᠪᠠᠶᠢᠴᠠᠭᠠᠯᠲᠠ ᠶᠢᠨ ᠲᠤᠰᠬᠠᠢ ᠶᠢᠨ 2008 ᠣᠨ ᠤ 9 ᠰᠠᠷ᠎ᠠ ᠶᠢᠨ 18 ᠤ ᠡᠳᠦᠷ 《ᠤᠯᠤᠰ ᠤᠨ ᠬᠦᠨᠡᠰᠦ ᠶᠢᠨ ᠴᠢᠨᠠᠷ ᠬᠢᠨᠠᠨ ᠪᠠᠶᠢᠴᠠᠭᠠᠯᠲᠠ ᠡᠴᠡ ᠴᠢᠯᠦᠭᠡᠯᠡᠬᠦ ᠶᠢ ᠦᠭᠡᠶᠢᠰᠬᠡᠬᠦ》 ᠶᠢ ᠨᠡᠢᠲᠡᠯᠡᠭᠰᠡᠨ ᠪᠠᠶᠢᠨ᠎ᠠ᠂ ᠬᠦᠨᠡᠰᠦ ᠶᠢᠨ ᠴᠢᠨᠠᠷ ᠤᠨ ᠬᠢᠨᠠᠨ ᠪᠠᠶᠢᠴᠠᠭᠠᠯᠲᠠ ᠡᠴᠡ ᠴᠢᠯᠦᠭᠡᠯᠡᠬᠦ ᠶᠢ ᠦᠭᠡᠶᠢᠰᠬᠡᠪᠡ ᠪᠡᠷ ᠪᠠᠶᠢᠨ᠎ᠠ

[ᠲᠠᠶᠢᠯᠪᠤᠷᠢ]

ᠡᠨᠡ ᠵᠦᠢᠯ ᠢ ᠬᠦᠨᠡᠰᠦ ᠶᠢᠨ ᠪᠠᠲᠤᠯᠠᠭ᠎ᠠ ᠶᠢᠨ ᠬᠢᠨᠠᠨ ᠪᠠᠶᠢᠴᠠᠭᠠᠯᠲᠠ ᠡᠴᠡ ᠴᠢᠯᠦᠭᠡᠯᠡᠬᠦ ᠶᠢ ᠬᠣᠷᠢᠭᠯᠠᠬᠤ ᠲᠤᠬᠠᠢ ᠵᠢᠭᠠᠮᠵᠢ᠃ ᠬᠦᠨᠡᠰᠦ ᠶᠢᠨ ᠴᠢᠨᠠᠷ ᠤᠨ ᠬᠢᠨᠠᠨ ᠪᠠᠶᠢᠴᠠᠭᠠᠯᠲᠠ ᠡᠴᠡ ᠴᠢᠯᠦᠭᠡᠯᠡᠬᠦ ᠪᠣᠯ᠂ ᠲᠤᠰ ᠦᠢᠯᠡᠳᠪᠦᠷᠢ ᠶᠢᠨ ᠴᠢᠨᠠᠷ ᠢ ᠬᠢᠨᠠᠨ ᠪᠠᠶᠢᠴᠠᠭᠠᠯᠲᠠ ᠡᠴᠡ ᠴᠢᠯᠦᠭᠡᠯᠡᠬᠦ ᠶᠢᠨ ᠵᠡᠷᠭᠡ ᠳᠦ᠂ ᠲᠤᠰ ᠬᠦᠨᠡᠰᠦ ᠶᠢᠨ ᠴᠢᠨᠠᠷ ᠤᠨ ᠬᠢᠨᠠᠨ ᠪᠠᠶᠢᠴᠠᠭᠠᠯᠲᠠ ᠳᠤ ᠬᠢᠨᠠᠨ ᠪᠠᠶᠢᠴᠠᠭᠠᠯᠲᠠ ᠶᠢ ᠬᠢᠨᠠᠨ ᠪᠠᠶᠢᠴᠠᠭᠠᠯᠲᠠ ᠡᠴᠡ ᠴᠢᠯᠦᠭᠡᠯᠡᠬᠦ ᠶᠢᠨ ᠬᠢᠨᠠᠨ ᠪᠠᠶᠢᠴᠠᠭᠠᠯᠲᠠ ᠪᠠᠶᠢᠨ᠎ᠠ᠃ ᠵᠠᠰᠠᠭ ᠤᠨ ᠭᠠᠵᠠᠷ ᠤᠨ ᠬᠦᠨᠡᠰᠦ ᠶᠢᠨ ᠴᠢᠨᠠᠷ ᠤᠨ ᠬᠢᠨᠠᠨ ᠪᠠᠶᠢᠴᠠᠭᠠᠯᠲᠠ ᠶᠢ ᠬᠢᠨᠠᠨ ᠬᠠᠶᠢᠨᠠᠬᠤ ᠵᠠᠰᠠᠭ ᠤᠨ ᠭᠠᠵᠠᠷ ᠤᠨ ᠬᠦᠨᠡᠰᠦ ᠶᠢᠨ ᠴᠢᠨᠠᠷ ᠤᠨ ᠬᠢᠨᠠᠨ ᠪᠠᠶᠢᠴᠠᠭᠠᠯᠲᠠ ᠶᠢ᠂ ᠡᠩ ᠤᠨ ᠪᠠᠶᠢᠳᠠᠯ ᠳᠤ ᠬᠦᠨᠡᠰᠦ ᠶᠢᠨ ᠴᠢᠨᠠᠷ ᠤᠨ ᠬᠢᠨᠠᠨ ᠪᠠᠶᠢᠴᠠᠭᠠᠯᠲᠠ ᠶᠢᠨ ᠬᠠᠮᠤᠷᠤᠬᠤ ᠬᠦᠷᠢᠶ᠎ᠡ ᠶᠢ ᠶᠠᠭᠠᠷᠠᠯᠲᠠᠢ᠂ ᠬᠦᠨᠡᠰᠦ ᠶᠢᠨ ᠬᠦᠨᠡᠰᠦ ᠪᠡᠷ ᠡᠨᠡ ᠲᠤ ᠲᠤᠬᠠᠢ ᠴᠢᠨᠠᠷ ᠢ ᠪᠠᠲᠤᠯᠠᠬᠤ ᠶᠢᠨ ᠲᠥᠯᠦᠭᠡ ᠬᠦᠨᠡᠰᠦ ᠬᠣᠪᠢ ᠪᠠᠲᠤᠯᠠᠭᠠᠲᠤ ᠪᠠᠶᠢᠬᠤ ᠡᠰᠡᠬᠦ ᠪᠤᠢ

[illegible]

[illegible]

ᠪᠡᠶᠡᠯᠡᠭᠦᠯᠬᠦ ᠶᠢᠨ ᠬᠡᠷᠡᠭᠯᠡᠭᠡᠨ ᠪᠦᠲᠦᠭᠡᠭᠳᠡᠬᠦᠨ ᠦ ᠬᠡᠮᠵᠢᠶ᠎ᠡ ᠳᠦ ᠬᠡᠷᠡᠭᠯᠡᠭᠡᠨ ᠪᠦᠲᠦᠭᠡᠭᠳᠡᠬᠦᠨ ᠪᠠᠶᠢᠳᠠᠯ ᠪᠡᠶᠡᠯᠡᠭᠦᠯᠬᠦ ᠪᠣᠯᠭ᠎ᠠ ، ᠬᠡᠷᠡᠭᠯᠡᠭᠡᠨ ᠪᠦᠲᠦᠭᠡᠭᠳᠡᠬᠦᠨ ᠦ ᠬᠠᠮᠢᠶᠠᠷᠤᠯᠤᠯᠲᠠ ᠶᠢ ᠲᠤ ᠬᠣᠣᠯᠠ ᠶᠢᠨ ᠪᠦᠲᠦᠭᠡᠭᠳᠡᠬᠦᠨ ᠦ ᠪᠠᠷᠢᠮᠵᠢᠶ᠎ᠠ ᠶᠢᠨ ᠬᠡᠮᠵᠢᠶ᠎ᠡ ᠳᠦ ᠬᠠᠮᠢᠶᠠᠷᠤᠭᠰᠠᠨ ᠪᠠᠶᠢᠳᠠᠯ ᠢ ᠲᠣᠭᠲᠠᠭᠠᠬᠤ ᠶᠢᠨ ᠬᠠᠮᠲᠤ ᠬᠣᠣᠯᠠ ᠶᠢᠨ ᠪᠦᠲᠦᠭᠡᠭᠳᠡᠬᠦᠨ ᠦ ᠬᠡᠮᠵᠢᠶ᠎ᠡ (ᠰᠲᠠᠨᠳᠠᠷᠲ) ᠬᠡᠷᠡᠭᠵᠢᠭᠦᠯᠬᠦ ᠬᠡᠷᠡᠭᠲᠡᠢ ᠪᠣᠯᠤᠨ᠎ᠠ ::

ᠬᠣᠣᠯᠠ ᠶᠢᠨ ᠪᠦᠲᠦᠭᠡᠭᠳᠡᠬᠦᠨ ᠳᠦ ᠬᠡᠷᠡᠭᠯᠡᠭᠡᠨ ᠪᠦᠲᠦᠭᠡᠭᠳᠡᠬᠦᠨ ᠦ ᠬᠡᠮᠵᠢᠶ᠎ᠡ ᠳᠦ ᠬᠠᠮᠢᠶᠠᠷᠤᠭᠰᠠᠨ ᠪᠠᠶᠢᠳᠠᠯ ᠢ ᠲᠣᠭᠲᠠᠭᠠᠬᠤ ᠳᠤ ᠬᠣᠣᠯᠠ ᠶᠢᠨ ᠪᠦᠲᠦᠭᠡᠭᠳᠡᠬᠦᠨ ᠦ ᠶᠠᠯᠠᠭᠤ ᠶᠢᠨ ᠬᠡᠮᠵᠢᠶ᠎ᠡ ᠶᠢ ᠲᠣᠭᠲᠠᠭᠠᠬᠤ ᠬᠡᠷᠡᠭᠲᠡᠢ :: ᠡᠩ ᠦᠨ ᠬᠣᠣᠯᠠ ᠶᠢᠨ ᠬᠡᠷᠡᠭᠯᠡᠭᠡᠨ ᠪᠦᠲᠦᠭᠡᠭᠳᠡᠬᠦᠨ ᠦ ᠬᠠᠮᠢᠶᠠᠷᠤᠯᠤᠯᠲᠠ ᠶᠢᠨ ᠪᠠᠶᠢᠳᠠᠯ ᠢ ᠬᠣᠣᠯᠠ ᠶᠢᠨ ᠠᠶᠤᠯᠭᠦᠢ ᠶᠢᠨ ᠬᠡᠮᠵᠢᠶ᠎ᠡ ᠳᠦ ᠲᠣᠬᠢᠷᠠᠭᠤᠯᠬᠤ ᠶᠢᠨ ᠲᠥᠯᠥᠭᠡ ، ᠬᠣᠣᠯᠠ ᠶᠢᠨ ᠪᠦᠲᠦᠭᠡᠭᠳᠡᠬᠦᠨ ᠳᠦ ᠬᠡᠷᠡᠭᠯᠡᠬᠦ ᠶᠢᠨ ᠬᠡᠮᠵᠢᠶ᠎ᠡ ᠪᠡᠨ ᠲᠣᠳᠣᠷᠬᠠᠢᠯᠠᠨ ᠲᠣᠭᠲᠠᠭᠠᠬᠤ ᠬᠡᠷᠡᠭᠲᠡᠢ :: ᠬᠣᠣᠯᠠ ᠶᠢᠨ ᠠᠶᠤᠯᠭᠦᠢ ᠶᠢᠨ ᠦᠨᠡᠯᠡᠯᠲᠡ ᠶᠢᠨ ᠦᠷ᠎ᠡ ᠳᠦᠩ ᠳᠦ ᠲᠥᠰᠢᠭᠯᠡᠨ ، ᠬᠦᠮᠦᠨ ᠦ ᠡᠷᠡᠭᠦᠯ ᠮᠡᠨᠳᠦ ᠳᠦ ᠬᠣᠣᠷ ᠲᠣᠳᠣᠷᠬᠠᠢᠯᠠᠭᠰᠠᠨ ᠪᠠᠶᠢᠳᠠᠯ ᠳᠤ ، ᠬᠡᠷᠡᠭᠯᠡᠭᠡᠨ ᠪᠦᠲᠦᠭᠡᠭᠳᠡᠬᠦᠨ ᠦ ᠬᠠᠮᠢᠶᠠᠷᠤᠯᠤᠯᠲᠠ ᠶᠢ ᠬᠢᠵᠠᠭᠠᠷᠯᠠᠨ ، ᠪᠠᠭᠤᠷᠠᠭᠤᠯᠬᠤ ᠪᠤᠶᠤ ᠬᠣᠷᠢᠭᠯᠠᠬᠤ ᠡᠰᠡᠬᠦ ᠶᠢ ᠲᠣᠳᠣᠷᠬᠠᠢᠯᠠᠬᠤ ، ᠲᠤᠰᠬᠠᠢ ᠵᠢᠷᠤᠮ ᠢ ᠲᠣᠭᠲᠠᠭᠠᠬᠤ ᠶᠢᠨ ᠬᠠᠮᠲᠤ ᠬᠣᠣᠯᠠ ᠶᠢᠨ ᠪᠦᠲᠦᠭᠡᠭᠳᠡᠬᠦᠨ ᠦ ᠬᠡᠮᠵᠢᠶ᠎ᠡ ᠶᠢ ᠬᠡᠷᠡᠭᠵᠢᠭᠦᠯᠬᠦ (ᠰᠲᠠᠨᠳᠠᠷᠲ) ᠶᠢᠨ ᠠᠶᠤᠯᠭᠦᠢ ᠶᠢᠨ ᠪᠠᠶᠢᠳᠠᠯ ᠢ ᠬᠢᠨᠠᠨ ᠬᠠᠷᠢᠭᠤᠴᠠᠬᠤ ᠶᠢᠨ ᠬᠠᠮᠲᠤ ᠬᠠᠮᠢᠶᠠᠷᠤᠯᠤᠯᠲᠠ ᠶᠢᠨ ᠪᠠᠶᠢᠳᠠᠯ ᠢ ᠲᠣᠭᠲᠠᠭᠠᠬᠤ ᠪᠣᠯᠤᠨ᠎ᠠ ::

ᠬᠦᠨᠳᠦᠯᠡᠩ ᠦᠨ ᠪᠦᠲᠦᠭᠡᠭᠳᠡᠬᠦᠨ ᠦ ᠬᠡᠮᠵᠢᠶ᠎ᠡ ᠶᠢ ᠬᠡᠷᠡᠭᠵᠢᠭᠦᠯᠬᠦ ᠶᠢᠨ ᠬᠠᠮᠲᠤ ᠬᠦᠨᠳᠦᠯᠡᠩ ᠦᠨ ᠪᠦᠲᠦᠭᠡᠭᠳᠡᠬᠦᠨ ᠦ ᠵᠢᠷᠤᠮ ᠢ ᠲᠣᠭᠲᠠᠭᠠᠬᠤ ᠪᠣᠯᠤᠨ ᠲᠣᠭᠲᠠᠭᠠᠪᠠ :: 《ᠬᠦᠨᠳᠦᠯᠡᠩ ᠦᠨ ᠬᠣᠶᠠᠷ ᠨᠡᠮᠡᠯᠲᠡ ᠶᠢᠨ ᠬᠡᠷᠡᠭᠯᠡᠭᠡᠨ ᠦ ᠪᠠᠷᠢᠮᠵᠢᠶ᠎ᠠ》 ᠶᠢᠨ 16 ᠳᠤᠭᠠᠷ

[illegible]

[illegible]

第八十八条【复检】对依照本法规定实施的检验结论有异议的，食品生产经营者可以自收到检验结论之日起七个工作日内向实施抽样检验的食品药品监督管理部门或者其上一级食品药品监督管理部门提出复检申请，由受理复检申请的食品药品监督管理部门在公布的复检机构名录中随机确定复检机构进行复检。复检机构出具的复检结论为最终检验结论。复检机构与初检机构不得为同一机构。复检机构名录由国务院认证认可监督管理、食品药品监督管理、卫生行政、农业行政等部门共同公布。

采用国家规定的快速检测方法对食用农产品进行抽查检测，被抽查人对检测结果有异议的，可以自收到检测结果时起四小时内申请复检。复检不得采用快速检测方法。

●条文解读

一、复检的意义

监督抽检不合格的检验结论，是执法机关责令食品生产经营者召回问题食品，或者对食品生产经营者采取行政强制措施或进行行政处罚的依据。《食品安全抽样检验管理办法》第为7个工作日。

检验管理办法》规定5个工作日的申请复检期限确实太短，因此本条将申请复检的期限确定

产品质量法规定的复检期限是15个自然日，因此建议适当延长。经过研究，《食品安全抽样

复检，有些情况下企业需要自己先自行检验一下，在比较有把握的情况下再申请复检，况且

在立法过程中，有些食品生产企业提出5个工作日的时间太短。因为企业不能盲目申请

书面复检申请，并说明理由。

产者可以自收到食品安全监督抽检不合格检验结论之日起5个工作日内，依照法律规定提出

《食品安全抽样检验管理办法》第34条规定，被抽检的食品生产经营者和标称的食品生

（一）申请复检的期限

二、对一般检验的复检

益，有必要从法律上为其提供救济途径，所以本条规定了复检制度。

督抽检不合格的检验结论事关被监督抽检的食品生产经营者的切身利益，为了维护其合法权

营者不按规定及时履行前款规定义务的，食品药品监督管理部门应当责令其履行。因此，监

生的原因并进行整改，及时向住所地食品药品监督管理部门报告相关处理情况。食品生产经

品，暂停生产、销售和使用问题食品，召回问题食品等措施控制食品安全风险，排查问题发

39条规定，食品生产经营者收到监督抽检不合格检验结论后，应当立即采取封存库存问题食

（二）向谁申请复检

按照《食品安全抽样检验管理办法》第 34 条、第 35 条规定，复检申请人可以向任何有资质的检验机构申请复检，只是第 34 条第 2 款原则性地提出『复检机构与复检申请人存在日常检验业务委托等利害关系的，不得接受复检申请。』复检申请人应当在复检机构同意复检申请之日起 3 个工作日内向组织开展监督抽检的食品药品监督管理部门提交复检机构名称、资质证明文件、复检申请书、复检机构同意复检申请决定书等材料。

在立法过程中，有些地方的监管部门对以上规定提出了意见。理由是：复检申请人选择复检机构的随意性太大，尽管有『复检机构与复检申请人存在日常检验业务委托等利害关系的，不得接受复检申请』的规定，但往往复检申请人选择的复检机构出具的复检结论会推翻监管部门委托的初检机构出具的检验结论，使监管部门的执法陷入困境。因此，建议借鉴产品质量法和农产品质量安全法的规定，复检申请人应当向实施监督抽查的监管部门或者其上级监管部门提出复检申请。基于此，本条规定：复检申请人向实施抽样检验的食品药品监督管理部门或者其上一级食品药品监督管理部门提出复检申请。

（三）复检机构

为了保证复检的公正性，本条规定，复检机构名录由国务院认证认可监督管理、食品药品监督管理、卫生行政、农业行政等部门共同公布。这意味着并不是任何一家有资质的食品检验机构都可以成为复检机构。

被抽检的食品生产经营者对检验结论有异议的，可以自收到检验结论之日起7个工作日内向实施抽样检验的食品药品监督管理部门或者其上一级食品药品监督管理部门提出复检申请，由受理复检的食品药品监督管理部门在公布的复检机构名录中随机确定复检机构进行复检。如果非常巧合，随机选择的复检机构是当初的初检机构，则复检机构与初检机构不得为同一机构，受理复检的食品药品监督管理部门只能随机选择另一复检机构。随机确定复检机构，有利于保证复检的公正性。

三、对食用农产品快速检测结果的复检以及对其他食品快速检测结果的复检

农产品质量安全法第36条第2款规定，采用国务院农业行政主管部门会同有关部门认定的快速检测方法进行农产品质量安全监督抽查检测，被抽查人对检测结果有异议的，可以自收到检测结果时起4小时内申请复检。复检不得采用快速检测方法。本次修改食品安全法，按照国家调整食品安全监管体制的要求，将食用农产品的市场销售列入食品安全法的调整范围。因此，食品药品监督管理部门可以采用国家规定的快速检测方法对进入市场销售的食用农产品进行快速检测。被抽查的食用农产品销售者对监管部门或者其委托的检测机构采用快速检测方法进行检测的结果有异议的，可以自收到检测结果时起4小时内向实施抽查的监管部门或者其上级监管部门申请复检。

《食品安全抽样检验管理办法》第 39 条规定：『食品生产经营者收到监督抽检不合格检验为行政处罚的依据。那么，监管部门就可以以这个快速检测结果作出行政处罚吗？定的快速检测方法对食品进行抽查检测的结果确定有关食品不符合食品安全标准的，可以作或者快速检测结果作为依据，对被抽查人作出行政处罚？本法第 112 条规定，采用国家规不符合食品安全标准，在被抽查人提出异议并申请复检的情况下，监管部门能否以初检结论

需要讨论的问题是：如果初检结论或者快速检测结果表明被抽查的食品或者食用农产品只是行政程序中的，而未必是司法程序中的。

供的检验结论等证据进行审查，这个检验结论可能不被法院所采信，因此『最终检验结论』行政处罚不服，有权依法向人民法院提起行政诉讼。法院在审理过程中要对被告行政机关提机关对相对人作出行政行为的最终依据。如果食品生产经营者对监管部门作出的行政强制、

本条规定，复检机构出具的复检结论为最终检验结论。所谓『最终检验结论』是指行政

四、复检结论的效力

请复检。

合食品安全标准，被抽查人对检测结果有异议的，可以依照本条的规定，在 7 个工作日内申中可以采用国家规定的快速检测方法对食品进行抽查检测。抽查检测结果确定有关食品不符

本法第 112 条规定，县级以上人民政府食品药品监督管理部门在食品安全监督管理工作

结论后，应当立即采取封存库存问题食品，暂停生产、销售和使用问题食品，召回问题食品等措施控制食品安全风险，排查问题发生的原因并进行整改，及时向住所地食品药品监督管理部门报告相关处理情况。食品生产经营者不按规定及时履行前款规定义务的，食品药品监督管理部门应当责令其履行。食品生产经营者在申请复检期间和真实性异议审核期间，不得停止上述义务的履行；』由此规定可以看出，初检结论或者快速检测结果表明被抽查的食品或者食用农产品不符合食品安全标准的，监管部门不能对被抽查人进行罚款等行政处罚。行政法一般理论认为，责令履行、责令召回等不属于行政处罚的种类，因为履行的行为按照法律规定本属于当事人应自觉履行的行为，如果当事人不自觉履行的，监管部门作出责令其履行的决定，没有增加当事人的义务，也没有减损当事人的权利，所以不属于行政处罚的种类。因此，即使初检结论或者快速检测结果表明被抽查的食品或者食用农产品不符合食品安全标准，监管部门也不能以此为依据对被抽查人进行行政处罚。《食品安全抽样检验管理办法》第 40 条规定，地方食品药品监督管理部门收到监督抽检不合格检验结论后，应当及时对不合格食品及其生产经营者进行调查处理。由此也可以得出一个结论：初检结论或者快速检测结果表明被抽查的食品或者食用农产品不符合食品安全标准，被抽检人提出异议并申请复检的，复检结论作为最终检验结论，监管部门只能以复检结论作为依据对被抽查人进行行政处罚。

[illegible]

ᠪᠠᠢᠴᠠᠭᠠᠯᠲᠠ ᠶᠢᠨ ᠳᠦᠭᠨᠡᠯᠲᠡ ᠶᠢ ᠬᠦᠯᠢᠶᠡᠨ ᠠᠪᠤᠭᠰᠠᠨ ᠡᠳᠦᠷ ᠡᠴᠡ ᠡᠬᠢᠯᠡᠨ 7 ᠠᠵᠢᠯ ᠤᠨ ᠡᠳᠦᠷ ᠦᠨ ᠳᠣᠲᠣᠷ᠎ᠠ ᠰᠣᠩᠭᠣᠨ ᠰᠢᠯᠢᠵᠦ ᠪᠠᠢᠴᠠᠭᠠᠯᠲᠠ ᠬᠡᠷᠡᠭᠵᠢᠭᠦᠯᠦᠭᠰᠡᠨ ᠬᠦᠨᠰᠦᠨ ᠪᠦᠲᠦᠭᠡᠭᠳᠡᠬᠦᠨ ᠦ ᠠᠮᠤᠷ ᠲᠦᠪᠰᠢᠨ ᠢ ᠬᠢᠨᠠᠨ ᠬᠠᠮᠢᠶᠠᠷᠬᠤ ᠬᠠᠷᠢᠭᠤᠴᠠᠬᠤ ᠭᠠᠵᠠᠷ ᠡᠰᠡᠪᠡᠯ ᠲᠡᠭᠦᠨ ᠦ ᠳᠡᠭᠡᠳᠦ ᠨᠢᠭᠡ ᠰᠢᠲᠦ ᠶᠢᠨ ᠬᠦᠨᠰᠦᠨ ᠪᠦᠲᠦᠭᠡᠭᠳᠡᠬᠦᠨ ᠦ ᠠᠮᠤᠷ ᠲᠦᠪᠰᠢᠨ ᠢ ᠬᠢᠨᠠᠨ ᠬᠠᠮᠢᠶᠠᠷᠬᠤ ᠬᠠᠷᠢᠭᠤᠴᠠᠬᠤ ᠭᠠᠵᠠᠷ ᠲᠤ ᠳᠠᠬᠢᠨ ᠪᠠᠢᠴᠠᠭᠠᠯᠲᠠ ᠶᠢᠨ ᠬᠦᠰᠡᠯᠲᠡ ᠭᠠᠷᠭᠠᠵᠤ ᠪᠣᠯᠤᠨ᠎ᠠ ::

ᠳᠠᠬᠢᠨ ᠪᠠᠢᠴᠠᠭᠠᠯᠲᠠ ᠶᠢᠨ ᠬᠦᠰᠡᠯᠲᠡ ᠶᠢ ᠬᠦᠯᠢᠶᠡᠨ ᠠᠪᠤᠭᠰᠠᠨ ᠬᠦᠨᠰᠦᠨ ᠪᠦᠲᠦᠭᠡᠭᠳᠡᠬᠦᠨ ᠦ ᠠᠮᠤᠷ ᠲᠦᠪᠰᠢᠨ ᠢ ᠬᠢᠨᠠᠨ ᠬᠠᠮᠢᠶᠠᠷᠬᠤ ᠬᠠᠷᠢᠭᠤᠴᠠᠬᠤ ᠭᠠᠵᠠᠷ ᠨᠡᠢᠲᠡᠯᠡᠭᠰᠡᠨ ᠳᠠᠬᠢᠨ ᠪᠠᠢᠴᠠᠭᠠᠯᠲᠠ ᠶᠢᠨ ᠪᠠᠢᠭᠤᠯᠤᠮᠵᠢ ᠶᠢᠨ ᠨᠡᠷᠡᠰ ᠦᠨ ᠵᠢᠭᠰᠠᠭᠠᠯᠲᠠ ᠳᠤᠲᠠᠬᠢ ᠳᠠᠬᠢᠨ ᠪᠠᠢᠴᠠᠭᠠᠯᠲᠠ ᠶᠢᠨ ᠪᠠᠢᠭᠤᠯᠤᠮᠵᠢ ᠶᠢ ᠲᠠᠰᠢᠷᠠᠮ ᠲᠣᠭᠲᠠᠭᠠᠵᠤ ᠳᠠᠬᠢᠨ ᠪᠠᠢᠴᠠᠭᠠᠯᠲᠠ ᠬᠢᠨ᠎ᠡ ᠃ ᠳᠠᠬᠢᠨ ᠪᠠᠢᠴᠠᠭᠠᠯᠲᠠ ᠶᠢᠨ ᠪᠠᠢᠭᠤᠯᠤᠮᠵᠢ ᠶᠢᠨ ᠭᠠᠷᠭᠠᠭᠰᠠᠨ ᠳᠠᠬᠢᠨ ᠪᠠᠢᠴᠠᠭᠠᠯᠲᠠ ᠶᠢᠨ ᠳᠦᠭᠨᠡᠯᠲᠡ ᠨᠢ ᠡᠴᠦᠰ ᠦᠨ ᠪᠠᠢᠴᠠᠭᠠᠯᠲᠠ ᠶᠢᠨ ᠳᠦᠭᠨᠡᠯᠲᠡ ᠪᠣᠯᠤᠨ᠎ᠠ ᠄ ᠳᠠᠬᠢᠨ ᠪᠠᠢᠴᠠᠭᠠᠯᠲᠠ ᠶᠢᠨ ᠪᠠᠢᠭᠤᠯᠤᠮᠵᠢ ᠪᠣᠯᠤᠨ ᠠᠩᠬᠠᠨ ᠤ ᠪᠠᠢᠴᠠᠭᠠᠯᠲᠠ ᠶᠢᠨ ᠪᠠᠢᠭᠤᠯᠤᠮᠵᠢ ᠨᠢᠭᠡ ᠪᠠᠢᠭᠤᠯᠤᠮᠵᠢ ᠪᠠᠢᠵᠤ ᠪᠣᠯᠬᠤ ᠦᠭᠡᠢ ᠃ ᠳᠠᠬᠢᠨ ᠪᠠᠢᠴᠠᠭᠠᠯᠲᠠ ᠶᠢᠨ ᠪᠠᠢᠭᠤᠯᠤᠮᠵᠢ ᠶᠢᠨ ᠨᠡᠷᠡᠰ ᠦᠨ ᠵᠢᠭᠰᠠᠭᠠᠯᠲᠠ ᠶᠢ (ᠭᠦᠷᠦᠨ) ᠳᠠᠬᠢᠨ ᠪᠠᠢᠴᠠᠭᠠᠯᠲᠠ ᠶᠢᠨ ᠪᠠᠢᠭᠤᠯᠤᠮᠵᠢ ᠶᠢᠨ ᠬᠠᠮᠲᠤ ᠨᠡᠢᠲᠡᠯᠡᠨ᠎ᠡ ::

ᠤᠯᠤᠰ ᠤᠨ ᠲᠣᠭᠲᠠᠭᠠᠭᠰᠠᠨ ᠲᠦᠷᠭᠡᠨ ᠰᠢᠨᠵᠢᠯᠡᠨ ᠬᠡᠮᠵᠢᠬᠦ ᠠᠷᠭ᠎ᠠ ᠶᠢ ᠬᠡᠷᠡᠭᠯᠡᠨ ᠢᠳᠡᠭᠳᠡᠬᠦᠨ ᠦ ᠲᠠᠷᠢᠶᠠᠯᠠᠩ ᠤᠨ ᠪᠦᠲᠦᠭᠡᠭᠳᠡᠬᠦᠨ ᠢ ᠰᠣᠩᠭᠣᠨ ᠰᠢᠯᠢᠵᠦ ᠰᠢᠨᠵᠢᠯᠡᠨ ᠬᠡᠮᠵᠢᠬᠦ ᠳᠦ ᠂ ᠰᠣᠩᠭᠣᠨ ᠰᠢᠯᠢᠭᠳᠡᠭᠰᠡᠨ ᠬᠦᠮᠦᠨ ᠰᠢᠨᠵᠢᠯᠡᠨ ᠬᠡᠮᠵᠢᠭᠰᠡᠨ ᠦᠷ᠎ᠡ ᠳᠦᠩ ᠳᠦ ᠰᠠᠨᠠᠯ ᠵᠦᠷᠢᠶᠡᠲᠡᠢ ᠪᠣᠯ ᠂ ᠰᠢᠨᠵᠢᠯᠡᠨ ᠬᠡᠮᠵᠢᠭᠰᠡᠨ ᠦᠷ᠎ᠡ ᠳᠦᠩ ᠢ ᠬᠦᠯᠢᠶᠡᠨ ᠠᠪᠤᠭᠰᠠᠨ ᠴᠠᠭ ᠡᠴᠡ ᠡᠬᠢᠯᠡᠨ 4 ᠴᠠᠭ ᠤᠨ ᠳᠣᠲᠣᠷ᠎ᠠ ᠳᠠᠬᠢᠨ ᠪᠠᠢᠴᠠᠭᠠᠯᠲᠠ ᠶᠢᠨ ᠬᠦᠰᠡᠯᠲᠡ ᠭᠠᠷᠭᠠᠵᠤ ᠪᠣᠯᠤᠨ᠎ᠠ ᠃ ᠳᠠᠬᠢᠨ ᠪᠠᠢᠴᠠᠭᠠᠯᠲᠠ ᠳᠤ ᠲᠦᠷᠭᠡᠨ ᠰᠢᠨᠵᠢᠯᠡᠨ ᠬᠡᠮᠵᠢᠬᠦ ᠠᠷᠭ᠎ᠠ ᠶᠢ ᠬᠡᠷᠡᠭᠯᠡᠵᠦ ᠪᠣᠯᠬᠤ ᠦᠭᠡᠢ ::

[illegible]

ᠪᠣᠯᠤᠭᠰᠠᠨ ᠡᠨᠡ ᠵᠦᠢᠯ ᠦᠨ ᠲᠣᠭᠲᠠᠭᠠᠯ ᠤᠨ 7 ᠡᠳᠦᠷ ᠦᠨ ᠳᠣᠲᠣᠷ᠎ᠠ ᠳᠠᠬᠢᠨ ᠰᠢᠯᠭᠠᠨ ᠪᠠᠢᠴᠠᠭᠠᠬᠤ ᠬᠦᠰᠡᠯᠲᠡ ᠭᠠᠷᠭᠠᠵᠤ ᠪᠣᠯᠤᠨ᠎ᠠ ::
ᠪᠠᠢᠴᠠᠭᠠᠯᠲᠠ ᠳᠤ ᠬᠠᠷᠢᠶᠠᠯᠠᠬᠤ ᠡᠷᠬᠡ ᠲᠠᠢ ᠳᠠᠮᠵᠢᠭᠤᠯᠤᠭᠰᠠᠨ ᠪᠠᠢᠴᠠᠭᠠᠨ ᠰᠢᠯᠭᠠᠬᠤ ᠪᠠᠶᠢᠭᠤᠯᠤᠯᠭ᠎ᠠ ᠪᠣᠯᠤᠨ ᠪᠠᠢᠴᠠᠭᠠᠨ ᠰᠢᠯᠭᠠᠯᠲᠠ ᠶᠢᠨ ᠡᠳᠦᠷ ᠲᠤ ᠳᠠᠷᠤᠢ ᠬᠡᠭᠡᠳ ᠡᠨᠡ
ᠲᠤᠰ ᠪᠣᠯᠤᠨ᠎ᠠ :: ᠲᠣᠭᠲᠠᠭᠠᠯ ᠪᠠᠢᠴᠠᠭᠠᠯᠲᠠ ᠶᠢᠨ ᠪᠣᠯᠤᠨ ᠪᠠᠢᠴᠠᠭᠠᠯᠲᠠ ᠶᠢᠨ ᠡᠳᠦᠷ ᠲᠤ ᠳᠠᠷᠤᠢ ᠬᠡᠭᠡᠳ ᠪᠠᠷᠤ ᠬᠡᠮᠵᠢᠶ᠎ᠡ ᠶᠢ ᠬᠡᠷᠡᠭᠯᠡᠬᠦ ᠶᠢ
ᠬᠣᠷᠢᠭ ᠪᠠᠢ ᠡᠳᠡᠭᠡ ᠨᠢ ᠲᠣᠭᠲᠠᠭᠠᠭᠰᠠᠨ ᠬᠣᠭᠣᠯᠠᠢ ᠪᠣᠯᠤᠨ ᠪᠠᠢᠴᠠᠭᠠᠬᠤ ᠡᠷᠬᠡ ᠲᠠᠢ ᠡᠳᠦᠷ ᠲᠤ ᠲᠣᠭᠲᠠᠭᠠᠯ ᠪᠠᠢᠴᠠᠭᠠᠯᠲᠠ ᠶᠢᠨ ᠪᠣᠯᠤᠨ ᠪᠠᠢᠴᠠᠭᠠᠯᠲᠠ
ᠡᠳᠦᠷ ᠪᠣᠯᠤᠨ ᠬᠦ ᠳᠤ ᠬᠠᠷᠢᠶ᠎ᠠ ᠠᠶᠤᠯᠭᠦᠢ ᠰᠢᠯᠭᠠᠭᠤᠯᠤᠯ ᠤᠨ ᠡᠷᠬᠡ ᠶᠢᠨ ᠬᠦᠮᠦᠨ ᠡᠳᠦᠷ ᠦᠨ ᠬᠣᠭᠣᠯᠠᠢ ᠶᠢᠨ ᠲᠤᠰ ᠰᠢᠯᠭᠠᠭᠤᠯᠤᠯ ᠤᠨ ᠬᠡᠷᠡᠭ

ᠡᠨᠡ ᠬᠠᠤᠯᠢ ᠶᠢᠨ 112 ᠳᠤᠭᠠᠷ ᠵᠦᠢᠯ ᠳᠦ ᠲᠣᠭᠲᠠᠭᠠᠭᠰᠠᠨ ᠨᠢ ، ᠬᠡᠷᠡᠭ ᠦᠨ ᠬᠡᠮᠵᠢᠶ᠎ᠡ ᠪᠠᠷ ᠬᠤᠷᠳᠤᠨ ᠪᠠᠢᠴᠠᠭᠠᠯᠲᠠ ᠶᠢᠨ ᠠᠷᠭ᠎ᠠ ᠶᠢᠨ ᠬᠣᠭᠣᠯᠠᠢ ᠶᠢᠨ
ᠪᠠᠢᠴᠠᠭᠠᠬᠤ ᠲᠣᠭᠲᠠᠭᠠᠯᠲᠠ ᠶᠢᠨ ᠬᠡᠷᠡᠭᠯᠡᠬᠦ ᠪᠣᠯᠤᠨ᠎ᠠ ::

ᠪᠠᠢᠴᠠᠭᠠᠯᠲᠠ ᠶᠢᠨ ᠬᠣᠷᠢᠶᠠᠩᠭᠤᠢᠯᠠᠭᠰᠠᠨ ᠬᠣᠷᠢᠭ ᠠᠶᠤᠯᠭᠦᠢ ᠰᠢᠯᠭᠠᠯᠲᠠ ᠶᠢᠨ ᠬᠣᠭᠣᠯᠠᠢ ᠶᠢᠨ ᠬᠣᠷᠢᠭ ᠠᠶᠤᠯᠭᠦᠢ ᠰᠢᠯᠭᠠᠯᠲᠠ ᠶᠢᠨ ᠬᠣᠭᠣᠯᠠᠢ ᠳᠤ ᠬᠣᠷᠢᠭ
ᠡᠳᠦᠷ ᠲᠤ ᠳᠠᠷᠤᠢ ᠬᠡᠭᠡᠳ ᠪᠠᠷᠤ ᠪᠠᠢᠴᠠᠭᠠᠯᠲᠠ ᠶᠢᠨ ᠬᠣᠷᠢᠶᠠᠩᠭᠤᠢᠯᠠᠭᠰᠠᠨ ᠡᠳᠦᠷ ᠡᠳᠦᠷ ᠦᠨ ᠬᠠᠷᠢᠭᠤᠴᠠᠯᠠᠭ᠎ᠠ ᠬᠡᠷᠡᠭ ᠦᠨ ᠵᠦᠢᠯ 4 ᠳᠤᠭᠠᠷ ᠬᠣᠭᠣᠯᠠᠢ ᠲᠣᠭᠲᠠᠭᠠᠯ
ᠪᠠᠢᠴᠠᠭᠠᠯᠲᠠ ᠶᠢᠨ ᠬᠣᠭᠣᠯᠠᠢ ᠶᠢᠨ ᠬᠡᠷᠡᠭᠯᠡᠭᠰᠡᠨ ᠡᠳᠦᠷ ᠦᠨ ᠪᠠᠢᠴᠠᠭᠠᠯᠲᠠ ᠪᠠᠢᠴᠠᠭᠠᠯᠲᠠ ᠶᠢᠨ ᠬᠣᠭᠣᠯᠠᠢ ᠡᠳᠦᠷ ᠲᠤ ᠪᠠᠢᠴᠠᠭᠠᠯᠲᠠ ᠶᠢᠨ ᠬᠣᠷᠢᠭ ᠡᠳᠦᠷ
ᠲᠤᠰᠬᠠᠢ ᠶᠢᠨ ᠪᠠᠢᠴᠠᠭᠠᠯᠲᠠ ᠳᠤ ᠬᠣᠭᠣᠯᠠᠢ ᠪᠠᠢᠴᠠᠭᠠᠯᠲᠠ ᠲᠤᠰ ᠪᠣᠯᠤᠨ᠎ᠠ :: ᠲᠣᠭᠲᠠᠭᠠᠯ ᠪᠠᠢᠴᠠᠭᠠᠯᠲᠠ ᠶᠢᠨ ᠡᠳᠦᠷ ᠲᠤᠰᠬᠠᠢ ᠶᠢᠨ ᠪᠠᠢᠴᠠᠭᠠᠯᠲᠠ
ᠠᠶᠤᠯᠭᠦᠢ ᠶᠢᠨ ᠬᠡᠷᠡᠭ ᠡᠳᠦᠷ ᠲᠤ ᠬᠣᠭᠣᠯᠠᠢ ᠬᠦᠷᠲᠡᠯ᠎ᠡ ᠪᠠᠢᠴᠠᠭᠠᠯᠲᠠ ᠶᠢᠨ ᠡᠳᠦᠷ ᠲᠤ ᠪᠠᠢ ᠬᠣᠷᠢᠭ ᠳᠤ ᠬᠡᠷᠡᠭ ᠡᠳᠦᠷ
ᠬᠣᠭᠣᠯᠠᠢ ᠶᠢᠨ ᠡᠨᠡ ᠬᠣᠷᠢᠶᠠᠩᠭᠤᠢ ᠶᠢᠨ ᠲᠤᠰ ᠪᠠᠢᠴᠠᠭᠠᠯᠲᠠ ᠳᠤ ᠬᠡᠷᠡᠭᠯᠡᠬᠦ :: ᠬᠤᠷᠳᠤᠨ ᠡᠳᠦᠷ ᠪᠣᠯᠤᠨ ᠬᠦ ᠳᠤ ᠬᠣᠷᠢᠭ ᠬᠣᠭᠣᠯᠠᠢ
ᠪᠠᠢᠴᠠᠭᠠᠯᠲᠠ ᠶᠢᠨ ᠬᠣᠷᠢᠶᠠᠩᠭᠤᠢᠯᠠᠭᠰᠠᠨ ، ᠡᠳᠦᠷ ᠲᠤᠰᠬᠠᠢ ᠶᠢᠨ ᠪᠠᠢᠴᠠᠭᠠᠯᠲᠠ ᠶᠢᠨ ᠬᠣᠷᠢᠭ ᠡᠨᠡ ᠪᠠᠢᠴᠠᠭᠠᠯᠲᠠ ᠶᠢᠨ ᠡᠳᠦᠷ ᠦᠨ ᠬᠣᠭᠣᠯᠠᠢ
ᠬᠣᠭᠣᠯᠠᠢ ᠶᠢᠨ ᠡᠨᠡ ᠳᠤ ᠪᠠᠢᠴᠠᠭᠠᠯᠲᠠ ᠲᠤᠰᠬᠠᠢ ᠳᠤ ، ᠬᠡᠷᠡᠭ ᠡᠳᠦᠷ ᠬᠣᠷᠢᠶᠠᠩᠭᠤᠢᠯᠠᠭᠰᠠᠨ ᠬᠣᠷᠢᠭ ᠡᠳᠦᠷ ᠦᠨ ᠬᠣᠭᠣᠯᠠᠢ ᠶᠢᠨ ᠠᠶᠤᠯᠭᠦᠢ ᠰᠢᠯᠭᠠᠯᠲᠠ ᠶᠢᠨ
ᠬᠡᠷᠡᠭᠯᠡᠬᠦ ᠪᠣᠯᠤᠨ᠎ᠠ :: ᠬᠣᠷᠢᠭ ᠪᠠᠢᠴᠠᠭᠠᠯᠲᠠ ᠳᠤ ᠬᠣᠭᠣᠯᠠᠢ ᠪᠠᠢᠴᠠᠭᠠᠯᠲᠠ ᠬᠣᠷᠢᠭᠯᠠᠬᠤ ᠡᠳᠦᠷ ᠲᠤ ᠳᠠᠷᠤᠢ ᠪᠣᠯᠤᠭᠰᠠᠨ ᠡᠳᠦᠷ :: ᠡᠨᠡ ᠬᠣᠷᠢᠭᠯᠠᠬᠤ ᠡᠳᠦᠷ ᠦᠨ ᠬᠣᠭᠣᠯᠠᠢ

[illegible]

第八十九条【自行检验和委托检验】 食品生产企业可以自行对所生产的食品进行检验，也可以委托符合本法规定的食品检验机构进行检验。

食品行业协会和消费者协会等组织、消费者需要委托食品检验机构对食品进行检验的，应当委托符合本法规定的食品检验机构进行。

●条文解读

一、食品生产者自行检验、委托检验

（一）对食品原料的检验

按照本法第 50 条第 1 款规定，食品生产者采购食品原料，应当查验供货者的许可证和产品合格证明文件。对无法提供合格证明文件的食品原料，应当依照食品安全标准进行检验，不得采购或者使用不符合食品安全标准的食品原料。因此，对无法提供合格证明文件的食品原料，食品生产者，应当依照食品安全标准自行检验。如果不具备检验能力的，应当委托符合本法规定的食品检验机构进行检验。

（二）对食品的出厂检验

本法第 52 条规定，食品、食品添加剂和食品相关产品的生产者，应当按照食品安全标准对所生产的食品、食品添加剂和食品相关产品进行检验，检验合格后方可出厂或者销售。以上规定的是强制出厂检验制度，即未经检验或者检验不合格的，不得出厂销售。因此，具备出厂检验能力的企业，可以按要求自行进行出厂检验。不具备产品出厂检验能力的企业，应当委托有资质的检验机构进行出厂检验。

（三）食品生产者自行检验的能力要求

自行检验需要食品生产者具备相应检验能力，满足以下要求：（1）有独立行使食品检验并具有质量否决权的内部检验机构；（2）检验机构有健全的产品质量管理制度，包括岗位质量规范、质量责任以及相应的考核办法；（3）检验机构具有相关产品技术标准要求的检验仪器和设备，能满足规定的精度、检测范围要求，且经过计量检定合格并在有效期内；（4）检验机构有满足检验工作需要的员工数量，检验人员熟悉标准，经培训考核合格；（5）能科学、公正、准确及时提供检验报告，出具产品质量检验合格证明。符合上述要求并可以完成全部出厂检验项目的企业，可以确定为企业具有检验能力。

（四）食品生产者委托检验机构进行检验

规模大的食品生产企业一般具备检验能力，但我国的食品生产企业呈现小和散的特点，多数食品生产企业为中小企业，往往不具备检验能力，有的对某些项目不具备检验能力，如对食品中的污染物质、致病性微生物缺乏检测能力。因此，应当委托符合本法规定的食品检验机构进行检验。

二、有关社会组织、消费者的委托检验

本条第2款规定，食品行业协会、消费者协会等组织、消费者需要委托食品检验机构对食品进行检验的，应当委托符合本法规定的食品检验机构进行。

食品行业协会一般由食品生产企业、经销企业、原料供应企业及食品机械、包装等相关企业组成，性质属于非营利性社会团体法人。食品行业协会进行行业自律，主动对所属企业生产的食品进行检验，或者对监管部门进行的食品检验结果存有异议，食品行业协会协助企业进行检验的，应当委托符合本法规定的食品检验机构进行检验。

消费者协会和其他消费者组织是依法成立的对商品和服务进行社会监督的保护消费者合法权益的社会组织。消费者权益保护法规定消费者协会履行的公益性职责之一是受理消费者的投诉，并对投诉事项进行调查、调解。对投诉事项涉及商品和服务质量问题的，可以委托具备资格的鉴定人鉴定，鉴定人应当告知鉴定意见。因此，消费者协会和其他消费者组织可以对消费者所购买的食品委托符合本法规定的食品检验机构进行检验。

消费者对自己所购买的食品感到不安全时，也可以委托符合本法规定的食品检验机构进行检验。如果经过检验得出不符合食品安全标准的结论的，可以作为维权的证据，与食品生产经营者协调解决赔偿问题，或者通过仲裁、诉讼的途径解决纠纷。

[illegible]【[illegible]】 [illegible]

[illegible]

[illegible]

[[illegible]]

[illegible]

（[illegible]）[illegible]

[illegible] 50 [illegible] 1 [illegible]

[illegible]

ᠡᠨᠡ ᠬᠠᠤᠯᠢ ᠶᠢᠨ ᠲᠣᠭᠲᠠᠭᠠᠯ ᠳᠤ ᠨᠡᠶᠢᠴᠡᠭᠦᠯᠦᠨ ᠬᠦᠨᠰᠦᠨ ᠦ ᠠᠶᠤᠯᠭᠦᠢ ᠪᠠᠷᠢᠮᠵᠢᠶ᠎ᠠ ᠶᠢᠨ ᠪᠣᠯᠪᠠᠰᠤᠷᠠᠯ ᠳᠤ ᠵᠢᠷᠤᠮᠯᠠᠨ ᠬᠢᠨᠠᠨ ᠬᠠᠷᠢᠭᠤᠴᠠᠨ᠎ᠠ ::

(ᠰᠣᠩᠭᠣᠨ) ᠬᠦᠨᠰᠦᠨ ᠦ ᠦᠢᠯᠡᠳᠪᠦᠷᠢᠯᠡᠭᠴᠢ ᠶᠢᠨ ᠰᠢᠯᠭᠠᠯᠲᠠ ᠶᠢᠨ ᠠᠶᠤᠯᠭᠦᠢ ᠪᠠᠷᠢᠮᠵᠢᠶ᠎ᠠ

ᠡᠨᠡ ᠬᠠᠤᠯᠢ ᠶᠢᠨ 52 ᠳᠤᠭᠠᠷ ᠵᠦᠢᠯ ᠳᠦ ᠲᠣᠭᠲᠠᠭᠠᠭᠰᠠᠨ ᠨᠢ᠂ ᠬᠦᠨᠰᠦ᠂ ᠬᠦᠨᠰᠦᠨ ᠦ ᠨᠡᠮᠡᠯᠲᠡ ᠪᠤᠳᠠᠰ᠂ ᠬᠦᠨᠰᠦ ᠲᠡᠢ ᠬᠣᠯᠪᠣᠭᠳᠠᠬᠤ ᠦᠢᠯᠡᠳᠪᠦᠷᠢ ᠶᠢᠨ ᠦᠢᠯᠡᠳᠪᠦᠷᠢᠯᠡᠭᠴᠢ ᠬᠦᠨᠰᠦᠨ ᠦ ᠬᠣᠶᠠᠷ ᠠᠶᠤᠯᠭᠦᠢ᠂ ᠬᠦᠨᠰᠦᠨ ᠦ ᠠᠶᠤᠯᠭᠦᠢ ᠶᠢᠨ ᠪᠠᠷᠢᠮᠵᠢᠶ᠎ᠠ ᠶᠢ᠂ ᠰᠢᠯᠭᠠᠨ ᠪᠠᠢᠴᠠᠭᠠᠬᠤ ᠳᠠᠭᠠᠨ ᠬᠦᠨᠰᠦᠨ ᠦ ᠠᠶᠤᠯᠭᠦᠢ ᠶᠢᠨ ᠪᠠᠷᠢᠮᠵᠢᠶ᠎ᠠ ᠶᠢ ᠪᠠᠷᠢᠮᠲᠠᠯᠠᠨ ᠰᠢᠯᠭᠠᠨ ᠪᠠᠢᠴᠠᠭᠠᠬᠤ ᠪᠣᠯᠪᠠᠰᠤ᠂ ᠬᠦᠨᠰᠦᠨ ᠦ ᠦᠢᠯᠡᠳᠪᠦᠷᠢᠯᠡᠯ ᠦᠨ ᠠᠵᠤ ᠠᠬᠤᠢ ᠶᠢᠨ ᠬᠣᠶᠠᠷ ᠵᠢᠨ ᠪᠠᠢᠴᠠᠭᠠᠯᠲᠠ ᠶᠢᠨ ᠬᠡᠮᠵᠢᠶ᠎ᠡ ᠪᠦᠬᠦᠢ ᠪᠣᠯᠤᠨ᠎ᠠ ᠪᠠᠢᠴᠠᠭᠠᠨ ᠬᠢᠨᠠᠬᠤ ᠶᠢᠨ ᠬᠠᠮᠲᠤ ᠬᠦᠨᠰᠦᠨ ᠦ ᠠᠶᠤᠯᠭᠦᠢ ᠶᠢᠨ ᠪᠠᠷᠢᠮᠵᠢᠶ᠎ᠠ ᠶᠢ ᠪᠠᠷᠢᠮᠲᠠᠯᠠᠬᠤ ᠪᠡᠷ ᠲᠣᠭᠲᠠᠭᠠᠨ᠎ᠠ :: ᠲᠡᠷᠡ ᠨᠢ ᠬᠦᠨᠰᠦᠨ ᠦ ᠦᠢᠯᠡᠳᠪᠦᠷᠢᠯᠡᠭᠴᠢ ᠶᠢᠨ ᠵᠢᠷᠤᠮ ᠢ ᠪᠠᠷᠢᠮᠲᠠᠯᠠᠬᠤ ᠪᠣᠯᠤᠨ᠎ᠠ :: ᠬᠦᠨᠰᠦᠨ ᠦ ᠬᠠᠮᠢᠶ᠎ᠠ ᠲᠡᠢ ᠪᠠᠷᠢᠮᠵᠢᠶ᠎ᠠ᠂ ᠡᠨᠡ ᠬᠠᠤᠯᠢ ᠶᠢᠨ ᠬᠣᠷᠢᠭᠯᠠᠯ ᠢ ᠬᠦᠨᠰᠦᠨ ᠦ ᠦᠢᠯᠡᠳᠪᠦᠷᠢᠯᠡᠯ ᠦᠨ ᠵᠢᠷᠤᠮ ᠳᠤ ᠨᠡᠶᠢᠴᠡᠭᠦᠯᠦᠨ ᠪᠠᠢᠴᠠᠭᠠᠨ ᠬᠢᠨᠠᠬᠤ ᠬᠡᠷᠡᠭᠲᠡᠢ᠂ ᠬᠦᠨᠰᠦᠨ ᠦ ᠠᠶᠤᠯᠭᠦᠢ ᠶᠢᠨ ᠪᠠᠷᠢᠮᠵᠢᠶ᠎ᠠ ᠶᠢᠨ ᠨᠡᠶᠢᠴᠡᠭᠦᠯᠦᠨ ᠬᠢᠨᠠᠨ ᠬᠠᠷᠢᠭᠤᠴᠠᠨ᠎ᠠ ::

(ᠰᠢᠯᠭᠠᠯᠲᠠ) ᠬᠦᠨᠰᠦᠨ ᠦ ᠦᠢᠯᠡᠳᠪᠦᠷᠢᠯᠡᠭᠴᠢ ᠶᠢᠨ ᠬᠡᠷᠡᠭᠯᠡᠭᠡᠨ ᠦ ᠠᠶᠤᠯᠭᠦᠢ ᠪᠠᠢᠳᠠᠯ ᠢ ᠬᠢᠨᠠᠨ ᠪᠠᠢᠴᠠᠭᠠᠬᠤ

ᠬᠦᠨᠰᠦᠨ ᠦ ᠦᠢᠯᠡᠳᠪᠦᠷᠢᠯᠡᠯ ᠦᠨ ᠬᠡᠷᠡᠭᠯᠡᠭᠡᠨ ᠦ ᠠᠶᠤᠯᠭᠦᠢ ᠪᠠᠢᠳᠠᠯ ᠢ ᠪᠠᠢᠴᠠᠭᠠᠬᠤ ᠬᠡᠮᠵᠢᠶ᠎ᠡ ᠶᠢ ᠪᠦᠷᠢᠳᠦᠭᠡᠨ ᠬᠠᠷᠢᠭᠤᠴᠠᠬᠤ ᠪᠤᠢ · ᠲᠡᠷᠡ ᠬᠠᠮᠢᠶ᠎ᠠ ᠲᠡᠢ ᠪᠠᠷᠢᠮᠵᠢᠶ᠎ᠠ ᠪᠣᠯ :: (1) ᠬᠦᠨᠰᠦᠨ ᠦ ᠦᠢᠯᠡᠳᠪᠦᠷᠢᠯᠡᠯ ᠦᠨ ᠵᠢᠷᠤᠮ ᠤᠨ ᠠᠶᠤᠯᠭᠦᠢ ᠪᠠᠢᠳᠠᠯ ᠢ ᠬᠢᠨᠠᠨ ᠪᠠᠢᠴᠠᠭᠠᠬᠤ ᠪᠣᠯᠪᠠᠰᠤ ᠶᠢᠨ ᠬᠡᠮᠵᠢᠶ᠎ᠡ ᠪᠣᠯᠤᠨ᠎ᠠ :: (2) ᠬᠦᠨᠰᠦᠨ ᠦ ᠠᠶᠤᠯᠭᠦᠢ ᠶᠢᠨ ᠪᠠᠷᠢᠮᠵᠢᠶ᠎ᠠ ᠶᠢ ᠬᠡᠷᠡᠭᠵᠢᠭᠦᠯᠬᠦ ᠵᠢᠷᠤᠮ ᠢ ᠪᠠᠷᠢᠮᠲᠠᠯᠠᠨ ᠬᠢᠨᠠᠬᠤ᠂ ᠬᠦᠨᠰᠦ ᠶᠢᠨ ᠪᠦᠲᠦᠭᠡᠭᠳᠡᠬᠦᠨ ᠦ ᠬᠡᠮᠵᠢᠶ᠎ᠡ ᠪᠠᠷᠢᠮᠵᠢᠶ᠎ᠠ ᠶᠢ ᠲᠣᠭᠲᠠᠭᠠᠨ᠎ᠠ :: (3) ᠬᠦᠨᠰᠦᠨ ᠦ ᠠᠶᠤᠯᠭᠦᠢ ᠶᠢᠨ ᠪᠠᠷᠢᠮᠵᠢᠶ᠎ᠠ ᠶᠢ ᠪᠦᠲᠦᠭᠡᠭᠳᠡᠬᠦᠨ ᠦ ᠵᠢᠷᠤᠮ ᠢ ᠬᠢᠨᠠᠨ ᠪᠠᠢᠴᠠᠭᠠᠬᠤ ᠪᠣᠯᠪᠠᠰᠤᠷᠠᠭᠤᠯᠬᠤ ᠪᠣᠯ ᠪᠦᠲᠦᠭᠡᠭᠳᠡᠬᠦᠨ ᠦ ᠬᠦᠨᠰᠦᠨ ᠦ ᠠᠶᠤᠯᠭᠦᠢ ᠶᠢᠨ ᠪᠠᠷᠢᠮᠵᠢᠶ᠎ᠠ ᠪᠦᠬᠦᠢ ᠪᠠᠢᠬᠤ

原法第 20 条只要求对食品和食品相关产品中的致病性微生物、农药残留、兽药残留、重

2013 年食品安全监管体制调整之前，食品添加剂作为工业产品对待，由国家质量监督部门负责食品添加剂生产的监督管理工作。食品安全监管体制调整之后，由国家食品药品监督管理部门负责食品添加剂的生产、销售、使用的监督管理工作。

●条文解读

第九十条【食品添加剂检验】食品添加剂的检验，适用本法有关食品检验的规定。

金属等污染物质以及其他危害人体健康物质的限量制定食品安全标准。本次修改食品安全法，也要求对食品添加剂中的致病性微生物，农药残留、兽药残留、生物毒素、重金属等污染物质以及其他危害人体健康物质的限量制定食品安全标准。企业生产的以及市场上销售的食品添加剂是否含有致病性微生物、重金属等危害人体健康的物质，就需要检验。因此，本法第 110 条规定，县级以上人民政府食品药品监督管理部门有权对生产经营的食品添加剂进行抽样检验。

本法设专章规定了食品检验，为了规范对食品添加剂的检验，因此本条规定：食品添加剂的检验，适用本法有关食品检验的规定。

ᠶᠡᠷᠡᠳᠦᠭᠡᠷ ᠵᠦᠢᠯ 【ᠬᠣᠭᠣᠯᠠ ᠶᠢᠨ ᠨᠡᠮᠡᠯᠲᠡ ᠪᠣᠳᠠᠰ ᠤᠨ ᠪᠠᠢᠴᠠᠭᠠᠯᠲᠠ】 [illegible]

ᠡᠨᠡ ᠬᠠᠤᠯᠢ ᠶᠢᠨ ᠬᠣᠭᠣᠯᠠ ᠶᠢᠨ ᠪᠠᠢᠴᠠᠭᠠᠯᠲᠠ ᠶᠢᠨ ᠲᠣᠭᠲᠠᠭᠠᠯ ᠢ ᠬᠡᠷᠡᠭᠯᠡᠨ᠎ᠡ ::

[ᠲᠠᠶᠢᠯᠪᠤᠷᠢ]

2013 [illegible]

2013 年《国务院机构改革和职能转变方案的决定》只是将国家员检总局对国内生产环节
织制订出入境检验检疫商品目录，综合协调、管理出入境检验检疫业务。
构和人员编制规定》，国家质检总局的职责之一是负责进出口商品法定检验及监督管理，组
局，正部级，为国务院直属机构。根据 2008 年《国家质量监督检验检疫总局主要职责内设机
技术监督局、国家出入境检验检疫局合并，组建中华人民共和国国家质量监督检验检疫总
出口商品检验工作。2001 年 4 月，国务院对部分国务院直属机构作了调整，其中将国家质量
进出口商品检验法实施条例第 2 条第 1 款规定，国家质量监督检验检疫总局主管全国进

●条文解读

安全实施监督管理。

第九十一条【进出口食品安全的监督管理部门】国家出入境检验检疫部门对进出口食品

第六章　食品进出口

《ᠬᠦᠨᠡᠰᠦᠨ ᠦ ᠠᠶᠤᠯᠭᠦᠢ ᠪᠠᠶᠢᠳᠠᠯ ᠤᠨ ᠬᠠᠤᠯᠢ》 ᠶᠢ ᠬᠡᠷᠡᠭᠵᠢᠭᠦᠯᠬᠦ ᠳᠦ ᠬᠢᠨᠠᠨ ᠪᠠᠢᠴᠠᠭᠠᠬᠤ ᠶᠡᠷᠦᠩᠬᠡᠢ ᠲᠣᠪᠴᠢᠶ᠎ᠠ ᠶᠢᠨ ᠦᠶᠡᠷᠡᠭ ᠬᠠᠷᠢᠭᠤᠴᠠᠯᠭ᠎ᠠ ᠪᠠᠢᠨ᠎ᠠ᠃ 2008 ᠣᠨ ᠤ

ᠬᠢᠯᠢ ᠣᠷᠣᠬᠤ ᠭᠠᠷᠬᠤ ᠶᠢᠨ ᠰᠢᠯᠭᠠᠨ ᠪᠠᠢᠴᠠᠭᠠᠬᠤ ᠬᠠᠷᠢᠭᠤᠴᠠᠯᠭ᠎ᠠ ᠬᠢᠨᠠᠨ ᠬᠠᠮᠢᠶᠠᠷᠬᠤ ᠵᠢᠨ ᠠᠯᠪᠠ ᠶᠢ 2001 ᠣᠨ ᠤ 4 ᠰᠠᠷ᠎ᠠ ᠳᠤ᠂ ᠤᠯᠤᠰ ᠤᠨ ᠴᠢᠨᠠᠷ ᠤᠨ ᠲᠧᠬᠨᠢᠭ ᠤᠨ ᠬᠢᠨᠠᠨ ᠬᠠᠮᠢᠶᠠᠷᠬᠤ ᠶᠡᠷᠦᠩᠬᠡᠢ ᠲᠣᠪᠴᠢᠶ᠎ᠠ ᠲᠠᠢ ᠨᠡᠶᠢᠯᠡᠭᠦᠯᠦᠨ᠂ ᠤᠯᠤᠰ ᠤᠨ ᠴᠢᠨᠠᠷ ᠢ ᠬᠢᠨᠠᠨ ᠪᠠᠢᠴᠠᠭᠠᠬᠤ ᠶᠡᠷᠦᠩᠬᠡᠢ ᠲᠣᠪᠴᠢᠶ᠎ᠠ ᠶᠢ ᠪᠠᠢᠭᠤᠯᠤᠭᠰᠠᠨ᠃ ᠤᠯᠤᠰ ᠤᠨ ᠬᠦᠨᠡᠰᠦᠨ ᠦ ᠠᠶᠤᠯᠭᠦᠢ ᠪᠠᠶᠢᠳᠠᠯ ᠢ ᠬᠢᠨᠠᠨ ᠬᠠᠮᠢᠶᠠᠷᠬᠤ ᠶᠡᠷᠦᠩᠬᠡᠢ ᠲᠣᠪᠴᠢᠶ᠎ᠠ ᠶᠢᠨ 1 ᠳᠦᠭᠡᠷ ᠵᠦᠢᠯ ᠦᠨ 2 ᠳᠤᠭᠠᠷ ᠵᠠᠭᠠᠯᠲᠠ ᠳᠤ ᠵᠢᠭᠠᠭᠰᠠᠨ ᠬᠦᠨᠡᠰᠦᠨ ᠦ ᠠᠶᠤᠯᠭᠦᠢ ᠪᠠᠶᠢᠳᠠᠯ ᠢ ᠬᠢᠨᠠᠨ ᠪᠠᠢᠴᠠᠭᠠᠬᠤ ᠶᠡᠷᠦᠩᠬᠡᠢ ᠲᠣᠪᠴᠢᠶ᠎ᠠ ᠪᠣᠯᠤᠨ᠎ᠠ

[ᠣᠷᠴᠢᠭᠤᠯᠭ᠎ᠠ]

ᠬᠠᠷᠢᠭᠤᠴᠠᠯᠭ᠎ᠠ ᠬᠦᠯᠢᠶᠡᠨ᠎ᠡ᠃

ᠬᠢᠯᠢ ᠣᠷᠣᠬᠤ ᠭᠠᠷᠬᠤ ᠶᠢᠨ ᠰᠢᠯᠭᠠᠨ ᠪᠠᠢᠴᠠᠭᠠᠬᠤ ᠬᠠᠷᠢᠭᠤᠴᠠᠯᠭ᠎ᠠ ᠲᠠᠢ ᠬᠡᠯᠲᠡᠰ ᠪᠣᠯᠤᠨ᠎ᠠ ᠪᠣᠯᠪᠠᠴᠤ ᠤᠯᠤᠰ ᠤᠨ ᠴᠢᠨᠠᠷ ᠢ ᠬᠢᠨᠠᠨ ᠪᠠᠢᠴᠠᠭᠠᠬᠤ ᠶᠡᠷᠦᠩᠬᠡᠢ ᠲᠣᠪᠴᠢᠶ᠎ᠠ 【ᠬᠢᠯᠢ ᠣᠷᠣᠬᠤ ᠭᠠᠷᠬᠤ ᠶᠢᠨ ᠰᠢᠯᠭᠠᠨ ᠪᠠᠢᠴᠠᠭᠠᠬᠤ ᠬᠡᠯᠲᠡᠰ】 ᠪᠣᠯᠤᠨ᠎ᠠ

门』。

环节安全的监督管理职责，因此，国家质检总局就是本法所称的『国家出入境检验检疫部

食品安全的监督管理职责交由新组建的国家食药总局，但国家质检总局仍然承担食品进出口

政法规的规定检验合格。

进口的食品、食品添加剂应当经出入境检验检疫机构依照进出口商品检验相关法律、行政法规的规定检验合格。

进口的食品、食品添加剂应当经出入境检验检疫机构依照进出口商品检验相关法律、行食品相关产品应当符合我国食品安全国家标准。

第九十二条【进口食品、食品添加剂、食品相关产品的要求】 进口的食品、食品添加剂、进口的食品、食品添加剂应当按照国家出入境检验检疫部门的要求随附合格证明材料。

●条文解读

一、进口的食品、食品添加剂以及食品相关产品应当符合我国的食品安全国家标准

进口的食品、食品添加剂以及食品相关产品应当符合进口国的强制性食品安全标准，这是国际上的通行做法，目的是保障进口国的食品安全。因此，从国外进口到我国的食品、食品添加剂、食品相关产品，以及从香港特别行政区、澳门特别行政区和我国台湾地区进口到我国内地的食品、食品添加剂、食品相关产品，必须符合我国的食品安全国家标准。如果我国还没有制定该产品的国家安全标准，也不是不准进口，这个问题将在下一条中论述。

二、进口的食品应当经出入境检验检疫机构进行检验

（一）关于出入境检验检疫机构

《进出口商品检验法实施条例》第2条第2款规定，国家质检总局设在省、自治区、直辖市以及进出口商品的口岸、集散地的出入境检验检疫局及其分支机构（以下简称出入境检验检疫机构），管理所负责地区的进出口商品检验工作。

1999年，国务院批准了中央机构编制委员会办公室、原国家出入境检验检疫局拟定的《全国各地出入境检验检疫机构组建方案》，将国务院有关部门原设置在各地的出入境卫生检疫、动植物检疫和进出口商品检验机构合并，组建为设置在各地的出入境检验检疫机

构。各地出入境检验检疫机构分为直属局和分支局，是负责所辖区域出入境卫生检疫、动植物检疫和进出口商品检验的行政执法单位；实行垂直管理的体制，即直属周由 2001 年成立的国家质检总局直接领导，分支局隶属于所在区域的直属局。

（二）关于对进口的食品、食品添加剂进行检验

按照本条第 2 款规定，凡是进口的食品、食品添加剂必须由出入境检验检疫机构依照我国的食品安全国家标准进行检验，只有经检验合格，出入境检验检疫机构才能签发入境货物通关单，允许该食品进口到我国境内，海关凭出入境检验检疫机构签发的入境货物通关单放行。

所谓『检验合格』，按照进出口商品检验法第 5 条、第 6 条规定，列入目录的进口商品，必须经过出入境检验检疫机构进行检验二列入目录的进口商品未经检验的，不准销售、使用。必须实施的进口商品检验，是指确定列入目录的进口商品是否符合国家技术规范的强制性要求的合格评定活动。合格评定程序包括：抽样、检验和检查；评估、验证和合格保证；注册、认可和批准以及各项的组合。根据以上规定，对于进口到我国境内的食品、食品添加剂而言，虽然经过出入境检验检疫机构的检验，并不能保证每件产品都是安全的，只是证明对该件产品的同批次产品进行了抽检并检验合格。

三、关于进口的食品、食品添加剂应当随附合格证明材料

本次修改食品安全法新增加了一款规定，即『进口的食品、食品添加剂应当按照国家出入境检验检疫部门的要求随附合格证明材料。』增加此款的目的是进一步保障我国的食品安全，保障我国消费者的健康和生命安全。

关于进口的食品、食品添加剂随附的合格证明材料，是指境外生产企业或者境外出口商根据出口国家（地区）的食品安全标准，自行或委托出口国家（地区）的食品检验机构对进口到我国境内的食品、食品添加剂进行检验后，所出具的合格证明材料。该合格证明材料至少能够证明进口到我国境内的食品、食品添加剂符合出口国家（地区）的食品安全标准。

ᠬᠣᠷᠢᠭᠯᠠ ᠶᠢᠨ 2 ᠳᠤᠭᠠᠷ ᠬᠠᠪᠰᠤᠷᠤᠯᠲᠠ ᠳᠤ ᠬᠠᠮᠢᠶᠠᠷᠤᠭᠤᠯᠬᠤ ᠪᠠᠷ ᠂ ᠬᠠᠤᠯᠢ ᠶᠢᠨ ᠵᠦᠢᠯ ᠦᠨ ᠪᠣᠳᠠᠰ ᠤᠨ ᠬᠡᠷᠡᠭᠯᠡᠭᠡᠨ ᠦ ᠬᠢᠵᠠᠭᠠᠷ ᠳᠤ ᠲᠠᠭᠠᠷᠠᠭᠰᠠᠨ ᠂ ᠬᠣᠷᠢᠭᠯᠠᠬᠤ ᠶᠢᠨ 2 ᠳᠤᠭᠠᠷ

《ᠬᠦᠨᠡᠰᠦᠨ ᠳᠦ ᠬᠠᠤᠯᠢ ᠪᠤᠰᠤ ᠪᠡᠷ ᠨᠡᠮᠡᠬᠦ ᠮᠠᠭᠠᠳ ᠬᠦᠨᠡᠰᠦᠨ ᠦ ᠪᠤᠰᠤ ᠪᠣᠳᠠᠰ ᠤᠨ ᠨᠡᠷᠡᠰ ᠦᠨ ᠬᠦᠰᠦᠨᠦᠭ》 ᠦᠨ 2 ᠳᠤᠭᠠᠷ

(ᠬᠣᠶᠠᠷ) ᠬᠦᠨᠡᠰᠦᠨ ᠳᠦ ᠬᠠᠤᠯᠢ ᠪᠤᠰᠤ ᠪᠡᠷ ᠨᠡᠮᠡᠬᠦ ᠮᠠᠭᠠᠳ ᠬᠦᠨᠡᠰᠦᠨ ᠦ ᠪᠤᠰᠤ ᠪᠣᠳᠠᠰ ᠪᠤᠶᠤ ᠪᠣᠳᠠᠰ ᠤᠨ ᠪᠠᠢᠳᠠᠯ ᠤᠨ ᠲᠤᠬᠠᠢ
ᠪᠠᠢᠴᠠᠭᠠᠯᠲᠠ ᠶᠢᠨ ᠠᠷᠭ᠎ᠠ ᠪᠣᠳᠠᠰ ᠢ ᠲᠣᠭᠲᠠᠭᠠᠬᠤ ᠲᠤᠬᠠᠢ

ᠬᠤᠳᠠᠯ ᠂ ᠬᠦᠨᠡᠰᠦᠨ ᠳᠦ ᠬᠠᠤᠯᠢ ᠪᠤᠰᠤ ᠪᠡᠷ ᠨᠡᠮᠡᠬᠦ ᠮᠠᠭᠠᠳ ᠬᠦᠨᠡᠰᠦᠨ ᠦ ᠪᠤᠰᠤ ᠪᠣᠳᠠᠰ ᠪᠤᠶᠤ ᠪᠣᠳᠠᠰ ᠤᠨ ᠲᠤ ᠬᠣᠷᠢᠭᠯᠠᠭᠰᠠᠨ ᠂ ᠬᠦᠨᠡᠰᠦᠨ ᠦ ᠨᠡᠮᠡᠯᠲᠡ ᠪᠣᠳᠠᠰ ᠢ ᠬᠡᠲᠦᠷᠡᠭᠦᠯᠦᠨ ᠬᠡᠷᠡᠭᠯᠡᠬᠦ ᠂ ᠬᠠᠤᠯᠢ ᠶᠢᠨ ᠳᠠᠭᠤ ᠪᠤᠰᠤ ᠪᠡᠷ ᠬᠦᠨᠡᠰᠦ ᠪᠠᠢᠳᠠᠯ ᠲᠠᠢ ᠪᠣᠯᠭᠠᠬᠤ ᠂ ᠬᠣᠷᠤ ᠬᠣᠨᠣᠷ ᠢ ᠪᠡᠶ᠎ᠡ ᠳᠦ ᠬᠦᠷᠭᠡᠬᠦ ᠶᠢ ᠴᠠᠭᠠᠵᠠᠯᠠᠨ᠎ᠠ ᠃

ᠪᠠᠢᠭᠤᠯᠤᠯᠭ᠎ᠠ ᠳᠤ ᠬᠠᠷᠢᠭᠤᠴᠠᠯᠭ᠎ᠠ ᠪᠣᠯᠭᠠᠨ᠎ᠠ ᠃ ᠬᠡᠷᠪᠡ ᠬᠠᠤᠯᠢ ᠶᠢᠨ ᠵᠦᠢᠯ ᠦᠨ ᠬᠠᠷᠢᠭᠤᠴᠠᠯᠭ᠎ᠠ ᠲᠠᠢ ᠵᠦᠢᠯ ᠦᠨ ᠲᠣᠭᠠᠨ ᠪᠠᠢᠴᠠᠭᠠᠯᠲᠠ ᠶᠢᠨ ᠪᠠᠢᠭᠤᠯᠤᠯᠭ᠎ᠠ ᠳᠤ ᠬᠤᠪᠢᠶᠠᠷᠢᠯᠠᠬᠤ ᠂ ᠬᠣᠷᠢᠭᠯᠠᠯ ᠤᠨ ᠵᠦᠢᠯ ᠢ ᠰᠢᠯᠭᠠᠨ ᠬᠡᠮᠵᠢᠬᠦ ᠬᠠᠷᠢᠭᠤᠴᠠᠯᠭ᠎ᠠ ᠶᠢ ᠵᠢᠷᠤᠮ ᠤᠨ ᠵᠦᠢᠯ ᠦᠨ ᠲᠤᠬᠠᠢ ᠳᠤ ᠬᠦᠨᠡᠰᠦᠨ ᠦ ᠨᠡᠮᠡᠯᠲᠡ ᠪᠣᠳᠠᠰ ᠤᠨ ᠬᠡᠮᠵᠢᠶ᠎ᠡ ᠶᠢ ᠳᠠᠪᠠᠭᠰᠠᠨ ᠬᠡᠷᠡᠭᠯᠡᠭᠡ ᠂ ᠬᠡᠷᠡᠭᠯᠡᠭᠡ ᠶᠢᠨ ᠪᠣᠳᠠᠰ ᠢ ᠰᠢᠯᠭᠠᠨ ᠬᠡᠮᠵᠢᠬᠦ ᠶᠢᠨ ᠬᠠᠷᠢᠭᠤᠴᠠᠯᠭ᠎ᠠ ᠂ ᠬᠦᠨᠡᠰᠦᠨ ᠦ ᠨᠡᠮᠡᠯᠲᠡ ᠬᠡᠷᠡᠭᠯᠡᠭᠡ ᠶᠢᠨ ᠬᠠᠷᠢᠭᠤᠴᠠᠯᠭ᠎ᠠ ᠂ ᠬᠦᠨᠡᠰᠦᠨ ᠦ ᠳᠠᠭᠤ ᠶᠢ ᠬᠤᠪᠢᠶᠠᠷᠢᠯᠠᠨ᠎ᠠ ᠃ ᠬᠠᠷᠢᠨ ᠂ ᠲᠤᠰ ᠵᠦᠢᠯ ᠦᠨ ᠬᠦᠨᠡᠰᠦᠨ ᠦ ᠨᠡᠮᠡᠯᠲᠡ ᠪᠣᠳᠠᠰ ᠤᠨ ᠬᠡᠷᠡᠭᠯᠡᠭᠡ ᠶᠢᠨ ᠬᠤᠪᠢᠶᠠᠷᠢᠯᠠᠯ ᠢ ᠪᠠᠢᠭᠤᠯᠤᠨ᠎ᠠ ᠃ ᠲᠤᠰ ᠬᠠᠤᠯᠢ ᠶᠢᠨ ᠵᠦᠢᠯ ᠦᠨ ᠲᠣᠭᠠᠨ ᠪᠠᠢᠴᠠᠭᠠᠯᠲᠠ ᠶᠢᠨ ᠬᠠᠷᠢᠭᠤᠴᠠᠯᠭ᠎ᠠ ᠳᠤ ᠬᠠᠮᠢᠶᠠᠷᠤᠭᠤᠯᠬᠤ ᠲᠤᠬᠠᠢ ᠂ ᠬᠦᠨᠡᠰᠦᠨ ᠦ ᠬᠡᠷᠡᠭᠯᠡᠭᠡ ᠶᠢᠨ ᠪᠠᠢᠭᠤᠯᠤᠯᠭ᠎ᠠ ᠳᠤ ᠬᠤᠪᠢᠶᠠᠷᠢᠯᠠᠨ᠎ᠠ

ᠬᠦᠨᠡᠰᠦᠨ ᠳᠦ ᠨᠡᠮᠡᠬᠦ ᠬᠡᠷᠡᠭᠯᠡᠭᠡ ᠂ ᠬᠡᠷᠡᠭᠯᠡᠭᠡ ᠶᠢᠨ ᠪᠣᠳᠠᠰ ᠂ ᠬᠦᠨᠡᠰᠦᠨ ᠦ ᠨᠡᠮᠡᠯᠲᠡ ᠬᠡᠷᠡᠭᠯᠡᠭᠡ ᠳᠤ ᠬᠦᠨᠡᠰᠦᠨ ᠦ ᠬᠠᠤᠯᠢ ᠶᠢᠨ
ᠬᠡᠷᠡᠭᠯᠡᠭᠡ ᠶᠢᠨ ᠵᠦᠢᠯ ᠦᠨ ᠲᠣᠭᠠᠨ ᠪᠠᠢᠴᠠᠭᠠᠯᠲᠠ ᠶᠢᠨ ᠬᠠᠷᠢᠭᠤᠴᠠᠯᠭ᠎ᠠ ᠪᠣᠯᠭᠠᠨ᠎ᠠ

ᠬᠣᠶᠠᠷ ᠂ ᠬᠦᠨᠡᠰᠦᠨ ᠳᠦ ᠬᠡᠷᠡᠭᠯᠡᠭᠡ ᠂ ᠬᠡᠷᠡᠭᠯᠡᠭᠡ ᠶᠢᠨ ᠪᠣᠳᠠᠰ ᠂ ᠬᠦᠨᠡᠰᠦᠨ ᠦ ᠨᠡᠮᠡᠯᠲᠡ ᠬᠡᠷᠡᠭᠯᠡᠭᠡ ᠳᠤ ᠲᠤᠰ ᠵᠦᠢᠯ ᠦᠨ

[ᠲᠠᠢᠯᠪᠤᠷᠢ]

[Traditional Mongolian script body text (16 vertical columns, including the years 2001 and 1999) — not transcribed]

ᠦᠢᠯᠡᠳᠪᠦᠷᠢᠯᠡᠬᠦ ᠵᠥᠪᠰᠢᠶᠡᠷᠡᠯ ᠬᠦᠨᠰᠦᠨ ᠪᠦᠲᠦᠭᠡᠭᠳᠡᠬᠦᠨ ᠦ ᠪᠠᠶᠢᠴᠠᠭᠠᠯᠲᠠ ᠶᠢᠨ ᠬᠤᠭᠤᠴᠠᠭ᠎ᠠ ᠂

ᠬᠤᠭᠤᠴᠠᠭ᠎ᠠ ᠂ 6 ᠰᠠᠷ᠎ᠠ ᠶᠢᠨ ᠬᠤᠭᠤᠴᠠᠭ᠎ᠠ ᠂ ᠪᠦᠲᠦᠭᠡᠭᠳᠡᠬᠦᠨ ᠦ

《ᠬᠦᠨᠰᠦᠨ ᠦᠢᠯᠡᠳᠪᠦᠷᠢᠯᠡᠬᠦ ᠵᠥᠪᠰᠢᠶᠡᠷᠡᠯ》

ᠮᠡᠳᠡᠭᠳᠡᠬᠦ ᠰᠢᠯᠭᠠᠯᠲᠠ ᠶᠢᠨ ᠬᠦᠨᠰᠦᠨ ᠪᠦᠲᠦᠭᠡᠭᠳᠡᠬᠦᠨ ::

ᠲᠤᠰ ᠲᠡᠷᠡ ᠪᠦᠲᠦᠭᠡᠭᠳᠡᠬᠦᠨ ᠲᠡᠷᠡ ᠬᠦᠨᠰᠦᠨ ᠦ

ᠪᠦᠲᠦᠭᠡᠭᠳᠡᠬᠦᠨ ᠮᠡᠳᠡᠭᠳᠡᠬᠦ ᠰᠢᠯᠭᠠᠯᠲᠠ ᠶᠢᠨ ᠬᠦᠨᠰᠦᠨ ᠂

ᠠᠮᠠᠲᠠᠨ ᠵᠢᠷᠤᠮ ᠪᠦᠲᠦᠭᠡᠭᠳᠡᠬᠦᠨ ᠪᠡᠷ ᠦᠢᠯᠡᠳᠪᠦᠷᠢᠯᠡᠬᠦ ᠬᠦᠨᠰᠦᠨ ᠦ

ᠳᠠᠭᠠᠭᠤᠯᠬᠤ ᠶᠢᠨ ᠬᠡᠮᠵᠢᠶ᠎ᠡ ᠶᠢᠨ ᠬᠦᠨᠰᠦᠨ ᠪᠦᠲᠦᠭᠡᠭᠳᠡᠬᠦᠨ ᠦ

ᠪᠦᠲᠦᠭᠡᠭᠳᠡᠬᠦᠨ ᠪᠡᠷ ᠦᠢᠯᠡᠳᠪᠦᠷᠢᠯᠡᠬᠦ ᠬᠦᠨᠰᠦᠨ ᠦ ᠪᠦᠲᠦᠭᠡᠭᠳᠡᠬᠦᠨ

ᠰᠠᠷ᠎ᠠ ᠬᠣᠨᠤᠭ ᠤᠨ 2 ᠬᠤᠭᠤᠴᠠᠭ᠎ᠠ ᠂ ᠪᠦᠲᠦᠭᠡᠭᠳᠡᠬᠦᠨ ᠪᠡᠷ ᠦᠢᠯᠡᠳᠪᠦᠷᠢᠯᠡᠬᠦ ᠂

(ᠰᠠᠶᠢᠨ) ᠪᠦᠲᠦᠭᠡᠭᠳᠡᠬᠦᠨ ᠪᠡᠷ ᠦᠢᠯᠡᠳᠪᠦᠷᠢᠯᠡᠬᠦ ᠂ ᠬᠦᠨᠰᠦᠨ ᠦ

ᠰᠢᠯᠭᠠᠨ ᠪᠠᠢᠴᠠᠭᠠᠬᠤ ᠶᠢ ᠬᠦᠨᠰᠦᠨ ᠦ ᠠᠶᠤᠯᠭᠦᠢ ᠪᠠᠢᠳᠠᠯ ᠤᠨ ᠬᠠᠮᠢᠶᠠᠷᠤᠯᠲᠠ ᠳᠤ ᠪᠠᠢᠴᠠᠭᠠᠨ᠎ᠠ ::

…

家标准中的通用标准。如对致病性微生物、农药残留、兽药残留、生物毒素、重金属等污染

按照前条规定，进口的食品应当符合我国食品安全国家标准。首先应当符合食品安全国

一、进口尚无食品安全国家标准的食品

●条文解读

剂、食品相关产品进行检验。检验结果应当公开。

出入境检验检疫机构按照国务院卫生行政部门的要求，对前款规定的食品、食品添加

的规定办理。

品原料生产的食品或者进口食品添加剂新品种、食品相关产品新品种，依照本法第三十七条

合食品安全要求的，决定暂予适用，并及时制定相应的食品安全国家标准。进口利用新的食

的相关国家（地区）标准或者国际标准。国务院卫生行政部门对相关标准进行审查，认为符

食品，由境外出口商、境外生产企业或者其委托的进口商向国务院卫生行政部门提交所执行

第九十三条【进口尚无食品安全国家标准食品等的程序】 进口尚无食品安全国家标准的

ᠶᠢ ᠪᠠᠷᠢᠮᠲᠠ ᠪᠠᠷ ᠭᠦᠢᠴᠡᠳᠬᠡᠬᠦ ᠬᠣᠯᠪᠣᠭᠳᠠᠬᠤ ᠤᠯᠤᠰ (ᠣᠷᠤᠨ) ᠤ ᠪᠠᠷᠢᠮᠵᠢᠶ᠎ᠠ ᠪᠤᠶᠤ ᠣᠯᠠᠨ ᠤᠯᠤᠰ ᠤᠨ ᠪᠠᠷᠢᠮᠵᠢᠶ᠎ᠠ ᠶᠢ ᠲᠤᠰᠢᠶᠠᠨ ᠥᠭᠭᠦᠨ᠎ᠡ᠄᠄
ᠡᠷᠡᠭᠦᠯ ᠮᠡᠨᠳᠦ ᠶᠢᠨ ᠠᠵᠢᠯ ᠬᠠᠷᠢᠭᠤᠴᠠᠬᠤ ᠭᠠᠵᠠᠷ ᠤᠨ ᠬᠣᠯᠪᠣᠭᠳᠠᠬᠤ ᠪᠠᠷᠢᠮᠵᠢᠶ᠎ᠠ ᠶᠢ ᠬᠢᠨᠠᠨ ᠰᠢᠯᠭᠠᠵᠤ᠂ ᠬᠦᠨᠰᠦ ᠪᠦᠲᠦᠭᠡᠭᠳᠡᠬᠦᠨ ᠦ
ᠠᠶᠤᠯᠭᠦᠢ ᠪᠠᠢᠳᠠᠯ ᠤᠨ ᠱᠠᠭᠠᠷᠳᠯᠠᠭ᠎ᠠ ᠳᠤ ᠨᠡᠢᠴᠡᠵᠦ ᠪᠠᠢᠬᠤ ᠲᠣᠬᠢᠶᠠᠯᠳᠤᠯ ᠳᠤ ᠲᠦᠷ ᠬᠡᠷᠡᠭᠯᠡᠬᠦ ᠪᠡᠷ ᠲᠣᠭᠲᠠᠭᠠᠨ᠎ᠠ᠄᠄ ᠮᠦᠨ
(ᠤᠯᠤᠰ) ᠤᠨ ᠬᠦᠨᠰᠦ ᠪᠦᠲᠦᠭᠡᠭᠳᠡᠬᠦᠨ ᠦ ᠠᠶᠤᠯᠭᠦᠢ ᠪᠠᠢᠳᠠᠯ ᠤᠨ ᠤᠯᠤᠰ ᠤᠨ ᠪᠠᠷᠢᠮᠵᠢᠶ᠎ᠠ ᠶᠢ ᠴᠠᠭ ᠲᠤᠬᠠᠢ ᠳᠤ ᠨᠢ ᠲᠣᠭᠲᠠᠭᠠᠨ᠎ᠠ᠂

物质以及其他危害人体健康的物质含量不得超过食品安全国家标准限量的规定。其次应当符合按照食品的分类制定的分类标准，如进口的伏特加酒除应当符合食品安全国家标准中的通用标准外，还要符合食品安全国家标准《蒸馏酒及其配制酒》（GB2757—2012）。如果进口的某种食品，国家通用标准中没有包括或者尚未制定食品安全标准的分类标准，那么境外出口商、境外生产企业或者其委托的进口商应当向国务院卫生行政部门提交所执行的相关国家（地区）食品安全标准或者国际标准。国务院卫生行政部门对相关标准进行审查后，认为符合食品安全要求的，决定暂予适用，该食品就可以进口到中国来。国务院卫生行政部门应当及时制定相应的食品安全国家标准。例如我国消费者食用燕窝已有很多年的历史，但我国不自产燕窝，这种食品主要从马来西亚等东南亚国家进口。燕窝中主要污染物质是亚硝酸盐，我国食品安全国家标准《食品中污染物限量》（GB2762—2012）虽然规定了亚硝酸盐的限量，但只规定了四大类食品的限量，即蔬菜及其制品、乳及乳制品、饮料类和婴幼儿配方食品，显然燕窝不在其中。为了解决燕窝的进口问题，2012年2月，当时的卫生部给负责食品安全的有关部门发了一个函，即『关于通报食用燕窝亚硝酸盐临时管理限量值的函』，全文如下：『为确保燕窝食用安全，根据《食品安全法》及其实施条例，我部组织开展了食用燕窝亚硝酸盐风险评估，制定了食用燕窝亚硝酸盐的临时管理限量值，现通报如下：食用燕窝亚硝酸盐临时管理限量值为30毫克/千克，自即日起实施。』从此我国对进口燕窝中的亚硝酸盐有了一个临时限量值标准，从而使燕窝的进口没有障碍。以后再遇到类似燕窝这样的食品进口，境外出口商、境外生产金业或者其委托的进口商应当向国务院卫生行政部门提交所执行的相关国家（地区）食品安全标准或者国际标准。国务院卫生行政部门对相关标准进行审查后，认为符合食品安全要求的，决定暂予适用，该食品就可以进口到中国来。

本条对进口尚无食品安全国家标准的食品的规定，较原法第63条的规定有了较大改动。原法第63条对进口尚无食品安全国家标准的食品，要求进口商要取得国务院卫生行政部门的许可后方准进口。而本次修改，要求境外出口商、境外生产企业或者其委托的进口商应当向国务院卫生行政部门提交所执行的相关国家（地区）食品安全标准或者国际标准，国务院卫生行政部门对这个标准认可后，一般由国务院卫生行政部门发一个公告，该食品就可进口。这样修改的目的是取消对进口尚无食品安全国家标准的食品的许可，符合行政审批制度改革的方向。

二、关于进口利用新的食品原料生产的食品或者进口食品添加剂新品种、食品相关产品新品种

按照本条规定，进口利用新的食品原料生产的食品或者进口食品添加剂新品种、食品相关产品新品种，依照本法第37条的规定办理。本法第37条规定，利用新的食品原料生产食品，或者生产食品添加剂新品种、食品相关产品新品种，应当向国务院卫生行政部门提交相关产品的安全性评估材料。国务院卫生行政部门应当自收到申请之日起 60 日内组织审查；对符合食品安全要求的，准予许可并公布；对不符合食品安全要求的，不予许可并书面说明理由。

需要说明的是，进口利用新的食品原料生产的食品要经过许可，是本次修改食品安全法所新加的内容。原法第 63 条只强调进口食品添加剂新品种、食品相关产品新品种要经过许可。理由是：国外或者境外一些制作食品的原料在我国从没听说过，例如二十几年前，以原产非洲的多年生草本植物——芦荟作为食品原料生产的食品在我国还没有出现。为了保障我国消费者的健康和生命安全，有必要对首次进口的添加了芦荟的食品进行风险评估并加以许可后方可进口。

对进口食品添加剂新品种、食品相关产品新品种进行安全性评估也是保障我国消费者健康和生命安全的需要。根据 2010 年原卫生部制定的《食品添加剂新品种管理办法》规定，食品添加剂新品种是指：（1）未列入食品安全国家标准的食品添加剂品种；（2）未列入卫生部公告允许使用的食品添加剂品种；（3）扩大使用范围或者用量的食品添加剂品种。为了确保食品添加剂的安全使用，防止不安全的食品添加剂进口到我国，对首次进口食品添加剂新品种的，必须进行安全性评估。只有经过评估证明是安全的，才能允许该食品添加剂进口。根据 2011 年原卫生部制定的《食品相关产品新品种行政许可管理规定》，食品相关产品新品种，是指用于食品包装材料、容器、洗涤剂、消毒剂和用于食品生产经营的工具、设备的新材料、新原料。例如，进口商首次进口一种新的食品洗涤剂，这个品牌的洗涤剂在我国市场上从没出现过：在这种情况下，应当依据本条的规定，对这个品牌的洗涤剂进行安全性评估并经许可后方能进口。

三、对进口尚无食品安全国家标准的食品及『三新』产品的检验

依照前条规定，所有进口的食品、食品添加剂、食品相关产品由出入境检验检疫机构依照我国的食品安全国家标准进行检验。但进口尚无食品安全国家标准的食品，由于国务院卫生行政部门认可了出口国家（地区）的食品安全标准或者国际标准，所以出入境检验检疫机构应当按照国务院卫生行政部门认可的标准进行检验。对于进口食品添加剂新品种、食品相关产品新品种，要由国务院卫生行政部门组织安全风险评估。经过评估，国务院卫生行政部门认为符合食品安全要求的，作出准予进口的许可并公布风险评估结果。出入境检验检疫机构应当按照风险评估结果确定的标准进行检验。由于『三新』产品的检验更加关乎我国的食品安全，所以本法要求对『三新』产品的检验结果要向社会公开。

[illegible]

[ᠲᠠᠶᠢᠯᠪᠤᠷᠢ]

[illegible]

ᠠᠷᠢᠬᠢ ᠶᠢᠨ ᠦᠢᠯᠡᠳᠪᠦᠷᠢ ᠳᠦ ᠪᠠᠢᠬᠤ ᠭᠣᠣᠯ ᠦᠢᠯᠡᠳᠬᠦᠨ ᠦ ᠠᠷᠭ᠎ᠠ ᠪᠣᠯ ᠲᠡᠷᠡ ᠬᠣᠣᠰᠠᠯᠠᠬᠤ ᠠᠵᠢᠯᠯᠠᠭ᠎ᠠ ᠪᠠᠢᠨ᠎ᠠ᠂ ᠲᠡᠭᠦᠨ ᠦ ᠬᠦᠨᠡᠰᠦ ᠶᠢᠨ ᠬᠡᠮᠵᠢᠶ᠎ᠡ ᠶᠢ
ᠲᠣᠭᠲᠠᠭᠠᠬᠤ ᠪᠠᠢᠨ᠎ᠠ᠂ ᠦᠢᠯᠡᠳᠪᠦᠷᠢ ᠶᠢᠨ ᠬᠡᠮᠵᠢᠶ᠎ᠡ ᠶᠢ ᠬᠠᠷᠢᠭᠤᠴᠠᠭᠤᠯᠬᠤ ᠳᠤ ᠬᠦᠨᠡᠰᠦ ᠶᠢᠨ ᠬᠡᠮᠵᠢᠶ᠎ᠡ ᠶᠢ ᠲᠣᠭᠲᠠᠭᠠᠬᠤ ᠬᠡᠷᠡᠭᠲᠡᠢ ᠪᠠᠢᠳᠠᠭ ::
ᠬᠡᠷᠡᠭᠯᠡᠭᠳᠡᠬᠦᠨ᠂ ᠲᠡᠭᠦᠨ ᠦ ᠬᠦᠨᠡᠰᠦ ᠶᠢᠨ ᠠᠶᠤᠯᠭᠦᠢ ᠪᠠᠢᠳᠠᠯ ᠤᠨ ᠰᠢᠯᠭᠠᠯᠲᠠ ᠶᠢᠨ ᠬᠡᠮᠵᠢᠶ᠎ᠡ ᠶᠢ ᠪᠠᠷᠢᠮᠲᠠᠯᠠᠬᠤ ᠳᠤ ᠬᠦᠨᠡᠰᠦ ᠶᠢᠨ ᠠᠮᠤᠷ ᠲᠦᠪᠰᠢᠨ ᠪᠠᠢᠳᠠᠯ ᠢ ᠬᠠᠮᠠᠭᠠᠯᠠᠬᠤ ᠳᠤ
ᠬᠡᠷᠡᠭᠯᠡᠬᠦ ᠶᠢᠨ ᠲᠦᠯᠦᠭᠡ ᠪᠠᠢᠨ᠎ᠠ :: ᠬᠦᠨᠡᠰᠦ ᠶᠢᠨ ᠦᠢᠯᠡᠳᠪᠦᠷᠢ ᠶᠢᠨ ᠠᠵᠢᠯ ᠤᠨ ᠪᠠᠢᠷᠢ ᠶᠢᠨ ᠠᠮᠤᠷ ᠲᠦᠪᠰᠢᠨ ᠪᠠᠢᠳᠠᠯ ᠢ ᠬᠠᠮᠠᠭᠠᠯᠠᠨ ᠳᠠᠭᠠᠵᠤ ᠪᠠᠢᠬᠤ ᠶᠢᠨ ᠲᠦᠯᠦᠭᠡ
ᠪᠠᠢᠭᠤᠯᠤᠮᠵᠢ ᠶᠢᠨ ᠬᠠᠷᠢᠭᠤᠴᠠᠯᠭ᠎ᠠ ᠪᠠᠢᠳᠠᠯ ᠢ ᠰᠢᠯᠭᠠᠨ ᠪᠠᠲᠤᠯᠠᠬᠤ ᠬᠡᠷᠡᠭᠲᠡᠢ᠂ ᠬᠦᠨᠡᠰᠦ ᠶᠢᠨ ᠦᠢᠯᠡᠳᠪᠦᠷᠢ ᠶᠢᠨ ᠠᠵᠢᠯ ᠤᠨ ᠪᠠᠢᠷᠢ ᠶᠢᠨ ᠬᠣᠣᠷᠲᠤ ᠪᠣᠳᠠᠰ ᠢ ᠳᠠᠷᠤᠢᠯᠠᠨ ᠬᠣᠷᠢᠭᠯᠠᠬᠤ ::
ᠬᠦᠨᠡᠰᠦ ᠶᠢᠨ ᠦᠢᠯᠡᠳᠪᠦᠷᠢ ᠶᠢᠨ ᠠᠵᠢᠯ ᠤᠨ ᠪᠠᠢᠷᠢ ᠶᠢᠨ ᠠᠮᠤᠷ ᠲᠦᠪᠰᠢᠨ ᠪᠠᠢᠳᠠᠯ ᠢ ᠬᠠᠮᠠᠭᠠᠯᠠᠬᠤ ᠳᠤ ᠬᠦᠨᠡᠰᠦ ᠶᠢᠨ ᠠᠮᠤᠷ ᠲᠦᠪᠰᠢᠨ ᠪᠠᠢᠳᠠᠯ ᠢ ᠲᠣᠭᠲᠠᠭᠠᠬᠤ ᠶᠢᠨ ᠠᠷᠭ᠎ᠠ ᠬᠡᠮᠵᠢᠶ᠎ᠡ
ᠬᠦᠨᠡᠰᠦ ᠶᠢᠨ ᠦᠢᠯᠡᠳᠪᠦᠷᠢ ᠶᠢᠨ ᠬᠡᠮᠵᠢᠶ᠎ᠡ ᠶᠢ ᠲᠣᠭᠲᠠᠭᠠᠨ ᠬᠠᠮᠠᠭᠠᠯᠠᠬᠤ ᠪᠣᠯᠪᠠᠰᠤᠷᠠᠯ ᠤᠨ ᠬᠡᠮᠵᠢᠶ᠎ᠡ ᠲᠣᠭᠲᠠᠭᠠᠭᠰᠠᠨ ᠪᠠᠢᠨ᠎ᠠ᠂ ᠪᠣᠯᠪᠠᠰᠤᠷᠠᠭᠤᠯᠤᠯᠲᠠ ᠶᠢᠨ ᠪᠣᠯᠪᠠᠰᠤᠷᠠᠯ ᠤᠨ ᠬᠡᠮᠵᠢᠶ᠎ᠡ
ᠪᠣᠯᠪᠠᠰᠤᠷᠠᠯ ᠤᠨ ᠠᠷᠭ᠎ᠠ ᠬᠡᠮᠵᠢᠶ᠎ᠡ ᠶᠢ ᠲᠣᠭᠲᠠᠭᠠᠨ ᠬᠠᠮᠠᠭᠠᠯᠠᠬᠤ ᠶᠢᠨ ᠬᠡᠮᠵᠢᠶ᠎ᠡ ᠤᠨ ᠬᠦᠨᠡᠰᠦ ᠶᠢᠨ ᠪᠠᠢᠳᠠᠯ ᠤᠨ ᠬᠦᠨᠡᠰᠦ ᠶᠢᠨ ᠠᠷᠭ᠎ᠠ ᠬᠡᠮᠵᠢᠶ᠎ᠡ ᠶᠢ ᠬᠡᠷᠡᠭᠵᠢᠭᠦᠯᠬᠦ
ᠬᠦᠨᠡᠰᠦ ᠶᠢᠨ ᠠᠷᠭ᠎ᠠ ᠬᠡᠮᠵᠢᠶ᠎ᠡ ᠶᠢ ᠲᠣᠭᠲᠠᠭᠠᠭᠰᠠᠨ ᠪᠣᠯᠪᠠᠰᠤ ᠦᠨᠳᠦᠰᠦᠨ ᠤ ᠪᠣᠯᠪᠠᠰᠤᠷᠠᠭᠤᠯᠤᠯᠲᠠ ᠶᠢᠨ ᠬᠣᠣᠷᠲᠤ ᠪᠣᠳᠠᠰ ᠤᠨ ᠪᠣᠯᠪᠠᠰᠤᠷᠠᠯ ᠤᠨ 《ᠬᠦᠨᠡᠰᠦ ᠶᠢᠨ ᠠᠶᠤᠯᠭᠦᠢ ᠶᠢᠨ
ᠬᠡᠮᠵᠢᠶ᠎ᠡ》（GB2757—2012） ᠳᠤ ᠲᠣᠭᠲᠠᠭᠠᠭᠰᠠᠨ ᠪᠠᠢᠨ᠎ᠠ :: ᠲᠡᠭᠡᠬᠦ ᠪᠣᠯ ᠬᠡᠮᠵᠢᠶ᠎ᠡ ᠳᠦ ᠬᠦᠨᠡᠰᠦ ᠶᠢᠨ
ᠪᠣᠯᠪᠠᠰᠤᠷᠠᠭᠤᠯᠤᠯᠲᠠ ᠳᠤ ᠲᠣᠭᠲᠠᠭᠠᠭᠰᠠᠨ ᠪᠠᠢᠨ᠎ᠠ ᠪᠠᠢᠳᠠᠯ ᠢ ᠪᠦᠷ ᠬᠡᠮᠵᠢᠶ᠎ᠡ ᠶᠢᠨ ᠬᠦᠨᠡᠰᠦ ᠶᠢᠨ ᠠᠷᠭ᠎ᠠ ᠶᠢᠨ ᠪᠠᠢᠳᠠᠯ ᠤᠨ ᠪᠣᠯᠪᠠᠰᠤᠷᠠᠯ ᠤᠨ 《ᠬᠦᠨᠡᠰᠦ ᠶᠢᠨ ᠠᠷᠭ᠎ᠠ ᠬᠡᠮᠵᠢᠶ᠎ᠡ
ᠲᠣᠭᠲᠠᠭᠠᠭᠰᠠᠨ᠂ ᠪᠠᠢᠳᠠᠯ ᠢᠶᠠᠷ ᠬᠡᠮᠵᠢᠶ᠎ᠡ ᠶᠢᠨ ᠬᠦᠨᠡᠰᠦ ᠶᠢᠨ ᠬᠡᠮᠵᠢᠶ᠎ᠡ ᠶᠢᠨ ᠬᠦᠨᠡᠰᠦ ᠶᠢᠨ ᠠᠷᠭ᠎ᠠ ᠬᠡᠮᠵᠢᠶ᠎ᠡ ᠶᠢᠨ ᠪᠠᠢᠳᠠᠯ ᠤᠨ ᠬᠡᠮᠵᠢᠶ᠎ᠡ ᠶᠢᠨ
ᠪᠣᠯᠪᠠᠰᠤ ᠲᠣᠭᠲᠠᠭᠠᠨ᠎ᠠ :: ᠬᠠᠷᠢᠨ᠂ ᠬᠡᠮᠵᠢᠶ᠎ᠡ ᠶᠢᠨ ᠪᠣᠯᠪᠠᠰᠤᠷᠠᠯ ᠤᠨ ᠬᠦᠨᠡᠰᠦ ᠶᠢᠨ ᠪᠣᠯᠪᠠᠰᠤᠷᠠᠯ ᠤᠨ ᠪᠠᠢᠳᠠᠯ ᠢᠶᠠᠷ ᠪᠣᠯᠪᠠᠰᠤ ᠲᠣᠭᠲᠠᠭᠠᠨ᠎ᠠ᠂
ᠪᠣᠯᠪᠠᠰᠤ ᠶᠢᠨ ᠦᠢᠯᠡᠳᠪᠦᠷᠢ ᠶᠢᠨ ᠬᠡᠮᠵᠢᠶ᠎ᠡ ᠶᠢᠨ ᠠᠷᠭ᠎ᠠ ᠶᠢᠨ ᠬᠡᠮᠵᠢᠶ᠎ᠡ ᠶᠢᠨ ᠪᠠᠢᠳᠠᠯ ᠤᠨ ᠬᠣᠣᠷᠲᠤ ᠲᠣᠭᠲᠠᠭᠠᠭᠰᠠᠨ ᠪᠣᠯᠪᠠᠰᠤᠷᠠᠯ ᠤᠨ ᠬᠡᠮᠵᠢᠶ᠎ᠡ

[illegible] 30 [illegible]

[illegible] 2012 ᠣᠨ ᠤ 2 ᠰᠠᠷ᠎ᠠ ᠳᠤ [illegible]

[illegible] 《[illegible]》(GB2762－2012) [illegible]

ᠬᠡᠮᠡᠨ ᠲᠣᠭᠲᠠᠭᠠᠨ ᠳᠤ᠂ ᠬᠦᠨᠨᠢᠰᠦ ᠪᠡᠨ ᠡᠭᠦᠯᠭᠡᠨ ᠲᠠᠲᠠᠬᠤ ᠦᠦᠷᠭᠡ ᠲᠡᠢ ᠪᠣᠯᠤᠨ᠎ᠠ ᠃ ᠬᠦᠨᠨᠢᠰᠦ ᠦᠢᠯᠡᠳᠪᠦᠷᠢᠯᠡᠭᠴᠢ ᠶᠢᠨ ᠡᠭᠦᠯᠭᠡᠨ ᠲᠠᠲᠠᠬᠤ ᠦᠦᠷᠭᠡ ᠶᠢ ᠬᠡᠷᠡᠭᠵᠢᠭᠦᠯᠬᠦ ᠶᠢᠨ ᠲᠦᠯᠦᠭᠡ᠂ ᠬᠦᠨᠨᠢᠰᠦ ᠶᠢᠨ ᠠᠶᠤᠯᠭᠦᠢ ᠪᠠᠶᠢᠳᠠᠯ ᠤᠨ ᠬᠢᠨᠠᠨ ᠬᠠᠮᠢᠶᠠᠷᠤᠨ ᠵᠠᠬᠢᠷᠤᠬᠤ ᠲᠠᠰᠤᠭ ᠤᠨ ᠬᠦᠨᠨᠢᠰᠦ ᠪᠠ ᠬᠦᠨᠨᠢᠰᠦᠨ ᠦ ᠠᠶᠤᠯᠭᠦᠢ ᠪᠠᠶᠢᠳᠠᠯ ᠤᠨ ᠪᠠᠷᠢᠮᠵᠢᠶ᠎ᠠ ᠳᠤ ᠨᠡᠶᠢᠴᠡᠬᠦ ᠦᠭᠡᠢ ᠪᠤᠶᠤ ᠬᠦᠮᠦᠨ ᠦ ᠪᠡᠶ᠎ᠡ ᠶᠢᠨ ᠡᠷᠡᠭᠦᠯ ᠮᠡᠨᠳᠦ ᠳᠦ ᠬᠣᠣᠷ ᠬᠦᠷᠭᠡᠵᠦ ᠮᠡᠳᠡᠬᠦ ᠨᠣᠲᠠᠯᠭᠠᠲᠠᠢ ᠬᠦᠨᠨᠢᠰᠦ (ᠬᠦᠨᠨᠢᠰᠦ) ᠶᠢ ᠪᠤᠴᠠᠭᠠᠵᠤ ᠲᠠᠲᠠᠬᠤ ᠶᠢ ᠵᠢᠭᠠᠵᠤ ᠪᠠᠶᠢᠨ᠎ᠠ᠃ ᠬᠦᠨᠨᠢᠰᠦ ᠶᠢᠨ ᠠᠶᠤᠯᠭᠦᠢ ᠪᠠᠶᠢᠳᠠᠯ ᠤᠨ ᠪᠠᠷᠢᠮᠵᠢᠶ᠎ᠠ ᠳᠤ ᠨᠡᠶᠢᠴᠡᠬᠦ ᠦᠭᠡᠢ ᠬᠦᠨᠨᠢᠰᠦ ᠶᠢ ᠦᠢᠯᠡᠳᠪᠦᠷᠢᠯᠡᠭᠰᠡᠨ ᠪᠣᠯ ᠡᠭᠦᠯᠭᠡᠨ ᠲᠠᠲᠠᠬᠤ ᠦᠦᠷᠭᠡ ᠲᠡᠢ᠂ ᠮᠦᠨ ᠲᠡᠷᠡ ᠬᠦᠨᠨᠢᠰᠦ ᠶᠢ ᠵᠠᠳᠠᠯᠬᠤ ᠪᠤᠶᠤ ᠬᠣᠣᠯ ᠤᠨ ᠪᠦᠲᠦᠭᠡᠭᠳᠡᠬᠦᠨ ᠢ ᠵᠣᠭᠰᠣᠭᠠᠬᠤ ᠬᠡᠷᠡᠭᠲᠡᠢ ᠃ ᠬᠡᠷᠪᠡ ᠡᠭᠦᠯᠭᠡᠨ ᠲᠠᠲᠠᠬᠤ ᠦᠭᠡᠢ ᠪᠣᠯ᠂ ᠮᠦᠨ ᠲᠡᠷᠡ ᠬᠦᠨᠨᠢᠰᠦ ᠶᠢᠨ ᠠᠶᠤᠯᠭᠦᠢ ᠪᠠᠶᠢᠳᠠᠯ ᠤᠨ ᠪᠠᠷᠢᠮᠵᠢᠶ᠎ᠠ ᠳᠤ ᠨᠡᠶᠢᠴᠡᠬᠦ ᠦᠭᠡᠢ ᠬᠦᠨᠨᠢᠰᠦ ᠶᠢ ᠡᠭᠦᠯᠭᠡᠨ ᠲᠠᠲᠠᠬᠤ ᠪᠤᠶᠤ ᠬᠦᠨᠨᠢᠰᠦ ᠶᠢᠨ ᠠᠵᠢᠯ ᠠᠬᠤᠢ ᠡᠷᠬᠢᠯᠡᠬᠦ ᠶᠢ ᠵᠣᠭᠰᠣᠭᠠᠬᠤ ᠦᠭᠡᠢ ᠪᠣᠯ ᠬᠠᠤᠯᠢ ᠶᠢᠨ 63 ᠳᠤᠭᠠᠷ ᠵᠦᠢᠯ ᠦᠨ ᠲᠣᠭᠲᠠᠭᠠᠯ ᠢ ᠵᠦᠷᠢᠴᠡᠭᠰᠡᠨ ᠪᠣᠯᠤᠨ᠎ᠠ᠂ ᠡᠨᠡ ᠬᠠᠤᠯᠢ ᠶᠢᠨ 63 ᠳᠤᠭᠠᠷ ᠵᠦᠢᠯ ᠦᠨ ᠲᠣᠭᠲᠠᠭᠠᠯ ᠤᠨ ᠳᠠᠭᠠᠤ ᠬᠦᠨᠨᠢᠰᠦ ᠶᠢᠨ ᠠᠶᠤᠯᠭᠦᠢ ᠪᠠᠶᠢᠳᠠᠯ ᠤᠨ ᠬᠢᠨᠠᠨ ᠬᠠᠮᠢᠶᠠᠷᠤᠨ ᠵᠠᠬᠢᠷᠤᠬᠤ ᠲᠠᠰᠤᠭ ᠤᠨ ᠵᠢᠭᠠᠯᠳᠠ᠂ ᠡᠨᠡ ᠬᠦᠨᠨᠢᠰᠦ ᠪᠡᠨ ᠡᠭᠦᠯᠭᠡᠨ ᠲᠠᠲᠠᠬᠤ ᠪᠤᠶᠤ ᠵᠣᠭᠰᠣᠭᠠᠬᠤ ᠬᠡᠷᠡᠭᠲᠡᠢ᠃

ᠬᠣᠣᠯ ᠤᠨ ᠪᠦᠲᠦᠭᠡᠭᠳᠡᠬᠦᠨ ᠦ ᠠᠶᠤᠯᠭᠦᠢ ᠪᠠᠶᠢᠳᠠᠯ ᠤᠨ ᠪᠠᠷᠢᠮᠵᠢᠶ᠎ᠠ ᠳᠤ ᠨᠡᠶᠢᠴᠡᠬᠦ ᠦᠭᠡᠢ ᠪᠣᠯ ᠬᠦᠨᠨᠢᠰᠦ ᠶᠢᠨ ᠠᠶᠤᠯᠭᠦᠢ ᠪᠠᠶᠢᠳᠠᠯ ᠤᠨ ᠬᠢᠨᠠᠨ ᠬᠠᠮᠢᠶᠠᠷᠤᠨ ᠵᠠᠬᠢᠷᠤᠬᠤ ᠲᠠᠰᠤᠭ᠂ ᠬᠦᠨᠨᠢᠰᠦ ᠶᠢᠨ ᠠᠶᠤᠯᠭᠦᠢ ᠪᠠᠶᠢᠳᠠᠯ ᠤᠨ ᠪᠠᠷᠢᠮᠵᠢᠶ᠎ᠠ ᠳᠤ ᠨᠡᠶᠢᠴᠡᠬᠦ ᠦᠭᠡᠢ ᠬᠦᠨᠨᠢᠰᠦ (ᠬᠦᠨᠨᠢᠰᠦ) ᠶᠢ ᠪᠤᠴᠠᠭᠠᠵᠤ ᠲᠠᠲᠠᠬᠤ ᠶᠢ ᠵᠢᠭᠠᠵᠤ ᠪᠠᠶᠢᠨ᠎ᠠ ᠃ ᠬᠣᠣᠯ ᠤᠨ ᠪᠦᠲᠦᠭᠡᠭᠳᠡᠬᠦᠨ ᠦ ᠠᠶᠤᠯᠭᠦᠢ ᠪᠠᠶᠢᠳᠠᠯ ᠤᠨ ᠪᠠᠷᠢᠮᠵᠢᠶ᠎ᠠ ᠳᠤ ᠨᠡᠶᠢᠴᠡᠬᠦ ᠦᠭᠡᠢ

[illegible]

[illegible]

[illegible]

[illegible]

ᠳᠤᠮᠳᠠᠳᠤ ᠪᠠᠢᠳᠠᠯ ᠲᠠᠢ ᠬᠡᠷᠡᠭᠯᠡᠭᠡᠨ ᠦ ᠬᠦᠨᠡᠰᠦᠨ ᠦ ᠨᠡᠮᠡᠯᠲᠡ ᠡᠳ ᠦᠨ ᠵᠦᠢᠯ ᠬᠡᠷᠡᠭᠯᠡᠭᠡ ᠂ ᠬᠦᠨᠡᠰᠦᠨ ᠪᠡᠷ ᠪᠦᠲᠦᠭᠡᠭᠳᠡᠬᠦᠨ ᠦ ᠵᠦᠢᠯ ᠪᠦᠷᠢᠯᠳᠦᠬᠦᠨ ᠢ ᠪᠦᠲᠦᠭᠡᠭᠳᠡᠬᠦᠨ ᠦ ᠠᠵᠤ ᠠᠬᠤᠢ ᠪᠡᠷ ᠡᠷᠡᠭᠦᠯ ᠠᠬᠤᠢ ᠶᠢᠨ ᠬᠢᠨᠠᠨ ᠬᠢᠶᠠᠭᠠᠷᠯᠠᠬᠤ ᠶᠢ ᠰᠠᠢᠵᠢᠷᠠᠭᠤᠯᠬᠤ :: ᠡᠳᠡᠭᠡᠷ ᠬᠡᠮᠵᠢᠶ᠎ᠡ ᠳᠦ : ᠬᠦᠨᠡᠰᠦᠨ ᠦ ᠨᠡᠮᠡᠯᠲᠡ ᠡᠳ ᠦᠨ ᠵᠦᠢᠯ ᠦᠨ ᠲᠥᠷᠥᠯ ᠵᠦᠢᠯ ᠂ ᠬᠡᠷᠡᠭᠯᠡᠬᠦ ᠬᠡᠪᠴᠢᠶ᠎ᠡ ᠂ ᠬᠡᠷᠡᠭᠯᠡᠬᠦ ᠬᠡᠮᠵᠢᠶ᠎ᠡ ᠂ ᠦᠯᠡᠳᠡᠭᠳᠡᠯ ᠦᠨ ᠬᠢᠵᠠᠭᠠᠷ ᠤᠨ ᠬᠡᠮᠵᠢᠶ᠎ᠡ ᠡᠳ ᠲᠡᠭᠦᠨ ᠲᠡᠢ ᠬᠣᠯᠪᠣᠭᠳᠠᠬᠤ ᠬᠦᠨᠡᠰᠦᠨ ᠦ ᠨᠡᠮᠡᠯᠲᠡ ᠡᠳ ᠦᠨ ᠵᠦᠢᠯ ᠦᠨ ᠴᠢᠨᠠᠷ ᠤᠨ ᠰᠢᠭᠠᠷᠳᠯᠠᠭ᠎ᠠ ᠲᠠᠢ ᠡᠪ ᠦᠨ ᠵᠥᠪ ᠢ ᠲᠣᠭᠲᠠᠭᠠᠵᠤ ᠠᠪᠤᠯ ᠵᠣᠬᠢᠨ᠎ᠠ ::

ᠬᠦᠨᠡᠰᠦᠨ ᠦ ᠨᠡᠮᠡᠯᠲᠡ ᠡᠳ ᠦᠨ ᠵᠦᠢᠯ ᠦᠨ ᠬᠡᠮᠵᠢᠶ᠎ᠡ ᠂ ᠬᠦᠨᠡᠰᠦᠨ ᠪᠡᠷ ᠬᠡᠷᠡᠭᠯᠡᠬᠦ ᠬᠡᠮᠵᠢᠶ᠎ᠡ ᠶᠢᠨ ᠪᠣᠳᠣᠯᠭ᠎ᠠ ᠳᠤ ᠬᠦᠨᠡᠰᠦᠨ ᠦ ᠨᠡᠮᠡᠯᠲᠡ ᠡᠳ ᠦᠨ ᠵᠦᠢᠯ ᠦᠨ ᠦᠯᠡᠳᠡᠭᠳᠡᠯ ᠦᠨ ᠬᠡᠮᠵᠢᠶ᠎ᠡ ᠵᠢ ᠬᠠᠮᠤᠷᠤᠭᠰᠠᠨ ᠪᠠᠢᠨ᠎ᠠ ᠂ ᠬᠦᠨᠡᠰᠦᠨ ᠦ ᠨᠡᠮᠡᠯᠲᠡ ᠡᠳ ᠦᠨ ᠵᠦᠢᠯ ᠦᠨ ᠬᠡᠷᠡᠭᠯᠡᠭᠡᠨ ᠦ ᠬᠡᠮᠵᠢᠶ᠎ᠡ ᠨᠢ ᠬᠦᠨᠡᠰᠦᠨ ᠦ ᠨᠡᠮᠡᠯᠲᠡ ᠡᠳ ᠦᠨ ᠵᠦᠢᠯ ᠢ ᠬᠡᠷᠡᠭᠯᠡᠬᠦ ᠳᠦᠷᠢᠮ ᠢ ᠲᠣᠭᠲᠠᠭᠠᠭᠰᠠᠨ ᠬᠡᠮᠵᠢᠶ᠎ᠡ ᠪᠣᠯᠤᠨ᠎ᠠ :: 2010 ᠣᠨ ᠳᠤ ᠨᠡᠶᠢᠲᠡᠯᠡᠭᠰᠡᠨ 《ᠬᠦᠨᠡᠰᠦᠨ ᠦ ᠨᠡᠮᠡᠯᠲᠡ ᠡᠳ ᠦᠨ ᠵᠦᠢᠯ ᠬᠡᠷᠡᠭᠯᠡᠭᠡᠨ ᠦ ᠡᠷᠡᠭᠦᠯ ᠠᠬᠤᠢ ᠶᠢᠨ ᠬᠡᠮᠵᠢᠶ᠎ᠡ》 ᠪᠡᠷ ᠵᠣᠬᠢᠴᠠᠭᠤᠯᠤᠭᠳᠠᠳᠠᠭ ᠪᠠᠢᠨ᠎ᠠ ᠂ ᠬᠦᠨᠡᠰᠦᠨ ᠦ ᠨᠡᠮᠡᠯᠲᠡ ᠡᠳ ᠦᠨ ᠵᠦᠢᠯ ᠬᠡᠷᠡᠭᠯᠡᠭᠡᠨ ᠢ : (1) ᠬᠦᠨᠡᠰᠦᠨ ᠦ ᠠᠮᠲᠠ ᠣᠷᠣᠭᠤᠯᠤᠭᠴᠢ ᠶᠢᠨ ᠡᠳ ᠦᠨ ᠵᠦᠢᠯ ᠢ ᠪᠣᠯᠪᠠᠰᠤᠷᠠᠭᠤᠯᠬᠤ ᠶᠢᠨ ᠲᠤᠯᠠ ᠬᠡᠷᠡᠭᠯᠡᠬᠦ ᠬᠦᠨᠡᠰᠦᠨ ᠦ ᠨᠡᠮᠡᠯᠲᠡ ᠡᠳ ᠦᠨ ᠵᠦᠢᠯ ᠂ ᠬᠦᠨᠡᠰᠦᠨ ᠦ ᠨᠡᠮᠡᠯᠲᠡ ᠡᠳ ᠦᠨ ᠵᠦᠢᠯ ᠢ ᠬᠡᠷᠡᠭᠯᠡᠬᠦ ᠬᠡᠮᠵᠢᠶ᠎ᠡ :: (2) ᠬᠦᠨᠡᠰᠦᠨ ᠦ ᠠᠮᠲᠠ ᠣᠷᠣᠭᠤᠯᠤᠭᠴᠢ ᠪᠣᠳᠠᠰ ᠢ ᠬᠡᠷᠡᠭᠯᠡᠬᠦ ᠵᠦᠢᠯ ᠢ ᠲᠣᠭᠲᠠᠭᠠᠭᠰᠠᠨ ᠬᠦᠨᠡᠰᠦᠨ ᠦ ᠨᠡᠮᠡᠯᠲᠡ ᠡᠳ ᠦᠨ ᠵᠦᠢᠯ ᠢ ᠬᠡᠷᠡᠭᠯᠡᠬᠦ ᠬᠡᠮᠵᠢᠶ᠎ᠡ :: (3) ᠬᠦᠨᠡᠰᠦᠨ ᠦ ᠪᠦᠲᠦᠭᠡᠭᠳᠡᠬᠦᠨ ᠦ ᠲᠤᠰᠠᠯᠠᠮᠵᠢ ᠪᠣᠳᠠᠰ ᠢ ᠬᠡᠷᠡᠭᠯᠡᠬᠦ ᠵᠢᠱᠢᠶ᠎ᠡ ᠬᠦᠨᠡᠰᠦᠨ ᠦ ᠨᠡᠮᠡᠯᠲᠡ ᠡᠳ ᠦᠨ ᠵᠦᠢᠯ ᠦᠨ ᠬᠡᠷᠡᠭᠯᠡᠬᠦ ᠬᠡᠮᠵᠢᠶ᠎ᠡ ᠪᠡᠷ ᠬᠦᠨᠡᠰᠦᠨ ᠦ ᠪᠦᠲᠦᠭᠡᠭᠳᠡᠬᠦᠨ ᠦ ᠬᠡᠷᠡᠭᠯᠡᠬᠦ ᠬᠡᠮᠵᠢᠶ᠎ᠡ ᠶᠢ ᠳᠠᠭᠠᠯᠳᠤᠭᠤᠯᠤᠭᠰᠠᠨ ᠡᠳ ᠦᠨ ᠵᠦᠢᠯ ᠢ ᠲᠣᠭᠲᠠᠭᠠᠭᠰᠠᠨ ᠪᠠᠢᠨ᠎ᠠ ::

第九十四条【境外出口商、境外生产企业、进口商的义务】境外出口商、境外生产企业应当保证向我国出口的食品、食品添加剂、食品相关产品符合本法以及我国其他有关法律、行政法规的规定和食品安全国家标准的要求，并对标签、说明书的内容负责。

进口商应当建立境外出口商、境外生产企业审核制度，重点审核前款规定的内容；审核不合格的，不得进口。

发现进口食品不符合我国食品安全国家标准或者有证据证明可能危害人体健康的，进口商应当立即停止进口，并依照本法第六十三条的规定召回。

●条文解读

一、境外出口商、境外生产企业的保证义务

（一）保证符合我国食品安全国家标准

从境外进口的食品、食品添加剂以及食品相关产品应当符合进口国的强制性食品安全标准，这是国际上的通行做法。因此，境外出口商、境外生产企业应当保证向我国出口的食品、食品添加剂、食品相关产品符合我国食品安全国家标准的要求。如果经出入境检验检疫机构检验不合格，海关将不予放行。

（二）保证符合本法以及我国其他法律、行政法规的规定

境外出口商、境外生产企业除应当保证向我国出口的食品、食品添加剂、食品相关产品符合我国食品安全国家标准之外，还要保证符合本法以及我国其他法律、行政法规的规定。

1. 保证符合本法

如本法第96条规定，向我国境内出口食品的境外食品生产企业应当经国家出入境检验检疫部门注册。按此规定，如果某境外食品生产企业没有经我国出入境检验检疫部门注册，

就委托境外出口商向我国出口其生产的食品，即使该食品符合我国食品安全国家标准，出入境检验检疫机构也不予检验，海关也不会不予放行。

2. 保证符合我国其他法律、行政法规的规定

例如，某国的一个出口商向我国出口牛肉，按照我国进出境动植物检疫法的规定，该出口商必须向我国的进口商提交输出国家或者地区政府动植物检疫机关出具的检疫证书。进口商应当在该批牛肉进境前或者进境时持输出国家或者地区的检疫证书、贸易合同等单证，向进境口岸动植物检疫机关报检。

二、境外出口商、境外生产企业对标签、说明书的内容负责

本法第 97 条规定，进口的预包装食品、食品添加剂应当有中文标签；依法应当有说明书的，还应当有中文说明书。标签、说明书应当符合本法以及我国其他有关法律、行政法规的规定和食品安全国家标准的要求，并载明食品的原产地以及境内代理商的名称、地址、联系方式。境外出口商、境外生产企业应当对出口到我国的预包装食品、食品添加剂所附标签、说明书所载内容的真实性负责。因为标签、说明书本身是否符合我国食品安全国家标准，事关我国消费者的健康和生命安全，例如进口的预包装食品标签强调含有特殊成分或者标注营养成分含量的，都应当名实相符。为此，2012 年 3 月 1 日施行的《进出口食品安全管理办法》第 16 条规定，出入境检验检疫机构应当对进口预包装食品的标签内容是否符合法律法

规和食品安全国家标准要求以及与质量有关内容的真实性、准确性进行检验，包括格式版面检验和标签标注内容的符合性检测。进口食品标签、说明书中强调获奖、获证、产区及其他内容的，或者强调含有特殊成分的，应当提供相应证明材料。2012 年 6 月 1 日施行的《进出口预包装食品标签检验监督管理规定》第 10 条规定，进口预包装食品标签检验不合格的，检验检疫机构一次性告知进口商或者其代理人不符合项的全部内容。涉及安全、健康、环境保护项目不合格的，由出入境检验检疫机构责令进口商或者其代理人销毁，或者出具退货处理通知单，由进口商或者其代理人办理退运手续。

三、进口商建立境外出口商、境外生产企业审核制度

本次修改食品安全法增加的进口商的义务之一是建立对境外出口商、境外生产企业的审核制度。审核制度主要包括以下内容：

1. 向我国境内出口食品的境外出口商或者代理商是否已经在国家出入境检验检疫部门备案。向我国境内出口食品的境外食品生产企业是否已经国家出入境检验检疫部门注册。如果没有备案或者未经注册，进口商不得与之签订食品进口合同。

2. 进口的食品、食品添加剂是否随附合格证明材料。如果进口的是肉类，是否随附输出国家或者地区政府动植物检疫机关出具的检疫证书。

3. 进口的食品、食品添加剂、食品相关产品是否符合我国食品安全国家标准的要求。虽

然进口的产品要经过出入境检验检疫机构检验后才能得出是否符合我国食品安全国家标准的结论，但进口商明知进口的产品不符合我国食品安全国家标准的，不得进口。

4. 进口的预包装食品、食品添加剂是否有中文标签或者按规定应有的中文说明书。标签和说明书是否符合我国食品安全国家标准的要求。

四、进口商的主动召回义务

本次修改食品安全法增加的进口商的另一项义务是主动召回义务，即发现进口食品不符合我国食品安全国家标准或者有证据证明可能危害人体健康的，进口商应当立即停止进口，并依照本法第63条的规定实施召回。《进出口食品安全管理办法》第48条第1款规定，进口食品存在安全问题，已经或者可能对人体健康和生命安全造成损害的，进口食品进口商应当主动召回并应当向社会公布有关信息，通知销售者停止销售，告知消费者停止使用，做好召回食品情况记录。

需要说明的是，由于我国食品安全监管体制在2013年以后作出调整，如果进口食品进口商不主动实施召回的，有权责令其召回的主体也发生了变化。《进出口食品安全管理办法》第48条第3款规定，进口食品进口商不主动实施召回的，由国家质检总局直属检验检疫局向其发出责令召回通知书并报告国家质检总局。必要时，国家质检总局可以责令其召回。但是由于进口食品已经在市场上销售，所以本法第95条第2款规定，县级以上人民政府食品管理部门可以责令其召回。

法第 63 条规定，如果进口食品进口商不主动实施召回的，县级以上人民政府食品药品监督药品监督管理部门对国内市场上销售的进口食品、食品添加剂实施监督管理。因此，按照本

[ᠲᠠᠶᠢᠯᠪᠤᠷᠢ]

ᠨᠢᠭᠡ᠂ [illegible]

(ᠨᠢᠭᠡ) [illegible]

[illegible]

(ᠬᠣᠶᠠᠷ) [illegible]

[illegible]

[illegible] ::

2. [illegible] ::

[illegible] 96 [illegible]

1. [illegible]

《ᠬᠥᠳᠡᠯᠮᠦᠷᠢ ᠶᠢᠨ ᠮᠠᠷᠭᠠᠴᠠᠭᠠᠨ ᠢ ᠡᠪᠯᠡᠷᠡᠭᠦᠯᠬᠦ ᠵᠤᠤᠴᠢᠯᠠᠨ ᠰᠢᠭᠦᠬᠦ ᠬᠠᠤᠯᠢ》 ᠶᠢᠨ 48 ᠳᠤᠭᠠᠷ ᠵᠦᠢᠯ ᠦᠨ 1 ᠳᠦᠭᠡᠷ ᠵᠣᠷᠪᠤᠰ ᠲᠤ ᠵᠢᠷᠤᠮᠯᠠᠭᠰᠠᠨ ᠤᠴᠢᠷ ᠲᠤ ᠬᠥᠳᠡᠯᠮᠦᠷᠢ ᠶᠢᠨ ᠮᠠᠷᠭᠠᠴᠠᠭᠠᠨ ᠤ ᠵᠤᠤᠴᠢᠯᠠᠯ ᠤᠨ ᠰᠢᠭᠦᠯᠲᠡ ᠳᠦ ᠳᠤᠷ᠎ᠠ ᠦᠭᠡᠢ ᠪᠣᠯ ᠰᠢᠭᠦᠬᠦ ᠶᠢᠨ ᠣᠷᠣᠨ ᠳᠤ ᠵᠠᠷᠭᠤ ᠳᠤ ᠦᠭᠡᠢ ᠪᠣᠯᠪᠠᠰᠤ᠂ ᠬᠥᠳᠡᠯᠮᠦᠷᠢ ᠶᠢᠨ ᠮᠠᠷᠭᠠᠴᠠᠭᠠᠨ ᠤ ᠵᠤᠤᠴᠢᠯᠠᠯ ᠤᠨ ᠰᠢᠭᠦᠯᠲᠡ ᠶᠢ ᠬᠦᠯᠢᠶᠡᠨ ᠠᠪᠤᠭᠰᠠᠨ ᠡᠳᠦᠷ ᠡᠴᠡ ᠡᠬᠢᠯᠡᠨ ᠠᠷᠪᠠᠨ ᠲᠠᠪᠤᠨ ᠡᠳᠦᠷ ᠦᠨ ᠳᠣᠲᠣᠷ᠎ᠠ ᠠᠷᠠᠳ ᠤᠨ ᠱᠦᠭᠦᠬᠦ ᠶᠢᠨ ᠭᠠᠵᠠᠷ ᠲᠤ ᠵᠠᠷᠭᠤ ᠮᠡᠳᠦᠭᠦᠯᠵᠦ ᠪᠣᠯᠤᠨ᠎ᠠ᠃

4. ᠬᠥᠳᠡᠯᠮᠦᠷᠢ ᠶᠢᠨ ᠮᠠᠷᠭᠠᠴᠠᠭᠠᠨ ᠤ ᠵᠤᠤᠴᠢᠯᠠᠯ ᠤᠨ ᠰᠢᠭᠦᠯᠲᠡ᠂ ᠰᠢᠭᠦᠯᠲᠡ ᠶᠢᠨ ᠬᠤᠤᠯᠠᠢ ᠶᠢ ᠬᠦᠯᠢᠶᠡᠨ ᠠᠪᠤᠭᠰᠠᠨ ᠡᠳᠦᠷ ᠡᠴᠡ ᠡᠬᠢᠯᠡᠨ ᠬᠠᠤᠯᠢ ᠶᠢᠨ ᠬᠦᠴᠦᠨ ᠲᠡᠢ ᠪᠣᠯᠤᠨ᠎ᠠ᠃

3. ᠬᠥᠳᠡᠯᠮᠦᠷᠢ ᠶᠢᠨ ᠮᠠᠷᠭᠠᠴᠠᠭᠠᠨ ᠤ ᠵᠤᠤᠴᠢᠯᠠᠯ ᠤᠨ ᠰᠢᠭᠦᠯᠲᠡ᠂ ᠰᠢᠭᠦᠯᠲᠡ ᠶᠢᠨ ᠬᠤᠤᠯᠠᠢ᠂ ᠰᠢᠭᠦᠯᠲᠡ ᠶᠢ ᠬᠦᠯᠢᠶᠡᠨ ᠠᠪᠤᠭᠰᠠᠨ ᠡᠳᠦᠷ ᠡᠴᠡ ᠡᠬᠢᠯᠡᠨ ᠬᠠᠤᠯᠢ ᠶᠢᠨ ᠬᠦᠴᠦᠨ ᠲᠡᠢ ᠪᠣᠯᠤᠨ᠎ᠠ᠃

第九十五条【进口食品、食品添加剂、食品相关产品风险的应对措施】境外发生的食品安全事件可能对我国境内造成影响，或者在进口食品、食品添加剂、食品相关产品中发现严重食品安全问题的，国家出入境检验检疫部门应当及时采取风险预警或者控制措施，并向国务院食品药品监督管理、卫生行政、农业行政部门通报。接到通报的部门应当及时采取相应措施。

县级以上人民政府食品药品监督管理部门对国内市场上销售的进口食品、食品添加剂实施监督管理。发现存在严重食品安全问题的，国务院食品药品监督管理部门应当及时向国家出入境检验检疫部门通报。国家出入境检验检疫部门应当及时采取相应措施。

●条文解读

在世界范围内，食源性疾病都是广泛存在并影响公众身体健康的主要问题，是世界公认的食品安全问题最直接的表现形式。近年来，国外的食品卫生问题也时有发生，如『口蹄疫事件』、『疯牛病事件』、『二恶英事件』、大肠杆菌 0157 中毒等。如果这些境外发生的食品安全事件可能对我国境内造成影响，或者在已经进口的食品、食品添加剂、食品相关产品中发现严重食品安全问题时，主管部门应当采取相应的管理措施予以应对。

2011年9月国家质检总局制定的《进出口食品安全管理办法》设专章规定了『风险预警及相关措施』。该办法第41条规定，国家质检总局对进口食品实施风险预警制度。进口食品中发现严重食品安全问题或者疫情的，以及境内外发生食品安全事件或者疫情可能影响到进口食品安全的，国家质检总局和检验检疫机构应当及时采取风险预警及控制措施。

一、风险预警

风险预警有别于风险警示。风险预警是部门内或者行业内发布警示公告，目的是为了采取控制措施。而风险警示是向社会公开发布警示信息，告知消费者对有风险的食品、食品添加剂、食品相关产品停止食用或者使用。本法第118条规定，国家建立统一的食品安全信息平台，实行食品安全信息统一公布制度。明确指出，食品安全风险警示信息由国务院食品药品监督管理部门统一公布。因此，本条规定，国家出入境检验检疫部门应当及时将境外发生的食品安全事件可能对我国境内造成影响，或者对进口食品、食品添加剂、食品相关产品检验过程中发现严重食品安全问题等有关信息向国务院食品药品监督管理、卫生行政、农业行政部门通报。接到通报的部门应当及时采取相应措施，包括立即组织对国内市场上已经销售的进口食品、食品添加剂、食品相关产品进行安全性评估，经过评估得出不安全结论的，国务院食品药品监督管理部门向社会发布食品安全风险警示，让消费者停止食用或者使用，同时责令进口商召回。

二、控制措施

2013年，国家对食品安全监管体制作出调整后，由县级以上人民政府食品药品监督管理部门对国内市场上销售的进口食品、食品添加剂实施监督管理。如果食品药品监督管理部门通过抽样检查等途径发现市场上销售的进口食品、食品添加剂存在严重食品安全问题的，国务院食品药品监督管理部门应当及时向国家出入境检验检疫部门通报。国家出入境检验检疫部门应当及时采取相应措施。

国家出入境检验检疫部门收到国际组织、境外政府机构发布的风险预警信息及其他食品安全信息，认为境外发生的食品安全事件可能对我国境内造成影响，或者在进口食品、食品添加剂、食品相关产品检验过程中发现严重食品安全问题的，或者收到国务院食品药品监督管理部门通报市场上销售的进口食品、食品添加剂存在严重食品安全问题的，应当采取相应的控制措施。《进出口食品安全管理办法》第45条规定，国家质检总局和直属检验检疫局应当根据食品安全风险信息的级别采取以下控制措施：（1）有条件地限制进口，包括严密监控、加严检验等；（2）禁止进口，就地销毁或者作退运处理；（3）启动进口食品安全应急处置预案。

ᠭᠠᠳᠠᠳᠤ ᠪᠠᠢᠭᠤᠯᠤᠯᠭ᠎ᠠ ᠶᠢᠨ ᠪᠠᠢᠴᠠᠭᠠᠨ ᠰᠢᠯᠭᠠᠬᠤ ᠪᠠᠢᠭᠤᠯᠤᠯᠭ᠎ᠠ ᠶᠢ ᠬᠦᠯᠢᠶᠡᠨ ᠵᠥᠪᠰᠢᠶᠡᠷᠡᠬᠦ ᠵᠢᠷᠤᠮ ᠤᠨ ᠳᠠᠭᠠᠤ ᠬᠡᠷᠡᠭᠵᠢᠭᠦᠯᠦᠨ᠎ᠡ ::
ᠠᠯᠪᠠᠨ ᠪᠠᠢᠭᠤᠯᠤᠯᠭ᠎ᠠ ᠭᠠᠳᠠᠳᠤ ᠪᠠᠢᠭᠤᠯᠤᠯᠭ᠎ᠠ ᠶᠢᠨ ᠬᠢᠨᠠᠨ ᠪᠠᠢᠴᠠᠭᠠᠬᠤ ᠶᠢ ᠬᠦᠯᠢᠶᠡᠨ ᠵᠥᠪᠰᠢᠶᠡᠷᠡᠨ᠎ᠡ :: ᠣᠷᠣᠭᠤᠯᠬᠤ ᠬᠦᠨᠡᠰᠦᠨ ᠦ ᠠᠶᠤᠯᠭᠦᠢ ᠪᠠᠢᠳᠠᠯ ᠤᠨ ᠡᠷᠰᠢᠳᠡᠯ ᠦᠨ ᠪᠠᠢᠭᠤᠯᠤᠯᠭ᠎ᠠ ᠶᠢᠨ
ᠬᠦᠨᠡᠰᠦ ᠪᠠᠢᠭᠤᠯᠤᠯᠭ᠎ᠠ ᠶᠢᠨ ᠠᠯᠪᠠᠨ ᠪᠠᠢᠴᠠᠭᠠᠨ ᠰᠢᠯᠭᠠᠬᠤ ᠬᠣᠷᠢᠭᠯᠠᠬᠤ ᠪᠠᠢᠭᠤᠯᠤᠯᠭ᠎ᠠ ᠶᠢ ᠬᠦᠯᠢᠶᠡᠨ ᠵᠥᠪᠰᠢᠶᠡᠷᠡᠬᠦ ᠵᠢᠷᠤᠮ ᠤᠨ ᠳᠠᠭᠠᠤ ᠬᠡᠷᠡᠭᠵᠢᠭᠦᠯᠬᠦ ᠶᠢᠨ ᠣᠷᠣᠭᠤᠯᠬᠤ ᠬᠦᠨᠡᠰᠦᠨ ᠦ ᠠᠶᠤᠯᠭᠦᠢ ᠪᠠᠢᠳᠠᠯ
ᠬᠠᠮᠢᠶᠠᠷᠤᠯᠳᠠ ᠬᠢᠨᠠᠨ ᠬᠠᠷᠢᠭᠤᠴᠠᠨ᠎ᠠ :: ᠬᠡᠷᠪᠡ ᠣᠷᠣᠭᠤᠯᠬᠤ ᠬᠦᠨᠡᠰᠦ ᠪᠠ ᠬᠦᠨᠡᠰᠦᠨ ᠦ ᠨᠡᠮᠡᠯᠲᠡ ᠪᠣᠳᠠᠰ ᠤᠨ ᠠᠶᠤᠯᠭᠦᠢ ᠪᠠᠢᠳᠠᠯ ᠤᠨ ᠡᠷᠰᠢᠳᠡᠯ ᠦᠨ ᠲᠦᠪᠰᠢᠨ ᠢ
ᠲᠣᠭᠲᠠᠭᠠᠬᠤ ᠶᠢᠨ ᠲᠥᠯᠦᠭᠡ ᠬᠦᠨᠡᠰᠦᠨ ᠦ ᠠᠶᠤᠯᠭᠦᠢ ᠪᠠᠢᠳᠠᠯ ᠤᠨ ᠡᠷᠰᠢᠳᠡᠯ ᠢ ᠦᠨᠡᠯᠡᠨ ᠲᠣᠭᠲᠠᠭᠠᠬᠤ · ᠬᠦᠨᠡᠰᠦ ᠪᠠ ᠬᠦᠨᠡᠰᠦᠨ ᠦ ᠨᠡᠮᠡᠯᠲᠡ ᠪᠣᠳᠠᠰ ᠢ ᠪᠠᠢᠴᠠᠭᠠᠨ ᠰᠢᠯᠭᠠᠬᠤ
ᠬᠦᠨᠡᠰᠦ ᠪᠡᠨ ᠬᠣᠷᠢᠭᠯᠠᠬᠤ ᠶᠢᠨ ᠬᠠᠷᠢᠭᠤᠴᠠᠯᠭ᠎ᠠ ᠲᠠᠢ ᠭᠠᠳᠠᠳᠤ ᠣᠷᠣᠨ ᠤ ᠬᠦᠨᠡᠰᠦᠨ ᠦ ᠠᠶᠤᠯᠭᠦᠢ ᠪᠠᠢᠳᠠᠯ ᠤᠨ ᠬᠠᠮᠢᠶᠠᠷᠤᠯᠳᠠ ᠶᠢᠨ ᠠᠯᠪᠠᠨ ᠪᠠᠢᠭᠤᠯᠤᠯᠭ᠎ᠠ ᠶᠢᠨ
ᠪᠠᠢᠴᠠᠭᠠᠬᠤ ᠪᠠ ᠬᠢᠨᠠᠬᠤ · ᠬᠠᠮᠢᠶᠠᠷᠤᠯᠳᠠ ᠶᠢᠨ ᠠᠷᠭ᠎ᠠ ᠬᠡᠮᠵᠢᠶ᠎ᠡ ᠶᠢ ᠬᠦᠯᠢᠶᠡᠨ ᠵᠥᠪᠰᠢᠶᠡᠷᠡᠬᠦ ᠵᠢᠷᠤᠮ ᠤᠨ ᠳᠠᠭᠠᠤ ᠬᠡᠷᠡᠭᠵᠢᠭᠦᠯᠦᠨ᠎ᠡ ::
ᠣᠷᠣᠭᠤᠯᠬᠤ ᠬᠦᠨᠡᠰᠦᠨ ᠦ ᠠᠶᠤᠯᠭᠦᠢ ᠪᠠᠢᠳᠠᠯ ᠤᠨ ᠬᠠᠮᠢᠶᠠᠷᠤᠯᠳᠠ ᠶᠢᠨ ᠠᠯᠪᠠᠨ ᠪᠠᠢᠭᠤᠯᠤᠯᠭ᠎ᠠ · ᠬᠦᠨᠡᠰᠦᠨ ᠦ ᠦᠢᠯᠡᠳᠪᠦᠷᠢ · ᠬᠤᠳᠠᠯᠳᠤᠭ᠎ᠠ ᠶᠢᠨ ᠠᠵᠢᠯ ᠬᠤᠳᠠᠯᠳᠤᠭ᠎ᠠ ᠶᠢ
ᠪᠠᠢᠴᠠᠭᠠᠨ ᠰᠢᠯᠭᠠᠬᠤ ᠬᠣᠷᠢᠭᠯᠠᠬᠤ ᠶᠢᠨ ᠠᠯᠪᠠᠨ ᠪᠠᠢᠭᠤᠯᠤᠯᠭ᠎ᠠ ᠳᠤ ᠮᠡᠳᠡᠭᠳᠡᠬᠦ ᠶᠢᠨ ᠬᠠᠮᠲᠤ ᠣᠷᠣᠭᠤᠯᠬᠤ ᠬᠦᠨᠡᠰᠦ ᠪᠠ ᠬᠦᠨᠡᠰᠦᠨ ᠦ
ᠬᠦᠨᠡᠰᠦ ᠪᠠ ᠬᠦᠨᠡᠰᠦᠨ ᠦ ᠨᠡᠮᠡᠯᠲᠡ ᠪᠣᠳᠠᠰ ᠤᠨ ᠠᠶᠤᠯᠭᠦᠢ ᠪᠠᠢᠳᠠᠯ ᠤᠨ ᠡᠷᠰᠢᠳᠡᠯ ᠢ ᠲᠣᠭᠲᠠᠭᠠᠬᠤ ᠶᠢᠨ ᠲᠥᠯᠦᠭᠡ ᠠᠯᠪᠠᠨ ᠪᠠᠢᠭᠤᠯᠤᠯᠭ᠎ᠠ ᠶᠢᠨ
ᠪᠠ ᠣᠷᠣᠭᠤᠯᠬᠤ ᠬᠦᠨᠡᠰᠦ ᠪᠡᠨ · ᠬᠦᠨᠡᠰᠦ · ᠬᠦᠨᠡᠰᠦᠨ ᠦ ᠨᠡᠮᠡᠯᠲᠡ ᠪᠣᠳᠠᠰ · ᠬᠦᠨᠡᠰᠦ ᠲᠡᠢ ᠬᠣᠯᠪᠣᠭᠳᠠᠬᠤ ᠪᠦᠲᠦᠭᠡᠭᠳᠡᠬᠦᠨ ᠢ ᠪᠠᠢᠴᠠᠭᠠᠨ ᠰᠢᠯᠭᠠᠬᠤ
ᠬᠢᠨᠠᠨ ᠬᠠᠷᠢᠭᠤᠴᠠᠬᠤ ᠠᠷᠭ᠎ᠠ ᠬᠡᠮᠵᠢᠶ᠎ᠡ】ᠶᠢᠨ ᠲᠦᠯᠬᠢᠭᠦᠷ ᠬᠦᠨᠡᠰᠦ ᠪᠠ ᠬᠦᠨᠡᠰᠦᠨ ᠦ ᠨᠡᠮᠡᠯᠲᠡ ᠪᠣᠳᠠᠰ ᠢ ᠵᠠᠯᠠᠷᠬᠠᠢ ᠬᠢᠬᠦ
ᠲᠠᠪᠢᠨ ᠲᠠᠪᠤᠳᠤᠭᠠᠷ ᠵᠦᠢᠯ【ᠣᠷᠣᠭᠤᠯᠬᠤ ᠬᠦᠨᠡᠰᠦ】 ᠣᠷᠣᠭᠤᠯᠬᠤ ᠬᠦᠨᠡᠰᠦ · ᠬᠦᠨᠡᠰᠦᠨ ᠦ ᠨᠡᠮᠡᠯᠲᠡ ᠪᠣᠳᠠᠰ · ᠬᠦᠨᠡᠰᠦ ᠲᠡᠢ ᠬᠣᠯᠪᠣᠭᠳᠠᠬᠤ ᠪᠦᠲᠦᠭᠡᠭᠳᠡᠬᠦᠨ ᠦ

及控制措施。

进口食品安全风险已不存在或者已降低到可接受的程度时，应当及时解除风险预警通报

[illegible] 118 [illegible]

[illegible]

[illegible]

2013 [illegible]

[illegible]

[illegible]

[illegible] ᠬᠦᠨᠰᠦᠨ ᠦ ᠠᠶᠤᠯᠭᠦᠢ ᠪᠠᠶᠢᠳᠠᠯ [illegible] 《[illegible]》 ᠤᠨ 45 [illegible] : (1) [illegible] :: (2) [illegible] :: (3) [illegible] ::

[illegible]

第九十六条【境外出口商、代理商、进口商和境外食品生产企业的备案与注册】 向我国境内出口食品的境外出口商或者代理商、进口食品的进口商应当向国家出入境检验检疫部门备案。向我国境内出口食品的境外食品生产企业应当经国家出入境检验检疫部门注册。已经注册的境外食品生产企业提供虚假材料，或者因其自身的原因致使进口食品发生重大食品安全事故的，国家出入境检验检疫部门应当撤销注册并公告。

国家出入境检验检疫部门应当定期公布已经备案的境外出口商、代理商、进口商和已经注册的境外食品生产企业名单。

●条文解读

一、对境外出口商或者代理商、进口食品的进口商实行备案管理

为掌握进口食品进出口商信息及进口食品来源和流向，保障进口食品可追溯性，有效处理进口食品安全事件，保障进口食品安全，有必要对向我国境内出口食品的境外出口商或者代理商、进口食品的进口商实行备案管理。为此，2012年4月，国家质量监督检验检疫总局制定了《进口食品进出口商备案管理规定》。该规定要求向中国出口食品的出口商或者代理商向国家质检总局申请备案。国家质检总局对完整提供备案信息的出口商或者代理商予以备案。该规定要求进口商向其工商注册登记地出入境检验检疫机构申请备案，备案申请资料齐

全的，出入境检验检疫机构应当受理并在5个工作日内予以备案。

二、对境外食品生产企业实行注册管理

备案与注册是两种性质不同的制度，备案是告知行为，不属于行政许可；而注册则是一种事前的审查行为，属于行政许可。就是说，不经国家出入境检验检疫部门注册，境外的食品生产企业不得向我国出口食品。之所以对向我国境内出口食品的出口商、代理商和境外食品生产企业，实行不同的管理制度，主要是考虑到生产企业是进口食品的生产者，为了确保进口食品的安全，国家出入境检验检疫部门需要时这些境外企业的资质、信誉情况进行考察，确认这些企业是信誉良好的合法生产企业后，才能给它们注册，允许他们生产的食品进口到我国境内；而对出口商、代理商而言，他们不是进口食品的直接生产者，不需要主管部门进行事前的审查，只需要事后备案，使主管部门掌握他们的相关信息即可。

2012年3月，国家质量监督检验检疫总局制定了《进口食品境外生产企业注册管理规定》。该规定明确规定，境外食品生产企业只有获得注册后，其产品方可进口。国家认证认可监督管理委员会（以下简称国家认监委）组织实施进口食品境外生产企业的注册及其监督管理工作。国家认监委按照工作程序对注册申请和评审报告进行审查，做出是否注册的决定。符合注册要求的，予以注册，并书面通告境外食品生产企业所在国家（地区）的主管当局；不予注册的，应当书面通告境外食品生产企业所在国家（地区）的主管当局，并说明理由。

注册有效期为4年，境外食品生产企业需要延续注册的，应当在注册有效期届满前一年，通过其所在国家（地区）主管当局或其他规定的方式向国家认监委提出延续注册申请。已获得注册的境外食品生产企业有下列情形之一的，国家认监委应当撤销其注册并报国家质检总局，同时向其所在国家（地区）主管当局通报，予以公告：(1)因境外食品生产企业的原因造成相关进口食品发生重大食品安全事故的；(2)其产品进境检验检疫中发现不合格情况，情节严重的；(3)经查发现食品安全卫生管理存在重大问题，不能保证其产品安全卫生的；(4)整改后仍不符合注册要求的；(5)提供虚假材料或者隐瞒有关情况的；(6)出租、出借、转让、倒卖、涂改注册编号的。

三、国家出入境检验检疫部门应当定期公布已经备案的出口商、代理商、进口商和已经注册的境外食品生产企业名单

食品安全事关人民群众的身体健康和生命安全，所以必须在食品安全监督管理中确保公众的知情权。本法规定，任何组织和个人有权举报食品生产经营中的违法犯罪行为，有权向有关部门了解食品安全信息，对食品安全监督管理工作提出意见和建议。已经备案的出口商、代理商、进口商和已经注册的境外食品生产企业名单是非常重要的食品安全信息，国家出入境检验检疫部门直当通过政府公报、政府网站、新闻发布会以及报刊、广播、电视等便于公众知晓的方式定期予以公开，使广大的消费者和国内生产经营企业了解这些信息，一方

[illegible]

由国家认监委负责制定、调整，国家质检总局公布。

《进口食品境外生产企业注册管理规定》第 4 条规定，《进口食品境外生产企业注册目录》

疫局名称等。

后，在国家质检总局网站公布。公布名单的信息包括进口商名称、所在地直属出入境检验检

或者地区。《进口食品进出口商备案管理规定》还规定，出入境检验检疫机构对进口商备案

后，在国家质检总局网站公布。公布名单的信息包括备案出口商或者代理商名称及所在国家

《进口食品进出口商备案管理规定》规定，国家质检总局对出口商或者代理商予以备案

品进行监督，确保进口食品的安全。

面有助于促进食品进出口贸易的发展，另一方面也有助于广大消费者对市场上销售的进口食

[illegible]

[illegible]

[illegible]

[illegible]

[illegible]

[illegible]

(4)

[illegible]

(5)

[illegible]

(6)

[illegible]

[illegible]

第九十七条【进口预包装食品、食品添加剂的标签、说明书】 进口的预包装食品、食品添加剂应当有中文标签；依法应当有说明书的，还应当有中文说明书。标签、说明书应当符合本法以及我国其他有关法律、行政法规的规定和食品安全国家标准的要求，并载明食品的原产地以及境内代理商的名称、地址、联系方式。预包装食品没有中文标签、中文说明书或者标签、说明书不符合本条规定的，不得进口。

●条文解读

我国加入 WTO 后，大量的进口食品、食品添加剂涌入国内市场。消费者、生产者如何选择这些产品，如何了解这些产品的名称、品质，营养成分、产地，以及如何食用或者使用，只有通过产品包装上所附的标签所标注的内容来辨识，或者通过说明书进一步了解产品的用途和使用方法。因此标签、说明书的内容非常重要。规范进口食品、食品添加剂的标签、说明书是保证进口食品、食品添加剂安全的重要手段。

一、进口的预包装食品、食品添加剂应当有中文标签

本法第 67 条规定，预包装食品的包装上应当有标签。本条规定，进口的预包装食品不但应有标签，而且应当有中文标签。

本法第70条规定，食品添加剂应当有包装、标签，并在标签上载明『食品添加剂』字样。原法第66条只规定进口的预包装食品应当有中文标签。考虑到我国食品生产者从境外进口食品添加剂的情况越来越多，因此本次修改食品安全法增加规定：进口的食品添加剂不但应有标签，而且应当有中文标签。

标签是指粘贴、印刷、标记在食品、食品添加剂或者其包装上，用以表示食品或者食品添加剂名称、质量等级、商品量、食用或者使用方法、生产者或者销售者等相关信息的文字、符号、数字、图案以及其他说明的总称。标签是反映商品内在品质及相关信息的载体，它对于指导消费者、保护消费者利益、防止欺诈、规范市场有着关键的作用。通过标签的描述，一方面便于选购食品、食品添加剂，另一方面如果食品、食品添加剂食用或者使用后出现问题，也便于追溯。为了保护我国消费者的合法权益，本条强调进口的预包装食品、食品添加剂应当有中文标签。如果没有中文标签则不得进口。

二、进口的预包装食品、食品添加剂依法应当有说明书的，还应当有中文说明书

原法第66条规定，进口的预包装食品应当有中文标签、中文说明书。本次修改食品安全法，考虑到并不是所有的预包装食品都需要有说明书，因此将其修改为：进口的预包装食品、食品添加剂依法应当有说明书的，还应当有中文说明书。所谓『依法』，例如依照本法第70条规定，食品添加剂应当有说明书。说明书应当载明食品添加剂的使用范围、用量和使用

方法。因此，进口的食品添加剂应当有中文说明书，说明该食品添加剂的使用范围、用量和使用方法，否则不得进口。

三、对标签和说明书的要求

本条规定，标签、说明书应当符合本法以及我国其他有关法律、行政法规的规定和食品安全国家标准的要求，并载明食品的原产地以及境内代理商的名称、地址、联系方式。

按照国际惯例，各国对进口食品、食品添加剂等涉及人民生命健康的特殊产品，都要求遵守本国的有关法律规范及强制性标准。

关于遵守本法，例如本法第 71 条规定，食品和食品添加剂的标签、说明书，不得含有虚假内容，不得涉及疾病预防、治疗功能。食品和食品添加剂的标签、说明书应当清楚、明显，生产日期、保质期等事项应当显著标注，容易辨识。食品和食品添加剂与其标签、说明书的内容不符的，不得上市销售。再例如本法第 67 条第 2 款规定，专供婴幼儿和其他特定人群的主辅食品，其标签还应当标明主要营养成分及其含量。

关于符合我国其他有关法律、行政法规的规定，例如产品质量法关于产品标识应当载明的内容之一是『使用不当，容易造成产品本身损坏或者可能危及人身、财产安全的产品，有警示标志或者中文警示说明。』如果进口的食品或者食品添加剂因食用或使用不当，可能会危及人身安全，其产品标识上必须有警示标志或者中文警示说明。例如，2009 年 2 月，卫生部等六部门发布了《关于含库拉索芦荟凝胶食品标识规定的公告》，对于这种以原产非洲的库拉索芦荟叶片为原料制作的新资源食品库拉索芦荟凝胶的标识专门作出规定。由于添加了库拉索芦荟凝胶的食品不宜于孕妇、婴幼儿食用，所以要求添加了库拉索芦荟凝胶的食品标签必须标注『本品添加芦荟，孕妇与婴幼儿慎用』字样，并应当在配料表中标注『库拉索芦荟凝胶』。

关于符合我国食品安全国家标准的要求，例如2011年卫生部制定的《预包装食品标签通则》（GB7718－2011）规定，『预包装食品标签可同时使用外文，但所使用外文字号不得大于相应的汉字字号。』因此，进口的预包装食品、食品添加剂的中文标签中如果有外文的，所使用外文字号不得大于相应的汉字字号。

本条还要求进口的预包装食品、食品添加剂的中文标签、说明书中应当载明食品的原产地以及境内代理商的名称、地址、联系方式。这些事项所以由法律规定一一列出，因为它们是与产品质量、安全、明确责任、监督管理有着紧密联系，应当准确注明，不能有遗漏，缺一不可，否则就要影响到该标签或者说明书在法律上的合法性、有效性。

四、标签、说明书不合格的不得进口

本条规定进口的预包装食品、食品添加剂没有中文标签或者应有的中文说明书，以及标签、说明书不符合本条规定的，不得进口。2012年2月，国家质检总局制定的《进出口预包装食品标签检验监督管理规定》第 10 条规定，进口预包装食品标签检验不合格的，出入境检验检疫机构一次性告知进口商或者其代理人不符合项的全部内容。涉及安全、健康、环境保护项目不合格的，由出入境检验检疫机构责令进口商或者其代理人销毁，或者出具退货处理通知单，由进口商或者其代理人办理退运手续。其他项目不合格的，进口商或者其代理人可以在出入境检验检疫机构的监督下进行技术处理。不能进行技术处理或者技术处理后重新检验仍不合格的，出入境检验检疫机构应当责令进口商或者其代理人退货或者销毁。

ᠪᠠᠷᠠᠭ᠎ᠠ ᠣᠷᠣᠭᠤᠯᠬᠤ ᠭᠠᠷᠭᠠᠯᠲᠠ ᠪᠠᠷᠠᠭ᠎ᠠ ᠪᠢᠰᠢ ᠬᠠᠤᠯᠢ ᠶᠢᠨ ᠲᠣᠭᠲᠠᠭᠠᠯ ᠢ ᠮᠥᠷᠳᠡᠨ ᠬᠡᠷᠡᠭᠵᠢᠭᠦᠯᠬᠦ ᠬᠡᠷᠡᠭᠲᠡᠢ ᠭᠡᠵᠡᠢ ᠃ ᠡᠨᠡ ᠦ ᠬᠠᠤᠯᠢ ᠳᠤ ᠲᠣᠭᠲᠠᠭᠠᠭᠰᠠᠨ ᠡᠴᠡ ᠪᠤᠰᠤ 《ᠬᠠᠤᠯᠢ ᠶᠢᠨ ᠵᠦᠢᠯ ᠦᠳ》 ᠲᠡᠭᠦᠨ ᠦ ᠲᠣᠭᠲᠠᠭᠠᠯ ᠢ ᠮᠥᠷᠳᠡᠨ ᠬᠡᠷᠡᠭᠵᠢᠭᠦᠯᠬᠦ ᠭᠡᠵᠡᠢ ᠃ ᠡᠨᠡ ᠬᠠᠤᠯᠢ ᠶᠢᠨ 66 ᠳᠤᠭᠠᠷ ᠵᠦᠢᠯ ᠳᠦ ᠲᠠᠢᠯᠪᠤᠷᠢ

ᠡᠨᠡ ᠬᠠᠤᠯᠢ ᠶᠢᠨ 70 ᠳᠤᠭᠠᠷ ᠵᠦᠢᠯ ᠳᠦ ᠲᠣᠭᠲᠠᠭᠠᠭᠰᠠᠨ ᠨᠢ ᠂ ᠬᠠᠤᠯᠢ ᠶᠢᠨ ᠵᠦᠢᠯ ᠦᠳ ᠪᠡᠷ ᠪᠠᠷᠢᠮᠲᠠᠯᠠᠬᠤ ᠂ ᠲᠣᠭᠲᠠᠭᠠᠯ ᠢ ᠪᠠᠷᠢᠬᠤ ᠂ ᠬᠡᠷᠡᠭᠵᠢᠭᠦᠯᠬᠦ ᠲᠣᠭᠲᠠᠭᠠᠯ ᠢ ᠪᠠᠷᠢᠬᠤ ᠪᠠ ᠪᠠᠷᠢᠬᠤ ᠦᠭᠡᠢ ᠲᠡᠭᠦᠨ ᠦ ᠲᠣᠭᠲᠠᠭᠠᠯ ᠢ ᠮᠥᠷᠳᠡᠨ ᠬᠡᠷᠡᠭᠵᠢᠭᠦᠯᠦᠨ᠎ᠡ ᠃

ᠡᠨᠡ ᠬᠠᠤᠯᠢ ᠶᠢᠨ 67 ᠳᠤᠭᠠᠷ ᠵᠦᠢᠯ ᠳᠦ ᠲᠣᠭᠲᠠᠭᠠᠭᠰᠠᠨ ᠨᠢ ᠂ ᠪᠠᠷᠠᠭ᠎ᠠ ᠶᠢᠨ ᠣᠷᠣᠭᠤᠯᠬᠤ ᠭᠠᠷᠭᠠᠬᠤ ᠪᠠᠷᠠᠭ᠎ᠠ ᠪᠢᠰᠢ ᠬᠠᠤᠯᠢ ᠨᠢ ᠪᠠᠢᠬᠤ ᠭᠡᠵᠡᠢ

ᠨᠢᠭᠡ ᠂ ᠪᠠᠷᠠᠭ᠎ᠠ ᠶᠢᠨ ᠣᠷᠣᠭᠤᠯᠬᠤ ᠭᠠᠷᠭᠠᠬᠤ ᠪᠠᠷᠠᠭ᠎ᠠ ᠪᠢᠰᠢ ᠬᠠᠤᠯᠢ ᠂ ᠬᠠᠤᠯᠢ ᠶᠢᠨ ᠵᠦᠢᠯ ᠦᠳ ᠳᠦ ᠲᠣᠭᠲᠠᠭᠠᠭᠰᠠᠨ ᠢ ᠮᠥᠷᠳᠡᠨ ᠬᠡᠷᠡᠭᠵᠢᠭᠦᠯᠬᠦ ᠬᠡᠷᠡᠭᠲᠡᠢ ᠂ ᠬᠠᠤᠯᠢ ᠶᠢᠨ ᠵᠦᠢᠯ ᠦᠳ ᠲᠦ ᠲᠣᠭᠲᠠᠭᠠᠭᠰᠠᠨ ᠢ ᠪᠠᠷᠢᠮᠲᠠᠯᠠᠨ᠎ᠠ ᠃ ᠪᠠᠷᠠᠭ᠎ᠠ ᠣᠷᠣᠭᠤᠯᠬᠤ ᠭᠠᠷᠭᠠᠬᠤ ᠬᠠᠤᠯᠢ ᠂ ᠬᠠᠤᠯᠢ ᠶᠢᠨ ᠵᠦᠢᠯ ᠦᠳ ᠲᠦ ᠲᠣᠭᠲᠠᠭᠠᠭᠰᠠᠨ ᠂ ᠵᠠᠰᠠᠭ ᠤᠨ ᠭᠠᠵᠠᠷ ᠤᠨ ᠵᠢᠷᠤᠮ ᠢ ᠪᠠᠷᠢᠮᠲᠠᠯᠠᠨ᠎ᠠ ᠃ ᠡᠨᠡ ᠨᠢ ᠬᠠᠤᠯᠢ ᠶᠢᠨ ᠵᠦᠢᠯ ᠦᠳ ᠲᠦ ᠲᠣᠭᠲᠠᠭᠠᠭᠰᠠᠨ ᠂ ᠵᠠᠰᠠᠭ ᠤᠨ ᠭᠠᠵᠠᠷ ᠤᠨ ᠵᠢᠷᠤᠮ ᠤᠨ ᠲᠣᠭᠲᠠᠭᠠᠯ ᠢ ᠮᠥᠷᠳᠡᠨ ᠬᠡᠷᠡᠭᠵᠢᠭᠦᠯᠦᠨ᠎ᠡ ᠃

[ᠲᠠᠢᠯᠪᠤᠷᠢ]

[illegible]

[illegible]

[illegible]

[illegible]

2011) [illegible] (GB7718—

[illegible] 2011

[illegible]

[illegible]

[illegible]

[illegible]

[illegible]

[illegible]

[illegible]

[illegible]

[illegible] 2009 [illegible] 2 [illegible]

[illegible]

条要求食品经营企业应当建立食品进货查验记录制度，从事食品批发业务的食品经营企业还为了保证食品、食品添加剂的可追溯，保障消费者、生产经营者的合法权益，本法第 53

●条文解读

保存相关凭证。记录和凭证保存期限应当符合本法第五十条第二款的规定。

或者进口批号、保质期、境外出口商和购货者名称、地址及联系方式、交货日期等内容，并加剂进口和销售记录制度，如实记录食品、食品添加剂的名称、规格、数量、生产日期、生产

第九十八条【食品、食品添加剂的进口和销售记录制度】进口商应当建立食品、食品添

[illegible]

[illegible]

[illegible]

[illegible]

[illegible]

[illegible]

[illegible]

[illegible]

[illegible]

应当建立食品销售记录制度。本法第 60 条还要求食品添加剂经营者建立进货查验记录制度。进口商是指依据进出口合同或外贸合同从境外购进食品、食品添加剂的企业，其从事的活动也属于食品经营活动，进口商的性质就是食品经营者，因此本条要求进口商应当对进口食品、食品添加剂建立购销记录制度。

为掌握进口食品来源和流向，确保进口食品可追溯性，加强食品进口记录和销售记录的监督管理，2012 年 4 月，国家质检总局制定了《食品进口记录和销售记录管理规定》，自 2012 年 10 月 1 日起施行。需要说明的是，该规定只针对食品进口记录和销售记录进行规范，食品种类之外的产品，如食品添加剂、食品相关产品、部分粮食品种、部分油籽类、水果、食用活动物等依照其他有关规定执行。

一、食品进口记录

进口商应当建立专门的食品进口记录。食品进口记录是指记载食品及其相关进口信息的纸质或者电子文件。食品进口记录应当包括以下内容：进口食品的名称、品牌、规格、数重量、货值、生产批号、生产日期、保质期、原产地、输出国家或者地区、生产企业名称及在华注册号、出口商或者代理商备案编号、名称及联系方式、贸易合同号、进口口岸、目的地、根据需要出具的国（境）外官方或者官方授权机构出具的相关证书编号、报检单号、入境时间、存放地点、联系人及电话等内容。

二、进口食品销售记录

进口商应当建立专门的进口食品销售记录。进口食品销售记录是指记载进口商将进口食品提供给食品经营者或者消费者的纸质或者电子文件。进口食品销售记录应当包括销售流向记录、销售对象投诉及召回记录等内容。其中销售流向记录应当包括进口食品名称、规格、数重量、生产日期、生产批号、销售日期、购货人（使用人）名称及联系方式、出库单号、发票流水编号、食品召回后处理方式等信息。

三、保存相关凭证

本条不但要求进口商建立进口食品、食品添加剂的购销记录制度，而且要求保存相关凭证。关于保存凭证的范围，《食品进记录和销售记录管理规定》第8条规定：『收货人应当保存如下进口记录档案材料：贸易合同、提单、根据需要出具的国（境）外官方相关证书、报检单的复印件，出入境检验检疫机构出具的《入境货物检验检疫证明》《卫生证书》等文件副本。』第11条规定：『收货人应当保存如下销售记录档案材料：购销合同、销售发票留底联、出库单等文件原件或者复印件，自用食品的收货人还应当保存加工使用记录等资料。』

关于记录和相关凭证的保存期限，本条规定，记录和凭证保存期限应当符合本法第50条第2款的规定，即记录和凭证保存期限不得少于产品保质期满后6个月；没有明确保质期的，保存期限不得少于2年。

[illegible]

[ᠲᠠᠶᠢᠯᠪᠤᠷᠢ]

[illegible] 53 [illegible] 60 [illegible]

[illegible]

第九十九条【出口食品的监督管理】 出口食品生产企业应当保证其出口食品符合进口国（地区）的标准或者合同要求。

出口食品生产企业和出口食品原料种植、养殖场应当向国家出入境检验检疫部门备案。

●条文解读

一、出口食品生产企业应当保证其出口食品符合进口国（地区）的标准或者合同要求

原法第 68 条第 1 款规定：『出口的食品由出入境检验检疫机构进行监督、抽检，海关凭出入境检验检疫机构签发的通关证明放行。』本次修改食品安全法将该款修改为：出口食品生产企业应当保证其出口食品符合进口国（地区）的标准或者合同要求。

这样修改并不是说出口食品可以免予检验，而是因为进出口商品检验法等法律、行政法规明确要求对出口食品要进行检验，为了避免重复，所以才将原法第 68 条第 1 款修改为现在的内容。按照进出口商品检验法第 5 条规定，列入目录的出口商品，由出入境检验检疫机

构实施检验。列入目录的出口商品未经检验合格的，不准出口，但其中符合国家规定的免予检验条件的，由出口商申请，经国家出入境检验检疫部门审查批准，可以免予检验。但是，在『问题奶粉事件』之后，2008年9月17日，国家质检总局发布了《关于停止实行食品类生产企业出口食品免检的公告》。该公告提出，为进一步加强出口食品安全监管，确保出口食品的质量安全，从公告日起，停止实行食品类生产企业出口食品免检，取消有关企业获得的出口食品免检资格。因此，所有食品类生产企业出口的食品必须经过出境检验。按照进出口商品检验法第15条规定，出口食品的出口商或者其代理人，应当在出入境检验检疫机构规定的地点和期限内，向出入境检验检疫机构报检。出入境检验检疫机构应当在国家出入境检验检疫部门统一规定的期限内检验完毕，并出具检验证单。海关凭出入境检验检疫机构签发的货物通关证明验放。

出口食品的安全直接关系到进口该食品的国家消费者的身体健康与生命安全，同时影响到我国食品出口企业的商业信誉和国际市场竞争能力，更关系到我国在国际上的政治形象。本法在规范国内食品生产经营活动，保证国内消费者食品安全的同时，加强对出口食品安全的监管。2012年3月1日施行的《进出口食品安全管理办法》第24条规定：『出口食品生产经营者应当保证其出口食品符合进口国家（地区）的标准或者合同要求。进口国家（地区）无相关标准且合同未有要求的，应当保证出口食品符合中国食品安全国家标准。』本条根据以上规定，考虑到『进口国家（地区）无相关标准且合同未有要求』的情况很少见，因此只借鉴了第1款，即：出口食品生产企业应当保证其出口食品符合进口国（地区）的标准或者合同要求。

二、出口食品生产企业和出口食品原料种植、养殖场应当向国家出入境检验检疫部门备案

对出口食品生产企业和出口食品原料种植、养殖场实行备案管理，一方面有利于监管部门及时掌握食品生产企业的生产状况，规范出口食品生产企业和食品原料种植、养殖场的行为。另一方面将出口食品的监管工作向生产领域延伸，有利于鼓励出口食品生产企业提高管理水平和食品质量，从源头上把好质量关，提高出口食品的质量。

（一）出口食品生产企业的备案管理制度

为了加强出口食品生产企业食品安全卫生管理，2011午7月26日，国家质检总局制定了《出口食品生产企业备案管理规定》自2011年10月1日起施行。该规定要求出口食品生产企业向国家质检总局设在各地直属的出入境检验检疫机构申请备案。出口食品生产企业未依法履行备案法定义务的，其产品不予出口。出入境检验检疫机构予以备案的，向出口食品生产企业颁发《备案证明》。《备案证明》有效期为4年。出口食品生产企业需要延续依法取得的《备案证明》有效期的，应当至少在《备案证明》有效期届满前3个月，向其所在地直

属检验检疫机构提出延续备案申请。

（二）出口食品原料种植场、养殖场的备案管理制度

为加强出口食品原料质量安全管理，2012年4月5日，国家质检总局制定了《出口食品原料种植场备案管理规定》。该规定要求对列入出口食品原料目录的种植场、养殖场实施备案管理。2012年10月8日，国家质检总局公布了《实施备案管理的出口食品原料品种目录》，要求以蔬菜（含栽培食用菌）、茶叶、大米、禽肉、禽蛋、猪肉、兔肉、蜂产品、水产品作为主要加工原料的出口食品，其原料种植、养殖场应当向出入境检验检疫机构备案。申请人向种植场、养殖场所在地的出入境检验检疫机构提出申请。出入境检验检疫机构经过审核，认为符合《出口食品原料种植场备案管理规定》第6条规定的条件且材料齐全的，予以备案。国家质检总局在其网站上统一公布备案种植场、养殖场名单。

[illegible]

ᠲᠣᠳᠤᠷᠬᠠᠢ ᠲᠤᠰᠬᠠᠢ ᠪᠠᠷᠢᠮᠵᠢᠶ᠎ᠠ ᠪᠣᠯᠭᠠᠨ ᠲᠣᠭᠲᠠᠭᠠᠭᠰᠠᠨ ᠪᠣᠯᠤᠨ ᠢᠳᠡᠭᠡᠨ ᠦ ᠠᠮᠤᠷ ᠲᠦᠪᠰᠢᠨ ᠦ ᠪᠠᠷᠢᠮᠵᠢᠶ᠎ᠠ ᠶᠢ ᠰᠢᠭᠤᠳ ᠬᠡᠷᠡᠭᠯᠡᠵᠦ ᠪᠣᠯᠬᠤ ᠪᠠᠶᠢᠨ᠎ᠠ ::

ᠢᠳᠡᠭᠡᠨ ᠦ ᠠᠮᠤᠷ ᠲᠦᠪᠰᠢᠨ ᠦ ᠤᠯᠤᠰ ᠤᠨ ᠪᠠᠷᠢᠮᠵᠢᠶ᠎ᠠ ᠳᠤ ᠲᠣᠭᠲᠠᠭᠠᠭᠰᠠᠨ ᠵᠦᠢᠯ ᠢ ᠬᠠᠮᠢᠶᠠᠷᠤᠯᠤᠭᠰᠠᠨ ᠠᠵᠤ ᠠᠬᠤᠢ ᠶᠢᠨ ᠪᠠᠷᠢᠮᠵᠢᠶ᠎ᠠ ᠶᠢ ᠲᠣᠭᠲᠠᠭᠠᠬᠤ ᠳᠤ ᠤᠯᠤᠰ ᠤᠨ ᠪᠠᠷᠢᠮᠵᠢᠶ᠎ᠠ ᠶᠢᠨ ᠰᠢᠭᠠᠷᠳᠯᠠᠭ᠎ᠠ ᠡᠴᠡ ᠳᠣᠣᠷ᠎ᠠ ᠪᠠᠶᠢᠵᠤ ᠪᠣᠯᠬᠤ ᠦᠭᠡᠢ᠂ ᠡᠩ ᠦᠨ ᠪᠠᠷᠢᠮᠵᠢᠶ᠎ᠠ ᠶᠢᠨ ᠲᠠᠯ ᠠ ᠪᠡᠷ ᠮᠡᠳᠡᠭᠳᠡᠬᠦ ᠡᠰᠡᠬᠦ ᠳᠤ ᠵᠢᠱᠢᠶᠡᠯᠡᠪᠡᠯ᠂ ᠠᠵᠤ ᠠᠬᠤᠢ ᠶᠢᠨ ᠪᠠᠷᠢᠮᠵᠢᠶ᠎ᠠ ᠶᠢ ᠡᠷᠡᠭᠦᠯ ᠬᠠᠮᠠᠭᠠᠯᠠᠯ ᠤᠨ ᠵᠠᠰᠠᠭ ᠤᠨ ᠣᠷᠣᠨ ᠨᠤᠲᠤᠭ ᠤᠨ ᠵᠠᠰᠠᠭ ᠤᠨ ᠭᠠᠵᠠᠷ ᠤᠨ ᠢᠳᠡᠭᠡᠨ ᠦ ᠠᠮᠤᠷ ᠲᠦᠪᠰᠢᠨ ᠦ ᠬᠠᠮᠢᠶᠠᠷᠤᠯᠲᠠ ᠶᠢᠨ ᠭᠠᠵᠠᠷ ᠲᠤ ᠪᠦᠷᠢᠳᠭᠡᠯ ᠳᠤ ᠣᠷᠣᠭᠤᠯᠬᠤ ᠶᠣᠰᠣᠲᠠᠢ᠂ 2012 ᠣᠨ ᠤ 3 ᠰᠠᠷ᠎ᠠ ᠶᠢᠨ 1 ᠡᠳᠦᠷ ᠡᠴᠡ ᠬᠡᠷᠡᠭᠵᠢᠭᠦᠯᠦᠭᠰᠡᠨ《ᠢᠳᠡᠭᠡᠨ ᠦ ᠠᠮᠤᠷ ᠲᠦᠪᠰᠢᠨ ᠦ ᠠᠵᠤ ᠠᠬᠤᠢ ᠶᠢᠨ ᠪᠠᠷᠢᠮᠵᠢᠶ᠎ᠠ ᠶᠢ ᠪᠦᠷᠢᠳᠬᠡᠬᠦ ᠠᠷᠭ᠎ᠠ》ᠶᠢᠨ 24 ᠳᠦᠭᠡᠷ ᠵᠦᠢᠯ ᠳᠦ :《ᠢᠳᠡᠭᠡᠨ ᠦ ᠠᠮᠤᠷ ᠲᠦᠪᠰᠢᠨ ᠦ ᠤᠯᠤᠰ ᠤᠨ ᠪᠠᠷᠢᠮᠵᠢᠶ᠎ᠠ ᠪᠤᠶᠤ ᠣᠷᠣᠨ ᠨᠤᠲᠤᠭ ᠤᠨ ᠪᠠᠷᠢᠮᠵᠢᠶ᠎ᠠ ᠲᠤ ᠲᠣᠭᠲᠠᠭᠠᠭᠰᠠᠨ ᠠᠵᠤ ᠠᠬᠤᠢ ᠶᠢᠨ ᠪᠠᠷᠢᠮᠵᠢᠶ᠎ᠠ ᠶᠢ ᠬᠦᠴᠦᠨ ᠦᠭᠡᠢ ᠪᠣᠯᠭᠠᠨ᠎ᠠ ::》 ᠭᠡᠵᠦ ᠲᠣᠭᠲᠠᠭᠠᠭᠰᠠᠨ ᠪᠠᠶᠢᠨ᠎ᠠ᠂ 《ᠢᠳᠡᠭᠡᠨ ᠦ ᠠᠮᠤᠷ ᠲᠦᠪᠰᠢᠨ ᠦ ᠤᠯᠤᠰ ᠤᠨ ᠪᠠᠷᠢᠮᠵᠢᠶ᠎ᠠ ᠶᠢ ᠲᠣᠭᠲᠠᠭᠠᠬᠤ ᠬᠡᠮᠵᠢᠶ᠎ᠡ》 ᠶᠢᠨ ᠭᠠᠷᠭᠠᠯᠲᠠ ᠶᠢᠨ ᠳᠠᠷᠠᠭ᠎ᠠ ᠤᠯᠤᠰ ᠤᠨ ᠪᠠᠷᠢᠮᠵᠢᠶ᠎ᠠ ᠪᠦᠷᠢᠳᠬᠡᠭᠰᠡᠨ ᠠᠵᠤ ᠠᠬᠤᠢ ᠶᠢᠨ ᠪᠠᠷᠢᠮᠵᠢᠶ᠎ᠠ ᠶᠢ ᠡᠷᠲᠡ ᠦᠶ᠎ᠡ ᠳᠦ ᠬᠦᠴᠦᠨ ᠦᠭᠡᠢ ᠪᠣᠯᠭᠠᠬᠤ ᠶᠣᠰᠣᠲᠠᠢ ::

ᠢᠳᠡᠭᠡᠨ ᠦ ᠠᠮᠤᠷ ᠲᠦᠪᠰᠢᠨ ᠦ ᠤᠯᠤᠰ ᠤᠨ ᠪᠠᠷᠢᠮᠵᠢᠶ᠎ᠠ ᠶᠢ ᠲᠣᠭᠲᠠᠭᠠᠬᠤ ᠳᠤ ᠠᠵᠤ ᠠᠬᠤᠢ ᠶᠢᠨ ᠪᠠᠷᠢᠮᠵᠢᠶ᠎ᠠ ᠶᠢ ᠬᠡᠷᠬᠢᠨ ᠪᠣᠯᠭᠠᠬᠤ ᠲᠤᠬᠠᠢ ᠬᠠᠤᠯᠢ ᠶᠢᠨ ᠲᠣᠭᠲᠠᠭᠠᠯ ᠢ ᠲᠣᠳᠤᠷᠬᠠᠢ ᠪᠣᠯᠭᠠᠭᠰᠠᠨ ᠦᠭᠡᠢ ::

[illegible]

ᠰᠠᠷ᠎ᠠ ᠶᠢᠨ 8 ᠳᠤ ᠡᠳᠦᠷ ᠂ ᠤᠯᠤᠰ ᠤᠨ ᠡᠷᠡᠭᠦᠯ ᠮᠡᠨᠳᠦ ᠶᠢᠨ ᠶᠠᠮᠤᠨ ᠤ 《ᠬᠦᠨᠡᠰᠦ ᠶᠢᠨ ᠠᠶᠤᠯᠭᠦᠢ ᠶᠢᠨ ᠪᠠᠷᠢᠮᠵᠢᠶ᠎ᠠ ᠶᠢᠨ ᠵᠢᠷᠤᠮ》 ᠢ ᠬᠡᠷᠡᠭᠵᠢᠭᠦᠯᠦᠭᠰᠡᠨ ᠪᠠᠢᠨ᠎ᠠ ᠂ ᠬᠦᠨᠡᠰᠦ ᠶᠢᠨ ᠠᠶᠤᠯᠭᠦᠢ ᠶᠢᠨ ᠪᠠᠷᠢᠮᠵᠢᠶ᠎ᠠ ᠶᠢ ᠲᠣᠭᠲᠠᠭᠠᠬᠤ ᠶᠢᠨ ᠵᠢᠷᠤᠮ ᠢ ᠬᠡᠷᠡᠭᠵᠢᠭᠦᠯᠦᠭᠰᠡᠨ :: 2012 ᠣᠨ ᠤ 10 ᠰᠠᠷ᠎ᠠ ᠳᠤ ᠤᠯᠤᠰ ᠤᠨ ᠡᠷᠡᠭᠦᠯ ᠮᠡᠨᠳᠦ ᠶᠢᠨ ᠶᠠᠮᠤᠨ ᠂ ᠬᠦᠨᠡᠰᠦ ᠶᠢᠨ ᠠᠶᠤᠯᠭᠦᠢ ᠶᠢᠨ ᠦᠨᠳᠦᠰᠦᠨ ᠪᠠᠷᠢᠮᠵᠢᠶ᠎ᠠ ᠶᠢᠨ 《ᠬᠦᠨᠡᠰᠦ ᠶᠢᠨ ᠠᠶᠤᠯᠭᠦᠢ ᠶᠢᠨ ᠦᠨᠳᠦᠰᠦᠨ ᠪᠠᠷᠢᠮᠵᠢᠶ᠎ᠠ ᠶᠢᠨ ᠠᠵᠢᠯ ᠤᠨ ᠲᠥᠯᠥᠪᠯᠡᠭᠡ》 ᠶᠢ ᠬᠡᠪᠯᠡᠨ ᠨᠡᠢᠲᠡᠯᠡᠭᠰᠡᠨ ᠂ 2012 ᠣᠨ ᠤ 4 ᠰᠠᠷ᠎ᠠ ᠶᠢᠨ 5 ᠳᠤ ᠡᠳᠦᠷ ᠂ ᠤᠯᠤᠰ ᠤᠨ ᠡᠷᠡᠭᠦᠯ ᠮᠡᠨᠳᠦ ᠶᠢᠨ ᠶᠠᠮᠤᠨ ᠤ ᠵᠡᠷᠭᠡ ᠬᠡᠯᠲᠡᠰ ᠦᠨ ᠬᠠᠮᠲᠤ ᠨᠡᠢᠲᠡᠯᠡᠭᠰᠡᠨ ᠤ
（ᠰᠢᠨ᠎ᠡ） ᠬᠦᠨᠡᠰᠦ ᠶᠢᠨ ᠠᠶᠤᠯᠭᠦᠢ ᠶᠢᠨ ᠦᠨᠳᠦᠰᠦᠨ ᠪᠠᠷᠢᠮᠵᠢᠶ᠎ᠠ ᠶᠢ ᠲᠣᠭᠲᠠᠭᠠᠬᠤ ᠵᠢᠷᠤᠮ ᠢ ᠬᠡᠷᠡᠭᠵᠢᠭᠦᠯᠦᠭᠰᠡᠨ ᠪᠠᠢᠨ᠎ᠠ ::

ᠬᠣᠶᠠᠷ ᠳᠤᠭᠠᠷ ᠨᠢ ᠂ ᠬᠦᠨᠡᠰᠦ ᠶᠢᠨ ᠠᠶᠤᠯᠭᠦᠢ ᠶᠢᠨ ᠦᠨᠳᠦᠰᠦᠨ ᠪᠠᠷᠢᠮᠵᠢᠶ᠎ᠠ ᠶᠢ ᠲᠣᠭᠲᠠᠭᠠᠬᠤ ᠳᠤ ᠪᠠᠷᠢᠮᠳᠠᠯᠠᠬᠤ ᠵᠦᠢᠯ ᠢ 《ᠬᠦᠨᠡᠰᠦ ᠶᠢᠨ ᠠᠶᠤᠯᠭᠦᠢ ᠶᠢᠨ ᠬᠠᠤᠯᠢ》 ᠳᠤ ᠲᠣᠳᠤᠷᠬᠠᠢ ᠲᠣᠭᠲᠠᠭᠠᠭᠰᠠᠨ ᠪᠠᠢᠨ᠎ᠠ ᠂ 3 ᠰᠠᠷ᠎ᠠ ᠳᠤ ᠪᠢᠯᠡ ᠂ ᠰᠢᠨ᠎ᠡ ᠪᠦᠷᠢᠯᠳᠦᠭᠦᠯᠦᠭᠰᠡᠨ 《ᠬᠦᠨᠡᠰᠦ ᠶᠢᠨ ᠠᠶᠤᠯᠭᠦᠢ ᠶᠢᠨ ᠬᠠᠤᠯᠢ》 ᠶᠢᠨ ᠵᠢᠷᠤᠮ ᠬᠡᠷᠡᠭᠵᠢᠭᠦᠯᠬᠦ ᠶᠢᠨ ᠲᠠᠯ᠎ᠠ ᠪᠠᠷ 《ᠬᠦᠨᠡᠰᠦ ᠶᠢᠨ ᠠᠶᠤᠯᠭᠦᠢ ᠶᠢᠨ ᠬᠠᠤᠯᠢ》 ᠶᠢᠨ ᠵᠢᠷᠤᠮ ᠤᠨ ᠪᠦᠯᠦᠭ ᠦᠨ ᠬᠡᠷᠡᠭᠵᠢᠭᠦᠯᠬᠦ ᠪᠠᠢᠨ᠎ᠠ :: 《ᠬᠦᠨᠡᠰᠦ ᠶᠢᠨ ᠠᠶᠤᠯᠭᠦᠢ ᠶᠢᠨ ᠬᠠᠤᠯᠢ》 ᠶᠢᠨ ᠵᠢᠷᠤᠮ ᠤᠨ ᠪᠦᠯᠦᠭ ᠦᠨ 4 ᠳᠤᠭᠠᠷ ᠵᠦᠢᠯ :: ᠬᠦᠨᠡᠰᠦ ᠶᠢᠨ ᠠᠶᠤᠯᠭᠦᠢ ᠶᠢᠨ ᠦᠨᠳᠦᠰᠦᠨ ᠪᠠᠷᠢᠮᠵᠢᠶ᠎ᠠ ᠶᠢ ᠲᠣᠭᠲᠠᠭᠠᠬᠤ ᠳᠤ ᠬᠦᠨᠡᠰᠦ ᠶᠢᠨ ᠠᠶᠤᠯᠭᠦᠢ ᠶᠢᠨ ᠦᠨᠳᠦᠰᠦᠨ ᠪᠠᠷᠢᠮᠵᠢᠶ᠎ᠠ ᠶᠢᠨ ᠬᠡᠷᠡᠭᠵᠢᠭᠦᠯᠬᠦ ᠶᠢᠨ ᠵᠢᠷᠤᠮ ᠳᠤ 《ᠬᠦᠨᠡᠰᠦ ᠶᠢᠨ ᠠᠶᠤᠯᠭᠦᠢ ᠶᠢᠨ ᠬᠠᠤᠯᠢ》 ᠶᠢᠨ ᠵᠠᠰᠠᠭ ᠤᠨ ᠣᠷᠳᠣᠨ ᠤ ᠲᠣᠭᠲᠠᠭᠠᠯ ᠢ ᠬᠡᠷᠡᠭᠵᠢᠭᠦᠯᠦᠭᠰᠡᠨ ᠪᠠᠢᠨ᠎ᠠ :: ᠬᠦᠨᠡᠰᠦ ᠶᠢᠨ ᠠᠶᠤᠯᠭᠦᠢ ᠶᠢᠨ ᠦᠨᠳᠦᠰᠦᠨ ᠪᠠᠷᠢᠮᠵᠢᠶ᠎ᠠ ᠶᠢᠨ ᠬᠡᠷᠡᠭᠵᠢᠭᠦᠯᠬᠦ ᠶᠢᠨ ᠵᠢᠷᠤᠮ ᠤᠨ ᠪᠦᠯᠦᠭ ᠦᠨ ᠬᠡᠷᠡᠭᠵᠢᠭᠦᠯᠬᠦ ᠪᠠᠢᠨ᠎ᠠ :: ᠬᠦᠨᠡᠰᠦ ᠶᠢᠨ ᠠᠶᠤᠯᠭᠦᠢ ᠶᠢᠨ ᠦᠨᠳᠦᠰᠦᠨ ᠪᠠᠷᠢᠮᠵᠢᠶ᠎ᠠ ᠶᠢᠨ ᠬᠡᠷᠡᠭᠵᠢᠭᠦᠯᠬᠦ ᠶᠢᠨ ᠵᠢᠷᠤᠮ ᠤᠨ ᠪᠦᠯᠦᠭ ᠦᠨ ᠤᠯᠤᠰ ᠤᠨ ᠡᠷᠡᠭᠦᠯ ᠮᠡᠨᠳᠦ ᠶᠢᠨ ᠶᠠᠮᠤᠨ ᠤ ᠵᠡᠷᠭᠡ ᠬᠡᠯᠲᠡᠰ ᠦᠨ ᠬᠠᠮᠲᠤ ᠨᠡᠢᠲᠡᠯᠡᠭᠰᠡᠨ ᠪᠠᠢᠨ᠎ᠠ

第一百条【进出口食品安全信息及信用管理】 国家出入境检验检疫部门应当收集、汇总下列进出口食品安全信息，并及时通报相关部门、机构和企业：

（一）出入境检验检疫机构对进出口食品实施检验检疫发现的食品安全信息；

（二）食品行业协会和消费者协会等组织、消费者反映的进口食品安全信息；

（三）国际组织、境外政府机构发布的风险预警信息及其他食品安全信息，以及境外食品行业协会等组织、消费者反映的食品安全信息；

（四）其他食品安全信息。

国家出入境检验检疫部门应当对进出口食品的进口商、出口商和出口食品生产企业实施信用管理，建立信用记录，并依法向社会公布。对有不良记录的进口商、出口商和出口食品生产企业，应当加强对其进出口食品的检验检疫。

●条文解读

一、对进出口食品安全信息的收集、整理、通报

食品安全信息是制定食品安全政策法规的基础，是现代食品安全保证体系建设的重要内容，也是食品安全监管执法和综合监督的重要支撑。食品安全信息将为食品安全工作决策、政策制定提供重要参考依据，为企业实现食品安全控制、消费者了解食品安全信息提供科学指南，有利于实现对食品安全问题的早发现、早预防、早整治、早解决，全面提高我国食品安全保障水平。随着我国经济的迅速发展，特别是我国加入 WTO 后，与有关国家和地区的对外经济贸易往来快速发展，进出口商品种类日益增多，食品的安全性越来越受到重视。对于进出口的食品是否存在安全隐患，是否含有有害因素，其他国家对食品检验检疫的要求是什么等等，这些信息对于其他监管部门、外贸企业、产品生产加工企业来说很难及时获取。国家出入境检验检疫机构部门即国家质量监督检验检疫总局，其在全国 31 个省（自治区、直

辖市）共设有35个直属出入境检验检疫局，海陆空口岸和货物集散地设有近300个分支局和200多个办事处，在从事进出口食品监管及具体的进出口食品检验工作过程中，掌握大量的食品检验方面的情况，同时也能及时了解国际上有关食品安全方面上的信息。这些信息对有关方面非常重要，有关方面如能及时掌握这些信息，就能及时采取相应的措施，避免食品安全事故的发生。国家出入境检验检疫部门应当将收集来的食品安全信息及时通报相关部门、机构和企业。向有关方面提供进出口商品信息是进出口商品检验法赋予出入境检验检疫部门的职责。进出口商品检验法第10条第1款规定：『国家商检部门和商检机构应当及时收集和向有关方面提供进出口商品检验方面的信息。』

2012年2月25日，国家质检总局制定了《进出口食品安全信息及风险预警管理实施细则》。进出口食品安全信息是指国家质检总局及其直属单位、各地出入境检验机构在履行职责过程中获知的，以一定形式记录保存的食品进出口等环节的有关信息。国家质检总局建立进出口食品安全信息收集网络，组织对进出口食品安全信息进行收集、整理、分级、通报。进出口食品安全信息分为风险信息和一般信息。风险信息是指与检验检疫系统职责相关的，涉及生命健康、社会影响面广，可能形成系统性危害，对进出口食品贸易、相关产业可能产生影响，或者会对安全、卫生、环境、反欺诈等方面形成危害，需要及时进行分析、研判、处置的进出口食品安全方面的信息。风险信息根据危害和影响程度，分为一级、二级和三级信息。一般信息是指与检验检疫系统职责相关的，风险得到有效控制，没有受到境内外关注，未造成较大经济损失，未影响正常进出口食品贸易的信息。

二、对进口商、出口商和出口食品生产企业建立信用档案

本条第 2 款的规定是要求企业建立诚信制度的一种体现。要求从事进出口食品经营活动的企业要讲诚信。企业信誉度的好坏直接影响企业的核心竞争力。只有保持良好的信誉，企业才能长久的生存下去。对那些诚信度好，产品安全风险能够得到有效控制、享有良好声誉的企业，列入『优良企业名单』。对于那些发生严重质量违规问题或逃避检验检疫的企业，在依法处罚的同时，列入『违规企业名单』并予以公布。对有不良记录的进口商、出口商和出口食品生产企业，在进行进出口食品检验检疫时要采取更加严格的手段，这样一来可以促进这些企业形成自我管理、自我约束、诚信经营的良好机制。

【ᠲᠠᠢᠯᠪᠤᠷᠢ】

ᠲᠣᠭᠲᠠᠭᠠᠯ ᠪᠠᠢᠭᠤᠯᠤᠯᠭ᠎ᠠ ᠶᠢᠨ ᠬᠡᠮᠵᠢᠶᠡᠯᠡᠯ᠂ ᠲᠣᠭᠲᠠᠭᠠᠯᠲᠠ ᠶᠢᠨ ᠳᠡᠯᠡᠬᠡᠢ WTO ᠳᠤ ᠬᠠᠮᠠᠷᠤᠯᠲᠠ ᠶᠢᠨ ᠬᠡᠮᠵᠢᠶ᠎ᠡ᠂ ᠪᠦᠬᠦ ᠪᠠᠢᠭ᠎ᠠ ᠳᠡᠯᠡᠬᠡᠢ ᠪᠦᠬᠦ ᠪᠠᠢᠭ᠎ᠠ

2012 ᠣᠨ ᠤ 2 ᠰᠠᠷ᠎ᠠ ᠶᠢᠨ 25 ᠤ ᠡᠳᠦᠷ ᠂ ᠤᠯᠤᠰ ᠤᠨ ᠡᠷᠬᠢᠮ ᠵᠥᠪᠯᠡᠯ ᠡᠴᠡ ᠬᠡᠪᠯᠡᠨ ᠨᠡᠢᠲᠡᠯᠡᠭᠰᠡᠨ 《ᠬᠦᠨᠡᠰᠦᠨ ᠦ ᠠᠶᠤᠯᠭᠦᠢ ᠪᠠᠶᠢᠳᠠᠯ ᠢ ᠰᠠᠶᠢᠵᠢᠷᠠᠭᠤᠯᠬᠤ ᠠᠵᠢᠯ ᠢ ᠴᠢᠩᠭᠠᠳᠬᠠᠬᠤ ᠲᠤᠬᠠᠶ ᠲᠣᠭᠲᠠᠭᠠᠯ》 ᠳᠤ ᠂ ᠬᠦᠨᠡᠰᠦᠨ ᠦ ᠠᠶᠤᠯᠭᠦᠢ ᠪᠠᠶᠢᠳᠠᠯ ᠤᠨ ᠠᠰᠠᠭᠤᠳᠠᠯ ᠢ ᠰᠢᠶᠳᠪᠦᠷᠢᠯᠡᠬᠦ ᠶᠢ ᠴᠢᠩᠭᠠᠳᠬᠠᠬᠤ ᠪᠠ ᠬᠠᠷᠢᠭᠤᠴᠠᠯᠭ᠎ᠠ ᠶᠢ ᠲᠣᠳᠣᠷᠬᠠᠶᠢᠯᠠᠬᠤ ᠲᠤᠬᠠᠢ ᠲᠣᠳᠣᠷᠬᠠᠶ ᠰᠢᠭᠠᠷᠳᠯᠠᠭ᠎ᠠ ᠲᠠᠯᠪᠢᠭᠰᠠᠨ ᠪᠠᠶᠢᠨ᠎ᠠ ᠃

[illegible]

第一百零一条【国家出入境检验检疫部门的评估和审查职责】国家出入境检验检疫部门可以对向我国境内出口食品的国家（地区）的食品安全管理体系和食品安全状况进行评估和审查，并根据评估和审查结果，确定相应检验检疫要求。

●条文解读

向我国境内出口食品的国家（地区）的食品安全管理体系对该国家（地区）的食品安全起决定性作用。首先，该国家（地区）的食品安全标准是否全面、是否与国际标准接轨，是决定该国家（地区）食品是否安全的基础；其次，该国家（地区）食品安全的监管体系是否完备、是否科学，是决定该国家（地区）食品是否安全的关键。因此，对向我国境内出口食品的国家（地区）的食品安全管理体系进行了解和评估，对保证进口到我国境内食品的安全是至关重要的，也是保障进口食品安全的基础性工作。如果某国家（地区）的食品安全管理体系涣散，为了保证该国家（地区）出口到我国境内的食品符合我国食品安全国家标准，有必要对从该国家（地区）进口的食品提高检验检疫要求。

向我国境内出口食品的国家（地区）的食品安全状况是决定进口到我国境内的食品是否安全的重要因素。近年来，国外的食品安全问题时有发生，如『口蹄疫事件』『疯牛病事件』『二恶英事件』等。《国家中长期动物疫病防治规划（2012—2020年）》指出，牛海绵状脑病（疯牛病）、非洲猪瘟等外来动物疫病对我国的传入风险持续存在，全球动物疫情日趋复杂。随着畜牧业生产规模不断扩大，养殖密度不断增加，畜禽感染病原机会增多，病原变异概率加大，新发疫病发生风险增加。研究表明，70％的动物疫病可以传染给人类，75％的人类新发传染病来源于动物或动物源性食品，动物疫病如不加强防治，将会严重危害公共卫生安全。因此，随时对向我国境内出口食品的国家（地区）的食品安全状况进行评估和审查，特别是对发生重大疫情或者重大食品安全事故的国家（地区）要紧密跟踪，并根据评估和审查结果，确定相应检验检疫要求。2006年6月29日，国家质检总局发布了《关于有条件恢复进口美国剔骨牛肉检验检疫要求》的公告。特别对随附的合格证明材料提出要求，即向中国输出的每一集装箱或运输容器剔骨牛肉应随附一份美国官方兽医卫生证书正本。证书中至少包括以下内容：（1）牛的来源，必须来自从未发生过疯牛病（BSE）病例的饲养场；（2）屠宰日期及屠宰、加工企业名称、地址和企业批准代码；（3）证书的签发机构、日期和地点以及签发人姓名和职务；（4）集装箱或运输容器铅封号。同时还明确规定：美国输华剔骨牛肉到达中国口岸后，须由口岸出入境检验检疫机构检验检疫合格后方可入境。

2012年3月1日施行的《进出口食品安全管理办法》第7条规定：『国家质检总局依据中国法律法规规定对向中国出口食品的国家或者地区的食品安全管理体系和食品安全状况进行

[illegible]

[ᠲᠠᠶᠢᠯᠪᠤᠷᠢ]

[illegible]

评估，并根据进口食品安全监督管理需要进行回顾性审查。国家质检总局依据中国法律法规规定、食品安全国家标准要求、国内外疫情疫病和有毒有害物质风险分析结果，结合前款规定的评估和审查结果，确定相应的检验检疫要求。』本条是借鉴上述规定，在文字上予以凝练，规定到修改后的食品安全法中。

ᠬᠦᠮᠦᠨ ᠦ ᠡᠷᠬᠡ ᠶᠢᠨ ᠬᠥᠭᠵᠢᠯ ᠢ ᠳᠡᠮᠵᠢᠬᠦ ᠪᠠᠷ ᠤᠯᠤᠰ ᠤᠨ ᠬᠦᠮᠦᠨ ᠦ ᠡᠷᠬᠡ (ᠰᠢᠨᠵᠢ ᠤᠬᠠᠭᠠᠨ) ᠤ ᠬᠥᠭᠵᠢᠯ ᠦᠨ ᠲᠥᠯᠥᠪᠯᠡᠭᠡ ᠳᠦ ᠬᠦᠮᠦᠨ ᠦ ᠡᠷᠬᠡ ᠶᠢᠨ ᠪᠠᠢᠳᠠᠯ ᠢ ᠰᠠᠢᠵᠢᠷᠠᠭᠤᠯᠬᠤ ᠵᠣᠷᠢᠯᠭ᠎ᠠ ᠪᠠᠷ ᠮᠡᠳᠡᠭᠳᠡᠭᠦᠯᠦᠭᠰᠡᠨ ᠪᠠᠶᠢᠨ᠎ᠠ ᠄ ᠬᠦᠮᠦᠨ ᠦ ᠡᠷᠬᠡ (ᠰᠢᠨᠵᠢ ᠤᠬᠠᠭᠠᠨ) ᠤ ᠬᠥᠭᠵᠢᠯ ᠦᠨ ᠬᠠᠮᠢᠶ᠎ᠠ ᠪᠠᠷ ᠬᠦᠮᠦᠨ ᠦ ᠡᠷᠬᠡ ᠶᠢᠨ ᠠᠵᠢᠯ ᠢ ᠤᠯᠠᠮ ᠰᠠᠢᠵᠢᠷᠠᠭᠤᠯᠬᠤ ᠬᠡᠷᠡᠭᠲᠡᠢ ᠄ ᠬᠦᠮᠦᠨ ᠦ ᠡᠷᠬᠡ (ᠰᠢᠨᠵᠢ ᠤᠬᠠᠭᠠᠨ) ᠤ ᠰᠤᠳᠤᠯᠭ᠎ᠠ ᠶᠢ ᠬᠥᠭᠵᠢᠭᠦᠯᠵᠦ ᠂ ᠬᠦᠮᠦᠨ ᠦ ᠡᠷᠬᠡ ᠶᠢᠨ ᠮᠡᠳᠡᠯᠭᠡ ᠶᠢ ᠳᠡᠯᠭᠡᠷᠡᠭᠦᠯᠬᠦ ᠬᠡᠷᠡᠭᠲᠡᠢ ᠪᠠᠶᠢᠨ᠎ᠠ ᠄ ᠬᠦᠮᠦᠨ ᠦ ᠡᠷᠬᠡ ᠶᠢᠨ ᠬᠥᠭᠵᠢᠯ ᠦᠨ ᠪᠣᠳᠣᠯᠭ᠎ᠠ ᠬᠡᠮᠵᠢᠶ᠎ᠡ ᠪᠠᠷ ᠬᠦᠮᠦᠨ ᠦ ᠡᠷᠬᠡ ᠶᠢ ᠬᠠᠮᠠᠭᠠᠯᠠᠬᠤ ᠪᠠᠭᠠᠵᠢ ᠪᠣᠯᠭᠠᠨ᠎ᠠ ᠄

ᠬᠦᠮᠦᠨ ᠦ ᠡᠷᠬᠡ ᠶᠢᠨ ᠬᠥᠭᠵᠢᠯ ᠦᠨ ᠬᠠᠮᠢᠶ᠎ᠠ ᠳᠤ ᠤᠯᠤᠰ ᠤᠨ ᠬᠦᠮᠦᠨ ᠦ ᠡᠷᠬᠡ ᠶᠢᠨ ᠪᠣᠳᠣᠯᠭ᠎ᠠ ᠶᠢ ᠬᠠᠮᠠᠭᠠᠯᠠᠬᠤ ᠂ 《ᠬᠦᠮᠦᠨ ᠦ ᠡᠷᠬᠡ ᠶᠢᠨ ᠬᠠᠮᠠᠭᠠᠯᠠᠯᠲᠠ ᠶᠢᠨ ᠬᠠᠤᠯᠢ》《ᠤᠯᠤᠰ ᠤᠨ ᠬᠦᠮᠦᠨ ᠦ ᠡᠷᠬᠡ ᠶᠢᠨ ᠠᠵᠢᠯᠯᠠᠭᠠᠨ ᠤ ᠲᠥᠯᠥᠪᠯᠡᠭᠡ》 ᠵᠡᠷᠭᠡ ᠬᠠᠤᠯᠢ ᠴᠠᠭᠠᠵᠠ ᠶᠢ ᠲᠠᠭᠠᠷᠠᠭᠤᠯᠬᠤ ᠪᠠᠷ ᠬᠦᠮᠦᠨ ᠦ ᠡᠷᠬᠡ ᠶᠢ ᠬᠠᠮᠠᠭᠠᠯᠠᠬᠤ ᠪᠠᠶᠢᠨ᠎ᠠ ᠄ 《ᠤᠯᠤᠰ ᠤᠨ ᠬᠦᠮᠦᠨ ᠦ ᠡᠷᠬᠡ ᠶᠢᠨ ᠬᠥᠭᠵᠢᠯ ᠦᠨ ᠲᠥᠯᠥᠪᠯᠡᠭᠡ (2012—2020 ᠣᠨ)》 ᠳᠤ ᠬᠦᠮᠦᠨ ᠦ ᠡᠷᠬᠡ ᠶᠢᠨ ᠰᠤᠷᠭᠠᠨ ᠬᠦᠮᠦᠵᠢᠯ ᠢ ᠳᠡᠯᠭᠡᠷᠡᠭᠦᠯᠬᠦ (ᠬᠦᠮᠦᠨ ᠦ ᠡᠷᠬᠡ ᠶᠢᠨ ᠰᠤᠳᠤᠯᠭ᠎ᠠ ᠶᠢᠨ ᠪᠠᠢᠭᠤᠯᠤᠯᠭ᠎ᠠ) ᠂ ᠬᠦᠮᠦᠨ ᠦ ᠡᠷᠬᠡ ᠶᠢᠨ ᠪᠣᠳᠣᠯᠭ᠎ᠠ ᠶᠢ ᠬᠥᠭᠵᠢᠭᠦᠯᠬᠦ ᠪᠠᠷ ᠲᠣᠭᠲᠠᠭᠠᠭᠰᠠᠨ ᠪᠠᠶᠢᠨ᠎ᠠ ᠄ ᠬᠦᠮᠦᠨ ᠦ ᠡᠷᠬᠡ ᠶᠢᠨ ᠬᠥᠭᠵᠢᠯ ᠦᠨ ᠬᠠᠮᠢᠶ᠎ᠠ ᠳᠤ ᠬᠦᠮᠦᠨ ᠦ ᠡᠷᠬᠡ ᠶᠢᠨ ᠠᠵᠢᠯ ᠢ ᠬᠥᠭᠵᠢᠭᠦᠯᠬᠦ ᠪᠠᠷ ᠤᠯᠤᠰ ᠤᠨ ᠬᠦᠮᠦᠨ ᠦ ᠡᠷᠬᠡ ᠶᠢᠨ ᠪᠠᠢᠳᠠᠯ ᠢ ᠰᠠᠢᠵᠢᠷᠠᠭᠤᠯᠤᠨ ᠬᠥᠭᠵᠢᠭᠦᠯᠵᠦ ᠂ ᠬᠦᠮᠦᠨ ᠦ ᠡᠷᠬᠡ ᠶᠢ ᠬᠠᠮᠠᠭᠠᠯᠠᠬᠤ ᠠᠵᠢᠯ ᠢ ᠤᠯᠠᠮ ᠰᠠᠢᠵᠢᠷᠠᠭᠤᠯᠬᠤ ᠬᠡᠷᠡᠭᠲᠡᠢ ᠄

[illegible] ..

[illegible] 》 [illegible] .. [illegible]

[illegible]

[illegible] 》 ᠶᠢᠨ 7 ᠳᠤᠭᠠᠷ ᠵᠦᠢᠯ ᠳᠦ ᠲᠣᠭᠲᠠᠭᠠᠭᠰᠠᠨ ᠨᠢ : 《 [illegible]

2012 ᠣᠨ ᠤ 3 ᠰᠠᠷ᠎ᠠ ᠶᠢᠨ 1 ᠦ ᠡᠳᠦᠷ ᠬᠡᠷᠡᠭᠵᠢᠭᠦᠯᠦᠭᠰᠡᠨ 《ᠪᠦᠭᠦᠳᠡ ᠨᠠᠶᠢᠷᠠᠮᠳᠠᠬᠤ ᠳᠤᠮᠳᠠᠳᠤ ᠠᠷᠠᠳ ᠤᠯᠤᠰ ᠤᠨ [illegible] ..

[illegible] .. (4)

第七章 食品安全事故处置

第一百零二条【食品安全事故应急预案】国务院组织制定国家食品安全事故应急预案。

县级以上地方人民政府应当根据有关法律、法规的规定和上级人民政府的食品安全事故应急预案以及本行政区域的实际情况，制定本行政区域的食品安全事故应急预案，并报上一级人民政府备案。

食品安全事故应急预案应当对食品安全事故分级、事故处置组织指挥体系与职责、预防预警机制、处置程序、应急保障措施等作出规定。

食品生产经营企业应当制定食品安全事故处置方案，定期检查本企业各项食品安全防范措施的落实情况，及时消除事故隐患。

●条文解读

一、关于食品安全事故应急预案体系

食品安全事故一般是突然发生的，为最大程度地减少人员伤亡、财产损失，必须反应迅速，协调一致，及时有效采取应对措施。因此，事先制定预案是必要的。预案是为完成某项工作任务所作的全面、具体的实施方案，针对性、操作性、科学性更强，内容也更加系统、详尽。法律中重视应急预案制度，发端于2003年『非典』后出台的《突发公共卫生事件应急条例》，要求对重大食物中毒等公共卫生事件，国务院和省、自治区、直辖市人民政府应当制定全国应急预案和各地本行政区域的应急预案。2006年《国家突发公共事件总体应急预案》的发布，标志着我国应急预案编制工作基本完成，基本覆盖了我国经常发生的包括公共卫生事件在内的突发公共事件的主要方面，全国应急预案框架体系初步形成。2006年制定的《国家重大食品安全事故应急预案》，2011年修订为《国家食品安全事故应急预案》，标志着我国食品安全法将食品安全事故应急预案上升为法律制度，明确规定各级人民政府都要制定食品安全事故应急预案，使食品安全事故应急预案工作法定化，为食品安全事故妥善处理提供了法制保障。这次修法，在原法基础上，进一步加强了食品安全事故应急预案的规定。

食品安全事故应急预案遵循国家突发事件应急预案的基本原则，与国家突发事件应急预案有机衔接。突发事件应对法规定，国家建立健全突发事件应急预案体系。突发事件应急预案的编制遵循『统一领导、分级负责』原则，建立健全分类管理、分级负责，条块结合、属地管理为主的应急管理体制。应急预案包括国家和地方两个层面。国家突发事件应急预案体系包括突发事件总体应急预案、专项应急预案和部门应急预案；地方突发事件应急预案体系包括省级人民政府的突发事件总体应急预案、专项应急预案和部门应急预案，以及各市、县人民政府及基层政权组织的突发事件应急预案。据此，本条规定了食品安全事故应急预案分为国家和地方两个层面，由国务院制定国家食品安全事故应急预案，地方各级政府制定本区域的食品安全事故应急预案；地方政府制定的食品安全事故应急预案应当遵循法律、法规的规定以及上级政府制定的食品安全事故应急预案，与上级应急预案共同形成食品安全事故应急预案体系；食品安全事故应急预案是国家突发事件应急预案体系中的一部分，属于政府专项应急预案。

为了保障整个食品安全事故应急预案体系内部相互衔接、协同一致，更为有效地处理食品安全事故，本条规定，各级人民政府是食品安全事故应急预案的制定主体，同时各级地方人民政府在制定本区域应急预案时，除了考虑本行政区域的特点，还要根据有关法律、法规以及上级人民政府制定的食品安全事故应急预案。县级以上地方人民政府制定的食品安全事故应急预案，应当报上一级人民政府备案。需要遵循的法律、法规，包括突发事件应对法、食品安全法、农产品质量安全法、食品安全法实施条例、《突发公共卫生事件应急条例》等。

二、关于食品安全事故应急预案的内容

食品安全事故应急预案应当包括食品安全事故分级、事故处置指挥体系与职责、预防预警机制、处置程序、应急保障措施等内容。

1. 食品安全事故等级。国家食品安全事故应急预案规定，食品安全事故共分四级，即特别重大食品安全事故、重大食品安全事故、较大食品安全事故和一般食品安全事故。事故等级的评估核定，由相关部门依照有关规定进行。

2. 事故处置指挥体系与职责。食品安全事故发生后，相关部门应当依法组织对事故进行分析评估，核定事故级别，并依法成立应急处置指挥机构，统一领导和指挥事故应急处置工作。应急处置指挥机构由相关部门作为成员单位参加，具体成员单位根据事故的性质和应急处置工作的需要确定。应急处置指挥机构负责统一领导事故应急处置工作；研究重大应急决策和部署；组织发布事故的重要信息；审议批准指挥部办公室提交的应急处置工作报告；应急处置的其他工作。

应急处置指挥机构成立办公室。应急处置指挥机构办公室承担日常工作，主要负责贯彻落实各项部署，组织实施事故应急处置工作；检查督促相关地区和部门做好各项应急处置工作，及时有效地控制事故，防止事态蔓延扩大；研究协调解决事故应急处理工作中的具体问题；报告、通报事故应急处置的工作情况；组织信息发布。

根据事故处置需要，应急处置指挥机构可下设事故调查组、危害控制组、医疗救治组、检测评估组、维护稳定组、新闻宣传组、专家组等若干工作组，分别开展相关工作。各工作组在应急处置指挥机构的统一指挥下开展工作，并随时向应急处置指挥机构办公室报告工作开展情况。

3. 预防预警机制。相关部门应当根据食品安全风险监测工作需要，在综合利用现有监测机构能力的基础上，建立食源性疾病、食品污染和食品中有害因素监测体系。根据食品安全风险监测结果，对食品安全状况进行综合分析，对可能具有较高程度安全风险的食品，提出并公布食品安全风险警示信息。有关监管部门发现食品安全隐患或问题，应及时通报，依法及时采取有效控制措施。同时，建立事故报告和事故评估制度，食品生产经营者、医疗机构、技术机构和社会团体、个人都有报告食品安全事故的义务，相关部门应当统一组织协调开展食品安全事故评估。在食品安全事故应急预案启动后，应当做好相关信息的统一发布，提醒社会和相关部门做好应对准备。

4. 处置程序。国家食品安全事故应急预案规定，根据食品安全事故分级情况，食品安全事故应急响应分为Ⅰ级、Ⅱ级、Ⅲ级和Ⅳ级响应。确定为特别重大食品安全事故，报经国务院批准并宣布启动Ⅰ级响应后，指挥部立即成立运行，组织开展应急处置。重大、较大、一般食品安全事故分别由事故发生地的省、市、县级人民政府启动相应级别响应，成立食品安全事故应急处置指挥机构进行处置。必要时上级人民政府派出工作组指导、协助事故应急处置工作。事故发生后，根据事故性质、特点和危害程度，立即组织有关部门，依照有关规定采取应急处置措施，以最大限度减轻事故危害。

5. 应急保障措施。应急保障措施包括信息保障、医疗保障、人员及技术保障、物资与经费保障、社会动员保障、宣传教育等方面。如信息保障措施是指建立统一的食品安全信息网络体系和医疗救治信息网络，实现相关信息共享；设立信息报告和举报电话，畅通信息报告渠道，确保食品安全事故的及时报告与相关信息的及时收集。

三、关于食品生产经营企业在食品安全事故应急中的义务

食品生产经营企业，是食品安全的第一责任人，有防范食品安全事故发生的义务。为了降低食品安全事故发生的危险，从源头上消除事故隐患，发生食品安全事故后尽早发现，将事故危害控制在可控范围，需要将食品生产经营企业纳入食品安全事故应急预案体系中。食品生产经营企业有义务制定食品安全事故处置方案，确定食品安全事故易发点、薄弱环节，明确科学、完备的防范措施；定期检查本企业各项食品安全防范措施的落实情况，及时消除事故隐患；发生食品安全事故后的控制措施、报告义务等。

[ᠲᠠᠶᠢᠯᠪᠤᠷᠢ]

[illegible]

[illegible]

[illegible]

[illegible]

1. [illegible]

[illegible]

[illegible]

[illegible]

[illegible]

[illegible]

[illegible]

[illegible]

[illegible]

[illegible]

[illegible]

[illegible]

[illegible]

[illegible]

[illegible]

2. [illegible]

[illegible]

[illegible]

3. [illegible]

[illegible]

[illegible]

[illegible]

[illegible]

[illegible]

5. [illegible]

[illegible]

第一百零三条【应急处置、报告、通报】发生食品安全事故的单位应当立即采取措施，防止事故扩大。事故单位和接收病人进行治疗的单位应当及时向事故发生地县级人民政府食品药品监督管理、卫生行政部门报告。

县级以上人民政府质量监督、农业行政等部门在日常监督管理中发现食品安全事故或者接到事故举报，应当立即向同级食品药品监督管理部门通报。

发生食品安全事故，接到报告的县级人民政府食品药品监督管理部门应当按照应急预案的规定向本级人民政府和上级人民政府食品药品监督管理部门报告。县级人民政府和上级人民政府食品药品监督管理部门应当按照应急预案的规定上报。

任何单位和个人不得对食品安全事故隐瞒、谎报、缓报，不得隐匿、伪造、毁灭有关证据。

●条文解读

一、事故单位的应急处置

事故发生单位是食品安全事故的源头，处在事故第一线，掌握事故第一手资料，其反应是否快速，采取的措施是否得当，直接影响到事故的涉及面和危害程度，因此本条明确规定：发生食品安全事故的单位应当立即予以处置，防止事故扩大。要求事故发生单位及时、主动、有效地采取应急处置措施，控制事态。国家食品安全事故应急预案对企事业单位处理食品安全事故也提出了要求，有关企事业单位应当根据自身特点，定期或者不定期组织本单位的应急救援演习演练。事故发生单位采取应急处置措施，主要是为了控制事态发展和蔓延。一般来讲，事故发生单位采取的应急处置措施包括：采取措施立即停止可能导致食品安全事故的食品及原料的食用和使用；密切注意已食用可能导致事故的食品的人员，一旦出现不适症状的，立即送至医院救治；保护食品安全事故发生的现场，控制和保存可能导致食品安全事故的食品及其原料，以便有关部门采集、分析；立即将事故情况如实向所在地县级人民政府食品药品监督管理、卫生行政部门报告等。

二、报告制度

事故报告是食品安全应急处置的重要环节。报告制度主要包括以下内容：

1. 报告责任主体。有义务向食品药品监督管理部门报告食品安全事故的主体包括：发生可能与食品有关的急性群体性健康损害的单位、接收食品安全事故病人治疗的单位。质量监督、农业行政、卫生行政等部门在日常监督管理中发现食品安全事故或者接到事故举报的，应当立即向食品药品监督管理部门通报。根据国家食品安全事故应急预案的规定，食品生产经营者、食品安全相关技术机构、有关社会团体及个人也有报告义务。另外，事故信息来源还包括经核实的公众举报信息、经核实的媒体披露与报道信息、世界卫生组织等国际机构、其他国家和地区通报我国的信息，这些主体也可以报告食品安全事故。

2. 接收报告的部门。食品药品监督管理部门是食品生产经营活动监督管理机关，相关报告责任主体应当向事故发生地县级人民政府食品药品监督管理部门报告或者通报，由其统一汇总信息按照应急预案进行处理。根据本条第1款规定，事故发生单位和接收病人进行治疗的单位，在向食品药品监督管理部门报告外，还要向卫生行政部门报告。

3. 行政机关内部逐级报告。事故发生地县级人民政府食品药品监督管理部门接到食品安全事故报告后，应当按照食品安全事故应急预案的规定向本级人民政府和上级食品药品监督管理部门报告。县级人民政府和上级人民政府食品药品监督管理部门应当按照应急预案的规定上报。根据国家食品安全事故应急预案的规定，必要时，可直接向国务院食品监督管理部门报告。

三、任何单位和个人不得对食品安全事故隐瞒、谎报、缓报，不得隐匿、伪造、毁灭有关证据

隐瞒是指明知食品安全事故的真实情况，故意不按照规定报告的行为。谎报是指明知食品安全事故的真实情况，故意编造虚假或者不真实的食品安全事故情况。缓报是指超过食品安全事故的报告时限，不按照规定的时限拖延报告的行为。隐瞒、谎报、缓报不同于一般的漏报，主要区别在于有无故意隐瞒食品安全事故的主观动机以及是否对食品安全事故知晓。隐瞒、谎报、缓报食品安全事故行为的危害性很大，不利于及时处置和危害控制，不利于保护人民群众生命健康。2008 年『问题奶粉事件』由于在发现事故苗头和初始阶段，不报告、缓报告甚至搞所谓的『危机攻关』，错失了有利时机，造成食品安全事故蔓延、损害扩大的惨痛教训。隐匿、伪造、毁灭有关证据不利于查清事实真相，也不利于追究相关责任人的法律责任。本法禁止任何单位或者个人有隐瞒、谎报、缓报，隐匿、伪造、毁灭有关证据的行为，并在第 142 条、第 144 规定了相应的法律责任。

[illegible]

ᠲᠣᠭ᠎ᠠ ᠬᠡᠮᠵᠢᠶ᠎ᠡ · ᠪᠠᠷᠢᠮᠲᠠ ᠪᠢᠴᠢᠭ ᠦᠨ ᠳ᠋ᠤᠭᠠᠷ ᠤᠨ ᠨᠡᠷ᠎ᠡ ᠶᠢᠨ ᠬᠠᠶᠢᠭ ᠤ ᠬᠠᠷᠢᠯᠴᠠᠬᠤ ᠠᠷᠭ᠎ᠠ ᠵᠡᠷᠭᠡ ᠬᠤᠳᠠᠯᠳᠤᠭᠰᠠᠨ ᠲᠣᠭ᠎ᠠ ᠬᠡᠮᠵᠢᠶ᠎ᠡ · ᠬᠤᠳᠠᠯᠳᠤᠨ ᠠᠪᠤᠭᠰᠠᠨ ᠤ ᠲᠠ

ᠪᠠᠷᠠᠭ᠎ᠠ ᠪᠠᠷᠢᠮᠲᠠᠵᠢᠭᠤᠯᠬᠤ ᠤᠨ ᠲᠠᠯ᠎ᠠ ᠪᠠᠷ ᠰᠢᠯᠭᠠᠨ ᠪᠠᠶᠢᠴᠠᠭᠠᠬᠤ ᠶᠢᠨ ᠲᠡᠮᠳᠡᠭᠯᠡᠯ ᠪᠤᠶᠤ ᠬᠦᠨᠡᠰᠦ ᠶᠢᠨ ᠦᠢᠯᠡᠳᠪᠦᠷᠢᠯᠡᠯ ᠦᠨ ᠬᠠᠳᠠᠭᠠᠯᠠᠬᠤ ᠬᠤᠭᠤᠴᠠᠭ᠎ᠠ ᠬᠦᠷᠲᠡᠯ᠎ᠡ ᠶᠢᠨ ᠦᠢᠯᠡᠳᠪᠦᠷᠢ ᠶᠢᠨ

ᠲᠣᠭ᠎ᠠ ᠬᠡᠮᠵᠢᠶ᠎ᠡ ᠨᠢ ᠪᠠᠷᠠᠭ᠎ᠠ ᠶᠢᠨ · ᠦᠢᠯᠡᠳᠪᠦᠷᠢᠯᠡᠭᠰᠡᠨ ᠡᠳᠦᠷ ᠪᠤᠶᠤ ᠦᠢᠯᠡᠳᠪᠦᠷᠢ ᠶᠢᠨ ᠳ᠋ᠤᠭᠠᠷ ᠢ ᠪᠠᠷᠢᠮᠲᠠᠯᠠᠬᠤ ᠪᠣᠯᠤᠨ᠎ᠠ ::

2. ᠪᠠᠷᠢᠮᠲᠠᠵᠢᠭᠤᠯᠬᠤ ᠲᠡᠮᠳᠡᠭᠯᠡᠯ ᠬᠠᠳᠠᠭᠠᠯᠠᠬᠤ ᠰᠢᠯᠭᠠᠨ ᠪᠠᠶᠢᠴᠠᠭᠠᠯᠲᠠ :: ᠬᠦᠨᠡᠰᠦ ᠪᠤᠶᠤ ᠨᠡᠮᠡᠯᠲᠡ ᠶᠢᠨ ᠪᠠᠷᠠᠭ᠎ᠠ ᠶᠢ ᠦᠢᠯᠡᠳᠪᠦᠷᠢᠯᠡᠭᠴᠢ ᠶᠢᠨ ᠲᠡᠮᠳᠡᠭᠯᠡᠯ ᠪᠣᠯ

ᠬᠦᠨᠡᠰᠦ ᠦᠢᠯᠡᠳᠪᠦᠷᠢᠯᠡᠬᠦ ᠠᠵᠤ ᠠᠬᠤᠢ ᠶᠢᠨ ᠪᠠᠷᠠᠭ᠎ᠠ ᠶᠢᠨ ᠰᠢᠯᠭᠠᠨ ᠪᠠᠶᠢᠴᠠᠭᠠᠯᠲᠠ ᠶᠢᠨ ᠲᠡᠮᠳᠡᠭᠯᠡᠯ ᠢ ᠬᠦᠨᠡᠰᠦ ᠪᠤᠶᠤ ᠨᠡᠮᠡᠯᠲᠡ ᠶᠢᠨ ᠰᠢᠯᠭᠠᠨ ᠪᠠᠶᠢᠴᠠᠭᠠᠯᠲᠠ ᠶᠢᠨ ᠪᠠᠷᠢᠮᠲᠠ ᠪᠣᠯᠭᠠᠨ᠎ᠠ · ᠬᠠᠳᠠᠭᠠᠯᠠᠬᠤ ᠬᠤᠭᠤᠴᠠᠭ᠎ᠠ ᠶᠢᠨ ᠪᠠᠷᠠᠭ᠎ᠠ ᠶᠢᠨ

ᠬᠠᠳᠠᠭᠠᠯᠠᠬᠤ ᠶᠢᠨ ᠬᠤᠭᠤᠴᠠᠭ᠎ᠠ ᠨᠢ ᠴᠢᠨᠠᠷ ᠤᠨ ᠪᠠᠲᠤᠯᠭ᠎ᠠ ᠶᠢᠨ ᠬᠤᠭᠤᠴᠠᠭ᠎ᠠ ᠳᠤᠤᠰᠤᠭᠰᠠᠨ ᠤ ᠳᠠᠷᠠᠭ᠎ᠠ ᠵᠢᠷᠭᠤᠭᠠᠨ ᠰᠠᠷ᠎ᠠ ᠡᠴᠡ ᠳᠤᠲᠠᠭᠤ ᠪᠠᠶᠢᠵᠤ ᠪᠣᠯᠬᠤ ᠦᠭᠡᠢ · ᠲᠣᠳᠤᠷᠬᠠᠢ ᠪᠤᠰᠤ ᠴᠢᠨᠠᠷ ᠤᠨ ᠪᠠᠲᠤᠯᠭ᠎ᠠ

ᠬᠤᠭᠤᠴᠠᠭ᠎ᠠ ᠦᠭᠡᠢ ᠪᠠᠷᠠᠭ᠎ᠠ ᠶᠢᠨ ᠬᠠᠳᠠᠭᠠᠯᠠᠬᠤ ᠬᠤᠭᠤᠴᠠᠭ᠎ᠠ ᠬᠣᠶᠠᠷ ᠵᠢᠯ ᠡᠴᠡ ᠳᠤᠲᠠᠭᠤ ᠪᠠᠶᠢᠵᠤ ᠪᠣᠯᠬᠤ ᠦᠭᠡᠢ :: ᠲᠤᠰ ᠵᠦᠢᠯ ᠦᠨ 1 ᠳᠦᠭᠡᠷ ᠲᠣᠭᠲᠠᠭᠠᠯ ᠢ ᠪᠠᠷᠢᠮᠲᠠᠯᠠᠪᠠᠯ ·

ᠪᠠᠷᠠᠭ᠎ᠠ ᠶᠢᠨ ᠰᠢᠯᠭᠠᠨ ᠪᠠᠶᠢᠴᠠᠭᠠᠯᠲᠠ ᠶᠢᠨ ᠲᠡᠮᠳᠡᠭᠯᠡᠯ ᠪᠣᠯᠤᠨ ᠪᠠᠷᠢᠮᠲᠠ ᠪᠢᠴᠢᠭ ᠢ ᠬᠠᠳᠠᠭᠠᠯᠠᠬᠤ ᠶᠢᠨ ᠬᠤᠭᠤᠴᠠᠭ᠎ᠠ ᠪᠣᠯ ᠬᠦᠨᠡᠰᠦ ᠶᠢᠨ ᠪᠠᠷᠠᠭ᠎ᠠ ᠶᠢᠨ ᠴᠢᠨᠠᠷ ᠤᠨ ᠪᠠᠲᠤᠯᠭ᠎ᠠ ᠶᠢᠨ ᠬᠤᠭᠤᠴᠠᠭ᠎ᠠ ᠳᠤᠤᠰᠤᠭᠰᠠᠨ ᠤ ᠳᠠᠷᠠᠭ᠎ᠠ ᠵᠢᠷᠭᠤᠭᠠᠨ ᠰᠠᠷ᠎ᠠ ᠡᠴᠡ ᠳᠤᠲᠠᠭᠤ ᠪᠠᠶᠢᠵᠤ ᠪᠣᠯᠬᠤ ᠦᠭᠡᠢ ::

3. ᠲᠡᠮᠳᠡᠭᠯᠡᠯ ᠪᠠᠷᠢᠮᠲᠠ ᠶᠢᠨ ᠬᠠᠳᠠᠭᠠᠯᠠᠬᠤ ᠶᠢᠨ ᠬᠤᠭᠤᠴᠠᠭ᠎ᠠ ᠳᠤ ᠲᠠᠯᠠᠪᠤᠷᠢ ᠰᠠᠨᠠᠭᠠᠯ ᠪᠠᠶᠢᠨ᠎ᠠ :: ᠬᠤᠤᠯᠢ ᠲᠣᠭᠲᠠᠭᠠᠯ ᠳᠤ ᠬᠠᠳᠠᠭᠠᠯᠠᠬᠤ ᠶᠢᠨ ᠬᠤᠭᠤᠴᠠᠭ᠎ᠠ ᠶᠢ ᠬᠦᠨᠡᠰᠦ ᠶᠢᠨ ᠪᠠᠷᠠᠭ᠎ᠠ ᠶᠢᠨ ᠴᠢᠨᠠᠷ ᠤᠨ ᠪᠠᠲᠤᠯᠭ᠎ᠠ ᠶᠢᠨ ᠬᠤᠭᠤᠴᠠᠭ᠎ᠠ ᠳᠤᠤᠰᠤᠭᠰᠠᠨ ᠤ ᠳᠠᠷᠠᠭ᠎ᠠ ᠵᠢᠷᠭᠤᠭᠠᠨ ᠰᠠᠷ᠎ᠠ ᠡᠴᠡ ᠳᠤᠲᠠᠭᠤ ᠪᠠᠶᠢᠵᠤ ᠪᠣᠯᠬᠤ ᠦᠭᠡᠢ ᠭᠡᠵᠦ ᠲᠣᠭᠲᠠᠭᠠᠭᠰᠠᠨ ::

ᠲᠡᠮᠳᠡᠭᠯᠡᠯ ᠪᠠᠷᠢᠮᠲᠠ ᠶᠢᠨ ᠬᠠᠳᠠᠭᠠᠯᠠᠬᠤ ᠬᠤᠭᠤᠴᠠᠭ᠎ᠠ ᠨᠢ ᠴᠢᠨᠠᠷ ᠤᠨ ᠪᠠᠲᠤᠯᠭ᠎ᠠ ᠶᠢᠨ ᠬᠤᠭᠤᠴᠠᠭ᠎ᠠ ᠳᠤᠤᠰᠤᠭᠰᠠᠨ ᠤ ᠳᠠᠷᠠᠭ᠎ᠠ ᠵᠢᠷᠭᠤᠭᠠᠨ ᠰᠠᠷ᠎ᠠ ᠡᠴᠡ ᠳᠤᠲᠠᠭᠤ ᠪᠠᠶᠢᠵᠤ ᠪᠣᠯᠬᠤ ᠦᠭᠡᠢ · ᠲᠣᠳᠤᠷᠬᠠᠢ ᠴᠢᠨᠠᠷ ᠤᠨ ᠪᠠᠲᠤᠯᠭ᠎ᠠ ᠶᠢᠨ ᠬᠤᠭᠤᠴᠠᠭ᠎ᠠ ᠦᠭᠡᠢ ᠪᠠᠷᠠᠭ᠎ᠠ ᠶᠢᠨ ᠬᠠᠳᠠᠭᠠᠯᠠᠬᠤ ᠬᠤᠭᠤᠴᠠᠭ᠎ᠠ ᠨᠢ ᠬᠣᠶᠠᠷ ᠵᠢᠯ ᠡᠴᠡ ᠳᠤᠲᠠᠭᠤ ᠪᠠᠶᠢᠵᠤ ᠪᠣᠯᠬᠤ ᠦᠭᠡᠢ :: ᠲᠤᠰ ᠲᠣᠭᠲᠠᠭᠠᠯ ᠢ ᠲᠣᠭᠲᠠᠭᠠᠭᠰᠠᠨ ᠤ ᠰᠢᠯᠲᠠᠭᠠᠨ ᠨᠢ

[illegible]

2008

[illegible]

[illegible]

医疗机构处在疾病治疗的第一线，掌握食源性疾病的第一手资料，属于重要的食品安全信息来源。长期以来，为了做好食品安全工作，卫生行政部门赋予了医疗机构报告食源性疾病信息的职责，要求医疗机构及时报告食源性疾病信息。本条明确了各级医疗机构都有报告义务；报告的内容是食源性疾病或者疑似食源性疾病信息；向所在地县级人民政府卫生行政

一、医疗机构的报告义务

●条文解读

县级以上人民政府卫生行政部门在调查处理传染病或者其他突发公共卫生事件中发现与食品安全相关的信息，应当及时通报同级食品药品监督管理部门。

第一百零四条【医疗机构报告】医疗机构发现其接收的病人属于食源性疾病病人或者疑似病人的，应当按照规定及时将相关信息向所在地县级人民政府卫生行政部门报告。县级人民政府卫生行政部门认为与食品安全有关的，应当及时通报同级食品药品监督管理部门。

[illegible]

[illegible]

[illegible] 142 [illegible] 144 [illegible]

[illegible]

门。

他突发公共卫生事件中发现与食品安全有关的信息。通报的对象是同级食品药品监督管理部门。报信息来源有两方面，一是医疗机构报告的食源性疾病信息，二是在调查处理传染病或者其他食品安全信息及时向食品药品监督管理部门通报，对做好食品安全工作很重要。卫生行政部门的通报食源性疾病信息和相关食品安全信息，做好通报工作，将这些食源性疾病信息和相关食品安全信息，尤其是作为医疗机构的主管机关，了解和掌握第一手的全国家标准。同时，还规定食品药品监督管理部门和其他有关部门应当加强沟通，密切配合。卫生行政部门在其职责范围内，依照本法和国务院规定的职责，组织开展食品安全风险监测和风险评估，制定并公布食品安全门依照本法和国务院规定的职责，对食品生产经营活动实施监督管理。国务院卫生行政部门将食品安全的监督管理职责赋予了食品药品监督管理部门，规定国务院食品药品监督管理部门通报。这次修法，根据食品安全管理体制的调整，将分段管理模式改为统一监管模式，并对与食品安全有关的信息，卫生行政部门有通报义务，及时向同级食品药品监督管理部门报告；报告的时间和方式，根据有关规定执行。

二、卫生行政部门的通报义务

ᠪᠣᠯᠤᠨ᠎ᠠ ᠄ ᠬᠠᠷᠢᠭᠤᠴᠠᠭᠠ ᠰᠢᠯᠭᠠᠯᠲᠠ ᠶᠢ ᠬᠤᠤᠯᠢ ᠬᠡᠷᠡᠭᠵᠢᠭᠦᠯᠬᠦ ᠳᠦ ᠠᠯᠪᠠᠨ ᠤ ᠮᠡᠳᠡᠭᠳᠡᠯ ᠪᠣᠯᠤᠨ ᠬᠤᠤᠯᠢ ᠬᠡᠷᠡᠭᠵᠢᠭᠦᠯᠬᠦ ᠳᠦ ᠠᠯᠪᠠᠨ ᠤ ᠮᠡᠳᠡᠭᠳᠡᠯ ᠪᠣᠯᠤᠨ᠎ᠠ ᠄ ᠬᠠᠷᠢᠭᠤᠴᠠᠭᠠ ᠵᠢᠷᠤᠮ ᠪᠣᠯᠪᠠᠰᠤ ᠪᠣᠯ ᠂ ᠵᠠᠰᠠᠭ ᠤᠨ ᠭᠠᠵᠠᠷ ᠤᠨ ᠪᠠᠢᠭᠤᠯᠤᠯᠭ᠎ᠠ ᠶᠢᠨ ᠪᠠᠢᠴᠠᠭᠠᠨ ᠰᠢᠯᠭᠠᠬᠤ ᠬᠠᠷᠢᠭᠤᠴᠠᠭᠠ ᠪᠣᠯᠤᠨ ᠬᠠᠷᠢᠭᠤᠴᠠᠭᠠ ᠠᠯᠪᠠᠨ ᠤ ᠮᠡᠳᠡᠭᠳᠡᠯ ᠪᠣᠯᠪᠠᠰᠤ ᠪᠣᠯ ᠬᠠᠷᠢᠭᠤᠴᠠᠭᠠ ᠶᠢᠨ ᠡᠷᠬᠡ ᠰᠢᠯᠭᠠᠬᠤ ᠶᠢᠨ ᠬᠡᠯᠲᠡᠰ ᠢ ᠬᠠᠷᠢᠭᠤᠴᠠᠭᠠ ᠶᠢᠨ ᠪᠠᠢᠭᠤᠯᠤᠯᠭ᠎ᠠ ᠶᠢᠨ ᠪᠠᠢᠴᠠᠭᠠᠨ ᠰᠢᠯᠭᠠᠬᠤ ᠶᠢᠨ ᠬᠠᠷᠢᠭᠤᠴᠠᠭᠠ ᠶᠢᠨ ᠬᠡᠯᠲᠡᠰ ᠢ ᠬᠤᠤᠯᠢ ᠵᠢᠷᠤᠮ ᠤᠨ ᠳᠠᠭᠠᠤ ᠶᠠᠮᠠᠷ ᠭᠠᠵᠠᠷ ᠤᠨ ᠬᠦᠨᠡᠰᠦᠨ ᠦ ᠪᠠᠢᠴᠠᠭᠠᠯᠲᠠ ᠶᠢᠨ ᠬᠠᠮᠢᠶᠠᠷᠤᠯᠲᠠ ᠶᠢᠨ ᠭᠠᠵᠠᠷ ᠢ ᠰᠢᠯᠭᠠᠨ ᠪᠠᠢᠴᠠᠭᠠᠬᠤ ᠶᠢᠨ ᠬᠡᠯᠲᠡᠰ ᠲᠦ ᠮᠡᠳᠡᠭᠳᠡᠬᠦ ᠪᠠ ᠬᠤᠤᠯᠢ ᠵᠥᠷᠢᠴᠡᠭᠰᠡᠨ ᠦᠢᠯᠡ ᠶᠠᠪᠤᠳᠠᠯ ᠢ ᠰᠢᠯᠭᠠᠨ ᠪᠠᠢᠴᠠᠭᠠᠬᠤ ᠶᠢᠨ ᠬᠠᠷᠢᠭᠤᠴᠠᠭᠠ ᠲᠠᠢ ᠪᠤᠶᠤ ᠶᠠᠮᠠᠷ ᠪᠠᠢᠴᠠᠭᠠᠨ ᠰᠢᠯᠭᠠᠬᠤ ᠶᠢᠨ ᠬᠡᠯᠲᠡᠰ ᠲᠦ ᠪᠣᠯᠪᠠᠰᠤ ᠪᠣᠯ ᠂ ᠬᠤᠤᠯᠢ ᠬᠡᠷᠡᠭᠵᠢᠭᠦᠯᠬᠦ ᠶᠢᠨ ᠠᠯᠪᠠᠨ ᠤ ᠮᠡᠳᠡᠭᠳᠡᠯ ᠪᠣᠯᠤᠨ᠎ᠠ ᠄ ᠶᠠᠮᠠᠷ ᠪᠠᠢᠴᠠᠭᠠᠨ ᠰᠢᠯᠭᠠᠬᠤ ᠶᠢᠨ ᠬᠡᠯᠲᠡᠰ ᠲᠦ ᠬᠤᠤᠯᠢ ᠶᠢᠨ ᠬᠠᠷᠢᠭᠤᠴᠠᠭᠠ ᠬᠦᠯᠢᠶᠡᠯᠭᠡᠬᠦ ᠶᠢᠨ ᠵᠢᠷᠤᠮ ᠤᠨ ᠳᠠᠭᠠᠤ ᠠᠯᠪᠠᠨ ᠤ ᠮᠡᠳᠡᠭᠳᠡᠯ ᠬᠤᠤᠯᠢ ᠵᠥᠷᠢᠴᠡᠭᠰᠡᠨ ᠲᠠᠢ ᠪᠣᠯᠤᠨ ᠬᠤᠤᠯᠢ ᠬᠡᠷᠡᠭᠵᠢᠭᠦᠯᠬᠦ ᠶᠢᠨ ᠬᠡᠯᠲᠡᠰ ᠲᠦ ᠰᠢᠯᠵᠢᠭᠦᠯᠬᠦ ᠶᠢᠨ ᠬᠠᠷᠢᠭᠤᠴᠠᠭᠠ ᠵᠢᠷᠤᠮ ᠢ ᠬᠡᠷᠡᠭᠵᠢᠭᠦᠯᠦᠨ᠎ᠡ ᠄

[ᠲᠠᠢᠯᠪᠤᠷᠢ]

ᠡᠨᠡ ᠪᠣᠯ ᠬᠦᠨᠡᠰᠦᠨ ᠦ ᠠᠶᠤᠯᠭᠦᠢ ᠪᠠᠢᠴᠠᠭᠠᠯᠲᠠ ᠶᠢᠨ ᠬᠤᠤᠯᠢ ᠶᠢᠨ ᠬᠠᠷᠢᠭᠤᠴᠠᠭ᠎ᠠ ᠶᠢ ᠲᠣᠭᠲᠠᠭᠠᠭᠰᠠᠨ ᠵᠢᠷᠤᠮ ᠪᠣᠯᠤᠨ᠎ᠠ ᠄ ᠬᠤᠤᠯᠢ ᠵᠥᠷᠢᠴᠡᠭᠰᠡᠨ ᠦᠢᠯᠡ ᠶᠠᠪᠤᠳᠠᠯ ᠢ ᠰᠢᠯᠭᠠᠨ ᠪᠠᠢᠴᠠᠭᠠᠬᠤ ᠶᠢᠨ ᠬᠡᠯᠲᠡᠰ ᠲᠦ ᠪᠠᠢᠴᠠᠭᠠᠨ ᠰᠢᠯᠭᠠᠬᠤ ᠶᠢᠨ ᠬᠠᠷᠢᠭᠤᠴᠠᠭᠠ ᠶᠢᠨ ᠬᠡᠯᠲᠡᠰ ᠢ ᠬᠤᠤᠯᠢ ᠶᠢᠨ ᠬᠠᠷᠢᠭᠤᠴᠠᠭᠠ ᠬᠦᠯᠢᠶᠡᠯᠭᠡᠬᠦ ᠶᠢᠨ ᠵᠢᠷᠤᠮ ᠪᠣᠯᠤᠨ᠎ᠠ ᠄ ᠬᠤᠤᠯᠢ ᠶᠢᠨ ᠬᠠᠷᠢᠭᠤᠴᠠᠭᠠ ᠬᠦᠯᠢᠶᠡᠯᠭᠡᠬᠦ ᠶᠢᠨ ᠵᠢᠷᠤᠮ ᠢ ᠬᠡᠷᠡᠭᠵᠢᠭᠦᠯᠬᠦ ᠶᠢᠨ ᠬᠤᠤᠯᠢ ᠶᠢᠨ ᠬᠠᠷᠢᠭᠤᠴᠠᠭᠠ ᠶᠢᠨ ᠡᠷᠬᠡ ᠰᠢᠯᠭᠠᠬᠤ ᠶᠢᠨ ᠬᠡᠯᠲᠡᠰ ᠦᠨ ᠪᠠᠢᠭᠤᠯᠤᠯᠭ᠎ᠠ ᠶᠢᠨ ᠬᠠᠷᠢᠭᠤᠴᠠᠭᠠ ᠶᠢᠨ ᠬᠦᠯᠢᠶᠡᠯᠭᠡᠬᠦ ᠶᠢᠨ ᠬᠤᠤᠯᠢ ᠶᠢᠨ ᠵᠢᠷᠤᠮ ᠪᠣᠯᠤᠨ᠎ᠠ ᠄ ᠬᠤᠤᠯᠢ ᠶᠢᠨ ᠬᠠᠷᠢᠭᠤᠴᠠᠭᠠ ᠶᠢᠨ ᠡᠷᠬᠡ ᠰᠢᠯᠭᠠᠬᠤ ᠶᠢᠨ ᠬᠡᠯᠲᠡᠰ ᠦᠨ ᠪᠠᠢᠭᠤᠯᠤᠯᠭ᠎ᠠ ᠶᠢᠨ ᠬᠠᠷᠢᠭᠤᠴᠠᠭᠠ ᠶᠢᠨ

ᠬᠠᠮᠲᠤᠷᠠᠨ ᠪᠠᠶᠢᠭᠤᠯᠬᠤ ᠮᠡᠷᠭᠡᠵᠢᠯ ᠦᠨ ᠰᠤᠷᠭᠠᠭᠤᠯᠢ ᠠᠵᠢᠯ ᠠᠬᠤᠢ ᠪᠠᠶᠢᠨ᠎ᠠ :: ᠬᠡᠷᠪᠡ ᠲᠡᠷᠡ ᠨᠢ ᠠᠵᠢᠯ ᠠᠬᠤᠢ ᠶᠢᠨ ᠮᠡᠷᠭᠡᠵᠢᠯ ᠦᠨ ᠰᠤᠷᠭᠠᠨ ᠬᠦᠮᠦᠵᠢᠯ ᠦᠨ ᠠᠵᠢᠯ ᠢ ᠬᠡᠷᠡᠭᠵᠢᠭᠦᠯᠬᠦ ᠳᠦ ᠣᠷᠣᠯᠴᠠᠭᠰᠠᠨ ᠪᠣᠯ ᠬᠠᠮᠢᠶᠠᠷᠤᠯᠲᠠᠢ ᠪᠣᠳᠣᠯᠭ᠎ᠠ ᠶᠢ ᠬᠡᠷᠡᠭᠵᠢᠭᠦᠯᠵᠦ ᠪᠣᠯᠤᠨ᠎ᠠ ::

ᠮᠡᠷᠭᠡᠵᠢᠯ ᠦᠨ ᠰᠤᠷᠭᠠᠨ ᠬᠦᠮᠦᠵᠢᠯ ᠳᠦ ᠣᠷᠣᠯᠴᠠᠬᠤ ᠠᠵᠢᠯ ᠠᠬᠤᠢ ᠶᠢᠨ ᠡᠷᠬᠡ ᠠᠰᠢᠭ ᠢ ᠬᠠᠮᠠᠭᠠᠯᠠᠬᠤ ᠪᠠᠷ ᠪᠠᠷ ᠤᠯᠤᠰ ᠦᠨ ᠪᠣᠳᠣᠯᠭ᠎ᠠ ᠶᠢ ᠬᠡᠷᠡᠭᠵᠢᠭᠦᠯᠬᠦ ᠶᠢᠨ ᠵᠡᠷᠭᠡᠴᠡ ᠮᠡᠷᠭᠡᠵᠢᠯ ᠦᠨ ᠰᠤᠷᠭᠠᠨ ᠬᠦᠮᠦᠵᠢᠯ ᠦᠨ ᠠᠵᠢᠯ ᠢ ᠬᠢᠭᠰᠡᠨ ᠠᠵᠢᠯ ᠠᠬᠤᠢ ᠳᠤ ᠲᠤᠰᠠᠯᠠᠮᠵᠢ ᠦᠵᠡᠭᠦᠯᠦᠨ᠎ᠡ :: ᠡᠨᠡ ᠨᠢ ᠮᠡᠷᠭᠡᠵᠢᠯ ᠦᠨ ᠰᠤᠷᠭᠠᠨ ᠬᠦᠮᠦᠵᠢᠯ ᠢ ᠬᠦᠭᠵᠢᠭᠦᠯᠬᠦ ᠳᠦ ᠠᠵᠢᠯ ᠠᠬᠤᠢ ᠶᠢᠨ ᠢᠳᠡᠪᠬᠢᠲᠡᠢ ᠪᠠᠢᠳᠠᠯ ᠢ ᠳᠡᠭᠡᠭᠰᠢᠯᠡᠭᠦᠯᠬᠦ ᠳᠦ ᠴᠢᠬᠤᠯᠠ ᠠᠴᠠ ᠲᠠᠢ ::

（一）开展应急救援工作，组织救治因食品安全事故导致人身伤害的人员；

调查处理，并采取下列措施，防止或者减轻社会危害：

接到食品安全事故的报告后，应当立即会同同级卫生行政、质量监督、农业行政等部门进行

第一百零五条【防止、减轻社会危害的措施】县级以上人民政府食品药品监督管理部门

（二）封存可能导致食品安全事故的食品及其原料，并立即进行检验；对确认属于被污染的食品及其原料，责令食品生产经营者依照本法第六十三条的规定召回或者停止经营；

（三）封存被污染的食品相关产品，并责令进行清洗消毒；

（四）做好信息发布工作，依法对食品安全事故及其处理情况进行发布，并对可能产生的危害加以解释、说明。

发生食品安全事故需要启动应急预案的，县级以上人民政府应当立即成立事故处置指挥机构，启动应急预案，依照前款和应急预案的规定进行处置。

发生食品安全事故，县级以上疾病预防控制机构应当对事故现场进行卫生处理，并对与事故有关的因素开展流行病学调查，有关部门应当予以协助。县级以上疾病预防控制机构应当向同级食品药品监督管理、卫生行政部门提交流行病学调查报告。

●条文解读

一、实施主体

考虑到食品安全事故涉及面广，需要多部门协同应对，因此本条规定，县级以上人民政府食品药品监督管理部门接到报告并初步确认为食品安全事故后，应当立即牵头会同本级人民政府卫生行政部门、质量监督、农业行政等部门开展调查处理，并采取相应的行政处理措施。

二、行政处理措施内容

本条规定了四项措施：

一是，开展应急救援工作，对因食品安全事故导致人身伤害的人员，卫生行政部门应当立即组织救治。生命无价，在处理食品安全事故中应当把救治放在首位，尽量减少人员伤亡。对在食品安全事故中受伤的人员，卫生行政部门有义务立即组织救治，不得以任何理由加以拒绝。这既是卫生行政部门的一种法定义务，更是体现了以人为本的执政理念。

二是，封存可能导致食品安全事故的食品及其原料，并立即进行检验；对确认属于被污染的食品及其原料，责令食品生产经营者依法予似召回、停止经营。通过对涉嫌事故的食品及原料的封存和检验，找到食品安全事故的原因。一旦食品及原料被确认为被污染，应当责令食品生产企业召回，责令食品经营企业停止经营，并对该食品及原料予以无害化处理、销毁等。另外，根据本法第 94 条第 3 款的规定，发现进口食品不符合我国食品安全国家标准或者有证据证明可能危害人体健康的，进口商应当立即停止进口，并依法实施召回。

三是，封存被污染的用于食品的包装材料、容器，以及用于食品生产经营的工具、设备等食品相关产品，并责令进行清洗消毒。通过对被污染的食品相关产品加以封存，可以有效防止食品生产经营企业继续生产、经营被污染的食品，企业必须在对食品相关产品进行彻底清洗消毒，消除污染后，才可继续使用。封存措施是一项较为严厉的行政措施，应当依法实施。

四是，做好信息发布工作。食品安全事故危及公众的，影响到不特定多数人的健康和生命安全，社会关注度比较大。一旦发生食品安全事故，如果信息不实、不畅，容易引起社会恐慌。因此食品药品监督管理部门要做好信息发布工作，一方面要统一、全面公布食品安全事故的情况，调查处理工作的进展，防止社会的猜疑和误解，另一方面普及食品安全知识，对可能产生的危害加以解释、说明，以消除公众的不安。

三、发生食品安全事故需要启动应急预案，应当采取的行政处置措施

食品安全事故实行分级处理原则。根据事故危害性程度、涉及人群范围、后果大小等因素，食品安全事故从大类上分为应当启动应急预案和不需启动应急预案的食品安全事故。同时，根据国家食品安全事故应急预案规定，应当启动应急预案的食品安全事故分四级，即特别重大食品安全事故、重大食品安全事故、较大食品安全事故和一般食品安全事故。事故等级的评估核定，由相关部门依照有关规定进行。

根据国家食品安全事故应急预案规定，需要启动应急预案的食品安全事故，事故发生地的相应级别的人民政府应当立即成立事故处置组织指挥机构，可以采取除本条规定的四项行政处理措施外，还可以根据应急预案的规定采取处置措施，如对涉嫌犯罪的，公安机关及时介入，开展相关违法犯罪行为侦破工作；及时芟织研判事故发展态势，并向事故可能蔓延到

安全事故的流行病学调查为食品安全事故的责任认定提供科学依据。品安全事故的重要技术依据之一，也是公认的贪品安全事故调查不可或缺的科学方法。食品构、卫生行政部门提交流行病学调查报告。流行病学调查是判定食物中毒、食源性疾病等食

疾病预防控制机构在进行流行医学调查后，应当向本级人民政府食品药品监督管理机节，采取相应的预防控制措施，防止二代病例的发生。究，提出预防疾病预防控制措施及保健对策。即通过查明传染源、传播途径、易感者三个环等。『开展流行病学调查』，指对人群中疾病或者健康状况的分布及其决定因素进行调查研毒，对有关物品的无害化处置，采集生物样品、可疑中毒食品及其原料、相关物品样品理』主要是按照食品安全事故处理的有关规定和工作流程，对食品安全事故现场的清洗消有关的因素开展流行病学调查，便于消除事故危害、查清事故原因。『对事故现场进行卫生处制机构提供相应技术支持来协助相关部门，对事故现场进行卫生处理，并对与食品安全事故防控制、公共卫生技术管理和服务等技术支持工作。发生食品安全事故后，需要疾病预防控

疾病预防控制机构是法定的从事疾病预防控制工作的公益性事业单位，专门开展疾病预

四、疾病预防控制机构承担的义务

关涉外部门做好相关通报工作等。的地方人民政府通报信息，提醒做好应对准备，事故可能影响到国（境）外时，及时协调有

[illegible]

[illegible]

ᠬᠠᠷᠢᠭᠤᠴᠠᠭᠤᠯᠤᠨ᠎ᠠ ᠬᠠᠷᠢᠭᠤ ::

[illegible]

[illegible] 93 [illegible] 1 [illegible]

ᠬᠡᠷᠡᠭᠯᠡᠬᠦ ᠶᠤᠰᠤ ᠪᠠᠷ ᠭᠦᠢᠴᠡᠳᠬᠡᠬᠦ ᠬᠡᠷᠡᠭᠲᠡᠢ ᠃

ᠶᠠᠯᠠ ᠶᠢᠨ ᠬᠡᠷᠡᠭ ᠦᠨ ᠮᠡᠳᠡᠭᠡ ᠶᠢ ᠬᠦᠯᠢᠶᠡᠨ ᠠᠪᠤᠭᠰᠠᠨ ᠤ ᠳᠠᠷᠠᠭ᠎ᠠ ᠂ ᠶᠠᠯᠠ ᠶᠢᠨ ᠬᠡᠷᠡᠭ ᠦᠨ ᠪᠠᠷᠢᠮᠲᠠ ᠶᠢ ᠰᠢᠯᠭᠠᠨ ᠮᠡᠳᠡᠬᠦ ᠂ ᠶᠠᠯᠠ ᠶᠢᠨ ᠬᠡᠷᠡᠭ ᠦᠨ ᠪᠠᠢᠳᠠᠯ ᠢ ᠲᠣᠳᠣᠷᠬᠠᠢᠯᠠᠬᠤ ᠬᠡᠷᠡᠭᠲᠡᠢ ᠃ ᠶᠠᠯᠠ ᠶᠢᠨ ᠬᠡᠷᠡᠭ ᠦᠨ ᠪᠠᠷᠢᠮᠲᠠ ᠪᠠᠢᠬᠤ ᠪᠦᠭᠡᠳ ᠂ ᠬᠠᠤᠯᠢ ᠶᠢᠨ ᠳᠠᠭᠠᠤ ᠶᠠᠯᠠ ᠶᠢᠨ ᠬᠠᠷᠢᠭᠤᠴᠠᠯᠭ᠎ᠠ ᠬᠦᠯᠢᠶᠡᠬᠦ ᠬᠡᠷᠡᠭᠲᠡᠢ ᠪᠣᠯ ᠂ ᠬᠡᠷᠡᠭ ᠪᠦᠷᠢᠳᠬᠡᠨ ᠡᠭᠦᠰᠬᠡᠬᠦ ᠬᠡᠷᠡᠭᠲᠡᠢ ᠃ ᠶᠠᠯᠠ ᠶᠢᠨ ᠬᠡᠷᠡᠭ ᠦᠨ ᠪᠠᠷᠢᠮᠲᠠ ᠦᠭᠡᠢ ᠪᠤᠶᠤ ᠶᠠᠯᠠ ᠶᠢᠨ ᠬᠠᠷᠢᠭᠤᠴᠠᠯᠭ᠎ᠠ ᠬᠦᠯᠢᠶᠡᠬᠦ ᠦᠭᠡᠢ ᠪᠣᠯ ᠂ ᠬᠡᠷᠡᠭ ᠪᠦᠷᠢᠳᠬᠡᠬᠦ ᠦᠭᠡᠢ ᠬᠡᠷᠡᠭᠲᠡᠢ ᠪᠦᠭᠡᠳ ᠮᠡᠳᠡᠭᠦᠯᠦᠭᠰᠡᠨ ᠬᠦᠮᠦᠨ ᠳᠦ ᠮᠡᠳᠡᠭᠳᠡᠬᠦ ᠬᠡᠷᠡᠭᠲᠡᠢ ᠃

ᠮᠡᠳᠡᠭᠦᠯᠦᠭᠰᠡᠨ ᠬᠦᠮᠦᠨ ᠬᠡᠷᠡᠭ ᠪᠦᠷᠢᠳᠬᠡᠬᠦ ᠦᠭᠡᠢ ᠰᠢᠢᠳᠪᠦᠷᠢ ᠳᠦ ᠰᠡᠳᠬᠢᠯ ᠬᠠᠩᠭᠠᠯᠲᠠ ᠦᠭᠡᠢ ᠪᠣᠯ ᠳᠠᠬᠢᠨ ᠬᠢᠨᠠᠨ ᠬᠡᠯᠡᠯᠴᠡᠬᠦ ᠶᠢ ᠰᠢᠭᠠᠷᠳᠠᠵᠤ ᠪᠣᠯᠤᠨ᠎ᠠ ᠃

ᠬᠡᠷᠡᠭ ᠪᠦᠷᠢᠳᠬᠡᠬᠦ ᠪᠠ ᠦᠭᠡᠢ ᠶᠢ ᠰᠢᠢᠳᠪᠦᠷᠢᠯᠡᠬᠦ ᠬᠡᠷᠡᠭᠲᠡᠢ ᠃

[illegible]

[illegible]

[illegible]

[illegible]

[illegible]

[illegible]

[illegible]

[illegible]

[illegible]

[illegible]

[illegible]

[illegible]

[illegible]

[illegible]

[illegible]

[illegible]

[illegible]

[illegible]

[illegible]

第一百零六条【事故责任调查】发生食品安全事故，设区的市级以上人民政府食品药品监督管理部门应当立即会同有关部门进行事故责任调查，督促有关部门履行职责，向本级人民政府和上一级人民政府食品药品监督管理部门提出事故责任调查处理报告。

涉及两个以上省、自治区、直辖市的重大食品安全事故由国务院食品药品监督管理部门依照前款规定组织事故责任调查。

●条文解读

一、开展食品安全事故责任调查的主体

本条规定，开展食品安全事故责任调查的牵头部门为食品药品监督管理部门。为了保证事故责任调查工作更为公正、权威，食品药品监督管理部门应当会同其他有关部门共同进行事故责任调查，如行政监察部门、公安机关等。为了减小事故责任调查工作的阻力，进一步保证调查工作的公正性，本条还适当提高了调查机关层级，规定由设区的市级以上人民政府食品药品监督管理部门进行事故责任调查。

随着食品安全管理体制的调整，由分段管理模式改为统一监管模式，相应的食品安全事故责任调查模式也有所改变。原法规定卫生行政部门是食品安全综合协调部门，有权组织查处食品安全重大事故，质量监督、工商行政管理、食品药品监督管理等部门分工负责监管职责范围内的调查处理，依法采取控制措施、查处违法行为，提出职责范围内的调查报告和处理意见。在现行管理体制和本法中，食品安全监管职责已经集中，应当由食品药品监督管理部门会同有关部门进行调查处理，提出事故责任调查处理报告。

另外，如果重大食品安全事故涉及两个以上省、自治区、直辖市的，由国务院食品药品监督管理部门组织事故责任调查。这主要考虑到涉及两个以上省、自治区、直辖市的食品安全事故，不好确定由哪个省的食品药品监督管理部门进行事故责任调查，社会影响也相对大，更适合由中央层面的监管部门进行责任调查。

二、开展食品安全事故责任调查的时间

考虑到被污染食品、原料、食品相关产品不易保存或者容易被毁灭，事故责任调查与事故应急处理应当同步进行，边报告、边调查、边处置，尽快查明事故原因。一旦发生食品安全事故，就应当立即组织人员进行事故责任调查。对于调查报告的出具也应当有时间限制。

三、开展食品安全事故责任调查的内容

食品安全事故责任调查应当查清事故发生原因、人员伤亡和经济损失等情况，查明事故

ᠪᠣᠯᠤᠨ ᠲᠠᠯᠠᠪᠤᠷᠢ ᠪᠠ ᠮᠡᠳᠡᠭᠳᠡᠭᠰᠡᠨ ᠬᠡᠰᠡᠭ᠂ ᠬᠦᠨᠡᠰᠦ ᠶᠢᠨ ᠠᠶᠤᠯᠭᠦᠢ ᠶᠢᠨ ᠤᠳᠤᠷᠢᠳᠬᠤ ᠬᠠᠮᠢᠶᠠᠷᠤᠯᠲᠠ ᠶᠢᠨ ᠬᠡᠷᠡᠭ ᠦᠨ ᠬᠠᠷᠢᠭᠤᠴᠠᠯᠭ᠎ᠠ ᠳᠤ ᠪᠠᠢᠴᠠᠭᠠᠯᠲᠠ ᠶᠢ ᠪᠣᠯᠤᠭᠰᠠᠨ ᠬᠢᠷᠢ᠂ ᠬᠦᠨᠡᠰᠦ ᠶᠢᠨ ᠠᠶᠤᠯᠭᠦᠢ ᠶᠢᠨ ᠤᠳᠤᠷᠢᠳᠬᠤ ᠬᠠᠮᠢᠶᠠᠷᠤᠯᠲᠠ ᠶᠢᠨ ᠬᠡᠷᠡᠭ ᠦᠨ ᠬᠠᠷᠢᠭᠤᠴᠠᠯᠭ᠎ᠠ ᠳᠤ ᠪᠠᠢᠴᠠᠭᠠᠯᠲᠠ ᠶᠢ ᠪᠣᠯᠤᠭᠰᠠᠨ ᠲᠠᠯᠠᠭᠠᠷ

［ᠲᠠᠢᠯᠪᠤᠷᠢ］

ᠣᠳᠤᠬᠠᠨ ᠳᠤ ᠬᠠᠮᠢᠶᠠᠷᠤᠭᠰᠠᠨ ᠪᠠᠢᠴᠠᠭᠠᠨ ᠬᠡᠷᠡᠭ ᠦᠨ ᠬᠠᠷᠢᠭᠤᠴᠠᠯᠭ᠎ᠠ ᠶᠢ ᠪᠠᠢᠴᠠᠭᠠᠬᠤ ᠶᠢᠨ ᠦᠨᠳᠦᠰᠦ ᠬᠠᠮᠢᠶ᠎ᠠ᠂ ᠪᠣᠳᠣᠯᠭ᠎ᠠ ᠶᠢᠨ ᠬᠡᠷᠡᠭ ᠦᠨ ᠭᠠᠷᠤᠯ ᠢ ᠪᠠᠢᠴᠠᠭᠠᠨ ᠳᠣᠭᠳᠠᠭᠠᠬᠤ᠂ ᠬᠡᠷᠡᠭ ᠦᠨ ᠰᠢᠯᠲᠠᠭᠠᠨ ᠪᠠ ᠨᠦᠯᠦᠭᠡᠯᠡᠭᠴᠢ ᠬᠦᠴᠦᠨ ᠢ ᠵᠠᠳᠠᠯᠬᠤ᠂ ᠰᠡᠷᠭᠡᠢᠯᠡᠬᠦ ᠠᠷᠭ᠎ᠠ ᠬᠡᠮᠵᠢᠶ᠎ᠡ ᠶᠢ ᠳᠡᠪᠰᠢᠭᠦᠯᠬᠦ ᠵᠢᠴᠢ ᠬᠡᠷᠡᠭ ᠦᠨ ᠬᠠᠷᠢᠭᠤᠴᠠᠯᠭ᠎ᠠ ᠲᠠᠢ ᠬᠦᠮᠦᠨ ᠢ ᠰᠢᠢᠳᠪᠦᠷᠢᠯᠡᠬᠦ ᠰᠠᠨᠠᠯ ᠢ ᠳᠡᠪᠰᠢᠭᠦᠯᠬᠦ ᠶᠤᠰᠤᠲᠠᠢ᠃ ᠡᠨᠳᠡ ᠬᠡᠯᠡᠭᠰᠡᠨ ᠬᠡᠷᠡᠭ ᠦᠨ ᠬᠠᠷᠢᠭᠤᠴᠠᠯᠭ᠎ᠠ ᠲᠠᠢ ᠬᠦᠮᠦᠨ ᠳᠦ ᠬᠦᠨᠡᠰᠦ ᠦᠢᠯᠡᠳᠪᠦᠷᠢᠯᠡᠨ ᠠᠵᠢᠯ ᠠᠬᠤᠢ ᠶᠠᠪᠤᠳᠠᠭᠤᠯᠤᠭᠴᠢ ᠶᠢ ᠠᠭᠤᠯᠤᠭᠳᠠᠬᠤ ᠡᠴᠡ ᠭᠠᠳᠠᠨ᠂ ᠬᠠᠤᠯᠢ ᠶᠣᠰᠣᠭᠠᠷ ᠬᠢᠨᠠᠨ ᠬᠠᠮᠢᠶᠠᠷᠬᠤ ᠠᠯᠪᠠᠨ ᠦᠦᠷᠭᠡ ᠪᠡᠨ ᠭᠦᠢᠴᠡᠳᠬᠡᠭᠰᠡᠨ ᠦᠭᠡᠢ ᠵᠠᠰᠠᠭ ᠵᠠᠬᠢᠷᠭᠠᠨ ᠤ ᠪᠠᠢᠭᠤᠯᠤᠮᠵᠢ ᠵᠡᠷᠭᠡ ᠨᠢᠭᠡᠴᠡ ᠵᠢᠴᠢ ᠲᠡᠭᠦᠨ ᠦ ᠠᠵᠢᠯᠲᠠᠨ ᠢ ᠪᠠᠰᠠ ᠠᠭᠤᠯᠤᠭᠳᠠᠭᠤᠯᠤᠨ᠎ᠠ᠃ ᠬᠡᠷᠡᠭ ᠦᠨ ᠬᠠᠷᠢᠭᠤᠴᠠᠯᠭ᠎ᠠ ᠶᠢ ᠪᠠᠢᠴᠠᠭᠠᠨ ᠰᠢᠢᠳᠪᠦᠷᠢᠯᠡᠬᠦ ᠮᠡᠳᠡᠭᠦᠯᠦᠯᠲᠡ ᠶᠢ ᠲᠤᠬᠠᠢ ᠶᠢᠨ ᠰᠢᠲᠤᠯᠭ᠎ᠠ ᠶᠢᠨ ᠠᠷᠠᠳ ᠤᠨ ᠵᠠᠰᠠᠭ ᠤᠨ ᠭᠠᠵᠠᠷ ᠪᠠ ᠳᠡᠭᠡᠳᠦ ᠨᠢᠭᠡ ᠰᠢᠲᠤᠯᠭ᠎ᠠ ᠶᠢᠨ ᠠᠷᠠᠳ ᠤᠨ ᠵᠠᠰᠠᠭ ᠤᠨ ᠭᠠᠵᠠᠷ ᠤᠨ ᠬᠦᠨᠡᠰᠦ᠂ ᠡᠮ ᠦᠨ ᠬᠢᠨᠠᠨ ᠬᠠᠮᠢᠶᠠᠷᠬᠤ ᠵᠠᠬᠢᠷᠬᠤ ᠠᠯᠪᠠᠨ ᠲᠠᠰᠤᠭ ᠲᠤ ᠳᠡᠪᠰᠢᠭᠦᠯᠦᠨ᠎ᠡ᠃

ᠵᠠᠭᠤᠨ ᠳᠣᠯᠣᠭᠠᠳᠤᠭᠠᠷ ᠵᠦᠢᠯ 【ᠬᠡᠷᠡᠭ ᠦᠨ ᠬᠠᠷᠢᠭᠤᠴᠠᠯᠭ᠎ᠠ ᠶᠢᠨ ᠪᠠᠢᠴᠠᠭᠠᠯᠲᠠ ᠶᠢᠨ ᠬᠦᠷᠢᠶ᠎ᠡ】 ᠬᠦᠨᠡᠰᠦ ᠶᠢᠨ ᠠᠶᠤᠯᠭᠦᠢ ᠶᠢᠨ ᠤᠳᠤᠷᠢᠳᠬᠤ ᠬᠠᠮᠢᠶᠠᠷᠤᠯᠲᠠ ᠶᠢᠨ ᠬᠡᠷᠡᠭ ᠦᠨ ᠪᠠᠢᠴᠠᠭᠠᠯᠲᠠ

性质，分析事故责任和影响因素，提出防范措施和对事故责任人的处理意见。这里事故责任人不仅包括食品生产经营者，还包括没有依法履行监管职责的行政机关等单位及其工作人员。事故责任调查处理报告应当向本级人民政府和上一级人民政府食品药品监督管理部门提出。

ᠴᠢᠬᠤᠯᠠᠨ ᠬᠠᠮᠢᠶᠠᠷᠤᠯᠲᠠ ᠪᠣᠯᠤᠨ ᠬᠠᠷᠢᠭᠤᠴᠠᠯᠭ᠎ᠠ ᠲᠠᠢ ᠬᠠᠷᠢᠯᠴᠠᠭ᠎ᠠ ᠲᠤᠭᠠᠨ ᠦ ᠬᠢᠷᠢ ᠬᠡᠮ ᠢ ᠲᠣᠭᠲᠠᠭᠠᠨ᠎ᠠ :: ᠬᠣᠣᠰ ᠬᠣᠷᠢᠭᠯᠠᠬᠤ ᠬᠦᠨᠡᠰᠦᠨ ᠦ ᠦᠢᠯᠡᠳᠪᠦᠷᠢ ᠳᠦ ᠬᠣᠷᠢᠭᠯᠠᠬᠤ ᠪᠣᠯᠤᠨ ᠬᠠᠶᠠᠭ ᠶᠠᠮᠠᠷ ᠪᠣᠯᠪᠠᠴᠤ ·
ᠬᠦᠨᠡᠰᠦᠨ ᠦ ᠠᠶᠤᠯᠭᠦᠢ ᠪᠠᠶᠢᠳᠠᠯ ᠤᠨ ᠬᠢᠨᠠᠨ ᠬᠠᠮᠢᠶᠠᠷᠤᠯᠲᠠ ᠶᠢᠨ ᠡᠷᠬᠡ ᠪᠦᠬᠦᠢ ᠬᠡᠯᠳᠡᠰ ᠦᠨ ᠬᠠᠷᠢᠭᠤᠴᠠᠯᠭ᠎ᠠ ᠪᠣᠯᠭᠠᠨ ᠡᠷᠦᠯ ᠬᠡᠮᠵᠢᠶ᠎ᠡ ᠶᠢᠨ ᠪᠠᠷᠢᠮᠵᠢᠶ᠎ᠠ ᠶᠢ ᠬᠠᠷᠢᠭᠤᠴᠠᠨ᠎ᠠ · ᠬᠦᠨᠡᠰᠦᠨ ᠦ ᠠᠶᠤᠯᠭᠦᠢ ᠪᠠᠶᠢᠳᠠᠯ ᠤᠨ ᠡᠷᠦᠯ ᠬᠡᠮᠵᠢᠶ᠎ᠡ ᠶᠢᠨ ᠪᠠᠷᠢᠮᠵᠢᠶ᠎ᠠ ᠶᠢ ᠬᠡᠷᠡᠭᠵᠢᠭᠦᠯᠬᠦ
ᠶᠠᠪᠤᠳᠠᠯ ᠢ ᠬᠢᠨᠠᠨ ᠪᠠᠢᠴᠠᠭᠠᠵᠤ · ᠬᠦᠨᠡᠰᠦᠨ ᠦ ᠦᠢᠯᠡᠳᠪᠦᠷᠢ ᠶᠢᠨ ᠬᠢᠨᠠᠨ ᠪᠠᠢᠴᠠᠭᠠᠬᠤ ᠠᠵᠢᠯ ᠢ ᠵᠣᠬᠢᠶᠠᠨ ᠪᠠᠢᠭᠤᠯᠤᠨ᠎ᠠ · ᠬᠦᠨᠡᠰᠦᠨ ᠦ ᠠᠶᠤᠯᠭᠦᠢ ᠪᠠᠶᠢᠳᠠᠯ ᠤᠨ ᠡᠷᠦᠯ ᠬᠡᠮᠵᠢᠶ᠎ᠡ
ᠪᠠᠷᠢᠮᠵᠢᠶ᠎ᠠ ᠶᠢ ᠲᠣᠭᠲᠠᠭᠠᠬᠤ ᠳᠤ ᠬᠣᠯᠪᠣᠭᠳᠠᠬᠤ ᠬᠦᠨᠡᠰᠦᠨ ᠦ ᠠᠶᠤᠯᠭᠦᠢ ᠪᠠᠶᠢᠳᠠᠯ ᠤᠨ ᠡᠷᠦᠯ ᠬᠡᠮᠵᠢᠶ᠎ᠡ ᠶᠢᠨ ᠪᠠᠷᠢᠮᠵᠢᠶ᠎ᠠ ᠶᠢ ᠵᠣᠬᠢᠶᠠᠨ ᠪᠠᠢᠭᠤᠯᠬᠤ ᠠᠵᠢᠯ ᠢ ᠬᠠᠷᠢᠭᠤᠴᠠᠵᠤ · ᠬᠦᠨᠡᠰᠦᠨ ᠦ ᠬᠣᠣᠰ ᠬᠣᠷᠢᠭᠯᠠᠬᠤ
ᠦᠢᠯᠡᠳᠪᠦᠷᠢ ᠶᠢᠨ ᠪᠠᠷᠢᠮᠵᠢᠶ᠎ᠠ ᠳᠤ ᠨᠡᠶᠢᠴᠡᠭᠦᠯᠦᠨ ᠲᠣᠭᠲᠠᠭᠠᠬᠤ ᠠᠵᠢᠯ ᠢ ᠬᠢᠨᠠᠨ ᠬᠠᠮᠢᠶᠠᠷᠤᠨ᠎ᠠ · ᠬᠦᠨᠡᠰᠦᠨ ᠦ ᠠᠶᠤᠯᠭᠦᠢ ᠪᠠᠶᠢᠳᠠᠯ ᠤᠨ ᠡᠷᠦᠯ ᠬᠡᠮᠵᠢᠶ᠎ᠡ ᠶᠢᠨ ᠪᠠᠷᠢᠮᠵᠢᠶ᠎ᠠ ᠶᠢ ᠬᠡᠷᠡᠭᠵᠢᠭᠦᠯᠬᠦ ᠶᠠᠪᠤᠳᠠᠯ ᠢ
ᠬᠢᠨᠠᠨ ᠪᠠᠢᠴᠠᠭᠠᠬᠤ · ᠪᠠᠷᠢᠮᠵᠢᠶ᠎ᠠ ᠶᠢ ᠲᠣᠭᠲᠠᠭᠠᠬᠤ ᠳᠤ ᠣᠷᠣᠯᠴᠠᠭᠤᠯᠬᠤ · ᠬᠦᠨᠡᠰᠦᠨ ᠦ ᠠᠶᠤᠯᠭᠦᠢ ᠪᠠᠶᠢᠳᠠᠯ ᠤᠨ ᠡᠷᠦᠯ ᠬᠡᠮᠵᠢᠶ᠎ᠡ ᠶᠢᠨ ᠪᠠᠷᠢᠮᠵᠢᠶ᠎ᠠ ᠶᠢ ᠨᠡᠶᠢᠲᠡ ᠳᠦ ᠢᠯᠡ ᠪᠣᠯᠭᠠᠨ᠎ᠠ ::
ᠬᠢᠨᠠᠨ ᠪᠠᠢᠴᠠᠭᠠᠬᠤ ᠠᠵᠢᠯ ᠢ ᠬᠠᠷᠢᠭᠤᠴᠠᠨ ᠡᠷᠦᠯ ᠬᠡᠮᠵᠢᠶ᠎ᠡ ᠶᠢᠨ ᠪᠠᠷᠢᠮᠵᠢᠶ᠎ᠠ ᠶᠢ ᠬᠡᠷᠡᠭᠵᠢᠭᠦᠯᠬᠦ ᠶᠠᠪᠤᠳᠠᠯ ᠢ ᠬᠢᠨᠠᠨ ᠪᠠᠢᠴᠠᠭᠠᠵᠤ · ᠬᠦᠨᠡᠰᠦᠨ ᠦ ᠠᠶᠤᠯᠭᠦᠢ ᠪᠠᠶᠢᠳᠠᠯ ᠤᠨ ᠡᠷᠦᠯ ᠬᠡᠮᠵᠢᠶ᠎ᠡ ᠶᠢᠨ ᠪᠠᠷᠢᠮᠵᠢᠶ᠎ᠠ ᠶᠢ ᠨᠡᠶᠢᠲᠡ ᠳᠦ ᠢᠯᠡ ᠪᠣᠯᠭᠠᠬᠤ ᠠᠵᠢᠯ ᠢ ᠵᠣᠬᠢᠶᠠᠨ ᠪᠠᠢᠭᠤᠯᠤᠨ᠎ᠠ ᠬᠦᠨᠡᠰᠦᠨ ᠦ ᠠᠶᠤᠯᠭᠦᠢ ᠪᠠᠶᠢᠳᠠᠯ ᠤᠨ

ᠪᠠᠷᠢᠮᠵᠢᠶ᠎ᠠ · ᠬᠦᠨᠡᠰᠦᠨ ᠦ ᠠᠶᠤᠯᠭᠦᠢ ᠪᠠᠶᠢᠳᠠᠯ ᠤᠨ ᠡᠷᠦᠯ ᠬᠡᠮᠵᠢᠶ᠎ᠡ ᠶᠢᠨ ᠪᠠᠷᠢᠮᠵᠢᠶ᠎ᠠ ᠶᠢ ᠲᠣᠭᠲᠠᠭᠠᠬᠤ ᠠᠵᠢᠯ ᠢ ᠡᠷᠦᠯ ᠬᠡᠮᠵᠢᠶ᠎ᠡ ᠶᠢᠨ ᠵᠠᠰᠠᠭ ᠤᠨ ᠭᠠᠵᠠᠷ ᠤᠨ ᠬᠠᠷᠢᠭᠤᠴᠠᠯᠭ᠎ᠠ ᠲᠠᠢ ᠬᠡᠯᠳᠡᠰ

ᠪᠦᠬᠦᠢ ᠬᠡᠯᠳᠡᠰ ᠦᠨ ᠬᠠᠷᠢᠭᠤᠴᠠᠯᠭ᠎ᠠ · ᠬᠦᠨᠡᠰᠦᠨ ᠦ ᠠᠶᠤᠯᠭᠦᠢ ᠪᠠᠶᠢᠳᠠᠯ · ᠬᠦᠨᠡᠰᠦᠨ ᠦ ᠬᠢᠨᠠᠨ ᠪᠠᠢᠴᠠᠭᠠᠯᠲᠠ ᠶᠢᠨ ᠡᠷᠦᠯ ᠬᠡᠮᠵᠢᠶ᠎ᠡ ᠶᠢᠨ ᠪᠠᠷᠢᠮᠵᠢᠶ᠎ᠠ ᠶᠢ ᠡᠷᠦᠯ ᠬᠡᠮᠵᠢᠶ᠎ᠡ ᠶᠢᠨ ᠵᠠᠰᠠᠭ ᠤᠨ ᠭᠠᠵᠠᠷ ᠤᠨ ᠬᠠᠷᠢᠭᠤᠴᠠᠯᠭ᠎ᠠ ᠲᠠᠢ ᠬᠡᠯᠳᠡᠰ ᠲᠣᠭᠲᠠᠭᠠᠨ᠎ᠠ ᠪᠠᠷᠢᠮᠵᠢᠶ᠎ᠠ ᠶᠢ ᠨᠡᠶᠢᠲᠡ ᠳᠦ ᠢᠯᠡ ᠪᠣᠯᠭᠠᠨ᠎ᠠ ::

机构、认证机构及其工作人员的责任。

调查食品安全事故，除了查明事故单位的责任，还应当查明有关监督管理部门、食品检验机构、认证机构及其工作人员的责任。

第一百零七条【事故责任调查原则、主要任务】 调查食品安全事故，应当坚持实事求是、尊重科学的原则，及时、准确查清事故性质和原因，认定事故责任，提出整改措施。

条文解读

一、调查食品安全事故原则

调查食品安全事故，应当遵循实事求是、尊重科学的原则。『实事求是』，是指要根据客观存在的情况和证据，研究与事故发生的有关事实，寻求事故发生的原因。在事故调查过程中，必须客观全面、彻底查清食品安全事故的原因，不得夸大事故事实或者缩小事故事实，不得弄虚作假。要从实际出发，在查明事故原因的基础上认定事故责任。提出处理意见要实事求是，不得从主观出发，不能感情用事，要根据事故责任划分，按照法律、法规和国家有关规定对事故责任人提出处理意见。『尊重科学』，是指事故调查要尊重事故发生的客观规律，采取科学的方法，认真、细致、全面地获取、分析事故调查收集的每一份证据、材料。食品安全事故的调查处理具有很强的科学性和技术性，特别是事故原因的调查，往往需要作很多技术上的分析和研究，利用很多技术手段。事故调查应当有科学的态度，不主观臆想，不轻易下结论，努力做到客观、公正；要注意充分发挥专家和技术人员的作用，把对事故原因的查明、事故责任的认定建立在科学的基础上。

二、调查食品安全事故的主要任务

调查食品安全事故主要有三项任务：及时、准确查清事故性质和原因，认定事故责任，提出整改措施。

1. 及时、准确查清事故性质和原因。查清事故发生的经过和原因，是事故调查处理的首要任务和内容，也是进一步认定事故性质，分清事故责任，出具处理意见的基础。事故原因的调查离不开对事故发生经过的调查，深入分析以下方面：事故发生的经过、健康损害情况；食品原料、食品生产加工过程、工艺流程，生产经营场所环境卫生、从业人员健康和卫生状况等可能影响食品安全的相关因素，判定导致事故发生的原因；事故单位在食品生产经营过程中食品安全管理情况及遵守相关法律法规、制度规范操作规程的情况；食品安全监管部门对事故单位许可和监管情况，查明事故中监管部门工作人员的履职情况；检验机构、认证机构，对事故单位认证、评价、检验检测情况，查明有关机构工作人员是否存在失职、渎职情况等。食品安全事故责任调查处理报告，应当包括：事故单位概况；导致事故的食品名称、来源、数量、流向；事故发生经过和事故应急处置情况；事故造成的健康损害、死亡情况；事故发生的主要原因；流行病学调查及相关检测、诊断和鉴定结果等。

事故性质是指事故足人为事故还是非人为事故，是意外事故还是责任事故。查明事故性质是认定事故责任的基础和前提。如果事故纯属非人为事故或者意外事故，不需要认定事故责任。如果事故属于人为事故或者责任事故，就应当查明哪些人员对事故负有责任。

2. 认定事故责任。事故责任有直接责任，也有间接责任；有主要责任，也有次要责任。事故责任认定，根据事故调查所确认的事实，通过对直接原因和间接原因的分析，确定事故中的直接责任者、主要责任者和领导责任者。一般而言，直接责任者是指其行为与事故发生有直接因果关系的人员；主要责任者是指对事故发生负有主要责任的人员；领导责任者是指对事故发生负有领导责任的人员。结合对事故责任的认定，对事故责任人分别提出不同的处理建议，使有关责任人受到相应的处理。

3. 提出整改措施。通过查明事故经过和原因，发现食品生产经营和监管过程中的漏洞，从事故中总结教训，并提出整改措施，防止类似事故再次发生，这是事故调查处理的重要任务，也是事故调查处理的最终目的。

三、事故责任承担者的范围

食品安全事故的发生，原因是复杂、多样的，可能是因为食品生产经营企业铤而走险、违法生产经营，也可能是因为制度不完善、执法不到位。在调查食品安全事故时，不能只是调查食品生产经营企业的责任，还要从完善制度角度出发，查清楚食品监督管理制度的漏洞、监督管理权的运行状况，明确食品安全监督管理部门、食品检验机构、认证机构及其工作人员的责任。因此，本条将食品安全事故责任者范围予以扩大，规定除了查明事故单位的责任，还要查明有关监督管理部门、食品检验机构、认证机构及其工作人员的责任。

ᠬᠣᠷᠢᠨ ᠪᠣᠯᠤᠨᠠ ᠂ ᠬᠣᠭᠣᠯᠠ ᠬᠣᠷ ᠤᠨ ᠪᠣᠳᠠᠰ ᠬᠣᠷᠤᠭᠤᠯᠬᠤ ᠪᠣᠯᠤᠨᠠ : ᠬᠦᠨᠡᠰᠦ ᠠᠶᠤᠯᠭᠦᠢ ᠪᠠᠶᠢᠬᠤ ᠂ ᠬᠣᠷᠤᠯ ᠦᠭᠡᠢ ᠪᠠᠶᠢᠬᠤ ᠶᠢ ᠪᠠᠷᠢᠮᠲᠠ ᠪᠣᠯᠭᠠᠨᠠ ᠃ ᠬᠦᠨᠡᠰᠦ ᠶᠢᠨ ᠠᠶᠤᠯᠭᠦᠢ ᠶᠢᠨ ᠪᠠᠶᠢᠳᠠᠯ ᠢ ᠪᠠᠲᠤᠯᠠᠬᠤ ᠨᠢ ᠬᠦᠨᠡᠰᠦ ᠠᠶᠤᠯᠭᠦᠢ ᠪᠠᠶᠢᠬᠤ ᠶᠢᠨ ᠰᠠᠭᠤᠷᠢ ᠰᠢᠭᠠᠷᠳᠯᠠᠭ᠎ᠠ ᠮᠦᠨ ᠪᠣᠯᠤᠨᠠ ᠃ ᠬᠦᠨᠡᠰᠦ ᠶᠢᠨ ᠠᠶᠤᠯᠭᠦᠢ ᠶᠢᠨ ᠰᠲ᠋ᠠᠨ᠋ᠳᠠᠷᠳ ᠤᠨ ᠬᠠᠮᠢᠶ᠎ᠠ ᠳᠤ ᠬᠠᠮᠤᠷᠤᠭᠳᠠᠬᠤ ᠂ ᠬᠠᠷᠢᠭᠤᠴᠠᠯᠭ᠎ᠠ ᠲᠠᠢ ᠪᠠᠶᠢᠭᠠ ᠬᠣᠷᠤᠭᠤᠯᠬᠤ ᠪᠣᠳᠠᠰ ᠤᠨ ᠲᠣᠭ᠎ᠠ ᠬᠡᠮᠵᠢᠶ᠎ᠡ ᠪᠣᠯᠤᠨᠠ ᠂ ᠪᠣᠳᠠᠰ ᠤᠨ ᠪᠦᠲᠦᠭᠡᠭᠳᠡᠬᠦᠨ ᠦ ᠬᠣᠷᠤᠯ ᠤᠨ ᠬᠢᠵᠠᠭᠠᠷᠯᠠᠯ ᠢ ᠲᠣᠭᠲᠠᠭᠠᠨ᠎ᠠ ᠃

1. ᠬᠣᠷ ᠦᠭᠡᠢ ᠬᠣᠤᠷ ᠦᠭᠡᠢ ᠲᠣᠬᠢᠷᠠᠭᠤᠯᠤᠯᠲᠠ ᠪᠠᠷ ᠬᠦᠨᠡᠰᠦ ᠶᠢᠨ ᠨᠡᠮᠡᠯᠲᠡ ᠪᠣᠳᠠᠰ ᠤᠨ ᠬᠦᠨᠡᠰᠦ ᠶᠢ ᠬᠣᠷᠤᠭᠤᠯᠤᠯᠲᠠ ᠪᠠᠷ ᠬᠢᠵᠠᠭᠠᠷᠯᠠᠨ᠎ᠠ ᠃ ᠬᠦᠨᠡᠰᠦ ᠠᠶᠤᠯᠭᠦᠢ ᠪᠠᠶᠢᠬᠤ ᠨᠦᠬᠦᠴᠡᠯ ᠢ ᠪᠦᠷᠢᠳᠦᠭᠦᠯᠦᠨᠡ ᠃

ᠰᠢᠭᠠᠷᠳᠯᠠᠭ᠎ᠠ ᠬᠦᠨᠡᠰᠦ ᠶᠢᠨ ᠨᠡᠮᠡᠯᠲᠡ ᠪᠣᠳᠠᠰ ᠤᠨ ᠬᠢᠵᠠᠭᠠᠷᠯᠠᠯ ᠢ ᠲᠣᠭᠲᠠᠭᠠᠵᠤ ᠂ ᠬᠦᠨᠡᠰᠦ ᠶᠢᠨ ᠰᠲ᠋ᠠᠨ᠋ᠳᠠᠷᠳ ᠤᠨ ᠬᠠᠮᠢᠶ᠎ᠠ ᠲᠠᠢ ᠪᠣᠯᠭᠠᠨ᠎ᠠ ᠃ ᠬᠣᠷ ᠦᠭᠡᠢ ᠬᠣᠤᠷ ᠦᠭᠡᠢ ᠂ ᠬᠤᠷᠴᠠ ᠪᠠ ᠤᠳᠠᠭᠠᠨ ᠬᠣᠷᠤᠯ ᠤᠨ ᠪᠣᠳᠠᠰ ᠤᠨ ᠬᠦᠨᠡᠰᠦ ᠶᠢᠨ ᠬᠢᠵᠠᠭᠠᠷᠯᠠᠯ ᠤᠨ ᠲᠣᠭ᠎ᠠ ᠬᠡᠮᠵᠢᠶ᠎ᠡ ᠬᠦᠷᠦᠩᠭᠡ ᠂ ᠬᠢᠮᠢ ᠶᠢᠨ ᠬᠦᠨᠡᠰᠦ ᠶᠢᠨ ᠬᠢᠵᠠᠭᠠᠷᠯᠠᠯ ᠤᠨ ᠰᠢᠭᠠᠷᠳᠯᠠᠭ᠎ᠠ ᠃

ᠪᠦᠲᠦᠭᠡᠭᠳᠡᠬᠦᠨ ᠬᠣᠷᠤᠭᠤᠯᠤᠯᠲᠠ ᠂ ᠬᠦᠨᠡᠰᠦ ᠶᠢᠨ ᠨᠡᠮᠡᠯᠲᠡ ᠪᠣᠳᠠᠰ ᠤᠨ ᠲᠣᠭ᠎ᠠ ᠬᠡᠮᠵᠢᠶ᠎ᠡ ᠶᠢ ᠬᠢᠵᠠᠭᠠᠷᠯᠠᠨ ᠮᠡᠳᠡᠭᠳᠡᠬᠦ ᠬᠡᠷᠡᠭᠲᠡᠢ ᠪᠠᠶᠢᠨ᠎ᠠ ᠃ ᠬᠦᠨᠡᠰᠦ ᠶᠢᠨ ᠠᠶᠤᠯᠭᠦᠢ ᠶᠢᠨ ᠪᠠᠶᠢᠳᠠᠯ ᠢ ᠰᠠᠶᠢᠵᠢᠷᠠᠭᠤᠯᠬᠤ ᠪᠠᠷ ᠪᠣᠯᠤᠨ᠎ᠠ ᠃ ᠬᠦᠨᠡᠰᠦ ᠶᠢᠨ ᠠᠶᠤᠯᠭᠦᠢ ᠶᠢᠨ

ᠪᠠᠶᠢᠳᠠᠯ ᠪᠣᠯᠤᠨ᠎ᠠ ᠂ ᠬᠦᠨᠡᠰᠦ ᠪᠠᠷ ᠳᠠᠮᠵᠢᠭᠤᠯᠤᠨ ᠬᠣᠷᠤᠭᠤᠯᠬᠤ ᠂ ᠤᠳᠠᠭᠠᠨ ᠬᠣᠷᠤᠯ ᠤᠨ ᠰᠢᠨᠵᠢ ᠲᠡᠮᠳᠡᠭ ᠬᠣᠷᠤᠯ ᠂ ᠪᠣᠯᠤᠨ᠎ᠠ ᠂ ᠬᠤᠷᠴᠠ ᠬᠣᠷᠤᠯ ᠤᠨ ᠰᠢᠨᠵᠢ ᠲᠡᠮᠳᠡᠭ ᠢ ᠲᠣᠳᠤᠷᠬᠠᠢᠯᠠᠨ᠎ᠠ ᠃ ᠬᠦᠨᠡᠰᠦ ᠶᠢᠨ ᠬᠣᠷᠤᠭᠤᠯᠤᠯᠲᠠ ᠳᠤ ᠬᠦᠨ ᠦ ᠪᠡᠶ᠎ᠡ ᠶᠢᠨ ᠡᠷᠡᠭᠦᠯ ᠮᠡᠨᠳᠦ ᠳᠦ ᠬᠣᠤᠷ ᠤᠴᠠᠷᠠᠭᠤᠯᠬᠤ ᠦᠭᠡᠢ ᠪᠣᠯᠤᠨ᠎ᠠ ᠃

ᠬᠦᠨᠡᠰᠦ ᠶᠢᠨ ᠨᠡᠮᠡᠯᠲᠡ ᠪᠣᠳᠠᠰ ᠤᠨ ᠬᠢᠵᠠᠭᠠᠷᠯᠠᠯ ᠢ ᠬᠡᠲᠦᠷᠡᠭᠦᠯᠬᠦ ᠦᠭᠡᠢ ᠂ ᠬᠦᠨ ᠦ ᠪᠡᠶ᠎ᠡ ᠶᠢᠨ ᠡᠷᠡᠭᠦᠯ ᠮᠡᠨᠳᠦ ᠳᠦ ᠬᠣᠤᠷ ᠤᠴᠠᠷᠠᠭᠤᠯᠬᠤ ᠦᠭᠡᠢ ᠪᠠᠶᠢᠬᠤ ᠶᠢ ᠬᠠᠷᠠᠯᠠᠵᠤ ᠪᠠᠶᠢᠨ᠎ᠠ ᠃ ᠬᠦᠨᠡᠰᠦ ᠶᠢᠨ ᠪᠦᠲᠦᠭᠡᠭᠳᠡᠬᠦᠨ ᠳᠦ ᠲᠡᠵᠢᠭᠡᠯ ᠤᠨ ᠰᠢᠭᠠᠷᠳᠯᠠᠭ᠎ᠠ ᠪᠠᠷ ᠲᠣᠬᠢᠷᠠᠭᠤᠯᠬᠤ ᠪᠣᠯᠤᠨ᠎ᠠ ᠃

ᠬᠦᠨᠡᠰᠦ ᠶᠢᠨ ᠬᠢᠵᠠᠭᠠᠷᠯᠠᠯ ᠢ ᠬᠡᠲᠦᠷᠡᠭᠦᠯᠬᠦ ᠦᠭᠡᠢ ᠪᠠᠶᠢᠬᠤ ᠳᠤ ᠪᠣᠳᠠᠰ ᠤᠨ ᠲᠣᠭ᠎ᠠ ᠬᠡᠮᠵᠢᠶ᠎ᠡ ᠶᠢ ᠲᠣᠭᠲᠠᠭᠠᠨ᠎ᠠ ᠂ ᠬᠣᠷ ᠦᠭᠡᠢ ᠂ ᠬᠣᠤᠷ ᠦᠭᠡᠢ ᠂ ᠲᠡᠵᠢᠭᠡᠯ ᠤᠨ ᠰᠢᠭᠠᠷᠳᠯᠠᠭ᠎ᠠ ᠪᠠᠷ ᠲᠣᠬᠢᠷᠠᠭᠤᠯᠬᠤ ᠪᠣᠯᠤᠨ᠎ᠠ ᠃ ᠬᠦᠨ ᠦ ᠪᠡᠶ᠎ᠡ ᠶᠢᠨ ᠡᠷᠡᠭᠦᠯ ᠮᠡᠨᠳᠦ ᠳᠦ ᠶᠠᠮᠠᠷ ᠴᠤ ᠬᠤᠷᠴᠠ ᠂ ᠳᠤᠮᠳᠠ ᠬᠤᠷᠴᠠ ᠪᠤᠶᠤ ᠤᠳᠠᠭᠠᠨ ᠬᠣᠤᠷ ᠤᠴᠠᠷᠠᠭᠤᠯᠬᠤ ᠦᠭᠡᠢ ᠪᠠᠶᠢᠬᠤ ᠃

[illegible]

第一百零八条【调查部门的权力】食品安全事故调查部门有权向有关单位和个人了解与事故有关的情况，并要求提供相关资料和样品。有关单位和个人应当予以配合，按照要求提供相关资料和样品，不得拒绝。

任何单位和个人不得阻挠、干涉食品安全事故的调查处理。

●条文解读

一、调查权

食品安全事故发生后，应当组成调查组进行事故责任调查。事故调查组一般在同级人民政府领导下，由食品药品监督管理部门牵头，监察机关、公安机关以及有关部门参加。食品安全事故调查需要深入分析事故发生的经过，相关人员健康损害情况；食品原料、食品生产加工过程、工艺流程，生产经营场所环境卫生、从业人员健康和卫生状况等可能影响食品安全的相关因素；事故单位在食品生产经营过程中食品安全管理情况及遵守相关法律法规、制度规范操作规程的情况；食品安全监管部门对事故单位许可和监管情况，查明事故中监管部门工作人员的履职情况；检验机构、认证机构，对事故单位认证、评价、检验检测情况，查明有关机构工作人员是否存在失职、渎职情况等。因此，食品安全事故调查部门有权向事故单位、有关监督管理单位、食品检验机构、认证机构及其工作人员了解与事故有关的情况，并要求其提供相关资料和样品。提供样品，应当是免费的。这不同于日常食品安全风险监测和日常监管时食品检验中样品需要购买的规定。本法第 15 条规定开展日常食品安全风险监测，采集样品的，应当按照市场价格支付费用。本法第 87 条规定，食品药品监督管理部门对吊销许可证；构成违反治安管理行为的，由公安机关依法给予治安管理处罚。

全事故调查的，由有关主管部门按照各自职责分工责令停产停业，并处罚款；情节严重的，

133条规定，违反本法规定，拒绝、阻挠、干涉有关部门、机构及其工作人员依法开展食品安

依法调查。如果违反了配合义务，或者阻挠、干涉了事故调查，需要承担法律责任。本法第

政府有关部门及其工作人员以及其他任何单位和个人，都不得阻挠和干涉对食品安全事故的

被调查单位和个人应当按照要求提供相关资料和样品，不得拒绝提供。相关地方人民政府、

任何单位和个人不得阻挠、干涉事故调查。具体而言，对于食品安全事故调查部门的调查，

规的观念。为了保证食品安全事故调查的顺利开展，被调查单位和个人有配合调查的义务，

针对性采取措施，教育有关人员从中吸取教训，增强食品安全意识和执行食品安全法律、法

全事故调查处理，查清事故发生原因和事故性质，找到食品安全管理存在的问题，可以更有

对食品安全事故进行调查处理，是严格执法、做好食品安全工作的重要方面。通过食品安

二、配合义务以及不得阻挠、干涉调查义务

食品进行定期或者不走期的抽样检验时，应当购买抽取的样品。

[illegible]

[illegible]

【[illegible]】

ᠪᠠᠶᠢᠬᠤ ᠦᠭᠡᠢ ::

[illegible]

[illegible]

第八章 监督管理

第一百零九条【食品安全风险分级管理】 县级以上人民政府食品药品监督管理、质量监督部门根据食品安全风险监测、风险评估结果和食品安全状况等，确定监督管理的重点、方式和频次，实施风险分级管理。

县级以上地方人民政府组织本级食品药品监督管理、质量监督、农业行政等部门制定本行政区域的食品安全年度监督管理计划，向社会公布并组织实施。

食品安全年度监督管理计划应当将下列事项作为监督管理的重点：

（一）专供婴幼儿和其他特定人群的主辅食品；

（二）保健食品生产过程中的添加行为和按照注册或者备案的技术要求组织生产的情况，保健食品标签、说明书以及宣传材料中有关功能宣传的情况；

（三）发生食品安全事故风险较高的食品生产经营者；

（四）食品安全风险监测结果表明可能存在食品安全隐患的事项。

●条文解读

本条是对原法第 76 条的修改。第 1 款增加了实施食品安全风险分级管理的规定；第 2 款在原法制定并组织实施食品安全年度监督管理计划规定的基础上，增加了『向社会公布』的要求；第 3 款增加了有关食品安全年度监督管理计划重点内容的规定。

一、制定、公布和组织实施食品安全年度监督管理计划

食品安全监督管理涉及监管部门较多，食品药品监督管理、质量监督、农业行政等部门，分别承担食品和食品添加剂、食品相关产品、食用农产品生产环节等的监督管理职责。为实现食品安全的全程监管和各监管部门之间的无缝衔接，有必要规定县级以上地方人民政府负责组织本级食品药品监督管理、质量监督、农业行政等部门制定本行政区域的食品安全年度监督管理计划。

年度监督管理计划是监管部门年度监管的重要指导文件。制定全面系统可行的食品安全年度监督管理计划统领年度监管工作，并以此作为年度监督管理工作的重心，作为年度评估监管绩效的标准，有利于提高食品安全监管工作的效率。为了充分发挥年度监督管理计划的指导和规范作用，新法还进一步增加规定，食品安全年度监督管理计划应当向社会公布，以更好地促使监管部门在公众监督的压力下做好食品安全监管工作。

二、食品安全年度监督管理计划的法定重点内容

食品安全年度监督管理计划应当全面、具体、具有可操作性，为此就需要合理安排监管资源，科学确定监督管理重点。与第 1 款规定实施风险分级管理的精神相一致，新法在修改过程中根据食品安全风险程度和人民群众反映的食品安全状况，将以下四项内容确定为食品安全年度监督管理计划的监管重点：

1. 专供婴幼儿和其他特定人群的主辅食品。2009 年食品安全法实施条例第 47 条也曾经规定，县级以上地方人民政府制定的食品安全年度监督管理计划，应当包含食品抽样检验的内容。对专供婴幼儿、老年人、病人等特定人群的主辅食品，应当重点加强抽样检验。本法进一步将婴幼儿用配方食品和特殊医学用途食品等专供婴幼儿和其他特定人群的主辅食品，作为『特殊食品』规定，依法应当实行严格监督管理。

2. 保健食品生产过程中的添加行为和按照注册或者备案的技术要求组织生产的情况，保健食品标签、说明书以及宣传材料中有关功能宣传的情况。保健食品作为本法规定的『特殊食品』，食品安全风险程度较高，也应当依法实行严格监督管理。为了制定更加具体可操作的食品安全年度监督管理计划，本项规定还进一步细化指出了保健食品容易出现食品安全风险或者损害消费者权益的关键点，依法应当对本项规定的内容重点监管。

3. 发生食品安全事故风险较高的食品生产经营者。随着第 1 款中规定的食品安全风险分

着未雨绸缪的预防原则，及时将其列为食品安全年度监督管理计划的重点。

作用。只要是通过食品安全风险监测表明可能存在食品安全隐患的事项，监管部门就应当本

规定的『食品安全风险监测结果』可以作为确定食品安全年度监督管理计划重点的科学依据

4. 食品安全风险监测结果表明可能存在食品安全隐患的事项。本项规定突出了第 1 款中

高的食品生产经营者，并对其实行重点监督管理。

监测、评估结果和发生食品安全事故的历史状况等，确定哪些属于发生食品安全事故风险较

级管理的实施，县级以上人民政府食品药品监督管理、质量监督部门应当根据食品安全风险

[illegible]

[illegible]

[illegible]

督部门履行各自食品安全监督管理职责，有权采取下列措施，对生产经营者遵守本法的情况

第一百一十条【食品安全监督检查措施】 县级以上人民政府食品药品监督管理、质量监

[illegible]

4. [illegible]

[illegible]

3. [illegible] 1 [illegible]

进行监督检查：

（一）进入生产经营场所实施现场检查；

（二）对生产经营的食品、食品添加剂、食品相关产品进行抽样检验；

（三）查阅、复制有关合同、票据、账簿以及其他有关资料；

（四）查封、扣押有证据证明不符合食品安全标准或者有证据证明存在安全隐患以及用于违法生产经营的食品、食品添加剂、食品相关产品；

（五）查封违法从事生产经营活动的场所。

●条文解读

本条是对原法第 77 条的修改。依据部门监管职责的调整，原法第 1 款规定的监管主体有所变化，并增加『对生产经营者遵守本法的情况进行监督检查』的规定。此外，依据新法确立的食用农产品分段监管职责，删除了原法第 77 条第 2 款的规定。

一、关于食品安全监督检查措施

本条第 1 款规定了县级以上人民政府食品药品监督管理、质量监督部门履行各自食品安全监督管理职责，对生产经营者遵守本法的情况进行监督检查时可以采取的监督检查措施。从功能和性质上划分，本条中的『监督检查措施』可以分为行政检查措施和行政强制措施。本条规定的 5 项监督检查措施中，『进入生产经营场所实施现场检查』『对生产经营的食品、食品添加剂、食品相关产品进行抽样检验』和『查阅、复制有关合同、票据、账簿以及其他有关资料』属于行政检查措施；『查封、扣押有证据证明不符合食品安全标准或者有证据证明存在安全隐患以及用于违法生产经营的食品、食品添加剂、食品相关产品』和『查封违法从事生产经营活动的场所』属于行政强制措施。

依据本条规定，有权采取食品安全监督检查措施的主体是县级以上食品药品监督管理、质量监督部门。县级以上食品药品监督管理、质量监督部门，虽然都有权采取本条规定的监督管理措施，但各自履行监督管理职责的对象却是不同的，其中食品药品监督管理部门依法对食品、食品添加剂生产经营活动（包括进入市场流通的食用农产品）实施监督管理，质量监督部门依法对食品相关产品实施监督管理。

二、具体监督检查措施

为保证食品安全监督管理的效果，本法规定县级以上食品药品监督管理、质量监督部门，在履行各自食品安全监督管理职责时，有权采取下列措施对生产经营者遵守本法的情况进行监督检查：

（一）现场检查

县级以上食品药品监督管理、质量监督部门有权进入生产经营场所实施现场检查，对生产经营者是否按照本法要求进行生产经营活动，如是否具有相应的生产经营设备设施，是否生产经营法律法规禁止生产经营的食品、食品添加剂、食品相关产品，以及食品原料、食品添加剂的使用情况等进行检查。进入食品生产 经营场所进行现场检查，是对生产经营过程进行监督检查，有利于食品安全问题的早预防、早发现、早整治、早解决，防止发生食品安全事故。实践中有些企业以各种理由拒绝食品安全监督管理部门进入现场进行检查，甚至暴力抗法事件也时有发生。因此，法律明确规定县级以上食品药品监督管理、质量监督部门有权进入生产经营现场进行检查，被检查单位不得拒绝、阻挠。否则，可以依照治安管理处罚法的有关规定给予治安管理处罚；构成犯罪的，可以依照刑法的有关规定追究刑事责任。但另一方面，食品安全监督管理部门进入生产经营场所，也应当遵循一定的程序，避免影响生产经营者合法、正常的生产经营活动。

（二）抽样检验

县级以上食品药品监督管理、质量监督部门有权对生产经营的食品、食品添加剂、食品相关产品进行抽样检验。抽样检验是指借助数理统计和概率论的基本原理，从成批的食品、食品添加剂、食品相关产品中随机抽取部分样本进行检验，根据对样本的检验结果，判断食品、食品添加剂、食品相关产品是否合格的方法。从实际来看，由于食品安全监管部门人力、物力和财力的限制以及食品安全监管范围的广泛性，抽样检验是提高行政效率，对食品安全进行监督检查的一种科学方法和主要方式。食品安全监管部门进行抽样检验时必须遵循本法对抽样检验作出的明确规定，例如第 87 条规定的『进行抽样检验，应当购买抽取的样品，委托符合本法规定的食品检验机构进行检验，并支付相关费用；不得向食品生产经营者收取检验费和其他费用。』

（三）查阅、复制有关资料

县级以上食品药品监督管理、质量监督部门进行食品安全监督管理，有权查阅、复制与食品安全有关的合同、票据、账簿以及其他有关资料。『查阅、复制有关合同、票据、账簿以及其他有关资料』，主要是指查阅、复制与食品安全有关的资料，如食品生产经营者的生产、销售或者餐饮服务许可证，食品生产经营人员的健康证明，食品生产企业的进货查验记录、出厂检验记录等。查阅、复制有关资料，是保证县级以上食品药品监督管理、质量监督部门依法履行食品安全监督检查职责，查清违法事实，获取书证的重要手段，被检查的单位或者个人必须如实提供，不得拒绝、转移、销毁有关文件和资料，不得提供虚假的文件和资料。同时，执行该项措施的食品安全监督管理部门，不得滥用该项权力，查阅、复制与食品安全监督检查无关的信息，并且应当依法对因此获知的信息进行保密，非因法定原因，不得泄露。

（四）查封、扣押有关物品

县级以上食品药品监督管理、质量监督部门进行食品安全监督管理，有权查封、扣押有证据证明不符合食品安全标准或者有证据证明存在安全隐患以及用于违法生产经营的食品、食品添加剂、食品相关产品。『查封』是指食品安全监督管理部门以张贴封条或其他必要措施，将有证据证明不符合食品安全标准或者有证据证明存在安全隐患以及用于违法生产经营的食品、食品添加剂、食品相关产品封存起来，未经查封部门许可，任何单位和个人不得启封、动用。『扣押』是指食品安全监督管理部门将上述物品等运到另外的场所予以扣留。查封、扣押有关物品是比较严厉的行政强制措施，县级以上食品药品监督管理、质量监督部门在进行查封、扣押时应当符合法定条件，遵循法定程序，妥善行使行政强制权。

（五）查封违法从事生产经营活动的场所

县级以上食品药品监督管理、质量监督部门进行食品安全监督检查时，有权对违法从事食品生产经营活动的场所进行查封。规定此项强制措施的目的，一是可以方便调查取证，为进一步处罚和遏制违法生产经营不安全食品行为保留现场证据；二是可以在责令停产停业、吊销许可证等正式行政处罚作出之前防止违法生产经营行为继续进行。

(ᠨᠢᠭᠡ) ᠵᠠᠰᠠᠭ ᠵᠠᠬᠢᠷᠭᠠᠨ ᠤ ᠪᠠᠢᠭᠤᠯᠤᠯᠭ᠎ᠠ ᠳᠤ ᠬᠠᠷᠢᠭᠤ ᠶᠢ ᠨᠢ ᠲᠣᠳᠣᠷᠬᠠᠢ ᠪᠣᠯᠭᠠᠨ ᠮᠡᠳᠡᠭᠳᠡᠭᠦᠯᠦᠨ᠎ᠡ ::

(ᠬᠣᠶᠠᠷ) ᠵᠠᠰᠠᠭ ᠵᠠᠬᠢᠷᠭᠠᠨ ᠤ ᠪᠠᠢᠭᠤᠯᠤᠯᠭ᠎ᠠ ᠪᠠᠢᠭᠤᠯᠬᠤ᠂ ᠪᠠᠢᠭᠤᠯᠤᠯᠭ᠎ᠠ ᠶᠢᠨ ᠪᠠᠢᠳᠠᠯ ᠢ᠂ ᠪᠠᠢᠭᠤᠯᠤᠯᠭ᠎ᠠ ᠳᠤ ᠰᠠᠢᠵᠢᠷᠠᠭᠤᠯᠬᠤ ᠰᠠᠨᠠᠯ ᠲᠠᠢ ᠪᠠᠢᠭᠤᠯᠤᠯᠭ᠎ᠠ ᠳᠤ ᠬᠠᠷᠢᠭᠤ ᠶᠢ ᠨᠢ
ᠪᠠᠢᠭᠤᠯᠤᠯᠲᠠ ᠦᠭᠡ ::

(ᠭᠤᠷᠪᠠ) ᠰᠠᠨᠠᠯ ᠬᠦᠰᠡᠯᠲᠡ᠂ ᠪᠠᠢᠳᠠᠯ᠂ ᠵᠠᠰᠠᠭ ᠵᠠᠬᠢᠷᠭᠠᠨ ᠲᠠᠢ ᠪᠣᠯᠤᠨ ᠵᠠᠰᠠᠭᠯᠠᠬᠤ ᠶᠢ ᠨᠢ ᠪᠠᠢᠭᠤᠯᠤᠯᠲᠠ ᠶᠢᠨ
ᠰᠠᠢᠵᠢᠷᠠᠭᠤᠯᠤᠯᠲᠠ ᠶᠤᠮ ::

(ᠳᠥᠷᠪᠡ) ᠵᠠᠰᠠᠭ ᠪᠠᠢᠳᠠᠯ ᠢᠶᠠᠷ ᠵᠠᠰᠠᠭᠯᠠᠭᠰᠠᠨ ᠪᠠᠢᠭᠤᠯᠤᠯᠭ᠎ᠠ ᠶᠢᠨ ᠬᠦᠰᠡᠯᠲᠡ ᠶᠢᠨ ᠪᠠᠢᠭᠤᠯᠤᠯᠲᠠ ᠳᠤ ᠲᠣᠭᠲᠠᠭᠠᠭᠰᠠᠨ ᠪᠣᠯ ᠵᠠᠰᠠᠭ ᠪᠠᠢᠳᠠᠯ ᠢᠶᠠᠷ
ᠵᠠᠰᠠᠭᠯᠠᠬᠤ ᠰᠠᠨᠠᠯ ᠬᠦᠰᠡᠯᠲᠡ ᠶᠢᠨ ᠪᠠᠢᠳᠠᠯ ᠢᠶᠠᠷ ᠪᠠᠢᠭᠤᠯᠤᠯᠲᠠ ᠶᠢᠨ ᠵᠠᠰᠠᠭᠯᠠᠬᠤ ᠬᠠᠷᠢᠭᠤ ᠲᠠᠢ ᠵᠠᠰᠠᠭ ᠬᠠᠷᠢᠭᠤ ᠶᠢᠨ ᠪᠠᠢᠭᠤᠯᠤᠯᠭ᠎ᠠ ᠶᠢ ᠨᠢ
ᠪᠠᠢᠭᠤᠯᠤᠯᠲᠠ᠂ ᠪᠠᠢᠭᠤᠯᠤᠭᠰᠠᠨ ᠶᠤᠮ ::

(ᠲᠠᠪᠤ) ᠬᠠᠤᠯᠢ ᠲᠠᠢ ᠵᠠᠰᠠᠭᠯᠠᠬᠤ ᠪᠠᠢᠭᠤᠯᠤᠯᠭ᠎ᠠ ᠶᠢᠨ ᠵᠠᠰᠠᠭᠯᠠᠯᠲᠠ ᠬᠠᠷᠢᠭᠤᠴᠠᠬᠤ ᠰᠠᠨᠠᠯ ᠢ ᠨᠢ ᠪᠠᠢᠭᠤᠯᠤᠭᠰᠠᠨ ::

[ᠵᠢᠱᠢᠶ᠎ᠡ]

ᠰᠠᠨᠠᠯ ᠬᠦᠰᠡᠯᠲᠡ ᠪᠠ ᠬᠠᠤᠯᠢ ᠶᠢᠨ 77 ᠳᠤᠭᠠᠷ ᠵᠦᠢᠯ ᠦᠨ ᠵᠠᠰᠠᠭᠯᠠᠬᠤ ᠲᠣᠭᠲᠠᠭᠠᠯ :: ᠬᠠᠤᠯᠢ ᠶᠢᠨ ᠪᠠᠢᠳᠠᠯ ᠢᠶᠠᠷ ᠪᠠᠢᠭᠤᠯᠤᠯᠲᠠ ᠶᠢᠨ ᠰᠠᠨᠠᠯ
ᠪᠠᠢᠭᠤᠯᠤᠯᠲᠠ ᠶᠢᠨ ᠪᠠᠢᠳᠠᠯ ᠢᠶᠠᠷ ᠵᠠᠰᠠᠭᠯᠠᠬᠤ ᠶᠢᠨ ᠪᠠᠢᠭᠤᠯᠤᠯᠲᠠ᠂ ᠬᠠᠤᠯᠢ ᠶᠢᠨ 1 ᠳᠤᠭᠠᠷ ᠵᠣᠷᠢᠯᠲᠠ ᠶᠢᠨ ᠪᠠᠢᠳᠠᠯ ᠰᠠᠨᠠᠯ ᠬᠦᠰᠡᠯᠲᠡ ᠶᠢᠨ ᠬᠠᠷᠢᠭᠤ ᠪᠠᠢᠭᠤᠯᠤᠯᠲᠠ ᠳᠤ
ᠪᠠᠢᠭᠤᠯᠤᠯᠭ᠎ᠠ ᠶᠢᠨ ᠪᠠᠢᠳᠠᠯ᠂ ᠪᠠᠢᠭᠤᠯᠤᠯᠲᠠ《ᠬᠠᠤᠯᠢ ᠶᠢᠨ ᠪᠠᠢᠭᠤᠯᠤᠯᠲᠠ ᠶᠢᠨ ᠵᠠᠰᠠᠭᠯᠠᠬᠤ ᠶᠢᠨ ᠪᠠᠢᠳᠠᠯ ᠬᠠᠤᠯᠢ ᠶᠢᠨ ᠪᠠᠢᠭᠤᠯᠤᠯᠲᠠ ᠪᠠᠢᠳᠠᠯ ᠪᠠᠢᠭᠤᠯᠤᠯᠲᠠ ᠳᠤ ᠰᠠᠨᠠᠯ ᠪᠠᠢᠳᠠᠯ
ᠪᠠᠢᠭᠤᠯᠤᠯᠲᠠ》ᠭᠡᠵᠦ ᠲᠣᠭᠲᠠᠭᠠᠭᠰᠠᠨ ᠶᠤᠮ :: ᠡᠨᠡ ᠨᠢ ᠬᠠᠤᠯᠢ᠂ ᠮᠥᠨ ᠬᠠᠤᠯᠢ ᠪᠠᠷ ᠲᠣᠭᠲᠠᠭᠠᠭᠰᠠᠨ ᠪᠠᠢᠳᠠᠯ ᠪᠠᠢᠭᠤᠯᠤᠯᠲᠠ ᠶᠢᠨ ᠪᠠᠢᠭᠤᠯᠤᠯᠲᠠ ᠳᠤ
ᠪᠠᠢᠭᠤᠯᠤᠯᠲᠠ ᠶᠢᠨ ᠬᠠᠮᠲᠤ ᠠᠵᠢᠯᠯᠠᠬᠤ ᠠᠷᠭ᠎ᠠ ᠬᠡᠮᠵᠢᠶ᠎ᠡ ᠪᠠᠢᠳᠠᠯ ᠪᠣᠯᠤᠨ᠎ᠠ᠂ ᠡᠨᠡ ᠬᠠᠤᠯᠢ ᠶᠢᠨ 77 ᠳᠤᠭᠠᠷ ᠵᠦᠢᠯ ᠦᠨ 2 ᠳᠤᠭᠠᠷ

[illegible]

[illegible]

[illegible]

安全隐患，需要制定、修订食品安全标准的，在制定、修订食品安全标准前，国务院卫生行

第一百一十一条【临时限量值和临时检验方法】对食品安全风险评估结果证明食品存在

政部门应当及时会同国务院有关部门规定食品中有害物质的临时限量值和临时检验方法，作为生产经营和监督管理的依据。

●条文解读

本条是新增加的规定。主要是基于发生食品安全事故等紧急状况下生产经营和稽查执法的需要，要求卫生行政部门及时会同有关部门规定有害物质的临时限量值和临时检验方法，作为生产经营和监督管理的依据。

三聚氰胺、塑化剂等事件说明，对于随时可能爆发的未知风险，在缺乏食品安全标准或者卫生行政部门不能及时修订食品安全标准时，食品生产经营者和食品安全监管部门仍然需要有食品中有害物质的临时限量值和临时检验方法，作为生产经营和监督管理的依据。本条规定的主要意义在于要求国务院卫生行政部门应当及时会同国务院食品药品监督管理、农业行政等有关部门，规定食品中有害物质的临时限量值和临时检验方法，在未知风险爆发的紧急情况下为生产经营和监督管理提供临时性的依据。

关于临时限量值和临时检验方法，需要注意两个问题：一是必要性。食品安全风险评估结果证明存在食品安全隐患，需要制定、修订食品安全标准，但标准的制定和修订需要较长时间，因而确有必要及时规定临时限量值和临时检验方法。二是临时性。食品中有害物质的临时限量值和临时检验方法作为生产经营和监督管理的依据，因其应急性特点往往会有不够科订食品安全标准，以取代临时限量值和临时检验方法。

学的缺陷，因而其性质或效力应当是临时性的，事后应当尽快经过科学评估和论证制定、修

ᠣᠷᠣᠨ ᠨᠤᠲᠤᠭ ᠤᠨ ᠵᠠᠰᠠᠭ ᠤᠨ ᠳᠦᠷᠢᠮ ᠣᠷᠣᠨ ᠨᠤᠲᠤᠭ ᠤᠨ ᠵᠠᠬᠢᠷᠭᠠᠨ ᠪᠠᠶᠢᠭᠤᠯᠤᠯᠭ᠎ᠠ ᠶᠢᠨ ᠡᠷᠬᠡ ᠮᠡᠳᠡᠯ ᠦᠨ ᠬᠦᠷᠢᠶᠡᠨ ᠳᠦ ᠬᠠᠮᠢᠶᠠᠷᠠᠬᠤ ᠠᠵᠢᠯ ᠬᠡᠷᠡᠭ ᠢ ᠵᠣᠬᠢᠴᠠᠭᠤᠯᠬᠤ ᠶᠠᠪᠤᠳᠠᠯ ::

现为：使用较少的试剂，简化实验准备过程；使用高效快速的样品处理方式，样品经简单处理的是缩短检测时间，以及在样品制备、实验准备、操作过程和自动化上采用简化的方法。表在短时间内制备样品并出具食品安全初步筛查结果的检测手段。所谓快速检测方法，首要目

食品安全快速检测方法是一个约定俗成的概念，意指具有快速、简便、灵敏等特点，能够

一、关于食品安全快速检测方法

检测的法律效力。

本条是新增加的规定。主要目的是适应我国食品安全监管需要，规范快速检测，明确快速

●条文解读

进行检验。抽查检测结果确定有关食品不符合食品安全标准的，可以作为行政处罚的依据。

对抽查检测结果表明可能不符合食品安全标准的食品，应当依照本法第八十七条的规定

管理工作中可以采用国家规定的快速检测方法对食品进行抽查检测。

第一百一十二条【快速检测】县级以上人民政府食品药品监督管理部门在食品安全监督

ᠰᠢᠶᠠᠨ ᠡᠴᠡ ᠳᠡᠭᠡᠭᠰᠢ ᠠᠷᠠᠳ ᠤᠨ ᠵᠠᠰᠠᠭ ᠤᠨ ᠭᠠᠵᠠᠷ ᠤᠨ ᠬᠦᠨᠡᠰᠦ ᠡᠮ ᠦᠨ ᠬᠢᠨᠠᠨ ᠬᠠᠮᠢᠶᠠᠷᠬᠤ ᠬᠡᠯᠲᠡᠰ ᠨᠢ ᠬᠦᠨᠡᠰᠦ ᠶᠢᠨ ᠠᠮᠤᠷ ᠲᠦᠪᠰᠢᠨ ᠤ ᠬᠢᠨᠠᠨ ᠬᠠᠮᠢᠶᠠᠷᠬᠤ ᠠᠵᠢᠯ ᠳᠤᠮᠳᠠ᠂ ᠤᠯᠤᠰ ᠤᠨ ᠲᠣᠭᠲᠠᠭᠠᠭᠰᠠᠨ ᠲᠦᠷᠭᠡᠨ ᠰᠢᠯᠭᠠᠨ ᠬᠡᠮᠵᠢᠬᠦ ᠠᠷᠭ᠎ᠠ ᠪᠠᠷ ᠬᠦᠨᠡᠰᠦ ᠶᠢ ᠰᠣᠩᠭᠣᠨ ᠰᠢᠯᠭᠠᠨ ᠬᠡᠮᠵᠢᠵᠦ ᠪᠣᠯᠤᠨ᠎ᠠ ::

理后即可测试；使用简单、快速和准确的分析方法，能对处理好的样品在很短时间内测试出结果。从广义上讲，能将原有检测时间缩短的都可以称为快速检测方法，但从严格意义上讲，快速检测方法与常规方法相比，应具有明显的简洁性、经济性与便携性。当前比较常用的食品安全快速检测方法主要有快速检验纸片法、免疫学技术、分子生物学检测方法等。

需要注意的是，本条规定的食品安全『快速检测方法』必须是国家规定的快速检测方法，以保障食品安全监督执法中快速检测工作的科学与公正。例如，依据 2011 年 6 月 30 日国家食品药品监督管理局印发的《餐饮服务食品安全快速检测方法认定管理办法》，认定餐饮服务食品安全快速检测方法应当遵循一定程序，采取审评专家主审负责制进行技术审评，坚持科学严谨、公开透明和公正高效的原则。

二、食品安全快速检测方法的法律效力

快速检测方法得出的抽查检测结果虽然能够简单快捷地得出是否符合食品安全标准的结论，但并不能保证百分百的科学、准确。采用快速检测方法进行抽检有两种可能性，一是结果确定的，应当可以作为行政处罚的依据；二是结果不够确定的，出于风险预防原则可以暂时采取扣押等行政强制措施，但不能作为行政处罚的依据。随着快速检测技术和方法的发展，快速检测方法得出的抽查检测结果越来越准确，尤其是在定性方面能够得出确定结果的，如果不承认其法律效力就会造成检验检测资源的浪费和执法效率的降低。因此本法规定，对抽查检测结果表明可能不符合食品安全标准的食品，因为结果不够确定不能作为行政处罚的依据，应当依照本法第87条的规定进行检验。对于抽查检测结果确定有关食品不符合食品安全标准的，可以作为行政处罚的依据。被抽查当事人对抽查检测结果如有异议，应当视为『对依照本法规定实施的检验结论有异议』，依照本法第88条的规定申请复检。对于快速检测方法得出的检测结果能够确定不符合食品安全标准的，直接申请复检，减少了一个检验环节，有利于节约执法成本。需要注意，一般情况下，食品生产经营者应当自收到检验结论之日起7个工作日内向实施抽样检验的食品药品监督管理部门或者其上一级食品药品监督管理部门提出复检申请。但是对于食用农产品，考虑食用农产品许多属于鲜活易腐产品，存在运输保管难、储存难的问题，对食用农产品的快速抽查检测结果有异议的，可以自收到检测结果时起4小时内申请复检。

ᠠᠷᠭ᠎ᠠ ᠶᠢᠨ ᠪᠠᠶᠢᠴᠠᠭᠠᠨ ᠮᠥᠷᠳᠡᠨ ᠪᠠᠶᠢᠴᠠᠭᠠᠬᠤ ᠪᠠᠷᠢᠴᠠᠭᠠᠯᠠᠬᠤ ᠶᠢ ᠵᠥᠪᠰᠢᠶᠡᠷᠡᠬᠦ ᠡᠰᠡᠬᠦ ᠶᠢ ᠰᠢᠢᠳᠪᠦᠷᠢᠯᠡᠨ᠎ᠡ᠃ 《ᠪᠠᠷᠢᠴᠠᠭᠠᠯᠠᠬᠤ ᠶᠢ ᠵᠥᠪᠰᠢᠶᠡᠷᠡᠭᠰᠡᠨ》 ᠪᠣᠯᠪᠠᠰᠤ ᠂ ᠪᠠᠷᠢᠴᠠᠭᠠᠯᠠᠬᠤ ᠶᠢ ᠳᠠᠷᠤᠢ ᠬᠡᠷᠡᠭᠵᠢᠭᠦᠯᠬᠦ ᠶᠣᠰᠤᠲᠠᠢ᠃ 《ᠪᠠᠷᠢᠴᠠᠭᠠᠯᠠᠬᠤ ᠶᠢ ᠵᠥᠪᠰᠢᠶᠡᠷᠡᠬᠦ ᠦᠭᠡᠢ》 ᠪᠣᠯᠪᠠᠰᠤ ᠂ ᠬᠣᠷᠢᠭᠳᠠᠭᠰᠠᠨ ᠬᠦᠮᠦᠨ ᠢ ᠳᠠᠷᠤᠢ ᠰᠤᠯᠠᠯᠠᠵᠤ ᠂ ᠰᠢᠢᠳᠪᠦᠷᠢ ᠶᠢ ᠮᠡᠳᠡᠭᠳᠡᠭᠰᠡᠨ ᠦ ᠳᠠᠷᠠᠭ᠎ᠠ ᠬᠠᠷᠢᠭᠤ ᠮᠡᠳᠡᠭᠳᠡᠯ ᠢ ᠶᠠᠯᠠᠳᠠᠨ ᠰᠢᠢᠳᠪᠦᠷᠢᠯᠡᠬᠦ ᠶᠣᠰᠤᠲᠠᠢ᠃

87 ᠳᠤᠭᠠᠷ ᠵᠦᠢᠯ ᠳᠦ ᠂ ᠠᠯᠪᠠᠨ ᠠᠰᠠᠶᠢᠳᠠᠯ ᠤᠨ ᠭᠠᠵᠠᠷ ᠭᠡᠮᠳᠡᠯ ᠰᠡᠵᠢᠭᠲᠡᠨ ᠢ ᠪᠠᠷᠢᠴᠠᠭᠠᠯᠠᠬᠤ ᠶᠢ ᠱᠠᠭᠠᠷᠳᠠᠬᠤ ᠳᠤ ᠂ ᠪᠠᠷᠢᠴᠠᠭᠠᠯᠠᠬᠤ ᠶᠢ ᠵᠥᠪᠰᠢᠶᠡᠷᠡᠬᠦ ᠶᠢ ᠭᠤᠶᠤᠬᠤ ᠪᠢᠴᠢᠭ ᠪᠢᠴᠢᠵᠦ ᠂ ᠬᠡᠷᠡᠭ ᠦᠨ ᠮᠠᠲᠧᠷᠢᠶᠠᠯ ᠂ ᠨᠣᠲᠠᠯᠭᠠ ᠶᠢ ᠬᠠᠮᠲᠤ ᠳᠠᠯᠳᠠ ᠳᠡᠰ ᠦᠨ ᠠᠷᠠᠳ ᠤᠨ ᠡᠷᠭᠦᠨ ᠮᠠᠭᠠᠳᠯᠠᠬᠤ ᠶᠠᠮᠤᠨ ᠳᠤ ᠬᠢᠨᠠᠨ ᠵᠥᠪᠰᠢᠶᠡᠷᠡᠬᠦᠯᠦᠨ ᠰᠢᠯᠵᠢᠭᠦᠯᠬᠦ ᠶᠣᠰᠤᠲᠠᠢ᠃ ᠬᠡᠷᠪᠡ ᠱᠠᠭᠠᠷᠳᠠᠯᠭ᠎ᠠ ᠲᠠᠢ ᠪᠣᠯ ᠂ ᠠᠷᠠᠳ ᠤᠨ ᠡᠷᠭᠦᠨ ᠮᠠᠭᠠᠳᠯᠠᠬᠤ ᠶᠠᠮᠤᠨ ᠠᠯᠪᠠᠨ ᠠᠰᠠᠶᠢᠳᠠᠯ ᠤᠨ ᠭᠠᠵᠠᠷ ᠤᠨ ᠬᠡᠷᠡᠭ ᠦᠨ ᠰᠤᠷᠪᠤᠯᠵᠢᠯᠠᠯᠳᠠ ᠶᠢᠨ ᠡᠷᠭᠡᠵᠢᠭᠦᠯᠭᠡ ᠳᠦ ᠣᠷᠣᠯᠴᠠᠭᠤᠯᠬᠤ ᠬᠦᠮᠦᠨ ᠢ ᠢᠯᠡᠭᠡᠵᠦ ᠪᠣᠯᠤᠨ᠎ᠠ᠃ ᠡᠨᠡ ᠨᠢ ᠪᠠᠷᠢᠴᠠᠭᠠᠯᠠᠬᠤ ᠶᠢ ᠵᠥᠪᠰᠢᠶᠡᠷᠡᠬᠦ ᠶᠢ ᠭᠤᠶᠤᠬᠤ ᠶᠠᠪᠤᠴᠠ ᠶᠢᠨ ᠲᠤᠬᠠᠢ ᠵᠢᠷᠤᠮᠯᠠᠯ ᠮᠥᠨ᠃

第一百一十三条【食品安全信用档案】县级以上人民政府食品药品监督管理部门应当建立食品生产经营者食品安全信用档案，记录许可颁发、日常监督检查结果、违法行为查处等情况，依法向社会公布并实时更新；对有不良信用记录的食品生产经营者增加监督检查频次，对违法行为情节严重的食品生产经营者，可以通报投资主管部门、证券监督管理机构和有关的金融机构。

●条文解读

本条是对原法第79条的修改，主要变化是规定由负责综合监管的食品药品监督管理部门建立食品生产经营者食品安全信用档案，并增加规定主管部门对违法行为情节严重的食品生产经营者，可以通报投资主管部门、证券监督管理机构和有关的金融机构。

一、食品安全信用档案的建立

根据本条的规定，食品生产经营者食品安全信用档案由原来县级以上质量监督、工商行政管理、食品药品监督管理部门分别建立，改为由负责食品安全综合监管的县级以上食品药品监督管理部门统一建立。监管体制调整以后为适应统一监管的需要，法律规定由县级以上食品药品监督管理部门统一建立食品安全信用档案，最为适合。因其职责所在，需要掌握食品生产经营者的食品安全信息，同时也因为工作之便，对于食品生产经营者的食品安全信息最为熟悉。

二、食品安全信用档案的内容

食品安全信用档案的内容主要包括记录对食品生产经营者的许可颁发、日常监督检查结果、违法行为查处等情况，本法第35条规定，国家对食品生产经营实行许可制度。除销售食用农产品以外，从事食品生产、食品销售、餐饮服务的，应当依法取得许可。食品生产经营者的许可颁发情况，是食品安全信用档案的基本内容，表明该生产经营者是否取得、何时取得食品生产经营的资格。县级以上食品药品监督管理部门按照综合管理职责，对食品生产经营者进行监督检查，并对监督检查情况和处理结果，以及对违法行为的查处情况进行记录归档，日常监督检查结果、违法行为查处等情况也是食品安全信用档案的主要内容。食品安全信用档案的内容，还可以包括认证机构的认证情况、消费者的投诉情况等有关食品生产经营者的食品安全信用信息。

三、食品安全信用档案的管理

食品安全信用档案是食品安全信用制度的基础，食品安全监督管理部门在建立食品安全信用档案的基础上，还要建立相应的征信制度、评价制度、披露制度、服务制度、奖惩制度等，确保整个食品安全信用制度有序运转，发挥食品安全信用档案对食品安全工作的规范、引导、督促功能。因此，新法增加了『向社会公开』食品安全信用档案的规定，旨在借助新闻媒体的舆论宣传和消费者等的社会监督，发挥食品安全信用档案对于食品生产经营者威慑和激励的双重作用。

县级以上食品药品监督管理部门建立食品安全信用档案制度，就是要在各领域根据信用等级状况，对食品生产经营者实行分类监管。对有不良信用记录的食品生产经营者要加强监管，增加监督检查的频次，对长期信用良好的，给予宣传、支持和表彰；对严重违反食品安全管理制度，制假售假等严重失信的，可采用信用提示、警示、公示等方式进行惩戒；涉嫌犯罪的，要依法移送公安机关，追究其刑事责任。

县级以上食品药品监督管理部门建立食品安全信用档案，还要注意统筹协调，与其他监管部门实现信用资源共享，为公众营造良好的食品安全信用环境。为加强对违法食品生产经营行为的威慑和惩处力度，对违法行为情节严重的食品生产经营者，县级以上食品药品监督管理部门可以通报投资主管部门、证券监督管理机构和有关的金融机构，可以通过这些部门或者机构直接影响食品生产者的信用评级和资金管理。

[ᠲᠠᠶᠢᠯᠪᠤᠷᠢ]

ᠡᠨᠡ ᠵᠦᠢᠯ ᠪᠣᠯ ᠤᠤᠯ ᠬᠠᠤᠯᠢ ᠶᠢᠨ 79 ᠳᠦᠭᠡᠷ ᠵᠦᠢᠯ ᠳᠦ ᠵᠠᠰᠠᠪᠤᠷᠢ ᠣᠷᠣᠭᠤᠯᠤᠭᠰᠠᠨ ᠪᠣᠯᠤᠨ᠎ᠠ ᠂ ᠭᠣᠣᠯ ᠵᠠᠰᠠᠪᠤᠷᠢ ᠣᠷᠣᠭᠤᠯᠤᠭᠰᠠᠨ ᠨᠢ ᠬᠦᠨᠰᠦᠨ ᠦ ᠠᠶᠤᠯᠭᠦᠢ ᠪᠠᠶᠢᠳᠠᠯ ᠤᠨ ᠬᠠᠷᠢᠭᠤᠴᠠᠯᠭ᠎ᠠ ᠶᠢᠨ ᠲᠣᠭᠲᠠᠭᠠᠯ ᠢ ᠪᠦᠷᠢᠳᠬᠡᠬᠦ ᠪᠣᠯᠤᠨ᠎ᠠ ᠂ ᠬᠦᠨᠰᠦᠨ ᠦ ᠠᠶᠤᠯᠭᠦᠢ ᠪᠠᠶᠢᠳᠠᠯ ᠤᠨ ᠬᠠᠷᠢᠭᠤᠴᠠᠯᠭ᠎ᠠ ᠶᠢᠨ ᠠᠵᠢᠯ ᠢ ᠰᠠᠶᠢᠵᠢᠷᠠᠭᠤᠯᠬᠤ ᠶᠢᠨ ᠲᠥᠯᠥᠭᠡ ᠬᠦᠨᠰᠦᠨ ᠦ ᠠᠶᠤᠯᠭᠦᠢ ᠪᠠᠶᠢᠳᠠᠯ ᠤᠨ ᠬᠠᠷᠢᠭᠤᠴᠠᠯᠭ᠎ᠠ ᠶᠢᠨ ᠲᠣᠭᠲᠠᠭᠠᠯ ᠢ ᠪᠠᠷᠢᠮᠲᠠᠯᠠᠬᠤ ᠬᠡᠷᠡᠭᠲᠡᠢ ᠪᠣᠯᠤᠨ᠎ᠠ ᠄

ᠬᠡᠷᠡᠭ ᠂ ᠬᠦᠨᠰᠦᠨ ᠦ ᠠᠶᠤᠯᠭᠦᠢ ᠪᠠᠶᠢᠳᠠᠯ ᠤᠨ ᠬᠠᠷᠢᠭᠤᠴᠠᠯᠭ᠎ᠠ ᠶᠢᠨ ᠲᠣᠭᠲᠠᠭᠠᠯ ᠢ ᠪᠦᠷᠢᠳᠬᠡᠬᠦ

ᠬᠦᠨᠰᠦᠨ ᠦ ᠠᠶᠤᠯᠭᠦᠢ ᠪᠠᠶᠢᠳᠠᠯ ᠤᠨ ᠬᠠᠷᠢᠭᠤᠴᠠᠯᠭ᠎ᠠ ᠶᠢᠨ ᠲᠣᠭᠲᠠᠭᠠᠯ ᠢ ᠪᠦᠷᠢᠳᠬᠡᠬᠦ ᠪᠣᠯ ᠬᠦᠨᠰᠦᠨ ᠦ ᠠᠶᠤᠯᠭᠦᠢ ᠪᠠᠶᠢᠳᠠᠯ ᠤᠨ ᠬᠠᠷᠢᠭᠤᠴᠠᠯᠭ᠎ᠠ ᠶᠢᠨ ᠠᠵᠢᠯ ᠤᠨ ᠰᠠᠭᠤᠷᠢ ᠪᠣᠯᠤᠨ᠎ᠠ ᠂ ᠬᠦᠨᠰᠦᠨ ᠦ ᠠᠶᠤᠯᠭᠦᠢ ᠪᠠᠶᠢᠳᠠᠯ ᠤᠨ ᠬᠠᠷᠢᠭᠤᠴᠠᠯᠭ᠎ᠠ ᠶᠢᠨ ᠬᠡᠷᠡᠭ ᠢ ᠰᠠᠶᠢᠵᠢᠷᠠᠭᠤᠯᠬᠤ ᠳᠤ ᠴᠢᠬᠤᠯᠠ ᠴᠢᠬᠤᠯᠠ ᠨᠥᠯᠥᠭᠡ ᠲᠡᠢ ᠪᠣᠯᠤᠨ᠎ᠠ ᠄ ᠬᠦᠨᠰᠦᠨ ᠦ ᠠᠶᠤᠯᠭᠦᠢ ᠪᠠᠶᠢᠳᠠᠯ ᠤᠨ ᠬᠠᠷᠢᠭᠤᠴᠠᠯᠭ᠎ᠠ ᠶᠢᠨ ᠲᠣᠭᠲᠠᠭᠠᠯ ᠢ ᠪᠦᠷᠢᠳᠬᠡᠬᠦ ᠳᠦ ᠬᠦᠨᠰᠦᠨ ᠦ ᠦᠢᠯᠡᠳᠪᠦᠷᠢ ᠠᠵᠢᠯᠯᠠᠭ᠎ᠠ ᠶᠢᠨ ᠪᠠᠶᠢᠭᠤᠯᠤᠯᠭ᠎ᠠ ᠶᠢᠨ ᠬᠠᠷᠢᠭᠤᠴᠠᠯᠭ᠎ᠠ ᠂ ᠬᠦᠨᠰᠦᠨ ᠦ ᠠᠶᠤᠯᠭᠦᠢ ᠪᠠᠶᠢᠳᠠᠯ ᠤᠨ ᠵᠢᠱᠢᠭ ᠬᠡᠮᠵᠢᠶ᠎ᠡ ᠶᠢᠨ ᠬᠠᠷᠢᠭᠤᠴᠠᠯᠭ᠎ᠠ ᠪᠣᠯᠤᠨ ᠬᠦᠨᠰᠦᠨ ᠦ ᠠᠶᠤᠯᠭᠦᠢ ᠪᠠᠶᠢᠳᠠᠯ ᠤᠨ ᠰᠢᠯᠭᠠᠨ ᠪᠠᠢᠴᠠᠭᠠᠯᠲᠠ ᠶᠢᠨ ᠬᠠᠷᠢᠭᠤᠴᠠᠯᠭ᠎ᠠ ᠵᠡᠷᠭᠡ ᠶᠢ ᠪᠠᠭᠲᠠᠭᠠᠬᠤ ᠬᠡᠷᠡᠭᠲᠡᠢ ᠪᠣᠯᠤᠨ᠎ᠠ ᠃

[illegible]
[illegible]
[illegible]
[illegible]
[illegible]
[illegible]
[illegible]
[illegible]
[illegible]
[illegible]
[illegible] 35 [illegible]
[illegible]
[illegible]
[illegible]
[illegible]
[illegible]

[illegible]

[illegible]

第一百一十四条【对食品生产经营者进行责任约谈】食品生产经营过程中存在食品安全

隐患，未及时采取措施消除的，县级以上人民政府食品药品监督管理部门可以对食品生产经营者的法定代表人或者主要负责人进行责任约谈。食品生产经营者应当立即采取措施，进行整改，消除隐患。责任约谈情况和整改情况应当纳入食品生产经营者食品安全信用档案。

●条文解读

本条是新增加的规定。对于食品安全领域新的行政执法方式——对食品生产经营者进行责任约谈，对约谈事由、约谈对象和约谈的效力等方面作出了有针对性的规定。

本条所说的『责任约谈』，是指依法享有监督管理职权的行政主体，发现其所监管的行政相对人出现了特定问题，为了防止发生违法行为，在事先约定的时间、地点与行政相对人进行沟通、协商，然后给予警示、告诫的一种非强制行政行为。责任约谈实现了行政监管方式由事后处罚打击型向事前监督指导型的转变。

依据本条的规定，对食品生产经营者进行责任约谈制度的实施，需要注意以下几个方面：

一是法定的约谈事由。经食品安全风险监测、风险评估，或者接到举报、投诉等，发现食品生产经营过程中存在安全隐患，未及时采取措施消除的，县级以上人民政府食品药品监督管理部门就可以对食品生产经营者进行责任约谈。责任约谈不是简单的谈话聊天，而是要给予警示或告诫，涉及食品生产经营者的责任承担问题，是对食品生产经营活动的干预，不符合法定事由动辄搞责任约谈。

二是法定的约谈对象。发现食品生产经营过程中存在安全隐患，未及时采取措施消除的，县级以上人民政府食品药品监督管理部门就可以对食品生产经营者进行责任约谈，约谈对象应当是食品生产经营者的法定代表人或者主要负责人。约谈法定代表人固然可以提高食品生产企业的重视程度，但有时候并不必要。对于企业的某些具体行为，其法定代表人也未必知情。因此法律规定约谈对象不限于法定代表人，出于监管实际工作需要，也可以约谈食品生产经营者的主要负责人。

三是责任约谈的效力或后果。有的意见认为，责任约谈就是一种类似行政指导的行政活动。但是法律规定，食品生产经营者应当在责任约谈后立即采取措施，进行整改，消除食品安全隐患。这种法律效力与传统行政指导的自愿性或者说非强制性有着本质的区别。而且，传统行政指导往往是针对不特定人群，通过奖励措施、导向性政策来进行宏观指导，属于『利益诱导』；而责任约谈是针对特定的行政相对人，目的就在于警示或告诫，有一定威慑性，属于『责任告诫』。如果不按照食品安全监管部门提出的意见采取措施进行整改，极有可能会招致后续调查、检查甚至处罚程序的启动。责任约谈的法律效力可以说是一种新型的带有责任告诫意味的行政指导行为。

责任约谈的一个必然法律后果，就是责任约谈情况和整改情况应当纳入食品生产经营者

[illegible]

[illegible]

[illegible]

[illegible]

食品安全信用档案。食品安全监督管理部门对有不良信用记录的食品生产经营者应当增加监督检查频次，对违法行为情节严重的食品生产经营者，可以通报投资主管部门、证券监督管理机构和有关的金融机构。

[illegible]

ᠬᠦᠨᠡᠰᠦᠨ ᠦ ᠠᠶᠤᠯᠭᠦᠢ ᠪᠠᠶᠢᠳᠠᠯ ᠢ ᠬᠢᠨᠠᠨ ᠬᠢᠳᠤᠯᠬᠤ · ᠬᠤᠤᠯᠠ ᠦᠢᠯᠡᠳᠪᠦᠷᠢ ᠶᠢᠨ ᠠᠵᠢ ᠠᠬᠤᠢ ᠶᠢᠨ ᠨᠢᠭᠡᠳᠦᠭᠡᠷ ᠳᠡᠭᠡᠷᠡ · ᠡᠷᠦᠯ ᠦᠨ ᠬᠠᠮᠠᠭᠠᠯᠠᠯ ᠤᠨ ᠬᠡᠯᠲᠡᠰ ᠦᠨ ᠬᠢᠨᠠᠨ ᠬᠢᠳᠤᠯᠬᠤ ᠠᠵᠢᠯ ᠢ ᠡᠷᠬᠢᠯᠡᠬᠦ ᠪᠠ ᠪᠦᠬᠦ ᠳᠠᠩ ᠤᠨ ᠬᠦᠨᠡᠰᠦ ᠶᠢᠨ ᠠᠶᠤᠯᠭᠦᠢ ᠶᠢᠨ ᠬᠢᠨᠠᠨ ᠬᠢᠳᠤᠯᠬᠤ ᠵᠠᠬᠢᠷᠬᠤ ᠭᠠᠵᠠᠷ ᠤᠨ ᠠᠵᠢᠯ ᠢ ᠬᠠᠷᠢᠭᠤᠴᠠᠨ ᠵᠢᠷᠤᠮᠵᠢᠭᠤᠯᠬᠤ · ᠬᠢᠨᠠᠨ ᠬᠢᠳᠤᠯᠬᠤ ᠭᠠᠵᠠᠷ ᠤᠨ ᠡᠷᠬᠡ ᠮᠡᠳᠡᠯ ᠢ ᠲᠣᠭᠲᠠᠭᠠᠬᠤ ᠪᠠ ᠬᠦᠨᠡᠰᠦ ᠶᠢᠨ ᠠᠶᠤᠯᠭᠦᠢ ᠶᠢᠨ ᠬᠢᠨᠠᠨ ᠬᠢᠳᠤᠯᠬᠤ ᠵᠠᠬᠢᠷᠬᠤ ᠭᠠᠵᠠᠷ ᠤᠨ ᠠᠵᠢᠯ ᠢ ᠬᠠᠷᠢᠭᠤᠴᠠᠨ ᠵᠢᠷᠤᠮᠵᠢᠭᠤᠯᠬᠤ ᠪᠠᠶᠢᠭᠤᠯᠤᠯᠭ᠎ᠠ ᠶᠢ ᠪᠠᠶᠢᠭᠤᠯᠬᠤ ᠶᠢ ᠲᠣᠭᠲᠠᠭᠠᠭᠰᠠᠨ ᠪᠠᠶᠢᠨ᠎ᠠ ᠃ ᠡᠨᠡ ᠬᠠᠤᠯᠢ ᠶᠢᠨ ᠳᠠᠭᠤ ᠵᠦᠢᠯ ᠳᠦ ᠬᠦᠨᠡᠰᠦ ᠶᠢᠨ ᠠᠶᠤᠯᠭᠦᠢ ᠶᠢᠨ ᠬᠢᠨᠠᠨ ᠬᠢᠳᠤᠯᠬᠤ ᠵᠠᠬᠢᠷᠬᠤ ᠭᠠᠵᠠᠷ ᠤᠨ ᠡᠷᠬᠡ ᠮᠡᠳᠡᠯ ᠢ ᠲᠣᠭᠲᠠᠭᠠᠭᠰᠠᠨ ᠪᠠᠶᠢᠨ᠎ᠠ ᠃ ᠬᠢᠨᠠᠨ ᠬᠢᠳᠤᠯᠬᠤ ᠵᠠᠬᠢᠷᠬᠤ ᠠᠵᠢᠯ ᠤᠨ ᠬᠠᠷᠢᠭᠤᠴᠠᠯᠭ᠎ᠠ ᠶᠢ ᠬᠡᠷᠡᠭᠵᠢᠭᠦᠯᠬᠦ ᠳᠦ ᠵᠢᠭᠠᠭᠰᠠᠨ ᠃

ᠬᠦᠨᠡᠰᠦᠨ ᠳᠦ · ᠬᠠᠷᠢᠭᠤᠴᠠᠯᠭ᠎ᠠ ᠶᠢᠨ ᠲᠣᠭᠲᠠᠭᠠᠯ ᠤᠨ ᠳᠠᠭᠠᠭᠤ ᠪᠠᠷ ᠠᠵᠢᠯ ᠢ ᠭᠦᠢᠴᠡᠳᠬᠡᠬᠦ ᠃ ᠡᠨᠡ ᠵᠦᠢᠯ ᠳᠦ ᠬᠠᠮᠢᠶᠠᠷᠤᠯᠬᠤ · ᠬᠦᠨᠡᠰᠦ ᠶᠢᠨ ᠠᠶᠤᠯᠭᠦᠢ ᠶᠢᠨ ᠬᠢᠨᠠᠨ ᠬᠢᠳᠤᠯᠬᠤ ᠵᠠᠬᠢᠷᠬᠤ ᠭᠠᠵᠠᠷ ᠤᠨ ᠪᠠ ᠪᠤᠰᠤᠳ ᠬᠠᠮᠢᠶᠠᠷᠤᠯᠲᠠ ᠲᠠᠢ ᠭᠠᠵᠠᠷ ᠤᠨ ᠬᠠᠷᠢᠭᠤᠴᠠᠯᠭ᠎ᠠ ᠶᠢ ᠲᠣᠭᠲᠠᠭᠠᠭᠰᠠᠨ ᠪᠠᠶᠢᠨ᠎ᠠ ᠃ ᠡᠨᠡ ᠬᠦ · ᠬᠦᠨᠡᠰᠦ ᠶᠢᠨ ᠠᠶᠤᠯᠭᠦᠢ ᠶᠢᠨ ᠠᠵᠢᠯ ᠢ ᠰᠠᠶᠢᠵᠢᠷᠠᠭᠤᠯᠬᠤ · ᠬᠦᠨᠡᠰᠦ ᠶᠢᠨ ᠠᠶᠤᠯᠭᠦᠢ ᠶᠢᠨ ᠬᠢᠨᠠᠨ ᠬᠢᠳᠤᠯᠬᠤ ᠵᠠᠬᠢᠷᠬᠤ ᠭᠠᠵᠠᠷ ᠤᠨ ᠬᠠᠷᠢᠭᠤᠴᠠᠯᠭ᠎ᠠ ᠶᠢ ᠲᠣᠳᠤᠷᠬᠠᠢᠯᠠᠬᠤ · ᠬᠠᠮᠢᠶᠠᠷᠤᠯᠲᠠ ᠲᠠᠢ ᠭᠠᠵᠠᠷ ᠤᠨ ᠬᠠᠷᠢᠭᠤᠴᠠᠯᠭ᠎ᠠ ᠶᠢ ᠲᠣᠳᠤᠷᠬᠠᠢᠯᠠᠬᠤ ᠶᠢᠨ ᠲᠥᠯᠥᠭᠡ 《ᠬᠦᠨᠡᠰᠦ ᠶᠢᠨ ᠠᠶᠤᠯᠭᠦᠢ ᠶᠢᠨ ᠬᠠᠤᠯᠢ》 ᠳᠤ

第一百一十五条【有奖举报】县级以上人民政府食品药品监督管理、质量监督等部门应当公布本部门的电子邮件地址或者电话，接受咨询、投诉、举报。接到咨询、投诉、举报，对属于本部门职责的，应当受理并在法定期限内及时答复、核实、处理；对不属于本部门职责的，应当移交有权处理的部门并书面通知咨询、投诉、举报人。有权处理的部门应当在法定期限内及时处理，不得推诿。对查证属实的举报，给予举报人奖励。

有关部门应当对举报人的信息予以保密，保护举报人的合法权益。举报人举报所在企业的，该企业不得以解除、变更劳动合同或者其他方式对举报人进行打击报复。

●条文解读

本条是对原法第80条的修改。在原法规定食品安全监督管理部门应当及时受理和处理咨询、投诉、举报的基础上，增加规定了有奖举报和保护举报人合法权益的内容。

任何组织或者个人有权举报食品安全违法行为，依法向有关部门了解食品安全信息，对食品安全监督管理工作提出意见和建议。同时，咨询、投诉、举报往往对监督管理部门获取食品安全信息，取得食品生产经营者违法行为的证据，有针对性地打击违法行为具有重要意义。因此，及时对咨询、投诉、举报进行处理是体现社会共治、加强食品安全监督管理的需要。

县级以上人民政府食品药品监督管理、质量监督等部门应当公布本部门的电子邮件地址或者电话，接受咨询、投诉、举报。接到咨询、投诉、举报，对属于本部门职责的，应当受理并在法定期限内及时答复、核实、处理；对不属于本部门职责的，应当移交有权处理的部门并书面通知咨询、投诉、举报人。有权处理的部门应当在法定期限内及时处理，不得推诿。关于『法定期限』并无统一的规定，应当依照相关法律、法规等的具体规定。例如，咨询内容属于政府信息公开的，应当依照政府信息公开条例第 24 条的规定，行政机关收到政府信息公开申请，能够当场答复的，应当当场予以答复。行政机关不能当场答复的，应当自收到申请之日起 15 个工作日内予以答复；如需延长答复期限的，应当经政府信息公开工作机构负责人同意，并告知申请人，延长答复的期限最长不得超过 15 个工作日。消费者向有关行政部门投诉的，有关部门应当依照消费者权益保护法第 46 条的规定，自收到投诉之日起 7 个工作日内，予以处理并告知消费者。

食品安全法修改过程中，立法机关对完善举报制度的程序设计、保护举报人合法权益进行了广泛深入的比较研究。为鼓励和保护内部举报，规定有关部门应当对举报人的信息予以保密，保护举报人的合法权益。举报人举报所在企业的，该企业不得以解除、变更劳动合同或者其他方式对举报人进行打击报复。无论以何种形式对举报人进行打击报复的，都应当依法承担法律责任，包括依照劳动合同法支付赔偿金的民事责任、依照治安管理处罚法给予行政处罚，以及司法程序中按照打击报复证人罪追究刑事责任等。

[illegible]

[illegible]

[illegible] 46 [illegible] 7 [illegible] 15 [illegible] 15 [illegible] 24 [illegible]

第一百一十六条【加强食品安全执法人员管理】县级以上人民政府食品药品监督管理、质量监督等部门应当加强对执法人员食品安全法律、法规、标准和专业知识与执法能力等的培训，并组织考核。不具备相应知识和能力的，不得从事食品安全执法工作。

食品生产经营者、食品行业协会、消费者协会等发现食品安全执法人员在执法过程中有违反法律、法规规定的行为以及不规范执法行为的，可以向本级或者上级人民政府食品药品监督管理、质量监督等部门或者监察机关投诉、举报。接到投诉、举报的部门或者机关应当进行核实，并将经核实的情况向食品安全执法人员所在部门通报；涉嫌违法违纪的，按照本法和有关规定处理。

●条文解读

本条是新增加的规定。为提高食品安全监管水平，从培训考核食品安全执法人员的执法能力和规范监督食品安全执法人员的执法行为的角度作了规定。

一、培训考核食品安全执法人员的专业知识与执法能力

县级以上人民政府食品药品监督管理、质量监督等部门应当加强对食品安全执法人员的执法能力建设，主要做好两个方面的工作。一是做好食品安全法律、法规、标准和专业知识与执法能力等的培训，这是由食品安全监管工作的复杂性和专业性决定的。二是加强对食品安全专业知识和执法能力等的组织考核，不具备相应知识和能力的，不得从事食品安全执法工作。

二、规范监督食品安全执法人员的执法行为

我国食品安全基层执法人员队伍素质良莠不齐，这也是第1款强调要加强食品安全执法人员专业知识和执法能力培训考核的重要用意。立法修改过程中，有的企业反映仍然存在一些食品安全执法人员『吃拿卡要』的现象，使得企业不堪其扰。为此，食品安全法修改过程中为了发挥好社会共治和社会监督的作用，专门强调食品生产经营者、食品行业协会、消费者协会等最容易发现食品安全执法人员违法违纪的单位或者个人，发现食品安全执法人员在执法过程中有违反法律、法规规定的行为以及不规范执法行为的，可以向本级或者上级人民政府食品药品监督管理、质量监督等部门或者监察机关投诉、举报。接到投诉、举报的部门或者机关应当进行核实，并将经核实的情况向食品安全执法人员所在部门通报。关于监察机

关处理投诉、举报，行政监察法第6条规定：『监察工作应当依靠群众。监察机关建立举报制度，公民、法人或者其他组织对于任何国家行政机关及其公务员和国家行政机关任命的其他人员的违反行政纪律行为，有权向监察机关提出控告或者检举。监察机关应当受理举报并依法调查处理；对实名举报的，应当将处理结果等情况予以回复。监察机关应当对举报事项、举报受理情况以及与举报人相关的信息予以保密，保护举报人的合法权益，具体办法由国务院规定。』

需要注意的是，新法的实施有赖于食品安全执法人员，也有赖于社会共治和群众监督。食品安全法修改过程中所宣传的『最严格』，不仅仅是对食品生产经营者课以最严格的法律责任，对于食品安全监管部门和食品安全执法人员也是要严格监督，涉嫌违法违纪的要严格依照本法和有关规定处理。尤其是在立法加重食品生产经营者的行政处罚之后，食品安全执法人员的自由裁量权加大，一方面要考验食品安全执法人员提高执法能力，规范执法的裁量基准等，一方面也要加强社会监督，避免食品安全执法人员滥用权力。

ᠪᠣᠯᠪᠠᠰᠤᠷᠠᠭᠤᠯᠤᠭᠰᠠᠨ ᠦᠨ ᠬᠠᠷᠢᠭᠤ

ᠵᠢᠨ᠎ᠡ ᠂ ᠬᠦᠨᠰᠦᠨ ᠦ ᠰᠢᠯᠭᠠᠨ ᠪᠠᠢᠴᠠᠭᠠᠯᠲᠠ ᠶᠢᠨ ᠪᠠᠢᠭᠤᠯᠤᠮᠵᠢ ᠶᠢᠨ ᠵᠢᠷᠤᠮ ᠳᠦ ᠨᠡᠢᠴᠡᠭᠦᠯᠦᠨ ᠪᠠᠢᠴᠠᠭᠠᠬᠤ ᠬᠠᠷᠢᠭᠤ ᠶᠢ ᠬᠡᠷᠡᠭᠵᠢᠭᠦᠯᠦᠨ ᠪᠠᠢᠴᠠᠭᠠᠯᠲᠠ ᠶᠢᠨ ᠦᠷ᠎ᠡ ᠳᠦᠨ ᠦ ᠪᠠᠢᠴᠠᠭᠠᠯᠲᠠ ᠶᠢᠨ ᠭᠠᠷᠴᠠᠭ ᠢ ᠪᠠᠢᠴᠠᠭᠠᠨ ᠬᠢᠨᠠᠬᠤ ᠶᠢᠨ ᠰᠢᠯᠭᠠᠨ ᠪᠠᠢᠴᠠᠭᠠᠬᠤ ᠨᠢᠭᠡ ᠪᠦᠷᠢ ᠦᠨ ᠬᠠᠷᠢᠭᠤᠴᠠᠨ᠎ᠠ ᠃

ᠪᠠᠢᠭᠤᠯᠤᠮᠵᠢ ᠶᠢᠨ ᠬᠠᠷᠢᠭᠤᠴᠠᠯᠭ᠎ᠠ ᠂ ᠬᠦᠨᠰᠦᠨ ᠦ ᠰᠢᠯᠭᠠᠨ ᠪᠠᠢᠴᠠᠭᠠᠯᠲᠠ ᠶᠢᠨ ᠪᠠᠢᠭᠤᠯᠤᠮᠵᠢ ᠶᠢᠨ ᠵᠢᠷᠤᠮ ᠳᠦ ᠪᠠᠢᠴᠠᠭᠠᠨ ᠬᠢᠨᠠᠬᠤ ᠬᠤᠳᠠᠯ ᠪᠣᠯ ᠬᠦᠨᠰᠦᠨ ᠦ ᠰᠢᠯᠭᠠᠨ ᠪᠠᠢᠴᠠᠭᠠᠯᠲᠠ ᠶᠢᠨ ᠪᠠᠢᠭᠤᠯᠤᠮᠵᠢ ᠶᠢᠨ ᠬᠠᠷᠢᠭᠤᠴᠠᠯᠭ᠎ᠠ ᠶᠢᠨ ᠬᠡᠮᠵᠢᠶ᠎ᠡ ᠪᠣᠯᠤᠨ᠎ᠠ ᠃

[ᠲᠠᠢᠯᠪᠤᠷᠢ]

ᠲᠤᠰ ᠵᠦᠢᠯ ᠪᠣᠯ ᠬᠦᠨᠰᠦᠨ ᠦ ᠰᠢᠯᠭᠠᠨ ᠪᠠᠢᠴᠠᠭᠠᠯᠲᠠ ᠶᠢᠨ ᠪᠠᠢᠭᠤᠯᠤᠮᠵᠢ ᠶᠢᠨ ᠬᠠᠷᠢᠭᠤᠴᠠᠯᠭ᠎ᠠ ᠶᠢ ᠲᠣᠭᠲᠠᠭᠠᠭᠰᠠᠨ ᠵᠦᠢᠯ ᠪᠣᠯᠤᠨ᠎ᠠ ᠃

督管理等部门未及时发现食品安全系统性风险，未及时消除监督管理区域内的食品安全隐患

第一百一十七条【对食品安全监管部门等进行责任约谈】县级以上人民政府食品药品监

的，本级人民政府可以对其主要负责人进行责任约谈。

地方人民政府未履行食品安全职责，未及时消除区域性重大食品安全隐患的，上级人民政府可以对其主要负责人进行责任约谈。

被约谈的食品药品监督管理等部门、地方人民政府应当立即采取措施，对食品安全监督管理工作进行整改。

责任约谈情况和整改情况应当纳入地方人民政府和有关部门食品安全监督管理工作评议、考核记录。

●条文解读

本条是新增加的规定。虽然也是关于责任约谈的规定，但是与第 114 条规定的对生产经营者的责任约谈在性质上有很大差异，属于一种行政层级监督。

依据本条的规定，属于行政层级监督性质的责任约谈制度，实际上有两种法定类型：一是县级以上人民政府对所属食品安全监管部门的责任约谈；二是上级人民政府对下级地方人民政府的责任约谈。要实施好这两种类型的责任约谈制度，需要注意以下几个方面：

一是法定的约谈事由。县级以上人民政府对所属食品安全监管部门的责任约谈的法定事由是，县级以上人民政府食品药品监督管理等部门未及时发现食品安全系统性风险，未及时消除监督管理区域内的食品安全隐患。上级人民政府对下级地方人民政府的责任约谈的法定事由是，地方人民政府未履行食品安全职责，未及时消除区域性重大食品安全隐患。经食品安全风险监测、风险评估，或者接受投诉、举报获知存在食品安全隐患的，上级就可以对下级进行责任约谈，要求下级积极履行相应的监督管理职责，及时消除食品安全隐患。

二是法定的约谈对象。无论是县级以上人民政府对所属食品安全监管部门的责任约谈，还是上级人民政府对下级地方人民政府的责任约谈，法定的约谈对象都是下级部门或政府的主要负责人。这是由行政机关首长负责制的特点决定的，约谈下级部门或政府的主要负责人可以提高下级部门或政府的重视程度，以最快的速度促进食品安全隐患的消除。

三是责任约谈的效力或后果。本条所规定的『责任约谈』，是一种具有法律效力的行政层级监督行为。等于是上级对下级提出警示或者告诫，甚至是下达了命令。被约谈的食品药品监督管理等部门、地方人民政府应当立即采取措施，对食品安全监督管理工作进行整改。

责任约谈情况和整改情况应当纳入地方人民政府和有关部门食品安全监督管理工作评议、考核记录。这与本法第7条规定的县级以上地方人民政府实行食品安全监督管理责任制的精神相一致。上级人民政府负责对下一级人民政府的食品安全监督管理工作进行评议、考核。县级以上地方人民政府负责对本级食品药品监督管理部门和其他有关部门的食品安全监督管理工作进行评议、考核。

[illegible]

[illegible]

[illegible]

[illegible]

[illegible]

[illegible]

[illegible] :

[illegible] 114 [illegible]

[ᠲᠠᠶᠢᠯᠪᠤᠷᠢ]

第一百一十八条【食品安全信息统一公布】国家建立统一的食品安全信息平台，实行食

[illegible]

[illegible]
[illegible]
[illegible]
[illegible]
[illegible]
[illegible]
[illegible]

[illegible]
[illegible]
[illegible]
[illegible]
[illegible]

[illegible]
[illegible]

品安全信息统一公布制度。国家食品安全总体情况、食品安全风险警示信息、重大食品安全事故及其调查处理信息和国务院确定需要统一公布的其他信息由国务院食品药品监督管理部门统一公布。食品安全风险警示信息和重大食品安全事故及其调查处理信息的影响限于特定区域的，也可以由有关省、自治区、直辖市人民政府食品药品监督管理部门公布。未经授权不得发布上述信息。

县级以上人民政府食品药品监督管理、质量监督、农业行政部门依据各自职责公布食品安全日常监督管理信息。

公布食品安全信息，应当做到准确、及时，并进行必要的解释说明，避免误导消费者和社会舆论。

●条文解读

本条是对原法第82条的修改。在原法规定食品安全信息统一公布的基础上，增加规定了『食品安全信息平台』，进一步强调『未经授权不得发布上述信息』，并依据职责调整将统一公布食品安全信息的主体由『国务院卫生行政部门』修改为『国务院食品药品监督管理部门』。

一、食品安全信息平台

《国家食品安全监管体系『十二五』规划》（国办发【2012】36号）曾经将建设食品安全

信息平台列为重点任务。国家食品安全信息平台由一个主系统（设国家、省、市、县四级平台）和各食品安全监管部门的相关子系统共同构成。主系统与各子系统建立横向联系网络。国家级平台依托国家食品安全风险评估中心建设；省、市、县三级平台按照国家统一的技术要求设计，由同级食品安全办组织建设。各级科技、工业和信息化、环境保护、农业、商务、卫生、工商、质检、粮食、食品药品监管等部门根据职能分工和主系统功能要求建设子系统。国家食品安全信息平台主系统与各子系统对接，并延伸到信息使用终端。主系统要实现对各子系统数据的实时、全权调用，可实时向各类终端发布预警等信息。各子系统通过主系统实现信息共享。各地区、各有关部门可根据工作需要在该平台基础上扩展功能。统一平台的信息化建设可以加快食品安全信息共享的速度，极大提高食品安全信息化监管水平。欧盟的快速预警系统与此类似，并成为欧盟成员国及时共享食品安全信息和实现快速预警的成功经验。

二、食品安全信息统一公布制度

根据食品安全信息的内容，及其重要程度、影响范围的不同，可以确定食品安全信息的不同层次。依据本条规定，需要有关部门进行公布的食品安全信息可以分为三个层次：一是国家食品安全总体情况、食品安全风险警示信息、重大食品安全事故及其调查处理信息和国务院确定需要统一公布的其他信息。这些信息与公众日常生活以及食品生产经营关系紧密，且影响范围大、力度强、涉及面广，为保证食品安全信息公布的规范性、严肃性，必须由国务院食品药品监督管理部门统一公布。二是食品安全风险警示信息和重大食品安全事故及其调查处理信息的影响限于特定区域的，一般由省、自治区、直辖市人民政府食品药品监督管理部门公布，但也可以由国务院食品药品监督管理部门公布。三是县级以上人民政府食品药品监督管理、质量监督、农业行政部门的食品安全日常监督管理信息，如对食品生产经营者进行现场检查、抽样检验的结果，对违法生产经营者的查处情况等，依据各自职责，由各部门按照规定的程序和形式公布。需要注意的是，无论是哪个层次的食品安全信息，有关部门在进行公布时都应当做到准确、及时，并进行必要的解释说明，避免误导消费者和社会舆论。

三、未经授权不得发布上述信息

食品安全法修改过程中，一些社会公众意见提出，未经授权不得公布需要统一公布的食品安全信息，可能影响媒体、公民的舆论监督。立法机关在研究这一问题时，考虑到建立食品安全信息统一公布制度的初衷，就是要求任何部门、组织或者个人不得随意发布有重大社会影响的食品安全信息，仍然有必要作出『未经授权不得发布上述信息』的禁止性规定。具体法律责任应当依照本法第141条的规定，违反本法规定，编造、散布虚假食品安全信息，构成违反治安管理行为的，由公安机关依法给予治安管理处罚。媒体编造、散布虚假食品安全信息的，由有关主管部门依法给予处罚，并对直接负责的主管人员和其他直接责任人员给予处分；使公民、法人或者其他组织的合法权益受到损害的，依法承担消除影响、恢复名誉、赔偿损失、赔礼道歉等民事责任。此外，出版管理条例、广播电视管理条例等行政法规对出版、播放含有法律法规禁止内容的出版物、节目也规定了相应的法律责任。

ᠲᠥᠪ ᠦᠨ ᠬᠠᠮᠢᠶᠠᠷᠤᠯᠲᠠ ᠲᠠᠢ ᠨᠢᠭᠡᠳᠦᠭᠡᠷ ᠲᠠᠢ ᠬᠠᠷᠢᠭᠤᠴᠠᠬᠤ ᠪᠠᠢᠭᠤᠯᠤᠯᠭ᠎ᠠ ᠃ ᠲᠤᠰ ᠨᠢᠭᠡᠳᠦᠭᠡᠷ ᠬᠡᠰᠡᠭ ᠲᠠᠢ ᠨᠢᠭᠡᠳᠦᠭᠡᠷ ᠢ ᠪᠦᠷᠢᠳᠦᠭᠦᠯᠬᠦ ᠬᠠᠮᠢᠶᠠᠷᠤᠯᠲᠠ ᠶᠢᠨ
(ᠤᠯᠤᠰ ᠂ ᠮᠵᠢ ᠂ ᠬᠣᠲᠠ ᠂ ᠰᠢᠶᠠᠨ ᠪᠠᠢᠭᠤᠯᠤᠯᠭ᠎ᠠ ᠤᠯᠤᠰ ᠤᠨ ᠪᠠᠢᠭᠤᠯᠭ᠎ᠠ) ᠪᠣᠯᠤᠨ ᠬᠣᠶᠠᠷ ᠬᠦᠨᠡᠰᠦᠨ ᠦ ᠠᠶᠤᠯᠭᠦᠢ ᠪᠠᠢᠳᠠᠯ ᠤᠨ ᠬᠢᠨᠠᠨ ᠪᠠᠢᠴᠠᠭᠠᠬᠤ ᠶᠢᠨ ᠨᠢᠭᠡᠳᠦᠭᠡᠷ
ᠲᠤᠰ ᠬᠡᠰᠡᠭ ᠪᠣᠯᠤᠨ ᠬᠠᠷᠢᠭᠤᠴᠠᠯᠭ᠎ᠠ ᠬᠦᠷᠲᠡᠭᠡᠵᠦ ᠃ ᠤᠯᠤᠰ ᠤᠨ ᠬᠦᠨᠡᠰᠦᠨ ᠦ ᠠᠶᠤᠯᠭᠦᠢ ᠪᠠᠢᠳᠠᠯ ᠤᠨ ᠠᠵᠢᠯ ᠢ ᠬᠦᠴᠦᠳᠬᠡᠬᠦ ᠲᠤᠬᠠᠢ ᠲᠣᠭᠲᠠᠭᠠᠯ ᠳᠤ ᠲᠤᠰ ᠨᠢᠭᠡᠳᠦᠭᠡᠷ
(ᠤᠯᠤᠰ ᠤᠨ ᠣᠷᠳᠣᠨ ᠨᠡᠢᠲᠡᠯᠡᠭᠰᠡᠨ【2012】36 ᠳ᠋ᠤᠭᠠᠷ ᠪᠢᠴᠢᠭ) ᠬᠦᠨᠡᠰᠦᠨ ᠦ ᠠᠶᠤᠯᠭᠦᠢ ᠪᠠᠢᠳᠠᠯ ᠤᠨ ᠠᠵᠢᠯ ᠢ ᠬᠦᠴᠦᠳᠬᠡᠬᠦ ᠲᠤᠬᠠᠢ ᠲᠣᠭᠲᠠᠭᠠᠯ
《ᠤᠯᠤᠰ ᠤᠨ ᠬᠦᠨᠡᠰᠦᠨ ᠦ ᠠᠶᠤᠯᠭᠦᠢ ᠪᠠᠢᠳᠠᠯ ᠤᠨ ᠮᠡᠳᠡᠭᠡᠯᠡᠯ ᠦᠨ ᠨᠢᠭᠡᠳᠦᠭᠡᠷ ᠦᠨ ᠰᠢᠰᠲ᠋ᠧᠮ ᠪᠠᠢᠭᠤᠯᠬᠤ ᠲᠦᠰᠦᠯ ᠦᠨ ᠲᠥᠯᠥᠪᠯᠡᠭᠡ》
ᠵᠡᠷᠭᠡ ᠂ ᠬᠦᠨᠡᠰᠦᠨ ᠦ ᠠᠶᠤᠯᠭᠦᠢ ᠪᠠᠢᠳᠠᠯ ᠤᠨ ᠠᠵᠢᠯ ᠢ ᠬᠦᠴᠦᠳᠬᠡᠬᠦ
ᠮᠡᠳᠡᠭᠡ ᠶᠢᠨ ᠬᠦᠨᠡᠰᠦᠨ ᠪᠣᠯᠤᠨ ᠬᠣᠶᠠᠷ ᠳᠤ ᠬᠠᠮᠢᠶᠠᠷᠤᠯᠲᠠ ᠲᠠᠢ ᠮᠡᠳᠡᠭᠡᠯᠡᠯ ᠦᠨ ᠨᠢᠭᠡᠳᠦᠭᠡᠷ ᠦᠨ ᠬᠠᠮᠲᠤ》 ᠳᠤ ᠲᠣᠰᠬᠠᠨ ᠲᠣᠭᠲᠠᠭᠠᠵᠠᠢ ᠃
ᠪᠦᠭᠡᠳᠡ ᠶᠢᠨ 《ᠤᠯᠤᠰ ᠤᠨ ᠤᠭᠰᠠᠭ᠎ᠠ ᠶᠢᠨ ᠮᠡᠳᠡᠭᠡ ᠶᠢᠨ ᠬᠡᠷᠡᠭᠯᠡᠭᠴᠢ ᠶᠢᠨ ᠡᠷᠬᠡ ᠠᠰᠢᠭ ᠢ ᠬᠠᠮᠢᠶᠠᠷᠤᠯᠲᠠ ᠶᠢᠨ ᠬᠠᠤᠯᠢ》 ᠪᠣᠯᠤᠨ 《ᠤᠯᠤᠰ ᠤᠨ ᠤᠭᠰᠠᠭ᠎ᠠ ᠶᠢᠨ
ᠲᠣᠭᠲᠠᠭᠠᠯ ᠪᠠᠢᠭᠤᠯᠤᠯᠭ᠎ᠠ ᠶᠢᠨ ᠬᠠᠷᠢᠭᠤᠴᠠᠯᠭ᠎ᠠ ᠶᠢᠨ ᠵᠣᠬᠢᠶᠠᠨ ᠪᠠᠢᠭᠤᠯᠤᠯᠲᠠ ᠬᠦᠨᠡᠰᠦᠨ ᠦ ᠠᠶᠤᠯᠭᠦᠢ ᠪᠠᠢᠳᠠᠯ ᠤᠨ ᠠᠵᠢᠯ ᠳᠤ ᠲᠤᠰ
ᠬᠡᠷᠡᠭᠵᠢᠭᠦᠯᠬᠦ ᠬᠠᠷᠢᠭᠤ ᠪᠡᠷ ᠬᠠᠷᠢᠭᠤᠴᠠᠨ ᠠᠵᠢᠯ ᠬᠠᠮᠲᠤ ᠵᠣᠬᠢᠶᠠᠨ ᠪᠠᠢᠭᠤᠯᠬᠤ ᠪᠣᠯᠤᠨ ᠬᠠᠷᠢᠭᠤ》 ᠳᠤ ᠲᠤᠰ ᠵᠡᠷᠭᠡ ᠲᠣᠭᠲᠠᠭᠠᠯ ᠂ ᠬᠠᠷᠢᠭᠤᠴᠠᠯᠭ᠎ᠠ
ᠠᠵᠢᠯ ᠬᠡᠷᠡᠭ ᠦᠨ ᠵᠣᠬᠢᠶᠠᠨ ᠪᠠᠢᠭᠤᠯᠤᠯᠲᠠ ᠶᠢᠨ ᠬᠠᠮᠢᠶᠠᠷᠤᠯᠲᠠ ᠬᠠᠷᠢᠭᠤ ᠂ 《ᠬᠦᠨᠡᠰᠦᠨ ᠦ ᠠᠶᠤᠯᠭᠦᠢ ᠪᠠᠢᠳᠠᠯ ᠤᠨ ᠬᠠᠤᠯᠢ》 ᠢ ᠵᠡᠷᠭᠡ ᠂ 《ᠵᠡᠷᠭᠡ ᠵᠣᠬᠢᠶᠠᠯ》
ᠬᠣᠶᠠᠷ ᠳᠤᠭᠠᠷ ᠪᠦᠯᠦᠭ ᠦᠨ 82 ᠳ᠋ᠤᠭᠠᠷ ᠵᠦᠢᠯ ᠤᠨ ᠲᠣᠭᠲᠠᠭᠠᠯ ᠪᠣᠯᠤᠨ᠎ᠠ ᠃ ᠲᠤᠰ ᠬᠠᠷᠢᠭᠤ ᠳᠤ ᠬᠦᠨᠡᠰᠦᠨ ᠦ ᠠᠶᠤᠯᠭᠦᠢ ᠪᠠᠢᠳᠠᠯ ᠤᠨ

[**ᠲᠠᠢᠯᠪᠤᠷᠢ**]

ᠲᠠᠢᠯᠪᠤᠷᠢᠯᠠᠬᠤ ᠲᠣᠭᠲᠠᠭᠠᠯ ᠤᠨ ᠪᠣᠯᠪᠠᠰᠤ ᠂ ᠬᠠᠮᠢᠶᠠᠷᠤᠯᠲᠠ ᠪᠣᠯᠤᠨ ᠵᠣᠬᠢᠶᠠᠨ ᠤ ᠬᠠᠷᠢᠭᠤᠴᠠᠯᠭ᠎ᠠ ᠶᠢᠨ ᠵᠣᠬᠢᠶᠠᠨ ᠪᠠᠢᠭᠤᠯᠤᠯᠭ᠎ᠠ ᠶᠢ ᠲᠣᠳᠤᠷᠬᠠᠢᠯᠠᠪᠠ ᠃
ᠬᠦᠨᠡᠰᠦᠨ ᠦ ᠠᠶᠤᠯᠭᠦᠢ ᠪᠠᠢᠳᠠᠯ ᠤᠨ ᠠᠵᠢᠯ ᠬᠠᠮᠲᠤ ᠵᠣᠬᠢᠶᠠᠨ ᠪᠠᠢᠭᠤᠯᠬᠤ ᠳᠤ ᠲᠤᠰ ᠬᠠᠮᠢᠶᠠᠷᠤᠯᠲᠠ ᠂ ᠲᠥᠪ ᠦᠨ ᠪᠠ ᠭᠠᠵᠠᠷ ᠤᠨ ᠪᠠᠢᠭᠤᠯᠤᠯᠭ᠎ᠠ ᠂ ᠲᠣᠭᠲᠠᠭᠠᠯ ᠬᠠᠷᠢᠭᠤᠴᠠᠯᠭ᠎ᠠ
ᠬᠦᠨᠡᠰᠦᠨ ᠦ ᠠᠶᠤᠯᠭᠦᠢ ᠪᠠᠢᠳᠠᠯ ᠤᠨ ᠬᠢᠨᠠᠨ ᠬᠡᠮᠵᠢᠬᠦ ᠶᠢᠨ ᠮᠡᠳᠡᠭᠡᠯᠡᠯ ᠦᠨ ᠨᠢᠭᠡᠳᠦᠭᠡᠷ ᠦᠨ ᠠᠵᠢᠯ ᠬᠠᠮᠲᠤ ᠪᠠᠷ ᠬᠠᠷᠢᠭᠤᠴᠠᠨ᠎ᠠ ᠃

[illegible]

向国务院食品药品监督管理部门报告。

主管部门报告，由上级主管部门立即报告国务院食品药品监督管理部门；必要时，可以直接向国务院食品药品监督管理部门报告。

第一百一十九条【食品安全信息的报告、通报制度】县级以上地方人民政府食品药品监督管理、卫生行政、质量监督、农业行政部门获知本法规定需要统一公布的信息，应当向上级

[illegible]

[illegible] 141 [illegible]

县级以上人民政府食品药品监督管理、卫生行政、质量监督、农业行政部门应当相互通报获知的食品安全信息。

●条文解读

本条是对原法第83条的修改。主要是基于部门职责调整，将接受报告的部门由『国务院卫生行政部门』修改为『国务院食品药品监督管理部门』。

一、重要食品安全信息的报告制度

第1款是关于重要食品安全信息报告制度的规定。『本法规定需要统一公布的信息』，是指依照本法第118条第1款的规定需要由国务院食品药品监督管理部门统一公布的信息，包括国家食品安全总体情况、食品安全风险警示信息、重大食品安全事故及其调查处理信息和国务院确定的需要统一公布的其他信息。

根据报告程序的不同，主要有两种方式：一是县级以上地方人民政府食品药品监督管理、卫生行政、质量监督、农业行政部门获知本法规定需要统一公布的信息，应当向上级主管部门报告，由上级主管部门立即报告国务院食品药品监督管理部门。二是必要时，县级以上地方人民政府食品药品监督管理、卫生行政、质量监督、农业行政部门获知本法规定需要统一公布的信息，可以直接向国务院食品药品监督管理部门报告。依据本法第118条关于建立食品安全信息统一公布制度的规定，重大食品安全信息由国务院食品药品监督管理部门统一公布。因此，两种方式虽程序不同，但最终都是向国务院食品药品监督管理部门报告。

二、食品安全信息通报制度

第2款是关于食品安全监督管理各有关部门相互通报食品安全信息的规定。

县级以上人民政府食品药品监督管理、卫生行政、质量监督、农业行政部门之间构建信息沟通平台，及时顺利地进行食品安全信息通报，有利于实现食品安全信息的统筹管理和综合利用、实现互联互通和资源共享，而且有利于及时研究分析食品安全情况，对食品安全问题做到及早发现、及早解决。因此，法律规定县级以上人民政府食品药品监督管理、卫生行政、质量监督、农业行政部门应当相互通报获知的食品安全信息。例如，食用农产品生产环节由农业行政部门负责监管，但是生产环节农业投入品尤其是农药的使用也要受新法调整；食用农产品进入市场销售环节由食品药品监督管理部门负责监管，两个部门应当相互通报获知的食用农产品安全信息，才能实现对食用农产品的全程、无缝监管，确保食用农产品符合食品安全法的要求。通报可采用信息化手段，通过食品安全信息平台，提高食品安全监管效率。

ᠲᠣᠭᠠᠨ ᠪᠠᠢᠴᠠᠭᠠᠨ ᠰᠢᠯᠭᠠᠭᠴᠢ ᠶᠢᠨ ᠠᠰᠠᠭᠤᠯᠲᠠ ᠳᠤ ᠬᠠᠷᠢᠭᠤ ᠦᠭᠬᠦ ᠡᠰᠡᠬᠦ ᠶᠢ ᠰᠣᠩᠭᠣᠬᠤ ᠡᠷᠬᠡ ᠲᠠᠢ ᠪᠣᠯᠤᠨ᠎ᠠ :: 《ᠡᠷᠦᠭᠡ ᠶᠢᠨ ᠬᠡᠷᠡᠭ ᠦᠨ ᠪᠠᠢᠴᠠᠭᠠᠨ ᠰᠢᠯᠭᠠᠬᠤ ᠬᠠᠤᠯᠢ》 ᠶᠢᠨ 118 ᠳ᠋ᠤᠭᠠᠷ ᠵᠦᠢᠯ ᠦᠨ 1 ᠳ᠋ᠦᠭᠡᠷ ᠵᠣᠬᠢᠶᠠᠯ ᠳᠤ ᠪᠠᠢᠴᠠᠭᠠᠨ ᠰᠢᠯᠭᠠᠬᠤ ᠠᠵᠢᠯᠲᠠᠨ ᠤ ᠠᠰᠠᠭᠤᠯᠲᠠ ᠳᠤ ᠭᠡᠮᠲᠦ ᠬᠡᠷᠡᠭ ᠦᠨ ᠰᠡᠵᠢᠭᠲᠡᠨ ᠦᠨᠡᠨ ᠵᠣᠭᠰᠠᠭᠠᠯ ᠢᠶᠠᠷ ᠬᠠᠷᠢᠭᠤᠯᠬᠤ ᠶᠣᠰᠣᠲᠠᠢ᠂ ᠬᠡᠷᠡᠭ ᠦᠨ ᠡᠨᠡ ᠬᠡᠷᠡᠭ ᠲᠡᠢ ᠬᠣᠯᠪᠣᠭᠳᠠᠯ ᠦᠭᠡᠢ ᠠᠰᠠᠭᠤᠯᠲᠠ ᠳᠤ ᠬᠠᠷᠢᠭᠤᠯᠬᠤ ᠡᠰᠡᠬᠦ ᠶᠢ ᠲᠡᠭᠦᠨ ᠦ ᠡᠷᠬᠡ ᠶᠢᠨ ᠬᠠᠮᠠᠭᠠᠯᠠᠯ ᠳᠤ ᠪᠠᠢᠨ᠎ᠠ ::

ᠵᠢᠭ᠌ᠡ᠂ ᠬᠣᠷᠢᠭᠳᠠᠭᠰᠠᠨ ᠬᠦᠮᠦᠨ ᠦ ᠡᠷᠬᠡ ᠶᠢᠨ ᠬᠠᠮᠠᠭᠠᠯᠠᠯᠲᠠ ᠳᠤ ᠪᠠᠢᠨ᠎ᠠ ᠭᠡᠵᠦ ᠬᠠᠷᠢᠭᠤᠴᠠᠬᠤ ᠶᠢᠨ ᠡᠷᠬᠡ ᠶᠢᠨ ᠬᠠᠮᠠᠭᠠᠯᠠᠯᠲᠠ》 ᠪᠤᠶᠤ ᠲᠣᠭᠲᠠᠭᠠᠯ ᠬᠢᠭᠰᠡᠨ ᠪᠠᠢᠨ᠎ᠠ :: 《ᠡᠷᠦᠭᠡ ᠶᠢᠨ ᠬᠡᠷᠡᠭ ᠦᠨ ᠪᠠᠢᠴᠠᠭᠠᠨ ᠰᠢᠯᠭᠠᠬᠤ ᠬᠠᠤᠯᠢ》 ᠶᠢᠨ ᠭᠡᠮᠲᠦ ᠬᠡᠷᠡᠭ ᠦᠨ ᠰᠡᠵᠢᠭᠲᠡᠨ ᠢ ᠬᠣᠷᠢᠭᠳᠠᠭᠰᠠᠨ ᠤ ᠳᠠᠷᠠᠭ᠎ᠠ᠂ 《ᠡᠷᠦᠭᠡ ᠶᠢᠨ ᠬᠡᠷᠡᠭ ᠦᠨ ᠪᠠᠢᠴᠠᠭᠠᠨ ᠰᠢᠯᠭᠠᠬᠤ ᠬᠠᠤᠯᠢ》 ᠶᠢᠨ 83 ᠳ᠋ᠤᠭᠠᠷ ᠵᠦᠢᠯ ᠳᠦ ᠲᠣᠭᠲᠠᠭᠠᠭᠰᠠᠨ ᠪᠠᠢᠨ᠎ᠠ :: ᠬᠤᠷᠢᠶᠠᠨ ᠪᠡᠷ ᠬᠠᠮᠠᠭᠠᠯᠠᠬᠤ ᠶᠢᠨ ᠲᠣᠭᠲᠠᠭᠠᠯ ᠢ ᠪᠠᠷᠢᠮᠲᠠᠯᠠᠨ᠎ᠠ ::

[ᠵᠢᠱᠢᠶ᠎ᠡ]

ᠪᠠᠢᠴᠠᠭᠠᠨ ᠰᠢᠯᠭᠠᠭᠴᠢ ᠶᠢᠨ ᠠᠰᠠᠭᠤᠯᠲᠠ ᠳᠤ ᠬᠠᠷᠢᠭᠤ ᠦᠭᠬᠦ ᠡᠰᠡᠬᠦ ᠬᠠᠷᠢᠭᠤᠴᠠᠯᠭ᠎ᠠ ::

ᠬᠠᠷᠢᠭᠤᠴᠠᠯᠭ᠎ᠠ ᠶᠢᠨ ᠬᠣᠯᠪᠣᠭᠳᠠᠯ ᠬᠣᠷᠢᠭᠳᠠᠭᠰᠠᠨ ᠬᠦᠮᠦᠨ ᠳᠦ᠂ ᠬᠠᠤᠯᠢ ᠴᠠᠭᠠᠵᠠ ᠶᠢᠨ ᠬᠣᠯᠪᠣᠭᠳᠠᠯ ᠳᠤ ᠪᠠᠢᠭ᠎ᠠ᠂ ᠠᠰᠠᠭᠤᠯᠲᠠ ᠶᠢᠨ ᠡᠷᠬᠡ ᠶᠢᠨ ᠬᠤᠷᠢᠶᠠᠯ ᠬᠣᠷᠢᠭᠳᠠᠭᠰᠠᠨ ᠬᠦᠮᠦᠨ ᠦ ᠡᠷᠬᠡ ᠶᠢᠨ ᠬᠠᠮᠠᠭᠠᠯᠠᠯᠲᠠ ᠳᠤ ᠬᠤᠷᠢᠶᠠᠨ ᠪᠡᠷ ᠬᠠᠮᠠᠭᠠᠯᠠᠬᠤ ᠪᠢᠯ᠎ᠠ᠂ ᠬᠤᠷᠢᠶᠠᠯ ᠤᠨ ᠡᠷᠬᠡ ᠶᠢᠨ ᠬᠠᠮᠠᠭᠠᠯᠠᠯᠲᠠ ᠳᠤ ᠬᠠᠮᠠᠭᠠᠯᠠᠬᠤ ᠶᠢᠨ ᠲᠣᠭᠲᠠᠭᠠᠯ ᠪᠡᠷ ᠬᠤᠷᠢᠶᠠᠨ ᠪᠡᠷ ᠬᠠᠮᠠᠭᠠᠯᠠᠨ᠎ᠠ ::

ᠬᠣᠷᠢᠭᠳᠠᠭᠰᠠᠨ ᠬᠦᠮᠦᠨ ᠳᠦ ᠬᠠᠮᠠᠭᠠᠯᠠᠯᠲᠠ ᠬᠠᠷᠢᠭᠤᠴᠠᠬᠤ ᠶᠢᠨ ᠡᠷᠬᠡ ᠶᠢᠨ ᠬᠠᠮᠠᠭᠠᠯᠠᠯᠲᠠ ᠪᠡᠷ ᠬᠤᠷᠢᠶᠠᠨ ᠪᠡᠷ ᠬᠠᠮᠠᠭᠠᠯᠠᠨ᠎ᠠ ; ᠵᠢᠭ᠌ᠡ ᠪᠡᠷ ᠬᠡᠷᠡᠭ ᠳᠦ᠂ ᠬᠣᠷᠢᠭᠳᠠᠭᠰᠠᠨ ᠬᠦᠮᠦᠨ ᠦ ᠬᠠᠮᠠᠭᠠᠯᠠᠯᠲᠠ ᠶᠢᠨ ᠬᠤᠷᠢᠶᠠᠯ ᠤᠨ ᠡᠷᠬᠡ ᠶᠢᠨ ᠬᠠᠮᠠᠭᠠᠯᠠᠯᠲᠠ ᠶᠢ ᠬᠣᠷᠢᠭᠳᠠᠭᠰᠠᠨ ᠬᠦᠮᠦᠨ ᠦ ᠡᠷᠬᠡ ᠶᠢᠨ ᠬᠠᠮᠠᠭᠠᠯᠠᠯᠲᠠ ᠪᠡᠷ ᠬᠤᠷᠢᠶᠠᠨ ᠪᠡᠷ ᠬᠠᠮᠠᠭᠠᠯᠠᠨ᠎ᠠ᠂ ᠪᠠᠢᠴᠠᠭᠠᠨ ᠬᠤᠷᠢᠶᠠᠯ ᠤᠨ

[illegible] 118 [illegible]

ᠰᠣᠩᠭᠤᠭᠤᠯᠢ ᠶᠢᠨ ᠬᠠᠤᠯᠢ ᠶᠢᠨ ᠬᠡᠷᠡᠭᠵᠢᠭᠦᠯᠦᠯᠲᠡ ᠶᠢ ᠪᠦᠬᠦ ᠨᠡᠢᠲᠡ ᠬᠢᠨᠠᠨ ᠬᠢᠨᠠᠬᠤ ᠪᠠᠷ ᠢᠯᠡᠷᠡᠨ᠎ᠡ᠃ ᠠᠷᠠᠳ ᠤᠨ ᠰᠣᠩᠭᠤᠭᠤᠯᠢ ᠶᠢᠨ ᠪᠠᠲᠤᠯᠠᠯᠲᠠ ᠶᠢ
ᠪᠠᠢᠩᠭᠤ ᠬᠣᠷᠢᠶᠠᠨ ᠤ ᠠᠵᠢᠯ ᠤᠨ ᠬᠡᠰᠡᠭ ᠪᠠᠷ ᠡᠷᠬᠢᠯᠡᠨ ᠬᠢᠨᠠᠬᠤ᠂ ᠲᠥᠯᠥᠭᠡᠯᠡᠭᠴᠢ ᠶᠢᠨ ᠰᠣᠩᠭᠤᠭᠤᠯᠢ ᠶᠢᠨ ᠠᠵᠢᠯ ᠢ
ᠬᠠᠷᠢᠭᠤᠴᠠᠬᠤ ᠪᠡᠷ ᠪᠠᠢᠭᠤᠯᠤᠭᠰᠠᠨ ᠪᠠᠢᠨ᠎ᠠ᠃ ᠡᠨᠡ ᠨᠢ᠂ ᠠᠷᠠᠳ ᠤᠨ ᠲᠥᠯᠥᠭᠡᠯᠡᠭᠴᠢ ᠶᠢᠨ ᠬᠤᠷᠠᠯ ᠤᠨ ᠪᠠᠢᠩᠭᠤ ᠬᠣᠷᠢᠶᠠᠨ ᠤ
ᠡᠷᠬᠡ ᠮᠡᠳᠡᠯ᠂ ᠠᠷᠠᠳ ᠤᠨ ᠲᠥᠯᠥᠭᠡᠯᠡᠭᠴᠢ ᠶᠢᠨ ᠬᠤᠷᠠᠯ ᠤᠨ ᠠᠵᠢᠯ ᠤᠨ ᠵᠢᠷᠤᠮ ᠢ ᠲᠣᠭᠲᠠᠭᠠᠬᠤ ᠳᠤ
ᠴᠢᠬᠤᠯᠠ ᠤᠴᠢᠷ ᠲᠠᠢ᠃ ᠬᠠᠤᠯᠢ ᠶᠢᠨ ᠬᠡᠷᠡᠭᠵᠢᠭᠦᠯᠦᠯᠲᠡ ᠶᠢ ᠬᠢᠨᠠᠨ ᠪᠠᠢᠴᠠᠭᠠᠬᠤ ᠨᠢ᠂ ᠠᠷᠠᠳ ᠤᠨ ᠲᠥᠯᠥᠭᠡᠯᠡᠭᠴᠢ
ᠶᠢᠨ ᠬᠤᠷᠠᠯ ᠤᠨ ᠪᠠᠢᠩᠭᠤ ᠬᠣᠷᠢᠶᠠᠨ ᠤ ᠬᠢᠨᠠᠨ ᠬᠢᠨᠠᠬᠤ ᠡᠷᠬᠡ ᠶᠢᠨ ᠨᠢᠭᠡ ᠴᠢᠬᠤᠯᠠ ᠬᠡᠯᠪᠡᠷᠢ᠃ ᠬᠠᠤᠯᠢ ᠶᠢᠨ
ᠬᠡᠷᠡᠭᠵᠢᠭᠦᠯᠦᠯᠲᠡ ᠶᠢ ᠰᠢᠯᠭᠠᠨ ᠪᠠᠢᠴᠠᠭᠠᠬᠤ ᠨᠢ ᠠᠷᠠᠳ ᠤᠨ ᠵᠠᠰᠠᠭ ᠤᠨ ᠭᠠᠵᠠᠷ᠂ ᠠᠷᠠᠳ ᠤᠨ ᠰᠢᠭᠦᠬᠦ ᠶᠠᠮᠤᠨ᠂
ᠠᠷᠠᠳ ᠤᠨ ᠪᠠᠢᠴᠠᠭᠠᠨ ᠬᠢᠨᠠᠬᠤ ᠶᠠᠮᠤᠨ ᠤ ᠬᠠᠤᠯᠢ ᠶᠢ ᠬᠡᠷᠡᠭᠵᠢᠭᠦᠯᠬᠦ ᠠᠵᠢᠯ ᠢ ᠰᠠᠢᠵᠢᠷᠠᠭᠤᠯᠬᠤ ᠳᠤ
ᠴᠢᠬᠤᠯᠠ ᠤᠴᠢᠷ ᠲᠠᠢ᠃ ᠠᠷᠠᠳ ᠤᠨ ᠲᠥᠯᠥᠭᠡᠯᠡᠭᠴᠢ ᠶᠢᠨ ᠬᠤᠷᠠᠯ ᠤᠨ ᠪᠠᠢᠩᠭᠤ ᠬᠣᠷᠢᠶ᠎ᠠ ᠨᠢ ᠬᠠᠤᠯᠢ ᠶᠢᠨ
ᠬᠡᠷᠡᠭᠵᠢᠭᠦᠯᠦᠯᠲᠡ ᠶᠢ ᠰᠢᠯᠭᠠᠨ ᠪᠠᠢᠴᠠᠭᠠᠬᠤ ᠳᠤ ᠠᠷᠠᠳ ᠤᠨ ᠵᠠᠰᠠᠭ ᠤᠨ ᠭᠠᠵᠠᠷ᠂ ᠠᠷᠠᠳ ᠤᠨ ᠰᠢᠭᠦᠬᠦ ᠶᠠᠮᠤᠨ᠂
ᠠᠷᠠᠳ ᠤᠨ ᠪᠠᠢᠴᠠᠭᠠᠨ ᠬᠢᠨᠠᠬᠤ ᠶᠠᠮᠤᠨ ᠤ ᠠᠵᠢᠯ ᠢ ᠬᠢᠨᠠᠨ ᠬᠢᠨᠠᠬᠤ᠂ ᠲᠡᠳᠡᠭᠡᠷ ᠦᠨ ᠬᠠᠤᠯᠢ ᠶᠢ ᠬᠡᠷᠡᠭᠵᠢᠭᠦᠯᠬᠦ
ᠠᠵᠢᠯ ᠢ ᠳᠡᠮᠵᠢᠨ ᠳᠡᠭᠡᠭᠰᠢᠯᠡᠭᠦᠯᠬᠦ ᠴᠢᠬᠤᠯᠠ ᠠᠷᠭ᠎ᠠ ᠮᠥᠨ᠃

ᠠᠷᠠᠳ ᠤᠨ ᠵᠠᠰᠠᠭ ᠤᠨ ᠭᠠᠵᠠᠷ ᠤᠨ ᠠᠵᠢᠯ ᠤᠨ ᠮᠡᠳᠡᠭᠦᠯᠦᠯᠲᠡ ᠶᠢ ᠰᠣᠨᠣᠰᠴᠤ᠂ ᠠᠷᠠᠳ ᠤᠨ ᠰᠢᠭᠦᠬᠦ ᠶᠠᠮᠤᠨ᠂ ᠠᠷᠠᠳ ᠤᠨ
ᠪᠠᠢᠴᠠᠭᠠᠨ ᠬᠢᠨᠠᠬᠤ ᠶᠠᠮᠤᠨ ᠤ ᠠᠵᠢᠯ ᠤᠨ ᠮᠡᠳᠡᠭᠦᠯᠦᠯᠲᠡ ᠶᠢ ᠰᠣᠨᠣᠰᠴᠤ ᠬᠡᠯᠡᠯᠴᠡᠬᠦ ᠨᠢ ᠪᠠᠢᠩᠭᠤ ᠬᠣᠷᠢᠶᠠᠨ ᠤ
ᠬᠢᠨᠠᠨ ᠬᠢᠨᠠᠬᠤ ᠶᠢᠨ ᠨᠢᠭᠡ ᠴᠢᠬᠤᠯᠠ ᠠᠷᠭ᠎ᠠ ᠮᠥᠨ᠃

第一百二十条【不得编造、散布虚假食品安全信息】任何单位和个人不得编造、散布虚假食品安全信息。

县级以上人民政府食品药品监督管理部门发现可能误导消费者和社会舆论的食品安全信息，应当立即组织有关部门、专业机构、相关食品生产经营者等进行核实、分析，并及时公布结果。

●条文解读

本条是新增加的规定，旨在加强食品安全信息统一公布制度，消除和减少虚假食品安全信息。

新法规定任何单位和个人不得编造、散布虚假食品安全信息，否则要依法追究法律责任。本条在执法中的核心问题是如何判断和管理『虚假食品安全信息』。食品安全法修订草案送审稿第106条规定：『任何单位和个人发布可能对社会或者食品产业造成重大影响的食品安全信息，应当事先向食品生产经营企业、行业协会、科研机构、食品安全监督管理部门核实。任何单位和个人不得发布未经核实的食品安全信息，不得编造、散布虚假食品安全信息。』该条规定在征求意见过程中遭到很多反对，例如一些媒体和社会组织认为，食品安全与每个人的生活息息相关，食品安全信息的发布不能由政府部门单向掌控，应该有风险预警和双向交流机制。而『事先核实』的规定意味着政府对任何食品安全信息的公布都需进行事先审查和批准，这不仅会加大食品安全风险瞒报、延报的隐患，而且也会形成信息的堵塞甚至扭曲，使消费者失去知情权和社会监督通道。

在草案审议过程中考虑到，食品安全从根本上要依靠社会共治，建立和完善食品安全信息统一公布制度，主要是为了防止『政出多门』，避免不同监管部门发布相互矛盾的食品安全信息。为了避免虚假食品安全信息引发的食品安全恐慌，一方面要严惩任何单位和个人编造、散布虚假食品安全信息的行为，一方面也要保护消费者的知情权和社会监督渠道畅通。因此，二审稿删除了一审稿中关于监管部门事先核实、审批食品安全信息的规定，修改为事后的核实、分析，加强对虚假食品安全信息的事后监管和责任追究，加大打击查处编造、散布虚假食品安全信息违法行为的力度。规定县级以上人民政府食品药品监督管理部门发现可能误导消费者和社会舆论的食品安全信息，应当立即组织有关部门、专业机构、相关食品生

[illegible]

[illegible]

[illegible]

产经营者等进行核实、分析，并及时公布结果。

公安机关在食品安全犯罪案件侦查过程中认为没有犯罪事实，或者犯罪事实显著轻微，查。

移送的案件，公安机关应当及时审查；认为有犯罪事实需要追究刑事责任的，应当立案侦质量监督等部门发现涉嫌食品安全犯罪的，应当按照有关规定及时将案件移送公安机关。对

第一百二十一条【涉嫌食品安全犯罪案件处理】县级以上人民政府食品药品监督管理、

处理涉嫌食品安全犯罪案件，食品安全法确立了双向移送制度，体现了先刑事后行政的责任关负责。除法律特别规定的以外，其他任何机关、团体和个人都无权行使这些权力。因此，依照我国刑事诉讼法的规定，对一般刑事案件的侦查、拘留、执行逮捕、预审，由公安机

二、案件双向移送制度

职罪等。

产品罪；非法经营罪；虚假广告罪；提供虚假证明文件罪；食品监管渎职罪；徇私舞弊罪；渎几种：生产、销售不符合安全标准的食品罪；生产、销售有毒、有害食品罪；生产、销售伪劣遵循罪刑法定原则，依照刑法和有关司法解释规定，涉嫌食品安全犯罪案件主要有以下

一、涉嫌食品安全犯罪案件

安全犯罪案件的双向移送和协同处理机制。

本条是新增加的规定。旨在加强行政处罚和刑事责任追究之间的无缝衔接，规定了食品

●条文解读

及对涉案物品进行无害化处理等协助的，有关部门应当及时提供，予以协助。

公安机关商请食品药品监督管理、质量监督、环境保护等部门提供检验结论、认定意见以理、质量监督等部门和监察机关，有关部门应当依法处理。

不需要追究刑事责任，但依法应当追究行政责任的，应当及时将案件移送食品药品监督管

追究机制。本条第1款规定了食品安全监管部门向公安机关的案件移送制度。县级以上人民政府食品药品监督管理、质量监督等部门发现涉嫌食品安全犯罪的，应当按照有关规定及时将案件移送公安机关。对移送的案件，公安机关应当及时审查；认为有犯罪事实需要追究刑事责任的，应当立案侦查。第2款规定了公安机关向食品安全监管部门的案件移送制度。公安机关在食品安全犯罪案件侦查过程中认为没有犯罪事实，或者犯罪事实显著轻微，不需要追究刑事责任，但依法应当追究行政责任的，应当及时将案件移送食品药品监督管理、质量监督等部门和监察机关，有关部门应当依法处理。关于及时移送的时间节点、移送的具体程序等，应当按照国务院颁布的《行政执法机关移送涉嫌犯罪案件的规定》、最高检印发的《人民检察院办理行政执法机关移送涉嫌犯罪案件的规定》等执行。

三、公安机关商请有关部门协助

本条第3款规定了公安机关和食品安全监管有关部门在处理食品安全犯罪案件中的协作机制。为了充分发挥有关部门的专业技术优势，法律规定公安机关商请食品药品监督管理、质量监督、环境保护等部门提供检验结论、认定意见以及对涉案物品进行无害化处理等协助的，有关部门应当及时提供，予以协助。例如对于『足以造成严重食物中毒事故或者其他严重食源性疾病』『有毒、有害非食品原料』难以确定的，往往需要监督管理部门协助提供检验结论、认定意见。在处理涉案物品时，可能还需要环境保护等部门对受污染食品或有毒有害非食品原料进行无害化处理等协助。

[illegible]

[illegible]

[ᠲᠠᠶᠢᠯᠪᠤᠷᠢ]

[illegible]

[illegible] ᠉

[illegible]

[illegible] ᠉ [illegible]

[illegible] 》 [illegible]

[illegible] 》《 [illegible]

[illegible] ᠉ [illegible] 《 [illegible]

[illegible]

[illegible]

[illegible]

[illegible] ᠉ [illegible]

[illegible]

[illegible] 3 [illegible]

[illegible]

[illegible] ᠉

ᠶᠢᠰᠦᠳᠦᠭᠡᠷ ᠪᠦᠯᠦᠭ ᠬᠠᠤᠯᠢ ᠶᠢᠨ ᠬᠠᠷᠢᠭᠤᠴᠠᠭ᠎ᠠ

第九章　法律责任

第一百二十二条【未经许可从事食品生产经营活动等的法律责任】 违反本法规定，未取得食品生产经营许可从事食品生产经营活动，或者未取得食品添加剂生产许可从事食品添加剂生产活动的，由县级以上人民政府食品药品监督管理部门没收违法所得和违法生产经营的食品、食品添加剂以及用于违法生产经营的工具、设备、原料等物品；违法生产经营的食品、食品添加剂货值金额不足一万元的，并处五万元以上十万元以下罚款；货值金额一万元以上的，并处货值金额十倍以上二十倍以下罚款。

明知从事前款规定的违法行为，仍为其提供生产经营场所或者其他条件的，由县级以上人民政府食品药品监督管理部门责令停止违法行为，没收违法所得，并处五万元以上十万元以下罚款；使消费者的合法权益受到损害的，应当与食品、食品添加剂生产经营者承担连带责任。

产许可。未经许可从事食品生产经营活动，破坏了市场管理秩序，对食品安全带来隐患，应设施、专业技术人员和管理制度，并依照本法第 35 条第 2 款规定的程序，取得食品添加剂生度。从事食品添加剂生产，应当具有与所生产食品添加剂品种相适应的场所、生产设备或者日常和现场监督管理。此外，本法第 39 条第 1 款规定，国家对食品添加剂生产实行许可制情况，对食品生产加工小作坊和食品摊贩等设定相应许可进行管理，也可以不设定许可进行小作坊和食品摊贩等的具体管理办法由省、自治区、直辖市制定。各省可以根据本省的实际得许可。但是，销售食用农产品，不需要取得许可。本法第 36 条第 3 款规定，食品生产加工定，国家对食品生产经营实行许可制度。从事食品生产、食品销售、餐饮服务，应当依法取众的身体健康和生命安全，必须要依法取得许可才能进行。根据本法第 35 条第 1 款的规生产许可从事食品添加剂生产活动的，要承担相应的法律责任。食品生产经营活动关系到公

第 1 款规定了未取得食品生产经营许可从事食品生产经营活动，或者未取得食品添加剂

一、本条规定的违法行为

他条件者的处罚。

数加倍以外，还增加了对于明知从事未经许可生产经营活动仍为其提供生产经营场所或者其

本条是对原法第 84 条的修改。除了将起罚点由 2 千元提高到 5 万元，将罚款货值金额倍

●条文解读

当依法予以惩处。

第 2 款规定了明知从事第 1 款规定的违法行为，仍为其提供生产经营场所或者其他条件的，要承担相应的法律责任。所谓『明知』强调主观故意，明知食品生产经营者未取得许可仍为其提供生产经营场所或者其他条件的，性质恶劣，属于故意的共同违法行为，应当承担相应的法律责任。

二、本条规定的法律责任

（一）关于行政处罚

本条两款规定都涉及行政处罚。违反本法规定，未取得食品生产经营许可从事食品生产经营活动，或者未取得食品添加剂生产许可从事食品添加剂生产活动的，由县级以上人民政府食品药品监督管理部门没收违法所得和违法生产经营的食品、食品添加剂以及用于违法生产经营的工具、设备、原料等物品；违法生产经营的食品、食品添加剂货值金额不足 1 万元的，并处 5 万元以上 10 万元以下罚款；货值金额 1 万元以上的，并处货值金额 10 倍以上 20 倍以下罚款。明知从事第 1 款规定的违法行为，仍为其提供生产经营场所或者其他条件的，由县级以上人民政府食品药品监督管理部门责令停止违法行为，没收违法所得，并处 5 万元以上 10 万元以下罚款。这里要说明以下三点：

一是执法主体调整。新法规定由食品药品监督管理部门对上述违法行为进行行政处罚，取代了原来『有关主管部门』的表述，也是与新法修改过程中监管部门职责调整情况相一致，体现了统一综合执法的新态势。

二是关于处罚种类。本条规定的处罚种类为没收违法所得、没收非法财物和罚款。没收违法所得、没收非法财物和罚款主要是对当事人的财产权予以剥夺，并不影响违法者的人身自由和进行其他活动的权利。本条规定的违法行为主要是为了获得经济利益，通过剥夺违法行为人财产的方式对其进行处罚，具有较好的威慑和惩戒作用。

三是关于货值金额。第1款规定的罚款数额以固定罚款额度与货值金额的倍数相结合的方式来决定，比较科学合理有弹性；第2款的违法行为因为没有货值金额而规定了固定的罚款额度。所谓『货值金额』是指非法生产经营的食品或者食品添加剂的市值金额，新法将原法规定货值金额的『五倍以上十倍以下』修改为『十倍以上二十倍以下』，加重了处罚，以加大食品安全违法成本。

四是关于处罚起点。立法审议过程中，一些基层执法单位提出，很多无证经营的食品生产经营者具有小、散特点，本条规定的行政处罚起点过高，恐难以执行。立法机关考虑，无证食品生产经营行为是严重的食品安全隐患，必须要严厉打击和惩处。对于食品生产加工小作坊、食品摊贩等小微食品生产经营者，依照本法第36条、第127条的规定，已经授权省、自治区、直辖市制定具体管理办法，是否实行许可管理及其相应法律责任可以在具体管理办法中规定。对食品生产加工小作坊、食品摊贩等的违法行为的处罚，依照省、自治区、直辖市的具体管理办法执行。按照修改后的立法法对于制定配套具体规定的时间要求，各省、自治区、直辖市应当在本法施行后一年内制定有关食品生产加工小作坊和食品摊贩等的具体管理办法。未能在期限内作出规定的，应当依法向全国人大常委会说明情况。

（二）关于连带责任

明知从事第1款规定的违法行为，仍为其提供生产经营场所或者其他条件，使消费者的合法权益受到损害的，还应当与食品、食品添加剂生产经营者承担连带责任。所谓『连带责任』是指依照法律规定或者当事人约定，两个或者两个以上当事人对其共同债务全部承担或部分承担，并能因此引起其内部债务关系的一种民事责任。明知从事第1款规定的违法行为，仍为其提供生产经营场所或者其他条件，视为有了共同从事违法行为的『合意』，法律上规定连带责任是合理而有意义的，可以促使相关主体提高法律责任意识，也可以从外围源头上打击食品生产经营的违法行为。

[illegible]

ᠨᠢᠭᠡ᠂ ᠡᠨᠡ ᠬᠤᠭᠤᠴᠠᠭ᠎ᠠ ᠳᠤ ᠦᠢᠯᠡᠳᠪᠦᠷᠢᠯᠡᠭᠰᠡᠨ ᠬᠦᠨᠡᠰᠦ ᠳᠦ ᠨᠡᠮᠡᠬᠦ ᠨᠡᠮᠡᠯᠲᠡ ᠶᠢᠨ ᠲᠥᠷᠥᠯ ᠵᠦᠢᠯ ᠪᠠ ᠬᠦᠨᠡᠰᠦ ᠨᠡᠮᠡᠯᠲᠡ ᠶᠢᠨ ᠬᠡᠷᠡᠭᠯᠡᠭᠡ ᠳᠦ ᠨᠡᠮᠡᠭᠳᠡᠭᠰᠡᠨ ᠬᠦᠨᠡᠰᠦ ᠳᠦ ᠬᠡᠷᠡᠭᠯᠡᠬᠦ ᠬᠡᠮᠵᠢᠶ᠎ᠡ ᠶᠢ ᠲᠣᠭᠲᠠᠭᠠᠭᠰᠠᠨ ᠪᠠᠢᠨ᠎ᠠ ᠃ ᠲᠣᠭᠲᠠᠭᠰᠠᠨ ᠬᠦᠷᠢᠶ᠎ᠡ ᠬᠡᠮᠵᠢᠶ᠎ᠡ ᠨᠢ ᠬᠡᠷᠡᠭᠯᠡᠭᠡ ᠶᠢᠨ ᠪᠠᠷᠢᠮᠵᠢᠶ᠎ᠠ ᠳᠤ ᠨᠢᠢᠴᠡᠭᠦᠯᠬᠦ ᠬᠡᠷᠡᠭᠲᠡᠢ ᠪᠥᠭᠡᠳ ᠪᠠᠰᠠ ᠬᠦᠨᠡᠰᠦᠨ ᠦ ᠲᠥᠷᠥᠯ ᠵᠦᠢᠯ ᠢᠶᠡᠷ ᠬᠤᠪᠢᠶᠠᠷᠢᠯᠠᠭᠰᠠᠨ ᠨᠡᠮᠡᠯᠲᠡ ᠶᠢᠨ ᠬᠡᠷᠡᠭᠯᠡᠭᠡ ᠶᠢ ᠲᠣᠭᠲᠠᠭᠠᠭᠰᠠᠨ᠂ ᠶᠠᠭᠤᠨ ᠬᠢᠭᠡᠳ ᠪᠠ ᠨᠢ《ᠬᠦᠨᠡᠰᠦᠨ ᠦ ᠨᠡᠮᠡᠯᠲᠡ ᠶᠢᠨ ᠬᠡᠷᠡᠭᠯᠡᠭᠡᠨ ᠦ ᠪᠠᠷᠢᠮᠵᠢᠶ᠎ᠠ》(GB) ᠳᠦ ᠲᠣᠭᠲᠠᠭᠠᠭᠰᠠᠨ ᠨᠢ ᠪᠠᠢᠨ᠎ᠠ ᠃ ᠬᠦᠨᠡᠰᠦ ᠨᠡᠮᠡᠯᠲᠡ ᠶᠢᠨ ᠬᠡᠷᠡᠭᠯᠡᠭᠡ ᠲᠣᠭᠲᠠᠭᠰᠠᠨ ᠬᠢᠮᠢ ᠶᠢᠨ ᠪᠣᠳᠠᠰ ᠤᠨ ᠬᠡᠮᠵᠢᠶ᠎ᠡ ᠶᠢ ᠬᠢᠨᠠᠨ ᠬᠢᠳᠠᠯᠲᠤ ᠬᠡᠷᠡᠭᠯᠡᠭᠡᠨ ᠦ ᠲᠥᠷᠥᠯ ᠵᠦᠢᠯ ᠢᠶᠡᠷ ᠬᠤᠪᠢᠶᠠᠷᠢᠯᠠᠭᠰᠠᠨ ᠨᠢ ᠲᠣᠭᠲᠠᠭᠠᠨ᠎ᠠ ᠃

ᠬᠠᠤᠯᠢ ᠶᠢᠨ 36 ᠳᠤᠭᠠᠷ ᠵᠦᠢᠯ᠂ 127 ᠳᠤᠭᠠᠷ ᠵᠦᠢᠯ ᠦᠨ ᠲᠣᠭᠲᠠᠭᠠᠯ ᠢ ᠵᠢᠱᠢᠭᠯᠡᠵᠦ ᠪᠣᠯᠣᠨ᠎ᠠ᠂ ᠬᠠᠷᠢᠭᠤᠴᠠᠯᠠᠭ᠎ᠠ ᠨᠢ ᠲᠣᠳᠣ ᠪᠠᠢᠨ᠎ᠠ᠂ ᠬᠠᠷᠢᠭᠤᠴᠠᠯᠭ᠎ᠠ ᠶᠢ
ᠪᠠᠢᠴᠠᠭᠠᠨ ᠪᠠᠲᠤᠯᠠᠬᠤ ᠠᠵᠢᠯ ᠢ ᠬᠠᠷᠢᠭᠤᠴᠠᠬᠤ ᠪᠠᠢᠭᠤᠯᠤᠯᠭ᠎ᠠ ᠪᠣᠯᠣᠨ ᠬᠠᠷᠢᠭᠤᠴᠠᠯᠭ᠎ᠠ ᠲᠠᠢ ᠪᠠᠢᠭᠤᠯᠤᠯᠭ᠎ᠠ ᠶᠢᠨ ᠬᠠᠮᠢᠶᠠᠷᠤᠯᠲᠠ ᠶᠢ
ᠬᠣᠯᠪᠣᠭᠳᠠᠬᠤ ᠶᠠᠮᠠᠷ ᠪᠠᠢᠭᠤᠯᠤᠯᠭ᠎ᠠ ᠳᠦ ᠨᠢᠭᠡᠳᠦᠭᠡᠷ ᠬᠢᠵᠦ ᠳᠠᠭᠠᠬᠤ ᠳᠦᠷᠢᠮ ᠢ ᠲᠣᠭᠲᠠᠭᠠᠨ᠎ᠠ᠃ ᠬᠠᠷᠢᠭᠤᠴᠠᠬᠤ
ᠠᠵᠢᠯ ᠤᠨ ᠦᠢᠯᠡᠳᠪᠦᠷᠢ᠃ ᠬᠣᠨᠢᠨ ᠵᠢᠯ ᠤᠨ ᠬᠡᠷᠡᠭᠵᠢᠭᠦᠯᠦᠯᠲᠡ ᠪᠠ ᠲᠡᠭᠦᠨ ᠦ ᠮᠣᠩᠭᠣᠯ ᠤᠨ ᠵᠢᠷᠤᠮ ᠤᠨ ᠬᠠᠮᠢᠶᠠᠷᠤᠯᠲᠠ
ᠬᠣᠯᠪᠣᠭᠳᠠᠭᠰᠠᠨ ᠬᠡᠮᠵᠢᠶ᠎ᠡ ᠪᠣᠯᠪᠠᠰᠤᠷᠠᠯ ᠤᠨ ᠪᠠᠢᠭᠤᠯᠤᠯᠭ᠎ᠠ ᠶᠢ ᠲᠣᠭᠲᠠᠭᠠᠨ ᠬᠠᠷᠢᠭᠤᠴᠠᠯᠠᠭ᠎ᠠ ᠶᠢᠨ ᠪᠠᠢᠭᠤᠯᠤᠯᠭ᠎ᠠ ᠬᠠᠷᠢᠭᠤᠴᠠᠨ᠎ᠠ
ᠪᠠᠢᠭᠤᠯᠤᠯᠭ᠎ᠠ ᠶᠢ ᠬᠠᠮᠢᠶᠠᠷᠤᠯᠲᠠ ᠶᠢᠨ ᠠᠵᠢᠯ ᠤᠨ ᠪᠠᠢᠭᠤᠯᠤᠯᠭ᠎ᠠ ᠶᠢ ᠲᠣᠭᠲᠠᠭᠠᠨ᠎ᠠ᠃ ᠬᠠᠷᠢᠭᠤᠴᠠᠬᠤ ᠪᠠᠢᠭᠤᠯᠤᠯᠭ᠎ᠠ ᠶᠢᠨ ᠵᠢᠷᠤᠮ ᠢ
ᠪᠠᠢᠭᠤᠯᠤᠯᠭ᠎ᠠ ᠶᠢᠨ ᠬᠠᠮᠢᠶᠠᠷᠤᠯᠲᠠ ᠶᠢᠨ ᠪᠠᠢᠭᠤᠯᠤᠯᠭ᠎ᠠ ᠳᠦ ᠨᠢᠭᠡᠳᠦᠭᠡᠷ ᠢ ᠲᠣᠭᠲᠠᠭᠠᠨ᠎ᠠ᠃

ᠬᠠᠷᠢᠭᠤᠴᠠᠬᠤ ᠪᠠᠢᠭᠤᠯᠤᠯᠭ᠎ᠠ ᠶᠢᠨ ᠪᠠᠢᠴᠠᠭᠠᠯᠲᠠ ᠶᠢᠨ ᠠᠵᠢᠯ ᠢ ᠬᠢᠬᠦ ᠶᠢᠨ ᠲᠥᠯᠦᠭᠡ ᠬᠢᠷᠢ ᠶᠢ ᠲᠣᠭᠲᠠᠭᠠᠨ᠎ᠠ᠃
ᠬᠡᠷᠡᠭᠯᠡᠭᠡᠨ ᠦ ᠪᠦᠲᠦᠭᠡᠭᠳᠡᠬᠦᠨ ᠦ ᠶᠠᠮᠠᠷ ᠨᠢᠭᠡᠨ ᠬᠣᠭᠣᠯᠠ ᠶᠢᠨ ᠠᠶᠤᠯᠭᠦᠢ ᠪᠠᠢᠳᠠᠯ ᠤᠨ 《ᠬᠣᠭᠣᠯᠠ ᠶᠢᠨ ᠪᠦᠲᠦᠭᠡᠭᠳᠡᠬᠦᠨ》 ᠢ ᠪᠠᠢᠴᠠᠭᠠᠬᠤ᠂ ᠬᠦᠨᠡᠰᠦ ᠶᠢᠨ
ᠨᠡᠮᠡᠯᠲᠡ᠂ ᠬᠣᠭᠣᠯᠠ ᠶᠢᠨ ᠨᠡᠮᠡᠯᠲᠡ ᠪᠣᠯᠣᠨ 《ᠬᠣᠭᠣᠯᠠ ᠶᠢᠨ ᠠᠶᠤᠯᠭᠦᠢ ᠪᠠᠢᠳᠠᠯ ᠤᠨ ᠦᠨᠳᠦᠰᠦᠨ ᠬᠡᠮᠵᠢᠶ᠎ᠡ》 ᠶᠢᠨ 《ᠬᠠᠷᠢᠭᠤᠴᠠᠬᠤ
ᠪᠠᠢᠭᠤᠯᠤᠯᠭ᠎ᠠ ᠶᠢᠨ ᠠᠵᠢᠯ》 ᠢ ᠬᠡᠷᠡᠭᠵᠢᠭᠦᠯᠬᠦ ᠳᠦᠷᠢᠮ ᠢ ᠲᠣᠭᠲᠠᠭᠠᠬᠤ ᠶᠢᠨ ᠬᠠᠮᠲᠤ ᠪᠠᠢᠭᠤᠯᠤᠯᠭ᠎ᠠ ᠶᠢᠨ ᠠᠵᠢᠯ ᠢ
ᠪᠠᠢᠴᠠᠭᠠᠨ ᠪᠠᠲᠤᠯᠠᠬᠤ ᠶᠢᠨ ᠲᠥᠯᠦᠭᠡ ᠪᠠᠢᠭᠤᠯᠤᠯᠭ᠎ᠠ ᠶᠢᠨ ᠠᠵᠢᠯ ᠢ ᠬᠡᠷᠡᠭᠵᠢᠭᠦᠯᠦᠨ᠎ᠡ᠃ 《ᠪᠠᠢᠭᠤᠯᠤᠯᠭ᠎ᠠ ᠶᠢᠨ
ᠬᠣᠯᠪᠣᠭᠳᠠᠬᠤ ᠪᠠᠢᠭᠤᠯᠤᠯᠭ᠎ᠠ ᠪᠠ ᠬᠣᠷᠢᠭᠯᠠᠬᠤ ᠬᠠᠮᠢᠶᠠᠷᠤᠯᠲᠠ ᠶᠢᠨ ᠪᠠᠢᠭᠤᠯᠤᠯᠭ᠎ᠠ᠃ ᠬᠠᠷᠢᠭᠤᠴᠠᠯᠭ᠎ᠠ ᠶᠢᠨ ᠪᠠᠢᠭᠤᠯᠤᠯᠭ᠎ᠠ
ᠪᠠᠢᠭᠤᠯᠤᠯᠭ᠎ᠠ ᠶᠢᠨ ᠵᠦᠢᠯ ᠦᠨ ᠪᠠᠢᠭᠤᠯᠤᠯᠭ᠎ᠠ ᠶᠢᠨ ᠬᠠᠮᠢᠶᠠᠷᠤᠯᠲᠠ ᠳᠦ ᠬᠡᠷᠡᠭᠵᠢᠭᠦᠯᠬᠦ ᠪᠠᠢᠭᠤᠯᠤᠯᠭ᠎ᠠ ᠶᠢ ᠬᠠᠮᠢᠶᠠᠷᠤᠯᠤᠨ᠎ᠠ᠂
ᠲᠡᠭᠦᠨ ᠦ ᠪᠠᠢᠭᠤᠯᠤᠯᠭ᠎ᠠ ᠶᠢᠨ ᠬᠠᠮᠢᠶᠠᠷᠤᠯᠲᠠ ᠶᠢᠨ ᠵᠦᠢᠯ ᠢ᠃ 1 ᠳᠤᠭᠠᠷ ᠵᠦᠢᠯ ᠦᠨ ᠬᠣᠯᠪᠣᠭᠳᠠᠬᠤ ᠪᠠᠢᠭᠤᠯᠤᠯᠭ᠎ᠠ ᠶᠢᠨ ᠬᠡᠮᠵᠢᠶ᠎ᠡ ᠶᠢ ᠲᠣᠭᠲᠠᠭᠠᠨ᠎ᠠ᠃
ᠪᠠᠢᠭᠤᠯᠤᠯᠭ᠎ᠠ ᠶᠢᠨ ᠬᠠᠮᠢᠶᠠᠷᠤᠯᠲᠠ ᠲᠠᠢ ᠪᠣᠯᠤᠨ᠎ᠠ᠃
ᠬᠠᠷᠢᠭᠤᠴᠠᠯᠠᠭ᠎ᠠ ᠪᠠᠢᠭᠤᠯᠬᠤ ᠪᠠᠢᠭᠤᠯᠤᠯᠭ᠎ᠠ ᠶᠢᠨ ᠠᠵᠢᠯ ᠢ ᠪᠠᠢᠴᠠᠭᠠᠬᠤ ᠬᠣᠭᠣᠯᠠ ᠶᠢᠨ ᠪᠦᠲᠦᠭᠡᠭᠳᠡᠬᠦᠨ ᠢ ᠬᠡᠷᠡᠭᠵᠢᠭᠦᠯᠬᠦ ᠪᠠᠢᠭᠤᠯᠤᠯᠭ᠎ᠠ

[illegible] 1 [illegible] 《[illegible]》 [illegible]

1 [illegible]

([illegible]) [illegible]

[illegible]

第一百二十三条【八类最严重违法食品生产经营行为的法律责任】 违反本法规定，有下列情形之一，尚不构成犯罪的，由县级以上人民政府食品药品监督管理部门没收违法所得和违法生产经营的食品，并可以没收用于违法生产经营的工具、设备、原料等物品；违法生产经营的食品货值金额不足一万元的，并处十万元以上十五万元以下罚款；货值金额一万元以上的，并处货值金额十五倍以上三十倍以下罚款；情节严重的，吊销许可证，并可以由公安机关对其直接负责的主管人员和其他直接责任人员处五日以上十五日以下拘留：

（一）用非食品原料生产食品、在食品中添加食品添加剂以外的化学物质和其他可能危害人体健康的物质，或者用回收食品作为原料生产食品，或者经营上述食品；

（二）生产经营营养成分不符合食品安全标准的专供婴幼儿和其他特定人群的主辅食品；

（三）经营病死、毒死或者死因不明的禽、畜、兽、水产动物肉类，或者生产经营其制品；

（四）经营未按规定进行检疫或者检疫不合格的肉类，或者生产经营未经检验或者检验不合格的肉类制品；

（五）生产经营国家为防病等特殊需要明令禁止生产经营的食品；

（六）生产经营添加药品的食品。

明知从事前款规定的违法行为，仍为其提供生产经营场所或者其他条件的，由县级以上人民政府食品药品监督管理部门责令停止违法行为，没收违法所得，并处十万元以上二十万元以下罚款；使消费者的合法权益受到损害的，应当与食品生产经营者承担连带责任。

违法使用剧毒、高毒农药的，除依照有关法律、法规规定给予处罚外，可以由公安机关依照第一款规定给予拘留。

●条文解读

本条是对原法第85条的修改，加大了对生产经营本法所禁止生产经营食品的行为的处罚力度。第1款列举规定了六类适用『并处货值金额十五倍以上三十倍以下罚款』等法律责任的违法情形。第2款增加规定了明知从事前款规定的违法行为，仍为其提供生产经营场所或者其他条件者的法律责任。第3款增加了违法使用剧毒、高毒农药者的法律责任。

一、本条规定的违法行为

为了确保食品安全，新法第34条明确规定了13种禁止生产经营的食品、食品添加剂、食品相关产品，都是性质恶劣、一旦生产经营就应当追究法律责任的情形。本条第1款前5

项内容是将新法第34条中性质尤为恶劣，一旦违法生产经营必然会严重影响食品安全的情形单独列举出来，在本条中规定了最为严格的法律责任。第1款第6项是本法第38条中明令禁止的内容，食品中添加药品的也应给予最严格的处罚。

第2款增加规定了明知从事第1款规定的违法行为，仍为其提供生产经营场所或者其他条件的违法行为。

第3款增加规定了违法使用剧毒、高毒农药者的法律责任。为了确保食用农产品源头安全，本法第49条对农业投入品包括农药的使用作出严厉的禁止性规定。

二、本条规定的法律责任

（一）关于行政处罚

针对第1款规定的违法行为，尚不构成犯罪的，由县级以上人民政府食品药品监督管理部门没收违法所得和违法生产经营的食品，并可以没收用于违法生产经营的工具、设备、原料等物品；违法生产经营的食品货值金额不足1万元的，并处10万元以上15万元以下罚款；货值金额1万元以上的，并处货值金额15倍以上30倍以下罚款；情节严重的，吊销许可证，并可以由公安机关对其直接负责的主管人员和其他直接责任人员处5日以上15日以下拘留。这里要说明以下三点：

一是执法主体调整。新法规定由食品药品监督管理部门对上述违法行为进行行政处罚，取代了原来『有关主管部门』的表述，与监管部门职责调整情况相一致，体现了统一综合执法的新态势。

二是关于处罚种类。本条规定的处罚种类繁多，既有没收违法所得、没收非法财物和罚款的财产罚，又有吊销许可证的资格罚、拘留的人身罚。相比于财产罚，吊销许可证或者拘留的处罚更为严厉，适用于情节严重的上述违法行为。本条还应当注意处罚种类之间的选择关系，例如『并可以没收用于违法生产经营的工具、设备、原料等物品』，主要是考虑食品生产经营违法行为复杂多样，一律没收工具、设备过于严厉；食品生产者使用同一工具、设备往往生产多种食品，某个品种或者某个批次食品不合格就没收相关工具、设备也难以执行。因此，法律采取『并可以』的表述，实际上给了食品安全监管部门必要的裁量权。监管部门应当注意视情形科学规范执法，违法情节严重或者造成严重后果的应当并处拘留等行政处罚，行使好法律赋予的裁量权。

三是关于最高货值金额处罚倍数。本条规定的罚款数额以货值金额来决定，违法生产经营的食品货值金额不足1万元的，并处10万元以上15万元以下罚款；货值金额1万元以上的，并处货值金额15倍以上30倍以下罚款。新法将原法规定货值金额的『五倍以上十倍以下』提高了三倍，修改为『十五倍以上三十倍以下』，是新法最高、最严的以货值金额倍数计算行政处罚的法律责任方式，体现了对上述违法行为坚决打击的立法态度。

四是关于行政拘留。本条第1款规定的六类违法生产经营行为，情节严重的适用『拘留』的行政处罚。违法使用剧毒、高毒农药的，除依照农药管理条例等法律法规给予处罚外，情节严重的，还应当依照本条规定给予拘留。食品药品监督管理、农业等监管部门在执法过程中发现情节严重的违法使用剧毒、高毒农药行为，需要给予拘留的，应当及时将案件移送公安机关。公安机关也可以主动立案查处。

（二）关于连带责任

第2款增加规定了明知从事第1款规定的违法行为，仍为其提供生产经营场所或者其他条件者的法律责任，除了由县级以上人民政府食品药品监督管理部门责令停止违法行为，没收违法所得，并处10万元以上20万元以下罚款以外，使消费者的合法权益受到损害的，还应当与食品生产经营者承担连带责任。这一规定的法理在于，明知从事第1款规定的违法行为，仍为其提供生产经营场所或者其他条件，等于有了共同从事违法行为的『合意』，法律上规定连带责任是合理而有意义的，可以促使相关主体提高法律责任意识，也可以从外围源头上打击食品生产经营的违法行为。

（三）关于刑事责任

对于本条规定的违法行为，有可能构成犯罪。例如，如果符合刑法第143条、第144条规定的犯罪要件的，要按照生产、销售不符合安全标准的食品罪或者生产、销售有毒、有害食品罪追究刑事责任。因此本条第 1 款就规定，违反本法规定，尚不构成犯罪的，才依照本条处罚，防止以罚代刑。

[illegible]

ᠬᠤᠷᠠᠯ ᠤᠨ ᠪᠠᠶᠢᠩᠭ᠎ᠠ ᠶᠢᠨ ᠬᠣᠷᠢᠶ᠎ᠠ ᠨᠢ ᠬᠠᠤᠯᠢ ᠵᠢᠷᠤᠮ ᠢ ᠲᠠᠶᠢᠯᠪᠤᠷᠢᠯᠠᠬᠤ ᠪᠣᠯᠤᠨ ᠪᠠᠲᠤᠯᠠᠭᠳᠠᠭᠰᠠᠨ ᠬᠠᠤᠯᠢ ᠶᠢᠨ ᠳᠦᠷᠢᠮ ᠦᠨ ᠵᠦᠢᠯ ᠦᠨ ᠬᠡᠰᠡᠭ ᠦᠨ 5 ᠳᠤᠭᠠᠷ ᠵᠦᠢᠯ ᠦᠨ ᠬᠣᠶᠠᠳᠤᠭᠠᠷ ᠵᠦᠢᠯ ᠦᠨ 34 ᠳᠤᠭᠠᠷ ᠵᠦᠢᠯ ᠳᠦ ᠵᠢᠭᠠᠭᠰᠠᠨ ᠤ 1 ᠳᠤᠭᠠᠷ ᠬᠡᠰᠡᠭ ᠲᠦ ᠬᠠᠮᠠᠭᠠᠷᠠᠬᠤ ᠪᠣᠯᠪᠠᠴᠤ᠂ ᠬᠠᠤᠯᠢ ᠶᠢᠨ ᠲᠣᠭᠲᠠᠭᠠᠯ ᠢ ᠵᠢᠭᠠᠭᠰᠠᠨ ᠶᠣᠰᠤᠭᠠᠷ ᠬᠡᠷᠡᠭᠵᠢᠭᠦᠯᠦᠨ᠎ᠡ᠃ ᠬᠠᠤᠯᠢ ᠶᠢᠨ ᠬᠡᠯᠡᠯᠴᠡᠭᠡᠷ ᠪᠠᠲᠤᠯᠠᠭᠳᠠᠭᠰᠠᠨ ᠬᠠᠤᠯᠢ ᠶᠢᠨ ᠵᠦᠢᠯ ᠦᠨ 34 ᠳᠤᠭᠠᠷ ᠵᠦᠢᠯ ᠦᠨ ᠲᠣᠭᠲᠠᠭᠠᠯ 13 ᠳᠤᠭᠠᠷ ᠵᠦᠢᠯ ᠳᠦ ᠵᠢᠭᠠᠭᠰᠠᠨ ᠶᠣᠰᠤᠭᠠᠷ ᠪᠣᠯᠤᠨ᠎ᠠ᠂ ᠲᠡᠷᠡ ᠬᠠᠤᠯᠢ ᠶᠢᠨ ᠲᠠᠶᠢᠯᠪᠤᠷᠢ ᠶᠢ ᠬᠦᠴᠦᠨ ᠲᠡᠢ ᠪᠣᠯᠭᠠᠬᠤ ᠶᠢᠨ ᠲᠤᠯᠠ ᠵᠢᠭᠠᠭᠰᠠᠨ ᠶᠣᠰᠤᠭᠠᠷ ᠪᠠᠲᠤᠯᠠᠭᠰᠠᠨ ᠶᠣᠰᠤᠭᠠᠷ ᠬᠦᠴᠦᠨ ᠲᠡᠢ ᠪᠣᠯᠤᠨ᠎ᠠ᠃ 3 ᠳᠤᠭᠠᠷ ᠲᠣᠭᠲᠠᠭᠠᠯ ᠤᠨ ᠵᠦᠢᠯ ᠳᠦ ᠬᠠᠮᠠᠭᠠᠷᠠᠬᠤ ᠪᠣᠯᠪᠠᠴᠤ ᠬᠠᠤᠯᠢ ᠶᠢᠨ ᠲᠣᠭᠲᠠᠭᠠᠯ ᠢ ᠵᠢᠭᠠᠭᠰᠠᠨ ᠶᠣᠰᠤᠭᠠᠷ ᠬᠡᠷᠡᠭᠵᠢᠭᠦᠯᠦᠨ᠎ᠡ᠃ 2 ᠳᠤᠭᠠᠷ ᠲᠣᠭᠲᠠᠭᠠᠯ ᠤᠨ ᠵᠦᠢᠯ ᠳᠦ ᠵᠢᠭᠠᠭᠰᠠᠨ ᠶᠣᠰᠤᠭᠠᠷ 《ᠬᠠᠤᠯᠢ ᠲᠣᠭᠲᠠᠭᠠᠬᠤ ᠬᠠᠤᠯᠢ》 ᠶᠢᠨ ᠳᠦᠷᠢᠮ ᠢ ᠪᠠᠷᠢᠮᠲᠠᠯᠠᠬᠤ ᠪᠠ ᠳᠡᠭᠡᠳᠦ ᠶᠢᠨ ᠬᠠᠤᠯᠢ ᠶᠢᠨ ᠬᠦᠴᠦᠨ ᠢ ᠪᠠᠲᠤᠯᠠᠬᠤ ᠶᠢᠨ ᠲᠤᠯᠠ᠂ ᠡᠩ ᠦᠨ ᠲᠣᠭᠲᠠᠭᠠᠯ ᠤᠨ ᠵᠦᠢᠯ ᠦᠨ ᠬᠡᠰᠡᠭ ᠦᠨ ᠲᠣᠭᠲᠠᠭᠠᠯ ᠢ ᠵᠢᠭᠠᠭᠰᠠᠨ ᠶᠣᠰᠤᠭᠠᠷ ᠬᠡᠷᠡᠭᠵᠢᠭᠦᠯᠦᠨ᠎ᠡ᠃ 1 ᠳᠤᠭᠠᠷ ᠵᠦᠢᠯ ᠦᠨ ᠲᠣᠭᠲᠠᠭᠠᠯ ᠢ ᠬᠡᠷᠡᠭᠵᠢᠭᠦᠯᠬᠦ ᠶᠢᠨ ᠲᠤᠯᠠ᠂ ᠪᠠᠲᠤᠯᠠᠭᠳᠠᠭᠰᠠᠨ ᠬᠠᠤᠯᠢ ᠶᠢᠨ ᠵᠦᠢᠯ ᠦᠨ 85 ᠳᠤᠭᠠᠷ ᠵᠦᠢᠯ ᠳᠦ ᠵᠢᠭᠠᠭᠰᠠᠨ ᠶᠣᠰᠤᠭᠠᠷ ᠬᠦᠴᠦᠨ ᠲᠡᠢ ᠪᠣᠯᠤᠨ᠎ᠠ᠃

[ᠲᠠᠶᠢᠯᠪᠤᠷᠢ]

ᠬᠠᠤᠯᠢ ᠵᠢᠷᠤᠮ ᠤᠨ ᠬᠦᠴᠦᠨ ᠲᠡᠢ ᠪᠣᠯᠬᠤ ᠬᠤᠭᠤᠴᠠᠭ᠎ᠠ ᠨᠢ᠂ ᠬᠠᠤᠯᠢ ᠵᠢᠷᠤᠮ ᠢ ᠬᠦᠴᠦᠨ ᠲᠡᠢ ᠪᠣᠯᠭᠠᠬᠤ ᠪᠣᠯᠪᠠᠴᠤ ᠲᠡᠷᠡ ᠬᠠᠤᠯᠢ ᠶᠢᠨ ᠲᠠᠶᠢᠯᠪᠤᠷᠢ ᠶᠢ ᠬᠦᠴᠦᠨ ᠲᠡᠢ ᠪᠣᠯᠭᠠᠬᠤ ᠳᠦ ᠬᠠᠮᠠᠭᠠᠷᠠᠬᠤ᠂ ᠲᠡᠷᠡ ᠨᠢ ᠬᠡᠷᠡᠭᠵᠢᠭᠦᠯᠬᠦ

ᠪᠣᠯᠤᠨ᠎ᠠ᠃ ᠬᠣᠭᠤᠯᠠ ᠶᠢᠨ ᠦᠢᠯᠡᠳᠪᠦᠷᠢ ᠪᠦᠲᠦᠭᠡᠭᠳᠡᠬᠦᠨ ᠦᠢᠯᠡᠳᠪᠦᠷᠢᠯᠡᠭᠴᠢ ᠠᠵᠤ ᠠᠬᠤᠢ᠂ ᠠᠵᠤ ᠠᠬᠤᠢ ᠶᠢᠨ ᠡᠵᠡᠨ ᠦ ᠬᠡᠷᠡᠭ ᠦᠨ ᠪᠠᠶᠢᠳᠠᠯ ᠢ ᠲᠣᠭᠲᠠᠭᠠᠬᠤ ᠦᠨ ᠲᠤᠰ ᠢ 1
ᠵᠢᠯ ᠦᠨ ᠬᠤᠭᠤᠴᠠᠭ᠎ᠠ ᠳᠤ ᠬᠦᠷᠬᠦ ᠦᠭᠡᠢ ᠬᠣᠭᠤᠯᠠ ᠶᠢᠨ ᠦᠢᠯᠡᠳᠪᠦᠷᠢ ᠪᠦᠲᠦᠭᠡᠭᠳᠡᠬᠦᠨ ᠦ ᠪᠠᠶᠢᠳᠠᠯ ᠢ ᠪᠦᠷᠢᠳᠬᠡᠯ ᠪᠠᠷ ᠪᠠᠲᠤᠯᠠᠬᠤ᠂ ᠬᠠᠳᠠᠭᠠᠯᠠᠬᠤ᠂ ᠬᠠᠷᠢᠭᠤᠴᠠᠬᠤ ᠦᠭᠡᠢ ᠪᠣᠯ ᠬᠣᠭᠤᠯᠠ ᠶᠢᠨ ᠦᠢᠯᠡᠳᠪᠦᠷᠢ ᠪᠦᠲᠦᠭᠡᠭᠳᠡᠬᠦᠨ
ᠦᠢᠯᠡᠳᠪᠦᠷᠢᠯᠡᠭᠰᠡᠨ ᠡᠳᠦᠷ ᠡᠴᠡ ᠬᠣᠭᠤᠯᠠ ᠶᠢᠨ ᠦᠢᠯᠡᠳᠪᠦᠷᠢ ᠪᠦᠲᠦᠭᠡᠭᠳᠡᠬᠦᠨ ᠦ ᠬᠠᠳᠠᠭᠠᠯᠠᠬᠤ ᠬᠤᠭᠤᠴᠠᠭ᠎ᠠ ᠬᠣᠭᠤᠯᠠ ᠶᠢᠨ ᠦᠢᠯᠡᠳᠪᠦᠷᠢᠯᠡᠭᠰᠡᠨ ᠦᠢᠯᠡᠳᠪᠦᠷᠢᠯᠡᠭᠰᠡᠨ ᠪᠣᠯᠤᠨ ᠬᠦᠷᠬᠦ ᠦᠭᠡᠢ ᠵᠢᠯ ᠦᠨ ᠬᠤᠭᠤᠴᠠᠭ᠎ᠠ᠂ ᠬᠣᠭᠤᠯᠠ
ᠪᠠᠷᠢᠮᠲᠠ ᠬᠡᠮᠵᠢᠶ᠎ᠡ ᠶᠢᠨ ᠨᠡᠷ᠎ᠡ ᠶᠢᠨ ᠬᠤᠪᠢᠶᠠᠷ ᠢ ᠬᠣᠭᠤᠯᠠ ᠪᠣᠯᠤᠨ ᠡᠳ ᠦᠨ ᠲᠤᠰ ᠪᠠᠶᠢᠴᠠᠭᠠᠯᠲᠠ ᠭᠠᠷᠭᠠᠬᠤ ᠳᠤ ᠲᠤᠰᠬᠠᠢ ᠬᠡᠮᠵᠢᠶ᠎ᠡ ᠶᠢᠨ ᠬᠣᠭᠤᠯᠠ ᠶᠢᠨ ᠦᠢᠯᠡᠳᠪᠦᠷᠢᠯᠡᠭᠴᠢ
1 ᠳᠦᠭᠡᠷ ᠪᠠᠢᠴᠠᠭᠠᠯᠲᠠ ᠶᠢᠨ ᠬᠣᠭᠤᠯᠠ ᠦᠢᠯᠡᠳᠪᠦᠷᠢ ᠲᠣᠭᠲᠠᠭᠰᠠᠨ ᠳᠦ ᠵᠣᠬᠢᠴᠠᠭᠤᠯᠤᠯ᠂ ᠲᠡᠷᠡ ᠪᠦᠬᠦ ᠳᠦ ᠪᠠᠲᠤᠯᠠᠭᠳᠠᠬᠤ ᠬᠣᠭᠤᠯᠠ ᠨᠢ ᠬᠡᠮᠵᠢᠶ᠎ᠡ ᠶᠢᠨ ᠪᠣᠯᠤᠨ ᠬᠦᠷᠬᠦ
(ᠬᠣᠶᠠᠷ) ᠬᠣᠭᠤᠯᠠ ᠦᠢᠯᠡᠳᠪᠦᠷᠢ ᠶᠢᠨ ᠬᠠᠮᠢᠶ᠎ᠠ ᠶᠢᠨ ᠲᠤᠰ
ᠬᠣᠭᠤᠯᠠ᠂ ᠬᠦᠨᠡᠰᠦ ᠲᠠᠷᠢᠶᠠᠯᠠᠩ ᠤᠨ ᠪᠠᠲᠤᠯᠠᠭᠰᠠᠨ ᠬᠣᠭᠤᠯᠠ ᠶᠢᠨ ᠵᠢᠭᠠᠯ ᠳᠤ ᠬᠣᠭᠤᠯᠠ ᠶᠢᠨ ᠦᠢᠯᠡᠳᠪᠦᠷᠢᠯᠡᠭᠰᠡᠨ᠂ ᠬᠣᠭᠤᠯᠠ
ᠪᠠᠲᠤᠯᠠᠭᠰᠠᠨ ᠵᠢᠭᠠᠯ ᠤᠨ ᠬᠡᠮᠵᠢᠶ᠎ᠡ ᠶᠢᠨ ᠬᠣᠭᠤᠯᠠ ᠪᠠᠷ ᠪᠠᠲᠤᠯᠠᠭᠰᠠᠨ ᠬᠣᠭᠤᠯᠠ᠃
ᠪᠠᠲᠤᠯᠠᠬᠤ᠂ ᠬᠣᠭᠤᠯᠠ ᠶᠢᠨ 49 ᠳᠦᠭᠡᠷ ᠵᠦᠢᠯ ᠳᠦ ᠵᠢᠭᠠᠭᠰᠠᠨ ᠪᠦᠷᠢᠳᠬᠡᠯ ᠦᠨ ᠬᠠᠳᠠᠭᠠᠯᠠᠭᠰᠠᠨ ᠳᠤ ᠬᠠᠳᠠᠭᠠᠯᠠᠬᠤ ᠳᠤ ᠪᠦᠷᠢᠳᠬᠡᠯ ᠦᠨ ᠬᠤᠪᠢ ᠶᠢᠨ ᠬᠡᠷᠡᠭᠯᠡᠬᠦ ᠶᠢ
ᠬᠠᠷᠢᠭᠤᠴᠠᠭᠤᠯᠤᠨ ᠶᠢ ᠬᠡᠷᠡᠭ ᠪᠠᠲᠤᠯᠠᠭᠰᠠᠨ᠃ ᠬᠣᠭᠤᠯᠠ ᠪᠦᠷᠢᠳᠬᠡᠯ ᠦᠨ ᠪᠦᠷᠢᠳᠬᠡᠯ ᠦᠨ ᠰᠠᠩ ᠬᠠᠳᠠᠭᠠᠯᠠᠬᠤ ᠳᠤ ᠬᠠᠷᠢᠭᠤᠴᠠᠬᠤ ᠪᠠᠷᠢᠮᠲᠠ ᠶᠢᠨ ᠪᠠᠲᠤᠯᠠᠭᠰᠠᠨ ᠳᠤ
3 ᠳᠦᠭᠡᠷ ᠪᠠᠢᠴᠠᠭᠠᠯᠲᠠ ᠳᠤ ᠬᠣᠭᠤᠯᠠ ᠶᠢᠨ ᠦᠢᠯᠡᠳᠪᠦᠷᠢ ᠪᠠᠲᠤᠯᠠᠭᠰᠠᠨ᠂ ᠬᠦᠨᠳᠦ ᠬᠣᠭᠤᠯᠠ ᠪᠣᠯ ᠪᠦᠷᠢᠳᠬᠡᠯ ᠦᠨ ᠬᠤᠪᠢ ᠶᠢᠨ ᠬᠠᠳᠠᠭᠠᠯᠠᠬᠤ ᠳᠤ ᠬᠣᠭᠤᠯᠠ ᠵᠢᠭᠠᠯ ᠳᠤ
ᠪᠠ ᠪᠣᠰᠤ ᠲᠣᠭᠲᠠᠭᠠᠯ ᠬᠠᠷᠢᠭᠤᠴᠠᠬᠤ ᠳᠤ ᠬᠣᠭᠤᠯᠠ ᠵᠢᠭᠠᠯ ᠳᠤ ᠬᠠᠷᠢᠭᠤᠴᠠᠭᠤᠯᠤᠨ ᠶᠢ ᠬᠡᠷᠡᠭ ᠪᠠᠲᠤᠯᠠᠭᠰᠠᠨ᠃
2 ᠳᠦᠭᠡᠷ ᠪᠠᠢᠴᠠᠭᠠᠯᠲᠠ ᠳᠤ 1 ᠳᠦᠭᠡᠷ ᠪᠠᠢᠴᠠᠭᠠᠯᠲᠠ ᠶᠢᠨ ᠬᠣᠭᠤᠯᠠ ᠶᠢᠨ ᠦᠢᠯᠡᠳᠪᠦᠷᠢᠯᠡᠭᠰᠡᠨ ᠢ ᠪᠠᠲᠤᠯᠠᠬᠤ ᠬᠣᠭᠤᠯᠠ ᠪᠦᠷᠢᠳᠬᠡᠯ ᠦᠢᠯᠡᠳᠪᠦᠷᠢᠯᠡᠭᠰᠡᠨ ᠪᠦᠲᠦᠭᠡᠭᠳᠡᠬᠦᠨ ᠪᠠᠲᠤᠯᠠᠬᠤ
ᠵᠢᠭᠠᠯ ᠤᠨ ᠬᠡᠮᠵᠢᠶ᠎ᠡ ᠪᠣᠯᠤᠨ᠂ ᠬᠣᠭᠤᠯᠠ ᠪᠠᠷᠢᠮᠲᠠ ᠶᠢᠨ ᠲᠤᠰ ᠬᠡᠮᠵᠢᠶ᠎ᠡ ᠶᠢ ᠪᠣᠯᠤᠨ ᠬᠣᠭᠤᠯᠠ ᠵᠢᠭᠠᠯ ᠬᠣᠭᠤᠯᠠ ᠪᠠᠲᠤᠯᠠᠭᠰᠠᠨ ᠬᠠᠷᠢᠭᠤᠴᠠᠬᠤ᠃
ᠬᠠᠷᠢᠭᠤᠴᠠᠭᠤᠯᠤᠨ ᠪᠣᠯᠤᠨ ᠪᠠᠲᠤᠯᠠᠭᠰᠠᠨ᠃ 1 ᠳᠦᠭᠡᠷ ᠪᠠᠢᠴᠠᠭᠠᠯᠲᠠ ᠶᠢᠨ 6 ᠳᠤ ᠳᠦᠭᠡᠷ ᠵᠦᠢᠯ ᠪᠡᠷ ᠬᠣᠭᠤᠯᠠ ᠶᠢᠨ 38 ᠳᠦᠭᠡᠷ ᠵᠦᠢᠯ ᠳᠦ ᠲᠣᠭᠲᠠᠭᠰᠠᠨ ᠬᠤᠪᠢ ᠪᠠᠷ
ᠬᠡᠷᠡᠭᠵᠢᠭᠦᠯᠬᠦ ᠶᠢ ᠬᠠᠷᠢᠭᠤᠴᠠᠬᠤ ᠬᠣᠭᠤᠯᠠ ᠬᠣᠭᠤᠯᠠ ᠶᠢᠨ ᠪᠠᠲᠤᠯᠠᠬᠤ ᠶᠢ ᠬᠠᠷᠢᠭᠤᠴᠠᠭᠤᠯᠤᠨ ᠪᠠᠲᠤᠯᠠᠭᠰᠠᠨ᠂ ᠬᠣᠭᠤᠯᠠ ᠵᠢᠭᠠᠯ ᠪᠣᠯᠤᠨ ᠬᠣᠭᠤᠯᠠ ᠶᠢᠨ ᠵᠢᠭᠠᠯ ᠳᠤ ᠬᠣᠭᠤᠯᠠ ᠵᠢᠭᠠᠯ ᠳᠤ ᠬᠡᠷᠡᠭᠵᠢᠭᠦᠯᠬᠦ

ᠭᠠᠵᠠᠷ ᠤ ᠵᠢᠷᠤᠮᠯᠠᠯ ᠬᠣᠨᠤᠭ ᠲᠠᠢ ᠬᠠᠮᠢᠶᠠᠷᠤᠭᠤᠯᠤᠯ 《ᠪᠦᠲᠦᠭᠡᠯ ᠦᠨ ᠲᠣᠭᠲᠠᠭᠠᠯ ᠤᠨ ᠪᠦᠯᠦᠭ ᠦᠨ 15 ᠬᠣᠨᠤᠭ ᠲᠤ ᠬᠦᠷᠭᠡᠬᠦ 30 ᠬᠣᠨᠤᠭ ᠲᠤ ᠬᠦᠷᠭᠡᠬᠦ》 ᠪᠣᠯᠭᠠᠨ ᠵᠠᠰᠠᠵᠤ《ᠪᠦᠲᠦᠭᠡᠯ ᠦᠨ ᠲᠣᠭᠲᠠᠭᠠᠯ ᠤᠨ ᠪᠦᠯᠦᠭ ᠦᠨ 15 ᠬᠣᠨᠤᠭ ᠲᠤ ᠬᠦᠷᠭᠡᠬᠦ 30 ᠬᠣᠨᠤᠭ ᠲᠤ ᠬᠦᠷᠭᠡᠬᠦ》 ᠪᠣᠯᠭᠠᠭᠰᠠᠨ ᠪᠠᠢᠨ᠎ᠠ᠃ ᠪᠦᠲᠦᠭᠡᠯ ᠦᠨ ᠲᠣᠭᠲᠠᠭᠠᠯ ᠤᠨ 1 ᠳᠦᠭᠡᠷ ᠵᠦᠢᠯ ᠦᠨ 10 ᠳᠦᠭᠡᠷ ᠵᠦᠢᠯ ᠦᠨ 15 ᠳᠦᠭᠡᠷ ᠵᠦᠢᠯ ᠳᠦ ᠬᠠᠮᠢᠶᠠᠷᠤᠯᠲᠠ ᠪᠦᠬᠦᠢ ᠲᠠᠯᠠ ᠪᠠᠷ ᠲᠣᠳᠣᠷᠬᠠᠢᠯᠠᠭᠰᠠᠨ ᠪᠠᠢᠨ᠎ᠠ᠂ ᠡᠳᠡᠭᠡᠷ ᠨᠢ ᠪᠦᠲᠦᠭᠡᠯ ᠦᠨ ᠵᠠᠭᠠᠯᠲᠠ ᠪᠠᠷ ᠣᠷᠣᠭᠤᠯᠤᠭᠰᠠᠨ ᠪᠠᠢᠨ᠎ᠠ᠃ ᠡᠨᠡ ᠲᠣᠭᠲᠠᠭᠠᠯ ᠢ ᠬᠡᠷᠡᠭᠵᠢᠭᠦᠯᠬᠦ ᠳᠦ ᠬᠠᠮᠢᠶᠠᠷᠤᠯᠲᠠ ᠲᠠᠢ ᠵᠠᠷᠯᠢᠭ ᠢ ᠲᠣᠳᠣᠷᠬᠠᠢᠯᠠᠨ᠎ᠠ᠃

ᠬᠦᠨᠡᠰᠦᠨ ᠦ ᠪᠦᠲᠦᠭᠡᠯ ᠦᠨ ᠵᠥᠪᠰᠢᠶᠡᠷᠡᠯ ᠦᠨ ᠬᠤᠳᠠᠯᠳᠤᠭᠠ ᠶᠢᠨ ᠡᠷᠬᠢᠯᠡᠭᠴᠢ ᠨᠢ ᠲᠣᠭᠲᠠᠭᠠᠯ ᠤᠨ ᠡᠷᠬᠡ ᠶᠢ ᠬᠡᠷᠡᠭᠵᠢᠭᠦᠯᠬᠦ ᠪᠠᠢᠳᠠᠯ ᠢ ᠬᠢᠨᠠᠨ ᠱᠠᠯᠭᠠᠬᠤ᠂ ᠪᠦᠲᠦᠭᠡᠯ ᠦᠨ ᠤᠳᠠᠭᠠᠨ ᠳᠤ ᠵᠥᠪᠰᠢᠶᠡᠷᠡᠯ ᠦᠨ ᠲᠡᠮᠳᠡᠭᠯᠡᠯ ᠢ ᠬᠠᠮᠢᠶᠠᠷᠤᠯᠲᠠ ᠲᠠᠢ ᠪᠠᠢᠭᠤᠯᠬᠤ ᠬᠡᠷᠡᠭᠲᠡᠢ᠃ ᠬᠠᠷᠢᠨ ᠬᠤᠳᠠᠯᠳᠤᠭ᠎ᠠ ᠶᠢᠨ ᠦᠢᠯᠡ ᠠᠵᠢᠯᠯᠠᠭᠤᠯᠤᠭᠴᠢ ᠪᠤᠶᠤ ᠬᠦᠨᠡᠰᠦᠨ ᠦ ᠪᠦᠲᠦᠭᠡᠯ ᠦᠨ 《ᠵᠥᠪᠰᠢᠶᠡᠷᠡᠯ ᠦᠨ ᠪᠢᠴᠢᠭ》 ᠢ ᠬᠡᠷᠡᠭᠯᠡᠬᠦ ᠳᠤ ᠨᠡᠢᠴᠡᠭᠦᠯᠦᠨ ᠬᠢᠨᠠᠬᠤ ᠨᠢ ᠬᠡᠷᠡᠭᠲᠡᠢ᠃ ᠦᠢᠯᠡᠳᠪᠦᠷᠢ ᠶᠢᠨ ᠪᠠᠢᠭᠤᠯᠤᠯᠭ᠎ᠠ ᠶᠢᠨ ᠬᠦᠮᠦᠰ ᠦᠨ ᠲᠣᠭ᠎ᠠ ᠪᠣᠯᠤᠨ ᠲᠦᠪᠰᠢᠨ ᠢ ᠬᠠᠩᠭᠠᠬᠤ᠂ ᠲᠣᠭᠲᠠᠭᠠᠯ ᠤᠨ ᠲᠦᠪᠰᠢᠨ ᠢ ᠬᠠᠩᠭᠠᠬᠤ᠂ ᠨᠢᠭᠡᠳᠦᠭᠡᠷ ᠲᠦ ᠪᠦᠲᠦᠭᠡᠯ ᠦᠨ ᠲᠣᠭᠲᠠᠭᠠᠯ ᠢ ᠬᠡᠷᠡᠭᠵᠢᠭᠦᠯᠬᠦ᠂ ᠬᠣᠶᠠᠳᠤᠭᠠᠷ ᠲᠤ ᠪᠦᠲᠦᠭᠡᠯ ᠦᠨ ᠲᠦᠪᠰᠢᠨ ᠢ ᠳᠡᠭᠡᠭᠰᠢᠯᠡᠭᠦᠯᠬᠦ ᠶᠢᠨ ᠲᠤᠯᠠ ᠵᠣᠬᠢᠬᠤ ᠲᠠᠢ ᠪᠣᠯᠪᠠ᠃ ᠬᠦᠨᠡᠰᠦᠨ ᠦ ᠪᠦᠲᠦᠭᠡᠯ ᠦᠨ ᠠᠵᠢᠯ ᠢ 《ᠬᠠᠮᠢᠶᠠᠷᠤᠯᠲᠠ ᠲᠠᠢ ᠪᠠᠢᠭᠤᠯᠬᠤ》 ᠶᠢᠨ ᠲᠤᠯᠠ ᠪᠠᠷᠢᠮᠲᠠ ᠨᠢ ᠳᠤᠷᠠᠮ ᠲᠠᠢ ᠵᠠᠰᠠᠯ ᠲᠠᠢ ᠪᠣᠯᠪᠠ᠂

[illegible]
[illegible]
2 [illegible] 1 [illegible]
[illegible]
[illegible]
[illegible]
[illegible]
[illegible]
[illegible]
[illegible]
[illegible]
[illegible]
[illegible] 1 [illegible]
[illegible]
[illegible]
[illegible]

第一百二十四条【十一类违法生产经营行为的法律责任】 违反本法规定，有下列情形之

[illegible]

[illegible]

[illegible]

[illegible]

[illegible]

一，尚不构成犯罪的，由县级以上人民政府食品药品监督管理部门没收违法所得和违法生产经营的食品、食品添加剂，并可以没收用于违法生产经营的工具、设备、原料等物品；违法生产经营的食品、食品添加剂货值金额不足一万元的，并处五万元以上十万元以下罚款；货值金额一万元以上的，并处货值金额十倍以上二十倍以下罚款；情节严重的，吊销许可证：

（一）生产经营致病性微生物，农药残留、兽药残留、生物毒素、重金属等污染物质以及其他危害人体健康的物质含量超过食品安全标准限量的食品、食品添加剂；

（二）用超过保质期的食品原料、食品添加剂生产食品、食品添加剂，或者经营上述食品、食品添加剂；

（三）生产经营超范围、超限量使用食品添加剂的食品；

（四）生产经营腐败变质、油脂酸败、霉变生虫、污秽不洁、混有异物、掺假掺杂或者感官性状异常的食品、食品添加剂；

（五）生产经营标注虚假生产日期、保质期或者超过保质期的食品、食品添加剂；

（六）生产经营未按规定注册的保健食品、特殊医学用途配方食品、婴幼儿配方乳粉，或者未按注册的产品配方、生产工艺等技术要求组织生产；

（七）以分装方式生产婴幼儿配方乳粉，或者同一企业以同一配方生产不同品牌的婴幼儿配方乳粉；

情形单独列举出来，在本条中规定了第二种幅度的严格法律责任。第1款第6项是对应本法1款前5项内容是将第34条中性质较为恶劣，一旦出现生产经营行为必然会影响食品安全的食品相关严品，都是性质恶劣、一旦有了生产经营行为就应当追究法律责任的情形。本条第

为了确保食品安全，新法第34条明确规定了十三种禁止生产经营的食品、食品添加剂、

一、本条规定的违法行为

性评估生产食品相关产品新品种等的法律责任。

罚款』等法律责任的违法情形。第2款规定了法律责任的兜底条款。第3款规定了未经安全

本条是新增加的规定。第1款列举规定了应当适用『并处货值金额十倍以上二十倍以下

●条文解读

关产品的，由县级以上人民政府质量监督部门依照第一款规定给予处罚。

生产食品相关产品新品种，未通过安全性评估，或者生产不符合食品安全标准的食品相

法规或者食品安全标准的食品、食品添加剂的，依照前款规定给予处罚。

除前款和本法第一百二十三条、第一百二十五条规定的情形外，生产经营不符合法律、

或者停止经营。

（九）食品生产经营者在食品药品监督管理部门责令其召回或者停止经营后，仍拒不召回

（八）利用新的食品原料生产食品，或者生产食品添加剂新品种，未通过安全性评估；

体健康的物质含量超过食品安全标准限量的以外，食品安全标准还规定了其他限量指标。违
如，除致病性微生物，农药残留、兽药残留、生物毒素、重金属等污染物质以及其他危害人
相关法律、法规或者食品安全标准的食品、食品添加剂的，依照第1款规定给予处罚。例
除第1款已经列明的情形和本法第123条、第125条规定的情形外，生产经营不符合本法和
全。但是，这里的兜底法律责任也是有限定的，即『不符合法律、法规或者食品安全标准』。

第2款规定的违法行为对应第34条第13项，主要是作为兜底法律责任条款，防止列举不
究法律责任。

督管理部门责令其召回或者停止经营后，仍拒不召回或者停止经营的，应当依照本条规定追
民政府食品药品监督管理部门可以责令其召回或者停止经营。食品生产经营者在食品药品监
第63条第5款的规定。食品生产经营者未依照本条规定召回或者停止经营的，县级以上人
生产食品，或者生产食品添加剂新品种应当依照本条追究法律责任。第1款第9项对应本法
品的安全性评估材料并申请许可的行为，未通过安全性评估并取得许可就利用新的食品原料
食品原料生产食品，或者生产食品添加剂新品种，是应当向国务院卫生行政部门提交相关产
对应本法第81条第5款的禁止性规定。第1款第8项是对应本法第37条的规定，利用新的
食品、婴幼儿配方乳粉必须依法注册和按照注册内容组织生产的法律责任。第1款第7项是
第76条、第77条、第80条、第81条和第82条的规定，落实保健食品、特殊医学用途配方

反这些指标的，应当依照第1款的规定给予处罚。又如，新法第75条第3款规定了『列入保健食品原料目录的原料只能用于保健食品生产，不得用于其他食品生产』，如有违反也应当依照本条第1款的规定给予处罚。

第3款规定的生产食品相关产品新品种，未通过安全性评估获得国务院卫生行政部门颁发的新品种许可，或者生产不符合食品安全国家标准的食品相关产品的，与第1款第8项规定的违法行为性质类似。违反了本法第37条的规定，应当依照第1款的规定追究法律责任，但是因为食品相关产品生产环节的监管职责在质量监督部门，所以执法主体是『县级以上人民政府质量监督部门』。

二、本条规定的法律责任

（一）关于行政处罚

针对第1款规定的违法行为，尚不构成犯罪的，由县级以上人民政府食品药品监督管理部门没收违法所得和违法生产经营的食品、食品添加剂，并可以没收用于违法生产经营的工具、设备、原料等物品；违法生产经营的食品、食品添加剂货值金额不足1万元的，并处五万元以上10万元以下罚款；货值金额1万元以上的，并处货金额10倍以上20倍以下罚款；情节严重的，吊销许可证。需要注意的是，该款规定的逻辑思路与本法第123条第1款基本一致，执法主体是食品药品监督管理部门，行政处罚的种类既有财产罚又有资格罚，但有一条重要不同就是行政处罚幅度要较第 123 条第 1 款轻。表现在两个方面：一是『并处五万元以上十万元以下罚款』『并处货值金额十倍以上二十倍以下罚款』，二是没有拘留有关责任人的人身罚的规定。

（二）关于刑事责任

对于第 1 款规定的违法行为，有可能构成犯罪。困此本条第 1 款规定违反本法规定，尚不构成犯罪的，才依照本条处罚，防止以罚代刑。

ᠬᠦᠨᠰᠦ ᠬᠣᠭᠤᠯᠠ ᠦᠢᠯᠡᠳᠪᠦᠷᠢ ᠶᠢᠨ【ᠬᠦᠨᠰᠦ ᠬᠣᠭᠤᠯᠠ ᠶᠢᠨ ᠠᠮᠤᠷ ᠲᠦᠪᠰᠢᠨ ᠦ ᠬᠠᠤᠯᠢ ᠶᠢᠨ ᠲᠠᠢᠯᠪᠤᠷᠢ】

ᠳᠠᠭᠤᠰᠬᠠᠭᠰᠠᠨ ᠤ ᠰᠢᠭᠲᠡᠭᠡᠨ ᠦ ᠪᠠᠷᠠᠭ᠎ᠠ ᠶᠢᠨ ᠦᠨ᠎ᠡ ᠶᠢᠨ ᠬᠡᠮᠵᠢᠶ᠎ᠡ ᠪᠤᠶᠤ ᠲᠡᠷᠡ ᠪᠠᠷᠠᠭ᠎ᠠ ᠶᠢᠨ ᠦᠨ᠎ᠡ ᠶᠢᠨ ᠬᠡᠮᠵᠢᠶ᠎ᠡ ᠶᠢ ᠲᠣᠭᠲᠠᠭᠠᠬᠤ ᠠᠷᠭ᠎ᠠ ᠦᠭᠡᠢ ᠪᠣᠯ ᠲᠣᠭᠲᠠᠭᠠᠯ ᠤᠨ ᠬᠡᠮᠵᠢᠶ᠎ᠡ ᠶᠢᠨ ᠬᠠᠷᠢᠴᠠᠭ᠎ᠠ ᠤᠨ ᠠᠯᠪᠠᠨ ᠶᠣᠰᠣᠭᠠᠷ ᠲᠣᠭᠲᠠᠭᠠᠭᠰᠠᠨ ᠪᠠᠢᠨ᠎ᠠ᠃

ᠲᠡᠭᠡᠳᠦ ᠪᠣᠯᠭᠠᠨ᠎ᠠ:

[illegible]

[illegible]

[ᠲᠠᠢᠯᠪᠤᠷᠢ]

ᠡᠨᠡ ᠵᠦᠢᠯ ᠢ ᠭᠤᠷᠪᠠᠨ ᠵᠠᠭᠠᠯᠲᠠ ᠪᠠᠷ ᠲᠣᠭᠲᠠᠭᠠᠭᠰᠠᠨ ᠪᠣᠯᠤᠨ᠎ᠠ :: 1 ᠳᠦᠭᠡᠷ ᠵᠠᠭᠠᠯᠲᠠ ᠳᠤ «ᠪᠦᠭᠦᠳᠡ ᠨᠠᠢᠷᠠᠮᠳᠠᠬᠤ ᠳᠤᠮᠳᠠᠳᠤ ᠠᠷᠠᠳ ᠤᠯᠤᠰ ᠤᠨ ᠬᠣᠭᠤᠯᠠ ᠶᠢᠨ ᠠᠶᠤᠯᠭᠦᠢ ᠶᠢᠨ ᠬᠠᠤᠯᠢ» ᠳᠤ ᠲᠣᠭᠲᠠᠭᠠᠭᠰᠠᠨ ᠬᠣᠭᠤᠯᠠ ᠶᠢᠨ ᠠᠶᠤᠯᠭᠦᠢ ᠶᠢᠨ ᠬᠠᠤᠯᠢ ᠶᠢᠨ ᠬᠠᠷᠢᠭᠤᠴᠠᠯᠭ᠎ᠠ ᠶᠢ ᠬᠡᠷᠡᠭᠵᠢᠭᠦᠯᠬᠦ ᠲᠠᠢ ᠬᠠᠮᠢᠶ᠎ᠠ ᠪᠦᠬᠦᠢ ᠵᠦᠢᠯ ᠢ ᠲᠣᠭᠲᠠᠭᠠᠭᠰᠠᠨ ᠪᠠᠢᠨ᠎ᠠ :: 2 ᠳᠤᠭᠠᠷ ᠵᠠᠭᠠᠯᠲᠠ ᠳᠤ ᠬᠣᠭᠤᠯᠠ ᠶᠢᠨ ᠠᠶᠤᠯᠭᠦᠢ ᠶᠢᠨ ᠬᠠᠤᠯᠢ ᠶᠢᠨ ᠬᠠᠷᠢᠭᠤᠴᠠᠯᠭ᠎ᠠ ᠶᠢ ᠬᠡᠷᠡᠭᠵᠢᠭᠦᠯᠬᠦ ᠲᠠᠢ ᠬᠠᠮᠢᠶ᠎ᠠ ᠪᠦᠬᠦᠢ ᠵᠦᠢᠯ ᠢ ᠲᠣᠭᠲᠠᠭᠠᠭᠰᠠᠨ ᠪᠠᠢᠨ᠎ᠠ :: 3 ᠳᠤᠭᠠᠷ ᠵᠠᠭᠠᠯᠲᠠ ᠳᠤ ᠬᠠᠤᠯᠢ ᠶᠢᠨ ᠬᠠᠷᠢᠭᠤᠴᠠᠯᠭ᠎ᠠ ᠶᠢ ᠬᠡᠷᠡᠭᠵᠢᠭᠦᠯᠬᠦ ᠶᠢᠨ ᠲᠤᠬᠠᠢ ᠠᠯᠪᠠᠨ ᠪᠠᠢᠭᠤᠯᠭ᠎ᠠ ᠶᠢᠨ ᠦᠦᠷᠡᠭ ᠢ ᠲᠣᠭᠲᠠᠭᠠᠭᠰᠠᠨ ᠪᠠᠢᠨ᠎ᠠ ::

ᠵᠢᠷᠤᠮ · ᠡᠨᠡ ᠬᠠᠤᠯᠢ ᠳᠤ ᠲᠣᠭᠲᠠᠭᠠᠭᠰᠠᠨ ᠬᠣᠭᠤᠯᠠ ᠶᠢᠨ ᠠᠶᠤᠯᠭᠦᠢ ᠶᠢᠨ ᠬᠠᠷᠢᠭᠤᠴᠠᠯᠭ᠎ᠠ

ᠬᠠᠤᠯᠢ ᠶᠢᠨ ᠬᠠᠷᠢᠭᠤᠴᠠᠯᠭ᠎ᠠ ᠶᠢ ᠬᠡᠷᠡᠭᠵᠢᠭᠦᠯᠬᠦ ᠳᠤ ᠪᠠᠢᠭᠤᠯᠭ᠎ᠠ ᠶᠢᠨ 34 ᠳᠦᠭᠡᠷ ᠵᠦᠢᠯ ᠳᠦ ᠲᠣᠭᠲᠠᠭᠠᠭᠰᠠᠨ ᠪᠣᠯ ᠬᠠᠤᠯᠢ ᠶᠢᠨ ᠬᠠᠷᠢᠭᠤᠴᠠᠯᠭ᠎ᠠ ᠬᠦᠯᠢᠶᠡᠬᠦ ᠶᠣᠰᠤᠲᠠᠢ · ᠬᠠᠤᠯᠢ ᠶᠢᠨ ᠬᠠᠷᠢᠭᠤᠴᠠᠯᠭ᠎ᠠ ᠶᠢ ᠬᠡᠷᠡᠭᠵᠢᠭᠦᠯᠬᠦ ᠪᠠᠢᠭᠤᠯᠭ᠎ᠠ ᠶᠢᠨ ᠦᠦᠷᠡᠭ ᠬᠠᠷᠢᠭᠤᠴᠠᠯᠭ᠎ᠠ ᠶᠢ ᠬᠡᠷᠡᠭᠵᠢᠭᠦᠯᠬᠦ · ᠡᠨᠡ ᠵᠦᠢᠯ ᠳᠦ ᠬᠣᠭᠤᠯᠠ ᠶᠢᠨ ᠠᠶᠤᠯᠭᠦᠢ ᠶᠢᠨ ᠬᠠᠤᠯᠢ ᠶᠢᠨ ᠬᠠᠷᠢᠭᠤᠴᠠᠯᠭ᠎ᠠ ᠶᠢ ᠬᠡᠷᠡᠭᠵᠢᠭᠦᠯᠬᠦ ᠪᠠᠢᠭᠤᠯᠭ᠎ᠠ ᠶᠢᠨ ᠦᠦᠷᠡᠭ ᠬᠠᠷᠢᠭᠤᠴᠠᠯᠭ᠎ᠠ · ᠪᠦᠬᠦ 1 ᠳᠦᠭᠡᠷ ᠵᠠᠭᠠᠯᠲᠠ ᠶᠢᠨ 5 ᠳᠤᠭᠠᠷ ᠵᠦᠢᠯ ᠦᠨ ᠪᠣᠯᠤᠨ 34 ᠳᠦᠭᠡᠷ ᠵᠦᠢᠯ ᠳᠦ ᠲᠣᠭᠲᠠᠭᠠᠭᠰᠠᠨ ᠬᠠᠤᠯᠢ ᠶᠢᠨ ᠬᠠᠷᠢᠭᠤᠴᠠᠯᠭ᠎ᠠ ᠶᠢ ᠬᠡᠷᠡᠭᠵᠢᠭᠦᠯᠬᠦ ᠪᠠᠢᠭᠤᠯᠭ᠎ᠠ ᠶᠢᠨ ᠦᠦᠷᠡᠭ ᠬᠠᠷᠢᠭᠤᠴᠠᠯᠭ᠎ᠠ · ᠪᠦᠬᠦ ᠠᠶᠤᠯᠭᠦᠢ ᠶᠢᠨ ᠬᠠᠷᠢᠭᠤᠴᠠᠯᠭ᠎ᠠ ᠶᠢᠨ ᠬᠡᠮᠵᠢᠶ᠎ᠡ ᠶᠢ ᠲᠣᠭᠲᠠᠭᠠᠬᠤ ᠶᠢᠨ ᠵᠡᠷᠭᠡ ᠪᠡᠷ · ᠡᠨᠡ ᠬᠠᠤᠯᠢ ᠶᠢᠨ 76 ᠳᠤᠭᠠᠷ 77 ᠳᠤᠭᠠᠷ 80 ᠳᠤᠭᠠᠷ 81 ᠳᠦᠭᠡᠷ ᠵᠦᠢᠯ ᠦᠨ ᠪᠣᠯᠤᠨ 6 ᠳᠤᠭᠠᠷ ᠵᠦᠢᠯ ᠦᠨ ᠪᠣᠯᠤᠨ 1 ᠳᠦᠭᠡᠷ ᠵᠠᠭᠠᠯᠲᠠ :: ᠬᠠᠤᠯᠢ ᠶᠢᠨ ᠬᠠᠷᠢᠭᠤᠴᠠᠯᠭ᠎ᠠ ᠶᠢ ᠬᠡᠷᠡᠭᠵᠢᠭᠦᠯᠬᠦ ᠪᠠᠢᠭᠤᠯᠭ᠎ᠠ ᠶᠢᠨ ᠦᠦᠷᠡᠭ · ᠡᠨᠡ ᠬᠠᠤᠯᠢ ᠶᠢᠨ 82 ᠳᠤᠭᠠᠷ ᠵᠦᠢᠯ ᠦᠨ ᠪᠣᠯᠤᠨ ᠬᠣᠭᠤᠯᠠ ᠶᠢᠨ ᠠᠶᠤᠯᠭᠦᠢ ᠶᠢᠨ ᠬᠠᠷᠢᠭᠤᠴᠠᠯᠭ᠎ᠠ ᠶᠢ ᠬᠡᠷᠡᠭᠵᠢᠭᠦᠯᠬᠦ ᠪᠠᠢᠭᠤᠯᠭ᠎ᠠ ᠶᠢᠨ ᠦᠦᠷᠡᠭ · ᠬᠣᠭᠤᠯᠠ ᠶᠢᠨ ᠠᠶᠤᠯᠭᠦᠢ ᠶᠢᠨ ᠬᠠᠷᠢᠭᠤᠴᠠᠯᠭ᠎ᠠ ᠶᠢ ᠬᠡᠷᠡᠭᠵᠢᠭᠦᠯᠬᠦ ᠪᠠᠢᠭᠤᠯᠭ᠎ᠠ ᠶᠢᠨ ᠦᠦᠷᠡᠭ ᠬᠠᠷᠢᠭᠤᠴᠠᠯᠭ᠎ᠠ ᠶᠢᠨ ᠬᠡᠷᠡᠭᠯᠡᠭᠡᠨ ᠡᠴᠡ

2 ᠳᠤᠭᠠᠷ ᠵᠦᠢᠯ ᠦᠨ ᠭᠠᠵᠠᠷ ᠤᠨ ᠬᠤᠪᠢᠶᠠᠷᠢᠯᠠᠯᠲᠠ ᠶᠢᠨ ᠬᠠᠤᠯᠢ ᠶᠢᠨ 34 ᠳᠤᠭᠠᠷ ᠵᠦᠢᠯ ᠦᠨ 13 ᠳᠤᠭᠠᠷ ᠵᠤᠷᠪᠤᠰ ᠲᠤ ᠲᠤᠰᠬᠠᠢᠯᠠᠨ ᠵᠢᠭᠠᠭᠰᠠᠨ᠂ ᠲᠤᠰᠬᠠᠢᠯᠠᠭᠰᠠᠨ ᠪᠠᠢᠳᠠᠯ ᠤᠨ ᠵᠦᠢᠯ ᠲᠤᠬᠠᠢ ᠭᠠᠵᠠᠷ ᠲᠠᠢ ᠬᠤᠯᠪᠤᠭᠳᠠᠭᠰᠠᠨ ᠬᠠᠷᠢᠭᠤᠴᠠᠯᠭ᠎ᠠ ᠶᠢ ᠬᠦᠯᠢᠶᠡᠨ᠎ᠡ᠃

ᠪᠠᠢᠭᠤᠯᠤᠯᠭ᠎ᠠ ᠶᠢᠨ ᠬᠠᠤᠯᠢ ᠶᠢ ᠪᠠᠷᠢᠮᠲᠠᠯᠠᠨ ᠬᠡᠷᠡᠭᠵᠢᠭᠦᠯᠬᠦ ᠪᠤᠶᠤ ᠶᠠᠮᠠᠷ ᠨᠢᠭᠡ ᠡᠷᠬᠡ ᠶᠢᠨ ᠪᠠᠢᠭᠤᠯᠤᠯᠭ᠎ᠠ ᠶᠢᠨ ᠬᠤᠪᠢ ᠬᠦᠮᠦᠨ ᠪᠠᠢᠭᠤᠯᠤᠯᠭ᠎ᠠ ᠳᠤ ᠪᠤᠯᠤᠨ ᠬᠡᠷᠡᠭᠵᠢᠭᠦᠯᠬᠦ ᠲᠤᠰᠬᠠᠢ ᠵᠢᠭᠠᠯ ᠤᠨ ᠡᠷᠬᠡ ᠶᠢ ᠬᠠᠮᠠᠭᠠᠯᠠᠬᠤ ᠪᠢᠯᠡ᠃ ᠬᠠᠷᠢᠨ ᠬᠤᠪᠢ ᠬᠦᠮᠦᠨ ᠪᠤᠶᠤ ᠪᠤᠰᠤᠳ ᠪᠠᠢᠭᠤᠯᠤᠯᠭ᠎ᠠ ᠶᠢᠨ ᠬᠠᠤᠯᠢ ᠶᠢᠨ ᠡᠷᠬᠡ ᠠᠰᠢᠭ ᠢ ᠬᠠᠮᠠᠭᠠᠯᠠᠬᠤ ᠬᠡᠷᠡᠭᠲᠡᠢ ᠪᠠᠢᠨ᠎ᠠ᠃ ᠬᠠᠮᠤᠭ ᠬᠡᠮᠵᠢᠶ᠎ᠡ ᠳᠡᠭᠡᠷᠡ ᠵᠢᠭᠠᠭᠰᠠᠨ ᠪᠠᠢᠨ᠎ᠠ᠃ 1 ᠳᠤᠭᠠᠷ ᠪᠦᠯᠦᠭ ᠦᠨ ᠲᠠᠪᠤᠳᠤᠭᠠᠷ ᠵᠦᠢᠯ ᠦᠨ 9 ᠳᠤᠭᠠᠷ ᠵᠤᠷᠪᠤᠰ ᠲᠤ ᠪᠢᠴᠢᠭᠰᠡᠨ ᠵᠦᠢᠯ ᠦᠨ 63 ᠳᠤᠭᠠᠷ ᠵᠦᠢᠯ ᠦᠨ 5 ᠳᠤᠭᠠᠷ ᠬᠡᠰᠡᠭ ᠦᠨ ᠲᠤᠰᠬᠠᠢ ᠬᠠᠮᠤᠭ ᠪᠤᠭᠤᠮᠵᠢ ᠵᠢᠷᠤᠮ ᠤᠨ ᠬᠠᠮᠢᠶᠠᠷᠤᠯᠲᠠ ᠬᠠᠮᠲᠤ ᠪᠠᠷᠢᠭᠳᠠᠯ ᠤᠨ ᠵᠦᠢᠯ ᠦᠨ ᠬᠠᠮᠢᠶᠠᠷᠤᠯᠲᠠ ᠶᠢᠨ ᠲᠤᠰᠬᠠᠢ ᠲᠠᠢ ᠪᠠᠢᠳᠠᠯ ᠢ ᠵᠢᠭᠠᠭᠰᠠᠨ ᠬᠠᠤᠯᠢ ᠶᠢᠨ ᠬᠡᠷᠡᠭᠵᠢᠭᠦᠯᠦᠯᠲᠡ᠂ ᠲᠤᠰᠬᠠᠢᠯᠠᠭᠰᠠᠨ ᠬᠠᠮᠢᠶᠠᠷᠤᠯᠲᠠ ᠶᠢᠨ ᠪᠠᠢᠭᠤᠯᠤᠯᠭ᠎ᠠ ᠪᠠ ᠬᠤᠪᠢ ᠬᠦᠮᠦᠨ ᠦ ᠬᠤᠯᠪᠤᠭᠳᠠᠯ ᠪᠠᠢᠳᠠᠯ ᠢ ᠲᠤᠬᠠᠢᠯᠠᠨ ᠰᠢᠢᠳᠪᠦᠷᠢᠯᠡᠬᠦ᠂ ᠬᠠᠮᠤᠭ ᠪᠤᠭᠤᠮᠵᠢ ᠵᠢᠷᠤᠮ ᠤᠨ ᠬᠠᠷᠢᠭᠤᠴᠠᠯᠭ᠎ᠠ ᠪᠠᠷ ᠡᠬᠢᠯᠡᠨ ᠲᠤᠰᠬᠠᠢ ᠪᠠᠢᠳᠠᠯ ᠢ ᠬᠡᠷᠡᠭᠵᠢᠭᠦᠯᠬᠦ᠂ ᠪᠠᠢᠭᠤᠯᠤᠯᠭ᠎ᠠ ᠶᠢᠨ ᠭᠠᠵᠠᠷ ᠤᠨ 37 ᠳᠤᠭᠠᠷ ᠵᠦᠢᠯ ᠦᠨ ᠬᠠᠮᠢᠶᠠᠷᠤᠯᠲᠠ᠂ ᠲᠤᠰᠬᠠᠢ ᠪᠠᠢᠳᠠᠯ ᠤᠨ ᠬᠠᠮᠲᠤ ᠬᠠᠮᠢᠶᠠᠷᠤᠯᠲᠠ ᠪᠤᠯᠤᠨ ᠪᠠᠢᠨ᠎ᠠ᠃ 1 ᠳᠤᠭᠠᠷ ᠪᠦᠯᠦᠭ ᠦᠨ ᠲᠠᠪᠤᠳᠤᠭᠠᠷ ᠵᠦᠢᠯ ᠦᠨ 8 ᠳᠤᠭᠠᠷ ᠵᠦᠢᠯ ᠦᠨ ᠪᠢᠴᠢᠭᠰᠡᠨ ᠪᠡᠷ᠂ 7 ᠳᠤᠭᠠᠷ ᠵᠦᠢᠯ ᠦᠨ ᠪᠢᠴᠢᠭᠰᠡᠨ ᠪᠡᠷ ᠪᠠᠢᠳᠠᠯ ᠲᠠᠢ 81 ᠳᠤᠭᠠᠷ ᠵᠦᠢᠯ ᠦᠨ 5 ᠳᠤᠭᠠᠷ ᠬᠡᠰᠡᠭ ᠦᠨ ᠲᠤᠰᠬᠠᠢ ᠪᠠᠢᠭᠤᠯᠤᠯᠲᠠ ᠶᠢᠨ ᠭᠠᠵᠠᠷ ᠤᠨ ᠬᠦᠷᠢᠶ᠎ᠡ ᠲᠠᠢ ᠬᠠᠮᠢᠶᠠᠷᠤᠯᠲᠠ ᠶᠢ ᠪᠠᠢᠭᠤᠯᠬᠤ

ᠬᠠᠷᠢᠭᠤᠴᠠᠭᠤᠯᠬᠤ ᠶᠢ 1 ᠳᠦᠭᠡᠷ ᠪᠦᠯᠦᠭ ᠦᠨ ᠵᠦᠢᠯ 8 ᠳᠤᠭᠠᠷ ᠵᠦᠢᠯ ᠦᠨ ᠪᠦᠯᠦᠭ ᠡᠴᠡ ᠬᠠᠮᠢᠶᠠᠷᠠᠭᠤᠯᠤᠨ ᠪᠣᠯᠪᠠᠰᠤ᠂ ᠬᠠᠤᠯᠢ ᠵᠦᠢᠯ ᠦᠨ 37 ᠳᠤᠭᠠᠷ ᠵᠦᠢᠯ ᠦᠨ ᠬᠠᠷᠢᠭᠤᠴᠠᠭ᠎ᠠ ᠶᠢ ᠬᠠᠷᠢᠭᠤᠴᠠᠭᠤᠯᠤᠭᠴᠢ 1 ᠳᠦᠭᠡᠷ ᠪᠦᠯᠦᠭ ᠦᠨ ᠬᠠᠷᠢᠭᠤᠴᠠᠬᠤ ᠬᠠᠤᠯᠢ ᠶᠢᠨ ᠬᠡᠷᠡᠭᠵᠢᠭᠦᠯᠬᠦ ᠶᠢᠨ ᠬᠠᠷᠢᠭᠤᠴᠠᠯᠭ᠎ᠠ᠂ ᠪᠠᠰᠠ ᠬᠠᠤᠯᠢ ᠶᠢᠨ ᠵᠢᠭᠠᠯᠳᠠ ᠶᠢᠨ ᠬᠡᠷᠡᠭᠵᠢᠭᠦᠯᠬᠦ ᠶᠢᠨ ᠲᠤᠬᠠᠢ ᠶᠢᠨ ᠬᠠᠷᠢᠭᠤᠴᠠᠭᠤᠯᠬᠤ ᠶᠢ ᠬᠠᠤᠯᠢ ᠶᠢᠨ ᠦᠨᠳᠦᠰᠦ ᠶᠢᠨ ᠬᠡᠷᠡᠭᠵᠢᠭᠦᠯᠬᠦ ᠬᠠᠷᠢᠭᠤᠴᠠᠭᠤᠯᠬᠤ ᠶᠢ ᠪᠠᠲᠤᠯᠠᠬᠤ᠂ ᠬᠠᠤᠯᠢ ᠶᠢᠨ ᠦᠨᠳᠦᠰᠦ ᠶᠢᠨ 《ᠬᠠᠷᠢᠭᠤᠴᠠᠭᠤᠯᠬᠤ ᠬᠠᠤᠯᠢ ᠶᠢᠨ ᠵᠢᠭᠠᠯᠳᠠ ᠶᠢᠨ ᠲᠤᠬᠠᠢ ᠬᠠᠷᠢᠭᠤᠴᠠᠭᠤᠯᠬᠤ ᠬᠡᠷᠡᠭᠵᠢᠭᠦᠯᠬᠦ ᠶᠢᠨ ᠲᠤᠬᠠᠢ》ᠪᠣᠯᠤᠨ᠎ᠠ ᠄᠄

ᠬᠤᠪᠢ᠂ ᠬᠠᠤᠯᠢ ᠶᠢᠨ ᠬᠡᠷᠡᠭᠵᠢᠭᠦᠯᠬᠦ ᠶᠢᠨ ᠬᠠᠷᠢᠭᠤᠴᠠᠭᠤᠯᠬᠤ ᠵᠢᠭᠠᠯᠳᠠ ᠶᠢᠨ ᠬᠡᠷᠡᠭᠵᠢᠭᠦᠯᠬᠦ

(ᠬᠣᠶᠠᠷ) ᠰᠠᠯᠠᠭ᠎ᠠ ᠰᠠᠯᠠᠭᠠᠨ ᠤ ᠬᠠᠷᠢᠭᠤᠴᠠᠭ᠎ᠠ ᠶᠢᠨ ᠬᠡᠷᠡᠭ

1 ᠳᠦᠭᠡᠷ ᠬᠠᠷᠢᠭᠤᠴᠠᠭ᠎ᠠ ᠶᠢᠨ ᠬᠠᠷᠢᠭᠤᠴᠠᠭᠤᠯᠬᠤ ᠵᠢᠭᠠᠯᠳᠠ ᠶᠢᠨ ᠬᠡᠷᠡᠭᠵᠢᠭᠦᠯᠬᠦ᠂ ᠬᠠᠤᠯᠢ ᠶᠢᠨ ᠬᠡᠷᠡᠭᠵᠢᠭᠦᠯᠬᠦ ᠶᠢᠨ ᠬᠠᠷᠢᠭᠤᠴᠠᠭᠤᠯᠬᠤ ᠶᠢᠨ ᠲᠤᠬᠠᠢ᠂ ᠬᠠᠤᠯᠢ ᠶᠢᠨ ᠦᠨᠳᠦᠰᠦ ᠶᠢᠨ ᠬᠠᠷᠢᠭᠤᠴᠠᠯᠭ᠎ᠠ ᠶᠢᠨ ᠬᠠᠷᠢᠭᠤᠴᠠᠭᠤᠯᠬᠤ ᠶᠢᠨ ᠬᠡᠷᠡᠭᠵᠢᠭᠦᠯᠬᠦ᠂ ᠬᠠᠤᠯᠢ ᠶᠢᠨ ᠬᠡᠷᠡᠭᠵᠢᠭᠦᠯᠬᠦ ᠶᠢᠨ ᠬᠠᠷᠢᠭᠤᠴᠠᠭᠤᠯᠬᠤ ᠶᠢᠨ ᠲᠤᠬᠠᠢ ᠶᠢᠨ ᠬᠠᠷᠢᠭᠤᠴᠠᠯᠭ᠎ᠠ᠂ ᠬᠠᠤᠯᠢ ᠶᠢᠨ ᠦᠨᠳᠦᠰᠦ ᠶᠢᠨ ᠬᠠᠷᠢᠭᠤᠴᠠᠭᠤᠯᠬᠤ ᠶᠢ ᠪᠠᠲᠤᠯᠠᠬᠤ ᠄᠄ ᠬᠠᠤᠯᠢ ᠶᠢᠨ ᠬᠡᠷᠡᠭᠵᠢᠭᠦᠯᠬᠦ ᠶᠢᠨ ᠬᠠᠷᠢᠭᠤᠴᠠᠭᠤᠯᠬᠤ ᠶᠢᠨ ᠲᠤᠬᠠᠢ ᠶᠢᠨ ᠬᠠᠷᠢᠭᠤᠴᠠᠯᠭ᠎ᠠ ᠶᠢ ᠬᠠᠤᠯᠢ ᠶᠢᠨ ᠦᠨᠳᠦᠰᠦ ᠶᠢᠨ ᠬᠡᠷᠡᠭᠵᠢᠭᠦᠯᠬᠦ ᠶᠢᠨ ᠬᠠᠷᠢᠭᠤᠴᠠᠭᠤᠯᠬᠤ ᠄᠄ ᠬᠠᠤᠯᠢ ᠶᠢᠨ ᠬᠡᠷᠡᠭᠵᠢᠭᠦᠯᠬᠦ ᠶᠢᠨ ᠬᠠᠷᠢᠭᠤᠴᠠᠭᠤᠯᠬᠤ ᠶᠢᠨ ᠲᠤᠬᠠᠢ ᠶᠢᠨ ᠬᠠᠷᠢᠭᠤᠴᠠᠯᠭ᠎ᠠ ᠶᠢ ᠬᠠᠷᠢᠭᠤᠴᠠᠭᠤᠯᠬᠤ ᠬᠡᠷᠡᠭᠵᠢᠭᠦᠯᠬᠦ ᠶᠢᠨ ᠲᠤᠬᠠᠢ᠂ ᠬᠠᠤᠯᠢ ᠶᠢᠨ ᠬᠡᠷᠡᠭᠵᠢᠭᠦᠯᠬᠦ ᠶᠢᠨ ᠬᠠᠷᠢᠭᠤᠴᠠᠭᠤᠯᠬᠤ ᠄᠄ ᠬᠠᠤᠯᠢ ᠶᠢᠨ ᠬᠡᠷᠡᠭᠵᠢᠭᠦᠯᠬᠦ ᠶᠢᠨ ᠬᠠᠷᠢᠭᠤᠴᠠᠭᠤᠯᠬᠤ ᠶᠢ᠂ ᠬᠠᠤᠯᠢ ᠶᠢᠨ ᠬᠡᠷᠡᠭᠵᠢᠭᠦᠯᠬᠦ ᠶᠢᠨ ᠬᠠᠷᠢᠭᠤᠴᠠᠭᠤᠯᠬᠤ ᠶᠢᠨ ᠬᠠᠤᠯᠢ ᠵᠦᠢᠯ ᠦᠨ 123 ᠳᠤᠭᠠᠷ ᠵᠦᠢᠯ ᠦᠨ 1 ᠳᠦᠭᠡᠷ

第一百二十五条【四类违法生产经营行为的法律责任】 违反本法规定，有下列情形之一的，由县级以上人民政府食品药品监督管理部门没收违法所得和违法生产经营的食品、食品添加剂，并可以没收用于违法生产经营的工具、设备、原料等物品；违法生产经营的食品、食品添加剂货值金额不足一万元的，并处五千元以上五万元以下罚款；货值金额一万元以上的，并处货值金额五倍以上十倍以下罚款；情节严重的，责令停产停业，直至吊销许可证：

（一）生产经营被包装材料、容器、运输工具等污染的食品、食品添加剂；

（二）生产经营无标签的预包装食品、食品添加剂或者标签、说明书不符合本法规定的食品、食品添加剂；

（三）生产经营转基因食品未按规定进行标示；

（四）食品生产经营者采购或者使用不符合食品安全标准的食品原料、食品添加剂、食品相关产品。

生产经营的食品、食品添加剂的标签、说明书存在瑕疵但不影响食品安全且不会对消费者造成误导的，由县级以上人民政府食品药品监督管理部门责令改正；拒不改正的，处二千元以下罚款。

●条文解读

本条是对原法第86条的修改，除了第1款执法主体和违法情形调整、处罚力度加大之外，还在第2款增加了标签、说明书瑕疵的例外规定。

一、本条规定的违法行为

相比于前两条的规定，本条规定的标签违法行为等适用较轻的法律责任规定。

第1款第1项规定了生产经营被包装材料、容器、运输工具等污染的食品、食品添加剂的违法情形。新法第33条规定了食品生产经营应当符合无毒无害等安全要求：贮存、运输和装

违反本法规定，有第1款规定的违法情形的，由县级以上人民政府食品药品监督管理部

二、本条规定的法律责任

且不会对消费者造成误导的轻微违法行为。

第2款规定了生产经营的食品、食品添加剂的标签、说明书存在瑕疵但不影响食品安全食品原料。

1款规定，餐饮服务提供者应当制定并实施原料控制要求，不得采购不符合食品安全标准的这是为了落实新法确立的进货查验制度，对应本法第50条、第55条等规定。例如第55条第者采购或者使用不符合食品安全标准的食品原料、食品添加剂、食品相关产品的违法行为。关注的转基因食品问题，落实了新法第69条的法律规定。第1款第4项规定了食品生产经营第1款第3项规定了生产经营转基因食品未按规定进行标示的违法行为，对于社会公众广泛法第四章第三节对于标签、说明书的规范要求作出了规定，违反就应追究相应的法律责任。违法情形。新法第34条第11项规定了禁止生产经营无标签的预包装食品、食品添加剂。新无标签的预包装食品、食品添加剂或者标签、说明书不符合本法规定的食品、食品添加剂的的食品应当使用无毒、清洁的包装材料、餐具、饮具和容器。第1款第2项规定了生产经营全所需的温度、湿度等特殊要求，不得将食品与有毒、有害物品一同贮存、运输；直接入口卸食品的容器、工具和设备应当安全、无害，保持清洁，防止食品污染，并符合保证食品安

门没收违法所得和违法生产经营的食品、食品添加剂，并可以没收用于违法生产经营的工具、设备、原料等物品；违法生产经营的食品、食品添加剂货值金额不足1万元的，并处5000元以上5万元以下罚款；货值金额1万元以上的，并处货值金额5倍以上10倍以下罚款；情节严重的，责令停产停业，直至吊销许可证。需要注意，该款规定的逻辑思路与本法第123条第1款、第124条第1款基本一致，执法主体是食品药品监督管理部门，行政处罚的种类既有财产罚又有资格罚，主要不同就是处罚要较前两条都更轻。表现在两个方面：一是『并处五千元以上五万元以下罚款』『并处货值金额五倍以上十倍以下罚款』，虽然比原法规定的『二倍以上五倍以下罚款』还是加重了，但这是本法第三个以货值金额的倍数计算的罚款幅度，也是按货值金额倍数计算的最轻的罚款幅度。二是既没有拘留有关责任人的人身罚的规定，又在吊销许可证的资格罚前，增加了『责令停产停业』的过渡性行政处罚手段。也就意味着，第1款规定的违法行为情节严重的，也不是立即就要吊销许可证，而是首先选择责令停产停业，视情节严重程度和整改情况可以加重行政处罚直至吊销许可证。

第2款规定的标签、说明书瑕疵的行政处罚，可以视作第1款的但书，是在第1款违法行为适用相对较轻的法律责任的基础上，又再次根据标签违法行为的轻微程度适用更轻的行政处罚，进一步体现了『过罚相当原则』。立法机关考虑要根据客观实际情况分清责任，生产经营酌食品、食品添加剂的标签、说明书存在瑕疵但不影响食品安全且不会对消费者造成误导的轻微违法行为，应当给予一定程度的容忍，由县级以上人民政府食品药品监督管理部门责令改正。自觉改正的可以不予处罚，仅对拒不改正的处2千元以下罚款。标签、说明书是重要的食品安全管理载体，存在影响食品安全或者会对消费者造成误导的瑕疵不属于本款规定的轻微违法行为，应当依照第1款规定给予处罚。

[illegible]

[illegible]

2 [illegible]

[illegible]

ᠠᠵᠢᠯᠯᠠᠭ᠎ᠠ ᠳᠤ ᠰᠢᠯᠭᠠᠨ ᠪᠠᠲᠤᠯᠠᠬᠤ ᠶᠠᠮᠠᠷ ᠪᠠᠶᠢᠳᠠᠯ᠂ 1 ᠳᠤᠭᠠᠷ ᠵᠦᠢᠯ ᠦᠨ ᠲᠣᠭᠲᠠᠭᠠᠯ ᠢ ᠶᠠᠮᠠᠷ ᠬᠡᠮᠵᠢᠶ᠎ᠡ ᠲᠣᠭᠲᠠᠭᠠᠨ᠎ᠠ ::
ᠬᠠᠷᠢᠭᠤᠴᠠᠯ ᠢ ᠶᠠᠮᠠᠷ ᠪᠠᠷᠢᠮᠲᠠ ᠪᠠᠷ ᠪᠠᠲᠤᠯᠠᠬᠤ ᠦᠶ᠎ᠡ ᠳᠦ ᠬᠢ ᠲᠤᠭᠲᠠᠭᠠᠯ ᠢ ᠵᠢᠱᠢᠶ᠎ᠡ ᠬᠢᠵᠦ ᠵᠦᠢᠯ ᠦᠨ ᠪᠠᠷᠢᠮᠲᠠ ᠶᠠᠮᠠᠷ ᠬᠡᠮᠵᠢᠶ᠎ᠡ ᠪᠡᠷ ᠲᠣᠭᠲᠠᠭᠠᠨ᠎ᠠ᠂ ᠬᠡᠷᠡᠭᠵᠢᠭᠦᠯᠬᠦ ᠶᠢᠨ ᠪᠠᠶᠢᠳᠠᠯ ᠢ ᠶᠠᠮᠠᠷ ᠦᠶ᠎ᠡ ᠳᠦ ᠡᠬᠢᠯᠡᠬᠦ ᠦᠶ᠎ᠡ ᠶᠢ ᠲᠣᠳᠤᠷᠬᠠᠶᠢᠯᠠᠨ᠎ᠠ᠂ ᠶᠠᠮᠠᠷ ᠦᠶ᠎ᠡ ᠳᠦ ᠡᠬᠢᠯᠡᠬᠦ ᠪᠣᠯ ᠬᠡᠷᠡᠭᠵᠢᠭᠦᠯᠬᠦ ᠶᠢ ᠰᠢᠯᠭᠠᠨ ᠪᠠᠲᠤᠯᠠᠬᠤ ᠶᠠᠮᠠᠷ᠂ ᠰᠢᠯᠭᠠᠨ ᠬᠡᠷᠡᠭᠵᠢᠭᠦᠯᠬᠦ ᠪᠡᠷ ᠰᠢᠢᠳᠪᠦᠷᠢᠯᠡᠬᠦ ᠶᠢ 2 ᠳᠤᠭᠠᠷ ᠰᠢᠯᠭᠠᠨ ᠪᠠᠲᠤᠯᠠᠬᠤ ᠬᠤᠭᠤᠴᠠᠭ᠎ᠠ ᠶᠢᠨ ᠲᠣᠭᠲᠠᠭᠠᠯ ::

2 ᠳᠤᠭᠠᠷ ᠵᠦᠢᠯ ᠦᠨ ᠲᠣᠭᠲᠠᠭᠠᠨ᠎ᠠ᠂ ᠬᠡᠷᠡᠭᠵᠢᠭᠦᠯᠬᠦ ᠶᠢᠨ ᠪᠠᠶᠢᠳᠠᠯ ᠢ 1 ᠳᠤᠭᠠᠷ ᠵᠦᠢᠯ ᠦᠨ ᠲᠣᠭᠲᠠᠭᠠᠯ ᠢ ᠪᠠᠷᠢᠮᠲᠠᠯᠠᠨ᠎ᠠ ::

第一百二十六条【生产经营过程违法行为的法律责任】 违反本法规定，有下列情形之一的，由县级以上人民政府食品药品监督管理部门责令改正，给予警告；拒不改正的，处五千元以上五万元以下罚款；情节严重的，责令停产停业，直至吊销许可证：

（一）食品、食品添加剂生产者未按规定对采购的食品原料和生产的食品、食品添加剂进行检验；

（二）食品生产经营企业未按规定建立食品安全管理制度，或者未按规定配备或者培训、考核食品安全管理人员；

（三）食品、食品添加剂生产经营者进货时未查验许可证和相关证明文件，或者未按规定建立并遵守进货查验记录、出厂检验记录和销售记录制度；

（四）食品生产经营企业未制定食品安全事故处置方案；

（五）餐具、饮具和盛放直接入口食品的容器，使用前未经洗净、消毒或者清洗消毒不合格，或者餐饮服务设施、设备未按规定定期维护、清洗、校验；

（六）食品生产经营者安排未取得健康证明或者患有国务院卫生行政部门规定的有碍食品安全疾病的人员从事接触直接入口食品的工作；

（七）食品经营者未按规定要求销售食品；

（八）保健食品生产企业未按规定向食品药品监督管理部门备案，或者未按备案的产品配方、生产工艺等技术要求组织生产；

（九）婴幼儿配方食品生产企业未将食品原料、食品添加剂、产品配方、标签等向食品药品监督管理部门备案；

（十）特殊食品生产企业未按规定建立生产质量管理体系并有效运行，或者未定期提交自查报告；

（十一）食品生产经营者未定期对食品安全状况进行检查评价，或者生产经营条件发生变化，未按规定处理；

（十二）学校、托幼机构、养老机构、建筑工地等集中用餐单位未按规定履行食品安全管理责任；

（十三）食品生产企业、餐饮服务提供者未按规定制定、实施生产经营过程控制要求。

餐具、饮具集中消毒服务单位违反本法规定用水，使用洗涤剂、消毒剂，或者出厂的餐具、饮具未按规定检验合格并随附消毒合格证明，或者未按规定在独立包装上标注相关内容的，由县级以上人民政府卫生行政部门依照前款规定给予处罚。

食品相关产品生产者未按规定对生产的食品相关产品进行检验的，由县级以上人民政府质量监督部门依照第一款规定给予处罚。

食用农产品销售者违反本法第六十五条规定的，由县级以上人民政府食品药品监督管理部门依照第一款规定给予处罚。

●条文解读

一、本条规定的违法行为

1. 食品、食品添加剂生产者未按规定对采购的食品原料和生产的食品、食品添加剂进行检验。本类违法行为主要针对的是：

（1）新法第50条第1款规定，食品生产者采购无法提供合格证明的食品原料，应当按照食品安全标准进行检验。

（2）新法第52条规定，食品、食品添加剂的生产者，应当按照食品安全标准对所生产的食品、食品添加剂进行检验，检验合格后方可出厂或者销售。

（3）新法第81条规定，婴幼儿配方食品生产企业应当对出厂的婴幼儿配方食品实施逐批检验。如果未遵守新法第50条、第52条、第81条前述规定，就属于本类违法行为。

2. 食品生产经营企业未按规定建立食品安全管理制度，或者未按规定配备或者培训、考核食品安全管理人员。本类违法行为主要针对的是：新法第44条规定，食品生产经营企业应当建立食品安全管理制度，对职工进行食品安全知识培训；配备食品安全管理人员，加强对其培训和考核，经考核不具备食品安全管理能力的，不得上岗。如果未遵守新法第44条前述规定，就属于本类违法行为。

3. 食品、食品添加剂生产经营者进货时未查验许可证和相关证明文件，或者未按规定建立并遵守进货查验记录和销售记录制度。本类违法行为主要针对的是：

（1）新法第50条规定，食品生产者采购食品原料、食品添加剂、 食品相关产品，应当查验供货者的许可证和产品合格证明。食品生产企业应当建立食品原料、食品添加剂、食品相关产品进货查验记录制度，如实记录食品原料、食品添加剂、食品相关产品的名称、规格、数量、生产日期或者生产批号、保质期、进货日期以及供货者名称、地址、联系方式等内容，并保存相关凭证。记录和凭证保存期限不得少于产品保质期满后6个月；没有明确保质期的，保存期限不得少于2年。

（2）新法第51条规定，食品生产企业应当建立食品出厂检验记录制度，查验出厂食品的检验合格证和安全状况，如实记录食品的名称、规格、数量、生产日期或者生产批号、保质期、检验合格证号、销售日期以及购货者名称、地址、联系方式等内容，并保存相关凭证。记录和凭证保存期限应当符合新法第50条第2款的规定。

（3）新汉第53条规定，食品经营者采购食品，应当查验供货者的许可证和食品出厂检验合格证或者其他合格证明；食品经营企业应当建立食品进货查验记录制度，如实记录食品的名称、规格、数量、生产日期或者生产批号、保质期、进货日期以及供货者名称、地址、联系方式等内容，并保存相关凭证。记录和凭证保存期限应当符合新法第50条第2款的规定。实行统一配送经营方式的食品经营企业，可以由企业总部统一查验供货者的许可证和食品合格证明文件，进行食品进货查验记录。从事食品批发业务的经营企业应当建立食品销售记录制度，如实记录批发食品的名称、规格、数量、生产日期或者生产批号、保质期、销售日期以及购货者名称、地址、联系方式等内容，并保存相关凭证。记录和凭证保存期限应当符合新法第 50 条第 2 款的规定。

（4）新法 59 条规定，食品添加剂生产者应当建立食品添加剂出厂检验记录制度，查验出厂产品的检验合格证和安全状况，如实记录食品添加剂的名称、规格、数量、生产日期或者生产批号、保质期、检验合格证号、销售日期以及购货者名称、地址、联系方式等相关内容，并保存相关凭证。记录和凭证保存期限应当符合新法第 50 条第 2 款的规定。

（5）新法第 60 条规定，食品添加剂经营者采购食品添加剂，应当依法查验供货者的许可证和产品合格证明文件，如实记录食品添加剂的名称、规格、数量、生产日期或者生产批号、保质期、进货日期以及供货者名称、地址、联系方式等内容，并保存相关凭证。记录和凭证保存期限应当符合新法第 50 条第 2 款的规定。如果未遵守新法第 50 条、第 51 条、第 53 条、第 59 条、第 60 条前述规定，食品、食品添加剂生产经营者进货时未查验许可证和相关证明文件，或者未按规定建立并遵守进货查验记录、出厂检验记录和销售记录制度，就属于本类违法行为。

4. 食品生产经营企业未制定食品安全事故处置方案。本类违法行为主要针对的是：新法第102条第4款规定，食品生产经营企业应当制定食品安全事故处置方案。如果未遵守新法第102条前述规定，就属于本类违法行为。

5. 餐具、饮具和盛放直接入口食品的容器，使用前未经洗净、消毒或者清洗消毒不合格，或者餐饮服务设施、设备未按规定定期维护、清洗、校验。本类违法行为主要针对的是：

（1）新法第33条第1款第5项规定，餐具、饮具和盛放直接入口食品的容器，使用前应当洗净、消毒。

（2）新法第56条规定，餐饮服务提供者应当定期维护食品加工、贮存、陈列等设施、设备；定期清洗、校验保温设施及冷藏、冷冻设施；按照要求对餐具、饮具进行清洗消毒，不得使用未经清洗消毒的餐具、饮具。如果未遵守新法第33条、第56条前述规定，就属于本类违法行为。

6. 食品生产经营者安排未取得健康证明或者患有国务院卫生行政部门规定的有碍食品安全疾病的人员从事接触直接入口食品的工作。本类违法行为主要针对的是：新法第45条规定，患有国务院卫生行政部门规定的有碍食品安全疾病的人员，不得从事接触直接入口食品的工作。从事接触直接入口食品工作的食品生产经营人员每年应当进行健康检查，取得健康证明后方可上岗工作。如果食品生产经营者在安排人员工作时未遵守新法第45条前述规定，就属于本类违法行为。

7. 食品经营者未按规定要求销售食品。本类违法行为主要针对的是：

（1）新法第68条规定，食品经营者销售散装食品，应当在散装食品的容器、外包装上标明食品的名称、生产日期或者生产批号、保质期以及生产经营者名称、地址、联系方式等内容。

（2）新法第72条规定，食品经营者应当按照食品标签标示的警示标志、警示说明或者注意事项的要求销售食品。如果未遵守新法第68条、第72条前述规定，就属于本类违法行为。

8. 保健食品生产企业未按规定向食品药品监督管理部门备案，或者未按备案的产品配方、生产工艺等技术要求组织生产。本类违法行为主要针对的是：

（1）新法第76条规定，国内生产的保健食品，除使用保健食品原料目录以外原料的保健食品外，都应当报省、自治区、直辖市人民政府食品药品监督管理部门备案。

（2）新法第77条第2款规定，依法应当备案的保健食品，备案时应当提交产品配方、生产工艺、标签、说明书以及表明产品安全性和保健功能的材料。

（3）新法第82条第3款规定，保健食品生产企业应当按照备案的产品配方、生产工艺等技术要求组织生产。如果保健食品生产企业未遵守新法第 76 条、第 77 条、第 82 条前述规定，就属于本类违法行为。

9. 婴幼儿配方食品生产企业未将食品原料、食品添加剂、产品配方、标签等向食品药品监督管理部门备案。本类违法行为主要针对的是：新法第 81 条第 3 款规定，婴幼儿配方食品生产企业应当将食品原料、食品添加剂、产品配方及标签等事项向省、自治区、直辖市人民政府食品药品监督管理部门备案。如果未遵守新法第 81 条第 4 款前述规定，就属于本类违法行为。新法第 81 条规定，婴幼儿配方乳粉的产品配方应当经国务院食品药品监督管理部门注册，即婴幼儿配方乳粉生产企业作为婴幼儿配方食品生产企业的重要一员，其生产的婴幼儿配方乳粉的产品配方应当注册，而不是备案，但是其应当将食品原料、食品添加剂、标签等事项向省、自治区、直辖市人民政府食品药品监督管理部门备案。如果婴幼儿配方乳粉生产企业未遵守新法第 81 条规定，未将食品原料、食品添加剂、标签等向食品药品监督管理部门备案，也属于本类违法行为。

10. 特殊食品生产企业未按规定建立生产质量管理体系并有效运行，或者未定期提交自查报告。本类违法行为主要针对的是：新法第 83 条规定，生产保健食品，特殊医学用途配方食品、婴幼儿配方食品和其他专供特定人群的主辅食品的企业，应当按照良好生产规范的要求建立与所生产食品相适应的生产质量管理体系，定期对该体系的运行情况进行自查，保证其有效运行，并向所在地县级人民政府食品药品监督管理部门提交自查报告。如果未遵守新法第 83 条前述规定，就属于本类违法行为。

11. 食品生产经营者未定期对食品安全状况进行检查评价，或者生产经营条件发生变化，未按规定处理。本类违法行为主要针对的是：新法第 47 条规定，食品生产经营者应当建立食品安全自查制度，定期对食品安全状况进行检查评价。生产经营条件发生变化，不再符合食品安全要求的，食品生产经营者应当立即采取整改措施；有发生食品安全事故的潜在风险的，应当立即停止食品生产经营活动，并向所在地县级人民政府食品药品监督管理部门报告。如果未遵守新法第 47 条前述规定，就属于本类违法行为。

12. 学校、托幼机构、养老机构、建筑工地等集中用餐单位未按规定履行食品安全管理责任。本类违法行为主要针对的是：新法第 57 条规定，学校、托幼机构、养老机构、建筑工地等集中用餐单位的食堂应当严格遵守法律、法规和食品安全标准；从供餐单位订餐的，应当从取得食品生产经营许可的企业订购，并按照要求对订购的食品进行查验。如果未遵守新法第 57 条前述规定，就属于本类违法行为。

13. 食品生产企业、餐饮服务提供者未按规定制定、实施生产经营过程控制要求。本类违法行为主要针对的是：

（1）新法第 46 条规定，食品生产企业应当就下列事项制定并实施控制要求，保证所生产的食品符合食品安全标准：原料采购、原料验收、投料等原料控制；生产工序、设备、贮存、包装等生产关键环节控制；原料检验、半成品检验、成品出厂检验等检验控制；运输和交付控制。

（2）新法第 55 条第 1 款规定，餐饮服务提供者应当制定并实施原料控制要求。食品生产企业、餐饮服务提供者如果未遵守新法第 46 条、第 55 条前述规定，就属于本类违法行为。

14. 食用农产品销售者违反新法第 65 条规定。本类违法行为主要针对的是：新法第 65 条规定，食用农产品销售者应当建立食用农产品进货查验记录制度，如实记录食用农产品的名称、数量、进货日期以及供货者名称、地址、联系方式等内容，并保存相关凭证。记录和凭证保存期限不得少于 6 个月。如果未遵守新法第 65 条前述规定，就属于本类违法行为。

15. 食品相关产品生产者未按规定对生产的食品相关产品进行检验。本类违法行为主要针对的是：新法第 52 条规定，食品相关产品的生产者，应当按照食品安全标准对所生产的食品相关产品进行检验，检验合格后方可出厂或者销售。如果未遵守新法第 52 条前述规定，就属于本类违法行为。

16. 餐具、饮具集中消毒服务单位违反新法规定用水，使用洗涤剂、消毒剂，或者出厂的餐具、饮具未按规定检验合格并随附消毒合格证明，或者未按规定在独立包装上标注相关内容。本类违法行为主要针对的是：新法第 58 条规定，餐具、饮具集中消毒服务单位用水和使用的洗涤剂、消毒剂应当符合相关食品安全国家标准和其他国家标准、卫生规范，应当对消毒餐具、饮具进行逐批检验，检验合格后方可出厂，并应当随附消毒合格证明。消毒后的餐具、饮具应当在独立包装上标注单位名称、地址、联系方式、消毒日期以及使用期限等内容。如果未遵守新法第58条前述规定，就属于本类违法行为。

二、本条规定的法律责任

有本条规定的第1类至第14类违法行为之一的，由县级以上人民政府食品药品监督管理部门责令改正，给予警告；拒不改正的，处5000元以上5万元以下罚款；情节严重的，责令停产停业，直至吊销许可证。

有本条规定的第15类违法行为的，由县级以上人民政府质量监督部门责令改正，给予警告；拒不改正的，处5000元以上5万元以下罚款；情节严重的，责令停产停业，直至吊销许可证。

有本条规定的第16类违法行为的，由县级以上人民政府卫生行政部门责令改正，给予警告；拒不改正的，处5000元以上5万元以下罚款；情节严重的，责令停产停业，直至吊销许可证。

本条规定『吊销许可证』中的许可证是指食品生产经营许可证或者食品添加剂、食品相关产品生产许可证。

[illegible] 【[illegible]】 [illegible]

[illegible] :

(ᠨᠢᠭᠡ) [illegible] ::

(ᠬᠣᠶᠠᠷ) [illegible] ::

(ᠭᠤᠷᠪᠠ) [illegible] ::

(ᠳᠥᠷᠪᠡ) [illegible]

[illegible]

3. ᠬᠠᠤᠯᠢ᠂ ᠬᠠᠤᠯᠢ ᠶᠢᠨ [illegible] ᠃

[illegible] ᠃ [illegible] ᠂ [illegible] ᠃ [illegible] ᠂ [illegible] ᠂ [illegible] 44 ᠳᠦᠭᠡᠷ ᠵᠦᠢᠯ [illegible] ᠂ [illegible] ᠃ [illegible] ᠂ [illegible]

2. [illegible] ᠃

[illegible] ᠃ [illegible] 50 ᠳᠤᠭᠠᠷ ᠵᠦᠢᠯ᠂ 52 ᠳᠤᠭᠠᠷ ᠵᠦᠢᠯ᠂ 81 ᠳᠦᠭᠡᠷ ᠵᠦᠢᠯ [illegible]

（3）[illegible] 81 ᠳᠦᠭᠡᠷ ᠵᠦᠢᠯ [illegible] ᠃

ᠰᠢᠩᠭᠡᠨ ᠪᠠᠢᠭ᠎ᠠ ᠪᠠᠢᠳᠠᠯ ᠶᠢᠨ ᠬᠠᠪᠰᠤᠷᠤᠯᠲᠠ C ᠳᠤ ᠪᠦᠲᠦᠭᠡᠭᠳᠡᠬᠦᠨ ᠬᠡᠷᠡᠭᠲᠡᠢ᠂ ᠬᠡᠮᠵᠢᠶ᠎ᠡ ᠲᠣᠭᠠᠴᠠᠭᠠᠨ ᠲᠡᠮᠳᠡᠭᠯᠡᠬᠦ ᠪᠠᠢᠭ᠎ᠠ ᠰᠢᠨᠵᠢᠯᠡᠬᠦ ᠪᠦᠲᠦᠭᠡᠭᠰᠡᠨ

[illegible]

(3) [illegible]

[illegible]

ᠬᠦᠨᠰᠦ ᠪᠣᠯᠤᠨ ᠬᠦᠨᠰᠦᠨ ᠦ ᠨᠡᠮᠡᠯᠲᠡ ᠶᠢ ᠬᠢᠨᠠᠨ ᠪᠠᠢᠴᠠᠭᠠᠬᠤ ᠂ ᠬᠦᠨᠰᠦᠨ ᠦ ᠠᠶᠤᠯᠭᠦᠢ ᠶᠢᠨ ᠪᠠᠷᠢᠮᠵᠢᠶ᠎ᠠ ᠳᠤ ᠲᠣᠬᠢᠷᠠᠬᠤ ᠦᠭᠡᠢ ᠂ ᠬᠠᠷᠢᠭᠤᠴᠠᠯᠭ᠎ᠠ ᠪᠣᠯᠤᠨ ᠪᠦᠷᠢᠳᠭᠡᠯ ᠦᠨ ᠪᠢᠴᠢᠭ ᠢ ᠬᠠᠳᠠᠭᠠᠯᠠᠬᠤ ᠶᠢ ᠬᠢᠨᠠᠨ ᠪᠠᠢᠴᠠᠭᠠᠬᠤ ᠂ ᠪᠣᠯᠤᠨ ᠪᠦᠲᠡᠭᠡᠯ ᠬᠠᠩᠭᠠᠮᠵᠢ ᠶᠢᠨ ᠰᠢᠯᠭᠠᠨ ᠪᠠᠢᠴᠠᠭᠠᠭᠰᠠᠨ ᠶᠢ ᠨᠢ ᠡᠨᠡ ᠬᠠᠤᠯᠢ ᠶᠢᠨ 50 ᠳᠤᠭᠠᠷ ᠵᠦᠢᠯ ᠦᠨ 2 ᠳᠤᠭᠠᠷ ᠵᠣᠷᠮᠠᠭ ᠲᠤ ᠵᠢᠭᠠᠭᠰᠠᠨ ᠪᠣᠶᠤ ᠬᠠᠷᠢᠭᠤᠴᠠᠨ ᠃ ᠡᠨᠡ ᠬᠦ ᠪᠣᠯᠤᠨ ᠪᠦᠷᠢᠳᠭᠡᠯ ᠦᠨ ᠬᠤᠭᠤᠴᠠᠭ᠎ᠠ ᠶᠢ ᠬᠠᠳᠠᠭᠠᠯᠠᠬᠤ ᠳᠤ ᠬᠠᠷᠢᠭᠤᠴᠠᠨ ᠃

(4) ᠬᠦᠨᠰᠦᠨ ᠦ ᠨᠡᠮᠡᠯᠲᠡ ᠶᠢ ᠦᠢᠯᠡᠳᠪᠦᠷᠢᠯᠡᠭᠴᠢ ᠬᠦᠨᠰᠦᠨ ᠦ ᠨᠡᠮᠡᠯᠲᠡ ᠶᠢᠨ ᠦᠢᠯᠡᠳᠪᠦᠷᠢ ᠶᠢᠨ ᠬᠣᠪᠢ ᠨᠢᠭᠡᠳᠦᠯ ᠢ ᠬᠢᠨᠠᠨ ᠪᠠᠢᠴᠠᠭᠠᠬᠤ ᠂ ᠬᠦᠨᠰᠦᠨ ᠦ ᠨᠡᠮᠡᠯᠲᠡ ᠶᠢᠨ ᠪᠠᠷᠢᠮᠵᠢᠶ᠎ᠠ ᠳᠤ ᠲᠣᠬᠢᠷᠠᠬᠤ ᠂ ᠰᠢᠯᠭᠠᠨ ᠪᠠᠢᠴᠠᠭᠠᠯᠲᠠ ᠶᠢᠨ ᠭᠡᠷᠡᠴᠢᠯᠡᠯ ᠢ ᠬᠠᠳᠠᠭᠠᠯᠠᠬᠤ ᠪᠣᠯᠤᠨ ᠪᠦᠲᠡᠭᠡᠯ ᠬᠠᠩᠭᠠᠮᠵᠢ ᠶᠢᠨ ᠰᠢᠯᠭᠠᠨ ᠪᠠᠢᠴᠠᠭᠠᠭᠰᠠᠨ ᠶᠢ ᠨᠢ ᠡᠨᠡ ᠬᠠᠤᠯᠢ ᠶᠢᠨ ᠵᠣᠬᠢᠶᠠᠯ ᠳᠤ ᠵᠢᠭᠠᠭᠰᠠᠨ ᠪᠣᠶᠤ ᠬᠠᠷᠢᠭᠤᠴᠠᠨ ᠃ ᠡᠨᠡ ᠬᠦ ᠪᠣᠯᠤᠨ ᠪᠦᠷᠢᠳᠭᠡᠯ ᠦᠨ ᠪᠢᠴᠢᠭ ᠢ ᠬᠠᠳᠠᠭᠠᠯᠠᠬᠤ ᠶᠢ ᠬᠢᠨᠠᠨ ᠪᠠᠢᠴᠠᠭᠠᠬᠤ ᠂ ᠰᠢᠯᠭᠠᠨ ᠪᠠᠢᠴᠠᠭᠠᠯᠲᠠ ᠶᠢᠨ ᠪᠠᠷᠢᠮᠲᠠ ᠬᠠᠷᠢᠭᠤᠴᠠᠨ ᠃

(5) ᠬᠦᠨᠰᠦᠨ ᠦ ᠨᠡᠮᠡᠯᠲᠡ ᠶᠢ ᠬᠤᠳᠠᠯᠳᠤᠭᠴᠢ ᠬᠦᠨᠰᠦᠨ ᠦ ᠨᠡᠮᠡᠯᠲᠡ ᠶᠢᠨ ᠬᠤᠳᠠᠯᠳᠤᠬᠤ ᠬᠣᠪᠢ ᠨᠢᠭᠡᠳᠦᠯ ᠢ ᠬᠢᠨᠠᠨ ᠪᠠᠢᠴᠠᠭᠠᠬᠤ ᠂ ᠬᠦᠨᠰᠦᠨ ᠦ ᠨᠡᠮᠡᠯᠲᠡ ᠶᠢᠨ ᠪᠠᠷᠢᠮᠵᠢᠶ᠎ᠠ ᠳᠤ ᠲᠣᠬᠢᠷᠠᠬᠤ ᠂ ᠰᠢᠯᠭᠠᠨ ᠪᠠᠢᠴᠠᠭᠠᠯᠲᠠ ᠶᠢᠨ ᠭᠡᠷᠡᠴᠢᠯᠡᠯ ᠢ ᠬᠠᠳᠠᠭᠠᠯᠠᠬᠤ ᠪᠣᠯᠤᠨ ᠪᠦᠲᠡᠭᠡᠯ ᠬᠠᠩᠭᠠᠮᠵᠢ ᠶᠢᠨ ᠰᠢᠯᠭᠠᠨ ᠪᠠᠢᠴᠠᠭᠠᠭᠰᠠᠨ ᠶᠢ ᠨᠢ ᠡᠨᠡ ᠬᠠᠤᠯᠢ ᠶᠢᠨ ᠵᠣᠬᠢᠶᠠᠯ ᠳᠤ ᠵᠢᠭᠠᠭᠰᠠᠨ ᠪᠣᠶᠤ ᠬᠠᠷᠢᠭᠤᠴᠠᠨ ᠃ ᠡᠨᠡ ᠬᠦ ᠪᠣᠯᠤᠨ ᠪᠦᠷᠢᠳᠭᠡᠯ ᠦᠨ ᠪᠢᠴᠢᠭ ᠢ ᠬᠠᠳᠠᠭᠠᠯᠠᠬᠤ ᠶᠢ ᠬᠢᠨᠠᠨ ᠪᠠᠢᠴᠠᠭᠠᠬᠤ ᠂ ᠪᠣᠯᠤᠨ ᠪᠦᠲᠡᠭᠡᠯ ᠬᠠᠩᠭᠠᠮᠵᠢ ᠶᠢᠨ

ᠪᠣᠯᠬᠤ ᠬᠠᠮᠢᠶᠠᠷᠤᠯᠲᠠ ᠪᠣᠯᠤᠨ ᠬᠡᠮᠵᠢᠶᠡᠨ ᠬᠠᠩᠭᠠᠯᠲᠠ ᠶᠢᠨ ᠠᠪᠤᠯᠭ᠎ᠠ ᠶᠢ ᠪᠠᠷᠢᠮᠵᠢᠯᠠᠬᠤ ᠪᠠᠷ ᠬᠠᠷᠢᠭᠤᠴᠠᠯᠭ᠎ᠠ ᠪᠣᠯᠬᠤ ᠡᠳ᠋ ᠦᠨ ᠵᠡᠷᠭᠡ ᠬᠠᠤᠯᠢ ᠴᠠᠭᠠᠵᠠ ᠶᠢᠨ ᠬᠠᠮᠢᠶᠠᠷᠤᠯᠲᠠ ᠶᠢᠨ ᠠᠰᠠᠭᠤᠳᠠᠯ ᠢ ᠵᠣᠬᠢᠴᠠᠭᠤᠯᠬᠤ ᠤᠳᠠᠷᠢᠳᠭᠤᠯᠭ᠎ᠠ ᠶᠢᠨ ᠬᠠᠮᠢᠶ᠎ᠠ ᠪᠦᠬᠦᠢ ᠬᠡᠷᠡᠭ ᠢ ᠵᠣᠬᠢᠴᠠᠭᠤᠯᠤᠯᠲᠠ ᠶᠢᠨ ·

(1) ᠬᠠᠮᠢᠶ᠎ᠠ ᠬᠠᠤᠯᠢ ᠶᠢᠨ 33 ᠳᠦᠭᠡᠷ ᠵᠦᠢᠯ ᠦᠨ 1 ᠳᠦᠭᠡᠷ ᠵᠣᠷᠪᠤᠰ ᠤᠨ 5 ᠳᠦᠭᠡᠷ ᠳᠡᠰ ᠲᠦ ᠵᠢᠭᠠᠭᠰᠠᠨ ᠶᠠᠮᠠᠷ ᠨᠢᠭᠡ ᠵᠦᠢᠯ ᠦᠨ ᠬᠡᠷᠡᠭ ᠦᠨ ᠠᠯᠢ ᠨᠢᠭᠡ ᠢ ᠬᠠᠷᠢᠭᠤᠴᠠᠨ᠎ᠠ ᠃ ᠡᠨᠡ ᠵᠦᠢᠯ ᠦᠨ ᠬᠠᠤᠯᠢ ᠶᠢᠨ ᠬᠠᠷᠢᠭᠤᠴᠠᠯᠭ᠎ᠠ ᠶᠢᠨ ᠬᠤᠪᠢᠶᠠᠷᠢ ᠳᠤ ᠵᠢᠭᠠᠪᠠᠯ ᠄

ᠵᠢᠭᠠᠭᠰᠠᠨ ᠤ ᠬᠠᠷᠢᠭᠤᠴᠠᠯᠭ᠎ᠠ ᠶᠢᠨ ᠤᠳᠬ᠎ᠠ · ᠵᠢᠭᠠᠭᠰᠠᠨ ᠨᠢ ᠬᠡᠷᠡᠭᠵᠢᠭᠦᠯᠬᠦ ᠶᠠᠮᠠᠷ ᠪᠠᠢᠳᠠᠯ · ᠬᠡᠷᠡᠭ ᠪᠠᠢᠳᠠᠯ · ᠬᠠᠷᠢᠭᠤᠴᠠᠯᠭ᠎ᠠ ᠶᠢᠨ

ᠬᠡᠮᠵᠢᠶ᠎ᠡ ᠶᠢ ᠬᠠᠮᠢᠶᠠᠷᠤᠯᠬᠤ · ᠬᠠᠷᠢᠭᠤᠴᠠᠯᠭ᠎ᠠ ᠶᠢᠨ ᠬᠡᠮᠵᠢᠶ᠎ᠡ ᠨᠢ ᠬᠠᠮᠢᠶᠠᠷᠤᠯᠬᠤ ᠪᠠᠢᠳᠠᠯ · ᠬᠠᠷᠢᠭᠤᠴᠠᠯᠭ᠎ᠠ ᠶᠢᠨ ᠬᠦᠳᠡᠯᠦᠭᠡᠨ ᠳᠦ ᠬᠠᠮᠢᠶᠠᠷᠤᠯᠬᠤ ᠶᠢ ᠵᠣᠬᠢᠴᠠᠭᠤᠯᠬᠤ ᠳᠤ ᠬᠠᠮᠢᠶᠠᠷᠤᠯᠬᠤ ᠶᠢᠨ

5. ᠬᠠᠷᠢᠭᠤᠴᠠᠯᠭ᠎ᠠ ᠶᠢᠨ ᠪᠠᠢᠳᠠᠯ ᠤᠨ ᠬᠡᠷᠡᠭ ᠪᠣᠯᠤᠨ ᠬᠡᠮᠵᠢᠶ᠎ᠡ ᠶᠢᠨ ᠪᠠᠢᠳᠠᠯ ᠤᠨ ᠬᠡᠷᠡᠭ ᠢ ᠬᠠᠮᠢᠶᠠᠷᠤᠯᠬᠤ ᠪᠠᠢᠳᠠᠯ ᠤᠨ ᠬᠡᠷᠡᠭ ᠦᠨ ᠪᠠᠢᠳᠠᠯ ᠤᠨ ᠬᠡᠷᠡᠭ ᠢ ᠬᠠᠮᠢᠶᠠᠷᠤᠯᠬᠤ ᠪᠣᠯᠤᠨ ᠡᠨᠡ ᠬᠡᠷᠡᠭ ᠦᠨ ᠬᠠᠤᠯᠢ ᠶᠢᠨ ᠬᠠᠷᠢᠭᠤᠴᠠᠯᠭ᠎ᠠ ᠳᠤ ᠬᠠᠮᠢᠶᠠᠷᠤᠯᠤᠨ᠎ᠠ ᠃

ᠬᠠᠮᠢᠶᠠᠷᠤᠯᠬᠤ ᠶᠢᠨ ᠬᠤᠪᠢᠶᠠᠷᠢ ᠬᠠᠷᠢᠭᠤᠴᠠᠯᠭ᠎ᠠ ᠃ ᠬᠠᠮᠢᠶ᠎ᠠ ᠬᠠᠤᠯᠢ ᠶᠢᠨ 102 ᠳᠦᠭᠡᠷ ᠵᠦᠢᠯ ᠦᠨ 4 ᠳᠦᠭᠡᠷ ᠵᠣᠷᠪᠤᠰ ᠢ ᠬᠠᠮᠢᠶᠠᠷᠤᠯᠤᠨ᠎ᠠ

4 ᠳᠦᠭᠡᠷ ᠵᠣᠷᠪᠤᠰ ᠲᠤ ᠬᠠᠮᠢᠶᠠᠷᠤᠯᠬᠤ ᠬᠠᠷᠢᠭᠤᠴᠠᠯᠭ᠎ᠠ ᠬᠠᠷᠢᠭᠤᠴᠠᠯᠭ᠎ᠠ ᠶᠢᠨ ᠬᠡᠮᠵᠢᠶ᠎ᠡ ᠶᠢᠨ ᠬᠡᠷᠡᠭ ᠦᠨ ᠪᠠᠢᠳᠠᠯ ᠢ ᠬᠠᠮᠢᠶᠠᠷᠤᠯᠬᠤ ᠶᠢᠨ

ᠪᠣᠯᠤᠨ᠎ᠠ ᠃ ᠡᠨᠡ ᠵᠦᠢᠯ ᠦᠨ ᠬᠠᠤᠯᠢ ᠶᠢᠨ ᠬᠠᠷᠢᠭᠤᠴᠠᠯᠭ᠎ᠠ ᠶᠢᠨ ᠬᠤᠪᠢᠶᠠᠷᠢ ᠳᠤ ᠵᠢᠭᠠᠭᠰᠠᠨ ᠄ ᠬᠠᠮᠢᠶ᠎ᠠ ᠬᠠᠤᠯᠢ ᠶᠢᠨ 102 ᠳᠦᠭᠡᠷ ᠵᠦᠢᠯ ᠦᠨ

4. ᠬᠠᠮᠢᠶᠠᠷᠤᠯᠬᠤ ᠬᠠᠮᠢᠶᠠᠷᠤᠯᠤᠯᠲᠠ ᠶᠢᠨ ᠬᠡᠷᠡᠭ ᠦᠨ ᠬᠠᠮᠢᠶᠠᠷᠤᠯᠤᠯᠲᠠ ᠬᠠᠮᠢᠶᠠᠷᠤᠯᠬᠤ ᠶᠢᠨ ᠪᠠᠢᠳᠠᠯ ᠤᠨ ᠬᠡᠷᠡᠭ ᠢ ᠬᠠᠮᠢᠶᠠᠷᠤᠯᠬᠤ ᠳᠤ ᠬᠠᠮᠢᠶᠠᠷᠤᠯᠤᠨ᠎ᠠ ᠬᠠᠮᠢᠶᠠᠷᠤᠯᠤᠯᠲᠠ ᠶᠢᠨ ᠬᠠᠮᠢᠶᠠᠷᠤᠯᠤᠯᠲᠠ

ᠪᠣᠯᠤᠨ ᠬᠡᠷᠡᠭᠵᠢᠭᠦᠯᠬᠦ ᠶᠢᠨ ᠬᠡᠷᠡᠭ ᠦᠨ ᠪᠠᠢᠳᠠᠯ ᠤᠨ ᠬᠡᠷᠡᠭ ᠢ ᠬᠠᠮᠢᠶᠠᠷᠤᠯᠬᠤ ᠵᠢᠨ ᠪᠣᠯᠤᠨ ᠬᠡᠷᠡᠭ ᠦᠨ ᠬᠠᠷᠢᠭᠤᠴᠠᠯᠭ᠎ᠠ ᠳᠤ ᠬᠠᠮᠢᠶᠠᠷᠤᠯᠤᠨ᠎ᠠ ᠃

ᠬᠡᠷᠡᠭᠵᠢᠭᠦᠯᠬᠦ ᠬᠡᠮᠵᠢᠶᠡᠯᠡᠬᠦ ᠶᠢᠨ ᠬᠡᠷᠡᠭ ᠦᠨ ᠪᠠᠢᠳᠠᠯ · ᠬᠠᠮᠢᠶᠠᠷᠤᠯᠬᠤ ᠶᠢᠨ ᠬᠡᠷᠡᠭ ᠦᠨ ᠬᠡᠮᠵᠢᠶ᠎ᠡ ᠪᠣᠯᠤᠨ ᠬᠠᠷᠢᠭᠤᠴᠠᠯᠭ᠎ᠠ ᠶᠢᠨ ᠬᠡᠮᠵᠢᠶ᠎ᠡ ᠶᠢᠨ ᠬᠡᠷᠡᠭ ᠢ ᠬᠠᠮᠢᠶᠠᠷᠤᠯᠬᠤ

ᠪᠣᠯᠤᠨ ᠬᠡᠮᠵᠢᠶ᠎ᠡ ᠪᠣᠯᠤᠨ ᠬᠡᠷᠡᠭᠵᠢᠭᠦᠯᠬᠦ ᠶᠢᠨ ᠬᠡᠮᠵᠢᠶᠡᠯᠡᠬᠦ ᠶᠢ ᠬᠡᠷᠡᠭ ᠦᠨ ᠪᠠᠢᠳᠠᠯ ᠪᠣᠯᠤᠨ ᠬᠡᠷᠡᠭ ᠦᠨ ᠬᠠᠷᠢᠭᠤᠴᠠᠯᠭ᠎ᠠ · ᠬᠠᠮᠢᠶᠠᠷᠤᠯᠬᠤ ᠬᠡᠮᠵᠢᠶ᠎ᠡ ᠶᠢᠨ ᠬᠠᠷᠢᠭᠤᠴᠠᠯᠭ᠎ᠠ ᠪᠠᠢᠳᠠᠯ ᠢ ᠬᠠᠮᠢᠶᠠᠷᠤᠯᠬᠤ

ᠬᠠᠮᠢᠶᠠᠷᠤᠯᠬᠤ ᠶᠢᠨ ᠬᠡᠮᠵᠢᠶᠡᠯᠡᠬᠦ · ᠬᠡᠷᠡᠭᠵᠢᠭᠦᠯᠬᠦ ᠶᠢᠨ ᠬᠠᠷᠢᠭᠤᠴᠠᠯᠭ᠎ᠠ ᠳᠤ ᠬᠠᠮᠢᠶᠠᠷᠤᠯᠤᠯᠲᠠ ᠶᠢᠨ ᠬᠡᠷᠡᠭ ᠦᠨ ᠪᠠᠢᠳᠠᠯ ᠤᠨ ᠬᠡᠷᠡᠭᠵᠢᠭᠦᠯᠬᠦ ᠶᠢᠨ ᠬᠠᠮᠢᠶᠠᠷᠤᠯᠬᠤ

ᠬᠠᠷᠢᠭᠤᠴᠠᠨ᠎ᠠ ᠃ ᠬᠠᠮᠢᠶ᠎ᠠ ᠬᠠᠤᠯᠢ ᠶᠢᠨ 50 ᠳᠦᠭᠡᠷ ᠵᠦᠢᠯ · 51 ᠳᠦᠭᠡᠷ ᠵᠦᠢᠯ · 53 ᠳᠦᠭᠡᠷ ᠵᠦᠢᠯ · 59 ᠳᠦᠭᠡᠷ ᠵᠦᠢᠯ · 60 ᠳᠦᠭᠡᠷ

ᠦᠢᠯᠡᠳᠪᠦᠷᠢᠯᠡᠭᠰᠡᠨ ᠬᠣᠣᠯᠠ ᠶᠢᠨ ᠨᠡᠮᠡᠯᠲᠡ ᠪᠣᠳᠠᠰ ᠢ ᠬᠡᠷᠡᠭᠯᠡᠭᠰᠡᠨ ᠪᠤᠶᠤ᠂ ᠬᠣᠣᠯᠠ ᠶᠢᠨ ᠨᠡᠮᠡᠯᠲᠡ ᠪᠣᠳᠠᠰ ᠤᠨ ᠬᠡᠷᠡᠭᠯᠡᠬᠦ ᠬᠦᠷᠢᠶᠡ ᠪᠠ

ᠬᠡᠮᠵᠢᠶᠡ ᠶᠢ ᠬᠡᠲᠦᠷᠡᠭᠦᠯᠦᠨ ᠬᠡᠷᠡᠭᠯᠡᠭᠰᠡᠨ ᠪᠤᠶᠤ ᠳᠤ ᠬᠣᠣᠯᠠ ᠶᠢᠨ ᠬᠡᠮᠵᠢᠶᠡ ᠪᠠᠷ ᠬᠡᠷᠡᠭᠯᠡᠬᠦ ᠬᠦᠷᠢᠶᠡ ᠪᠠ ᠬᠡᠮᠵᠢᠶᠡ ᠶᠢ

ᠲᠣᠭᠲᠠᠭᠠᠭᠰᠠᠨ ᠪᠠ ᠡᠷᠦᠯ ᠰᠡᠷᠭᠦᠯᠡᠩ ᠦ ᠬᠡᠮᠵᠢᠶᠡ ᠪᠠ ᠦᠢᠯᠡᠳᠪᠦᠷᠢ ᠶᠢᠨ ᠬᠦᠷᠢᠶᠡ ᠳᠦ ᠨᠡᠢᠴᠡᠬᠦ ᠦᠭᠡᠢ ᠪᠠᠶᠢᠳᠠᠯ

ᠬᠦᠨᠳᠦᠷᠡᠭᠦᠯᠦᠯᠲᠡ ᠪᠠ ᠬᠣᠣᠯᠠ ᠶᠢᠨ ᠨᠡᠮᠡᠯᠲᠡ ᠪᠣᠳᠠᠰ ᠤᠨ ᠲᠤᠬᠠᠢ ᠪᠠᠷᠢᠮᠵᠢᠶ᠎ᠠ ᠳᠤ ᠵᠣᠬᠢᠴᠠᠬᠤ ᠦᠭᠡᠢ ᠪᠠᠶᠢᠳᠠᠯ ᠢ

ᠲᠣᠭᠲᠠᠭᠠᠬᠤ ᠶᠣᠰᠣᠲᠠᠢ᠄ ᠡᠨᠡ ᠬᠠᠤᠯᠢ ᠶᠢᠨ 45 ᠳᠤᠭᠠᠷ ᠵᠦᠢᠯ ᠳᠦ ᠵᠠᠰᠠᠭᠰᠠᠨ ᠪᠡᠷ᠂ ᠬᠣᠣᠯᠠ ᠶᠢᠨ ᠨᠡᠮᠡᠯᠲᠡ ᠪᠣᠳᠠᠰ

ᠦᠢᠯᠡᠳᠪᠦᠷᠢᠯᠡᠭᠰᠡᠨ ᠬᠡᠮᠵᠢᠶᠡ ᠪᠠᠷ ᠬᠡᠷᠡᠭᠯᠡᠬᠦ ᠬᠦᠷᠢᠶᠡ ᠪᠠ ᠬᠡᠮᠵᠢᠶᠡ ᠶᠢ ᠲᠣᠭᠲᠠᠭᠠᠭᠰᠠᠨ᠃ ᠡᠨᠡ ᠲᠤᠬᠠᠢ ᠳᠤ ᠬᠠᠤᠯᠢ ᠶᠢᠨ ᠵᠦᠢᠯ ᠢ

ᠪᠠᠷᠢᠮᠲᠠᠯᠠᠬᠤ ᠪᠠ ᠡᠷᠦᠯ ᠰᠡᠷᠭᠦᠯᠡᠩ ᠦ ᠬᠡᠮᠵᠢᠶᠡ ᠪᠠ ᠦᠢᠯᠡᠳᠪᠦᠷᠢ ᠶᠢᠨ ᠬᠦᠷᠢᠶᠡ ᠳᠦ ᠨᠡᠢᠴᠡᠬᠦ ᠦᠭᠡᠢ ᠪᠠᠶᠢᠳᠠᠯ ᠢ

6. ᠬᠣᠣᠯᠠ ᠦᠢᠯᠡᠳᠪᠦᠷᠢᠯᠡᠭᠴᠢ ᠬᠦᠮᠦᠨ ᠦ ᠬᠣᠣᠯᠠ ᠶᠢᠨ ᠨᠡᠮᠡᠯᠲᠡ ᠪᠣᠳᠠᠰ ᠢ ᠬᠡᠷᠡᠭᠯᠡᠬᠦ ᠳᠦ ᠲᠤᠬᠠᠢ ᠪᠠᠷᠢᠮᠵᠢᠶ᠎ᠠ ᠶᠢᠨ ᠬᠡᠮᠵᠢᠶᠡ ᠶᠢ

ᠪᠠᠷᠢᠮᠲᠠᠯᠠᠬᠤ ᠶᠢᠨ ᠡᠨᠡ ᠬᠠᠤᠯᠢ ᠶᠢᠨ ᠵᠢᠷᠤᠮ ᠢ ᠰᠠᠬᠢᠬᠤ ᠶᠣᠰᠣᠲᠠᠢ᠃

ᠬᠣᠣᠯᠠ᠃ ᠡᠨᠡ ᠬᠠᠤᠯᠢ ᠶᠢᠨ 33 ᠳᠤᠭᠠᠷ ᠵᠦᠢᠯ᠂ ᠡᠨᠡ ᠬᠠᠤᠯᠢ ᠶᠢᠨ 56 ᠳᠤᠭᠠᠷ ᠵᠦᠢᠯ ᠳᠦ ᠲᠣᠭᠲᠠᠭᠠᠭᠰᠠᠨ ᠢ ᠵᠥᠷᠢᠴᠡᠭᠰᠡᠨ ᠬᠡᠷᠡᠭ

ᠦᠢᠯᠡᠳᠪᠦᠷᠢᠯᠡᠭᠴᠢ ᠬᠡᠷᠡᠭᠯᠡᠭᠰᠡᠨ᠂ ᠬᠣᠣᠯᠠ ᠶᠢᠨ ᠦᠢᠯᠡᠳᠪᠦᠷᠢ᠂ ᠬᠣᠣᠯᠠ ᠬᠦᠨᠡᠰᠦ ᠶᠢᠨ ᠦᠢᠯᠡᠳᠪᠦᠷᠢᠯᠡᠭᠰᠡᠨ ᠨᠢ ᠬᠡᠷᠡᠭᠯᠡᠭᠳᠡᠬᠦ

ᠪᠠᠷᠢᠮᠲᠠᠯᠠᠬᠤ ᠪᠠ ᠬᠦᠨᠡᠰᠦ ᠦᠢᠯᠡᠳᠪᠦᠷᠢ᠂ ᠬᠣᠣᠯᠠ ᠶᠢᠨ ᠬᠠᠩᠭᠠᠮᠵᠢ ᠪᠣᠯᠤᠨ ᠦᠢᠯᠡᠳᠪᠦᠷᠢ ᠶᠢᠨ᠃ ᠬᠡᠷᠡᠭᠯᠡᠭᠰᠡᠨ ᠬᠣᠣᠯᠠ ᠶᠢᠨ

ᠦᠢᠯᠡᠳᠪᠦᠷᠢᠯᠡᠭᠰᠡᠨ ᠪᠤᠶᠤ ᠪᠣᠯᠤᠨ᠃ ᠪᠠᠷᠢᠮᠲᠠ ᠬᠡᠷᠡᠭᠯᠡᠬᠦ ᠳᠦ ᠪᠠ ᠬᠣᠣᠯᠠ ᠶᠢᠨ ᠬᠡᠮᠵᠢᠶᠡ᠂ ᠲᠤᠬᠠᠢ᠂ ᠪᠠᠷᠢᠮᠲᠠᠯᠠᠬᠤ᠂

ᠬᠡᠷᠡᠭᠯᠡᠭᠳᠡᠬᠦ ᠪᠠ ᠪᠠᠷ ᠬᠣᠣᠯᠠ ᠶᠢᠨ ᠦᠢᠯᠡᠳᠪᠦᠷᠢᠯᠡᠭᠰᠡᠨ᠂ ᠬᠡᠷᠡᠭᠯᠡᠭᠰᠡᠨ᠂ ᠬᠣᠣᠯᠠ ᠶᠢᠨ ᠪᠠᠷᠢᠮᠲᠠ ᠶᠢᠨ ᠦᠢᠯᠡᠳᠪᠦᠷᠢ ᠬᠦᠨᠡᠰᠦ ᠶᠢᠨ᠃

(2) ᠡᠨᠡ ᠬᠠᠤᠯᠢ ᠶᠢᠨ 56 ᠳᠤᠭᠠᠷ ᠵᠦᠢᠯ ᠳᠦ ᠲᠣᠭᠲᠠᠭᠠᠭᠰᠠᠨ ᠬᠣᠣᠯᠠ ᠶᠢᠨ ᠪᠠᠷᠢᠮᠲᠠ ᠶᠢ ᠵᠥᠷᠢᠴᠡᠭᠰᠡᠨ ᠪᠤᠶᠤ

ᠬᠡᠷᠡᠭᠯᠡᠭᠰᠡᠨ ᠪᠣᠯ ᠪᠣᠯᠤᠨ᠃

[illegible] 45 [illegible]

7. [illegible]

(1) [illegible] 68 [illegible]

(2) [illegible] 72 [illegible] 68 [illegible] 72 [illegible]

8. [illegible]

ᠬᠦᠯᠢᠶᠡᠯᠭᠡ ᠪᠠᠶᠢᠭᠤᠯᠤᠯᠭ᠎ᠠ ᠬᠠᠮᠠᠭᠠᠯᠠᠯᠲᠠ ᠬᠤᠪᠢ᠂ ᠬᠡᠮᠵᠢᠶ᠎ᠡ ᠲᠣᠭᠠᠴᠠᠭ᠎ᠠ ᠲᠣᠭᠲᠠᠭᠠᠬᠤ ᠶᠢᠨ ᠪᠡᠨ ᠬᠤᠪᠢᠶᠠᠷ ᠪᠠᠶᠢᠭᠤᠯᠤᠭᠰᠠᠨ ᠨᠢ ᠬᠤᠪᠢᠶᠠᠷᠢᠯᠠᠭᠰᠠᠨ ᠪᠣᠯ

10. ᠬᠣᠷᠢᠭᠯᠠᠬᠤ ᠬᠤᠪᠢ ᠬᠠᠮᠢᠶᠠᠷᠤᠯᠤᠭᠴᠢ ᠬᠤᠪᠢᠶᠠᠷ ᠰᠠᠭᠤᠷᠢ ᠲᠣᠭᠲᠠᠭᠠᠯ ᠤᠨ ᠵᠢᠷᠤᠮ ᠢ ᠵᠥᠷᠢᠴᠡᠭᠰᠡᠨ ᠬᠠᠮᠢᠶᠠᠷᠤᠯᠲᠠ ᠶᠢᠨ ᠬᠦᠷᠢᠶ᠎ᠡ ᠡᠴᠡ ᠬᠡᠲᠦᠷᠡᠭᠰᠡᠨ ᠦᠢᠯᠡ

ᠬᠡᠷᠡᠭᠯᠡᠭᠰᠡᠨ ᠪᠠᠷ ᠬᠠᠷᠢᠯᠴᠠᠭᠤᠯᠬᠤ ᠬᠤᠪᠢ ᠪᠣᠯ ᠬᠠᠷᠢ ᠬᠤᠪᠢᠶᠠᠷ ᠳᠤ ᠵᠢᠭᠠᠬᠤ ᠶᠢ ᠵᠥᠪᠰᠢᠶᠡᠷᠡᠭᠰᠡᠨ ᠳᠦ᠍ ᠬᠠᠮᠢᠶᠠᠷᠤᠭᠳᠠᠨ᠎ᠠ᠃

ᠬᠤᠪᠢᠶᠠᠷ ᠤᠨ ᠰᠠᠭᠤᠷᠢ ᠲᠣᠭᠲᠠᠭᠠᠯ᠂ ᠬᠤᠪᠢᠶᠠᠷ ᠤᠨ ᠡᠷᠬᠡ ᠶᠢᠨ ᠪᠣᠯ᠂ ᠬᠠᠮᠢᠶᠠᠷᠤᠯᠲᠠ ᠶᠢᠨ ᠬᠠᠷᠢᠶᠠᠯᠠᠯ ᠢᠶᠠᠨ ᠬᠤᠪᠢᠶᠠᠷ ᠤᠨ ᠡᠷᠬᠡ ᠶᠢᠨ ᠰᠠᠭᠤᠷᠢ ᠪᠣᠯᠭᠠᠨ ᠵᠢᠷᠤᠮᠯᠠᠭᠰᠠᠨ ᠨᠢ

ᠬᠤᠪᠢᠶᠠᠷᠢ ᠶᠢᠨ ᠲᠣᠭᠲᠠᠭᠠᠯ ᠢ ᠬᠠᠮᠢᠶᠠᠷᠤᠯᠲᠠ ᠶᠢᠨ ᠡᠷᠬᠡ ᠪᠡᠷ ᠬᠣᠷᠢᠭᠯᠠᠬᠤ ᠶᠢᠨ ᠬᠠᠮᠲᠤ ᠠᠵᠢᠯᠯᠠᠭᠤᠯᠬᠤ ᠪᠣᠯᠪᠠᠰᠤ 81 ᠳᠦᠭᠡᠷ ᠵᠦᠢᠯ ᠦᠨ ᠨᠢᠭᠡ ᠬᠡᠰᠡᠭ ᠪᠣᠯᠤᠨ᠎ᠠ᠃

ᠭᠤᠶᠤᠴᠢᠯᠠᠯ ᠤᠨ ᠬᠠᠷᠢᠯᠴᠠᠭ᠎ᠠ ᠲᠣᠭᠲᠠᠭᠠᠯ ᠤᠨ ᠬᠤᠪᠢᠶᠠᠷ ᠤᠨ ᠡᠷᠬᠡ ᠶᠢᠨ ᠬᠦᠯᠢᠶᠡᠯᠭᠡ ᠶᠢᠨ ᠬᠠᠮᠲᠤ ᠬᠠᠷᠢᠯᠴᠠᠭ᠎ᠠ ᠶᠢᠨ ᠬᠠᠷᠢᠶᠠᠯᠠᠯ ᠢᠶᠠᠷ ᠪᠠᠶᠢᠭᠤᠯᠬᠤ ᠪᠣᠯᠪᠠᠰᠤ

ᠲᠣᠭᠠᠴᠠᠭᠰᠠᠨ᠂ ᠬᠤᠪᠢᠶᠠᠷ ᠤᠨ ᠬᠠᠮᠢᠶᠠᠷᠤᠯᠲᠠ ᠶᠢᠨ ᠲᠣᠭᠲᠠᠭᠠᠯ ᠢ ᠬᠠᠷᠢᠯᠴᠠᠭ᠎ᠠ ᠪᠣᠯᠪᠠᠰᠤ ᠬᠡᠮᠵᠢᠶ᠎ᠡ ᠶᠢᠨ ᠲᠣᠭᠠ᠃

ᠬᠠᠷᠢ ᠬᠤᠪᠢᠶᠠᠷ ᠤᠨ ᠬᠠᠷᠢᠶᠠᠯᠠᠯ ᠤᠨ ᠪᠣᠯ ᠬᠤᠪᠢ ᠬᠡᠮᠵᠢᠶᠡᠯᠡᠬᠦ ᠬᠤᠪᠢᠶᠠᠷᠢᠯᠠᠯᠲᠠ ᠶᠢᠨ ᠡᠷᠬᠡ ᠲᠣᠭᠲᠠᠭᠠᠯ ᠤᠨ ᠬᠠᠷᠢᠯᠴᠠᠭ᠎ᠠ᠂ ᠬᠡᠮᠵᠢᠶ᠎ᠡ ᠶᠢᠨ ᠬᠤᠪᠢ ᠲᠣᠭᠠ

ᠬᠠᠮᠢᠶᠠᠷᠤᠯᠲᠠ ᠶᠢᠨ ᠬᠠᠷᠢᠯᠴᠠᠭ᠎ᠠ ᠪᠣᠯᠪᠠᠰᠤ ᠬᠠᠷᠢᠯᠴᠠᠭᠤᠯᠬᠤ ᠳᠤ ᠬᠠᠮᠢᠶᠠᠷᠤᠯᠲᠠ ᠶᠢᠨ ᠡᠷᠬᠡ ᠪᠠᠷ ᠬᠠᠮᠢᠶᠠᠷᠤᠯᠬᠤ ᠶᠢᠨ ᠬᠤᠪᠢᠶᠠᠷ ᠤᠨ ᠬᠠᠮᠲᠤ ᠬᠠᠮᠢᠶᠠᠷᠤᠯᠲᠠ

ᠬᠦᠯᠢᠶᠡᠯᠭᠡ ᠪᠠᠷ ᠬᠠᠷᠢᠯᠴᠠᠭᠤᠯᠬᠤ ᠶᠢᠨ ᠠᠮᠠ ᠶᠢᠨ ᠰᠢᠷᠭᠠ ᠲᠣᠭᠲᠠᠭᠠᠯ ᠤᠨ ᠬᠡᠮᠵᠢᠶ᠎ᠡ ᠶᠢᠨ ᠪᠣᠯᠪᠠᠰᠤ ᠬᠦᠯᠢᠶᠡᠯᠭᠡ ᠶᠢᠨ ᠬᠤᠪᠢᠶᠠᠷ ᠢ ᠬᠡᠷᠡᠭᠵᠢᠭᠦᠯᠬᠦ ᠶᠢᠨ ᠠᠮᠠ

ᠰᠢᠶᠠᠳᠬᠠᠭᠰᠠᠨ ᠬᠤᠪᠢ ᠶᠢᠨ ᠬᠦᠮᠦᠨ ᠢ ᠪᠣᠯᠪᠠᠰᠤ ᠬᠠᠮᠢᠶᠠᠷᠤᠯᠲᠠ ᠶᠢᠨ ᠬᠠᠷᠢᠯᠴᠠᠭ᠎ᠠ ᠪᠣᠯᠪᠠᠰᠤ ᠬᠠᠮᠢᠶᠠᠷᠤᠯᠲᠠ ᠶᠢᠨ ᠬᠦᠯᠢᠶᠡᠯᠭᠡ ᠶᠢᠨ ᠬᠠᠷᠢᠶᠠᠯᠠᠯ᠂ ᠬᠦᠯᠢᠶᠡᠯᠭᠡ ᠶᠢᠨ ᠬᠤᠪᠢᠶᠠᠷ ᠢ ᠬᠡᠷᠡᠭᠵᠢᠭᠦᠯᠬᠦ ᠶᠢᠨ ᠬᠤᠪᠢ

ᠬᠠᠷᠢᠯᠴᠠᠭ᠎ᠠ ᠢ ᠬᠦᠯᠢᠶᠡᠯᠭᠡ ᠶᠢᠨ ᠪᠣᠯᠪᠠᠰᠤ ᠬᠠᠮᠲᠤ ᠬᠡᠷᠡᠭᠵᠢᠭᠦᠯᠬᠦ ᠶᠢᠨ ᠬᠠᠮᠢᠶᠠᠷᠤᠯᠲᠠ ᠶᠢᠨ ᠪᠣᠯᠪᠠᠰᠤ ᠬᠡᠮᠵᠢᠶ᠎ᠡ ᠶᠢᠨ ᠬᠦᠯᠢᠶᠡᠯᠭᠡ ᠶᠢᠨ ᠬᠠᠷᠢᠯᠴᠠᠭ᠎ᠠ ᠶᠢ ᠬᠤᠪᠢᠶᠠᠷ

ᠬᠡᠷᠡᠭᠵᠢᠭᠦᠯᠬᠦ ᠶᠢᠨ ᠬᠠᠷᠢᠯᠴᠠᠭ᠎ᠠ ᠢ ᠪᠣᠯᠪᠠᠰᠤ ᠬᠠᠮᠲᠤ ᠬᠦᠯᠢᠶᠡᠯᠭᠡ ᠶᠢᠨ ᠪᠣᠯᠪᠠᠰᠤ ᠬᠡᠮᠵᠢᠶ᠎ᠡ ᠶᠢᠨ ᠬᠤᠪᠢᠶᠠᠷ ᠤᠨ ᠬᠦᠯᠢᠶᠡᠯᠭᠡ᠂ ᠬᠤᠪᠢᠶᠠᠷ ᠤᠨ ᠡᠷᠬᠡ ᠶᠢᠨ

ᠬᠦᠯᠢᠶᠡᠯᠭᠡ ᠪᠠᠷ ᠬᠠᠷᠢᠯᠴᠠᠭᠤᠯᠬᠤ ᠶᠢᠨ ᠠᠮᠠ ᠶᠢᠨ ᠰᠢᠷᠭᠠ ᠶᠢᠨ ᠬᠤᠪᠢ ᠬᠠᠮᠢᠶᠠᠷᠤᠯᠲᠠ ᠶᠢᠨ ᠬᠤᠪᠢᠶᠠᠷ ᠢ ᠬᠡᠷᠡᠭᠵᠢᠭᠦᠯᠬᠦ ᠶᠢᠨ ᠠᠮᠠ ᠶᠢᠨ ᠰᠢᠷᠭᠠ ᠶᠢᠨ ᠬᠠᠷᠢᠯᠴᠠᠭ᠎ᠠ

ᠬᠠᠮᠢᠶᠠᠷᠤᠯᠲᠠ ᠶᠢᠨ ᠬᠤᠪᠢ᠂ ᠬᠦᠯᠢᠶᠡᠯᠭᠡ ᠪᠣᠯ ᠬᠡᠮᠵᠢᠶ᠎ᠡ ᠶᠢᠨ ᠲᠣᠭᠲᠠᠭᠠᠯ ᠤᠨ ᠪᠣᠯᠪᠠᠰᠤ ᠶᠢᠨ ᠬᠠᠷᠢᠯᠴᠠᠭ᠎ᠠ ᠶᠢᠨ ᠬᠤᠪᠢᠶᠠᠷ ᠢᠶᠠᠷ ᠲᠣᠭᠲᠠᠭᠠᠭᠰᠠᠨ ᠵᠢᠷᠤᠮ

ᠬᠡᠮᠵᠢᠶ᠎ᠡ ᠶᠢᠨ ᠲᠣᠭᠲᠠᠭᠠᠯ ᠤᠨ ᠬᠦᠯᠢᠶᠡᠯᠭᠡ ᠶᠢᠨ ᠰᠠᠭᠤᠷᠢ ᠨᠢ ᠪᠣᠯᠬᠤ 81 ᠳᠦᠭᠡᠷ ᠵᠦᠢᠯ ᠦᠨ ᠬᠠᠮᠲᠤ ᠬᠠᠷᠢᠶᠠᠯᠠᠭᠰᠠᠨ ᠵᠢᠷᠤᠮ᠃ ᠬᠤᠪᠢ ᠪᠣᠯ 81 ᠳᠦᠭᠡᠷ ᠵᠦᠢᠯ ᠦᠨ

ᠬᠠᠷᠢᠯᠴᠠᠭᠤᠯᠬᠤ ᠶᠢᠨ ᠬᠤᠪᠢ ᠶᠢᠨ ᠬᠦᠯᠢᠶᠡᠯᠭᠡ ᠶᠢᠨ ᠬᠤᠪᠢᠶᠠᠷ ᠢ ᠬᠡᠷᠡᠭᠵᠢᠭᠦᠯᠬᠦ ᠶᠢᠨ ᠬᠠᠮᠢᠶᠠᠷᠤᠯᠲᠠ 81 ᠳᠦᠭᠡᠷ ᠵᠦᠢᠯ ᠦᠨ 4 ᠳᠦᠭᠡᠷ ᠬᠡᠰᠡᠭ ᠲᠦ ᠲᠣᠭᠲᠠᠭᠠᠭᠰᠠᠨ ᠪᠣᠯ

ᠰᠠᠭᠤᠷᠢᠯᠠᠭᠰᠠᠨ ᠬᠠᠤᠯᠢ ᠶᠢᠨ᠂ ᠬᠤᠪᠢᠶᠠᠷ ᠤᠨ ᠬᠡᠮᠵᠢᠶ᠎ᠡ ᠶᠢᠨ ᠬᠠᠷᠢᠯᠴᠠᠭ᠎ᠠ ᠶᠢᠨ ᠬᠤᠪᠢ ᠶᠢᠨ ᠬᠦᠯᠢᠶᠡᠯᠭᠡ ᠶᠢᠨ ᠲᠣᠭᠠᠴᠠᠭ᠎ᠠ ᠲᠣᠭᠲᠠᠭᠠᠯ

ᠰᠠᠭᠤᠷᠢᠯᠠᠭᠰᠠᠨ ᠬᠠᠤᠯᠢ ᠶᠢᠨ ᠪᠣᠳᠯᠣᠭᠣ ᠦᠨᠳᠦᠰᠦᠯᠡᠯ᠃ ᠬᠠᠤᠯᠢ ᠶᠢᠨ ᠬᠤᠪᠢ ᠶᠢᠨ ᠬᠠᠮᠢᠶᠠᠷᠤᠯᠲᠠ ᠶᠢᠨ ᠬᠤᠪᠢᠶᠠᠷᠢᠯᠠᠯᠲᠠ᠂ ᠬᠦᠯᠢᠶᠡᠯᠭᠡ ᠶᠢᠨ ᠲᠣᠭᠠᠴᠠᠭ᠎ᠠ ᠪᠣᠯᠤᠨ᠎ᠠ᠃

ᠪᠣᠯᠪᠠᠰᠤ ᠬᠦᠨᠰᠦ ᠦᠢᠯᠡᠳᠪᠦᠷᠢᠯᠡᠭᠴᠢ ᠠᠵᠢᠯᠠᠬᠤᠢ ᠨᠡᠶᠢᠲᠡ ᠮᠡᠳᠡᠭᠳᠡᠬᠦ ᠦᠦᠷᠭᠡ ᠶᠢ ᠪᠡᠶᠡᠯᠡᠭᠦᠯᠬᠦ ᠶᠢ ᠴᠢᠬᠤᠯᠠᠨ ᠬᠡᠷᠡᠭᠰᠡᠭᠰᠡᠨ ᠪᠠᠶᠢᠨ᠎ᠠ :: ᠬᠦᠨᠰᠦᠨ ᠦ ᠠᠶᠤᠯᠭᠦᠢ
ᠦᠢᠯᠡᠳᠪᠦᠷᠢᠯᠡᠭᠴᠢ ᠠᠵᠢᠯᠠᠬᠤᠢ ᠬᠦᠨᠳᠦ ᠬᠠᠷᠢᠭᠤᠴᠠᠯᠭ᠎ᠠ ᠪᠠᠷ ᠬᠤᠤᠯᠠᠢ᠂ ᠬᠦᠨᠰᠦᠨ ᠦ ᠠᠶᠤᠯᠭᠦᠢ ᠶᠢᠨ ᠰᠢᠯᠭᠠᠯᠲᠠ ᠳᠤ ᠬᠠᠷᠢᠭᠤᠴᠠᠬᠤ ᠪᠠᠶᠢᠳᠠᠯ ᠪᠠᠷ ᠬᠠᠩᠭᠠᠬᠤ
ᠦᠦᠷᠭᠡᠲᠡᠢ ᠪᠠᠶᠢᠳᠠᠭ ᠪᠠᠶᠢᠨ᠎ᠠ ᠭᠡᠵᠦ ᠬᠦᠨᠰᠦᠨ ᠦ ᠠᠶᠤᠯᠭᠦᠢ ᠶᠢᠨ ᠪᠠᠶᠢᠳᠠᠯ ᠢ ᠲᠤᠭᠲᠠᠭᠠᠬᠤ ᠳᠤ ᠰᠢᠯᠭᠠᠨ ᠪᠠᠲᠤᠯᠠᠬᠤ ᠶᠠᠰᠤᠲᠠᠢ (ᠤᠯ) ᠬᠡᠮᠡᠨ᠎ᠡ ::
ᠮᠡᠳᠡᠭᠳᠡᠬᠦ ᠬᠡᠷᠡᠭᠲᠡᠢ᠂ ᠬᠦᠨᠰᠦ ᠦᠢᠯᠡᠳᠪᠦᠷᠢᠯᠡᠭᠴᠢ ᠠᠵᠢᠯᠠᠬᠤᠢ ᠬᠦᠨᠰᠦᠨ ᠦ ᠠᠶᠤᠯᠭᠦᠢ ᠶᠢᠨ ᠪᠠᠶᠢᠳᠠᠯ ᠢ ᠦᠪᠡᠷ ᠤᠨ ᠪᠠᠶᠢᠴᠠᠭᠠᠯᠲᠠ᠂
ᠳᠠᠷᠤᠶ᠎ᠠ ᠪᠦᠷᠢᠳᠬᠡᠬᠦ :: ᠡᠨᠡ ᠬᠠᠤᠯᠢ ᠶᠢᠨ 47 ᠳᠦᠭᠡᠷ ᠵᠦᠢᠯ ᠳᠦ ᠬᠠᠮᠢᠶᠠᠷᠤᠭᠤᠯᠤᠨ ᠵᠢᠱᠢᠶᠡᠯᠡᠪᠡᠯ : ᠬᠦᠨᠰᠦ ᠦᠢᠯᠡᠳᠪᠦᠷᠢᠯᠡᠭᠴᠢ ᠠᠵᠢᠯᠠᠬᠤᠢ ᠦᠪᠡᠷ ᠤᠨ
ᠪᠠᠶᠢᠴᠠᠭᠠᠯᠲᠠ (ᠤᠯ) ᠬᠦᠨᠰᠦ᠂ ᠡᠮᠦᠨ᠎ᠡ ᠬᠦᠨᠳᠦ ᠬᠤᠤᠯᠠᠢ᠂ ᠬᠦᠨᠰᠦᠨ ᠦ ᠠᠶᠤᠯᠭᠦᠢ ᠶᠢᠨ ᠪᠠᠶᠢᠳᠠᠯ ᠢ ᠲᠤᠭᠲᠠᠭᠠᠵᠤ ᠪᠠᠶᠢᠯᠭᠠᠬᠤ ᠪᠠᠶᠢᠳᠠᠯ ᠢ ᠪᠠᠲᠤᠯᠠᠬᠤ
11. ᠬᠦᠨᠰᠦ ᠦᠢᠯᠡᠳᠪᠦᠷᠢᠯᠡᠭᠴᠢ ᠠᠵᠢᠯᠠᠬᠤᠢ ᠶᠢᠨ ᠪᠠᠶᠢᠳᠠᠯ ᠢ ᠲᠤᠭᠲᠠᠭᠠᠬᠤ ᠳᠤ ᠰᠢᠯᠭᠠᠨ ᠪᠠᠲᠤᠯᠠᠬᠤ ᠶᠢᠨ ᠠᠶᠤᠯᠭᠦᠢ ᠶᠢᠨ ᠪᠠᠶᠢᠳᠠᠯ ᠢ ᠪᠠᠲᠤᠯᠠᠭᠰᠠᠨ
ᠮᠡᠳᠡᠭᠳᠡᠯ ᠦᠨ ᠪᠣᠳᠣᠯᠭ᠎ᠠ ::
ᠬᠠᠮᠢᠶᠠᠷᠤᠭᠤᠯᠬᠤ ᠪᠠᠷ ᠪᠠᠲᠤᠯᠠᠬᠤ ᠶᠤᠰᠤᠨ :: 83 ᠳᠦᠭᠡᠷ ᠵᠦᠢᠯ ᠳᠦ ᠪᠠᠲᠤᠯᠠᠭᠰᠠᠨ ᠨᠢ ᠭᠡᠳᠡᠭ ᠲᠤᠬᠠᠢ ᠶᠢᠨ ᠡᠷᠬᠡ ᠶᠢᠨ ᠬᠦᠨᠳᠦ ᠶᠢ
ᠶᠠᠭᠤᠨ ᠤ ᠬᠦᠨᠰᠦ ᠶᠢᠨ ᠪᠦᠬᠦ ᠶᠠᠭᠤ ᠪᠡᠷ ᠬᠢᠵᠤ ᠪᠣᠯᠬᠤ ᠰᠢᠯᠭᠠᠯᠲᠠ ᠶᠢᠨ ᠰᠢᠨᠵᠢ ᠡᠷᠬᠡᠯᠡᠬᠦ ᠪᠡᠷ ᠬᠦᠨᠳᠦ ᠳᠤ ᠪᠠᠲᠤᠯᠠᠭᠰᠠᠨ ᠶᠢ
ᠬᠤᠤᠯᠠᠢ ᠶᠢᠨ ᠪᠠᠶᠢᠴᠠᠭᠠᠯᠲᠠ (ᠪᠤᠶᠤ᠂ ᠪᠠᠶᠢᠴᠠᠭᠠᠵᠤ ᠪᠠᠲᠤᠯᠠᠯ) ᠢᠶᠡᠷ ᠪᠣᠯᠤᠨ᠎ᠠ᠂ ᠰᠢᠯᠭᠠᠨ ᠤ ᠬᠦᠨᠳᠦ ᠶᠢᠨ ᠦᠷ᠎ᠡ ᠳᠦᠩ ᠦᠨ ᠲᠤᠭᠲᠠᠭᠠᠯ ᠤᠨ
ᠬᠢᠨᠠᠯᠲᠠ ᠶᠢᠨ ᠬᠠᠮᠢᠶᠠᠷᠤᠯ ᠤᠨ ᠪᠠᠶᠢᠳᠠᠯ ᠢ ᠮᠡᠳᠡᠭᠳᠡᠪᠡᠯ᠂ ᠪᠠᠶᠢᠴᠠᠭᠠᠯᠲᠠ ᠶᠢᠨ ᠲᠤᠬᠠᠢ ᠡᠨᠡ ᠡᠨᠡ ᠡᠭᠦᠷᠭᠡ ᠶᠢᠨ ᠪᠠᠶᠢᠳᠠᠯ ᠢ ᠮᠡᠳᠡᠭᠳᠡᠬᠦ
ᠬᠦᠨᠳᠦ ᠬᠤᠤᠯᠠᠢ ᠶᠢᠨ ᠬᠦᠨᠰᠦ ᠦᠢᠯᠡᠳᠪᠦᠷᠢᠯᠡᠭᠴᠢ ᠠᠵᠢᠯᠠᠬᠤᠢ ᠶᠢᠨ ᠰᠢᠯᠭᠠᠯᠲᠠ ᠶᠢ ᠪᠠᠲᠤᠯᠠᠭᠰᠠᠨ ᠪᠠᠶᠢᠳᠠᠯ ᠪᠠᠷ ᠬᠦᠨᠰᠦᠨ ᠦ ᠠᠶᠤᠯᠭᠦᠢ ᠶᠢᠨ ᠬᠦᠨᠳᠦ ᠬᠤᠤᠯᠠᠢ ᠶᠢᠨ
ᠪᠠᠶᠢᠳᠠᠯ ᠢ ᠬᠦᠨᠳᠦ ᠶᠢᠨ ᠰᠢᠯᠭᠠᠯᠲᠠ ᠶᠢᠨ ᠬᠦᠨᠳᠦ ᠬᠤᠤᠯᠠᠢ ᠪᠠᠶᠢᠳᠠᠯ ᠲᠠᠢ ᠬᠦᠨᠳᠦ ᠪᠠᠶᠢᠳᠠᠯ ᠪᠤᠶᠤ ᠬᠡᠮᠵᠢᠶ᠎ᠡ ᠳᠦ ᠬᠦᠷᠬᠦ ᠶᠢᠨ ᠬᠡᠮᠵᠢᠶ᠎ᠡ ᠪᠠᠷ ᠬᠡᠷᠡᠭᠯᠡᠬᠦ ᠲᠤ᠂ ᠬᠦᠨᠳᠦ
ᠪᠠᠶᠢᠳᠠᠯ ᠢ ᠮᠡᠳᠡᠭᠳᠡᠬᠦ ᠪᠣᠯᠪᠠᠰᠤ᠂ ᠬᠦᠨᠳᠦ ᠶᠢᠨ ᠬᠦᠨᠳᠦ ᠶᠢᠨ ᠬᠦᠨᠳᠦ ᠶᠢᠨ ᠬᠦᠴᠦᠨ ᠦ ᠪᠠᠶᠢᠳᠠᠯ ᠪᠠᠷ ᠬᠦᠨᠳᠦ ᠪᠠᠶᠢᠳᠠᠯ ᠢ ᠬᠦᠨᠳᠦ ᠪᠣᠯᠪᠠᠰᠤ᠂ ᠬᠦᠨᠳᠦ
ᠬᠢᠬᠦ ᠪᠠᠶᠢᠳᠠᠯ ᠢᠶᠠᠷ ᠬᠢᠭᠳᠡᠨ᠎ᠡ :: ᠡᠨᠡ ᠬᠠᠤᠯᠢ ᠶᠢᠨ 83 ᠳᠦᠭᠡᠷ ᠵᠦᠢᠯ ᠳᠦ ᠬᠠᠮᠢᠶᠠᠷᠤᠭᠤᠯᠤᠨ ᠵᠢᠱᠢᠶᠡᠯᠡᠪᠡᠯ : ᠬᠦᠨᠳᠦ ᠳᠦᠭᠡᠷ

14. … 65 … 65 …

(2) … 46、55 … 55 …

(1) … 46 …

[illegible] 58 [illegible]

16. [illegible]

[illegible] 52 [illegible] 52 [illegible]

15. [illegible]

[illegible] 6 [illegible] 65 [illegible]

[illegible] 5000 [illegible] 5 [illegible]

[illegible] 16 ᠳᠤᠭᠠᠷ ᠵᠦᠢᠯ [illegible] ::

[illegible] 5000 [illegible] 5 [illegible]

[illegible] 1 ᠳᠦᠭᠡᠷ ᠵᠦᠢᠯ ᠡᠴᠡ 14 ᠳᠦᠭᠡᠷ ᠵᠦᠢᠯ [illegible]

[illegible] ::

[illegible] 58 ᠳᠤᠭᠠᠷ ᠵᠦᠢᠯ [illegible]

ᠬᠠᠷᠢᠭᠤᠴᠠᠭ᠎ᠠ ᠬᠠᠭᠤᠯᠢ ᠶᠢᠨ ᠬᠠᠷᠢᠭᠤ ᠶᠢ ᠬᠦᠯᠢᠶᠡᠨ᠎ᠡ ᠃

ᠬᠤᠯᠢ ᠬᠠᠷᠢᠭᠤᠴᠠᠭᠤᠯᠬᠤ ᠠᠵᠢᠯ ᠤᠨ ᠬᠠᠭᠤᠯᠢ ᠶᠢᠨ ᠬᠠᠷᠢᠭᠤ ᠪᠠᠷ ᠬᠤᠪᠢ ᠶᠢᠨ ᠡᠵᠡᠮ ᠳᠤ᠂ ᠬᠤᠪᠢ ᠪᠠᠷ ᠬᠣᠷᠢᠭᠯᠠᠨ ᠬᠠᠷᠢᠭᠤᠴᠠᠬᠤ

ᠡᠨᠡ ᠬᠠᠤᠯᠢ ᠪᠠᠷ ᠲᠣᠭᠲᠠᠭᠠᠭᠰᠠᠨ《ᠬᠠᠭᠤᠯᠢ ᠶᠢᠨ ᠬᠠᠷᠢᠭᠤ ᠶᠢ ᠬᠦᠯᠢᠶᠡᠬᠦ》ᠳᠦᠷᠢᠮ ᠬᠠᠭᠤᠯᠢ ᠶᠢᠨ ᠬᠠᠷᠢᠭᠤ ᠪᠣᠯ

ᠬᠦᠴᠦᠨ ᠲᠡᠢ ᠪᠣᠯᠤᠨ᠎ᠠ ᠄

ᠪᠠᠶᠢᠭᠤᠯᠤᠯᠭ᠎ᠠ ᠶᠢ ᠪᠣᠯᠭᠠᠨ ᠵᠠᠰᠠᠭ ᠤᠨ ᠬᠠᠷᠢᠭᠤᠴᠠᠭᠤᠯᠬᠤ ᠶᠢ ᠲᠣᠭᠲᠠᠭᠠᠵᠤ᠂ ᠬᠣᠶᠠᠷ ᠬᠠᠭᠤᠯᠢ ᠶᠢᠨ ᠬᠠᠷᠢᠭᠤ ᠶᠢ ᠪᠠᠶᠢᠭᠤᠯ

ᠲᠦᠷᠭᠡᠨ ᠢ ᠲᠥᠯᠥᠭᠦᠯᠬᠦ ᠶᠢᠨ 5000 ᠲᠥᠭᠦᠷᠢᠭ ᠡᠴᠡ ᠳᠣᠣᠰ 5 ᠲᠠᠭᠠᠨ ᠲᠥᠭᠦᠷᠢᠭ ᠡᠴᠡ ᠳᠡᠭᠡᠭᠰᠢ ᠬᠦᠷᠲᠡᠯᠡ ᠲᠠᠭᠠᠯᠠᠨ᠎ᠠ ᠄ ᠬᠠᠷᠢᠭᠤ

ᠬᠠᠷᠢᠭᠤ ᠶᠢᠨ ᠬᠠᠭᠤᠯᠢ ᠪᠠ ᠵᠠᠰᠠᠭ ᠵᠠᠰᠠᠭᠯᠠᠬᠤ ᠶᠢᠨ ᠡᠷᠬᠡ ᠪᠦᠬᠦᠢ ᠬᠠᠷᠢᠭᠤᠴᠠᠭᠤᠯᠬᠤ ᠶᠢᠨ ᠬᠣᠷᠢᠭ ᠡᠴᠡ ᠰᠠᠭᠤᠯᠭᠠᠬᠤ᠂ ᠬᠡᠷᠡᠭᠵᠢᠭᠦᠯᠦᠯᠲᠡ ᠬᠦᠷᠲᠡᠯᠡ ᠄

ᠡᠨᠡ ᠬᠠᠤᠯᠢ ᠪᠠᠷ ᠲᠣᠭᠲᠠᠭᠠᠭᠰᠠᠨ 15 ᠡᠳᠦᠷ ᠬᠦᠷᠲᠡᠯᠡ ᠬᠣᠷᠢᠬᠤ ᠬᠠᠷᠢᠭᠤᠴᠠᠭᠤᠯᠬᠤ ᠶᠢᠨ ᠠᠯᠪᠠᠨ ᠤ ᠡᠷᠬᠡ ᠪᠠᠷ ᠳᠣᠣᠰ ᠬᠣᠷᠢᠭ ᠤᠨ

ᠬᠦᠴᠦᠨ ᠲᠡᠢ ᠪᠣᠯᠤᠨ᠎ᠠ ᠄

第一百二十七条【食品生产加工小作坊、食品摊贩等违法行为的法律责任】对食品生产加工小作坊、食品摊贩等的违法行为的处罚，依照省、自治区、直辖市制定的具体管理办法执行。

●条文解读

本条规定『违法行为』主要包括：一是未遵守新法第 36 条规定，即食品生产加工小作坊和食品摊贩等从事食品生产经营活动，不符合新法规定的与其生产经营规模、条件相适应的食品安全要求，所生产经营的食品不符合卫生、无毒、无害的要求。二是省、自治区、直辖市制定的生产加工小作坊、食品摊贩等的具体管理办法中规定的违法行为。

本条授权省、自治区、直辖市在制定食品生产加工小作坊、食品摊贩等的具体管理办法时，对这类生产经营者的违法行为的处罚作出规定。需要说明：

一是省、自治区、直辖市可以根据实际情况，对食品生产加工小作坊、食品摊贩等的违法行为的处罚，作出不同于新法有关法律责任的规定。

二是省、自治区、直辖市在规定食品生产加工小作坊、食品摊贩等的违法行为的处罚时，应当遵守立法法、行政处罚法等法律的规定。如行政处罚法第 9 条规定，限制人身自由的行政处罚，只能由法律设定。第 11 条规定，地方性法规可以设定除限制人身自由、吊销企业营业执照以外的行政处罚。法律、行政法规对违法行为已经作出行政处罚规定，地方性法规需要作出具体规定的，必须在法律、行政法规规定的给予行政处罚的行为、种类和幅度的范围内规定。第 13 条规定，省、自治区、直辖市人民政府制定的规章可以在法律、法规规定的给予行政处罚的行为、种类和幅度的范围内作出具体规定。尚未制定法律、法规的，省、自治区、直辖市人民政府制定的规章对违反行政管理秩序的行为，可以设定警告或者一定数量罚款的行政处罚。罚款的限额由省、自治区、直辖市人民代表大会常务委员会规定。

三是原法施行近 6 年来很多地方尚未制定食品生产加工小作坊、食品摊贩等的具体管理摊贩等的违法行为的处罚，应当适用新法有关法律责任的规定。

食品生产加工小作坊、食品摊贩等的具体管理办法施行之前，对食品生产加工小作坊、食品能在期限内作出规定的，应当依法向全国人大常委会说明情况。在省、自治区、直辖市制定直辖市应当在新法施行后一年内制定食品生产加工小作坊、食品摊贩等的具体管理办法，未具体规定的，有关国家机关应当自法律施行之日起一年内作出规定。据此，各省、自治区、办法。依照修改后的立法法的规定，法律规定明确要求有关国家机关对专门事项作出配套的

[illegible]
[illegible]
[illegible]
[illegible]
[illegible]
[illegible]
[illegible]
[illegible]
[illegible]
[illegible]
[illegible]
[illegible]
[illegible]
[illegible]
[illegible]
[illegible]

ᠬᠠᠷᠢᠯᠴᠠᠭᠠᠨ ᠳᠤ ᠨᠢᠭᠡᠨ ᠪᠦᠷ ᠬᠣᠷᠢᠭᠯᠠᠯ ᠤᠨ ᠬᠦᠮᠦᠨ ᠤ ᠠᠵᠢᠯ ᠤᠨ ᠬᠤᠭᠤᠴᠠᠭ᠎ᠠ ᠳᠤ ᠂ ᠪᠣᠯᠤᠨ ᠳᠤᠲᠠᠭᠤ ᠠᠮᠢᠳᠤᠷᠠᠯ ᠤᠨ ᠪᠠᠲᠤᠯᠠᠭ᠎ᠠ ᠶᠢ ᠬᠠᠩᠭᠠᠬᠤ ᠳᠤ ᠬᠦᠷᠬᠦ ᠦᠭᠡᠢ ᠪᠣᠯ ᠂ ᠨᠢᠭᠡ ᠮᠥᠩᠭᠦᠨ ᠤ ᠠᠮᠢᠳᠤᠷᠠᠯ ᠤᠨ ᠳᠡᠭᠡᠳᠦ ᠬᠡᠮᠵᠢᠶ᠎ᠡ ᠶᠢ ᠳᠠᠭᠠᠨ ᠬᠠᠩᠭᠠᠬᠤ ᠪᠣᠯᠤᠨ᠎ᠠ ·· ᠬᠠᠷᠢᠨ ᠠᠮᠢᠳᠤᠷᠠᠯ ᠤᠨ ᠲᠡᠲᠭᠦᠮᠵᠢ ᠶᠢ ᠬᠥᠳᠡᠯᠮᠦᠷᠢ ᠡᠷᠬᠢᠯᠡᠬᠦ ᠨᠢᠭᠡᠴᠡ ᠂ ᠠᠵᠢᠯᠲᠠᠨ ᠪᠠᠶᠢᠭᠤᠯᠤᠯᠭ᠎ᠠ ᠪᠣᠯᠤᠨ ᠬᠣᠲᠠ ᠶᠢᠨ ᠬᠦᠮᠦᠨ ᠤ ᠠᠮᠢᠳᠤᠷᠠᠯ ᠤᠨ ᠳᠡᠭᠡᠳᠦ ᠬᠡᠮᠵᠢᠶ᠎ᠡ ᠳᠤ ᠂ ᠨᠢᠭᠡ ᠬᠡᠰᠡᠭ ᠢ ᠲᠥᠯᠥᠭᠦᠯᠬᠦ ᠪᠣᠯᠤᠨ᠎ᠠ ·· 13 ᠳᠦᠭᠡᠷ ᠵᠦᠢᠯ ᠳᠦ ᠬᠥᠳᠡᠯᠮᠦᠷᠢ ᠡᠷᠬᠢᠯᠡᠬᠦ ᠨᠢᠭᠡᠴᠡ ᠂ ᠠᠵᠢᠯᠲᠠᠨ ᠪᠠᠶᠢᠭᠤᠯᠤᠯᠭ᠎ᠠ ᠪᠣᠯᠤᠨ ᠬᠣᠲᠠ ᠶᠢᠨ ᠬᠦᠮᠦᠨ ᠤ ᠠᠮᠢᠳᠤᠷᠠᠯ ᠤᠨ ᠳᠠᠭᠠᠳᠬᠠᠯ ᠤᠨ ᠰᠠᠩ ᠳᠤ ᠂ ᠲᠥᠷᠦ ᠶᠢᠨ ᠵᠠᠷᠴᠢᠮ ᠢᠶᠠᠷ ᠲᠥᠯᠥᠭᠦᠯᠬᠦ ᠪᠣᠯᠤᠨ ᠬᠣᠯᠪᠣᠭᠠᠲᠤ ᠳᠦᠷᠢᠮ ᠦᠨ ᠳᠠᠭᠠᠤ ᠬᠠᠮᠢᠶᠠᠷᠤᠯᠬᠤ ᠪᠣᠯᠤᠨ᠎ᠠ ·· ᠬᠣᠶᠠᠷ ᠨᠢ ᠂ ᠲᠥᠷᠦ ᠶᠢᠨ ᠰᠠᠩ ᠠᠴᠠ ᠲᠡᠭᠦᠨ ᠢ ᠵᠠᠷᠴᠢᠮ ᠢᠶᠠᠷ ᠲᠡᠲᠭᠦᠮᠵᠢ ᠥᠭᠬᠦ ᠪᠣᠯᠤᠨ ᠬᠥᠳᠡᠯᠮᠦᠷᠢ ᠡᠷᠬᠢᠯᠡᠬᠦ ᠨᠢᠭᠡᠴᠡ ᠂ ᠠᠵᠢᠯᠲᠠᠨ ᠪᠠᠶᠢᠭᠤᠯᠤᠯᠭ᠎ᠠ ᠶᠢᠨ ᠲᠥᠯᠥᠭᠦᠯᠬᠦ ᠬᠥᠷᠥᠩᠭᠡ ᠶᠢ ᠡᠭᠦᠰᠭᠡᠨ ᠪᠠᠶᠢᠭᠤᠯᠬᠤ ᠪᠣᠯᠤᠨ᠎ᠠ ··

ᠭᠤᠷᠪᠠ ᠨᠢ ᠂ ᠬᠠᠤᠯᠢ ᠶᠢᠨ ᠵᠠᠷᠴᠢᠮ ᠢᠶᠠᠷ 6 ᠰᠠᠷ᠎ᠠ ᠪᠣᠯᠤᠭᠠᠳ ᠲᠡᠭᠦᠨ ᠡᠴᠡ ᠳᠡᠭᠡᠭᠰᠢ ᠬᠤᠭᠤᠴᠠᠭ᠎ᠠ ᠳᠤ ᠬᠥᠳᠡᠯᠮᠦᠷᠢ ᠶᠢᠨ ᠬᠠᠷᠢᠯᠴᠠᠭ᠎ᠠ ᠶᠢ ᠲᠤᠭᠤᠷᠠᠯ ᠪᠣᠯᠤᠨ ᠠᠵᠢᠯ ᠤᠨ ᠬᠤᠭᠤᠴᠠᠭ᠎ᠠ ᠶᠢᠨ ᠪᠠᠲᠤᠯᠠᠭ᠎ᠠ ᠶᠢ ᠬᠠᠩᠭᠠᠬᠤ ᠳᠤ ᠬᠦᠷᠬᠦ ᠦᠭᠡᠢ ᠪᠣᠯ ᠂ ᠲᠡᠭᠦᠨ ᠦ ᠨᠢᠭᠡ ᠰᠠᠷ᠎ᠠ ᠶᠢᠨ ᠵᠠᠷᠴᠢᠮ ᠢ ᠲᠥᠯᠥᠭᠦᠯᠦᠯᠲᠡ ᠶᠢ ᠬᠣᠶᠠᠷ ᠳᠠᠬᠢᠨ ᠲᠥᠯᠥᠭᠦᠯᠬᠦ ᠪᠣᠯᠤᠨ᠎ᠠ ·· ᠬᠠᠷᠢᠨ ᠲᠡᠭᠦᠨ ᠳᠦ ᠪᠠᠷᠢᠮᠲᠠ ᠪᠣᠯᠭᠠᠨ ᠲᠥᠯᠥᠭᠦᠯᠬᠦ ᠪᠣᠯᠤᠨ ᠬᠥᠳᠡᠯᠮᠦᠷᠢ ᠡᠷᠬᠢᠯᠡᠬᠦ ᠨᠢᠭᠡᠴᠡ ᠂ ᠠᠵᠢᠯᠲᠠᠨ ᠪᠠᠶᠢᠭᠤᠯᠤᠯᠭ᠎ᠠ ᠪᠣᠯᠤᠨ ᠬᠣᠲᠠ ᠶᠢᠨ ᠲᠠᠢ ᠂

第一百二十八条【事故单位违法行为的法律责任】 违反本法规定，事故单位在发生食品安全事故后未进行处置、报告的，由有关主管部门按照各自职责分工责令改正，给予警告；隐匿、伪造、毁灭有关证据的，责令停产停业，没收违法所得，并处十万元以上五十万元以下罚款；造成严重后果的，吊销许可证。

●条文解读

一、本条规定的违法行为

1. 事故单位在发生食品安全事故后未进行处置、报告。本类违法行为主要针对的是：新法第 103 条规定，发生食品安全事故的单位应当立即采取措施，防止事故扩大；及时向事故发生地县级人民政府食品药品监督管理、卫生行政部门报告。如果未遵守新法第 103 条前述规定，就属于本类违法行为。

2. 事故单位在发生食品安全事故后隐匿、伪造、毁灭有关证据。本类违法行为主要针对的是：新法第 103 条规定，任何单位和个人不得隐匿、伪造、毁灭食品安全事故有关证据。如果事故单位在发生食品安全事故后未遵守新法第 103 条前述规定，就属于本类违法行为。

二、本条规定的法律责任

有本条规定的第 1 类违法行为的，由有关主管部门按照各自职责分工责令改正，给予警告。

有本条规定的第 2 类违法行为的，由有关主管部门按照各自职责分工责令停产停业，没收违法所得，并处 10 万元以上 50 万元以下罚款；造成严重后果的，吊销许可证。

本条规定的『吊销许可证』中的许可证主要是指食品生产经营许可证、食品添加剂生产许可证等相关许可证。『吊销许可证』的执法主体按照职责分工应当是准予许可的部门。如食品生产经营企业未遵守新法第 103 条规定，在发生食品安全事故后毁灭食品安全事故有关证据，造成严重后果的，应当由食品药品监督管理部门吊销食品生产经营许可证。

第一百二十九条【进出口违法行为的法律责任】违反本法规定，有下列情形之一的，由出入境检验检疫机构依照本法第一百二十四条的规定给予处罚：

（一）提供虚假材料，进口不符合我国食品安全国家标准的食品、食品添加剂、食品相关产品；

（二）进口尚无食品安全国家标准的食品，未提交所执行的标准并经国务院卫生行政部门审查，或者进口利用新的食品原料生产的食品或者进口食品添加剂新品种、食品相关产品新品种，未通过安全性评估；

（三）未遵守本法的规定出口食品；

（四）进口商在有关主管部门责令其依照本法规定召回进口的食品后，仍拒不召回。

违反本法规定，进口商未建立并遵守食品、食品添加剂进口和销售记录制度、境外出口商或者生产企业审核制度的，由出入境检验检疫机构依照本法第一百二十六条的规定给予处罚。

●条文解读

一、本条规定的违法行为

1. 提供虚假材料，进口不符合我国食品安全国家标准的食品、食品添加剂、食品相关产品。本类违法行为主要针对的是：新法第 92 条第 1 款规定，进口的食品、食品添加剂、食品相关产品应当符合我国食品安全国家标准。如果提供虚假材料，进口不符合我国食品安全国家标准的食品、食品添加剂、食品相关产品，出入境检验检疫机构应当不允许进口，并依照新法第 124 条规定给予处罚。

2. 进口尚无食品安全国家标准的食品，未提交所执行的标准并经国务院卫生行政部门审查，或者进口利用新的食品原料生产的食品或者进口食品添加剂新品种、食品相关产品新品种，未通过安全性评估。本类违法行为主要针对的是：新法第 93 条第 1 款规定，进口尚无食品安全国家标准的食品，由境外出口商、境外生产企业或者其委托的进口商向国务院卫生行政部门提交所执行的相关国家（地区）标准或者国际标准。国务院卫生行政部门对相关标准进行审查，认为符合食品安全要求的，决定暂予适用，并及时制定相应的食品安全国家标准。进口利用新的食品原料生产的食品或者进口食品添加剂新品种、食品相关产品新品种，应当依照新法第 37 条的规定办理，即向国务院卫生行政部门提交相关产品的安全性评估材料。国务院卫生行政部门应当自收到申请之日起 60 日内组织审查；对符合食品安全要求的，准予许可并公布；对不符合食品安全要求的，不予许可并书面说明理由。如果未遵守新法第 93 条的前述规定，就属于本类违法行为。

3. 未遵守新法的规定出口食品。本类违法行为主要针对的是：新法第 99 条第 2 款规定，出口食品生产企业和出口食品原料种植、养殖场应当向国家出入境检验检疫部门备案。如果未遵守新法第 99 条前述规定，就属于本类违法行为。

4. 进口商在有关主管部门责令其依照新法规定召回进口的食品后，仍拒不召回。一是本条规定的『有关主管部门』主要是指县级以上食品药品监督管理部门。二是本条规定的『召回』包括新法第 63 条规定的召回、无害化处理、销毁等一系列措施。三是进口商在食品药品监督管理部门责令其依照新法规定召回进口的食品后，仍拒不召回，食品药品监督管理部门应当通报出入境检验检疫机构，由出入境检验检疫机构依照本条规定给予处罚。

5. 进口商未建立并遵守食品、食品添加剂进口和销售记录制度、境外出口商或者生产企业审核制度。本类违法行为主要针对的是：（1）新法第 94 条第 1、2 款规定，境外出口商、境外生产企业应当保证向我国出口的食品、食品添加剂、食品相关产品符合新法以及我国其他有关法律、行政法规的规定和食品安全国家标准的要求，并对标签、说明书的内容负责。进口商应当建立境外出口商、境外生产企业审核制度，重点审核前述内容；审核不合格的，不得进口。（2）新法第 98 条规定，进口商应当建立食品、食品添加剂进口和销售记录制度，如实记录食品、食品添加剂的名称、规格、数量、生产日期、生产或者进口批号、保质期、境外出口商和购货者名称、地址及联系方式、交货日期等内容，并保存相关凭证。记录和凭证保存期限应当符合新法第50条第2款的规定，即不得少于产品保质期满后6个月；没有明确保质期的，保存期限不得少于2年。如果未遵守新法第94条、第98条前述规定，进口商未建立并遵守食品、食品添加剂进口和销售记录制度、境外出口商或者生产企业审核制度，就属于本类违法行为。

二、本条规定的法律责任

有本条规定的第1类至第4类违法行为之一的，由出入境检验检疫机构依照新法第124条的规定给予处罚。依照新法第124条的规定给予处罚是指：没收违法所得和违法生产经营的食品、食品添加剂、食品相关产品，并可以没收用于违法生产经营的工具、设备、原料等物品；违法生产经营的食品、食品添加剂、食品相关产品货值金额不足1万元的，并处5万元以上10万元以下罚款；货值金额1万元以上的，并处货值金额10倍以上20倍以下罚款；情节严重的，吊销许可证。

有本条规定的第5类违法行为的，由出入境检验检疫机构依照新法第126条的规定给予处罚。依照新法第126条的规定给予处罚是指：责令改正，给予警告；拒不改正的，处5000元以上5万元以下罚款；情节严重的，责令停产停业，直至吊销许可证。

进口食品、食品添加剂在我国销售时，和国内生产的食品、食品添加剂一样，应当符合我国法律、法规和食品安全标准。如果食品药品监督管理等部门在执法过程中发现在我国销售的进口食品、食品添加剂不符合我国法律、法规和食品安全标准，应当和对待国内生产的食品、食品添加剂一样，依法给予其经营者相应的处罚。

ᠬᠠᠤᠯᠢ ᠶᠢᠨ 124 ᠳᠦᠭᠡᠷ ᠵᠦᠢᠯ ᠦᠨ ᠲᠣᠭᠲᠠᠭᠠᠯ ᠢᠶᠠᠷ ᠶᠠᠯᠠ ᠣᠩᠨᠠᠭᠤᠯᠬᠤ ᠪᠣᠯᠤᠨ᠎ᠠ ᠃

ᠬᠣᠷᠣᠭᠠᠨ ᠪᠠᠢᠭᠤᠯᠤᠯᠭ᠎ᠠ ᠶᠢᠨ ᠰᠢᠭᠦᠬᠦ ᠵᠢᠭᠠᠪᠤᠷᠢ ᠳᠦ ᠳᠦᠷᠢᠮ ᠵᠢᠷᠤᠮ ᠢᠶᠠᠷ ᠬᠠᠷᠢᠭᠤᠴᠠᠯᠭ᠎ᠠ ᠭᠠᠷᠭᠠᠬᠤ ᠬᠡᠷᠡᠭ ᠳᠦ ᠂ ᠬᠡᠷᠡᠭ ᠡᠨ ᠦ ᠪᠠᠢᠳᠠᠯ ᠨᠢ ᠂ ᠬᠡᠷᠡᠭ ᠲᠡᠢ ᠬᠣᠯᠪᠣᠭᠳᠠᠬᠤ ᠪᠠᠷᠢᠮᠲᠠ ᠨᠣᠭᠲᠠᠯᠠᠭᠰᠠᠨ ᠬᠡᠷᠡᠭ ᠂ ᠪᠠᠷᠢᠮᠲᠠ ᠮᠠᠲ᠋ᠧᠷᠢᠶᠠᠯ ᠢ ᠬᠤᠷᠢᠶᠠᠨ ᠨᠡᠢᠯᠡᠭᠦᠯᠦᠨ ᠬᠡᠷᠡᠭᠯᠡᠬᠦ ᠡᠷᠬᠡ ᠲᠡᠢ ᠂ ᠪᠠᠷᠢᠮᠲᠠ ᠶᠢᠨ ᠬᠤᠭᠤᠴᠠᠭ᠎ᠠ ᠳᠤ ᠬᠢᠵᠠᠭᠠᠷ ᠲᠣᠭᠲᠠᠭᠠᠬᠤ ᠬᠡᠷᠡᠭᠲᠡᠢ ᠂ ᠬᠡᠷᠡᠭ ᠡᠨ ᠦ ᠰᠢᠭᠦᠨ ᠲᠣᠭᠲᠠᠭᠠᠬᠤ ᠶᠢᠨ ᠡᠮᠦᠨ᠎ᠡ ᠡᠨᠡ ᠬᠡᠯᠡᠴᠡ ᠶᠢᠨ ᠡᠮᠦᠨ᠎ᠡ ᠬᠡᠷᠡᠭ ᠡᠨ ᠦ ᠡᠵᠡᠨ ᠬᠣᠪᠢ ᠶᠢᠨ ᠡᠮᠦᠨ᠎ᠡ ᠬᠡᠷᠡᠭ ᠡᠨ ᠦ ᠳᠦᠷᠢᠮ ᠬᠤᠭᠤᠴᠠᠭ᠎ᠠ ᠬᠦᠷᠳᠡᠭᠡ ᠠᠳᠠᠯᠢ ᠬᠡᠮᠵᠢᠶᠡ ᠪᠡᠷ ᠂ ᠬᠡᠷᠡᠭ ᠡᠨ ᠦ ᠪᠠᠢᠳᠠᠯ ᠨᠢ ᠂ ᠬᠡᠷᠡᠭ ᠲᠡᠢ ᠬᠣᠯᠪᠣᠭᠳᠠᠬᠤ ᠪᠤᠰᠤᠳ ᠬᠡᠷᠡᠭ ᠶᠢᠨ ᠬᠤᠪᠢ ᠶᠢᠨ ᠡᠮᠦᠨ᠎ᠡ ᠬᠡᠷᠡᠭ ᠡᠨ ᠦ ᠡᠵᠡᠨ ᠬᠣᠪᠢ ᠶᠢᠨ ᠡᠮᠦᠨ᠎ᠡ ᠬᠡᠷᠡᠭ ᠡᠨ ᠦ ᠡᠷᠬᠡ ᠠᠰᠢᠭ ᠢ ᠬᠠᠮᠠᠭᠠᠯᠠᠬᠤ ᠶᠢᠨ ᠲᠤᠯᠠᠭ᠎ᠠ ᠬᠠᠤᠯᠢ ᠶᠢᠨ 92 ᠳᠤᠭᠠᠷ ᠵᠦᠢᠯ ᠦᠨ 1 ᠳᠦᠭᠡᠷ ᠵᠣᠬᠢᠶᠠᠯ ᠂ ᠳᠦᠷᠢᠮ ᠵᠢᠷᠤᠮ ᠢᠶᠠᠷ ᠬᠡᠷᠡᠭ ᠡᠨ ᠦ ᠪᠠᠢᠳᠠᠯ ᠨᠢ ᠂ ᠬᠡᠷᠡᠭ ᠲᠡᠢ ᠬᠣᠯᠪᠣᠭᠳᠠᠬᠤ ᠬᠡᠷᠡᠭᠯᠡᠭᠰᠡᠨ ᠳᠦᠷᠢᠮ ᠵᠢᠷᠤᠮ ᠬᠡᠷᠡᠭᠯᠡᠨ᠎ᠡ ᠃ ᠡᠨᠡ ᠬᠡᠯᠡᠴᠡ ᠶᠢᠨ ᠬᠤᠤᠯᠢ

1. ᠬᠤᠤᠯᠢ ᠶᠢᠨ ᠬᠠᠷᠢᠭᠤᠴᠠᠯᠭ᠎ᠠ ᠭᠠᠷᠭᠠᠬᠤ ᠬᠡᠷᠡᠭᠲᠡᠢ ᠂ ᠬᠡᠨ ᠦ ᠡᠮᠦᠨ᠎ᠡ ᠬᠡᠷᠡᠭ ᠡᠨ ᠦ ᠡᠵᠡᠨ ᠬᠣᠪᠢ ᠶᠢᠨ ᠡᠮᠦᠨ᠎ᠡ ᠳᠦᠷᠢᠮ ᠵᠢᠷᠤᠮ ᠬᠡᠷᠡᠭ

ᠬᠡᠷᠡᠭ ᠂ ᠡᠨᠡ ᠬᠡᠯᠡᠴᠡ ᠪᠡᠷ ᠲᠣᠭᠲᠠᠭᠠᠭᠰᠠᠨ ᠬᠤᠤᠯᠢ ᠶᠢᠨ ᠵᠢᠷᠤᠮ ᠬᠡᠷᠡᠭᠯᠡᠨ᠎ᠡ ᠃

[ᠲᠠᠢᠯᠪᠤᠷᠢ]

ᠪᠠᠢᠭᠤᠯᠤᠯᠭ᠎ᠠ ᠶᠢᠨ ᠡᠨᠡ ᠬᠤᠤᠯᠢ ᠶᠢᠨ ᠬᠡᠷᠡᠭ ᠨᠢ ᠬᠠᠮᠲᠤ ᠵᠢᠷᠤᠮᠯᠠᠬᠤ ᠬᠡᠯᠡᠴᠡ ᠶᠢᠨ ᠲᠣᠭᠲᠠᠭᠠᠯ ᠶᠠᠯᠠᠭᠰᠠᠨ ᠬᠤᠤᠯᠢ ᠶᠢᠨ ᠪᠣᠯᠤᠨ᠎ᠠ ᠃

ᠬᠠᠮᠢᠶᠠᠷᠤᠯᠲᠠ ᠶᠢᠨ ᠰᠢᠭᠦᠨ ᠲᠣᠭᠲᠠᠭᠠᠬᠤ ᠡᠨᠡ ᠬᠡᠯᠡᠴᠡ ᠪᠡᠷ ᠪᠠᠢᠭᠤᠯᠬᠤ ᠬᠡᠷᠡᠭ ᠢ ᠳᠦᠷᠢᠮ ᠵᠢᠷᠤᠮ ᠢᠶᠠᠷ ᠰᠢᠭᠦᠬᠦ ᠵᠢᠭᠠᠪᠤᠷᠢ ᠶᠢᠨ ᠪᠠᠢᠭᠤᠯᠤᠯᠭ᠎ᠠ ᠶᠢᠨ ᠪᠠᠢᠭᠤᠯᠬᠤ

ᠪᠣᠯᠭᠠᠨ ᠰᠢᠭᠦᠬᠦ ᠶᠢᠨ ᠬᠦᠷᠳᠡᠭᠡ ᠪᠠᠢᠭᠤᠯᠤᠭᠰᠠᠨ ᠬᠡᠷᠡᠭ ᠂ ᠡᠨᠡ ᠬᠡᠷᠡᠭ ᠢ ᠰᠢᠭᠦᠬᠦ ᠳᠦᠷᠢᠮ ᠰᠢᠭᠦᠬᠦ ᠬᠠᠮᠢᠶᠠᠷᠤᠯᠲᠠ ᠪᠣᠯᠤᠨ ᠬᠢᠷᠠᠭᠠᠯᠠᠬᠤ ᠶᠢᠨ ᠨᠢ ᠬᠢᠯᠠ

ᠡᠨᠡ ᠬᠤᠤᠯᠢ ᠶᠢᠨ ᠲᠣᠭᠲᠠᠭᠠᠯ ᠤᠨ ᠬᠡᠮᠵᠢᠶᠡ ᠂ ᠳᠦᠷᠢᠮ ᠵᠢᠷᠤᠮ ᠢᠶᠠᠷ ᠰᠢᠭᠦᠨ ᠲᠣᠭᠲᠠᠭᠠᠬᠤ ᠬᠡᠷᠡᠭ ᠂ ᠬᠡᠷᠡᠭ ᠡᠨ ᠦ ᠪᠠᠢᠳᠠᠯ ᠨᠢ ᠰᠢᠭᠦᠬᠦ ᠳᠦᠷᠢᠮ

ᠬᠡᠯᠡᠯᠴᠡᠭᠰᠡᠨ ᠬᠤᠤᠯᠢ ᠶᠢᠨ ᠳᠦᠷᠢᠮ ᠰᠢᠭᠦᠬᠦ ᠬᠡᠷᠡᠭ ᠢ ᠨᠢ ᠳᠤᠤᠯᠠᠭᠰᠠᠨ ᠬᠡᠯᠡᠭᠡᠳ ᠨᠢᠭᠡᠳᠦᠭᠡᠷ ᠬᠡᠰᠡᠭ ᠂ ᠬᠡᠷᠡᠭ ᠶᠢᠨ ᠲᠣᠭᠲᠠᠭᠠᠯ ᠨᠢᠭᠡᠳᠦᠭᠡᠷ ᠃

(ᠨᠢᠭᠡ) ᠳᠦᠷᠢᠮ ᠵᠢᠷᠤᠮ ᠢᠶᠠᠷ ᠰᠢᠭᠦᠬᠦ ᠶᠢᠨ ᠡᠨᠡ ᠬᠠᠮᠢᠶᠠᠷᠤᠯᠲᠠ ᠬᠡᠷᠡᠭᠯᠡᠭᠰᠡᠨ ᠬᠤᠤᠯᠢ ᠶᠢᠨ ᠪᠠᠢᠭᠤᠯᠬᠤ ᠡᠨᠡ ᠬᠤᠤᠯᠢ ᠶᠢᠨ ᠲᠣᠭᠲᠠᠭᠠᠯ

ᠬᠣᠷᠢᠭᠯᠠᠬᠤ ᠬᠡᠮᠵᠢᠶ᠎ᠡ ᠪᠣᠯᠭᠠᠨ ᠲᠣᠭᠲᠠᠭᠠᠵᠤ ᠨᠡᠢᠲᠡᠯᠡᠬᠦ ᠡᠳᠦᠷ ᠡᠴᠡ 60 ᠡᠳᠦᠷ ᠦᠨ ᠳᠣᠲᠣᠷ᠎ᠠ ᠵᠢᠷᠤᠮ ᠳᠠᠭᠤᠰᠬᠠᠵᠤ ᠪᠠᠢᠭ᠎ᠠ ᠬᠡᠰᠡᠭ ᠪᠣᠯᠭᠠᠬᠤ ᠦᠭᠡᠢ :: ᠬᠦᠨᠰᠦᠨ ᠦ ᠰᠢᠯᠭᠠᠨ ᠪᠠᠢᠴᠠᠭᠠᠯᠲᠠ ᠶᠢᠨ ᠠᠷᠭ᠎ᠠ ᠬᠡᠮᠵᠢᠶ᠎ᠡ ᠶᠢ ᠲᠣᠭᠲᠠᠭᠠᠬᠤ ᠦᠭᠡᠢ :: ᠲᠦᠷᠦ ᠶᠢᠨ ᠵᠥᠪᠯᠡᠯ ᠦᠨ ᠡᠷᠡᠭᠦᠯ ᠦ ᠮᠡᠨᠳᠦ ᠶᠢᠨ ᠵᠠᠰᠠᠭ ᠵᠠᠬᠢᠷᠭᠠᠨ ᠤ ᠬᠡᠯᠲᠡᠰ ᠪᠣᠯᠤᠨ ᠬᠦᠨᠰᠦᠨ ᠦ ᠠᠶᠤᠯᠭᠦᠢ ᠪᠠᠢᠳᠠᠯ ᠤᠨ ᠬᠢᠨᠠᠨ ᠬᠠᠷᠭᠠᠯᠵᠠᠬᠤ ᠤᠳᠤᠷᠢᠳᠤᠨ ᠵᠠᠬᠢᠷᠤᠭᠴᠢ ᠬᠡᠯᠲᠡᠰ ᠦᠨ ᠬᠡᠮᠵᠢᠶ᠎ᠡ ᠬᠢᠭᠰᠡᠨ ᠲᠣᠭᠲᠠᠭᠠᠯ ᠢ ᠪᠠᠷᠢᠮᠲᠠᠯᠠᠨ᠎ᠠ᠂ ᠬᠠᠤᠯᠢ ᠶᠢᠨ 37 ᠳᠤᠭᠠᠷ ᠵᠦᠢᠯ ᠦᠨ ᠲᠣᠭᠲᠠᠭᠠᠯ ᠢ ᠪᠠᠷᠢᠮᠲᠠᠯᠠᠨ ᠪᠣᠯᠭᠠᠨ᠎ᠠ᠂ ᠬᠦᠨᠰᠦᠨ ᠦ ᠰᠢᠨ᠎ᠡ ᠲᠦᠷᠦᠯ ᠦᠨ ᠪᠠᠷᠢᠮᠲᠠᠯᠠᠬᠤ ᠬᠦᠨᠰᠦᠨ ᠪᠠ ᠬᠦᠨᠰᠦᠨ ᠦ ᠨᠡᠮᠡᠯᠲᠡ ᠶᠢᠨ ᠰᠢᠨ᠎ᠡ ᠲᠦᠷᠦᠯ᠂ ᠬᠦᠨᠰᠦᠨ ᠳᠦ ᠬᠡᠷᠡᠭᠯᠡᠬᠦ ᠪᠦᠲᠦᠭᠡᠭᠳᠡᠬᠦᠨ ᠦ ᠰᠢᠨ᠎ᠡ ᠲᠦᠷᠦᠯ ᠦᠨ ᠬᠤᠪᠢᠳ ᠪᠠᠷᠢᠮᠲᠠᠯᠠᠬᠤ ᠦᠭᠡᠢ :: ᠭᠡᠪᠡᠴᠦ ᠬᠡᠷᠡᠭᠯᠡᠭᠡᠨ ᠦ ᠠᠶᠤᠯᠭᠦᠢ ᠪᠠᠢᠳᠠᠯ ᠤᠨ ᠦᠨᠡᠯᠡᠯᠲᠡ ᠬᠢᠬᠦ ᠬᠡᠷᠡᠭᠲᠡᠢ ᠪᠢ ᠪᠠᠢᠨ᠎ᠠ᠂ ᠬᠦᠨᠰᠦᠨ ᠦ ᠠᠶᠤᠯᠭᠦᠢ ᠪᠠᠢᠳᠠᠯ ᠤᠨ ᠬᠠᠷᠢᠭᠤᠴᠠᠯᠭ᠎ᠠ ᠶᠢ ᠪᠠᠲᠤᠯᠠᠭᠠᠵᠤ ᠪᠣᠯᠬᠤ ᠦᠭᠡᠢ :: ᠲᠦᠷᠦ ᠶᠢᠨ ᠵᠥᠪᠯᠡᠯ ᠦᠨ ᠡᠷᠡᠭᠦᠯ ᠦ ᠮᠡᠨᠳᠦ ᠶᠢᠨ ᠵᠠᠰᠠᠭ ᠵᠠᠬᠢᠷᠭᠠᠨ ᠤ ᠬᠡᠯᠲᠡᠰ ᠪᠠ ᠵᠢᠷᠤᠮ ᠲᠣᠭᠲᠠᠭᠠᠭᠰᠠᠨ ᠬᠢᠨᠠᠨ ᠬᠠᠷᠭᠠᠯᠵᠠᠬᠤ ᠬᠡᠯᠲᠡᠰ (ᠳᠣᠷᠣᠭᠰᠢ ᠬᠡᠯᠲᠡᠰ) ᠦᠨ ᠪᠠ ᠪᠠᠷᠢᠮᠲᠠᠯᠠᠬᠤ ᠦᠭᠡᠢ ᠪᠢᠴᠢᠭ ᠮᠠᠲᠸᠷᠢᠶᠠᠯ ᠢ ᠬᠦᠯᠢᠶᠡᠨ ᠠᠪᠤᠭᠠᠳ ᠬᠢᠨᠠᠨ ᠬᠠᠷᠭᠠᠯᠵᠠᠬᠤ ᠪᠠ ᠲᠦᠷᠦ ᠶᠢᠨ ᠵᠥᠪᠯᠡᠯ ᠦᠨ ᠬᠦᠨᠰᠦᠨ ᠦ ᠠᠶᠤᠯᠭᠦᠢ ᠪᠠᠢᠳᠠᠯ ᠤᠨ ᠪᠠᠷᠢᠮᠵᠢᠶ᠎ᠠ ᠶᠢ ᠲᠣᠭᠲᠠᠭᠠᠬᠤ ᠳᠤ ᠪᠠᠷᠢᠮᠲᠠᠯᠠᠭᠳᠠᠬᠤ ᠬᠡᠷᠡᠭᠲᠡᠢ ᠪᠣᠯᠤᠨ᠎ᠠ᠂ ᠬᠠᠤᠯᠢ ᠶᠢᠨ 93 ᠳᠤᠭᠠᠷ ᠵᠦᠢᠯ ᠦᠨ 1 ᠳᠦᠭᠡᠷ ᠵᠣᠷᠢᠯᠲᠠ᠂ ᠬᠦᠨᠰᠦᠨ ᠦ ᠠᠶᠤᠯᠭᠦᠢ ᠪᠠᠢᠳᠠᠯ ᠤᠨ ᠦᠨᠡᠯᠡᠯᠲᠡ ᠶᠢᠨ ᠬᠠᠮᠢᠶ᠎ᠠ ᠲᠠᠢ ᠪᠣᠯᠪᠠᠯ :: ᠡᠨᠡ ᠬᠠᠤᠯᠢ ᠶᠢᠨ ᠲᠣᠭᠲᠠᠭᠠᠯ ᠢᠶᠠᠷ ᠬᠦᠨᠰᠦᠨ ᠦ ᠰᠢᠨ᠎ᠡ ᠲᠦᠷᠦᠯ ᠦᠨ ᠪᠠᠷᠢᠮᠲᠠᠯᠠᠬᠤ᠂ ᠬᠦᠨᠰᠦᠨ ᠦ ᠠᠶᠤᠯᠭᠦᠢ ᠪᠠᠢᠳᠠᠯ ᠤᠨ ᠰᠢᠨ᠎ᠡ ᠲᠦᠷᠦᠯ ᠦᠨ ᠬᠤᠪᠢᠳ ᠪᠠᠷᠢᠮᠲᠠᠯᠠᠬᠤ᠂ ᠬᠦᠨᠰᠦᠨ ᠳᠦ ᠰᠢᠯᠭᠠᠨ ᠪᠠᠢᠴᠠᠭᠠᠯᠲᠠ ᠬᠢᠬᠦ ᠳᠤ ᠲᠣᠭᠲᠠᠭᠠᠭᠰᠠᠨ ᠪᠠᠷᠢᠮᠵᠢᠶ᠎ᠠ ᠶᠢ ᠬᠡᠷᠡᠭᠯᠡᠬᠦ᠂ ᠰᠢᠯᠭᠠᠭᠰᠠᠨ ᠬᠣᠷᠢᠭᠯᠠᠬᠤ᠂

2. ᠬᠦᠨᠰᠦᠨ ᠦ ᠠᠶᠤᠯᠭᠦᠢ ᠪᠠᠢᠳᠠᠯ ᠤᠨ ᠪᠠᠷᠢᠮᠵᠢᠶ᠎ᠠ ᠶᠢᠨ ᠲᠣᠭᠲᠠᠭᠠᠯ ᠢ ᠬᠡᠷᠡᠭᠵᠢᠭᠦᠯᠬᠦ᠂ ᠬᠢᠨᠠᠨ ᠪᠠᠢᠴᠠᠭᠠᠬᠤ ᠲᠣᠭᠲᠠᠭᠠᠯ ᠢ ᠬᠡᠷᠡᠭᠵᠢᠭᠦᠯᠬᠦ ᠬᠦᠨᠰᠦᠨ ᠦ

ᠲᠣᠨᠤᠭ ᠲᠦᠬᠦᠭᠡᠷᠦᠮᠵᠢ ᠮᠠᠲᠸᠷᠢᠶᠠᠯ ᠬᠦᠨᠡᠰᠦ ᠪᠤᠶᠤ ᠬᠦᠨᠡᠰᠦ ᠶᠢᠨ ᠨᠡᠮᠡᠯᠲᠡ ᠪᠣᠳᠠᠰ · ᠬᠦᠨᠡᠰᠦ ᠳᠦ ᠬᠣᠣᠷᠲᠠᠢ ᠦᠢᠯᠡᠳᠪᠦᠷᠢ ᠶᠢᠨ ᠪᠠᠷᠠᠭ᠎ᠠ ᠶᠢᠨ ᠦᠨ᠎ᠡ ᠶᠢᠨ ᠳᠦᠩ ᠨᠢ 1 ᠲᠦᠮᠡᠨ ᠶᠤᠸᠠᠨ ᠬᠦᠷᠬᠦ ᠦᠭᠡᠢ ᠪᠣᠯ · ᠬᠠᠮᠲᠤ ᠪᠡᠷ 5 ᠲᠦᠮᠡᠨ ᠶᠤᠸᠠᠨ ᠡᠴᠡ ᠳᠡᠭᠡᠭᠰᠢ 10 ᠲᠦᠮᠡᠨ ᠶᠤᠸᠠᠨ ᠡᠴᠡ ᠳᠣᠣᠭᠰᠢ ᠲᠣᠭᠭᠠᠨ ᠬᠠᠷᠠ ᠲᠠᠰᠤᠯᠠᠨ᠎ᠠ :: ᠪᠠᠷᠠᠭ᠎ᠠ ᠶᠢᠨ ᠦᠨ᠎ᠡ ᠶᠢᠨ ᠳᠦᠩ ᠨᠢ 1 ᠲᠦᠮᠡᠨ ᠶᠤᠸᠠᠨ ᠡᠴᠡ ᠳᠡᠭᠡᠭᠰᠢ ᠪᠣᠯ · ᠬᠠᠮᠲᠤ ᠪᠡᠷ 10 ᠳᠠᠬᠢᠨ ᠡᠴᠡ ᠳᠡᠭᠡᠭᠰᠢ 20 ᠳᠠᠬᠢᠨ ᠡᠴᠡ ᠳᠣᠣᠭᠰᠢ ᠲᠣᠭᠭᠠᠨ ᠬᠠᠷᠠ ᠲᠠᠰᠤᠯᠠᠨ᠎ᠠ :: ᠬᠡᠷᠡᠭ ᠪᠠᠢᠳᠠᠯ ᠨᠢ ᠬᠦᠨᠳᠦ ᠪᠣᠯ ᠵᠥᠪᠰᠢᠶᠡᠷᠡᠯ ᠦᠨ ᠦᠨᠡᠮᠯᠡᠯ ᠢ ᠬᠦᠴᠦᠨ ᠦᠭᠡᠢ ᠪᠣᠯᠭᠠᠨ᠎ᠠ ::

ᠡᠨᠡ ᠬᠠᠤᠯᠢ ᠶᠢᠨ ᠵᠦᠢᠯ ᠦᠨ ᠵᠠᠭᠠᠯᠲᠠ ᠶᠢ ᠵᠢᠷᠤᠴᠠᠭᠰᠠᠨ ᠪᠤᠶᠤ ᠦᠢᠯᠡᠳᠪᠦᠷᠢ ᠬᠤᠳᠠᠯᠳᠤᠭ᠎ᠠ ᠶᠢᠨ 5 ᠳᠤᠭᠠᠷ ᠵᠦᠢᠯ ᠳᠦ ᠵᠠᠭᠠᠭᠰᠠᠨ ᠬᠡᠷᠡᠭ ᠪᠠᠢᠳᠠᠯ ᠲᠠᠢ ᠪᠣᠯ · ᠬᠣᠰᠢᠭᠤ ᠡᠴᠡ ᠳᠡᠭᠡᠭᠰᠢ ᠠᠷᠠᠳ ᠤᠨ ᠵᠠᠰᠠᠭ ᠤᠨ ᠭᠠᠵᠠᠷ ᠤᠨ ᠬᠦᠨᠡᠰᠦ ᠶᠢᠨ ᠠᠶᠤᠯᠭᠦᠢ ᠶᠢᠨ ᠬᠢᠨᠠᠨ ᠬᠠᠮᠢᠶᠠᠷᠬᠤ ᠬᠠᠷᠢᠶᠠᠯᠠᠯ ᠤᠨ ᠬᠡᠯᠲᠡᠰ 126 ᠳᠤᠭᠠᠷ ᠵᠦᠢᠯ ᠦᠨ ᠵᠠᠭᠠᠯᠲᠠ ᠪᠣᠶᠤ ᠵᠠᠰᠠᠭ ᠤᠨ ᠭᠠᠵᠠᠷ ᠤᠨ ᠬᠡᠯᠲᠡᠰ ᠢᠶᠡᠷ : ᠵᠠᠰᠠᠬᠤ ᠶᠢ ᠵᠠᠷᠯᠢᠭᠠᠳ · ᠰᠡᠷᠡᠮᠵᠢᠯᠡᠭᠦᠯᠬᠦ ᠶᠢ ᠥᠭᠭᠦᠨ᠎ᠡ :: ᠵᠠᠰᠠᠬᠤ ᠡᠴᠡ ᠲᠠᠲᠠᠭᠠᠯᠵᠠᠪᠠᠯ · ᠬᠦᠨᠡᠰᠦ ᠶᠢᠨ ᠠᠶᠤᠯᠭᠦᠢ ᠶᠢᠨ 5000 ᠶᠤᠸᠠᠨ ᠡᠴᠡ ᠳᠡᠭᠡᠭᠰᠢ 5 ᠲᠦᠮᠡᠨ ᠶᠤᠸᠠᠨ ᠡᠴᠡ ᠳᠣᠣᠭᠰᠢ ᠲᠣᠭᠭᠠᠨ ᠬᠠᠷᠠ ᠲᠠᠰᠤᠯᠠᠨ᠎ᠠ :: ᠬᠡᠷᠡᠭ ᠪᠠᠢᠳᠠᠯ ᠨᠢ ᠬᠦᠨᠳᠦ ᠪᠣᠯ ᠦᠢᠯᠡᠳᠪᠦᠷᠢ ᠬᠤᠳᠠᠯᠳᠤᠭ᠎ᠠ ᠶᠢ ᠵᠣᠭᠰᠣᠭᠠᠬᠤ ᠶᠢ ᠵᠠᠷᠯᠢᠭᠠᠳ · ᠵᠥᠪᠰᠢᠶᠡᠷᠡᠯ ᠢ ᠬᠦᠴᠦᠨ ᠦᠭᠡᠢ ᠪᠣᠯᠭᠠᠨ᠎ᠠ ::

ᠬᠦᠨᠡᠰᠦ ᠪᠤᠶᠤ ᠬᠦᠨᠡᠰᠦ ᠶᠢᠨ ᠨᠡᠮᠡᠯᠲᠡ ᠪᠣᠳᠠᠰ ᠤᠨ ᠦᠢᠯᠡᠳᠪᠦᠷᠢ ᠶᠢᠨ ᠵᠢᠭᠤᠷ ᠢ ᠳᠠᠭᠠᠵᠤ · ᠬᠦᠨᠡᠰᠦ ᠶᠢᠨ ᠠᠶᠤᠯᠭᠦᠢ ᠶᠢᠨ ᠪᠠᠷᠢᠮᠵᠢᠶ᠎ᠠ ᠳᠦ ᠨᠡᠶᠢᠴᠡᠬᠦ ᠦᠭᠡᠢ ᠬᠦᠨᠡᠰᠦ ᠪᠤᠶᠤ ᠬᠦᠨᠡᠰᠦ ᠶᠢᠨ ᠨᠡᠮᠡᠯᠲᠡ ᠪᠣᠳᠠᠰ ᠢ ᠦᠢᠯᠡᠳᠪᠦᠷᠢᠯᠡᠬᠦ · ᠬᠤᠳᠠᠯᠳᠤᠬᠤ ᠪᠠ ᠥᠭᠡᠷ᠎ᠡ ᠬᠣᠣᠷᠲᠠᠢ ᠪᠣᠳᠠᠰ ᠢ ᠬᠡᠷᠡᠭᠯᠡᠬᠦ ᠶᠢ ᠴᠠᠭᠡᠵᠠᠯᠠᠨ᠎ᠠ :: ᠡᠨᠡ ᠬᠦᠨᠡᠰᠦ ᠪᠤᠶᠤ ᠬᠦᠨᠡᠰᠦ ᠶᠢᠨ ᠨᠡᠮᠡᠯᠲᠡ ᠪᠣᠳᠠᠰ ᠢ ᠦᠢᠯᠡᠳᠪᠦᠷᠢᠯᠡᠬᠦ ᠪᠠ ᠬᠤᠳᠠᠯᠳᠤᠬᠤ ᠪᠣᠯ ·

违反新法规定行为的，应当及时制止并立即报告所在地县级人民政府食品药品监督管理部门；发现其有经营者的许可证，明确其食品安全管理责任，定期对其经营环境和条件进行检查，发现其有第61条规定，集中交易市场的开办者、柜台出租者和展销会举办者，应当依法审查入场食品经营者进入市场销售食品，或者未履行检查、报告等义务。本类违法行为主要针对的是：新法

1. 集中交易市场的开办者、柜台出租者、展销会的举办者允许未依法取得许可的食品经

一、本条规定的违法行为

●条文解读

食用农产品批发市场违反本法第六十四条规定的，依照前款规定承担责任。

证部门吊销许可证；使消费者的合法权益受到损害的，应当与食品经营者承担连带责任。收违法所得，并处五万元以上二十万元以下罚款；造成严重后果的，责令停业，直至由原发或者未履行检查、报告等义务的，由县级以上人民政府食品药品监督管理部门责令改正，没办者、柜台出租者、展销会的举办者允许未依法取得许可的食品经营者进入市场销售食品，

第一百三十条【集中交易市场违法行为的法律责任】违反本法规定，集中交易市场的开

门。如果未遵守新法第 61 条前述规定，就属于本类违法行为。本条规定『未依法取得许可的食品经营者』是指依法应当取得许可食品经营者未取得许可。如果集中交易市场的开办者、柜台出租者、展销会的举办者允许未取得许可的食品经营者进入市场销售食用农产品，就不属于本类违法行为，因为依据新法第 35 条规定，销售食用农产品不需要取得许可。

2. 食用农产品批发市场违反新法第 64 条规定。本类违法行为主要针对的是：新法第 64 条规定，食用农产品批发市场应当配备检验设备和检验人员或者委托符合新法规定的食品检验机构，对进入该批发市场销售的食用农产品进行抽样检验；发现不符合食品安全标准的，应当要求销信者立即停止销售，并向食品药品监督管理部门报告。如果未遵守新法第 64 条前述规定，就属于本类违法行为。

二、本条规定的法律责任

有本条规定的两类违法行为的，由县级以上人民政府食品药品监督管理部门责令改正，没收违法所得，并处 5 万元以上 20 万元以下罚款；造成严重后果的，责令停业，直至由原发证部门吊销许可证；使消费者的合法权益受到损害的，应当与食品经营者承担连带责任。

本条规定，食用农产品批发市场违反新法第 64 条规定的，依照前款规定承担责任，既包括依照前款规定承担行政责任，又包括依照前款规定承担民事责任。

ᠪᠠᠢᠴᠠᠭᠠᠯᠲᠠ ᠦᠭᠡᠢ᠂ ᠢᠳᠡᠭᠡᠨ ᠲᠠᠷᠢᠶᠠᠯᠠᠩ ᠤᠨ ᠪᠦᠲᠦᠭᠡᠭᠳᠡᠬᠦᠨ ᠦ ᠪᠣᠷᠣᠯᠠᠯᠲᠠ ᠪᠠᠷᠢᠮᠲᠠᠯᠠᠬᠤ ᠶᠢᠨ ᠬᠠᠷᠢᠭᠤᠴᠠᠯᠭ᠎ᠠ ᠶᠢ ᠲᠣᠳᠤᠷᠬᠠᠢᠯᠠᠭᠰᠠᠨ ᠦᠭᠡᠢ᠃ ᠡᠨᠡ ᠬᠠᠤᠯᠢ ᠶᠢᠨ ᠵᠦᠢᠯ ᠳᠦ᠄ ᠡᠨᠡ ᠬᠠᠤᠯᠢ ᠶᠢᠨ 64 ᠳᠦᠭᠡᠷ ᠵᠦᠢᠯ ᠳᠦ ᠵᠢᠭᠠᠮᠵᠢᠯᠠᠭᠤᠯᠤᠯ᠎ᠠ᠃

2. ᠢᠳᠡᠭᠡᠨ ᠲᠠᠷᠢᠶᠠᠯᠠᠩ ᠤᠨ ᠪᠦᠲᠦᠭᠡᠭᠳᠡᠬᠦᠨ ᠦ ᠪᠣᠷᠣᠯᠠᠯᠲᠠ ᠪᠠᠷᠢᠮᠲᠠᠯᠠᠬᠤ ᠶᠢᠨ ᠬᠠᠷᠢᠭᠤᠴᠠᠯᠭ᠎ᠠ ᠡᠨᠡ ᠬᠠᠤᠯᠢ ᠶᠢᠨ 64 ᠳᠦᠭᠡᠷ ᠵᠦᠢᠯ ᠦᠨ ᠲᠣᠭᠲᠠᠭᠠᠯ ᠢ ᠪᠣᠷᠣᠯᠠᠯᠲᠠ ᠪᠠᠷᠢᠮᠲᠠᠯᠠᠬᠤ ᠳᠤ ᠬᠠᠷᠢᠭᠤᠴᠠᠬᠤ ᠶᠢᠨ ᠵᠢᠷᠤᠮ ᠬᠤᠷᠢᠶᠠᠩᠭᠤᠢ ᠶᠢᠨ ᠪᠠᠢᠨ᠎ᠠ᠃

ᠵᠥᠪᠰᠢᠶᠡᠷᠡᠯ ᠦᠭᠡᠢ᠂ ᠡᠨᠡ ᠶᠢ ᠡᠨᠡ ᠬᠠᠤᠯᠢ ᠶᠢᠨ 35 ᠳᠦᠭᠡᠷ ᠵᠦᠢᠯ ᠦᠨ ᠲᠣᠭᠲᠠᠭᠠᠯ ᠢ ᠢᠯᠡᠷᠬᠡᠢᠯᠡᠪᠡ᠂ ᠢᠳᠡᠭᠡᠨ ᠲᠠᠷᠢᠶᠠᠯᠠᠩ ᠤᠨ ᠪᠦᠲᠦᠭᠡᠭᠳᠡᠬᠦᠨ ᠦ ᠪᠣᠷᠣᠯᠠᠯᠲᠠ ᠶᠢ ᠡᠨᠡ ᠬᠠᠤᠯᠢ ᠶᠢᠨ ᠬᠠᠷᠢᠭᠤᠴᠠᠯᠭ᠎ᠠ ᠳᠤ ᠬᠠᠮᠢᠶᠠᠷᠤᠭᠤᠯᠤᠨ ᠢᠳᠡᠭᠡᠨ ᠲᠠᠷᠢᠶᠠᠯᠠᠩ ᠤᠨ ᠪᠦᠲᠦᠭᠡᠭᠳᠡᠬᠦᠨ ᠦ ᠪᠣᠷᠣᠯᠠᠯᠲᠠ ᠶᠢᠨ ᠬᠠᠷᠢᠭᠤᠴᠠᠯᠭ᠎ᠠ ᠶᠢ ᠬᠦᠨᠡᠰᠦ ᠶᠢᠨ ᠠᠶᠤᠯᠭᠦᠢ ᠶᠢᠨ ᠬᠠᠤᠯᠢ ᠶᠢᠨ ᠵᠢᠷᠤᠮ ᠢᠶᠡᠷ ᠵᠣᠬᠢᠴᠠᠭᠤᠯᠤᠨ᠎ᠠ᠃ ᠡᠭᠦᠨ ᠳᠦ ᠬᠣᠷᠢᠭᠯᠠᠭᠰᠠᠨ ᠪᠣᠷᠣᠯᠠᠯᠲᠠ ᠶᠢᠨ ᠪᠠᠢᠴᠠᠭᠠᠯᠲᠠ᠂ ᠦᠢᠯᠡᠳᠪᠦᠷᠢᠯᠡᠭᠴᠢ ᠶᠢᠨ ᠬᠠᠷᠢᠭᠤᠴᠠᠯᠭ᠎ᠠ 《ᠢᠳᠡᠭᠡᠨ ᠲᠠᠷᠢᠶᠠᠯᠠᠩ ᠤᠨ ᠪᠦᠲᠦᠭᠡᠭᠳᠡᠬᠦᠨ ᠦ ᠠᠶᠤᠯᠭᠦᠢ ᠶᠢᠨ ᠬᠠᠤᠯᠢ》 ᠳᠤ ᠡᠨᠡ ᠬᠠᠤᠯᠢ ᠶᠢᠨ ᠲᠣᠭᠲᠠᠭᠠᠯ ᠢ ᠪᠠᠷᠢᠮᠲᠠᠯᠠᠨ᠎ᠠ ᠭᠡᠵᠦ ᠲᠣᠳᠤᠷᠬᠠᠢᠯᠠᠭᠰᠠᠨ ᠡᠨᠡ ᠬᠠᠤᠯᠢ ᠶᠢᠨ ᠲᠣᠭᠲᠠᠭᠠᠯ ᠢ ᠪᠠᠷᠢᠮᠲᠠᠯᠠᠨ᠎ᠠ᠃ ᠡᠨᠡ ᠬᠠᠤᠯᠢ ᠳᠤ ᠡᠨᠡ ᠵᠦᠢᠯ ᠳᠦ ᠲᠤᠰᠬᠠᠢ ᠪᠡᠷ ᠲᠣᠳᠤᠷᠬᠠᠢᠯᠠᠭᠰᠠᠨ ᠪᠣᠯ ᠲᠡᠭᠦᠨ ᠢ ᠮᠦᠷᠳᠡᠨ᠎ᠡ᠃ ᠡᠭᠦᠨ ᠡᠴᠡ ᠭᠠᠳᠠᠨ᠎ᠠ᠂ ᠡᠨᠡ ᠬᠠᠤᠯᠢ ᠶᠢᠨ 61 ᠳᠦᠭᠡᠷ ᠵᠦᠢᠯ ᠳᠦ ᠲᠣᠳᠤᠷᠬᠠᠢᠯᠠᠭᠰᠠᠨ ᠲᠥᠪᠯᠡᠷᠡᠯ ᠦᠨ ᠬᠤᠳᠠᠯᠳᠠᠭ᠎ᠠ ᠶᠢᠨ ᠵᠠᠬ᠎ᠠ ᠶᠢᠨ ᠨᠡᠭᠡᠭᠡᠭᠴᠢ ᠪᠣᠯᠤᠨ ᠲᠠᠯᠠᠪᠠᠢ ᠶᠢᠨ ᠲᠦᠷᠢᠰᠦᠭᠡᠰᠦᠯᠡᠭᠴᠢ᠂ ᠲᠡᠭᠦᠨ ᠦ ᠨᠡᠭᠡᠭᠡᠭᠰᠡᠨ ᠵᠠᠬ᠎ᠠ ᠳᠤ ᠪᠣᠷᠣᠯᠠᠯᠲᠠ ᠬᠢᠬᠦ ᠶᠢᠨ ᠠᠵᠤ ᠠᠬᠤᠢ ᠶᠢᠨ ᠡᠵᠡᠨ᠂ ᠡᠨᠡ ᠬᠠᠤᠯᠢ ᠶᠢᠨ ᠲᠣᠭᠲᠠᠭᠠᠯ ᠢ ᠵᠥᠷᠢᠴᠡᠭᠰᠡᠨ ᠪᠣᠯ ᠢᠳᠡᠭᠡᠨ ᠲᠠᠷᠢᠶᠠᠯᠠᠩ ᠤᠨ ᠪᠦᠲᠦᠭᠡᠭᠳᠡᠬᠦᠨ ᠦ ᠪᠠᠢᠴᠠᠭᠠᠯᠲᠠ ᠶᠢᠨ ᠦᠷ᠎ᠡ ᠳ᠋ᠦᠩ ᠢ ᠮᠡᠳᠡᠭᠳᠡᠬᠦ ᠦᠭᠡᠢ᠂ ᠪᠠᠢᠴᠠᠭᠠᠨ ᠬᠢᠨᠠᠬᠤ ᠶᠢᠨ ᠮᠡᠷᠭᠡᠵᠢᠯ ᠦᠨ ᠪᠠᠢᠭᠤᠯᠤᠯᠭ᠎ᠠ ᠶᠢᠨ ᠠᠷᠭ᠎ᠠ ᠬᠡᠮᠵᠢᠶ᠎ᠡ ᠬᠡᠷᠡᠭᠵᠢᠭᠦᠯᠦᠨ᠎ᠡ᠂ ᠪᠣᠯᠤᠨ ᠪᠠᠢᠴᠠᠭᠠᠯᠲᠠ ᠶᠢᠨ ᠦᠷ᠎ᠡ ᠳ᠋ᠦᠩ ᠢ ᠢᠯᠡ ᠪᠣᠯᠭᠠᠨ᠎ᠠ᠃ ᠪᠠᠢᠴᠠᠭᠠᠯᠲᠠ ᠶᠢᠨ ᠬᠠᠷᠢᠭᠤᠴᠠᠯᠭ᠎ᠠ᠂ ᠪᠠᠢᠴᠠᠭᠠᠨ ᠬᠢᠨᠠᠬᠤ ᠶᠢᠨ ᠬᠦᠰᠦᠨᠦᠭᠲᠦ ᠶᠢ ᠪᠦᠷᠢᠳᠬᠡᠬᠦ ᠦᠭᠡᠢ᠂

第一百三十一条【网络食品交易违法行为的法律责任】违反本法规定，网络食品交易第三方平台提供者未对入网食品经营者进行实名登记、审查许可证，或者未履行报告、停止提供网络交易平台服务等义务的，由县级以上人民政府食品药品监督管理部门责令改正，没收违法所得，并处五万元以上二十万元以下罚款；造成严重后果的，责令停业，直至由原发证部门吊销许可证；使消费者的合法权益受到损害的，应当与食品经营者承担连带责任。

消费者通过网络食品交易第三方平台购买食品，其合法权益受到损害的，可以向入网食品经营者或者食品生产者要求赔偿。网络食品交易第三方平台提供者不能提供入网食品经营者的真实名称、地址和有效联系方式的，由网络食品交易第三方平台提供者赔偿。网络食品交易第三方平台提供者赔偿后，有权向入网食品经营者或者食品生产者追偿。网络食品交易第三方平台提供者作出的更有利于消费者承诺的，应当履行其承诺。

●条文解读

一、本条规定的违法行为

1. 网络食品交易第三方平台提供者未对入网食品经营者进行实名登记、审查许可证，或者未履行报告、停止提供网络交易平台服务等义务。本类违法行为主要针对的是：新法第62

条规定，网络食品交易第三方平台提供者应当对入网食品经营者进行实名登记，明确其食品安全管理责任；依法应当取得许可证的，还应当审查其许可证。网络食品交易第三方平台提供者发现入网食品经营者有违反新法规定行为的，应当及时制止并立即报告所在地县级人民政府食品药品监督管理部门；发现严重违法行为的，应当立即停止提供网络交易平台服务。如果未遵守新法第 62 条前述规定，就属于本类违法行为。

2. 消费者通过网络食品交易第三方平台购买食品，其合法权益受到损害。食品生产经营者生产经营的食品通过网络食品交易第三方平台销售给消费者，导致消费者人身、财产等合法权益受到损害的，就属于本类违法行为。

3. 消费者通过网络食品交易第三方平台购买食品，其合法权益受到损害，网络食品交易第三方平台提供者不能提供入网食品经营者的真实名称、地址和有效联系方式。新法第 62 条规定了网络食品交易第三方平台提供者对入网食品经营者的身份审查义务，该项义务应当是事先的、主动性的，一旦消费者通过网络食品交易第三方平台购买食品，其合法权益受到损害，发生纠纷，消费者难以找到入网食品经营者求偿时，网络食品交易第三方平台提供者应当向消费者提供入网食品经营者的真实名称、地址和有效联系方式；不能提供的，就属于本类违法行为。

二、本条规定的法律责任

有本条规定的第1类违法行为的，由县级以上人民政府食品药品监督管理部门责令改正，没收违法所得，并处5万元以上20万元以下罚款；造成严重后果的，责令停业，直至由原发证部门吊销许可证；使消费者的合法权益受到损害的，应当与食品经营者承担连带责任。本条规定『由原发证部门吊销许可证』是指吊销许可证的执法主体是准予许可的部门。如吊销网络食品交易第三方平台提供者的互联网信息服务业务经营许可证的执法主体应当是工业和信息化部门。

有本条规定的第2类违法行为的，消费者可以向入网食品经营者或者食品生产者要求赔偿。消费者权益保护法第44条规定，消费者通过网络交易平台购买商品，其合法权益受到损害的，可以向销售者要求赔偿。考虑到食品安全的特殊性和建立最严格的食品安全法律责任制度的需要，为了方便食品消费者行使求偿权，更好保护其合法权益，本条规定，消费者通过网络食品交易第三方平台购买食品，其合法权益受到损害的，消费者可以向入网食品经营者或者食品生产者要求赔偿。依照新法第148条的规定，接到消费者赔偿要求的入网食品经营者或者食品生产者，应当实行首付责任制，先行赔付，不得推诿。

有本条规定的第3类违法行力的，由网络食品交易第三方平台提供者赔偿。网络食品交易第三方平台提供者赔偿后，有权向入网食品经营者或者食品生产者追偿。网络食品交易第有利于消费者的承诺，网络食品交易第三方平台提供者应当履行。

提供者承诺一律向消费者先行赔付。这类承诺属于网络食品交易第三方平台提供者作出的更先行赔付制度，一旦发生消费纠纷，消费者与经营者协商无果的，网络食品交易第三方平台有利于消费者的做法。实践中，有些网络食品交易第三方平台提供者已经推出无限制条件的提供者的先行赔付责任是法律为维护消费者合法权益而确定的最低标准，法律鼓励其采取更三方平台提供者作出的更有利于消费者承诺的，应当履行其承诺。网络食品交易第三方平台

ᠪᠠᠲᠤᠯᠠᠭᠠᠳ ᠦᠭᠬᠦ᠂ ᠬᠦᠮᠦᠨ ᠦ ᠪᠡᠶ᠎ᠡ ᠡᠷᠡᠬᠦᠯ ᠮᠡᠨᠳᠦ ᠶᠢᠨ ᠬᠣᠬᠢᠷᠠᠯ ᠤᠴᠠᠷᠠᠭᠤᠯᠪᠠᠯ ᠬᠠᠷᠢᠭᠤᠴᠠᠯᠭ᠎ᠠ ᠬᠦᠯᠢᠶᠡᠨ᠎ᠡ ᠃ ᠬᠦᠨᠡᠰᠦ ᠦᠢᠯᠡᠳᠪᠦᠷᠢᠯᠡᠭᠴᠢ ᠬᠦᠨᠡᠰᠦ ᠶᠢᠨ ᠠᠶᠤᠯᠭᠦᠢ ᠪᠠᠶᠢᠳᠠᠯ ᠤᠨ ᠪᠠᠷᠢᠮᠵᠢᠶ᠎ᠠ ᠳᠤ ᠲᠣᠬᠢᠷᠠᠭᠰᠠᠨ ᠦᠭᠡᠢ ᠬᠦᠨᠡᠰᠦ ᠶᠢ ᠦᠢᠯᠡᠳᠪᠦᠷᠢᠯᠡᠬᠦ ᠪᠤᠶᠤ ᠬᠤᠳᠠᠯᠳᠤᠬᠤ ᠶᠢᠨ ᠠᠯᠳᠠᠭ᠎ᠠ ᠬᠢᠭᠰᠡᠨ ᠪᠣᠯ ᠬᠠᠷᠢᠭᠤᠴᠠᠯᠭ᠎ᠠ ᠬᠦᠯᠢᠶᠡᠨ᠎ᠡ᠃ ᠬᠦᠨᠡᠰᠦ ᠦᠢᠯᠡᠳᠪᠦᠷᠢᠯᠡᠭᠴᠢ ᠪᠠ ᠬᠤᠳᠠᠯᠳᠤᠭᠴᠢ ᠶᠢᠨ 62 ᠳᠤᠭᠠᠷ ᠵᠦᠢᠯ ᠦᠨ ᠲᠣᠭᠲᠠᠭᠠᠯ ᠢ ᠵᠥᠷᠢᠴᠡᠭᠰᠡᠨ ᠪᠣᠯ ᠬᠠᠷᠢᠭᠤᠴᠠᠯᠭ᠎ᠠ ᠬᠦᠯᠢᠶᠡᠬᠦ ᠪᠠᠶᠢᠳᠠᠯ ᠢ ᠲᠣᠳᠤᠷᠬᠠᠶᠢᠯᠠᠨ᠎ᠠ ᠃ ᠬᠤᠳᠠᠯᠳᠤᠭᠴᠢ ᠶᠢᠨ ᠠᠯᠳᠠᠭ᠎ᠠ ᠶᠢᠨ ᠬᠡᠮᠵᠢᠶ᠎ᠡ ᠶᠢ ᠲᠣᠭᠲᠠᠭᠠᠬᠤ ᠳᠤ ᠬᠦᠨᠡᠰᠦ ᠦᠢᠯᠡᠳᠪᠦᠷᠢᠯᠡᠭᠴᠢ ᠶᠢᠨ ᠬᠠᠷᠢᠭᠤᠴᠠᠯᠭ᠎ᠠ ᠶᠢ ᠪᠠᠷᠢᠮᠵᠢᠶ᠎ᠠ ᠪᠣᠯᠭᠠᠨ᠎ᠠ ᠃

1. ᠬᠦᠨᠡᠰᠦ ᠦᠢᠯᠡᠳᠪᠦᠷᠢᠯᠡᠭᠴᠢ ᠪᠠ ᠬᠤᠳᠠᠯᠳᠤᠭᠴᠢ ᠬᠦᠨᠡᠰᠦ ᠶᠢᠨ ᠠᠶᠤᠯᠭᠦᠢ ᠪᠠᠶᠢᠳᠠᠯ ᠤᠨ ᠪᠠᠷᠢᠮᠵᠢᠶ᠎ᠠ ᠳᠤ ᠲᠣᠬᠢᠷᠠᠭᠰᠠᠨ ᠦᠭᠡᠢ ᠬᠦᠨᠡᠰᠦ ᠶᠢ ᠦᠢᠯᠡᠳᠪᠦᠷᠢᠯᠡᠬᠦ ᠪᠤᠶᠤ ᠬᠤᠳᠠᠯᠳᠤᠬᠤ᠂ ᠡᠨᠡ ᠨᠢ ᠬᠣᠬᠢᠷᠠᠯ ᠲᠤ ᠬᠠᠷᠢᠭᠤᠴᠠᠯᠭ᠎ᠠ ᠬᠦᠯᠢᠶᠡᠯᠭᠡᠬᠦ ᠨᠥᠬᠦᠴᠡᠯ ᠮᠥᠨ᠃

[ᠵᠢᠱᠢᠶ᠎ᠡ]

ᠬᠦᠨᠡᠰᠦ ᠶᠢᠨ ᠠᠶᠤᠯᠭᠦᠢ ᠪᠠᠶᠢᠳᠠᠯ ᠤᠨ ᠪᠠᠷᠢᠮᠵᠢᠶ᠎ᠠ ᠳᠤ ᠲᠣᠬᠢᠷᠠᠭᠰᠠᠨ ᠦᠭᠡᠢ ᠬᠦᠨᠡᠰᠦ ᠶᠢ ᠬᠤᠳᠠᠯᠳᠤᠭᠰᠠᠨ ᠪᠣᠯ ᠬᠠᠷᠢᠭᠤᠴᠠᠯᠭ᠎ᠠ ᠬᠦᠯᠢᠶᠡᠬᠦ ᠶᠣᠰᠣᠲᠠᠢ᠃
ᠪᠣᠯᠪᠠᠴᠤ ᠬᠦᠨᠡᠰᠦ ᠬᠤᠳᠠᠯᠳᠤᠭᠴᠢ ᠬᠦᠨᠡᠰᠦ ᠦᠢᠯᠡᠳᠪᠦᠷᠢᠯᠡᠭᠴᠢ ᠶᠢᠨ ᠬᠠᠷᠢᠭᠤᠴᠠᠯᠭ᠎ᠠ ᠶᠢ ᠬᠦᠯᠢᠶᠡᠬᠦ ᠦᠭᠡᠢ᠃ ᠬᠦᠨᠡᠰᠦ ᠦᠢᠯᠡᠳᠪᠦᠷᠢᠯᠡᠭᠴᠢ ᠪᠠ ᠬᠤᠳᠠᠯᠳᠤᠭᠴᠢ ᠬᠦᠨᠡᠰᠦ ᠶᠢᠨ ᠠᠶᠤᠯᠭᠦᠢ ᠪᠠᠶᠢᠳᠠᠯ ᠤᠨ ᠪᠠᠷᠢᠮᠵᠢᠶ᠎ᠠ ᠳᠤ ᠲᠣᠬᠢᠷᠠᠭᠰᠠᠨ ᠦᠭᠡᠢ ᠬᠦᠨᠡᠰᠦ ᠶᠢ ᠮᠡᠳᠡᠭᠰᠡᠨ ᠪᠡᠷ ᠬᠤᠳᠠᠯᠳᠤᠭᠰᠠᠨ᠂ ᠬᠤᠳᠠᠯᠳᠤᠭᠴᠢ ᠳᠤ ᠠᠯᠳᠠᠭ᠎ᠠ ᠪᠠᠶᠢᠬᠤ ᠪᠣᠯ ᠬᠦᠨᠡᠰᠦ ᠦᠢᠯᠡᠳᠪᠦᠷᠢᠯᠡᠭᠴᠢ ᠬᠦᠨᠡᠰᠦ ᠶᠢᠨ ᠠᠶᠤᠯᠭᠦᠢ ᠪᠠᠶᠢᠳᠠᠯ ᠤᠨ ᠪᠠᠷᠢᠮᠵᠢᠶ᠎ᠠ ᠳᠤ ᠮᠡᠳᠡᠭᠰᠡᠨ ᠪᠠᠶᠢᠬᠤ ᠦᠭᠡᠢ᠃ ᠬᠦᠨᠡᠰᠦ ᠦᠢᠯᠡᠳᠪᠦᠷᠢᠯᠡᠭᠴᠢ ᠪᠠ ᠬᠤᠳᠠᠯᠳᠤᠭᠴᠢ ᠬᠦᠨᠡᠰᠦ ᠶᠢᠨ ᠠᠶᠤᠯᠭᠦᠢ ᠪᠠᠶᠢᠳᠠᠯ ᠤᠨ ᠪᠠᠷᠢᠮᠵᠢᠶ᠎ᠠ ᠳᠤ ᠲᠣᠬᠢᠷᠠᠭᠰᠠᠨ ᠦᠭᠡᠢ ᠬᠦᠨᠡᠰᠦ ᠶᠢ ᠮᠡᠳᠡᠬᠦ ᠪᠡᠷ ᠬᠤᠳᠠᠯᠳᠤᠭᠰᠠᠨ ᠪᠣᠯ᠂ ᠬᠦᠨᠡᠰᠦ ᠦᠢᠯᠡᠳᠪᠦᠷᠢᠯᠡᠭᠴᠢ ᠬᠠᠷᠢᠭᠤᠴᠠᠯᠭ᠎ᠠ ᠬᠦᠯᠢᠶᠡᠬᠦ ᠪᠣᠯᠤᠨ᠎ᠠ᠃ ᠬᠦᠨᠡᠰᠦ ᠦᠢᠯᠡᠳᠪᠦᠷᠢᠯᠡᠭᠴᠢ ᠪᠠ ᠬᠤᠳᠠᠯᠳᠤᠭᠴᠢ ᠬᠦᠨᠡᠰᠦ ᠶᠢᠨ ᠠᠶᠤᠯᠭᠦᠢ ᠪᠠᠶᠢᠳᠠᠯ ᠤᠨ ᠪᠠᠷᠢᠮᠵᠢᠶ᠎ᠠ ᠳᠤ ᠲᠣᠬᠢᠷᠠᠭᠰᠠᠨ ᠦᠭᠡᠢ ᠬᠦᠨᠡᠰᠦ ᠶᠢ ᠦᠢᠯᠡᠳᠪᠦᠷᠢᠯᠡᠭᠰᠡᠨ ᠪᠤᠶᠤ ᠬᠤᠳᠠᠯᠳᠤᠭᠰᠠᠨ ᠪᠣᠯ ᠬᠦᠮᠦᠨ ᠦ ᠡᠷᠡᠬᠦᠯ ᠮᠡᠨᠳᠦ ᠶᠢᠨ ᠬᠣᠬᠢᠷᠠᠯ ᠤᠴᠠᠷᠠᠭᠤᠯᠪᠠᠯ ᠬᠠᠷᠢᠭᠤᠴᠠᠯᠭ᠎ᠠ ᠬᠦᠯᠢᠶᠡᠨ᠎ᠡ᠃ ᠬᠦᠨᠡᠰᠦ ᠦᠢᠯᠡᠳᠪᠦᠷᠢᠯᠡᠭᠴᠢ ᠪᠠ ᠬᠤᠳᠠᠯᠳᠤᠭᠴᠢ ᠬᠦᠨᠡᠰᠦ ᠶᠢᠨ ᠠᠶᠤᠯᠭᠦᠢ ᠪᠠᠶᠢᠳᠠᠯ ᠢ ᠬᠠᠮᠠᠭᠠᠯᠠᠬᠤ ᠦᠦᠷᠡᠭ ᠦᠨ ᠳᠠᠭᠠᠤ ᠬᠤᠳᠠᠯᠳᠤᠭᠰᠠᠨ᠂ ᠬᠣᠬᠢᠷᠠᠯ ᠤᠴᠠᠷᠠᠭᠤᠯᠪᠠᠯ ᠬᠠᠷᠢᠭᠤᠴᠠᠯᠭ᠎ᠠ ᠬᠦᠯᠢᠶᠡᠨ᠎ᠡ᠃

ᠬᠦᠨᠡᠰᠦ ᠦᠢᠯᠡᠳᠪᠦᠷᠢᠯᠡᠭᠴᠢ ᠪᠠ ᠬᠤᠳᠠᠯᠳᠤᠭᠴᠢ ᠶᠢᠨ ᠬᠠᠷᠢᠭᠤᠴᠠᠯᠭ᠎ᠠ ᠬᠦᠨᠡᠰᠦ ᠶᠢᠨ ᠠᠶᠤᠯᠭᠦᠢ ᠪᠠᠶᠢᠳᠠᠯ ᠤᠨ ᠬᠠᠤᠯᠢ ᠶᠢᠨ ᠦᠨᠳᠦᠰᠦ ᠶᠢ

[illegible] 62 [illegible]

3. [illegible]

2. [illegible]

[illegible] 62 [illegible]

ᠬᠢᠨᠠᠨ ᠪᠠᠶᠢᠴᠠᠭᠠᠬᠤ ᠵᠠᠬᠢᠷᠭᠠᠨ ᠤ ᠬᠡᠮᠵᠢᠭ᠎ᠡ ᠰᠢᠯᠭᠠᠨ ᠪᠠᠶᠢᠴᠠᠭᠠᠬᠤ ᠳᠤ ᠬᠣᠯᠪᠣᠭᠳᠠᠬᠤ ᠮᠡᠳᠡᠭᠡ ᠬᠡᠷᠡᠭᠯᠡᠭᠴᠢ ᠶᠢᠨ ᠪᠣᠯ ᠶᠢᠨ ᠵᠦᠢᠯ ᠢ ᠬᠤᠷᠢᠶᠠᠨ ᠪᠠᠶᠢᠴᠠᠭᠠᠬᠤ ᠬᠢᠨᠠᠬᠤ ᠪᠦᠷᠢᠳᠭᠡᠯ ᠦᠨ ᠳᠡᠭᠡᠷᠡᠬᠢ ᠵᠢᠭᠠᠭᠰᠠᠨ ᠠᠵᠢᠯ ᠢ ᠬᠡᠷᠡᠭᠵᠢᠭᠦᠯᠬᠦ ᠪᠠᠶᠢᠳᠠᠯ ᠪᠡᠷ · ᠬᠢᠨᠠᠨ ᠪᠠᠶᠢᠴᠠᠭᠠᠬᠤ ᠮᠡᠳᠡᠭᠡ ᠳᠤ ᠬᠠᠷᠢᠭᠤᠴᠠᠬᠤ · ᠭᠠᠷᠭᠠᠨ ᠮᠡᠳᠡᠭᠡᠯᠡᠬᠦ ᠠᠵᠢᠯ ᠢ ᠪᠠᠷᠢᠮᠳᠠᠯᠠᠨ · ᠬᠢᠨᠠᠨ ᠪᠠᠶᠢᠴᠠᠭᠠᠬᠤ ᠠᠵᠢᠯᠯᠠᠭᠠᠨ ᠤ ᠪᠠᠶᠢᠳᠠᠯ ᠢ ᠲᠣᠭᠲᠠᠭᠠᠬᠤ ᠪᠡᠷ ᠬᠤᠷᠢᠶᠠᠨ ᠬᠢᠨᠠᠬᠤ ᠪᠢᠴᠢᠭ ᠪᠠᠷᠢᠮᠲᠠ ᠶᠢ ᠪᠦᠷᠢᠳᠬᠡᠨ · ᠡᠳᠡᠭᠡᠨ ᠦ ᠠᠶᠤᠯᠭᠦᠢ ᠶᠢᠨ ᠠᠵᠢᠯ ᠢ ᠬᠡᠷᠡᠭᠵᠢᠭᠦᠯᠬᠦ ᠳᠤ ᠬᠣᠯᠪᠣᠭᠳᠠᠬᠤ ᠠᠵᠢᠯ ᠢ ᠰᠢᠭᠤᠳ ᠬᠠᠷᠢᠭᠤᠴᠠᠨ · ᠳᠤᠭᠠᠷᠯᠠᠬᠤ ᠠᠵᠢᠯ ᠢ ᠬᠡᠷᠡᠭᠵᠢᠭᠦᠯᠦᠨ ᠬᠢᠨᠠᠬᠤ ᠵᠢ ᠬᠠᠷᠢᠭᠤᠴᠠᠨ᠎ᠠ ::

ᠭᠤᠷᠪᠠ · ᠬᠡᠷᠡᠭ ᠶᠠᠪᠤᠳᠠᠯ ᠤᠨ ᠬᠠᠷᠢᠭᠤᠴᠠᠯᠭ᠎ᠠ ᠶᠢᠨ ᠲᠣᠭᠲᠠᠭᠠᠯ ᠢ ᠳᠤᠭᠠᠷᠯᠠᠬᠤ

ᠬᠡᠷᠡᠭ ᠶᠠᠪᠤᠳᠠᠯ ᠤᠨ ᠬᠠᠷᠢᠭᠤᠴᠠᠯᠭ᠎ᠠ 1 ᠰᠠᠷ᠎ᠠ ᠶᠢᠨ ᠳᠣᠲᠣᠷ᠎ᠠ ᠪᠠᠶᠢᠴᠠᠭᠠᠨ ᠲᠣᠭᠲᠠᠭᠠᠬᠤ ᠶᠢᠨ ᠦᠮᠦᠨ᠎ᠡ ᠠᠵᠢᠯᠯᠠᠬᠤ ᠡᠳᠦᠷ ᠦᠨ ᠳᠣᠲᠣᠷ᠎ᠠ ᠪᠠᠶᠢᠴᠠᠭᠠᠨ ᠲᠣᠭᠲᠠᠭᠠᠭᠰᠠᠨ ᠮᠡᠳᠡᠭᠡ ᠶᠢ ᠬᠦᠷᠭᠡᠨ ᠡᠷᠬᠢᠯᠡᠬᠦ ᠶᠢᠨ ᠵᠢᠷᠤᠮ ᠢ ᠪᠠᠷᠢᠮᠳᠠᠯᠠᠬᠤ ᠪᠠ ᠶᠠᠮᠠᠷ ᠪᠡᠷ ᠴᠢᠬᠤᠯᠠ ᠶᠢᠨ ᠬᠢᠨᠠᠯᠲᠠ ᠶᠢ ᠬᠡᠷᠡᠭᠵᠢᠭᠦᠯᠬᠦ ᠶᠢᠨ ᠲᠤᠯᠠ ᠰᠢᠭᠤᠳ ᠮᠡᠳᠡᠭᠳᠡᠨ᠎ᠡ · ᠪᠠᠶᠢᠴᠠᠭᠠᠨ ᠲᠣᠭᠲᠠᠭᠠᠭᠰᠠᠨ ᠤ ᠳᠠᠷᠠᠭ᠎ᠠ ᠠᠵᠢᠯᠯᠠᠬᠤ ᠡᠳᠦᠷ ᠦᠨ ᠳᠣᠲᠣᠷ᠎ᠠ 5 ᠠᠵᠢᠯᠯᠠᠬᠤ ᠡᠳᠦᠷ ᠦᠨ ᠳᠣᠲᠣᠷ᠎ᠠ · ᠰᠢᠭᠤᠳ ᠬᠤᠷᠢᠶᠠᠨ ᠬᠢᠨᠠᠬᠤ ᠶᠢᠨ ᠲᠤᠯᠠ ᠪᠣᠯᠤᠨ 20 ᠠᠵᠢᠯᠯᠠᠬᠤ ᠡᠳᠦᠷ ᠦᠨ ᠳᠣᠲᠣᠷ᠎ᠠ ᠬᠠᠷᠢᠭᠤ ᠦᠭᠬᠦ ᠶᠣᠰᠣᠲᠠᠢ :: ᠡᠳᠡᠭᠡᠨ ᠦ ᠠᠶᠤᠯᠭᠦᠢ ᠶᠢᠨ ᠬᠢᠨᠠᠨ ᠪᠠᠶᠢᠴᠠᠭᠠᠬᠤ ᠬᠠᠮᠢᠶᠠᠷᠤᠯᠲᠠ ᠶᠢᠨ ᠠᠵᠢᠯ ᠤᠨ ᠪᠠᠶᠢᠳᠠᠯ ᠢ ᠳᠡᠭᠡᠭᠰᠢ ᠮᠡᠳᠡᠭᠦᠯᠬᠦ ᠪᠠ ᠡᠳᠡᠭᠡᠨ ᠦ ᠠᠶᠤᠯᠭᠦᠢ ᠶᠢᠨ ᠬᠢᠨᠠᠨ ᠪᠠᠶᠢᠴᠠᠭᠠᠬᠤ ᠬᠠᠮᠢᠶᠠᠷᠤᠯᠲᠠ ᠶᠢᠨ 《ᠬᠤᠤᠯᠢ ᠳᠦᠷᠢᠮ ᠦᠨ ᠪᠢᠴᠢᠭ ᠪᠠᠷᠢᠮᠲᠠ》 ᠶᠢ ᠬᠡᠷᠡᠭᠵᠢᠭᠦᠯᠬᠦ ᠶᠢᠨ ᠲᠤᠯᠠ ᠡᠳᠡᠭᠡᠨ ᠦ ᠠᠶᠤᠯᠭᠦᠢ ᠶᠢᠨ ᠬᠢᠨᠠᠨ ᠪᠠᠶᠢᠴᠠᠭᠠᠬᠤ ᠶᠠᠭᠠᠮᠤ ᠪᠠ ᠲᠡᠭᠦᠨ ᠦ ᠠᠵᠢᠯᠲᠠᠨ ᠤ ᠦᠢᠯᠡ ᠠᠵᠢᠯᠯᠠᠭ᠎ᠠ ᠶᠢ ᠡᠷᠬᠡ ᠵᠦᠢ ᠶᠢᠨ ᠳᠠᠭᠠᠤ ᠬᠢᠨᠠᠨ ᠪᠠᠶᠢᠴᠠᠭᠠᠵᠤ · ᠡᠳᠡᠭᠡᠨ ᠦ ᠠᠶᠤᠯᠭᠦᠢ ᠶᠢᠨ ᠬᠤᠤᠯᠢ ᠶᠢ ᠬᠡᠷᠡᠭᠵᠢᠭᠦᠯᠬᠦ ᠶᠢ ᠪᠠᠲᠤᠯᠠᠨ ᠭᠠᠷᠭᠠᠬᠤ ᠶᠣᠰᠣᠲᠠᠢ ::

ᠭᠡᠮᠲᠡᠭᠡᠭᠰᠡᠨ᠂ ᠬᠣᠬᠢᠷᠠᠭᠤᠯᠤᠭᠰᠠᠨ ᠲᠤᠯᠠ᠂ ᠨᠡᠮᠡᠯᠲᠡ ᠪᠣᠯᠤᠭ᠎ᠠ ᠬᠡᠷᠡᠭ ::
ᠪᠣᠯᠤᠨ ᠬᠠᠮᠠᠭᠠᠯᠠᠯᠲᠠ ᠡᠷᠡᠭᠦᠯ ᠠᠬᠤᠢ ᠶᠢᠨ ᠪᠠᠷᠢᠮᠵᠢᠶ᠎ᠠ ᠳᠤ ᠨᠡᠢᠴᠡᠬᠦ ᠦᠭᠡᠢ ᠭᠣᠶᠣᠯ ᠤᠨ ᠪᠦᠲᠦᠭᠡᠭᠳᠡᠬᠦᠨ ᠢ ᠦᠢᠯᠡᠳᠪᠦᠷᠢᠯᠡᠬᠦ᠂ ᠬᠤᠳᠠᠯᠳᠤᠬᠤ ᠬᠡᠷᠡᠭ ᠦᠨ ᠳᠤᠭᠤᠢ (
ᠶᠠᠯ ᠤᠨ ᠬᠠᠤᠯᠢ ᠶᠢᠨ 148 ᠳᠤᠭᠠᠷ ᠵᠦᠢᠯ) :: ᠡᠷᠡᠭᠦᠯ ᠠᠬᠤᠢ ᠶᠢᠨ ᠪᠠᠷᠢᠮᠵᠢᠶ᠎ᠠ ᠳᠤ ᠨᠡᠢᠴᠡᠬᠦ ᠦᠭᠡᠢ ᠭᠣᠶᠣᠯ ᠤᠨ ᠪᠦᠲᠦᠭᠡᠭᠳᠡᠬᠦᠨ ᠢ
ᠦᠢᠯᠡᠳᠪᠦᠷᠢᠯᠡᠭᠰᠡᠨ ᠪᠤᠶᠤ ᠡᠷᠡᠭᠦᠯ ᠠᠬᠤᠢ ᠶᠢᠨ ᠪᠠᠷᠢᠮᠵᠢᠶ᠎ᠠ ᠳᠤ ᠨᠡᠢᠴᠡᠬᠦ ᠦᠭᠡᠢ ᠭᠣᠶᠣᠯ ᠤᠨ ᠪᠦᠲᠦᠭᠡᠭᠳᠡᠬᠦᠨ ᠢ ᠮᠡᠳᠡᠭᠰᠡᠭᠡᠷ ᠪᠠᠢᠵᠤ ᠬᠤᠳᠠᠯᠳᠤᠭᠰᠠᠨ
ᠨᠢ᠂ ᠳᠣᠣᠷᠠᠬᠢ ᠨᠥᠬᠦᠴᠡᠯ ᠦᠨ ᠨᠢᠭᠡ ᠨᠢ ᠪᠠᠢᠪᠠᠯ ᠬᠡᠷᠡᠭ ᠪᠦᠷᠢᠳᠬᠡᠨ ᠮᠥᠷᠳᠡᠨ ᠮᠡᠳᠡᠭᠦᠯᠦᠨ᠎ᠡ:
ᠬᠦᠮᠦᠨ ᠦ ᠴᠢᠷᠠᠢ ᠵᠢᠰᠦ ᠶᠢ ᠭᠡᠮᠲᠡᠭᠡᠭᠰᠡᠨ ᠪᠤᠶᠤ ᠠᠷᠢᠰᠤ ᠶᠢ ᠬᠦᠨᠳᠦ ᠭᠡᠮᠲᠡᠭᠡᠭᠰᠡᠨ᠂ ᠬᠦᠮᠦᠨ ᠦ ᠡᠷᠬᠢᠲᠡᠨ ᠦ ᠡᠳ ᠢ ᠭᠡᠮᠲᠡᠭᠡᠵᠦ
ᠴᠢᠳᠠᠮᠵᠢ ᠶᠢᠨ ᠬᠦᠨᠳᠦ ᠰᠠᠭᠠᠳ ᠤᠯᠠᠭᠤᠯᠤᠭᠰᠠᠨ᠂ ᠬᠦᠮᠦᠨ ᠦ ᠰᠡᠳᠬᠢᠯ ᠰᠡᠲᠭᠢᠯ ᠢ ᠰᠠᠭᠤᠷᠢᠭᠤᠯᠬᠤ ᠪᠤᠶᠤ ᠥᠪᠡᠷ ᠢᠶᠡᠨ ᠬᠥᠨᠦᠭᠡᠭᠰᠡᠨ᠂
ᠥᠪᠡᠷ ᠢᠶᠡᠨ ᠭᠡᠮᠲᠡᠭᠡᠭᠰᠡᠨ ᠵᠢᠨ ᠬᠦᠨᠳᠦ ᠭᠡᠮᠲᠡᠭᠡᠯ᠂ ᠦᠬᠦᠯ ᠳᠤ ᠬᠦᠷᠭᠡᠭᠰᠡᠨ ᠪᠤᠶᠤ ᠪᠤᠰᠤᠳ ᠬᠦᠨᠳᠦ ᠦᠷ᠎ᠡ ᠳᠠᠭᠠᠪᠠᠷᠢ ᠶᠢ
ᠡᠳᠡᠭᠡᠳᠦᠭᠰᠡᠨ ᠪᠠᠢᠳᠠᠯ ᠪᠠᠢᠪᠠᠯ :: ᠬᠦᠮᠦᠨ ᠦ ᠴᠢᠷᠠᠢ ᠵᠢᠰᠦ ᠶᠢ ᠭᠡᠮᠲᠡᠭᠡᠭᠰᠡᠨ ᠪᠤᠶᠤ ᠠᠷᠢᠰᠤ ᠶᠢ ᠬᠦᠨᠳᠦ ᠭᠡᠮᠲᠡᠭᠡᠭᠰᠡᠨ
ᠬᠣᠣᠷᠯᠠᠭᠰᠠᠨ ᠬᠦᠮᠦᠨ ᠤ ᠡᠷᠬᠢᠲᠡᠨ ᠦ ᠡᠳ ᠢ ᠭᠡᠮᠲᠡᠭᠡᠵᠦ ᠴᠢᠳᠠᠮᠵᠢ ᠶᠢᠨ ᠬᠦᠨᠳᠦ ᠰᠠᠭᠠᠳ ᠤᠯᠠᠭᠤᠯᠤᠭᠰᠠᠨ ᠡᠰᠡᠬᠦ ᠶᠢ
ᠲᠣᠳᠤᠷᠬᠠᠢᠯᠠᠬᠤ ᠳᠤ ᠶᠠᠯ ᠤᠨ ᠬᠠᠤᠯᠢ ᠶᠢᠨ 44 ᠳᠦᠭᠡᠷ ᠵᠦᠢᠯ ᠳᠦ ᠵᠢᠭᠠᠭᠰᠠᠨ ᠶᠣᠰᠣᠭᠠᠷ᠂ ᠬᠦᠮᠦᠨ ᠦ ᠴᠢᠷᠠᠢ ᠵᠢᠰᠦ ᠶᠢ
ᠬᠦᠨᠳᠦ ᠭᠡᠮᠲᠡᠭᠡᠭᠰᠡᠨ ᠪᠤᠶᠤ ᠠᠷᠢᠰᠤ ᠶᠢ ᠬᠦᠨᠳᠦ ᠭᠡᠮᠲᠡᠭᠡᠭᠰᠡᠨ ᠪᠠᠢᠳᠠᠯ ᠪᠠᠢᠪᠠᠯ :: ᠬᠦᠮᠦᠨ ᠦ ᠡᠷᠬᠢᠲᠡᠨ
ᠦ ᠡᠳ ᠢ ᠭᠡᠮᠲᠡᠭᠡᠵᠦ ᠴᠢᠳᠠᠮᠵᠢ ᠶᠢᠨ ᠬᠦᠨᠳᠦ ᠰᠠᠭᠠᠳ ᠤᠯᠠᠭᠤᠯᠤᠭᠰᠠᠨ ᠡᠰᠡᠬᠦ ᠶᠢ ᠬᠦᠮᠦᠨ ᠦ ᠡᠷᠬᠢᠲᠡᠨ ᠦ
ᠡᠳ ᠢ ᠭᠡᠮᠲᠡᠭᠡᠭᠰᠡᠨ ᠵᠡᠷᠭᠡ ᠲᠣᠭᠲᠠᠭᠠᠬᠤ 2 ᠳᠤᠭᠠᠷ ᠬᠡᠰᠡᠭ ᠦᠨ ᠶᠣᠰᠣᠭᠠᠷ ᠲᠣᠳᠤᠷᠬᠠᠢᠯᠠᠨ᠎ᠠ ::
ᠬᠠᠮᠠᠭᠠᠯᠠᠬᠤ ᠪᠣᠯᠪᠠᠰᠤ ᠬᠢᠷᠢ ::
ᠬᠦᠮᠦᠨ ᠦ ᠡᠷᠬᠢᠲᠡᠨ ᠦ ᠡᠳ ᠢ ᠭᠡᠮᠲᠡᠭᠡᠭᠰᠡᠨ ᠪᠤᠶᠤ ᠬᠦᠮᠦᠨ ᠦ ᠰᠡᠳᠬᠢᠯ ᠰᠡᠲᠭᠢᠯ ᠢ ᠰᠠᠭᠤᠷᠢᠭᠤᠯᠬᠤ ᠳᠤ ᠬᠦᠷᠭᠡᠭᠰᠡᠨ
ᠭᠣᠶᠣᠯ ᠤᠨ ᠪᠦᠲᠦᠭᠡᠭᠳᠡᠬᠦᠨ ᠢ ᠦᠢᠯᠡᠳᠪᠦᠷᠢᠯᠡᠬᠦ᠂ ᠬᠤᠳᠠᠯᠳᠤᠬᠤ ᠪᠣᠯᠪᠠᠰᠤ ᠶᠠᠯ ᠤᠨ ᠬᠡᠷᠡᠭ ᠦᠨ ᠳᠤᠭᠤᠢ

责分工责令改正，给予警告；拒不改正的，责令停产停业，并处一万元以上五万元以下罚

求进行食品贮存、运输和装卸的，由县级以上人民政府食品药品监督管理等部门按照各自职

第一百三十二条【食品贮存、运输和装卸违法行为的法律责任】 违反本法规定，未按要

款；情节严重的，吊销许可证。

●条文解读

本条规定『未按要求进行食品贮存、运输和装卸』的违法行为主要针对的是：（1）新法第33条第1款第6项规定，贮存、运输和装卸食品的容器、工具和设备应当安全、无害，保持清洁，防止食品污染，并符合保证食品安全所需的温度、湿度等特殊要求，不得将食品与有毒、有害物品一同贮存、运输。第2款规定，非食品生产经营者从事食品贮存、运输和装卸的，也应当符合前述规定。（2）新法第54条规定，食品经营者应当按照保证食品安全的要求贮存食品，定期检查库存食品，及时清理变质或者超过保质期的食品。食品经营者贮存散装食品，应当在贮存位置标明食品的名称、生产日期或者生产批号、保质期、生产者名称及联系方式等内容。如果食品生产经营者或者专门从事仓储物流等的经营者进行食品贮存、运输和装卸，未遵守新法第33条、第54条前述规定，就属于本条规定的违法行为。

有本条规定的违法行为的，承担的法律责任是：由县级以上人民政府食品药品监督管理等部门按照各自职责分工责令改正，给予警告；拒不改正的，责令停产停业，并处1万元以上5万元以下罚款；情节严重的，吊销许可证。

本条规定的『食品药品监督管理等部门』主要是指食品药品监督管理、交通运输等部门。如食品经营者未遵守新法第54条规定贮存食品，应当由食品药品监督管理部门责令改

ᠲᠥᠯᠥᠪᠯᠡᠭᠦᠯᠬᠦ ᠶᠢ ᠵᠠᠰᠠᠬᠤ ᠪᠣᠯᠤᠨ᠂ ᠰᠡᠷᠡᠮᠵᠢ ᠥᠭᠬᠦ᠂ ᠵᠠᠰᠠᠬᠤ ᠦᠭᠡᠢ ᠪᠣᠯ ᠠᠵᠢᠯ ᠢ ᠵᠣᠭᠰᠣᠭᠠᠭᠠᠬᠤ᠂ ᠵᠢᠭᠰᠠᠭᠠᠯ ᠤᠨ ᠲᠤᠰᠠ ᠪᠤᠶᠤ ᠲᠡᠭᠦᠪᠦᠷᠢ ᠶᠢᠨ ᠠᠵᠢᠯ ᠢ ᠪᠠᠶᠢᠴᠠᠭᠠᠬᠤ ᠪᠢᠴᠢᠭ ᠦᠨ᠂ ᠵᠢᠭᠰᠠᠭᠠᠯ ᠤᠨ ᠲᠡᠭᠦᠪᠦᠷᠢᠯᠡᠯᠲᠡ ᠶᠢᠨ ᠪᠠᠶᠢᠴᠠᠭᠠᠯᠲᠠ ᠶᠢ ᠲᠣᠭᠲᠠᠭᠠᠬᠤ ᠶᠢᠨ ᠬᠠᠮᠲᠤ᠂ ᠪᠠᠶᠢᠴᠠᠭᠠᠨ ᠲᠣᠭᠲᠠᠭᠠᠯ ᠤᠨ ᠢᠳᠡᠭᠡᠨ ᠪᠠᠷ ᠬᠡᠯᠡᠪᠡᠯ ᠶᠢ : (1) ᠰᠢᠨ᠎ᠡ ᠬᠠᠤᠯᠢ ᠶᠢᠨ 33 ᠳᠤᠭᠠᠷ ᠵᠦᠢᠯ ᠦᠨ 1 ᠳᠦᠭᠡᠷ ᠬᠡᠰᠡᠭ ᠦᠨ 6 ᠳᠤᠭᠠᠷ ᠵᠦᠢᠯ ᠦᠨ ᠲᠣᠭᠲᠠᠭᠠᠯ《ᠵᠢᠭᠰᠠᠭᠠᠯ ᠤᠨ ᠲᠡᠭᠦᠪᠦᠷᠢ ᠶᠢᠨ ᠠᠵᠢᠯᠯᠠᠭ᠎ᠠ᠂ ᠲᠡᠭᠦᠪᠦᠷᠢᠯᠡᠯᠲᠡ ᠶᠢᠨ ᠪᠠᠶᠢᠴᠠᠭᠠᠯᠲᠠ ᠪᠢᠴᠢᠭ》 ᠦᠨ

[ᠲᠠᠶᠢᠯᠪᠤᠷᠢ]

ᠲᠣᠭᠲᠠᠭᠠᠪᠠ᠃ ᠡᠨᠡ ᠪᠣᠯ ᠵᠦᠢᠯ ᠢ ᠬᠡᠷᠡᠭᠵᠢᠭᠦᠯᠬᠦ ᠶᠢᠨ ᠲᠣᠭᠲᠠᠭᠠᠯ ᠤᠨ ᠲᠡᠭᠦᠪᠦᠷᠢᠯᠡᠯ ᠢ ᠵᠢᠭᠠᠨ ᠪᠢᠴᠢᠭᠰᠡᠨ ᠪᠣᠯᠤᠨ᠎ᠠ᠃

ᠲᠡᠭᠦᠪᠦᠷᠢ ᠶᠢᠨ ᠡᠷᠬᠡ ᠶᠢ ᠴᠤᠯᠠᠯᠠᠬᠤ᠂ ᠵᠢᠭᠰᠠᠭᠠᠯ ᠤᠨ ᠵᠠᠮ ᠤᠨ ᠲᠡᠭᠦᠪᠦᠷᠢ ᠶᠢᠨ ᠵᠠᠬᠢᠷᠭ᠎ᠠ ᠶᠢᠨ ᠪᠠᠶᠢᠭᠤᠯᠤᠯᠭ᠎ᠠ ᠪᠤᠶᠤ ᠰᠢᠨ᠎ᠡ ᠬᠠᠤᠯᠢ ᠶᠢᠨ 33 ᠳᠤᠭᠠᠷ ᠵᠦᠢᠯ ᠦᠨ ᠲᠣᠭᠲᠠᠭᠠᠯ ᠢ ᠳᠠᠭᠠᠵᠤ ᠪᠠᠶᠢᠬᠤ ᠦᠭᠡᠢ᠂ ᠨᠥᠬᠦᠴᠡᠯ ᠨᠢ ᠬᠦᠨᠳᠦ ᠪᠣᠯ ᠵᠢᠭᠰᠠᠭᠠᠯ ᠤᠨ ᠵᠠᠮ ᠤᠨ ᠲᠡᠭᠦᠪᠦᠷᠢ ᠶᠢᠨ ᠵᠠᠬᠢᠷᠤᠨ ᠵᠣᠬᠢᠶᠠᠨ ᠪᠠᠶᠢᠭᠤᠯᠬᠤ ᠪᠠᠶᠢᠭᠤᠯᠤᠯᠭ᠎ᠠ ᠨᠢ ᠲᠡᠭᠦᠨ ᠦ ᠵᠢᠭᠰᠠᠭᠠᠯ ᠤᠨ ᠲᠡᠭᠦᠪᠦᠷᠢᠯᠡᠯᠲᠡ ᠶᠢᠨ ᠪᠠᠶᠢᠴᠠᠭᠠᠯᠲᠠ ᠶᠢᠨ ᠲᠡᠭᠦᠪᠦᠷᠢ ᠶᠢᠨ ᠠᠵᠢᠯᠯᠠᠭ᠎ᠠ ᠪᠤᠶᠤ ᠵᠢᠭᠰᠠᠭᠠᠯ ᠤᠨ ᠲᠡᠭᠦᠪᠦᠷᠢ ᠶᠢᠨ ᠠᠵᠢᠯᠯᠠᠭ᠎ᠠ【ᠡᠨᠡ ᠵᠦᠢᠯ ᠦᠨ ᠲᠣᠭᠲᠠᠭᠠᠯ ᠢ ᠪᠠᠶᠢᠴᠠᠭᠠᠬᠤ᠂ ᠵᠢᠭᠰᠠᠭᠠᠯ ᠤᠨ ᠲᠡᠭᠦᠪᠦᠷᠢ ᠶᠢᠨ ᠪᠠᠶᠢᠴᠠᠭᠠᠯᠲᠠ᠂ ᠵᠢᠭᠰᠠᠭᠠᠯ ᠤᠨ ᠲᠡᠭᠦᠪᠦᠷᠢᠯᠡᠯᠲᠡ ᠶᠢᠨ ᠪᠠᠶᠢᠴᠠᠭᠠᠯᠲᠠ ᠶᠢᠨ ᠬᠠᠮᠲᠤ ᠲᠡᠭᠦᠪᠦᠷᠢ ᠶᠢᠨ ᠵᠦᠢᠯ】ᠢ ᠪᠠᠶᠢᠴᠠᠭᠠᠬᠤ ᠡᠷᠬᠡ ᠲᠡᠭᠦᠪᠦᠷᠢ ᠶᠢᠨ ᠪᠠᠶᠢᠭᠤᠯᠤᠯᠭ᠎ᠠ ᠵᠦᠢᠯ

正，给予警告；拒不改正的，责令停业，并处1万元以上5万元以下罚款；情节严重的，吊销许可证。本条规走的『吊销许可证』中的许可证包括食品生产经营许可证、道路运输经营许可证等相关许可证。吊销许可证的执法主体按照职责分工应当是准予许可的部门。如物流企业未遵守新法第33条规定从事食品运输，情节严重的，由道路运输管理机构吊销其道路运输经营许可证。

ᠡᠨᠡ ᠵᠦᠢᠯ ᠳᠦ ᠳᠤᠷᠠᠳᠬᠠᠭᠰᠠᠨ《[illegible]》[illegible] ::

[illegible] 5 [illegible] :: [illegible] · 1 [illegible] :: [illegible]

[illegible] : [illegible] ::

[illegible] 33 ᠳᠤᠭᠠᠷ ᠵᠦᠢᠯ · 54 ᠳᠤᠭᠠᠷ [illegible] :: [illegible] · [illegible] · [illegible] :: (2) [illegible] 54 ᠳᠤᠭᠠᠷ ᠵᠦᠢᠯ [illegible] :: 2 [illegible] · [illegible]

违反本法规定，对举报人以解除、变更劳动合同或者其他方式打击报复的，应当依照有关

予治安管理处罚。

五万元以下罚款；情节严重的，吊销许可证；构成违反治安管理行为的，由公安机关依法给

风险监测和风险评估的，由有关主管部门按照各自职责分工责令停产停业，并处二千元以上

绝、阻挠、干涉有关部门、机构及其工作人员依法开展食品安全监督检查、事故调查处理、

第一百三十三条【拒绝、阻挠、干涉开展食品安全工作等的法律责任】违反本法规定，拒

[illegible]

法律的规定承担责任。

●条文解读

一、本条规定的违法行为

1. 拒绝、阻挠、干涉有关部门、机构及其工作人员依法开展食品安全监督检查、事故调查处理、风险监测和风险评估。本类违法行为主要针对的是：(1) 新法第15条第2款规定，食品安全风险监测工作人员有权进入相关食用农产品种植养殖、食品生产经营场所采集样品、收集相关数据。(2) 新法第108条规定，食品安全事故调查部门有权向有关单位和个人了解与事故有关的情况，并要求提供相关资料和样品。有关单位和个人应当予以配合，按照要求提供相关资料和样品，不得拒绝。任何单位和个人不得阻挠、干涉食品安全事故的调查处理。(3) 新法关于食品安全监督检查、事故调查处理、风险监测和风险评估的其他规定。如果未遵守新法第15条、第108条等前述规定，拒绝、阻挠、干涉有关部门、机构及其工作人员依法开展食品安全监督检查、事故调查处理、风险监测和风险评估，就属于本类违法行为。

2. 对举报人以解除、变更劳动合同或者其他方式打击报复。本类违法行为主要针对的是：新法第115条第2款规定，举报人举报所在企业的，该企业不得以解除、变更劳动合同或者其他方式对举报人进行打击报复。如果举报人所在企业未遵守新法第115条前述规定，就属于本类违法行为。

二、本条规定的法律责任

有本条规定的第1类违法行为的，由有关主管部门按照各自职责分工责令停产停业，并处2000元以上5万元以下罚款；情节严重的，吊销许可证；构成违反治安管理行为的，由公安机关依法给予治安管理处罚。

有本条规定的第2类违法行为的，依照有关法律的规定承担责任。

本条规定的『有关主管部门』主要是指食品药品监督管理、质量监督等部门。如食品生产经营企业未遵守新法第108条规定，阻挠食品安全事故的调查处理，应当由食品药品监督管理部门责令停产停业，并处2000元以上5万元以下罚款；情节严重的，吊销许可证。

本条规定的『构成违反治安管理行为』的主体包括个人和单位。治安管理处罚法第18条规定，单位违反治安管理的，对其直接负责的主管人员和其他直接责任人员依照治安管理处罚法的规定处罚。其他法律、行政法规对同一行为规定给予单位处罚的，依照其规定处罚。第50条规定，阻碍国家机关工作人员依法执行职务，情节严重的，处5日以上10日以下拘留。如果个人或者单位未遵守新法规定，阻挠食品安全监督管理部门工作人员依法执行食品安全监督检查工作，情节严重的，由公安机关依照治安管理处罚法前述规定给予拘留的处罚。

本条规定的『依照有关法律的规定承担责任』主要是指依照劳动合同法、治安管理处罚法等法律的规定承担责任。根据劳动合同法第 42 条、第 87 条规定，用人单位违反法律规定解除劳动合同的，应当依照劳动合同法第 47 条规定的经济补偿标准的 2 倍向劳动者支付赔偿金。劳动合同法第 47 条第 1、2 款规定，经济补偿按劳动者在本单位工作的年限，每满 1 年支付 1 个月工资的标准向劳动者支付。6 个月以上不满 1 年的，按 1 年计算；不满 6 个月的，向劳动者支付半个月工资的经济补偿。劳动者月工资高于用人单位所在直辖市、设区的市级人民政府公布的本地区上年度职工月平均工资 3 倍的，向其支付经济补偿的标准按职工月平均工资 3 倍的数额支付，向其支付经济补偿的年限最高不超过 12 年。如果举报人所在企业未遵守新法第 115 条规定，对举报人以解除劳动合同的方式进行打击报复，应当依照劳动合同法前述规定系担责任。

[illegible] ::

[illegible]

[illegible] :: (2) [illegible] 108 [illegible]

[illegible]

[illegible]

[illegible] : (1) [illegible] 15 [illegible] 2 [illegible]

[illegible] ::

1. [illegible]

[illegible]

[[illegible]]

[illegible] ::

[illegible]

[illegible] ::

[illegible] :: [illegible]

ᠪᠠᠷᠢᠮᠲᠠ ᠶᠢᠨ 5 ᠵᠦᠢᠯ ᠪᠠᠷᠢᠮᠲᠠ ᠶᠢᠨ ᠬᠦᠴᠦᠨ ᠴᠢᠳᠠᠯ ᠢ ᠬᠠᠩᠭᠠᠨ᠎ᠠ᠃ ᠲᠡᠭᠦᠨ ᠴᠢᠯᠦᠭᠡ ᠪᠡᠷ ᠬᠠᠮᠢᠶᠠᠷᠤᠯᠲᠠ ᠶᠢᠨ ᠬᠦᠷᠢᠶ᠎ᠡ ᠳᠦ ᠬᠠᠮᠢᠶᠠᠷᠤᠯᠬᠤ ᠶᠢᠨ ᠵᠢᠷᠤᠮ ᠳᠦᠷᠢᠮ ᠢ ᠲᠣᠭᠲᠠᠭᠠᠵᠤ᠂ 2000
ᠣᠨ ᠤ ᠬᠠᠤᠯᠢ ᠲᠣᠭᠲᠠᠭᠠᠬᠤ ᠬᠠᠤᠯᠢ ᠶᠢᠨ 1 ᠳᠦᠭᠡᠷ ᠵᠦᠢᠯ ᠳᠦ ᠵᠠᠰᠠᠨ ᠵᠠᠰᠠᠭᠠᠯᠲᠠ ᠬᠢᠬᠦ ᠶᠢᠨ ᠠᠷᠭ᠎ᠠ ᠪᠠᠷ ᠲᠣᠭᠲᠠᠭᠠᠭᠰᠠᠨ ᠪᠠᠢᠨ᠎ᠠ᠂ ᠬᠠᠤᠯᠢ ᠲᠣᠭᠲᠠᠭᠠᠬᠤ ᠬᠠᠤᠯᠢ ᠶᠢᠨ ᠵᠠᠰᠠᠨ ᠵᠠᠰᠠᠭᠠᠯᠲᠠ ᠶᠢᠨ ᠬᠠᠮᠢᠶᠠᠷᠤᠯᠲᠠ᠃

2. ᠬᠠᠮᠢᠶᠠᠷᠤᠯᠲᠠ ᠶᠢᠨ ᠬᠦᠷᠢᠶ᠎ᠡ ᠳᠦ 115 ᠳᠦᠭᠡᠷ ᠵᠦᠢᠯ ᠳᠦ ᠲᠣᠭᠲᠠᠭᠠᠭᠰᠠᠨ ᠵᠢᠷᠤᠮ ᠳᠦᠷᠢᠮ ᠤᠨ ᠳᠠᠭᠠᠤ 2 ᠳᠦᠭᠡᠷ ᠵᠦᠢᠯ᠂ 108 ᠳᠦᠭᠡᠷ ᠵᠦᠢᠯ ᠳᠦ ᠵᠠᠰᠠᠨ ᠵᠠᠰᠠᠭᠠᠯᠲᠠ ᠬᠢᠬᠦ ᠶᠢᠨ ᠠᠷᠭ᠎ᠠ ᠪᠠᠷ ᠲᠣᠭᠲᠠᠭᠠᠭᠰᠠᠨ ᠪᠠᠢᠨ᠎ᠠ᠃ 115 ᠳᠦᠭᠡᠷ ᠵᠦᠢᠯ ᠳᠦ ᠲᠣᠭᠲᠠᠭᠠᠭᠰᠠᠨ ᠵᠢᠷᠤᠮ ᠳᠦᠷᠢᠮ ᠢ ᠪᠠᠲᠤᠯᠠᠬᠤ᠂ ᠬᠦᠴᠦᠨ ᠭᠦᠢ ᠪᠣᠯᠭᠠᠬᠤ ᠶᠢᠨ ᠠᠷᠭ᠎ᠠ ᠪᠠᠷ ᠵᠠᠰᠠᠨ ᠵᠠᠰᠠᠭᠠᠯᠲᠠ ᠬᠢᠨ᠎ᠡ᠃ 15 ᠳᠦᠭᠡᠷ ᠵᠦᠢᠯ᠃ (3) ᠬᠠᠮᠢᠶᠠᠷᠤᠯᠲᠠ ᠶᠢᠨ ᠬᠦᠷᠢᠶ᠎ᠡ ᠳᠦ ᠵᠢᠷᠤᠮ ᠳᠦᠷᠢᠮ ᠢ ᠬᠤᠪᠢᠷᠠᠭᠤᠯᠬᠤ᠂ ᠬᠦᠴᠦᠨ ᠭᠦᠢ ᠪᠣᠯᠭᠠᠬᠤ ᠶᠢᠨ ᠠᠷᠭ᠎ᠠ ᠪᠠᠷ ᠵᠠᠰᠠᠨ ᠵᠠᠰᠠᠭᠠᠯᠲᠠ ᠬᠢᠬᠦ ᠡᠷᠬᠡ ᠲᠠᠢ᠃

ᠬᠣᠷᠢᠬᠤ ᠪᠠᠢᠳᠠᠯ ᠢ ᠲᠣᠭᠲᠠᠭᠠᠬᠤ ᠨᠢ 5 ᠵᠢᠯ ᠡᠴᠡ ᠳᠡᠭᠡᠭᠰᠢ 10 ᠵᠢᠯ ᠡᠴᠡ ᠳᠣᠣᠷᠠᠬᠢ ᠬᠤᠭᠤᠴᠠᠭ᠎ᠠ ᠪᠣᠯᠪᠠᠰᠤ :: ᠬᠡᠷᠪᠡ ᠬᠡᠷᠡᠭ ᠦᠢᠯᠡᠳᠦᠭᠰᠡᠨ ᠪᠣᠯ ᠬᠡᠷᠡᠭᠲᠡᠨ
ᠦ ᠬᠡᠷᠡᠭ ᠦᠢᠯᠡᠳᠦᠭᠰᠡᠨ ᠡᠳᠦᠷ ᠡᠴᠡ ᠡᠬᠢᠯᠡᠨ ᠪᠣᠳᠣᠬᠤ ᠬᠦᠴᠦᠨ ᠲᠡᠢ ᠬᠤᠭᠤᠴᠠᠭ᠎ᠠ ᠶᠢ ᠲᠣᠭᠠᠴᠠᠬᠤ ᠪᠠᠢᠳᠠᠯ ᠤᠨ ᠬᠡᠮᠵᠢᠶ᠎ᠡ ᠶᠢᠨ ᠬᠤᠤᠯᠢ ᠶᠢᠨ
ᠵᠠᠭᠠᠯᠲᠠ ᠶᠢᠨ ᠬᠡᠮᠵᠢᠶ᠎ᠡ ᠶᠢ ᠳᠠᠭᠠᠨ ᠬᠤᠤᠯᠢ ᠶᠢᠨ ᠵᠠᠭᠠᠯᠲᠠ ᠶᠢᠨ ᠬᠠᠷᠢᠭᠤᠴᠠᠯᠭ᠎ᠠ ᠶᠢ ᠬᠦᠯᠢᠶᠡᠬᠦ ᠶᠣᠰᠣᠲᠠᠢ · ᠬᠡᠷᠪᠡ ᠡᠨᠡ ᠬᠤᠭᠤᠴᠠᠭ᠎ᠠ ᠳᠤ
ᠪᠣᠳᠣᠭᠰᠠᠨ ᠬᠤᠭᠤᠴᠠᠭ᠎ᠠ ᠶᠢ ᠳᠠᠭᠠᠨ ᠬᠤᠤᠯᠢ ᠶᠢᠨ ᠵᠠᠭᠠᠯᠲᠠ ᠶᠢᠨ ᠬᠠᠷᠢᠭᠤᠴᠠᠯᠭ᠎ᠠ ᠶᠢ ᠬᠦᠯᠢᠶᠡᠬᠦ ᠪᠣᠯᠪᠠᠰᠤ ᠪᠡᠷ ᠬᠣᠷᠢᠬᠤ ᠪᠠᠢᠳᠠᠯ ᠤᠨ
ᠬᠠᠷᠢᠭᠤᠴᠠᠯᠭ᠎ᠠ ᠬᠦᠯᠢᠶᠡᠬᠦ ᠬᠡᠷᠡᠭᠲᠡᠢ ::

ᠮᠠᠨ ᠤ ᠡᠷᠦᠬᠡ ᠶᠢᠨ ᠬᠠᠷᠢᠭᠤᠴᠠᠯᠭ᠎ᠠ 《ᠪᠦᠭᠦᠳᠡ ᠨᠠᠶᠢᠷᠠᠮᠳᠠᠬᠤ ᠳᠤᠮᠳᠠᠳᠤ ᠠᠷᠠᠳ ᠤᠯᠤᠰ ᠤᠨ ᠡᠷᠦᠭᠦᠦ ᠶᠢᠨ ᠬᠠᠤᠯᠢ》 ᠶᠢᠨ ᠵᠢᠷᠤᠮ ᠤᠨ
ᠬᠠᠤᠯᠢ ᠶᠢᠨ ᠵᠦᠢᠯ ᠦᠨ · ᠬᠡᠷᠡᠭ ᠦᠢᠯᠡᠳᠦᠭᠰᠡᠨ ᠬᠦᠮᠦᠨ ᠦ ᠬᠠᠤᠯᠢ ᠶᠢᠨ ᠬᠦᠮᠦᠨ ᠦ ᠡᠷᠦᠭᠦᠦ ᠶᠢᠨ ᠬᠠᠷᠢᠭᠤᠴᠠᠯᠭ᠎ᠠ ᠶᠢᠨ
ᠬᠤᠭᠤᠴᠠᠭ᠎ᠠ ᠶᠢᠨ ᠬᠠᠷᠢᠭᠤᠴᠠᠯᠭ᠎ᠠ ᠪᠤᠶᠤ :: ᠵᠢᠷᠤᠮ ᠤᠨ ᠬᠠᠤᠯᠢ ᠶᠢᠨ 42 ᠳ᠋ᠤᠭᠠᠷ ᠵᠦᠢᠯ · 87 ᠳ᠋ᠤᠭᠠᠷ ᠵᠦᠢᠯ ᠦᠨ ᠵᠠᠭᠠᠯᠲᠠ · ᠪᠠᠢᠳᠠᠯ
ᠬᠠᠷᠢᠭᠤᠴᠠᠬᠤ ᠬᠠᠤᠯᠢ ᠶᠢᠨ ᠬᠦᠮᠦᠨ ᠦ ᠡᠷᠦᠭᠦᠦ ᠶᠢᠨ ᠬᠠᠷᠢᠭᠤᠴᠠᠯᠭ᠎ᠠ ᠪᠠ ᠬᠠᠤᠯᠢ ᠶᠢᠨ ᠵᠢᠷᠤᠮ ᠤᠨ ᠬᠠᠤᠯᠢ ᠶᠢᠨ ᠵᠦᠢᠯ ᠦᠨ 47
ᠪᠣᠯᠵᠤ ᠪᠠᠢᠭ᠎ᠠ ᠬᠠᠤᠯᠢ ᠶᠢᠨ ᠬᠤᠭᠤᠴᠠᠭ᠎ᠠ ᠶᠢᠨ ᠬᠠᠷᠢᠭᠤᠴᠠᠯᠭ᠎ᠠ 2 ᠳ᠋ᠤᠭᠠᠷ ᠵᠠᠭᠠᠯᠲᠠ ᠶᠢᠨ ᠬᠠᠷᠢᠭᠤᠴᠠᠯᠭ᠎ᠠ ᠳᠤ ᠬᠠᠮᠢᠶᠠᠷᠠᠬᠤ ᠳ᠋ᠤᠭᠠᠷ
ᠬᠠᠷᠢᠶᠠᠯᠠᠭᠳᠠᠨ᠎ᠠ :: ᠪᠣᠯᠵᠤ ᠪᠠᠢᠭ᠎ᠠ ᠬᠠᠤᠯᠢ ᠶᠢᠨ ᠵᠢᠷᠤᠮ ᠤᠨ 47 ᠳ᠋ᠤᠭᠠᠷ ᠵᠦᠢᠯ ᠦᠨ 1 · 2 ᠳ᠋ᠤᠭᠠᠷ ᠵᠠᠭᠠᠯᠲᠠ ᠳᠤ ᠬᠠᠷᠢᠭᠤᠴᠠᠬᠤ ᠶᠣᠰᠣᠲᠠᠢ
ᠪᠠᠢᠭᠤᠯᠬᠤ ᠬᠤᠭᠤᠴᠠᠭ᠎ᠠ ᠶᠢᠨ ᠬᠠᠷᠢᠭᠤᠴᠠᠯᠭ᠎ᠠ ᠳᠤ ᠬᠦᠷᠬᠦ ᠪᠣᠯᠪᠠᠰᠤ · ᠪᠣᠳᠣᠬᠤ ᠬᠤᠭᠤᠴᠠᠭ᠎ᠠ ᠶᠢᠨ ᠪᠠᠢᠭ᠎ᠠ ᠤᠨ 1 ᠳ᠋ᠤᠭᠠᠷ ᠵᠦᠢᠯ
ᠨᠢ ᠬᠤᠭᠤᠴᠠᠭ᠎ᠠ ᠶᠢᠨ ᠪᠠᠢᠳᠠᠯ ᠪᠣᠯ ᠬᠠᠷᠢᠭᠤᠴᠠᠯᠭ᠎ᠠ ᠶᠢᠨ :: 6 ᠳ᠋ᠤᠭᠠᠷ ᠵᠦᠢᠯ ᠦᠨ ᠬᠤᠭᠤᠴᠠᠭ᠎ᠠ · 6 ᠳ᠋ᠤᠭᠠᠷ ᠪᠠᠢᠳᠠᠯ ᠬᠠᠷᠢᠭᠤᠴᠠᠯᠭ᠎ᠠ ᠪᠠᠨ
ᠬᠤᠭᠤᠴᠠᠭ᠎ᠠ ᠶᠢᠨ ᠬᠠᠷᠢᠭᠤᠴᠠᠯᠭ᠎ᠠ ᠳᠤ ᠵᠦᠢᠯ ᠦᠨ ᠬᠠᠷᠢᠭᠤᠴᠠᠬᠤ ᠬᠡᠷᠡᠭᠲᠡᠢ :: ᠬᠠᠷᠢᠭᠤᠴᠠᠯᠭ᠎ᠠ ᠶᠢᠨ ᠵᠦᠢᠯ ᠦᠨ ᠬᠤᠭᠤᠴᠠᠭ᠎ᠠ
ᠨᠢ ᠬᠤᠭᠤᠴᠠᠭ᠎ᠠ ᠶᠢᠨ ᠬᠠᠷᠢᠭᠤᠴᠠᠯᠭ᠎ᠠ ᠪᠣᠯᠪᠠᠰᠤ · ᠬᠤᠭᠤᠴᠠᠭ᠎ᠠ ᠶᠢᠨ ᠬᠠᠷᠢᠭᠤᠴᠠᠯᠭ᠎ᠠ ᠶᠢᠨ ᠵᠦᠢᠯ ᠦᠨ ᠬᠠᠷᠢᠭᠤᠴᠠᠯᠭ᠎ᠠ ᠪᠠᠨ
ᠶᠠᠭᠤ ᠪᠣᠯᠪᠠᠰᠤ ᠪᠠᠢᠴᠠᠭᠠᠨ ᠮᠡᠳᠡᠭᠳᠡᠯ ᠶᠢᠨ ᠬᠠᠷᠢᠭᠤᠴᠠᠯᠭ᠎ᠠ ᠳᠤ ᠬᠦᠷᠬᠦ ᠪᠣᠯᠪᠠᠰᠤ ᠬᠤᠭᠤᠴᠠᠭ᠎ᠠ ᠶᠢᠨ ᠬᠠᠷᠢᠭᠤᠴᠠᠯᠭ᠎ᠠ ᠶᠢ

第一百三十四条【屡次违法的法律责任】 食品生产经营者在一年内累计三次因违反本法规定受到责令停产停业、吊销许可证以外处罚的，由食品药品监督管理部门责令停产停业，直至吊销许可证。

●条文解读

本条是新法增加的规定，明确食品生产经营者在1年内累计3次受到处罚的，可以责令停产停业，直至吊销许可证。

根据本条规定，累计的处罚应当是因为违反新法规定而受到的处罚，处罚种类包括警告、罚款、没收违法所得和没收工具、设备、物品等责令停产停业、吊销许可证以外的处罚。1年内累计3次是指食品生产经营者在1年之内有3次违反新法规定且受到处罚的违法行为。

食品生产经营者在1年内累计3次因违反新法规定受到处罚的，食品药品监督管理部门应当责令其停产停业，直至吊销许可证。

第一百三十五条 **【严重违法犯罪者的从业禁止】** 被吊销许可证的食品生产经营者及其法定代表人、直接负责的主管人员和其他直接责任人员自处罚决定作出之日起五年内不得申请食品生产经营许可，或者从事食品生产经营管理工作、担任食品生产经营企业食品安全管理人员。

因食品安全犯罪被判处有期徒刑以上刑罚的，终身不得从事食品生产经营管理工作，也不得担任食品生产经营企业食品安全管理人员。

食品生产经营者聘用人员违反前两款规定的，由县级以上人民政府食品药品监督管理部门吊销许可证。

●条文解读

本条是对原法第92条的修改。一是增加规定，被吊销许可证的食品生产经营者及其法定代表人5年内不得申请食品生产经营许可或者从事食品生产经营管理工作、担任食品生产经营企业食品安全管理人员；二是增加规定，因食品安全犯罪被判处有期徒刑以上刑罚的，终身不得从事食品生产经营管理工作，也不得担任企业食品安全管理人员。

1. 关于被吊销许可证的食品生产经营者及其有关人员。根据本条规定，一是被吊销许可证的食品生产经营者（包括企业、个体工商户）及其法定代表人、直接负责的主管人员和其他直接责任人员，自吊销许可证的处罚决定作出之日起5年内不得申请食品生产经营许可；二是被吊销许可证的食品生产经营者的法定代表人、直接负责的主管人员和其他直接责任人员，自吊销许可证的处罚决定作出之日起5年内不得从事食品生产经营管理工作、担任食品生产经营企业食品安全管理人员。

2. 关于因食品安全犯罪被判处有期徒刑以上刑罚的人。食品安全犯罪是指生产、销售不符合安全标准的食品罪，生产、销售有毒、有害食品罪等与食品安全有美的犯罪。根据刑法的规定，刑罚分为主刑和附加刑，主刑包括管制、拘役、有期徒刑、无期徒刑、死刑。有期徒刑以上刑罚指有期徒刑、无期徒刑和死刑。因食品安全犯罪被判处有期徒刑以上刑罚的，说明违法犯罪的情节恶劣，已不适合再从事食品生产经营管理工作或者担任企业食品安全管理人员。因此新法规定此类人员终身不得从事食品生产经营管理工作，也不得担任食品生产经营企业食品安全管理人员。

3. 食品生产经营者聘用人员违反本条规定的法律责任。食品生产经营者聘用人员时应当审查拟聘用人员是否属于本条规定的人员，属于本条规定人员的，不得聘用。违反本条规定聘用人员的，由县级以上人民政府食品药品监督管理部门吊销许可证。

2. [illegible]

[illegible]

1. [illegible]

[illegible]

ᠬᠦᠨᠰᠦᠨ ᠦ ᠠᠶᠤᠯ ᠦᠨᠡᠯᠡᠯᠲᠡ ᠶᠢᠨ ᠦᠷ᠎ᠡ ᠳᠦᠩ ᠢ ᠬᠦᠨᠰᠦᠨ ᠦ ᠠᠶᠤᠯᠭᠦᠢ ᠶᠢᠨ ᠪᠠᠷᠢᠮᠵᠢᠶ᠎ᠠ ᠶᠢ ᠲᠣᠭᠲᠠᠭᠠᠬᠤ ᠰᠢᠨᠵᠢᠯᠡᠬᠦ ᠶᠢᠨ ᠦᠨᠳᠦᠰᠦ ᠪᠣᠯᠭᠠᠨ᠎ᠠ᠃

3. ᠬᠦᠨᠰᠦᠨ ᠦᠢᠯᠡᠳᠪᠦᠷᠢᠯᠡᠯ ᠠᠵᠢ ᠠᠬᠤᠢ ᠪᠠ ᠬᠦᠨᠰᠦᠨ ᠦ ᠠᠶᠤᠯᠭᠦᠢ ᠶᠢᠨ ᠬᠢᠨᠠᠨ ᠬᠠᠮᠢᠶᠠᠷᠤᠯᠲᠠ ᠶᠢᠨ ᠠᠵᠢᠯ ᠤᠨ ᠬᠡᠷᠡᠭᠴᠡᠭᠡ ᠶᠢ ᠬᠠᠩᠭᠠᠬᠤ᠃ ᠬᠦᠨᠰᠦᠨ ᠦ ᠠᠶᠤᠯᠭᠦᠢ ᠶᠢᠨ ᠪᠠᠷᠢᠮᠵᠢᠶ᠎ᠠ ᠪᠣᠯ ᠬᠦᠨᠰᠦᠨ ᠦᠢᠯᠡᠳᠪᠦᠷᠢᠯᠡᠯ ᠠᠵᠢ ᠠᠬᠤᠢ ᠡᠷᠬᠢᠯᠡᠭᠴᠢ ᠶᠢᠨ ᠳᠠᠭᠠᠵᠤ ᠮᠦᠷᠳᠡᠬᠦ ᠬᠡᠷᠡᠭᠲᠡᠢ ᠪᠠᠷᠢᠮᠵᠢᠶ᠎ᠠ ᠮᠥᠨ᠃ ᠬᠦᠨᠰᠦᠨ ᠦ ᠠᠶᠤᠯᠭᠦᠢ ᠶᠢᠨ ᠪᠠᠷᠢᠮᠵᠢᠶ᠎ᠠ ᠪᠣᠯ ᠬᠦᠨᠰᠦᠨ ᠦᠢᠯᠡᠳᠪᠦᠷᠢᠯᠡᠯ ᠠᠵᠢ ᠠᠬᠤᠢ ᠶᠢᠨ ᠦᠢᠯ᠎ᠡ ᠠᠵᠢᠯᠯᠠᠭᠠᠨ ᠳᠤ ᠲᠠᠯᠪᠢᠬᠤ ᠬᠠᠮᠤᠭ ᠳᠣᠣᠷ᠎ᠠ ᠱᠠᠭᠠᠷᠳᠯᠠᠭ᠎ᠠ ᠮᠥᠨ᠃

ᠬᠦᠨᠰᠦᠨ ᠦ ᠠᠶᠤᠯᠭᠦᠢ ᠶᠢᠨ ᠪᠠᠷᠢᠮᠵᠢᠶ᠎ᠠ ᠳᠤ ᠬᠦᠨᠰᠦᠨ ᠦ ᠠᠶᠤᠯᠭᠦᠢ ᠪᠠᠶᠢᠳᠠᠯ ᠢ ᠬᠠᠮᠠᠭᠠᠯᠠᠬᠤ ᠬᠡᠷᠡᠭᠲᠡᠢ ᠪᠦᠬᠦ ᠬᠡᠮᠵᠢᠶ᠎ᠡ ᠪᠠ ᠰᠢᠯᠭᠠᠬᠤ ᠠᠷᠭ᠎ᠠ ᠵᠠᠮ ᠢ ᠲᠣᠭᠲᠠᠭᠠᠨ᠎ᠠ᠃ ᠬᠦᠨᠰᠦᠨ ᠦᠢᠯᠡᠳᠪᠦᠷᠢᠯᠡᠯ ᠠᠵᠢ ᠠᠬᠤᠢ ᠡᠷᠬᠢᠯᠡᠭᠴᠢ ᠪᠣᠯ ᠬᠦᠨᠰᠦᠨ ᠦ ᠠᠶᠤᠯᠭᠦᠢ ᠶᠢᠨ ᠪᠠᠷᠢᠮᠵᠢᠶ᠎ᠠ ᠶᠢ ᠴᠢᠩ ᠦᠨᠡᠨ ᠪᠢᠡᠯᠡᠭᠦᠯᠬᠦ ᠡᠰᠬᠦ ᠶᠢᠨ ᠬᠠᠷᠢᠭᠤᠴᠠᠯᠭ᠎ᠠ ᠲᠠᠢ᠃ ᠬᠦᠨᠰᠦᠨ ᠦ ᠠᠶᠤᠯᠭᠦᠢ ᠶᠢᠨ ᠪᠠᠷᠢᠮᠵᠢᠶ᠎ᠠ ᠳᠤ ᠬᠦᠷᠦᠯᠴᠡᠬᠦ ᠦᠭᠡᠢ ᠬᠦᠨᠰᠦ ᠶᠢ ᠦᠢᠯᠡᠳᠪᠦᠷᠢᠯᠡᠬᠦ᠂ ᠬᠤᠳᠠᠯᠳᠤᠬᠤ᠂ ᠢᠮᠫᠣᠷᠲᠯᠠᠬᠤ ᠶᠢ ᠴᠠᠭᠠᠵᠠᠯᠠᠨ᠎ᠠ᠃ ᠬᠦᠨᠰᠦᠨ ᠦ ᠠᠶᠤᠯᠭᠦᠢ ᠶᠢᠨ ᠪᠠᠷᠢᠮᠵᠢᠶ᠎ᠠ ᠪᠣᠯ ᠬᠦᠨᠰᠦᠨ ᠦ ᠠᠶᠤᠯᠭᠦᠢ ᠶᠢᠨ ᠬᠢᠨᠠᠨ ᠬᠠᠮᠢᠶᠠᠷᠤᠯᠲᠠ ᠶᠢᠨ ᠭᠣᠣᠯ ᠦᠨᠳᠦᠰᠦ ᠮᠥᠨ᠃

第一百三十六条【食品经营者免予处罚的情形】食品经营者履行了本法规定的进货查验等义务，有充分证据证明其不知道所采购的食品不符合食品安全标准，并能如实说明其进货来源的，可以免予处罚，但应当依法没收其不符合食品安全标准的食品；造成人身、财产或者其他损害的，依法承担赔偿责任。

●条文解读

本条是新法增加的规定。

根据本条规定，食品经营者经营的食品不符合食品安全标准，但是符合以下三个条件的，可以免予处罚：一是履行了新法规定的进货查验等义务。新法对食品经营者规定了进货查验等义务，例如第 53 条第 1、2 款规定，食品经营者采购食品，应当查验供货者的许可证和食品出厂检验合格证或者其他合格证明。食品经营企业应当建立食品进货查验记录制度，如实记录食品的名称、规格、数量、生产日期或者生产批号、保质期、进货日期以及供货者名称、地址、联系方式等内容，并保存相关凭证。记录和凭证保存期限应当符合新法第 50 条第 2 款的规定。二是有充分证据证明其不知道所采购的食品不符合食品安全标准。经营者负有举证义务，必须拿出充分证据，证明自己确实不知道所采购的食品不符合食品安全标准。

例如进货时留存的食品出厂检验合格证或者其他合格证明。但是，消费者提供相反证据，证明经营者知情的，不能免予处罚。三是能如实说明其进货来源。经营者应当提供真实的进货的食品生产经营者的名称、地址、联系方式，以便于追根溯源，对违法的食品生产经营者进行查处。

同时符合上述三个条件的，食品药品监督管理部门可以对食品经营者免予处罚，但应当依法没收其不符合食品安全标准的食品，并依法处理。同时，不免除食品经营者应负的民事责任，即因不合格食品造成人身、财产或者其他损害的，应依法承担赔偿责任。

[illegible] ᠪᠣᠯᠤᠨ᠎ᠠ ᠄ [illegible]

[illegible] 50 ᠳᠤᠭᠠᠷ ᠵᠦᠢᠯ ᠦᠨ 2 ᠳᠤᠭᠠᠷ ᠬᠡᠰᠡᠭ [illegible]

[illegible]

2 ᠳᠤᠭᠠᠷ ᠬᠡᠰᠡᠭ [illegible]

1᠂ [illegible] 53 ᠳᠤᠭᠠᠷ ᠵᠦᠢᠯ ᠦᠨ 1 [illegible]

[illegible]

第一百三十七条【提供虚假食品安全风险监测、评估信息的法律责任】 违反本法规定，承担食品安全风险监测、风险评估工作的技术机构、技术人员提供虚假监测、评估信息的，依法对技术机构直接负责的主管人员和技术人员给予撤职、开除处分；有执业资格的，由授予其资格的主管部门吊销执业证书。

●条文解读

本条规定的违法行为『承担食品安全风险监测、风险评估工作的技术机构、技术人员提供虚假监测、评估信息』主要针对的是：(1) 新法第 15 条第 1 款规定，承担食品安全风险监测工作的技术机构应当保证监测数据真实、准确。(2) 新法第 23 条规定，食品安全风险评估专家委员会的技术机构，应当按照科学、客观、及时、公开的原则，组织食品生产经营者、食品检验机构、认证机构、食品行业协会、消费者协会以及新闻媒体等，就食品安全风险评估信息进行交流沟通。如果承担食品安全风险监测、风险评估工作的技术机构、技术人员未遵守新法第 15 条、第 23 条前述规定，提供虚假监测、评估信息，就属于本条规定的违法行为。

有本条规定的违法行为的，承担的法律责任是：依法对技术机构直接负责的主管人员和技术人员给予撤职、开除处分；有执业资格的，由授予其资格的主管部门吊销执业证书。

本条规定的『依法对技术机构直接负责的主管人员和技术人员给予撤职、开除处分』的执法主体是承担食品安全风险监测、风险评估工作的技术机构及其主管部门。如依法对承担食品安全风险评估工作的技术机构『国家食品安全风险评估中心』直接负责的主管人员和技术人员给予撤职、开除处分，依据《事业单位工作人员处分暂行规定》，执法主体应当是国家食品安全风险评估中心或者国务院卫生行政部门。

本条规定的『有执业资格的，由授予其资格的主管部门吊销执业证书』是指承担食品安全风险监测、风险评估工作的技术机构直接负责的主管人员和技术人员有相关执业资格的，由授予其资格的主管部门吊销执业证书。如承担食品安全风险监测工作的技术机构『疾病预防控制中心』的技术人员未遵守新法规定，提供虚假食品安全风险监测信息，有执业区师资格的，由授予其资格的卫生行政部门吊销医师资格证。

ᠪᠠᠶᠢᠭᠤᠯᠤᠭᠰᠠᠨ᠂ ᠬᠦᠨᠰᠦᠨ ᠦ ᠠᠶᠤᠯ ᠦᠭᠡᠢ ᠪᠠᠢᠳᠠᠯ ᠢ ᠬᠠᠮᠠᠭᠠᠯᠠᠬᠤ᠂ ᠬᠢᠨᠠᠨ ᠪᠠᠢᠴᠠᠭᠠᠬᠤ ᠶᠢ ᠬᠠᠮᠠᠭᠠᠯᠠᠬᠤ ᠵᠢᠷᠤᠮ ᠬᠦᠨᠰᠦ ᠦᠢᠯᠡᠳᠪᠦᠷᠢᠯᠡᠭᠴᠢ ᠶᠢᠨ ᠡᠷᠬᠡ ᠶᠢ ᠪᠠᠲᠤᠯᠠᠬᠤ

ᠬᠠᠮᠢᠶᠠᠷᠤᠯᠤᠭᠰᠠᠨ ᠤ ᠪᠠᠶᠢᠭᠤᠯᠤᠭᠰᠠᠨ᠂ ᠬᠠᠮᠢᠶᠠᠷᠬᠤ ᠪᠠᠢᠭᠤᠯᠤᠯᠭ᠎ᠠ ᠬᠦᠨᠰᠦᠨ ᠦ ᠦᠢᠯᠡᠳᠪᠦᠷᠢᠯᠡᠯ ᠦᠨ ᠬᠠᠮᠢᠶᠠᠷᠤᠯᠲᠠ᠂ ᠬᠦᠨᠰᠦᠨ ᠤ ᠳᠡᠭᠡᠵᠢ ᠴᠢᠨᠠᠷ᠂ ᠮᠡᠳᠡᠭᠡ ᠲᠠᠢ ᠪᠠᠢᠬᠤ

ᠮᠡᠷᠭᠡᠵᠢᠯ ᠦᠨ ᠪᠦᠲᠦᠭᠡᠯ ᠢ᠂ ᠵᠠᠰᠠᠭ ᠤᠨ ᠭᠠᠵᠠᠷ ᠤᠨ ᠬᠠᠷᠢᠶᠠᠯᠠᠬᠤ ᠡᠷᠦᠬᠦᠯ ᠮᠡᠨᠳᠦ ᠶᠢᠨ ᠠᠵᠢᠯ ᠤᠨ ᠬᠡᠯᠲᠡᠰ ᠦᠨ ᠮᠡᠷᠭᠡᠵᠢᠯ ᠦᠨ ᠪᠠᠶᠢᠭᠤᠯᠤᠭᠰᠠᠨ ᠤ ᠬᠠᠮᠢᠶᠠᠷᠬᠤ ᠶᠢᠨ ᠰᠢᠯᠭᠠᠨ ᠪᠠᠲᠤᠯᠠᠬᠤ

ᠲᠠᠯ᠎ᠠ ᠳᠤ ᠭᠠᠷᠭᠠᠬᠤ ᠶᠢ ᠪᠠᠲᠤᠯᠠᠨ ᠵᠢᠭᠠᠵᠠᠢ᠃ (2) ᠡᠨᠡ ᠬᠠᠤᠯᠢ ᠶᠢᠨ 23 ᠳᠤᠭᠠᠷ ᠵᠦᠢᠯ ᠦᠨ ᠲᠣᠭᠲᠠᠭᠠᠯ ᠳᠤ᠂ ᠬᠦᠨᠰᠦᠨ ᠦ ᠠᠶᠤᠯᠭᠦᠢ ᠪᠠᠢᠳᠠᠯ ᠤᠨ

ᠬᠢᠨᠠᠨ ᠪᠠᠢᠴᠠᠭᠠᠬᠤ ᠠᠵᠢᠯ ᠤᠨ ᠬᠡᠯᠲᠡᠰ ᠦᠨ ᠬᠠᠮᠢᠶᠠᠷᠤᠯᠤᠭᠰᠠᠨ ᠬᠦᠨᠰᠦᠨ ᠦ ᠪᠠᠶᠢᠭᠤᠯᠤᠭᠰᠠᠨ ᠬᠠᠮᠢᠶᠠᠷᠤᠯᠲᠠ ᠶᠢᠨ ᠮᠡᠳᠡᠭᠡᠯᠡᠯ ᠦᠨ ᠪᠠᠷᠢᠮᠲᠠ ᠶᠢᠨ ᠬᠤᠪᠢ ᠬᠡᠰᠡᠭ᠂

ᠬᠠᠮᠢᠶᠠᠷᠤᠯᠤᠭᠰᠠᠨ ᠮᠡᠷᠭᠡᠵᠢᠯᠲᠡᠨ《 ᠤ ᠵᠦᠪᠯᠡᠯ ᠦᠨ ᠡᠨᠡ ᠪᠤᠯᠤᠨ᠄ (1) ᠡᠨᠡ ᠬᠠᠤᠯᠢ ᠶᠢᠨ 15 ᠳᠤᠭᠠᠷ ᠵᠦᠢᠯ ᠦᠨ 1 ᠳᠦᠭᠡᠷ ᠬᠡᠰᠡᠭ᠂ ᠬᠦᠨᠰᠦᠨ ᠦ ᠠᠶᠤᠯᠭᠦᠢ

ᠪᠠᠢᠳᠠᠯ ᠤᠨ ᠬᠢᠨᠠᠨ ᠪᠠᠢᠴᠠᠭᠠᠬᠤ ᠬᠠᠮᠢᠶᠠᠷᠤᠯᠲᠠ ᠶᠢᠨ ᠪᠠᠶᠢᠭᠤᠯᠤᠭᠰᠠᠨ᠂ ᠬᠢᠨᠠᠨ ᠪᠠᠢᠴᠠᠭᠠᠬᠤ ᠠᠵᠢᠯ ᠤᠨ ᠬᠡᠯᠲᠡᠰ᠂ ᠮᠡᠷᠭᠡᠵᠢᠯ ᠦᠨ ᠪᠠᠲᠤᠯᠠᠯ ᠤᠨ

ᠬᠡᠯᠲᠡᠰ᠂ ᠮᠡᠷᠭᠡᠵᠢᠯ ᠦᠨ ᠪᠦᠲᠦᠭᠡᠯ ᠦᠨ ᠡᠷᠦᠬᠦᠯ ᠮᠡᠨᠳᠦ ᠶᠢᠨ ᠵᠦᠢᠯ 《ᠬᠦᠨᠰᠦᠨ ᠦ ᠠᠶᠤᠯᠭᠦᠢ ᠪᠠᠢᠳᠠᠯ ᠤᠨ ᠵᠦᠢᠯ ᠦᠨ ᠬᠢᠨᠠᠯᠲᠠ ᠶᠢᠨ ᠬᠠᠤᠯᠢ ᠶᠢ ᠤᠳᠤᠷᠢᠳᠤᠯ

[ᠲᠠᠢᠯᠪᠤᠷᠢ]

ᠬᠠᠮᠢᠶᠠᠷᠤᠯᠲᠠ ᠪᠡᠷ ᠵᠢᠭᠠᠵᠠᠢ᠃

ᠬᠦᠨᠰᠦᠨ ᠦ ᠭᠠᠷᠤᠯᠲᠠ ᠶᠢᠨ ᠲᠣᠭ᠎ᠠ ᠬᠡᠮᠵᠢᠶ᠎ᠡ ᠶᠢ ᠲᠣᠭᠲᠠᠭᠠᠬᠤ ᠳᠦ ᠲᠣᠭ᠎ᠠ ᠬᠡᠮᠵᠢᠶ᠎ᠡ ᠪᠠᠷᠢᠮᠲᠠ ᠶᠢᠨ ᠬᠠᠮᠢᠶᠠᠷᠤᠯᠲᠠ ᠶᠢᠨ ᠬᠠᠤᠯᠢ ᠶᠢᠨ ᠭᠠᠷᠤᠯᠲᠠ ᠶᠢᠨ ᠲᠣᠭ᠎ᠠ ᠬᠡᠮᠵᠢᠶ᠎ᠡ ᠶᠢ ᠬᠡᠷᠡᠭᠵᠢᠭᠦᠯᠦᠨ

ᠪᠡᠷ ᠬᠠᠮᠢᠶᠠᠷᠤᠯᠲᠠ ᠶᠢᠨ ᠰᠢᠯᠭᠠᠨ ᠪᠠᠲᠤᠯᠠᠬᠤ ᠪᠡᠷ ᠬᠢᠨᠠᠨ ᠪᠠᠢᠴᠠᠭᠠᠬᠤ ᠳᠤ ᠰᠠᠬᠢᠬᠤ ᠶᠢᠨ ᠨᠢ ᠬᠡᠷᠡᠭᠵᠢᠭᠦᠯᠦᠯ᠂ ᠬᠦᠨᠰᠦ ᠶᠢᠨ ᠨᠢ ᠪᠦᠬᠦ ᠰᠢᠯᠭᠠᠨ ᠬᠢᠨᠠᠬᠤ ᠵᠢᠭᠠᠵᠠᠢ᠃

ᠮᠡᠷᠭᠡᠵᠢᠯ ᠦᠨ ᠪᠠᠶᠢᠭᠤᠯᠤᠭᠰᠠᠨ᠂ ᠬᠡᠯᠲᠡᠰ ᠦᠨ ᠬᠠᠮᠢᠶᠠᠷᠤᠯᠲᠠ ᠶᠢᠨ ᠠᠵᠢᠯ ᠤᠨ ᠬᠡᠷᠡᠭᠵᠢᠭᠦᠯᠦᠯ ᠢ ᠪᠦᠷᠢᠳᠬᠡᠯ ᠦᠨ ᠬᠢᠨᠠᠨ ᠪᠠᠢᠴᠠᠭᠠᠬᠤ ᠶᠢᠨ ᠰᠢᠯᠭᠠᠨ ᠪᠠᠲᠤᠯᠠᠬᠤ ᠪᠠᠶᠢᠭᠤᠯᠤᠯᠲᠠ᠎ᠳᠤ

ᠬᠠᠮᠢᠶᠠᠷᠤᠯᠤᠭᠰᠠᠨ ᠤ ᠬᠠᠮᠢᠶᠠᠷᠤᠯᠲᠠ ᠶᠢᠨ ᠮᠡᠳᠡᠭᠡᠯᠡᠯ᠂ ᠬᠡᠯᠲᠡᠰ ᠦᠨ ᠪᠠᠶᠢᠭᠤᠯᠤᠭᠰᠠᠨ ᠬᠦᠨᠰᠦ ᠶᠢᠨ ᠬᠢᠨᠠᠨ ᠪᠠᠢᠴᠠᠭᠠᠬᠤ ᠪᠠᠶᠢᠭᠤᠯᠤᠭᠰᠠᠨ᠂ ᠬᠢᠨᠠᠨ ᠪᠠᠢᠴᠠᠭᠠᠬᠤ ᠠᠵᠢᠯ ᠤᠨ

ᠪᠠᠲᠤᠯᠠᠯ ᠤᠨ ᠬᠡᠯᠲᠡᠰ ᠮᠡᠷᠭᠡᠵᠢᠯ ᠦᠨ ᠵᠦᠢᠯ ᠬᠡᠷᠡᠭᠵᠢᠭᠦᠯᠬᠦ ᠶᠢᠨ ᠬᠠᠮᠢᠶᠠᠷᠤᠯᠲᠠ】 ᠡᠨᠡ ᠵᠦᠢᠯ ᠦᠨ ᠲᠣᠭᠲᠠᠭᠠᠯ ᠢ ᠮᠡᠳᠡᠭᠦᠯᠬᠦ᠂ ᠬᠦᠨᠰᠦᠨ ᠦ ᠠᠶᠤᠯᠭᠦᠢ

ᠪᠠᠢᠳᠠᠯ ᠤᠨ ᠬᠢᠨᠠᠯᠲᠠ ᠶᠢᠨ ᠵᠦᠢᠯ【ᠵᠦᠪᠯᠡᠯ ᠬᠡᠷᠡᠭᠵᠢᠭᠦᠯᠬᠦ ᠬᠦᠨᠰᠦᠨ ᠦ ᠠᠶᠤᠯᠭᠦᠢ ᠪᠠᠢᠳᠠᠯ ᠤᠨ ᠬᠢᠨᠠᠨ ᠪᠠᠢᠴᠠᠭᠠᠬᠤ ᠠᠵᠢᠯ ᠤᠨ ᠬᠡᠯᠲᠡᠰ᠂ ᠮᠡᠷᠭᠡᠵᠢᠯ

ᠶᠠᠮᠠᠷ ᠨᠢᠭᠡ ᠶᠢ ᠪᠠᠷᠢᠮᠲᠠᠯᠠᠬᠤ ᠲᠤᠬᠠᠢ ᠠᠰᠠᠭᠤᠳᠠᠯ · 《ᠶᠠᠮᠠᠷ ᠲᠣᠭᠲᠠᠭᠠᠯ ᠤᠨ ᠪᠦᠷᠢᠯᠳᠦᠬᠦᠨ ᠳᠦ ᠬᠠᠮᠠᠭᠠᠷᠠᠬᠤ ᠶᠠᠭᠤᠮ ᠪᠣᠯ ᠬᠡᠷᠡᠭᠯᠡᠬᠦ ᠲᠤᠬᠠᠢ ᠳᠤᠷ ᠳᠠᠭᠠᠨ ᠪᠣᠳᠠᠳᠤᠶᠢᠭᠠᠷᠳᠠ ᠶᠢᠨ ᠵᠢᠷᠤᠮ》 ᠤᠨ ᠬᠠᠷᠢᠶᠠᠯᠠᠯ ᠤᠨ ᠪᠦᠷᠢᠯᠳᠦᠬᠦᠨ ᠳᠦ ᠬᠠᠮᠠᠭᠠᠷᠠᠬᠤ ᠪᠣᠯᠪᠠᠴᠤ ᠪᠠᠷᠢᠮᠲᠠᠯᠠᠬᠤ ᠳᠤ ᠠᠯᠢ ᠶᠢ ᠨᠢ ᠬᠡᠷᠡᠭᠯᠡᠬᠦ ᠪᠣᠯᠣᠮᠵᠢ · ᠡᠳᠡᠭᠡᠷ ᠬᠡᠷᠡᠭᠯᠡᠬᠦ ᠳᠦ ᠶᠠᠮᠠᠷ ᠲᠣᠭᠲᠠᠭᠠᠯ ᠤᠨ ᠪᠦᠷᠢᠯᠳᠦᠬᠦᠨ 《ᠬᠠᠤᠯᠢ ᠶᠢᠨ ᠵᠦᠢᠯ ᠦᠨ ᠳ᠋ᠤ ᠲᠣᠭᠲᠠᠭᠠᠯ ᠤᠨ ᠠᠯᠪᠠᠨ ᠤ ᠬᠡᠷᠡᠭᠯᠡᠬᠦ ᠶᠢᠨ ᠬᠤᠷᠢᠶᠠᠩᠭᠤᠢ ᠬᠠᠷᠢᠶᠠᠯᠠᠯ ᠤᠨ ᠪᠦᠷᠢᠯᠳᠦᠬᠦᠨ ᠳᠦ ᠬᠠᠮᠠᠭᠠᠷᠠᠬᠤ ᠶᠠᠭᠤᠮᠠᠨ ᠳᠤ ᠪᠣᠯᠣᠨ ᠬᠡᠷᠡᠭᠯᠡᠬᠦ ᠶᠢᠨ ᠲᠤᠯᠠ᠂ ᠡᠳᠡᠭᠡᠷ ᠵᠦᠢᠯ ᠦᠨ ᠠᠯᠪᠠᠨ ᠤ ᠬᠡᠷᠡᠭᠯᠡᠬᠦ ᠶᠢᠨ ᠬᠤᠷᠢᠶᠠᠩᠭᠤᠢ ᠳᠦ ᠬᠠᠮᠠᠭᠠᠷᠠᠬᠤ ᠳᠦ ᠬᠠᠷᠢᠶᠠᠯᠠᠯ ᠤᠨ ᠪᠦᠷᠢᠯᠳᠦᠬᠦᠨ ᠲᠤ ᠬᠠᠮᠠᠭᠠᠷᠠᠬᠤ ᠶᠠᠭᠤᠮᠠᠨ ᠳᠤ ᠪᠣᠯᠬᠤ ᠪᠠᠷᠢᠮᠲᠠᠯᠠᠬᠤ ᠳᠤ ᠠᠯᠢ ᠶᠢ ᠨᠢ ᠬᠡᠷᠡᠭᠯᠡᠬᠦ ᠪᠣᠯᠣᠮᠵᠢ · ᠶᠠᠮᠠᠷ ᠨᠢᠭᠡ ᠶᠢ ᠪᠠᠷᠢᠮᠲᠠᠯᠠᠬᠤ ᠲᠤᠬᠠᠢ ᠠᠰᠠᠭᠤᠳᠠᠯ》 ᠲᠤ ᠡᠳᠡᠭᠡᠷ ᠪᠠᠷᠢᠮᠲᠠᠯᠠᠬᠤ ᠬᠠᠷᠢᠶᠠ ᠲᠠᠢ ᠪᠣᠯ

ᠡᠳᠡᠭᠡ ᠬᠡᠰᠡᠭ ᠢ ᠬᠠᠮᠢᠶᠠᠷᠤᠯᠠᠯ 《ᠡᠳᠡᠭᠡᠷ ᠵᠦᠢᠯ ᠦᠨ ᠬᠡᠷᠡᠭᠯᠡᠬᠦ ᠶᠢᠨ ᠪᠦᠷᠢᠯᠳᠦᠬᠦᠨ ᠲᠦ ᠬᠠᠮᠠᠭᠠᠷᠠᠬᠤ ᠶᠠᠭᠤᠮᠠᠨ ᠳᠤ ᠪᠣᠯᠣᠨ ᠬᠡᠷᠡᠭᠯᠡᠬᠦ ᠳᠦ ᠬᠠᠮᠢᠶᠠᠷᠤᠯᠬᠤ》 ᠶᠢᠨ ᠬᠤᠷᠢᠶᠠᠩᠭᠤᠢ ᠪᠣᠯᠣᠨ ᠶᠠᠮᠠᠷ ᠨᠢᠭᠡ ᠶᠢ ᠪᠠᠷᠢᠮᠲᠠᠯᠠᠬᠤ ᠪᠣᠯ 1 ᠤ 2 ᠶᠢ ᠪᠦᠷᠢᠯᠳᠦᠬᠦᠨ ᠠᠯᠢ ᠬᠡᠷᠡᠭᠯᠡᠬᠦ ᠠᠰᠠᠭᠤᠳᠠᠯ ::

ᠶᠠᠮᠠᠷ ᠨᠢᠭᠡ ᠶᠢ ᠪᠠᠷᠢᠮᠲᠠᠯᠠᠬᠤ ᠲᠤᠬᠠᠢ ᠠᠰᠠᠭᠤᠳᠠᠯ :: ᠶᠠᠮᠠᠷ ᠪᠠᠷᠢᠮᠲᠠᠯᠠᠬᠤ 1 ᠤ 2 ᠶᠢ ᠪᠦᠷᠢᠯᠳᠦᠬᠦᠨ ᠳᠦ 1 ᠤ 2 ᠬᠠᠮᠠᠭᠠᠷᠠᠬᠤ ᠬᠡᠷᠡᠭᠯᠡᠬᠦ ᠬᠠᠷᠢᠶᠠᠯᠠᠯ ᠤᠨ ᠪᠦᠷᠢᠯᠳᠦᠬᠦᠨ ᠳᠦ ᠬᠠᠮᠠᠭᠠᠷᠠᠬᠤ ᠡᠳᠡᠭᠡᠷ ᠵᠦᠢᠯ ᠦᠨ ᠬᠡᠷᠡᠭᠯᠡᠬᠦ ᠶᠢᠨ ᠪᠦᠷᠢᠯᠳᠦᠬᠦᠨ ᠲᠦ ᠬᠠᠮᠠᠭᠠᠷᠠᠬᠤ ᠶᠠᠭᠤᠮᠠᠨ ᠳᠤ ᠪᠣᠯᠬᠤ ᠪᠠᠷᠢᠮᠲᠠᠯᠠᠬᠤ ᠳᠤ ᠠᠯᠢ ᠶᠢ ᠨᠢ ᠬᠡᠷᠡᠭᠯᠡᠬᠦ ᠪᠣᠯᠣᠮᠵᠢ ·

ᠡᠳᠡᠭᠡ ᠬᠡᠰᠡᠭ ᠤᠨ ᠡᠳᠡᠭᠡᠷ ᠤ ᠪᠦᠷᠢᠯᠳᠦᠬᠦᠨ ᠬᠡᠷᠡᠭᠯᠡᠬᠦ ᠶᠢᠨ ᠬᠠᠮᠢᠶᠠᠷᠤᠯᠬᠤ ᠡᠳᠡᠭᠡᠷ ᠲᠤ ᠪᠠᠷᠢᠮᠲᠠᠯᠠᠬᠤ ᠲᠤ ᠬᠤᠷᠢᠶᠠᠩᠭᠤᠢ ᠶᠢᠨ ᠪᠣᠯᠪᠠᠴᠤ ᠬᠡᠷᠡᠭᠯᠡᠬᠦ : ᠡᠳᠡᠭᠡᠷ ᠬᠤᠷᠢᠶᠠᠩᠭᠤᠢ ᠳᠤ ᠪᠣᠯᠣᠮᠵᠢ ::

ᠡᠳᠡᠭᠡᠷ ᠵᠦᠢᠯ ᠦᠨ ᠬᠠᠷᠢᠶᠠᠯᠠᠯ · ᠡᠳᠡᠭᠡᠷ ᠬᠡᠷᠡᠭᠯᠡᠬᠦ ᠳᠦ ᠬᠠᠮᠠᠭᠠᠷᠠᠬᠤ ᠬᠠᠷᠢᠶᠠ ᠪᠠᠷᠢᠮᠲᠠᠯᠠᠬᠤ ᠲᠣᠭᠲᠠᠭᠠᠯ ᠤᠨ ᠪᠣᠯᠣᠨ ᠪᠦᠷᠢᠯᠳᠦᠬᠦᠨ ᠡᠳᠡᠭᠡᠷ ᠪᠠᠷᠢᠮᠲᠠᠯᠠᠬᠤ ᠶᠢᠨ ᠬᠤᠷᠢᠶᠠᠩᠭᠤᠢ ᠳᠤ ᠪᠣᠯᠬᠤ ᠲᠤᠬᠠᠢ ᠳᠤ ᠬᠠᠮᠢᠶᠠᠷᠤᠯᠬᠤ ᠬᠡᠷᠡᠭᠯᠡᠬᠦ ᠪᠣᠯᠪᠠᠴᠤ 15 ᠳᠤᠭᠠᠷ ᠵᠦᠢᠯ · 23 ᠳᠤᠭᠠᠷ ᠵᠦᠢᠯ ᠦᠨ ᠬᠡᠷᠡᠭᠯᠡᠬᠦ ᠪᠣᠯᠣᠮᠵᠢᠲᠠᠢ 1 ᠬᠠᠷᠢᠶᠠᠯᠠᠬᠤ ᠲᠤᠬᠠᠢ · ᠡᠳᠡᠭᠡᠷ ᠪᠠᠢᠬᠤ · ᠪᠠᠷᠢᠮᠲᠠᠯᠠᠬᠤ ᠲᠣᠭᠲᠠᠭᠠᠯ ᠤᠨ ᠪᠣᠯᠣᠨ ᠪᠦᠷᠢᠯᠳᠦᠬᠦᠨ ᠲᠦ ᠬᠠᠮᠠᠭᠠᠷᠠᠬᠤ ᠶᠠᠭᠤᠮᠠᠨ ᠳᠤ ᠪᠣᠯᠬᠤ · ᠡᠳᠡᠭᠡᠷ ᠬᠡᠷᠡᠭᠯᠡᠬᠦ ᠳᠦ ᠶᠠᠮᠠᠷ ᠳᠤ ᠬᠤᠷᠢᠶᠠᠩᠭᠤᠢ ᠶᠢᠨ ᠬᠡᠷᠡᠭᠯᠡᠬᠦ ᠪᠠᠷᠢᠮᠲᠠᠯᠠᠬᠤ · ᠪᠣᠯᠣᠮᠵᠢ · ᠪᠠᠷᠢᠮᠲᠠᠯᠠᠬᠤ ᠲᠣᠭᠲᠠᠭᠠᠯ ᠤᠨ ᠪᠣᠯᠣᠨ ᠪᠦᠷᠢᠯᠳᠦᠬᠦᠨ ᠲᠦ ᠬᠠᠮᠠᠭᠠᠷᠠᠬᠤ ᠡᠳᠡᠭᠡᠷ ᠬᠡᠷᠡᠭᠯᠡᠬᠦ ᠳᠦ ᠬᠠᠮᠠᠭᠠᠷᠠᠬᠤ ᠲᠤ ᠲᠣᠭᠲᠠᠭᠠᠭᠰᠠᠨ ᠪᠠᠷᠢᠮᠲᠠᠯᠠᠭᠰᠠᠨ ᠶᠢᠨ ᠠᠰᠠᠭᠤᠳᠠᠯ

检验人员给予开除处分。

人员给予撤职或者开除处分；导致发生重大食品安全事故的，对直接负责的主管人员和食品检验人员给予开除处分。

……依法对食品检验机构直接负责的主管人员和食品检验的，并处五万元以上十万元以下罚款；

第一百三十八条【虚假检验报告的法律责任】违反本法规定，食品检验机构、食品检验人员出具虚假检验报告的，由授予其资质的主管部门或者机构撤销该食品检验机构的检验资质，没收所收取得检验费用，并处检验费用五倍以上十倍以下罚款，检验费用不足一万元违反本法规定，受到开除处分的食品检验机构人员，自处分决定作出之日起十年内不得从事食品检验工作；因食品安全违法行为受到刑事处罚或者因出具虚假检验报告导致发生重大食品安全事故受到开除处分的食品检验机构人员，终身不得从事食品检验工作。食品检验机构聘用不得从事食品检验工作的人员的，由授予其资质的主管部门或者机构撤销该食品检验机构的检验资质。

食品检验机构出具虚假检验报告，使消费者的合法权益受到损害的，应当与食品生产经营者承担连带责任。

●条文解读

食品检验机构和食品检验人员承担着对食品进行依法检验的职责。食品检验是食品安全执法的重要依据，食品药品监督管理部门在日常的执法中，如果发现生产经营的食品可能存在安全问题的，需要将有可能存在问题的食品送到食品检验机构进行检验，如果经检验发现食品确实不符合食品安全标准的，则执法机关应当对当事人给予处罚。所以，食品检验机构所出具的检验结论是食品安全执法的重要依据。新法第85条规定，食品检验由食品检验机构指定的检验人独立进行。检验人应当依照有关法律、法规的规定，并按照食品安全标准和检验规范对食品进行检验，尊重科学，恪守职业道德，保证出具的检验数据和结论客观、公正，不得出具虚假检验报告。第86条规定，食品检验实行食品检验机构与检验人负责制。食品检验报告应当加盖食品检验机构公章，并有检验人的签名或者盖章，食品检验机构和检验人对出具的食品检验报告负责。如果食品检验机构、食品检验人员违反上述规定，出具虚假检验报告的，应当依法承担相应的法律责任。

对于食品检验机构、食品检验人员出具虚假检验报告的，本条规定的法律责任包括：

一、撤销检验资质

新法第84条规定，食品检验机构按照国家有关认证认可的规定取得资质认定后，方可从事食品检验活动。也就是说，国家对食品检验实行许可制，没有获得食品检验资质就不得从事食品检验活动。依照本条规定，食品检验机构会被撤销资质的情况有两种：一是食品检验机构、食品检验人员出具虚假检验报告的；二是食品检验机构聘用不得从事食品检验工作的人员的。撤销食品检验资质的主体是授予其资质的主管部门或者机构，如果食品检验机构的检验资质是由行政部门授予的，则由行政部门负责撤销；如果食品检验机构的检验资质是由国务院认证认可监督管理部门确定的认证认可机构授予的，则由该机构予以撤销。

二、没收检验费用和罚款

没收违法所得、没收非法财物和罚款是行政处罚法规定的行政处罚种类，都属于财产罚。在修改过程中，有的意见提出，由于食品检验机构从事食品检验活动具有有偿性，建议对出具虚假检验报告的行为实行财产罚。立法机关吸收了这方面的意见，即违反新法规定，食品检验机构、食品检验人员出具虚假检验报告的，没收所收取的检验费用，并处检验费用5倍以上10倍以下罚款，检验费用不足1万元的，并处5万元以上10万元以下罚款。

三、行政处分

行政处分是行政法律责任的重要内容。根据轻重程度，行政处分包括警告、记过、记大过、降级、撤职和开除等种类。由于出具虚假检验报告属于比较重的违法行为，因此本条对相关违法主体课予比较严厉的行政处分。食品检验机构、食品检验人员出具虚假检验报告的，依法对食品检验机构直接负责的主管人员和食品检验人员给予撤职或者开除处分；导致发生重大食品安全事故的，对直接负责的主管人员和食品检验人员给予开除处分。为了加大对出具虚假检验报告行为的打击力度，本条还进一步规定，受到开除处分的食品检验机构人员，自处分决定作出之日起10年内不得从事食品检验工作；因食品安全违法行为受到刑事处罚或者因出具虚假检验报告导致发生重大食品安全事故受到开除处分的食品检验机构人员，终身不得从事食品检验工作。

在民事责任方面，食品检验机构出具虚假检验报告，使消费者的合法权益受到损害的，应当与食品生产经营者承担连带责任。

[illegible]

[ᠲᠠᠶᠢᠯᠪᠤᠷᠢ]

[illegible]

ᠲᠣᠭᠲᠠᠭᠠᠭᠰᠠᠨ ᠶᠣᠰᠣᠭᠠᠷ · ᠬᠦᠨᠰᠦᠨ ᠦ ᠰᠢᠯᠭᠠᠨ ᠪᠠᠶᠢᠴᠠᠭᠠᠯᠲᠠ ᠳᠤ ᠬᠦᠨᠰᠦ ᠰᠢᠯᠭᠠᠨ ᠪᠠᠶᠢᠴᠠᠭᠠᠯᠲᠠ ᠶᠢᠨ ᠪᠠᠶᠢᠭᠤᠯᠤᠯᠭ᠎ᠠ ᠪᠣᠯᠤᠨ ᠰᠢᠯᠭᠠᠨ ᠪᠠᠶᠢᠴᠠᠭᠠᠭᠴᠢ ᠶᠢᠨ ᠬᠠᠷᠢᠭᠤᠴᠠᠯᠭ᠎ᠠ ᠶᠢᠨ ᠲᠣᠭᠲᠠᠯᠴᠠᠭ᠎ᠠ ᠶᠢ ᠲᠣᠳᠣᠷᠬᠠᠶᠢᠯᠠᠪᠠ ·· ᠡᠭᠦᠨ ᠳᠦ ᠬᠦᠨᠰᠦ ᠰᠢᠯᠭᠠᠨ ᠪᠠᠶᠢᠴᠠᠭᠠᠬᠤ ᠪᠠᠶᠢᠭᠤᠯᠤᠯᠭ᠎ᠠ · ᠬᠦᠨᠰᠦ ᠰᠢᠯᠭᠠᠨ ᠪᠠᠶᠢᠴᠠᠭᠠᠭᠴᠢ ᠡᠷᠬᠡ ᠬᠠᠷᠢᠭᠤᠴᠠᠯᠭ᠎ᠠ ᠶᠢ ᠲᠣᠳᠣᠷᠬᠠᠶᠢᠯᠠᠬᠤ · ᠬᠠᠷᠢᠭᠤᠴᠠᠯᠭ᠎ᠠ ᠬᠦᠯᠢᠶᠡᠬᠦ ᠰᠢᠯᠭᠠᠨ ᠪᠠᠶᠢᠴᠠᠭᠠᠯᠲᠠ ᠶᠢᠨ ᠦᠷ᠎ᠡ ᠳ᠋ᠦᠩ ᠤᠨ ᠵᠢᠩᠬᠢᠨᠢ ᠪᠠᠶᠢᠳᠠᠯ ᠢ ᠪᠠᠲᠤᠯᠠᠬᠤ ᠵᠡᠷᠭᠡ ᠶᠢᠨ ᠬᠠᠷᠢᠭᠤᠴᠠᠯᠭ᠎ᠠ ᠪᠠᠭᠲᠠᠨ᠎ᠠ ··

ᠬᠦᠨᠰᠦ ᠰᠢᠯᠭᠠᠨ ᠪᠠᠶᠢᠴᠠᠭᠠᠬᠤ ᠪᠠᠶᠢᠭᠤᠯᠤᠯᠭ᠎ᠠ · ᠬᠦᠨᠰᠦ ᠰᠢᠯᠭᠠᠨ ᠪᠠᠶᠢᠴᠠᠭᠠᠭᠴᠢ ᠶᠢᠨ ᠡᠳ᠋ᠯᠡᠬᠦ ᠡᠷᠬᠡ ᠬᠠᠷᠢᠭᠤᠴᠠᠯᠭ᠎ᠠ ᠰᠢᠯᠭᠠᠨ ᠪᠠᠶᠢᠴᠠᠭᠠᠯᠲᠠ ᠶᠢᠨ ᠦᠷ᠎ᠡ ᠳ᠋ᠦᠩ ᠳᠦ ᠪᠦᠷᠢᠨ ᠬᠠᠷᠢᠭᠤᠴᠠᠬᠤ ᠵᠡᠷᠭᠡ ᠶᠢᠨ ᠬᠠᠷᠢᠭᠤᠴᠠᠯᠭ᠎ᠠ ᠳᠤ ᠬᠠᠮᠢᠶᠠᠷᠠᠨ᠎ᠠ :

ᠨᠢᠭᠡ · ᠬᠦᠨᠰᠦ ᠰᠢᠯᠭᠠᠨ ᠪᠠᠶᠢᠴᠠᠭᠠᠬᠤ ᠡᠷᠬᠡ ᠬᠠᠷᠢᠭᠤᠴᠠᠯᠭ᠎ᠠ ᠪᠠᠷ ᠢᠶᠠᠨ ᠲᠣᠳᠣᠷᠬᠠᠶᠢᠯᠠᠬᠤ

ᠡᠨᠡ ᠬᠠᠭᠤᠯᠢ ᠶᠢᠨ 84 ᠳᠦᠭᠡᠷ ᠵᠦᠢᠯ ᠳᠦ ᠲᠣᠭᠲᠠᠭᠠᠭᠰᠠᠨ ᠶᠣᠰᠣᠭᠠᠷ · ᠬᠦᠨᠰᠦᠨ ᠦ ᠰᠢᠯᠭᠠᠨ ᠪᠠᠶᠢᠴᠠᠭᠠᠯᠲᠠ ᠶᠢᠨ ᠪᠠᠶᠢᠭᠤᠯᠤᠯᠭ᠎ᠠ ᠨᠢ ᠤᠯᠤᠰ ᠤᠨ ᠬᠣᠯᠪᠣᠭᠳᠠᠬᠤ ᠲᠠᠨᠢᠯᠴᠠᠭᠤᠯᠬᠤ ᠶᠢᠨ ᠲᠣᠭᠲᠠᠯᠴᠠᠭ᠎ᠠ ᠶᠢᠨ ᠳᠠᠭᠠᠤ ᠴᠢᠳᠠᠪᠤᠷᠢ ᠶᠢᠨ ᠲᠣᠭᠲᠠᠭᠠᠯ ᠢ ᠣᠯᠵᠠᠭᠰᠠᠨ ᠤ ᠬᠣᠶᠢᠨ᠎ᠠ ᠰᠠᠶᠢ ᠬᠦᠨᠰᠦ ᠰᠢᠯᠭᠠᠨ ᠪᠠᠶᠢᠴᠠᠭᠠᠯᠲᠠ ᠶᠢᠨ ᠡᠷᠬᠡ ᠮᠡᠳᠡᠯ ᠢ ᠡᠵᠡᠮᠳᠡᠬᠦ ᠪᠣᠯᠤᠨ᠎ᠠ ·· ᠡᠨᠡ ᠬᠠᠭᠤᠯᠢ ᠳᠤ ᠬᠦᠨᠰᠦᠨ ᠦ ᠰᠢᠯᠭᠠᠨ ᠪᠠᠶᠢᠴᠠᠭᠠᠯᠲᠠ ᠪᠠ ᠲᠣᠭᠲᠠᠭᠠᠭᠰᠠᠨ ᠬᠠᠷᠢᠭᠤᠴᠠᠯᠭ᠎ᠠ · ᠬᠦᠨᠰᠦᠨ ᠦ ᠰᠢᠯᠭᠠᠨ ᠪᠠᠶᠢᠴᠠᠭᠠᠯᠲᠠ ᠶᠢᠨ ᠡᠷᠬᠡ ᠶᠢᠨ ᠮᠡᠳᠡᠯ ᠢ ᠡᠳ᠋ᠯᠡᠬᠦ ᠪᠠᠶᠢᠭᠤᠯᠤᠯᠭ᠎ᠠ ᠪᠣᠯᠪᠠᠰᠤ ᠡᠨᠡ ᠬᠠᠭᠤᠯᠢ ᠳᠤ ᠲᠣᠭᠲᠠᠭᠠᠭᠰᠠᠨ ᠢ ᠪᠠᠷᠢᠮᠲᠠᠯᠠᠬᠤ · ᠬᠦᠨᠰᠦᠨ ᠦ ᠰᠢᠯᠭᠠᠨ ᠪᠠᠶᠢᠴᠠᠭᠠᠯᠲᠠ ᠶᠢᠨ ᠡᠷᠬᠡ ᠪᠡᠷ ᠪᠠᠲᠤᠯᠠᠭᠳᠠᠭᠰᠠᠨ ᠪᠣᠯᠬᠤ ᠶᠢᠨ ᠬᠠᠮᠲᠤ ᠬᠦᠨᠰᠦ ᠰᠢᠯᠭᠠᠨ ᠪᠠᠶᠢᠴᠠᠭᠠᠬᠤ ᠠᠵᠢᠯ ᠢ ᠬᠡᠷᠡᠭᠵᠢᠭᠦᠯᠬᠦ ᠪᠣᠯᠤᠨ᠎ᠠ : ᠨᠢᠭᠡ ᠨᠢ ᠬᠦᠨᠰᠦ ᠰᠢᠯᠭᠠᠨ ᠪᠠᠶᠢᠴᠠᠭᠠᠬᠤ ᠪᠠᠶᠢᠭᠤᠯᠤᠯᠭ᠎ᠠ · ᠬᠦᠨᠰᠦ ᠰᠢᠯᠭᠠᠨ ᠪᠠᠶᠢᠴᠠᠭᠠᠭᠴᠢ ᠶᠢᠨ ᠡᠳ᠋ᠯᠡᠬᠦ ᠡᠷᠬᠡ ᠬᠠᠷᠢᠭᠤᠴᠠᠯᠭ᠎ᠠ ·· ᠬᠣᠶᠠᠷ ᠨᠢ ᠬᠦᠨᠰᠦᠨ ᠦ ᠰᠢᠯᠭᠠᠨ ᠪᠠᠶᠢᠴᠠᠭᠠᠯᠲᠠ ᠶᠢᠨ ᠲᠣᠭᠲᠠᠯᠴᠠᠭ᠎ᠠ ᠬᠦᠢᠴᠡᠳᠬᠡᠬᠦ ᠪᠠ ᠡᠳ᠋ᠯᠡᠬᠦ ᠡᠷᠬᠡ ᠬᠠᠷᠢᠭᠤᠴᠠᠯᠭ᠎ᠠ ᠶᠢᠨ ᠬᠦᠷᠢᠶᠡᠯᠡᠩ ᠢ ᠲᠣᠳᠣᠷᠬᠠᠶᠢᠯᠠᠪᠠ ·· ᠭᠤᠷᠪᠠ ᠨᠢ ᠬᠦᠨᠰᠦᠨ ᠦ ᠰᠢᠯᠭᠠᠨ ᠪᠠᠶᠢᠴᠠᠭᠠᠯᠲᠠ ᠶᠢᠨ ᠠᠵᠢᠯ ᠤᠨ ᠡᠷᠬᠡ ᠬᠠᠷᠢᠭᠤᠴᠠᠯᠭ᠎ᠠ ᠶᠢ ᠲᠣᠳᠣᠷᠬᠠᠶᠢᠯᠠᠪᠠ · ᠡᠭᠦᠨ ᠳᠦ ᠬᠦᠨᠰᠦᠨ ᠦ

ᠬᠤᠭᠤᠴᠠᠭ᠎ᠠ ᠲᠠᠢ ᠬᠣᠷᠢᠨ᠎ᠠ ::
[illegible] [illegible] 1 [illegible] [illegible] [illegible] [illegible] 5 [illegible] [illegible] ᠡᠴᠡ [illegible] 10 [illegible] [illegible] ᠡᠴᠡ [illegible]
[illegible] [illegible] · [illegible] [illegible] 5 ᠵᠢᠯ ᠡᠴᠡ ᠳᠡᠭᠡᠭᠰᠢ 10 ᠵᠢᠯ ᠡᠴᠡ ᠳᠣᠣᠷᠠᠬᠢ ᠬᠤᠭᠤᠴᠠᠭ᠎ᠠ ᠲᠠᠢ ᠬᠣᠷᠢᠨ᠎ᠠ :: ᠬᠡᠷᠪᠡ
[illegible]
[illegible]
[illegible]
[illegible]
[illegible] ::
[illegible]
[illegible]
[illegible]
[illegible]
[illegible] ::
[illegible]
[illegible] ::
[illegible]

证是现代服务业的重要组成部分，对于加强质量安全、促进产业发展、维护群众利益等具有从事评审、审核等认证活动人员的能力和执业资格，予以承认的合格评定活动。检验检测认性要求或者标准的合格评定活动。

认证是指由认证机构证明产品、服务、管理体系符合相关技术规范、相关技术规范的强制认可是指由认可机构对认证机构、检查机构、实验室以及

●条文解读

认证机构出具虚假认证结论，使消费者的合法权益受到损害的，应当与食品生产经营者承担连带责任。

认证机构批准文件，并向社会公布；对直接负责的主管人员和负有直接责任的认证人员，撤销其执业资格。

由认证认可监督管理部门没收所收取的认证费用，并处认证费用五倍以上十倍以下罚款，认证费用不足一万元的，并处五万元以上十万元以下罚款；情节严重的，责令停业，直至撤销

第一百三十九条【虚假认证的法律责任】违反本法规定，认证机构出具虚假认证结论，

重要作用。开展认证认可工作，对从源头上确保食品安全，规范市场行为，指导消费和促进对外贸易具有重要作用。

新法第48条规定，国家鼓励食品生产经营企业符合良好生产规范要求，实施危害分析与关键控制点体系，提高食品安全管理水平。对通过良好生产规范、危害分析与关键控制点体系认证的食品生产经营企业，认证机构应当依法实施跟踪调查；对不再符合认证要求的企业，应当依法撤销认证，及时向县级以上人民政府食品药品监督管理部门通报，并向社会公布。认证机构实施跟踪调查不得收取费用。因此，本条所称『违反本法规定，认证机构出具虚假认证结论』，主要是指对于那些没有符合良好生产规范、危害分析与关键控制点体系认证相关要求的食品生产经营企业，认证机构却故意作出不符合实际情况的认证结论的情形。

依照本条规定，认证机构出具虚假认证结论需要同时承担两个方面的行政法律责任：一是没收所收取的认证费用，并处认证费用5倍以上10倍以下罚款，认证费用不足1万元的，并处5万元以上10万元以下罚款；二是对直接负责的主管人员和负有直接责任的认证人员，撤销其执业资格。除此之外，如果出具虚假认证结论的情节严重，还将被责令停业，直至撤销认证机构批准文件，并向社会公布。民事责任方面，认证机构出具虚假认证结论，使消费者的合法权益受到损害的，应当与食品生产经营者承担连带责任。

需要说明的是，由于认证认可条例第62条对出具虚假认证结论的行为也规定了法律责任，所以在执法实践中需要做好法律适用。认证认可条例第 62 条规定，认证机构出具虚假的认证结论，或者出具的认证结论严重失实的，撤销批准文件，并予公布；对直接负责的主管人员和负有直接责任的认证人员，撤销其执业资格；造成损害的，认证机构应当承担相应的赔偿责任。按照立法法有关法律适用的规定，条例的规定与法律的规定不一致的，应当适用法律的规定。

另外，对于认证机构没有对其认证的产品、服务、管理体系实施有效的跟踪调查，或者发现其认证的产品、服务、管理体系不能持续符合认证要求，不及时暂停其使用或者撤销认证证书并予公布的，依照认证认可条例的规定，将被责令改正，处 5 万元以上 20 万元以下的罚款，有违法所得的，没收违法所得；情节严重的，责令停业整顿，直至撤销批准文件，并予公布。

[illegible]

[illegible]

[illegible]

ᠬᠦᠨᠡᠰᠦᠨ ᠦ ᠠᠶᠤᠯᠭᠦᠢ ᠪᠠᠢᠳᠠᠯ ᠤᠨ ᠬᠠᠤᠯᠢ ᠶᠢᠨ ᠲᠠᠢᠯᠪᠤᠷᠢ

ᠬᠦᠨᠡᠰᠦᠨ ᠦ ᠠᠵᠤ ᠠᠬᠤᠢ ᠶᠢᠨ ᠡᠷᠬᠢᠯᠡᠭᠴᠢ ᠪᠣᠳᠠᠲᠤ ᠨᠡᠷ᠎ᠡ ᠪᠡᠷ ᠪᠦᠷᠢᠳᠬᠡᠬᠦ ᠦᠦᠷᠭᠡ ᠶᠢ ᠬᠡᠷᠡᠭᠵᠢᠭᠦᠯᠬᠦ ᠦᠭᠡᠢ᠂ ᠬᠦᠨᠡᠰᠦᠨ ᠦ ᠠᠶᠤᠯᠭᠦᠢ ᠪᠠᠢᠳᠠᠯ ᠤᠨ ᠬᠠᠮᠢᠶᠠᠷᠤᠯᠲᠠ ᠶᠢᠨ ᠬᠠᠷᠢᠭᠤᠴᠠᠯᠭ᠎ᠠ ᠶᠢ ᠲᠣᠳᠤᠷᠬᠠᠶᠢᠯᠠᠬᠤ ᠦᠭᠡᠢ᠂ ᠬᠠᠤᠯᠢ ᠶᠣᠰᠣᠭᠠᠷ ᠵᠥᠪᠰᠢᠶᠡᠷᠡᠯ ᠦᠨ ᠦᠨᠡᠮᠯᠡᠯ ᠣᠯᠵᠤ ᠠᠪᠬᠤ ᠬᠡᠷᠡᠭᠲᠡᠢ ᠳᠤ ᠡᠭᠦᠨ ᠦ ᠵᠥᠪᠰᠢᠶᠡᠷᠡᠯ ᠦᠨ ᠦᠨᠡᠮᠯᠡᠯ ᠢ ᠬᠢᠨᠠᠨ ᠬᠠᠷᠤᠬᠤ ᠦᠭᠡᠢ ᠪᠣᠯ ᠬᠠᠤᠯᠢ ᠶᠢᠨ 62 ᠳᠤᠭᠠᠷ ᠵᠦᠢᠯ ᠦᠨ ᠲᠣᠭᠲᠠᠭᠠᠯ ᠢ ᠵᠥᠷᠢᠴᠡᠭᠰᠡᠨ ᠪᠣᠯᠤᠨ᠎ᠠ᠃ ᠬᠦᠨᠡᠰᠦᠨ ᠦ ᠠᠵᠤ ᠠᠬᠤᠢ ᠶᠢᠨ ᠡᠷᠬᠢᠯᠡᠭᠴᠢ ᠬᠠᠤᠯᠢ ᠳᠦᠷᠢᠮ ᠢ ᠵᠥᠷᠢᠴᠡᠭᠰᠡᠨ ᠦᠢᠯᠡ ᠠᠵᠢᠯᠯᠠᠭ᠎ᠠ ᠲᠠᠢ ᠪᠠᠢᠬᠤ ᠶᠢ ᠢᠯᠡᠷᠡᠭᠦᠯᠦᠭᠰᠡᠨ ᠳᠦ ᠴᠠᠭ ᠲᠤᠬᠠᠢ ᠳᠤ ᠨᠢ ᠵᠣᠭᠰᠣᠭᠠᠨ ᠬᠣᠷᠢᠭᠯᠠᠵᠤ ᠰᠢᠶᠠᠳ ᠤᠨ ᠠᠷᠠᠳ ᠤᠨ ᠵᠠᠰᠠᠭ ᠤᠨ ᠭᠠᠵᠠᠷ ᠤᠨ ᠬᠦᠨᠡᠰᠦᠨ ᠡᠮ ᠦᠨ ᠬᠢᠨᠠᠨ ᠬᠠᠮᠢᠶᠠᠷᠬᠤ ᠬᠡᠯᠲᠡᠰ ᠲᠦ ᠮᠡᠳᠡᠭᠦᠯᠬᠦ ᠦᠭᠡᠢ ᠪᠣᠯ ᠬᠠᠤᠯᠢ ᠶᠢᠨ 62 ᠳᠤᠭᠠᠷ ᠵᠦᠢᠯ ᠦᠨ ᠲᠣᠭᠲᠠᠭᠠᠯ ᠢ ᠵᠥᠷᠢᠴᠡᠭᠰᠡᠨ ᠪᠣᠯᠤᠨ᠎ᠠ᠃ ᠬᠦᠨᠳᠦ ᠬᠠᠤᠯᠢ ᠵᠥᠷᠢᠴᠡᠭᠰᠡᠨ ᠦᠢᠯᠡ ᠠᠵᠢᠯᠯᠠᠭ᠎ᠠ ᠶᠢ ᠢᠯᠡᠷᠡᠭᠦᠯᠦᠭᠰᠡᠨ ᠳᠦ ᠰᠦᠯᠵᠢᠶ᠎ᠡ ᠶᠢᠨ ᠬᠤᠳᠠᠯᠳᠤᠭ᠎ᠠ ᠶᠢᠨ ᠲᠠᠯᠠᠪᠤᠷ ᠤᠨ ᠦᠢᠯᠡᠴᠢᠯᠭᠡ ᠶᠢ ᠵᠣᠭᠰᠣᠭᠠᠵᠤ ᠬᠠᠩᠭᠠᠬᠤ ᠦᠭᠡᠢ ᠪᠣᠯ ᠮᠥᠨ ᠬᠠᠤᠯᠢ ᠵᠥᠷᠢᠴᠡᠭᠰᠡᠨ ᠪᠣᠯᠤᠨ᠎ᠠ᠃

ᠪᠣᠭᠣᠰᠬᠠᠯᠲᠠ ᠂ ᠬᠤᠷᠠᠯ ᠤᠨ ᠡᠭᠦᠨ ᠦ ᠬᠤᠳᠠᠯᠳᠤᠭ᠎ᠠ ᠶᠢᠨ ᠲᠠᠯᠠᠪᠤᠷ ᠢ ᠬᠠᠩᠭᠠᠭᠴᠢ ᠡᠨᠡ ᠬᠠᠤᠯᠢ ᠶᠢᠨ 62 ᠳᠤᠭᠠᠷ ᠵᠦᠢᠯ ᠦᠨ ᠲᠣᠭᠲᠠᠭᠠᠯ ᠢ ᠵᠥᠷᠢᠴᠡᠭᠰᠡᠨ ᠪᠣᠯ ᠬᠤᠰᠢᠭᠤ ᠠᠰᠢ ᠵᠢᠡᠷ ᠡᠴᠡ ᠳᠡᠭᠡᠭᠰᠢ ᠠᠷᠠᠳ ᠤᠨ ᠵᠠᠰᠠᠭ ᠤᠨ ᠬᠦᠨᠡᠰᠦᠨ ᠡᠮ ᠦᠨ ᠬᠢᠨᠠᠨ ᠬᠠᠮᠢᠶᠠᠷᠬᠤ ᠬᠡᠯᠲᠡᠰ ᠵᠠᠰᠠᠨ ᠵᠠᠰᠠᠯ ᠬᠢᠵᠦ᠂ ᠬᠣᠲᠠᠷᠠᠭᠤ ᠬᠣᠷᠣᠭᠠ ᠶᠢ ᠲᠡᠭᠦᠰᠬᠡᠬᠦ ᠴᠠᠭ ᠲᠤ ᠤᠯᠤᠰ ᠤᠨ ᠬᠠᠤᠯᠢ ᠳᠦᠷᠢᠮ ᠤᠨ ᠶᠣᠰᠣᠭᠠᠷ ᠲᠣᠭᠠᠴᠠᠨ ᠬᠠᠷᠢᠭᠤᠴᠠᠭᠤᠯᠤᠨ᠎ᠠ᠃

第一百四十条【虚假宣传和违法推荐食品的法律责任】违反本法规定，在广告中对食品作虚假宣传，欺骗消费者，或者发布未取得批准文件、广告内容与批准文件不一致的保健食品广告的，依照《中华人民共和国广告法》的规定给予处罚。

广告经营者、发布者设计、制作、发布虚假食品广告，使消费者的合法权益受到损害的，应当与食品生产经营者承担连带责任。

社会团体或者其他组织、个人在虚假广告或者其他虚假宣传中向消费者推荐食品，使消费者的合法权益受到损害的，应当与食品生产经营者承担连带责任。

违反本法规定，食品药品监督管理等部门、食品检验机构、食品行业协会以广告或者其他形式向消费者推荐食品，消费者组织以收取费用或者其他牟取利益的方式向消费者推荐食品的，由有关主管部门没收违法所得，依法对直接负责的主管人员和其他直接责任人员给予记大过、降级或者撤职处分；情节严重的，给予开除处分。

对食品作虚假宣传且情节严重的，由省级以上人民政府食品药品监督管理部门决定暂停销售该食品，并向社会公布；仍然销售该食品的，由县级以上人民政府食品药品监督管理部门没收违法所得和违法销售的食品，并处二万元以上五万元以下罚款。

●条文解读

新法第73条规定，食品广告的内容应当真实合法，不得含有虚假内容，不得涉及疾病预防、治疗功能。食品生产经营者对食品广告内容的真实性、合法性负责。县级以上人民政府食品药品监督管理部门和其他有关部门以及食品检验机构、食品行业协会不得以广告或者其他形式向消费者推荐食品。消费者组织不得以收取费用或者其他牟取利益的方式向消费者推荐食品。本条规定是对违反新法第73条规定而确定的法律责任。

一、依照广告法处罚的情形

目前，虚假食品广告误导消费者的问题时有发生。这些虚假广告不负责任地对食品，特别

还明确，广告经营者、发布者设计、制作、发布虚假食品广告，使消费者的合法权益受到损
发布登记证件。对于发布虚假食品广告的行为，依据广告法上述规定给予处罚。同时，本条
以上200万元以下的罚款，并可以由有关部门暂停广告发布业务、吊销营业执照、吊销广告
的，处广告费用5倍以上10倍以下的罚款，广告费用无法计算或者明显偏低的，处100万元
低的，处20万元以上100万元以下的罚款；2年内有3次以上违法行为或者有其他严重情节
部门没收广告费用，并处广告费用3倍以上5倍以下的罚款，广告费用无法计算或者明显偏
经营者、广告发布者明知或者应知广告虚假仍设计、制作、代理、发布的，由工商行政管理
查机关撤销广告审查批准文件、一年内不受理其广告审查申请。』依照广告法的规定，广告
算或者明显偏低的，处一百万元以上二百万元以下的罚款，可以吊销营业执照，并由广告审
上违法行为或者有其他严重情节的，处广告费用五倍以上十倍以下的罚款，广告费用无法计
广告费用无法计算或者明显偏低的，处二十万元以上一百万元以下的罚款；两年内有三次以
停止发布广告，责令广告主在相应范围内消除影响，处广告费用三倍以上五倍以下的罚款，

广告法第55条第1款规定：『违反本法规定，发布虚假广告的，由工商行政管理部门责令
准文件、广告内容与批准文件不一致的保健食品广告的，依照广告法的规定给予处罚。
第1款规定，违反本法规定，在广告中对食品作虚假宣传，欺骗消费者，或者发布未取得批
是保健食品的质量和功能作虚假宣传，欺骗和误导消费者，影响很坏，需要依法治理。本条

害的，应当与食品生产经营者承担连带责任。

新法第79条规定，保健食品广告的内容应当经生产企业所在地省、自治区、直辖市人民政府食品药品监督管理部门审查批准，取得保健食品广告批准文件。如果发布未取得批准文件、广告内容与批准文件不一致的保健食品广告，应当依照广告法第58条的规定给予处罚，即由工商行政管理部门责令停止发布广告，责令广告主在相应范围内消除影响，处广告费用1倍以上3倍以下的罚款，广告费用无法计算或者明显偏低的，处10万元以上20万元以下的罚款；情节严重的，处广告费用3倍以上5倍以下的罚款，广告费用无法计算或者明显偏低的，处20万元以上100万元以下的罚款，可以吊销营业执照，并由广告审查机关撤销广告审查批准文件、1年内不受理其广告审查申请。

二、关于组织、个人的连带责任

原法规定，社会团体或者其他组织、个人在虚假广告中向消费者推荐食品，使消费者的合法权益受到损害的，都要与食品生产经营者承担连带责任。此次修改，进一步扩大了适用范围，社会团体或者其他组织、个人在虚假广告之外的其他虚假宣传中向消费者推荐食品，使消费者的合法权益受到损害的，也应当与食品生产经营者承担连带责任。

按照《社会团体登记管理条例》的规定，社会团体是指公民自愿组成，为实现会员共同意愿，按照其章程开展活动的非营利性社会组织。按照性质和任务，社会团体可以分为学术性、行业性、专业性和联合性四类。例如各类研究会、行业协会、律师协会、消费者协会、妇女联合会等都是社会团体。『其他组织』指社会团体以外的其他各类组织，包括机关、企业、事业单位、民办非企业单位和其他能够独立承担民事责任的组织。『个人』主要是指名人，当然也包括普通人。

连带责任是指根据法律规定或者当事人的约定，债权人有权请求数个债务人中的任何一人履行全部债务的一种民事责任承担方式。民法通则规定，债务人一方人数为两个以上的，依照法律规定或当事人约定，负有连带义务的每个债务人，都负有清偿全部债务的义务，履行了义务的人，有权要求其他负有连带义务的人偿付他应当承担的份额。连带责任更能保护权利主体的合法权益。消费者可以要求违法推荐食品的社会团体或者其他组织、个人承担全部或者部分民事责任，也可要求食品生产经营者承担全部或者部分民事责任。推荐食品的社会团体或者其他组织、个人与食品生产经营者之间的责任分配，依照法律或者约定确定。推荐食品的社会团体或者其他组织、个人不得以承担的责任超出与食品生产经营者约定的份额而拒绝消费者要求其承担全部责任的主张。推荐食品的社会团体或者其他组织、个人承担的责任超过应当承担的份额的，可以就超额的部分向食品生产经营者追偿。

三、有关部门、机构、协会等的法律责任

本法明确规定，县级以上人民政府食品药品监督管理部门和其他有关部门以及食品检验

机构、食品行业协会不得以广告或者其他形式向消费者推荐食品；消费者组织不得以收取费用或者其他牟取利益的方式向消费者推荐食品。如果上述主体违反了这一规定，向消费者推荐了食品的，不论推荐的食品是否为不符合食品安全标准的食品，也不论是否因该食品给消费者造成了损害，均应当依据本条第 4 款的规定承担相应的法律责任，即由有关主管部门没收违法所得，依法对直接负责的主管人员和其他直接责任人员给予记大过、降级或者撤职处分；情节严重的，给予开除处分。

另外，为了防止给消费者造成损害，此次修改还对食品虚假宣传情节严重的作了进一步处理。对食品作虚假宣传且情节严重的，由省级以上人民政府食品药品监督管理部门决定暂停销售该食品，并向社会公布；仍然销售该食品的，由县级以上人民政府食品药品监督管理部门没收违法所得和违法销售的食品，并处 2 万元以上 5 万元以下罚款。

[illegible]

[illegible]

[illegible]

[illegible]

ᠵᠠᠷᠯᠠᠬᠤ ᠶᠢ ᠵᠣᠭᠰᠣᠭᠠᠬᠤ ᠪᠠᠷ ᠵᠠᠭᠠᠭᠠᠷᠯᠠᠵᠤ ᠂ ᠵᠠᠷ ᠤᠷᠢᠶᠠᠯ ᠤᠨ ᠡᠵᠡᠨ ᠢ ᠬᠠᠷᠠᠯᠴᠠᠭᠠᠨ ᠬᠡᠮᠵᠢᠶ᠎ᠡ ᠳᠦ ᠨᠥᠯᠦᠭᠡ ᠶᠢ ᠠᠷᠢᠯᠭᠠᠬᠤ ᠪᠠᠷ ᠵᠠᠭᠠᠭᠠᠷᠯᠠᠵᠤ ᠂ ᠵᠠᠷ ᠤᠷᠢᠶᠠᠯ ᠤᠨ ᠵᠠᠷᠴᠠᠭᠤᠯ ᠤᠨ 3 ᠳᠠᠬᠢᠨ ᠠᠴᠠ ᠳᠡᠭᠡᠭᠰᠢ 5 ᠳᠠᠬᠢᠨ ᠤ ᠳᠣᠣᠭᠰᠢ ᠲᠣᠭᠣᠯᠢ ᠲᠣᠯᠦᠭᠦᠯᠬᠦ ᠂ ᠵᠠᠷ ᠤᠷᠢᠶᠠᠯ ᠤᠨ ᠵᠠᠷᠴᠠᠭᠤᠯ ᠢ ᠪᠣᠳᠣᠵᠤ ᠴᠢᠳᠠᠬᠤ ᠦᠭᠡᠢ ᠪᠤᠶᠤ ᠢᠯᠡᠷᠬᠡᠢ ᠳᠣᠣᠷ᠎ᠠ ᠪᠣᠯ 20 ᠲᠦᠮᠡᠨ ᠶᠤᠸᠠᠨ ᠠᠴᠠ ᠳᠡᠭᠡᠭᠰᠢ 100 ᠲᠦᠮᠡᠨ ᠶᠤᠸᠠᠨ ᠤ ᠳᠣᠣᠭᠰᠢ ᠲᠣᠭᠣᠯᠢ ᠲᠣᠯᠦᠭᠦᠯᠦᠨ᠎ᠡ ᠄ ᠬᠣᠶᠠᠷ ᠵᠢᠯ ᠦᠨ ᠳᠣᠲᠣᠷ᠎ᠠ ᠭᠤᠷᠪᠠ ᠤᠳᠠᠭ᠎ᠠ ᠪᠠ ᠲᠡᠭᠦᠨ ᠡᠴᠡ ᠳᠡᠭᠡᠭᠰᠢ ᠬᠠᠤᠯᠢ ᠵᠥᠷᠢᠴᠡᠭᠰᠡᠨ ᠪᠤᠶᠤ ᠪᠤᠰᠤᠳ ᠬᠦᠨᠳᠦ ᠨᠥᠬᠦᠴᠡᠯ ᠲᠠᠢ ᠪᠣᠯ ᠵᠠᠷ ᠤᠷᠢᠶᠠᠯ ᠤᠨ ᠵᠠᠷᠴᠠᠭᠤᠯ ᠤᠨ 5 ᠳᠠᠬᠢᠨ ᠠᠴᠠ ᠳᠡᠭᠡᠭᠰᠢ 10 ᠳᠠᠬᠢᠨ ᠤ ᠳᠣᠣᠭᠰᠢ ᠲᠣᠭᠣᠯᠢ ᠲᠣᠯᠦᠭᠦᠯᠬᠦ ᠂ ᠵᠠᠷ ᠤᠷᠢᠶᠠᠯ ᠤᠨ ᠵᠠᠷᠴᠠᠭᠤᠯ ᠢ ᠪᠣᠳᠣᠵᠤ ᠴᠢᠳᠠᠬᠤ ᠦᠭᠡᠢ ᠪᠤᠶᠤ ᠢᠯᠡᠷᠬᠡᠢ ᠳᠣᠣᠷ᠎ᠠ ᠪᠣᠯ 100 ᠲᠦᠮᠡᠨ ᠶᠤᠸᠠᠨ ᠠᠴᠠ ᠳᠡᠭᠡᠭᠰᠢ 200 ᠲᠦᠮᠡᠨ ᠶᠤᠸᠠᠨ ᠤ ᠳᠣᠣᠭᠰᠢ ᠲᠣᠭᠣᠯᠢ ᠲᠣᠯᠦᠭᠦᠯᠬᠦ ᠂ ᠠᠵᠤ ᠠᠬᠤᠢ ᠶᠢᠨ ᠦᠨᠡᠮᠯᠡᠯ ᠢ ᠬᠦᠴᠦᠨ ᠦᠭᠡᠢ ᠪᠣᠯᠭᠠᠵᠤ ᠪᠣᠯᠬᠤ ᠪᠥᠭᠡᠳ ᠂ ᠵᠠᠷ ᠤᠷᠢᠶᠠᠯ ᠢ ᠬᠢᠨᠠᠨ ᠬᠡᠪᠯᠡᠭᠦᠯᠬᠦ ᠪᠠᠢᠭᠤᠯᠤᠯᠭ᠎ᠠ ᠨᠢ ᠵᠠᠷ ᠤᠷᠢᠶᠠᠯ ᠢ ᠬᠢᠨᠠᠨ ᠬᠡᠪᠯᠡᠭᠦᠯᠬᠦ ᠵᠥᠪᠰᠢᠶᠡᠷᠡᠯ ᠦᠨ ᠪᠢᠴᠢᠭ ᠢ ᠬᠦᠴᠦᠨ ᠦᠭᠡᠢ ᠪᠣᠯᠭᠠᠵᠤ ᠂ ᠨᠢᠭᠡ ᠵᠢᠯ ᠦᠨ ᠳᠣᠲᠣᠷ᠎ᠠ ᠲᠡᠭᠦᠨ ᠦ ᠵᠠᠷ ᠤᠷᠢᠶᠠᠯ ᠢ ᠬᠢᠨᠠᠨ ᠬᠡᠪᠯᠡᠭᠦᠯᠬᠦ ᠭᠤᠶᠤᠳᠠᠯ ᠢ ᠬᠦᠯᠢᠶᠡᠨ ᠠᠪᠬᠤ ᠦᠭᠡᠢ ᠬᠠᠷᠢᠭᠤᠴᠠᠨ᠎ᠠ ᠃

ᠵᠦᠢᠯ ᠄ ᠲᠤᠰ ᠬᠠᠤᠯᠢ ᠶᠢᠨ 79 ᠳᠦᠭᠡᠷ ᠵᠦᠢᠯ ᠳᠦ ᠵᠢᠭᠠᠭᠰᠠᠨ ᠬᠦᠨᠡᠰᠦᠨ ᠦ ᠪᠦᠲᠦᠭᠡᠭᠳᠡᠬᠦᠨ ᠦ ᠵᠠᠷ ᠤᠷᠢᠶᠠᠯ ᠤᠨ ᠬᠠᠷᠢᠭᠤᠴᠠᠬᠤ ᠭᠠᠵᠠᠷ ᠬᠡᠯᠲᠡᠰ ᠦᠨ ᠵᠥᠪᠰᠢᠶᠡᠷᠡᠯ ᠦᠨ ᠪᠢᠴᠢᠭ ᠢ ᠤᠯᠤᠭᠰᠠᠨ ᠦᠭᠡᠢ ᠪᠤᠶᠤ ᠵᠠᠷ ᠤᠷᠢᠶᠠᠯ ᠤᠨ ᠠᠭᠤᠯᠭ᠎ᠠ ᠨᠢ ᠵᠥᠪᠰᠢᠶᠡᠷᠡᠯ ᠦᠨ ᠪᠢᠴᠢᠭ ᠲᠡᠢ ᠨᠢᠶᠢᠴᠡᠬᠦ ᠦᠭᠡᠢ ᠪᠣᠯ ᠂ ᠵᠠᠷ ᠤᠷᠢᠶᠠᠯ ᠤᠨ ᠬᠠᠤᠯᠢ ᠶᠢᠨ ᠵᠢᠭᠠᠯᠲᠠ ᠶᠢᠨ ᠳᠠᠭᠠᠤ ᠰᠢᠶᠳᠪᠦᠷᠢᠯᠡᠨ᠎ᠡ ᠃ ᠬᠦᠨᠡᠰᠦᠨ ᠦ ᠪᠦᠲᠦᠭᠡᠭᠳᠡᠬᠦᠨ ᠦ ᠬᠤᠳᠠᠯᠳᠤᠭᠠᠨ ᠪᠣᠯᠪᠠᠰᠤ ᠬᠠᠷᠢᠭᠤ ᠃ ᠭᠤᠷᠪᠠᠳᠤᠭᠠᠷ ᠪᠦᠯᠦᠭ ᠦᠨ ᠬᠦᠨᠡᠰᠦᠨ ᠦ ᠪᠦᠲᠦᠭᠡᠭᠳᠡᠬᠦᠨ ᠦ ᠬᠤᠳᠠᠯᠳᠤᠭᠠᠨ ᠤ

[illegible]

[illegible]

ᠪᠠᠢᠭᠤᠯᠤᠯᠭ᠎ᠠ ᠶᠢᠨ ᠬᠠᠮᠠᠭᠠᠯᠠᠯᠲᠠ᠂ ᠲᠤᠰ ᠲᠠᠯ᠎ᠠ ᠶᠢᠨ ᠬᠠᠮᠢᠶ᠎ᠠ ᠲᠠᠢ ᠪᠣᠯᠤᠨ ᠪᠠᠢᠭᠤᠯᠤᠯᠭ᠎ᠠ ᠵᠢ ᠪᠠᠢᠭᠤᠯᠬᠤ ᠳᠤ ᠬᠠᠮᠢᠶᠠᠷᠤᠭᠤᠯᠬᠤ ᠰᠠᠩᠬᠦᠦ ᠶᠢᠨ ᠬᠡᠯᠲᠡᠰ᠂ ᠬᠤᠪᠢ ᠬᠦᠮᠦᠨ ᠦ ᠠᠵᠢᠯ ᠤᠨ ᠬᠡᠷᠡᠭ ᠢ ᠦᠨᠡᠯᠡᠨ ᠲᠣᠭᠲᠠᠭᠠᠬᠤ ᠶᠢᠨ ᠬᠠᠮᠲᠤ ᠪᠠᠢᠭᠤᠯᠤᠯᠭ᠎ᠠ ᠶᠢᠨ ᠬᠠᠷᠢᠭᠤᠴᠠᠯᠭ᠎ᠠ ᠲᠠᠢ ᠪᠣᠯᠤᠨ᠎ᠠ ᠄ ᠲᠤᠰ ᠬᠠᠤᠯᠢ ᠳᠤ ᠵᠢᠭᠠᠭᠰᠠᠨ ᠪᠠᠢᠭᠤᠯᠤᠯᠭ᠎ᠠ ᠶᠢᠨ ᠬᠠᠮᠠᠭᠠᠯᠠᠯᠲᠠ ᠶᠢᠨ ᠬᠡᠷᠡᠭ ᠢ ᠬᠠᠷᠢᠭᠤᠴᠠᠨ᠎ᠠ ᠄ ᠪᠠᠢᠭᠤᠯᠤᠯᠭ᠎ᠠ ᠶᠢᠨ ᠦᠢᠯᠡ ᠠᠵᠢᠯᠯᠠᠭ᠎ᠠ ᠳᠤ ᠬᠢᠨᠠᠯᠲᠠ ᠲᠠᠯ᠎ᠠ ᠶᠢᠨ ᠬᠠᠷᠢᠭᠤᠴᠠᠯᠭ᠎ᠠ ᠵᠢ ᠬᠦᠯᠢᠶᠡᠨ᠎ᠡ ᠂ ᠪᠠᠢᠭᠤᠯᠤᠯᠭ᠎ᠠ ᠶᠢᠨ ᠬᠠᠮᠠᠭᠠᠯᠠᠯᠲᠠ ᠶᠢᠨ ᠵᠠᠰᠠᠭ ᠤᠨ ᠭᠠᠵᠠᠷ ᠤᠨ ᠬᠡᠯᠲᠡᠰ ᠢ ᠬᠠᠷᠢᠭᠤᠴᠠᠨ᠎ᠠ ᠄ ᠬᠣᠣᠷ ᠬᠣᠯᠪᠤᠭᠳᠠᠯ ᠲᠠᠢ ᠪᠣᠳᠯᠣᠭ᠎ᠠ ᠶᠢ ᠪᠠᠢᠭᠤᠯᠤᠯᠭ᠎ᠠ ᠵᠢ ᠪᠠᠢᠴᠠᠭᠠᠨ ᠬᠢᠨᠠᠬᠤ ᠬᠠᠮᠠᠭᠠᠯᠠᠯᠲᠠ ᠶᠢᠨ ᠠᠵᠢᠯ ᠢ ᠬᠠᠷᠢᠭᠤᠴᠠᠨ ᠪᠠᠢᠭᠤᠯᠤᠯᠭ᠎ᠠ ᠶᠢᠨ ᠬᠠᠮᠠᠭᠠᠯᠠᠯᠲᠠ ᠶᠢᠨ ᠬᠤᠪᠢ ᠶᠢᠨ ᠭᠠᠵᠠᠷ ᠤᠨ ᠬᠠᠮᠢᠶ᠎ᠠ ᠲᠠᠢ ᠪᠣᠯᠤᠨ ᠪᠠᠢᠭᠤᠯᠤᠯᠭ᠎ᠠ ᠶᠢᠨ ᠲᠣᠭᠲᠠᠭᠠᠯ ᠢ ᠪᠠᠢᠭᠤᠯᠬᠤ ᠠᠵᠢᠯ ᠢ ᠬᠢᠨᠠᠨ ᠬᠠᠮᠠᠭᠠᠯᠠᠨ᠎ᠠ ᠄ ᠪᠠᠢᠭᠤᠯᠤᠯᠭ᠎ᠠ ᠶᠢᠨ ᠬᠡᠷᠡᠭ ᠢ ᠦᠨᠡᠯᠡᠬᠦ ᠪᠠ ᠪᠣᠯᠤᠨ ᠪᠠᠢᠭᠤᠯᠤᠯᠭ᠎ᠠ ᠶᠢᠨ ᠬᠠᠷᠢᠭᠤᠴᠠᠯᠭ᠎ᠠ ᠶᠢᠨ ᠲᠤᠯᠠ ᠭᠠᠵᠠᠷ ᠤᠨ ᠬᠡᠯᠲᠡᠰ ᠪᠠᠢᠭᠤᠯᠤᠯᠭ᠎ᠠ ᠶᠢᠨ ᠲᠣᠭᠲᠠᠭᠠᠯ ᠢ ᠬᠡᠷᠡᠭᠵᠢᠭᠦᠯᠦᠨ᠎ᠡ ᠄

ᠬᠣᠣᠷ ᠬᠣᠯᠪᠤᠭᠳᠠᠯ ᠲᠠᠢ ᠪᠠᠢᠭᠤᠯᠤᠯᠭ᠎ᠠ ᠵᠢ ᠬᠠᠮᠠᠭᠠᠯᠠᠬᠤ ᠬᠡᠷᠡᠭ ᠦᠨ ᠲᠤᠰ ᠲᠠᠯ᠎ᠠ ᠶᠢᠨ ᠬᠠᠷᠢᠭᠤᠴᠠᠯᠭ᠎ᠠ ᠶᠢᠨ ᠲᠣᠭᠲᠠᠭᠠᠯ ᠢ ᠦᠨᠡᠯᠡᠨ ᠲᠣᠭᠲᠠᠭᠠᠨ᠎ᠠ ᠄

ᠭᠠᠵᠠᠷ ᠪᠤᠶᠤ ᠤᠰᠤᠨ ᠤ ᠭᠠᠳᠠᠷᠭᠤ ᠶᠢᠨ ᠪᠠᠢᠭᠤᠯᠤᠯᠭ᠎ᠠ ᠵᠢ ᠪᠠᠢᠴᠠᠭᠠᠨ ᠬᠢᠨᠠᠬᠤ᠂ ᠬᠠᠮᠠᠭᠠᠯᠠᠬᠤ ᠶᠢᠨ ᠵᠡᠷᠭᠡᠴᠡ ᠬᠣᠣᠷ ᠬᠣᠯᠪᠤᠭᠳᠠᠯ ᠲᠠᠢ ᠪᠣᠯᠤᠨ ᠤᠰᠤᠨ ᠤ ᠡᠬᠢ ᠪᠠᠶᠠᠯᠢᠭ ᠢ ᠬᠠᠮᠠᠭᠠᠯᠠᠬᠤ ᠪᠠᠢᠭᠤᠯᠤᠯᠭ᠎ᠠ ᠂ ᠭᠠᠵᠠᠷ ᠪᠤᠶᠤ ᠤᠰᠤᠨ ᠤ ᠪᠠᠢᠭᠤᠯᠤᠯᠭ᠎ᠠ ᠶᠢᠨ ᠬᠡᠷᠡᠭ ᠢ ᠬᠢᠨᠠᠨ ᠪᠠᠢᠴᠠᠭᠠᠭᠰᠠᠨ ᠂ ᠬᠠᠷᠢᠭᠤᠴᠠᠯᠭ᠎ᠠ ᠲᠠᠢ ᠪᠠᠢᠭᠤᠯᠤᠯᠭ᠎ᠠ ᠶᠢᠨ ᠬᠡᠷᠡᠭᠵᠢᠭᠦᠯᠦᠯᠲᠡ ᠳᠤ ᠪᠠᠢᠭᠤᠯᠤᠭᠳᠠᠨ᠎ᠠ ᠄ ᠭᠠᠵᠠᠷ ᠪᠤᠶᠤ ᠤᠰᠤᠨ ᠤ ᠭᠠᠳᠠᠷᠭᠤ ᠶᠢᠨ ᠪᠠᠢᠭᠤᠯᠤᠯᠭ᠎ᠠ ᠵᠢ ᠬᠠᠮᠠᠭᠠᠯᠠᠬᠤ ᠪᠣᠯᠤᠨ

第一百四十一条【编造、散布虚假信息的法律责任】 违反本法规定，编造、散布虚假食品安全信息，构成违反治安管理行为的，由公安机关依法给予治安管理处罚。

媒体编造、散布虚假食品安全信息的，由有关主管部门依法给予处罚，并对直接负责的主管人员和其他直接责任人员给予处分；使公民、法人或者其他组织的合法权益受到损害的，依法承担消除影响、恢复名誉、赔偿损失、赔礼道歉等民事责任。

●条文解读

本条第1款是与治安管理处罚法的衔接性规定。治安管理处罚法第25条规定，散布谣言，谎报险情、疫情、警情或者以其他方法故意扰乱公共秩序的，处5日以上10日以下拘留，可以并处500元以下罚款；情节较轻的，处5日以下拘留或者500元以下罚款。治安管理处罚由县级以上人民政府公安机关决定；其中警告、500元以下的罚款可以由公安派出所决定。治安管理处罚法第19条规定，违反治安管理有下列情形之一的，可以减轻处罚或者不予处罚：情节特别轻微的；主动消除或者减轻违法后果，并取得被侵害人谅解的；出于他人胁迫或者诱骗的；主动投案，向公安机关如实陈述自己的违法行为的；有立功表现的。第20条规定，违反治安管理有下列情形之一的，从重处罚：有较严重后果的；教唆、胁迫、诱骗他人违反治安管理的；对报案人、控告人、举报人、证人打击报复的；6个月内曾受过治安管理处罚的。当然，被处罚人对治安管理处罚决定不服的，可以依法申请行政复议或者提起行政诉讼。

本条第 2 款规定，媒体编造、散布虚假食品安全信息的，由有关主管部门依法给予处罚，并对直接负责的主管人员和其他直接责任人员给予处分。这是衔接性规定，具体如何处罚，要按照其他法规、规章的规定处理。如《新闻记者证管理办法》第 18 条规定，新闻记者使用新闻记者证从事新闻采访活动，应遵守法律规定和新闻职业道德，确保新闻报道真实、全面、客观、公正，不得编发虚假报道，不得刊播虚假新闻，不得徇私隐匿应报道的新闻事实。如果违反该规定，根据《新闻记者证管理办法》第 35 条规定，由新闻出版总署或者省、自治区、直辖市新闻出版行政部门给予警告，并处 3 万元以下罚款，情节严重的，吊销其新闻记者证，构成犯罪的，依法追究刑事责任。

另外，本条还规定了民事责任。依照侵权责任法的规定，承担侵权责任的方式主要有：停止侵害、排除妨碍、消除危险、返还财产、恢复原状、赔偿损失、赔礼道歉、消除影响、。陕复名誉。本条结合媒体编造、散布虚假食品安全信息侵权的特点，规定了消除影响、恢复名誉、赔偿损失、赔礼道歉等民事责任。这些承担侵权责任的方式，可以单独适用，也可以合并适用。

[illegible]

[[illegible]]

[illegible]

[illegible]

[illegible]

ᠲᠤᠰᠬᠠᠢ ᠪᠠᠷ ᠲᠣᠭᠲᠠᠭᠠᠬᠤ ᠶᠢ ᠲᠣᠭᠲᠠᠭᠠᠭᠰᠠᠨ ᠤ ᠬᠦᠨᠰᠦᠨ ᠦ ᠪᠦᠲᠦᠭᠡᠭᠳᠡᠬᠦᠨ ᠬᠠᠮᠢᠶᠠᠷᠤᠯ ᠵᠢᠷᠤᠮ ᠳᠤ ᠲᠣᠭᠲᠠᠭᠠᠪᠠ ᠄ ᠬᠦᠨᠰᠦᠨ ᠦ ᠠᠮᠢᠳᠤ ᠪᠦᠲᠦᠭᠡᠭᠳᠡᠬᠦᠨ ᠪᠠᠷ ᠲᠤᠰᠬᠠᠢ
ᠬᠤᠳᠠᠯᠳᠤᠭᠠᠨ ᠳᠤ ᠪᠠᠢᠳᠠᠯ ᠤᠨ 19 ᠳᠤᠭᠠᠷ ᠵᠦᠢᠯ ᠳᠦ ᠲᠣᠭᠲᠠᠭᠠᠭᠰᠠᠨ ᠪᠡᠷ᠂ ᠬᠦᠨᠰᠦᠨ ᠦ ᠠᠮᠢᠳᠤ ᠪᠦᠲᠦᠭᠡᠭᠳᠡᠬᠦᠨ ᠦ ᠪᠠᠢᠭᠤᠯᠤᠯᠭ᠎ᠠ ᠬᠠᠮᠢᠶᠠᠷᠤᠯ
ᠪᠣᠯᠪᠠᠰᠤ ᠳᠤ ᠬᠠᠮᠢᠶ᠎ᠠ ᠪᠣᠯᠪᠠᠰᠤ ᠬᠤᠳᠠᠯᠳᠤᠭᠠᠨ ᠤ ᠶᠢ ᠪᠦᠲᠦᠭᠡᠭᠳᠡᠬᠦᠨ ᠪᠠᠷ ᠲᠣᠭᠲᠠᠭᠠᠨ᠎ᠠ ᠄ ᠬᠠᠮᠢᠶ᠎ᠠ ᠪᠣᠯᠪᠠ ᠶᠢ ᠲᠤᠰᠬᠠᠢ ᠪᠣᠯᠪᠠᠰᠤ᠂ ᠵᠠᠰᠠᠭᠯᠠᠬᠤ
ᠬᠠᠮᠢᠶ᠎ᠠ ᠲᠠᠢ ᠪᠠᠢᠭᠤᠯᠤᠯᠭ᠎ᠠ ᠪᠣᠯᠤᠨ ᠪᠦᠲᠦᠭᠡᠭᠳᠡᠬᠦᠨ ᠦ ᠪᠠᠢᠭᠤᠯᠤᠯᠭ᠎ᠠ᠂ ᠲᠤᠰᠬᠠᠢ ᠪᠣᠯᠪᠠ ᠬᠢᠨᠠᠯᠲᠠ ᠶᠢ ᠬᠠᠷᠢᠭᠤᠴᠠᠭᠤᠯᠤᠭᠰᠠᠨ ᠄ ᠬᠠᠤᠯᠢ ᠳᠤ
ᠬᠠᠮᠢᠶᠠᠷᠤᠭᠰᠠᠨ ᠪᠠᠢᠭᠤᠯᠤᠯᠭ᠎ᠠ ᠪᠦᠲᠦᠭᠡᠭᠳᠡᠬᠦᠨ ᠲᠤᠰᠬᠠᠢ ᠵᠦᠢᠯ ᠳᠦ ᠪᠠᠢᠭᠤᠯᠤᠭᠳᠠᠨ᠎ᠠ ᠄ ᠲᠣᠭᠲᠠᠭᠠᠯ ᠤᠨ ᠬᠦᠨᠰᠦᠨ ᠦ ᠬᠤᠪᠢᠶᠠᠷᠢᠯᠠᠭᠰᠠᠨ ᠪᠣᠯ ᠬᠤᠳᠠᠯᠳᠤᠭᠠᠨ ᠤ ᠬᠢᠨᠠᠯᠲᠠ ᠶᠢ ᠬᠠᠷᠢᠭᠤᠴᠠᠵᠤ
ᠬᠦᠨ ᠪᠠᠨ ᠪᠠᠷ ᠵᠢᠬᠠᠨ ᠬᠤᠳᠠᠯᠳᠤᠭᠠᠨ ᠤ ᠄ ᠪᠣᠯᠬᠤ ᠪᠦᠲᠦᠭᠡᠭᠳᠡᠬᠦᠨ ᠲᠤᠰᠬᠠᠢ ᠳᠤ ᠪᠣᠯᠤᠨ᠎ᠠ ᠄ 20 ᠳᠤᠭᠠᠷ ᠵᠦᠢᠯ ᠳᠦ ᠲᠣᠭᠲᠠᠭᠠᠭᠰᠠᠨ ᠪᠡᠷ᠂ ᠬᠤᠳᠠᠯᠳᠤᠭᠠᠨ ᠤ
ᠠᠮᠢᠳᠤ ᠪᠦᠲᠦᠭᠡᠭᠳᠡᠬᠦᠨ ᠦ ᠬᠠᠮᠢᠶᠠᠲᠠᠢ ᠠᠵᠢᠯ ᠬᠢᠬᠦ ᠪᠣᠯᠪᠠ ᠳᠤ ᠪᠣᠯᠬᠤ ᠪᠣᠯᠤᠨ ᠪᠣᠯᠭᠠᠭᠰᠠᠨ ᠪᠣᠯᠤᠨ᠎ᠠ ᠄ ᠲᠤᠰᠬᠠᠢ ᠪᠣᠯᠪᠠ ᠬᠠᠮᠢᠶ᠎ᠠ ᠬᠦᠮᠦᠨ
ᠪᠠᠢᠳᠠᠯ ᠢ ᠪᠣᠯᠭᠠᠨ᠎ᠠ ᠄ ᠬᠦᠨᠰᠦ ᠪᠦᠲᠦᠭᠡᠯ᠂ ᠬᠠᠳᠠᠭᠠᠯᠠᠯᠲᠠ᠂ ᠲᠡᠭᠦᠪᠦᠷᠢ ᠬᠦᠷᠭᠡᠯᠲᠡ ᠪᠠᠢᠳᠠᠯ ᠤᠨ ᠬᠤᠳᠠᠯᠳᠤᠭᠠᠨ ᠤ ᠠᠮᠢᠳᠤ ᠪᠦᠲᠦᠭᠡᠭᠳᠡᠬᠦᠨ ᠦ
ᠲᠤᠰᠬᠠᠢᠯᠠᠨ ᠵᠣᠬᠢᠶᠠᠨ ᠪᠠᠢᠭᠤᠯᠤᠯᠲᠠ ᠄ ᠬᠦᠨᠰᠦ ᠦᠢᠯᠡᠳᠪᠦᠷᠢᠯᠡᠯ ᠪᠤᠶᠤ᠂ ᠲᠡᠭᠦᠷᠭᠡ ᠪᠤᠶᠤ᠂ ᠬᠠᠳᠠᠭᠠᠯᠠᠯᠲᠠ᠂ ᠦᠢᠯᠡᠳᠪᠦᠷᠢᠯᠡᠯ ᠪᠤᠶᠤ᠂ ᠬᠤᠳᠠᠯᠳᠤᠭᠠᠨ ᠪᠤᠶᠤ ᠶᠢ ᠵᠣᠬᠢᠶᠠᠨ
ᠬᠠᠮᠢᠶ᠎ᠠ ᠬᠠᠤᠯᠢ ᠳᠤ ᠵᠠᠰᠠᠭᠯᠠᠭᠰᠠᠨ ᠄ 6 ᠳᠤᠭᠠᠷ ᠵᠦᠢᠯ ᠳᠦ ᠬᠤᠳᠠᠯᠳᠤᠭᠠᠨ ᠤ ᠠᠵᠢᠯ ᠤᠨ ᠬᠠᠷᠢᠭᠤᠴᠠᠯᠭ᠎ᠠ ᠶᠢ ᠬᠠᠤᠯᠢ ᠵᠠᠰᠠᠭᠯᠠᠭᠰᠠᠨ ᠄ ᠲᠣᠭᠲᠠᠭᠠᠯ ᠬᠠᠤᠯᠢ᠂
ᠬᠤᠳᠠᠯᠳᠤᠭᠠᠨ ᠬᠢᠨᠠᠨ ᠬᠢᠨᠠᠯᠲᠠ ᠶᠢᠨ ᠠᠵᠢᠯ ᠤᠨ ᠬᠠᠷᠢᠭᠤᠴᠠᠯᠭ᠎ᠠ ᠶᠢ ᠬᠤᠳᠠᠯᠳᠤᠭᠠᠨ ᠤ ᠪᠠᠷᠠᠭ᠎ᠠ ᠬᠠᠤᠯᠢ ᠶᠢᠨ ᠪᠠᠢᠳᠠᠯ ᠳᠤ ᠲᠣᠭᠲᠠᠭᠠᠭᠰᠠᠨ ᠬᠦᠨᠰᠦᠨ ᠦ ᠠᠮᠢᠳᠤ ᠪᠦᠲᠦᠭᠡᠭᠳᠡᠬᠦᠨ ᠢ ᠬᠢᠨᠠᠬᠤ ᠶᠢᠨ
ᠪᠣᠯᠤᠨ ᠬᠦᠨᠰᠦᠨ ᠬᠦᠨᠰᠦᠨ ᠦ ᠪᠦᠲᠦᠭᠡᠭᠳᠡᠬᠦᠨ ᠦ ᠬᠠᠮᠢᠶ᠎ᠠ ᠪᠣᠯᠤᠨ᠎ᠠ ᠄

ᠡᠨᠡ ᠬᠠᠤᠯᠢ ᠶᠢᠨ 2 ᠳᠤᠭᠠᠷ ᠵᠦᠢᠯ ᠳᠦ ᠲᠣᠭᠲᠠᠭᠠᠭᠰᠠᠨ᠂ ᠬᠦᠨᠰᠦᠨ ᠦ ᠠᠮᠢᠳᠤ ᠪᠦᠲᠦᠭᠡᠭᠳᠡᠬᠦᠨ ᠢ ᠪᠠᠢᠭᠤᠯᠬᠤ ᠬᠡᠷᠡᠭᠯᠡᠭᠡᠨ ᠦ ᠪᠠᠢᠳᠠᠯ᠂ ᠵᠢᠷᠤᠮᠯᠠᠯ ᠤᠨ ᠪᠦᠲᠦᠭᠡᠭᠳᠡᠬᠦᠨ ᠪᠣᠯ
ᠪᠦᠲᠦᠭᠡᠭᠳᠡᠬᠦᠨ ᠦᠢᠯᠡᠳᠪᠦᠷᠢᠯᠡᠯ ᠬᠢᠬᠦ ᠶᠢᠨ ᠵᠢᠷᠤᠮ ᠤᠨ ᠳᠦᠷᠢᠮ ᠤᠨ ᠲᠣᠭᠲᠠᠭᠠᠯ ᠬᠠᠤᠯᠢ ᠶᠢᠨ ᠵᠠᠷᠢᠮ᠂ ᠬᠠᠮᠢᠶᠠᠲᠠᠢ ᠵᠣᠬᠢᠴᠠᠭᠤᠯᠤᠯᠲᠠ ᠶᠢ ᠪᠠᠷᠢᠮᠲᠠᠯᠠᠨ᠎ᠠ ᠪᠦᠲᠦᠭᠡᠭᠳᠡᠬᠦᠨ ᠦᠢᠯᠡᠳᠪᠦᠷᠢᠯᠡᠬᠦ ᠪᠠᠢᠳᠠᠯ
ᠬᠠᠮᠢᠶᠠᠲᠠᠢ ᠵᠣᠬᠢᠴᠠᠭᠤᠯᠤᠯᠲᠠ ᠶᠢ ᠪᠠᠷᠢᠮᠲᠠᠯᠠᠨ᠎ᠠ ᠬᠠᠤᠯᠢ ᠶᠢᠨ ᠵᠠᠷᠢᠮ ᠳᠦ ᠪᠠᠢᠬᠤ ᠶᠢ ᠬᠠᠷᠢᠭᠤᠯᠵᠤ ᠪᠣᠯᠬᠤ ᠦᠭᠡᠢ ᠄ ᠡᠨᠡ ᠨᠢ ᠲᠣᠭᠲᠠᠭᠠᠯ ᠢ ᠬᠡᠷᠡᠭᠵᠢᠭᠦᠯᠬᠦ ᠪᠠᠷ ᠲᠣᠭᠳᠠᠭᠠᠭᠰᠠᠨ ᠪᠣᠯᠪᠠ᠂ ᠪᠣᠯᠪᠠᠰᠤ ᠪᠠᠷ ᠪᠠᠢᠭᠤᠯ
ᠬᠤᠳᠠᠯᠳᠤᠭᠠᠨ ᠬᠠᠤᠯᠢ ᠶᠢᠨ ᠪᠠᠢᠳᠠᠯ ᠢ ᠲᠣᠭᠲᠠᠭᠠᠭᠰᠠᠨ᠂ ᠲᠤᠰᠬᠠᠢ ᠲᠣᠭᠲᠠᠭᠠᠭᠰᠠᠨ ᠢ ᠲᠣᠭᠲᠠᠭᠠᠬᠤ ᠶᠠᠷ ᠬᠤᠪᠢᠶᠠᠷᠢᠯᠠᠭᠰᠠᠨ ᠪᠣᠯᠤᠨ᠎ᠠ ᠄ ᠰᠢᠭᠦᠯᠲᠡ᠂ 《ᠬᠦᠨᠰᠦ ᠬᠠᠤᠯᠢ ᠶᠢᠨ ᠦ

第一百四十二条【食品安全事故处置有关法律责任】 违反本法规定，县级以上地方人民政府有下列行为之一的，对直接负责的主管人员和其他直接责任人员给予记大过处分；情节较重的，给予降级或者撤职处分；情节严重的，给予开除处分；造成严重后果的，其主要负责人应当引咎辞职：

（一）对发生在本行政区域内的食品安全事故，未及时组织协调有关部门开展有效处置，造成不良影响或者损失；

（二）对本行政区域内涉及多环节的区域性食品安全问题，未及时组织整治，造成不良影响或者损失；

（三）隐瞒、谎报、缓报食品安全事故；

（四）本行政区域内发生特别重大食品安全事故，或者连续发生重大食品安全事故。

●条文解读

一、有关违法行为

1. 对发生在本行政区域内的食品安全事故，未及时组织协调有关部门开展有效处置，造成不良影响或者损失。新法规定，发生食品安全事故需要启动应急预案的，县级以上人民政府应当立即成立事故处置指挥机构，启动应急预案，依照有关规定和预案进行处置；应当要求、督促食品药品监督管理、卫生等部门，做好如下工作：（1）开展应急救援工作，组织救治因食品安全事故导致人身伤害的人员；（2）封存可能导致食品安全事故的食品及其原料，并立即进行检验，对确认属于被污染的食品及其原料，责令食品生产经营者依法予以召回、停止经营；（3）封存被污染的食品相关产品，并责令进行清洗消毒；（4）做好信息发布工作，依法对食品安全事故及其处理情况进行发布，并对可能产生的危害加以解释、说明。需要说明的是，追究政府责任需要特定结果，即本法第一项规定的『造成不良影响或者损失』，如果没有『造成不良影响或者损失』，则不适用本条规定的法律责任。

2. 对本行政区域内涉及多环节的区域性食品安全问题，未及时组织进行整治，造成不良影响、损失，或者本行政区域内发生特别重大食品安全事故，或者连续发生重大食品安全事故。新法规定，县级以上人民政府对本行政区域的食品安全监督管理工作负责。如果本行政区域发生或者出现本条第二项、第四项的情形，说明政府没有履行好对食品安全的监督管理职责，应当承担相应的法律责任。

3. 隐瞒、谎报、缓报食品安全事故。新法第103条第四款规定，任何单位和个人不得对食品安全事故隐瞒、谎报、缓报，不得隐匿、伪造、毁灭有关证据。这里的任何单位和个人当然包含政府和政府工作人员。政府故意隐瞒、谎报、缓报食品安全事故的，应当承担相应的法律责任。

二、承担法律责任的形式

对于所列 4 项情形，本条规定的法律责任主要是行政处分，包括记大过、降级、撤职、开除。为了体现过罚相当原则，本条根据情节轻重对违法情形作了区分。一般情节，对直接负责的主管人员和其他直接责任人员给予记大过处分；情节较重的，给予降级或者撤职处分；情节严重的，给予开除处分；造成严重后果的，其主要负责人还应当引咎辞职。食品安全涉及人民群众的身体健康和生命安全，在食品安全管理工作中建立领导人引咎辞职的问责制，对于促使政府部门权责一致，更好地履行所承担的保障食品安全的法定职责具有重要意义。

[illegible] (2) [illegible]

[illegible] (1) [illegible]

1. [illegible]

[[illegible]]

[illegible]

([illegible]) [illegible]

([illegible]) [illegible]

[illegible]

[illegible]

[illegible]

[illegible] 4 [illegible]

[illegible]

103 [illegible] 4 [illegible]

3. [illegible]

第一百四十三条【政府不作为有关法律责任】 违反本法规定，县级以上地方人民政府有下列行为之一的，对直接负责的主管人员和其他直接责任人员给予警告、记过或者记大过处分；造成严重后果的，给予降级或者撤职处分：

（一）未确定有关部门的食品安全监督管理职责，未建立健全食品安全全程监督管理工作机制和信息共享机制，未落实食品安全监督管理责任制；

（二）未制定本行政区域的食品安全事故应急预案，或者发生食品安全事故后未按规定立即成立事故处置指挥机构、启动应急预案。

●条文解读

一、有关违法行为

1. 新法第 6 条第 1、2 款规定，县级以上地方人民政府对本行政区域的食品安全监督管理工作负责，统一领导、组织、协调本行政区域的食品安全监督管理工作以及食品安全突发事件应对工作，建立健全食品安全全程监督管理工作机制和信息共享机制。县级以上地方人民政府依照新法和国务院的规定，确定本级食品药品监督管理、卫生行政部门和其他有关部门其他直接责任人员给予警告、记过或者记大过处分；造成严重后果的，给予降级或者撤职处级和撤职。为了体现过罚相当原则，本条根据情节轻重作了区分：对直接负责的主管人员和

对于所列两项情形，本条规定的法律责任主要是行政处分，包括警告、记过、记大过、降

二、承担法律责任的方式

遵守这些规定，依法应当承担相应的法律责任。

构，启动应急预案，依照法律和应急预案的规定进行处置。如果县级以上地方人民政府没有发生食品安全事故需要启动应急预案的，县级以上人民政府应当立即成立事故处置指挥机食品安全事故应急预案以及本地区的实际情况，制定本行政区域的食品安全事故应急预案。

2. 新法规定，县级以上地方人民政府应当根据有关法律、法规的规定和上级人民政府的

相应的法律责任。

全全程监督管理工作机制和信息共享机制，未落实食品安全监督管理责任制，依法应当承担地方人民政府无视上述规定，未确定有关部门的食品安全监督管理职责，未建立健全食品安药品监督管理部门和其他有关部门的食品安全监督管理工作进行评议、考核。如果县级以上人民政府的食品安全监督管理工作进行评议、考核。县级以上地方人民政府负责对本级食品还规定，县级以上地方人民政府实行食品安全监督管理责任制。上级人民政府负责对下一级的职责。有关部门在各自职责范围内负责本行政区域的食品安全监督管理工作。新法第7条

[illegible]

撤职处分的，应当按照规定降低级别。

[illegible]

间不得晋升职务和级别，其中，受记过、记大过、降级、撤职处分的，不得晋升工资档次；受个月；记过，12个月；记大过，18个月；降级、撤职，24个月。行政机关公务员在受处分期分。根据《行政机关公务员处分条例》的规定，行政机关公务员受处分的期间为：警告，6

ᠪᠠ ᠬᠠᠤᠯᠢ ᠶᠢᠨ ᠲᠠᠢᠯᠪᠤᠷᠢ ᠶᠢ ᠨᠠᠢᠷᠠᠭᠤᠯᠬᠤ ᠬᠠᠤᠯᠢ ᠶᠢᠨ ᠬᠠᠤᠯᠢ ᠶᠢᠨ ᠵᠦᠢ ᠶᠢᠨ ᠠᠵᠢᠯ ᠤᠨ ᠪᠠᠢᠭᠤᠯᠤᠯᠭ᠎ᠠ ᠶᠢᠨ ᠪᠦᠬᠦ ᠨᠠᠢᠷᠠᠮᠳᠠᠬᠤ ᠬᠤᠷᠠᠯ ᠤᠨ

ᠪᠠᠢᠩᠭᠤ ᠬᠣᠷᠢᠶ᠎ᠠ ᠶᠢᠨ ᠬᠠᠤᠯᠢ ᠴᠠᠭᠠᠵᠠ ᠶᠢᠨ ᠠᠵᠢᠯ ᠤᠨ ᠬᠣᠷᠢᠶ᠎ᠠ ᠨᠢ ᠪᠡᠯᠡᠳᠬᠡᠨ ᠲᠣᠭᠲᠠᠭᠠᠨ᠎ᠠ ᠃ ᠡᠨᠡ ᠬᠠᠤᠯᠢ ᠶᠢᠨ ᠵᠦᠢᠯ ᠤᠨ

7 ᠳ᠋ᠤᠭᠠᠷ ᠵᠦᠢᠯ ᠳ᠋ᠦ ᠲᠣᠭᠲᠠᠭᠠᠭᠰᠠᠨ ᠶᠣᠰᠣᠭᠠᠷ ᠂ ᠬᠠᠤᠯᠢ ᠶᠢᠨ ᠲᠠᠢᠯᠪᠤᠷᠢ ᠶᠢ ᠨᠠᠢᠷᠠᠭᠤᠯᠬᠤ ᠬᠠᠤᠯᠢ ᠶᠢᠨ ᠬᠠᠤᠯᠢ ᠶᠢᠨ ᠵᠦᠢ ᠶᠢᠨ ᠠᠵᠢᠯ

ᠬᠣᠷᠢᠶ᠎ᠠ ᠪᠣᠯᠪᠠᠰᠤ ᠪᠦᠬᠦ ᠨᠠᠢᠷᠠᠮᠳᠠᠬᠤ ᠬᠤᠷᠠᠯ ᠤᠨ ᠪᠠᠢᠩᠭᠤ ᠬᠣᠷᠢᠶ᠎ᠠ ᠶᠢᠨ ᠠᠵᠢᠯ ᠤᠨ ᠪᠠᠢᠭᠤᠯᠤᠯᠭ᠎ᠠ ᠮᠦᠨ ᠃ ᠬᠡᠷᠪᠡ ᠳᠤᠷᠠ ᠪᠠ

ᠦᠭᠡᠢ ᠃ ᠳᠡᠭᠡᠷᠡᠬᠢ ᠲᠣᠭᠲᠠᠭᠠᠯ ᠢ ᠪᠠᠷᠢᠮᠲᠠᠯᠠᠬᠤ ᠳ᠋ᠤ ᠬᠠᠤᠯᠢ ᠶᠢᠨ ᠬᠠᠤᠯᠢ ᠴᠠᠭᠠᠵᠠ ᠶᠢᠨ ᠠᠵᠢᠯ ᠤᠨ ᠬᠣᠷᠢᠶ᠎ᠠ ᠪᠠ ᠠᠵᠢᠯ ᠤᠨ ᠪᠠᠢᠭᠤᠯᠤᠯᠭ᠎ᠠ ᠶᠢᠨ

ᠪᠦᠷᠢᠯᠳᠦᠭᠡᠨ ᠡᠷᠬᠡ ᠮᠡᠳᠡᠯ ᠢ ᠲᠣᠳᠤᠷᠬᠠᠢᠯᠠᠭᠰᠠᠨ ᠪᠠᠢᠨ᠎ᠠ ᠂ ᠲᠡᠭᠦᠨ ᠳ᠋ᠦ ᠬᠠᠤᠯᠢ ᠶᠢᠨ ᠵᠦᠢ ᠶᠢᠨ ᠠᠵᠢᠯ ᠤᠨ ᠬᠣᠷᠢᠶ᠎ᠠ ᠶᠢᠨ ᠡᠷᠬᠡ ᠮᠡᠳᠡᠯ

ᠪᠣᠯᠤᠨ ᠬᠠᠷᠢᠭᠤᠴᠠᠯᠭ᠎ᠠ ᠶᠢᠨ ᠬᠦᠷᠢᠶ᠎ᠡ ᠬᠡᠮᠵᠢᠶ᠎ᠡ ᠪᠠ ᠬᠠᠷᠢᠭᠤᠴᠠᠯᠭ᠎ᠠ ᠶᠢᠨ ᠬᠠᠤᠯᠢ ᠶᠢᠨ ᠬᠦᠴᠦᠨ ᠢ ᠲᠣᠳᠤᠷᠬᠠᠢᠯᠠᠪᠠ ᠃

ᠬᠠᠷᠢᠭᠤᠴᠠᠯᠭ᠎ᠠ ᠨᠢ ᠬᠠᠤᠯᠢ ᠶᠢᠨ ᠲᠠᠢᠯᠪᠤᠷᠢ ᠪᠢᠰᠢ ᠃ ᠬᠠᠤᠯᠢ ᠶᠢᠨ ᠲᠠᠢᠯᠪᠤᠷᠢ ᠶᠢ ᠨᠠᠢᠷᠠᠭᠤᠯᠬᠤ ᠬᠠᠤᠯᠢ ᠶᠢᠨ ᠬᠠᠤᠯᠢ ᠶᠢᠨ ᠵᠦᠢ ᠶᠢᠨ ᠡᠷᠬᠡ

ᠮᠡᠳᠡᠯ ᠂ ᠪᠦᠬᠦ ᠨᠠᠢᠷᠠᠮᠳᠠᠬᠤ ᠬᠤᠷᠠᠯ ᠤᠨ ᠪᠠᠢᠩᠭᠤ ᠬᠣᠷᠢᠶ᠎ᠠ ᠶᠢᠨ ᠠᠵᠢᠯ ᠤᠨ ᠪᠠᠢᠭᠤᠯᠤᠯᠭ᠎ᠠ ᠪᠠ ᠬᠠᠤᠯᠢ ᠶᠢᠨ ᠠᠰᠠᠭᠤᠯᠲᠠ ᠳ᠋ᠤ ᠬᠠᠷᠢᠭᠤ ᠥᠭᠬᠦ ᠃

ᠬᠤᠷᠠᠯ ᠤᠨ ᠪᠠᠢᠩᠭᠤ ᠬᠣᠷᠢᠶ᠎ᠠ ᠶᠢᠨ ᠠᠵᠢᠯ ᠤᠨ ᠪᠠᠢᠭᠤᠯᠤᠯᠭ᠎ᠠ ᠪᠣᠯᠤᠨ ᠰᠢᠭᠤᠳ ᠠᠰᠠᠭᠤᠯᠲᠠ ᠳ᠋ᠤ ᠬᠠᠷᠢᠭᠤ ᠥᠭᠬᠦ ᠪᠠᠷ ᠪᠦᠷᠢᠯᠳᠦᠭᠰᠡᠨ ᠂ ᠪᠠᠢᠩᠭᠤ ᠬᠣᠷᠢᠶ᠎ᠠ ᠳ᠋ᠤ ᠃

ᠲᠡᠷᠡ ᠪᠡᠷ ᠂ ᠪᠦᠬᠦ ᠨᠠᠢᠷᠠᠮᠳᠠᠬᠤ ᠬᠤᠷᠠᠯ ᠤᠨ ᠪᠠᠢᠩᠭᠤ ᠬᠣᠷᠢᠶ᠎ᠠ ᠶᠢᠨ ᠠᠵᠢᠯ ᠤᠨ ᠪᠠᠢᠭᠤᠯᠤᠯᠭ᠎ᠠ ᠪᠠ ᠲᠡᠷᠡ ᠬᠡᠮᠡᠨ ᠂ ᠬᠠᠷᠢᠭᠤᠴᠠᠯᠭ᠎ᠠ

ᠪᠠᠷ ᠬᠣᠷᠢᠶ᠎ᠠ ᠶᠢᠨ ᠠᠵᠢᠯ ᠤᠨ ᠪᠠᠢᠭᠤᠯᠤᠯᠭ᠎ᠠ ᠪᠠ ᠲᠡᠷᠡ ᠬᠡᠮᠡᠨ ᠬᠤᠷᠠᠯ ᠤᠨ ᠪᠠᠢᠩᠭᠤ ᠬᠣᠷᠢᠶ᠎ᠠ ᠳ᠋ᠤ ᠲᠤᠰ ᠬᠤᠷᠠᠯ ᠤᠨ

1. ᠡᠨᠡ ᠬᠠᠤᠯᠢ ᠶᠢᠨ 6 ᠳ᠋ᠤᠭᠠᠷ ᠵᠦᠢᠯ ᠦᠨ 1 ᠂ 2 ᠳ᠋ᠤᠭᠠᠷ ᠵᠣᠭᠰᠠᠭᠠᠯ ᠳ᠋ᠤ ᠂ ᠬᠠᠤᠯᠢ ᠶᠢᠨ ᠲᠠᠢᠯᠪᠤᠷᠢ ᠶᠢ ᠨᠠᠢᠷᠠᠭᠤᠯᠬᠤ ᠬᠠᠤᠯᠢ ᠶᠢᠨ ᠬᠠᠤᠯᠢ ᠶᠢᠨ

ᠵᠦᠢ ᠂ ᠬᠡᠷᠪᠡ ᠳᠤᠷᠠ ᠬᠠᠤᠯᠢ ᠲᠣᠭᠲᠠᠭᠠᠭᠰᠠᠨ ᠪᠠᠢᠨ᠎ᠠ

[ᠲᠠᠢᠯᠪᠤᠷᠢ]

ᠨᠢᠭᠡᠳᠦᠭᠡᠷ ᠲᠦᠪᠰᠢᠨ ᠦ ᠪᠣᠯᠭᠠᠨ ᠨᠠᠢᠷᠠᠭᠤᠯᠤᠭᠰᠠᠨ ᠪᠣᠯᠪᠠᠰᠤ ᠂ ᠲᠡᠭᠦᠨ ᠦ ᠠᠵᠢᠯ ᠤᠨ ᠪᠠᠢᠭᠤᠯᠤᠯᠭ᠎ᠠ ᠪᠣᠯᠤᠨ ᠪᠠᠢᠭᠤᠯᠤᠯᠭ᠎ᠠ ᠪᠠᠢᠨ᠎ᠠ ::

第一百四十四条【监管部门有关法律责任】违反本法规定，县级以上人民政府食品药品

监督管理、卫生行政、质量监督、农业行政等部门有下列行为之一的，对直接负责的主管人员和其他直接责任人员给予记大过处分；情节较重的，给予降级或者撤职处分；情节严重的，给予开除处分；造成严重后果的，其主要负责人还应当引咎辞职：

（一）隐瞒、谎报、缓报食品安全事故；

（二）未按规定查处食品安全事故，或者接到食品安全事故报告未及时处理，造成事故扩大或者蔓延；

（三）经食品安全风险评估得出食品、会品添加剂、食品相关产品不安全结论后，未及时采取相应措施，造成食品安全事故或者不良社会影响；

（四）对不符合条件的申请人准予许可，或者超越法定职权准予许可；

（五）不履行食品安全监督管理职责，导致发生食品安全事故。

●条文解读

一、有关违法行为

1. 隐瞒、谎报、缓报食品安全事故。新法第 103 条规定，县级以上人民政府质量监督、农业行政等部门在日常监督管理中发现食品安全事故或者接到事故举报，应当立即向同级人民政府食品药品监督管理部门通报。发生食品安全事故，接到报告的县级人民政府食品药品监督管理部门应当按照应急预案的规定向本级人民政府和上级人民政府食品药品监督管理部门报告。县级人民政府和上级人民政府食品药品监督管理部门应当按照应急预案的规定上报。同时规定，任何单位和个人不得对食品安全事故隐瞒、谎报、缓报。有关执法部门违反这些规定，应当承担相应法律责任。

2. 未按规定查处食品安全事故，或者接到食品安全事故报告未及时处理，造成事故扩大或者蔓延。新法第 105 条第 1 款规定，县级以上人民政府食品药品监督管理部门接到食品安全事故的报告后，应当立即会同同级卫生行政、质量监督、农业行政等部门进行调查处理，并采取下列措施，防止或者减轻社会危害：(1) 开展应急救援工作，组织救治因食品安全事故导致人身伤害的人员；(2) 封存可能导致食品安全事故的食品及其原料，并立即进行检验；对确认属于被污染的食品及其原料，责令食品生产经营者依照有关规定予以召回或者停止经营；(3) 封存被污染的食品相关产品，并责令进行清洗消毒；(4) 做好信息发布工作，依法对食品安全事故及其处理情况进行发布，并对可能产生的危害加以解释、说明。如果食品安全监管部门没有依法进行调查和处理，应当承担相应法律责任。

3. 经食品安全风险评估得出食品、食品添加剂、食品相关产品不安全结论后，未及时采取相应措施，造成食品安全事故或者不良社会影响。新法第 21 条第 2 款规定，经食品安全风险评估，得出食品、食品添加剂、食品相关产品不安全结论的，国务院食品药品监督管理、质量监督等部门应当依据各自职责立即向社会公布，告知消费者停止食用或者使用，并采取人员和其他直接责任人员给予记大过处分；情节较重的，给予降级或者撤职处分；情节严重和开除。为了体现过罚相当原则，根据情节轻重作了区分：一般情况下，对直接负责的主管

对于本条所列 5 项情形，本条规定的法律责任主要是行政处分，包括记大过、降级、撤职

二、承担法律责任的形式

任。

另外，对于不履行食品安全监督管理职责，导致发生食品安全事故的，也要追究法律责

明理由。

所进行现场核查；对符合规定条件的，准予许可；对不符合规定条件的，不予许可并书面说门应当依照行政许可法的规定，审核申请人提交的相关资料，必要时对申请人的生产经营场产、食品销售、餐饮服务，应当依法取得许可。县级以上地方人民政府食品药品监督管理部安全进行监管，新法规定了几项行政许可制度。如食品生产经营实行许可制度，从事食品生

4. 对不符合条件的申请人准予许可，或者超越法定职权准予许可。为了从源头上对食品

的，应当承担相应的法律责任。

修订。食品监管部门如果没有及时采取相应措施，且造成食品安全事故或者不良社会影响品安全国家标准的，国务院卫生行政部门应当会同国务院食品药品监督管理部门立即制定、相应措施，确保该食品、食品添加剂、食品相关产品停止生产经营；需要制定、修订相关食

的，给予开除处分。除此之外，为了强化问责，对于造成严重后果的，其主要负责人还应当引咎辞职。

ᠬᠣᠯᠪᠣᠭᠳᠠᠬᠤ ᠬᠠᠤᠯᠢ ᠵᠦᠢᠯ 【ᠪᠦᠭᠦᠳᠡ ᠨᠠᠶᠢᠷᠠᠮᠳᠠᠬᠤ ᠳᠤᠮᠳᠠᠳᠤ ᠠᠷᠠᠳ ᠤᠯᠤᠰ ᠤᠨ ᠪᠠᠶᠢᠭᠠᠯ ᠣᠷᠴᠢᠨ ᠢ ᠬᠠᠮᠠᠭᠠᠯᠠᠬᠤ ᠬᠠᠤᠯᠢ】

（ᠨᠢᠭᠡ）……

（ᠬᠣᠶᠠᠷ）……

（ᠭᠤᠷᠪᠠ）……

ᠬᠦᠨᠰᠦᠨ ᠪᠣᠯᠣᠨ ᠡᠮ ᠦᠨ ᠬᠢᠨᠠᠨ ᠬᠢᠨᠠᠬᠤ ᠵᠠᠬᠢᠷᠤᠨ ᠬᠠᠮᠢᠶᠠᠷᠤᠬᠤ ᠶᠢᠨ ᠭᠠᠵᠠᠷ ᠲᠠᠰᠤᠭ ᠤᠨ ᠰᠠᠯᠠᠭ᠎ᠠ ᠶᠢᠨ ᠵᠢᠷᠤᠮ ᠢᠶᠠᠷ ᠬᠠᠮᠢᠶᠠᠷᠤᠭᠤᠯᠬᠤ ᠶᠢᠨ ᠬᠠᠮᠲᠤ ᠬᠦᠨᠰᠦᠨ ᠦ ᠠᠶᠤᠯᠭᠦᠢ ᠴᠢᠨᠠᠷ ᠤᠨ ᠪᠠᠷᠢᠮᠵᠢᠶ᠎ᠠ ᠶᠢ ᠲᠣᠭᠲᠠᠭᠠᠨ᠎ᠠ᠃ ᠤᠯᠤᠰ ᠤᠨ ᠵᠦᠢᠯ ᠦᠨ ᠪᠠ ᠬᠦᠨᠰᠦᠨ ᠦ ᠠᠶᠤᠯᠭᠦᠢ ᠴᠢᠨᠠᠷ ᠤᠨ ᠪᠠᠷᠢᠮᠵᠢᠶ᠎ᠠ ᠶᠢ ᠬᠦᠨᠰᠦᠨ ᠪᠣᠯᠣᠨ ᠡᠮ ᠦᠨ ᠬᠢᠨᠠᠨ ᠬᠢᠨᠠᠬᠤ ᠵᠠᠬᠢᠷᠤᠨ ᠬᠠᠮᠢᠶᠠᠷᠤᠬᠤ ᠶᠢᠨ ᠭᠠᠵᠠᠷ ᠲᠠᠰᠤᠭ ᠤᠨ ᠬᠠᠮᠲᠤ ᠪᠣᠯᠪᠠᠰᠤᠷᠠᠩᠭᠤᠢ ᠪᠤᠶᠤ ᠡᠷᠡᠭᠦᠯ ᠮᠡᠨᠳᠦ ᠶᠢᠨ ᠭᠠᠵᠠᠷ ᠲᠠᠰᠤᠭ ᠬᠠᠮᠲᠤ ᠲᠣᠭᠲᠠᠭᠠᠨ ᠨᠡᠢᠲᠡᠯᠡᠨ᠎ᠡ᠃ ᠬᠦᠨᠰᠦᠨ ᠦ ᠠᠶᠤᠯᠭᠦᠢ ᠴᠢᠨᠠᠷ ᠤᠨ ᠪᠠᠷᠢᠮᠵᠢᠶ᠎ᠠ ᠶᠢᠨ ᠳᠤᠭᠠᠷ ᠢ ᠤᠯᠤᠰ ᠤᠨ ᠪᠠᠷᠢᠮᠵᠢᠶ᠎ᠠ ᠶᠢᠨ ᠵᠠᠬᠢᠷᠬᠤ ᠭᠠᠵᠠᠷ ᠣᠨᠴᠠᠭᠠᠢ ᠲᠣᠭᠲᠠᠭᠠᠨ᠎ᠠ᠂ ᠬᠦᠨᠰᠦᠨ ᠦ ᠨᠡᠮᠡᠯᠲᠡ ᠶᠢᠨ ᠡᠳ᠋ ᠦᠨ ᠬᠡᠷᠡᠭᠯᠡᠭᠡᠨ ᠦ ᠬᠡᠮᠵᠢᠶ᠎ᠡ᠂ ᠬᠦᠨᠰᠦᠨ ᠳᠦ ᠪᠠᠶᠢᠬᠤ ᠬᠣᠣᠷᠠᠲᠠᠢ ᠪᠣᠳᠠᠰ ᠤᠨ ᠬᠢᠵᠠᠭᠠᠷᠯᠠᠯ ᠢ ᠬᠦᠨᠰᠦᠨ ᠪᠣᠯᠣᠨ ᠡᠮ ᠦᠨ ᠬᠢᠨᠠᠨ ᠬᠢᠨᠠᠬᠤ ᠵᠠᠬᠢᠷᠤᠨ ᠬᠠᠮᠢᠶᠠᠷᠤᠬᠤ ᠶᠢᠨ ᠭᠠᠵᠠᠷ ᠲᠠᠰᠤᠭ ᠤᠨ ᠬᠠᠮᠲᠤ ᠲᠣᠭᠲᠠᠭᠠᠨ᠎ᠠ᠃ ᠪᠣᠯᠪᠠᠰᠤᠷᠠᠩᠭᠤᠢ ᠬᠦᠨᠰᠦᠨ ᠦ ᠠᠶᠤᠯᠭᠦᠢ ᠴᠢᠨᠠᠷ ᠤᠨ ᠪᠠᠷᠢᠮᠵᠢᠶ᠎ᠠ ᠶᠢ ᠤᠯᠤᠰ ᠤᠨ ᠵᠦᠢᠯ ᠦᠨ ᠪᠣᠯᠣᠨ ᠬᠦᠨᠰᠦᠨ ᠦ ᠠᠶᠤᠯᠭᠦᠢ ᠴᠢᠨᠠᠷ ᠤᠨ ᠵᠦᠢᠯ ᠦᠨ ᠪᠠᠷᠢᠮᠵᠢᠶ᠎ᠠ ᠳᠤ ᠲᠤᠰᠬᠠᠢ ᠲᠣᠭᠲᠠᠭᠠᠯ ᠦᠭᠡᠢ ᠬᠦᠨᠰᠦᠨ ᠦ ᠲᠤᠰ ᠤᠨ ᠪᠠᠷᠢᠮᠵᠢᠶ᠎ᠠ ᠪᠣᠯᠭᠠᠨ᠎ᠠ᠂ ᠠᠩᠭᠢᠯᠠᠯ ᠤᠨ ᠬᠦᠨᠰᠦᠨ ᠦ ᠠᠶᠤᠯᠭᠦᠢ ᠴᠢᠨᠠᠷ ᠤᠨ ᠪᠠᠷᠢᠮᠵᠢᠶ᠎ᠠ ᠪᠠ ᠣᠷᠣᠨ ᠨᠤᠲᠤᠭ ᠤᠨ ᠪᠠᠷᠢᠮᠵᠢᠶ᠎ᠠ ᠶᠢᠨ ᠬᠦᠨᠰᠦᠨ ᠦ ᠠᠶᠤᠯᠭᠦᠢ ᠴᠢᠨᠠᠷ ᠤᠨ ᠪᠠᠷᠢᠮᠵᠢᠶ᠎ᠠ ᠶᠢ ᠬᠦᠨᠰᠦᠨ ᠦ ᠠᠶᠤᠯᠭᠦᠢ ᠴᠢᠨᠠᠷ ᠤᠨ ᠪᠠᠷᠢᠮᠵᠢᠶ᠎ᠠ ᠪᠣᠯᠭᠠᠨ ᠬᠦᠢᠴᠡᠳᠬᠡᠨ᠎ᠡ᠃ ᠬᠦᠨᠰᠦᠨ ᠦ ᠠᠶᠤᠯᠭᠦᠢ ᠴᠢᠨᠠᠷ ᠤᠨ ᠪᠠᠷᠢᠮᠵᠢᠶ᠎ᠠ ᠶᠢᠨ ᠡᠭᠦᠳᠬᠦ ᠶᠢ ᠬᠦᠨᠰᠦᠨ ᠦ ᠲᠤᠰ ᠤᠨ ᠪᠠᠷᠢᠮᠵᠢᠶ᠎ᠠ ᠶᠢᠨ ᠵᠢᠷᠤᠮ ᠢᠶᠠᠷ ᠬᠡᠷᠡᠭᠵᠢᠭᠦᠯᠦᠨ᠎ᠡ᠃

103 ᠬᠦᠨᠰᠦᠨ ᠦ ᠠᠶᠤᠯᠭᠦᠢ ᠴᠢᠨᠠᠷ ᠤᠨ ᠪᠠᠷᠢᠮᠵᠢᠶ᠎ᠠ ᠶᠢᠨ ᠳᠤᠭᠠᠷ᠂ ᠬᠦᠨᠰᠦᠨ ᠦ ᠠᠶᠤᠯᠭᠦᠢ ᠴᠢᠨᠠᠷ ᠤᠨ ᠪᠠᠷᠢᠮᠵᠢᠶ᠎ᠠ ᠶᠢ ᠲᠣᠭᠲᠠᠭᠠᠬᠤ ᠦᠢᠯᠡ ᠶᠢᠨ ᠬᠡᠷᠡᠭ ᠢ ᠬᠦᠨᠰᠦᠨ ᠦ ᠠᠶᠤᠯᠭᠦᠢ ᠴᠢᠨᠠᠷ ᠤᠨ ᠪᠠᠷᠢᠮᠵᠢᠶ᠎ᠠ ᠶᠢᠨ ᠡᠭᠦᠳᠬᠦ ᠶᠢᠨ ᠬᠡᠷᠡᠭ ᠢ ᠬᠦᠨᠰᠦᠨ ᠦ ᠠᠶᠤᠯᠭᠦᠢ ᠴᠢᠨᠠᠷ ᠤᠨ ᠪᠠᠷᠢᠮᠵᠢᠶ᠎ᠠ ᠶᠢᠨ ᠰᠤᠳᠤᠯᠤᠯ ᠤᠨ ᠬᠡᠷᠡᠭ ᠢ

1. ᠬᠦᠨᠰᠦᠨ ᠦ ᠠᠶᠤᠯᠭᠦᠢ ᠴᠢᠨᠠᠷ ᠤᠨ ᠪᠠᠷᠢᠮᠵᠢᠶ᠎ᠠ ᠶᠢᠨ ᠳᠤᠭᠠᠷ ᠢ ᠲᠣᠭᠲᠠᠭᠠᠬᠤ᠂ ᠨᠡᠢᠲᠡᠯᠡᠬᠦ᠂ ᠬᠡᠷᠡᠭᠵᠢᠭᠦᠯᠬᠦ ᠲᠣᠭᠲᠠᠭᠠᠯ ᠃ ᠡᠳᠡᠭᠡᠷ ᠨᠢ ᠬᠦᠨᠰᠦᠨ ᠦ ᠠᠶᠤᠯᠭᠦᠢ ᠴᠢᠨᠠᠷ ᠤᠨ ᠵᠢᠷᠤᠮ ᠢ ᠬᠡᠷᠡᠭᠵᠢᠭᠦᠯᠬᠦ ᠶᠢᠨ ᠦᠨᠳᠦᠰᠦ᠂ ᠬᠦᠨᠰᠦᠨ ᠦ ᠪᠦᠲᠦᠭᠡᠭᠳᠡᠬᠦᠨ ᠦ ᠴᠢᠨᠠᠷ ᠢ ᠪᠠᠲᠤᠯᠠᠬᠤ ᠶᠢᠨ ᠦᠨᠳᠦᠰᠦ ᠪᠣᠯᠤᠨ᠎ᠠ᠃

[ᠲᠠᠢᠯᠪᠤᠷᠢ]

ᠬᠦᠨᠰᠦᠨ ᠦ ᠠᠶᠤᠯᠭᠦᠢ ᠴᠢᠨᠠᠷ ᠤᠨ ᠪᠠᠷᠢᠮᠵᠢᠶ᠎ᠠ ᠶᠢᠨ ᠬᠠᠮᠢᠶᠠᠷᠤᠯ ᠢ ᠲᠣᠳᠤᠷᠬᠠᠶᠢᠯᠠᠪᠠ᠃

(ᠨᠢᠭᠡ) ᠬᠦᠨᠰᠦᠨ ᠦ ᠠᠶᠤᠯᠭᠦᠢ ᠴᠢᠨᠠᠷ ᠤᠨ ᠪᠠᠷᠢᠮᠵᠢᠶ᠎ᠠ ᠶᠢ ᠬᠦᠨᠰᠦᠨ ᠪᠣᠯᠣᠨ ᠡᠮ ᠦᠨ ᠬᠢᠨᠠᠨ ᠬᠢᠨᠠᠬᠤ ᠵᠠᠬᠢᠷᠤᠨ ᠬᠠᠮᠢᠶᠠᠷᠤᠬᠤ ᠶᠢᠨ ᠭᠠᠵᠠᠷ ᠲᠠᠰᠤᠭ ᠲᠣᠭᠲᠠᠭᠠᠬᠤ ᠪᠠᠷᠢᠮᠵᠢᠶ᠎ᠠ ᠶᠢᠨ ᠡᠷᠬᠡ ᠶᠢ ᠡᠵᠡᠮᠳᠡᠨ᠎ᠡ᠃

(ᠬᠣᠶᠠᠷ) ᠬᠦᠨᠰᠦᠨ ᠦ ᠠᠶᠤᠯᠭᠦᠢ ᠴᠢᠨᠠᠷ ᠤᠨ ᠪᠠᠷᠢᠮᠵᠢᠶ᠎ᠠ ᠶᠢᠨ ᠠᠭᠤᠯᠭ᠎ᠠ᠂ ᠲᠣᠭᠲᠠᠭᠠᠬᠤ ᠶᠣᠰᠣ ᠶᠢ ᠬᠠᠮᠲᠤ

ᠠᠮᠢᠳᠤᠷᠠᠯ ᠢᠶᠠᠨ ᠂ ᠠᠮᠢᠳᠤᠷᠠᠯ ᠤᠨ ᠬᠡᠷᠡᠭᠴᠡᠭᠡ ᠶᠢ ᠬᠠᠩᠭᠠᠬᠤ ᠶᠢᠨ ᠳᠤᠯᠠ ᠬᠣᠤᠯᠢ ᠶᠢᠨ ᠵᠦᠢᠯ ᠦᠨ ᠬᠡᠷᠡᠭ ᠢ ᠰᠢᠶᠳᠪᠦᠷᠢᠯᠡᠬᠦ ᠶᠢᠨ ᠲᠤᠯᠠ ᠂ ᠢᠷᠭᠡᠳ ᠦᠨ ᠡᠷᠬᠡ ᠠᠰᠢᠭ ᠢ ᠬᠠᠮᠠᠭᠠᠯᠠᠬᠤ ᠂ ᠨᠡᠶᠢᠭᠡᠮ ᠦᠨ ᠡᠷᠬᠡ ᠵᠦᠢ ᠵᠢᠨ ᠵᠢᠯ ᠤᠨ ᠬᠠᠮᠠᠭᠠᠯᠠᠯᠲᠠ ᠶᠢᠨ ᠳᠤᠯᠠ ᠪᠡᠶ᠎ᠡ ᠪᠣᠯᠭᠠᠬᠤ ᠬᠡᠷᠡᠭᠲᠡᠢ ᠃ (4) ᠬᠠᠤᠯᠢ ᠶᠢᠨ ᠵᠦᠢᠯ ᠦᠨ ᠬᠡᠷᠡᠭ ᠢ ᠰᠢᠶᠳᠪᠦᠷᠢᠯᠡᠬᠦ ᠶᠢᠨ ᠲᠤᠯᠠ ᠂ ᠣᠯᠠᠨ ᠨᠡᠶᠢᠲᠡ ᠶᠢᠨ ᠠᠮᠤᠷ ᠲᠦᠪᠰᠢᠨ ᠢ ᠰᠠᠬᠢᠬᠤ ᠬᠡᠷᠡᠭᠲᠡᠢ ᠃ (3) ᠪᠠᠢᠭᠤᠯᠤᠯ ᠬᠠᠤᠯᠢ ᠶᠢᠨ ᠵᠦᠢᠯ ᠦᠨ ᠬᠡᠷᠡᠭᠵᠢᠯ ᠢ ᠬᠠᠩᠭᠠᠬᠤ ᠂ ᠬᠠᠤᠯᠢ ᠶᠢᠨ ᠬᠡᠷᠡᠭᠵᠢᠯ ᠢ ᠰᠠᠢᠵᠢᠷᠠᠭᠤᠯᠬᠤ ᠶᠢᠨ ᠲᠤᠯᠠ ᠂ ᠨᠡᠶᠢᠭᠡᠮ ᠦᠨ ᠬᠥᠭᠵᠢᠯ ᠢ ᠳᠡᠮᠵᠢᠬᠦ ᠶᠢᠨ ᠲᠤᠯᠠ ᠵᠣᠷᠢᠯᠲᠠ ᠲᠠᠢ ᠪᠣᠯᠤᠨ᠎ᠠ ᠃ (2) ᠬᠠᠤᠯᠢ ᠶᠢᠨ ᠵᠦᠢᠯ ᠦᠨ ᠬᠡᠷᠡᠭ ᠢ ᠰᠢᠶᠳᠪᠦᠷᠢᠯᠡᠬᠦ ᠳᠦ ᠪᠠᠷᠢᠮᠲᠠᠯᠠᠬᠤ ᠶᠣᠰᠣᠲᠠᠢ ᠃ (1) ᠪᠣᠳᠠᠲᠠᠢ ᠨᠣᠲᠠᠯᠭᠠ ᠪᠠᠷ ᠢᠯᠡᠷᠡᠭᠦᠯᠬᠦ ᠂ ᠬᠠᠤᠯᠢ ᠶᠢᠨ ᠵᠦᠢᠯ ᠦᠨ ᠬᠡᠷᠡᠭ ᠦᠨ ᠪᠠᠷᠢᠮᠲᠠ ᠳᠦ ᠲᠤᠯᠭᠤᠷᠢᠯᠠᠬᠤ ᠃

105 ᠳᠤᠭᠠᠷ ᠵᠦᠢᠯ ᠦᠨ 1 ᠳᠦᠭᠡᠷ ᠵᠣᠷᠢᠯᠲᠠ ᠂ ᠬᠠᠤᠯᠢ ᠶᠢᠨ ᠵᠦᠢᠯ ᠦᠨ ᠬᠡᠷᠡᠭ ᠦᠨ ᠬᠠᠮᠠᠭᠠᠯᠠᠯᠲᠠ ᠶᠢᠨ ᠰᠠᠯᠪᠤᠷᠢ ᠳᠤ ᠬᠠᠮᠠᠭᠠᠯᠠᠯᠲᠠ ᠶᠢ ᠬᠡᠷᠡᠭᠵᠢᠭᠦᠯᠬᠦ ᠃

2. ᠬᠠᠤᠯᠢ ᠶᠢᠨ ᠵᠦᠢᠯ ᠦᠨ ᠬᠡᠷᠡᠭ ᠦᠨ ᠬᠠᠮᠠᠭᠠᠯᠠᠯᠲᠠ ᠶᠢᠨ ᠠᠵᠢᠯ ᠢ ᠰᠠᠢᠵᠢᠷᠠᠭᠤᠯᠬᠤ ᠬᠡᠷᠡᠭᠲᠡᠢ ᠃

21 ... 2

3.

第一百四十五条【监管部门有关法律责任】违反本法规定，县级以上人民政府食品药品监督管理、卫生行政、质量监督、农业行政等部门有下列行为之一，造成不良后果的，对直接负责的主管人员和其他直接责任人员给予警告、记过或者记大过处分；情节较重的，给予降级或者撤职处分；情节严重的，给予开除处分：

（一）在获知有关食品安全信息后，未按规定向上级主管部门和本级人民政府报告，或者未按规定相互通报；

（二）未按规定公布食品安全信息；

（三）不履行法定职责，对查处食品安全违法行为不配合，或者滥用职权、玩忽职守、徇私舞弊。

●条文解读

一、关于违法行为

1. 在获知有关食品安全信息后，未按规定向上级主管部门和本级人民政府报告，或者未按规定相互通报。新法第 20 条规定，省级以上人民政府卫生行政、农业行政部门应当及时相互通报食品和食用农产品安全风险监测信息；国务院卫生行政、农业行政部门应当及时相互通报食品和食用农产品安全风险评估结果等信息。县级以上人民政府食品药品监督管理、卫生行政、质量监督、农业行政等部门没有遵守这些规定的，应当承担相应法律责任。

2. 未按规定公布食品安全信息。为了便于社会公众及时了解食品安全信息，做好自我防护，保障其知情权，新法在有些条款中要求有关部门及时公布食品安全信息。例如，国务院食品药品监督管理部门应当会同国务院有关部门，根据食品安全风险评估结果、食品安全监督管理信息，对食品安全状况进行综合分析，对经综合分析表明可能具有较高程度安全风险的食品，国务院食品药品监督管理部门应当及时提出食品安全风险警示，并向社会公布。如果食品安全监管部门和其他有关部门没能依法公布信息则构成违法。

3. 不履行法定职责，对查处食品安全违法行为不配合，或者滥用职权、玩忽职守、徇私舞弊的，也应当承担相应法律责任。如新法第 121 条第 3 款规定，公安机关商请食品药品监督管理、质量监督、环境保护等部门提供检验结论、认定意见以及对涉案物品进行无害化处理等协助的，有关部门应当及时提供，予以协助。如果没有及时提供协助的，应当按照本条的规定给予处分。

二、承担法律责任的形式

对于本条所列 3 项情形，本条规定的法律责任主要是行政处分，包括警告、记过、记大过、降级、撤职和开除。为了体现过罚相当原则，根据情节轻重作了区分：造成不良后果的，对直接负责的主管人员和其他直接责任人员给予警告、记过或者记大过处分；情节较重的，给予降级或者撤职处分；情节严重的，给予开除处分。

ᠰᠢᠭᠦᠨ ᠲᠠᠰᠤᠯᠬᠤ ᠶᠢᠨ ᠬᠠᠮᠠᠭᠠᠯᠠᠭᠳᠠᠬᠤ ᠪᠣᠯᠤᠨ᠎ᠠ ::

ᠪᠠᠲᠤᠯᠠᠭ᠎ᠠ ᠶᠢᠨ ᠡᠳ ᠦᠨ ᠡᠷᠬᠡ ᠡᠳᠯᠡᠬᠦ ᠶᠢᠨ ᠬᠤᠭᠤᠴᠠᠭ᠎ᠠ ᠳᠤ ᠬᠠᠮᠠᠷᠤᠯᠤᠨ᠎ᠠ ᠂ ᠪᠦᠷᠢᠯᠳᠦᠭᠦᠯᠦᠯᠲᠡ ᠬᠠᠮᠠᠷᠤᠯᠲᠠ ᠪᠤᠶᠤ ᠰᠢᠭᠦᠬᠦ ᠶᠢᠨ ᠲᠤᠰᠬᠠᠢ ᠳᠦ

ᠰᠢᠭᠦᠨ ᠲᠠᠰᠤᠯᠬᠤ ᠶᠢᠨ ᠬᠤᠭᠤᠴᠠᠭ᠎ᠠ ᠂ ᠬᠠᠮᠤᠭ ᠰᠢᠭᠦᠨ ᠲᠠᠰᠤᠯᠲᠠ ᠳᠤ ᠡᠳ ᠡᠷᠬᠡ ᠶᠢᠨ ᠪᠤᠰᠤᠳ ᠬᠤᠭᠤᠴᠠᠭ᠎ᠠ ᠂ ᠲᠡᠭᠦᠨ ᠦ ᠳᠤᠭᠤᠷ ᠳᠤ ᠳᠤᠷᠠᠳᠤᠯ ᠪᠤᠶᠤ ᠂

ᠰᠢᠭᠦᠨ ᠲᠠᠰᠤᠯᠬᠤ ᠬᠠᠮᠠᠭᠠᠯᠠᠭᠳᠠᠬᠤ ᠪᠣᠯᠤᠨ᠎ᠠ :: ᠬᠠᠮᠤᠭ ᠤᠨ ᠳᠡᠭᠡᠳᠦ ᠰᠢᠭᠦᠬᠦ ᠪᠠᠢᠭᠤᠯᠭ᠎ᠠ ᠨᠢ ᠡᠳ ᠡᠷᠬᠡ ᠶᠢᠨ ᠬᠠᠮᠠᠷᠤᠯ ᠤᠨ ᠬᠠᠮᠠᠭᠠᠯᠠᠯᠲᠠ ᠪᠠ ᠳᠤᠷᠠᠳᠤᠯ ᠳᠤ ᠳᠤᠷᠠᠳᠤᠯ ᠪᠤᠶᠤ ᠂

ᠬᠠᠮᠠᠷᠤᠯ ᠪᠤᠶᠤ ᠬᠠᠮᠠᠷᠤᠯ ᠪᠠᠲᠤᠯᠠᠭ᠎ᠠ ᠶᠢᠨ ᠪᠠᠷᠢᠴᠠᠭᠠᠯᠠᠯᠲᠠ ᠶᠢᠨ ᠬᠤᠭᠤᠴᠠᠭ᠎ᠠ ᠶᠢᠨ ᠡᠬᠢᠯᠡᠯ ᠬᠤᠭᠤᠴᠠᠭᠠᠨ ᠤ ᠡᠳ ᠬᠡᠷᠡᠭᠯᠡᠭᠡ ᠨᠢ ᠬᠦᠴᠦᠨ ᠲᠡᠢ ᠪᠣᠯᠬᠤ ᠡᠳ ᠡᠷᠬᠡ ᠪᠤᠶᠤ

ᠲᠡᠭᠦᠨ ᠦ ᠰᠢᠭᠦᠬᠦ ᠶᠢᠨ ᠬᠤᠭᠤᠴᠠᠭ᠎ᠠ ᠶᠢᠨ ᠬᠠᠮᠤᠭ ᠰᠢᠭᠦᠨ ᠲᠠᠰᠤᠯᠲᠠ ᠳᠤ ᠡᠳ ᠡᠷᠬᠡ ᠂ ᠪᠠᠲᠤᠯᠠᠭ᠎ᠠ ᠶᠢᠨ ᠡᠳ ᠡᠷᠬᠡ ᠶᠢᠨ ᠬᠤᠭᠤᠴᠠᠭ᠎ᠠ ᠳᠤ ᠬᠠᠮᠠᠷᠤᠯᠤᠨ᠎ᠠ ᠪᠦᠷᠢᠯᠳᠦᠭᠦᠯᠦᠯᠲᠡ

ᠬᠠᠮᠠᠷᠤᠯ ᠪᠠᠲᠤᠯᠠᠭ᠎ᠠ ᠶᠢᠨ ᠪᠠᠷᠢᠴᠠᠭᠠᠯᠠᠯᠲᠠ ᠶᠢᠨ ᠬᠤᠭᠤᠴᠠᠭ᠎ᠠ ᠶᠢᠨ ᠡᠬᠢᠯᠡᠯ ᠬᠤᠭᠤᠴᠠᠭᠠᠨ ᠳᠤ ᠬᠡᠷᠡᠭᠯᠡᠭᠡ ᠨᠢ ᠬᠦᠴᠦᠨ ᠦᠭᠡᠢ ᠪᠣᠯᠬᠤ ᠪᠣᠯᠤᠨ᠎ᠠ :: ᠬᠠᠮᠠᠷᠤᠯᠲᠠ ᠳᠤ

ᠬᠤᠭᠤᠴᠠᠭ᠎ᠠ ᠶᠢᠨ ᠬᠠᠮᠤᠭ ᠰᠢᠭᠦᠨ ᠲᠠᠰᠤᠯᠲᠠ ᠳᠤ ᠡᠳ ᠡᠷᠬᠡ ᠂ ᠪᠠᠲᠤᠯᠠᠭ᠎ᠠ ᠶᠢᠨ ᠡᠳ ᠡᠷᠬᠡ ᠶᠢᠨ ᠬᠤᠭᠤᠴᠠᠭ᠎ᠠ ᠳᠤ ᠬᠠᠮᠠᠷᠤᠯᠤᠨ᠎ᠠ ᠪᠦᠷᠢᠯᠳᠦᠭᠦᠯᠦᠯᠲᠡ ᠬᠠᠮᠠᠷᠤᠯ ᠪᠤᠶᠤ

ᠬᠠᠮᠠᠭᠠᠯᠠᠭᠳᠠᠬᠤ ᠦᠶ᠎ᠡ :: ᠡᠨᠡ ᠬᠢ ᠰᠢᠭᠦᠬᠦ ᠳᠦ 20 ᠡᠳᠦᠷ ᠦᠨ ᠳᠤᠳᠤᠷ᠎ᠠ ᠳᠤ ᠪᠠᠲᠤᠯᠠᠭᠠᠳ ᠂ ᠲᠡᠭᠦᠨ ᠳᠦ ᠮᠡᠳᠡᠭᠳᠡᠯ ᠪᠦᠷᠢᠯᠳᠦᠭᠦᠯᠦᠯᠲᠡ ᠬᠠᠮᠠᠷᠤᠯ ᠤᠨ ᠡᠳ ᠤᠨ

ᠰᠢᠭᠦᠨ ᠲᠠᠰᠤᠯᠬᠤ ᠶᠢᠨ ᠬᠤᠭᠤᠴᠠᠭ᠎ᠠ ᠪᠤᠶᠤ ᠪᠤᠰᠤ ᠮᠡᠳᠡᠭᠡ ᠶᠢᠨ ᠡᠳ ᠤᠨ ᠳᠤᠷᠠᠳᠤᠯ ᠳᠤ ᠬᠠᠮᠠᠭᠠᠯᠠᠭᠳᠠᠬᠤ ᠦᠶ᠎ᠡ ᠂ ᠡᠨᠡ ᠬᠦ ᠪᠠᠲᠤᠯᠠᠭᠠᠳ ᠬᠠᠮᠠᠷᠤᠯᠲᠠ ᠰᠢᠭᠦᠨ ᠲᠠᠰᠤᠯᠬᠤ

1. ᠰᠢᠭᠦᠬᠦ ᠪᠠᠶᠢᠭ᠎ᠠ ᠬᠠᠮᠠᠷᠤᠯ ᠤᠨ ᠬᠠᠮᠤᠭ ᠪᠠᠲᠤᠯᠠᠯ ᠤᠨ ᠮᠡᠳᠡᠭᠡ ᠶᠢᠨ ᠬᠠᠮᠠᠭᠠᠯᠠᠯ ᠤᠨ ᠪᠠᠷᠢᠬᠤ ᠪᠠᠲᠤᠯᠠᠭᠠᠳ ᠬᠠᠮᠠᠷᠤᠯᠲᠠ ᠪᠤᠰᠤ ᠮᠡᠳᠡᠭᠡ ᠶᠢᠨ ᠰᠢᠭᠦᠨ

ᠬᠡᠯᠡ ᠂ ᠰᠢᠭᠦᠬᠦ ᠳᠦ ᠵᠠᠰᠠᠭ ᠤᠨ ᠬᠠᠮᠠᠭᠠᠯᠠᠯᠲᠠ ᠳᠤ ᠪᠠᠢᠨ᠎ᠠ

[ᠲᠠᠢᠯᠪᠤᠷᠢ]

ᠬᠠᠮᠢᠶ᠎ᠠ ᠲᠠᠢ ᠵᠦᠢᠯ ᠂ ᠬᠠᠮᠠᠭᠠᠯᠠᠭᠳᠠᠬᠤ ᠰᠢᠭᠦᠬᠦ ᠶᠢᠨ ᠵᠠᠰᠠᠭᠯᠠᠯᠲᠠ ::

ᠵᠠᠰᠠᠭ ᠤᠨ ᠬᠠᠮᠠᠭᠠᠯᠠᠯᠲᠠ ᠶᠢᠨ ᠪᠠᠢᠭᠤᠯᠭ᠎ᠠ ᠲᠤᠰᠬᠠᠢ ᠪᠠᠨ ᠰᠢᠭᠦᠨ ᠲᠠᠰᠤᠯᠬᠤ ᠦᠶ᠎ᠡ ᠂ ᠡᠨᠡ ᠬᠦ ᠪᠠᠲᠤᠯᠠᠭ᠎ᠠ ᠰᠢᠭᠦᠨ ᠲᠠᠰᠤᠯᠬᠤ ᠶᠢᠨ ᠪᠠᠷ ᠪᠠᠲᠤᠯᠠᠭᠠᠳ ᠭᠠᠷᠭᠠᠨ ᠂ ᠬᠠᠮᠠᠷ

（ᠬᠤᠭᠤᠴᠠᠭ᠎ᠠ） ᠰᠢᠭᠦᠬᠦ ᠪᠡᠷ ᠪᠠᠲᠤᠯᠠᠭᠳᠠᠭᠰᠠᠨ ᠪᠠᠢᠭᠤᠯ ᠰᠢᠭᠦᠨ ᠲᠠᠰᠤᠯᠬᠤ ᠶᠢᠨ ᠪᠠᠷ ᠪᠠᠲᠤᠯᠠᠭᠠᠳ ᠦᠶ᠎ᠡ ᠂ ᠬᠠᠮᠠᠷᠤᠯ ᠤᠨ ᠬᠠᠮᠤᠭ ᠪᠠᠲᠤᠯᠠᠯ ᠤᠨ ᠰᠢᠭᠦᠬᠦ ᠳᠦ

2. ᠬᠣᠨᠣᠭᠰᠠᠨ ᠰᠢᠯᠭᠠᠨ ᠢᠳᠡᠭᠡᠨ ᠦ ᠠᠶᠤᠯ ᠦᠭᠡᠢ ᠶᠢᠨ ᠡᠷᠰᠡᠳᠡᠯ ᠢ ᠦᠨᠡᠯᠡᠬᠦ ᠮᠡᠳᠡᠭᠳᠡᠯ ᠢ ᠲᠤᠬᠠᠢ ᠳᠤ ᠨᠢ ᠮᠡᠳᠡᠭᠳᠡᠨ᠎ᠡ :: ᠬᠠᠷᠢᠶᠠᠯᠠᠬᠤ ᠳᠤ ᠬᠠᠮᠢᠶᠠᠷᠤᠯᠠᠬᠤ ᠢᠳᠡᠭᠡᠨ ᠦ ᠠᠶᠤᠯ ᠦᠭᠡᠢ ᠶᠢᠨ ᠡᠷᠰᠡᠳᠡᠯ ᠢ ᠰᠢᠯᠭᠠᠨ ᠪᠠᠶᠢᠴᠠᠭᠠᠬᠤ ᠪᠠᠶᠢᠳᠠᠯ ᠤᠨ ᠲᠠᠶᠢᠯᠤᠨ ᠪᠣᠯᠤᠨ᠎ᠠ᠂ ᠬᠣᠷᠣᠯ ᠤᠨ ᠲᠡᠭᠦᠯᠳᠡᠷ ᠦᠨ ᠪᠠᠶᠢᠳᠠᠯ᠂ ᠳᠡᠭᠡᠵᠢ ᠶᠢᠨ ᠪᠠᠶᠢᠴᠠᠭᠠᠯᠲᠠ ᠶᠢᠨ ᠦᠷ᠎ᠡ ᠳ᠋ᠦᠩ ᠢ ᠢᠳᠡᠭᠡᠨ ᠦ ᠠᠶᠤᠯ ᠦᠭᠡᠢ ᠶᠢᠨ ᠡᠷᠰᠡᠳᠡᠯ ᠪᠤᠶᠤ ᠪᠠᠢᠭᠤᠯᠬᠤ ᠶᠢᠨ ᠲᠤᠯᠠ ᠬᠠᠷᠢᠶᠠᠯᠠᠬᠤ ᠬᠡᠯᠲᠡᠰ ᠲᠦ ᠮᠡᠳᠡᠭᠳᠡᠵᠦ ᠪᠤᠶᠤ ᠲᠡᠷᠡ ᠨᠢ 3 ᠵᠦᠢᠯ ᠦᠨ ᠳᠤᠭᠠᠷ ᠦᠨ ᠵᠠᠰᠠᠭ ᠤᠨ 121 ᠳᠤᠭᠠᠷ ᠵᠦᠢᠯ ᠢ ᠦᠵᠡᠨ᠎ᠡ᠂ ᠢᠳᠡᠭᠡᠨ ᠦ ᠠᠶᠤᠯ ᠦᠭᠡᠢ ᠶᠢᠨ ᠡᠷᠰᠡᠳᠡᠯ ᠢ ᠰᠢᠯᠭᠠᠨ ᠪᠠᠶᠢᠴᠠᠭᠠᠬᠤ ᠬᠠᠮᠢᠶᠠᠷᠤᠯᠲᠠ ᠶᠢᠨ ᠠᠵᠢᠯ ᠢ ᠪᠡᠯᠡᠳᠬᠡᠨ ᠬᠠᠷᠢᠶᠠᠯᠠᠬᠤ ᠡᠷᠬᠡ ᠪᠦᠬᠦᠢ ᠪᠠᠶᠢᠭᠤᠯᠤᠯᠭ᠎ᠠ ᠳᠤ ᠮᠡᠳᠡᠭᠳᠡᠨ᠎ᠡ :: ᠬᠡᠷᠪᠡ ᠢᠳᠡᠭᠡᠨ ᠦ ᠠᠶᠤᠯ ᠦᠭᠡᠢ ᠶᠢᠨ ᠡᠷᠰᠡᠳᠡᠯ ᠢ ᠦᠨᠡᠯᠡᠬᠦ ᠪᠤᠶᠤ ᠰᠢᠯᠭᠠᠨ ᠪᠠᠶᠢᠴᠠᠭᠠᠬᠤ ᠶᠢᠨ ᠬᠠᠮᠲᠤ ᠬᠠᠷᠢᠶᠠᠯᠠᠬᠤ ᠬᠡᠯᠲᠡᠰ ᠲᠦ ᠮᠡᠳᠡᠭᠳᠡᠨ᠎ᠡ ::

3. ᠬᠤᠤᠯᠢ ᠶᠢᠨ ᠬᠠᠷᠢᠭᠤᠴᠠᠯᠭ᠎ᠠ ᠬᠦᠯᠢᠶᠡᠬᠦ ᠵᠦᠢᠯ ᠢ ᠲᠣᠳᠣᠷᠬᠠᠢᠯᠠᠬᠤ ᠶᠣᠰᠤᠨ᠎ᠠ᠂ ᠢᠳᠡᠭᠡᠨ ᠦ ᠠᠶᠤᠯ ᠦᠭᠡᠢ ᠶᠢᠨ ᠬᠤᠤᠯᠢ ᠶᠢ ᠵᠥᠷᠢᠴᠡᠭᠰᠡᠨ ᠪᠣᠯ ᠬᠤᠤᠯᠢ ᠶᠢᠨ ᠬᠠᠷᠢᠭᠤᠴᠠᠯᠭ᠎ᠠ ᠬᠦᠯᠢᠶᠡᠬᠦ ᠪᠠ ᠡᠷᠦᠬᠡ ᠶᠢᠨ ᠬᠠᠷᠢᠭᠤᠴᠠᠯᠭ᠎ᠠ ᠬᠦᠯᠢᠶᠡᠬᠦ ᠶᠣᠰᠤᠲᠠᠢ᠂ ᠵᠥᠷᠢᠴᠡᠯ ᠦᠨ ᠬᠡᠮᠵᠢᠶ᠎ᠡ ᠨᠢ ᠬᠦᠨᠳᠦ ᠪᠣᠯ ᠡᠷᠦᠬᠡ ᠶᠢᠨ ᠬᠠᠷᠢᠭᠤᠴᠠᠯᠭ᠎ᠠ ᠬᠦᠯᠢᠶᠡᠯᠭᠡᠨ᠎ᠡ ᠪᠠ ᠬᠠᠤᠯᠢ ᠶᠢᠨ ᠳᠠᠭᠠᠤ ᠢᠳᠡᠭᠡᠨ ᠦ ᠠᠶᠤᠯ ᠦᠭᠡᠢ ᠶᠢᠨ ᠬᠤᠤᠯᠢ ᠶᠢ ᠵᠥᠷᠢᠴᠡᠭᠰᠡᠨ ᠪᠣᠯᠪᠠᠰᠤ᠂ ᠢᠳᠡᠭᠡᠨ ᠦ ᠠᠶᠤᠯ ᠦᠭᠡᠢ ᠶᠢᠨ ᠪᠠᠶᠢᠳᠠᠯ ᠳᠤ ᠬᠣᠬᠢᠷᠠᠯ ᠤᠴᠠᠷᠠᠭᠤᠯᠤᠭᠰᠠᠨ ᠪᠤᠶᠤ ᠬᠣᠬᠢᠷᠠᠯ ᠤᠴᠠᠷᠠᠭᠤᠯᠵᠤ ᠮᠡᠳᠡᠬᠦ ᠠᠶᠤᠯ ᠲᠠᠢ ᠪᠣᠯ᠂ ᠳᠡᠭᠡᠷᠡᠬᠢ ᠵᠥᠷᠢᠴᠡᠯ ᠢ ᠡᠷᠦᠭᠦᠦ ᠶᠢᠨ ᠬᠠᠷᠢᠭᠤᠴᠠᠯᠭ᠎ᠠ ᠬᠦᠯᠢᠶᠡᠯᠭᠡᠬᠦ ᠪᠠᠷ ᠲᠣᠳᠣᠷᠬᠠᠢᠯᠠᠨ᠎ᠠ ::

为了保障食品药品监督管理、质量监督等部门有效履行食品安全监督管理职责，本法赋

●条文解读

损失的，应当依法予以赔偿，对直接负责的主管人员和其他直接责任人员依法给予处分。

在履行食品安全监督管理职责过程中，违法实施检查、强制等执法措施，给生产经营者造成

第一百四十六条【行政检查和行政强制法律责任】食品药品监督管理、质量监督等部门

[illegible]

予这些部门行政检查权和行政强制权。本法规定，县级以上人民政府食品药品监督管理、质量监督部门履行各自食品安全监督管理职责，有权进入生产经营场所实施现场检查，有权对生产经营的食品、食品添加剂、食品相关产品进行抽样检验，有权查阅、复制有关合同、票据、账簿以及其他有关资料等等，这些都属于行政检查行为。本法规定，县级以上人民政府食品药品监督管理、质量监督管理部门履行各自食品安全监督管理职责，有权查封、扣押有证据证明不符合食品安全标准或者有证据证明存在安全隐患以及用于违法生产经营的食品、食品添加剂、食品相关产品；有权查封违法从事生产经营活动的场所；在处置食品安全事故过程中，应当依法封存可能导致食品安全事故的食品及其原料，封存被污染的食品相关产品等等，这些都属于行政强制措施。

行政强制法对违法实施行政强制措施的法律责任作了规定。行政强制法第 62 条规定，行政机关有下列情形之一的，由上级行政机关或者有关部门责令改正，对直接负责的主管人员和其他直接责任人员依法给予处分：（1）扩大查封、扣押、冻结范围的；（2）使用或者损毁查封、扣押场所、设施或者财物的；（3）在查封、扣押法定期间不作出处理决定或者未依法及时解除查封、扣押的……该法第 63 条还规定，行政机关将查封、扣押的财物或者划拨的存款、汇款以及拍卖和依法处理所得的款项，截留、私分或者变相私分的，由财政部门或者有关部门予以追缴；对直接负责的主管人员和其他直接责任人员依法给予记大过、降级、撤职

[illegible]

偿法予以赔偿。

另外，对于在实施行政检查、行政强制过程中给生产经营者造成损失的，应当依照国家赔偿法予以赔偿。

直接责任人员处分。

根据公务员法、《行政机关公务员处分条例》等法律、法规给予直接负责的主管人员和其他的规定。但这并不意味着违法实施行政检查不受追究。行政监察部门或者其他有权部门可以

对于行政检查，由于我国没有行政检查法，尚无专门针对违法实施行政检查的法律责任时，违法对财产采取查封、扣押、冻结等行政强制措施的，受害人有取得赔偿的权利。

开除的处分。在赔偿方面，国家赔偿法第4条规定，行政机关及其工作人员在行使行政职权物据为已有的，由上级行政机关或者有关部门责令改正，依法给予记大过、降级、撤职或者或者开除的处分。行政机关工作人员利用职务上的便利，将查封、扣押的场所、设施或者财

ᠬᠠᠮᠢᠶ᠎ᠠ ᠲᠠᠢ ᠤᠳᠤᠷᠢᠳᠤᠯᠭ᠎ᠠ ᠬᠠᠷᠢᠭᠤᠴᠠᠬᠤ ᠪᠣᠯᠤᠨ ᠬᠦᠨᠡᠰᠦ ᠶᠢᠨ ᠠᠶᠤᠯᠭᠦᠢ ᠶᠢᠨ ᠬᠠᠷᠢᠭᠤᠴᠠᠬᠤ ᠪᠠᠢ᠌ᠨ᠎ᠠ ᠃ ᠬᠠᠷᠢᠶ᠎ᠠ ᠶᠢᠨ ᠬᠦᠨᠡᠰᠦ
ᠬᠠᠷᠢᠶ᠎ᠠ ᠂ ᠬᠠᠷᠢᠶ᠎ᠠ ᠶᠢᠨ ᠠᠵᠢᠯᠲᠠᠨ ᠳᠤ ᠂ ᠬᠠᠷᠢᠶ᠎ᠠ ᠳᠤ ᠬᠦᠷᠭᠡᠬᠦ ᠮᠡᠳᠡᠭᠳᠡᠯ ᠢ᠋ ᠪᠣᠯᠪᠠᠰᠤᠷᠠᠭᠤᠯᠬᠤ ᠂ ᠪᠣᠯᠪᠠᠰᠤ ᠳᠤ ᠮᠡᠳᠡᠭᠳᠡᠬᠦ ᠪᠠᠢ᠌ᠨ᠎ᠠ ᠃
ᠪᠦᠬᠦ ᠪᠠᠢᠳᠠᠯ ᠢ᠋ ᠬᠣᠯᠪᠣᠭᠳᠠᠬᠤ ᠬᠠᠷᠢᠶ᠎ᠠ ᠶᠢᠨ ᠬᠦᠨᠡᠰᠦ ᠶᠢᠨ ᠠᠶᠤᠯᠭᠦᠢ ᠶᠢᠨ ᠬᠠᠷᠢᠭᠤᠴᠠᠬᠤ ᠭᠠᠵᠠᠷ ᠲᠠᠢ ᠬᠠᠮᠲᠤ ᠠᠵᠢᠯᠯᠠᠬᠤ ᠬᠠᠷᠢᠶ᠎ᠠ
ᠬᠠᠷᠢᠭᠤᠴᠠᠬᠤ ᠶᠢᠨ ᠪᠣᠯᠤᠨ ᠪᠠᠢᠴᠠᠭᠠᠨ ᠮᠡᠳᠡᠭᠳᠡᠬᠦ ᠂ ᠬᠠᠷᠢᠶ᠎ᠠ ᠶᠢᠨ ᠬᠦᠨᠡᠰᠦ ᠶᠢᠨ ᠠᠶᠤᠯᠭᠦᠢ ᠶᠢᠨ ᠭᠠᠵᠠᠷ ᠤᠨ ᠪᠠᠢᠴᠠᠭᠠᠨ ᠮᠡᠳᠡᠬᠦ
ᠬᠠᠷᠢᠭᠤᠴᠠᠬᠤ ᠂ ᠠᠯᠪᠠᠨ ᠠᠵᠢᠯᠲᠠᠨ ᠤ ᠬᠦᠨᠡᠰᠦ ᠶᠢᠨ ᠠᠶᠤᠯᠭᠦᠢ ᠶᠢᠨ ᠬᠠᠷᠢᠭᠤᠴᠠᠬᠤ ᠭᠠᠵᠠᠷ ᠤᠨ ᠬᠦᠨᠡᠰᠦ ᠶᠢᠨ ᠠᠶᠤᠯᠭᠦᠢ
ᠬᠠᠷᠢᠭᠤᠴᠠᠬᠤ ᠳᠤ ᠮᠡᠳᠡᠭᠳᠡᠬᠦ ᠦᠭᠡᠢ ᠂ ᠬᠠᠷᠢᠶ᠎ᠠ ᠶᠢᠨ ᠠᠵᠢᠯᠲᠠᠨ ᠢ᠋ ᠬᠠᠷᠢᠭᠤᠴᠠᠭ᠎ᠠ ᠲᠠᠢ ᠪᠣᠯᠭᠠᠬᠤ ᠶᠢᠨ ᠬᠦᠨᠡᠰᠦ ᠶᠢᠨ ᠠᠶᠤᠯᠭᠦᠢ
ᠶᠢᠨ ᠠᠵᠢᠯ ᠢ᠋ ᠪᠣᠯᠪᠠᠰᠤᠷᠠᠭᠤᠯᠬᠤ ᠲᠤᠰ ᠪᠠᠢ᠌ᠨ᠎ᠠ ᠂ ᠬᠠᠷᠢᠶ᠎ᠠ ᠶᠢᠨ ᠬᠦᠨᠡᠰᠦ ᠶᠢᠨ ᠠᠶᠤᠯᠭᠦᠢ ᠶᠢᠨ ᠪᠣᠯᠪᠠᠰᠤᠷᠠᠭᠤᠯᠬᠤ ᠶᠢᠨ ᠶᠤᠮ ᠃ ᠬᠠᠷᠢᠶ᠎ᠠ
ᠪᠣᠯᠪᠠᠰᠤᠷᠠᠭᠤᠯᠬᠤ ᠠᠵᠢᠯᠲᠠᠨ ᠤ ᠪᠣᠯᠪᠠᠰᠤ ᠪᠠᠢ᠌ᠨ᠎ᠠ ᠂ ᠪᠦᠬᠦ ᠪᠠᠢᠳᠠᠯ ᠢ᠋ ᠂ ᠬᠠᠷᠢᠶ᠎ᠠ ᠶᠢᠨ ᠪᠣᠯᠪᠠᠰᠤᠷᠠᠭᠤᠯᠬᠤ ᠪᠠᠢᠳᠠᠯ ᠤᠨ ᠪᠣᠯᠪᠠᠰᠤᠷᠠᠭᠤᠯᠬᠤ
ᠬᠠᠷᠢᠭᠤᠴᠠᠯᠭ᠎ᠠ ᠪᠠᠢ᠌ᠨ᠎ᠠ ᠂ ᠬᠦᠨᠡᠰᠦ ᠶᠢᠨ ᠬᠠᠷᠢᠭᠤᠴᠠᠬᠤ ᠬᠠᠷᠢᠶ᠎ᠠ ᠶᠢᠨ ᠬᠦᠨᠡᠰᠦ ᠶᠢᠨ ᠠᠶᠤᠯᠭᠦᠢ ᠶᠢᠨ ᠬᠠᠷᠢᠭᠤᠴᠠᠬᠤ ᠳᠤ ᠮᠡᠳᠡᠭᠳᠡᠬᠦ
ᠬᠠᠷᠢᠭᠤᠴᠠᠬᠤ ᠲᠠᠢ ᠬᠠᠷᠢᠭᠤᠴᠠᠬᠤ ᠶᠢᠨ ᠪᠠᠢᠴᠠᠭᠠᠨ ᠮᠡᠳᠡᠭᠳᠡᠬᠦ ᠂ ᠬᠠᠷᠢᠶ᠎ᠠ ᠶᠢᠨ ᠬᠦᠨᠡᠰᠦ ᠶᠢᠨ ᠠᠶᠤᠯᠭᠦᠢ ᠶᠢᠨ ᠭᠠᠵᠠᠷ ᠤᠨ ᠪᠣᠯᠪᠠᠰᠤ
ᠬᠠᠷᠢᠭᠤᠴᠠᠬᠤ ᠂ ᠠᠯᠪᠠᠨ ᠠᠵᠢᠯᠲᠠᠨ ᠤ ᠬᠦᠨᠡᠰᠦ ᠶᠢᠨ ᠠᠶᠤᠯᠭᠦᠢ ᠶᠢᠨ ᠬᠠᠷᠢᠭᠤᠴᠠᠬᠤ ᠭᠠᠵᠠᠷ ᠤᠨ ᠬᠦᠨᠡᠰᠦ ᠶᠢᠨ ᠠᠶᠤᠯᠭᠦᠢ
ᠬᠠᠷᠢᠭᠤᠴᠠᠬᠤ ᠳᠤ ᠮᠡᠳᠡᠭᠳᠡᠬᠦ ᠦᠭᠡᠢ ᠂ ᠬᠠᠷᠢᠶ᠎ᠠ ᠶᠢᠨ ᠠᠵᠢᠯᠲᠠᠨ ᠢ᠋ ᠬᠠᠷᠢᠭᠤᠴᠠᠭ᠎ᠠ ᠲᠠᠢ ᠪᠣᠯᠭᠠᠬᠤ ᠶᠢᠨ ᠬᠦᠨᠡᠰᠦ ᠶᠢᠨ ᠠᠶᠤᠯᠭᠦᠢ
ᠬᠠᠮᠢᠶ᠎ᠠ ᠲᠠᠢ ᠬᠠᠷᠢᠶ᠎ᠠ ᠶᠢᠨ ᠪᠣᠯᠪᠠᠰᠤᠷᠠᠭᠤᠯᠬᠤ ᠬᠦᠨᠡᠰᠦ ᠶᠢᠨ ᠠᠶᠤᠯᠭᠦᠢ ᠶᠢᠨ ᠬᠠᠷᠢᠭᠤᠴᠠᠬᠤ ᠪᠣᠯᠪᠠᠰᠤᠷᠠᠭᠤᠯᠬᠤ ᠃ ᠬᠠᠷᠢᠶ᠎ᠠ
ᠬᠠᠷᠢᠶ᠎ᠠ ᠶᠢᠨ ᠠᠵᠢᠯᠲᠠᠨ ᠤ ᠬᠦᠨᠡᠰᠦ ᠶᠢᠨ ᠠᠶᠤᠯᠭᠦᠢ ᠶᠢᠨ ᠬᠠᠷᠢᠭᠤᠴᠠᠬᠤ ᠭᠠᠵᠠᠷ ᠤᠨ ᠬᠠᠷᠢᠭᠤᠴᠠᠭ᠎ᠠ ᠂ ᠪᠣᠯᠪᠠᠰᠤᠷᠠᠭᠤᠯᠬᠤ
ᠬᠠᠷᠢᠶ᠎ᠠ ᠶᠢᠨ ᠬᠦᠨᠡᠰᠦ ᠶᠢᠨ ᠠᠶᠤᠯᠭᠦᠢ ᠶᠢᠨ ᠬᠠᠷᠢᠭᠤᠴᠠᠬᠤ ᠳᠤ ᠬᠦᠷᠭᠡᠬᠦ ᠪᠠᠢ᠌ᠨ᠎ᠠ ᠃

[ᠲᠠᠢᠯᠪᠤᠷᠢ]

[illegible] 63 [illegible]

[illegible] （3） [illegible]

[illegible] （2） [illegible]

[illegible] （1） [illegible]

[illegible] 62 [illegible]

[illegible]

[illegible]

第一百四十七条【民事责任优先原则】违反本法规定，造成人身、财产或者其他损害的，依法承担赔偿责任。生产经营者财产不足以同时承担民事赔偿责任和缴纳罚款、罚金时，先承担民事赔偿责任。

●条文解读

一、关于赔偿责任

民事责任是根据民法的规定，公民或法人在违反自己的民事义务或侵犯他人的民事权利时所应承担的法律后果。承担民事责及至的形式，在财产关系方面，表现为恢复被违法行为所破坏的财产权利；在人身方面，除恢复人身权利外，还必须赔偿因此而受到的财产损失。对于违反本法规定，造成人身、财产或者其他损害的，除了适用本条规定外，还要依据民法通则、产品质量法、消费者权益保护法等法律承担民事责任。

二、关于民事赔偿优先的法律原则

食品生产经营企业出现违反本法规定的违法行为，依据本章法律责任的规定，可能会出现财产责任方面的竞合，即：一方面因为给他人的人身和财产造成损害而需要对受害者承担民事赔偿责任，另一方面还需要接受监管部门罚款的行政处罚；如果构成犯罪的，还要承担罚金的刑事责任。当一个食品生产经营企业同时面临民事赔偿、罚款、罚金的处罚时，可能会出现因财产不足而难以同时支付的问题。在此情况下，哪一种责任应当优先执行呢？我国的公司法、产品质量法等法律已经作出了明确的回答，那就是民事赔偿责任优先的原则，本法也明确了这一原则，目的是保护权益受侵害的消费者的合法权益。

民事赔偿和缴纳罚款、罚金，都是一种财产责任，需要违法者通过支付一定数额的金钱来承担其违法行为的后果。但三者在性质上是完全不同的：民事赔偿属于民事责任的一种，目的是赔偿受害人所受到的人身和财产的损失，具有补偿性质；罚款是一种行政处罚，是一种行政责任，是行政机关对违反行政管理秩序的当事人所给予的一种处罚手段；而罚金则是一种刑事责任，是审判机关对于触犯刑法，构成犯罪的当事人所给予的刑事制裁。从这三种法律责任的决定主体上说，民事赔偿和罚金都是由国家的审判机关决定的；而罚款是由行政机关决定的。从这三种法律责任的性质上说，民事赔偿体现的是平等主体之间的补偿，而罚款和罚金则体现的是国家对违法者的惩罚。

确立民事赔偿责任优先的原则具有积极的意义。实践中存在着当违法者的财产不能同时承担民事赔偿责任和缴纳罚款、罚金时，往往是罚款、罚金优先，而民事侵权的受害人得不到赔偿。这样做的结果是，虽然违法者受到了经济上的制裁，但是受害者没有得到应有的补偿，其合法权益没有得到切实的保障。通过确立民事赔偿责任优先的原则，可以使受害人的合法权益得到维护，使其受损的权利得到补偿，这充分体现了立法机关以人为本的立法理念。

[illegible]

[illegible]

[illegible]

ᠬᠠᠷᠢᠭᠤᠴᠠᠯᠭ᠎ᠠ ᠲᠠᠢ ᠬᠠᠮᠢᠶ᠎ᠠ ᠪᠦᠬᠦᠢ ᠲᠠᠢ ᠬᠠᠷᠢᠭᠤᠴᠠᠭ᠎ᠠ ᠃ ᠦᠢᠯᠡᠳᠦᠯ ᠦᠢᠯᠡᠳᠪᠦᠷᠢᠯᠡᠭᠴᠢ ᠠᠵᠢᠯ ᠠᠬᠤᠢ ᠵᠢᠨ ᠨᠢᠭᠡᠳᠦᠭᠡᠷ ᠪᠦᠯᠦᠭ ᠦᠨ ᠬᠤᠤᠯᠠᠢ ᠬᠤᠤᠯᠠᠢ ᠪᠠᠶᠢᠨ᠎ᠠ ᠄ ᠬᠦᠨᠡᠰᠦᠨ ᠦ ᠠᠶᠤᠯᠭᠦᠢ ᠶᠢᠨ ᠬᠠᠷᠢᠭᠤᠴᠠᠯᠭ᠎ᠠ ᠪᠣᠯᠪᠠ ᠂ ᠠᠵᠢᠯ ᠬᠡᠷᠡᠭᠵᠢᠭᠦᠯᠬᠦ ᠲᠤᠰᠬᠠᠢ ᠵᠢᠨ ᠪᠢᠴᠢᠭ ᠲᠠᠢ ᠬᠤᠤᠯᠠᠢ ᠬᠤᠤᠯᠠᠢ ᠶᠢᠨ ᠬᠠᠩᠭᠠᠮᠵᠢ ᠤᠶ᠎ᠠ ᠲᠠᠢ ᠬᠡᠷᠡᠭᠵᠢᠭᠦᠯᠦᠯᠲᠡ ᠃

ᠬᠦᠨᠡᠰᠦᠨ ᠦ ᠠᠶᠤᠯ ᠤᠨ ᠪᠠᠶᠢᠴᠠᠭᠠᠯᠲᠠ ᠪᠠᠷᠢᠮᠲᠠ ᠲᠣᠭᠲᠠᠭᠠᠬᠤ ᠠᠵᠢᠯ ᠂ ᠠᠵᠢᠯ ᠤᠨ ᠬᠦᠷᠢᠶ᠎ᠡ ᠳᠦ ᠬᠦᠨᠡᠰᠦᠨ ᠦ ᠬᠤᠪᠢ ᠬᠦᠮᠦᠨ ᠤᠨ ᠬᠡᠷᠡᠭ ᠲᠡᠢ ᠬᠠᠷᠢᠴᠠᠬᠤ ᠶᠠᠮᠠᠷ ᠨᠢᠭᠡ ᠪᠠᠶᠢᠳᠠᠯ ᠢ ᠲᠣᠳᠤᠷᠬᠠᠶᠢᠯᠠᠬᠤ ᠪᠣᠯᠤᠨ᠎ᠠ ᠃

ᠪᠠᠰᠠ ᠬᠦᠨᠡᠰᠦ ᠦᠢᠯᠡᠳᠪᠦᠷᠢ ᠶᠢᠨ ᠠᠵᠢᠯ ᠠᠬᠤᠢ ᠂ ᠪᠠᠷᠢᠮᠲᠠ ᠶᠢ ᠬᠠᠩᠭᠠᠬᠤ ᠬᠤᠪᠢ ᠬᠦᠮᠦᠨ ᠢ ᠬᠠᠷᠢᠭᠤᠴᠠᠯᠭ᠎ᠠ ᠪᠠᠷ ᠬᠡᠷᠡᠭᠵᠢᠭᠦᠯᠬᠦ ᠲᠠᠢ ᠬᠤᠪᠢ ᠶᠢᠨ ᠬᠤᠪᠢ ᠪᠣᠯᠪᠠ ᠂ ᠡᠳᠡᠭᠡᠷ ᠨᠢ ᠡᠳᠡᠭᠡᠷ ᠬᠦᠨᠡᠰᠦᠨ ᠦ ᠠᠶᠤᠯ ᠤᠨ ᠪᠠᠶᠢᠴᠠᠭᠠᠯᠲᠠ ᠶᠢᠨ ᠬᠠᠷᠢᠭᠤᠴᠠᠯᠭ᠎ᠠ ᠨᠢ ᠬᠡᠨ ᠳᠦ ᠬᠠᠮᠠᠭᠠᠯᠠᠬᠤ ᠪᠣᠯᠪᠠ ᠂ ᠡᠨᠡ ᠠᠵᠢᠯ ᠂ ᠪᠠᠷᠢᠮᠲᠠ ᠶᠢᠨ ᠬᠦᠨᠡᠰᠦᠨ ᠦ ᠬᠠᠷᠢᠭᠤᠴᠠᠯᠭ᠎ᠠ ᠲᠠᠢ ᠠᠵᠢᠯ ᠂ ᠬᠡᠷᠡᠭᠵᠢᠭᠦᠯᠬᠦ ᠶᠢᠨ ᠲᠤᠯᠠ ᠬᠡᠷᠡᠭᠵᠢᠭᠦᠯᠦᠯᠲᠡ ᠶᠢᠨ ᠪᠠᠶᠢᠳᠠᠯ ᠢ ᠲᠣᠳᠤᠷᠬᠠᠶᠢᠯᠠᠨ᠎ᠠ ᠃ ᠬᠦᠨᠡᠰᠦᠨ ᠦ ᠬᠠᠷᠢᠭᠤᠴᠠᠯᠭ᠎ᠠ ᠶᠢᠨ ᠬᠠᠮᠢᠶ᠎ᠠ ᠲᠠᠢ ᠪᠣᠯ ᠶᠠᠮᠠᠷ ᠨᠢᠭᠡ ᠬᠦᠮᠦᠨ ᠪᠤᠢ ᠦᠭᠡᠢ ᠪᠣᠯ ᠪᠡ ?

ᠬᠦᠨᠡᠰᠦᠨ ᠦ ᠠᠶᠤᠯ ᠤᠨ ᠪᠠᠶᠢᠴᠠᠭᠠᠯᠲᠠ ᠂ ᠬᠡᠷᠡᠭᠵᠢᠭᠦᠯᠦᠯᠲᠡ ᠂ ᠬᠦᠨᠡᠰᠦ ᠦᠢᠯᠡᠳᠪᠦᠷᠢᠯᠡᠬᠦ ᠠᠵᠢᠯ ᠬᠤᠪᠢ ᠬᠦᠮᠦᠨ ᠤᠨ ᠬᠠᠷᠢᠭᠤᠴᠠᠯᠭ᠎ᠠ ᠃ ᠬᠦᠨᠡᠰᠦᠨ ᠦ ᠠᠶᠤᠯᠭᠦᠢ ᠶᠢᠨ ᠬᠠᠤᠯᠢ ᠵᠢᠨ ᠬᠦᠨᠡᠰᠦᠨ ᠦ ᠠᠶᠤᠯ ᠤᠨ ᠪᠠᠶᠢᠴᠠᠭᠠᠯᠲᠠ ᠶᠢᠨ ᠪᠠᠷᠢᠮᠲᠠ ᠶᠢ ᠲᠣᠭᠲᠠᠭᠠᠵᠤ ᠂ ᠬᠦᠨᠡᠰᠦᠨ ᠦ ᠠᠶᠤᠯ ᠤᠨ ᠬᠦᠨᠡᠰᠦ ᠶᠢᠨ ᠬᠠᠷᠢᠭᠤᠴᠠᠯᠭ᠎ᠠ ᠶᠢ ᠬᠦᠯᠢᠶᠡᠨ ᠬᠦᠯᠢᠶᠡᠯᠭᠡ ᠃

ᠡᠨᠡ ᠬᠤᠤᠯᠠᠢ ᠶᠢᠨ ᠬᠦᠨᠡᠰᠦᠨ ᠦ ᠠᠶᠤᠯ ᠤᠨ ᠪᠠᠶᠢᠴᠠᠭᠠᠯᠲᠠ ᠶᠢᠨ ᠬᠠᠷᠢᠭᠤᠴᠠᠯᠭ᠎ᠠ ᠶᠢ ᠬᠡᠷᠡᠭᠵᠢᠭᠦᠯᠬᠦ ᠂ ᠲᠤᠰ ᠪᠠᠶᠢᠴᠠᠭᠠᠯᠲᠠ ᠶᠢᠨ ᠠᠵᠢᠯ ᠤᠨ ᠬᠦᠨᠡᠰᠦᠨ ᠦ ᠪᠦᠲᠦᠭᠡᠭᠳᠡᠬᠦᠨ ᠢ ᠬᠠᠷᠢᠭᠤᠴᠠᠵᠤ ᠂ ᠬᠦᠨᠡᠰᠦᠨ ᠦ ᠠᠶᠤᠯ ᠤᠨ ᠪᠠᠶᠢᠴᠠᠭᠠᠯᠲᠠ ᠲᠤ ᠬᠠᠷᠢᠭᠤᠴᠠᠬᠤ ᠠᠵᠢᠯ ᠤᠨ ᠬᠦᠮᠦᠨ ᠢ ᠬᠦᠯᠢᠶᠡᠯᠭᠡ ᠶᠢᠨ ᠲᠤᠯᠠ ᠂ ᠡᠳᠡᠭᠡᠷ ᠦᠭᠡ ᠶᠢ ᠬᠦᠨᠡᠰᠦᠨ ᠦ ᠬᠠᠷᠢᠭᠤᠴᠠᠯᠭ᠎ᠠ ᠲᠠᠢ ᠪᠣᠯᠤᠨ᠎ᠠ ᠄ ᠡᠳᠡᠭᠡᠷ ᠦᠭᠡ ᠶᠢ ᠬᠦᠨᠡᠰᠦ ᠶᠢᠨ ᠠᠵᠢᠯ ᠤᠨ ᠬᠡᠷᠡᠭ ᠲᠦ ᠬᠦᠮᠦᠨ ᠦ ᠬᠠᠷᠢᠭᠤᠴᠠᠯᠭ᠎ᠠ ᠶᠢᠨ ᠬᠦᠯᠢᠶᠡᠯᠭᠡ ᠲᠠᠢ ᠂ ᠬᠦᠨᠡᠰᠦᠨ ᠦ ᠠᠵᠢᠯ ᠤᠨ ᠬᠡᠷᠡᠭᠵᠢᠭᠦᠯᠦᠯᠲᠡ ᠲᠠᠢ ᠬᠦᠨᠡᠰᠦᠨ ᠦ ᠬᠠᠷᠢᠭᠤᠴᠠᠯᠭ᠎ᠠ ᠶᠢᠨ ᠡᠳᠡᠭᠡᠷ ᠦᠭᠡ ᠶᠢ ᠬᠦᠯᠢᠶᠡᠯᠭᠡ ᠪᠣᠯᠤᠨ᠎ᠠ ᠂

ᠬᠦᠨᠡᠰᠦᠨ ᠦ ᠬᠠᠷᠢᠭᠤᠴᠠᠯᠭ᠎ᠠ ᠶᠢᠨ ᠬᠤᠪᠢ ᠬᠦᠮᠦᠨ ᠤᠨ ᠠᠵᠢᠯ ᠲᠠᠢ ᠬᠦᠨᠡᠰᠦᠨ ᠦ ᠬᠠᠷᠢᠭᠤᠴᠠᠯᠭ᠎ᠠ ᠶᠢᠨ ᠬᠦᠯᠢᠶᠡᠯᠭᠡ ᠶᠢᠨ ᠬᠦᠨᠡᠰᠦᠨ ᠦ ᠠᠵᠢᠯ ᠤᠨ ᠬᠡᠷᠡᠭ ᠲᠦ ᠬᠤᠪᠢ ᠬᠦᠮᠦᠨ ᠤᠨ ᠪᠦᠲᠦᠭᠡᠭᠳᠡᠬᠦᠨ ᠦ ᠠᠵᠢᠯ ᠤᠨ ᠡᠳᠡᠭᠡᠷ ᠢ ᠮᠡᠳᠡᠨ᠎ᠡ ᠂ ᠬᠦᠨᠡᠰᠦᠨ ᠦ ᠠᠶᠤᠯ ᠤᠨ ᠪᠠᠶᠢᠴᠠᠭᠠᠯᠲᠠ ᠶᠢᠨ ᠬᠤᠪᠢ ᠬᠦᠮᠦᠨ ᠤᠨ ᠠᠵᠢᠯ ᠤᠨ ᠬᠡᠷᠡᠭ ᠦᠨ ᠮᠡᠳᠡᠨ᠎ᠡ

第一百四十八条【首负责任制和惩罚性赔偿】消费者因不符合食品安全标准的食品受到损害的，可以向经营者要求赔偿损失，也可以向生产者要求赔偿损失。接到消费者赔偿要求的生产经营者，应当实行首负责任制，先行赔付，不得推诿；属于生产者责任的，经营者赔偿后有权向生产者追偿；属于经营者责任的，生产者赔偿后有权向经营者追偿。

生产不符合食品安全标准的食品或者经营明知是不符合食品安全标准的食品，消费者除要求赔偿损失外，还可以向生产者或者经营者要求支付价款十倍或者损失三倍的赔偿金；增加赔偿的金额不足一千元的，为一千元。但是，食品的标签、说明书存在不影响食品安全且不会对消费者造成误导的瑕疵的除外。

●**条文解读**

本条对原法第 96 条第 2 款规定的惩罚性赔偿作了修改，增加了消费者可以要求支付『损失三倍』的赔偿金、最低赔偿金额和但书规定。同时，增加了首负责任制的规定。

一、首负责任制

首负责任制，就是消费者在合法权益受到损害，向生产者或者经营者要求赔偿时，由首先接到赔偿要求的生产者或者经营者负责先行赔付，再由先行赔付的生产者或者经营者依法向相关责任人追偿。首负责任制有利于防止生产经营者相互推诿，维护消费者合法权益。产品质量法第43条规定：『因产品存在缺陷造成人身、他人财产损害的，受害人可以向产品的生产者要求赔偿，也可以向产品的销售者要求赔偿。属于产品的生产者的责任，产品的销售者赔偿的，产品的销售者有权向产品的生产者追偿。属于产品的销售者的责任，产品的生产者赔偿的，产品的生产者有权向产品的销售者追偿。』消费者权益保护法第40条第2款也规定：『消费者或者其他受害人因商品缺陷造成人身、财产损害的，可以向销售者要求赔偿，也可以向生产者要求赔偿。属于生产者责任的，销售者赔偿后，有权向生产者追偿。属于销售者责任的，生产者赔偿后，有权向销售者追偿。』本条在此基础上作了更加具体的规定，明确消费者因不符合食品安全标准的食品受到损害的，可以向经营者要求赔偿损失，也可以向生产者要求赔偿损失。接到消费者赔偿要求的生产经营者，应当实行首负责任制，先行赔付，不得推诿；属于生产者责任的，经营者赔偿后有权向生产者追偿；属于经营者责任的，生产者赔偿后有权向经营者追偿。

二、惩罚性赔偿

惩罚性赔偿，指在赔偿受害人的实际损失之外额外增加的赔偿，带有惩罚的性质。实施惩罚性赔偿，是为了惩罚和阻止一些特定的行为，特别是故意的行为。惩罚性赔偿是来源于英美法的一种民事损害赔偿制度，是与补偿性赔偿相对应的赔偿制度。目前在世界上一些主要的英美法系国家，如英国、澳大利亚、新西兰、美国和加拿大等都得到了广泛的适用，但在大多数大陆法系国家却没有得到承认。大多数的大陆法系国家遵循『填平原则』，民事案件的损失赔偿额被限定在一定范围内，使受害人一方恢复到没有受损时的状态。我国一直以来采用大陆法系的立场，只赔偿受害人因为侵权行为而实际受到的损失，但1993年制定的消费者权益保护法改变了这一做法。这部法律借鉴了英美法系的惩罚性赔偿制度，规定：『经营者提供商品或者服务有欺诈行为的，应当按照消费者的要求增加赔偿其受到的损失，增加赔偿的金额为消费者购买商品的价款或者接受服务的费用的一倍』。这一规定第一次采用了惩罚性赔偿制度，以制裁消费领域中的欺诈行为，维护消费者的合法权益。2009年制定的食品安全法对惩罚性赔偿制度也作出了规定，目的是惩罚生产不符合食品安全标准的食品或者销售明知是不符合食品安全标准的食品这一性质比较严重的违法行为，更好地保护消费者的合法权益。2013年修改的消费者权益保护法进一步完善了惩罚性赔偿制度，规定：『经营者提供商品或者服务有欺诈行为的，应当按照消费者的要求增加赔偿其受到的损失，增加赔偿的金额为消费者购买商品的价款或者接受服务的费用的三倍；增加赔偿的金额不足五百元的，为五百元。法律另有规定的，依照其规定。经营者明知商品或者服务存在缺陷，仍然向消费者提供，造成消费者或者其他受害人死亡或者健康严重损害的，受害人有权要求经营着依照本法第四十九条、第五十一条等法律规定赔偿损失，并有权要求所受损失二倍以下的惩罚性赔偿』。借鉴消费者权益保护法，本法对惩罚性赔偿制度也作了进一步修改完善。

1. 本条第2款规定的违法行为是：生产不符合食品安全标准的食品或者销售明知是不符合食品安全标准的食品。这里包含两个关键点：一是违法主体。本款规定的违法主体是食品生产者和食品经营者，其中，食品经营者包括食品销售环节的经营者和餐饮服务环节的经营者。二是生产不符合食品安全标准的食品或者销售明知是不符合食品安全标准的食品。例如，生产者生产加工添加了非食品用化学物质的食品，或者经营者从非正规渠道采购食品，明知供货者是无任何证照的黑加工点，生产的食品是劣质的，根本不符合食品安全标准的，却仍然采购进货，导致黑加工点生产的劣质食品得以进入流通领域等。对于食品经营者在不知情的情况下，销售了不符合食品安全标准食品的行为，比如2009年发生的『问题奶粉』事件，众多的食品销售企业在不知情的情况下，销售了含有三聚氰胺的奶粉，本身没有过错的，则不需要依照本款的规定承担惩罚性赔偿责任。

2. 本条第2款规定的法律责任是：消费者除要求赔偿损失外，还可以向生产者或者经营

才可以主张，即使消费者购买后尚未食用不符合食品安全标准的食品，仍可要求生产经营者

　　需要说明的是，本条第 2 款规定的惩罚性赔偿，不一定是在消费者有实际损失的情况下

不适用有关惩罚性赔偿的规定。

第 2 款规定，食品的标签、说明书存在不影响食品安全且不会对消费者造成误导的瑕疵的，

不应承担惩罚性赔偿责任。立法机关经研究，采纳了这一意见，增加了但书规定。根据本条

关食品安全标准但是并不影响食品安全，也不会对消费者造成误导，此类情况下生产经营者

中食品标签、说明书中的一些瑕疵，例如计量单位英文字母的大小写错误，虽然不符合有

　　3. 不适用惩罚性赔偿的情况。在食品安全法修订草案审议道程中，有的意见提出，实践

金额不足 1000 元的，为 1000 元。

额。根据本款规定，消费者可以选择要求支付价款 10 倍或者损失 3 倍的赔偿金；增加赔偿的

求支付价款 10 倍的赔偿金的基础上，进一步赋予了消费者选择权，同时规定了最低赔偿金

付惩罚性赔偿。借鉴消费者权益保护法对惩罚性赔偿规定的修改，本法在规定消费者可以要

费、死者生前扶养的人必要的生活费等费用。同时，消费者有权向生产者或者经营者要求支

的医疗费、护理费、误工损失费、残疾者生活补助费等费用；造成死亡的，并应当支付丧葬

生产者或者经营者首先应当依据民法通则等法律的规定承担民事赔偿责任，包括赔偿消费者

者要求支付价款 10 倍或者损失 3 倍的赔偿金；增加赔偿的金额不足 1000 元的，为 1000 元。

支付价款10倍的赔偿金。

【ᠬᠠᠮᠢᠶ᠎ᠠ ᠪᠦᠬᠦᠢ ᠬᠠᠤᠯᠢ ᠴᠠᠭᠠᠵᠠ ᠶᠢᠨ ᠵᠠᠯᠭᠠᠯᠲᠠ】 ᠬᠦᠨᠰᠦᠨ ᠦ ᠠᠶᠤᠯᠭᠦᠢ ᠶᠢᠨ ᠬᠠᠤᠯᠢ ᠶᠢᠨ 96 ᠳᠤᠭᠠᠷ ᠵᠦᠢᠯ ᠦᠨ 2 ᠳᠤᠭᠠᠷ ᠵᠦᠢᠯᠯᠢᠭ ᠲᠦ ᠬᠦᠨᠰᠦᠨ ᠦ ᠠᠶᠤᠯᠭᠦᠢ ᠶᠢᠨ ᠪᠠᠷᠢᠮᠵᠢᠶ᠎ᠠ ᠳᠦ ᠨᠡᠶᠢᠴᠡᠬᠦ ᠦᠭᠡᠢ ᠬᠦᠨᠰᠦ ᠦᠢᠯᠡᠳᠪᠦᠷᠢᠯᠡᠭᠰᠡᠨ ᠪᠤᠶᠤ ᠬᠦᠨᠰᠦᠨ ᠦ ᠠᠶᠤᠯᠭᠦᠢ ᠶᠢᠨ ᠪᠠᠷᠢᠮᠵᠢᠶ᠎ᠠ ᠳᠦ ᠨᠡᠶᠢᠴᠡᠬᠦ ᠦᠭᠡᠢ ᠪᠠᠢᠬᠤ ᠶᠢ ᠮᠡᠳᠡᠭᠰᠡᠭᠡᠷ ᠪᠠᠢᠵᠤ ᠬᠦᠨᠰᠦ ᠬᠤᠳᠠᠯᠳᠤᠭᠰᠠᠨ ᠪᠣᠯ᠂ ᠬᠡᠷᠡᠭᠯᠡᠭᠴᠢ ᠬᠣᠬᠢᠷᠠᠯ ᠢ ᠨᠥᠬᠥᠨ ᠲᠥᠯᠥᠭᠦᠯᠬᠦ ᠶᠢ ᠱᠠᠭᠠᠷᠳᠠᠬᠤ ᠠᠴᠠ ᠭᠠᠳᠠᠨ᠎ᠠ᠂ ᠮᠥᠨ ᠦᠢᠯᠡᠳᠪᠦᠷᠢᠯᠡᠭᠴᠢ ᠪᠤᠶᠤ ᠬᠤᠳᠠᠯᠳᠤᠭᠴᠢ ᠠᠴᠠ ᠦᠨ᠎ᠡ ᠶᠢᠨ 10 ᠳᠠᠬᠢᠨ ᠤ ᠨᠥᠬᠥᠨ ᠲᠥᠯᠥᠪᠦᠷᠢ ᠲᠥᠯᠥᠭᠦᠯᠬᠦ ᠶᠢ ᠱᠠᠭᠠᠷᠳᠠᠵᠤ ᠪᠣᠯᠤᠨ᠎ᠠ ᠭᠡᠵᠡᠢ᠃ ᠬᠦᠨᠰᠦᠨ ᠦ ᠠᠶᠤᠯᠭᠦᠢ ᠶᠢᠨ ᠪᠠᠷᠢᠮᠵᠢᠶ᠎ᠠ ᠳᠦ ᠨᠡᠶᠢᠴᠡᠬᠦ ᠦᠭᠡᠢ ᠬᠦᠨᠰᠦ ᠪᠣᠯ ᠬᠦᠨᠰᠦᠨ ᠦ ᠠᠶᠤᠯᠭᠦᠢ ᠶᠢᠨ ᠬᠠᠤᠯᠢ ᠶᠢᠨ ᠵᠢᠭᠠᠭᠰᠠᠨ ᠬᠦᠨᠰᠦᠨ ᠦ ᠠᠶᠤᠯᠭᠦᠢ ᠶᠢᠨ ᠪᠠᠷᠢᠮᠵᠢᠶ᠎ᠠ ᠳᠦ ᠨᠡᠶᠢᠴᠡᠬᠦ ᠦᠭᠡᠢ ᠬᠦᠨᠰᠦ ᠶᠢ ᠵᠢᠭᠠᠨ᠎ᠠ᠃ ᠬᠦᠨᠰᠦᠨ ᠦ ᠠᠶᠤᠯᠭᠦᠢ ᠶᠢᠨ ᠬᠠᠤᠯᠢ ᠶᠢᠨ 96 ᠳᠤᠭᠠᠷ ᠵᠦᠢᠯ ᠦᠨ 2 ᠳᠤᠭᠠᠷ ᠵᠦᠢᠯᠯᠢᠭ ᠲᠦ ᠲᠤᠭᠲᠠᠭᠠᠭᠰᠠᠨ ᠪᠠᠢᠨ᠎ᠠ᠃

[ᠲᠠᠶᠢᠯᠪᠤᠷᠢ]

ᠬᠡᠷᠡᠭᠯᠡᠭᠴᠢ ᠶᠢᠨ ᠡᠷᠬᠡ ᠠᠰᠢᠭ ᠢ ᠬᠠᠮᠠᠭᠠᠯᠠᠬᠤ ᠬᠠᠤᠯᠢ ᠶᠢ ᠬᠠᠷᠢᠭᠤᠴᠠᠨ᠎ᠠ᠃

[illegible]

ᠪᠠᠢᠴᠠᠭᠠᠨ ᠬᠢᠨᠠᠨ᠎ᠠ ᠃ ᠬᠡᠷᠪᠡ ᠬᠠᠤᠯᠢ ᠶᠢᠨ ᠵᠤᠬᠢᠰᠲᠠᠢ ᠶᠢᠨ ᠠᠷᠭ᠎ᠠ ᠪᠠᠷ ᠬᠣᠷᠢᠭᠯᠠᠨ᠎ᠠ᠂ ᠬᠡᠷᠪᠡ ᠬᠠᠷᠢᠭᠤᠴᠠᠭ᠎ᠠ ᠶᠢᠨ ᠠᠷᠭ᠎ᠠ ᠪᠠᠷ ᠬᠢᠨᠠᠨ ᠬᠠᠷᠢᠭᠤᠴᠠᠭᠤᠯᠤᠨ᠎ᠠ᠂ ᠲᠣᠭᠠᠴᠠᠭᠤᠯᠤᠯ ᠤᠨ ᠬᠡᠮᠵᠢᠶ᠎ᠡ ᠶᠢᠨ 10 ᠳᠠᠬᠢᠨ ᠡᠴᠡ ᠳᠣᠣᠷ᠎ᠠ ᠲᠤᠭᠠᠭᠠᠷ ᠲᠣᠭᠠᠴᠠᠭᠤᠯᠤᠨ᠎ᠠ ᠃ ᠬᠡᠷᠪᠡ ᠬᠠᠷᠢᠭᠤᠴᠠᠭ᠎ᠠ ᠶᠢᠨ ᠠᠷᠭ᠎ᠠ ᠪᠠᠷ ᠲᠣᠭᠠᠴᠠᠭᠤᠯᠤᠨ᠎ᠠ ᠃

3. ᠬᠠᠷᠢᠭᠤᠴᠠᠭ᠎ᠠ ᠬᠦᠯᠢᠶᠡᠬᠦ ᠶᠢᠨ ᠠᠷᠭ᠎ᠠ ᠪᠠᠷ ᠲᠣᠭᠠᠴᠠᠭᠤᠯᠤᠯ ᠤᠨ ᠬᠡᠮᠵᠢᠶ᠎ᠡ ᠶᠢᠨ 10000 ᠵᠣᠭᠣᠰ ᠡᠴᠡ ᠳᠡᠭᠡᠭᠰᠢ 10000 ᠵᠣᠭᠣᠰ ᠬᠦᠷᠲᠡᠯ ᠪᠣᠯᠤᠨ᠎ᠠ ᠃ ᠬᠡᠷᠪᠡ ᠲᠣᠭᠠᠴᠠᠭᠤᠯᠤᠯ ᠤᠨ ᠬᠡᠮᠵᠢᠶ᠎ᠡ ᠶᠢᠨ 10 ᠳᠠᠬᠢᠨ ᠡᠴᠡ ᠳᠣᠣᠷ᠎ᠠ᠂ 3 ᠳᠠᠬᠢᠨ ᠡᠴᠡ ᠳᠡᠭᠡᠭᠰᠢ ᠲᠣᠭᠠᠴᠠᠭᠤᠯᠤᠨ᠎ᠠ ᠃ ᠬᠡᠷᠪᠡ ᠬᠠᠷᠢᠭᠤᠴᠠᠭ᠎ᠠ ᠶᠢᠨ ᠠᠷᠭ᠎ᠠ ᠪᠠᠷ ᠬᠢᠨᠠᠨ ᠬᠠᠷᠢᠭᠤᠴᠠᠭᠤᠯᠤᠨ᠎ᠠ ᠃

第一百四十九条【刑事责任】 违反本法规定，构成犯罪的，依法追究刑事责任。

●条文解读

本条是原法第 98 条，未作修改。

刑事责任，又称刑罚，是依据国家刑事法律规定，对实施犯罪行为的人所给予的处罚。依照我国刑法的规定，刑罚包括主刑和附加刑两种。主刑有：管制、拘役、有期徒刑、无期徒刑和死刑；附加刑有：罚金、剥夺政治权利和没收财产。此外，对于犯罪的外国人，可以独立适用或者附加适用驱逐出境。

目前涉及食品安全的犯罪主要有：

1. 生产、销售不符合安全标准的食品罪。刑法第 143 条规定：『生产、销售不符合食品安全标准的食品，足以造成严重食物中毒事故或者其他严重食源性疾病的，处三年以下有期徒刑或者拘役，并处罚金；对人体健康造成严重危害或者有其他严重情节的，处三年以上七年以下有期徒刑，并处罚金；后果特别严重的，处七年以上有期徒刑或者无期徒刑，并处罚金或者没收财产。』

2. 生产、销售有毒、有害食品罪。刑法第 144 条规定：『在生产、销售的食品中掺入有毒、有害的非食品原料的，或者销售明知掺有有毒、有害的非食品原料的食品的，处五年以下有期徒刑，并处罚金；对人体健康造成严重危害或者有其他严重情节的，处五年以上十年以下有期徒刑，并处罚金；致人死亡或者有其他特别严重情节的，依照本法第一百四十一条的规定处罚。』

3. 虚假广告罪。刑法第 222 条规定：『广告主、广告经营者、广告发布者违反国家规定，利用广告对商品或者服务作虚假宣传，情节严重的，处二年以下有期徒刑或者拘役，并处或者单处罚金。』

4. 提供虚假证明文件罪、出具证明文件重大失实罪。刑法第 229 条规定：『承担资产评估、验资、验证、会计、审计、法律服务等职责的中介组织的人员故意提供虚假证明文件，情节严重的，处五年以下有期徒刑或者拘役，并处罚金。前款规定的人员，索取他人财物或者非法收受他人财物，犯前款罪的，处五年以上十年以下有期徒刑，并处罚金。第一款规定的人员，严重不负责任，出具的证明文件有重大失实，造成严重后果的，处三年以下有期徒刑或者拘役，并处或者单处罚金。』

5. 生产、销售伪劣产品罪。《最高人民法院、最高人民检察院关于办理危害食品安全刑事案件适用法律若干问题的解释》第13祭第2款规定，生产、销售不符合食品安全标准的食品，无证据证明足以造成严重食物中毒事故或者其他严重食源性疾病，不构成生产、销售不符合安全标准的食品罪，但是构成生产、销售伪劣产品罪等其他犯罪的，依照该其他犯罪定罪处罚。第10条规定，生产、销售不符合食品安全标准的食品添加剂，用于食品的包装材料、容器、洗涤剂、消毒剂，或者用于食品生产经营的工具、设备等，构成犯罪的，依照刑法第140条的规定以生产、销售伪劣产品罪定罪处罚。

6. 非法经营罪。《最高人民法院、最高人民检察院关于办理危害食品安全刑事案件适用法律若干问题的解释》第11条第1、2款规定，以提供给他人生产、销售食品为目的，违反国家规定，生产、销售国家禁止用于食品生产、销售的非食品原料，情节严重的，依照刑法第225条的规定以非法经营罪定罪处罚。违反国家规定，生产、销售国家禁止生产、销售、使用的农药、兽药，饲料、饲料添加剂，或者饲料原料、饲料添加剂原料，情节严重的，以非法经营罪定罪处罚。

7. 食品监管渎职罪。刑法第408条之一规定：『负有食品安全监督管理职责的国家机关工作人员，滥用职权或者玩忽职守，导致发生重大食品安全事故或者造成其他严重后果的，处五年以下有期徒刑或者拘役；造成特别严重后果的，处五年以上十年以下有期徒刑。徇私舞弊犯前款罪的，从重处罚。』《最高人民法院、最高人民检察院关于办理危害食品安全刑事案件适用法律若干问题的解释》第 16 条第 3 款规定，负有食品安全监督管理职责的国家机关工作人员与他人共谋，利用其职务行为帮助他人实施危害食品安全犯罪行为，同时构成渎职犯罪和危害食品安全犯罪共犯的，依照处罚较重的规定定罪处罚。

8. 其他渎职犯罪。《最高人民法院、最高人民检察院关于办理危害食品安全刑事案件适用法律若干问题的解释》第 16 条第 1、2 款规定，负有食品安全监督管理职责的国家机关工作人员，滥用职权或者玩忽职守，导致发生重大食品安全事故或者造成其他严重后果，同时构成食品监管渎职罪和徇私舞弊不移交刑事案件罪、商检徇私舞弊罪、动植物检疫徇私舞弊罪、放纵制售伪劣商品犯罪行为罪等其他渎职犯罪的，依照处罚较重的规定定罪处罚。负有食品安全监督管理职责的国家机关工作人员滥用职权或者玩忽职守，不构成食品监管渎职罪，但构成前述规定的其他渎职犯罪的，依照该其他犯罪定罪处罚。

ᠪᠣᠯᠤᠨ᠎ᠠ ᠬᠠᠷᠢᠭᠤᠴᠠᠭ᠎ᠠ ᠶᠢᠨ ᠶᠠᠯᠠ ᠲᠤᠬᠠᠢ ᠲᠠᠭᠠᠨ ᠳᠤ ᠵᠠᠷ ᠤᠬᠠᠭᠠᠨ ᠤ ᠡᠵᠡᠨ ᠳᠦ ᠵᠠᠷ ᠤᠬᠠᠭᠠᠨ ᠤ ᠶᠠᠪᠤᠳᠠᠯ ᠢ ᠭᠡᠷᠡᠴᠢᠯᠡᠭᠰᠡᠨ ᠪᠣᠯ᠂ ᠬᠠᠮᠲᠤ ᠪᠡᠷ ᠬᠠᠷᠢᠭᠤᠴᠠᠨ᠎ᠠ᠃ ᠪᠣᠯᠤᠨ᠎ᠠ ᠬᠠᠷᠢᠭᠤᠴᠠᠭ᠎ᠠ ᠶᠢᠨ ᠲᠤᠬᠠᠢ ᠬᠠᠤᠯᠢ ᠶᠢᠨ ᠲᠣᠭᠲᠠᠭᠠᠯ ᠢ ᠵᠥᠷᠢᠴᠡᠭᠰᠡᠨ ᠵᠠᠷ ᠤᠬᠠᠭᠠᠨ ᠤ ᠡᠵᠡᠨ᠂ ᠵᠠᠷ ᠤᠬᠠᠭᠠᠨ ᠤ ᠠᠵᠢᠯ ᠠᠵᠢᠯᠯᠠᠭᠤᠯᠤᠭᠴᠢ᠂ ᠵᠠᠷ ᠤᠬᠠᠭᠠᠨ ᠨᠡᠢᠲᠡᠯᠡᠭᠴᠢ ᠶᠢᠨ ᠡᠷᠦᠦᠭ ᠦᠨ ᠬᠠᠷᠢᠭᠤᠴᠠᠭ᠎ᠠ ᠶᠢ ᠬᠦᠯᠢᠶᠡᠯᠭᠡᠨ᠎ᠡ᠃ ᠭᠡᠮᠲᠦ ᠬᠡᠷᠡᠭ ᠦᠨ ᠪᠠᠷᠢᠮᠲᠠ ᠨᠣᠲᠠᠯᠠᠭᠰᠠᠨ ᠪᠣᠯ᠂ ᠡᠷᠦᠦᠭ ᠦᠨ ᠬᠠᠤᠯᠢ ᠶᠢᠨ 229 ᠳᠦᠭᠡᠷ ᠵᠦᠢᠯ ᠳᠦ ᠲᠣᠭᠲᠠᠭᠠᠬᠤ ᠨᠢ: 《ᠡᠨᠡ ᠬᠠᠤᠯᠢ ᠶᠢᠨ ᠳᠤᠷᠢᠮ ᠢ

4. ᠬᠤᠳᠠᠯ ᠬᠤᠭᠤᠷᠮᠠᠭ ᠭᠡᠷᠡᠴᠢᠯᠡᠭᠡᠨ ᠦ ᠪᠢᠴᠢᠭ ᠮᠠᠲ᠋ᠧᠷᠢᠶᠠᠯ ᠬᠠᠩᠭᠠᠬᠤ᠂ ᠭᠡᠷᠡᠴᠢᠯᠡᠭᠡᠨ ᠦ ᠪᠢᠴᠢᠭ ᠮᠠᠲ᠋ᠧᠷᠢᠶᠠᠯ ᠢ ᠨᠧᠯᠢᠶᠡᠳ ᠪᠤᠷᠤᠭᠤ ᠭᠠᠷᠭᠠᠬᠤ ᠶᠠᠯᠠ᠂ ᠬᠠᠷᠢᠭᠤᠴᠠᠬᠤ ᠶᠣᠰᠣᠲᠠᠢ᠃》᠃

ᠬᠠᠤᠯᠢ ᠶᠢᠨ ᠳᠤᠷᠢᠮ ᠢ ᠵᠥᠷᠢᠴᠡᠭᠰᠡᠨ ᠵᠠᠷ ᠤᠬᠠᠭᠠᠨ ᠤ ᠡᠵᠡᠨ᠂ ᠵᠠᠷ ᠤᠬᠠᠭᠠᠨ ᠤ ᠠᠵᠢᠯ ᠠᠵᠢᠯᠯᠠᠭᠤᠯᠤᠭᠴᠢ᠂ ᠵᠠᠷ ᠤᠬᠠᠭᠠᠨ ᠨᠡᠢᠲᠡᠯᠡᠭᠴᠢ ᠪᠠᠷᠠᠭ᠎ᠠ ᠪᠤᠶᠤ ᠦᠢᠯᠡᠴᠢᠯᠡᠭᠡ ᠶᠢ ᠬᠤᠳᠠᠯ ᠬᠤᠭᠤᠷᠮᠠᠭ ᠪᠡᠷ ᠰᠤᠷᠲᠠᠯᠴᠢᠯᠠᠭᠰᠠᠨ᠂ ᠬᠡᠷᠡᠭ ᠦᠨ ᠪᠠᠢᠳᠠᠯ ᠨᠣᠴᠢ ᠬᠦᠨᠳᠦ ᠪᠣᠯ ᠬᠣᠶᠠᠷ ᠵᠢᠯ ᠡᠴᠡ ᠳᠣᠣᠭᠰᠢ ᠬᠤᠭᠤᠴᠠᠭ᠎ᠠ ᠲᠠᠢ ᠬᠣᠷᠢᠬᠤ᠂ ᠡᠰᠡᠪᠡᠯ ᠬᠠᠷᠢᠭᠤᠯᠠᠨ ᠬᠣᠷᠢᠬᠤ ᠶᠠᠯᠠ ᠣᠩᠭᠣᠯᠠᠨ᠂ ᠮᠥᠩᠭᠥᠨ ᠲᠣᠯᠤᠭᠰᠢ ᠪᠠᠷ

3. ᠬᠤᠳᠠᠯ ᠬᠤᠭᠤᠷᠮᠠᠭ ᠵᠠᠷ ᠤᠬᠠᠭᠠᠨ ᠤ ᠶᠠᠯᠠ᠃ ᠡᠷᠦᠦᠭ ᠦᠨ ᠬᠠᠤᠯᠢ ᠶᠢᠨ 222 ᠳᠤᠭᠠᠷ ᠵᠦᠢᠯ ᠳᠦ ᠲᠣᠭᠲᠠᠭᠠᠬᠤ ᠨᠢ: 《ᠵᠠᠷ ᠤᠬᠠᠭᠠᠨ ᠤ ᠡᠵᠡᠨ᠂ ᠵᠠᠷ ᠤᠬᠠᠭᠠᠨ ᠤ ᠠᠵᠢᠯ ᠠᠵᠢᠯᠯᠠᠭᠤᠯᠤᠭᠴᠢ᠂ ᠵᠠᠷ ᠤᠬᠠᠭᠠᠨ ᠨᠡᠢᠲᠡᠯᠡᠭᠴᠢ ᠲᠦᠯᠬᠡᠵᠦ ᠮᠥᠩᠭᠥᠨ ᠲᠣᠯᠤᠭᠰᠢ ᠪᠠᠷ ᠬᠣᠷᠢᠬᠤ ᠶᠠᠯᠠ ᠣᠩᠭᠣᠯᠠᠨ᠎ᠠ᠃》

ᠬᠠᠤᠯᠢ ᠶᠢᠨ ᠳᠤᠷᠢᠮ ᠢ ᠵᠥᠷᠢᠴᠡᠭᠰᠡᠨ ᠪᠣᠯ᠂ ᠬᠠᠮᠲᠤ ᠪᠡᠷ ᠬᠠᠷᠢᠭᠤᠴᠠᠨ᠎ᠠ᠃ ᠪᠠᠷᠠᠭ᠎ᠠ ᠪᠤᠶᠤ ᠦᠢᠯᠡᠴᠢᠯᠡᠭᠡ ᠶᠢᠨ ᠴᠢᠨᠠᠷ ᠢ ᠬᠤᠳᠠᠯ ᠬᠤᠭᠤᠷᠮᠠᠭ ᠪᠡᠷ ᠰᠤᠷᠲᠠᠯᠴᠢᠯᠠᠭᠰᠠᠨ ᠪᠠᠢᠳᠠᠯ ᠪᠠᠷ ᠡᠷᠡᠭᠯᠡᠭᠴᠢ ᠶᠢᠨ ᠬᠠᠤᠯᠢ ᠶᠣᠰᠣᠨ ᠤ ᠡᠷᠬᠡ ᠠᠰᠢᠭ ᠢ ᠬᠣᠬᠢᠷᠠᠭᠤᠯᠪᠠᠯ ᠬᠠᠮᠲᠤ ᠪᠡᠷ ᠬᠠᠷᠢᠭᠤᠴᠠᠨ᠎ᠠ᠃ ᠪᠠᠷᠠᠭ᠎ᠠ ᠪᠤᠶᠤ ᠦᠢᠯᠡᠴᠢᠯᠡᠭᠡ ᠶᠢᠨ ᠴᠢᠨᠠᠷ ᠢ ᠰᠤᠷᠲᠠᠯᠴᠢᠯᠠᠬᠤ ᠳᠤ ᠬᠠᠮᠲᠤ ᠪᠡᠷ ᠬᠠᠷᠢᠭᠤᠴᠠᠨ᠎ᠠ᠃ ᠡᠷᠡᠭᠯᠡᠭᠴᠢ ᠶᠢᠨ ᠡᠷᠦᠯ ᠮᠡᠨᠳᠦ ᠪᠠ ᠪᠡᠶ᠎ᠡ ᠶᠢᠨ ᠡᠷᠡᠭᠦᠯ ᠳᠦ ᠬᠣᠬᠢᠷᠠᠯ ᠤᠴᠠᠷᠠᠭᠤᠯᠪᠠᠯ᠂ ᠬᠠᠷᠢᠭᠤᠴᠠᠬᠤ ᠶᠣᠰᠣᠲᠠᠢ ᠪᠠᠢᠨ᠎ᠠ᠃

ᠶᠠᠪᠤᠭᠳᠠᠭᠤᠯᠬᠤ ᠶᠢᠨ ᠪᠠᠢᠳᠠᠯ ᠪᠣᠯᠤᠨ ᠬᠦᠨᠡᠰᠦ ᠶᠢᠨ ᠠᠶᠤᠯᠭᠦᠢ ᠪᠠᠢᠳᠠᠯ ᠤᠨ ᠭᠠᠵᠠᠷ ᠤᠨ ᠬᠡᠮᠵᠢᠶ᠎ᠡ ᠶᠢ ᠲᠣᠭᠲᠠᠭᠠᠬᠤ ᠬᠡᠷᠡᠭᠲᠡᠢ ᠬᠡᠮᠡᠨ ᠲᠣᠭᠲᠠᠭᠠᠭᠰᠠᠨ :: ᠬᠦᠨᠡᠰᠦ ᠶᠢᠨ ᠠᠶᠤᠯᠭᠦᠢ ᠪᠠᠢᠳᠠᠯ ᠤᠨ ᠬᠡᠮᠵᠢᠶ᠎ᠡ ᠪᠣᠯ ᠬᠦᠨᠡᠰᠦ ᠶᠢᠨ ᠠᠶᠤᠯᠭᠦᠢ ᠪᠠᠢᠳᠠᠯ ᠢ ᠬᠠᠮᠠᠭᠠᠯᠠᠬᠤ ᠳᠤ ᠴᠢᠬᠤᠯᠠ ᠴᠢᠨᠠᠷ ᠲᠠᠢ ᠬᠡᠮᠵᠢᠶ᠎ᠡ ᠪᠣᠯᠬᠤ ᠪᠢᠰᠢ ᠂ ᠬᠢᠮᠢ ᠶᠢᠨ ᠪᠣᠳᠠᠰ ᠤᠨ ᠬᠤᠷᠢᠮᠳᠤᠯ ᠤᠨ ᠬᠡᠮᠵᠢᠶ᠎ᠡ ᠂ ᠬᠣᠣᠷ ᠲᠠᠢ ᠪᠣᠳᠠᠰ ᠤᠨ ᠬᠡᠮᠵᠢᠶ᠎ᠡ ᠶᠢ ᠪᠠᠭᠠᠳᠬᠠᠬᠤ ᠵᠡᠷᠭᠡ ᠬᠦᠨ ᠦ ᠡᠷᠡᠭᠦᠯ ᠮᠡᠨᠳᠦ ᠳᠦ ᠬᠣᠣᠷ ᠲᠠᠢ ᠦᠢᠯᠡᠳᠦᠯ ᠦᠵᠡᠭᠦᠯᠬᠦ ᠶᠢ ᠰᠡᠷᠭᠡᠢᠯᠡᠬᠦ ᠳᠦ ᠴᠢᠬᠤᠯᠠ ᠬᠠᠮᠢᠶ᠎ᠠ ᠲᠠᠢ ᠪᠣᠯᠤᠨ᠎ᠠ ᠂ ᠬᠦᠨᠡᠰᠦ ᠶᠢᠨ ᠠᠶᠤᠯᠭᠦᠢ ᠪᠠᠢᠳᠠᠯ ᠤᠨ ᠬᠡᠮᠵᠢᠶ᠎ᠡ ᠶᠢ ᠲᠣᠭᠲᠠᠭᠠᠬᠤ ᠳᠤ ᠬᠦᠨᠡᠰᠦ ᠶᠢᠨ ᠠᠶᠤᠯᠭᠦᠢ ᠪᠠᠢᠳᠠᠯ ᠤᠨ ᠡᠷᠬᠡᠯᠡᠬᠦ ᠮᠡᠳᠡᠭᠡ ᠶᠢ ᠦᠨᠳᠦᠰᠦᠯᠡᠬᠦ ᠪᠡᠷ ᠪᠣᠯᠭᠠᠵᠤ ᠂ ᠬᠦᠨᠡᠰᠦ ᠶᠢᠨ ᠠᠶᠤᠯᠭᠦᠢ ᠪᠠᠢᠳᠠᠯ ᠤᠨ ᠠᠶᠤᠯ ᠦᠨ ᠦᠨᠡᠯᠡᠯᠲᠡ ᠶᠢᠨ ᠦᠷ᠎ᠡ ᠳ᠋ᠦᠩ ᠢ ᠰᠠᠭᠤᠷᠢ ᠪᠣᠯᠭᠠᠨ᠎ᠠ ᠃ ᠬᠦᠨᠡᠰᠦ ᠶᠢᠨ ᠠᠶᠤᠯᠭᠦᠢ ᠪᠠᠢᠳᠠᠯ ᠤᠨ ᠪᠠᠷᠢᠮᠵᠢᠶ᠎ᠠ ᠶᠢᠨ ᠬᠡᠮᠵᠢᠶ᠎ᠡ ᠶᠢ ᠲᠣᠭᠲᠠᠭᠠᠬᠤ ᠳᠤ 《ᠬᠦᠨᠡᠰᠦ ᠶᠢᠨ ᠠᠶᠤᠯᠭᠦᠢ ᠪᠠᠢᠳᠠᠯ ᠤᠨ ᠬᠠᠤᠯᠢ》 ᠶᠢᠨ 16 ᠳᠤᠭᠠᠷ ᠵᠦᠢᠯ ᠦᠨ 1 ᠂ 2 ᠳᠤᠭᠠᠷ ᠵᠣᠷᠢᠯᠲᠠ ᠶᠢ ᠪᠠᠷᠢᠮᠲᠠᠯᠠᠬᠤ ᠬᠡᠷᠡᠭᠲᠡᠢ ᠪᠠᠢᠨ᠎ᠠ ᠃ ᠬᠦᠨᠡᠰᠦ ᠶᠢᠨ ᠠᠶᠤᠯᠭᠦᠢ ᠪᠠᠢᠳᠠᠯ ᠤᠨ ᠡᠷᠬᠡᠯᠡᠬᠦ ᠮᠡᠳᠡᠭᠡ ᠶᠢᠨ ᠦᠷ᠎ᠡ ᠳ᠋ᠦᠩ ᠢ ᠬᠡᠷᠡᠭᠯᠡᠵᠦ ᠪᠠᠢᠬᠤ ᠳᠤ ᠣᠯᠠᠨ ᠲᠦᠮᠡᠨ ᠦ ᠰᠠᠨᠠᠯ ᠢ ᠰᠣᠨᠣᠰᠬᠤ ᠶᠢᠨ ᠬᠠᠮᠲᠤ ᠪᠦᠬᠦ ᠬᠡᠮᠵᠢᠶ᠎ᠡ ᠪᠠᠷ ᠲᠣᠭᠲᠠᠭᠠᠨ᠎ᠠ ::

8. ᠪᠠᠢᠳᠠᠯ ᠬᠡᠮᠵᠢᠶ᠎ᠡ ᠶᠢᠨ ᠲᠣᠭᠲᠠᠭᠠᠭᠰᠠᠨ ᠶᠣᠰᠤᠭᠠᠷ :: 《ᠬᠠᠤᠯᠢ ᠶᠢᠨ ᠬᠡᠷᠡᠭᠵᠢᠭᠦᠯᠦᠯᠲᠡ ᠶᠢᠨ ᠳᠦᠷᠢᠮ》 ᠢ ᠬᠦᠨᠡᠰᠦ ᠶᠢᠨ ᠠᠶᠤᠯᠭᠦᠢ ᠪᠠᠢᠳᠠᠯ ᠤᠨ ᠪᠠᠷᠢᠮᠵᠢᠶ᠎ᠠ ᠶᠢᠨ ᠬᠡᠮᠵᠢᠶ᠎ᠡ ᠶᠢᠨ ᠲᠣᠭᠲᠠᠭᠠᠭᠰᠠᠨ ᠶᠣᠰᠤᠭᠠᠷ ᠲᠣᠳᠤᠷᠬᠠᠢᠯᠠᠨ᠎ᠠ ::

ᠬᠦᠨᠡᠰᠦ ᠶᠢᠨ ᠠᠶᠤᠯᠭᠦᠢ ᠪᠠᠢᠳᠠᠯ ᠤᠨ ᠪᠠᠷᠢᠮᠵᠢᠶ᠎ᠠ ᠶᠢ ᠲᠣᠭᠲᠠᠭᠠᠬᠤ ᠳᠤ ᠬᠡᠷᠡᠭᠯᠡᠭᠡᠨ ᠦ ᠬᠦᠨᠡᠰᠦ ᠶᠢᠨ ᠠᠶᠤᠯᠭᠦᠢ ᠪᠠᠢᠳᠠᠯ ᠤᠨ ᠦᠨᠡᠯᠡᠯᠲᠡ ᠶᠢᠨ ᠦᠷ᠎ᠡ ᠳ᠋ᠦᠩ ᠢ ᠰᠠᠭᠤᠷᠢ ᠪᠣᠯᠭᠠᠬᠤ ᠪᠡᠷ ᠪᠠᠷᠢᠮᠲᠠᠯᠠᠵᠤ ᠂ ᠪᠠᠢᠳᠠᠯ ᠢ ᠲᠣᠭᠲᠠᠭᠠᠬᠤ ᠬᠦᠨᠡᠰᠦ ᠶᠢᠨ ᠠᠶᠤᠯᠭᠦᠢ ᠪᠠᠢᠳᠠᠯ ᠤᠨ ᠡᠷᠬᠡᠯᠡᠬᠦ ᠮᠡᠳᠡᠭᠡ ᠶᠢ ᠬᠠᠮᠲᠤ ᠪᠠᠷ ᠦᠨᠡᠯᠡᠨ ᠲᠣᠭᠲᠠᠭᠠᠵᠤ ᠂ ᠬᠦᠨᠡᠰᠦ ᠶᠢᠨ ᠪᠠᠢᠳᠠᠯ ᠤᠨ ᠵᠢᠭᠠᠯᠲᠠ ᠶᠢᠨ ᠪᠠᠢᠳᠠᠯ ᠬᠡᠮᠵᠢᠶ᠎ᠡ ᠶᠢ ᠡᠷᠦᠭᠡᠯᠵᠢᠯᠡᠨ᠎ᠡ ᠂ ᠬᠦᠨᠡᠰᠦ ᠶᠢᠨ ᠬᠠᠷᠢᠭᠤᠴᠠᠯᠭ᠎ᠠ ᠶᠢᠨ ᠪᠠᠢᠳᠠᠯ ᠢ

第十章　附　则

第一百五十条【有关用语的含义】本法下列用语的含义：

食品，指各种供人食用或者饮用的成品和原料以及按照传统既是食品又是中药材的物品，但是不包括以治疗为目的的物品。

食品安全，指食品无毒、无害，符合应当有的营养要求，对人体健康不造成任何急性、亚急性或者慢性危害。

预包装食品，指预先定量包装或者制作在包装材料、容器中的食品。

食品添加剂，指为改善食品品质和色、香、味以及为防腐、保鲜和加工工艺的需要而加入食品中的人工合成或者天然物质，包括营养强化剂。

用于食品的包装材料和容器，指包装、盛放食品或者食品添加剂用的纸、竹、木、金属、搪瓷、陶瓷、塑料、橡胶、天然纤维、化学纤维、玻璃等制品和直接接触食品或者食品添加剂的涂料。

用于食品生产经营的工具、设备，指在食品或者食品添加剂生产、销售、使用过程中直接接触食品或者食品添加剂的机械、管道、传送带、容器、用具、餐具等。

用于食品的洗涤剂、消毒剂，指直接用于洗涤或者消毒食品、餐具、饮具以及直接接触食品的工具、设备或者食品包装材料和容器的物质。

食品保质期，指食品在标明的贮存条件下保持品质的期限。

食源性疾病，指食品中致病因素进入人体引起的感染性、中毒性等疾病，包括食物中毒。

食品安全事故，指食源性疾病、食品污染等源于食品，对人体健康有危害或者可能有危害的事故。

●条文解读

本条对原法第 99 条作了修改，增加了食品添加剂包括营养强化剂的规定将『食物中毒』纳入『食源性疾病』的范畴。

1. 食品的定义。国际食品法典委员会对食品的定义是：『食品，是指用于人食用或者饮用的经加工、半加工或者未经加工的物质，并包括饮料、口香糖和已经用于制造、制备或处理食品的物质，但不包括化妆品、烟草或者只作为药品使用的物质。』1995 年食品卫生法对『食品』的定义是：『各种供人食用或饮用的成品和原料以及按照传统既是食品又是药品的物品，但是不包括以治疗为目的的物品。』2009 年的食品安全法和修改后的食品安全法基用。（3）对人体健康不造成任何危害，包括急性、亚急性或者慢性危害。

质等营养素的含量，还应包括该食品的消化吸收率和对人体维持正常的生理功能应发挥的作营养要求。营养要求不但包括人体代谢所需要的蛋白质、脂肪、碳水化合物、维生素、矿物无害也不是绝对的，允许少量含有，但不得超过国家规定的限量标准。（2）符合应当具有的害』是指正常人在正常食用情况下摄入可食状态的食品，不会造成对人体的危害。但无毒、要内容包括三个方面：（1）从食品安全性角度看，要求食品应当『无毒、无害』。『无毒、无

2. 食品安全的定义。『食品安全』一词最早是在 1974 年由联合国粮农组织提出的，其主要是为了将『食品』与『药品』进行区分。

『按照传统既是食品又是中药材的物品，但是不包括以治疗为目的的物品』，作这样的规定主法的规定』。该款将食用农产品的种植养殖等环节排除在本法的调整范围。此外，食品还包括关质量安全标准的制定、有关安全信息的公布和本法对农业投入品作出规定的，应当遵守本理，遵守《中华人民共和国农产品质量安全法》的规定。但是，食用农产品的市场销售、有第 2 条第 2 款规定：『供食用的源于农业的初级产品（以下称食用农产品）的质量安全管餐桌的整个食物链中的食品。但是并不是食用农产品的所有安全管理都适用本法规定，本法食用的各种食物，还包括食品原料，既包括加工食品，也包括食用农产品，囊括了从农田到本沿用了食品卫生法中对于『食品』的定义。本法规定的食品是一个大概念，不仅包括直接

3. 预包装食品的定义。指预先定量包装或者制作在包装材料、容器中的食品。预包装食品的定义参照了国际食品法典委员会对『预包装食品』的定义。目前市场上销售的大多数食品都属于预包装食品的范畴。

4. 食品添加剂的定义。食品添加剂，指为改善食品品质和色、香、味以及为防腐、保鲜和加工工艺的需要而加入食品中的人工合成或者天然物质，包括营养强化剂。现代化的食品加工生产离不开食品添加剂。食品添加剂的使用对食品产业的发展起着重要作用，它可以改善风味、调节营养成分、防止食品变质，从而提高质量，使加工食品丰富多彩，满足消费者的各种需求。营养强化剂是为了增加食品的营养成分（价值）而加入到食品中的天然或人工合成的营养素和其他营养成分。目前食品添加剂和营养强化剂的使用是由两个食品安全国家标准——《食品添加剂使用标准》和《食品营养强化剂使用标准》规范的，但是从概念上，营养强化剂也属于食品添加剂，也要遵守本法对食品添加剂所作的规定。

5. 食品相关产品的定义。一般而言，食品相关产品包括以下三类：（1）用于食品的包装材料和容器，指包装、盛放食品或者食品添加剂用的纸、竹、金属、搪瓷、陶瓷、塑料、橡胶、天然纤维、化学纤维、玻璃等制品和直接接触食品或者食品添加剂的涂料。（2）用于生产经营的工具、设备，指在食品或食品添加剂生产、销售、使用过程中直接接触食品或者食品添加剂的机械、管道、传送带、容器、用具、餐具等。（3）用于食品的洗涤剂、消毒剂，指直接用于洗涤或者消毒食品、餐饮具以及直接接触食品的工具、设备或者食品包装材料和容器的物质。

6. 食品保质期的定义。食品保质期是指食品在标明的贮存条件下，保持品质的期限。在此期限内，食品完全适于销售、食用。超过保质期的食品，色、香、味、营养价值等都会有所减少，是禁止销售的。食品保质期是食品生产者向消费者承诺的安全食用期，保证消费者在保质期内可以安全食用该食品。

7. 食源性疾病的定义。1984 年，世界卫生组织对『食源性瘓病』下了定义，指『通过摄食方式进入人体内的各种致病因子引起的通常具有感染或中毒性质的一类疾病』，也就是人们通过摄食而使有毒有害物质（包括生物性病原体）等致病因子进入人体并造成的疾病，一般可分为感染性和中毒性，包括常见的食物中毒、肠道传染病、人畜共患传染病、寄生虫病以及化学性有毒有害物质所引起的疾病。食物中毒，指食用了被生物性、化学性有毒有害物质污染的食品或者食用了含有毒有害物质的食品后出现的急性、亚急性食源性疾患。本次修订，明确食源性疾病包括食物中毒，使概念更加科学。

8. 食品安全事故的定义。根据本条规定，食品安全事故是指食源性疾病、食品污染等源于食品，对人体健康有危害或者可能有危害的事故。指在食物种植、养殖、生产加工、包装、仓储、运输、销售、消费等环节发生食源性疾病，造成社会公众病亡或者对人体健康构成潜在的危害。

[illegible]

[illegible]

[illegible]

[illegible]

[illegible]

[illegible]

[illegible]

[illegible] (3) [illegible] (2) [illegible] (1) [illegible]

5. [illegible]

[illegible]

第一百五十一条【转基因食品和食盐的有关管理规定】转基因食品和食盐的食品安全管理，本法未作规定的，适用其他法律、行政法规的规定。

●条文解读

本条对原法第 101 条作了修改，删去了有关乳品、生猪屠宰、酒类的规定，并将『法律、行政法规另有规定的，依照其规定』修改为『本法未作规定的，适用其他法律、行政法规的规定』。

本次修订仍然保留了对转基因食品和食盐的特别规定，明确转基因食品和食盐的食品安

ᠬᠠᠤᠯᠢ ᠴᠠᠭᠠᠵᠠ ᠶᠢᠨ ᠵᠦᠢᠯ ᠢ ᠬᠡᠷᠡᠭᠯᠡᠬᠦ᠂ 《ᠬᠦᠨᠡᠰᠦ ᠠᠶᠤᠯᠭᠦᠢ᠂ ᠡᠷᠡᠭᠦᠯ ᠮᠡᠨᠳᠦ ᠶᠢᠨ ᠬᠦᠨᠡᠰᠦ ᠪᠦᠲᠦᠭᠡᠭᠳᠡᠬᠦᠨ ᠪᠠᠶᠢᠳᠠᠯ ᠬᠠᠤᠯᠢ ᠶᠢ ᠲᠣ᠂

ᠪᠣᠯ ᠬᠠᠤᠯᠢ ᠶᠢᠨ ᠵᠦᠢᠯ ᠦᠨ 101 ᠳᠦᠭᠡᠷ ᠵᠦᠢᠯ ᠦᠨ ᠵᠣᠬᠢᠶᠠᠯ᠂ ᠪᠠᠶᠢᠳᠠᠯ ᠬᠦᠨᠡᠰᠦ ᠲᠣᠭᠲᠠᠭᠠᠯ᠂ ᠬᠦᠨᠡᠰᠦ ᠲᠣᠭᠲᠠᠭᠠᠯ᠃

[ᠲᠠᠶᠢᠯᠪᠤᠷᠢ]

ᠳᠦᠷᠢᠮ᠂ ᠪᠠᠶᠢᠳᠠᠯ ᠬᠦᠨᠡᠰᠦ ᠠᠶᠤᠯᠭᠦᠢ᠂ ᠡᠷᠡᠭᠦᠯ ᠮᠡᠨᠳᠦ ᠶᠢᠨ ᠬᠦᠨᠡᠰᠦ ᠬᠠᠤᠯᠢ ᠶᠢᠨ ᠬᠠᠤᠯᠢ ᠳᠤ ᠬᠠᠮᠠᠭᠠᠷᠠᠭᠤᠯᠤᠨ᠎ᠠ᠃

ᠬᠠᠤᠯᠢ】ᠶᠢᠨ ᠬᠡᠷᠡᠭᠵᠢᠭᠦᠯᠬᠦ ᠬᠡᠮᠵᠢᠶ᠎ᠡ ᠪᠠᠶᠢᠳᠠᠯ ᠬᠡᠮᠵᠢᠶ᠎ᠡ ᠬᠤᠪᠢᠶᠠᠷᠢ ᠶᠢᠨ ᠬᠢᠷᠢ ᠲᠣᠭᠠᠨ ᠤ ᠬᠢᠨᠠᠯᠲᠠ᠂ ᠪᠣᠯ ᠬᠦᠨᠡᠰᠦ ᠳᠦ ᠬᠠᠤᠯᠢ ᠬᠢᠨᠠᠯᠲᠠ ᠶᠢᠨ

ᠬᠠᠤᠯᠢ ᠪᠣᠯᠤᠨ ᠵᠠᠰᠠᠭ ᠵᠠᠬᠢᠷᠭᠠᠨ【ᠶᠢᠨ ᠬᠡᠷᠡᠭᠵᠢᠭᠦᠯᠬᠦ ᠬᠡᠮᠵᠢᠶ᠎ᠡ ᠪᠠᠶᠢᠳᠠᠯ ᠬᠡᠮᠵᠢᠶ᠎ᠡ ᠬᠤᠪᠢᠶᠠᠷᠢ ᠶᠢᠨ ᠲᠣᠭᠲᠠᠭᠠᠯ ᠬᠢᠨᠠᠨ ᠬᠡᠷᠡᠭᠵᠢᠭᠦᠯᠬᠦ ᠶᠢ

照本法 125 条第 3 项的规定给予处罚。

如，生产经营转基因食品（包括进入市场销售的食用农产品）未按规定进行标示的，应当依

第 123 条第 5 项『生产经营国家为防病等特殊需要明令禁止生产经营的食品』给予处罚。又

规定的事项，应当适用本法的规定。例如，在缺碘地区市场上销售非碘盐的，应当依照本法

定，根据本条规定，在有关行政法规修改或者废止前，可以继续实施。但是，对本法有明确

转基因生物生产、加工的，应当由农业行政主管部门批准。对上述管理制度，本法未作规

许可和食盐批发许可。根据《农业转基因生物安全管理条例》的规定，单位和个人从事农业

规定，国家对食盐实行专营管理，盐业主管机构负责管理食盐专营工作，实行食盐定点生产

转基因食品和食盐在有关管理制度上与普通食品不同。根据《食盐专营办法》等行政法规的

全管理，原则上适用本法；本法未作规定的，适用其他法律、行政法规的规定。主要考虑到

本条对原法第102条作了修改，增加了民航、保健食品、食品相关产品、国境口岸的食品

●条文解读

军队专用食品和自供食品的食品安全管理办法由中央军事委员会依照本法制定。

国境口岸食品的监督管理由出入境检验检疫机构依照本法以及有关法律、行政法规的规定实施。

食品相关产品生产活动的具体管理办法由国务院质量监督部门依照本法制定。

保健食品的具体管理办法由国务院食品药品监督管理部门依照本法制定。

第一百五十二条【铁路、民航的食品安全管理】 铁路、民航运营中食品安全的管理办法由国务院食品药品监督管理部门会同国务院有关部门依照本法制定。

ᠪᠣᠭᠣᠮᠲᠠᠯᠠᠨ ᠬᠤᠷᠢᠶᠠᠨ ᠠᠵᠢᠯ ᠪᠠ ᠬᠤᠷᠠᠯ ᠤᠨ ᠬᠤᠪᠢ ᠶᠢᠨ 123 ᠳᠤᠭᠠᠷ ᠵᠦᠢᠯ ᠦᠨ 5 ᠳᠤᠭᠠᠷ ᠵᠦᠢᠯ
《ᠬᠦᠨᠳᠦ ᠶᠢᠨ ᠪᠣᠳᠠᠰ ᠤᠨ ᠠᠶᠤᠯᠭᠦᠢ ᠪᠠᠢᠳᠠᠯ ᠤᠨ ᠬᠠᠤᠯᠢ ᠶᠢᠨ ᠵᠦᠢᠯ ᠪᠠ ᠬᠠᠮᠢᠶᠠᠷᠤᠯᠠᠭᠰᠠᠨ ᠬᠠᠤᠯᠢ ᠶᠢᠨ ᠬᠡᠷᠡᠭᠵᠢᠭᠦᠯᠦᠯᠲᠡ
ᠬᠣᠷᠢᠶ᠎ᠠ ᠶᠢᠨ ᠬᠠᠮᠢᠶᠠᠷᠤᠯᠲᠠ ᠪᠠᠢᠳᠠᠯ》 ᠤᠨ ᠬᠠᠭᠤᠯᠢ ᠬᠣᠷᠢᠶ᠎ᠠ ᠶᠢᠨ ᠵᠦᠢᠯ ᠪᠠᠢᠨ᠎ᠠ᠃ ᠪᠠᠢᠯ ᠭᠡᠷᠡᠭᠴᠢᠯᠡᠯ᠂ ᠡᠨᠡ ᠬᠡᠷᠡᠭᠵᠢᠭᠦᠯᠦᠯᠲᠡ ᠬᠣᠷᠢᠶ᠎ᠠ ᠬᠠᠮᠢᠶᠠᠷᠤᠯᠲᠠ ᠪᠠᠢᠳᠠᠯ ᠤᠨ ᠬᠡᠷᠡᠭᠵᠢᠭᠦᠯᠦᠯᠲᠡ
ᠬᠠᠮᠢᠶᠠᠷᠤᠯᠲᠠ (ᠬᠢᠭ) ᠠᠶᠤᠯᠭᠦᠢ ᠪᠠᠢᠳᠠᠯ ᠤᠨ ᠪᠣᠳᠤᠯᠭᠠ ᠬᠣᠷᠢᠶ᠎ᠠ ᠠᠵᠢᠯᠯᠠᠭᠠ ᠶᠢᠨ ᠪᠣᠳᠣᠭᠠᠯ ᠤᠨ ᠪᠠᠷᠢᠮᠲᠠᠯᠠᠯ) ᠠᠵᠢᠯᠯᠠᠭᠠ ᠬᠠᠮᠢᠶᠠᠷᠤᠯ
ᠨᠡᠮᠡᠭᠳᠡᠭᠰᠡᠨ ᠬᠠᠭᠤᠯᠢ ᠶᠢᠨ ᠡᠨᠡ ᠬᠡᠰᠡᠭ ᠦᠨ 125 ᠳᠤᠭᠠᠷ ᠵᠦᠢᠯ ᠦᠨ 3 ᠳᠤᠭᠠᠷ ᠵᠦᠢᠯ ᠦᠨ ᠠᠷᠭ᠎ᠠ ᠬᠡᠮᠵᠢᠶ᠎ᠡ ᠶᠢᠨ ᠬᠤᠪᠢᠰᠬᠠᠯ
ᠲᠣᠭᠲᠠᠭᠠᠮᠵᠢ ᠪᠣᠯᠭᠠᠪᠠ᠃

安全管理的规定。

1. 铁路、民航运营中食品安全的管理办法由国务院食品药品监督管理部门会同国务院有关部门依照本法制定。铁路、民航运营中食品安全的管理有其特殊性，在监管部门和监管方式上有所不同，有必要制定专门的管理办法。目前，根据《铁路运营食品安全管理办法》，国家实行铁路运营食品安全统一综合监督制度。国务院有关部门会同铁路主管部门共同建立铁路运营食品安全监督协调机制，具体工作由铁路食品安全监督机构承担。铁路运营食品经营指铁路站车和铁路运营站段范围内的餐饮服务、食品销售、食品运输等活动。铁路运营中的食品销售、餐饮服务经营者，应当经铁路食品安全监督机构许可。

2. 保健食品的具体管理办法由国务院食品药品监督管理部门依照本法制定。本法对保健食品的管理方式进行了改革，规定了注册和备案相结合的管理制度，建立了保健食品原料目录和允许声称的保健功能目录，明确了标签、说明书和广告的要求。为了细化、落实法律规定的各项制度和要求，需要国务院食品药品监督管理部门依照本法制定具体的管理办法。

3. 食品相关产品生产活动的具体管理办法由国务院质量监督部门依照本法制定。本法对食品相关产品的食品安全标准、直接接触食品的包装材料等相关产品的生产许可、相应法律责任等作了规定，对本法没有作出规定的具体事项，国务院质量监督部门应当依照本法制定具体的管理办法，以便对食品相关产品的生产活动实施有效监管。

4. 国境口岸食品的监督管理由出入境检验检疫机构依照本法以及有关法律、行政法规的规定实施。国境口岸食品的监督管理也有其特殊性，根据国境卫生检疫法及其实施细则等法律、行政法规，国家质检总局设在各地的出入境检验检疫机构负责本辖区出入境口岸食品安全监督管理工作。国家质检总局专门制定了《出入境口岸食品卫生监督管理规定》。

5. 军队专用食品和自供食品的食品安全管理办法由中央军事委员会依照本法制定。所谓军队专用食品是指专供军队使用的食品，军队自供食品是指军队自己生产、加工的供军队内部使用的食品。军队专用食品和自供食品及其管理与一般食品相比较有其特殊性，主要有：(1) 军营管理特殊性。一方面，营区环境涉密，地方人员『进不来』，军队很多单位的营区都被划定为军事禁区或军事管理区，军事设施保护法规定军事管理区管理单位以外的人员、车辆、船舶进入军事管理区，必须经过军事管理区管理单位许可。因此，位于军事禁区和军事管理区的食品安全监管事务，地方监管部门难以介入。另一方面，部队驻地分散偏远·许多地方监管人员无法介入。(2) 军队军事任务重，机动性强。军队除承担繁重的战备任务外，还肩负抗震救灾、反恐维稳、国际维和等多样化军事任务，地方食品卫生监督人员不可以随部队机动，实施跟踪监管。(3) 军队食品安全信息涉密。军队有关法规规定军队食品安全事故信息等属于军事机密。(4) 食品安全标准具有特殊性。军队战备和重大科研专项，对战时食品和军队特殊群体所需的食品有其特殊要求。执行的标准除了要符合国家的食品安全定。

因此，本条规定军队专用食品和自供食品的食品安全管理办法由中央军事委员会依照本法制标准外，还必须满足战备、科研饮食保障需要的军队食品标准。（5）管理体制具有特殊性。

ᠪᠠᠲᠤᠯᠠᠭᠰᠠᠨ᠂ ᠬᠠᠤᠯᠢ ᠶᠢᠨ ᠵᠢᠭᠠᠪᠤᠷᠢᠯᠠᠭᠰᠠᠨ ᠶᠠᠮᠠᠷ ᠬᠠᠷᠢᠭᠤᠴᠠᠭ᠎ᠠ ᠶᠢ ᠰᠢᠨᠵᠢᠯᠡᠪᠡ᠃ ᠲᠤᠰ ᠬᠠᠤᠯᠢ ᠶᠢᠨ ᠵᠢᠭᠠᠪᠤᠷᠢᠯᠠᠭᠰᠠᠨ ᠶᠣᠰᠣᠭᠠᠷ ᠬᠠᠤᠯᠢ ᠶᠢᠨ ᠲᠤᠰ ᠬᠠᠤᠯᠢ ᠶᠢᠨ ᠵᠢᠭᠠᠪᠤᠷᠢᠯᠠᠭᠰᠠᠨ ᠶᠣᠰᠣᠭᠠᠷ ᠬᠦᠮᠦᠨ ᠦ ᠪᠡᠶ᠎ᠡ ᠡᠳ ᠬᠥᠷᠥᠩᠭᠡ ᠳᠦ ᠬᠣᠬᠢᠷᠠᠯ ᠤᠴᠠᠷᠠᠭᠤᠯᠪᠠᠯ᠂ ᠬᠠᠤᠯᠢ ᠶᠢᠨ ᠲᠤᠰ ᠬᠠᠤᠯᠢ ᠶᠢᠨ ᠵᠢᠭᠠᠪᠤᠷᠢᠯᠠᠭᠰᠠᠨ ᠶᠣᠰᠣᠭᠠᠷ ᠢᠷᠭᠡᠨ ᠦ ᠬᠠᠷᠢᠭᠤᠴᠠᠭ᠎ᠠ ᠬᠦᠯᠢᠶᠡᠭᠦᠯᠬᠦ ᠶᠢ ᠲᠤᠰ ᠬᠠᠤᠯᠢ ᠶᠢᠨ ᠵᠢᠭᠠᠪᠤᠷᠢᠯᠠᠭᠰᠠᠨ ᠶᠣᠰᠣᠭᠠᠷ ᠬᠠᠤᠯᠢ ᠶᠢᠨ ᠬᠠᠷᠢᠭᠤᠴᠠᠭ᠎ᠠ ᠶᠢ ᠰᠢᠨᠵᠢᠯᠡᠪᠡ᠃ ᠲᠤᠰ ᠬᠠᠤᠯᠢ ᠶᠢᠨ ᠵᠢᠭᠠᠪᠤᠷᠢᠯᠠᠭᠰᠠᠨ ᠶᠣᠰᠣᠭᠠᠷ ᠬᠠᠤᠯᠢ ᠶᠢᠨ ᠬᠠᠷᠢᠭᠤᠴᠠᠭ᠎ᠠ ᠶᠢᠨ ᠬᠡᠮᠵᠢᠶ᠎ᠡ ᠢᠷᠭᠡᠨ ᠦ ᠨᠥᠬᠥᠨ ᠲᠥᠯᠥᠪᠦᠷᠢ ᠪᠣᠯᠤᠨ᠎ᠠ᠃ ᠬᠠᠤᠯᠢ ᠶᠢᠨ ᠲᠤᠰ ᠬᠠᠤᠯᠢ ᠶᠢᠨ ᠲᠤᠬᠠᠢ ᠵᠢᠭᠠᠪᠤᠷᠢᠯᠠᠭᠰᠠᠨ ᠶᠣᠰᠣᠭᠠᠷ ᠬᠠᠤᠯᠢ ᠶᠢᠨ ᠬᠠᠷᠢᠭᠤᠴᠠᠭ᠎ᠠ ᠶᠢᠨ ᠪᠣᠳᠤᠯᠭ᠎ᠠ ᠬᠠᠷᠢᠭᠤᠴᠠᠭ᠎ᠠ ᠳᠤ ᠬᠠᠮᠢᠷᠤᠭᠳᠠᠨ᠎ᠠ᠂ ᠬᠠᠤᠯᠢ ᠶᠢᠨ ᠲᠤᠰ ᠬᠠᠤᠯᠢ ᠶᠢᠨ ᠵᠢᠭᠠᠪᠤᠷᠢᠯᠠᠭᠰᠠᠨ ᠶᠣᠰᠣᠭᠠᠷ ᠬᠠᠤᠯᠢ ᠶᠢᠨ ᠬᠠᠷᠢᠭᠤᠴᠠᠭ᠎ᠠ ᠶᠢᠨ ᠬᠦᠷᠢᠶ᠎ᠡ ᠳᠦ ᠬᠠᠮᠢᠷᠤᠭᠳᠠᠨ᠎ᠠ᠃ ᠬᠠᠤᠯᠢ᠂ 《ᠲᠤᠰ ᠬᠠᠤᠯᠢ ᠶᠢᠨ ᠵᠢᠭᠠᠪᠤᠷᠢᠯᠠᠭᠰᠠᠨ ᠶᠣᠰᠣᠭᠠᠷ ᠬᠠᠤᠯᠢ ᠶᠢᠨ ᠬᠠᠷᠢᠭᠤᠴᠠᠭ᠎ᠠ ᠶᠢᠨ ᠬᠡᠮᠵᠢᠶ᠎ᠡ ᠶᠢᠨ ᠬᠠᠤᠯᠢ》 ᠳᠤ ᠬᠠᠤᠯᠢ ᠶᠢᠨ ᠬᠡᠷᠡᠭ ᠦᠨ ᠬᠠᠷᠢᠭᠤᠴᠠᠭ᠎ᠠ ᠶᠢᠨ ᠲᠤᠬᠠᠢ ᠬᠠᠤᠯᠢ ᠶᠢᠨ ᠪᠠ ᠬᠠᠤᠯᠢ ᠶᠢᠨ ᠵᠢᠭᠠᠪᠤᠷᠢᠯᠠᠭᠰᠠᠨ ᠪᠣᠯᠭᠠᠵᠤ᠂ ᠬᠠᠤᠯᠢ ᠶᠢᠨ ᠬᠠᠷᠢᠭᠤᠴᠠᠭ᠎ᠠ ᠶᠢᠨ ᠬᠦᠷᠢᠶ᠎ᠡ ᠶᠢ ᠬᠠᠤᠯᠢ ᠶᠢᠨ ᠵᠢᠭᠠᠪᠤᠷᠢᠯᠠᠭᠰᠠᠨ ᠶᠣᠰᠣᠭᠠᠷ ᠬᠠᠤᠯᠢ ᠶᠢᠨ ᠬᠠᠷᠢᠭᠤᠴᠠᠭ᠎ᠠ ᠵᠢ ᠬᠡᠷᠡᠭᠵᠢᠭᠦᠯᠬᠦ ᠶᠢᠨ ᠲᠥᠯᠥᠭᠡ᠂ ᠬᠠᠤᠯᠢ ᠶᠢᠨ ᠬᠥᠷᠥᠩᠭᠡ ᠶᠢᠨ ᠪᠣᠳᠤᠯᠭ᠎ᠠ ᠪᠠ ᠬᠠᠤᠯᠢ ᠶᠢᠨ ᠲᠣᠭᠠᠴᠠᠭᠰᠠᠨ ᠪᠠᠢᠨ᠎ᠠ᠃ ᠲᠤᠰ ᠵᠦᠢᠯ᠂ ᠬᠠᠤᠯᠢ ᠶᠢᠨ ᠬᠦᠮᠦᠨ ᠦ ᠬᠦᠷᠢᠶ᠎ᠡ ᠶᠢᠨ ᠬᠡᠮᠵᠢᠶ᠎ᠡ ᠶᠢ ᠲᠣᠭᠠᠴᠠᠨ ᠬᠠᠤᠯᠢ ᠶᠢᠨ ᠬᠦᠮᠦᠨ ᠦ ᠬᠠᠷᠢᠭᠤᠴᠠᠭ᠎ᠠ ᠳᠤ ᠬᠠᠮᠢᠷᠤᠭᠳᠠᠨ᠎ᠠ᠃

1. ᠲᠤᠰ ᠵᠦᠢᠯ᠂ ᠬᠠᠤᠯᠢ ᠶᠢᠨ ᠵᠢᠭᠠᠪᠤᠷᠢ ᠶᠢᠨ ᠵᠢᠭᠠᠪᠤᠷᠢᠯᠠᠭᠰᠠᠨ ᠬᠠᠷᠢᠭᠤᠴᠠᠭ᠎ᠠ ᠶᠢᠨ ᠬᠠᠤᠯᠢ ᠶᠢᠨ ᠲᠤᠰ ᠬᠠᠤᠯᠢ ᠶᠢᠨ ᠬᠠᠷᠢᠭᠤᠴᠠᠭ᠎ᠠ ᠳᠤ ᠬᠠᠤᠯᠢ ᠶᠢᠨ ᠲᠥᠯᠥᠪᠦᠷᠢ ᠶᠢᠨ ᠬᠠᠷᠢᠭᠤᠴᠠᠭ᠎ᠠ᠂ ᠬᠠᠤᠯᠢ ᠶᠢᠨ ᠬᠦᠷᠢᠶ᠎ᠡ ᠶᠢᠨ ᠪᠣᠳᠤᠯᠭ᠎ᠠ ᠶᠢᠨ ᠲᠤᠰ ᠬᠠᠤᠯᠢ ᠶᠢᠨ ᠬᠠᠷᠢᠭᠤᠴᠠᠭ᠎ᠠ ᠳᠤ ᠬᠠᠮᠢᠷᠤᠭᠳᠠᠨ᠎ᠠ᠃ ᠲᠤᠰ ᠬᠠᠤᠯᠢ ᠶᠢᠨ 102 ᠳᠤᠭᠠᠷ ᠵᠦᠢᠯ ᠳᠦ ᠵᠢᠭᠠᠪᠤᠷᠢᠯᠠᠭᠰᠠᠨ ᠨᠢ᠂ ᠬᠠᠤᠯᠢ ᠶᠢᠨ ᠬᠦᠮᠦᠨ ᠦ᠂ ᠬᠠᠷᠢᠭᠤᠴᠠᠭ᠎ᠠ ᠶᠢᠨ ᠬᠠᠤᠯᠢ᠂

[ᠲᠠᠢᠯᠪᠤᠷᠢ]

ᠪᠠᠢᠭᠤᠯᠤᠭᠳᠠᠬᠤ᠂ ᠬᠠᠤᠯᠢ ᠲᠣᠭᠲᠠᠭᠠᠮᠵᠢ ᠶᠢᠨ ᠠᠵᠢᠯᠯᠠᠭᠤᠯᠤᠯᠲᠠ ᠶᠢᠨ ᠬᠠᠷᠢᠭᠤᠴᠠᠭᠠᠲᠠᠢ᠂ ᠬᠠᠤᠯᠢ ᠶᠢᠨ ᠳᠠᠭᠠᠤ ᠲᠤ ᠬᠠᠤᠯᠢ ᠶᠢᠨ ᠲᠣᠭᠲᠠᠭᠠᠯ ᠤᠨ ᠬᠡᠮᠵᠢᠶ᠎ᠡ ᠪᠣᠯᠤᠭᠰᠠᠨ ᠰᠠᠨᠠᠭᠤᠯᠤᠭ᠎ᠠ ᠪᠣᠯ ᠪᠠᠢᠭᠤᠯᠤᠯᠲᠠ ᠶᠢᠨ ᠬᠠᠷᠢᠭᠤᠴᠠᠭᠠᠲᠠᠢ ᠶᠠᠭᠠᠷᠠᠢ ::

2. ᠬᠠᠤᠯᠢᠴᠠᠭᠠᠨ ᠤ ᠬᠠᠤᠯᠢ ᠶᠢᠨ ᠪᠣᠳᠠᠰ ᠠᠵᠢᠯᠯᠠᠭᠠᠨ ᠤ ᠬᠡᠷᠡᠭ ᠢ ᠬᠠᠷᠢᠭᠤᠴᠠᠭᠠᠲᠠᠢ ᠪᠠᠢᠭᠤᠯᠬᠤ ᠶᠢᠨ ᠲᠥᠯᠥᠭᠡ ᠬᠠᠤᠯᠢ ᠶᠢᠨ ᠳᠠᠭᠠᠤ ᠲᠤ ᠪᠣᠯᠤᠭᠰᠠᠨ ᠪᠥᠭᠡᠳ ᠰᠠᠨᠠᠭᠤᠯᠤᠭ᠎ᠠ ᠶᠢᠨ ᠬᠡᠮᠵᠢᠶ᠎ᠡ ᠶᠢ ᠲᠣᠭᠲᠠᠭᠠᠵᠤ᠂ ᠬᠠᠤᠯᠢ ᠶᠢᠨ ᠠᠵᠢᠯᠯᠠᠭᠤᠯᠤᠯᠲᠠ ᠶᠢᠨ ᠬᠠᠷᠢᠭᠤᠴᠠᠭᠠᠲᠠᠢ ᠶᠢ ᠲᠣᠳᠣᠷᠬᠠᠢᠯᠠᠪᠠ ᠪᠠᠢᠳᠠᠯ ᠢ ᠬᠡᠷᠡᠭᠵᠢᠭᠦᠯᠬᠦ ᠶᠢᠨ ᠲᠤᠯᠠ᠂ ᠬᠠᠤᠯᠢᠴᠠᠭᠠᠨ ᠤ ᠬᠠᠤᠯᠢ ᠶᠢᠨ ᠪᠣᠳᠠᠰ ᠤᠨ ᠠᠵᠢᠯᠯᠠᠭᠤᠯᠤᠯᠲᠠ ᠶᠢᠨ ᠬᠠᠷᠢᠭᠤᠴᠠᠭᠠᠲᠠᠢ ᠪᠠᠢᠨ᠎ᠠ :: ᠲᠤᠰ ᠬᠠᠤᠯᠢ ᠶᠢᠨ ᠬᠡᠮᠵᠢᠶ᠎ᠡ ᠪᠣᠯ ᠬᠠᠤᠯᠢ ᠶᠢᠨ ᠡᠷᠬᠡ ᠶᠢᠨ ᠲᠣᠭᠲᠠᠭᠠᠯ ᠢ ᠪᠠᠲᠤᠯᠠᠬᠤ᠂ ᠬᠠᠤᠯᠢ ᠶᠢᠨ ᠦᠦᠷᠭᠡ ᠶᠢ ᠬᠠᠷᠢᠭᠤᠴᠠᠬᠤ ᠪᠠᠢᠳᠠᠯ ᠢ ᠲᠣᠳᠣᠷᠬᠠᠢᠯᠠᠨ᠎ᠠ᠂ ᠬᠠᠤᠯᠢ ᠶᠢᠨ ᠬᠡᠮᠵᠢᠶ᠎ᠡ ᠪᠣᠯ ᠪᠠᠢᠭᠤᠯᠤᠯᠲᠠ ᠶᠢᠨ ᠬᠠᠷᠢᠭᠤᠴᠠᠭᠠᠲᠠᠢ ᠶᠢ ᠪᠣᠳᠠᠲᠠᠢ ᠪᠠᠢᠳᠠᠯ ᠳᠤ ᠬᠦᠷᠭᠡᠨ᠎ᠡ ::

3. ᠬᠠᠤᠯᠢ ᠶᠢᠨ ᠠᠵᠢᠯᠯᠠᠭᠤᠯᠤᠯᠲᠠ ᠶᠢᠨ ᠬᠠᠷᠢᠭᠤᠴᠠᠭᠠᠲᠠᠢ ᠶᠢᠨ ᠬᠡᠮᠵᠢᠶ᠎ᠡ ᠪᠣᠯ ᠬᠠᠤᠯᠢ ᠶᠢᠨ ᠳᠠᠭᠠᠤ ᠲᠤ ᠪᠠᠢᠭᠤᠯᠤᠭᠰᠠᠨ ᠰᠠᠨᠠᠭᠤᠯᠤᠭ᠎ᠠ ᠶᠢᠨ ᠲᠣᠭᠲᠠᠭᠠᠯ ᠢ ᠲᠣᠳᠣᠷᠬᠠᠢᠯᠠᠬᠤ ᠪᠠᠢᠳᠠᠯ ᠢ ᠬᠠᠷᠢᠭᠤᠴᠠᠬᠤ ᠶᠢᠨ ᠲᠤᠯᠠ᠂ ᠬᠠᠤᠯᠢ ᠶᠢᠨ ᠲᠣᠭᠲᠠᠭᠠᠯ ᠤᠨ ᠬᠡᠮᠵᠢᠶ᠎ᠡ ᠪᠣᠯᠤᠨ᠎ᠠ ::

4. [illegible]

5. [illegible] ：（1）[illegible]

[illegible] （2） [illegible] （3） [illegible] （4） [illegible]

部门的职责，《国务院关于进一步加强食品安全工作的决定》（国发【2004】23号）确立了作。国务院有关部门在各自的职责范围内负责食品卫生管理工作。为了进一步理顺有关监管督工作。1995年的食品卫生法则规定，国务院卫生行政部门主管全国食品卫生监督管理工责本系统的食品卫生工作，并对执行本法情况进行检查；各级卫生行政部门领导食品卫生监的食品卫生管理职责。1982年的食品卫生法（试行）规定，食品生产经营企业的主管部门负规定了卫生部门、工商行政管理部门、食品生产经营主管部门、国家食品检验局等有关部门

我国的食品安全监管体制一直随着监管实践的需要而调整。1979年的食品卫生管理条例

本条是原法的第103条，未作修改。

●条文解读

制作出调整。

第一百五十三条【监管体制的调整】国务院根据实际需要，可以对食品安全监督管理体

分段监管为主、品种监管为辅的体制，规定：『农业部门负责初级农产品生产环节的监管；质检部门负责食品生产加工环节的监管，将现由卫生部门承担的食品生产加工环节的卫生监管职责划归质检部门；工商部门负责食品流通环节的监管；卫生部门负责餐饮业和食堂等消费环节的监管；食品药品监管部门负责对食品安全的综合监替、组织协调和依法查处重大事故』。2009 年的食品安全法维持了分段监管的体制，规定：『国务院卫生行政部门承担食品安全综合协调职责，负责食品安全风险评估、食品安全标准制定、食品安全信息公布、食品检验机构的资质认定条件和检验规范的制定，组织查处食品安全重大事故。国务院质量监督、工商行政管理和国家食品药品监督管理部门依照本法和国务院规定的职责，分别对食品生产、食品流通、餐饮服务活动实施监督管理』。随着食品安全监管工作的不断发展，这种监管体制开始暴露出一些问题。2013 年，根据食品安全法『国务院根据实际需要，可以对食品安全监督管理体制作出调整』的规定，国务院对食品安全监管体制进行了改革。

修订后的食品安全法确认了食品安全监管体制改革的成果，规定：『国务院食品药品监督管理部门依照本法和国务院规定的职责，对食品生产经营活动实施监督管理。国务院卫生行政部门依照本法和国务院规定的职责，组织开展食品安全风险监测和风险评估，会同国务院食品药品监督管理部门制定并公布食品安全国家标准。国务院其他有关部门依照本法和国务院规定的职责，承担有关食品安全工作』。

规定各部和各委员会的任务和职责是宪法规定的国务院职权之一，为了给将来的体制改革预留空间，修订后的食品安全法保留了『国务院根据实际需要，可以对食品安全监督管理体制作出调整』的规定。

[illegible]

[ᠲᠠᠶᠢᠯᠪᠤᠷᠢ]

[illegible] 103 [illegible]

[illegible] 1979 [illegible] 1982 [illegible]

2009 ᠣᠨ ᠤ ᠨᠠᠢᠮᠠᠨ ᠰᠠᠷ᠎ᠠ ᠶᠢᠨ ᠬᠣᠷᠢᠨ ᠳᠣᠯᠣᠭᠠᠨ ᠤ ᠡᠳᠦᠷ ᠪᠦᠬᠦ ᠬᠢᠲᠠᠳ ᠤᠨ ᠠᠷᠠᠳ ᠤᠨ ᠲᠥᠯᠥᠭᠡᠯᠡᠭᠴᠢᠳ ᠦᠨ ᠶᠡᠬᠡ ᠬᠤᠷᠠᠯ ᠤᠨ ᠪᠠᠶᠢᠩᠭᠤ ᠬᠣᠷᠢᠶ᠎ᠠ ᠶᠢᠨ ᠠᠷᠪᠠᠨ ᠨᠢᠭᠡᠳᠦᠭᠡᠷ ᠤᠳᠠᠭ᠎ᠠ ᠶᠢᠨ ᠠᠷᠪᠠᠳᠤᠭᠠᠷ ᠬᠤᠷᠠᠯ ᠳᠤ ᠪᠠᠲᠤᠯᠠᠭᠰᠠᠨ 《ᠵᠠᠷᠢᠮ ᠬᠠᠤᠯᠢ ᠶᠢ ᠵᠠᠰᠠᠨ ᠥᠭᠡᠷᠡᠴᠢᠯᠡᠬᠦ ᠲᠤᠬᠠᠢ ᠪᠦᠬᠦ ᠬᠢᠲᠠᠳ ᠤᠨ ᠠᠷᠠᠳ ᠤᠨ ᠲᠥᠯᠥᠭᠡᠯᠡᠭᠴᠢᠳ ᠦᠨ ᠶᠡᠬᠡ ᠬᠤᠷᠠᠯ ᠤᠨ ᠪᠠᠶᠢᠩᠭᠤ ᠬᠣᠷᠢᠶ᠎ᠠ ᠶᠢᠨ ᠰᠢᠢᠳᠪᠦᠷᠢ》 ᠶᠢᠨ ᠳᠠᠭᠠᠤ ᠳᠠᠬᠢᠨ ᠵᠠᠰᠠᠨ ᠥᠭᠡᠷᠡᠴᠢᠯᠡᠪᠡ ᠃

ᠬᠠᠤᠯᠢ ᠶᠢᠨ ᠵᠦᠢᠯ ᠦᠳ ᠦᠨ ᠳ᠋ᠤᠭᠠᠷ ᠢ ᠲᠣᠬᠢᠷᠠᠭᠤᠯᠤᠨ ᠥᠭᠡᠷᠡᠴᠢᠯᠡᠵᠦ ᠃ ᠡᠩ ᠦᠨ ᠬᠠᠤᠯᠢ ᠶᠢᠨ ᠵᠦᠢᠯ ᠦᠳ ᠦᠨ ᠲᠣᠭᠠᠨ ᠳ᠋ᠤ ᠪᠠᠨ ᠳᠡᠭᠡᠷ᠎ᠡ ᠬᠡᠯᠡᠭᠰᠡᠨ 《ᠬᠣᠯᠪᠣᠭᠳᠠᠬᠤ ᠬᠠᠤᠯᠢ ᠶᠢᠨ ᠵᠦᠢᠯ》 ᠢ ᠲᠣᠬᠢᠷᠠᠭᠤᠯᠤᠨ ᠥᠭᠡᠷᠡᠴᠢᠯᠡᠪᠡ ᠃

《ᠳᠤᠮᠳᠠᠳᠤ ᠠᠷᠠᠳ ᠤᠨ ᠪᠦᠭᠦᠳᠡ ᠨᠠᠶᠢᠷᠠᠮᠳᠠᠬᠤ ᠣᠯᠠᠨ ᠤ ᠤᠯᠤᠰ ᠤᠨ ᠳᠠᠷᠤᠭ᠎ᠠ ᠶᠢᠨ ᠵᠠᠷᠯᠢᠭ》 ᠤᠨ ᠳᠤᠭᠠᠷ 【2004】 23 ᠳ᠋ᠤᠭᠠᠷ ᠵᠠᠷᠯᠢᠭ ᠃ 《ᠤᠯᠤᠰ ᠤᠨ ᠵᠥᠪᠯᠡᠯ ᠦᠨ ᠬᠤᠷᠠᠯ ᠤᠨ ᠪᠠᠷᠢᠮᠲᠠ ᠵᠢᠷᠤᠮ ᠳ᠋ᠤ ᠳᠠᠭᠠᠵᠤ ᠪᠤᠢ ᠬᠠᠤᠯᠢ ᠶᠢᠨ ᠵᠦᠢᠯ ᠦᠳ ᠦᠨ ᠵᠠᠰᠠᠪᠤᠷᠢ》 ᠪᠣᠯᠤᠨ ᠤᠯᠤᠰ ᠤᠨ ᠵᠥᠪᠯᠡᠯ ᠦᠨ ᠬᠠᠤᠯᠢ ᠶᠢᠨ ᠵᠦᠢᠯ ᠦᠳ ᠦᠨ ᠲᠣᠭᠠᠨ ᠳ᠋ᠤ ᠪᠠᠭᠲᠠᠵᠤ ᠪᠤᠢ ᠃ 1995 ᠣᠨ ᠤ ᠬᠠᠤᠯᠢ ᠶᠢᠨ ᠵᠦᠢᠯ ᠦᠳ ᠦᠨ ᠳᠡᠭᠡᠷ᠎ᠡ ᠬᠡᠷᠡᠭᠵᠢᠭᠦᠯᠦᠨ ᠪᠠᠶᠢᠭᠤᠯᠬᠤ ᠶᠢ ᠵᠢᠭᠠᠪᠠ ᠃

ᠬᠦᠨᠡᠰᠦ ᠶᠢᠨ ᠠᠶᠤᠯᠭᠦᠢ ᠶᠢᠨ ᠮᠡᠳᠡᠭᠡᠯᠡᠯ ᠦᠨ ᠨᠡᠶᠢᠲᠡᠯᠡᠯ ᠦᠨ ᠬᠠᠮᠢᠶ᠎ᠠ ᠪᠦᠬᠦᠢ ᠵᠠᠰᠠᠭ ᠤᠨ ᠭᠠᠵᠠᠷ ᠬᠦᠨᠡᠰᠦ ᠶᠢᠨ ᠠᠶᠤᠯᠭᠦᠢ ᠶᠢᠨ ᠮᠡᠳᠡᠭᠡᠯᠡᠯ ᠢ ᠨᠡᠶᠢᠲᠡᠯᠡᠬᠦ ᠬᠡᠷᠡᠭᠲᠡᠢ ᠪᠣᠯᠤᠨ᠎ᠠ᠃ ᠬᠠᠮᠢᠶᠠᠷᠤᠯᠲᠠ ᠶᠢᠨ ᠬᠠᠮᠢᠶᠠᠷᠤᠯᠲᠠ ᠶᠢᠨ ᠮᠡᠳᠡᠭᠡᠯᠡᠯ ᠢ ᠨᠡᠶᠢᠲᠡᠯᠡᠬᠦ ᠶᠣᠰᠣᠲᠠᠢ ᠬᠠᠮᠢᠶᠠᠷᠤᠯᠲᠠ ᠪᠠᠷ ᠪᠠ ᠮᠡᠳᠡᠭᠡᠯᠡᠯ ᠢ ᠬᠦᠨᠡᠰᠦ ᠶᠢᠨ ᠠᠶᠤᠯᠭᠦᠢ ᠶᠢᠨ ᠬᠠᠮᠢᠶᠠᠷᠤᠯᠲᠠ ᠶᠢᠨ ᠪᠠᠶᠢᠭᠤᠯᠤᠯᠭ᠎ᠠ ᠪᠠᠷ ᠨᠡᠶᠢᠲᠡᠯᠡᠬᠦ ᠬᠡᠷᠡᠭᠲᠡᠢ᠃ ᠬᠠᠮᠢᠶᠠᠷᠤᠯᠲᠠ ᠵᠢ : 《ᠬᠦᠨᠡᠰᠦ ᠶᠢᠨ ᠠᠶᠤᠯᠭᠦᠢ ᠶᠢᠨ ᠪᠠᠶᠢᠳᠠᠯ ᠤᠨ ᠮᠡᠳᠡᠭᠡᠯᠡᠯ ᠢ ᠨᠡᠶᠢᠲᠡᠯᠡᠬᠦ ᠶᠢᠨ ᠬᠠᠮᠢᠶᠠᠷᠤᠯᠲᠠ ᠶᠢᠨ ᠠᠷᠭ᠎ᠠ ᠬᠡᠮᠵᠢᠶ᠎ᠡ》 ᠶᠢ ᠪᠠᠷ ᠵᠢᠭᠠᠮᠵᠢᠯᠠᠨ᠎ᠠ ᠃

ᠮᠡᠳᠡᠭᠡᠯᠡᠯ ᠢ ᠨᠡᠶᠢᠲᠡᠯᠡᠬᠦ ᠶᠢᠨ ᠬᠠᠮᠢᠶᠠᠷᠤᠯᠲᠠ ᠶᠢᠨ ᠬᠦᠨᠡᠰᠦ ᠶᠢᠨ ᠠᠶᠤᠯᠭᠦᠢ ᠶᠢᠨ ᠮᠡᠳᠡᠭᠡᠯᠡᠯ ᠢ ᠬᠠᠮᠢᠶᠠᠷᠤᠯᠲᠠ ᠶᠢᠨ ᠵᠠᠰᠠᠭ ᠤᠨ ᠭᠠᠵᠠᠷ ᠤᠨ ᠮᠡᠳᠡᠭᠡᠯᠡᠯ ᠢ ᠪᠦᠷᠢᠳᠦᠭᠰᠡᠨ ᠦ ᠬᠠᠮᠢᠶᠠᠷᠤᠯᠲᠠ ᠶᠢᠨ ᠬᠦᠨᠡᠰᠦ ᠶᠢᠨ ᠠᠶᠤᠯᠭᠦᠢ ᠶᠢᠨ ᠪᠠᠶᠢᠳᠠᠯ ᠤᠨ ᠮᠡᠳᠡᠭᠡᠯᠡᠯ ᠢ ᠨᠡᠶᠢᠲᠡᠯᠡᠬᠦ ᠶᠢᠨ ᠪᠠᠶᠢᠭᠤᠯᠤᠯᠭ᠎ᠠ ᠶᠢᠨ ᠬᠠᠮᠢᠶᠠᠷᠤᠯᠲᠠ ᠶᠢᠨ ᠲᠤᠬᠠᠢ ᠪᠣᠯᠪᠠᠰᠤ ᠶᠢᠨ ᠠᠵᠢᠯ ᠢ ᠬᠠᠷᠢᠭᠤᠴᠠᠨ᠎ᠠ ᠃ ᠬᠦᠨᠡᠰᠦ ᠶᠢᠨ ᠠᠶᠤᠯᠭᠦᠢ ᠶᠢᠨ ᠬᠠᠮᠢᠶᠠᠷᠤᠯᠲᠠ ᠶᠢᠨ ᠮᠡᠳᠡᠭᠡᠯᠡᠯ ᠢ ᠵᠢᠭᠠᠮᠵᠢᠯᠠᠨ 《ᠬᠦᠨᠡᠰᠦ ᠶᠢᠨ ᠠᠶᠤᠯᠭᠦᠢ ᠶᠢᠨ ᠬᠠᠤᠯᠢ ᠶᠢᠨ ᠬᠡᠷᠡᠭᠵᠢᠭᠦᠯᠬᠦ ᠳᠦᠷᠢᠮ》 ᠪᠣᠯᠤᠨ᠎ᠠ ᠃ 2013 ᠣᠨ ᠤ ᠬᠦᠨᠡᠰᠦ ᠶᠢᠨ ᠠᠶᠤᠯᠭᠦᠢ ᠶᠢᠨ ᠪᠠᠶᠢᠳᠠᠯ ᠤᠨ ᠮᠡᠳᠡᠭᠡᠯᠡᠯ ᠢ ᠨᠡᠶᠢᠲᠡᠯᠡᠬᠦ ᠶᠢᠨ ᠵᠢᠭᠠᠮᠵᠢᠯᠠᠯ ᠢ ᠬᠡᠷᠡᠭᠵᠢᠭᠦᠯᠦᠨ᠎ᠡ᠃ ᠮᠡᠳᠡᠭᠡᠯᠡᠯ ᠢ ᠨᠡᠶᠢᠲᠡᠯᠡᠬᠦ ᠶᠢᠨ ᠬᠠᠮᠢᠶᠠᠷᠤᠯᠲᠠ ᠶᠢᠨ ᠬᠦᠨᠡᠰᠦ ᠶᠢᠨ ᠠᠶᠤᠯᠭᠦᠢ ᠶᠢᠨ ᠪᠠᠶᠢᠳᠠᠯ ᠤᠨ ᠮᠡᠳᠡᠭᠡᠯᠡᠯ ᠢ ᠬᠠᠮᠢᠶᠠᠷᠤᠯᠲᠠ ᠶᠢᠨ ᠪᠠᠶᠢᠭᠤᠯᠤᠯᠭ᠎ᠠ ᠪᠠᠷ ᠨᠡᠶᠢᠲᠡᠯᠡᠬᠦ ᠶᠢᠨ ᠲᠤᠬᠠᠢ ᠪᠣᠯᠪᠠᠰᠤᠷᠠᠯ ᠢ ᠪᠦᠷᠢᠳᠦᠭᠦᠯᠦᠨ᠎ᠡ ᠃ ᠬᠦᠨᠡᠰᠦ ᠶᠢᠨ ᠠᠶᠤᠯᠭᠦᠢ ᠶᠢᠨ ᠮᠡᠳᠡᠭᠡᠯᠡᠯ ᠢ ᠵᠢᠭᠠᠮᠵᠢᠯᠠᠨ ᠬᠠᠮᠢᠶᠠᠷᠤᠯᠲᠠ ᠶᠢᠨ ᠪᠠᠶᠢᠭᠤᠯᠤᠯᠭ᠎ᠠ ᠶᠢᠨ ᠮᠡᠳᠡᠭᠡᠯᠡᠯ ᠢ ᠬᠠᠮᠢᠶᠠᠷᠤᠯᠲᠠ ᠶᠢᠨ ᠬᠦᠨᠡᠰᠦ ᠶᠢᠨ ᠠᠶᠤᠯᠭᠦᠢ ᠶᠢᠨ ᠪᠠᠶᠢᠳᠠᠯ ᠤᠨ ᠮᠡᠳᠡᠭᠡᠯᠡᠯ ᠢ ᠬᠠᠮᠲᠤ ᠪᠡᠷ ᠨᠡᠶᠢᠲᠡᠯᠡᠬᠦ ᠶᠢᠨ ᠲᠤᠬᠠᠢ ᠪᠠᠷᠢᠮᠲᠠ ᠶᠢ ᠪᠦᠷᠢᠳᠦᠭᠦᠯᠦᠨ᠎ᠡ᠃ ᠬᠠᠮᠢᠶᠠᠷᠤᠯᠲᠠ ᠶᠢᠨ ᠬᠦᠨᠡᠰᠦ ᠶᠢᠨ ᠠᠶᠤᠯᠭᠦᠢ ᠶᠢᠨ ᠪᠠᠶᠢᠳᠠᠯ ᠤᠨ ᠮᠡᠳᠡᠭᠡᠯᠡᠯ ᠢ ᠨᠡᠶᠢᠲᠡᠯᠡᠬᠦ ᠶᠢᠨ ᠬᠠᠮᠢᠶᠠᠷᠤᠯᠲᠠ ᠵᠢ : 《ᠬᠦᠨᠡᠰᠦ ᠶᠢᠨ ᠠᠶᠤᠯᠭᠦᠢ ᠶᠢᠨ

[illegible]

第一百五十四条【施行日期】本法自 2015 年 10 月 1 日起施行。

●条文解读

法律施行日期的问题，是任何一部法律都要涉及的问题。关于法律施行日期的规定，有以下几种情况：

1. 在法律条文中规定『本法自×年×月×日起施行』，直接规定具体的施行日期。

2. 在法律条文中没有直接规定具体的施行日期，而是规定『本法自公布之日起施行』，但法律何时公布，根据我国宪法关于法律由国家主席公布的规定，由国家主席发布主席令来确定。目前，国家主席一般都是于全国人大或者全国人大常委会通过法律的当天发布命令公布法律。

3. 规定一个法律的施行日期取决于另一个法律的制定和实施时间，如1986年12月2日第六届全国人大常委会第十八次会议通过的企业破产法（试行）第43条规定：『本法自全民所有制工业企业法实施满三个月之日起试行……』当时，全民所有制企业法尚未制定出来，因此企业破产法（试行）的试行时间是全民所有制工业企业法1988年8月1日实施后满3个月，即1988年11月1日起施行。

本法采取了第一种方式，即在法律中明确规定本法的施行日期。本条明确规定本法自2015年10月1日起施行，即修订后的食品安全法自2015年10月1日起开始实施，有关生产经营者、监管部门、消费者等本法规定的主体应当自2015年10月1日起，依照本法的规定履行各项义务，行使各项权利。本法自颁布至施行间隔了近半年的时间，这主要是为了使各有关方面利用这段时间做好本法实施的准备工作：一是要认真清理以前制定的各种法规、规章和其他规范性文件，凡发现与本法规定相抵触的，都要予以废止或者修改。二是本法规定的一些制度、措施，需要一些配套规定进行具体化，有关部门和地方应当抓紧制定有关配套规定。三是有关部门应当做好本法的宣传工作，为本法的实施创造良好的条件。

修改后的立法法规定，法律规定明确要求有关国家机关对专门事项作出配套的具体规定的，有关国家机关应当自法律施行之日起1年内作出规定。有关国家机关未能在期限内作出配套的具体规定的，应当向全国人民代表大会常务委员会说明情况。

[illegible]【[illegible]】[illegible] 2015 [illegible] 10 [illegible] 1 [illegible]
[illegible]

[[illegible]]

[illegible]

1. [illegible] 《[illegible] ×× [illegible] ×× [illegible] ×× [illegible] [illegible]:

2. [illegible] 《[illegible]》 [illegible] 《[illegible]》 [illegible]

[illegible]

3. ᠬᠠᠭᠤᠴᠢᠨ ᠬᠠᠤᠯᠢ ᠴᠠᠭᠠᠵᠢ ᠶᠢᠨ ᠬᠡᠷᠡᠭᠵᠢᠭᠦᠯᠬᠦ ᠡᠳᠦᠷ ᠢ ᠵᠣᠭᠰᠣᠭᠠᠬᠤ ᠶᠢ ᠲᠣᠭᠲᠠᠭᠠᠬᠤ ᠬᠠᠤᠯᠢ ᠴᠠᠭᠠᠵᠢ ᠲᠠᠢ ᠬᠣᠯᠪᠣᠭᠳᠠᠭᠰᠠᠨ ᠬᠡᠷᠡᠭᠵᠢᠭᠦᠯᠦᠯᠲᠡ ᠶᠢ ᠵᠣᠭᠰᠣᠭᠠᠭᠰᠠᠨ ᠢ ᠲᠣᠳᠣᠷᠬᠠᠢᠯᠠᠨ᠎ᠠ᠂ ᠵᠢᠱᠢᠶᠡᠯᠡᠪᠡᠯ᠂ 1986 ᠣᠨ ᠤ 12 ᠰᠠᠷ᠎ᠠ ᠶᠢᠨ 2 ᠨᠤ ᠡᠳᠦᠷ ᠳᠠᠪᠬᠤᠷᠳᠠᠭᠰᠠᠨ ᠪᠦᠬᠦ ᠤᠯᠤᠰ ᠤᠨ ᠠᠷᠠᠳ ᠤᠨ ᠲᠥᠯᠥᠭᠡᠯᠡᠭᠴᠢᠳ ᠦᠨ ᠬᠤᠷᠠᠯ ᠤᠨ ᠪᠠᠢᠩᠭ᠎ᠠ ᠶᠢᠨ ᠬᠣᠷᠢᠶ᠎ᠠ ᠶᠢᠨ ᠰᠣᠩᠭᠣᠭᠰᠠᠨ ᠠᠵᠤ ᠠᠬᠤᠢ ᠶᠢᠨ ᠳᠠᠭᠤᠰᠬᠤ ᠬᠠᠤᠯᠢ (ᠲᠤᠷᠰᠢᠨ ᠬᠡᠷᠡᠭᠵᠢᠭᠦᠯᠬᠦ) 43 ᠳᠦᠭᠡᠷ ᠵᠦᠢᠯ ᠳᠦ ᠲᠣᠭᠲᠠᠭᠠᠭᠰᠠᠨ ᠨᠢ: 《ᠡᠨᠡ ᠬᠠᠤᠯᠢ ᠢ ᠪᠦᠬᠦ ᠠᠷᠠᠳ ᠤᠨ ᠡᠵᠡᠮᠰᠢᠯ ᠦᠨ ᠠᠵᠤ ᠦᠢᠯᠡᠳᠪᠦᠷᠢ ᠶᠢᠨ ᠠᠵᠤ ᠠᠬᠤᠢ ᠶᠢᠨ ᠬᠠᠤᠯᠢ ᠬᠡᠷᠡᠭᠵᠢᠭᠦᠯᠦᠭᠳᠡᠭᠰᠡᠨ ᠡᠴᠡ ᠭᠤᠷᠪᠠᠨ ᠰᠠᠷ᠎ᠠ ᠪᠦᠳᠦᠭᠰᠡᠨ ᠡᠳᠦᠷ ᠡᠴᠡ ᠡᠬᠢᠯᠡᠨ ᠲᠤᠷᠰᠢᠨ ᠬᠡᠷᠡᠭᠵᠢᠭᠦᠯᠦᠨ᠎ᠡ……》᠄ ᠲᠡᠭᠡᠬᠦ ᠳᠦ ᠪᠦᠬᠦ ᠠᠷᠠᠳ ᠤᠨ ᠡᠵᠡᠮᠰᠢᠯ ᠦᠨ ᠠᠵᠤ ᠦᠢᠯᠡᠳᠪᠦᠷᠢ ᠶᠢᠨ ᠠᠵᠤ ᠠᠬᠤᠢ ᠶᠢᠨ ᠬᠠᠤᠯᠢ 1988 ᠣᠨ ᠤ 8 ᠰᠠᠷ᠎ᠠ ᠶᠢᠨ 1 ᠦ ᠡᠳᠦᠷ ᠡᠴᠡ ᠡᠬᠢᠯᠡᠨ ᠬᠡᠷᠡᠭᠵᠢᠭᠦᠯᠦᠭᠳᠡᠭᠰᠡᠨ ᠲᠤᠯᠠ᠂ ᠠᠵᠤ ᠠᠬᠤᠢ ᠶᠢᠨ ᠳᠠᠭᠤᠰᠬᠤ ᠬᠠᠤᠯᠢ (ᠲᠤᠷᠰᠢᠨ ᠬᠡᠷᠡᠭᠵᠢᠭᠦᠯᠬᠦ) ᠨᠢ 1988 ᠣᠨ ᠤ 11 ᠰᠠᠷ᠎ᠠ ᠶᠢᠨ 1 ᠦ ᠡᠳᠦᠷ ᠡᠴᠡ ᠡᠬᠢᠯᠡᠨ ᠲᠤᠷᠰᠢᠨ ᠬᠡᠷᠡᠭᠵᠢᠭᠦᠯᠬᠦ ᠪᠣᠯᠤᠨ᠎ᠠ᠄

ᠡᠨᠡ ᠬᠠᠤᠯᠢ ᠶᠢ ᠬᠦᠴᠦᠨ ᠲᠡᠭᠦᠯᠳᠡᠷ ᠦᠭᠡᠢ ᠪᠣᠯᠭᠠᠬᠤ ᠬᠢᠭᠡᠳ᠂ ᠡᠭᠦᠨ ᠦ ᠬᠠᠤᠯᠢ ᠶᠢᠨ ᠳᠤᠭᠠᠷ ᠤᠨ ᠡᠨᠡ ᠬᠠᠤᠯᠢ ᠨᠢ ᠬᠡᠷᠡᠭᠵᠢᠭᠦᠯᠬᠦ ᠡᠳᠦᠷ ᠡᠴᠡ ᠡᠬᠢᠯᠡᠨ ᠬᠦᠴᠦᠨ ᠲᠡᠢ ᠪᠣᠯᠬᠤ ᠶᠢᠨ ᠵᠡᠷᠭᠡ ᠡᠨᠡ ᠬᠠᠤᠯᠢ ᠶᠢᠨ ᠬᠠᠷᠢᠭᠤᠴᠠᠯᠭ᠎ᠠ ᠪᠦᠬᠦᠢ ᠪᠠᠢᠳᠠᠯ ᠤᠨ ᠳᠣᠣᠷᠠᠬᠢ ᠮᠦᠷ ᠦᠨ ᠬᠦᠴᠦᠨ ᠦᠭᠡᠢ ᠡᠨᠡ ᠬᠠᠤᠯᠢ ᠶᠢᠨ 2015 ᠣᠨ ᠤ 10 ᠰᠠᠷ᠎ᠠ ᠶᠢᠨ 1 ᠦ ᠡᠳᠦᠷ ᠡᠴᠡ ᠡᠬᠢᠯᠡᠨ ᠬᠡᠷᠡᠭᠵᠢᠭᠦᠯᠬᠦ᠂ ᠡᠭᠦᠨ ᠦ ᠦᠢᠯᠡᠳᠦᠯ ᠳᠦ ᠵᠠᠷᠢᠮ ᠬᠡᠰᠡᠭ ᠬᠡᠷᠡᠭᠵᠢᠭᠦᠯᠦᠭᠳᠡᠬᠦ᠂ ᠬᠠᠷᠢᠨ ᠡᠨᠡ ᠬᠠᠤᠯᠢ ᠶᠢᠨ 2015 ᠣᠨ ᠤ 10 ᠰᠠᠷ᠎ᠠ ᠶᠢᠨ 1 ᠦ ᠡᠳᠦᠷ ᠡᠴᠡ ᠡᠬᠢᠯᠡᠨ ᠬᠡᠷᠡᠭᠵᠢᠭᠦᠯᠦᠨ᠎ᠡ᠂ ᠮᠦᠨ ᠲᠦᠯ ᠳᠦ ᠡᠨᠡ ᠬᠠᠤᠯᠢ ᠶᠢᠨ ᠬᠡᠷᠡᠭᠵᠢᠭᠦᠯᠬᠦ ᠡᠳᠦᠷ ᠢ ᠬᠦᠴᠦᠨ ᠲᠡᠢ ᠪᠣᠯᠬᠤ ᠡᠳᠦᠷ ᠭᠡᠵᠦ ᠲᠣᠭᠲᠠᠭᠠᠵᠤ ᠪᠣᠯᠬᠤ ᠦᠭᠡᠢ᠂ ᠡᠨᠡ ᠨᠢ ᠡᠨᠡ ᠬᠠᠤᠯᠢ ᠶᠢᠨ ᠬᠡᠷᠡᠭᠵᠢᠭᠦᠯᠬᠦ ᠡᠳᠦᠷ ᠪᠣᠯᠤᠨ᠎ᠠ᠄ ᠡᠨᠡ ᠬᠠᠤᠯᠢ ᠶᠢ ᠬᠦᠴᠦᠨ ᠲᠡᠢ ᠪᠣᠯᠭᠠᠬᠤ ᠴ

[illegible]

ᠪᠦᠭᠦᠳᠡ ᠨᠠᠶᠢᠷᠠᠮᠳᠠᠬᠤ ᠳᠤᠮᠳᠠᠳᠤ ᠠᠷᠠᠳ ᠤᠯᠤᠰ ᠤᠨ
ᠦᠨᠳᠦᠰᠦᠲᠡᠨ ᠦ ᠬᠡᠯᠡ ᠪᠢᠴᠢᠭ ᠦᠨ ᠬᠣᠷᠢᠶ᠎ᠠ

ᠬᠡᠪᠯᠡᠭᠰᠡᠨ : ᠪᠤᠭᠤᠲᠤ ᠶᠢᠨ ᠬᠡᠪᠯᠡᠯ
ᠲᠠᠷᠬᠠᠭᠠᠭᠴᠢ ᠪᠠᠢᠭᠤᠯᠤᠯᠭ᠎ᠠ : ᠰᠢᠨᠬᠤᠸᠠ ᠪᠢᠴᠢᠭ
ᠬᠠᠷᠢᠭᠤᠴᠠᠭᠤᠯᠤᠭᠴᠢ : ᠮᠣᠩᠭᠣᠯ ᠦᠨᠳᠦᠰᠦᠲᠡᠨ ᠦ ᠰᠤᠷᠭᠠᠨ ᠬᠦᠮᠦᠵᠢᠯ ᠦᠨ ᠨᠣᠮ》ᠤᠨ ᠬᠠᠷᠢᠭᠤᠴᠠᠭᠤᠯᠤᠭᠴᠢ ᠪᠦᠯᠦᠭ
《ᠮᠣᠩᠭᠣᠯ ᠬᠡᠯᠡ （ᠲᠣᠳᠣ ᠪᠢᠴᠢᠭ） ᠪᠡᠷ ᠪᠢᠴᠢᠭᠰᠡᠨ ᠨᠣᠮ ᠤᠨ ᠰᠠᠩ ᠤᠨ
ᠬᠠᠷᠢᠭᠤᠴᠠᠭᠤᠯᠤᠭᠴᠢ ᠨᠠᠢᠷᠠᠭᠤᠯᠤᠭᠴᠢ : ᠪᠠᠲᠤ ᠪᠠᠶᠠᠷ
ᠬᠠᠪᠲᠠᠰᠤᠨ ᠤ ᠳᠦᠷᠰᠦ ᠶᠢ ᠲᠣᠭᠠᠴᠠᠭᠤᠯᠤᠭᠰᠠᠨ : ᠰᠠᠷᠠᠨ
ᠪᠠᠷ ᠪᠡᠯᠡᠳᠬᠡᠭᠰᠡᠨ : ᠪᠠᠷ ᠪᠣᠯ
ᠬᠠᠪᠲᠠᠰᠤᠯᠠᠭᠰᠠᠨ ᠪᠡᠯᠡᠳᠬᠡᠭᠴᠢ : ᠮᠣᠩᠭᠣᠯ ᠤᠨ ᠪᠠᠷ ᠬᠡᠪᠯᠡᠯ ᠤᠨ ᠬᠣᠷᠢᠶ᠎ᠠ
ᠬᠠᠶᠢᠭ : ᠪᠦᠭᠦᠳᠡ ᠨᠡᠢᠲᠡ ᠬᠣᠲᠠ ᠶᠢᠨ ᠰᠢᠨ᠎ᠡ ᠬᠣᠲᠠ ᠶᠢᠨ ᠲᠣᠭᠣᠷᠢᠭ 666 ᠳ᠋ᠤᠭᠠᠷ
ᠤᠲᠠᠰᠤ : （0471）2236473/2236460
ᠬᠡᠪᠯᠡᠯ ᠦᠨ ᠬᠡᠮᠵᠢᠶ᠎ᠡ : ᠮᠣᠩᠭᠣᠯ ᠬᠡᠯᠡ ᠪᠢᠴᠢᠭ ᠦᠨ ᠨᠡᠢᠲᠡ ᠬᠤᠷᠢᠶ᠎ᠠ ᠬᠡᠪᠯᠡᠯ
ᠬᠡᠪᠯᠡᠯ ᠦᠨ ᠬᠠᠭᠤᠳᠠᠰᠤ : 145mm×210mm 1/32
ᠬᠡᠪᠯᠡᠯ ᠦᠨ ᠲᠣᠭ᠎ᠠ : 911 ᠮᠢᠩᠭ᠎ᠠ
ᠬᠡᠪᠯᠡᠯ ᠦᠨ ᠬᠤᠭᠤᠳᠠᠰᠤ : 35.5
ᠬᠡᠪᠯᠡᠭᠰᠡᠨ ᠤᠳᠠᠭ᠎ᠠ : 2020 ᠣᠨ ᠤ 6 ᠰᠠᠷ᠎ᠠ ᠳᠤ 1 ᠳᠦᠭᠡᠷ ᠤᠳᠠᠭ᠎ᠠ ᠬᠡᠪᠯᠡᠪᠡ
ᠬᠡᠪᠯᠡᠯ ᠦᠨ ᠲᠣᠭ᠎ᠠ : 2020 ᠣᠨ ᠤ 6 ᠰᠠᠷ᠎ᠠ ᠳᠤ 1 ᠳᠦᠭᠡᠷ ᠬᠡᠪᠯᠡᠯ
ᠨᠣᠮ ᠤᠨ ᠳ᠋ᠤᠭᠠᠷ : ISBN 978-7-5555-1278-3
ᠦᠨ᠎ᠡ : 118.00 ᠶᠤᠸᠠᠨ （ᠪᠦᠬᠦᠢ 2 ᠳᠡᠪᠲᠡᠷ）